Eckart Conze

Die Suche nach Sicherheit

Inhalt

Für meine Frau und unsere Kinder

Anmerkungen zur Perspektive

Geschichte ist immer Gegenwart. In jeder Gegenwart verändert sich die Geschichte, weil jede Zeit neue Fragen an die Vergangenheit stellt. Grundsätzlich gilt das für alle historischen Epochen, ganz besonders aber für die Zeitgeschichte, die wir als unmittelbare Vorgeschichte unserer Gegenwart verstehen können. Hans Rothfels, einer der Begründer der deutschen Zeitgeschichtsforschung, hat sie die »Epoche der Mitlebenden« genannt.[1] Zeitgeschichte ist Gegenwartsgeschichte. Der Impuls der Gegenwart wirkt sich daher in besonderem Maße auf die Zeitgeschichtsschreibung aus. Sie ist geprägt vom Anspruch des Zeithistorikers, durch seine Analyse zur Erklärung der Gegenwart beizutragen, indem er ihr die historische Gewordenheit seines Gegenstandes – im vorliegenden Fall die Bundesrepublik Deutschland – darstellt. Deshalb steht am Anfang dieser Geschichte nicht Konrad Adenauer, nicht der 8. Mai 1945 und auch nicht die Teilung der Nation. Am Anfang steht die Bundesrepublik Deutschland an der Schwelle zum siebten Jahrzehnt ihres Bestehens. Damit übertrifft sie an Jahren jede deutsche staatliche Ordnung des 19. und 20. Jahrhunderts, auch das Kaiserreich und sogar den Deutschen Bund, von der Weimarer Republik und dem ›Dritten Reich« gar nicht zu reden.

Erfolgsgeschichten

Bereits die schiere Lebensdauer der Bundesrepublik lässt ihre Geschichte als Erfolgsgeschichte erscheinen, und in der Tat: Vor dem Hintergrund der deutschen Geschichte des 19., vor allem aber des 20. Jahrhunderts ist der sechzigste Jahrestag ihrer Gründung ein außergewöhnliches Ereignis. Mit dieser Stabilisierung, die sich bereits in den ersten Nachkriegsjahrzehnten abzeichnete, haben sich schon viele Historiker ausgiebig beschäftigt und in vielfältiger Variation die Geschichte einer Normalisierung als Stabilisierung erzählt.[2] Ausgangs- und Referenzpunkt der Darstellungen waren immer wieder das Jahr 1945 und die Fragen: Wie konnte eine Gesellschaft im Schatten des Nationalsozialismus, im Schatten des Zweiten Weltkriegs und der mit ihm untrennbar verbundenen Menschheitsverbrechen Normalität entwickeln? Wie konnte angesichts der deutschen Teilung eine stabile staatliche Ordnung entstehen? Noch lange nach ihrer Gründung, ja bis in die 1970er Jahre hinein, galt den Zeitgenossen der »Erfolg« der Bundesrepublik keineswegs als sicher. Die Erfolgsgeschichte war letztlich eine Geschichte der ausgebliebenen, ja der vermiedenen Katastrophe – nicht mehr, aber auch nicht weniger.[3] Es hätte durchaus anders kommen können bei dieser »Vergangenheitshypothek«[4] und der Belastung durch die Spaltung Deutschlands.

Wann die Bundesrepublik zur Normalität zurückgekehrt sei beziehungsweise eine neue, eigene Normalität gefunden habe, dazu vertraten die Historiker ganz unterschiedliche Ansichten. Waren Entstehung und Anerkennung eines postnationalen Staates das zentrale Merkmal der Normalisierung, oder brachte erst die Wiedervereinigung von 1990 die lang ersehnte Normalität? Ein Zeichen von Normalisierung stellte auf jeden Fall das bis in die 1980er Jahre hinein keineswegs selbstverständliche Eingeständnis dar, dass »die Bundesrepublik Deutschland … eine Geschichte hat«.[5] Es besiegelte historiographisch das Ende der Bundesrepublik als Provisorium. Nicht zufällig wurde in der zweiten Hälfte der 1970er Jahre, als durch die Ostpolitik der Regierung Brandt/Scheel die deutsche Teilung und die Eigen- und Einzelstaatlichkeit der westdeutschen Republik bestätigt schienen, eine große und repräsentative fünfbändige Darstellung der Geschichte der Bundesrepublik konzipiert. Freilich fehlte dem großen Werk, das bis ins Jahr 1982 führte, der darstellerische und analytische Fluchtpunkt der Jahre 1989/90. »Was derzeit möglich ist, sind lediglich Ausblicke und Suchbilder. Niemand weiß, welchen Gang die Geschichte nehmen wird, und die konzeptionelle Ratlosigkeit ist hier wie dort groß«, schrieb Joachim Fest 1987 in seinem die Buchreihe abschließenden Essay mit spürbarem Unbehagen.[6]

Zwei Jahre später eröffneten die friedliche Revolution in der DDR, der Fall der Mauer, die Wiedervereinigung und das Ende des Kalten Krieges ungeahnte Spielräume, und die von Fest beklagte »konzeptionelle Ratlosigkeit« wich einer Vielzahl zum Teil widerstreitender Konzeptionen. Sie alle verband die Tendenz, die vierzigjährige Geschichte der Bundesrepublik – wie auch der DDR – als Vorgeschichte zu deuten und auf 1989/90 auszurichten. Die genetische Perspektive, die von 1945 her dachte, wurde abgelöst durch eine teleologische, die auf 1990 zulief. Das erinnerte an Jacob Burckhardts Diktum von 1872, also kurz nach der Reichsgründung, dass nun binnen weniger Jahre »die ganze Weltgeschichte von Adam an siegesdeutsch angestrichen und auf 1870 bis 71 orientiert sein wird«.[7] Andreas Wirsching hat am Ende des von ihm verfassten, erst 2006 erschienenen sechsten Bandes der von Bracher, Eschenburg, Fest und Jäckel herausgegebenen Geschichte der Bundesrepublik auf die Versuchung hingewiesen – zu der eine gewisse Bequemlichkeit hinzukommt –, »die Geschichte der Bundesrepublik durch die Brille einer ›Whig interpretation of history‹ zu betrachten«, die Vergangenheit also nur als rein gegenwartsbezogene Fortschrittsgeschichte zu deuten.[8]

Die nach 1990 verfassten und durchaus von unterschiedlichen Leitperspektiven bestimmten Erfolgsgeschichten wurden stets auf ein Ziel ausgerichtet: auf die Ereignisse der Jahre 1989/90. Nicht 1945 war der zentrale Referenzpunkt, sondern 1990. Das war insofern nicht unproblematisch, als die Perspektive auf die Wiedervereinigung zu einer erfolgsgeschichtlichen Interpretation verführen konnte, bei der Konflikte, Problemlagen, Widersprüche oder Defizite der Bundesrepublik tendenziell harmonisierend in einer »Großen Erfolgserzählung« aufgehoben werden. In einer solchen Sichtweise werden, um nur ein Beispiel zu nennen, Adenauers Westpolitik und Brandts Ostpolitik retrospektiv miteinander verknüpft. Die scharfen politischen und gesellschaftlichen Auseinandersetzungen, welche die 1950er und die 1970er Jahre charakterisierten, und die politischen und ideellen Grundkonflikte, auf die sie verwiesen, werden marginalisiert. Das birgt die Gefahr einer rein affirmativen Bestätigung von politischem Handeln.

Als Erfolgsgeschichte lässt sich auch die Integration der Bundesrepublik in den Westen darstellen. Der »Abschied von den Sonderwegen«, das Ende des »langen Wegs nach Westen«, kann auch nationalhistorisch angelegt sein mit dem glücklichen Ausgang, dass 1990 Freiheit und Einheit, die in der deutschen Geschichte seit dem 19. Jahrhundert miteinander rangen, versöhnt wurden.[9] Für wieder andere hat die »Erfolgsgeschichte der Bundesrepublik« mit der nationalen Entwicklung, mit der Vereinigung der beiden deutschen Staaten eher wenig zu tun, im Gegenteil: »Der Weg der ›alten‹ Bundesrepublik führte von der deutschen Misere in die westliche Welt, und diese ›Ankunft im Westen‹ wird auch durch das Ende der DDR und die Wiederherstellung der nationalen Einheit nicht rückgängig gemacht werden.«[10] Dieses Voranschreiten auf dem Weg nach Westen, die Prozesse der »Westernisierung«, der Liberalisierung oder der Zivilisierung[11] sind in den letzten Jahren vielfach dargestellt und analysiert worden, und nicht zuletzt in der Auseinandersetzung mit der Meistererzählung des deutschen Sonderwegs ist daraus eine neue, eine bundesrepublikanische Meistererzählung entstanden, die nicht nur in der deutschen Zeitgeschichtsforschung, sondern auch in der deutschen Öffentlichkeit erhebliche Wirkung entfaltet hat.

Die Bundesrepublik nach 60 Jahren

Was von 1989/90 her gesehen eine Erfolgsgeschichte schien – und in alt-bundesrepublikanischer Perspektive zweifelsohne auch eine war –, bietet zwei Jahrzehnte später wieder ein anderes Bild. 60 Jahre nach der Republikgründung – und 20 Jahre nach dem Fall der Mauer – können Deutungsmuster wie Westernisierung oder Liberalisierung allein, die zentrale Elemente des erfolgsgeschichtlichen Narrativs sind,[12] eine Geschichte der Bundesrepublik, die systematisch über die Mitte der siebziger Jahre und auch über die deutsche Vereinigung hinausreicht, nicht mehr leiten.

Natürlich ist die Geschichte der Bundesrepublik ein Erfolg, aber konnte es vor dem düsteren Hintergrund des »Dritten Reiches« denn anders sein? Dieses Buch will nach 60 Jahren nicht schematisch Bilanz ziehen, Soll und Haben, Aktiva und Passiva, Erfolge und Probleme gegenüberstellen.[13] Wer den Blick auf die Bundesrepublik der Gegenwart richtet, nicht nur auf die schwere Wirtschaftskrise unserer Tage, sondern auf die anhaltend hohe Arbeitslosigkeit, die strukturelle Krise der sozialen Sicherungssysteme, die immer noch bestehenden Schwierigkeiten beim Zusammenwachsen von Ost und West, die Strukturprobleme des Föderalismus oder die Suche nach außen- und sicherheitspolitischen Orientierungen in der Welt nach dem Ost-West-Konflikt, der kommt nicht umhin, nach der historischen Genese und Entwicklung dieser Problemlagen vor 1989 zu fragen und systematisch – und im besten Verständnis von Zeitgeschichte – Geschichte und Gegenwart miteinander zu verknüpfen, also Zeitgeschichte als Gegenwartsgeschichte zu schreiben. In diesem Sinne ist das Buch auch von der Überzeugung getragen ist, dass »die Problemlagen der neuen, größeren Bundesrepublik für die Geschichtsschreibung der alten Bundesrepublik von heuristischem – mehr noch: konzeptionellem – Gewicht sein könnten«. Es geht also auch um eine »Problemerzeugungsgeschichte« (Hans Günter Hockerts),[14] die über das Zeitdiagnostische hinausgeht und zwangsläufig keine reine Erfolgsgeschichte sein kann.

Die Bundesrepublik ist 60 Jahre alt. Das allein verleiht ihr ein historiographisches Eigengewicht und verbietet, sie nur in Relation zu den vor ihr liegenden Abschnitten deutscher Geschichte und von 1945 her zu betrachten. Sie muss endlich aus sich selbst heraus beurteilt werden, denn aus ihrer eigenen Geschichte heraus, nicht nur aus den Bezügen zu ihrer Vorgeschichte, lassen sich wichtige Ansätze für eine problemorientierte Darstellung entwickeln. So ist im Hinblick auf die Sozialpolitik mit dem Soziologen Franz-Xaver Kaufmann in letzter Zeit häufig von einer »Sozialpolitik zweiter Ordnung« gesprochen worden, ein Erfordernis, das als tatsächliche Politik in dem Moment begonnen habe, als der Aufbau der Systeme sozialer Sicherung abgeschlossen gewesen und der Erhalt beziehungsweise die Konsolidierung – was in zunehmendem Maße Anpassung an sich verändernde Rahmenbedingungen bedeutete (beispielsweise der demographischen Entwicklung) – der bestehenden Institutionen und Instrumente sozialer Sicherung in den Vordergrund getreten sei.[15]

Man muss nicht unbedingt wie Klaus Naumann von einer Abnutzungsgeschichte sprechen,[16] aber nach 60 Jahren geht es nicht mehr nur um die Etablierung von Institutionen und deren Stabilisierung, sondern auch um das Altern von Institutionen, um ihre Krisen, um ihre Reformbedürftigkeit und um ihre Anpassung an den historischen Wandel. Bezogen auf die Sozialpolitik hat Gerhard A. Ritter beispielsweise die Frage gestellt, ob die gegenwärtige Krise des deutschen Sozialstaats nur als eine Folge der deutschen Vereinigung und ihrer Finanzierung zu verstehen sei oder ob die Einigung und die durch sie erhöhte Belastung der sozialen Sicherungssysteme nicht vielmehr die fundamentalen, schon lange vor 1990 angelegten Strukturprobleme und Strukturdefizite des deutschen Sozialstaatsmodells habe erkennbar werden lassen.[17] Solche Fragen lassen sich systematisch auch auf andere Politikfelder, Strukturen und Institutionen ausdehnen: auf den deutschen Föderalismus, auf die Wehrverfassung, auf außen- und sicherheitspolitische Institutionen und Prinzipien oder auf den korporativen Kapitalismus bundesrepublikanischer – »rheinischer« – Prägung.

Diese Fragen tragen dazu bei, die deutsche Vereinigung 1989/90 und das Ende des Ost-West-Konflikts in den Fluss der Ereignisse zu integrieren statt die Jahre um 1989/90 allein als Zäsur, als End- und Anfangspunkt zu betrachten, was eine auf die nationale Frage (verstanden als Frage nach der deutschen Einheit) reduzierte Blickverengung bedeuten würde. Dennoch kann man über 1989/90 nicht einfach hinwegschreiben. Die Bundesrepublik hat sich seit 1990 grundlegend verändert. Die »neue« Bundesrepublik, das vereinigte Deutschland, ist fast 20 Jahre alt und erstreckt sich damit über ein Drittel der gesamten Existenzdauer des Staates. Eine solche Zeitspanne lässt sich nicht mehr als Epilog oder als – kürzerer oder längerer – Ausblick behandeln. Man muss, auch wenn es schwerfällt, den Fall der Mauer und die Vereinigung als Fluchtpunkte bundesrepublikanischer Geschichtserzählung aufgeben, denn erst 40 und 20 ergeben 60.

Die DDR war in der Geschichte der Bundesrepublik von Anfang an präsent. Von einer »asymmetrisch verflochtenen Parallel- und Abgrenzungsgeschichte« hat Martin Sabrow gesprochen.[18] Natürlich ist danach zu fragen, wie der Ost-West-Konflikt und die deutsche Teilung auf Politik, Wirtschaft, Gesellschaft und Kultur der Bundesrepublik eingewirkt haben. Doch eine Geschichte der Bundesrepublik zwei Jahrzehnte nach Überwindung der Teilung darf dort nicht Halt machen, wenn sie keine lediglich über 1990 hinaus verlängerte Geschichte der »alten« Bundesrepublik sein will. Und es geht auch nicht nur um den »Preis der deutschen Einheit«, ihre Kosten, ihre materiell-ökonomischen Folgen, so wichtig diese sind und so sehr die damit verbundenen Probleme die Entwicklung der Bundesrepublik seit 1990 bestimmten – und noch bestimmen.

Die DDR ist untergegangen, lebt aber in der Geschichtspolitik und Geschichtskultur weiter. Doch mehr noch: Die Bürger dieses Staates, die Ostdeutschen, sind mit ihrer Geschichte, mit ihren individuellen und kollektiven Erfahrungen und Prägungen zu Bürgern der Bundesrepublik geworden. Was aber bedeutet das für die Geschichte der vereinigten Republik seit 1990? »16 Millionen Menschen mit anderer Vergangenheit, anderer politischer Mentalität und Kultur werden es kaum schaffen, die übrigen 64 Millionen mit ihren westdeutschen Erfahrungen grundlegend zu verändern«, behauptete Hans-Ulrich Wehler vor einigen Jahren.[19] Wird ein solches, auf Sieg oder Niederlage zielendes Nullsummenspiel der Entwicklung nach 1990 überhaupt gerecht? Die 16 Millionen Ostdeutschen haben die Bundesrepublik durchaus verändert, denn mehr als alles Andere sind sie das Neue an der »neuen« Bundesrepublik. Und so ist nicht nur die westdeutsche Vergangenheit von Belang, sondern auch die ostdeutsche Vergangenheit, denn auch sie reicht in Millionen von Biographien bis in die Gegenwart hinein.

Aus dieser Gegenwart wird in diesem Buch zurückgeblickt auf die Geschichte der Bundesrepublik Deutschland. Es soll ein Beitrag sein zur Selbstverständigung der Deutschen am Beginn des 21. Jahrhunderts. Zu dieser Selbstverständigung gehört – neben allen Debatten über die Zukunft des Sozialstaats, über die Leitprinzipien von Außen- und Sicherheitspolitik oder über Fragen von Migration und Einwanderung – die Auseinandersetzung mit dem Nationalsozialismus und seinen Verbrechen. Keine der großen Debatten um die Zukunft der Republik ist frei von Bezügen zur nationalsozialistischen Vergangenheit. Das war in all den Jahren ihres Bestehens nie anders. Dieses Staatswesen entstand und entwickelte sich in permanenter Auseinandersetzung mit dieser Vergangenheit. Darin und dadurch gewinnt seine Geschichte am Ende doch eine nationale Dimension. Das kann auch gar nicht anders sein, denn trotz aller Internationalisierung, Transnationalisierung und Entnationalisierung vor und nach 1990 – der nationalen, nationalhistorischen Klammer vermag die Bundesrepublik nicht zu entkommen. Die Geschichte Deutschlands und der Deutschen liegt im Schatten des Nationalsozialismus, und so ist sie auch mehr als sechs Jahrzehnte später zu schreiben.

Die Suche nach Sicherheit

Die Geschichte der Bundesrepublik ist bestimmt von der Suche nach Sicherheit. Die hier angestellten Überlegungen und aufgeworfenen Fragen werden geleitet von dieser Perspektive.[20] Die Aktualität dieses Blickwinkels ist nicht zu übersehen. Die Erosion von Sicherheit – genauer gesagt: von Sicherheiten – und die Wahrnehmung dieser Erosion charakterisieren den politischen Diskurs unserer Tage. Das gilt für die so genannte »neue Welt-Unordnung« seit dem Ende des Ost-West-Konflikts, es gilt, insbesondere seit dem 11. September 2001, für die Bedrohung durch den internationalen Terrorismus, ferner für die Gefährdungen unserer natürlichen Umwelt durch Klimawandel oder die Gefahren, die von Hochrisikotechnologien ausgehen. Es gilt aber auch für die vermeintlich oder tatsächlich verstärkte Bedrohung der öffentlichen Sicherheit durch Kriminalität sowie für den tatsächlichen oder vermeintlichen Verlust von sozialer Sicherheit durch die Reformen des Sozialstaats, und nicht zuletzt gilt es für die jüngsten Turbulenzen auf den globalen Finanzmärkten und ihre Folgen für die wirtschaftliche Entwicklung.

Nicht um »Gerechtigkeit« – das stand zwar in der Überschrift –, sondern um »Sicherheit« drehte sich die Regierungserklärung von Bundeskanzler Gerhard Schröder nach seiner Wiederwahl im Jahr 2002. Seine Regierung verstehe »Sicherheit als ein elementares Bürgerrecht«.[21] Fünf Jahre später verabschiedete die CDU unter Führung von Bundeskanzlerin Angela Merkel ein neues Grundsatzprogramm unter der Überschrift »Freiheit und Sicherheit«. Die CDU stehe für eine Gesellschaft, heißt es dort, in der Freiheit, Solidarität und Gerechtigkeit gelebt werden. Wenn diese »Grundwerte verwirklicht sind und im richtigen Verhältnis zueinander stehen, ist auch das Bedürfnis der Menschen nach Sicherheit erfüllt«. Im vorangegangenen Programm der CDU war von diesem »Bedürfnis der Menschen nach Sicherheit« noch nicht die Rede, stattdessen wurden die Grundwerte Freiheit, Solidarität und Gerechtigkeit auf die »Würde des Menschen« bezogen.[22]

Seit Gründung der Bundesrepublik haben alle Bundesregierungen und alle Parteien »Sicherheit« als ein Ziel ihrer Politik bezeichnet. Doch neuerdings beherrscht der Sicherheitsbegriff die politische Sprache in einer bisher nicht gekannten Weise. Experten nennen das bereits die »Versicherheitlichung« von Politik, ein Unwort, das dem englischen Ausdruck »securitization« folgt.[23] Was aber bedeutet das für den Staat, den vielfach schon tot geglaubten oder tot gesagten Staat? Gewinnt er aus seiner sicherheitsstiftenden Funktion neue Legitimität? Man muss den Blick nur auf die jüngsten Entwicklungen in den Strudeln der globalen Finanz- und Wirtschaftskrise seit 2008 richten, um festzustellen: Der Staat ist wieder da. Kann das überraschen? Im Grunde nicht, denn der moderne Territorialstaat verdankt seinen Aufstieg dem Verlangen der Menschen nach Sicherheit, und er ist das Ergebnis der Versuche, einen Schutzraum vor Unsicherheit zu bieten. Sicherheit ist von einer Schutzgewalt abhängig. »Pax«, »tranquillitas« und »securitas« gehören zu den elementaren Funktionszuweisungen an den modernen Staat.[24] Wenn Wertschätzungen aus Mangellagen resultieren, dann muss in den letzten Jahren ein Mangel an Sicherheit entstanden sein, muss das Gefühl von Sicherheit abgenommen, das von Unsicherheit gewachsen sein. Von der »Rückkehr der Unsicherheit« ist die Rede, obwohl doch die Sicherheitsleistungen des Staates gewachsen seien. Ist dann Unsicherheit »die Kehrseite der Medaille einer Gesellschaft, die ganz auf Sicherheit setzt«?[25] Wenn das gilt, dann gewiss nicht nur für die Bundesrepublik; auf jeden Fall eröffnet es neue Perspektiven auf die deutsche Geschichte.

Ist in Deutschland wieder einmal ein »Goldenes Zeitalter der Sicherheit« zu Ende gegangen, ein Zeitalter, wie Stefan Zweig es in der »Welt von Gestern«, den Jahren vor 1914, zu erkennen glaubte?[26] In seiner Weihnachtsansprache von 1958 hat Bundeskanzler Konrad Adenauer sich erinnert »an jene Zeiten vor 1914, in denen noch in Wirklichkeit Friede, Ruhe und Sicherheit auf Erden weilten«. Seither aber seien Sicherheit und Ruhe aus dem Leben der Menschen verschwunden: »Ist es nicht traurig, ist es nicht furchtbar zu denken, dass die Mehrzahl der jetzt Lebenden Ruhe, Frieden und Sicherheit, ein Leben frei von Angst, niemals gekannt haben?«[27] Adenauers Ansprache hat ihren präzisen historischen Ort: Nur wenige Wochen zuvor hatte der sowjetische KP-Chef Chruschtschow eine schwere Ost-West-Krise um Berlin ausgelöst. In der westdeutschen Bevölkerung griffen Kriegsängste um sich. Die Worte des ersten Bundeskanzlers weisen jedoch über die konkrete politische Situation in den späten 1950er Jahre hinaus, denn sie illustrieren Generationserfahrungen und mentale Befindlichkeiten in der frühen Bundesrepublik ganz allgemein. Sie gewähren uns Einblick in eine Gesellschaft, die zutiefst verunsichert ist, was nicht nur an der akut wahrgenommenen Gefahr vor dem Hintergrund des Kalten Krieges lag, sondern mindestens ebenso sehr an der moralischen Erschütterung und Orientierungslosigkeit infolge der Verbrechen des »Dritten Reiches«. Gerade in ihren Anfängen war die Gesellschaft der Bundesrepublik auf der Suche nach Sicherheit, und diese Suche bestimmte die politische, ökonomische und soziokulturelle Entwicklung im Westdeutschland jener Jahre.

Aber hat denn die Suche nach Sicherheit je aufgehört? Ist nicht Sicherheit der rote Faden durch die Geschichte der Bundesrepublik über alle Einschnitte von Kanzler- oder Regierungswechseln hinweg? Hinweg auch über jene Dekadengrenzen, die nicht selten den Rahmen zeithistorischer Studien bilden? Kann »Sicherheit«, wenn man sie als Geschichte und Gegenwart entscheidend beeinflussende Größe anerkennt, nicht neue Perspektiven auf die Geschichte der Bundesrepublik insgesamt eröffnen – und dies sogar über die Epochenschwelle von 1989/90 hinweg? Da ist zunächst das Sicherheitsstreben der 1950er Jahre, wie es in Adenauers Rundfunkansprache angesichts der erwarteten und dann ausbleibenden Katastrophe zum Ausdruck kommt. Da ist die Hoffnung, ja der Glaube an die Sicherheit von Wachstum und Fortschritt, der die 1960er und frühen 1970er Jahre prägte. Da sind die siebziger Jahre, in denen die Zukunftssicherheit erschüttert wird, die sich aber auch als Jahrzehnt der »inneren Sicherheit« fassen lassen. Selbst für die 1980er Jahre können wir wichtige Entwicklungen unter dem Paradigma der Sicherheit herausstellen, nicht zuletzt die internationale Sicherheitspolitik im Zeichen von NATO-Nachrüstung und Friedensbewegung und deren Auswirkungen auf die deutsche Gesellschaft. Die deutsche Vereinigung und ihre Folgen haben dann nicht nur die Ostdeutschen verunsichert, sondern brachten auch in den »alten« Bundesländern gewachsene Sicherheiten ins Wanken. In einem völlig veränderten internationalen Umfeld musste sich deutsche Politik neu orientieren, Rahmenbedingungen, die über Jahrzehnte Sicherheit – auch als politische Handlungssicherheit – geboten hatten, existierten von einem Tag auf den anderen nicht mehr.

Sicherheit war in der Geschichte der Bundesrepublik stets ein Ziel jenseits des Handelns der Regierung und jenseits der gesellschaftlichen Erwartung an die Politik. Sicherheit bildete – und das tut sie immer noch – einen umfassenden soziokulturellen Orientierungshorizont. Da dies auf alle modernen und hochkomplexen industriellen beziehungsweise postindustriellen Gesellschaften zutrifft, könnte die international verbreitete gesellschaftliche Wertbesetzung der Vokabel »Sicherheit« auf ein strukturelles Problem moderner Gesellschaften hindeuten, ein Problem, so hat der Soziologe Franz-Xaver Kaufmann schon vor über 30 Jahren festgestellt, »dessen Name ›Unsicherheit‹ freilich ebenso schillernd ist wie die geforderte ›Sicherheit‹«.[28] Die Idee der Sicherheit unterliegt einem permanenten Wandel. Sicherheitsbegriffe und Sicherheitsverständnisse verändern sich mit ihren politischen und sozialen Kontexten, und so hat die Bundesrepublik seit ihrer Gründung ganz unterschiedliche Sicherheitsdiskurse erlebt.[29] Sicherheit ist also eine zutiefst historische Kategorie, die Aufschluss verspricht über den geschichtlichen Wandel, der mit der Veränderung von Sicherheitsbedürfnissen und dem damit korrespondierenden Sicherheitsbewusstsein eng verschränkt ist.

Anthropologisch oder psychologisch wird Sicherheit immer wieder als ein Grundbedürfnis des Menschen bezeichnet und rückt damit in die Nähe anderer Grundbedürfnisse wie Nahrung, Schlaf und Fortpflanzung.[30] Man sucht Sicherheit vor einer Bedrohung, vor persönlichen oder kollektiven Gefährdungen, etwa soziale Sicherheit bei Krankheit, Schutz vor den Unsicherheiten des Arbeitsmarkts oder des Alters, Sicherheit vor technischen Risiken – Verkehrssicherheit oder Reaktorsicherheit – und nicht zuletzt innere und äußere Sicherheit, für die die staatliche Sicherheitspolitik zu sorgen hat. Das offenbart die vielen Dimensionen von Sicherheit und – auf der Kehrseite der Medaille – von Unsicherheit. Da diese sich immer wieder verändern und neue Hierarchien bilden, stellt Sicherheit letztlich ein soziokulturelles Wertsystem dar, vergleichbar den Wertsystemen »Freiheit« und »Gerechtigkeit«.[31] Der Staatsrechtler Josef Isensee entwickelte Anfang der 1980er Jahre sogar ein »Grundrecht auf Sicherheit«.[32] Gerade die Spannung zwischen diesen Grundrechten und Grundwerten, besonders zwischen Freiheit und Sicherheit, ist uns nach dem 11. September 2001 deutlicher als je zuvor ins Bewusstsein gerückt und damit zum wichtigen historischen Thema geworden.[33]

Die Geschichte von Sicherheitsvorstellungen, von Sicherheitsbewusstsein und Sicherheitswahrnehmung ist immer auch die Geschichte von Zukunftsvorstellungen, von Zukunftsbewusstsein und Zukunftserwartung. Denn Sicherheit bedeutet die Vorstellung einer Zukunft, in der nicht alles möglich ist, in der nicht alles passieren kann, die Vorstellung einer Zukunft, die vielmehr festgelegt und bestimmt ist.[34] Das Streben nach Sicherheit zielt darauf, die Offenheit der Zukunft einzuschränken. Es zielt darauf, jenes Auseinandertreten von »Erfahrungsraum« und »Erwartungshorizont« zu überwinden, das nach Reinhart Koselleck das Neue an der Neuzeit ausmacht und insbesondere seit den grundstürzenden Entwicklungen und Umbrüchen in der Folge der Französischen Revolution die Menschen zutiefst verunsichert hat.[35]

Die Unsicherheitserfahrungen haben sich in den letzten Jahren verstärkt. Aus diesem Grund ist das Wort Sicherheit ins Zentrum der politischen Gegenwartssprache gerückt. »Die schwarze Wand der Zukunft« rückt näher, hat Hermann Lübbe einmal formuliert.[36] Zukunft ist weniger denn je kalkulierbar. Im Zeitalter globaler Information wachsen Unsicherheiten, weil Handlungsräume und Handlungsmöglichkeiten nicht mehr mit Informationsräumen und Informationsmöglichkeiten übereinstimmen. Wir wissen, was alles passieren könnte, weil wir wissen, dass es passiert.[37] Die Menschen werden dennoch nicht aufhören, sich nach Sicherheit zu sehnen, nach jenem »Traumschloss«, wie es Stefan Zweig genannt hat.[38] So bietet die Suche nach Sicherheit für den Historiker ein Thema mit reichem Erkenntnispotential, und sie ermöglicht einen neuen, freien Blick auf die sechzigjährige Geschichte der Bundesrepublik Deutschland.

Freiheit und Sicherheit

Die Bundesrepublik im 20. Jahrhundert

TEIL I

Ende und Anfang
1945 – 1949

Ein Land in Trümmern

Die Niederlage war eine Befreiung. Doch in ihr steckte nicht der Keim des Neubeginns. Es führte kein direkter Weg vom 8. Mai 1945, dem Tag der deutschen Kapitulation, zum 23. Mai 1949, dem Gründungstag der Bundesrepublik, an dem das Grundgesetz verkündet wurde. Die Versuchung ist groß, die Geschichte der Besatzungszeit, jener Jahre zwischen Ende und Anfang, als eine Aufstiegs-, eine Wiederaufstiegsgeschichte zu erzählen, die sich dann trefflich mit der Erfolgsgeschichte der Bundesrepublik seit 1949 verbindet. Eine solche Erzählung wird jedoch den Erfahrungen der Menschen und ihren Wahrnehmungen in jener Zeit nicht gerecht. Erst in der Retrospektive und mit wachsender Distanz wurde es möglich, das Ende als Anfang zu betrachten, als den Beginn von etwas Neuem, den Beginn vor allem eines neuen, eines anderen Deutschland. »Das Dritte Reich bringt sich um, doch die Leiche heißt Deutschland«, notierte Erich Kästner am 27. Februar 1945 in seinem Tagebuch.[1] Das Ende Deutschlands – *finis Germaniae* – schien gekommen .

In der Tat war Deutschland 1945 nur noch ein geographischer Begriff. Das Deutsche Reich, der 1871 in Versailles gegründete deutsche Nationalstaat, war untergegangen. Mit ihrer »Berliner Erklärung« vom 5. Juni 1945 hatten die Alliierten die oberste Regierungsgewalt in Deutschland übernommen. Eine deutsche Staatlichkeit existierte nicht mehr. Die »deutsche Katastrophe« (Friedrich Meinecke) verband sich aber nicht nur mit dem Jahr 1945 und dem Untergang des Staates. 1945 war ohne 1933 nicht denkbar. Vom ersten Tag der nationalsozialistischen Machtübernahme an walteten in Deutschland Unterdrückung, Verfolgung und Terror. Und vom ersten Tag an arbeitete das nationalsozialistische Regime auf einen Krieg hin, der schließlich ganz Europa verwüstete. Der durch das »Dritte Reich« entfesselte Zweite Weltkrieg war ein rassenideologisch determinierter Vernichtungskrieg, den nicht nur die SS, sondern auch die Wehrmacht insbesondere im

Osten Europas führte. Gleichzeitig wurden in Auschwitz und den anderen deutschen Vernichtungslagern Millionen von Juden, aber auch Sinti und Roma Opfer eines in der Geschichte der Menschheit beispiellosen technisch-industriellen Genozids. Dieser Völkermord dauerte bis in die letzten Kriegswochen an. Bis 1945 wurden in deutschen Konzentrationslagern systematisch Menschen ermordet. Erst am 27. Januar 1945 befreite die Rote Armee Auschwitz, am 15. April erreichten britische Truppen das Lager Bergen-Belsen, am 29. April 1945 amerikanische Einheiten das KZ Dachau, das erste nationalsozialistische Konzentrationslager. Von den deutschen Gräueltaten hatten die Soldaten bereits erfahren. Doch die Bilder, die sich ihnen in den befreiten Lagern boten, überstiegen jede Vorstellungskraft. Ausgemergelte, bis auf die Knochen abgemagerte, kranke und völlig erschöpfte Gefangene reckten den Befreiern ihre Hände entgegen. Die Bilder von Bergen-Belsen gingen um die Welt. Auf dem Lagergelände türmten sich Leichenberge, ein grauenhafter Anblick. Diese Bilder sollten die Deutschen nie mehr loslassen. Was für ein Volk war das, das zu solchen Verbrechen in der Lage war!

Der Hass und die Gewalt, mit denen die Deutschen ganz Europa überzogen hatten, schlugen nun auf sie zurück. Plündernd, vergewaltigend und mordend rückten sowjetische Soldaten auf Berlin vor. Sie wollten sich rächen für das ungeheure Leid, das die Deutschen ihrem Volk angetan hatten und das kaum eine Familie verschont hatte, rächen für die Zerstörung ihres Landes. Stalin und die Führung der sowjetischen Streitkräfte machten aus diesem Rachedurst ihrer Soldaten in der letzten Kriegsphase die entscheidende Triebkraft der Roten Armee. Die nach Westen vorrückenden Truppen trieben seit dem Herbst 1944 eine immer größer werdende Welle deutscher Flüchtlinge aus dem Osten des Reiches vor sich her. Viele dieser Flüchtlinge fanden dabei den Tod. Flüchtlingstrecks, Gefangene der Konzentrationslager, die in »Todesmärschen« evakuiert wurden, und versprengte Truppenteile der Wehrmacht, sie alle waren damals auf dem Weg nach Westen. Das »Dritte Reich« befand sich in Auflösung, doch die Gefangenenkolonnen bezeugen, dass das Terrorregime bis in die letzten Tage des Krieges andauerte. Bis kurz vor Kriegsende wurden Deserteure hingerichtet, Tausende von Menschen fielen den so genannten Endphasenverbrechen zum Opfer, sinnlos befahlen fanatisierte Militärkommandeure die Verteidigung von Städten – die damit völliger Zerstörung preisgegeben wurden –, und im Volkssturm, Hitlers letztem Aufgebot, ließen Kinder ihr Leben für Führer und Vaterland.

Zwölf Jahre der Indoktrination zeigten in der letzten Kriegsphase ihre Wirkung. Die Angst vor dem Schicksal, das Deutschland im Falle einer Niederlage angeblich drohte, war bereits ein wirksames Mittel gewesen, die Deutschen nach der verlorenen Schlacht von Stalingrad Anfang 1943 für den totalen Krieg zu mobilisieren. In der Propaganda spielten indes nicht nur die heranrückende Rote Armee und das Schreckgespenst des Bolschewismus eine Rolle, sondern auch der Morgenthau-Plan. Das Memorandum, das der amerikanische Finanzminister Henry Morgenthau im Herbst 1944 Präsident Roosevelt vorgelegt hatte, sah die völlige Deindustrialisierung Deutschlands und seine Umwandlung in ein Agrarland vor, um – anders als nach dem Ersten Weltkrieg – ein Wiedererstarken Deutschlands und einen neuen Krieg zu verhindern.[2] Diese Überlegungen entstanden unter dem Eindruck der deutschen Kriegs- und Menschheitsverbrechen, deren ganzes Ausmaß seit 1944 immer deutlicher wurde. Doch Morgenthaus Kurs konnte sich in Washington nicht durchsetzen. Humanitäre Gründe trugen dazu genauso bei wie die Einsicht, dass ohne das deutsche Kraftzentrum die gesamte europäische Wirtschaft zusammenbrechen und ein deindustrialisiertes Deutschland nicht in der Lage sein würde, Reparationsleistungen zu erbringen. Die Siegermächte wollten das deutsche Volk weder vernichten noch in die Sklaverei stürzen, hieß es im Abschlusskommuniqué der Potsdamer Konferenz im Sommer 1945, vielmehr wolle man ihm die Möglichkeit geben, sich für ein Leben auf demokratischer und friedlicher Grundlage vorzubereiten: »Wenn die eigenen Anstrengungen des deutschen Volkes unablässig auf die Erreichung dieses Ziels gerichtet sein werden«, so hieß es in der Erklärung, »wird es ihm möglich sein, zu gegebener Zeit einen Platz unter den freien und friedlichen Völkern der Welt einzunehmen.«[3]

Als die Wirkung von Goebbels' Propaganda nachließ und den Deutschen allmählich das ganze Ausmaß der deutschen Verbrechen und damit der deutschen Schuld bewusst wurde, konnten viele an eine solche zweite Chance kaum glauben, zu schrecklich waren die Bilder von Bergen-Belsen, in denen die unvorstellbaren nationalsozialistischen Verbrechen offenbar wurden. Man konnte nun nicht mehr die Augen verschließen vor dem, was man nicht hatte wissen wollen: von der Verfolgung politischer Gegner, von der Entrechtung, Diskriminierung und schließlich dem Abtransport der Juden. Viele Deutsche hatten der nationalsozialistischen Politik zugestimmt, nicht wenige hatten – etwa im Zuge der »Arisierung« jüdischen Vermögens[4] – von ihr profitiert. Viele Soldaten hatten berichtet, was an der Ostfront geschah, und nicht wenige Wehrmachtsangehörige waren an den Verbrechen beteiligt gewesen. Auf die Frage nach dem Schicksal der abtransportierten Juden, darunter Freunde und Nachbarn, wussten die meisten Deutschen lange vor 1945 die Antwort. Mühe musste aufwenden, wer nichts wissen wollte, denn das Unrecht und das Grauen waren nicht zu übersehen.[5]

Dies alles stand den Deutschen vor Augen, als am 8. Mai 1945 der Krieg zu

Ende war und die Alliierten die Herrschaft über Deutschland übernahmen. Die Deutschen hatten den Krieg verloren und waren dadurch befreit worden, sie wussten, welche Schuld das deutsche Volk auf sich geladen hatte, und suchten ihr zugleich zu entkommen, sie verzweifelten an der moralischen und materiellen Zerstörung, die sie umgab, und spürten trotz Trümmern und Elend neue Hoffnung keimen. Von der »tragischsten und fragwürdigsten Paradoxie« der deutschen Geschichte sprach Theodor Heuss 1949 im Parlamentarischen Rat. »Erlöst und vernichtet in einem« seien die Deutschen 1945 gewesen,[6] erschüttert, verunsichert, ratlos und ohne Orientierung. Gab es einen Weg aus dem Abgrund, in den man gestürzt war? Konnte der christliche Glaube Halt bieten? Konnten die Ideale des Humanismus und der Weimarer Klassik helfen, neue Hoffnung zu stiften? Friedrich Meinecke, der greise liberale Historiker, rief zur Bildung von »Goethegemeinden« auf; der deutsche Staat sei zerschlagen, der Staatsgedanke pervertiert, der deutsche Geist aber unzerstörbar.[7] Lag die Zukunft jenseits der Nation, lag sie in Europa? Aber wie konnte man auf Europa hoffen, dessen Völker doch zum zweiten Mal innerhalb weniger Jahrzehnte die Verheerungen eines von Deutschland begonnenen Krieges hatten erleiden müssen? Nur ein Emigrant wie Thomas Mann konnte von einem »europäischen Deutschland« reden, ohne dass es in Frankreich, den Niederlanden, Skandinavien oder Polen als Drohung empfunden wurde.[8]

Der Krieg und die nationalsozialistische Gewaltherrschaft hatten unermessliches Leid über die Menschen gebracht. Weltweit waren 55 Millionen Menschen ums Leben gekommen, davon allein in der Sowjetunion 20,6 Millionen. In Deutschland hatte der Krieg über 7 Millionen Menschen das Leben gekostet, darunter 4,5 Millionen Soldaten. Unter den zivilen Opfern stellten Flüchtlinge mit etwa 2 Millionen Toten die größte Gruppe, hinzu kamen rund 400 000 Opfer des Bombenkriegs, aber auch die 165 000 ermordeten deutschen Juden und die rund 100 000 Opfer weltanschaulicher und politischer Verfolgung.[9] Als der Krieg zu Ende war, war Deutschland verwüstet, seine Städte glichen Trümmerlandschaften. Die Versorgung mit Lebensmitteln und Trinkwasser war vielerorts völlig zusammengebrochen, die Industrieproduktion war zum Erliegen gekommen, das Verkehrssystem zum Stillstand. Menschenmassen waren in Bewegung: Flüchtlinge, Soldaten, Evakuierte und Millionen von *Displaced Persons* (DPs), Menschen nichtdeutscher Staatsangehörigkeit, die sich in der Folge des Krieges in Deutschland befanden, darunter Zwangsarbeiter, KZ-Häftlinge und politisch Verfolgte aus den Ländern, die nun unter kommunistische Herrschaft gerieten. Die »große Wanderschaft« (Marie Luise Kaschnitz) erstreckte sich über den gesamten europäischen Kontinent, das Zentrum war Deutschland.

Sicher, der Krieg war zu Ende. Das sinnlose Sterben hörte auf. Der Terror der Diktatur war vorüber. Im Führerbunker in Berlin hatte Hitler am 30. April 1945 feige Selbstmord begangen. Erleichtert atmeten die Menschen auf. Eine junge Hamburgerin notierte Anfang Mai in ihrem Tagebuch: »War das eine herrliche Nacht!! Ich schlief so selig, dass ich immer nur dachte: ›Hitler tot, Nazis tot! Hitler und die Nazis tot!‹ Und heute morgen dann ging es zur Schule. Auf dem Weg zum Borgweg hielt ich Ausschau, ob man noch Parteiabzeichen erblicken kann. Keines, wohin das Auge auch sah. Seltsam, kein Mensch weinte oder sah auch nur traurig aus, obwohl doch der geliebte, verehrte Führer, in dem die Vollidioten fast einen Gott sahen, nicht mehr lebte und die Knute aus der Hand legen musste.«[10] In den täglichen Kampf ums Überleben, der alle verbliebenen Kräfte erforderte und den Alltag der Menschen bestimmte, mischte sich wieder ein Funken Hoffnung.

Viele Städte waren zerbombt, Großstädte wie Berlin, Hamburg, Köln oder Frankfurt dem Erdboden gleichgemacht. Noch in den letzten Kriegsmonaten wurden Dresden und Würzburg ausradiert, historische Stadtanlagen, Kirchen und Paläste völlig zerstört. Was über Jahrhunderte von Generationen aufgebaut worden war, lag nun in Trümmern. »Dazu brauchte Hitler 12 Jahre Zeit«, stand in großen Lettern auf den Resten einer Hausfront in Berlin-Wilmersdorf. Der Bombenkrieg hatte die Deutschen schrecklich heimgesucht: 3,6 Millionen Wohnungen waren zerstört, 7,5 Millionen Menschen obdachlos geworden und Hunderttausende bei Bombenangriffen umgekommen. Doch nichts führte an der Einsicht vorbei, dass man dieses Elend selbst herbeigeführt hatte. Ausgebombte, Flüchtlinge und Evakuierte hausten unter primitivsten Bedingungen in Notquartieren, in Kellern, notdürftig zusammengezimmerten Hütten oder Massenunterkünften. Privatheit oder Intimität waren hier Fremdworte. Wie Ameisen auf einem riesigen Schutthaufen wirkten die Menschen, die ohne technisches Gerät an die Aufräumungsarbeiten gingen. Vor allem die »Trümmerfrauen« haben ihren Platz im kollektiven Gedächtnis der Deutschen gefunden. Da die Männer erst allmählich aus der Kriegsgefangenschaft zurückkehrten, viele erst nach Jahren, war es Frauen, Kindern und Alten überlassen, die Trümmer zu beseitigen.

Die Ernährungslage war katastrophal, am schlimmsten in den Städten. Es fehlte am Allernotwendigsten, an Brot, Kartoffeln, ja selbst sauberes Trinkwasser war rar. Obwohl in den Besatzungszonen schon bald Versorgungsämter ihren Dienst aufnahmen und Lebensmittelkarten verteilten, konnte eine ausreichende Ernährung über Jahre nicht gesichert werden. In der Zeit der »Rationen-Gesellschaft« (Rainer Gries) wurde Hunger zur kollektiven Grunderfahrung. Manche kamen auf nicht mehr als 800 bis 1000 Kalorien täglich. Das lag weit unter der als lebensnotwendig festgesetzten Grenze von 1550 Kalorien und erst recht unter den etwa 3000 Kalorien, die ein körperlich aktiver, arbeitender Mensch täglich braucht. In Scharen zogen die hungernden Städter aufs Land, wo es etwas besser aussah, und suchten von den Bauern durch Tausch oder auch durch Betteln Lebensmittel zu erhalten. Kaufen konnte man fast nichts mehr. Die Deutsche Reichsmark war wertlos. Der Schwarzmarkt blühte, wo man außerhalb des Systems der Bezugsscheine einen regen Tauschhandel betrieb.[11] Zur Ersatzwährung, insbesondere in den Westzonen, wurden Zigaretten, für die es nicht nur Lebensmittel, sondern auch Medikamente und Kleidung gab. Der Schwarzhandel, an dem sich auch Angehörige der Besatzungsmächte beteiligten, war kriminell und offiziell verboten, aber überlebensnotwendig. Moralvorstellungen und Normen schienen außer Kraft gesetzt. Kardinal Joseph Frings zeigte Verständnis dafür, dass die hungernden und frierenden Menschen in ihrer Not raubten, was sie zum Überleben brauchten und anderweitig nicht bekamen, weshalb man den Kohlenklau im Rheinland bald als »Fringsen« bezeichnete. Von amerikanischen oder englischen Soldaten erhielten deutsche »Fräuleins« Zigaretten oder andere begehrte Waren; die Grenze zwischen Liebschaft und Prostitution war fließend.

Die Alliierten und die Deutschen

Den Alliierten war klar, dass sie die Ernährungs- und Versorgungslage stabilisieren mussten, wenn sie nicht ein massenhaftes Aufbegehren der Deutschen gegen die Besatzungsherrschaft riskieren wollten. Trotz der »totalen« Kriegsanstrengung war die Ernährungslage in Deutschland in den letzten Kriegsjahren zwar nicht gut, aber doch deutlich besser gewesen als nach Kriegsende. Vor allem die USA transportierten deshalb gewaltige Lebensmittelmengen in ihre Zone. Die Hilfsorganisation CARE verteilte Pakete mit Konserven und Milchpulver, die die Not zu lindern halfen. Diese Hilfsleistungen verstärkten den Eindruck vom »freundlichen Feind«, den die Amerikaner seit Herbst 1944, als erste US-Truppen die deutsche Reichsgrenze überschritten hatten, bei der deutschen Bevölkerung hervorriefen.[12] Sie entsprachen so gar nicht dem Schreckbild, das die NS-Propaganda gezeichnet hatte. Der schwarze GI, der aus seinem Jeep Schokolade oder Kaugummi an Kinder verteilt, ist ein weit verbreitetes Klischee, das jedoch auf Erlebnissen und Begegnungen beruht, die die Deutschen in den ersten Monaten der Besatzung zu Hunderttausenden machten. In ihrer Art und Weise sich zu kleiden – selbst in Uniform –, sich zu bewegen und zu sprechen, aber auch mit ihrer Musik präsentierten die amerikanischen Soldaten ein Bild des »American Way of Life«, der sich gerade in den Augen der Jüngeren wohltuend vom deutschen Habitus unterschied. Und die Lebensmittel und Versorgungsgüter, die die Soldaten mitbrachten oder die in CARE-Paketen geliefert wurden, vermittelten den Deutschen eine Vorstellung vom Wohlstand der amerikanischen Konsumgesellschaft und von der Dynamik dieser Nation. So öffneten deutsche Niederlage und amerikanischer Sieg die Tore zu einer umfassenden Amerikanisierung der (west-)deutschen Gesellschaft, die schon bald weite Bereiche des Alltagslebens und der Populärkultur erfasste, aber auch Voraussetzungen schuf für eine allmähliche Veränderung, eine Verwestlichung der politischen und gesellschaftlichen Ordnungsvorstellungen der Deutschen.[13]

Der Eindruck, dass die USA ein »freundlicher Feind« seien, war entscheidend für den Erfolg der amerikanischen Demokratisierungspolitik, für die schon rasch einsetzende politische und soziale Umgestaltung zunächst in der US-Zone, später in Westdeutschland insgesamt. Wie anders sah es hingegen in der sowjetischen Besatzungszone aus. Die Rote Armee war kein freundlicher Feind, sie konnte es nach dem Vernichtungskrieg, mit dem Deutschland die UdSSR überzogen hatte, auch nicht sein. Zudem fehlten der völlig zerstörten und durch den Krieg erschöpften Sowjetunion im Gegensatz zu den Westmächten die Mittel, zur Ernährung der ostdeutschen Bevölkerung beizutragen. Die Sowjets haben ihre Zone geradezu ausgeplündert, um den Wiederaufbau in der Heimat zu bewerkstelligen. Unter solchen Begleitumständen setzte in der Sowjetischen Besatzungszone (SBZ) im Sommer 1945 die kommunistische Umgestaltung ein. Mit Gewalt, mit neuem Terror und neuer Unterdrückung machten sich sowjetische Besatzungsmacht und deutsche Kommunisten an die Errichtung einer politischen, ökonomischen und gesellschaftlichen Ordnung nach sowjetischem Muster. Die Brutalität der Transformation in der SBZ wirkte zurück auf das Verhältnis der Westdeutschen zu den Westmächten, den USA vor allem, deren Besatzungspolitik sich von der sowjetischen so grundlegend unterschied. Damit war das Fundament gelegt für die spätere Westbindung im Zeichen des Kalten Krieges.

Die Aufteilung Deutschlands in vier Zonen und die Aufteilung Berlins in vier Sektoren erfolgte im Zuge der Besatzung. An die Bildung zweier deutscher Staaten dachte man dabei nicht. Die Regierungsgewalt für ganz Deutschland übernahm der Alliierte Kontrollrat in Berlin. Auch auf der Potsdamer Konferenz war immer wieder von »Deutschland als Ganzem« die Rede. Ihre Potsdamer Beschlüsse stellten die Alliierten unter den Vorbehalt eines Friedensvertrags, der in absehbarer Zeit mit einer gesamtdeutschen Regierung abgeschlossen werden sollte. Dazu ist es nach der Verschärfung des Ost-West-Konflikts und der scharfen Trennung

Deutschlands in West und Ost seit 1947 nicht gekommen. Erst der »Zwei-plus-Vier«-Vertrag von 1990 schrieb schließlich den 1945 entstandenen territorialen Status quo fest. Ob ein Friedensvertrag die territorialen Regelungen von Potsdam revidiert hätte, gilt als höchst unwahrscheinlich. Großbritannien und Frankreich stimmten in Potsdam der Westverschiebung Polens bis an die Oder-Neiße-Linie zu. Die deutschen Gebiete östlich dieser Linie, darunter Schlesien, Pommern und das südliche Ostpreußen, kamen unter polnische Verwaltung. Die Sowjetunion selbst erhielt das nördliche Ostpreußen mit Königsberg. Mit den baltischen Staaten und dem östlichen Teil Polens sicherte sie sich überdies jene Territorien, die ihr bereits im Hitler-Stalin-Pakt von 1939 zugefallen waren.

Die deutsche Bevölkerung der Ostgebiete sollte, so das Potsdamer Protokoll, auf »ordnungsgemäße und humane« Art in den Westen übergesiedelt werden. Mit diesem Beschluss ging die Flucht der Ostdeutschen vor der Roten Armee in eine zum Teil brutale Vertreibung der Deutschen aus ihren ehemaligen Siedlungsgebieten über. Das betraf nicht nur die nunmehr polnischen oder sowjetischen Gebiete, sondern auch die Tschechoslowakei und Ungarn. Über 10 Millionen Deutsche wurden in den ersten Jahren nach dem Krieg vertrieben und gelangten in die vier deutschen Besatzungszonen, wo sie sich unter Mühen in den kommenden Jahren eine neue Existenz aufbauten. Die Notlage in den Besatzungszonen, die Lebensmittelknappheit und der Mangel an Wohnraum sowie kulturelle Vorbehalte haben die Integration der Flüchtlinge und Vertriebenen nicht befördert. Viele der Vertriebenen blieben über Jahre, manche für immer Fremde im eigenen Land.

In Potsdam verständigten sich die Sieger zudem auf vier Grundsätze – die »vier Ds« – ihrer Besatzungspolitik: Demilitarisierung, Denazifizierung, Demokratisierung und Dekartellisierung. Mit diesen Imperativen reagierten sie nicht nur auf den von Deutschland begonnenen Krieg und die nationalsozialistische Diktatur, sondern versuchten zugleich die nach ihrer Einschätzung historisch viel weiter zurückreichenden Ursachen zu bekämpfen, die Gewaltherrschaft und Krieg erst möglich gemacht hatten. Doch welche konkreten Absichten und Konzeptionen standen hinter den »vier Ds«? Schon bald wurde deutlich, dass es sich um reine Formelkompromisse handelte, hinter denen sich in West und Ost ganz unterschiedliche, zum Teil geradezu gegenläufige politische und ideologische Vorstellungen verbargen. So folgte die politische, soziale und wirtschaftliche Umgestaltung in den einzelnen Besatzungszonen zwar dem Buchstaben nach den Potsdamer Maximen, tatsächlich aber liefen die Entwicklungen in ganz unterschiedliche Richtungen. Während in der sowjetischen Zone eine Volksdemokratie nach sowjetischem Vorbild errichtet wurde und damit eine Einparteiendiktatur, folgten die

Demokratisierungsmaßnahmen im Westen der Idee der liberalen, pluralistischen Demokratie. Während in der SBZ nach marxistisch-leninistischer Ideologievorgabe Großgrundbesitzer und Industrie enteignet und eine Planwirtschaft aufgebaut wurde, ging es den westlichen Besatzungsmächten um die Errichtung einer marktwirtschaftlich-kapitalistischen Ordnung.

Kriegsverbrecherprozesse und Spruchkammern

»Zwei Bilder liefern den dramatischen Beweis, dass die Alliierten den Krieg gewonnen haben. Zum einen das Panorama der in Asche gelegten Städte, zum anderen das Tableau der mit Nazi-Gefangenen besetzten Anklagebänke im flutlichterhellten Saal des Kriegsverbrechergerichts von Nürnberg.«[14] Das von den Alliierten eingerichtete Internationale Militärtribunal (IMT) folgte dem Potsdamer Imperativ der Denazifizierung und brachte darüber hinaus den Willen der internationalen Staatengemeinschaft zum Ausdruck, die Verantwortlichen für historisch beispiellose Staatsverbrechen persönlich zur Rechenschaft zu ziehen. Insofern ist der Internationale Militärgerichtshof in Nürnberg nicht nur eine wichtige Etappe der juristischen Auseinandersetzung mit dem Nationalsozialismus und der alliierten Besatzungsherrschaft in Deutschland nach 1945, sondern zugleich ein Meilenstein in der Entwicklung des Völkerstrafrechts, die Jahrzehnte später vor dem Hintergrund der Jugoslawien-Kriege und der Errichtung eines permanenten Internationalen Strafgerichtshofs 1998 ihren vorläufigen Höhepunkt fand.[15] Dass in Nürnberg verhandelt wurde, hatte in erster Linie praktische Gründe. Es gab dort einen intakten großen Gerichtssaal und ein Grand Hotel für die Angehörigen des Tribunals und den internationalen Pressetross. Für Nürnberg sprachen aber auch symbolische Gründe: Als Ort der Reichsparteitage war die fränkische Stadt eine exponierte Stätte der nationalsozialistischen Bewegung, und in den dort erlassenen »Nürnberger Gesetzen« von 1935 offenbarte sich die rassistische Menschenverachtung des Regimes in ihrer ganzen Tragweite.

Der Prozess gegen die Hauptkriegsverbrecher begann am 20. November 1945. Auf der Anklagebank saßen 21 führende Repräsentanten des »Dritten Reiches«, die sich nicht wie Hitler, Himmler oder Goebbels durch Selbstmord oder durch Flucht der Verantwortung für ihre Verbrechen entzogen hatten. Der höchstrangige und zugleich prominenteste Angeklagte war zweifellos Hermann Göring. Die Taten, die den Angeklagten zur Last gelegt wurden, waren Kriegsverbrechen, Verbrechen gegen den Frieden (also die Planung, Vorbereitung und Durchführung eines

Angriffskrieges) und Verbrechen gegen die Menschlichkeit, allesamt völkerstraf-rechtliche Tatbestände, die – wie der Begriff der »verbrecherischen Organisation«, angewandt auf SA, SS und Wehrmacht – eigens für den Nürnberger Prozess ge-schaffen wurden. Das verstieß zwar gegen etablierte Rechtsprinzipien, aber die Di-mension der Verbrechen und der Wille, das Unrecht zu ahnden, ließen die Alliier-ten diesen Makel in Kauf nehmen. Der Prozess dauerte fast ein Jahr. Zwölf Ange-klagte wurden am 30. September 1946 zum Tode verurteilt und wenig später hingerichtet, Göring entzog sich dem Tod durch den Strang durch Selbstmord. Dem Hauptkriegsverbrecherprozess schlossen sich in den folgenden Jahren (zwi-schen Dezember 1946 und April 1949) zwölf Nachfolgeprozesse an, in denen wich-tige Funktionseliten des »Dritten Reiches« aus Verwaltung, Justiz, Militär und Industrie auf der Anklagebank saßen. Im »Ärzteprozess« ging es nicht zuletzt um die Menschenversuche an KZ-Insassen oder Kriegsgefangenen und um die Euthanasieverbrechen.[16]

Der Hauptkriegsverbrecherprozess stieß in der deutschen Öffentlichkeit zu-nächst auf große Aufmerksamkeit, doch das Interesse erlosch, je mehr sich das schiere Ausmaß der Verbrechen abzeichnete und klar wurde, dass solche Verbre-chen nicht von einigen wenigen Individuen an der Spitze von Staat, Partei und Mi-litär exekutiert worden sein konnten. Immer lauter wurde vor diesem Hintergrund die deutsche Kritik an einer angeblichen »Kollektivschuldthese«, obwohl ein sol-cher Vorwurf in keinem schriftlichen Dokument der Alliierten je formuliert wor-den ist und die deutsche Kritik wohl eher den »Konstruktionen eines deutschen Kollektivbewusstseins – vulgo: dem schlechten Gewissen« entsprang.[17]

Schon unmittelbar nach Kriegsende setzte flächendeckend, wenn auch mit Unterschieden von Zone zu Zone, die Entnazifizierung ein. Ganz allgemein ging es dabei um die Entfernung von Nationalsozialisten, den Millionen Mitgliedern der vielen nationalsozialistischen Organisationen, aus öffentlichen Ämtern, nicht zu-letzt aus der Verwaltung, aus Schulen und Universitäten. Auch dadurch sollte ver-hindert werden, dass der Nationalsozialismus noch einmal sein Haupt erhob, und zugleich wollte man eine Grundlage schaffen für den politischen Neuaufbau in Deutschland. Insofern gingen Entnazifizierung und die vor allem von den USA for-cierte Umerziehung Hand in Hand. In der SBZ war die Entnazifizierung integraler Bestandteil der Errichtung kommunistischer Herrschaft. Enteignungen und Zwangskollektivierungen fanden unter dem Dach der Entnazifizierung statt. Sie war auch ein willkommener Vorwand, wenn es galt, die Gegner der entstehenden Einparteiendiktatur zu verfolgen und auszuschalten. In »Speziallagern« kamen Tausende ums Leben.

In den Westzonen kollidierte die Entnazifizierungsabsicht mit dem Bedarf an Experten, auf die die Alliierten beim Wiederaufbau von Verwaltung und Infrastruktur angewiesen waren, sollte Deutschland nicht im Chaos versinken. Das führte schon früh zu Kompromissen und hatte zur Folge, dass viele mittlere Funktionsträger ungeschoren davonkamen und oftmals nach einer vorübergehenden Unterbrechung ihre Tätigkeit wieder aufnehmen konnten. Gerade die USA, die die Entnazifizierung in der Absicht begonnen hatten, eine umfassende personelle Säuberung durchzuführen, scheiterten schon bald an der Masse derjenigen, die der NSDAP oder einer ihrer Unterorganisationen angehört hatten. Die Millionen von Fragebogen mit ihren 132 Fragen zu bearbeiten und auszuwerten, verursachte einen solch enormen bürokratischen Aufwand, dass die amerikanischen Stellen bald überfordert waren. So übergab man in der US-Zone die Entnazifizierung schon im März 1946 an deutsche Stellen. Von da an hatten mit Deutschen besetzte Spruchkammern zu entscheiden, wer als Hauptschuldiger, als Belasteter, Minderbelasteter, Mitläufer oder Entlasteter zu gelten und entsprechende Sanktionen zu gewärtigen hatte. Die Spruchkammern entwickelten sich rasch zu »Mitläuferfabriken« (Lutz Niethammer), da sich die Deutschen mittels »Persilscheinen« gegenseitig weiß wuschen. »Säuberung und Rehabilitierung verschmolzen immer mehr zu einem Vorgang, bis schließlich die Rehabilitierung die Säuberung völlig überholte.«[18] Für nicht wenige schwer belastete NS-Täter wurde die Entnazifizierung auf diese Weise zur »Drehtür in ein neues Leben«.[19]

Nach den Zahlen fand die Entnazifizierung auch in der britischen und der französischen Besatzungszone faktisch schon in den späten 1940er Jahren ein Ende. Dazu trug die immer lauter werdende deutsche Kritik bei, die nach einem Schlussstrich verlangte und sich überdies dagegen wehrte, dass man angeblich die »Kleinen« aufhängte, während man die »Großen« laufen ließ. Dahinter schien ein Geschichtsbild auf, das die Verantwortung für den Nationalsozialismus und seine Verbrechen einem begrenzten Kreis von Spitzenrepräsentanten des Regimes zuwies, allen voran Adolf Hitler, und die deutsche Gesellschaft insgesamt aus der Verantwortung entließ. Im Zeichen des beginnenden und sich rasch verschärfenden Kalten Krieges verloren aber auch die Alliierten – in West und Ost – das Interesse an der Entnazifizierung, denn es wurde zunehmend wichtiger, die Deutschen im Ost-West-Konflikt auf die eigene Seite zu ziehen, statt sie durch die Konfrontation mit ihren Untaten oder gar durch Sanktionsmaßnahmen zu verprellen. Die Vergangenheitsverdrängung der 1950er Jahre war also in den Jahren der Besatzung längst angelegt.

Wiederbeginn des politischen Lebens

Die Kontrolle über Deutschland und die Deutschen bestimmte die Besatzungspolitik aller vier Siegermächte. In allen vier Besatzungszonen war der Aufbau politischer und administrativer Strukturen, der bereits 1945 einsetzte, von dieser Zielsetzung geleitet. Eine funktionierende deutsche Verwaltung, die mit den alliierten Militärregierungen kooperierte, war nötig, um der vielfältigen Probleme, die durch Krieg und Zusammenbruch entstanden waren, Herr zu werden. Verwaltungsstrukturen entstanden zum Teil schon bei der Besetzung und deutlich früher als Organe politischer Repräsentation. Die Spitzenposten der Verwaltung, zunächst auf Gemeinde- und Kreisebene, später auch auf Provinz- oder Länderebene, besetzten die Alliierten in den Westzonen nach »Weißen Listen«, die die Namen Unbelasteter enthielten. Nicht wenige Politiker der späteren Bundesrepublik, unter ihnen Konrad Adenauer als Oberbürgermeister von Köln, gehörten zu diesen Männern der ersten Stunde. An der Verwaltungsorganisation änderten die Alliierten nur wenig, die traditionellen deutschen Strukturen blieben weitgehend erhalten. In der SBZ folgte die Wiederbesetzung der Verwaltungspositionen dem Primat der kommunistischen Transformation; Führungskader deutscher Kommunisten und die Sowjetische Militäradministration (SMAD) kontrollierten die Besetzung der Stellen.

Zum Teil anknüpfend an existierende Verwaltungsstrukturen, zum Teil unter Berücksichtigung der Geographie der Besatzungszonen wurden in allen vier Zonen in den Jahren 1945/46 Länder geschaffen, zuletzt in der französischen. Dabei entstanden auch ganz neuartige Gebilde, etwa das Land Groß-Hessen in der amerikanischen Zone, zusammengesetzt aus dem »Volksstaat Hessen« und den ehemals preußischen Provinzen Kurhessen und Nassau. In der britischen Zone wurde 1946 aus der ehemaligen preußischen Provinz Westfalen und dem Nordteil der preußischen Rheinprovinz das Land Nordrhein-Westfalen gebildet. Auch Niedersachsen war eine neue territoriale Einheit. Östlich von Oder und Neiße standen die ehemals preußischen Gebiete nun unter sowjetischer und polnischer Verwaltung. Preußen, bis dahin das größte Land des Deutschen Reiches, das sich zuletzt von Aachen bis Königsberg erstreckt hatte, verteilte sich 1945 auf alle vier Besatzungszonen und existierte praktisch nicht mehr. Der faktischen Zerschlagung folgte 1947 die Auflösung des preußischen Staates durch die Alliierten. Das Kontrollratsgesetz 46 stellte schlicht fest, dass Preußen zu bestehen aufgehört habe. Das Ende Preußens, »seit jeher Träger des Militarismus und der Reaktion«, diene, so das Gesetz der vier Mächte, der »Wiederherstellung des politischen Lebens in Deutschland auf demokratischer Grundlage«.[20]

In der Bildung der Länder spiegelte sich in den westlichen Zonen die politische Absicht der Dezentralisierung. Das war keine prinzipielle Absage an einen nationalen Staat, aber der Wiederbeginn des politischen Lebens in Deutschland sollte sich von unten nach oben vollziehen und nicht umgekehrt (wie es trotz der Schaffung von Ländern in der sowjetischen Zone der Fall war). Das entsprach nicht nur organisatorischem Pragmatismus, sondern – am stärksten in der US-Zone – einem westlichen Verständnis von Demokratie sowie Gesellschafts- und Staatsaufbau, das vom Einzelnen und seinen individuellen Rechten und Freiheiten ausging, aus denen heraus sich – von unten nach oben – die Strukturen und Institutionen eines demokratischen Staates entwickeln sollten. In diesem Geiste war die Direktive der amerikanischen Militärregierung vom 6. August 1945 verfasst, die den Wiederaufbau des politischen Lebens in der US-Zone regelte. Die Bildung von Parteien und die Begründung einer freien Presse, zwei Grundpfeiler einer demokratischen Gesellschaft, standen dabei im Zentrum. Über die Zulassung von Parteien und Gewerkschaften sowie Presselizenzen entschied freilich die Besatzungsmacht. Die ersten Wahlen politischer Vertretungskörperschaften fanden auf kommunaler Ebene statt, in den Städten, Gemeinden und Landkreisen, am frühesten in der amerikanischen Zone. 1946 und 1947 folgten Landtagswahlen beziehungsweise Wahlen zu den verfassunggebenden Versammlungen der Länder der drei westlichen Zonen.

Die von den Besatzungsmächten zugelassenen Parteien und Verbände traten im Wiederaufbau des politischen Lebens rasch an die Stelle der Antifaschistischen Ausschüsse und Vereinigungen, die sich vielerorts in der Schlussphase des Krieges beziehungsweise unmittelbar nach Kriegsende gegründet und mit Vertretern der Kirchen Keimzellen neuen politischen Lebens gebildet hatten. Ihre Stelle nahmen – von den Alliierten mit Argusaugen überwacht – bald politische Parteien ein. Die bürgerlich-konservative CDU, in Bayern die CSU, war als überkonfessionelle christliche Volkspartei ein Novum in der deutschen Parteiengeschichte. Sie stand in der Tradition der Zentrumspartei, deren politischen Katholizismus sie gleichwohl überwinden wollte. Noch lange war die Union, wie man die Partei schon früh nannte, von tiefen Gräben durchzogen nicht nur zwischen Katholiken und Protestanten, sondern auch zwischen Anhängern eines »christlichen Sozialismus«, wie er sich noch im Ahlener Programm der CDU von 1947 wiederfand, und Vertretern einer marktwirtschaftlichen Ordnung. Zur Führungsfigur der CDU avancierte rasch der frühere Kölner Oberbürgermeister und Zentrumspolitiker Konrad Adenauer.

Die SPD, die in Berlin schon im Juni 1945 wiedergegründet worden war, wurde in der sowjetischen Zone im April 1946 mit der KPD zwangsvereinigt. Aus dieser

Zwangsvereinigung, die man propagandistisch als Wiederherstellung der im Ersten Weltkrieg und in der Revolution 1918/19 verloren gegangenen Einheit der Arbeiterbewegung feierte, ging die Sozialistische Einheitspartei Deutschlands (SED) hervor, aus der in der SBZ innerhalb kürzester Zeit eine von der Kommunistischen Partei der Sowjetunion abhängige und von Moskau gesteuerte marxistisch-leninistische Kaderpartei geschmiedet wurde. Dem Führungsanspruch der SED hatten sich die anderen in der Ostzone entstandenen Parteien, unter ihnen die Ost-CDU, bald unterzuordnen. Nicht zuletzt als Reaktion auf die Gründung der SED entwickelte sich die SPD in den westlichen Zonen trotz ihres Antikapitalismus unter Führung Kurt Schumachers zu einer strikt antikommunistischen Partei. Das Auftreten der SED in der SBZ verhinderte in Westdeutschland jede Annäherung zwischen Kommunisten und Sozialdemokraten. Während des Kalten Krieges geriet die KPD, die unmittelbar nach Kriegsende in Ost wie West als wichtige Trägerin des Antifaschismus durchaus Rückhalt in der Bevölkerung besessen hatte, als politische Kraft in den westlichen Zonen dann sehr schnell an den Rand.

Auf regionaler Ebene bildeten sich in den einzelnen Zonen zudem verschiedene liberale Parteien, die sich zum Erbe des deutschen politischen Liberalismus bekannten, wie ihn in der Weimarer Republik die Deutsche Demokratische Partei (DDP) und die Deutsche Volkspartei (DVP) vertreten hatten. 1948 schlossen sich diese Gruppierungen zur Freien Demokratischen Partei (FDP) zusammen, deren Bundesvorsitz der württembergische Liberale Theodor Heuss übernahm. Zum Parteienspektrum der Besatzungsjahre gehörte auch eine Reihe kleinerer, regional zum Teil durchaus bedeutsamer Parteien, etwa die nationalkonservative Deutsche Partei in Norddeutschland, die monarchistische Deutsche Konservative Partei oder die Bayern-Partei. Das katholische Zentrum, das 1945 ebenfalls wieder gegründet worden war, konnte an frühere Erfolge nicht anschließen, weil einflussreiche Vertreter der katholischen Kirche der Partei ihre Unterstützung versagten und sich der überkonfessionellen CDU zuwandten.

Kalter Krieg und deutsche Teilung

Deutschland sollte nicht geteilt werden, von der Bildung zweier deutscher Staaten war 1945 nicht die Rede. Die Zerstückelungspläne der Kriegsjahre gehörten der Vergangenheit an. Selbst der sowjetische Diktator Stalin hatte das Interesse an einer Aufteilung des besiegten Landes in verschiedene Staaten verloren. In Moskau ging man ohnehin von einem baldigen Abzug der westlichen, insbesondere der amerikanischen Truppen aus. Dann könnte, so das Kalkül, die Sowjetunion Einfluss auf ganz Deutschland gewinnen. Dem Aufbau deutscher Zentralverwaltungen, wie sie das Potsdamer Protokoll vorgesehen hatte, widersetzte Moskau sich allerdings beharrlich, denn das hätte die Sowjetisierung Ostdeutschlands, die seit dem Sommer 1945 in vollem Gange war, behindert. Lange Zeit konnte die Sowjetunion sich hinter der französischen Weigerung, solche Zentralverwaltungen zu akzeptieren, verstecken. Die französische Regierung beharrte aus verständlichen Gründen bei ihrer Deutschlandpolitik eisern auf einem schroffen Antizentralismus, da Frankreich ein für allemal vor Deutschland sicher sein wollte. Während die Alliierten sich also auf dem Papier zur deutschen Einheit bekannten, gingen die tatsächlichen Entwicklungen in eine andere Richtung. Schon 1945 zog sich ein tiefer Riss durch Deutschland. Aber nicht nur die SBZ wurde sowjetisiert und systematisch dem Herrschaftsbereich Moskaus einverleibt. Überall im östlichen Europa, wo nun sowjetische Truppen standen, wurden moskauhörige kommunistische Regime errichtet. Von Stettin bis Triest sei ein Eiserner Vorhang niedergegangen, formulierte der ehemalige britische Premierminister Churchill, und dieser Eiserne Vorhang verlief mitten durch Deutschland.[21]

Schon in der Schlussphase des Krieges führte die brutale Sowjetisierung Osteuropas zu wachsenden Spannungen zwischen West und Ost. Mit der Niederringung des gemeinsamen nationalsozialistischen Feindes bröckelte der Kitt, der die »Anti-Hitler-Koalition« bis dahin zusammengehalten hatte. Der ideologische Grundkonflikt zwischen freiheitlicher Demokratie und Kommunismus brach wieder durch und verband sich nun mit konkreten machtpolitischen Auseinandersetzungen bei der Neuordnung Europas und der Welt. Das schlug sich unmittelbar in der Deutschlandpolitik der Alliierten nieder. Es kam zu wachsenden Spannungen über die Umsetzung der Potsdamer Beschlüsse. Weil sich die Sieger nicht auf Grundsätze in der wirtschaftlichen Behandlung Deutschlands verständigen konnten und die Sowjetunion ebenso wie Frankreich sich gegen eine wirtschaftliche Einheit Deutschlands sperrten und ihre rücksichtslose Demontagepolitik fortsetzten, verkündeten die USA und Großbritannien zunächst einen Demontagestopp und stellten die Reparationslieferungen aus den westlichen Zonen an die Sowjetunion ein. Zum 1. Januar 1947 wurden die amerikanische und die britische Zone zu einem Vereinigten Wirtschaftsgebiet, der so genannten Bizone, zusammengeschlossen. Auf dieser Ebene entstanden nun jene Wirtschaftsverwaltungen, die auf gesamtdeutscher Ebene nicht möglich waren.

Die Gründung der Bizone war kein planmäßiger Schritt in Richtung einer politischen Spaltung Deutschlands, sosehr sie in der Retrospektive auch als Vorstufe der Teilung erscheinen mag. Die ursprünglich dezentralen Einzelverwaltungen für verschiedene Aufgabenbereiche wurden im Juni 1947 zentralisiert und nach Frankfurt verlegt. Die Aufsicht über die Verwaltung oblag einem Exekutivrat der Länder und natürlich den Militärregierungen. Darüber hinaus schuf man mit dem Wirtschaftsrat ein parlamentarisches Gremium, das mit Vertretern der Länderparlamente besetzt war.

1947 wurde zum Jahr der Entscheidungen. Die Spannungen zwischen Ost und West entwickelten sich zum offenen Konflikt. Der amerikanische Präsident Truman formulierte im März 1947 die »Truman-Doktrin«. Er sprach von einem weltweiten Ringen zwischen zwei Lebensformen: dem freiheitlich-demokratischen Kapitalismus auf der einen und der Zwangsherrschaft des Sowjetkommunismus auf der anderen Seite. Die USA würden künftig weltweit die Kräfte der Freiheit unterstützen und der kommunistischen Machtausweitung Einhalt gebieten. Eindämmung der Sowjetunion – *containment* – war der von dem amerikanischen Diplomaten George F. Kennan geprägte Schlüsselbegriff der Truman-Doktrin. Ihre politische Umsetzung fand sie nur wenige Monate später im Marshall-Plan, den der amerikanische Außenminister George C. Marshall am 5. Juni 1947 verkündete. Der Marshall-Plan war ein umfassendes amerikanisches Angebot wirtschaftlicher Hilfe zum Wiederaufbau der europäischen Staaten.

Der Marshall-Plan, offiziell das *European Recovery Program* (ERP), war alles andere als ein uneigennütziges Angebot. Es zielte darauf, Westeuropa ökonomisch zu revitalisieren und in das von den USA dominierte Welthandels- und Weltwährungssystem zu integrieren. Es stabilisierte die westeuropäischen Staaten, die westlichen Besatzungszonen Deutschlands eingeschlossen, und immunisierte sie damit gegen sowjetische Expansions- und Durchdringungsversuche.[22] Als Teil einer Politik der »doppelten Eindämmung« (Wolfram Hanrieder) war der Marshall-Plan damit gegen die aktuelle sowjetische, aber auch gegen die latente deutsche Bedrohung gerichtet.[23] Es ging um Sicherheit vor Deutschland, die man nicht nur durch die Stationierung amerikanischer Truppen in Deutschland und Europa gewährleisten wollte, sondern auch durch die feste Einbindung Westdeutschlands in die Gemeinschaft Westeuropas. Denn die Gewährung der ERP-Hilfe machten die USA davon abhängig, dass sich die westeuropäischen Staaten untereinander über die Organisation und Verteilung der amerikanischen Unterstützung verständigten. Damit wollte Washington einen stabilen Absatzmarkt und Handelspartner für die amerikanische Wirtschaft schaffen, zugleich aber einen Rückfall in die von nationalstaatlichen Interessen geprägte und durch diese zerrüttete europäische Ordnung der Zwischenkriegszeit verhindern. Mindestens ebenso sehr wie der europäische Enthusiasmus einflussreicher westeuropäischer Politiker der Zeit nach 1945 bildete die Marshall-Plan-Politik der USA die Grundlage der europäischen Integration. Die 1948 gegründete OEEC (Organization for European Economic Cooperation), die die ERP-Hilfe koordinierte, war ein wichtiger Schritt der Einigung (West-)Europas, ein Ausdruck freilich auch der amerikanischen Politik der Hegemonie durch Integration.[24]

Das Angebot des Marshall-Plans hatte sich ursprünglich auch an die osteuropäischen Staaten einschließlich der Sowjetunion gerichtet. Die Moskauer Führung untersagte ihren Satelliten jedoch die Teilnahme und reagierte im September 1947 mit der Gründung des Kommunistischen Informationsbüros (Kominform), der Nachfolgeorganisation der Kommunistischen Internationale (Komintern), auf den amerikanischen Vorstoß. Die UdSSR stellte der Truman-Doktrin die Schdanow-Doktrin entgegen, benannt nach Andrej Schdanow, Sekretär für Internationales im Zentralkomitee der KPdSU. Die Welt sei in zwei Lager gespalten, hieß es dort, ein »imperialistisches und antidemokratisches Lager« unter Führung der USA und ein »antiimperialistisches und demokratisches« unter Führung der Sowjetunion. Die Teilung der Welt war damit vollzogen, ein neues internationales System nahm Gestalt an. Es war bipolar, beherrscht von den beiden Hegemonialmächten USA und UdSSR; es war nicht zuletzt auf Grund des weltweiten Anspruchs der beiden widerstreitenden Ideologien ein globales System; und es war charakterisiert durch die Existenz nuklearer Waffen, welche die internationale Politik und internationale Konflikte unter völlig neuartige Handlungsbedingungen stellten. Die USA, die im Juli 1945 in der Wüste von Nevada die erste Atombombe zur Explosion gebracht und mit der Zerstörung der japanischen Städte Hiroshima und Nagasaki einen Monat später die ungeheure Zerstörungskraft nuklearer Waffen demonstriert hatten, verfügten für wenige Jahre über ein Atomwaffenmonopol. Da der nun anbrechende Kalte Krieg eine internationale Kontrolle von Kernwaffen beispielsweise durch die Vereinten Nationen verhinderte, arbeitete die Sowjetunion mit Hochdruck an der Entwicklung einer eigenen Bombe. 1949 gelang der UdSSR die erste Atomexplosion.

Die Entwicklung in Deutschland blieb von der Eskalation des Ost-West-Konflikts zum Kalten Krieg nicht unberührt, und umgekehrt trug die Situation in Deutschland durchaus zur Verschärfung dieses Krieges bei. Aber Deutschland und die zunehmende deutsche Spaltung waren nicht die Ursache des Ost-West-Gegensatzes, sondern vielmehr eine Folge dieses grundlegenden, erst ideologischen, dann auch machtpolitischen Konflikts. Deutschland war geteilt, weil die Welt geteilt war – nicht umgekehrt. Das wurde über vier Jahrzehnte später deutlich, als die

Überwindung des Ost-West-Konflikts den Deutschen die Möglichkeit zur Wiedervereinigung bot. Seit 1947 entwickelte sich aus der Dynamik des Kalten Krieges die
Dynamik der deutschen Teilung, an deren Ende 1949 die doppelte Staatsgründung
stand. Jetzt begannen die Sowjetunion in ihrer Zone und die Westmächte, vor
allem die USA und England, in ihren Besatzungsgebieten politische Maßnahmen
zu ergreifen, die nicht bloß administrativer Natur waren wie die Errichtung der Bizone, sondern auf eine Staatsbildung hinausliefen.

Die Londoner Viermächteverhandlungen über Deutschland im Dezember
1947 und im Februar/März 1948 waren ein Misserfolg. Ihnen fehlte der politische
Wille zur Verständigung. Es ging nur noch darum, sich gegenseitig die Schuld an
der deutschen Teilung vorwerfen zu können. In München scheiterte im Juli 1947
eine Konferenz aller deutschen – ost- und westdeutschen – Ministerpräsidenten
noch vor der offiziellen Eröffnung. Nicht zuletzt die Weigerung westdeutscher
SPD-Politiker, mit Repräsentanten der SED zusammenzutreffen, trug zu dem
Münchener Eklat bei, doch es herrschte insgesamt eine Atmosphäre des Misstrau-
ens und wechselseitiger Schuldvorwürfe. Im Dezember 1947 begann in der SBZ die
»Volkskongressbewegung für Einheit und gerechten Frieden«, von der SED und
der sowjetischen Besatzungsmacht gesteuerte Massenversammlungen, auf denen
zwar die Forderung nach nationaler Einheit erhoben wurde, die aber tatsächlich
eine Oststaatsgründung abfedern und pseudodemokratisch legitimieren sollten.
Das galt auch für den im März 1948 konstituierten Deutschen Volksrat, der schon
wenige Monate später einen Verfassungsentwurf vorlegte. In Kraft gesetzt wurde
diese Verfassung, die den Herrschaftsanspruch der Kommunistischen Partei fixierte und damit die Diktatur der SED etablierte, erst am 7. Oktober 1949. Sowjetische und deutsche Kommunisten wollten die Gründung der DDR als Reaktion
auf die Entstehung der Bundesrepublik erscheinen lassen und damit dem Westen,
den Westdeutschen und den Westmächten, die Schuld für die deutsche Teilung zu-
schieben.

Parlamentarischer Rat und Grundgesetz

In Westdeutschland erhielt schon im Laufe des Jahres 1947 die Bizone immer stärker staatliche Züge, und sie wurde weiter parlamentarisiert. Der erweiterte Wirtschaftsrat, der Länderrat und der aus dem Direktorium hervorgegangene und mit
neuen Kompetenzen ausgestattete Verwaltungsrat nahmen im Kern die spätere
politische Struktur der Bundesrepublik mit Parlament, Ländervertretung und Re-

gierung vorweg. Der Prozess der Weststaatsgründung hatte längst eingesetzt und wurde durch die Währungsreform und ihre Auswirkungen nur schneller vorangetrieben. Wenn Westdeutschland eine handlungsfähige wirtschaftliche Einheit werden und in der Lage sein sollte, am Marshall-Programm teilzunehmen, dann brauchte es eine funktionsfähige Währung. Die völlig wertlose Reichsmark war das nicht mehr. So kam es am 20. Juni 1948 in den Westzonen, drei Tage später auch in den westlichen Sektoren Berlins zu einer Währungsreform – die Geburtsstunde der Deutschen Mark. Lange Zeit wurde die Einführung der D-Mark geradezu mythenhaft als Ursprung des Wirtschaftswunders überhöht. Ganz ohne Zweifel wurde diese Maßnahme trotz ihrer Ungerechtigkeiten und sozialen Härten von den Zeitgenossen als historische Zäsur wahrgenommen. Man sprach von den Zeiten vor und nach der »Währung«. Schaufenster waren plötzlich wieder voll, Händler verkauften Waren, die sie zum Teil über Jahre gehortet hatten, der Schwarzmarkt brach zusammen. Vor allem aber stimulierte die Währungsreform die Produktion, und mit der Aufhebung von Preisbindung und Zwangsbewirtschaftung, für die sich insbesondere Ludwig Erhard, der Wirtschaftsdirektor der Bizone, einsetzte, war die Grundlage geschaffen für eine marktwirtschaftliche Ordnung.

Die Sowjetunion protestierte gegen die Währungsreform und insbesondere gegen ihre Ausdehnung auf Berlin, dessen Westsektoren wie eine Insel der Freiheit im kommunistischen Meer lagen. Als die Moskauer Führung am 24. Juni 1948 begann, alle Straßen- und Schifffahrtswege von und nach West-Berlin zu blockieren sowie Lebensmittel- und Stromlieferungen zu unterbinden, war das jedoch nicht nur eine Reaktion auf die Währungsreform, sondern auch der Versuch, ganz Berlin unter sowjetische Kontrolle zu bringen. Doch die Rechnung ging nicht auf, im Gegenteil: Die Westmächte entschlossen sich, die abgeriegelte Stadt aus der Luft zu versorgen. Zum »Vater der Luftbrücke« wurde der amerikanische Militärgouverneur Lucius D. Clay. Fast ein Jahr lang versorgten die berühmt gewordenen »Rosinenbomber« Berlin über drei Flugkorridore aus der Luft. Auf insgesamt 270 000 Flügen brachten die amerikanische und die britische Luftwaffe Lebensmittel in die abgeriegelte Stadt und in den Wintermonaten auch Kohle. Mindestens ebenso beeindruckend wie der gewaltige logistische Aufwand der Luftbrücke war der Durchhaltewillen der West-Berliner. »Völker der Welt, schaut auf diese Stadt!«, forderte der Berliner Bürgermeister Ernst Reuter auf einer Kundgebung vor dem Reichstagsgebäude, die unmissverständlich zeigte, dass die Berliner und der gesamte Westen diesen Vorposten der Freiheit nicht aufgeben würden. Nach fast zwölf Monaten, am 12. Mai 1949, nur wenige Tage vor Verkündung des Grundgesetzes, brach die Sowjetunion die Blockade ab.

Die Berlin-Blockade und die Luftbrücke veränderten das Verhältnis zwischen den Deutschen und den westlichen Besatzungsmächten, vor allem den Amerikanern. Die Deutschen, die noch wenige Jahre zuvor Hitler zugejubelt hatten, waren bereit, Opfer zu bringen, um die Freiheit zu verteidigen. Und aus den westlichen Siegermächten, allen voran den USA, wurden Schutzmächte. Die deutsch-amerikanische Freundschaft der Nachkriegsjahrzehnte hatte 1948 in Berlin symbolischen Ausdruck gefunden.

Am 1. Juli 1948 erteilten die Militärgouverneure der drei Westzonen in den »Frankfurter Dokumenten« den Ministerpräsidenten den Auftrag, eine Verfassung für einen westdeutschen Staat zu schaffen. Je mehr der Kalte Krieg eskalierte, desto größer wurde das Interesse der Westmächte, in Westdeutschland ein funktionsfähiges Staatswesen zu begründen. Dafür aber, für die Schaffung eines westdeutschen Staates, war – viel stärker noch als für die Gründung einzelner Länder – die freiwillige und überzeugte Kooperation der Deutschen erforderlich beziehungsweise unausweichlich. Nicht wenige deutsche Politiker, unter ihnen Konrad Adenauer, erkannten die Handlungsspielräume, die den Deutschen aus dieser Konstellation erwuchsen. Aber dies war nur die eine Seite der Medaille. Die andere Seite war, dass die aktive Beteiligung der Deutschen an der Gründung eines westdeutschen Teilstaats ihnen eine historische Verantwortung, wenn nicht eine historische Schuld zuwies nicht nur für die Hinnahme oder die Billigung der Teilung Deutschlands, sondern für die aktive Mitwirkung daran. Die Ministerpräsidenten der Länder – wie später auch die Angehörigen des Parlamentarischen Rates – waren sich dessen bewusst. Als sie sich wenige Tage nach der Übergabe der Frankfurter Dokumente auf dem Koblenzer Rittersturz trafen, versuchten sie, die geplante Staatsgründung zu einer Verwaltungsmaßnahme herabzustufen. Auch zentrale Begriffe des Staatsbildungsprozesses – Parlamentarischer Rat statt Nationalversammlung, Grundgesetz statt Verfassung – und wichtige Bestimmungen des Grundgesetzes, insbesondere seine Präambel, spiegelten den nationalen Zwiespalt wider, in dem sich die handelnden deutschen Politiker befanden. Nur mühsam konnten auf der Ministerpräsidentenkonferenz von Niederwald bei Rüdesheim Ende Juli 1948 die Divergenzen zwischen den Deutschen und Alliierten überwunden werden.

Der politische Spielraum und das politische Druckpotential der Westmächte im Prozess von Verfassunggebung und Staatsgründung waren also durchaus nicht unbegrenzt. Es war undenkbar, eine Verfassung zu oktroyieren, wenn man eine von den Deutschen akzeptierte politische Ordnung begründen wollte. Eine von außen, noch dazu für den Preis der Teilung der Nation aufgezwungene politische Ordnung würde einen tiefen Keil zwischen die Deutschen und den Westen treiben, und den Westmächten würde die Schuld zufallen für die deutsche Teilung. Damit würde man geradezu Weimarer Verhältnisse heraufbeschwören. So verständigten sich die Alliierten schließlich auf den kleinsten gemeinsamen Nenner im Hinblick auf die Verfassungsstruktur des Weststaats. Die Frankfurter Dokumente liefen in einem dreifachen Imperativ zusammen: Die Verfassung müsse zum Ersten eine Regierungsform des föderalistischen Typs schaffen, die, so hieß es, am besten geeignet sei, die gegenwärtig zerrissene deutsche Einheit wiederherzustellen und die Rechte der beteiligten Länder zu schützen. Sie müsse zum Zweiten eine angemessene Zentralinstanz schaffen, und sie müsse zum Dritten eine Garantie der Rechte und Freiheiten des Individuums enthalten.[25]

Auf der bayerischen Insel Herrenchiemsee verständigten sich Vertreter der Länder auf einem Verfassungskonvent im August 1948 auf die Grundzüge der Verfassung. Die eigentliche Verfassunggebung wurde dem Parlamentarischen Rat übertragen, dessen Beratungen am 1. September 1949 im Bonner Museum König feierlich eröffnet wurden, der aber ansonsten in den nüchternen Räumen der Pädagogischen Akademie tagte. Damit war zugleich eine Vorentscheidung über den künftigen Regierungssitz gefallen, obwohl die Abstimmung über den Sitz der Bundesorgane, bei der sich Bonn knapp gegen Frankfurt durchsetzte, erst im Mai 1949 stattfand.[26] Im Parlamentarischen Rat saßen 65 Abgeordnete, darunter vier Frauen, die von den Landtagen der elf Länder entsandt wurden. 27 gehörten der SPD an, 19 der CDU, acht der CSU, fünf der FDP und jeweils zwei der Deutschen Partei, der KPD und dem Zentrum. Aus Berlin kamen fünf nicht stimmberechtigte Repräsentanten. Zum Präsidenten wählte der Rat den CDU-Abgeordneten Konrad Adenauer, während der SPD-Politiker Carlo Schmid zum Vorsitzenden des Hauptausschusses, in dem die eigentliche Beratungsarbeit stattfinden sollte, gewählt wurde. Der gewiefte Adenauer verstand es, das eigentlich eher repräsentative Amt des Präsidenten mit einer politischen Bedeutung zu versehen, die vor allem sein eigenes politisches Gewicht beträchtlich erhöhte. Da er den Rat nach außen vertrat, gewann er über das Rheinland und die britische Zone hinaus politische Statur und wurde bekannt. Zudem wurde er zum Verhandlungspartner der Militärgouverneure und saß damit an der Schaltstelle wichtiger Entscheidungen.[27]

Die Beratungen des Parlamentarischen Rates waren nicht allein durch die Verfassungsvorstellungen der Westmächte bestimmt. Für die Väter und Mütter des Grundgesetzes, durchschnittlich 55 Jahre alt, waren die Erfahrungen der Weimarer Republik von entscheidender Bedeutung. Das Grundgesetz entstand im Blick auf die Weimarer Republik und auf die Weimarer Verfassung von 1919, und es war – und ist – in zentralen Bestimmungen geprägt von der Erfahrung des Niedergangs, ja der Zerstörung der ersten deutschen Demokratie sowie von der Tatsache, dass die Weimarer Reichsverfassung den Aufstieg des Nationalsozialismus nicht hatte verhindern können. Bonn sollte nicht Weimar werden. Dieser *cantus firmus* der frühen Bundesrepublik kennzeichnete ganz besonders die Arbeit dieses Gremiums.[28] Es ging dabei weniger um die Bedeutung obrigkeitlicher, antidemokratischer oder antiliberaler Elemente der deutschen politischen Kultur und ihren Zusammenhang mit dem Schicksal der »Republik ohne Republikaner« als vielmehr um die Frage nach der Schwäche der liberalen Demokratie angesichts diktatorischer Bedrohung und totalitärer Herausforderung. Das negative Vorbild des Parlamentarischen Rates und der Punkt, um den sich alles Nachdenken über die künftige Verfassung drehte, waren die eigenen, die deutschen Erfahrungen mit dem Untergang der Republik und der Entstehung der Diktatur. Was die Deutschen selbst hingegen kaum diskutierten, war − trotz aller Bezugnahmen auf die Revolution von 1848 oder das Hambacher Fest von 1832 − die nicht-demokratische Tradition in Deutschlands politischer Kultur. Das unterschied die deutsche Perspektive von der amerikanischen und britischen, in denen die obrigkeitliche, staatsorientierte politische Kultur und der Untergang der Weimarer Republik in einem ursächlichen Zusammenhang standen.

Die Lehren aus Weimar trugen dazu bei, dass im Parlamentarischen Rat innerhalb von acht Monaten die freiheitlichste Verfassung entstand, die Deutschland je gehabt hatte. Die Bonner Beratungen waren nicht frei von schweren Konflikten, die insbesondere um die föderale Ordnung kreisten. Nicht nur innerhalb des Parlamentarischen Rates kam es darüber zu heftigen Auseinandersetzungen, sondern auch zwischen den Deutschen und den Westmächten, die eine erste Fassung des Grundgesetzes ablehnten, weil ihnen dort vor allem in der Finanzverfassung der Bund zu stark erschien. Das Weimarer Problem der doppelten Exekutive aus Reichspräsident und Reichskanzler wurde zugunsten des Bundeskanzlers gelöst. Seine Rechte wurden gestärkt, nicht zuletzt durch die so genannte Richtlinienkompetenz, vor allem aber durch die Einführung des konstruktiven Misstrauensvotums, das den Kanzlersturz an die Existenz einer Mehrheit für einen Nachfolger band. Dem Bundespräsidenten hingegen wurden primär repräsentative Aufgaben zugewiesen. Auch dass er nicht mehr direkt vom Volk gewählt wurde wie der Reichspräsident, schwächte seine Stellung, wie das Grundgesetz überhaupt außer bei Länderneugliederungen keine plebiszitären Elemente mehr vorsah. Den Parteien schließlich wurde eine tragende Funktion im politischen System zuerkannt, ganz im Gegensatz zum negativen Parteienverständnis der Weimarer Verfassung. Ausgeschlossen wurde jede Änderung der Verfassung, die den Verfassungskern und die Staatszielbestimmungen des Grundgesetzes berührt: den Charakter der Bundesrepublik als Demokratie, als Sozialstaat, als Bundesstaat und als Rechtsstaat sowie das Prinzip der Volkssouveränität. Einer Änderung entzogen blieb aber vor allem die eigentlich bestimmende Norm des Grundgesetzes, aus der sich die Verfassung selbst und das politische System der Bundesrepublik ableiteten, der im Artikel 1 festgeschriebene Grundsatz: »Die Würde des Menschen ist unantastbar. Sie zu achten und zu schützen ist Verpflichtung aller staatlichen Gewalt.«

In der Präambel des Grundgesetzes spiegelte sich noch einmal die politische Situation, in der die Bundesrepublik gegründet wurde. Die Mitglieder des Parlamentarischen Rats erklärten nicht nur die von ihnen erarbeitete Verfassung, sondern mit ihr zugleich die Bundesrepublik Deutschland zu einem Provisorium. Dem Grundgesetz wurde die Aufgabe zugewiesen, »dem staatlichen Leben für eine Übergangszeit eine neue Ordnung zu geben«. Im Schlusssatz der Präambel wurde das »gesamte Deutsche Volk« aufgefordert, »in freier Selbstbestimmung die Einheit und Freiheit Deutschlands zu vollenden«. Für die Väter und Mütter des Grundgesetzes lag die Perspektive der Einheit nicht fern, die meisten hegten die Hoffnung, dass die deutsche Teilung schon in wenigen Jahren überwunden sein würde. Zugleich freilich waren sich alle Mitglieder des Parlamentarischen Rates bewusst, dass sie durch ihr Handeln die Teilung Deutschlands zunächst vertieften. So begleitete kein Jubel die Verabschiedung des Grundgesetzes am 8. Mai 1949, genau vier Jahre nach der deutschen Kapitulation. Mit dem Inkrafttreten der Verfassung am 23. Mai 1949 war die Bundesrepublik gegründet, ein zunächst semisouveräner Staat, der sich nach innen wie nach außen bewähren musste, ein Staat unter Vorbehalt, der Stabilität erst erringen, das Vertrauen der Bürger erst gewinnen musste, ein Staat, von dem sich die Menschen Sicherheit versprachen, der aber für sich selbst erst noch nach Sicherheit suchen musste.

TEIL II

Gründerjahre der Republik
1949–1957

1.
Nation und Integration

Nationale Interessen und der Primat der Selbstbeschränkung

»Normal ist, dass jeder Staat seine Interessen vertritt und versucht, seine Ziele durchzusetzen, ohne sich von seiner Vergangenheit lähmen zu lassen. ... Wir brauchen keine Angst vor uns selbst zu haben. ... Eine Abart der Scheu vor Normalität ist die Angst vor Singularität.«[1] Egon Bahr, einer der Architekten der sozialliberalen Ostpolitik in den frühen 1970er Jahren, hat nach 1990 von einer neuen außenpolitischen Normalität für die Bundesrepublik gesprochen. 2003 bezog auch Bundeskanzler Gerhard Schröder in einem Interview Position in dieser Frage: »Selbstverständlich definiert Deutschland, so wie es auch unsere Partner und Alliierten machen, seine nationalen Interessen und bringt sie in den internationalen Foren zur Geltung. ... Vielleicht bringt Deutschland heute seine Interessen etwas deutlicher oder klarer vor, als dies in der Vergangenheit der Fall war.«[2]

Schon die alte Bundesrepublik verfolgte eine Außenpolitik, die sich an nationalen Interessen orientierte. Die Politik der Westintegration, die Konrad Adenauer als Bundeskanzler von Anfang an betrieben und in der ersten Hälfte der 1950er Jahre gegen erhebliche Widerstände durchgesetzt hat, war klare Interessenpolitik. In der weltpolitischen Situation des Kalten Krieges waren diese Interessen bestimmt von der deutschen Teilung und der von den Siegermächten des Zweiten Weltkriegs ausgeübten Besatzungsherrschaft, und sie wurden beeinflusst von der zum Zeitpunkt der Gründung der Bundesrepublik erst vier Jahre zurückliegenden nationalsozialistischen Gewaltherrschaft, die Europa mit Krieg überzogen hatte und für das Menschheitsverbrechen eines millionenfachen Massenmordes verantwortlich war.

Anders als der 1945 untergegangene deutsche Nationalstaat war die Bundesrepublik 1949 kein handlungsfähiges Subjekt der Weltpolitik. Sie war Objekt, ja das Ergebnis der weltpolitischen Entwicklungen seit 1945, und sie hatte keinerlei außenpolitische Entscheidungsfreiheit, weshalb sich das außenpolitische Interesse des jungen Staates zunächst darauf richten musste, Handlungsspielräume und damit staatliche Souveränität zu gewinnen. In seiner ersten Regierungserklärung im Jahr 1949 sagte Bundeskanzler Adenauer dazu: »Der einzige Weg zur Freiheit ist der, dass wir im Einvernehmen mit der Alliierten Hohen Kommission unsere Freiheit und unsere Zuständigkeit Stück für Stück zu erweitern suchen.«[3] Dies ließ sich freilich nur erreichen, wenn die Bundesrepublik das Vertrauen ihrer Nachbarn – vor allem Frankreichs – gewann.

Die Entstehung eines deutschen Staates so kurz nach dem Krieg und trotz der verhängnisvollen Entwicklung des deutschen Nationalstaates seit 1870/71 verfolgten die europäischen Staaten argwöhnisch und skeptisch, wenn sie ihr nicht sogar ablehnend gegenüberstanden. Für den jungen Bonner Staat musste es daher, so erklärte Konrad Adenauer im Rückblick, darauf ankommen, »Schritt für Schritt das Vertrauen zu uns Deutschen wieder zu wecken. Grundvoraussetzung hierfür war meines Erachtens ein klares Bekenntnis zum Westen, stetig und ohne Schwanken. Unsere außenpolitische Haltung musste klar, folgerichtig und offen sein.«[4]

Diese Prämisse westdeutscher Außenpolitik blieb weit über die Gründungsjahre der Bundesrepublik hinaus gültig, letztlich bis 1989/90. Infolge der Verflechtung in den Ost-West-Konflikt einerseits und der Belastung durch die deutsche Geschichte und insbesondere den Nationalsozialismus andererseits war das oberste Gebot bis 1990 außenpolitische Selbstbeschränkung und Zurückhaltung.[5] Letztlich lag darin eine Kontinuität, die dem Handeln der Bundesrepublik und ihrer Eliten nach außen Sicherheit gab, was durch die Konstanz der internationalen Rahmenbedingungen noch verstärkt wurde. Wie sehr Regierung und Opposition, wie sehr die Parteien auch immer über außenpolitische Themen und Strategien streiten mochten, es existierte seit Mitte der 1950er Jahre ein Grundkonsens, in dessen Zentrum die europäische Integration mit den wichtigen deutsch-französischen und die transatlantischen Beziehungen zu den USA standen. Außen- und sicherheitspolitische Handlungsoptionen wurden daran gemessen und danach beurteilt, wie sie sich zu diesem Grundkonsens verhielten.

Das hat sich seit 1990 verändert. Der Primat der Selbstbeschränkung ist nicht mehr selbstverständlich, der Schulterschluss mit Amerika erfolgt nicht mehr automatisch, wie die Entwicklung im Vorfeld des Irak-Krieges in den Jahren 2001/02 gezeigt hat. Zugleich hat die europäische Integration in den Prozessen der Erweiterung nach 1990 an Strahlkraft verloren. Die Handlungsfreiräume der Bundesrepublik sind größer geworden, was die Definition nationaler Interessen nicht leichter macht.

Wer stand am Anfang der westdeutschen Außenpolitik? War es Konrad Adenauer, wie Arnulf Baring 1969 behauptete, oder waren es die Alliierten, wie Helga Haftendorn dreißig Jahre später meinte?[6] Werner Link dagegen, einer der besten Kenner der Außenbeziehungen der Bundesrepublik, hat eine Option für Adenauer oder für die Alliierten vermieden, indem er vom Primat der internationalen Politik sprach und die Bundesrepublik als deren »Produkt« bezeichnete.[7]

Nach Haftendorn hat die westdeutsche Zeitgeschichtsforschung die Bedeutung Adenauers überhöht und die Rolle der Alliierten bewusst heruntergespielt, »um eine Identifikation mit der Bundesrepublik zu gestatten und kein neues ›Versailles-Syndrom‹ entstehen zu lassen«.[8] 1969, als Arnulf Baring seinen viel zitierten Satz »Am Anfang war Adenauer« niederschrieb, konnte die Gefahr eines neuen, eines bundesrepublikanischen Versailles-Syndroms jedoch als vergleichsweise gering gelten. Als Manfred Görtemaker 30 Jahre später Barings These in seiner Geschichte der Bundesrepublik wieder aufgriff, galt das erst recht.[9] Letztlich geht es bei der Auseinandersetzung über das Verhältnis von deutschem und alliiertem, also westlichem Anteil an dem Weg, den die Bundesrepublik seit 1949 – nicht nur außenpolitisch – genommen hat, um eine Selbsteinschätzung und um die eigene historische Verortung der Bundesrepublik, nämlich um die Frage: Haben die (West-)Deutschen den Neubeginn 1949 aus eigener Kraft geschafft, und haben sie damit auch die erfolgreiche Entwicklung der Jahre danach primär sich selbst zu verdanken, oder wäre der Weg in den Westen ohne die Politik der Alliierten und den Rückgriff auf westliche Denkmuster und Ordnungsvorstellungen nicht möglich gewesen?

In der Außenpolitik, der hier unsere Aufmerksamkeit gilt, wird man nicht ausgerechnet Konrad Adenauer als einen Repräsentanten deutscher Politiktraditionen des späten 19. und des frühen 20. Jahrhunderts darstellen können. In seiner grundsätzlichen Absage an den Nationalismus und die Idee des autonomen nationalen Machtstaats als Leitprinzipien internationaler Politik und außenpolitischen Handelns ist er vielmehr ein »außenpolitischer Revolutionär«,[10] der entschieden mit den überkommenen Denktraditionen und Handlungsorientierungen brach. Adenauer sah in ihnen nicht nur die Ursache für die nationalsozialistische Außenpolitik der Gewalt, sondern auch für die mangelnde Fähigkeit von Kaiserreich und Weimarer Republik, Deutschlands Position im europäischen Staatensystem langfristig zu stabilisieren. Die Idee vom autonomen nationalen Machtstaat, die mit dem Aufstieg des Nationalismus und der nationalen Bewegungen und als Teil

fundamentaler sozialer und politischer Nationalisierungsprozesse ihre Kraft entfaltete, charakterisierte allerdings nicht nur die deutsche, sondern auch die Außenpolitik anderer europäischer Staaten. Sie war ein Strukturprinzip des internationalen Systems, das sich im Laufe des 19. Jahrhunderts herausgebildet und im Ersten
Weltkrieg an Bedeutung noch zugenommen hatte.

In Deutschland gewann dieser strukturelle außenpolitische Nationalismus in
Verbindung mit der späten politischen Nationsbildung und einer von Politikern
und Intellektuellen postulierten deutschen Sonderposition – verstanden als Andersartigkeit gegenüber dem »Westen« – allerdings besondere Dynamik. Nur deswegen konnte beispielsweise der Erste Weltkrieg hier auch als Auseinandersetzung
zwischen den deutschen »Ideen von 1914« und den westlichen (anglo-amerikanischen und französischen) »Ideen von 1789« gedeutet und geführt werden.[11]

Das Denken in nationalen Kategorien war auch Konrad Adenauer nicht
fremd, aber sein nationales Denken war durch seine westdeutsch-rheinländische
Herkunft und seine politischen Erfahrungen an der westlichen Peripherie des Reiches geprägt, wo er in den schwierigen Jahren nach dem Ersten Weltkrieg Oberbürgermeister der Stadt Köln gewesen war. Konfrontiert mit den Sicherheitsinteressen der westlichen Siegermächte, insbesondere Frankreichs, meinte er nach dem
Zweiten Weltkrieg mit einer Politik des Ausgleichs und der Verständigung den
deutschen – nicht nur den rheinischen oder Kölner – Interessen am besten zu dienen. Ihn als rheinischen Separatisten oder Befürworter einer vom Reich losge-
lösten rheinischen Republik zu sehen, ist abwegig.[12] Richtig ist, dass Adenauer in
politischen Krisensituationen, zuerst 1918/19 und dann noch einmal 1923, die Idee
einer rheinischen oder westdeutschen Republik erwogen hat. Dabei ging es ihm
nicht um einen unabhängigen Staat zwischen Deutschland und Frankreich, sondern um ein staatliches Gebilde innerhalb eines föderativen Reichsverbandes. Er
wollte auf diese Weise das preußische Übergewicht reduzieren, weil er erkannt
hatte, dass die antipreußische Einstellung der Alliierten und ihre Gleichsetzung
von Preußen und Deutschland einer vernünftigen Politik der Westmächte dem
Reich gegenüber im Wege stand.[13] Hans-Peter Schwarz hat mit guten Argumenten
darauf hingewiesen, dass das Projekt einer »Westdeutschen Republik« für den
Kölner Oberbürgermeister zu keinem Zeitpunkt das zentrale Element einer auf
Frankreich gerichteten Verständigungspolitik gewesen ist. Als viel wichtiger – und
mit Blick auf die Westintegrationspolitik der späteren Bundesrepublik auch als
zukunftsträchtiger – habe sich hingegen der von Adenauer in der Zwischenkriegszeit verfolgte Ansatz erwiesen, »gemeinsame, staatenübergreifende Wirtschafts-
interessen zur Lösung der politischen Streitfragen ins Spiel zu bringen«.[14]

Nationalismus und nationales Paradigma waren in Deutschland nach 1945 zwar diskreditiert, aber aus der Absage an das politische Leitprinzip der Nation ergab sich noch keine neue operative Politik. Die alten Prägungen und Überzeugungen wirkten weiter, zumal sich auch Deutschlands Nachbarn nicht von einem Tag auf den anderen von der Idee der Nation verabschiedeten. In Frankreich gewann der Gedanke der Nation nach der nationalen Demütigung, die die Niederlage von 1940 und der Status der Siegermacht von Washingtons Gnaden bedeuteten, sogar neues Gewicht. Die unversöhnliche, auf Kontrolle und Beherrschung Deutschlands gerichtete französische Besatzungspolitik machte es den Deutschen nicht leicht, dem Nachbarn politische Konzepte und Strategien jenseits der Nation zu unterbreiten.

Erschwerend kam hinzu, dass in der Bundesrepublik die Idee der Nation unter den Vorzeichen der deutschen Teilung, der Entstehung zweier deutscher Staaten 1949 und der offenen nationalen Frage eine politische und kulturelle Wertschätzung erfuhr, gegen die eine auf internationale und supranationale Interdependenz und Verflechtung zielende Politik nicht ohne weiteres durchzusetzen war, sosehr sie auch den Interessen des jungen Staatswesens entsprach. Dies galt umso mehr, als mit der SPD unter ihrem charismatischen Vorsitzenden, dem 1895 in Westpreußen geborenen Kurt Schumacher, einer Partei die Oppositionsrolle zufiel, an deren Westorientierung zwar nicht zu zweifeln war, die aber die Erhaltung beziehungsweise Wiederherstellung eines deutschen Reiches »als staatliches und nationales Ganzes« zum vordringlichen Ziel ihrer Politik erklärte und überdies eine Position nationaler Gleichberechtigung zur Grundlage, ja Vorbedingung bundesrepublikanischer Verhandlungen mit den Alliierten erhob.[15]

Die Macht des nationalen Gedankens war also gerade angesichts der Teilung nicht zu unterschätzen. Wer in der politischen Arena national argumentierte, der durfte mit erheblichem Zuspruch rechnen, was sich auch in Wählerstimmen niederzuschlagen pflegt. Adenauer war sich der Wirkungsmacht – und damit der potentiellen Gefahr – der nationalen Idee in Deutschland stets bewusst. Er betrieb seine Integrations- und Einbindungspolitik nicht zuletzt mit dem Ziel, Deutschland und die Deutschen vor sich selbst zu schützen, wie es sein Zeitgenosse, der belgische Politiker Paul Henri Spaak, einmal ausdrückte und wie er selbst, der »Staatsmann der Sorge« (Golo Mann), immer wieder betont hat.[16] Um die Akzeptanz seines Ziels in der westdeutschen Bevölkerung zu erhöhen, sah er sich gezwungen, die Politik der Westintegration auch mit nationalen Motiven zu begründen. Wenn er insbesondere in den frühen 1950er Jahren immer wieder damit warb, dass die Einbindung der Bundesrepublik in die europäischen und transatlantischen Allianz- und Gemeinschaftsstrukturen den Westen insgesamt stärken und damit die deutsche Wiedervereinigung ermöglichen werde, lässt das nicht nur die zentrale politische Bedeutung der Teilung Deutschlands, sondern auch das Gewicht der Nation im politischen Diskurs der jungen Bundesrepublik aufscheinen.

Auch wenn sich in der Retrospektive die Politik der Westintegration als geradezu zwingend darstellt, darf man nicht vergessen, dass diese Politik gegen zum Teil erbitterte und nicht zuletzt national begründete Widerstände – auch in Adenauers eigener Partei – erst durchgesetzt werden musste. Das belegen unter anderem die politischen Vorstellungen Jakob Kaisers, Repräsentant der Berliner beziehungsweise der Ost-CDU. Kaiser, 1888 in Franken geboren und nach 1949 als Minister für Gesamtdeutsche Fragen Angehöriger des ersten Kabinetts Adenauer, verfolgte mit dem so genannten Brücken-Konzept die Idee eines »Christlichen Sozialismus«, einer Aussöhnung von Kapitalismus und Sozialismus, die in den ersten Jahren nach 1945 allenthalben große Attraktivität entfaltete. Kaiser sah in dieser Synthese nicht nur eine gesellschaftspolitische, sondern auch eine nationale deutsche Aufgabe, mit der er zugleich an Traditionslinien der deutschen Außenpolitik im 19. Jahrhundert und in der Zwischenkriegszeit anknüpfte: »Wir haben Brücke zu sein zwischen West und Ost, zugleich aber suchen wir unseren eigenen Weg zu gehen zu neuer sozialer Gestaltung.«[17] Die Verschärfung des Ost-West-Konflikts nicht zuletzt auch durch die Gründung der Bundesrepublik und die Errichtung der DDR machten Kaisers Brücken-Konzept zunehmend unrealistisch, was seiner Popularität jedoch keinen Abbruch tat. Der Bundesregierung gehörte er bis 1957 an.

Kaisers Konzept, das auf europäischer Ebene der Idee von Europa als »dritter Kraft« zwischen kapitalistischem Westen und kommunistischem Osten entsprach, ist nicht zu verwechseln mit dem ebenfalls deutschen außenpolitischen Traditionen entstammenden Gedanken einer deutschen Schaukelpolitik zwischen Ost und West. Eine Schaukelpolitik, wie sie in Ansätzen in der Weimarer Zeit betrieben worden war, hätte nach 1949 darauf zielen müssen, vor dem Hintergrund des Kalten Krieges eine deutsche – oder bundesrepublikanische – Option zugunsten des Westens oder der Sowjetunion dafür einzusetzen, westliche oder östlich-sowjetische Zugeständnisse beispielsweise im Hinblick auf Souveränitätsrechte oder auf eine Wiederherstellung der nationalen Einheit zu erreichen. Eine solche Politik war nach 1945/49 historisch völlig delegitimiert und zudem angesichts der strukturellen Bipolarisierung der internationalen Politik und der Existenz zweier deutscher Staaten einfach unrealistisch. Überdies wäre eine solche Schaukelpolitik nach den Erfahrungen von Weimar geeignet gewesen, neues Misstrauen aufkommen zu lassen und damit eines der wichtigsten außenpolitischen Ziele der Bundesregierung und insbesondere Konrad Adenauers zu konterkarieren, nämlich wieder Vertrauen zu gewinnen.

Ost-West-Konflikt und amerikanische Hegemonie

Zweifelsohne ist den Überzeugungen und Überlegungen Adenauers großes, ja entscheidendes Gewicht zuzuschreiben, wenn man die ersten außenpolitischen Schritte der Bundesrepublik und darüber hinaus die außenpolitischen Grundentscheidungen des Bonner Staates analysieren und bewerten will. Das Handeln des ersten Bundeskanzlers lässt sich aber historisch nur dann korrekt einordnen, wenn man es vor dem Hintergrund der Besatzungsherrschaft und der Deutschlandpolitik der Alliierten betrachtet. Das ist eine Gleichung mit mehr als zwei Variablen und kein Entweder-oder, bei dem Adenauer oder den Alliierten der entscheidende außenpolitische Primat zukommt.[18] Adenauer und die Alliierten handelten nicht im luftleeren Raum, die Bundesrepublik und ihre außenpolitischen Grundentscheidungen entstanden nicht in einem politischen Vakuum. Vielmehr war die Genese der westdeutschen Außenpolitik unter Bundeskanzler Adenauer bestimmt von der weltpolitischen Situation nach dem Ende des Zweiten Weltkriegs und der Niederringung des nationalsozialistischen Deutschland. Die Geschichte des Nationalsozialismus, seine Terror- und Gewaltherrschaft, seine Kriegs- und Vernichtungspolitik, spielte – und spielt bis heute – eine entscheidende Rolle, und zwar in doppelter Hinsicht: zum einen durch die Absage an deutsche außenpolitische Traditionslinien, die durch den Nationalsozialismus diskreditiert, wenn nicht pervertiert worden waren, zum anderen durch die Auswirkungen der NS-Herrschaft und Kriegführung in Europa und der Welt, die wie ein dunkler Schatten noch immer auf jeder Bundesregierung lasten.

Will man die Außen- und Deutschlandpolitik der jungen Bundesrepublik verstehen, muss man sich aber zudem mit dem weltpolitischen Hintergrund des Ost-West-Konflikts beschäftigen, jenes spätestens seit 1917 ideologisch prädisponierten Systemkonflikts, der sich nach der Niederringung Hitler-Deutschlands und dem Zerfall der 1941 entstandenen Anti-Hitler-Koalition der alliierten Mächte innerhalb kürzester Zeit machtpolitisch auflud und spätestens 1947 zum Kalten Krieg eskalierte. Kalter Krieg und Ost-West-Konflikt, zwei Begriffe, die man nicht synonym setzen sollte,[19] bestimmten den Rahmen deutscher – ost- wie westdeutscher – Außenpolitik entscheidend, wobei der Kalte Krieg insbesondere der Bundesrepublik Handlungsspielräume eröffnete, die den – gemessen an den wenigen Jahren, die seit 1945 vergangen waren – raschen Aufstieg und Souveränitätsgewinn des westdeutschen Staates ermöglichten.

Diese politischen Freiräume entstanden vor allem infolge des Schulterschlusses zwischen den Vereinigten Staaten von Amerika und der jungen Bundesrepublik; sie erwuchsen aus den zwar nicht identischen, sich aber vielfach überschneidenden und ergänzenden Interessen von Washington und Bonn in der Gründungsphase der Bundesrepublik. Das von George F. Kennan konzipierte *containment*, das seit 1947 die amerikanische Außenpolitik bestimmte und seinen klarsten Ausdruck in Truman-Doktrin und Marshall-Plan fand, zielte auf eine Stärkung des Westens, um ein weiteres Vordringen der Sowjetunion insbesondere in Europa zu verhindern. Zu den Grundpfeilern dieser Eindämmungspolitik gehörte die Stärkung der durch den Zweiten Weltkrieg fast letal geschwächten westeuropäischen Staaten unter Einschluss der entstehenden Bundesrepublik. Es war dieses politische Interesse, das die Gründung des deutschen Weststaates vorantrieb und der jungen Bonner Republik die Chance eines raschen Aufstiegs eröffnete.

Bedenken und Ängste der deutschen Nachbarn, vor allem Frankreichs, wurden von den USA keineswegs ignoriert, sondern konstruktiv in die amerikanische – und britische – Politik einbezogen. Wolfram Hanrieder hat in diesem Zusammenhang von der »doppelten Eindämmung« gesprochen:[20] Eindämmung der sowjetisch-kommunistischen Bedrohung einerseits und Eindämmung einer potentiellen deutschen Gefahr andererseits. Der in den Augen vieler argwöhnischer Beobachter noch immer lauernden deutschen Gefahr suchten die Amerikaner mit der dauerhaften Stationierung ihrer Truppen in Europa sowie der festen Einbindung der Bundesrepublik in die Gemeinschaft der westeuropäischen Staaten zu begegnen.

Die junge Bundesrepublik profitierte von dieser amerikanischen Politik, die ohne Zweifel mit hegemonialen Mitteln durchgesetzt wurde und dazu diente, die amerikanische Vorherrschaft über Westeuropa zu stabilisieren. Anders als in den Jahren nach 1918 war die hegemoniale Vormacht der USA nach 1945 so stark, dass dies erreicht werden konnte, wozu die Schwäche der europäischen Staaten und die sowjetische Bedrohung nicht unerheblich beitrugen. Die amerikanische Politik hat dann seit der im Entscheidungsjahr 1947 eingetretenen Wende zu einem globalen machtpolitischen Konflikt zwischen den USA und der UdSSR eine neue und mächtige Dynamik entwickelt, stand aber dennoch in der Kontinuität der amerikanischen Politik der Zwischenkriegszeit, insbesondere der 1920er Jahre.[21]

Vor allem in der alten Bundesrepublik sind die deutsch-amerikanischen Beziehungen immer wieder als Partnerschaft bezeichnet worden. Die Beschwörung dieser Partner- oder Freundschaft nahm diesseits und jenseits des Atlantiks geradezu rituellen Charakter an. Deutsche wie amerikanische Politiker haben dazu beigetragen, beispielsweise der amerikanische Präsident George Bush (sen.), der die beiden Staaten im Mai 1989 als »partners in leadership« bezeichnete.[22] Die machtpolitischen Realitäten spiegeln derartige Äußerungen jedoch nicht im Entferntesten. Von 1949 bis 1989 war das Verhältnis zwischen den USA und der Bundesrepublik – wie auch zwischen den USA und den anderen westeuropäischen Staaten einschließlich Großbritanniens und Frankreichs – stets ein hegemoniales. Die Bundesrepublik war lediglich ein Juniorpartner, denn die deutsch-amerikanischen Beziehungen zeichneten sich durch ein starkes Machtgefälle aus, das durch die politische und militärische Schutzfunktion der USA für die Bundesrepublik – einschließlich des amerikanischen nuklearen Schirms – stabilisiert wurde sowie durch die ökonomische Potenz der USA und ihre Dominanz in der Weltwirtschaft und im Weltwährungssystem.

Der durch den Ost-West-Konflikt und die sowjetische Bedrohung eingedämmte und seit 1990 deutlicher konstatierte sowie häufiger kritisierte Unilateralismus der USA reicht ebenfalls weit in die Jahrzehnte vor 1989 zurück, wenn sich sein Charakter auch gewandelt haben mag. Nicht zuletzt die Geschichte der NATO lässt sich als Geschichte der Spannung zwischen Unilateralismus und Multilateralismus lesen, als permanenten amerikanischen Versuch, die Allianz für die eigenen, hegemonialen Interessen einzuspannen, während die europäischen Verbündeten danach trachteten, Amerika dafür zu gewinnen, ihre individuellen oder kollektiven Interessen zu vertreten.

Mit Blick auf die disziplinierende und solidarisierende Funktion der NATO können wir einen klaren Zusammenhang erkennen zwischen der Bündniskohäsion sowie der Anerkennung der US-Dominanz durch die europäischen Allianzmitglieder einerseits und dem Spannungsniveau beziehungsweise der Konfrontativität des Ost-West-Konflikts. Es fiel den europäischen Verbündeten in Phasen ost-westlicher Entspannung stets leichter, die amerikanische Dominanz und Hegemonie zu kritisieren oder gar herauszufordern. So ist die gegen die USA gerichtete Politik Frankreichs unter Präsident de Gaulle in den 1960er Jahren nicht ohne die ost-west-politische Entspannung zu verstehen.

Für die Bundesrepublik Deutschland, ohne deren Beteiligung die amerikanische Strategie zum Scheitern verurteilt gewesen wäre, lag insbesondere im amerikanischen Streben nach Hegemonie durch Integration die Chance zum Aufstieg.[23] Keiner erkannte dies klarer als Konrad Adenauer. Innerhalb der Organisationen und integrativen Strukturen des Westens konnte die Bundesrepublik ihre Friedfertigkeit und ihren Willen zur Kooperation durch konstruktives Engagement unter Beweis stellen. Die Mitgliedschaft in den Gremien und Institutionen der freien Welt verlieh ihr Legitimität und internationales Gewicht. Die Integration führte Schritt für Schritt zur politischen Souveränität. Doch auch der ökonomische Nutzen der Westintegration war nicht gering. Die westeuropäischen und transatlantischen Wirtschafts- und Handelsbeziehungen, in die die Bundesrepublik bald eingebunden war, bildeten den weltwirtschaftlichen Rahmen und damit eine entscheidende Voraussetzung für die wirtschaftliche und konjunkturelle Aufwärtsentwicklung im Zeichen des »Wirtschaftswunders«.[24]

Anfänge westdeutscher Außenpolitik:
Gleichberechtigung, Souveränität, Sicherheit

Der westdeutschen Außenpolitik waren zunächst vielfältige Beschränkungen und Kontrollen auferlegt. Formal oblag sie, so legte es das Besatzungsstatut von 1949 fest, den drei Westmächten, deren Hohe Kommissare vom Bonner Petersberg aus den jungen Staat und seine Regierung kontrollierten. Die Bundesrepublik war zunächst eine Art Protektorat mit halbkolonialem Status.[25] Einen Außenminister und ein Auswärtiges Amt gab es nicht, und es stellt sich die Frage, ob man unter diesen Umständen für die frühen Jahre überhaupt von einer bundesrepublikanischen Außenpolitik sprechen kann, da Außenpolitik staatliche Souveränität voraussetzt sowie eine Regierung, die zu autonomem Handeln im internationalen Kontext befähigt und befugt ist.

Globalisierung und Entnationalisierung haben uns gelehrt, dass die staatliche Souveränität vielfach beeinträchtigt und relativiert sein kann und dass autonomes Regierungshandeln eine Illusion ist. Solche Einsichten machen es leichter, schon der ersten Bundesregierung eine Außenpolitik zuzubilligen, und zwar verstanden als »Interaktionsprozess, in dem ein Staat grundlegende Ziele und Werte in Konkurrenz zu denen anderer Staaten zu realisieren versucht. Dieser Prozess wird zum einen beeinflusst durch Anforderungen aus dem internationalen System und zum anderen durch solche aus Gesellschaft und Staat im Inneren. Das Ergebnis ist ein dynamischer Prozess wechselseitiger Anpassung und Einwirkung, der sich sowohl auf der internationalen wie auf der innenpolitischen Ebene vollzieht.«[26]

Man wird nicht bestreiten, dass der junge Bonner Staat erhebliche Anpassungsleistungen auf internationaler Ebene zu erbringen hatte, andererseits verfügte er bei der Bedeutung, welche er für die USA hatte, auch über Einwirkungsmöglichkeiten. Faktisch führte der Weg zum außenpolitischen Handeln aber über den Petersberg zu Verhandlungen mit den alliierten Hohen Kommissaren im Rahmen des Besatzungsstatuts. Doch gerade weil das gesamte politische Agieren der Bundesregierung unter der Aufsicht der Hohen Kommission stand, war ihre Politik so international wie noch nie, denn auch Fragen der Innen- oder Wirtschaftspolitik erhielten dadurch eine internationale Dimension. Konrad Adenauer formulierte das in seiner ersten Regierungserklärung sehr prägnant: »Das Paradoxe an unserer Lage ist ja, dass, obgleich die auswärtigen Angelegenheiten von der Alliierten Hohen Kommission wahrgenommen werden, jede Tätigkeit der Bundesregierung oder des Bundespräsidenten auch in inneren Angelegenheiten Deutschlands irgendwie eine ausländische Beziehung in sich schließt. Deutschland ist infolge Besatzung, Ruhrstatut, Marshallplan usw. enger mit dem Ausland verbunden als je zuvor.«[27]

Diese Situation und die Tatsache, dass Konrad Adenauer im Grunde der einzige Verhandlungspartner der Hohen Kommissare war, führten dazu, dass sich bereits vor Wiedererrichtung des Auswärtigen Amts 1951 das Bundeskanzleramt mit der am 1. April 1950 eingerichteten »Dienststelle für Auswärtige Angelegenheiten« als außenpolitische Schaltstelle etablierte und der Bundeskanzler eine außenpolitische Rolle spielte. Dass Adenauer zwischen 1951 und 1955 in Personalunion auch das Amt des Außenministers bekleidete, unterstreicht seinen persönlichen, aber auch einen institutionellen Anspruch auf dem Gebiet der Außenpolitik.

Die außenpolitische Dominanz des Bundeskanzlers, die sich nicht zuletzt im Kontaktmonopol zu den Alliierten zeigte, gehört zu den Voraussetzungen und den bestimmenden Charakteristika der durch Adenauer geprägten verfassungspolitischen Institution der Kanzlerdemokratie. Die Adenauersche Prägung schwächte sich zwar nach dessen Rücktritt 1963 ab, blieb als konstitutionelles Strukturmerkmal aber grundsätzlich erhalten. Bis heute gilt die Außenpolitik als Domäne des Bundeskanzlers, worauf nicht nur die starke außenpolitische Abteilung im Kanzleramt hindeutet. Ob in Kooperation mit dem Auswärtigen Amt oder in Konkurrenz und Konflikt – bislang haben selbst die Bundeskanzler von Koalitionsregierungen auf ihrem außenpolitischen Gestaltungsanspruch beharrt, der sich in dieser Form nicht nur aus der Richtlinienkompetenz des Grundgesetzes ableiten lässt, sondern auch historisch zu erklären ist.

»Es besteht für uns kein Zweifel, dass wir nach unserer Herkunft und nach unserer Gesinnung zur westeuropäischen Welt gehören.«[28] Mit diesem Bekenntnis in seiner Regierungserklärung vom 20. September 1949 wandte Konrad Adenauer sich eindeutig gegen die historische Abgrenzung Deutschlands vom Westen und seinen politischen Ideenwelten und distanzierte sich zugleich von dem gerade in der deutschen Außenpolitik seit dem 19. Jahrhundert wirkungsmächtigen Topos der deutschen Mittellage. Aus der Zugehörigkeit Deutschlands zum westlichen Kulturkreis entwickelte der Bundeskanzler sein Programm der außen- und bündnispolitischen Westintegration, das er der Zentrumspolitikerin Helene Wessel bereits am 27. August 1949, knapp zwei Wochen nach der gewonnenen Bundestagswahl, in einem Brief darlegte: »Auf außenpolitischem Gebiet liegt unsere Linie fest. Sie richtet sich in erster Linie darauf, ein enges Verhältnis zu den Nachbarstaaten der westlichen Welt, insbesondere auch zu den Vereinigten Staaten, herzustellen. Es wird von uns mit aller Energie angestrebt werden, dass Deutschland so rasch wie möglich als gleichberechtigtes und gleichverpflichtetes Mitglied in die europäische Föderation aufgenommen wird.«[29]

Damit waren Westintegration und Gleichberechtigung, also Souveränitätsgewinn, als Nahziele der westdeutschen Politik benannt. Zu diesen beiden Zielen kam ein drittes: die Sicherheit, präziser die äußere Sicherheit. Konrad Adenauer zollte damit der prekären Lage der Bundesrepublik an der Frontlinie des Kalten Krieges in unmittelbarer Nachbarschaft zum Herrschaftsbereich der Sowjetunion Tribut. Sicherheit ließ sich freilich nicht im Alleingang gewinnen, sondern nur durch die Einbindung der Bundesrepublik in die Bündnisstrukturen des Westens und durch Sicherheitsgarantien, die, realistisch betrachtet, nur von den USA kommen konnten, da nur deren politisches, militärisches und ökonomisches Gewicht die Sicherheit Westeuropas insgesamt gewährleisten konnte.

Der Schulterschluss mit den Vereinigten Staaten schützte die Bundesrepublik vor einem eventuellen kommunistischen Ausgriff und unterstützte zugleich deren Bestreben, baldmöglichst als gleichberechtigtes Mitglied in den Kreis der westeuropäischen Mächte aufgenommen zu werden, schließlich förderten die USA die europäische Integration, ja machten sich mit dem Marshall-Plan zu ihrem mächtigsten Advokaten und Promotor. Der europäische Zusammenschluss wiederum würde die Sicherheit der Bundesrepublik erhöhen, was in deren Interesse lag und den umittelbaren außenpolitischen Zielen Konrad Adenauers entsprach.

Doch wohin zielte Konrad Adenauers Außenpolitik – und damit die Außenpolitik der Bundesrepublik – konzeptionell und längerfristig? Hier lieferte zunächst das Grundgesetz wichtige Vorgaben, insbesondere die Präambel. In ihr erklärt das deutsche Volk seinen Willen, »seine nationale und staatliche Einheit zu wahren« und »als gleichberechtigtes Glied in einem vereinten Europa dem Frieden der Welt zu dienen«.[30] In Verbindung mit dem Schlusssatz: »Das gesamte Deutsche

Volk bleibt aufgefordert, in freier Selbstbestimmung die Einheit und Freiheit Deutschlands zu vollenden«, war die offene nationale Frage zum bestimmenden Imperativ jedes politischen Handelns erhoben. Das galt in besonderer Weise für die Außenpolitik, denn die deutsche Teilung war ganz wesentlich durch die Entwicklungen in der internationalen Politik nach 1945 und die Konfrontation zwischen den Vereinigten Staaten und der Sowjetunion bedingt, ja hervorgebracht worden. Nur der Wandel der internationalen Konstellation konnte Änderungen des Status quo in Richtung Wiedervereinigung bewirken, und auf eine solche Veränderung musste die westdeutsche Außenpolitik – im Rahmen ihrer Möglichkeiten – hinarbeiten.

Es ist bemerkenswert, dass in der Präambel des Grundgesetzes, das man 1949 mit überwältigender Mehrheit verabschiedet hatte, dem Einheitspostulat das Bekenntnis zur europäischen Einigung gleichrangig hinzugefügt wurde. Auch hierin können wir eine im Grunde von allen Parteien geteilte Absage an die verhängnisvolle Idee des autonomen nationalen Machtstaats erkennen, was durch den Friedensimperativ noch bekräftigt wurde. Beide Elemente bedeuteten einen entschiedenen Bruch mit deutschen außenpolitischen Traditionen, nicht nur mit der Außen- und Kriegspolitik des Nationalsozialismus. Indem das Grundgesetz die Überwindung der Teilung zur verfassungspolitischen Maxime erhob und alle Verfassungsorgane darauf verpflichtete, setzte es auch das außenpolitische Agieren der Bundesregierung unter einen national-politischen Legitimationsdruck. Die Außenpolitik der Bundesrepublik, die der erste Bundeskanzler unter den Primat der Westbindung gestellt hatte, durfte der deutschlandpolitischen Zielvorgabe des Grundgesetzes nicht widersprechen, sondern hatte sich als probates Mittel zur Überwindung der Spaltung zu erweisen und zu beweisen.

Für die Regierung Adenauer und alle nachfolgenden Regierungen bis 1989/90 entstand aus der Verpflichtung, die Wiedervereinigung anzustreben, immer wieder das politische – auch verfassungspolitische – Problem, dass eine Politik, die vom Status quo der deutschen und europäischen Teilung ausging – und ausgehen musste – und diese Teilung politisch anerkannte, als grundgesetzwidrig kritisiert und angegriffen werden konnte. Das erfuhr die Regierung Adenauer nicht anders als die Regierung Brandt/Scheel nach 1969, aber auch die Regierung Kohl/Genscher nach 1982. Darüber hinaus lag eine moralische Last auf der westdeutschen Außen- und Deutschlandpolitik, da sie um des Friedens und der internationalen Stabilität willen die ostdeutsche Diktatur und damit die Unterdrückung von Millionen Menschen nicht nur hinnahm und akzeptierte, sondern diese, vor allem seit 1970, sogar stabilisierte.

Die moralische Last auf sich zu nehmen, welche die Politik des Nationalsozialismus hinterlassen hatte, war bereits in den 1950er Jahren die Bedingung für die erfolgreiche Integration der Bundesrepublik in den Westen. Konrad Adenauer erkannte das klar, als er nach seiner Wahl zum Bundeskanzler daranging, seine politischen Ziele zu verwirklichen. Weil er die sowjetische Machtstellung in Europa, die seit 1945 bis an die Elbe reichte, für langfristig hielt und weil er angesichts der strukturellen Stabilität des bipolaren Systems im Zeichen des Ost-West-Konflikts für die Bundesrepublik und die Westmächte keine Möglichkeit für ein Handeln sah, das über die Trennlinie von Ost und West und damit über die deutsch-deutsche Grenze hinausreichte, musste die Westpolitik der Bundesrepublik nach seiner Ansicht so konzipiert und begründet werden, dass sie – auf lange Sicht – als probates Mittel zur Überwindung der Teilung Deutschlands dargestellt werden konnte. Adenauer soll nicht unterstellt werden, er habe die Wiedervereinigung nicht gewollt und durch den Verweis auf die Wiedervereinigungsperspektive lediglich seine Westintegrationspolitik abgesichert, doch die realistische Einschätzung der internationalen Situation und die auch historisch begründete Weigerung, in der Existenz eines Nationalstaats einen Wert an sich zu sehen, haben dazu geführt, dass in Adenauers Politik die Westbindung Priorität über das Ziel der nationalen Einheit gewann.

Westbindung meinte die Zugehörigkeit der Bundesrepublik zur freien Welt. Für Adenauer war die Freiheit der Kern der deutschen Frage, da er fest davon überzeugt war, dass sich die Deutschen in der DDR, wenn sie die Möglichkeit hätten, für ein vereinigtes Deutschland unter westlich-demokratischen Vorzeichen entscheiden würden. Eine solche Situation konnte sich freilich nur ergeben, wenn der Westen sich dem östlich-sowjetischen Druck nicht beugte und in der Auseinandersetzung mit dem Kommunismus obsiegte. Voraussetzung dafür waren die Stärke und die Einheit des Westens. Nicht zuletzt darauf war die Westpolitik Adenauers in den frühen 1950er Jahren ausgerichtet, für diese Konzeption nahm er scharfe Konflikte nicht nur mit den Oppositionsparteien, allen voran der SPD, in Kauf, sondern auch heftige Auseinandersetzungen mit den Parteien der Regierungskoalition und innerhalb seiner eigenen Partei.

Unterschätzen wir schließlich nicht die sicherheitspolitische Fundierung und Ausrichtung der bundesrepublikanischen Außenpolitik in der Ära Adenauer. Sicherheit, nicht nur im Sinne militärischer Verteidigung, war in der westdeutschen Gesellschaft ein vorrangiges politisches Ziel.[31] Adenauer strebte danach, die bis in die 1960er Jahre hinein weit verbreitete Kriegsangst abzubauen. Nach seiner Überzeugung versprach nur die Politik der Westintegration die ersehnte Sicherheit, während seine politischen Gegner behaupteten, die Westpolitik der Bundesrepublik und die Anlehnung an die USA im Zeichen des Kalten Krieges schaffe nicht mehr, sondern weniger Sicherheit, denn sie reduziere die Kriegsgefahr nicht, sondern mache sie vielmehr größer.

Dass die breite Mehrheit der westdeutschen Bevölkerung schließlich doch dem außenpolitischen Kurs Adenauers zustimmte, hatte ökonomische Gründe. Schon in den frühen 1950er Jahren trug die wirtschaftliche Entwicklung dazu bei, individuelle und kollektive Ängste und Verunsicherungen abzubauen. Allmählich stellte sich so etwas wie Normalität ein, und der Wunsch nach prinzipieller Veränderung der Bedingungen, die offenkundig den Rahmen dieser Normalität und neu gewonnenen Sicherheit bildeten, ging immer stärker zurück. Diese Entwicklung dürfte mit dazu beigetragen haben, dass nicht nur die politische Klasse, sondern auch die breite Bevölkerung die Westbindung und insbesondere die Allianz mit den Vereinigten Staaten im Laufe der Zeit anders wahrnahmen. Die eindeutige Orientierung nach Westen löste sich nämlich allmählich aus der außenpolitischen Sphäre und avancierte zur Bedingung für die Fortdauer des Erfolgsmodells Bundesrepublik. Seit 1990 ist es allerdings schwieriger geworden, in der Außenpolitik auf Gedeih und Verderb auf den transatlantischen Schulterschluss zu setzen. Das bringt neue Orientierungsprobleme mit sich. Es besteht die Gefahr, dass in der deutschen Außenpolitik ein möglicherweise vor 1990 überstrapazierter bedingungsloser Atlantizismus durch einen politischen Antiamerikanismus ersetzt wird. Insbesondere die Politik der Regierung von Präsident George W. Bush (2001 bis 2009) mag dafür eine Rechtfertigung geboten haben, und auch der schon vor der Bush-Administration veränderte Charakter der amerikanischen Hegemonie verlangte zweifellos eine Neubestimmung transatlantischer Politik. Zugleich jedoch lassen die weltpolitischen Entwicklungen seit dem Ende des Ost-West-Konflikts an der grundsätzlichen Bedeutung konstruktiver deutsch-amerikanischer und europäisch-amerikanischer Beziehungen keinerlei Zweifel.[32]

»Kanzler der Alliierten«?

Die alliierten Kontroll- und Vorbehaltsrechte, mit denen sich die Bundesrepublik in den ersten Jahren ihrer Existenz konfrontiert sah, waren in dem von den Alliierten am 10. April 1949 – also noch vor der Billigung des Grundgesetzes durch den Parlamentarischen Rat – beschlossenen und am 12. Mai 1949 – also noch vor dem Inkrafttreten des Grundgesetzes am 23. Mai 1949 – verkündeten Besatzungsstatut zusammengefasst. Das Besatzungsstatut folgte dem Dokument Nr. III der »Frankfurter Dokumente« vom Juli 1948, in dem die westalliierten Militärgouverneure angekündigt hatten, in einem solchen Statut ein »Mindestmaß der notwendigen Kontrolle« über die deutsche Innen- und Außenpolitik festzulegen.

Damit war die Antwort auf die wichtige Frage gegeben, wie die Alliierten nach der Etablierung eines westdeutschen Staates mit einer eigenen Verfassung, einer Regierung und anderen Verfassungsorganen die Souveränitäts- und Hoheitsrechte ausüben wollten, die sie – wenn auch noch in anderer Konstellation – mit der Berliner Erklärung vom 5. Juni 1945 übernommen hatten. Dass sie diese »oberste Gewalt« weiterhin auszuüben gedachten, daran ließ schon die Präambel des Dokuments keinen Zweifel, das zudem präzise diejenigen Gebiete benannte, auf denen die Alliierten sich auch künftig Machtbefugnisse ausdrücklich vorbehielten: Außenpolitik, Fragen der Einhaltung des Grundgesetzes und der Länderverfassungen, Außenhandel und Devisenverkehr sowie innere Verwaltung. Ferner bestanden sie darauf, »die Ausübung der vollen Gewalt ganz oder teilweise wieder zu übernehmen, wenn sie dies als wesentlich ansehen für die Sicherheit oder die Aufrechterhaltung der demokratischen Regierung in Deutschland«.

Die Befugnisse, die sich aus dem Besatzungsstatut ergaben, lagen bei den Hohen Kommissaren, die nun an die Stelle der Militärgouverneure traten. Während der britische Militärgouverneur, General Brian Robertson, erst im März 1950 durch den Diplomaten Sir Ivone Kirkpatrick abgelöst wurde und gleichsam die Kontinuität der Besatzungsherrschaft verkörperte, entsandten die USA mit John J. McCloy, einem Banker von der Wall Street, und Frankreich mit dem Deutschlandexperten André François-Poncet, der schon zwischen 1931 und 1938 französischer Botschafter in Berlin gewesen war, zivile Repräsentanten.

Als besondere deutschfreundliche Geste konnte man die amerikanische Neubesetzung nicht werten: John McCloy kannte Deutschland kaum und misstraute den autoritären Neigungen der Deutschen. Obwohl er Konrad Adenauer schon nach kurzer Zeit Vertrauen entgegenbrachte, zweifelte er bis weit in die 1950er Jahre hinein, dass die Demokratie in Deutschland wirklich Wurzeln geschlagen habe.[33] Die Bedeutung, die das gute Verhältnis zwischen Adenauer und McCloy, einem engen Vertrauten des amerikanischen Außenministers Dean Acheson, für die deutsch-amerikanischen Beziehungen hatte, sollte man dennoch nicht unterschätzen. Über McCloy hatte der Bundeskanzler, schon lange bevor ihn eine persönliche Freundschaft mit Außenminister John Foster Dulles verband, einen unmittelbaren Kontakt ins Zentrum der amerikanischen Regierung.

André François-Poncet, der in den 1930er Jahren der Hitler-Regierung nicht ohne Sympathie begegnet war und wohl auch zu den Befürwortern der westlichen

Appeasement-Politik gehört hatte, oblag es, in Bonn die auf französische Sicherheit und engmaschige Kontrolle Deutschlands zielende Politik Frankreichs zu vertreten. Auf Grund seiner Vergangenheit stellte er für Konrad Adenauer den schwierigsten Vertreter unter den Hohen Kommissaren dar, die zunächst nicht nur eine Nebenregierung, sondern eine veritable Überregierung darstellten und dies durch symbolische Handlungen auch zu unterstreichen suchten.[34] Aus diesem Grund plante die Alliierte Hohe Kommission für die förmliche Übergabe des Besatzungsstatuts einen besonderen zeremoniellen Akt. Nicht nur der Bundeskanzler sollte dazu auf dem Petersberg erscheinen, sondern das gesamte Bundeskabinett, dem, so sah es zumindest Adenauer, die Kommission durch diesen Akt Zustimmung signalisieren wollte. Es gelang Adenauer, diese Inszenierung der eingeschränkten Souveränität und der innenpolitischen Rechte der Hohen Kommissare zu verhindern, allerdings musste er selbst sich am 21. September 1949 zu einem Antrittsbesuch auf dem Petersberg einfinden. Für den Empfang war ein Ablauf vorgesehen, der die Machthierarchie deutlich zum Ausdruck bringen sollte. Was dann geschah, ist oft erzählt worden: Den Hohen Kommissaren war während der Übergabezeremonie ein Platz auf dem Teppich zugedacht, während sich der Bundeskanzler und seine Delegation auf dem blanken Boden vor dem Teppich aufstellen sollten. Adenauer, der die Symbolik dieser protokollarischen Inszenierung erkannte, trat jedoch im entscheidenden Moment einen Schritt vor – auf den Teppich. Damit war der protokollarische Rangunterschied beseitigt und selbstbewusst der Anspruch der Bundesrepublik auf Ebenbürtigkeit zum Ausdruck gebracht.

An den wirklichen Machtverhältnissen änderte das wenig. Bis 1951 musste Adenauer immer wieder auf dem Petersberg erscheinen, um die Alliierte Hohe Kommission über die Regierungstätigkeit und die politische Entwicklung in der Bundesrepublik zu unterrichten, aber auch um mit den Kommissaren über politische Fragen und insbesondere über die allmähliche Aufhebung des Besatzungsstatuts und den langsamen Fortschritt auf dem bundesrepublikanischen Weg zur Souveränität zu verhandeln.

Die Westintegration der Bundesrepublik war zunächst nur Programm, eine politische Absichtserklärung, die allerdings mit der Übernahme des Kanzleramtes durch Adenauer an Dynamik gewann und in konkrete Schritte mündete. Westintegration meinte zunächst nichts anderes als die Aufnahme der Bundesrepublik in die bereits bestehenden Bündnisstrukturen und -organisationen des Westens: den Europarat, die Organisation für europäische wirtschaftliche Zusammenarbeit (OEEC) und die im April 1949 gegründete Nordatlantikvertrag-Organisation (NATO). Schon vor Gründung der Bundesrepublik waren die drei Westzonen, ver-

treten durch die Militärgouverneure, Mitglieder der im April 1948 ins Leben geru-
fenen OEEC gewesen, deren Hauptaufgabe darin bestand, den Marshall-Plan umzusetzen und insbesondere die amerikanischen Mittel zu verteilen. Darüber hinaus
ging es um die Abstimmung gemeinsamer Wiederaufbauprogramme, die koordinierte Befriedigung ökonomischer Bedürfnisse, die Liberalisierung des Handels
und die Erleichterung des Zahlungsverkehrs zwischen den westeuropäischen Staaten und zwischen diesen und den USA. Die OEEC ging auf eine amerikanische
Initiative zurück, denn Washington hatte die Gewährung der Marshall-Plan-Hilfe
von der Errichtung einer solchen europäischen Organisation abhängig gemacht.
Der Zusammenhang, der in der amerikanischen Politik zwischen der ökonomischen Stärkung Westeuropas (auch als Markt und Handelspartner der USA) und
der Förderung der politischen Kooperation in Europa bestand, wird hier deutlich.

Die Bundesrepublik Deutschland übernahm am 31. Oktober 1949 zunächst
nur die Funktion der drei Militärgouverneure in der Vertretung Westdeutschlands,
was durchaus symbolische Bedeutung hatte. Im OEEC-Kontext war allerdings wenige Wochen später auch ein deutsch-amerikanisches Abkommen angesiedelt, der
erste völkerrechtliche Vertrag der Bundesrepublik, mit dem die Möglichkeit eröffnet wurde, aus Marshall-Plan-Mitteln ein Sondervermögen des Bundes zu bilden
und Investitionskredite zur Verfügung zu stellen.

Außen- und innenpolitisch bedeutsamer – und brisanter – waren zu dieser
Zeit die Demontagen, von denen auch die Bundesrepublik betroffen war. Die Demontagepolitik der Alliierten ging auf das »Potsdamer Abkommen« zurück; in
Westdeutschland betraf das vor allem industrielle Produktionsanlagen. Während
die Sowjetunion die sehr viel radikalere Demontagepolitik in ihrer Zone schon
1948 eingestellt hatte (nachdem freilich etwa 25 Prozent der gesamten Produk-
tionskapazität der Sowjetischen Besatzungszone in die Sowjetunion transferiert
worden waren), standen in den Westzonen im Frühjahr 1949 noch mehr als 744 Betriebe auf der Demontageliste der Westmächte, darunter so wichtige und namhafte
Unternehmen wie die Klöckner-Werke in Düsseldorf, die Bayer-Werke in Lever-
kusen, die Ruhrstahl-AG und die Gelsenberg-Werke in Gelsenkirchen. Zudem unterlag die deutsche Industrie, vor allem die Stahlproduktion, massiven Beschränkungen. In den USA regte sich dagegen zunehmend Widerstand, denn man fragte
sich, wie die westdeutsche Wirtschaft gesunden und damit zum Wiederaufbau
Westeuropas und zur Stärkung des gesamten Westens beitragen sollte, wenn man
ihr weiterhin solche Fesseln anlegte und den Abbau von Produktionskapazitäten
ankündigte. Auf einer Drei-Mächte-Konferenz im November 1949 vertrat der amerikanische Außenminister diese Position seiner Regierung in aller Deutlichkeit:

Man betrachte die Bundesrepublik als Verbündeten gegen die Sowjetunion. Dem schloss sich auch die britische Regierung an. Nur Frankreich beharrte auf seinen Sicherheitsinteressen, die Außenminister Robert Schuman nicht nur militärisch, sondern auch wirtschaftlich definierte, wobei er die Sorge vor einer ökonomischen Überlegenheit der Deutschen betonte.

Der Kompromiss, den die drei Westmächte am Ende erzielten, sah zwar eine weitere Reduktion der Demontageobjekte vor, band dieses Zugeständnis aber an die Aufrechterhaltung der 1948 beschlossenen und kurz vor der Gründung der Bundesrepublik 1949 etablierten internationalen Ruhr-Behörde, der die Kontrolle über das schwerindustrielle deutsche Potential an Rhein und Ruhr und damit über rund 40 Prozent der westdeutschen Industrieproduktion oblag. Und mehr noch: Die Bundesrepublik sollte deutsche Vertreter in die Ruhr-Behörde entsenden und damit an der Kontrolle ihrer eigenen Industrie mitwirken, wogegen sich die Bundesregierung – Adenauer eingeschlossen – unter Verweis auf die Erfahrung von »Versailles« und den Vorwurf der »Erfüllungspolitik« stets gewehrt hatte.

Die Verhandlungen zwischen den Hohen Kommissaren und dem deutschen Bundeskanzler mündeten schließlich am 22. November 1949 in das Petersberger Abkommen, dessen Bedeutung für die Westintegrationspolitik kaum hoch genug einzuschätzen ist und damals heftige politische Auseinandersetzungen in der Bundesrepublik hervorrief. Diese betrafen vor allem die deutsche Mitgliedschaft in der internationalen Ruhr-Behörde, der Preis, den die Bundesrepublik bezahlen musste für die Reduktion der Demontagen, ja deren in dem Abkommen in Aussicht gestelltes baldiges Ende. Die Auseinandersetzungen sollten indes nicht überdecken, welche Abmachungen auf dem Petersberg damals noch getroffen wurden. Schon der Ton der Präambel – kein Vertrag, sondern die von Adenauer und den drei Hohen Kommissaren unterzeichnete Niederschrift der Abmachungen vom 22. November 1949 – war neu. Der Bundeskanzler und die Repräsentanten der Westmächte betonten ihre Entschlossenheit, »ihre Beziehungen auf der Grundlage gegenseitigen Vertrauens fortschreitend zu entwickeln«, und bekräftigten ihr gemeinsames »vordringlichstes Ziel, die Bundesrepublik ... in die europäische Gemeinschaft einzugliedern«. Das implizierte den Beitritt der Bundesrepublik zu allen westeuropäischen Organisationen, aber auch den Aufbau von Handels- und Konsularvertretungen als Vorstufe diplomatischer Repräsentationen. Am 8. Juli 1950 trat die Bundesrepublik im Sinne dieser Vereinbarungen dem Europarat bei, jener 1948 aus der Europäischen Bewegung hervorgegangenen Organisation, deren wichtigste Institution die Beratende Versammlung von Delegierten der nationalen Parlamente war. Für die Westintegrationspolitik der Bundesrepublik im europäi-

schen Rahmen war der Europarat als oberstes europäisches Kommunikations-
forum von zentraler Bedeutung.

Doch im Bonner Bundestag und insbesondere in der sozialdemokratischen
Opposition wurden diese Erfolge westdeutscher Politik, die auch ein erster Schritt
aus der außenpolitischen Isolierung waren, keineswegs gewürdigt. Die SPD – allen
voran ihr Vorsitzender Kurt Schumacher – brandmarkte Adenauers Petersberger
Abmachungen als den Ausverkauf deutscher Interessen, als Kapitulation vor dem
französischen Nationalismus und als Unterwerfung der deutschen Politik unter die
Interessen der Industrie. Die Ablehnung der Opposition gipfelte in einer emotio-
nal aufgepeitschten Nachtsitzung des Bundestags am 24./25. November 1949, als
Kurt Schumacher den Bundeskanzler, der dem Parlament das Petersberger Abkommen erläuterte, als »Bundeskanzler der Alliierten« schmähte. Die Opposition
warf dem Regierungschef nationale Unzuverlässigkeit vor, ja nationalen Verrat.
»Sind Sie noch ein Deutscher?« »Sprechen Sie als deutscher Kanzler?«

Noch einmal breitete sich der Schatten von Weimar aus. Die Bundesregierung
hatte sich gegen den Vorwurf der »Erfüllungspolitik« zu wehren, jener Politik der
Kooperation mit den Siegermächten, mit denen Anfang der 1920er Jahre die deutsche Reichsregierung unter Reichskanzler Joseph Wirth und insbesondere Außenminister Walther Rathenau aus einer Position der Schwäche heraus versucht hatte,
eine Revision der Reparationsforderungen des Versailler Vertrages zu erreichen.
Wenn man so will, war auch Adenauers Politik in der Frühphase der Bundesrepublik eine Art »Erfüllungspolitik«. Doch hatte er 1949/50 eine andere Wahl?
Wollte die Bundesrepublik das Kontrollregime der Besatzungsmächte lockern,
wollte sie internationales Gewicht gewinnen und ihrer außenpolitischen Isolierung entrinnen, dann gab es nur den Weg der Kooperation und der Verständigung
mit den Alliierten, indem sie behutsam versuchte, durch Anerkennung der alliierten Interessen, vor allem im Sicherheitsbereich, allmählich neues Vertrauen, eine
Grundvoraussetzung jeglichen Souveränitätsgewinns, bei den ehemaligen Gegnern aufzubauen.

Von der »Wiederherstellung eines echten Sicherheitsgefühls in Westeuropa«
als Grundlage der Integration der Bundesrepublik in die europäische Staatengemeinschaft sprach auch das Petersberger Abkommen. Vor diesem Hintergrund
war der Vorwurf »Kanzler der Alliierten« nicht nur eine rhetorische Entgleisung,
für die der Oppositionsführer für mehrere Sitzungen von den Debatten des Bundestages ausgeschlossen wurde, sondern auch eine völlige Fehleinschätzung der
Politik Adenauers. Schumacher und weite Teile der SPD vermochten sich in ihrem
politischen Denken einfach nicht vom nationalen Paradigma und dessen Domi-

nanz zu lösen. Am Ende der Petersberg-Debatte stand die SPD alleine. Nicht einmal die Gewerkschaften unterstützten Schumachers Kurs, im Gegenteil: Die Vertreter der Arbeitnehmerinteressen begrüßten das Ende der Demontagen und damit die Sicherung von Tausenden von Arbeitsplätzen. Im Gegenzug waren sie gern bereit, die deutsche Beteiligung an der Ruhr-Kontrolle zu akzeptieren, die ja, wie Adenauer in der Nachtdebatte im Parlament zu Recht ausgeführt hatte, auch ohne deutsche Mitgliedschaft bestehen bliebe.

Der Schweizer Publizist Fritz René Allemann hat schon 1956 in seinem damals selten gelesenen, aber später umso häufiger zitierten Buch »Bonn ist nicht Weimar« jene im Vergleich zur ersten Nachkriegszeit »paradoxen Frontverschiebungen« im Parteiensystem der Bundesrepublik herausgestellt, jenen »frappierenden Rollentausch«, wie Heinrich August Winkler formulierte.[35] Und in der Tat: War in der Weimarer Republik die Linke international orientiert und außenpolitisch verständigungsbereit gewesen und die Rechte nationalistisch und konfrontativ, so waren nach 1949 die Parteien der rechten Mitte, vor allem die Christdemokraten, internationalistisch und verfolgten eine versöhnungs- und verständigungsbereite Außenpolitik der Kooperation und des Ausgleichs, während die Sozialdemokratie sich zum deutschlandpolitischen Primat der nationalen Einheit bekannte und grundsätzlich eine national orientierte Politik vertrat.

Anders als die nationale Rechte der Weimarer Jahre stand die SPD allerdings fest auf dem Boden der freiheitlich-demokratischen Ordnung des Grundgesetzes, an ihrem Bekenntnis zu Demokratie und Parlamentarismus war nicht zu rütteln, und in diesem Sinne war die SPD dann eben doch eine »westliche« Partei. Ihre nationalpolitische Orientierung stand der politischen Westbindung der Bundesrepublik daher nicht im Wege, so sehr Kurt Schumacher, Erich Ollenhauer und viele andere Sozialdemokraten in den 1950er Jahren Adenauers Politik der militärischen und ökonomischen Westintegration auch ablehnen und bekämpfen mochten. Dieser grundlegende demokratische Konsens der beiden großen Parteien der Bundesrepublik war eine entscheidende Voraussetzung für die Durchsetzbarkeit und den Erfolg der Westintegration, welche die SPD, auch wenn sie Adenauers Kurs widersprach, durchaus als demokratisch legitim beurteilte.[36]

»Europa muss geschaffen werden«

Wenige Monate nach den Auseinandersetzungen um die Ruhr-Kontrolle lud der Ministerrat des Europarats – ganz im Sinne des Petersberger Abkommens – die Bundesrepublik ein, dieser europäischen Institution als assoziiertes Mitglied beizutreten. Erneut kam aus der SPD, aber auch aus der Regierungskoalition, nationalpolitisch motivierter Widerstand, während Adenauer diese Initiative, hinter der der französische Außenminister Schuman stand, begrüßte. Diesmal war das Saarland der Auslöser der Kontroverse. Der Straßburger Ministerrat hatte nämlich nicht nur die Bundesrepublik zur Mitgliedschaft eingeladen, sondern auch das Saarland, das Paris 1947 aus der französischen Besatzungszone herausgelöst hatte und das einen Wirtschafts- und Währungsverbund mit Frankreich eingegangen war, der zweifelsohne als Vorstufe zu einer politischen Autonomie des Saargebiets, wenn nicht zu einem Anschluss an Frankreich gedacht war.

Politiker der SPD, aber auch Jakob Kaiser, der Bundesminister für Gesamtdeutsche Fragen, sowie die FDP-Politiker Thomas Dehler, der das Amt des Bundesjustizministers innehatte, und Vizekanzler Franz Blücher sahen in der französischen Initiative einen Versuch, die Loslösung des Saarlands von Deutschland international zu sanktionieren und sie dadurch zu verfestigen. Darüber hinaus befürchteten sie, dass die Anerkennung der saarländischen Mitgliedschaft im Europarat eine Schwächung der deutschen Ansprüche auf die unter polnischer Verwaltung stehenden ehemals deutschen Gebiete östlich von Oder und Neiße nach sich ziehen könnte. Adenauer setzte sich aber schließlich gegen die auch aus den Reihen der Regierung heraus orchestrierte Propagandakampagne durch, und die Bundesrepublik trat nach einem entsprechenden Bundestagsbeschluss vom 15. Juni 1950 dem Europarat bei. Vollwertiges Mitglied mit politischer Vertretung auch im Ministerrat wurde sie jedoch erst nach der Revision des Besatzungsstatuts im Mai 1951, als sie die Souveränität über ihre äußeren Angelegenheiten erhielt. Der assoziierte Status des Saarlands blieb hingegen unverändert.

In Adenauers Haltung zur deutschen Mitgliedschaft im Europarat erkennen wir wie in einem Brennglas seine grundsätzliche Position zum Zusammenhang von Westintegration und Wiedervereinigung. Was im weiteren Verlauf der 1950er Jahre, am stärksten im Umfeld der berühmten Stalin-Noten von 1952, für erregte Debatten und scharfe Auseinandersetzungen in der westdeutschen Politik und Öffentlichkeit sorgte, hatte Adenauer im Frühjahr 1950 bereits unmissverständlich demonstriert: Die Westintegration der Bundesrepublik hatte höchste politische Priorität. Der Bundeskanzler war bereit, dafür sogar die nationale Frage zumindest zeitweise hintanzustellen. Daraus sollte man nicht – wie Adenauers Gegner damals und manche Historiker noch lange danach – ableiten, dass Adenauer die Wiedervereinigung nicht wollte und ihn das Schicksal der Menschen in der DDR nicht berührte, im Gegenteil: Für ihn war die feste Einbindung der Bundesrepublik in die Gemeinschaft des Westens die Voraussetzung für die spätere Wiedergewinnung der nationalen Einheit, und zwar aus einer Position nicht nur der westdeutschen, sondern der westlichen Stärke heraus.

Ohne Zweifel war das keine operative Wiedervereinigungspolitik. Adenauers Kurs der Westintegration, der sich schon mit dem Petersberger Abkommen und in der Frage des Europarats abzeichnete, erbrachte während seiner gesamten Kanzlerschaft keine Fortschritte in der deutschen Frage, sondern trug vielmehr zur Vertiefung der Spaltung bei, die spätestens seit den ausgehenden 1950er Jahren als zentrales Element einer stabilen europäischen Ordnung in Ost und West und als dauerhaft akzeptiert wurde. Insofern fällt es auch schwer, in Adenauer den Vater der deutschen Wiedervereinigung von 1990 zu erkennen. Tatsächlich führt keine direkte Linie von Adenauers Deutschlandpolitik, die im Kern eine Westpolitik war, zum 9. November 1989 und zum 3. Oktober 1990. Und wer in der deutschen Vereinigung und im Ende des Kalten Krieges eine Verwirklichung der von Adenauer vertretenen Konzeption sehen möchte, der verkennt oder missachtet jene hochkomplexe internationale Entwicklung, die insbesondere in den 1980er Jahren zum Zusammenbruch des Ostblocks und zur friedlichen Revolution in der DDR führte.

Die Diskussion über die Mitgliedschaft der Bundesrepublik im Europarat war nur der Auftakt einer öffentlichen Auseinandersetzung über die Europapolitik der Bundesregierung und die Rolle des Bonner Staates im Prozess der europäischen Integration. Dieser Prozess gewann im Laufe des Jahres 1950 entscheidend an Dynamik. Am 8. Mai 1950, genau fünf Jahre nach der deutschen Kapitulation, wurde der deutsche Bundeskanzler von einer weiteren Europa-Initiative der französischen Regierung unterrichtet, die Außenminister Robert Schuman einen Tag später der Öffentlichkeit verkünden wollte. Am 9. Mai 1950 unterbreitete Schuman der internationalen Presse im Uhrensaal seines Amtssitzes am Quai d'Orsay den französischen Vorschlag, »die Gesamtheit der deutsch-französischen Kohle- und Stahlproduktion unter eine gemeinsame Oberste Aufsichtsbehörde zu stellen, in einer Organisation, die den anderen europäischen Ländern zum Beitritt offen steht«.[37] Diese völlig überraschende Ankündigung des schon bald nach dem französischen Außenminister benannten Schuman-Plans markiert die Geburtsstunde der Montanunion, der Europäischen Gemeinschaft für Kohle und Stahl (EGKS) und damit der institutionellen europäischen Integration, in deren Kontinuität der europäische Einigungsprozess bis heute steht.

Entgegen einer nicht zuletzt in der Geschichtsschreibung der europäischen Integration noch immer erkennbaren Mythenbildung stand nicht der europäische Enthusiasmus Robert Schumans und bald auch seiner politischen Mitstreiter – des Italieners Alcide De Gasperi, des Belgiers Paul-Henri Spaak, des Holländers Dirk Spierenburg, des Luxemburgers Joseph Bech und des Deutschen Konrad Adenauer – an der Wiege der Montanunion. Die Pariser Initiative wurde vielmehr geboren aus einer politischen Krisensituation im Frühjahr 1950, in der die französische Regierung letztlich die Flucht nach vorn antrat. Verschiedene Faktoren waren zusammengekommen: Die Saarfrage hatte zu einer schweren Verstimmung zwischen der Bundesrepublik und Frankreich geführt. In der Internationalen Ruhr-Behörde wurde über eine deutliche Erhöhung der jährlichen Stahlproduktion auf ein Niveau verhandelt, das Frankreich nicht würde erreichen können, zumal seine Stahlindustrie völlig veraltet war und die protektionistisch verwöhnten französischen Stahlindustriellen sich unfähig und unwillig zeigten, auf den Kurs der Modernisierung und Rationalisierung einzuschwenken. Doch nicht nur wirtschaftlich, auch politisch schien der deutsche Wiederaufstieg aus französischer Sicht unaufhaltsam; die französische Deutschlandpolitik, die seit 1945 stets Sicherheitspolitik gewesen war, stand augenscheinlich vor dem Scheitern, nicht zuletzt deswegen, weil die USA den deutschen Aufstieg stützten und ihn als zentrales Element ihrer Europapolitik im Kalten Krieg betrachteten.[38]

Freilich konnte Washington der Bundesrepublik keine Führungsrolle in Westeuropa und im Prozess der von den USA seit 1947 vorangetriebenen europäischen Einigung zuweisen. Da Großbritannien mit seinen Commonwealth-Verbindungen und seinem Interesse an einer *special relationship* mit den USA sich kontinental-europäisch allenfalls begrenzt zu engagieren bereit war und auf keinen Fall supranational, drängte die amerikanische Regierung Frankreich schon seit geraumer Zeit dazu, eine europa- und damit auch deutschlandpolitische Führungsrolle zu übernehmen. Das implizierte freilich die Abkehr Frankreichs von einer rein negativen Deutschlandpolitik zu einer konstruktiven Zusammenarbeit. Genau diesen Vorgaben entsprach der Schuman-Plan: Er sicherte Frankreich eine europa- und deutschlandpolitische Führungsfunktion, wenn auch unter dem Dach der amerikanischen Hegemonie, und er folgte national französischen Interessen, indem er das deutsche schwerindustrielle Potential europäisch einzubinden versprach und damit eine Fortsetzung der Kontrolle Deutschlands ermöglichte. Darüber hinaus eröffnete die Errichtung eines europäischen Marktes auf dem Kohle- und Stahlsektor Wettbewerbsperspektiven, von denen nach Ansicht Jean Monnets, des geistigen Vaters des Schuman-Plans, die französische Industrie nur profitieren konnte, weil die europäische Konkurrenz die französische Montanwirtschaft zur Modernisierung zwingen würde.

Der Schuman-Plan folgte also durchaus nationalen, einzelstaatlichen Interessen, und die These des britischen Historikers Alan Milward, wonach die europäische Integration in ihrer Genesephase auch der Revitalisierung der europäischen Nationalstaaten diente,[39] ist in diesem Sinne nicht falsch und trifft auch auf die Bundesrepublik zu, deren Kanzler dem französischen Vorschlag noch am 9. Mai 1950 »aus ganzem Herzen« zustimmte.[40] Adenauer war nach Herkunft und Überzeugung ein Europäer, den biographisch viel mit dem katholischen Lothringer Schuman verband. Die europäische Perspektive, die der Schuman-Plan enthielt, war für den deutschen Kanzler unter anderem auch deshalb von so entscheidender Bedeutung, weil sie geeignet war, das westdeutsche Ziel der politischen Gleichberechtigung und des Souveränitätsgewinns zu verknüpfen mit dem Bestreben, die Bundesrepublik eng in die westliche Gemeinschaft einzubinden und gleichzeitig zu einer deutsch-französischen Verständigung zu gelangen.

Nach komplizierten Verhandlungen über den französischen Vorschlag unterzeichneten die Außenminister Frankreichs, Italiens, der Bundesrepublik und der Benelux-Staaten am 18. April 1951, fast ein Jahr nach Schumans Pressekonferenz, den Vertrag über die Europäische Gemeinschaft für Kohle und Stahl (EGKS), der am 23. Juli 1952, wiederum über ein Jahr später, in Kraft trat. Die Kontroll- und Eingriffsrechte der Internationalen Ruhr-Behörde wurden aufgehoben. Sie gingen jedoch nicht an die Bundesrepublik über – allenfalls formal für eine Sekunde –, vielmehr übertrug die Regierung Adenauer die deutschen Souveränitätsrechte, über die Bonn zum damaligen Zeitpunkt im Grunde gar nicht verfügte, 1952 umgehend der Hohen Behörde der Montanunion. Da aber auch die anderen europäischen Staaten der EGKS ihre Souveränitätsrechte in diesen europäischen Pool einbrachten, erreichte die Bundesrepublik den Status der Gleichberechtigung und damit eine Statusaufwertung. Bonn gewann Souveränität, indem es auf Souveränitätsrechte, die es gar nicht besaß, verzichtete.

Wie die deutsche Mitgliedschaft im Europarat konnte Adenauer auch die deutsche Beteiligung an der Montanunion nur gegen innenpolitische Widerstände durchsetzen. Diese kamen nicht nur aus den Reihen der parlamentarischen Opposition, sondern beispielsweise auch aus der Industrie, wo man staatliche, nunmehr europäisch verbrämte Eingriffe in die Wirtschaft befürchtete. Vor allem aber lehnte die SPD Schumans Vorstoß und den EGKS-Vertrag ab. Dieser Haltung lagen nationale und sozialistische Positionen zugrunde, für die Kurt Schumacher eine ganze Reihe von Gründen anführte: die Gefahr einer französischen Hegemonie, die erdrückenden Befugnisse der Hohen Behörde, die unangemessen geringe deutsche Vertretung in den Organen der EGKS, die wiedervereinigungspolitische Dimension sowie die Auffassung, dass die Montanunion die Sozialisierung der Schwerindustrie an Rhein und Ruhr verhindere.[41]

Doch auch diesmal folgten die Gewerkschaften der politischen Linie der SPD nicht. Der Deutsche Gewerkschaftsbund (DGB) unter dem Vorsitz von Hans Böckler erkannte in der Montanunion insgesamt günstige Perspektiven für Wirtschaftswachstum und Beschäftigung und begrüßte auch die Befreiung von den Fesseln der Ruhr-Kontrolle, so sehr sich diese inzwischen auch gelockert hatten. Mehr noch dürfte aber ein politisches Quidproquo die Gewerkschaften außen- und europapolitisch an die Seite Adenauers geführt haben. Noch galt nämlich nicht als ausgemacht, dass der Bundestag im April 1951 die paritätische Mitbestimmung in der Montanindustrie gesetzlich verankern würde, zumal die deutsche Unternehmerschaft massiv dagegen Front machte. Bundeskanzler und Gewerkschaftschef kamen damals schließlich überein, dass die Gewerkschaften sich im Gegenzug zu einem Gesetz über die paritätische Mitbestimmung in Fragen der Außen- und Europapolitik und damit auch im Hinblick auf die EGKS Zurückhaltung auferlegen würden.[42]

Ein deutscher Verteidigungsbeitrag

Die französische Montan-Initiative erfolgte zu einem Zeitpunkt, als man sich in Westeuropa und Nordamerika einer potenziellen kommunistischen Bedrohung gegenübersah. Wenige Wochen nach Schumans Ankündigung wurde diese Bedrohung real. Am 25. Juni 1950 überfielen Truppen Nordkoreas und der Volksrepublik China mit Wissen und Unterstützung der Sowjetunion Südkorea.

Wie Deutschland war auch Korea seit Ende des Zweiten Weltkriegs geteilt. Die seit 1945 im Süden des Landes stationierten amerikanischen Truppen waren unmittelbar vor dem Überfall abgezogen worden. In der politischen Öffentlichkeit des Westens wertete man den nordkoreanischen Angriff als Indiz für den ungebremsten kommunistischen Expansionswillen, den man im Übrigen auch in China mit der Machtübernahme der chinesischen Kommunisten unter Mao Zedong 1949 bestätigt fand, und man wurde auch nicht müde, auf die Ähnlichkeit der Situationen in Ostasien und Mitteleuropa zu verweisen.

Die Bundesrepublik stand unter Schock. Man sah in den Geschehnissen im Fernen Osten ein Vorbild für das sowjetisch-kommunistische Vorgehen in Europa. Vor diesem Hintergrund unternahm man im Sommer 1950 größere Anstrengungen, die westliche Sicherheit zu erhöhen. Für die Bundesrepublik erhielt angesichts der kommunistischen Bedrohung mehr Sicherheit oberste politische Priorität. Doch Konrad Adenauer erkannte auch, in welchem Maße die veränderte weltpolitische Konstellation des Sommers 1950 helfen konnte, den Zielen seiner Außenpolitik – Souveränitätsgewinn und Gleichberechtigung – näher zu kommen. Anders als im Zusammenhang der Montanunion lag das Vehikel westdeutscher Interessen nun nicht im wirtschaftlich-industriellen Bereich, sondern im militärischen. Aus der Frage, ja der Notwendigkeit eines westdeutschen Verteidigungsbeitrags ließ sich, davon war Adenauer überzeugt, souveränitätspolitisches Kapital schlagen.

Hinter einem westdeutschen Verteidigungsbeitrag standen aber auch genuine deutsche und westliche Sicherheitsinteressen und das Gefühl, bedroht zu sein. Diese Bedrohungswahrnehmung wuchs mit dem Korea-Krieg deutlich, reichte aber viel weiter zurück. Es überrascht daher nicht, dass man sowohl in der Bundesrepublik als auch bei den Westmächten, insbesondere den USA, schon vor dem Sommer 1950 Überlegungen zu einem westdeutschen Verteidigungsbeitrag angestellt hatte. Zwar war 1949 mit der NATO ein multilaterales Militärbündnis unter Einschluss der Vereinigten Staaten entstanden, doch die militärischen Kapazitäten der Allianz waren bescheiden, ihre Streitkräfte den Truppen der Sowjetunion und ihrer Satellitenstaaten deutlich unterlegen.

Die Rufe nach einem westdeutschen Beitrag zur Sicherheit Westeuropas, wie sie insbesondere aus anglo-amerikanischen Militärkreisen erschallten, fanden auf politischer Ebene zunächst keinen Widerhall. Die Aufstellung deutscher Streitkräfte, davon war man in der Truman-Administration überzeugt, würde gerade ein halbes Jahrzehnt nach Ende des Zweiten Weltkriegs bei den deutschen Nachbarn, vor allem bei Frankreich, auf entschiedenen Widerstand stoßen und daran letztlich scheitern. Noch wenige Tage vor Beginn des Korea-Kriegs gab der amerikanische Außenminister Dean Acheson daher dem US-Hochkommissar in Bonn zu verstehen, dass er eine westdeutsche Wiederbewaffnung für verfrüht halte.[43]

Nicht nur in Washington und London, sondern auch in Bonn hatte man schon vor dem Juni 1950 über die Aufstellung westdeutscher Truppenkontingente nachgedacht. Während Konrad Adenauer eine Verstärkung der westeuropäischen und amerikanischen Truppen auf dem Boden der Bundesrepublik für die angemessene Reaktion auf die östliche militärische Stärke – darunter eine knapp 100 000 Mann starke »kasernierte Volkspolizei« in der DDR – erachtete, wurden in deutschen Militärkreisen um den ehemaligen General Hans Speidel schon vor Gründung der Bundesrepublik Konzepte entwickelt, die bewaffnete westdeutsche Einheiten im Rahmen einer (west-)europäischen Armee vorsahen.

Im Petersberger Abkommen vom 22. November 1949 hatte die Bundesrepublik ihre Entschlossenheit erklärt, »die Entmilitarisierung des Bundesgebiets aufrechtzuerhalten und mit allen ihr zur Verfügung stehenden Mitteln die Neubildung irgendwelcher Streitkräfte zu verhindern«.[44] Doch schon wenige Tage später, am 3. Dezember 1949, hatte der Bundeskanzler in einem amerikanischen Zeitungsinterview davon gesprochen, dass man sich im Fall des Falles mit einem deutschen Streitkräftekontingent an einer europäischen Armee beteiligen könnte. Der Konjunktiv täuschte kaum darüber hinweg, dass der Bundeskanzler westdeutsche Streitkräfte für unerlässlich hielt zur Verteidigung der Bundesrepublik und Westeuropas.

Kaum einen Monat nach dem Interview wurde der ehemalige Wehrmachtsgeneral Gerhard Graf Schwerin, dessen Familie aktiv am Widerstand des 20. Juli 1944 beteiligt gewesen war, als »militärischer Berater in Sicherheitsfragen« ins Bundeskanzleramt berufen. Das »Büro Schwerin«, bald umbenannt in »Zentrale für Heimatdienst«, koordinierte unauffällig und vor der Öffentlichkeit, ja selbst vor den meisten Mitgliedern der Bundesregierung verborgen, die militär- und sicherheitspolitische Beratung des Bundeskanzlers, an der eine Reihe wichtiger und bekannter Wehrmachtsgenerale beteiligt waren: neben Hans Speidel und Adolf Heusinger auch Erich v. Manstein, Friedrich Ruge, Hermann Foertsch und Hasso v. Manteuffel, von denen nicht alle über eine lupenreine Vergangenheit zwischen 1933 und 1945 verfügten. Die Generale sahen in ihrer Beraterrolle nicht nur die Möglichkeit, auf die westdeutsche Remilitarisierung Einfluss zu nehmen, sondern sie erkannten darin auch die Chance, die alte Wehrmacht gleichsam vom verbrecherischen Nationalsozialismus zu trennen und ihre Kontinuität im Zeichen des Unpolitischen über die Regime und Regierungen hinweg zu sichern.[45]

Mit dem Korea-Krieg erhielten die deutschen und anglo-amerikanischen Überlegungen zur Wiederbewaffnung ein neues Gewicht. Am 17. August 1950 fragte Hochkommissar McCloy im Auftrag der US-Regierung bei Adenauer an, ob die Bundesrepublik sich die Aufstellung deutscher Truppenverbände innerhalb einer europäischen Armee vorstellen könne. Die Zeit der politischen Tabuisierung einer deutschen Wiederbewaffnung war damit vorbei, was ein großes Kanzler-Interview in der *New York Times* am 19. August 1950 unterstrich.[46] Der Bundeskanzler ging sogleich in die Offensive. Ohne Konsultation des Kabinetts entwarfen seine Berater zwei Memoranden und leiteten diese über McCloy den Außenministern der drei Westmächte zu, die sich am 12. September in New York trafen.

In beiden Memoranden kam der von Adenauer vertretene Zusammenhang von Westintegration und Souveränitätsgewinn, von Sicherheitsfrage und westdeutscher Gleichberechtigung deutlich zum Ausdruck. Im ersten Memorandum über die »Sicherung des Bundesgebietes nach innen und außen«, verkürzt auch als »Sicherheitsmemorandum« bezeichnet, signalisierte der Kanzler den Alliierten die Bereitschaft der Bundesrepublik, einen deutschen Verteidigungsbeitrag im Rahmen einer »internationalen westeuropäischen Armee« zu leisten. Ebenso klar wie kategorisch – und ganz im Sinne seiner politischen Überzeugung – erklärte Adenauer jedoch, dass er eine Remilitarisierung Deutschlands in Gestalt einer »eigenen nationalen militärischen Macht« ablehne. Das zweite Memorandum zur Frage der »Neuordnung der Beziehungen zwischen der Bundesrepublik Deutschland und den Besatzungsmächten«, das »Neuordnungsmemorandum«, leitete aus der Bereitschaft der Bundesrepublik, militärische Verpflichtungen zu übernehmen, die Forderung ab, dem Bonner Staat auch das »Maß an Handlungsfreiheit und Verantwortlichkeit« zuzugestehen, das er benötige, um seine Pflichten zu erfüllen. Die Verknüpfung der beiden Memoranden war offenkundig, das politische Quidproquo, das sich aus den Dokumenten ableitete, war es auch. Dieses Junktim wurde ungeachtet des weiteren Verlaufs der Entwicklungen in der Frage der Wiederbewaffnung bis zum Jahr 1955, als die Bundesrepublik der NATO beitrat und ihr der Deutschland-Vertrag gleichzeitig die fast völlige Souveränität gewährte, nicht mehr gelöst.

Im Oktober 1950 arbeitete eine Gruppe ranghoher Offiziere, unter ihnen Heusinger, Speidel und Foertsch, in der Abgeschiedenheit des Eifelklosters Himmerod das militärische Konzept für den deutschen Verteidigungsbeitrag aus, dessen Umsetzung der CDU-Politiker Theodor Blank koordinierte. Aber in der Bundesrepublik erhob sich gegen Adenauers Vorstoß mächtiger Widerstand. Es gelang dem Kanzler nicht, die sozialdemokratische Opposition für seine Pläne zu gewinnen, die national- und wiedervereinigungspolitische Argumente gegen die Konzeption ins Feld führte, wobei Kurt Schumacher die Wiederbewaffnung nicht prinzipiell ablehnte. Doch der Widerstand beschränkte sich nicht auf die Opposition, sondern reichte bis in Adenauers Kabinett. Innenminister Gustav Heinemann, als Präses der Synode der Evangelischen Kirche in Deutschland Repräsentant des Protestantismus, stellte sich gegen den Regierungschef. Er kritisierte die einsame Entscheidung Adenauers und dessen unabgestimmtes Vorgehen und bemühte auch das nationalpolitische Argument, die Aufstellung westdeutscher Truppen werde die deutsche Spaltung vertiefen und damit, das schwang bei Heinemann und anderen Protestanten stets mit, die strukturelle Minderheitenposition des

Protestantismus in der katholischen, »in Rom gezeugten« Bundesrepublik (Martin Niemöller) zementieren.

Hinzu kamen – nicht nur bei Heinemann, sondern im gesamten westdeutschen Linksprotestantismus – antimilitaristische und pazifistische Beweggründe. Die Aufstellung deutscher Streitkräfte werde die ost-westlichen Spannungen in Europa verschärfen und die Kriegsgefahr erhöhen. Vor allem aber verbiete die jüngste deutsche Geschichte, eine Geschichte von Militarismus und Krieg, die Wiederbewaffnung nur fünf Jahre nach Kriegsende auch moralisch. Dem entgegneten die Befürworter ebenfalls unter Hinweis auf den Nationalsozialismus, dass einer totalitären Bedrohung wie der sowjetisch-kommunistischen eben nur mit Stärke und Entschlossenheit und gegebenenfalls auch mit Waffengewalt zu begegnen sei, dass Freiheit und Demokratie notfalls auch bewaffnet verteidigt werden müssten. Nicht zum letzten Mal in der Geschichte der Bundesrepublik diente hier die Erfahrung mit dem Nationalsozialismus als geschichtspolitisches Argument in zentralen politischen und gesellschaftlichen Auseinandersetzungen.

Der deutsche Verteidigungsbeitrag war aber nicht nur innen-, sondern auch außenpolitisch höchst umstritten. Vor allem in Frankreich, das eben mit dem Schuman-Plan einen großen Schritt auf die Bundesrepublik zugegangen und die Kröte des deutschen Wiederaufstiegs im Montanbereich geschluckt hatte, stieß die Vorstellung von deutschen Soldaten auf breiten Widerstand – kein Wunder vor dem Hintergrund dreier deutscher Kriege gegen Frankreich in dem Dreivierteljahrhundert seit 1870 und der Millionen Opfer, die diese Kriege gefordert hatten. Aber Frankreich, die schwächste der drei Westmächte, konnte dem wachsenden Druck Amerikas und Großbritanniens, die ohne einen deutschen Verteidigungsbeitrag die Sicherheit des Westens insgesamt gefährdet sahen, auf Dauer nicht standhalten. Seit Beginn des Korea-Kriegs waren diese immer weniger bereit, eine rein ablehnende, negative Position Frankreichs zu akzeptieren.

Am 24. Oktober 1950 trat Frankreich schließlich abermals die Flucht nach vorn an, als der französische Ministerpräsident René Pleven in der französischen Nationalversammlung das Konzept einer Europäischen Verteidigungsgemeinschaft (EVG) vorstellte, dessen Kern die Aufstellung einer europäischen Armee unter deutscher Beteiligung war. Der Pleven-Plan, der ebenfalls von Jean Monnet ausgearbeitet worden war, folgte dem Vorbild des Schuman-Plans. Mit der Vergemeinschaftung von Militär und Militärpolitik betraf er freilich den innersten Bereich staatlicher Souveränität, weshalb man sogar bereit war, eine Europäische Politische Gemeinschaft (EPG) unter Einschluss der Bundesrepublik zu bilden, um die Verteidigungsgemeinschaft politisch steuern und kontrollieren zu können. Es war ein hoher Preis, der für die Sicherheit vor Deutschland zu entrichten war. Wenige Jahre später, 1954, sollte sich erweisen, dass Frankreich nicht bereit war, diesen Preis zu zahlen.

Adenauer, der eigentlich mehr einer Aufstellung deutscher Truppen im NATO-Rahmen zuneigte und die Defizite des EVG-Konzepts sowie die dem Plan innewohnenden Diskriminierungen der Deutschen klar erkannte – so sollten nur die deutschen Truppen vollständig europäisiert werden –, stimmte der EVG-Konzeption grundsätzlich zu und erklärte sich bereit, in Verhandlungen über das Projekt einzutreten. Aus Sicht der Bundesrepublik waren die EVG-Verhandlungen, die im Februar 1951 begannen, allerdings nur dann eine Option, wenn man sie mit der Neugestaltung des Verhältnisses zwischen der Bundesrepublik und den drei Westmächten, der Souveränitätsfrage also, verknüpfte, die bereits das »Neuordnungsmemorandum« des Bundeskanzlers aufgeworfen hatte. Da die USA im Sommer 1950 auf den EVG-Kurs einschwenkten – wobei sie freilich auf dem Primat der NATO beharrten, deren Oberkommando die künftige europäische Armee unterstellt sein sollte –, wurde seit dem Herbst 1950 parallel über den EVG-Vertrag und über den »Generalvertrag« verhandelt, der ganz im Sinne von Adenauers Junktim die Ablösung des Besatzungsstatuts und die Beziehungen zwischen der Bundesrepublik und den Westmächten regeln sollte.

Die Last der Geschichte

Das Besatzungsstatut von 1949 ist erstmals am 6. März 1951 gelockert worden, als die Alliierten auf Kontrollrechte hinsichtlich der Gesetzgebung des Bundes und der Länder verzichteten und der Bundesrepublik die Zuständigkeit für ihre auswärtigen Angelegenheiten übertrugen. Das kann man formal als den Beginn bundesrepublikanischer Außenpolitik bezeichnen. Wenige Tage später, am 15. März 1951, wurde in Bonn das Auswärtige Amt wieder eingerichtet. Erster Außenminister wurde Konrad Adenauer, der bis 1955 die Ämter des Bundeskanzlers und des Bundesaußenministers in Personalunion versah und damit seinen Anspruch unterstrich, in dieser entscheidenden Phase die Zuständigkeit und damit die Kontrolle über die westdeutsche Außenpolitik bei sich zu vereinen. Man sollte in diesem Anspruch nicht nur einen weiteren Beleg für die »Kanzlerdemokratie« erkennen, die in den ersten Jahren der Ära Adenauer Gestalt gewann. Vielmehr ist die Übernahme des Außenamtes durch Adenauer auch ein Hinweis auf die Sorgen, die den Kanzler im Hinblick auf die Akzeptanz seiner Westintegrationspolitik und auf die ungebrochene Stärker nationalpolitischer und damit antiwestlicher Orientierungen plagten.

Wenn man das 1951 wiedergeschaffene Auswärtige Amt genauer mustert, wird man einräumen müssen, dass Adenauers Skepsis nicht ganz unbegründet war. Schon die Tatsache, dass das Außenministerium der Bundesrepublik Deutschland jene Bezeichnung erhielt, die der preußische Ministerpräsident und Kanzler des Norddeutschen Bundes Otto v. Bismarck 1870 eingeführt hatte – nicht zuletzt um durch die Namensgebung zu unterstreichen, dass es sich um eine dem Kanzler nachgeordnete Behörde handelte –, verweist auf das ausgeprägte Kontinuitäts- und Traditionsdenken des deutschen Auswärtigen Dienstes. Diese Kontinuität von Auswärtigem Amt und Auswärtigem Dienst war allen politischen Umbrüchen und allen Reformen des diplomatischen Dienstes zum Trotz während der fast 75 Jahre des deutschen Nationalstaats bestehen geblieben. Weder nach 1918 noch nach 1933 war es zu wirklich tiefgreifenden, vor allem auch personalpolitischen Veränderungen gekommen. Bis auf wenige Ausnahmen hatten die Angehörigen des Auswärtigen Dienstes mit dem NS-Regime aus unterschiedlichen Gründen nicht nur sympathisiert, sondern es mitgetragen.

Deutsche Diplomaten – viele von ihnen Mitglieder der NSDAP oder Angehörige der SS – hatten die Gewaltpolitik des NS-Staates im Ausland vertreten oder legitimiert, nicht wenige waren – insbesondere in den Jahren des Zweiten Weltkriegs – an den nationalsozialistischen Verbrechen von der Ausplünderung der besetzten Gebiete Europas bis hin zur Vernichtung der europäischen Juden beteiligt. Nach dem Krieg wurde nur eine Handvoll dafür zur Rechenschaft gezogen. Nachdem die Reichsaußenminister Constantin Freiherr v. Neurath und Joachim v. Ribbentrop im Nürnberger Prozess 1946 zu einer langjährigen Haftstrafe beziehungsweise zum Tode verurteilt worden waren, saßen 1948/49 im Wilhelmstraßen-Prozess, einem der Nürnberger Nachfolgeprozesse, nur Ernst Freiherr v. Weizsäcker, ehemals Staatssekretär im Auswärtigen Amt, und einige andere Spitzendiplomaten auf der Anklagebank. Das Gros der Beamten blieb dagegen unbehelligt. Viele von ihnen warteten nach überstandener Entnazifizierung und Gründung der Bundesrepublik nur auf eine Gelegenheit, wieder in den deutschen diplomatischen Dienst eintreten zu können. Diese Gelegenheit bot sich 1951. In ihrer Mehrheit waren diese Diplomaten keine Kriegsverbrecher. Aber sie waren Beamte und Repräsentanten des »Dritten Reiches«, Angehörige einer Funktionselite, die auf vielfältige Weise die Politik des Regimes vertreten und ausgeführt hatten. Die Diplomaten der Bundesrepublik haben später die Legende von der Wilhelmstraße als einem Hort der Opposition gepflegt, doch in Wirklichkeit war es nur eine kleine, zahlenmäßig überschaubare Gruppe im Auswärtigen Amt, die dem Widerstand angehörte.

Unabhängig davon, wie sehr die Diplomaten belastet waren, konnte es in der politischen Situation der frühen 1950er Jahre zum Problem werden, dass ein ausgeprägtes Denken in nationalen, nationalstaatlichen Kategorien in Verbindung mit einem Außenpolitikverständnis des machtstaatlichen Unilateralismus der Adenauerschen Westintegrationspolitik mit ihren Prämissen der Kooperativität und des Multilateralismus diametral widersprach. Auch aus diesem Grund hatte Konrad Adenauer sich zunächst dezidiert dafür ausgesprochen, im Auswärtigen Dienst der Bundesrepublik personell einen Neuanfang zu machen beziehungsweise nur völlig unbelastete Diplomaten der Wilhelmstraße in den Dienst zu übernehmen.[47] Das gelang nicht. In so kurzer Zeit konnte man nicht genügend unbelastetes qualifiziertes Personal rekrutieren, und die Netzwerke der alten Wilhelmstraße erwiesen sich als bemerkenswert effizient. Von 349 Diplomaten des höheren Dienstes im Jahr 1951 stammten 133 aus dem alten Amt, 116 hatten der NSDAP angehört.[48] Letztlich haben die Diplomaten die Politik des Kanzlers, von Ausnahmen abgesehen, nicht konterkariert, sondern die Westbindung diplomatisch vertreten und sie dadurch abgesichert. Doch die Konstellation, die sich Adenauer 1950/51 bot, erklärt, warum der Bundeskanzler nicht nur die Außenpolitik zu kontrollieren suchte, sondern auch den außenpolitischen Apparat der Bundesrepublik. Zu diesem gehörte im Übrigen seit Oktober 1950 auch das »Amt Blank«, das die westdeutsche Wiederbewaffnung koordinierte und das bezeichnenderweise als Arbeitsstab im Bundeskanzleramt angesiedelt war und damit in Adenauers nächster Umgebung.[49]

Es war weit mehr als nur ein außenpolitischer Erfolg, als die Bundesrepublik Deutschland am 10. September 1952 in Luxemburg nach längeren Verhandlungen ein Wiedergutmachungsabkommen mit dem Staat Israel schloss. Wollte der junge westdeutsche Staat internationales Vertrauen gewinnen und die Bundesrepublik nicht nur politisch, sondern auch moralisch den Weg in die Gemeinschaft der Völker zurückfinden, dann war es unerlässlich, die deutsche Schuld am Mord an den europäischen Juden anzuerkennen. Konrad Adenauer hatte das stets so vertreten, und er folgte damit nicht nur einem Gebot politischer Klugheit: Im Namen des deutschen Volkes seien »unsagbare Verbrechen begangen worden, die zur moralischen und materiellen Wiedergutmachung verpflichten«.[50]

Die Forderung nach Wiedergutmachung, schon vor der Gründung des Staates Israel durch die Conference on Jewish Claims against Germany erhoben, entzweite die Deutschen, und dies nicht nur in dem Sinne, dass die DDR in ihrem antifaschistischen Selbstverständnis jedwede Verantwortung für die deutschen Verbrechen zwischen 1933 und 1945 ablehnte – und dementsprechend auch Wiedergutmachungsleistungen.

Als das Allensbacher Meinungsforschungsinstitut 1952 die Westdeutschen fragte: »Soll Deutschland an Israel drei Milliarden in Waren als Wiedergutmachung zahlen, oder halten Sie das für überflüssig?«, entschieden sich 44 Prozent der Befragten für »überflüssig«, 24 Prozent waren »dafür«, 11 Prozent »uneingeschränkt dafür« und 21 Prozent hatten keine Meinung.[51] Ähnlich waren die Positionen im Deutschen Bundestag, wo sich nur die SPD vorbehaltlos für die Wiedergutmachung aussprach und später auch einstimmig dem Luxemburger Abkommen (präziser: dem Israel-Abkommen und den sogenannten Haager Protokollen mit der Jewish Claims Conference) zustimmte. Das Spektrum der von den Abgeordneten vorgebrachten Gründe für die Ablehnung reichte von der finanziellen Überforderung der durch den Wiederaufbau extrem belasteten Bundesrepublik über die Auswirkungen eines deutsch-israelischen Abkommens auf die deutsch-arabischen Beziehungen bis zu Zweifeln an der moralischen und historischen Angemessenheit deutscher Zahlungen beziehungsweise moralischen und rechtlichen Berechtigung der Forderungen, gipfelnd in der Position von Bundesfinanzminister Fritz Schäffer (CSU), die an den Juden begangenen Verbrechen seien vor Gründung des Staates Israel geschehen, dieser also gar nicht ermächtigt, Ansprüche an die Bundesrepublik zu richten.

Der Bundeskanzler setzte sich auch diesmal in seiner Partei und in der Regierungskoalition durch, so dass in dem Abkommen von Luxemburg schließlich Wiedergutmachungsleistungen in Höhe von insgesamt 3,45 Milliarden Mark vereinbart werden konnten. Dass der Bundestag das Wiedergutmachungsabkommen am 18. März 1953 – und damit einen Tag vor den Westverträgen – ratifizierte, war kein Zufall. Es unterstrich in diskreter politisch-parlamentarischer Symbolik den Primat der moralischen vor der politischen Integration Deutschlands in die Staatenwelt und auch die Bedeutung der Übernahme historischer Verantwortung durch die Bundesrepublik als Voraussetzung für die ihr im Deutschland-Vertrag gewährte Souveränität. Dass das Wiedergutmachungsabkommen in späteren Jahren im Sinne des Schlussstrich-Denkens auch zur Abwehr weiterer Wiedergutmachungs- und Entschädigungsleistungen herangezogen wurde, schmälert seine historische Bedeutung für die frühe Bundesrepublik nicht.

Mit dem Luxemburger Abkommen stellte sich die Bundesrepublik in erster Linie moralisch der aus der Geschichte erwachsenen Verantwortung. Gut ein Jahr zuvor, am 27. Februar 1952, hatte sie dies mit dem Londoner Schuldenabkommen auf dem Gebiet der internationalen Finanz- und Kreditpolitik getan, wobei sie beanspruchte, die Rechtsnachfolgerin des Deutschen Reiches zu sein. Auch in London spielten moralische Aspekte eine Rolle. In erster Linie ging es hier um die Wiederherstellung des deutschen Kredits für die Bundesrepublik, doch gerade in den internationalen Finanz- und Wirtschaftsbeziehungen ist Vertrauen von zentraler Bedeutung, und dieses Vertrauen musste die junge Bundesrepublik wenige Jahre nach dem Zweiten Weltkrieg erst wiedergewinnen.

Nach komplizierten Verhandlungen mit 65 Ländern, die für die Bundesrepublik der Sprecher der Deutschen Bank, Hermann Josef Abs, führte, und dem prinzipiellen deutschen Schuldanerkenntnis gelang im Londoner Abkommen eine Festsetzung der deutschen Schuldsumme (Vor- und Nachkriegsschulden) auf etwa 15 Milliarden Mark, die bis 1988 zurückgezahlt werden sollten. Die günstigen Umstände des »Wirtschaftswunders« ermöglichten die Rückzahlung bereits bis 1966, so dass sich anfängliche Bedenken in der Bundesrepublik rasch zerstreuten. Es ging in dem Abkommen um deutsche Schulden, nicht um mögliche deutsche Reparationen, die wohlweislich ausgeklammert blieben. Für die Rückkehr der Bundesrepublik in die Weltwirtschaft war das Schuldenabkommen ein wichtiger Schritt, aber moralisch war es ein Meilenstein.[52]

Westintegration versus Wiedervereinigung

Die Verhandlungen über den EVG-Vertrag und den Vertrag über die Ablösung des Besatzungsstatuts – bald auch »Deutschland-Vertrag« genannt – standen im Frühjahr 1952 kurz vor dem Abschluss und Adenauers Politik damit vor einem entscheidenden Erfolg. In dieser Situation wandte sich die Sowjetunion am 10. März 1952 in einer groß angelegten deutschlandpolitischen Initiative an die drei Westmächte. In der berühmten Stalin-Note bot man den Westmächten eine Viermächtekonferenz über einen Friedensvertrag mit Deutschland und damit über die deutsche Wiedervereinigung an. Ein sowjetischer Friedensvertragsentwurf präzisierte die Moskauer Vorstellungen, die im Kern auf die Wiederherstellung eines bündnisfreien – also neutralisierten – gesamtdeutschen Staates in den Grenzen von Bundesrepublik und DDR hinausliefen.

Die Stalin-Note, der sich ein längerer ost-westlicher Notenwechsel anschloss, war nicht die erste östliche Deutschland-Initiative mit der Perspektive einer Wiedervereinigung. Seit sich im Zuge der EVG-Verhandlungen ein westdeutscher Verteidigungsbeitrag und damit eine massive militärische Stärkung des Westens insgesamt abzeichneten, hatte die östliche Seite Versuche unternommen, dies zu verhindern. In Moskau und Ost-Berlin wusste man genau, dass die Überwindung der Spaltung Deutschlands in Westdeutschland parteiübergreifend sowie in der gesamten Gesellschaft als vorrangiges politisches Ziel betrachtet wurde und dass nicht zuletzt ein nach wie vor breit verankertes Nationalgefühl verhinderte, dass man sich mit der Teilung abfand. Zudem postulierte das Grundgesetz in seiner Präambel eindeutig das Ziel der Wiedervereinigung, und der Bundeskanzler hatte seine Westpolitik als Wiedervereinigungspolitik darzustellen und zu legitimieren. Im Herbst 1951 hatte der Ministerpräsident der DDR, Otto Grotewohl, unter der Losung »Deutsche an einen Tisch!« deutsch-deutsche Gespräche über die Abhaltung gesamtdeutscher Wahlen angeboten. Das »Angebot« scheiterte allerdings an der mangelnden Bereitschaft der DDR – und der hinter ihr stehenden Sowjetunion –, die Freiheit der Wahlen durch die Vereinten Nationen kontrollieren zu lassen.

Im März 1952 kam die Offerte nicht aus Ost-Berlin, sondern direkt aus Moskau, und sie richtete sich nicht an Bonn, sondern an die drei westlichen Siegermächte des Zweiten Weltkriegs, die gemeinsam mit der UdSSR noch immer im Sinne der Potsdamer Beschlüsse von 1945 alle Rechte und Verantwortlichkeiten in Bezug auf Deutschland als Ganzes innehatten. Letztlich sollte die Moskauer Note aber nicht die Westmächte ansprechen, sondern die Bundesrepublik Deutschland, noch genauer: die westdeutsche Öffentlichkeit. Das Kalkül des Kreml war klar: Ohne die Bonner Zustimmung war das EVG-Projekt zum Scheitern verurteilt. Gegen Bonn war die westdeutsche Wiederbewaffnung nicht durchzusetzen. Genau hier, am heikelsten Punkt in Bezug auf die nationale deutsche Frage, setzte die Moskauer Führung an, um den Westen insgesamt zu treffen. Alle Diskussionen über die Stalin-Note, die 1952 politisch begannen und sich bis heute historiographisch fortsetzen, können dieses Motiv der Sowjetunion nicht vom Tisch wischen. Unabhängig davon, ob sich die deutsche Einigung überhaupt realisieren ließ, hatte das Angebot das Potential, dem Westen eine empfindliche Niederlage beizubringen.

Andere Interessen mögen damals hinzugekommen sein. Es ist denkbar, dass Moskau von Anfang an mit einer Ablehnung der Offerte rechnete. Dann konnte man dem Westen die Schuld für eine Vertiefung der deutschen Teilung in die Schuhe schieben und solchermaßen legitimiert die DDR innenpolitisch und gesellschaftlich gewaltsam stalinisieren, außenpolitisch noch enger in den sowjetischen Satellitenverbund einbeziehen und durch die Verfestigung der deutschen Zweistaatlichkeit den territorialen Status quo im Nachkriegseuropa und damit die sowjetische Machtposition in Zentraleuropa stabilisieren (Alibi-These).[53] Es ist auch nicht auszuschließen, dass die Sowjetunion sich gar nicht für ein bestimmtes Ziel entschieden hatte und gewissermaßen ergebnisoffen in die Notenkampagne eintrat. Zu verlieren hatte Moskau im Frühjahr 1952 kaum etwas.

Ganz im Sinne des Moskauer Kalküls löste die Notenoffensive in der Bundesrepublik eine erregte öffentliche Debatte aus. Nicht nur aus der SPD, sondern tief aus dem bürgerlichen Lager wurden Forderungen erhoben, das sowjetische Angebot doch zumindest auszuloten. In den westlichen Hauptstädten scheint man durchaus bereit gewesen zu sein, diplomatische Sondierungen anzustellen, wenn auch weniger aus echtem Interesse an der sowjetischen Offerte als mehr in dem Gefühl, dies den Deutschen schuldig zu sein. Doch der deutsche Bundeskanzler verhinderte kompromisslos jede Sondierung und hielt unbeirrt am Kurs und am Zeitplan der Verhandlungen über EVG- und Deutschland-Vertrag fest. Wenn überhaupt wollte er erst nach Vertragsabschluss mit der Sowjetunion Gespräche führen. Diese verlor freilich nach Unterzeichnung der Verträge rasch das Interesse an Verhandlungen und betrieb stattdessen die weitere Stalinisierung in der DDR, die auf der II. SED-Parteikonferenz vom Juli 1952 mit dem Beschluss zum »Aufbau des Sozialismus« als »grundlegende Aufgabe« festgelegt worden war. Ein Jahr später sollte diese Politik in den Volksaufstand des 17. Juni 1953 münden.

Wieder einmal hatte sich Adenauer durchgesetzt. Doch diese politische Entscheidung des Kanzlers hat wie kaum eine andere erst dem politischen, später dem historischen Urteil Vorschub geleistet, der rheinische Bundeskanzler habe die Wiedervereinigung überhaupt nicht gewollt und im Frühjahr 1952 ein ernst gemeintes Angebot zur Wiedervereinigung bewusst ausgeschlagen. Die Bundesrepublik habe damit eine Chance zur Wiederherstellung der deutschen Einheit versäumt, eine historische Gelegenheit verpasst. 1952 habe Adenauer, so sahen es vor allem seine Gegner aus dem bürgerlich-nationalen Lager – der FDP-Politiker Thomas Dehler, der ehemalige CDU-Innenminister, Begründer der Gesamtdeutschen Volkspartei (GVP) und spätere SPD-Bundespräsident Gustav Heinemann, aber auch der einflussreiche konservative Publizist Paul Sethe, Mitherausgeber der *Frankfurter Allgemeinen Zeitung* –, historische Schuld auf sich geladen. Und auch in der deutschen Zeitgeschichtsschreibung sind Adenauers Gegner bis an die Schwelle der Gegenwart nie verstummt.

Am 26. Mai 1952 wurde in Bonn der Deutschland-Vertrag unterzeichnet, einen Tag später der EVG-Vertrag. Der Souveränitätstransfer vollzog sich wie bei der Montanunion. Die Bundesrepublik erhielt Souveränitätsrechte zurück, die sie unmittelbar in einen europäischen Souveränitätspool einspeiste, diesmal im Verteidigungsbereich. Sosehr die Bundesregierung und das Bundespresseamt die

Vertragsunterzeichnung auch als einen diplomatischen Triumph darstellten, es war nicht zu übersehen, dass der außenpolitische Erfolg durchaus Kehrseiten hatte. Von umfassender Souveränität der Bundesrepublik war im Generalvertrag nicht die Rede, lediglich davon, dass der westdeutsche Staat – nach der Ratifizierung der Verträge – »die volle Macht über ihre äußeren und inneren Angelegenheiten« erhalte. Wichtige Rechte behielten sich die Alliierten vor: das Recht der Truppenstationierung, vor allem aber das Recht, Notstandsmaßnahmen zu ergreifen. Als Zugeständnis konnte man hingegen werten, dass die Westmächte der von Adenauer vorgeschlagenen »Bindungsklausel« (Art. VII, 3 des Deutschland-Vertrags) zustimmten, wonach auch einem wiedervereinigten Deutschland »die Rechte der Bundesrepublik aus diesen Vereinbarungen zustehen werden«. Die Bindungsklausel entsprach der Vorstellung von der Bundesrepublik als dem deutschen Kernstaat, die prinzipiell von allen Parteien geteilt wurde. Aber legte sie nicht – und diesmal in Vertragsform – der Wiedervereinigung ein weiteres unüberwindliches Hindernis in den Weg? Viele Gegner und Kritiker Adenauers sahen das so, und es überrascht nicht, dass sich die innenpolitische Auseinandersetzung über Deutschland- und EVG-Vertrag in der Bundesrepublik genau an dieser Klausel entzündete und die Ratifizierung streckenweise gefährdet schien.

Den Widerstand gegen die beiden Westverträge führte die SPD an. Kurt Schumacher hat das Vertragswerk noch in den letzten Wochen seines Lebens – er verstarb am 20. August 1952 – in schärfsten Tönen gegeißelt: »Wer diesem Generalvertrag zustimmt, hört auf, ein Deutscher zu sein!«[54] Die Front der Ablehnung reichte über alle Parteien der Regierungskoalition bis ins Kabinett. Die Minister Kaiser (CDU), Blücher und Dehler (beide FDP), aber auch der CDU/CSU-Fraktionsvorsitzende Heinrich v. Brentano plädierten für einen Wegfall der Bindungsklausel. Aus den Bundesländern kam ebenfalls Gegenwind, und nach der Bildung einer SPD-DVP-BHE-Regierung im neugegründeten Südweststaat Baden-Württemberg schien im Bundesrat, wo die Westverträge ebenfalls ratifiziert werden mussten, die Mehrheit bei den Vertragsgegnern zu liegen.

Ein Jahr lang, bis in den Mai 1953, beherrschte das Ratifikationsverfahren die westdeutsche Innenpolitik. Alle Verfassungsorgane wurden in die Auseinandersetzung hineingezogen, neben Bundesregierung, Bundestag und Bundesrat auch der Bundespräsident und das gerade erst geschaffene Bundesverfassungsgericht in Karlsruhe.[55] Der Streit wurde zu einer veritablen Verfassungskrise, deren Gefahren- und Schadenspotential auch deswegen groß war, weil das Verfassungsgefüge der jungen Bundesrepublik drei Jahre nach ihrer Gründung noch keineswegs so stabil, das Verhältnis der Verfassungsorgane untereinander noch keineswegs eingespielt und – im besten Sinne – routiniert war wie in späteren Jahren. Auf dem Höhepunkt der Krise drohte sogar die parteipolitische Vereinnahmung der Verfassungsinstitutionen, die insbesondere das Amt des Bundespräsidenten und das Bundesverfassungsgericht nachhaltig beschädigt und zweifelsohne gravierende Auswirkungen auf die politische Kultur und die Stabilität des demokratischen Institutionengefüges gehabt hätte.

Die verfassungspolitischen Verwicklungen der Jahre 1952/53 offenbaren, wie jung die Bonner Demokratie und unerfahren ihre Institutionen und ihre individuellen Repräsentanten noch waren. Und es zeigt sich, dass es – nicht zuletzt vor dem Hintergrund der Weimarer Erfahrungen – den Akteuren aus allen Parteien schwerfiel, die sachbezogene politische Auseinandersetzung zu trennen von dem konstruktiven Bemühen, sich für die Unversehrtheit und prinzipielle Akzeptanz der freiheitlich-demokratischen Institutionenordnung, ihrer Verfahrensweise und der durch sie hervorgebrachten und legitimierten politischen Entscheidungen einzusetzen. Es ist schwer zu sagen, welche Entwicklung die konstitutionelle Krise genommen hätte, wenn die zweiten Bundestagswahlen im September 1953 die Mehrheit der Regierung Adenauer nicht bestätigt hätten. Nun führte die Koalitionsbildung sogar zu einer Zweidrittel-Mehrheit der Regierungsfraktionen im Parlament. Zwar dürften die meisten Bundesbürger nicht primär unter außen- und deutschlandpolitischen Auspizien gewählt haben, doch der Wahlsieg Adenauers im Herbst 1953 kann als Bestätigung seiner Westpolitik gelten. Der Bundeskanzler jedenfalls wurde nicht müde, das zu betonen, und die plötzliche Zurückhaltung der enttäuschten SPD, die mit 28,8 Prozent der Stimmen noch unter ihrem Ergebnis von 1949 lag, schien seine Worte zu bestätigen.

Mit der Ratifizierung der Westverträge in Bonn war das Vertragswerk aber noch lange nicht unter Dach und Fach, denn in Kraft treten konnte es – einschließlich der Ablösung des Besatzungsstatuts – erst, wenn der EVG-Vertrag von den Parlamenten in allen beteiligten Staaten gebilligt worden war. Dieses Verfahren zog sich in Frankreich noch viel länger hin als in der Bundesrepublik. Die Verzögerungen waren unter anderem auf eine Veränderung des internationalen Klimas nach dem Tod des sowjetischen Diktators Stalin im März 1953 zurückzuführen. Aus Moskau, wo eine mehrköpfige Führungsclique die Macht in Händen hielt, kamen nun diffuse Entspannungssignale, die primär innenpolitisch motiviert waren und in der unüberschaubaren Situation bis zur Klärung der Nachfolgefrage wenigstens außenpolitisch eine Entlastung bringen sollten.

Sollte man den Gesprächsfaden aufnehmen? Im Westen waren die Meinungen geteilt, weil man die Ziele der sowjetischen Seite nicht erkennen konnte und zudem nicht wenige westliche Politiker keinen Anlass sahen, in Verhandlungen über die deutsche Frage oder gar die Wiedervereinigung einzutreten. »Deutschland wieder zu vereinigen, solange Europa geteilt ist«, gab der Staatssekretär im britischen Foreign Office, Selwyn Lloyd, seinem gesprächsbereiten Premierminister Winston Churchill zu verstehen, »ist – selbst wenn dies machbar wäre – gefahrvoll für uns alle. Deshalb fühlen alle – Dr. Adenauer, die Russen, die Amerikaner, die Franzosen und wir selbst – im Grunde ihres Herzens, dass ein geteiltes Deutschland zur Zeit die sicherste Lösung ist.«[56]

Die neue amerikanische Regierung unter Präsident Eisenhower, dem populären Weltkriegsgeneral und erstem Oberbefehlshaber der NATO-Streitkräfte in Europa, sah in neuen Viermächteverhandlungen über Deutschland im Grunde keinen Sinn. Unter der neuen amerikanischen Doktrin des *Roll back*, des »Zurückdrängens« (obwohl Washington nie den Versuch machte, den Status quo in Europa oder in Ostasien offensiv zugunsten des Westens zu verändern), die an die Stelle des *containment* getreten war, erschien es kontraproduktiv, mit der Sowjetunion in Gespräche einzutreten, die die internationale Situation zementieren und die durch den EVG-Vertrag und die deutsche Wiederbewaffnung erreichte Stärkung des Westens wieder rückgängig machen könnten. Diese Position vertrat vor allem der neue amerikanische Außenminister John Foster Dulles, der bis zu seinem Tod 1959 im engsten Einvernehmen mit Konrad Adenauer die westlichen Interessen vertrat und zum wichtigsten Repräsentanten eines vertrauensvollen und von gemeinsamen Interessen und Überzeugungen getragenen deutsch-amerikanischen Verhältnisses wurde. Die politische – und wohl auch persönliche – Freundschaft zwischen Adenauer und Dulles verkörperte in den Augen der Deutschen die neue Freundschaft zwischen den USA und der Bundesrepublik. Konrad Adenauer scheute sich nicht, diese Freundschaft auch im Wahlkampf einzusetzen – beginnend mit der Terminierung und Inszenierung seines ersten Staatsbesuchs in den USA im April 1953, also im Vorfeld der Bundestagswahl. Nur er sei persönlich wie politisch in der Lage, lautete die Botschaft, die deutschen Interessen in Washington zu vertreten, und nur ihm vertraue man dort. Bis in die späten 1950er Jahre dürfte das angesichts der außen-, deutschland- und sicherheitspolitischen Positionen der SPD gestimmt haben.[57]

Diejenigen, die den Moskauer Entspannungssignalen nach Stalins Tod skeptisch gegenüberstanden, sahen sich in ihrer Einschätzung bestätigt, als die Sowjetarmee am 17. Juni 1953 einen Volksaufstand in der DDR mit Waffengewalt niederschlug. Unzählige Aufständische wurden verletzt, mindestens siebzig getötet, viele von ihnen standrechtlich erschossen. Die Sowjetunion und das SED-Regime hatten ihr wahres Gesicht gezeigt, so sah es die überwiegende Mehrheit der Bonner Parteien und der westdeutschen Bevölkerung. Die Zustimmung zu Adenauers striktem antikommunistischen Kurs wuchs, so dass der 17. Juni zweifelsohne zum Wahlsieg der Union im September 1953 beitrug. Unter dem unmittelbaren Eindruck der Ereignisse beschloss der Deutsche Bundestag am 3. Juli 1953, den 17. Juni fortan im Gedenken an den Aufstand als »Tag der deutschen Einheit« zu begehen und zum gesetzlichen Feiertag zu erheben.

In den folgenden Jahren zeigte sich, dass jede Partei der Ereignisse des 17. Juni anders gedachte: Während die FDP die Erhebung national interpretierte, die »Gefallenen der Nation« ehrte und sich zu einem »unteilbaren Deutschen Reich« bekannte, würdigte man in der SPD vor allem die historische Rolle der ostdeutschen Arbeiter »an der Spitze des Ringens um Einheit und Freiheit«. In den Unionsparteien, insbesondere im Umfeld Konrad Adenauers, war die Deutung vor allem antikommunistisch gefärbt; man sah den Aufstand als Kampf um Freiheit und Demokratie im westlichen Sinne und erklärte die Freiheit – und die Zugehörigkeit zum Westen – zum Kern der deutschen Frage und damit zur Voraussetzung der Wiedervereinigung.

Geschichtspolitisch wurde der 17. Juni in der Bundesrepublik ebenfalls instrumentalisiert: Man rühmte die Erhebung als Ausdruck der demokratischen Gesinnung der Deutschen, für die es bislang in der Geschichte nicht allzu viele Beispiele gegeben hatte, und verglich den Aufstand der Ostdeutschen in antitotalitärer Wendung mit dem Widerstand gegen den Nationalsozialismus. Damit identifizierte man zwangsläufig die braune Diktatur der Vergangenheit mit der roten der Gegenwart. So zynisch es klingen mag: Im Ausland trug der 17. Juni zu einem enormen Prestigegewinn der Deutschen bei, wobei der Misserfolg der Ostdeutschen letztlich zum Erfolg der Westdeutschen wurde, die plötzlich so ungewohnte Ansichten zu hören bekamen wie den Kommentar der britischen BBC: »Deutschland ist in den Kreis der westlichen Völkerfamilie heimgekehrt. ... Deutschland und der Westen sind an diesem Tage zum ersten Mal seit 150 Jahren nicht Gegner, sondern Verbündete.«[58]

Die Geschehnisse in Ostdeutschland schienen Adenauer Recht zu geben, der gegenüber der Sowjetunion stets seinen strikten Kurs eingehalten hatte, doch vor dem Hintergrund der sowjetischen Notenoffensive von 1952 konnte der Bundeskanzler die neuerlichen Entspannungssignale aus Moskau nicht einfach ignorieren, wollte er sich nicht noch mehr – und gerade im Wahlkampf – dem Vorwurf aussetzen, an einer Wiedervereinigung nicht interessiert zu sein. So stimmte er neuen Sondierungen der Vier Mächte über eine Lösung der deutschen Frage zu, war sich aber mit US-Außenminister Dulles einig, dass die Abhaltung freier Wahlen in ganz Deutschland die Vorbedingung jedes weiteren Schritts in Richtung Wiedervereinigung sein müsse. Adenauer wusste, dass jede ost-westliche Verständigung an dieser Vorbedingung scheitern musste. Er konnte also sicher sein, dass sein außen- und deutschlandpolitischer Alptraum nicht wahr werden würde: dass nämlich die vier Siegermächte wie 1945 in Potsdam über Deutschland verhandelten, ohne dass die Deutschen daran beteiligt waren. Das »Potsdam-Trauma« begleitete Adenauers Außenpolitik bis ans Ende seiner Kanzlerschaft. Die internationale Gleichberechtigung der Bundesrepublik, das war stets sein Ziel, sollte eine Wiederkehr der Potsdamer Konstellation verhindern.

Die Berliner Außenministerkonferenz vom Januar 1954, zu der sich die Westmächte schließlich bereitfanden, brachte deutschlandpolitisch keine Bewegung, sondern eine Verhärtung der Fronten. Die Zweistaatlichkeit verfestigte sich. Dennoch war das Außenministertreffen – auch nach Meinung Adenauers – notwendig, weil in Frankreich die Gegner der EVG verlangten, alle Chancen für eine Lösung der deutschen Frage zu ergreifen. Nach der Berliner Konferenz war das Schicksal der EVG in Frankreich aber weiter unsicher – und damit hing auch der Deutschland-Vertrag am seidenen Faden.

Am 30. August 1954 scheiterte die EVG in der französischen Nationalversammlung. Dass die *Assemblée Nationale* über das Vertragswerk gar nicht mehr abstimmte, sondern die Frage rein verfahrenstechnisch endgültig von der Tagesordnung absetzte, lag an der Agonie des Projekts, die im Grunde mit der Unterzeichnung der Verträge zwei Jahre zuvor eingesetzt hatte. Konrad Adenauer nannte den 30. August 1954 einen »schwarzen Tag für Europa«.[59] Es war zunächst vor allem ein schwarzer Tag für die Bundesrepublik und für seine Westpolitik. Denn mit dem EVG-Vertrag war auch der mit diesem unauflöslich verflochtene Deutschland-Vertrag gescheitert – mehr als drei Jahre nach seiner Unterzeichnung. In der Retrospektive konnte Adenauer den Franzosen allerdings dankbar sein, denn das Aus für die EVG eröffnete der Bundesrepublik in der Sicherheits- und in der Souveränitätsfrage völlig neue Möglichkeiten. Als die Bonner Republik im Mai 1955 der NATO beitrat und ein revidierter Deutschland-Vertrag in Kraft trat, stand sie ohne Zweifel viel besser da, als es im Rahmen der EVG-Lösung möglich gewesen wäre.

Dass die französische Zustimmung zur EVG im Laufe der Zeit immer stärker abgebröckelt war, hatte verschiedene Gründe: Das Klima der Entspannung nach Stalins Tod ließ eine deutsche Wiederbewaffnung weniger dringlich erscheinen als vorher; die Niederlage von Dien Bien Phu im Indochina-Krieg bedeutete eine schwere Demütigung der französischen Armee; der seit 1953 zunehmende amerikanische Druck auf Paris wirkte kontraproduktiv; nicht zuletzt sah eine erhebliche Zahl von Abgeordneten in einer Lösung der Saar-Frage zugunsten Frankreichs eine Voraussetzung für die Zustimmung zur EVG. Sieht man einmal davon ab, dass in den Augen vieler französische Politiker das EVG-Projekt 1950 aus der Not geboren und von Anfang an nur dazu gedacht war, die deutsche Wiederbewaffnung hinauszuzögern, so wurden im politischen Frankreich wie auch in breiteren Schichten der französischen Bevölkerung all diese Gründe überwölbt von einem tiefen, aus der historischen Erfahrung gespeisten Misstrauen gegen Deutschland und die Deutschen und von der Angst vor einem Wiedererstarken des Nachbarn im Osten – militärisch, ökonomisch und politisch – nicht einmal zehn Jahre nach Ende des Zweiten Weltkriegs. Doch die Uhren ließen sich nicht zurückdrehen. Nicht einmal einen Monat nach dem Scheitern der EVG trafen sich Vertreter der USA, Kanadas, Großbritanniens, der Benelux-Staaten, Italiens, Frankreichs und der Bundesrepublik in London, um auf britische Initiative und amerikanischen Druck hin schnellstmöglich einen neuen Rahmen für die westdeutsche Wiederbewaffnung zu schaffen. Mit der EVG-Ablehnung hatte sich Frankreich international selbst geschwächt, ja isoliert, während die Bundesrepublik gestärkt aus der Entwicklung hervorging und mehr Rückhalt als je zuvor bei den USA hatte.

Auf der Londoner Neun-Mächte-Konferenz vom 28. September bis 3. Oktober 1954 und auf der Pariser Konferenz vom 19. bis 23. Oktober 1954 nahm eine neue Konstruktion des westdeutschen Verteidigungsbeitrags in atemberaubender Geschwindigkeit Gestalt an. Wie schon zu Beginn der Debatte über die Aufstellung westdeutscher Streitkräfte von den USA und von der Bundesregierung präferiert, wurde nun vereinbart, die Bundesrepublik mit ihrem Truppenkontingent in die NATO aufzunehmen. Die Diskriminierungen der EVG waren damit passé; allein der Beitritt signalisierte schon Gleichberechtigung, und zwar im atlantischen Rahmen, wo nicht das unberechenbare Frankreich dominierte, sondern die USA, an deren hegemonialer Position kein Zweifel bestand. Die Bundesrepublik und Frankreich waren hier gleichermaßen Juniorpartner.

Für Adenauer war dies die Ideallösung, weil der neue Rahmen nicht nur für Deutschland beziehungsweise die Bundesrepublik galt, sondern auch für die anderen europäischen Staaten, Frankreich eingeschlossen. Seine Furcht vor einem Wiederaufkeimen des Nationalismus in Europa, des Erzübels der jüngeren europäischen Geschichte, war damit gebannt. »Die Gefahr des deutschen Nationalismus ist viel größer, als man denkt. Die Krise der europäischen Politik macht die Nationalisten dreist, sie gewinnen an Selbstvertrauen und Anhang. … Die französischen Nationalisten sind ebenso wie die deutschen bereit, allen bösen Erfahrungen zum

Trotz die alte Politik zu wiederholen«, äußerte Adenauer im Gespräch mit dem luxemburgischen Ministerpräsidenten Joseph Bech. Keinen Zweifel an seiner eigenen historischen Rolle lassend, fügte er hinzu: »Wenn ich einmal nicht mehr da bin, weiß ich nicht, was aus Deutschland werden soll, wenn es uns nicht doch gelingen sollte, Europa rechtzeitig zu schaffen.« Diese Reflexionen des Kanzlers hatten einen politischen Zweck zu erfüllen: Gerade weil Adenauer die NATO-Lösung favorisierte, musste er insbesondere gegenüber den kleineren europäischen Staaten als Vorkämpfer der europäischen Integration seine europäische Überzeugung und sein Festhalten an der europäischen Einigung herausstellen. Dass sein antinationaler Europäismus genuin war, steht auf einem anderen Blatt.[60]

Mit der neuen Lösung sollte die Bundeswehr komplett in die Strukturen der NATO integriert werden – ohne nationale Reserven. Mit ihren integrierten Kommando- und ihren politischen und militärischen Integrationsstrukturen, die für die Bundesrepublik nicht zuletzt den Verzicht auf einen Generalstab bedeuteten, war die NATO weit mehr als ein traditionelles Bündnis. Sie war – und ist – eine militärisch unterfütterte politische Sicherheitsgemeinschaft, die freilich in ihren Strukturen und Mechanismen an den Ost-West-Konflikt als machtpolitisch-militärische Auseinandersetzung gebunden war. Das sollte später zum Problem werden: Der Abschied von dieser Zwecksetzung und Sinngebung fällt seit 1990 schwer.

Die Aufstellung deutscher Streitkräfte wurde, das war eine zusätzliche Sicherungsmaßnahme, europäisch kontrolliert. Zu diesem Zweck stattete man die 1948 geschaffene Westeuropäische Union, der die Bundesrepublik nun ebenfalls beitrat, mit umfassenden Kontrollfunktionen aus, vor allem im Rüstungsbereich, und sah für die Rüstung der Bundeswehr eine strikte Reglementierung vor. Zu den deutlichen Rüstungsbegrenzungen im konventionellen Bereich kam der deutsche Verzicht auf die Herstellung atomarer, biologischer und chemischer Waffen, den sich die Bundesrepublik bis heute selbst auferlegt.

Eine deutsch-französische Verständigung über den Zankapfel Saargebiet, um den es seit Jahren in Deutschland und Frankreich immer wieder Auseinandersetzungen gegeben hatte, bei denen jedesmal die nationalen Wellen hochschlugen, machte den Weg zu den Pariser Verträgen endgültig frei. Das Saarstatut, das Adenauer und der französische Ministerpräsident Pierre Mendès-France aushandelten, sah eine Europäisierung des Saarlandes vor, allerdings unter dem doppelten Vorbehalt eines Friedensvertrags mit Deutschland und einer Abstimmung der Bevölkerung des Saargebiets über das Statut. Gegen das Votum der Menschen an der Saar, die dieses ein Jahr später, am 23. Oktober 1955, mit großer Mehrheit ablehnten – und sich damit de facto für einen Anschluss an die Bundesrepublik aussprachen –, konnte sich Frankreich nicht sperren. Zum 1. Januar 1957 trat das Saarland als zehntes Bundesland der Bundesrepublik bei.

Der politische Aufstieg des Bonner Staates spiegelte sich auch in der revidierten Fassung des Deutschland-Vertrags, der in Paris unterzeichnet wurde. Der Bundesrepublik wurde nunmehr »die volle Macht eines *souveränen* Staates über ihre inneren und äußeren Angelegenheiten« zugestanden. Auf den Notstandsrechten wollten die drei Westmächte nur noch so lange beharren, bis das Staatswesen sich eine eigene Notstandsverfassung gegeben hatte – das sollte freilich noch 13 Jahre dauern. Weiterhin verzichteten sie auf die innenpolitisch so umstrittene Bindungsklausel, was darauf hindeutet, dass die Alliierten mit dem Inkrafttreten der Pariser Verträge auf absehbare Zeit keine ernsthaften Wiedervereinigungsinitiativen erwarteten und sich auf eine lange Zweistaatlichkeit einrichteten. Festgeschrieben wurden im Deutschland-Vertrag allein die Rechte der drei Westmächte bezogen auf Berlin und auf Deutschland als Ganzes, was in den 1950er Jahren den Handlungsspielraum der Bundesrepublik jedoch nicht nennenswert beeinflusste. Nationale Lockrufe aus Moskau und deutschlandpolitische Initiativen der SPD, vor der Ratifizierung noch einen Versuch zur Wiederherstellung der deutschen Einheit zu unternehmen, konnten die Billigung der Verträge – auch wenn FDP und BHE (Gesamtdeutscher Block/Bund der Heimatvertriebenen und Entrechteten) das Saarstatut ablehnten – im Bundestag nicht mehr verhindern. Der Protest aus dem nationalen Spektrum des Protestantismus, der sich mit der oppositionellen SPD in dem in der Frankfurter Paulskirche verabschiedeten »Deutschen Manifest« verband, verhallte ohne Wirkung.

Die Pariser Verträge einschließlich des Deutschland-Vertrags traten am 5. Mai 1955 in Kraft; einen Tag später ernannte der Bundespräsident mit Theodor Blank den ersten Verteidigungsminister der Bundesrepublik; am 7. Mai trat die Bundesrepublik der NATO, am 9. Mai der Westeuropäischen Union (WEU) bei. Konrad Adenauer war an einem entscheidenden Etappenziel seiner Politik angekommen. Einen Monat später trat er vom Amt des Bundesaußenministers zurück, in dem ihm der bisherige CDU/CSU-Fraktionsvorsitzende Heinrich v. Brentano nachfolgte.

Adenauer in Moskau

Das Inkrafttreten der Westverträge markierte eine Zäsur für die Außen- und Deutschlandpolitik der Bundesrepublik. In den Ost-West-Beziehungen trat für kurze Zeit Entspannung ein. Vom »Tauwetter« war – nach dem Titel eines Romans von Ilja Ehrenburg – die Rede. Innerhalb der Sowjetunion und ihrer Satellitenstaaten kam es nach dem Tod Stalins und im Übergang zur Ära Chruschtschow zu Lockerungs- und Liberalisierungstendenzen in der Kultur, die auch die politische Herrschaft erfassten. Mit der blutigen Niederschlagung des Volksaufstands in Ungarn 1956 endete diese Entwicklung. Die ost-westliche Entspannung auf internationaler Ebene war nicht zuletzt darauf zurückzuführen, dass mit der definitiven Integration der Bundesrepublik in die Allianzstrukturen des Westens die Frage der Wiedervereinigung vom Tisch war und West wie Ost, vor allem aber die Sowjetunion, den Status quo der Teilung Deutschlands und Europas politisch akzeptierten und als Voraussetzung für größere Stabilität ansahen. Weil das so war, konnte am 15. Mai 1955 auch der Österreichische Staatsvertrag abgeschlossen werden, der den Rückzug der alliierten Truppen aus Österreich und die Neutralität der Alpenrepublik festlegte. Deutsche Beobachter, die in der Wiener Lösung ein Modell für Deutschland erkennen wollten, hatten den Zusammenhang zwischen der Anerkennung der deutschen Zweistaatlichkeit und der Lösung für Österreich nicht verstanden. Selbst ein neutrales Deutschland war auf Grund seiner politischen Macht, seiner wirtschaftlichen Kraft und seines militärischen Potentials mit Österreich nicht zu vergleichen. Überdies resultierte für den Osten aus dem Staatsvertrag der strategische Vorteil, dass das neutralisierte Österreich – in Verbindung mit der ebenfalls neutralen Schweiz – einen tiefen Keil in das NATO-Territorium trieb, der die NATO-Gebiete in Südeuropa faktisch von denen in Mitteleuropa trennte.

So unbegründet die durch das Wiener Modell ausgelösten Hoffnungen waren, so übertrieben waren die Sorgen des Bundeskanzlers anlässlich der Genfer Gipfelkonferenz der Vier Mächte im Juli 1955. Es gab – und hier lag das Problem für Adenauer – in Ost und West spätestens 1955 kein echtes politisches Interesse mehr an einer Lösung der deutschen Frage in Richtung Wiedervereinigung. Was Ost und West vielmehr verband, war das Interesse, auf der Basis des Status quo die Sicherheit in Europa zu erhöhen und die Gefahr eines militärischen Konflikts zu reduzieren. Seit 1954 kursierten in der internationalen Politik Pläne zur Errichtung eines europäischen Sicherheitssystems, das auf dem Status quo und damit der deutschen Zweistaatlichkeit aufbaute. Darauf konnte sich der Bundeskanzler nicht einlassen, weil es das Eingeständnis bedeutete, dass seine Politik der Westintegration die deutsche Teilung vertieft habe.[61] Als sich die Führer der Ostblockstaaten aber im Mai 1955 in Warschau auf einen »Vertrag über Freundschaft, Zusammenarbeit und gegenseitigen Beistand« einigten, den so genannten Warschauer Pakt, der auch die DDR fest in die politischen und militärischen Strukturen des Ostens einband, hatten in Genf alle Pläne, die zur Erhöhung der Sicherheit in Europa eine Entmilitarisierung oder gar Neutralisierung des DDR-Territoriums vorsahen, keinerlei Aussicht mehr auf Erfolg. Die DDR stand für Moskau nicht mehr zur Disposition, und die sowjetische Führung versäumte von nun an keine Gelegenheit, ihre »Zwei-Staaten-Theorie«, nach der sich auf dem Territorium des besiegten Deutschen Reiches zwei neue, souveräne Staaten gebildet hätten, vorzutragen.

Diese deutschlandpolitische Situation war die Voraussetzung für die spektakuläre Einladung der sowjetischen Führung an Bundeskanzler Adenauer, zu Verhandlungen über die Aufnahme diplomatischer Beziehungen nach Moskau zu kommen. Adenauer befand sich in einer schwierigen Lage. Nahm er die Einladung an und reiste in die Sowjetunion, akzeptierte er damit die »Zwei-Staaten-Theorie« und diskreditierte seine eigene Deutschlandpolitik. Reiste er nicht, setzte er sich innenpolitisch nicht minder schweren Vorwürfen aus. 1955 befanden sich noch Zehntausende der einstmals etwa 3 Millionen deutschen Kriegsgefangenen in der Sowjetunion. Das Thema rangierte auf der innenpolitischen Agenda der Bundesrepublik so weit oben, dass kein deutscher Politiker es sich leisten konnte, in dieser politisch-humanitären Frage untätig zu bleiben. So reiste eine große westdeutsche Delegation, der auch Oppositionspolitiker angehörten, etwa Carlo Schmid für die SPD, unter Führung des Bundeskanzlers im September 1955 nach Moskau. Mehr als einmal standen die deutsch-sowjetischen Verhandlungen vor dem Scheitern, doch am Ende kehrte ein triumphierender Bundeskanzler nach Deutschland zurück und legte mit der Ankündigung, dass die letzten deutschen Kriegsgefangenen heimkehren würden, den Grundstein für seinen großen Wahlsieg 1957. Als die letzten Kriegsgefangenen heimgekehrt waren, stand aber auch fest, dass mehr als eine Million deutscher Soldaten in der Sowjetunion verschollen blieben.

Die Bilder, die den Staatsmann Adenauer in Moskau zeigten, und in noch stärkerem Maße die Bilder der deutschen Russlandheimkehrer im Aufnahmelager Friedland bei Göttingen verschafften dem Bundeskanzlers eine Popularität, die weit über den Kreis der unionsnahen Bundesbürger hinausreichte und das Adenauer-Bild der Deutschen fortan bestimmen sollten. Noch 1967, in seinem Todesjahr, nannten 75 Prozent der Deutschen bei einer Umfrage die Rückführung der Gefangenen Adenauers größtes Verdienst, gefolgt von 69 Prozent, die die Aussöhnung mit Frankreich anführten.

In das Abkommen zwischen der Sowjetunion und der Bundesrepublik vom 13. September 1955 war die Rückführung der Kriegsgefangenen nicht aufgenommen worden. Adenauer vertraute in diesem Punkt auf eine mündliche Zusage der sowjetischen Führung. Kern des Vertrags war die Aufnahme diplomatischer Beziehungen zwischen Bonn und Moskau, was die Bundesregierung jedoch in deutschlandpolitische Begründungszwänge brachte. Erkannte man nicht mit der Aufnahme diplomatischer Beziehungen die deutsche Teilung und die Existenz der DDR an und gab damit den seit 1949 gepflegten Alleinvertretungsanspruch der Bundesrepublik auf? Kaum hatte die bundesrepublikanische Delegation Moskau verlassen, wurde dort eine hochrangige Abordnung aus der DDR mit Ministerpräsident Otto Grotewohl an der Spitze empfangen und ostentativ ein bilaterales Abkommen geschlossen, das die Beziehungen zwischen der UdSSR und der DDR neu regelte und die Gleichberechtigung der beiden Staaten und die völlige Souveränität der DDR herausstellte. Dabei hatte Adenauer dem sowjetischen Ministerpräsidenten Bulganin noch in Moskau schriftlich erklärt, dass die Bundesregierung auch künftig an ihrer Rechtsposition in der Deutschland-Frage festhalten werde. Das unterstrich, dass die Teilung sich vertiefte und die politische Zweistaatlichkeit sich verfestigte, auch wenn im gesellschaftlichen Bereich noch bis in die 1960er Jahre gesamtdeutsche Institutionen erhalten blieben. Bis 1969 gehörten beispielsweise zur EKD auch die acht Landeskirchen der DDR, und bis 1964 gab es bei den Olympischen Spielen eine gesamtdeutsche Mannschaft.

Adenauers Berater Wilhelm Grewe, der Leiter der Politischen Abteilung im Auswärtigen Amt, entwickelte noch auf dem Rückflug aus Moskau den groben Umriss jener Konzeption, die vor dem Hintergrund der Moskauer Ereignisse die Deutschlandpolitik der Bundesregierung bis weit in die 1960er Jahre hinein bestimmen – und behindern – sollte. Man hat sie später nach Walter Hallstein, dem damaligen Staatssekretär im Auswärtigen Amt, »Hallstein-Doktrin« genannt. Zunächst wurden die Beziehungen der Bundesrepublik zur Sowjetunion als besondere Beziehungen zu einer der Siegermächte des Zweiten Weltkriegs dargestellt und daraus ihre deutschlandpolitische Notwendigkeit begründet. Der Alleinvertretungsanspruch der Bundesrepublik blieb erhalten. Auch weiterhin sei allein die Bundesrepublik als Rechtsnachfolgerin des Deutschen Reiches und für sie die Bundesregierung, frei gewählt und demokratisch legitimiert, berechtigt, für alle Deutschen zu sprechen; der DDR und ihrer Regierung fehle jede Legitimität. Daraus leitete die Bundesregierung jene diplomatische Praxis ab, die der Bundeskanzler im September 1955 dem Bundestag erläuterte: »Auch dritten Staaten gegenüber halten wir unseren bisherigen Standpunkt bezüglich der sogenannten ›DDR‹ aufrecht. Ich muss unzweideutig feststellen, dass die Bundesregierung auch künftig die Aufnahme diplomatischer Beziehungen mit der ›DDR‹ durch dritte Staaten, mit denen sie offizielle Beziehungen unterhält, als einen unfreundlichen Akt ansehen würde, da er geeignet wäre, die Spaltung zu vertiefen.«[62]

Jugoslawien, das 1957 die DDR anerkannte, wurde das erste Opfer der Hallstein-Doktrin. Bonn brach die diplomatischen Beziehungen zu Belgrad ab. Weitere Staaten – vorwiegend aus der arabischen Welt – folgten, doch insgesamt hielt sich die Zahl der Staaten, die mit der DDR diplomatische Beziehungen anknüpften, in Grenzen. Nicht zuletzt auf Grund ihrer wachsenden wirtschaftlichen Stärke gelang es der Bundesrepublik zunächst, ihren Alleinvertretungsanspruch international weitgehend aufrechtzuerhalten. Dem hatte die DDR nur wenig entgegenzusetzen. Doch die Bundesrepublik hatte sich mit der Hallstein-Grewe-Doktrin Fesseln angelegt, die sie in den 1960er Jahren massiv behinderten, denn sie schränkten die außen- und deutschlandpolitische Handlungsfreiheit der Bundesrepublik auf Dauer deutlich ein. Die Hallstein-Doktrin hatte nur Sinn, solange die Frage der Wiedervereinigung noch auf der Tagesordnung der internationalen Politik stand, sie war aber erst entwickelt worden, als man schon voraussehen konnte, dass die beiden deutschen Staaten zumindest mittelfristig bestehen bleiben und Europa bis auf weiteres geteilt bleiben würde. Je mehr man sich – in West und Ost – vom weiteren Fortbestand der Teilung internationale Stabilität und ein vermindertes Konfliktrisiko versprach, desto schwieriger wurde die Aufrechterhaltung der Hallstein-Doktrin. Am Ende hat sie die Bundesrepublik im Westen isoliert und den Weg zu einer konstruktiven, nach vorne weisenden Außen- und Deutschlandpolitik verbaut.

Die »neue Wehrmacht«

Im Oktober 1955 kehrten die letzten deutschen Kriegsgefangenen aus der Sowjetunion zurück, elende, ausgemergelte Männer, die in den vielen Jahren von Krieg und Gefangenschaft an Leib und Seele Schaden genommen hatten und nun – im Kleinen wie im Großen – in eine Heimat kamen, die sich von derjenigen, die sie in den frühen 1940er Jahren verlassen hatten, gründlich unterschied. Der Jubel über die Heimkehr der letzten Wehrmachtssoldaten aus sowjetischer Gefangenschaft war kaum verklungen, da überreichte der Bundespräsident in einer schlichten, jedoch symbolisch bedeutungsvollen Zeremonie in Anwesenheit von Bundesverteidigungsminister Blank zwei Generalen, 93 weiteren Offizieren sowie sechs Unteroffizieren der »neuen Wehrmacht«, wie es damals noch hieß, ihre Ernennungsurkunden. Der Festakt am 12. November 1955 in Bonn war die Geburtsstunde der westdeutschen Streitkräfte. Der Tag war der 200. Geburtstag des preußischen Generals und Militärreformers Gerhard v. Scharnhorst.

Der geschichtspolitische Bezug auf Scharnhorst und auf das Preußen der

Reformzeit nach 1806 war gewollt. In ihm spiegelt sich die schwierige Entstehungsgeschichte der seit 1956 so genannten Bundeswehr. Seit den Himmeroder Beratungen im Herbst 1950 waren die Planungen und die Diskussionen über die Ausrichtung der »neuen Wehrmacht« stets kontrovers verlaufen. Zwar stimmten Politik
und Militär darin überein, dass man fest in den demokratischen Staat und seine
Verfassungsordnung integrierte Streitkräfte schaffen und insbesondere der Tradition der Weimarer Reichswehr als »Staat im Staate« eine klare Absage erteilen
wolle. Aber hier endete die Übereinkunft. Angehörige des ehemaligen Offizierskorps der Wehrmacht, das mit zahlreichen Repräsentanten an Planung und
Durchführung der Wiederbewaffnung beteiligt war, wiesen darauf hin, dass sich
der Kampfauftrag der Truppen mit Demokratisierungsimperativen nicht in Einklang bringen lasse. Die militärische Professionalität der Streitkräfte verbiete ihre
Demokratisierung.

Das von den Militärs vorgebrachte Argument war vor allem deswegen von Bedeutung, weil es den Bundeswehroffizieren bis hinauf in die Spitzenpositionen –
und dort ganz besonders – erlaubte, die neuen deutschen Truppen in einen Traditi-
onszusammenhang zu stellen mit der Wehrmacht und dem Zweiten Weltkrieg.
Das war angesichts der Biographien und Karrieren der alten Wehrmachts- und
neuen Bundeswehroffiziere nur zu verständlich, es belastete aber die Demokratisierung der Streitkräfte und trug in der deutschen Gesellschaft zu jenem Bild der
»sauberen Wehrmacht« bei, das erst in den 1990er Jahren im Zusammenhang mit
der umstrittenen Ausstellung »Verbrechen der Wehrmacht« grundlegend korrigiert worden ist. Diese Ausstellung war nicht nur aus historischem Interesse entstanden, sondern im Zusammenhang mit der politischen und gesellschaftlichen
Auseinandersetzung über eine neue Rolle der Bundeswehr nach dem Ende des
Ost-West-Konflikts sowie über internationale Einsätze deutscher Truppen, über
die nun zu entscheiden war.

Ehrenerklärungen für die deutsche Wehrmacht wurden Anfang der 1950er
Jahre nicht nur von deutscher Seite abgegeben. Noch bevor Konrad Adenauer im
April 1951 im Bundestag die Zahl der »wirklich schuldig« gewordenen Soldaten der
Wehrmacht als »so außerordentlich gering und so außerordentlich klein« bezeichnete, dass »damit der Ehre der früheren deutschen Wehrmacht kein Abbruch
geschieht«, hatte General Eisenhower im Januar desselben Jahres gegenüber den
deutschen Generalen Heusinger und Speidel erklärt: »Der deutsche Soldat hat für
seine Heimat tapfer und anständig gekämpft. Wir wollen alle für die Erhaltung des
Friedens und für die Menschenwürde in Europa, das uns allen ja die Kultur geschenkt hat, gemeinsam eintreten.«[63] Auch wenn sie nie veröffentlicht worden ist,

offenbart diese Ehrenerklärung, wie groß infolge des Kalten Krieges und der sowjetischen Bedrohung das Interesse an einem deutschen Verteidigungsbeitrag mittlerweile geworden war.

Die Wehrmacht musste entdämonisiert und entkriminalisiert werden, damit die westdeutsche Aufrüstung nicht vergangenheitspolitisch belastet wurde, was sie womöglich gefährdet, zumindest aber verzögert hätte. Die Hand des amerikanischen Generals ergriffen die ehemaligen Wehrmachtsangehörigen nur zu gerne, denn Eisenhowers Geste bestätigte im Offizierskorps der Wehrmacht vertretene politisch-ideologische Grundüberzeugungen, vor allem die antikommunistische Haltung. Hier lag eine weitere Chance zur Rehabilitierung der Wehrmacht und einzelner Wehrmachtsangehöriger, zumal man im Westen, vor allem in den USA, seit 1946 geradezu süchtig war nach der Ost-Expertise der Wehrmacht, ihren Erfahrungen mit der Sowjetunion und der Kriegführung der Sowjetarmee, von der man sich im Kalten Krieg strategisch viel versprach. Nicht nur die erstaunliche Fortsetzung der nachrichtendienstlichen Karriere des späteren BND-Chefs Reinhard Gehlen, vor 1945 im Spionagedienst der Wehrmacht Leiter der Abteilung »Fremde Heere Ost«, ist darauf zurückzuführen, sondern auch die Tatsache, dass hohe Wehrmachtsgenerale aus Hitlers engster Umgebung, Erich v. Manstein oder Franz Halder beispielsweise, als vorgeblich unpolitische Experten moderner Kriegführung nach 1945 so glimpflich davonkamen.

Die Agonie der EVG hat die Planungen zur deutschen Wiederbewaffnung jahrelang gelähmt und damit die alten Offiziere ihrer Einflussmöglichkeiten beraubt. Doch in den Auseinandersetzungen über die Ausrichtung der »neuen Wehrmacht« und vor allen Dingen über die Konzepte der »Inneren Führung« und des »Staatsbürgers in Uniform«, welche die Demokratisierung der neuen Streitkräfte unterstreichen und zugleich bewirken sollten, zeigte sich die Stärke der Traditionalisten. Das bekam insbesondere Wolf Graf Baudissin, der geistige Vater dieser Neuansätze, zu spüren. Im bewussten Rückgriff auf reformpreußische Traditionen aus der Zeit nach 1806 wollte er, dass Soldaten nicht nur staatsbürgerliche Pflichten erfüllten, sondern auch staatsbürgerliche Rechte erhielten – nicht anders als jeder andere Bürger auch. Das Militär sollte nicht aus der Gesellschaft herausgelöst sein, sondern eine Stütze der freiheitlich-demokratischen Ordnung der jungen Bundesrepublik werden. Die »Innere Führung« sollte durch moderne, an einem liberalen Menschenbild orientierte Verhaltensweisen den Dienstalltag frei von jeglichem Kadavergehorsam bestimmen. Politische Bildung gehörte dazu, denn dem »Staatsbürger in Uniform« war politische Partizipation nicht verboten, sondern sie wurde geradezu verlangt, da die Streitkräfte im besten Sinn ein Spiegelbild der pluralisti schen Gesellschaft sein sollten. Jenseits dieser Grunderfordernisse blieb der Imperativ der »Inneren Führung« freilich vage, was manche Historiker für eine glückliche Fügung halten.[64]

Es sollte viele Jahre dauern und letztlich eines Generationswechsels bedürfen, bis die innere Demokratisierung der Bundeswehr im Sinne Baudissins, der in der Führung der westdeutschen Streitkräfte nach 1956 eher marginalisiert war, schließlich gelang. Die Westbindung der Bundeswehr, ihre Verwobenheit in die Bündnisstrukturen des Westens, hatte nicht zwangsläufig zur Folge, dass alle führenden Offiziere dieser jungen Streitmacht westlich-liberale politische und gesellschaftliche Ordnungsvorstellungen vertraten. Das ist nicht überraschend, sondern entspricht dem Befund, den wir in den letzten Jahren auch in anderen gesellschaftlichen Bereichen über andere Eliten der Bundesrepublik gewonnen haben.[65]

An der institutionellen Einfügung der Bundeswehr in die Verfassungsordnung des Grundgesetzes kann dagegen kein Zweifel bestehen. Die Wehrgesetzgebung der Jahre 1955 bis 1957, von der Änderung des Grundgesetzes bis hin zum Gesetz über die Militärseelsorge, verankerte die Bundeswehr fest in der grundgesetzlichen Ordnung. Im Bundestag wurde diese Gesetzgebung von einer breiten Mehrheit getragen, die auch die oppositionelle SPD einschloss und von der Prämisse ausging, die Bundeswehr müsse eine Parlamentsarmee werden. Vom »Staat im Staate« konnte keine Rede mehr sein. Der Primat der Politik und damit des Zivilen setzte sich auf allen Ebenen durch. Die Befehls- und Kommandogewalt über die Streitkräfte lag – und liegt – nicht beim Generalinspekteur, sondern im Frieden beim Bundesverteidigungsminister, im Verteidigungsfalle beim Bundeskanzler. Die exponierte verfassungsrechtliche Stellung des Verteidigungsausschusses sowie die Einführung der Institution des Wehrbeauftragten (als Organ des Bundestags) unterstrichen den Superioritätsanspruch des Parlaments, und dies durchaus auch gegenüber Bundesregierung und Bundeskanzler.

Hinter den Bestimmungen zur demokratischen Kontrolle und Einbindung der Bundeswehr – das sollte man nicht vergessen – standen auch nach 1955 weiterhin die Alliierten, die in ihre nach dem Deutschland-Vertrag fortdauernden Rechte ausdrücklich alle Fragen der Sicherheit einbezogen hatten. Die fortgesetzte Stationierung alliierter Truppen auf westdeutschem Boden diente natürlich der Sicherheit des Bundesgebiets und damit der westlichen Welt. Aber sie diente doch auch als Sicherung für den Fall der Fälle. Das Konzept der »doppelten Eindämmung« war nach 1955 keineswegs tot.

Die politische und verfassungsrechtliche Einhegung der Bundeswehr stand über die Jahrzehnte hinweg nie in Frage. Die Bundeswehr wurde – im völligen

Bruch mit der deutschen Militärtradition – zur Bündnisarmee par excellence, ja sie fand in der Bündniszugehörigkeit im Laufe der Zeit eine ihrer wichtigsten Bestimmungen. Deutsche Offiziere wechselten wie selbstverständlich zwischen deutschen Truppenkommandos und integrierten NATO-Stäben hin und her. Die NATO wurde, überspitzt formuliert, zum Vaterland des Bundeswehroffiziers. Militärisch operativ, aber auch sicherheitspolitisch war das aufs engste verbunden mit einer beispiellosen Amerika-Orientierung, in der sich ganz allgemein die politische und militärische Hegemonie der USA über den Westen widerspiegelte, im deutschen Fall aber auch die nuklear gestützte Schutzfunktion der Vereinigten Staaten für die Bundesrepublik. In der NATO und im sicherheitspolitischen Verhältnis zwischen den USA und der Bundesrepublik blieben Krisen zwar nicht aus, aber sie rührten nie an die sicherheits- und allianzpolitischen Grundlagen, die Mitte der 1950er Jahre entstanden waren und sich seither verfestigten, ja geradezu verselbstständigten.

Nach Überwindung des Ost-West-Konflikts 1990 wurden diese Grundlagen in einer sich auch sicherheitspolitisch rapide wandelnden Welt zum Problem. Der Umgang damit charakterisiert nicht nur die Geschichte der Bundeswehr, sondern auch die Geschichte deutscher Militär- und Sicherheitspolitik seither. Der doppelte Primat der Bündnisbindung und der Amerika-Orientierung war in der bisherigen Form ohne Anpassung nicht aufrechtzuerhalten. Bedrohungsszenarien, aber auch der Charakter der amerikanischen Hegemonie und damit des internationalen Systems veränderte sich. In der Dynamik des Wandels suchte die Bundeswehr jenseits des in Grundgesetz und NATO-Vertrag festgelegten Verteidigungsauftrags eine neue politische Orientierung und eine neue Bestimmung und Legitimation. Die historisch bedeutsame politische und gesellschaftliche Auseinandersetzung darüber wurde in erster Linie um die Frage von Auslandseinsätzen der Bundeswehr – »Out-of-Area«- und Blauhelm-Einsätze – ausgetragen.

Das Europa der Deutschen

Die außenpolitischen Erfolge der Bundesrepublik im Jahr 1955 dürfen nicht darüber hinwegtäuschen, dass das Scheitern der EVG – und mit ihr der ambitionierten Europäischen Politischen Gemeinschaft (EPG), die konzipiert war zur politischen Steuerung der EVG – nicht nur in der Bundesrepublik einen europapolitischen Scherbenhaufen hinterließ. Trotz der Pariser Verträge und trotz des Saarstatuts war das deutsch-französische Verhältnis beschädigt, und Frankreich hatte im Herbst

1954 die hegemonialen Hierarchien im transatlantischen Verhältnis anerkennen und akzeptieren müssen. Diese Einsicht enthielt allerdings bereits den Keim einer Revitalisierung des europäischen Einigungsprozesses, der im Laufe des Jahres 1955 wieder in Schwung kam und binnen zwei Jahren mit dem Abschluss der Römischen Verträge zur Gründung der Europäischen Wirtschaftsgemeinschaft (EWG) und der Europäischen Atomgemeinschaft (EURATOM) führte. Man kann sogar sagen, dass die seit 1955 über NATO und WEU erfolgende Einbindung der Bundesrepublik diesen Prozess erleichterte, weil Europa sich aus dem hoch sensiblen Bereich der militärischen Integration, einem Kernbereich nationalstaatlicher Souveränität, zurückziehen konnte und so von der diffizilen Aufgabe entlastet wurde, das westdeutsche militärische Potential wirksam zu kontrollieren. Auch das zeigt die transatlantische Einbindung, ja Absicherung der europäischen Integration und die anhaltende Bedeutung der USA als europäischen Bündnispartner.

Das Interesse der Vereinigten Staaten am Einigungsprozess blieb auch nach 1955 ungebrochen. Dies widerspricht der rein personalistischen Deutung der sogenannten *relance européenne* nach 1954, die den neuen Schwung allein auf den entschlossenen Willen »einer alles in allem nur kleinen Zahl von Politikern« zurückführt.[66] Paul-Henri Spaak, 1955 belgischer Außenminister und einer der wichtigsten Förderer des neuen Integrationsschubs, sah das ganz realistisch: »Ein in den europäischen Verbänden und damit im Nordatlantikpakt integriertes Deutschland«, schrieb er 1956 an den britischen Premierminister Anthony Eden, »verteidigt sich sowohl gegen einen Individualismus, der nur allzu schnell die Formen des Nationalismus annimmt, dessen Wirkungen wir ermessen konnten, als auch gegen die Versuchung, sich allein an die Russen zu wenden, die strittigen Probleme unmittelbar mit ihnen zu lösen, ohne den allgemeinen Interessen des Westens Rechnung zu tragen. Die europäische Integration gibt Deutschland einen Rahmen, in dem seine Expansion begrenzt bleibt, und schafft eine Interessengemeinschaft, die Deutschland absichert und die uns gegen gewisse Versuchungen und gewisse Abenteuer absichert. … Ich glaube, die … Bindungen des Atlantikpakts allein genügen nicht, um die deutsche Politik in der Zukunft endgültig festzulegen. Mir scheint es unzweifelhaft, dass wir mehr tun müssen.«[67]

Der Kurs, der schließlich zu den Römischen Verträgen führte, musste aber erst noch eingeschlagen werden. Divergierende Konzepte standen im Widerstreit. Zwar war man sich einig, dass vorerst an eine Vergemeinschaftung von Kernbereichen nationaler Souveränität nicht zu denken war, aber selbst im Rahmen einer bescheideneren und daher realistischeren Lösung gab es unterschiedliche Vorstellungen. Gegen die Idee einer fortschreitenden sektoralen Integration, durch die nach dem

Muster der EGKS andere Wirtschaftsbereiche, insbesondere das Energiewesen, nach und nach europäisiert werden sollten, setzte sich am Ende der von den Niederlanden kommende Vorschlag durch, die gesamte europäische Wirtschaft in einem gemeinsamen Markt zusammenzuschließen unter Abbau der Binnenzölle und mit einem gemeinsamen Außenzoll.

Vor allem in der Bundesrepublik und in Frankreich stieß dieser Vorschlag zunächst auf erhebliche Widerstände. Während die boomende westdeutsche Exportindustrie, politisch gestützt durch Bundeswirtschaftsminister Erhard, vom weltweiten Freihandel träumte und sich gegen ein auf Europa ausgedehntes protektionistisches Regime auflehnte, fürchtete man in Frankreich die Liberalisierungseffekte von Zollunion und gemeinsamem Markt und machte sich Sorgen um die Konkurrenzfähigkeit der französischen Wirtschaft. Auf der europäischen Außenministerkonferenz im Juni 1955 in Messina, die später oft als Meilenstein der europäischen Erfolgsgeschichte gewertet wurde, gelang es nur mit Müh und Not, den Verhandlungsprozess in Gang zu halten und über das Konferenzende hinauszuretten. Letztlich gaben nicht die national gefärbten wirtschafts- und handelspolitischen Überlegungen und Bedenken den Ausschlag, sondern übergeordnete politische Imperative.

Bundeskanzler Adenauer hielt die fortgesetzte Europäisierung und Supranationalisierung sowie die Schaffung europäischer Institutionen für den besten Weg zur festen und dauerhaften Einbindung der Deutschen und verfolgte diese Linie konsequent. Die nie nachlassende Furcht, eines Tages könnten sich die USA doch politisch oder militärisch aus Europa verabschieden und sich wieder auf sich selbst zurückziehen, mag dabei eine Rolle gespielt haben, schließlich waren im amerikanischen Kongress selbst in der Hochzeit des Kalten Krieges solche isolationistischen Stimmen nie ganz verstummt. In Frankreich gewannen in Laufe des Jahres 1955 schließlich auch die alten, deutschlandbezogenen politischen Instinkte wieder die Oberhand. Die Moskau-Reise des Bundeskanzlers, die in Frankreich sofort Erinnerungen an »Rapallo« wachgerufen hatte, trug dazu einen nicht zu unterschätzenden Anteil bei. Bei den französischen Parlamentswahlen im Januar 1956 gelangte unter dem Sozialisten Guy Mollet zwar eine europafreundlichere Regierung ins Amt, aber der europäische Zug wäre wohl viel langsamer vorangekommen, wenn die internationalen Ereignisse im Herbst 1956 die Verhandlungen nicht befördert hätten. Auch das belegt die Abhängigkeit der europäischen Integration von externen Kräften und Faktoren.

Ende Oktober, Anfang November 1956 konfrontierte die weltpolitische Doppelkrise von Suez und Ungarn die europäischen Staaten – ganz besonders Frankreich und Großbritannien – mit ihrer Machtlosigkeit und ihrem politischen Einflussverlust unter den Bedingungen des Ost-West-Konflikts und der amerikanisch-sowjetischen Supermachtdominanz. Den Griff der ägyptischen Regierung unter Präsident Gamar Abdel Nasser nach dem Suezkanal hatten Großbritannien und Frankreich, unterstützt von Israel, mit einer Militäraktion gegen Ägypten beantwortet. Die Sowjetunion unterstützte daraufhin erwartungsgemäß die Nasser-Regierung, aber auch die USA verurteilten das Vorgehen Großbritanniens und Frankreichs im Sicherheitsrat der Vereinten Nationen. Während Nikita Chruschtschow schärfste, auch nukleare Drohungen gegen Frankreich und Großbritannien ausstieß, übte Washington massiven politischen und ökonomischen Druck auf London und Paris aus, um diese zum Einlenken zu bewegen.

Der kondominiale Schulterschluss der beiden Supermächte wirkte äußerst irritierend, zumal zur selben Zeit sowjetische Truppen den ungarischen Aufstand blutig niederschlugen, in dem sich die ungarischen Hoffnungen auf eine Liberalisierung der kommunistischen Herrschaft manifestiert hatten. Auf die Ankündigung der reformkommunistischen Regierung unter dem Ministerpräsidenten Imre Nagy, ein Mehr-Parteien-System einzuführen und aus dem Warschauer Pakt auszutreten, waren gepanzerte Truppen der Sowjetunion in Ungarn einmarschiert und hatten den Aufstand niedergeworfen. Entgegen der in Washington verkündeten Doktrin des *roll back* beließen es die USA bei bloßen Protesten gegen das sowjetische Vorgehen und signalisierten damit, dass sie die Machtverteilung in Europa sowie die nach 1945 entstandenen Einflusssphären akzeptierten und nicht bereit waren, für eine Veränderung dieses Status quo eine bewaffnete, womöglich atomare Auseinandersetzung mit der Sowjetunion zu riskieren.

Nicht nur in London und Paris, auch in Bonn machte die Krise um Suez und Ungarn drastisch klar, wohin sich unter den Bedingungen des Ost-West-Konflikts nach 1945 die Macht verlagert hatte – und wer sie nicht mehr hatte. Während London aus der Erkenntnis seines machtpolitischen Niedergangs den Schluss zog, dass man nun noch stärker als zuvor die Sonderbeziehung – *special relationship* – mit den USA pflegen und ausbauen müsse, führten die Entwicklungen des Herbstes 1956 in Paris – und bis zu einem gewissen Grade auch in Bonn – zu einem Europäisierungsschub. Europa wurde für Frankreich immer mehr zum Vehikel, mit dem man verloren gegangene Macht, insbesondere gegenüber den Vereinigten Staaten, kompensieren zu können glaubte.

Es war vor diesem Hintergrund kein Zufall, dass Ministerpräsident Guy Mollet und Bundeskanzler Adenauer bei einem Treffen in Paris am 6. November 1956, also auf dem Höhepunkt der Krise, rasch übereinkamen, unverzüglich den Gemeinsamen Markt und eine Europäische Atomgemeinschaft auf den Weg zu bringen. Von der Suez-Krise 1956 führte also ein direkter Weg zur Unterzeichnung der Römischen Verträge nicht einmal ein halbes Jahr später. Und auch die kurze, von de Gaulle 1958 kurzerhand wieder beendete Episode einer trilateralen französisch-italienisch-deutschen Nuklearkooperation im militärischen Bereich (FIG-Projekt) nahm ihren Ausgang im Herbst 1956 bei den Besprechungen zwischen Mollet und Adenauer.[68]

Die Römischen Verträge zur Errichtung von EWG und EURATOM gaben der voranschreitenden Integration über den EGKS-Vertrag von 1951 hinaus eine weitere vertragliche Grundlage und entwickelten Perspektiven für die europäische Einigung. Während der EWG-Vertrag die Schaffung eines Gemeinsamen Marktes innerhalb von zehn bis zwölf Jahren vorsah – also die Abschaffung der Binnenzölle und den freien Verkehr von Waren, Kapital, Dienstleistungen und Personen sowie eine Koordination der einzelstaatlichen Wirtschaftspolitiken –, errichtete der EURATOM-Vertrag einen gemeinsamen Markt für die Atomenergie und bündelte überdies die nationale Forschung und Entwicklung auf dem Gebiet der zivilen Nutzung der Kernenergie. Bei aller Bedeutung, die der Atomenergie in den 1950er Jahren für die wirtschaftliche und technische Entwicklung moderner Industriegesellschaften zugemessen wurde – die friedliche Nutzung der Kernenergie stand für den Fortschrittsoptimismus der Nachkriegsgesellschaften –, sollte man die politische Wertigkeit von EURATOM nicht unterschätzen, auch wenn die Atomgemeinschaft im Laufe der Jahre immer weiter in den Hintergrund trat.

Die Institutionen der beiden Gemeinschaften wurden parallel konstruiert und zum Teil mit den Organen der Montan-Union verbunden. Beide Verträge bekundeten in der Präambel die politische Absicht, durch das Vertragswerk »die Grundlagen für einen immer engeren Zusammenschluss der Völker zu schaffen«.[69] Die Gründerväter hatten bewusst so formuliert, dass verschiedene Deutungen möglich waren, um den nicht nur national divergierenden Vorstellungen über die Ziele der Integration Raum zu lassen und die künftige Entwicklung nicht durch enge Bestimmungen zu präjudizieren. An dem genuin politischen Charakter der beiden Verträge kann dennoch kein Zweifel bestehen, auch wenn sie sich mit wirtschaftlichen beziehungsweise wirtschaftlich-technischen Fragen beschäftigten.

Die institutionelle Ordnung der EGKS war das Vorbild für die Gemeinschaftsorgane von EWG und EURATOM. Allerdings wurde der im EGKS-Vertrag festgelegte Primat der supranationalen Hohen Behörde der Montanunion ersetzt durch einen institutionellen Dualismus von supranationaler Kommission (so die neue Bezeichnung für die Hohe Behörde) und intergouvernementalem Ministerrat. Dieser fein austarierte Dualismus lässt eine im Vergleich zu den frühen 1950er Jahren wieder gewachsene Bedeutung nationaler, einzelstaatlicher Interessen erkennen sowie das – selbst in der Bundesrepublik – wieder gestiegene nationale Selbstbewusstsein. Die europäische Integration, das zeigen die Verträge von Rom ganz deutlich, war nur mit den Nationalstaaten voranzubringen, nicht gegen sie. Ihre prinzipielle Überwindung war politisch von keinem der Mitgliedsstaaten (noch) gewollt. Es gab weitere Gründe, die 1957 für die Aufwertung des intergouvernementalen Prinzips sprachen, nicht zuletzt der, dass die Hohe Behörde der Montan-Union, ein technokratischer Beamtenapparat, demokratisch nicht legitimiert war und durch keine parlamentarische Instanz kontrolliert werden konnte. Der Ministerrat verfügte dagegen immerhin über eine jeweils nationale Legitimation seiner Mitglieder.

Das Demokratiedefizit Europas, das schon in den 1950er Jahren klar zutage trat, stellt bis heute ein Problem des Integrationsprozesses und eines der größten Hindernisse bei der fortschreitenden Supranationalisierung dar, auch wenn beispielsweise die Rechte des Europäischen Parlaments deutlich zugenommen haben und dieses Parlament, das seit 1979 direkt gewählt wird, unmittelbare Legitimität gewonnen hat. Aber ihre vom Grundsatz her bis heute existierende institutionelle Ordnung hat die europäische Integration in den 1950er Jahren gefunden. Diese wurde im weiteren Verlauf, beispielsweise in den 1970er Jahren durch den Europäischen Rat und die Europäische Politische Zusammenarbeit (EPZ), ergänzt, aber nicht prinzipiell verändert. Das gilt auch für den immer wichtiger gewordenen Europäischen Gerichtshof, den »Wächter der Verträge«, dem in zunehmendem Maße die Aufgabe zufiel, über die Einhaltung des Gemeinschaftsrechts in den und durch die Mitgliedsstaaten sowie in ihrer Gesetzgebung zu wachen. Der Gerichtshof gewann dadurch eine ganz erhebliche europäisierende Wirkung, die tief in die einzelnen Staaten und Gesellschaften hineinreicht.

Die Bundesrepublik Deutschland unterstützte den europäischen Einigungsprozess seit den 1950er Jahren nachdrücklich und uneingeschränkt, und dies völlig unabhängig von der politischen Zusammensetzung der Bundesregierungen. Eine aktive Europapolitik – und das meinte immer Integrationspolitik – wurde »zu einer Art bundesrepublikanischer Staatsräson«.[70] Die Grundlagen hierfür wurden vor allem in den Römischen Verträgen gelegt, denn sie waren der Beleg dafür, dass die europäische Einigung keine politische Eintagsfliege in Gestalt eines speziell ausgerichteten Vertrags war, sondern ein umfassender und dynamischer Prozess, von dem man nicht wusste, wie weit er führen würde, der aber europäisierend und in diesem Sinne auch entnationalisierend wirkte.

Bis heute kann man den Weg als Ziel der europäischen Integration bezeichnen, unabhängig von den Zielsetzungen, die in diesem Prozess immer wieder angelegt waren und es noch immer sind. Geschichtspolitisch kommt der ersten Phase der europäischen Einigung nach 1945, die mittlerweile zum Geschichtsmythos erhoben wurde, bis heute entscheidende Bedeutung zu, weil diese Grundlage für die Integrationsgeschichte, die weiter voranschreitende Integration, ihre Vertiefung und Erweiterung einen historischen Kompass liefert. Dieser sorgt im Klein-Klein europäischer Normsetzung und im Hickhack der politischen Auseinandersetzungen zwischen einer wachsenden Zahl von Mitgliedsstaaten für Orientierung und verspricht Selbstvergewisserung. In allen Schlüsseldokumenten der europäischen Integration ist bis heute der Bezug auf die Gründungsphase nach dem Zweiten Weltkrieg enthalten. Insofern war es viel mehr als eine historische Reminiszenz, dass der Vertrag von Maastricht zur Gründung der Europäischen Union von 1992 im ersten Satz seiner Präambel auf die Historizität und Kontinuität des Integrationsprozesses verwies und dem Einigungsprozess insgesamt, nicht nur dem Maastrichter Vertrag, die Grundsätze »der Freiheit, der Demokratie und der Achtung der Menschenrechte und Grundfreiheiten und der Rechtsstaatlichkeit« als Ziele unterlegte und darüber hinaus »die Solidarität zwischen ihren Völkern unter Achtung ihrer Geschichte, ihrer Kultur und ihrer Traditionen« sowie »den wirtschaftlichen und sozialen Fortschritt«.[71]

Diese Ziele gelten noch immer, doch es ist nicht immer leicht, den seit 1990 zur Europäischen Union gestoßenen Mitgliedsländern, insbesondere denen aus dem ehemaligen Ostblock, die Gründungsgeschichte der westeuropäischen Integration nach 1945 als Referenzhorizont ihres eigenen Integrationswillens und ihrer Integrationspolitik vorzugeben. Hier bestimmen doch andere historische Erfahrungen Europabilder und Europapolitik. Für die Bundesrepublik Deutschland und Frankreich mag der Maastrichter Vertrag in der weltpolitischen Situation der frühen 1990er Jahre noch einmal an ältere Begründungsstränge angeknüpft haben, vor allem im Hinblick auf das Ziel der Einbindung und Selbsteinbindung Deutschlands, doch seither ist deutlich geworden, dass allein aus dem Rückbezug auf den westeuropäischen Einigungsprozess der Jahrzehnte vor 1990 keine europa- und integrationspolitische Orientierung zu erwarten ist.

Wer die Geschichte der europäischen Integration als Geschichte der »Staatskarossen und Handelsstatistiken« betrachte, so hat Hartmut Kaelble zu bedenken gegeben, der reduziere sie unzulässig. Das gilt auch schon für die 1950er Jahre. Man erfasst die Dynamik und die Triebkräfte der Einigung nur unvollständig, wenn man nicht auch soziale und sozioökonomische Entwicklungen in den westeuropäischen Gesellschaften einbezieht, die machtvoll dazu beitrugen, der politischen und wirtschaftlichen Integration eine gemeinsame Grundlage zu geben. Die Angleichung der europäischen Gesellschaften in der Zeit nach 1945 war nicht nur die Folge, sondern auch eine der Voraussetzungen für die europäische Integration. Sie erwuchs trotz aller nationalen Besonderheiten und Unterschiede aus der gemeinsam durchlaufenen Industrialisierung seit dem 19. Jahrhundert, aus dem zwar phasenverschobenen, aber doch gleichgerichteten Übergang von den Agrar- zu den Industriegesellschaften und aus anderen modernisierenden Entwicklungen. Später trug der wirtschaftliche Boom der etwa zweieinhalb Jahrzehnte zwischen 1950 und 1975, der die westeuropäischen Gesellschaften – und nicht nur diese – verband, zur Integrationsdynamik bei.[72]

Die europäische Einigung war aber auch das Ziel einer ganzen Reihe von Verbänden und gesellschaftlichen Gruppierungen, die nach 1945 – und vor dem Hintergrund von Faschismus, Nationalsozialismus und Krieg – auf Europa setzten, um eine Wiederholung der Geschichte zu verhindern. Rückblickend hat es oftmals den Anschein, als habe es im Grunde historisch nur eine Europaidee gegeben, und diese habe sich nach einem ersten, gescheiterten Anlauf in der Zwischenkriegszeit nach 1945 endgültig durchgesetzt. Eine solche Sichtweise nimmt die vielen Europavorstellungen, die schon in den 1920er Jahren, noch mehr aber nach dem Zweiten Weltkrieg in den einzelnen europäischen Gesellschaften kursierten, nicht wahr. Diese Europakonzepte waren nicht nur unterschiedlich, sondern standen auch miteinander im Wettbewerb, weil sich mit ihnen divergierende politische Ideen und gesellschaftliche Ordnungsvorstellungen verbanden.

Europaideen waren nie nur europäisch, sondern immer auch national; auf dem Umweg über Europa zielten sie auf die nationale gesellschaftliche und politische Ordnung. Das galt besonders für Deutschland nach 1945, weil nirgends in Europa nach dem Zweiten Weltkrieg die Nation und das Nationale als Kategorien politischen Handelns oder als gesellschaftliche Ordnungsvorstellung so sehr diskreditiert waren. Der Nationalsozialismus hatte nationales Denken pervertiert und moralisch entwertet und damit auch nationalen Traditionen, letztlich der Idee des Nationalstaats schlechthin, jegliche Anschlussfähigkeit genommen. Je deutlicher man den Zusammenhang herstellte zwischen Nationalismus, ja dem puren Nationalstaatsprinzip einerseits und Gewaltherrschaft, Krieg und Völkermord andererseits, desto mehr Zukunftshoffnung setzte man in Deutschland auf »Europa« als Inbegriff der Überwindung des nationalen Irrwegs.[73] Nicht wenige Gruppen, die nach 1945 politische Ordnungsvorstellungen als übernational-europäisch deklarierten beziehungsweise solche für ein übernationales Europa entwickelten, machten sich diese Attraktivität »Europas« zunutze. Mit einem solchen Etikett versehen schien die Chance, partikulare Vorstellungen und Interessen durchzusetzen, größer als unter einem nationalen Banner. So verbargen sich hinter dem oberflächlichen Bekenntnis zu Europa oftmals ganz unterschiedliche und konkurrierende soziopolitische Ordnungsmodelle.

Am Beispiel zweier Europabewegungen sei dies knapp erläutert.[74] Insbesondere in ihrer Frühzeit, noch vor Gründung der Bundesrepublik, gehörte die Europa-Union in den drei westlichen Besatzungszonen zu den Vertretern eines Konzepts der »Dritten Kraft«. Diese Vorstellung einer Brückenfunktion oder auch einer Mittlerrolle Europas zwischen den USA und der Sowjetunion war auf das engste verbunden mit sozioökonomischen Transformationsbestrebungen für die einzelnen europäischen Gesellschaften und innerhalb dieser. Es ging, so formulierte es der aus der englischen Emigration zurückgekehrte sozialdemokratische Publizist und Politikwissenschaftler Richard Löwenthal 1947, um »einen gewaltigen neutralen Puffer«, der den Zusammenstoß der beiden Supermächte verhindern und gleichzeitig die sozialistische Umgestaltung in Europa ermöglichen sollte.[75] Erst später wurden Marktwirtschaft und liberale Demokratie, die sich jetzt auch in der Bundesrepublik herausbildeten, zu Kernelementen der europäischen Ordnung, die einer nunmehr westlich orientierten – und daher auch von den USA finanziell unterstützten – Europa-Union vorschwebten.

Noch schärfer als bei der Europa-Union tritt die nationale Stoßrichtung einzelner Europakonzepte bei der »Abendländischen Bewegung« zutage, die einen ganz anderen Ansatz vertrat als die Europa-Union. Die »Abendländische Bewegung« war ein vorwiegend im süddeutschen Raum beheimateter konservativ-katholischer Kreis, der sich zwischen 1946 und 1958 um die Zeitschrift *Neues Abendland* versammelte. Unter »Abendland« verstand diese Bewegung primär die Gemeinschaft von katholisch geprägten Staaten mit dem nun mehrheitlich katholischen (West-)Deutschland und Frankreich als ihrem Kern: ein karolingisches Europa.

Die »Abendländer« begrüßten den beginnenden westeuropäischen Einigungsprozess durchaus, beklagten aber dessen Richtung. Von »Reißbrett-Union«, von »Formaldemokratie« oder rein technokratischer Organisation war die Rede. Das mag mit Blick auf die institutionelle Ordnung der entstehenden europäischen Gemeinschaften noch eine gewisse Berechtigung gehabt haben. Doch diese Kritik bezog sich nicht nur auf die europäischen Institutionen, sondern viel stärker – wenn auch europäisch verbrämt – auf die politische Entwicklung innerhalb der jungen Bundesrepublik, deren Weg nach Westen, wie er sich nicht zuletzt im Grundgesetz

widerspiegelte, man ablehnte und verurteilte. Stattdessen pries man als Gegenmodell das autoritär-ständestaatliche Portugal Salazars – und in ähnlicher Weise
auch das Spanien Francos – als den »bestregierten Staat Europas«.

Je mehr sich freilich die soziopolitische Ordnung der Bundesrepublik – gestützt durch die wirtschaftliche Entwicklung – stabilisierte, desto seltener fielen
die antiparlamentarischen, antiliberalen und antidemokratischen Positionen der
»Abendländer« auf fruchtbaren Boden, und damit konnten auch ihre europäischen Konzepte keine Durchsetzungskraft mehr entwickeln. Überdies war spätestens mit den Römischen Verträgen der Charakter der europäischen Einigung so
klar und so konkret hervorgetreten, dass alternative Europakonzepte keinerlei
Realisierungschance mehr besaßen. Die »Abendländische Bewegung« versank
schon in der zweiten Hälfte der 1950er Jahre in völliger Bedeutungslosigkeit, auch
wenn einzelne »abendländische« Ideen und einzelne »abendländische« Protagonisten seit den 1960er Jahren in der Paneuropa-Bewegung des Grafen Couden-
hove-Kalergi eine neue Heimat fanden und diese Europabewegung in gewisser
Weise konservativ-katholisch revitalisierten.

Der Preis von Sicherheit und Stabilität

Am 1. Januar 1958 traten die Römischen Verträge nach vergleichsweise unproble-
matischen Ratifizierungsverfahren in den sechs beteiligten Ländern in Kraft. Damit waren in der Sphäre der internationalen Politik zentrale Entwicklungslinien,
insbesondere die vertragliche Westintegration, aus der Gründungsphase der Bundesrepublik an ihr Ende gelangt. Unterlegt man die Geschichte der Bundesrepublik
nämlich nicht mit einem nationalhistorischen Zeitraster, dann bildet die Wiedererlangung der Souveränität 1955 keine entscheidende Zäsur, vielmehr gewinnt in
einem internationalen analytischen Bezugsrahmen die zweite Hälfte der 1950er
Jahre Zäsurcharakter.

In den beiden entscheidenden Bereichen der Westintegration der Bundesrepublik, der transatlantischen und der europäischen, waren 1957 die vertraglichen
Grundlagen gelegt. Dem Prozess der europäischen Einigung war mit den Römischen Verträgen zwar nicht das Ziel, wohl aber die Richtung vorgegeben. Durch die
Aufstellung der Bundeswehr und die systematische Einbeziehung der Bundesrepublik in die politischen und militärischen Entscheidungsstrukturen der NATO
wurden die Bestimmungen der Pariser Verträge konsequent umgesetzt. Die Westintegration der Bundesrepublik stand nicht nur auf dem Papier, sondern sie voll-

zog sich allianz- und europapolitisch, und zwar zunehmend auch in der Routine der tagtäglichen Kooperation der NATO-Stäbe oder der europäischen Institutionen.

Gerade mit Blick auf die außen- und sicherheitspolitischen Funktionseliten der Bundesrepublik, das Diplomatische Corps, die Generalität oder die europäische Beamtenschaft, darf man diese Dimension der Westbindung nicht unterschätzen. In der Umsetzung der transatlantischen oder europäischen Vertragsbestimmungen vollzog sich gerade auf der Ebene der außen- und sicherheitspolitischen Eliten die Abkehr von der Idee des autonomen nationalen Machtstaats und einem vorwiegend konfrontativen Politikstil hin zu Multilateralismus und kooperativem Internationalismus. Das bedeutete nicht das Ende nationaler, einzelstaatlicher Interessen und auch nicht das Ende scharfer Interessenkonflikte selbst innerhalb der Organisationen des Westens. Neu war jedoch gerade für die Deutschen – wenn auch beileibe nicht nur für sie – die Art und Weise, wie mit solchen Konflikten und Meinungsunterschieden umgegangen wurde. Wie sehr der Druck des Ost-West-Konflikts hier disziplinierend und solidarisierend wirkte und wie sehr auch die amerikanische Hegemonie unter diesen Bedingungen den Europäern die Wende zum Multilateralismus und zur Kooperation erleichterte, zeigt sich noch deutlicher, wenn man den Blick auf die Zeit nach dem Ende des Ost-West-Konflikts richtet.

Die Strukturen des internationalen System, das sich seit 1947 im Zeichen des Kalten Kriegs entwickelt hatte, waren Mitte der 1950er Jahre verfestigt, und wenn man den erst ideologischen und dann machtpolitischen Konflikt zwischen Ost und West als den entscheidenden Grund für die deutsche Spaltung und die Entstehung zweier deutscher Staaten ansieht, wird man kaum überrascht sein, dass die deutsche Teilung und die Existenz zweier deutscher Staaten nunmehr zu den definierenden Merkmalen des bipolaren internationalen Systems gehörten. Die Verfestigung der deutschen Teilung wiederum hatte in beiden deutschen Staatswesen innenpolitische und gesellschaftliche Auswirkungen, was für deren weitere Entwicklung von Belang war.

In jedem Falle wird im Blick auf die beiden deutschen Staaten der unmittelbare Zusammenhang von internationalen Entwicklungen einerseits sowie innenpolitischen und gesellschaftlichen Veränderungen andererseits sichtbar. In der Bundesrepublik hat die Unmöglichkeit der Wiedervereinigung die politische Westbindung vertieft und die gesellschaftliche und soziokulturelle Verwestlichung beschleunigt. In der DDR, die nach den Wiedervereinigungsinitiativen nicht mehr zur Disposition stand, konnte Walter Ulbricht seine Herrschaft festigen und innerparteiliche Gegner ausschalten. Doch das Ende der Hoffnungen auf Wiedervereinigung und die forcierte Kollektivierung erhöhten die Zahl derer, die der DDR durch Flucht in den Westen den Rücken kehrten. Am Ende dieser Entwicklung stand 1961 der Bau der Mauer.

In der Bundesrepublik befand sich Konrad Adenauer 1957 im Zenit seiner Macht und Popularität. Diese speisten sich auch aus den Erfolgen der Westpolitik und dem Zusammenhang von Westintegration und wirtschaftlicher Entwicklung. Doch der von Adenauer stets postulierte Konnex von Westbindung und Wiedervereinigung löste sich langsam auf, weil die Westbindungspolitik der Bundesrepublik und der Westmächte faktisch zu einer Vertiefung der deutschen Teilung geführt hatte. Die Hallstein-Doktrin war ein verzweifelter, aber ungeeigneter Versuch, diesen Realitäten zu entgehen. Dieser Auflösungsprozess verstärkte sich, als Ost wie West und insbesondere die beiden Supermächte in einer Phase der Entspannung keinerlei Neigung zeigten, durch eine Beschäftigung mit der deutschen Frage die Konfrontation wieder zu verschärfen. Zum Konzept der »Friedlichen Koexistenz«, wie es von sowjetischer Seite Mitte der 1950er Jahre verkündet wurde, gehörte eben auch die Anerkennung des deutschen und europäischen Status quo der Teilung. Als die ost-westliche Entspannungsphase zu Ende ging und die Konflikte wieder hervortraten, begründete das keine neue Wiedervereinigungshoffnung. Die Status-quo-Orientierung blieb selbst unter den Bedingungen verschärfter Konfrontativität erhalten.

Dass dies so war, dazu trug nicht zuletzt der sogenannte Sputnik-Schock bei. Am 4. Oktober 1957 schoss die Sowjetunion den Satelliten Sputnik in eine Erdumlaufbahn und stellte damit nicht nur ihr wissenschaftlich-technisches Potential unter Beweis, sondern auch ihre militärstrategische Fähigkeit, nukleare Waffen mittels interkontinentaler Trägerraketen an jeden Ort des Globus zu schießen. Erstmals seit 1945 waren nun die USA, war der nordamerikanische Kontinent durch Atomwaffen direkt bedroht. Angesichts einer solchen Bedrohung war zu erwarten, dass die amerikanische Bereitschaft, konfliktträchtige Deutschland-Initiativen zu verfolgen, zurückgehen würde. Es obsiegte der Primat von Sicherheit und Stabilität, und auch dieser beruhte im Kern auf der Anerkennung des europäischen Status quo. Sicherheit und Sicherheitsgewinne waren den USA wichtiger als Fortschritte in der verfahrenen deutschen Frage. Die Außen- und Deutschland-Politik der Bundesrepublik war damit ein knappes Jahrzehnt nach ihrer Gründung in eine konzeptionelle und operative Krise geraten.

2.
Stabilisierung im Neubeginn

In der Erfolgsgeschichte, welche die Historiker über die »alte« Bundesrepublik spätestens seit den 1980er Jahren zu erzählen pflegen, geht oftmals unter, dass die politische und gesellschaftliche Stabilisierung der Bundesrepublik keineswegs von Anfang an sicher war, im Gegenteil: Vor dem Hintergrund der individuellen und kollektiven Erfahrung der Deutschen seit 1914, insbesondere aber der Erfahrung von Krieg und Diktatur seit 1933, hat die Gründung der Bundesrepublik 1949 ein Gefühl tiefer Verunsicherung, ja der Erwartung einer neuen Katastrophe allenfalls oberflächlich verdecken können. Gerade die innere Entwicklung der ersten Jahre muss man daher, wie es Hans-Peter Schwarz formuliert hat, als die Geschichte einer »ausgebliebenen Katastrophe« erzählen,[1] als die Geschichte eines ständig möglichen Scheiterns aber auch jener Entwicklungen, die im Laufe der Jahre und Jahrzehnte ein solches Scheitern, eine solche Katastrophe immer unwahrscheinlicher werden ließen.

Die bundesrepublikanische Erfolgsgeschichte wurde geboren, als die Angst vor einem Scheitern der Bundesrepublik aus dem öffentlichen Bewusstsein verschwunden war und die politische Stimmung nicht mehr beeinflusste. Es war die Geschichte einer Normalisierung, die sich im Vorfeld des vierzigjährigen Bestehens der Bundesrepublik 1989 ausbreitete. Durch den Fall der Mauer und die Wiedervereinigung wurde sie dann gleichsam bestätigt, ja bekräftigt und zusätzlich national aufgeladen. Nun war es möglich, die Geschichte der Bonner Republik von ihrem – offenkundig erfolgreichen – Ende her zu erzählen[2] und selbst ihre frühe Entwicklung im Lichte des Erfolgs erstrahlen zu lassen. Das erfolgsgeschichtliche Paradigma wies freilich auch nach vorne und ließ sich politisch optimistisch auf die künftige Entwicklung beziehen. Doch spätestens gegen Ende der 1990er Jahre zeichnete sich ab, dass die Berliner Republik in schweres Fahrwasser geraten war, und das musste sich früher oder später auch auf die erfolgsgeschichtliche Interpretation der Jahre zwischen 1949 und 1990 auswirken. Die vielfältigen Verunsicherungen, die sich seit den 1990er Jahren in der Gesellschaft des vereinten Deutschland ausgebreitet haben, veränderten den historischen Blick auf die alte Bundesrepublik, die nicht nur in »zeitdiagnostischer Absicht«, also im Hinblick auf die Genese gegenwärtiger Problemlagen,[3] kritischer analysiert, sondern auch aus sich selbst heraus historisch neu betrachtet wird.

Das gilt nicht zuletzt für das im Grundgesetz angelegte und sich in den 1950er Jahren entfaltende politische System und seine institutionelle Ordnung. Die Institutionenordnung der Bundesrepublik trug zweifellos zur Stabilisierung des jungen Staates bei, nicht zuletzt weil man aus den Erfahrungen von Weimar gelernt hatte. Doch diese Erfahrung hat zusammen mit den verfassungspolitischen Überzeugungen der Nachkriegspolitiker und den Vorgaben der Besatzungsmächte zur Entwicklung eines hoch komplexen politischen Systems beigetragen, dessen institutionelle Ordnung die Demokratie nicht nur stabilisierte und sicherte, sondern auch relativ immobil und reformunfähig machte. Das zeigte sich in der Frühzeit der Republik noch kaum, da nicht Reform der wichtigste Imperativ war, sondern Stabilisierung, trat aber deutlich zutage, als auf der Basis erreichter Stabilität Anpassungsleistungen erforderlich wurden. Auf dieses Erfordernis reagiert das politische System der Bundesrepublik äußerst schwerfällig: Das Wahlrecht schafft in der Regel Koalitionsregierungen, der institutionalisierte Föderalismus kann beträchtliche Blockadewirkung entfalten, und auch die Existenz des Bundesverfassungsgerichts erschwert tief greifende Veränderungen. Eine Fülle von Instanzen und fein miteinander verknüpften konstitutionellen Mechanismen stabilisieren damit nicht nur die Demokratie ganz allgemein, sondern jenen institutionellen und politischen Zuschnitt, den sie in den Jahren nach 1949 erhalten hat.[4]

Der Sommer der Entscheidungen 1949

Vier Jahre nach der bedingungslosen Kapitulation verabschiedete der Parlamentarische Rat das Grundgesetz für die Bundesrepublik Deutschland. Nachdem die Alliierten es am 12. Mai 1949 genehmigt hatten, wurde es von den Landtagen der damals zwölf Bundesländer (die Länder Baden, Württemberg-Baden und Württemberg-Hohenzollern schlossen sich erst 1952 zum Südweststaat Baden-Württemberg zusammen, das Saarland konnte der Bundesrepublik erst 1957 beitreten) ratifiziert. Bayern lehnte die Ratifizierung ab, erkannte die Verfassung aber als rechtsverbindlich an und ermöglichte dadurch ihr Inkrafttreten am 23. Mai 1949, der damit als Gründungstag der Bundesrepublik Deutschland gelten kann, auch wenn dieses Datum im Bewusstsein der Deutschen nie eine besondere Bedeutung erhalten hat.[5] Es dauerte dann fast noch ein halbes Jahr, bis die im Grundgesetz vorgesehene institutionelle Ordnung der Bundesrepublik tatsächlich errichtet und die höchsten Ämter des neuen Staates besetzt worden waren. Das Bundesverfassungsgericht nahm sogar erst 1951 seine Tätigkeit auf.

Der Sommer des Jahres 1949 stand ganz im Zeichen der ersten Bundestagswahlen, die häufig als letzte Weimarer Wahlen bezeichnet werden. Sowohl der

Wahlkampf als auch das Wahlergebnis legen diesen Vergleich durchaus nahe, der Wahlmodus allerdings, auf dessen Grundlage das Parlament gebildet wurde, war anders als in der Weimarer Republik nicht in der Verfassung festgeschrieben, sondern in einem separaten Wahlgesetz geregelt. Damit hatte der Gesetzgeber die Möglichkeit, das Wahlrecht auf dem Wege einfacher Gesetzesänderung zu modifizieren, wenn sich dies als notwendig erweisen sollte. So wurde im Grundgesetz-Artikel 38 zwar unmissverständlich festgestellt, dass die Abgeordneten des Bundestags »in allgemeiner, unmittelbarer, freier, gleicher und geheimer Wahl« gewählt werden, aber es war weder ein Mehrheits- noch ein Verhältniswahlrecht festgelegt.

Schon für die ersten Bundestagswahlen galt ein Mischwahlsystem: 60 Prozent der Abgeordneten sollten direkt, 40 Prozent über Landeslisten gewählt werden. Eine Sperrklausel band den Einzug ins Parlament an den Gewinn von mindestens fünf Prozent der Stimmen beziehungsweise eines Direktmandats. Dieses personalisierte Verhältniswahlrecht wurde 1953 modifiziert (das Verhältnis zwischen direkt und über Listen gewählten Abgeordneten lag nunmehr bei 50 zu 50, und zur Überwindung der Sperrhürde waren von nun an fünf Prozent der Stimmen oder drei Direktmandate erforderlich), blieb aber – auch wenn immer wieder über Wahlrechtsänderungen diskutiert wurde – in seinem Kern bis heute gültig. Für die Bundestagswahl 1990 wurde die fünfprozentige Sperrbarriere ausnahmsweise nicht auf die gesamte Bundesrepublik bezogen, sondern jeweils auf das ost- und westdeutsche Wahlgebiet. In den Zeiten des Drei-Parteien-Systems (auf Bundesebene bis 1983), aber auch – nach Hinzutreten der Grünen – unter den Bedingungen eines Vier-Parteien-Systems brachte dieses Wahlrecht in der Regel stabile Mehrheits- und Koalitionsbildungen auf Bundesebene hervor. Erst als sich nach 1990 das Spektrum der im Bundestag vertretenen Parteien auf fünf erweiterte, was sich nach der Jahrtausendwende verfestigte, ist die parlamentarische Mehrheitsbildung schwieriger geworden, weil es nicht mehr als ausgemacht gelten kann, dass nur zwei Parteien koalieren müssen, um eine stabile Regierung zu bilden. Das dürfte über kurz oder lang zu neuen Diskussionen über das Wahlrecht führen.

Der Wahlkampf von 1949 war ein scharfer, hoch emotionaler Lagerwahlkampf. Insgesamt bewarben sich 16 Parteien – manche freilich nur in einzelnen Ländern – und 70 parteilose Kandidaten um die 402 Bonner Parlamentssitze. Die Hauptlinie der Auseinandersetzung verlief zwischen den Unionsparteien und der SPD und den Spitzenkandidaten Konrad Adenauer und Kurt Schumacher. Zum zentralen Thema im Ringen um die Wählergunst wurde die Frage der künftigen Wirtschaftsverfassung des westdeutschen Staates. Hier standen sich die planwirtschaftlichen Vorstellungen der SPD und das Konzept der Sozialen Marktwirtschaft, für das die Unionsparteien eintraten, diametral gegenüber. »Wir wollen dafür sorgen«, so eröffnete Adenauer am 21. Juli 1949 den Bundestagswahlkampf, »dass am 14. August unter keinen Umständen die Geburtsstunde einer sozialistischen Wirtschaft schlägt.«[6] Möglich geworden war eine solche Polarisierung, weil die CDU sich von den Ideen eines »christlichen Sozialismus« verabschiedet hatte, der im Ahlener Programm von 1947 niedergelegt war und in den Reihen der Union 1949 durchaus noch Anhänger hatte. Die »Düsseldorfer Leitsätze«, die am 15. Juli 1949 öffentlichkeitswirksam verkündet wurden, rückten davon jedoch entschieden ab. Im neuen Wirtschaftsprogramm plädierte man für den schnellstmöglichen Abbau der Zwangsbewirtschaftung und für eine Freisetzung der Kräfte des Marktes, um die Konjunktur anzukurbeln und eine wirtschaftliche Wachstumsdynamik freizusetzen.

Der wichtigste Vertreter der sogenannten Sozialen Marktwirtschaft war Ludwig Erhard, der Direktor der Bizonen-Wirtschaftsverwaltung. Er war die Wahlkampflokomotive der CDU. Der korpulente Professor der Ökonomie mit der Zigarre im Mundwinkel verkörperte wie kein zweiter den mit der Sozialen Marktwirtschaft verbundenen Wohlstandsoptimismus und ihr Konsumversprechen. Der Vater der Währungsreform stand nicht nur für einen neuen, zukunftsgewissen wirtschaftspolitischen Kurs, sondern zugleich für ein neues Gesellschaftsmodell, das Idee und Realität der Klassengesellschaft zu überwinden versprach. Die Programmatik der SPD war dagegen traditionellen Klassenkampfvorstellungen verpflichtet. Der Wahlkampf der Sozialdemokraten und der sie unterstützenden Gewerkschaften richtete sich gegen die Interessen des Kapitals, und die vertrat in ihren Augen insbesondere die CDU, die »Partei des Mammons«.[7] Aber nicht nur in ihrer Klassenkampf-Rhetorik erinnerte die Sozialdemokratie an die Weimarer Zeit. Der SPD-Vorsitzende und einzelne Genossen ließen keine Gelegenheit aus, die Union als »klerikale Partei«, als politisches Sprachrohr und Instrument der katholischen Kirche, der katholischen Bischöfe und des Vatikan zu schmähen, und es gab sogar Stimmen, die zu einem neuen »Kulturkampf« gegen den »politischen Katholizismus« aufriefen.[8]

Sich als Nachfolger Bismarcks zu gerieren, passte im Grunde gar nicht zur SPD und war zudem ungeschickt, denn Konrad Adenauer griff solche Äußerungen nur zu gern auf, um die Sozialdemokratie als Partei der Vergangenheit zu brandmarken. Indem er sie als kirchenfeindlich, ja unchristlich darstellte, suchte er christliche Wähler, insbesondere aus der Mittelschicht sowie der Arbeiterschaft an Rhein und Ruhr, für die CDU zu gewinnen. Die SPD verlor hier Wählerstimmen, die für einen Sieg über die Union entscheidend gewesen wären.

Schumacher versuchte, die CDU eines »klerikalen Partikularismus« im Interesse Frankreichs zu zeihen, und verband antikirchliche Angriffe mit nationalistischen Positionen: »Wir respektieren die Kirche, wir denken aber nicht daran, das deutsche Volk einer fünften Besatzungsmacht zu unterwerfen.«[9] Eine scharfe antifranzösische Haltung war nach 1945 ein zentrales Element des sozialdemokratischen Nationalismus, den Schumacher – anknüpfend an die Zwischenkriegszeit – repräsentierte. Auch wenn er nicht alle Genossen hinter sich wusste – Carlo Schmid beispielsweise vertrat ganz andere Positionen –, schien der Kanzlerkandidat vom Nutzen seines Appells an den deutschen Nationalismus, der seine Wahlkampfreden durchzog, überzeugt. Die SPD hatte die Weststaatsgründung zwar akzeptiert, doch der im westpreußischen Kulm geborene Schumacher sah die Wiederherstellung des »Reiches« weiterhin als vorrangiges politisches Ziel. Die Besatzungsmächte, vor allem Frankreich, erschienen ihm als Gegner der Reichsidee und der deutschen Einheit. Adenauer – »Lügenauer«, wie er ihn nannte – unterstellte er, mit diesen Gegnern gemeinsame Sache zu machen. Unausgesprochen stand dahinter die böse Unterstellung des – nationalen – Verrats. Dass man mit einer solchen Rhetorik den deutschen Wähler hätte gewinnen können, mag man heute kaum glauben, ganz sicher kann man indes sein, dass die Sympathien der Westmächte 1949 nicht der SPD gehörten, sondern Adenauer und der Union. Vor allem in den USA dürfte der klare kapitalistisch-marktwirtschaftliche Kurs, den Adenauer vertrat, eine wichtige Rolle gespielt haben, mindestens ebenso entscheidend war aber wohl, dass die Besatzungsmächte und ihre Repräsentanten von dem politischen und rhetorischen Nationalismus Schumachers abgeschreckt waren, der auch bei ihnen Erinnerungen an die Zeit nach dem Ersten Weltkrieg wachrief.

Für die nationalen Töne im sommerlichen Wahlkampf 1949 sorgte die SPD, doch Adenauer scheute sich nicht, mit gleicher Münze zurückzuzahlen. Seine Wahlkampfreden atmeten stets den gleichen agonalen Geist: »Das ist das Tiefste, um das es in diesem Kampf geht: Wird Deutschland christlich oder wird es sozialistisch regiert werden?« Es gehe darum, das deutsche »Vaterland für das Christentum [zu] retten«. Das christliche Argument stand nicht für sich, sondern war in einen größeren politischen und kulturellen Bezugsrahmen gesetzt und antikommunistisch funktionalisiert. CDU und CSU kam dabei die Aufgabe zu, »den Schutz und die Wahrung des Christentums« zu sichern, denn: »Die Gefahr für uns Deutsche und für ganz Europa, vom kommunistischen Heidentum verschlungen zu werden, ist keineswegs gebannt. Sie besteht nach wie vor.«[10]

Durch den Bezug auf das Christentum und das »christliche Abendland« stellte Adenauer Deutschland und die Deutschen in einen übernationalen, einen europäischen Zusammenhang und konterkarierte ganz bewusst den Nationalismus, den Kurt Schumacher vertrat. Diese Botschaft wurde nicht nur im Ausland gehört. Sie wirkte auch in Deutschland, wo das nationale Paradigma, das Politik, Gesellschaft und Kultur seit dem 19. Jahrhundert geprägt hatte, durch den Nationalsozialismus, durch Diktatur, Krieg und Völkermord diskreditiert worden war, weshalb gerade in den Jahren unmittelbar nach 1945 übernationale Ordnungsideen hoch im Kurs standen. Mindestens ebenso wirksam war die Gegenüberstellung von Christentum und Kommunismus und der damit verbundene Appell an den Antikommunismus der Deutschen. Dieser Antikommunismus ging auf tiefer sitzende mentale Dispositionen der Deutschen zurück, die spätestens in den Weimarer Jahren entstanden waren und während der Zeit des Nationalsozialismus noch zugenommen hatten, und verstärkte sich durch die Entwicklungen in der SBZ noch weiter.

Ganz allgemein entfaltete der Antikommunismus in der frühen Bundesrepublik integrierende und stabilisierende Wirkung. In der politischen Auseinandersetzung der Unionsparteien mit der SPD und ganz besonders in Wahlkampfzeiten setzte gerade Konrad Adenauer immer wieder alles daran, die SPD mit dem Kommunismus zwar nicht gleichzusetzen, sie aber mit ihm in Zusammenhang zu bringen und so den gesellschaftlichen Antikommunismus in Westdeutschland in politische Münze umzuwandeln. Im Bundestagswahlkampf 1949 rückte nicht nur der Klassenkampfvorwurf und ihre planwirtschaftliche Programmatik die SPD in die Nähe des Kommunismus. Wieder und wieder betonte Adenauer die Gefahr, die eine sozialdemokratische beziehungsweise sozialistische Regierung bedeute: »Wenn [Deutschland] sozialistisch regiert werden wird, dann seien wir uns klar darüber, dass der Sozialismus keinen Damm gegen den Kommunismus bildet.«[11] Adenauer verwies in diesem Zusammenhang auf die gemeinsamen historischen Wurzeln und ideologischen Übereinstimmungen zwischen Sozialismus und Kommunismus und scheute sich nicht, der ostdeutschen SPD eine Mitschuld an der Durchsetzung des Kommunismus in der SBZ zu geben. Er verschwieg den Zwangscharakter der Vereinigung von KPD und SPD zur SED und verwies in infamer Weise, was Manfred Görtemaker zu Recht anmerkt, darauf, dass fünf SED-Ministerpräsidenten in der SBZ ehemalige Sozialdemokraten seien.[12]

Nicht nur der Wahlkampf, auch das Wahlergebnis hat am Ende dazu beigetragen, dass die ersten Wahlen der Bundesrepublik als die letzten der Weimarer Republik bezeichnet wurden. Von der KPD (5,7 Prozent) bis zur rechtsradikalen Deutschen Rechtspartei (DRP), die zwar nur 1,8 Prozent der Stimmen erhielt und schon bald in der Sozialistischen Reichspartei (SRP) aufgehen sollte, waren sämtliche politischen Richtungen der Weimarer Jahre vertreten. CDU und CSU erhielten 31 Prozent der Stimmen und stellten damit die stärkste Bundestagsfraktion, dicht gefolgt von der SPD, der 29,2 Prozent der Wähler ihre Stimme gaben. Die Liberalen errangen als FDP, DVP und BDV (Bremer Demokratische Volkspartei) 11,9 Prozent, die Bayernpartei 4,2 Prozent, die Deutsche Partei 4 Prozent, das Zentrum 3,1 Prozent und die Wirtschaftliche Aufbau-Vereinigung (WAV) 2,9 Prozent. Unabhängige Einzelkandidaten, von denen einige in den Bundestag einzogen, vereinten 3,8 Prozent der Stimmen auf sich.

Von der Parteien- und Stimmenkonzentration der 1950er Jahre war im August 1949 noch nichts zu erkennen. Die Aufsplitterung der Stimmenanteile spiegelte regionale politische Orientierungen ebenso wider wie fortwirkende oder neu entstandene soziale Bindungen. Für die politische Stabilität der jungen Bundesrepublik ließ das zunächst kaum Gutes erahnen. Drohten Weimarer Verhältnisse? Was würde geschehen, wenn die Alliierten den Lizenzierungszwang für Parteien aufhoben? Würde das Parteienspektrum dann noch weiter zerfasern? Und welche Auswirkungen würde das auf die Koalitionsbildung und die Stabilität von Regierungen haben? Sicher, das Grundgesetz hatte in zentralen Bestimmungen, beispielsweise dem konstruktiven Misstrauensvotum, Lehren aus den Weimarer Erfahrungen gezogen. Aber der Artikel 67 bezog sich auf amtierende Regierungen, die Regierungsbildung erleichterte er nicht. Insofern breitete sich in der Bundesrepublik und unter ausländischen Beobachtern 1949 nicht nur Freude über die erste freie Wahl aus, sondern auch Skepsis hinsichtlich der weiteren Entwicklung.

Obwohl SPD und CDU/CSU jeweils etwa ein Drittel der Stimmen erhalten hatten und sie nur 1,8 Prozentpunkte auseinanderlagen, betrachtete sich die SPD als klarer Verlierer der Wahl. Auf Grund ihrer tragenden Rolle in der Weimarer Demokratie und ihrer entschiedenen Gegnerschaft zum Nationalsozialismus hatte sie den historischen Anspruch abgeleitet, nunmehr im »neuen« Deutschland die politische Führung zu übernehmen. Dass diese Hoffnung sich nicht erfüllte, hatte mit Kurt Schumachers Wahlkampfstil zu tun, vor allem aber mit der klassenkämpferischen Botschaft, die auf eine sozialistische Wirtschaftspolitik, auf Verstaatlichung und Planung setzte. Das war nicht nur angesichts der Entwicklungen in der SBZ ein falsches Signal. Während sich die Mehrheit der Deutschen nach Ruhe und Entpolitisierung sehnte, versuchte die SPD, eine fundamentale Politisierung in die Gesellschaft zu tragen. Während die Menschen Harmonie und Konsens herbeisehnten, schürte sie Konflikte und entzweite.

Schumachers unbestreitbares Charisma wirkte polarisierend, aber letztlich wurde der SPD der programmatische und personelle Traditionalismus zum Verhängnis, weil eine jüngere Generation, politisch im Nationalsozialismus geprägt, mit den Weimarer Formeln kaum etwas anfangen konnte. Die SPD war dominiert von Politikern und Funktionsträgern der Weimarer Zeit, in deren Augen es vielfach nicht um Neubeginn, sondern um Weitermachen – nach zwölfjähriger Unterbrechung – ging. Das half bei der Organisation der Partei, die ihre Mitgliederbasis deutlich verbessern konnte, aber eine politische Ausrichtung, die neue Wähler anzog, gelang ihr nicht.[13]

Als stärkster Fraktion fiel 1949 der Union der Auftrag zur Regierungsbildung zu. Zwei prinzipielle Optionen standen zur Verfügung: eine »Große Koalition« mit der SPD oder eine »Kleine Koalition« mit der FDP oder anderen Gruppierungen des bürgerlichen Lagers. Manches sprach auf den ersten Blick für eine Große Koalition. Würde nicht eine gemeinsame Regierung der beiden großen Parteien die Gemeinsamkeit der Demokraten in der Stunde des Neubeginns unterstreichen? Viele erinnerten an die »Weimarer Koalition« von 1919. Legten die großen Herausforderungen, die vor der jungen Republik lagen, einen solchen Kurs nicht nahe? Solche Stimmen waren in der Bevölkerung ebenso deutlich zu vernehmen wie innerhalb von CDU/CSU und SPD.

Unter den Spitzenpolitikern der beiden Parteien gab es nicht wenige Befürworter eines Zusammengehens, zumal Bündnisse der beiden Parteien auf Länderebene bereits bestanden und sich bewährten. Konrad Adenauer hingegen, der im Parlamentarischen Rat, spätestens aber in den Wochen des Wahlkampfs zum einflussreichsten Politiker der 1949 noch sehr locker organisierten CDU geworden war, strebte entschieden eine Koalition der bürgerlichen Kräfte unter Führung der Union an. Den rheinischen Politiker bestimmten dabei nicht nur persönliche Gründe. Selbstverständlich beanspruchte er das Amt des Bundeskanzlers für sich, konnte aber nach dem polarisierenden und personalisierten Wahlkampf kaum damit rechnen, als der ideale Kanzler einer Großen Koalition angesehen zu werden. Es gab innerhalb der Union andere Politiker, etwa Karl Arnold, den Ministerpräsidenten von Nordrhein-Westfalen, die für eine solche Konstellation viel eher in Frage gekommen wären. Doch Adenauer leiteten auch grundsätzliche Überlegungen, die man den persönlichen Ambitionen nicht unterordnen sollte. Für ihn war – eine Weimarer Erfahrung, aber auch eine Lehre aus dem britischen Exempel – die Existenz einer starken, aber demokratischen Opposition eine entscheidende Voraussetzung für die langfristige Stabilität einer parlamentarischen Demokratie. Der Imperativ »Gemeinsamkeit der Demokraten« bezog sich bei Adenauer nicht auf eine gemeinsame Regierung, sondern auf die gemeinsame Anerkennung des freiheitlich-demokratischen und parlamentarischen Systems, zu dem eben auch eine systembejahende parlamentarische Opposition gehörte. Die Oppositionsrolle im Bundestag sollte daher nicht den Gegnern der parlamentarischen Demokratie, Rechtsradikalen und Kommunisten, überlassen bleiben. Und schließlich ergab sich Adenauers Präferenz für eine bürgerliche Koalition auch aus seiner Einschätzung, dass die politischen Programme, mit denen Union und SPD in den Wahlkampf gezogen waren, in Kernbereichen miteinander unvereinbar seien und insbesondere ein Kompromiss zwischen Sozialer Marktwirtschaft und Sozialismus nicht möglich sei.

Mit Adenauers Überlegungen stimmten selbst in der Union längst nicht alle überein. Wenn er sich schließlich doch durchsetzen konnte, lag das auch daran, dass sein sozialdemokratischer Rivale Schumacher eine Große Koalition ebenfalls kategorisch – und gegen manchen Widerstand in der eigenen Partei – ausschloss und die SPD auf einen strikten Oppositionskurs verpflichtete: Bei der von den Sozialdemokraten vertretenen Politik könne es keine Kooperation mit Adenauer und Erhard geben. Überdies war Schumacher fest davon überzeugt, die Marktwirtschaft Ludwig Erhards werde schon bald zu einer schweren Krise führen, die man nur abzuwarten brauche, um dann gleichsam automatisch und von ganz alleine an die Regierung zu kommen. So zwang er seine Partei in eine kompromisslose Oppositionsrolle. Wie Adenauer argumentierte er mit der prinzipiellen Bedeutung dieser Rolle in einer »Demokratie aus Regierung und Opposition«. Diese Rolle zog er der Illusion einer »nationalen Notgemeinschaft« entschieden vor.[14] Das machte auch den Anhängern einer Großen Koalition in den Unionsparteien das Argumentieren schwer.

Die Weichen in Richtung eines bürgerlichen Bündnisses waren freilich schon eine Woche nach den Bundestagswahlen unionsintern gestellt worden. Es unterstreicht die mittlerweile entscheidende Bedeutung Konrad Adenauers im Unionslager, dass eine informelle Runde von Unionspolitikern in Adenauers Wohnhaus in Rhöndorf bei Bonn über die Regierungs- und Koalitionsbildung entschied – und damit auch über Adenauers Kanzlerschaft. Die Befürworter einer Großen Koalition wurden zu dem Treffen entweder nicht eingeladen oder durch Adenauer, der als Hausherr das Privileg der Gesprächsführung und der Themensetzung an sich zog, ausmanövriert. Der 73-jährige Gastgeber zögerte bei dieser Gelegenheit nicht, sich sogleich als künftigen Bundeskanzler selbst ins Gespräch zu bringen, nachdem er in einer Reihe von Vier-Augen-Gesprächen mögliche Gegner seiner Kandidatur, aber auch potentielle Rivalen wie beispielsweise Erich Köhler, den Präsidenten des Frankfurter Wirtschaftsrats, auf seine Seite gezogen hatte. Die Liberalen als zweitstärkste Fraktion in der angestrebten Koalition sollten dadurch gewonnen werden, dass man ihrem Vorsitzenden Theodor Heuss das Amt des Bundespräsidenten antrug.[15]

Heuss war in den Reihen der Union alles andere als unumstritten, aber für die FDP war die Wahl ihres Parteivorsitzenden zum Staatsoberhaupt ausschlaggebend für ihre Bereitschaft, einer Kleinen Koalition beizutreten, der außer CDU und CSU die nationalkonservative und primär in Niedersachsen beheimatete Deutsche Partei (DP) angehören sollte. Für Adenauers Gegner in der Union waren daher die Bundespräsidentenwahlen die letzte Chance, den ungeliebten Rheinländer zu Fall zu bringen und einen anderen Kanzler und womöglich eine andere Koalition durchzusetzen. Dass dies nicht gelang, war der SPD und namentlich Kurt Schumacher zu verdanken, die sich wieder einmal als Retter Adenauers und seiner bürgerlichen Koalition erwiesen. Denn als Schumacher in der Bundesversammlung am 12. September 1949 selbst als Bundespräsident kandidierte, statt sich auf einen Allparteienkandidaten einzulassen, scharte sich die Union um Heuss – und damit um Adenauer. Der wurde drei Tage später, am 15. September 1949, mit der hauchdünnen Mehrheit von einer Stimme – seiner eigenen, wie er immer wieder betonte – zum ersten Bundeskanzler der Bundesrepublik Deutschland gewählt.

Das Verhältnis zwischen Konrad Adenauer und Theodor Heuss war alles andere als spannungsfrei. Doch die beiden verbanden gemeinsame politische Erfahrungen in der Weimarer Republik, und sie standen fest auf dem Boden der freiheitlich-demokratischen Grundordnung. Eine Konkurrenz um die politische Macht, die in der Weimarer Republik zwischen Reichspräsident und Reichskanzler geherrscht hatte, ließ das Grundgesetz nicht zu. Der politische Primat des Bundeskanzlers stand außer Frage, und Theodor Heuss strebte nicht danach, aus den Verfassungsrechten des Bundespräsidenten einen politischen Machtanspruch in Konkurrenz zum Kanzler abzuleiten. Das hätte ein Bundespräsident Kurt Schumacher, wenn er gewählt worden wäre, vielleicht anders gehalten.

Heuss war kein unpolitischer Präsident, aber er erkannte, dass angesichts der scharfen Auseinandersetzungen zwischen Regierung und Opposition das Staatsoberhaupt seine repräsentativen Aufgaben eher mit einer gewissen Distanz zum politischen Alltag wahrnehmen musste, um integrierend wirken zu können. »Papa Heuss«, wie Adenauer ein Repräsentant der »patriarchalischen Demokratie«, wie Alfred Grosser es genannt hat,[16] fand diese Distanz auch als Intellektueller und damit auf einem Feld, wo er konkurrierende Ansprüche des Bundeskanzlers nicht zu fürchten brauchte. Er verkörperte auf diese Weise nicht nur den Staat Bundesrepublik, sondern auch in bester humanistisch-bildungsbürgerlicher deutscher Tradition und klarer demokratischer Orientierung ihren Geist und ihre Kultur.

Das Pathos der Weimarer Politiker war Heuss ganz fremd. Seine Reden – dieser Präsident wirkte vor allem durch sein Wort – waren ganz schlicht, wirkten stets nachdenklich und stießen doch immer wieder ins Zentrum der deutschen Befindlichkeit vor. Das galt vor allem für seine geschichtspolitischen Stellungnahmen, ganz gleich, ob man nun an seine Berliner Rede zum zehnten Jahrestag des 20. Juli 1944 denkt oder an seine noch in der Zeit des Parlamentarischen Rats angestellten Überlegungen zur Bewertung des 8. Mai 1945. Das fiel nicht nur im Innern auf fruchtbaren Boden. Auch im Ausland, gerade in den europäischen Nachbarländern, repräsentierte Heuss mit seiner »Haltung der Zurückhaltung«[17] die Bundesrepublik und den demokratischen Neubeginn Deutschlands mit großer Würde und Sensibilität. Seine Wiederwahl 1954 war nicht umstritten. In den insgesamt zehn Jahren seiner Amtszeit prägte Heuss das Amtsverständnis des Bundespräsidenten und die Möglichkeiten des Amtes weit in die Zukunft hinein.

Am Abend der Wahl des ersten Bundespräsidenten haben Bürger auf dem Bonner Marktplatz den Choral »Großer Gott, wir loben Dich« angestimmt. Zur Eröffnung der konstituierenden Sitzung des ersten Bundestags sangen die Abgeordneten das aus der deutschen Nationalbewegung des frühen 19. Jahrhunderts stammende Lied »Ich hab' mich ergeben mit Herz und mit Hand« von Hans Ferdinand Maßmann. Bei anderen offiziellen Anlässen wurde Beethovens »Ode an die Freude« intoniert. Das Grundgesetz hatte festgelegt, dass die Bundesflagge schwarz-rot-gold sein sollte, über die »Nationalhymne« war indes noch nicht entschieden. Erst 1952 wurde in einem Schriftwechsel zwischen Bundeskanzler und Bundespräsident – und damit ohne Beteiligung des Parlaments – das »Deutschlandlied« von Heinrich Hoffmann von Fallersleben mit der Melodie Joseph Haydns zur Nationalhymne bestimmt. »Bei staatlichen Anlässen soll die dritte Strophe gesungen werden«, entschied der Bundeskanzler. Gegen die Popularität des Deutschlandlieds, gegen den »Traditionalismus« und das »Beharrungsbedürfnis« der Deutschen war der Bundespräsident, wie er selbst schrieb, machtlos. Er hatte sich für die 1950 entstandene »Hymne an Deutschland« von Rudolf Alexander Schröder und Hermann Reutter stark gemacht. Die Bundesrepublik wäre mit dieser neuen Hymne dem Beispiel der DDR gefolgt, wo 1949 »Auferstanden aus Ruinen« von Johannes R. Becher und Hanns Eisler zur Hymne erhoben wurde.

Es dauerte einige Jahre, bis die Deutschen im Westen sich daran gewöhnt hatten, nicht mehr »Deutschland, Deutschland über alles« zu singen, sondern »Einigkeit und Recht und Freiheit«. Als deutsche Schlachtenbummler nach dem Gewinn der Fußballweltmeisterschaft 1954 im Berner Wankdorf-Stadion die erste Strophe anstimmten, unterbrach der Schweizer Rundfunk die Radioübertragung. Kritische

Kommentare in der Auslandspresse folgten. Als der Bundespräsident wenige Tage später die »Helden von Bern« im Berliner Olympiastadion ehrte, schloss er klug und mit sicherem Gespür seine Ansprache mit dem Text der dritten Strophe, die anschließend auch gesungen wurde.[18]

Das Bundesverfassungsgericht

An die Spitze des Bundesverfassungsgerichts, welches das Institutionengefüge der Bundesrepublik und die Gewaltenteilung vervollständigte, trat mit Hermann Höpker-Aschoff ein weiterer FDP-Politiker. Das höchste Gericht der Bundesrepublik, nicht in Bonn, sondern in Karlsruhe angesiedelt – was der badischen Landeshauptstadt auch einen gewissen Ausgleich dafür bieten sollte, dass das württembergische Stuttgart die Hauptstadt des neuen Südweststaats sein sollte –, wurde erst im September 1951 begründet, obwohl es schon 1949 im Grundgesetz vorgesehen worden war. Es dauerte nicht lange, bis das Bundesverfassungsgerichtsgesetz erarbeitet und verabschiedet war, doch der Etablierung des Gerichts war ein langes politisches Tauziehen – Hans-Peter Schwarz spricht von »Kuhhandel« – über die Besetzung der Richterstellen vorausgegangen.[19]

Präsident Höpker-Aschoff war ein prominenter Politiker, und auch die allermeisten übrigen Richter konnten Parteien zugeordnet werden. In den 1950er Jahren führte die Verteilung der Richter auf die beiden Senate des Gerichts zur Herausbildung eines »roten« und eines »schwarzen« Senats, was der Politisierung der Institution Vorschub leistete. Adenauer bezog diese Tatsache stets in sein politisches Kalkül ein, beispielsweise bei der Auseinandersetzung über die Verfassungsmäßigkeit der EVG-Verträge 1952, jener »*cause célèbre* deutscher Verfassungsgerichtsbarkeit«.[20] Man sollte die Bedeutung der politischen Orientierungen und Sympathien der Verfassungsrichter jedoch nicht überschätzen. Gerade im Zusammenhang mit den umstrittenen EVG-Verträgen erklärten sie fast einstimmig, dass sie sich bei ihren Entscheidungen nicht von politischen, sondern von rechtlichen Gesichtspunkten hatten leiten lassen.[21] Man kann es durchaus positiv werten, dass die Verfassungsrichter in ihren divergierenden politischen Positionen den sich entfaltenden Pluralismus der Bundesrepublik widerspiegelten, anstatt sich zu Repräsentanten eines abstrakten Staats- oder Verfassungsinteresses zu erheben. Dass das Karlsruher Gericht nicht zum Spielball politischer Richtungskämpfe wurde, dafür hatte bereits der Parlamentarische Rat Vorsorge getroffen.

Das Bundesverfassungsgericht ist anders als beispielsweise das Reichsgericht der Weimarer Republik ein eigenständiges Verfassungsorgan der Bundesrepublik, das nicht zum Zuständigkeitsbereich des Bundesjustizministeriums gehört. Schon daraus resultiert seine Autorität. Ihm ist im Bundesverfassungsgerichtsgesetz die Aufgabe zugewiesen, als unabhängiger Gerichtshof des Bundes die Verfassung zu hüten, »das heißt im Strom der Ereignisse, politischen Auseinandersetzungen und täglichen Rechtsänderungen ihre Substanz zu bewahren«.[22] Dieser Imperativ steht über allen Entscheidungen der Richter und ist bis heute die Grundlage für die Autorität und die Unabhängigkeit des Karlsruher Gerichts.

Man darf die Bedeutung des Bundesverfassungsgerichts in der Ära Adenauer nicht auf seine Rolle in den großen politischen Auseinandersetzungen zwischen Regierung und Opposition reduzieren. Die Karlsruher Richter haben in jenen Jahren einen entscheidenden Beitrag zur Durchsetzung des liberalen Rechtsstaats und seiner Grundprinzipien geleistet. Nur wenn man berücksichtigt, dass in der Bundesrepublik ganz überwiegend älteres, aus dem Kaiserreich, der Weimarer Republik, ja sogar aus der Zeit des Nationalsozialismus stammendes Recht fortgalt, wird man dieser Leistung gerecht, die mit dafür sorgte, dass die Grundrechte des Grundgesetzes nicht bloß ein hoher Anspruch blieben, sondern zu lebendigem geltenden Recht wurden. Das betrifft etwa die rechtliche Gleichstellung von Mann und Frau, die Entwicklung des Arbeitsrechts oder den Strafvollzug.[23]

Die Rechtsprechung des Bundesverfassungsgerichts entfaltete gerade in der frühen Bundesrepublik erhebliche politische und gesellschaftliche Wirkung. Im Verfassungsrecht boten sich noch große Entscheidungs- und Gestaltungsfreiräume, die sich später verengten, wozu die Karlsruher Rechtsprechung zwangsläufig selbst beitrug. Dies ist eine unvermeidbare Folge der Beständigkeit der Bundesrepublik und der kontinuierlichen Aktivität des Verfassungsgerichts. Das wirkt auch zurück auf die politische Möglichkeit tief greifender Strukturreformen durch den Gesetzgeber und damit auf die parlamentarische Entscheidungsfreiheit, die jenseits von wahlpolitischen Überlegungen und Popularitätserfordernissen der Parteien zum einen durch die Neigung der Opposition zum Gang nach Karlsruhe, zum anderen aber durch die mittlerweile existierende verfassungsrechtliche Dichte deutlich begrenzt wird.[24]

Schon in den 1950er Jahren fällte das Bundesverfassungsgericht Urteile, die umstritten waren, so wie Gerichte ja selten Entscheidungen treffen, mit denen alle einverstanden sind. Es gab Sieger und Verlierer. Doch die gesellschaftliche Akzeptanz des Gerichts war von Anfang hoch, und so ist es bis heute geblieben. Es kann als ein wichtiger Stabilisierungs- und Stabilitätsfaktor im politisch-konstitutionellen System der Bundesrepublik gelten und trug entscheidend dazu bei, die Bundesrepublik im Bewusstsein der Bevölkerung als Rechtsstaat und als Rechtswegestaat zu verankern. Zwar bediente es in der Ära Adenauer nicht unbedingt und im engeren Sinne das patriarchalische Grundbedürfnis der Westdeutschen, es verkörperte aber – in dieser Beziehung dem Bundespräsidenten nicht unähnlich – eine neutrale, über den Parteien und den divergierenden und konfligierenden politischen und gesellschaftlichen Interessen stehende Autorität.[25] Das knüpfte durchaus an ältere politische Ordnungsvorstellungen der Deutschen an, die vor 1914 in der Institution und Person des Kaisers, nach 1918 im Reichspräsidenten als *pouvoir neutre* ihren Ausdruck gefunden hatten, und erleichterte ihnen die allmähliche Eingewöhnung in eine demokratische Ordnung, die von Konkurrenz und Konflikt und von deren Legitimität im Sinne des Pluralismus geprägt war. Denn das Bundesverfassungsgericht diskreditierte den politischen Meinungsstreit und Interessenunterschiede ja nicht und stellte ihnen auch nicht ein abstraktes Staatsinteresse gegenüber, sondern es achtete und legitimierte durch seine Rechtsprechung – aber letztlich auch durch seine Besetzung und deren Zustandekommen im Richterwahlausschuss von Bundestag und Bundesrat – Pluralismus und Konkurrenzdemokratie.[26]

Kanzlerdemokratie

Die Bildung des ersten Bundeskabinetts folgte der Koalitionsarithmetik und parteiinternen Proporzüberlegungen, aber auch dem machtpolitischen Kalkül Adenauers. Die FDP erhielt drei Kabinettsposten, darunter den eher dekorativen des Vizekanzlers, die DP zwei. Mit Ausnahme des Justizministeriums, das an den bayerischen Liberalen Thomas Dehler ging, lagen alle Schlüsselressorts bei der Union. Die Konkurrenten Adenauers um das Kanzleramt wurden nicht berücksichtigt, die Zahl einflussreicher Unionspolitiker, die dem Kanzler hätten gefährlich werden können, blieb begrenzt.

Über ein gewisses politisches Gewicht verfügten neben Bundeswirtschaftsminister Erhard und dem CSU-Finanzminister Schäffer, die aber als Fahrensleute des Kanzlers gelten konnten, lediglich der vom protestantischen Unionsflügel unterstützte Präses der EKD und Essener Oberbürgermeister Gustav Heinemann, der Innenminister wurde, sowie der aus der Berliner CDU stammende Jakob Kaiser, der den linken Flügel der CDU repräsentierte. Kaiser erhielt zwar das Gesamtdeutsche Ministerium, blieb aber gerade deswegen in besonderer Weise auf den Bundeskanzler ausgerichtet, für den natürlich die deutsche Frage im Zentrum seiner Amtstätigkeit stand. Das beschränkte die Handlungsspielräume Kaisers.

Nicht mit allen Mitgliedern seines Kabinetts war Adenauer zufrieden. Vorbehalte hatte er gegenüber dem christlichen Gewerkschafter Anton Storch, der sich als Arbeitsminister durchsetzte. Doch auch von dem aus der CSU stammenden Landwirtschaftsminister Wilhelm Niklas, einem reinen Kompromisskandidaten, hielt er nicht allzu viel. So blieb das politische Gewicht des ersten Bundeskabinetts begrenzt, aber gerade deswegen konnte der Bundeskanzler in der Ministerrunde umso bestimmender auftreten. Das war – sah man von der Verfassung ab – eine wichtige Voraussetzung für die Entfaltung der Kanzlerdemokratie, in der der Bundeskanzler der Regierung nicht bloß als *primus inter pares* angehörte sondern das Kabinett wirklich dominierte. Sicher, die Kanzlerdemokratie leitet sich auch ab aus den Bestimmungen des Grundgesetzes über die Exekutive. Die Artikel 67 und 68 (konstruktives Misstrauensvotum und Vertrauensfrage) stärken die Stellung des Kanzlers ebenso wie seine im Artikel 65 enthaltene Richtlinienkompetenz. Die Kanzlerdemokratie der Ära Adenauer formte sich aber nicht nur auf der Grundlage dieser Verfassungsnormen aus, sondern wurde mindestens ebenso sehr geprägt durch das Amtsverständnis und das Amtshandeln des ersten Bundeskanzlers, der weit über seine Amtszeit hinauswirkende Verfassungsrealitäten schuf. Nicht alle seine Nachfolger haben das Amt so ausgefüllt wie er, schließlich sind der Regierungsstil und die Amtsausübung von vielen Variablen und individuellen Faktoren abhängig.

Für die beherrschende Stellung Adenauers waren seine Biographie, seine reiche politische Erfahrung und sein Machtbewusstsein ausschlaggebend, aber auch die politischen Konstellationen in den Gründungsjahren der Bundesrepublik. Von ganz besonderer Bedeutung ist dabei, dass der Bundeskanzler institutionell der alleinige Ansprechpartner der Alliierten Hohen Kommission war, die die politische Entwicklung in Westdeutschland verfolgte, ja überwachte. Zahllose Fragen, die buchstäblich kein Ressortgebiet ausklammerten, mussten unter Wahrung der Rechte der Alliierten und im Hinblick auf ihre außen- oder deutschlandpolitische Relevanz behandelt und koordiniert werden, woraus sich eine genuine Zuständigkeit des Bundeskanzlers für alle Themen und alle Möglichkeiten der Intervention ergaben. So entwickelte Adenauer aus den Souveränitätsbeschränkungen, denen die Bundesrepublik unterlag, eine Stärkung seiner Autorität, die schon bald weit über die politischen Zuständigkeiten des Bundeskabinetts hinausreichte und beinahe die gesamte politische und gesellschaftliche Entwicklung betraf. Das stärkte letztlich auch seine Positionen gegenüber dem Parlament sowie in seiner Partei und Fraktion.

Institutionell schlug sich diese Entwicklung im Bundeskanzleramt nieder, dessen Keimzelle der persönliche Mitarbeiterstab Adenauers war. Der Kanzler hatte diesen fast früher als sein erstes Kabinett zusammengestellt, ein Hinweis auf den Stellenwert, den Adenauer dieser Machtzentrale jenseits der Ministerien beimaß. Der wichtigste politische Berater des Kanzlers mit Zuständigkeiten vor allem in der internationalen Politik blieb Herbert Blankenhorn, ein ehemaliger Diplomat, der schon vor 1949 zu Adenauers engsten Mitarbeitern gehört hatte. Für den Aufbau des Bundeskanzleramts und für dessen effiziente Arbeit war Hans Globke zuständig, ebenfalls ein enger Vertrauter Adenauers, der über katholische Widerstandskreise in dessen Nähe gefunden hatte. Beiden Mitarbeitern haftete allerdings ein Makel an, der die Regierung Adenauer immer wieder schwer belasten sollte, insbesondere was Globke betraf.

Hans Globke war zwischen 1933 und 1945 Beamter im Reichsinnenministerium gewesen, zwar kein NSDAP-Mitglied, aber Mitverfasser des amtlichen Kommentars zu den Nürnberger Rassengesetzen von 1935, die jüdische Deutsche zu Bürgern minderen Rechts machten und eine wichtige Voraussetzung für weitere Maßnahmen der Diskriminierung und Verfolgung darstellten. Die Kritik an Globke war von Anfang an überaus scharf, doch Adenauer hielt an dem fähigen Spitzenbeamten fest, wenngleich er ihn erst 1953 als Nachfolger von Otto Lenz zum Staatssekretär im Kanzleramt machte. Dass auch das Ministerium für Staatssicherheit der DDR nicht müde wurde, die braune Vergangenheit Globkes anzuprangern, dürfte seine Stellung im antikommunistischen Klima der 1950er Jahre letztlich eher stabilisiert als gefährdet haben.

Herbert Blankenhorn, der außenpolitische Berater des Bundeskanzlers, war wie viele Diplomaten der Wilhelmstraße NSDAP-Mitglied gewesen. Das dürfte dazu geführt haben, dass nicht er 1950 Leiter der »Dienststelle für Auswärtige Angelegenheiten« im Bundeskanzleramt und später Staatssekretär wurde, sondern der unbelastete Juraprofessor Walter Hallstein. Adenauer vertraute Blankenhorn, aber ein ehemaliger Parteigenosse als Staatssekretär wäre ein Präzedenzfall gewesen für zahlreiche Wilhelmstraßen-Diplomaten mit NSDAP-Vergangenheit, die nach 1951 in den Auswärtigen Dienst der Bundesrepublik drängten. Heute wissen wir, dass Blankenhorn dennoch vielen ehemaligen Kameraden aus dem alten Auswärtigen Amt die Rückkehr in den diplomatischen Dienst erleichtert hat.[27]

Zu den Spitzenkräften im Bundeskanzleramt zählte schließlich seit 1952 als Pressesprecher und Leiter des Presse- und Informationsamtes der Bundesregierung der Journalist Felix v. Eckardt, der die Außendarstellung und die Medienkontakte der Bundesregierung äußerst kompetent koordinierte. So entstand mit dem Bundeskanzleramt eine zentrale Schaltstelle der Macht, die in ihrem institutionellen Aufbau die Struktur der Bundesregierung und der Ministerien exakt widerspiegelte. Jedes Ministerium hatte – nicht immer zur Freude der Ressortminister – seine Parallelbehörde im Kanzleramt. Das sicherte dem Bundeskanzler Informations-, Kontroll- und Einflussmöglichkeiten und trug zur institutionellen Verfestigung der Kanzlerdemokratie bei. Adenauer mit Blick auf den Aufbau des Kanzleramts und sein Bestreben, die Minister seines Kabinetts zu kontrollieren und ihre Entscheidungsfreiräume zu begrenzen, allein machtpolitische Motive zu unterstellen, würde diesem Kanzler indes nicht gerecht. Es ging durchaus um Kontrolle, es ging um den Primat des Bundeskanzlers, aber dahinter stand die nie nachlassende Sorge Adenauers, ob es gelingen würde, die Bundesrepublik auf dem richtigen politischen Kurs zu halten, ferner sein aus der historischen Erfahrung geborenes Misstrauen und schließlich seine Überzeugung, dass nur klare Strukturen und Entscheidungshierarchien politische Stabilität und Berechenbarkeit – nach innen wie nach außen – hervorbringen konnten.

Am Tag vor seiner Wahl zum Bundeskanzler erklärte Adenauer der CDU/CSU-Bundestagsfraktion, er sei »diktatorisch, nur mit starkem demokratischen Einschlag«.[28] Das war nicht nur scherzhaft gemeint und ist nicht nur negativ zu bewerten, denn die Deutschen verdanken dem ersten Bundeskanzler die Einsicht, so drückte es Fritz René Allemann schon 1956 aus, »dass Demokratie und Autorität einander nicht ausschließen«.[29] Adenauer vereinte in seiner Person und in seinem Amt beides, und er leistete einen entscheidenden Beitrag zur Verwurzelung der Demokratie in Deutschland. Innerhalb weniger Jahre fand er breiteste Akzeptanz in der Bevölkerung, was durch den Erdrutschsieg der Union bei den Bundestagswahlen 1953 und den Gewinn der absoluten Mehrheit vier Jahre später offenbar wurde.

Kriegsniederlage und Besatzungsherrschaft hatten die politische Mentalität der Deutschen nicht von heute auf morgen verändert. Autoritätsbedürfnis und Obrigkeitsorientierung waren noch immer stark ausgeprägt. Viele Deutsche waren nach den Erfahrungen mit der Weimarer Demokratie eher skeptisch. Das Bild des Nationalsozialismus mochte sich durch das Wissen über seine Verbrechen verdüstert haben, doch in einer Allensbach-Umfrage von 1955 waren noch 48 Prozent der Befragten der Ansicht, dass Hitler ohne den Krieg einer der größten Staatsmänner gewesen wäre.[30] Zwei Jahre zuvor hatte man in einer anderen Umfrage wissen wollen: »Wäre es für Deutschland nicht gut, wenn Männer, die im Dritten Reich eine Rolle gespielt haben, heute einen größeren Einfluss auf die deutsche Politik hätten?« 44 Prozent der Befragten antworteten: »Wäre nicht gut«, immerhin 25 Prozent meinten »Teils-teils«, 13 Prozent »Wäre gut« und 18 Prozent »Weiß nicht«.[31]

Das ließ nicht nur den dicken braunen Bodensatz in der deutschen Nachkriegsgesellschaft erkennen, sondern auch die verbreitete Ansicht, dass demokratische
Strukturen und Institutionen nur bedingt geeignet seien, die komplexen Probleme
moderner Industriegesellschaften zu lösen, und es dazu vielmehr der Autorität
kompetenter Experten und entschiedener Politiker bedürfe.

Adenauer kam diesem Bedürfnis entgegen, indem er das Staatsschiff im Rahmen und in den Grenzen der durch das Grundgesetz vorgegebenen freiheitlich-
demokratischen Grundordnung entschlossen auf Kurs hielt und mit autoritativem
Anspruch vor allem die zwei Hauptziele seiner Politik konsequent durchsetzte: die
Soziale Marktwirtschaft und die Westintegration. Allmählich hat vor allem der Erfolg auf wirtschaftlichem Gebiet die Westdeutschen mit der Demokratie versöhnt,
die offensichtlich doch in der Lage war, Ruhe, Sicherheit und ein gewisses Maß an
Wohlstand zu erzeugen.

Fritz René Allemann, der scharfsinnige Schweizer Beobachter der jungen Bundesrepublik, hat Adenauer als einen »zivilistischen Ersatz-Hindenburg« bezeichnet.[32] Das ist freilich nur aus der Perspektive der Bevölkerung richtig, die in der Tat
in Adenauer schon bald eine Integrationsfigur fand. Allemann hat dieser Aussage
präzisierend hinzugefügt, dass im Unterschied zu Hindenburg Adenauers Autorität und sein wachsendes Prestige dem Staat und der Demokratie zugutegekom-
men seien. Sein Alter trug dazu bei, den bundesrepublikanischen Neubeginn nicht
zu neu und zu abrupt erscheinen zu lassen. Seine bis ins Kaiserreich zurückreichende biographische Kontinuität bot gerade den älteren Deutschen individuelle
Anknüpfungspunkte. Der Kanzler teilte ihre Erfahrungen. Auch die mittlere und
jüngere Generation akzeptierte seine patriarchalische Führung, weil sie eine Orientierung versprach, die der mittleren Generation in den Jahrzehnten zuvor verloren
gegangen war, während die jüngere noch gar nicht darüber verfügte.

Dieser Patriarchalismus war nicht auf den Regierungsstil des Bundeskanzlers
beschränkt. Nicht wenige Ministerpräsidenten waren echte Landesväter, aber auch
Bundespräsident Heuss verkörperte trotz seiner Intellektualität den Typus des
väterlichen Politikers, der mit Bonhomie und großer Würde nach innen wie nach
außen repräsentierte. Bis in die Familien hinein gehörte der Patriarchalismus zu
den definierenden Charakteristika der westdeutschen Sozialkultur der 1950er Jahre.
Die vielleicht wichtigste Bestätigung erfuhr er 1954 mit dem »Wunder von Bern«.
Was Adenauer und Heuss im Politischen praktizierten, das setzte Sepp Herberger
beim Fußball erfolgreich um. Die väterliche Autorität des Bundestrainers stand
nach Ansicht vieler Deutscher mindestens ebenso sehr an der Wiege des WM-
Erfolgs wie der sportliche Einsatz der Spieler in der Schweiz.

Das fleißige Parlament

Konrad Adenauer hat nicht nur sein Kabinett und seine Partei immer wieder übergangen und an den Rand gedrängt, sondern auch das Parlament. Das wurde ihm durch die Mehrheitsverhältnisse nach den Bundestagswahlen von 1953 und 1957 noch leichter gemacht. Aber am Parlament vorbeiregieren konnte auch Adenauer nicht, zumal die SPD in den 17 Jahren bis zu ihrem Regierungseintritt 1966 eine starke parlamentarische Opposition bildete, deren Argumente auch in der Öffentlichkeit gehört wurden und auf Resonanz stießen.

Der Deutsche Bundestag war in den 1950er Jahren wiederholt Schauplatz scharfer politischer Auseinandersetzungen. Gerade die entscheidenden Hürden der Westintegration wurden nicht einfach genommen, sondern diese Politik musste begründet, gerechtfertigt und verteidigt werden. Die heftigen öffentlichen und medialen Auseinandersetzungen, welche Westintegration und Wiederbewaffnung begleiteten, wirkten bis in das Parlament hinein, das ja nicht abgeschottet war von den Entwicklungen und Kontroversen in der Öffentlichkeit. Doch immer wieder ebbte der Protest gegen politische Vorhaben der Bundesregierung in dem Moment ab, in dem im Bundestag die Entscheidung gefallen war. Das zeugt vom politischen Gewicht des Parlaments und von der breiten gesellschaftlichen Akzeptanz parlamentarischer Entscheidungen, die zur politischen Stabilität in der Bundesrepublik erheblich beitrug. Der Parlamentarische Rat war gut beraten gewesen, die Entscheidungskompetenzen des Bundestags nicht durch plebiszitäre Elemente zu relativieren oder gar zu konterkarieren. Das leitete alle großen politischen Debatten letztlich auf das Parlament zu und verhinderte eine Polarisierung von öffentlicher und parlamentarischer Meinung, was die Stellung des Parlaments nur hätte schwächen und sein Ansehen hätte schädigen können.

Von den rund 400 Abgeordneten des Bundestags verfügte die Hälfte über keinerlei Parlamentserfahrung, die andere Hälfte hatte nach 1945 in Landesparlamenten oder kommunalen Vertretungen Erfahrungen sammeln können. Viele führende Abgeordnete waren aber bereits Mitglieder des Reichstags der Weimarer Republik gewesen und geprägt durch die vergiftete politisch-parlamentarische Kultur jener Zeit. Beides wirkte sich auf den parlamentarischen Stil aus. Nicht immer waren die großen Debatten des Bundestags Glanzstunden der parlamentarischen Demokratie oder auch nur der Parlamentsrhetorik. Oft litt die Würde des Hauses unter einer hasserfüllten politischen Sprache, persönlichen Angriffen und einem Debattenstil, der nicht durch den sachlichen und sachbezogenen Austausch von Argumenten geprägt war, sondern durch eine gefühlsgeladene und aggressive

Konfrontativität. Das ließ in späteren Jahren nach, da der Bundestag als »Arbeits-parlament« seine Gesetzgebungsarbeit zunehmend sachlich verrichtete. Als Ort der Debatte und der rhetorischen Auseinandersetzung fand er allenfalls noch punktuell Beachtung. Dies hat freilich auch damit zu tun, dass insbesondere das Fernsehen dem Parlament seine Rolle als zentrale und auch zentral wahrgenom-mene Instanz der politischen Debatte und Kontroverse streitig macht. Heute fun-giert vielfach die Talkshow als Parlamentsersatz.

Gerade in seinen ersten Legislaturperioden war der Deutsche Bundestag ein ungemein fleißiges Parlament. Aus der Neugründung des Staates und der Vielzahl von Anforderungen und Aufgaben erwuchs ein gewaltiges Arbeitspensum. In der ersten Legislaturperiode gab es keine sitzungsfreien Wochen. 282 Plenarsitzungen und 5111 Ausschusssitzungen fanden statt; von 805 eingebrachten Gesetzentwürfen wurden 545 verabschiedet.[33] Schon in der dritten Wahlperiode war die Zahl der Plenarsitzungen auf 168 gesunken, es gab nur noch 2435 Ausschusssitzungen, nur noch 613 eingebrachte und 424 verabschiedete Gesetzentwürfe.[34] Obwohl die gro-ßen Bundestagsdebatten den Eindruck erwecken, das Parlament habe sich haupt-sächlich mit außenpolitischen Fragen und der Westintegration befasst, zeigt die Gesetzgebung, dass der eigentliche Schwerpunkt der Parlamentsarbeit im Bereich der Sozialpolitik lag. Große sozialpolitische Gesetzgebungswerke wie der Lasten-ausgleich erforderten zahlreiche Einzelgesetze und in den folgenden Jahren immer wieder Modifikationen und Novellierungen.

Die konfrontative Stimmung, die viele Plenardebatten kennzeichnete, wich in den Ausschussberatungen in der Regel einer konstruktiven und kooperativen At-mosphäre. Nicht immer folgten die Linien der politischen Auseinandersetzung dabei den Partei- oder Fraktionsgrenzen. Punktuell bildeten sich fraktionsüber-greifende Vertriebenenkoalitionen, oder es fanden sich die Vertreter von Arbeitneh-merinteressen zusammen. Diese sachorientierte Ausschussarbeit, getragen von den größeren Fraktionen, hat radikalen politischen Positionen kaum eine Chance gelassen, die weder innerhalb noch außerhalb des Parlaments größere Anhänger-schaften gewinnen konnten. Im Plenum sorgten wiederum die heftigen Auseinan-dersetzungen zwischen der Regierungskoalition und der SPD als größter Opposi-tionspartei dafür, dass nicht kleinere Parteien oder radikale Randgruppen in der Rolle der parlamentarischen Opposition eine breitere Anhängerschaft mobilisie-ren konnten.

Das Bundestagspräsidium war in den ersten Legislaturperioden (bis 1972) fest in den Händen der Union. Der erste Bundestagspräsident, Erich Köhler, ein Widersacher Adenauers, sollte mit dem zweithöchsten Staatsamt lediglich abgefunden werden. Nachdem er schon 1950 wieder abgelöst worden war, entwickelten seine Nachfolger Hermann Ehlers (1950–1954) und Eugen Gerstenmaier (1954 bis 1969) als Parlamentspräsidenten ein eigenständiges politisches Profil und verfügten weit über ihre Fraktion hinaus im Bundestag und in der Bevölkerung über hohes Ansehen, das auf das Bonner Parlament zurückstrahlte. Für das Amt des Bundestagspräsidenten mit seinen repräsentativen Verpflichtungen war bedeutsam, dass sowohl Ehlers als auch Gerstenmaier entschiedene Gegner des Nationalsozialismus gewesen waren. Beide hatten der Bekennenden Kirche angehört, Gerstenmaier auch dem Kreisauer Kreis, beide waren – wie später auch der vierte Bundestagspräsident Kai-Uwe v. Hassel (1969–1972) – dem protestantischen Flügel der Union zuzurechnen. Der Konfessionsproporz bei der Besetzung von Ministerposten und hohen Staatsämtern spielte gerade in der Union eine wichtige Rolle.

Die Entfaltung des Föderalismus

Gleichzeitig mit dem Bundestag konstituierte sich am 7. September 1949 der Bundesrat, den der Artikel 50 des Grundgesetzes als eigenständiges Bundesorgan etablierte und nicht als zweite Kammer des Parlaments oder lediglich als Ländervertretung. Er ist der wichtigste institutionelle Ausdruck des Föderalismus, der auf Grund seiner Verwurzelung in der deutschen Geschichte, aber auch nach Maßgabe der Alliierten (insbesondere niedergelegt in den Frankfurter Dokumenten 1948) Eingang in die Verfassungsordnung der Bundesrepublik gefunden hat und sogar unter deren »Ewigkeitsgarantie« (Artikel 79, Abs. 3) fällt. Diese Garantie bezieht sich indes nur auf die grundsätzliche föderale Struktur der Bundesrepublik, auf die Existenz von Bundesländern, nicht jedoch auf die konkrete Ausformung dieser föderalen Untergliederung oder die Zahl und den Zuschnitt der Länder, im Gegenteil: Das Grundgesetz hat dem Gesetzgeber ausdrücklich die Möglichkeit vorbehalten, das Bundesgebiet »neu zu gliedern«.[35]

Die Geschichte der Bundesrepublik vor und nach 1990 ist von zahllosen Diskussionen und Vorschlägen für eine Länderneugliederung begleitet, aber es kam bislang nur einmal zu einer solchen Reform: 1952, als sich nach einer Volksabstimmung die drei Südwest-Länder Baden, Württemberg-Baden und Württemberg-Hohenzollern zu dem neuen Bundesland Baden-Württemberg zusammenschlossen, dem seither drittgrößten Land der Bundesrepublik. Die Fusion der beiden Bundesländer Berlin und Brandenburg scheiterte dagegen 1996.

»Durch den Bundesrat wirken die Länder bei der Gesetzgebung und Verwaltung des Bundes mit«, heißt es in der Verfassung. Genau betrachtet durchbricht der Bundesrat in der Verfassungsordnung der Bundesrepublik das Prinzip der Gewaltenteilung, denn über den Bundesrat wirken Vertreter der Länderregierungen, also der Exekutive, an der Gesetzgebung mit. Zu seinem ersten Präsidenten wählte der Bundesrat – mit den Stimmen der SPD und denen der CDU-Ministerpräsidenten der französischen Zone – den nordrhein-westfälischen Ministerpräsidenten Karl Arnold (CDU), einen Befürworter der Großen Koalition und unionsinternen Gegner Adenauers. In seinem eigenen Personaltableau hatte Adenauer den bayerischen Ministerpräsidenten Hans Ehard (CSU) für diesen Posten vorgesehen und dafür die Zustimmung der CSU erhalten, das Amt des Bundespräsidenten mit Theodor Heuss zu besetzen. Heuss wurde bekanntlich gewählt, Ehard blieb in Bayern. Schon dieser frühe Vorgang verweist auf die Eigengesetzlichkeit der föderalistischen Entwicklung sowie auf das politische Gewicht der Länder und ihrer Repräsentanten in der Bundespolitik. In diesem Spannungsfeld von föderalem Selbstbewusstsein und Länderinteressen einerseits sowie bundespolitischem Druck und Parteiinteresse andererseits bewegt sich der Bundesrat seither.

Das Verhältnis von Bundes- und Landespolitik war in den 1950er Jahren zunächst stark davon geprägt, dass die Spitzenpolitiker auf Bundesebene, allen voran Konrad Adenauer und nicht minder die SPD-Vorsitzenden, danach strebten, einen Primat der Bundespolitik über landespolitische Positionen und Interessen zu errichten und damit den Föderalismus der Sache nach zu relativieren. Das war auch ein Teil der Entwicklung hierarchischer und gesamtstaatlicher Parteistrukturen, die im westdeutschen Parteiensystem der Nachkriegszeit nicht von Anfang an angelegt waren, weil die Gründung der Parteien nach 1945 auf Länderebene, wenn nicht gar auf lokaler Ebene begonnen hatte. Der wichtigste Hinweis auf diesen bundespolitischen Primatsanspruch war in den Jahren nach 1949 die Auflösung einer Reihe von Allparteienkoalitionen (unter Beteiligung von CDU und SPD), an deren Stelle beispielsweise in Schleswig-Holstein, Hamburg und Rheinland-Pfalz Koalitionen nach Bonner Muster traten. In Nordrhein-Westfalen beendete Karl Arnold auf Bonner Druck 1950 die Koalition mit der SPD und regierte zusammen mit der Zentrumspartei. Da sich aber nicht alle Allparteienregierungen auflösten und die SPD in anderen Ländern mit anderen Koalitionen regierte, kam es nicht zu einer Konstellation, in der die Union flächendeckend regierte, während die SPD auf Bundes- und Landesebene umfassend zur Opposition verdammt gewesen wäre. Eine solche Entwicklung hätte leicht politischen Isolierungs- und Radikalisierungstendenzen Vorschub leisten können. Die Regierungsverantwortung der SPD in einigen Ländern und ihre bundespolitische Dimension wirkten dem entgegen.[36]

In der frühen Bundesrepublik waren durchaus noch regionale und landsmannschaftliche Verschiedenheiten zu erkennen, die sich nicht zuletzt in politisch-programmatischen Unterschieden zwischen den Landesverbänden einzelner Parteien widerspiegelten und immer wieder für innerparteiliche Konflikte sorgten. Diese Differenzen schwächten sich im Laufe der Jahre ab. Das lässt sich nicht allein auf die Errichtung und den Ausbau zentraler Parteistrukturen und Parteiapparate in Bonn zurückführen, sondern ist vor allem in späteren Jahrzehnten eine Folge der politisch entregionalisierenden – und in diesem Sinne bundesrepublikanisierenden – Wirkung von Massenmedien und insbesondere des Fernsehens, das entscheidenden Anteil an der Herausbildung einer bundesweit relativ einheitlichen politischen Öffentlichkeit hatte.

Was Adenauer allenfalls in Ansätzen erreicht hatte, einen bundespolitischen Primat, das befestigten diese medialen Entwicklungen. Gerade der Bundesrat wurde dadurch stärker als vom Parlamentarischen Rat beabsichtigt zu einem Austragungsort bundespolitisch bestimmter Parteiauseinandersetzungen. Hier droht politischer Immobilismus, wenn die Opposition auf Bundesebene im Bundesrat die Mehrheit stellt und über den Bundesrat eine Art Blockadepolitik betreibt. Damit hatten in den 1970er Jahren die Regierungen Brandt und Schmidt, später die Regierungen Kohl und Schröder zu kämpfen. Derartige Blockaden erhöhen den Zwang zum politischen Konsens nicht nur zwischen Bund und Ländern, sondern vor allem auch zwischen Regierungs- und Oppositionsparteien auf Bundesebene, was die Chancen schmälert, unpopuläre und umstrittene Reformen durchzusetzen. Hier ist das britische politische System mit seinen bescheidenen föderalistischen Komponenten und einem auf klaren Mehrheitsverhältnissen beruhenden Parlamentarismus deutlich beweglicher und politisch handlungsfähiger, was insbesondere durch die radikale Reformpolitik der Regierung Thatcher bestätigt wurde.

Die politische Entwicklung des Föderalismus stärkte auch zunehmend das bundespolitische Gewicht der Ministerpräsidenten der Länder, denen der Bundesrat eine willkommene Bühne für ihre Ambitionen bietet. Die Übernahme von Regierungsverantwortung auf Landesebene muss daher in der deutschen Politik kein Abstellgleis sein, sondern sie war in vielen Fällen – von Kurt Georg Kiesinger über Willy Brandt und Helmut Kohl bis zu Gerhard Schröder, wenn man nur auf die Kanzler blickt – das Sprungbrett zu bundespolitischen Spitzenämtern. Daraus resultiert unter anderem die zunehmende bundespolitische Überlagerung der Landespolitik und insbesondere eine den Landtagswahlen immer stärker zuge-

schriebene bundespolitische Signifikanz. Auch das fördert den politischen Immobilismus, weil es zu einer Art Dauerwahlkampf kommt und Entscheidungen immer stärker unter kurzfristigen Popularitätsaspekten getroffen werden.

Die letzten Jahre zeigen, wie sehr das die in vielen Bereichen überfälligen Reformen erschwert, wenn nicht ausschließt. Ohne Frage hat sich die Problematik
durch den Beitritt der fünf neuen Länder 1990 verschärft, aber sie war in der institutionellen Konstruktion des bundesrepublikanischen Föderalismus seit 1949 bereits angelegt und ist keineswegs erst seit 1990 hervorgetreten. Letztlich erwächst
die politisch immobilisierende Dominanz des Parteienkonflikts aus der im Grundgesetz bewusst angelegten Verkoppelung von Föderalismus und Parlamentarismus, und die Gefahr besteht, dass nicht nur die Länderparlamente die »Verlierer
der Verfassungsentwicklung seit 1949« sind, sondern in zunehmendem Maße auch
der Bundestag.[37]

In der Perspektive von 1945 oder 1949 war der westdeutsche Föderalismus
zweifellos eine entscheidende Säule der freiheitlich-demokratischen Grundordnung der Bundesrepublik. Und natürlich ist die bundesstaatliche Ordnung, die das
Grundgesetz konstruierte, auch ein mehrfacher Bruch mit der deutschen Vergangenheit: mit dem borussisch dominierten Fürstenbund des Kaiserreichs, mit dem
schwachen Föderalismus von Weimar und dem diktatorischen Zentralismus des
»Dritten Reiches«. Wenn das Bundesverfassungsgericht später vom »kooperativen
Charakter des bundesfreundlich auszulegenden Föderalismus des Grundgesetzes«
sprach,[38] dann verweist das in differenzierter, behutsamer und zugleich etwas um-
ständlicher Formulierung auf eine seit 1949 klare Gewichtsverlagerung innerhalb der föderalistischen Strukturen und Zuständigkeiten von den Ländern hin
zum Bund. Schon 1962 bezeichnete der Verfassungsrechtler und spätere Verfassungsrichter Konrad Hesse die Bundesrepublik als einen »unitarischen Bundesstaat«.[39]

Diese Gewichtsverlagerung geht auf normative Veränderungen zurück, beispielsweise auf die Finanzreform der Großen Koalition von 1969. Normativ war
aber auch der Ausbau der Kompetenzen des Bundes in der sogenannten Rahmengesetzgebung nach 1990 angesichts der Herausforderung, die Länder der ehemaligen DDR möglichst rasch effizient in die politische, soziale, ökonomische und
rechtliche Ordnung der Bundesrepublik zu integrieren. Schließlich wirkt auch die
Föderalismusreform des Jahres 2006 in diese Richtung. Diese schaffte zwar die
Rahmengesetzgebung ab, doch die daraus resultierende klarere Verteilung der Ge-
setzgebungskompetenzen führte letztlich zu einer weiteren Stärkung des Bundes,
auch wenn der Anteil der Zustimmungsgesetze erheblich angestiegen ist. Darüber

hinaus fanden sich die Länder im Laufe der Zeit bereit, in bestimmten Bereichen, in denen sie die alleinige Kompetenz innehaben – etwa im Bildungswesen –, untereinander, aber auch mit dem Bund zu kooperieren, um einheitliche Standards zu erhalten beziehungsweise zu schaffen. Das stärkte den Bund zwar nicht unbedingt, schwächte aber die Gestaltungsautonomie der einzelnen Bundesländer.

Zwar hat die Politikverflechtung, von der in diesem Zusammenhang häufig die Rede ist,[40] auch vorteilhafte Auswirkungen: die hohe Wahrscheinlichkeit optimaler Politikergebnisse sowie – ganz im Sinne der deutschen politischen und konstitutionellen Entwicklung nach 1945 – den Trend zur »Mitte« und zur Mäßigung, was dem politischen System noch mehr Stabilität verleiht. Die Frage ist dennoch, ob die legitimen und nachvollziehbaren Vorgaben der frühen Bundesrepublik nicht mittlerweile ein Strukturproblem hervorgebracht haben, ob nicht der Wille zu Mäßigung und Stabilisierung im Laufe der Jahrzehnte zu Erstarrung, Reformstau oder gar Reformunfähigkeit geführt hat.[41] Das lässt sich am Beispiel des Föderalismus gut verdeutlichen, das Argument reicht jedoch weit darüber hinaus.

Die internationale Verflechtung, insbesondere die europäische Integration übt ebenfalls Druck auf den deutschen Föderalismus aus. Die stetig zunehmende und an Bedeutung gewinnende europäische Gesetzgebung bezieht sich in vielen Fällen auf Zuständigkeiten der Bundesländer, deren politisch divergierende Positionen sich kaum in ein nationales Votum fassen lassen. Das sieht auf den ersten Blick nach einer Stärkung des Föderalismus aus, zumal wenn man die wachsende Zahl deutscher Ländervertretungen in Brüssel betrachtet. Zu erwarten ist aber eher, dass die Europäisierung der Gesetzgebung und die bindende Rechtsprechung des Europäischen Gerichtshofs den deutschen Föderalismus weiter schwächen werden. Das viel beschworene »Europa der Regionen« hat angesichts solcher Prozesse wohl eher eine kosmetische, wenn nicht lediglich eine folkloristische Funktion.

Klassenpartei im Niedergang: die SPD

Den Bundestagswahlkampf von 1949 bestritten Parteien, deren Strukturen auf Bundesebene nur in Ansätzen existierten und die noch über keine schlagkräftige bundesweite Organisation verfügten. Das war darauf zurückzuführen, dass sich unter der Besatzungsherrschaft die Parteien zunächst auf Landesebene entwickelt hatten und bis 1948/49 jenseits der kommunalen Ebene zunächst auch nur landespolitisch aktiv waren. Die Notwendigkeit, sich auf Bundesebene zu organisieren, ergab sich im Grunde erst mit der Gründung der Bundesrepublik.

Eine gewisse Ausnahme bildete die SPD, die nach 1945 als einzige Partei auf reichsweite Organisationsstrukturen aus der Zeit vor 1933 zurückgreifen konnte. Ende 1946 zählte sie im Westen Deutschlands bereits wieder 700 000 Mitglieder, das waren deutlich mehr als am Ende der Weimarer Republik.[42] Zudem gab es einen zonenübergreifenden Parteivorstand, zunächst in Hannover, später dann in Bonn. Den zentralen Apparat besetzten erfahrene Funktionäre der Weimarer Zeit, unter ihnen der stellvertretende Parteivorsitzende Erich Ollenhauer und der Pressesprecher Fritz Heine. Für die politische Mobilisierung und die bald einsetzenden Wahlkämpfe in den Ländern war dieser Rückgriff auf bewährte Strukturen und bewährtes Personal fraglos ein wichtiger Vorteil. Allerdings behinderte der starke Rückbezug auf Weimar eine Neuausrichtung der Partei auf der Basis der fundamental veränderten politischen und sozialen Bedingungen der Nachkriegszeit. In diesem Sinne war die Tradition für die Sozialdemokratie eine Belastung.[43]

Ein Werbefilm der CDU aus dem Bundestagswahlkampf 1961 wirft ein Licht auf das zentrale Problem der SPD in den 1950er Jahren: Ein etwas behäbiger, gut gekleideter, offensichtlich der Mittelschicht angehörender Vater versucht seiner Tochter zu erklären, was ein Proletarier ist. Das sei einer, meint der Vater, der sich die ganze Waren- und Konsumwelt der noch jungen Republik nicht leisten könne. »Der hat gar nichts! Keinen Eisschrank, kein Fernsehen, kein Moped, keine Ferien, kein Konto, kein Essen, kein Geld, gar nichts!« Da lacht die Tochter herzlich: »Aber Vati, so was gibt's doch gar nicht mehr!« Und der Vater: »Eben! Aber sag das mal der SPD!«[44]

Der nicht nur organisatorische, sondern auch programmatische Rückbezug der SPD auf die Zeit vor 1933 hat den Kurs der Partei unter den Vorsitzenden Kurt Schumacher (1946–1952) und Erich Ollenhauer (1952–1963) so sehr dominiert, dass sich die SPD während der 1950er Jahre förmlich von der westdeutschen Gesellschaft abkapselte und es schien, als verweigere sie sich den politischen und sozialen Realitäten.[45] Während es in der Gesellschaft der Ära Adenauer zu teilweise dramatischen sozialen Veränderungen kam – man denke an die Auflösung der traditionellen sozialmoralischen Milieus, die Zunahme der Angestellten oder die Schrumpfung der Arbeiterschaft –, verfestigten sich die sozialen Strukturen der SPD-Mitglieder und der Parteifunktionäre und repräsentierten die sich stetig verbreiternden Mittelschichten nicht. Dabei war die Ausgangssituation der Partei durchaus komfortabel gewesen, die mit einem Wahlergebnis von 29,2 Prozent bei den Bundestagswahlen von 1949 in etwa wieder den Stimmenanteil wie bei den »guten« Reichstagswahlen von 1928 erreicht hatte.

Eine Wählerbasis von knapp 30 Prozent hätte man in den folgenden Jahren dazu nutzen können, systematisch neue Wähler aus der gesellschaftlichen Mitte zu gewinnen. Doch die Entwicklung verlief anders. Nach dem hoffnungsvollen Beginn wuchs die Mitgliederzahl nach 1948 nicht mehr, sondern sank drastisch. Zwischen 1948 und 1954 verlor die SPD etwa 300 000 Mitglieder, unter ihnen viele Neuzugänge aus den ersten Nachkriegsjahren, deren Elan und Aufbruchstimmung durch den Traditionalismus der Partei gebremst wurde. Die Partei vergreiste ganz allmählich. Mitte der 1950er Jahre war nur ein Drittel der Parteimitglieder jünger als 45 Jahre. Den Eindruck einer jungen, einer dynamischen, einer modernen Partei vermittelten die Sozialdemokraten nicht. Dies war ein Zusammenschluss alter Männer, um präzise zu sein, denn auch Frauen fehlten; nur etwa jedes siebte neue Parteimitglied war eine Frau.

Dass die Sozialdemokratie so wenig Attraktivität entfaltete, lag an ihrer Fundamentalopposition gegen die Politik der Bundesregierung und ganz entscheidend an der kompromisslosen Ablehnung der Marktwirtschaft. Von dieser Haltung rückte die Partei auch nicht ab, als das »Wirtschaftswunder« längst eingesetzt hatte und der wachsende Konsum, steigende Löhne und Gehälter sowie sinkende Arbeitslosenzahlen die materielle Lage breiter Bevölkerungsschichten erheblich verbesserten. Weiterhin bestimmten Klassenkampfparolen den Wahlkampf der SPD, die den Eindruck erweckte, als stünde ein neues Sozialistengesetz bevor. Im Vorfeld der Bundestagswahl von 1953, die der Union einen Stimmengewinn von 14,2 Prozent bescherte, behauptete SPD-Pressesprecher Fritz Heine gar, die »Vernichtung und Ausrottung« der freiheitlichen Arbeiterbewegung stehe bevor, wenn die Unionsparteien die nächste Wahl gewinnen sollten.[46]

Neben den Klassenkampfparolen war es der Politikstil der SPD, der potentielle Mitglieder und Wähler abstieß. Der milieubezogene Traditionalismus wurde in den politischen Kampfliedern, im Kult der roten Fahne, im verpflichtenden kameradschaftlichen »Du« und der Anrede »Genosse« weiterhin gepflegt, als hätten die Zeiten sich nicht verändert. Daran stießen sich selbst viele Sozialdemokraten bürgerlicher Herkunft. Störten an dem Vorsitzenden Schumacher der militante Ton, die kompromisslose Radikalität und die scharfe Konfrontativität, so galt sein Nachfolger Ollenhauer als langweilig. Stützte sich Schumachers Einfluss auf seinen unbedingten Dominanzanspruch und sein rhetorisches Charisma, so waren Ollenhauers Rückhalt die Parteifunktionäre. Dieser Rückhalt sicherte ihm den Parteivorsitz bis zu seinem Tod 1963. Ollenhauer verkörperte den Typus des Parteisekretärs. Er war kein politischer Führer aus eigenem Recht und mit eigenen Zielvorstellungen, sondern ein Epigone Schumachers, dessen Vermächtnis er zu erfüllen trachtete.

An ihren Misserfolgen in den 1950er Jahren war die SPD also in erster Linie selbst schuld. In dialektischer Weise erwuchsen aus den Wahlniederlagen aber Anstöße für einen ideologischen Wandel und eine Reform, die die Partei Mitte der 1960er Jahre zur Regierungsbeteiligung und am Ende des Jahrzehnts zur Übernahme der Kanzlerschaft führten. Die kräftigsten Reformimpulse gingen von Sozialdemokraten aus, die nicht der Weimarer SPD zuzurechnen, sondern aus unterschiedlichen Richtungen zur Nachkriegssozialdemokratie gestoßen waren. Carlo Schmid, Adolf Arndt und Karl Schiller repräsentierten eine bürgerliche Sozialdemokratie; Herbert Wehner kam als ehemaliger Kommunist in die Partei; und von links, aus dem Linkssozialismus der späten Weimarer Jahre, stammte Willy Brandt. Es mag sein, dass »in der Restaurationsphase der Weimarer Traditionskompanie bereits neue sozialdemokratische Entwicklungen keimten«.[47] Es bedurfte allerdings noch der verheerenden Niederlage von 1957, als die SPD 31,8 Prozent der Stimmen erhielt, die Unionsparteien mit 50,2 Prozent aber die absolute Mehrheit errangen. Erst danach fanden die Reformer im Parteiapparat Gehör, und sie setzten sich schließlich mit dem Godesberger Programm, welches das Heidelberger Parteiprogramm von 1925 ablöste, durch.

Volkspartei und Kanzlerwahlverein: die CDU

Die CDU war eine neue Partei,[48] doch traditionslos war sie nicht. Zwei kräftige politische Traditionslinien führten nach 1945 zu ihrer Gründung: eine katholisch-soziale, zum Teil sozialistische, mit stark christlich-religiöser Ausrichtung und eine protestantisch-konservative mit nationaler und antimarxistischer, aber nicht primär christlicher Orientierung.

Der Entstehungsprozess der CDU verlief dezentral, und sie blieb lange eine Partei heterogener Landesverbände. Obwohl sie nicht auf die Strukturen einer bis 1933 existierenden eigenen Parteiorganisation zurückgreifen konnte, erwiesen sich die organisatorischen und kommunikativen Voraussetzungen für den Aufbau der Partei und die Aufnahme der politischen Arbeit als überaus günstig. Im west- und südwestdeutschen Raum trat die Partei, überkonfessionell ausgerichtet, in die Fußstapfen des politischen Katholizismus, profitierte also von der starken Milieubindung der Zentrumspartei und nutzte das Kommunikationsnetzwerk der katholischen Kirche, die – wie die evangelische Kirche auch – in den Jahren des Nationalsozialismus insgesamt funktionsfähiger geblieben war als die entsprechenden Organisationen im Milieu der Arbeiterbewegung, die das NS-Regime systematisch zerstört hatte. Im Rheinland hatte das Zentrum bis 1933 über eine bestens ausgebaute und hoch effiziente Organisationsstruktur verfügt. Der Aufstieg Konrad Adenauers verdankt sich durchaus auch dieser Tatsache.

Auch wenn die CDU auf vorhandene Strukturen zurückgriff, eine Rückkehr nach Weimar gab es nicht. Das verhinderte schon der überkonfessionelle Anspruch, mit dem man Weimarer Verhältnisse ja gerade überwinden und zur mehrheitsfähigen Volkspartei werden wollte. Für die katholischen Gründungspolitiker der CDU, die zumeist aus dem Zentrum kamen und dort politisch sozialisiert worden waren, stellte die Veränderung der Konfessionsstrukturen in Westdeutschland (im Vergleich zum Deutschen Reich) eine entscheidende Voraussetzung für die Hinwendung zu einer überkonfessionellen christlichen Volkspartei dar. Während im Reich stets die Protestanten dominiert hatten, lagen in den westlichen Besatzungszonen und in der späteren Bundesrepublik Katholiken und Protestanten etwa gleichauf. Das beseitigte Majorisierungsängste. Mindestens ebenso wichtig war, dass die Angehörigen beider Konfessionen nach den Erfahrungen des Nationalsozialismus und seiner Menschheitsverbrechen der gemeinsame Rekurs auf das Christentum als Grundlage einer neuen gesellschaftlichen und politischen Ordnung verband.

Als Partei auf Bundesebene etablierte sich die CDU erst spät, nämlich am 12. Oktober 1950 auf einem Parteitag in Goslar, der stark den nationalen, den gesamtdeutschen Anspruch der Union betonte, etwa dadurch, dass man der »Exil-CDU« aus der DDR, aber auch dem »Landesverband Oder-Neiße«, der aus vertriebenen Mitgliedern bestand, starke Delegiertenkontingente zusprach. Auch die Wahl des Gründungsortes nahe der Zonengrenze vermittelte eine nationalpolitische Botschaft.

Durch den Bundestagswahlkampf im Jahr 1949 war die CDU allerdings schon vor ihrer Gründung auf Bundesebene bundesweit in Erscheinung getreten, und Adenauer war ohne Frage ihr Spitzenkandidat. Von einem Kanzlerkandidaten sprach man indes noch nicht. Die dezentrale Struktur jenseits der überwölbenden politischen Programme und Wahlkampfparolen erlaubte es den Kandidaten, mit differenzierten, regional nuancierten Botschaften vor die Wähler zu treten und so breitere Wählerschichten anzusprechen. Die 31 Prozent der Stimmen, die die Union (einschließlich der CSU) am 14. August 1949 gewann, setzten sich regional ganz unterschiedlich zusammen. Im katholischen Westen und Südwesten erzielte die CDU um die 50 Prozent der Stimmen, während die Stimmenanteile im protestantischen Norden zum Teil deutlich unter den 31 Prozent lagen. Das Ergebnis der Bundestagswahl und die Übernahme des Kanzleramtes durch Konrad Adenauer schufen sowohl die Voraussetzung wie die Notwendigkeit für bundesweite Parteistrukturen, an denen der Bundeskanzler ein stärkeres Interesse haben musste als die Landesfürsten.

Vor allem zwei Faktoren halfen bei der bundespolitischen Integration der CDU: das klare Bekenntnis zur Sozialen Marktwirtschaft – und damit zu einer kapitalistischen Wirtschaftsordnung –, zu der sich die Partei in ihren Düsseldorfer Leitsätzen (1949) bekannt hatte, und die Person Konrad Adenauers als Bundeskanzler. Adenauer war bis 1959 die entscheidende Integrationsfigur der CDU und der Unionsparteien insgesamt, erst danach ließ seine Integrationskraft gerade innerhalb der eigenen Partei allmählich nach. Die CDU war – wie später eigentlich nur noch einmal unter Helmut Kohl – der viel zitierte »Kanzlerwahlverein«. Das muss man gar nicht abwerten. In Zeiten von Wahlen, insbesondere auf Bundesebene, demonstrierte die CDU Geschlossenheit hinter dem Bundeskanzler, während sie ansonsten als Sammlungspartei ein weites Spektrum politischer Positionen unter ihrem Dach vereinte. So gelang es ihr, breite Bevölkerungsschichten zwar nicht für eine Parteimitgliedschaft, wohl aber für die Wahlentscheidung zu ihren Gunsten zu gewinnen. Die stärksten Wählerreservoire der Union bildeten in den 1950er Jahren ältere Menschen, Frauen, aber auch junge Wähler unter 30 Jahren. Im Laufe des Jahrzehnts traten, quer zu anderen sozialen Gruppen, Flüchtlinge und Vertriebene in immer stärkerem Maße als Unionswähler in Erscheinung, und zwar nach Auflösung der Flüchtlings- und Vertriebenenpartei BHE. Allerdings war auch die SPD bis in die Zeit der sozialliberalen Ostpolitik attraktiv für diese Wählergruppe, denn bei ihnen entschied der nationale Kurs von Schumacher und Ollenhauer oft zugunsten der SPD.

Die Erfolge der Union bei der Mobilisierung von Wählern verdankten sich schließlich auch der Modernität ihrer Wahlkämpfe. Die Organisationsschwäche der Partei erleichterte die Hinwendung zu neuen Wahlkampfstrategien und -methoden.[49] Weit stärker als die anderen Parteien, vor allem aber als die SPD, setzte die CDU schon früh auf die Meinungsforschung, um Wählerstimmungen zu erkunden, und die Bundesregierung scheute sich dann auch nicht, im Vorfeld von Wahlen mit konkreten politischen Maßnahmen auf Wählerbedürfnisse oder Wählerwünsche zu reagieren. Kommerzielle Werbeagenturen gestalteten die Wahlkampagnen und bezogen alle verfügbaren Medien, in den 1950er Jahren vor allem den Hörfunk und die Illustrierten, ein. Durch Konzentration auf den Bundeskanzler ergab sich eine Personalisierung des Wahlkampfs, mit der in den Massenmedien mehr Aufmerksamkeit erregt werden konnte als mit einer programm- oder parteiorientierten Strategie.

Die Mitgliederbasis der CDU war deutlich schwächer als die der SPD. Sie lag 1954 bei etwa 200 000.[50] Da überrascht es wenig, dass insbesondere die Bundespartei und der Bundesvorstand bis in die 1960er Jahre hinein in die politischen Entscheidungsprozesse kaum eingebunden waren. Bundesvorstand und Bundesparteiausschuss hatten zwar eine nicht unwichtige personelle Integrations-, ja Disziplinierungsfunktion, traten als Entscheidungsinstanzen aber selten in Erscheinung. Konrad Adenauer, seit 1950 Bundesvorsitzender der CDU, führte die Partei nicht aus der Bundesgeschäftsstelle, sondern aus dem Bundeskanzleramt und über die Bundestagsfraktion. Zur eigentlichen Machtzentrale wurde das Kanzleramt. Dort wirkte Hans Globke als »heimlicher Generalsekretär« der CDU.[51] Für die Verbindung von Parteivorsitzendem und Parlamentsfraktion sorgte Heinrich v. Brentano, zwischen 1949 und 1955 und dann noch einmal zwischen 1961 und 1964 Vorsitzender der CDU/CSU-Bundestagsfraktion, und später in noch stärkerem Maße Heinrich Krone, zunächst Parlamentarischer Geschäftsführer und von 1955 an Vorsitzender der CDU/CSU-Fraktion. Wichtige Entscheidungen und Weichenstellungen wurden in informellen Führungszirkeln, oftmals rheinisch-katholischen Zuschnitts, abgestimmt, bevor sie in die eigentlich zuständigen Gremien gelangten. Innerhalb der Partei, aber durchaus auch nach außen wirkend, war die Personalpolitik die wichtigste Voraussetzung erfolgreicher und dauerhafter Integration.

Auf Grund der Heterogenität der Bundes-CDU und der Unterschiedlichkeit ihrer Landesverbände drohten ständig Konflikte, welche die Geschlossenheit der Partei gefährden konnte. Die größte Gefahr lag hier im konfessionellen Unterschied, weshalb Adenauer seine Personalpolitik, vor allem die Besetzung von Spitzenpositionen in Regierung, Fraktion und Partei, stets nach konfessionellen Kriterien ausrichtete. Selbst die Besetzung der höchsten Staatsämter – Theodor Heuss war nicht nur FDP-Politiker, sondern auch Protestant – folgte dieser Prämisse. Adenauer war dabei durchaus bereit, den evangelischen Landesverbänden der Partei und ihren Repräsentanten deutlich mehr Führungspositionen zu überlassen, als ihnen nach dem Anteil evangelischer Parteimitglieder zugekommen wären, wenn dadurch der protestantische Flügel eingebunden und die Gefahr der Rekonfessionalisierung gebannt war.

Die Überkonfessionalität auf christlicher Grundlage stand im Zentrum des Selbstverständnisses der CDU als Sammlungspartei. Bewusst vermied sie, sich mit Etiketten zu versehen – oder versehen zu lassen –, die diesem Anspruch zuwiderliefen. Das galt auch für die Bezeichnungen »rechts«, »konservativ« und »bürgerlich«, weil sie aus- und abgrenzend wirken konnten.[52] Nicht zuletzt in solchen Sprachregelungen manifestierte sich der Anspruch der CDU als Volkspartei, die in die

Mitte der Gesellschaft strebte. Während sich die SPD eindeutig als links verstand und sich selbst auf der linken Seite des politischen Spektrums sah, war die CDU nach ihrem Selbstverständnis keine rechte Partei. Mit dem Anspruch, die politische und gesellschaftliche Mitte zu repräsentieren, verband sich der Wunsch, die heterogene Partei zu bändigen, Gegensätze zu relativieren und unterschiedliche politische Strömungen – konservative, liberale und soziale – zu vereinen.

Der Begriff Soziale Marktwirtschaft spielte in dieser politischen Mitte eine große Rolle. Weit über die Partei hinaus kam dieses Werben um die Mitte breiten gesellschaftlichen Entwicklungen und Präferenzen entgegen. »Mitte« suggerierte Ideologiefreiheit und stand für eine Politik des Ausgleichs und der Harmonie, die nach der Hyperpolitisierung in den Jahrzehnten zuvor in weiten Teilen der Gesellschaft sehnlichst gewünscht wurde. Mitglieder und Wähler der Union aus dem national-konservativen Bereich, die man brauchte, um Wahlen zu gewinnen, konnten den Anspruch auf die gesellschaftliche Mitte auch als vorsichtige Absage an Pluralismus und Parteienstaatlichkeit auffassen und als Versuch, jenseits politischer und ideologischer Strömungen und Richtungen Politik zu betreiben. Beträchtliche Teile der deutschen Gesellschaft wurden auf diese Weise allmählich mit der Existenz von Parteien und der Legitimität eines von Parteien getragenen Parlamentarismus ausgesöhnt. Auch hier begann also ein Weg nach Westen. Aber nicht nur die politische, auch die soziale Mitte der Gesellschaft wollte die CDU vertreten. Wenn man diesen Wunsch mit der breiten Mittelstandsorientierung der 1950er Jahre verknüpft, mit der enormen Plausibilität von Schelskys Begriff der »nivellierten Mittelstandsgesellschaft« und der Positionierung immer größerer Bevölkerungsgruppen in der »Mitte«, dann ergibt sich eine breite Basis für die Wahlerfolge der Union.

In der Rückschau stellt sich der Erfolg der »Adenauer-CDU« (Frank Bösch) als geradezu zwangsläufig dar, doch so war es nicht. Bei den Landtagswahlen der frühen 1950er Jahre erlitt die CDU zum Teil dramatische Einbrüche. In Schleswig-Holstein sank sie von 34,1 auf 19,7 Prozent, in Hessen von 30,9 auf 18,8 Prozent – die FDP kam hier auf 31,8 Prozent – und in Rheinland-Pfalz von 47,2 auf 39,2 Prozent. Gründe für diese Stimmenverluste lagen in der noch immer schwierigen Wirtschaftslage, in der anhaltend hohen Arbeitslosigkeit, aber auch in der umstrittenen Politik der Westintegration, die nicht wenige evangelische Wähler ablehnten. Was die CDU verlor, konnte die SPD indes nicht gewinnen, vielmehr profitierten kleinere Parteien, vor allem rechte und rechtsradikale Gruppierungen (was Teile der FDP, die ebenfalls zu den Gewinnern zählte, in dieser Zeit treffend beschreibt). Dass es der CDU bei den Bundestagswahlen 1953 gelang, diesen Trend umzukehren, hat mit der spürbar werdenden ökonomischen Aufwärtsentwicklung zu tun und mit dem Erfolg einer Strategie, die darauf abzielte, das gesamte Mitte-Rechts-Spektrum politisch an die Union zu binden und schließlich ganz zu integrieren.

In Bayern war aus lokalen Gründungen seit dem Sommer 1945 die Christlich-Soziale Union (CSU) entstanden, die sich 1946 zu einem Landesverband zusammenschloss. Die Entstehung der CSU folgte den gleichen Impulsen wie die der CDU. Auch in Bayern ging es um die Bildung einer interkonfessionellen Sammlungsbewegung, die zugleich als mitgliederstarke Volkspartei die Demokratie auf eine breite Basis stellen wollte. Obwohl auch sie sich in eine bayerisch-regionalistische Tradition stellte, setzte sich die CSU von der stramm katholischen Bayernpartei ab, um in das nicht unbedeutende protestantische Wählerreservoir vorstoßen zu können. Der bundesstaatlichen Ordnung stand die CSU kritisch gegenüber, dennoch akzeptierte sie das Grundgesetz vorbehaltlos. Allerdings konnte gerade vor diesem Hintergrund die altbayerisch-partikularistische Bayernpartei in den Jahren um 1950 noch einmal Wahlerfolge erzielen, was die CSU in eine schwere Krise stürzte. Es gelang der Bayernpartei nämlich, massive antinationale Ressentiments in Bayern in politische Münze umzuwandeln. Unter ihren Vorsitzenden Hans Ehard und Hanns Seidel sowie mit Fritz Schäffer, später immer stärker auch mit Franz Josef Strauß als wichtigen Politikern auf der Bonner Bühne begab sich die CSU in den 1950er Jahren in enger Anlehnung an Adenauers CDU, doch bei gleichzeitiger Betonung ihrer Autonomie auf einen Modernisierungskurs, der zur Überwindung ihrer Krise sowie zur Marginalisierung der Bayernpartei beitrug und den Grundstein für eine beispiellose, jahrzehntelange Alleinherrschaft in Bayern legte, die erst im Jahr 2008 endete.[53]

Wege und Abwege: die FDP

Auch die FDP begann in der Bundesrepublik nicht als geschlossene politische Kraft, sondern als durchaus heterogene Ansammlung liberaler politischer Gruppierungen, die in ihrem jeweiligen regionalen Umfeld ganz unterschiedlichen Traditionen des politischen Liberalismus verpflichtet waren.[54]

Die Gründung der FDP 1948 war der historische Versuch, die Spaltung des politischen Liberalismus zu überwinden, die sich wie ein roter Faden durch die deutsche Geschichte seit 1848 zieht und die von führenden Exponenten der Nachkriegs-FDP auch als Ursache für das Scheitern von Weimar angesehen wurde. Dass die FDP nicht wie andere Parteien von der Union erst umarmt und allmählich geschluckt beziehungsweise völlig an den Rand gedrängt wurde, liegt daran, dass die Interessen, die die FDP vertrat, und die Positionen, für die sie sich einsetzte, mit der Konsolidierung der Bundesrepublik und ihrer ökonomischen Entwicklung für den Wähler nicht an Bedeutung verloren. Mitunter schien in der Kanzlerdemokratie eine liberale Partei sogar dringend vonnöten. Zudem verfügte die FDP über erfahrene Politiker, die sich auch im Kraftfeld des Bundeskanzlers zu behaupten wussten, und die Tatsache, dass mit Theodor Heuss, dem ersten FDP-Vorsitzenden, ein liberaler Politiker das Amt des Bundespräsidenten bekleidete, schützte vor allzu massiven Angriffen vonseiten ihres größeren Koalitionspartners. Heuss' politisches Gewicht kam seiner Partei in der Frühphase der Bundesrepublik zugute, und zwar was die Binnendynamik der Regierungskoalition und die auf ihn zurückzuführende Popularität der FDP bei den Wählern betraf. Die erreichte zwar keine zweistelligen Ergebnisse, wohl aber vergleichsweise stabile Wähler- und Abgeordnetenanteile, ohne die auf Bundes- und Länderebene jede Koalitionsarithmetik sinnlos war.

Ein eigenständiges liberales politisches Profil konnte die FDP in der Frühzeit kaum ausbilden, da die Unionsparteien gerade in der Wirtschafts- und Sozialpolitik mit der Sozialen Marktwirtschaft liberale Positionen vertraten. Ludwig Erhard war in diesem Sinne ein liberaler Politiker, und sich von seinen Konzepten zu distanzieren, fiel der FDP schwer. Obwohl die Liberalen von den Erfolgen der unionsgeführten Bundesregierung profitierten, wuchs im Laufe der Jahre der Wunsch, sich von der Union und dem übermächtigen Kanzler zu lösen, der nicht zuletzt mit dem Projekt eines »Grabenwahlrechts« Druck auf die Liberalen auszuüben versuchte. Mehrheits- und Verhältniswahlrecht sollten danach strikt getrennt, 60 Prozent der Abgeordneten direkt, die restlichen 40 Prozent nach Listen gewählt werden.

Unter Führung ihres Partei- und Fraktionsvorsitzenden Thomas Dehler, der aus außen- und deutschlandpolitischen Gründen, aber auch weil er sich 1953 bei der Vergabe von Kabinettsposten übergangen fühlte, zu einem der schärfsten Gegner Adenauers wurde, reagierten die Liberalen schließlich mit Gegendruck, indem sie in Nordrhein-Westfalen den Koalitionspartner wechselten, sich an die Seite der SPD stellten und damit die Unabhängigkeit der Partei und ihr politisches Gewicht unter Beweis stellten. Infolge des Düsseldorfer Eklats, der zum Sturz des CDU-Ministerpräsidenten Karl Arnold führte, zerbrach auch die Bonner Regierungskoalition, aus der die FDP – allerdings ohne Auswirkungen auf die parlamentarischen Mehrheitsverhältnisse – austrat. Lediglich ihr eher rechtsliberaler »Ministerflügel« blieb als Freie Volkspartei (FVP) noch bis 1957 in der Regierung. Es gelang der FVP aber nicht, sich als zusätzliche liberale Kraft zu etablieren. Die absolute Mehrheit der Union ersparte der FDP 1957 die Koalitionsfrage. Nach den Wahlen von 1961 ging die liberale Partei erneut ein Bündnis mit der Union ein.

Die FDP bestand vorwiegend aus zwei politischen Flügeln: einem alt- oder linksliberalen, den Bundespräsident Heuss repräsentierte und der von den Landesverbänden in Baden-Württemberg, Rheinland-Pfalz, Hamburg und Berlin getragen wurde, sowie einem nationalliberalen, zum Teil nationalkonservativ grundierten, für den die Landesverbände Hessen, Niedersachsen und anfangs auch Nordrhein-Westfalen standen. Vor diesem Hintergrund war die Gründung der Bundes-FDP eine Überraschung. In den 1950er Jahren drohte dieses politisch heterogene Sammelbecken auch mehrfach auseinanderzubrechen, was nur die Aussicht auf den drohenden politischen Einflussverlust der FDP verhinderte.

Aus dem nationalen Liberalismus einiger Landesverbände wurde bald ein scharfer Nationalismus mit fließenden Übergängen zu rechtsradikalen Strömungen. Das machte die FDP attraktiv für ehemalige nationalsozialistische Funktionsträger und ehemalige Angehörige – darunter viele Offiziere – der Wehrmacht, der Waffen-SS, ja sogar hohe Ränge der allgemeinen SS. Das »Deutsche Programm«, das Friedrich Middelhauve, der unbelastete Vorsitzende der nordrhein-westfälischen Liberalen, seinem Landesverband 1952 vorlegte, mag als Versuch zur Integration dieser Personengruppe, die mit ihren Familienangehörigen ein beträchtliches Wählerpotential darstellte, gedacht gewesen sein, doch es entpuppte sich als gezielte Einladung zur Unterwanderung der Partei durch zum Teil hochrangige Nationalsozialisten, unter ihnen Werner Naumann, einst Staatssekretär im NS-Propagandaministerium, SS-Standartenführer Wolfgang Diewerge, Hamburgs ehemaliger NSDAP-Gauleiter Karl Kaufmann, der ehemalige Diplomat Ernst Achenbach, der im besetzten Frankreich an der Deportation von Juden mitgewirkt hatte, sowie Werner Best, ehemals SS-Obergruppenführer, zweiter Mann der Gestapo und Stellvertreter Heydrichs im Reichssicherheitshauptamt. Völlig zu Recht sprach Theodor Heuss später von der »Nazi-FDP«.[55]

Hätte die britische Besatzungsmacht nicht eingegriffen und 1953 Werner Naumann und eine Reihe seiner Mitstreiter verhaften lassen, unter ihnen Karl Kaufmann, wäre der Versuch, die FDP zu einer von Alt-Nazis gesteuerten Partei der »Nationalen Sammlung« zu machen, womöglich geglückt. In der westdeutschen Öffentlichkeit erhob sich zwar ein Sturm des Protests gegen das Vorgehen der britischen Stellen, doch bei den Bundestagswahlen 1953 zeigte sich dann, dass der braune Einfluss die FDP Stimmen kostete. Befremdend blieb, dass sich führende Nationalsozialisten wie Naumann, Best und Kaufmann überhaupt auf freiem

Fuß befanden und politisch tätig werden konnten. Hier werden die Defizite der Entnazifizierung und der frühen Strafverfolgung von NS-Tätern offenbar sowie die Effizienz nationalsozialistischer Netzwerke und des organisierten Täterschutzes. Aber es zeigen sich auch die schädlichen Auswüchse des breiten Integrationsbemühens, das selbst schwerstbelasteten NS-Tätern die Möglichkeit bot, sich in einer Gesellschaft einzurichten, in der kaum jemand den Blick zurück richten mochte.[56]

Im Sog der Union: BHE, DP, WAV

Der »Adenauer-Sog« war gewaltig. Weder die Parteivorsitzenden der FDP, der DP und des BHE noch die acht Minister, die diese drei Parteien in der zweiten Regierung Adenauer stellten, gehörten acht Jahre später diesen Parteien noch an. Die meisten waren nun Mitglieder der CDU.[57] In dieser Entwicklung spiegelt sich ein beispielloser politischer Konzentrationsprozess, an dessen Ende um 1960 für rund zwei Jahrzehnte ein stabiles Drei-Parteien-System stand. In ihr zeigt sich auch die Stabilisierung der Bundesrepublik in ihrem Gründungsjahrzehnt, die Akzeptanz des Staatswesens und die Herausbildung genuin bundesrepublikanischer sozialer und soziopolitischer Strukturen. Vergleichbare Prozesse hat die Weimarer Republik nie durchlaufen.

Die westdeutsche Gesellschaft der Besatzungszeit und der frühen Bundesrepublik war tief zerklüftet. Zu den Unterschieden in Konfession, sozialem Status, städtischer oder ländlicher Lebensweise und politischer Orientierung gesellten sich unterschiedliche »Schicksalslagen«, wie der Soziologe Helmut Schelsky es nannte. Vertriebene und Flüchtlinge, aber auch Ausgebombte und Kriegsopfer lebten mit Menschen zusammen, die den Krieg einigermaßen unbeschadet überstanden hatten. Die vielen Sympathisanten und Funktionsträger des nationalsozialistischen Regimes wohnten Tür an Tür mit dessen Opfern und Gegnern, sofern diese nicht umgekommen waren. Diese komplexe soziale Realität spiegelte sich in der Frühphase der Bundesrepublik auch in ihrem Parteiensystem.

Bis 1949 existierten in Westdeutschland nur die von den Alliierten nach Kriegsende zugelassenen Parteien: zunächst CDU/CSU, FDP, SPD und KPD beziehungsweise ihre Vorgängerorganisationen sowie einige kleinere Parteien, die noch vor 1949 lizenziert worden waren. Erst unmittelbar vor der ersten Bundestagswahl durften sich weitere Parteien gründen, oftmals regionale Organisationen. Verboten blieb die Bildung rechtsradikaler Parteien sowie einer Partei für Flüchtlinge und

Vertriebene. Am Ende waren im ersten Bundestag elf Parteien vertreten und eine größere Anzahl parteiloser Abgeordneter.

Kaum war der Lizenzierungszwang der Besatzungsmächte aufgehoben, konstituierte sich im Januar 1950 der Bund der Heimatvertriebenen und Entrechteten. Der in Schleswig-Holstein mit seinem hohen Vertriebenenanteil gegründete BHE entwickelte sich rasch zum Vertreter der wirtschaftlichen und sozialen Interessen der Vertriebenen und – vom Anspruch her – zu ihrer parlamentarischen Stimme. Die Flüchtlingspartei zog in eine Reihe von Landesparlamenten ein, überflügelte bei den Landtagswahlen in Schleswig-Holstein 1950 sogar die CDU und gelangte 1953 mit 5,9 Prozent der Stimmen in den Bundestag. Aber die Flüchtlinge und Vertriebenen empfanden den BHE immer seltener als ihre politische Heimat und sahen ihre Interessen von anderen Parteien besser vertreten. Selbst bei den erfolgreichen Wahlen von 1953 hatte nur jeder vierte geflohene oder vertriebene Wähler dem BHE seine Stimme gegeben. Obwohl die Partei sich seit 1952 Gesamtdeutscher Block/BHE nannte, verhinderte die weiterhin enge Interessenorientierung, dass er für andere Wählergruppen, etwa die Kriegsopfer, attraktiv wurde. Schon bei den Wahlen von 1957 scheiterte er daher an der Fünf-Prozent-Hürde. Der wichtigste Grund für den Niedergang des BHE war aber die erfolgreiche Integrationspolitik der Bundesregierung und der Landesregierungen, durch die das zunächst unkalkulierbare und als nicht ungefährlich eingestufte Potenzial der Flüchtlinge politisch eingebunden und ruhiggehalten wurde.

Für die beiden großen Parteien saßen in den 1950er und 1960er Jahren vertriebene Politiker sowie an die Landsmannschaften und andere Vertriebenenverbände gebundene Vertriebenenpolitiker im Parlament. Erst mit der Ostpolitik der sozialliberalen Koalition wurde die Union dann zur Partei der Vertriebenen.[58] In dem Maße, wie die materiellen Probleme der BHE-Klientel durch den Lastenausgleich und noch mehr durch den wirtschaftlichen Aufschwung allmählich schwanden, verlor das Programm des BHE an Attraktivität, zumal die Forderung nach Rückgewinnung der Gebiete östlich von Oder und Neiße von allen Parteien erhoben wurde.

Am Ende wurde der BHE ein Opfer der Umarmungspolitik Adenauers, der ihn nach den Wahlen von 1953 in eine Regierungskoalition holte und zwei seiner Vertreter, Waldemar Kraft und Theodor Oberländer, ins Kabinett aufnahm, obwohl die Union über die absolute Mehrheit der Parlamentssitze verfügte. Adenauer brauchte den BHE, um die für die Wehrgesetze nötige Zwei-Drittel-Mehrheit im Bundestag zusammenzubringen, und er mäßigte zugleich die politischen Positionen der BHE-Politiker, indem er sie in die Regierungsdisziplin einband. Das bewährte sich 1955, als Adenauers Saarpolitik die BHE-Führung spaltete. Die beiden Kabinettsmitglieder Kraft und Oberländer wechselten zur Union, die restliche Fraktion trat aus der Regierungskoalition aus. Damit war das Schicksal des BHE besiegelt. Das Bündnis mit der Deutschen Partei (DP) zur Bundestagswahl 1961 konnte den steilen Abwärtstrend nicht umkehren. Der BHE war noch einige Jahre in verschiedenen Landesparlamenten vertreten, bis er schließlich 1966 auch dort endgültig verschwand.

Am rechten Rand der Union bewegte sich in Norddeutschland die Deutsche Partei, die als Nachfolgerin der alten Deutsch-Hannoverschen Partei, der Welfen-Partei, gelten kann.[59] Die DP appellierte an ein nationalkonservatives, protestantisches Wählerspektrum mit fließenden Übergängen in den rechtsradikalen Bereich. Das war nicht unproblematisch, führte aber auch dazu, dass die DP potentiell rechtsradikale Wähler einband und diese im Laufe der Zeit auf Grund der engen Kooperation mit der Union gleichsam entradikalisierte. Dies führte letztlich zum Niedergang der DP, die in der dritten Wahlperiode des Bundestags (1957–1961) eine Reihe ihrer führenden Politiker, darunter die Kabinettsmitglieder Hans-Christoph Seebohm und Hans-Joachim von Merkatz, an die CDU verlor, wenig später auch Heinrich Hellwege, den ehemaligen Ministerpräsidenten von Niedersachsen (1955–1959). Seit 1961 war sie nicht mehr im Bundestag vertreten. Im Gegensatz zum BHE hat die DP von Anfang an auf eine enge Kooperation mit der CDU gesetzt. Sowohl 1953 als auch 1957 war sie im Bundestag nur vertreten, weil sie Wahlkreisabsprachen mit der CDU eingegangen war, was ihr die für den Einzug ins Parlament erforderlichen Direktmandate einbrachte. Auf Dauer war das freilich keine Grundlage für ein eigenständiges politisches Mandat.

Den Weg in die Marginalisierung gingen auch andere. Als Anti-Systempartei, die ihre bescheidenen Erfolge – zwölf Mandate im ersten Bundestag – vor allem der Hetze gegen die »Weimarer Parteien« verdankte, verschwand die vornehmlich in Bayern aktive Wirtschaftliche Aufbau-Vereinigung des Alfred Loritz bald wieder von der Bildfläche. Nur kurze Zeit – in Bayern und auf Bundesebene – erfolgreich war auch die 1946 gegründete Bayernpartei, die in der Tradition der Bayerischen Volkspartei stand und sich in erster Linie bayerisch-partikularistisch profilierte. Den Wettbewerb zwischen CSU und Bayernpartei entschied die CSU für sich, weil sie ihr bayerisch-konservatives Profil mit einem gemäßigten Föderalismus und vor allem mit der Politik Adenauers verband. Die Bayernpartei verkümmerte dagegen zur reinen Heimatpartei.

Das Wahlrecht und insbesondere die seit 1953 bundesweit geltende Fünf-Prozent-Hürde haben die Konzentrationsprozesse im Parteiensystem begünstigt. Als

Ursache dafür, dass 1949 oder 1953 noch erfolgreiche Parteien den Einzug in den Bundestag später nicht mehr schafften, ist aber die enorme Wählermobilisierung und Wählerbindung auszumachen, die der Union und Konrad Adenauer dank der Stabilisierung der Lebensverhältnisse und der deutlichen Verbesserung der materiellen Lebensgrundlagen gelang.

Politischer Radikalismus und wehrhafte Demokratie: die Verbote von SRP und KPD

In dem Maße, wie sich die westdeutsche Wählerschaft entradikalisierte, verloren die radikalen Parteien am rechten und linken Rand an Bedeutung. Das traf die KPD, die schon im zweiten Bundestag nicht mehr vertreten war, nachdem sie 1949 5,7 Prozent der Stimmen errungen hatte. Zu ihrer Marginalisierung hatte freilich auch der Antikommunismus beigetragen, der während des Kalten Krieges und infolge der Entwicklungen in der DDR zunahm.

Die Rechtsradikalen, die unter Millionen ehemaliger NSDAP-Mitglieder und NS-Funktionsträger auf allen Ebenen auf Stimmenfang gehen konnten, büßten mit dem Wirtschaftswunder rasch an Einfluss ein. Dennoch erreichte in Niedersachsen und Bremen die wichtigste neonazistische Gruppierung, die Sozialistische Reichspartei (SRP), bei den Landtagswahlen von 1951 elf beziehungsweise sieben Prozent der Stimmen. Das ist umso bemerkenswerter, als sich die SRP in aller Öffentlichkeit zum Nationalsozialismus bekannte. Sie war eine antisemitische Partei, die das NS-Regime anpries und sich ausdrücklich auf Hitler berief. Für die demokratische Ordnung der Bundesrepublik hatte man nur Verachtung übrig. Der Parteimitbegründer Otto Ernst Remer, ein Offizier der Wehrmacht, der nach dem Attentat des 20. Juli 1944 in Berlin an der Niederschlagung der Verschwörung gegen Hitler beteiligt gewesen war, verunglimpfte die Angehörigen des Widerstands als »Verräter«, was ihm in einem von dem Braunschweiger Generalstaatsanwalt Fritz Bauer angestrengten Prozess erst 1952 untersagt wurde. Erstmals sahen sich die Angehörigen des antinationalsozialistischen Widerstands, die in weiten Teilen der deutschen Öffentlichkeit dem Verratsvorwurf ausgesetzt waren, in aller Form juristisch und moralisch rehabilitiert.

Vermutlich wären sowohl die linksextreme KPD, deren Abhängigkeit von der SED nicht zu übersehen war, als auch die SRP im Laufe der 1950er Jahre wohl langsam, aber sicher von alleine in der politischen Versenkung verschwunden beziehungsweise wahlpolitisch marginalisiert worden. Dass die Bundesregierung im

November 1951 beim Bundesverfassungsgericht zunächst das Verbot der SRP und dann das der KPD beantragte, zeigt aber eher, für wie gefährlich man das rechts- und linksradikale Potenzial damals hielt, und das heißt, dass man vielen Bürgern eine Wahlentscheidung zugunsten radikaler Kräfte zutraute und damit ihrer demokratischen Einstellung misstraute. Hier spielte die Weimarer Erfahrung mit hinein. Die wirtschaftliche Stabilisierung hatte 1951 erst langsam eingesetzt. Von einer breiten Akzeptanz der Bundesrepublik konnte noch keine Rede sein. Die CDU gewann damals keine Landtagswahlen, sondern verlor sie. In dieser Situation sollten die beantragten Parteienverbote den festen Willen der Bundesregierung bekunden, sich mit allen zur Verfügung stehenden Mitteln gegen erklärte Feinde der Demokratie zur Wehr zu setzen.

Das Verbotsverfahren, das sowohl den rechten wie den linken Rand des politischen Spektrums betraf, verweist auf den doppelten antitotalitären Grundkonsens in den politischen Führungsschichten der jungen Republik. Die in Karlsruhe beantragten Verbote gegen den braunen wie gegen den roten Totalitarismus sollten nach innen wie nach außen zeigen, dass die neue deutsche Demokratie aus den Erfahrungen der Vergangenheit gelernt hatte und als »wehrhafte Demokratie« den Feinden der Freiheit keine Chance gab. In diesem Sinne hatte Bundesinnenminister Gustav Heinemann schon im Frühjahr 1950 ein Versammlungsverbot gegen die SRP begründet: »Wer die freiheitlich-demokratische Staatsform als solche bekämpft, um an ihrer Stelle ein System der Freiheitsvernichtung zu errichten, hat die freiheitlichen Rechte unserer Grundordnung verwirkt.«[60] Das war auch der Grund für das erste »Berufsverbot« in der Geschichte der Bundesrepublik, das ebenfalls noch auf Gustav Heinemann zurückgeht und die Bundesregierung im September 1950 berechtigte, die Anhänger rechtsradikaler Organisationen, darunter insbesondere der Sozialistischen Reichspartei, aus dem öffentlichen Dienst zu verbannen.

Das gerade erst errichtete Bundesverfassungsgericht gab dem Antrag, die SRP zu verbieten, rasch statt. In ihrer Entscheidung hoben die Richter die inhaltliche wie personelle Kontinuität zum Nationalsozialismus ebenso hervor wie den undemokratischen Aufbau der Partei und ihre Weigerung, das Grundgesetz und seine Werte anzuerkennen. Dass der SRP ehemalige Nationalsozialisten angehörten und sie sich um Mitglieder aus dieser Personengruppe bemühte, machte man ihr nicht zum Vorwurf, denn das traf auch auf die allermeisten anderen Parteien zu. Aber dass sie die »Unverbesserlichen« sammle, die darauf aus seien, nationalsozialistische Ideen zu pflegen und zu verbreiten, das wurde gegen sie verwandt.

Die SRP hatte vor ihrem Verbot etwa 40 000 Mitglieder. Sie war – und das ließ die Alarmglocken schrillen – eine junge Partei und offensichtlich attraktiv für viele jüngere ehemalige Soldaten und Offiziere, die sich von der nationalsozialistischen Weltanschauung nicht abwenden wollten oder konnten und nach 1945 ihre berufliche Perspektive verloren hatten. Hinzu traten als Mitglieder und Sympathisanten ehemalige NS-Funktionsträger der mittleren und unteren Ebene. Es handelte sich also mitnichten um eine kleine Splittergruppe der Gesellschaft, um die die SRP warb, sondern um ein Millionenpotential. In Bonn wollte und konnte man nicht sicher ausschließen, dass früher oder später auch andere, Flüchtlinge und Vertriebene zum Beispiel, von der SRP und ihrem Hass auf die Bundesrepublik angezogen werden würden.

Natürlich schielten die Bonner Parteizentralen auch auf das Wählerpotential, auf das die Erfolge der SRP hindeuteten. Die erfolgreiche Integration dieser Gesellschaftsgruppe versprach hohe Siegprämien. Dass der Bundeskanzler im Sommer 1953, wenige Wochen vor der Bundestagswahl, demonstrativ die noch im Zuchthaus Werl einsitzenden Kriegsverbrecher besuchte, unter ihnen den SS-General Kurt Meyer, besser bekannt als »Panzer-Meyer«, sowie den General Nikolaus v. Falkenhorst, und dass er nur wenig später Generalfeldmarschall Erich v. Manstein im Bonner Kanzleramt empfing, entsprang diesem politischen Kalkül.

Aus demselben Grund hatte Kurt Schumacher schon 1951 zwei hohe Offiziere der ehemaligen Waffen-SS und führende Mitglieder der HIAG (der 1950 gegründeten »Hilfsgemeinschaft auf Gegenseitigkeit ehemaliger Soldaten der Waffen-SS«) empfangen. Als sich der SPD-Vorsitzende deswegen Vorwürfen ausgesetzt sah, stieß er ohne Umschweife zum Kern der Sache vor, trug aber gleichzeitig dazu bei, dass in der deutschen Öffentlichkeit ein Bild der Waffen-SS entstand, das bis weit in die 1990er Jahre akzeptiert wurde, nämlich die Waffen-SS sei »eine Art vierter Wehrmachtsteil« gewesen. Viele der 900 000 Angehörigen seien gegen ihren Willen zur Waffen-SS eingezogen worden und nach dem Krieg »in eine ausgesprochene Pariarolle« geraten. »Uns scheint es eine menschliche und staatsbürgerliche Notwendigkeit zu sein, diesen Ring zu sprengen und der großen Masse der früheren Angehörigen der Waffen-SS den Weg zu Lebensaussicht und Staatsbürgertum freizumachen. ... Ein kompakter Komplex von rund 900 000 Menschen ohne soziale und menschliche Aussicht ist zusammen mit ihren Angehörigen schon zahlenmäßig keine gute Sache für eine junge, von größten Spannungen der Klassen und Ideen zerpflügte Demokratie.«[61]

Die nicht zuletzt aus partei- und wahlpolitischen Interessen erwachsene Integrationsleistung der Parteien darf man nicht gering schätzen. Sie blieb dennoch stets eine Gratwanderung: Was war noch Integration? Wo begann die Unterwanderung?[62] Die Naumann-Affäre der nordrhein-westfälischen FDP, die noch einmal die britische Besatzungsmacht auf den Plan gerufen hatte, zeigt die Gefahren eines allzu offenen Integrationskurses und verweist auf das Bedrohungspotenzial jener »unverbesserlichen« Nationalsozialisten, von denen das Bundesverfassungsgericht 1952 sprach.

Das Karlsruher Verfahren gegen die KPD zog sich jahrelang hin. Die Partei wurde erst am 17. August 1956 verboten. Aus heutiger Perspektive sind Zweifel angebracht, ob das Verbotsverfahren eine kluge politische Entscheidung der Bundesregierung war und es nicht besser und ebenso erfolgreich gewesen wäre, den Wählern – und dem SED-Regime in der DDR – die Diskreditierung und Marginalisierung der KPD zu überlassen. Bereits damals war von dem Berliner CDU-Politiker und späteren Minister für Gesamtdeutsche Fragen, Ernst Lemmer, das bedenkenswerte Argument zu hören, ob es denn sinnvoll sei, nicht den Wählern, sondern einem Gericht die Liquidation einer Partei zu überlassen.[63] Das unterschätzt den Druck, den die meisten führenden Politiker in Westdeutschland seit dem Zangenangriff von Nationalsozialisten und Kommunisten auf die Weimarer Demokratie verspürten, und man muss auch bedenken, wie tief der Kalte Krieg in die Gesellschaft der Bundesrepublik hineinwirkte. Bei der aggressiven Politik der Sowjetunion und noch mehr der DDR gegenüber der Bundesrepublik war es nicht verwunderlich, dass die Bundesregierung eine Partei verboten sehen wollte, die nichts anderes war als der verlängerte Arm der SED. Der breite gesellschaftliche Antikommunismus in der Bundesrepublik trug das Verbotsverfahren gegen die KPD mit. Daran konnte auch die geballte DDR-Propaganda in Verbindung mit Moskauer Drohgebärden nichts ändern, die das Verfahren zum Anlass nahm, den angeblich undemokratischen Charakter der Bundesrepublik anzuprangern.

Ohne die deutsche Teilung lassen sich der Verbotsantrag und die Schärfe der juristischen und politischen Auseinandersetzung nicht begreifen. Die KPD war keine Partei wie die kommunistischen Parteien in Italien und Frankreich, die bei aller Abhängigkeit von Moskau doch italienische beziehungsweise französische Politik betrieben und überdies den Rückhalt erheblicher Wählerschichten besaßen. Das kann die Vehemenz rechtfertigen, mit der das Verbotsverfahren vorangetrieben wurde, nicht aber die oft maßlose Diffamierung und generelle Kriminalisierung, mit der die westdeutsche Gesellschaft und ihre politische Führung schon auf den Verdacht kommunistischer Sympathien reagierten. Und es kann auch nicht entschuldigen, dass linkes politisches Denken – und das bekam auch die SPD zu spüren – durch den Kommunismus-Vorwurf diskreditiert und delegitimiert wurde.

Die Bundesrepublik und ihre Parteien konnten nach dem KPD-Verbot für lange Zeit keine Erfahrung im Umgang mit einer kommunistischen Partei und ihren Positionen sammeln. Sicher, es gab die ständige Auseinandersetzung mit dem Kommunismus in Gestalt der DDR. Aber innerhalb der Verfassungs- und Institutionenordnung der Bundesrepublik waren sozialistisches und kommunistisches Gedankengut so gut wie nicht vertreten. Das erklärt eine gewisse Hilflosigkeit im Umgang mit den kommunistischen und marxistischen Ideen im Umfeld der Achtundsechziger-Bewegung. Es erklärt aber auch die Probleme, die sich nach der Vereinigung 1990 für das politische System und die politische Kultur der Bundesrepublik ergaben, als der Kommunismus mit einem Male nicht mehr als feindliche Ideologie eines feindlichen Staates bekämpft werden konnte, sondern man sich mit ihm als politischer und gesellschaftlicher Kraft innerhalb des eigenen Staates auseinandersetzen musste, die zunächst in Ostdeutschland, bald aber auch in Westdeutschland wieder an Attraktivität gewann.

Antitotalitarismus und Antikommunismus

Bei der in Deutschland weit verbreiteten Parlaments- und Parteienkritik war es keineswegs selbstverständlich, dass sich die Deutschen parlamentarische Demokratie, Pluralismus und Parteienstaatlichkeit nach dem Krieg rasch zu eigen machen und mit Sympathie betrachten würden. Immer wieder waren Stimmen zu vernehmen, die mit altbekannten Argumenten gegen das »Parteiengezänk« oder die »mechanistische Demokratie« zu Felde zogen. Unter anderen gehörte die »Abendländische Bewegung« zu den Vertretern solcher Positionen. Das machte den autoritär-patriarchalischen Führungsstil des Bundeskanzlers noch wichtiger, weil er rechte Gegner der pluralistischen Demokratie zu integrieren und diese trotz aller Bedenken an die Unionsparteien zu binden half. Eine starke demokratiefeindliche Rechtspartei konnte so nicht entstehen, und der wirtschaftliche Stabilisierungserfolg der Bundesrepublik trug ebenso dazu bei, die verbliebene Demokratie- und Pluralismusskepsis zurückzudrängen.[64]

Ähnlich erging es dem Antiamerikanismus der Rechten, der an ältere Traditionen eines politischen und kulturellen Antiamerikanismus anknüpfte und mit einer antiwestlichen und antiliberalen Modernisierungsskepsis in engem Zusammenhang stand. Er hatte unter dem Kanzler Adenauer ebenso wenig Chancen. Im Sinne des kulturkritischen Antiamerikanismus, den etwa die »Abendländische Bewegung« vertrat, war Amerika, präziser: die USA, der Inbegriff der Nivellierung,

Vermassung, Kommerzialisierung und Verflachung der Kultur. Dass die politische Wirkung dieses Antiamerikanismus beschränkt blieb, ja dass sogar vehemente Gegner der »Amerikanisierung« die Westintegrationspolitik Adenauers und den transatlantischen Schulterschluss mit den USA befürworteten, ergab sich aus dem Primat des Antikommunismus, der während des Kalten Krieges den Antiamerikanismus zwar nicht beseitigen, aber doch temporär zurückdrängen konnte. Am Antikommunismus des katholischen Bundeskanzlers konnte kein Zweifel bestehen, aber wer wollte, der konnte ihn, weil seine diesbezüglichen Äußerungen wohlweislich vage und ambivalent blieben, als »abendländischen« Bundesgenossen betrachten, der die Bedenken gegen manche Ausformungen einer modernen, einer amerikanisierten Kultur – und das meinte immer auch Gesellschaft – durchaus teilte.[65]

Fraglos ist mit dem Antikommunismus eine der wichtigsten gesellschaftlichen und politischen Integrationsklammern der frühen Bundesrepublik benannt. Die kommunistische Bedrohung in all ihren Übertreibungen und Verzerrungen hat zu ihrer Stabilisierung und zur Institutionenordnung nicht unerheblich beigetragen. Die Bedrohung durch die Sowjetunion, insbesondere die militärische, war für viele Deutsche nicht abstrakt, sondern verbunden mit ganz realen traumatischen Erfahrungen in den Kriegsjahren und der Besatzungszeit. Der Kalte Krieg und der machtpolitische Gegensatz zwischen den Vereinigten Staaten und der Sowjetunion riefen diese Erfahrungen in die Erinnerung zurück. Der Kalte Krieg trug dazu bei, dass der Zusammenhang zwischen diesen Gewalt- und Bedrohungserfahrungen und dem nationalsozialistischen Vernichtungskrieg zurücktrat und die massenhaften individuellen Erfahrungen zu einer kollektiven politischen Haltung werden konnten.

Der Antikommunismus in der Bundesrepublik ist aber letztlich ohne die Existenz der DDR und die SED-Herrschaft nicht zu denken. Während der Sowjetunion-Bezug eher individuell und vergangenheitsorientiert blieb, war der DDR-Bezug gegenwärtig und speiste sich nicht nur aus historischen Erfahrungen, sondern immer wieder neu aus der tagtäglich wahrgenommenen Realität kommunistischer Unterdrückung in Ostdeutschland. Dazu traten die konkreten Erfahrungen derjenigen Bundesbürger – und das waren bis 1961 immerhin 2,7 Millionen –, die aus der DDR in die Bundesrepublik geflohen waren. Die Fluchtmotive und das Bild, das die Flüchtlinge im Westen von der DDR erzeugten, stabilisierten den westdeutschen Antikommunismus und schufen einen politischen Konsens zwischen den Parteien, der die junge Demokratie trotz der zum Teil extrem polarisierenden Auseinandersetzungen insbesondere zwischen Union und SPD stärkte.

Die viel beschworene Gemeinsamkeit der Demokraten war nicht zuletzt eine Gemeinsamkeit der Antikommunisten. An kämpferischem Antikommunismus wollte sich kein westdeutscher Politiker überbieten lassen. Es lag in der Logik dieser Umstände, dass der Vorwurf der Kommunismusnähe in der politischen Auseinandersetzung gerne erhoben wurde, vor allem gegen die Sozialdemokraten. Der Bundestagswahlkampf von 1949, in dem Konrad Adenauer die SPD und Kurt Schumacher in die Nähe der SED rückte, war der Auftakt zum wahlkampfpolitischen Einsatz des Antikommunismus. Dieses Wahlkampfmittel hat noch die Auseinandersetzungen über die »Neue Ostpolitik«, die die Bundestagswahlen von 1969 und 1972 beherrschten, überschattet.

Auf andere Weise, aber nicht weniger stark trug der antinationalsozialistische Konsens zur Stabilisierung bei. Antikommunismus und Antinationalsozialismus hatten schon die Entstehung der Bundesrepublik bestimmt und wirkten nach 1949 ungebrochen weiter. Der Begriff »Antinationalsozialismus« ist eigentlich nicht ganz präzise, denn diejenige politische Disposition, die sich auf den Nationalsozialismus bezog, hatte nicht nur die nationalsozialistische Herrschaft seit 1933, den Zweiten Weltkrieg und den Judenmord als Referenzhorizont, sondern untrennbar damit verbunden auch die Zerstörung der Weimarer Republik. Im Blick auf Weimar und seinen Untergang im Zangengriff von rechts und links verbanden sich Antikommunismus und Antinationalsozialismus. Weimar war der historische Beweis für das demokratiezerstörende Potenzial beider Ideologien.

Im deutschen Fall war die Zerstörung der Weimarer Republik auch eine wichtige Voraussetzung für die Akzeptanz wissenschaftlicher Totalitarismustheorien, die seit Mitte der 1950er Jahre von Hannah Arendt oder auch von Carl J. Friedrich und Zbigniew Brzezinski, dem späteren Sicherheitsberater Jimmy Carters, entwickelt wurden.[66] Diese Totalitarismuskonzepte stießen in der Bundesrepublik auf Widerhall, weil sie die doppelte Abgrenzung des Bonner Staates von der braunen Vergangenheit des »Dritten Reiches« und von der roten Gegenwart der DDR wissenschaftlich unterfütterten. Die politische Problematik der Totalitarismustheorie – in welcher Ausformung auch immer – lag indes gerade für Westdeutschland darin, dass sie weniger auf den Nationalsozialismus und den Stalinismus (in der Sowjetunion) bezogen wurde, sondern stärker auf das »Dritte Reich« und das SED-Regime in der DDR. Das konnte leicht dazu führen, dass wesentliche Unterschiede zwischen der nationalsozialistischen Diktatur und der DDR verwischt wurden. Der fabrikmäßige Massenmord von Millionen Menschen und die Entfesselung des nationalsozialistischen Eroberungs- und Vernichtungskriegs waren singulär. Ein weiterer entscheidender Unterschied war die Tatsache, dass man die

SED-Herrschaft den Ostdeutschen von außen aufgezwungen hatte, während das Nazi-Regime, beginnend mit der Zerstörung der Weimarer Republik, von sehr vielen Deutschen akzeptiert und von vielen unterstützt und mitgetragen worden war.

So wie der Antibolschewismus der Zwischenkriegszeit dazu beitrug, dass sich die gesellschaftliche Mitte dem heraufziehenden Nationalsozialismus zuwandte, den viele als das geringere Übel ansahen, so half der Antikommunismus bei der Verdrängung der NS-Vergangenheit, und er lieferte ex post auch noch legitimierende Argumente für die breite Zustimmung und Unterstützung, die der Nationalsozialismus aus der deutschen Gesellschaft heraus erfahren hatte. Millionen ehemaligen Parteigenossen und Funktionsträgern des NS-Regimes von der unteren bis zur höchsten Ebene half er bei der lebensgeschichtlichen Selbstrechtfertigung.

Darüber hinaus war der Antikommunismus ein wichtiger Baustein für die »Bundesrepublikanisierung« der nationalsozialistischen Funktionseliten. Das sagt wenig aus über die Demokratiebereitschaft oder die tatsächliche Demokratisierung dieser Gruppe. Es sagt aber etwas über die Chancen der Bundesrepublik, die Loyalität dieses Personenkreises zu gewinnen, und über die Bereitschaft dieser Gruppe, sich in den Dienst des westdeutschen Staates zu stellen, sofern die politisch-ideologischen Überzeugungen nicht völlig verleugnet werden mussten. Es war nach 1945 und später in der Bundesrepublik unmöglich, sich öffentlich zum Nationalsozialismus zu bekennen oder sich in rechtsradikalen politischen Vereinigungen zu engagieren, wenn man die Grundlagen seiner nach dem Krieg oft mühsam wieder aufgebauten Existenz nicht selbst zerstören wollte. Am Antikommunismus ließ sich dagegen auch unter den veränderten Bedingungen festhalten. Er konnte zur Grundlage der Staatsorientierung werden, die insbesondere für die höheren Beamten, aber auch die Militärs schon Voraussetzung für die Unterstützung des NS-Regimes gewesen war.

Integration und Belastung: der öffentliche Dienst

Die politische Orientierung der Beamten und der Angehörigen des öffentlichen Dienstes war wesentlich für die soziopolitische Entwicklung in der Nachkriegszeit. 1950 waren 2 104 103 Vollbeschäftigte im öffentlichen Dienst der Bundesrepublik (Bund, Länder und Gemeinden) tätig, ein Zehntel der erwerbstätigen Bevölkerung.[67] Sie hatten als Lehrer, Richter und Verwaltungsbeamte einen erheblichen Einfluss auf politische Entscheidungen oder die Herausbildung politischer Wertvorstellungen.

Die wichtigsten Weichenstellungen, die in dieser Hinsicht seit 1949 vorgenommen wurden, bieten zunächst Anlass zu großer Skepsis.[68] Das Bundesbeamtengesetz, das der Bundestag im Juli 1953, unmittelbar vor der zweiten Bundestagswahl, verabschiedete, zog einen Schlussstrich unter die seit 1945 heftig geführte Diskussion über die Zukunft des deutschen Berufsbeamtentums und eine Reform des überkommenen öffentlichen Dienstrechts, die vor allem von der britischen und der amerikanischen Besatzungsmacht gefordert wurde. Beide Militärregierungen sahen im alten deutschen Beamtentum ein entscheidendes Hindernis für den Aufbau einer freiheitlichen Demokratie im westlichen Sinne. Die Alliierte Hohe Kommission suchte hier weit reichende Reformen durchzusetzen, stieß aber auf zunehmenden Widerstand bei den bürgerlichen Mehrheitsparteien im Bundestag, die sich schließlich mit dem Bundesbeamtengesetz durchsetzen konnten, das man zu Recht als »Fortschreibung« des traditionellen Beamtenrechts unter »Abwehr alliierter Reformbestrebungen« eingeordnet hat.[69] Schon vor Inkrafttreten des Gesetzes hatte sich insbesondere auf der Ebene der Bundesministerien und Bundesbehörden die Praxis durchgesetzt, Beamte aus den ehemaligen Reichs- beziehungsweise Länderverwaltungen – vor allem der preußischen – bevorzugt einzustellen.

Ein Argument taucht dabei immer wieder auf: Für den Wiederaufbau sei die Bundesrepublik auf kompetente und erfahrene Beamte angewiesen. Im Bundesinnenministerium waren am Ende 60 Prozent der zwischen 1950 und 1953 ernannten Abteilungsleiter alte NSDAP-Mitglieder; 1951 und 1952 wurden zwei ehemalige Parteigenossen sogar zu Staatssekretären berufen. Das Kompetenzargument ist nicht völlig von der Hand zu weisen, aber es öffnete die Türen auch für ehemalige Parteigenossen und NS-Funktionsträger, die zum Teil schwer belastet waren. Das hat in der Geschichte der Bundesrepublik immer wieder – letztlich bis an die Schwelle der Gegenwart – für Skandale gesorgt.[70]

Die Ausführungsgesetzgebung zum Artikel 131 des Grundgesetzes wirkte sich flächendeckend und von oben nach unten auf den öffentlichen Dienst der Bundesrepublik aus. Im Artikel 131 hieß es, dass »die Rechtsverhältnisse von Personen einschließlich der Flüchtlinge und Vertriebenen, die am 8. Mai 1945 im öffentlichen Dienste standen, aus anderen als beamten- oder tarifrechtlichen Gründen ausgeschieden sind und bisher nicht oder nicht ihrer früheren Stellung entsprechend verwendet werden«, durch Bundesgesetz zu regeln seien.[71] Diese sperrige Formulierung betraf eine heterogene Gruppe: ehemalige Beamte des Reiches oder des Landes Preußen, deren Dienststellen nicht mehr existierten, Berufssoldaten, Flüchtlinge und Vertriebene aus den Gebieten östlich von Oder und Neiße sowie aus der

SBZ/DDR, aber auch Angehörige des öffentlichen Dienstes, die ihre Stellung infolge der Entnazifizierung verloren hatten.[72] Von den knapp 200 000 »zivilen 131ern«, wie man sie schon bald nannte, gehörte ein gutes Viertel, 55 368 Personen, der letzten Gruppe an.[73]

Für den Großteil der »131er« stand die Sicherung ihrer materiellen Lage im Vordergrund, doch vielen Entnazifizierten, Angehörigen mittlerweile aufgelöster Dienststellen und Institutionen – von der Wehrmacht über den Reichsarbeitsdienst bis zur Gestapo –, ging es ebenso sehr um ihre Rehabilitierung und damit nicht selten um den Versuch, trotz schwerster Belastungen, worunter auch die Beteiligung an den nationalsozialistischen Verbrechen fiel, eine gesicherte Existenz aufzubauen und der Strafverfolgung zu entgehen. Das »131er-Gesetz« vom 11. Mai 1951, das unter massivem Druck der Interessenverbände der »Verdrängten«, wie sie sich selbst nannten, zustande gekommen war, ermöglichte von wenigen Ausnahmen abgesehen den betroffenen Angehörigen des öffentlichen Dienstes tatsächlich die berufliche Wiedereingliederung.

Entnazifizierte Beamte zählten zwar nicht zum Kreis der »Unterbringungsberechtigten«, da sie aber Anspruch auf ein Übergangsgehalt hatten, das nicht vom Bund, sondern von den ehemaligen Dienststellen zu zahlen war, entschlossen sich diese aus Kostengründen nicht selten dazu, auch Angehörige dieser Personengruppe wieder einzustellen. Und obwohl beispielsweise Angehörige der Gestapo keinen Unterbringungsanspruch besaßen, konnten sie vielfach im Polizeidienst, vor allem in der Kriminalpolizei, ihre Karriere fortsetzen, sofern sie den Nachweis erbrachten, dass sie aus der bis 1933 existierenden Politischen Polizei zur Gestapo versetzt worden waren.[74]

Der Unterbringungsanspruch auf Basis des »131er-Gesetzes« trug wesentlich dazu bei, Frauen, die seit 1939 vermehrt eingestellt worden waren, wieder aus dem öffentlichen Dienst zu entfernen, um Platz für Männer zu schaffen (96,4 Prozent der »131er« waren Männer). Vor allem verheiratete Frauen wurden nun auf der Basis von NS-Gesetzen wieder entlassen. Diese Praxis offenbart das konservative Frauen-, Familien- und Gesellschaftsbild jener Jahre und insbesondere die frauen- und familienpolitische Grundorientierung der ersten Bundesregierung, die dem Gleichheitsgrundsatz des Grundgesetzes zuwiderlief.[75] Nach 1952 erhöhte sich der Frauenanteil im öffentlichen Dienst im Zuge der wirtschaftlichen Aufwärtsentwicklung langsam wieder, allerdings vorwiegend in untergeordneten Positionen.

Am Ende hat der Wiedereingliederungsprozess der »131er«, der auch den Bundesgerichtshof und das Bundesverfassungsgericht beschäftigte, eine weitgehend entpolitisierte, zumindest normativ zur Abkehr vom Nationalsozialismus gezwungene und angepasste, ansonsten aber routinierte, effiziente und leistungsfähige Beamtenschaft hervorgebracht. Das war, wie Norbert Frei feststellt, kein Positivum der Nachkriegsentwicklung, auch wenn man zugesteht, dass die Reintegration eines schwer einzuschätzenden Unruhe- und Unzufriedenheitspotenzials womöglich zur politischen Stabilität der jungen Bundesrepublik beitrug. Die moralische Glaubwürdigkeit des Neubeginns litt darunter sehr. Unverhältnismäßig oft trafen zudem die politischen Bemühungen um Wiedergutmachung von NS-Unrecht bei den zuständigen Beamten und Richtern auf Vorbehalte, so dass es bei der justitiellen Verfolgung von NS-Straftaten nicht nur im ersten Jahrzehnt der Bundesrepublik zu schweren Unterlassungen kam.[76]

Der Vorwurf der Restauration wurde auch erhoben, als es um die Wiederherstellung des traditionellen dreigliedrigen Schulsystems ging. Reformbestrebungen der Besatzungsmächte, die beispielsweise auf eine sechsjährige Grundschulzeit (als Variante der Einheitsschule) oder auf die Überwindung der Konfessionsschule zielten, liefen weitgehend ins Leere. Auch in diesem Bereich erhöhten der Kalte Krieg und die Weststaatsgründung die Chancen auf »Rückkehr zu ›bewährten‹ Wertvorstellungen und Organisationsstrukturen«.[77] Die massiven Interessengegensätze nach 1945 lassen einen echten Reformwillen auf deutscher Seite gar nicht erkennen. Sicher ist, dass das dreigliedrige Schulsystem mit Hauptschule, Mittelschule und Gymnasium die soziale Schichtung in Westdeutschland verfestigte und die soziale Mobilität erschwerte. 1950 lag der Anteil der Abiturienten aus Arbeiterhaushalten je nach Bundesland zwischen drei und vier Prozent, zehn Jahre später, 1960, noch immer nur bei sechs bis sieben Prozent.[78]

Stabilisierung und Integration im Zeichen der Sozialen Marktwirtschaft

Konrad Adenauer und die Unionsparteien konnten sich nach den Bundestagswahlen im September 1953 auf eine breite Zustimmung der Wähler berufen. Noch knapp ein Jahr zuvor waren nur 34 Prozent der Westdeutschen mit der Politik des Kanzlers einverstanden gewesen, 29 Prozent waren es nicht, und 37 Prozent waren unentschieden. Dieses Bild veränderte sich innerhalb weniger Monate völlig. Im Herbst 1953 stimmten 57 Prozent der Befragten der Politik des Kanzlers zu, nur 15 Prozent lehnten sie ab, und 28 Prozent waren unentschieden.[79] Die Unionsparteien erzielten einen Wahlerfolg ohne Beispiel. Sie verbesserten ihren Stimmenanteil von 31,0 auf 45,2 Prozent.

Dolf Sternberger hat mit Blick auf die Bundestagswahl 1953 von einem »Wahlwunder« gesprochen.[80] Das betraf zum einen den Erdrutschsieg der Union und zum anderen die politische Entradikalisierung. Weder die KPD noch rechtsextreme Parteien konnten wieder ins Parlament einziehen, da die Wähler auf dem rechten Spektrum nun zunehmend ihre politische Heimat in der DP, der FDP und auch in den Unionsparteien fanden. Vom Verschwinden des Rechtsradikalismus kann deshalb keine Rede sein, es wurde aber schwieriger, sich als Partei oder auch als Einzelner öffentlich zum Nationalsozialismus oder zu nationalsozialistischen Ideen zu bekennen. Dass das rechtsradikale Wählerpotential von den Parteien der rechten Mitte integriert und damit als potentielle Gefahr für die Demokratie vorerst ausgeschaltet wurde, ist ebenfalls ein – wenn auch problematischer – Stabilisierungserfolg der Bundesrepublik. Wie schnell sich das rechtsradikale Potential wieder für rechtsradikale Parteien mobilisieren ließ, sollte sich in den 1960er Jahren am Aufstieg der NPD zeigen, die 1969 den Einzug in den Bundestag nur knapp verpasste.

Der SPD gelang es 1953 nicht, die Hürde von 30 Prozent zu überspringen, sie verlor sogar geringfügig und landete bei 28,8 Prozent. Das Parteienspektrum schrumpfte – sieht man einmal von den drei Direktmandaten der Zentrumspartei ab – auf fünf Parteien, wobei BHE und DP sich bereits auf die Union zubewegten und die DP ohne Unterstützung der Union gar nicht ins Parlament gelangt wäre. Obwohl die Union über die Hälfte der Bundestagsmandate verfügte und durch Parteiübertritte die absolute Mehrheit erreichte, ging sie eine Koalition mit FDP, DP und BHE ein, die sich im Parlament auf eine Zweidrittel-Mehrheit stützen konnte. Das war angesichts der bevorstehenden Verabschiedung der verfassungsändernden Wehrgesetze von Bedeutung. Innerhalb der Unionsparteien zeigte Adenauer sich als Kanzler und Parteivorsitzender gefestigt, allen innerparteilichen Rivalen, insbesondere auf dem linken Flügel der CDU, war der Wind aus den Segeln genommen. Auf dieser Grundlage konnte sich die Kanzlerdemokratie nunmehr voll entfalten.

Was aber waren die Gründe für diesen überwältigenden Wahlsieg der Union und Adenauers? Dass ihre Wahlentscheidung anders als 1949 stark vom Kanzler abhing, daran hatten die Wähler keinerlei Zweifel gelassen. Nach den Leistungen Adenauers befragt, antworteten im Februar 1953 rund 55 Prozent: »Adenauer kann gut verhandeln, hat das Ansehen Deutschlands wiederhergestellt.« Immerhin 46 Prozent befanden: »Adenauer will uns Sicherheit vor dem Osten geben«, und 44 Prozent meinten: »Adenauer hat dafür gesorgt, dass es uns wirtschaftlich wieder besser geht.«[81] Außenpolitische Themen dominierten also, obwohl sich hinter den Antworten nicht nur außenpolitische Ansichten verbargen, sondern beispielsweise auch der breite gesellschaftliche Antikommunismus oder ein nunmehr auf die Bundesrepublik bezogenes deutsches Nationalbewusstsein. Dass Anfang 1953 die sich verbessernde wirtschaftliche Situation als Wahlmotivation angegeben wurde, verweist schließlich auf die allmählich einsetzende Wirkung des wirtschaftlichen Aufschwungs, aber auch, wenngleich es nicht ausdrücklich erwähnt wird, auf die Auswirkungen der Sozialpolitik der ersten Bundesregierung und die daraus folgende politische Konsensstiftung, von der die Unionsparteien zweifelsohne profitierten.

In der Konzentration des Parteiensystems spiegelte sich also auch das Zusammenwachsen der westdeutschen Gesellschaft. Von der zunehmenden oder der erfolgreichen Integration verschiedener Gruppen in die Gesellschaft der Bundesrepublik zu sprechen, wie es vor allem im Hinblick auf die Flüchtlinge und Vertriebenen immer wieder geschieht, ist zumindest unpräzise, denn die bundesrepublikanische Gesellschaft war keine Einheit, die bestimmte, von außen kommende Gruppen in sich aufnahm und integrierte, sondern selbst das Ergebnis mannigfacher Integrationsprozesse, die im Laufe der Jahre aus ganz verschiedenen Gruppen unterschiedlicher Schicksalslagen eine Gesellschaft werden ließen. Diese allmählich zusammenwachsende Gesellschaft hat dann ganz spezifische Charakteristika ausgebildet.

Man muss nicht unbedingt der These Werner Abelshausers folgen, wonach die Geschichte der Bundesrepublik vor allem ihre Wirtschaftsgeschichte sei.[82] Richtig ist aber, dass man die politische und soziale Entwicklung in Westdeutschland gerade in den ersten beiden Jahrzehnten nach Gründung der Bundesrepublik nicht erklären kann ohne den beispiellosen wirtschaftlichen Aufschwung dieser Jahre. Das »Wirtschaftswunder« hat entscheidend zur politischen Stabilisierung und gesellschaftlichen Integration beigetragen. Stärker noch als die Westintegration stand das »Wirtschaftswunder« in den Augen der Westdeutschen, aber auch vieler ausländischer Beobachter für den deutschen Wiederaufstieg nach 1945. Im Ausland sah man diese Entwicklung mit einer Mischung aus Neid und Bewunderung. Was der britische Premierminister Harold Macmillan öffentlich aussprach, dachten so oder so ähnlich viele: »Natürlich, wenn es uns gelungen wäre, zwei Weltkriege zu verlieren, alle unsere Schulden abzuschreiben – statt fast 30 Millionen Pfund Schulden zu haben –, alle unsere internationalen Verpflichtungen loszuwerden und keine Truppen in Übersee unterhalten zu müssen, dann wären auch wir wohl so reich wie die Deutschen.«[83]

In der Tat war die wirtschaftliche Entwicklung in der Bundesrepublik außergewöhnlich und Respekt einflößend. Das Bruttoinlandsprodukt stieg zwischen

1950 und 1957 von 97,18 auf 216,54 Milliarden DM (gemessen in den jeweiligen Preisen); das entspricht einem realen Anstieg von über 80 Prozent. Im selben Zeitraum verdoppelte sich das Volkseinkommen je Einwohner von 1674 auf 3430 DM. Die Arbeitslosenquote sank von 11 Prozent (1950) auf 3,7 Prozent (1957).[84] Betrachtet man einen längeren Zeitraum, sind die Zahlen noch eindrucksvoller: Zwischen 1950 und 1970 erhöhte sich das Bruttosozialprodukt um 267 Prozent.[85] Die jährlichen Wachstumsraten lagen zwischen 1950 und 1955 bei durchschnittlich neun Prozent und bis 1960 noch immer bei etwa sechs Prozent. 1955 betrug die Wachstumsrate sogar 12,1 Prozent.[86] Innerhalb weniger Jahre stiegen die Verlierer des Zweiten Weltkriegs zu ökonomischen Siegern auf – zur stärksten Wirtschaftsmacht in Europa. Dass gerade die Deutschen selbst diesen raschen und steilen Wiederaufstieg nach 1945 als »Wunder« bezeichneten, deutet darauf hin, wie tief sie sich durch die Kriegsniederlage sowie die Herrschaft und die Verbrechen des Nationalsozialismus zu Boden geworfen fühlten und wie erstaunlich, wie überraschend, ja wie unbegreiflich dieser Wiederaufstieg ihnen vorkam.

Dabei ist das Wunder durchaus erklärbar. Es war keine isolierte Erscheinung, sondern gehört in den Zusammenhang der internationalen Entwicklungen in allen Industriegesellschaften zu jener Zeit. Es war Teil, aber auch Ergebnis der beispiellosen europäisch-amerikanischen Prosperitätsentwicklung der 30 Jahre zwischen 1946 und 1975, die der französische Ökonom Jean Fourastié die »Trente Glorieuses« genannt und denen der Historiker Eric Hobsbawm in Anlehnung an die Soziologin Juliet Schor und den Ökonomen Stephen Marglin die Bezeichnung »Goldenes Zeitalter« gegeben hat.[87] Es war ein außergewöhnlich langanhaltender wirtschaftlicher Boom, begründet vor allem von der beständigen Ausdehnung der Weltwirtschaft und des Exports, von dem die Entwicklung der westdeutschen Wirtschaft getragen war. Doch die weit überdurchschnittlichen Wachstumsraten können mit der internationalen Entwicklung und externen Faktoren alleine nicht erklärt werden. Endogene Einflüsse traten hinzu. Der Übergang zu einer marktwirtschaftlich-kapitalistischen Ordnung, der schon vor Gründung der Bundesrepublik durch das »Leitsätzegesetz«, das »Gesetz über Leitsätze für die Bewirtschaftung und Preispolitik nach der Geldreform« vom 26. Juni 1948, vom Frankfurter Wirtschaftsrat beschlossen worden war, setzte rasch eine enorme Dynamik frei. Diese wurde weiter angetrieben durch die vielen Flüchtlinge und Vertriebenen, die den Aufschwung quantitativ und qualitativ fundierten. Und nicht zuletzt wurde die Güterproduktion angekurbelt durch einen erheblichen Nachfrageüberhang, zunächst im Inland, später auch im Ausland.

Neben den ordnungspolitischen Grundentscheidungen der Jahre um 1948/49 und insbesondere der Währungsreform haben noch zwei weitere Faktoren zu dem rund 15-jährigen Rekonstruktionsaufschwung beigetragen: Der Marshall-Plan und die Mittel des European Recovery Program (ERP), die politisch und ökonomisch auf die Stabilisierung Westeuropas und die Einbeziehung der Deutschen in den europäischen Wiederaufbau zielten, waren für den westdeutschen Staat eine wichtige Zahlungsbilanzhilfe und verliehen der westdeutschen Wirtschaft entscheidende Wachstumsimpulse. Darüber hinaus trug die Marshall-Plan-Hilfe, bis 1952 immerhin etwa 1,3 Milliarden Dollar, zur Wiedereingliederung Deutschlands in die Weltwirtschaft bei und schuf dadurch die Voraussetzungen für den im Wesentlichen export- und außenhandelsgestützten Aufschwung.[88] Mindestens ebenso wichtig war die Tatsache, dass Kriegszerstörungen und Demontagen die Industrieproduktion nicht völlig lahmgelegt hatten. Wohnraum und Infrastruktur waren viel stärker zerstört als die Produktionsstätten, die vor dem Krieg erheblich ausgebaut und modernisiert worden waren. So konnte die Produktion nach Instandsetzung recht schnell wieder anlaufen. Die erforderlichen Reparaturinvestitionen verschlangen nur wenig Kapital, so dass die Kapitalrentabilität gerade in der Frühzeit der Bundesrepublik relativ hoch war.[89]

Dennoch führte kein direkter Weg von der Währungsreform 1948 zu jener Wachstumsdynamik, die im Laufe des Jahres 1950 zögernd, von 1951 an aber unaufhaltsam einsetzte. Die Währungsreform und die mit ihr verbundene weitgehende Liberalisierung der Märkte hatten zunächst einen konjunkturellen Aufschwung hervorgerufen, doch wenige Monate später sah es so aus, als würde sich Erhards Versprechen nicht erfüllen. Im Frühjahr 1951 gehörte der Bundeswirtschaftsminister zu den unbeliebtesten Politikern der Republik. Die Deutschen spürten, dass die ökonomische Entwicklung, die eben noch zu Hoffnung Anlass gegeben hatte, stagnierte. Der große Nachholbedarf führte zu Warenknappheit und Preissteigerungen. Noch bevor der Korea-Krieg einsetzte und die Krise verschärfte, war die Zahl der Arbeitslosen in der Bundesrepublik, die Mitte 1948 bei nur 400 000 gelegen hatte, auf 2 Millionen gestiegen.

In der Retrospektive lässt sich leicht eine Stabilisierungskrise der Sozialen Marktwirtschaft ausmachen, doch damals sahen sich der Bundeswirtschaftsminister – und mit ihm die gesamte Bundesregierung – heftiger Kritik ausgesetzt. Im Bundestag forderte die SPD-Opposition ein Ende der Marktwirtschaft und den Übergang zu einer Wirtschaftspolitik mit planwirtschaftlichen Elementen. Außerhalb des Parlaments übten die Gewerkschaften lautstark Kritik. Erinnerungen an Weimarer Verhältnisse wurden wach. Würde die junge Demokratie der ökonomischen Krise standhalten? Die Alliierten begannen daran zu zweifeln, vor allem der amerikanische Hochkommissar John J. McCloy hegte Bedenken, ob die liberale Politik Erhards wirklich geeignet sei, den Wiederaufbau voranzubringen, und ob die hohe Arbeitslosigkeit die politische Stabilität nicht gefährde. 1949 stellten die Vertriebenen und Zuwanderer 16 Prozent der westdeutschen Bevölkerung, aber 40 Prozent der Arbeitslosen, und die Angst vor einer politischen Radikalisierung dieser Gruppe, welche die Vertreter der Alliierten umtrieb, war keineswegs aus der Luft gegriffen.[90]

Die Frontlinie der Auseinandersetzung verlief also keineswegs nur zwischen Befürwortern und Gegnern der Marktwirtschaft. Als schließlich auch Teile der CDU/CSU einem Entschließungsantrag der SPD im Bundestag zustimmten, der ein Programm zur Bekämpfung der Arbeitslosigkeit und eine aktive Beschäftigungspolitik forderte, musste Erhard nachgeben. Zwar wetterte er gegen den »Generalangriff auf die deutsche Marktwirtschaft«,[91] legte aber doch ein – wenn auch bescheidenes – Arbeitsbeschaffungsprogramm auf. Weitere Maßnahmen sollten folgen, wurden dann aber infolge des 1951 spürbaren Korea-Booms nicht mehr wirksam.

Nach Ausbruch des Krieges im Fernen Osten im Juni 1950 hatte es zunächst überhaupt nicht nach einem Boom ausgesehen. Die Kapitalknappheit nahm global zu, weltweit stiegen die Preise vor allem für Rohstoffe und Lebensmittel, von denen die Bundesrepublik besonders abhängig war. Versorgungsengpässe führten zu Bewirtschaftungsmaßnahmen; die Industrieproduktion geriet ins Stocken. Die Bundesregierung fand sich zu »planvollen und sinnvollen Regelungen« der Wirtschaft bereit,[92] deren Ausführung der Bundeswirtschaftsminister allerdings den Wirtschaftsverbänden, insbesondere dem Bundesverband der Deutschen Industrie (BDI), überließ. Diese Verbände übernahmen die Steuerungsfunktionen, die vor allem die USA erwarteten, und verhinderten damit, dass der Staat formell eine wirtschaftliche Lenkungspolitik betreiben musste. Für Erhard, der sich noch kurz zuvor gegen eine Einmischung der Verbände in die Wirtschaftspolitik verwahrt hatte, lag in deren Einbindung jetzt die Rettung. Der Sozialen Marktwirtschaft wurden nun, anknüpfend an deutsche Traditionen seit dem Kaiserreich, korporatistische Elemente hinzugefügt, die in Erhards ursprünglichem Konzept nicht vorgesehen waren. Diese korporatistischen Elemente gelten heute vielen als Charakteristikum der Sozialen Marktwirtschaft beziehungsweise des »rheinischen Kapitalismus«.

Bei der Sozialen Marktwirtschaft handelte es sich nie um eine wirtschaftswissenschaftliche Theorie, sondern um ein wirtschaftspolitisches Konzept, so dass diese korporatistische Ausformung, die neben den Arbeitgeberverbänden über die Tarif- und Mitbestimmungspolitik auch die Gewerkschaften einbezog, ohne weiteres möglich war. Die Soziale Marktwirtschaft gewann – und behielt – auf diese Weise über die Zeiten hinweg Legitimations- und Integrationskraft. Freilich ist sie deswegen keine »inhaltliche Leerformel«,[93] sondern eher ein ordnungspolitisches Grundkonzept, das der staatlichen Wirtschaftspolitik in einem kapitalistischen System die Aufgabe zuweist, durch ein bestimmtes Maß an Umverteilung und damit staatlicher Intervention ein gesellschaftlich akzeptiertes und erfolgreiches Gegenmodell zum planwirtschaftlichen Sozialismus zu entwerfen. Ohne den Ost-West-Konflikt und insbesondere die deutsch-deutsche Systemkonkurrenz ist die Genese der Sozialen Marktwirtschaft kaum denkbar, denn in der Bundesrepublik stand das kapitalistisch-marktwirtschaftliche System unter ständigem Rechtfertigungsdruck und hatte zu beweisen, dass ein »Kapitalismus mit menschlichem Antlitz« möglich sei. Das waren letztlich ihre zentralen Entstehungs- und Funktionsbedingungen.

Ideengeschichtlich speiste sich die Soziale Marktwirtschaft aus der Gedankenwelt des »Ordoliberalismus« beziehungsweise jenes »Neoliberalismus« der 1930er Jahre, der in Abkehr vom klassischen Liberalismus und in Reaktion auf die Weltwirtschaftskrise einen »dritten Weg« (Alexander Rüstow) zwischen dem ungezügelten Liberalismus (»Paläoliberalismus«) und dem Sozialismus/Kommunismus suchte, wobei der wirtschaftlichen Freiheit ein vom Staat geschaffener und garantierter Ordnungsrahmen verpasst wurde. Der Münsteraner Ökonom Alfred Müller-Armack, seit 1952 Staatssekretär im Bundeswirtschaftsministerium, der den Begriff Soziale Marktwirtschaft prägte, griff die Idee des »dritten Weges« auf. Weitergehend als andere Ordoliberale hob er vor allem die soziale Zielsetzung einer, wie er es nannte, »staatlich gesicherten Marktwirtschaft« hervor.[94] Eine »gesteuerte Marktwirtschaft« sei ökonomisch ergiebig und komme gerade deshalb allen sozialen Schichten zugute. Darüber hinaus hielt Müller-Armack eine staatliche Sozialpolitik für nötig, um Markteffekte auszugleichen.[95] In der deutschen Gesellschaft entfaltete der Begriff Soziale Marktwirtschaft große Attraktivität, und zwar nicht in erster Linie wegen des Adjektivs »sozial«, sondern weil das Wort »Kapitalismus« vermieden und mit »Marktwirtschaft« ein ideologisch unbelasteter Begriff angeboten wurde.[96]

Zum wichtigsten Repräsentanten der Sozialen Marktwirtschaft wurde indes zweifellos Ludwig Erhard, den wir bis heute nicht nur mit dem »Wirtschaftswunder«, sondern eben auch mit der Idee der Sozialen Marktwirtschaft in Verbindung bringen.[97] Erhard war keineswegs der wissenschaftliche Vater der Sozialen Marktwirtschaft, und zu den führenden Köpfen des Ordoliberalismus ist er nicht zu rechnen. Aber der barocke, 1897 in Fürth geborene Franke verkörperte wie kein zweiter Politiker schon rein äußerlich den wirtschaftlichen Aufschwung, zu dem seine Politik entscheidend beigetragen hat.

Erhards steile Karriere begann 1945, als ihm die Amerikaner, weil er als politisch unbelasteter Wirtschaftsfachmann galt, die Leitung des Wirtschaftsamts der Stadt Fürth übertrugen und ihn wenig später zum wirtschaftspolitischen Berater des amerikanischen Stadtkommandanten von Nürnberg machten. Der Pragmatismus und das allgemeine Bekenntnis Erhards zu einer liberalen Wirtschaftsordnung veranlassten die Besatzungsmacht, dafür zu sorgen, dass diesem im Herbst 1945 in der bayerischen Allparteienregierung Wilhelm Hoegners der Posten des Wirtschaftsministers übertragen wurde. Erhards politische Karriere schien schon ein gutes Jahr später mit der Entlassung aus diesem Amt beendet, doch nach einer Zwischenstation als Leiter der bizonalen »Sonderstelle Geld und Kredit«, deren Hauptaufgabe die Vorbereitung einer Währungsreform war, wurde Erhard schließlich im März 1948 vom Frankfurter Wirtschaftsrat in das Amt des Direktors der Wirtschaftsverwaltung der Bizone gewählt.

Erst im Wirtschaftsrat begann Erhard jenes marktwirtschaftliche Charisma zu entfalten, an das man sich bis heute erinnert. In wirkungsvollen Reden plädierte er für eine Währungsreform und für eine umfassende Liberalisierung der Wirtschaft. Die Währungsreform, so betonte Erhard schon in seiner Frankfurter Antrittsrede, werde einen »dynamischen Prozess« einleiten, an dessen Ende eine freie marktwirtschaftliche Ordnung stehe. Die Wirtschaft, so Erhard im Rückgriff auf Walther Rathenau, sei wieder einmal das Schicksal der Deutschen. Er hatte seine Rolle als »Prophet der Marktwirtschaft« (Manfred Görtemaker) gefunden: »Wir glauben nicht an Wunder und dürfen solche auch nicht erwarten. Umso größer aber ist die Gewissheit, dass die ausschließlich friedlichen Zwecken und der Mehrung der sozialen Wohlfahrt zugewandte Arbeit eines fleißigen Volkes in enger Gemeinschaft mit der übrigen Welt Früchte zeitigen und es aus seiner Not erlösen wird. Aus rauer Gegenwart eröffnet sich ein versöhnlicher Ausblick in eine für unser Volk wieder glücklichere Zukunft.«[98]

Mit solchen Reden gewann Erhard rasch die Sympathien der bürgerlichen Parteien, zunächst der FDP, nach und nach auch der Union. Keiner erkannte aber klarer als Konrad Adenauer, wie hilfreich der parteilose Erhard im Kampf gegen die planwirtschaftlichen Vorstellungen der SPD und auf dem linken Flügel der CDU sein konnte. 1948 begann eine politische Kooperation, die aus der Ära Adenauer auch eine Ära Erhard machte und zu den Erfolgen der Unionsparteien entscheidend beitrug. Erhard hatte dafür schon vor Gründung der Bundesrepublik das Feld bereitet, indem er den von Müller-Armack geprägten Begriff der Sozialen

Marktwirtschaft aufnahm, zur »gängigen Parole« (Theodor Eschenburg) machte und dadurch dem wirtschaftspolitischen Kurs der Liberalisierung angesichts planwirtschaftlicher Alternativkonzepte breite Akzeptanz verschaffte.

Zum Siegeszug der Sozialen Marktwirtschaft wäre es dennoch nicht gekommen, wenn der 1951 kraftvoll einsetzende Korea-Boom die Konjunktur nicht schlagartig angekurbelt und von 1952 an zu einem stabilen, sich selbst tragenden wirtschaftlichen Wachstum geführt hätte. Nun konnte die Bundesrepublik von ihrer unterbewerteten Währung profitieren und überdies, weil die Binnennachfrage auf Grund der geringen Einkommen noch immer recht niedrig war, Exportkapazitäten zur Verfügung stellen. Erst jetzt begann das eigentliche »Wirtschaftswunder«, die Rekonstruktionsphase ging in eine echte Wachstumsphase über. Die Arbeitslosenquote sank stetig; Ende des Jahrzehnts war Vollbeschäftigung erreicht. Gleichzeitig stiegen die Realeinkommen. Schon 1950 erreichten sie ungefähr den Stand von 1938/39, und bis zum Ende der Ära Adenauer verdoppelten sich die Nettoverdienste aus unselbständiger Arbeit. Die Preisentwicklung begünstigte diese Prozesse; die Inflationsrate blieb deutlich unter der Lohnsteigerungsrate.

Dass die verfügbaren Einkommen kontinuierlich stiegen, war ein entscheidender Grund für den Wirtschaftsfrieden. Angesichts der Reallohnsteigerungen blieben die gewerkschaftlichen Lohnforderungen alles in allem maßvoll. Für überzogene Tarifforderungen fehlte in der westdeutschen Gesellschaft jegliches Verständnis.

Gewerkschaften und Arbeitgeber in den Jahren des Wirtschaftswunders

Die Wiedergründung von Gewerkschaften hatte rasch nach Kriegsende eingesetzt, war aber zunächst auf die einzelnen Besatzungszonen begrenzt geblieben. Mit der Gründung der Bundesrepublik organisierten sich die Einzelgewerkschaften auch auf Bundesebene, darüber hinaus wurde mit dem Deutschen Gewerkschaftsbund (DGB) 1949 ein einheitsgewerkschaftlicher Dachverband geschaffen. Die Gründung des DGB markierte einen Bruch mit den gewerkschaftlichen Traditionen in Deutschland. An das Modell der Richtungsgewerkschaften der Zeit vor 1933 knüpfte man nicht mehr an.

Die Konzeption des DGB war von dem grundsätzlichen Gegensatz zwischen »Werktätigen« und »Kapitalbesitzern« geprägt. In seinem »Münchener Programm« vom Oktober 1949 bekannte er sich zu einer »wirtschaftsdemokratischen Trias« bestehend aus volkswirtschaftlicher Planung, Kontrolle unternehmerischer

Macht und gleichberechtigter Mitbestimmung der Arbeitnehmer. In der Ära des ersten DGB-Vorsitzenden Hans Böckler resultierte daraus noch keine aggressive und umfassende Frontstellung gegen die Bundesregierung und ihre Politik, denn das hätte in der Öffentlichkeit kaum Unterstützung gefunden und war auch angesichts der zwangswirtschaftlichen Entwicklungen in der DDR politisch riskant. Böckler suchte vielmehr über die Bereitschaft zur politischen Mitwirkung und zur konstruktiven Zusammenarbeit konkrete Arbeitnehmerinteressen durchzusetzen.

Das beste Beispiel dafür ist der gewerkschaftliche Neutralitätskurs in der Frage der Montanunion und der westdeutschen Wiederbewaffnung 1950/51, den Adenauer und Böckler aushandelten und mit dem die Gewerkschaften im Gegenzug die paritätische Mitbestimmung im Montanbereich erlangten. Der Erfolg allerdings, den das Gesetz über die Montanmitbestimmung vom 21. Mai 1951 bedeutete, blieb insofern begrenzt, als es den Gewerkschaften in der Folgezeit nicht gelang, die paritätische Mitbestimmung auf andere Bereiche zu übertragen. In den Aufsichtsräten erhielten die Arbeitnehmer nur ein Drittel der Sitze, und die Befugnisse der Betriebsräte wurden auf soziale und personelle Angelegenheiten beschränkt. Dieser Misserfolg stürzte die Gewerkschaften und insbesondere den DGB, der mit dem 1951 verstorbenen Hans Böckler seine dominierende Figur verloren hatte, in einen scharfen, erst Mitte der 1950er Jahre abebbenden Richtungsstreit.

Noch 1953 hatte sich der DGB in einem Wahlaufruf auf die Seite der SPD-Opposition geschlagen und musste sich damit zu den Wahlverlierern rechnen. In den folgenden Jahren kam es nach und nach zu einer Abkehr von der ideologischen Zielsetzung, den Kapitalismus zu überwinden. Für radikale Kapitalismuskritik war in der prosperierenden Bundesrepublik kein Platz. Die Gewerkschaften verzichteten allmählich auf Forderungen nach einer fundamentalen Umkehr sowie nach einem grundsätzlichen ordnungspolitischen Richtungswechsel und konzentrierten sich stattdessen auf pragmatische Schritte und konkrete Forderungen im Interesse der Arbeitnehmer. Im Mittelpunkt standen dabei neben Lohnerhöhungen die Forderungen nach der Fünf-Tage-Woche beziehungsweise der 40-Stunden-Arbeitswoche, Fragen des Arbeitsschutzes, Mitbestimmungsrechte und Themen der Sozialpolitik, insbesondere die Reform der Rentenversicherung zur Überwindung der noch immer weit verbreiteten Altersarmut. Die Gewerkschaftspolitik beschränkte sich allerdings nicht auf Plakataktionen wie die Kampagne »Samstags gehört Vati mir«. Zwar wurde selten gestreikt, aber die Gewerkschaften waren weiterhin zum Arbeitskampf mit dem Mittel des Streiks bereit. 1957 legte die IG Metall beispielsweise in Schleswig-Holstein für die Lohnfortzahlung im Krankheitsfall 16 Wochen lang die Arbeit nieder.

Wie die SPD machten auch die Gewerkschaften einen ideologischen und programmatischen Wandel durch und trennten sich allmählich von klassengesellschaftlichen und kapitalismusfeindlichen Grundsätzen. Diese Entwicklungen lassen sich aus der Geschichte der deutschen Arbeiterbewegung sowie den Erfahrungen von Weimar, der Zeit des Nationalsozialismus und der Besatzungszeit herleiten. Aber den eigentlichen Schwung gewannen Reform und Umorientierung vor allem durch ein historisch präzedenzloses Zusammenwirken von nationalen Faktoren und transatlantischem Austausch, das die jüngere Forschung als »Westernisierung« bezeichnet.[99]

Im Zentrum dieser Westernisierung stand die Hinwendung zu einem »Konsensliberalismus« beziehungsweise »Konsenskapitalismus«, wie er sich in den Vereinigten Staaten im Zeichen des »New Deal« der 1930er Jahre herausgebildet hatte. Der Konsensliberalismus bot Raum für eine maßvoll staatsinterventionistische Wirtschafts- und Sozialpolitik, die in der Bundesrepublik im Zeichen der Sozialen Marktwirtschaft stand, sowie für Gesellschaftsreformen zur Durchsetzung von Chancengleichheit. In diesem Rahmen beruhte er darauf, dass Arbeitnehmer und Arbeitgeber ihre jeweiligen Interessen als legitim anerkannten und in der Aushandlung dieser Interessen auf der Basis eines Grundkonsenses kompromissbereit blieben. Der Grundkonsens lag vor allem in dem gemeinsamen Ziel, Produktivität und Wachstum und damit auch die Kaufkraft und den Wohlstand der Bevölkerung zu erhöhen, was wiederum für Stabilität sorgen sollte.

Der Konsenskapitalismus erwuchs aus der historischen Erfahrung, dass ökonomische Krisen den Aufstieg totalitärer Regime begünstigen. In der Zeit des Ost-West-Konflikts waren Prosperität und eine gerechte Umverteilung wesentliche Mittel gegen die Verlockungen des Kommunismus und für den Erhalt der westlich-liberalen Staats- und Gesellschaftsordnungen. Während die »Westernisierung« der Sozialdemokratie, für die nicht zuletzt Willi Eichler, Carlo Schmid und Willy Brandt standen, ihren Ausdruck im Godesberger Programm von 1959 fand, gewann die »Westernisierung« der Gewerkschaften und insbesondere des DGB, die Mitte der 1950er Jahre einsetzte und von Gewerkschaftern wie Ludwig Rosenberg (stellvertretender DGB-Vorsitzender seit 1959, Vorsitzender 1962 bis 1969), Hermann Beermann, Kuno Brandel, Werner Hansen und Hans Jahn vorangetrieben wurde, ihren wichtigsten Ausdruck im Düsseldorfer DGB-Programm von 1963, das den Bruch mit den marxistischen Traditionen der deutschen Arbeiterbewegung markierte.[100]

Während die Gewerkschaften die Soziale Marktwirtschaft erst im Laufe der Jahre akzeptierten, bekannten sich die Arbeitgeberverbände von Anfang an zu ihr und zur Wirtschaftspolitik Ludwig Erhards und traten für eine liberale Wirtschafts- und Gesellschaftsordnung ein. Die Wirtschaft sollte sich frei von staatlichen Regulierungsmaßnahmen entwickeln können. Diese Zielsetzung bestimmte die tarifpolitische Programmatik der Arbeitgeberverbände, in deren Mittelpunkt die Tarifautonomie ohne staatliche Mitwirkung stand, wie sie im Tarifvertragsgesetz von 1953 vorgesehen war. Lange rangen Arbeitgeber und Gewerkschaften um ein Verfahren zur freiwilligen Schlichtung in Tarifkonflikten. Das Grundgesetz hatte zwar schon eine prinzipielle Vorentscheidung getroffen, indem es in Artikel 9 die uneingeschränkte Koalitionsfreiheit auch für das Wirtschafts- und Arbeitsleben festlegte und damit eine Rückkehr zur staatlichen Zwangsschlichtung der Weimarer Zeit ausschloss. Aber die Einigung auf einen Schlichtungsmodus gelang erst 1954.

Die Arbeitgeberverbände knüpften organisatorisch deutlich an die Weimarer Zeit an. Personelle Kontinuitäten, insbesondere im Bereich der Geschäftsführungen, bestanden zum Teil auch über die Zeit des Nationalsozialismus hinweg.[101] Die dreisäulige Struktur der Unternehmerverbände, der eine prinzipielle Aufgabenteilung zugrunde lag, wurde nach 1945 wiederhergestellt. Da waren zunächst die Industrie- und Handelskammern, die nach 1945 regional rasch neu erstanden und sich 1949 zum Deutschen Industrie- und Handelstag (DIHT) zusammenschlossen. Ihnen kam die Aufgabe zu, regionale und lokale Interessen der Industrie und des Handels zu vertreten. Gründungsvorsitzender des DIHT war Alfred Petersen. Die wirtschaftspolitischen Interessen der Industrie, vor allem der Großindustrie, vertrat der ebenfalls 1949 aus einer Reihe von branchenspezifischen Unternehmerverbänden hervorgegangene »Ausschuss für die Wirtschaftsfragen der industriellen Verbände«, der sich im folgenden Jahr in »Bundesverband der Deutschen Industrie« (BDI) umbenannte. Geprägt hat ihn bis 1969 der Metallunternehmer Fritz Berg als erster Präsident. In der Sozial- und Tarifpolitik lag die Verantwortung bei der »Bundesvereinigung der Deutschen Arbeitgeberverbände« (BDA), ein Verband, der 1949 gegründet wurde und sich seit 1950 so nannte. Dem BDA standen in den 1950er Jahren die Präsidenten Walter Raymond und Hans Constantin Paulsen vor. Diese »drei Säulen« des Unternehmerlagers waren personell eng verflochten, was trotz Arbeitsteilung ein abgestimmtes und geschlossenes Vorgehen im Sinne ihrer wirtschafts- und sozialpolitischen Interessen garantierte.

Der politisch dominierende Dachverband der Arbeitgeberseite war von Anfang an der BDI mit seinem einflussreichen und durchsetzungsstarken Präsidenten. Berg, der über beste Kontakte zu Adenauer verfügte, stand für eine unternehmer- und industriefreundliche Politik und vertrat insgesamt konservative, nicht nur gewerkschaftskritische, sondern allgemein pluralismus- und parlamentaris-musskeptische Vorstellungen. Es ist symptomatisch, dass der BDI in Bergs Amtszeit 83 Prozent seiner Eingaben an die Bundesregierung richtete.[102] Das resultierte aus den Erfahrungen der wirtschaftlichen Interessenverbände während des »Dritten Reiches« und der Besatzungszeit mit ihrer Dominanz der Exekutive. Dennoch ließen sich die Industrieverbände auf den Parteienstaat ein und unterstützten insbesondere die Unionsparteien und die FDP durch Parteispenden. Diese Spenden erfolgten in der Regel über die von den Industrieverbänden zum Zweck der Steuerbefreiung gegründete »Staatsbürgerliche Vereinigung«, eine Praxis, die das Bundesverfassungsgericht 1979 für rechtswidrig erklärte.

Ihr politisches Selbstbewusstsein bezogen die Unternehmerverbände und ihre Spitzenrepräsentanten aus der Überzeugung, Wirtschaft und Unternehmer hätten entscheidend zum Wiederaufbau nach dem Krieg, zu Wirtschaftswachstum und Prosperität und damit auch zur politischen Stabilität und zum sozialen Frieden beigetragen. Ihr Einfluss ist schon früh heftig kritisiert worden, beispielsweise von Theodor Eschenburg in dem Essay über die »Macht der Verbände« von 1955.[103] Eschenburg verweist darin nicht nur auf die Problematik des Verbandslobbyismus, sondern er dokumentiert unbewusst auch, wie fremd den Deutschen der gesellschaftliche und politische Pluralismus noch immer war, der seinen Ausdruck eben auch in der Aktivität von Interessenverbänden fand. Es dauerte eben seine Zeit, bis Politikwissenschaftler wie der durch anglo-amerikanische Exilerfahrungen geprägte Ernst Fraenkel mit ihren Pluralismuskonzepten und ihren Hinweisen auf den Zusammenhang von Demokratie und Pluralismus in der deutschen Gesellschaft auf breitere Akzeptanz stießen.[104]

Wirtschafts- und Sozialpolitik im Zeichen der Stabilisierung

Von einer umfassenden Übereinstimmung der Unternehmer mit der Wirtschafts- und Ordnungspolitik der Bundesregierung in den ersten Jahren kann keine Rede sein. Das zeigte sich noch einmal 1957, als mit dem »Gesetz gegen Wettbewerbs-beschränkungen« (Kartellgesetz) der institutionelle Aufbau der Sozialen Marktwirtschaft in wettbewerbsrechtlicher Hinsicht abgeschlossen wurde. Dieser »konzeptionelle Schlussstein der Sozialen Marktwirtschaft« (Günther Schulz) brach mit der in Deutschland seit dem Kaiserreich mächtigen Tradition der Kartelle.

Im Prinzip bekräftigte das Gesetz von 1957 ein Kartellverbot, das die Alliierten bereits 1945 durchgesetzt hatten und das den ordoliberalen Vorstellungen entsprach, die in Ludwig Erhard ihren politisch einflussreichsten Vertreter hatten. Dennoch bedeutete das Gesetz eine Niederlage für Erhard, weil das grundsätzliche Verbot von Kartellen durch zahlreiche Ausnahmebestimmungen ausgehöhlt wurde. Das lag im Interesse der Industrie und ihrer Verbände, denen Adenauer 1956/57 bereit war entgegenzukommen, um dadurch deren Zustimmung zur Renten-reform – in deren Mittelpunkt die »dynamische Rente« stand – und damit zu einem gewaltigen Ausbau des Sozialstaats zu erreichen. Es war also nicht Verbands-lobbyismus alleine, dem sich die vergleichsweise milde Kartellgesetzgebung der Bundesrepublik verdankte, sondern eine Politik, die Verbandsinteressen strate-gisch einbezog, um sie sich im politischen Prozess zunutze zu machen.

Ganz ordoliberalen Vorstellungen entsprach hingegen das zweite »Grundge-setz« (Peter Graf Kielmansegg) der Sozialen Marktwirtschaft, nämlich die Errich-tung der Deutschen Bundesbank. Diese trat nach einem Bundesgesetz von 1957 an die Stelle der 1948 von den Besatzungsmächten gegründeten Bank deutscher Län-der. Schon die Bank deutscher Länder war aus der ordnungspolitischen Überzeu-gung ins Leben gerufen worden, dass eine stabile Marktwirtschaft auf einer festen, von einer unabhängigen Notenbank garantierten Währung beruhen müsse. Ob-wohl die Geschichte die Deutschen gelehrt hatte, wie leicht der Staat eine Währung zerstören konnte, galt eine autonome Notenbank nach dem Krieg nicht als kon-sensfähig. Da die Alliierten 1948 entschieden, gab es aber gar keinen deutschen Handlungsbedarf. Als dann 1957 das Bundesbankgesetz verabschiedet wurde, hatte das Konzept einer unabhängigen Notenbank sich offenkundig bewährt und durch den von einer stabilen Währung mit getragenen wirtschaftlichen Aufschwung an Legitimation gewonnen.

Das Gesetz wies der Bundesbank die Aufgabe zu, unabhängig von Regierung und Parlament mit ihren kredit- und geldpolitischen Kompetenzen die Stabilität der Währung zu sichern. Diese Aufgabe hat die Bundesbank über Jahrzehnte er-füllt. Wenn man nach Gründen für die gesellschaftliche Bedeutung und Veranke-rung der Geldwertstabilität in der Bundesrepublik und die emotionale Bindung der Deutschen an die D-Mark fragt, muss man daher auch das Wirken der Frank-furter Bundesbank anführen.[105]

Die boomende Konjunktur der 1950er Jahre ermöglichte eine umfassende So-zialpolitik, doch der Steuerstaat Bundesrepublik, der das finanzierte, gerät in die-sem Zusammenhang selten in den Blick. Das ist umso erstaunlicher, als »die fiska-lischen Schwierigkeiten der Gegenwart«, wie der Finanzwissenschaftler Robert von Weizsäcker schon 1999 bemerkte, »das Ergebnis wirtschafts- und finanzpolitischer Entscheidungen der Vergangenheit« seien.[106] In der Steuer- und Fiskalpolitik habe

sich gerade in der Frühzeit der Bundesrepublik eine »Abfolge von Entscheidungs-
konstellationen ... zu einem Entwicklungspfad mit sich verringernden Handlungsoptionen verdichtet«.[107]

Schon in den »Februargesetzen« von 1946 hatte der Alliierte Kontrollrat
die Steuersätze drastisch angehoben und zugleich zahllose steuerliche Vergünstigungen beseitigt. Damit verfolgte er drei sich zum Teil widersprechende Ziele:
eine Entnazifizierung des Steuerrechts, die Abschöpfung des inflationsbedingten
Geldüberhangs und höhere Einnahmen (nicht zuletzt zur Finanzierung von Besatzungskosten und Reparationen). Das Steuerniveau wurde nach der Währungsreform nicht gesenkt, aber von 1948 an durch die Herabsetzung einiger Verbrauchssteuern und Steuervergünstigungen teilweise unterlaufen. Dafür traten neue
Abgaben wie beispielsweise das »Notopfer Berlin« sowie von 1949 an die Abgaben
(Soforthilfeabgabe, Hypothekengewinnabgabe) zur Finanzierung des Lastenausgleichs hinzu. An Soforthilfe kamen bis 1952 immerhin 6,2 Milliarden D-Mark
zusammen, die nicht nur Flüchtlingen und Vertriebenen, sondern auch Kriegs-
opfern, Währungsgeschädigten und politisch Verfolgten zugutekamen. Diese Hilfen linderten die unmittelbare Not und beförderten die politische und soziale Stabilisierung und Integration.

Sozialleistungen machten schon bald den Löwenanteil der Ausgaben des Bundes aus. Daneben standen die Besatzungskosten. Zu ihnen gesellten sich Ausgaben
für die Verteidigung der Bundesrepublik beziehungsweise die Aufstellung westdeutscher Streitkräfte. Die Wiedergutmachung nationalsozialistischen Unrechts
sowie die Zahlungen nach dem Londoner Schuldenabkommen schlugen ebenfalls
zu Buche. Das veranlasste Bundesfinanzminister Fritz Schäffer (CSU) zu einer restriktiven Haushaltspolitik der »geschlossenen Hand«, die antizyklisch auf die Stabilität der Währung zielte und zugleich Rücklagen zu bilden suchte, um gegen
finanzielle Herausforderungen gewappnet zu sein. 1955 hatte der Finanzminister
im »Juliusturm«, so genannt nach dem Spandauer Aufbewahrungsort des Reichs-
kriegsschatzes nach dem Deutsch-Französischen Krieg von 1870/71, auf diese Weise
rund 7 Milliarden D-Mark thesauriert, das waren 3,6 Prozent des Bruttoinlandsprodukts. Dass so viel Geld in die öffentlichen Kassen floss, lag auch an den steigenden
Steuereinnahmen. Um die Bevölkerung zur Kapitalbildung und zu Investitionen
anzureizen, wurden nicht die Steuersätze reduziert, sondern Vergünstigungen gewährt. Doch trotz sinkender Verbrauchssteuern blieb das Steuersystem sozial unausgewogen, denn es begünstigte die Bezieher höherer Einkommen.[108]

Finanzminister Schäffer konnte seine restriktive Haushaltspolitik nicht lange
durchhalten. Den Forderungen, die öffentlichen Ausgaben zu erhöhen und die

Steuern zu senken, konnte die Regierungskoalition am Vorabend der Bundestagswahlen von 1957 schließlich nicht mehr widerstehen. Mit Zustimmung der Regierung und insbesondere des Kabinetts wurde der »Kuchenausschuss«, ein Arbeits-
kreis der CDU/CSU-Bundestagsfraktion, aktiv. Innerhalb kürzester Zeit beschloss
man Steuersenkungen, neue Sozialleistungen und neue Subventionen, die innerhalb eines Jahres, von 1955 auf 1956, die Bundesausgaben um 23 Prozent anwachsen
ließen, obwohl dem nur eine achtprozentige Einnahmensteigerung gegenüberstand. Nach drei Jahren, nämlich 1959, war der »Juliusturm« geleert.[109]

Die Steuerbelastung des Sozialprodukts lag 1951 bei 23,6 und drei Jahre später
bei 24,6 Prozent. Rechnet man noch die Sozialabgaben hinzu, so wurde 1956 eine
Belastungsquote von 31,6 Prozent erreicht – eine Spitzenposition im internationalen Vergleich. Schon bevor die sozialen Sicherungssysteme mit der Rentenreform
entscheidend ausgebaut wurden, war die Bundesrepublik ein ausgeprägter Sozialstaat. Während 1928, in der Konsolidierungsphase der Weimarer Republik, 11,8 Prozent des Volkseinkommens für Sozialleistungen aufgewandt worden waren, lag diese
Quote für die Bundesrepublik 1953 bei 19,4 Prozent. Selbst ausgewiesene Wohl-
fahrtsstaaten wie Großbritannien und Schweden gaben 1953 nur 12,5 beziehungsweise 13,5 Prozent des Volkseinkommens für Sozialleistungen aus.[110] Die hohe
Quote der Bundesrepublik verdankte sich den finanziellen Spielräumen und Ver-
teilungsmöglichkeiten infolge der konjunkturellen Entwicklung und war Jahre
nach Gründung der Bundesrepublik in gewissen Bereichen auch durchaus geboten, da nur so die Kriegsfolgen bewältigt und das noch immer hohe Ausmaß an
Not und Elend gelindert werden konnten.

Über allem stand weiterhin der Imperativ gesellschaftlicher Integration und
politischer Stabilisierung. Kurzfristige Maßnahmen sollten vor allem in der Frühzeit der Bundesrepublik unmittelbar Wirkung zeigen bei der sozialen Integration
und die Entstehung gesellschaftlicher und politischer Unzufriedenheitspotenziale
verhindern helfen. Langfristig sollten dagegen funktionsfähige und belastbare soziale Sicherungssysteme das politische System befestigen und seine Akzeptanz erhöhen. Die soziale Sicherung musste daher so angelegt sein, dass sie wirtschaftliche
Krisenphasen überstand und konjunkturellen Belastungen standhielt, ohne an
Leistungsfähigkeit einzubüßen und die freiheitlich-demokratische Ordnung in
Gefahr zu bringen. Dieser Anspruch stand den Sozialpolitikern durchaus vor
Augen, doch in der Retrospektive tritt deutlich zutage, wie sehr der systematische
Ausbau der sozialen Sicherung – vor allem die Rentenreform – geprägt war von
den ökonomischen und konjunkturellen Bedingungen der Wirtschaftswunderzeit
und von der Annahme, dass sich das Wachstum beständig fortsetzen werde.

Letztlich war das System der sozialen Sicherung, das in der Ära Adenauer entstand, ein Schönwetter-System. Es ignorierte, dass sich die wirtschaftlichen und demographischen Bedingungen, auf denen es basierte, unvorteilhaft entwickeln konnten. Wie wir heute wissen, taten sie das auch. Hatte der Ausbau der sozialen Sicherung der Unionsregierung in den 1950er Jahren einen überwältigenden Wählerzuspruch beschert, so waren seit den 1970er Jahren alle Parteien damit konfrontiert, dass der Sozialstaat sich verändernden Bedingungen angepasst werden musste, was nichts anderes hieß, als das Leistungsniveau zu reduzieren.

Die junge Bundesrepublik stand vor gewaltigen sozialpolitischen Herausforderungen: 1,5 bis 2 Millionen Kriegsbeschädigte, 3,4 Millionen sogenannte »Kriegssachgeschädigte«, 9,4 Millionen Flüchtlinge und Vertriebene, zu denen sowohl Deutsche aus den ehemaligen deutschen Ostgebieten östlich von Oder und Neiße gehörten als auch etwa 1,5 Millionen Menschen, die aus der SBZ/DDR zugewandert waren.[111] Hinter diesen Zahlen tickte eine politische Zeitbombe. Die dringenden Probleme der Unterbringung, der Ernährung, der Arbeitsbeschaffung und der Versorgung duldeten keinen Aufschub. Die Währungsreform setzte zwar nach und nach eine neue ökonomische Dynamik frei, doch zunächst blieb die wirtschaftliche und soziale Lage schwierig und angespannt. Die Sozialversicherungsträger waren kaum in der Lage, ihre Leistungsversprechen zu erfüllen. Viele Menschen, vor allem Rentner, lebten viele Jahre unter der Armutsgrenze. Flüchtlinge und Vertriebene empfingen oft nur spärliche Fürsorgeleistungen, für die es keine verbindliche und klare Regelung gab, und hausten unter Bedingungen, die heute kaum noch vorstellbar sind. Noch fünf Jahre nach Kriegsende waren Hunderttausende zusammengepfercht in Barackenlagern, Nissenhütten, Kellern und Lagerhallen untergebracht oder mussten sich kleinste Wohneinheiten mit Einheimischen teilen, was zu ständigen Spannungen und Konflikten führte.

Das Soforthilfegesetz vom August 1949 (Gesetz zur Milderung dringender sozialer Notstände) der Bizone, das seit 1950 auch für die ehemalige französische Zone galt, löste die Fürsorgezahlungen ab. Flüchtlinge, Vertriebene, Kriegssachgeschädigte, Währungsgeschädigte und politisch Verfolgte erhielten nun im Vorgriff auf eine umfassende gesetzliche Regelung des Lastenausgleichs eine Reihe von Unterstützungsleistungen. Das Gesetz zielte auf die gesellschaftliche Integration der Flüchtlinge und Vertriebenen, weshalb sich die Zahlungen an der aktuellen Bedürftigkeit der Betroffenen, nicht am Ausmaß ihrer Vermögensverluste orientierten. Der Löwenanteil der bis 1952 ausgeschütteten Mittel floss in Unterhaltshilfen und die Wohnungsbauförderung, aber auch Hausrats- und Ausbildungshilfen sowie Mittel zur Förderung der beruflichen Integration wurden gewährt.

Ein Jahr später, 1950, wurde durch das Bundesversorgungsgesetz der Lebensunterhalt der Hinterbliebenen des Krieges aufgebessert durch Zusatzzahlungen zu Renten und Pflegegeldern. Diese Leistungen kamen den Kriegshinterbliebenen, Witwen und Waisen, den Kriegsbeschädigten, aber auch den Familien von Soldaten, die sich noch in Gefangenschaft befanden, zugute, darüber hinaus schloss es alle ein, die auf die eine oder andere Weise von Kriegseinwirkungen betroffen waren. Auf diese Weise spiegelte sich der »totale Krieg« in der Versorgungsgesetzgebung der Bundesrepublik.

Die Diskussion über einen Lastenausgleich setzte schon mit der Währungsreform ein und war geleitet von gesellschaftspolitischen Motiven. Man fürchtete die Spannungen, die durch eine ungerechte Verteilung der Kriegskosten und Kriegslasten entstehen könnten. Der »Lastenausgleich« geriet ziemlich bald in den Sog größerer gesellschafts- und eigentumspolitischer Auseinandersetzung. Während die Unionsparteien und die FDP sich dafür aussprachen, durch einen sogenannten quotalen Ausgleich die Vermögensverhältnisse – und damit auch die sozialen Unterschiede – der Vorkriegszeit wiederherzustellen, erblickte die Sozialdemokratie im Lastenausgleich den Hebel zu einer diese Unterschiede ausgleichenden Umverteilung. Das sollte durch eine nivellierende Rentenlösung erreicht werden.

Das Lastenausgleichsgesetz (LAG) vom August 1952 sah schließlich eine quotale Entschädigung vor, der die frühere Vermögensstruktur zugrunde lag. Bis zu bestimmten Mindesthöhen wurden Verluste ersetzt, für darüber hinausgehende Verluste nahmen die Entschädigungsleistungen ab – bis hin zu lediglich zwei Prozent bei den Höchstwerten. So erhielt beispielsweise Alexander Fürst zu Dohna-Schlobitten, einer der größten Grundbesitzer Ostpreußens, für seinen Besitz von über 8000 Hektar zu einem Einheitswert von rund 6,35 Millionen Reichsmark aus Mitteln des Lastenausgleichs etwa 172 000 D-Mark.[112] Insgesamt gingen bis 1971 bei den Lastenausgleichsämtern 7,2 Millionen Anträge auf Schadensfeststellung ein, von denen 73 Prozent positiv beschieden wurden. Bis zum Auslaufen des Lastenausgleichs 1995 waren es 8,6 Millionen. Zusammen mit anderen Ausgleichsanträgen (Hausratsentschädigung, Kriegsschadensrente) bearbeiteten die Ausgleichsämter, die zeitweise etwa 25 000 Mitarbeiter beschäftigten, insgesamt rund 60 Millionen Anträge. Bis 1995 wurden Zahlungen in Höhe von 141 Milliarden D-Mark geleistet.[113]

Der ursprünglich als Vermögenssubstanzabgabe konzipierte Lastenausgleich wurde de facto zu einer langfristigen Kriegsentschädigungssteuer, die so gut wie ausschließlich auf Gewinne erhoben wurde. Infolge des wirtschaftlichen Aufschwungs konnte er letztlich finanziert werden, ohne dass der wirtschafts- und finanzpolitische Primat der Kapitalbildung gefährdet wurde, zumal für die Festlegung der Ausgleichsabgaben die Vermögensbestände vom 21. Juni 1948 maßgeblich waren und Vermögenssteigerungen unberücksichtigt blieben.[114] In der Rückschau erscheint die Belastung gering, doch damals nahmen sich die Summen für Abgaben und Zahlungen, die man errechnete, durchaus erheblich aus.

Jenseits der ökonomischen Aspekte hatte der Lastenausgleich eine politisch-symbolische Bedeutung und wirkte dadurch binnengesellschaftlich integrierend. Die Vertriebenen und ihre Verbände wurden durch die Lastenausgleichspolitik in die Entscheidungsprozesse der parlamentarischen Demokratie einbezogen und angehalten, ihre Positionen system- und verfassungskonform zu vertreten. Dissens in der Sache und gruppenbezogene Interessen wurden so nicht zu Gefährdungen der demokratischen Ordnung. Alternative Konzepte zur Politik der raschen Eingliederung, etwa das bewusste Offenhalten der Vertriebenenproblematik (beispielsweise durch Lagerunterbringung), womöglich auch mit dem Ziel, national-politischen Druck auf die Besatzungsmächte auszuüben, sind nie erwogen worden. Das war parteiübergreifender Konsens.[115]

Der Lastenausgleich hat trotz aller Spannungen und Kritik das bundesrepublikanische Zusammengehörigkeitsgefühl und Solidaritätsempfinden gestärkt. Dazu haben allerdings die finanziellen Spielräume des »Wirtschaftswunders« entscheidend beigetragen, denn nur auf deren Basis war die Solidarität zu realisieren. Weder politische Entscheidungen noch finanzielle Möglichkeiten hätten indes die Eingliederung der Vertriebenen erreichen können, wenn die Vertriebenen selbst – und zwar individuell – dieses Eingliederungsbestreben nicht geteilt hätten. Letztlich erwuchs das »Wirtschaftswunder« zu einem nicht geringen Teil aus der individuellen und kollektiven (Wieder-)Aufstiegsorientierung der Westdeutschen nach 1945, für die nicht nur die Vertriebenen standen.

Die aggressive Politik der Vertriebenenverbände in späterer Zeit sollte den Blick nicht verstellen auf ihre wichtige politische und gesellschaftliche Rolle in den 1950er Jahren und ihre Bedeutung für die vergleichsweise reibungslose Integration der Vertriebenen. Sie artikulierten die Interessen ihrer Klientel im politischen Raum und reichten weit in alle Parteien der Republik hinein. Darüber hinaus absorbierten und kompensierten sie mit ihrem heimatkulturellen Engagement die massenhaften Fremdheits- und Entwurzelungserfahrungen und bereiteten den Boden für die Neuverwurzelung.[116] In Bezug auf Heimatpolitik und nationale Frage sprachen die Vertriebenenverbände nur aus, was damals in der westdeutschen Gesellschaft und auch zwischen Regierung und Opposition unumstritten war. So trugen sie wesentlich zur raschen Eingliederung sowie zur Entschärfung des politischen Radikalisierungspotenzials bei.[117]

Lastenausgleichsmittel flossen auch in die Wohnbauförderung, denn der Wohnungsmangel gehörte zu den noch lange spürbaren Kriegsfolgen. Die staatliche Bewirtschaftung des Wohnraums wurde bis 1960 beibehalten und blieb damit der wirtschaftlichen Liberalisierung entzogen. Neben die Wohnraumbewirtschaftung traten gewaltige öffentliche Wohnbauprogramme von Bund, Ländern und Gemeinden, durch die innerhalb weniger Jahre etwa 5 Millionen neue Wohnungen errichtet wurden. Die Bauwirtschaft profitierte von diesen Programmen, was zum Aufschwung beitrug und die Arbeitslosigkeit senkte. Zunächst stand der soziale Wohnungsbau, also der Bau kleinerer Einheiten, zumeist Ein- bis Zweizimmerwohnungen, im Vordergrund, doch schon Mitte des Jahrzehnts begann die konsequente Förderung des Eigenheimbaus. Das signalisierte, dass »die Beseitigung der echten Wohnungsnot« erreicht war,[118] und korrespondierte mit den gesellschaftlichen Ordnungsvorstellungen der Bundesregierung, nicht zuletzt Adenauers selbst, die sich am Mittelstand und an der Familie orientierten und deren Leitbild der Bürger mit »mäßigem Besitz« war.[119] Beim Neubau verdoppelte sich der Anteil der Ein- und Zweifamilienhäuser im Laufe der 1950er Jahre auf 30 Prozent; rund 1,5 Millionen Familien bezogen zwischen 1952 und 1961 ein Eigenheim.[120] Phasenversetzt offenbarte das den Doppelcharakter der westdeutschen Wohnungspolitik, die aus einer »Sozialpolitik für sozial Schwächere« bestand und aus einer »Mittelstandsförderung mit familienpolitischem Einschlag«.[121]

Familienpolitische Ziele verfolgte auch die Wiedereinführung des Kindergelds, das, als flächendeckende »Kinderbeihilfe« während des »Dritten Reiches« eingeführt, nach 1945 von den Alliierten zunächst abgeschafft worden war. 1954 legte das Kindergeldgesetz die Zahlung eines Kindergelds in Höhe von 25 D-Mark im Monat ab dem dritten Kind fest. Das Konzept der SPD, das ein Kindergeld schon ab dem ersten Kind für alle Erwerbstätigen vorsah, konnte sich nicht durchsetzen. Hinzu traten weitere Maßnahmen, die kinderreiche Familien, zum Beispiel beim Eigenheimbau, begünstigten. Das Kindergeldgesetz betraf lediglich ein Fünftel der westdeutschen Familien, was deutlich macht, dass es weniger sozial- als vielmehr familienpolitischen Vorstellungen folgte, zu denen neben der Förderung der Ehe auch das Ideal der nicht erwerbstätigen Hausfrau und Mutter mehrerer Kinder gehörte. Die etwa 70 Prozent der geschiedenen und verwitweten Elternteile mit weniger als drei Kindern profitierten hingegen nicht davon. Alleinstehende Frauen mit Kindern waren unter denjenigen, die unterhalb der Armutsgrenze lebten, überrepräsentiert.[122]

Den Schlussstein in der sozialen Sicherung stellte in der Gründungsphase der Bundesrepublik fraglos die Rentenreform des Jahres 1957 mit der Einführung der »dynamischen Rente« dar. Diese Reform, die den Unionsparteien zu einem triumphalen Wahlsieg verhalf, gehörte ursprünglich in den Zusammenhang eines viel breiter gedachten Konzepts der Sozialreform, mit dem nach der außenpolitischen Fundierung des Staates eine umfassende sozialpolitische Grundlage geschaffen werden sollte. Diese Überlegungen waren nicht nur geleitet von den Möglichkeiten, die die konjunkturelle Entwicklung für die Sozialleistungen bot, sondern gerade bei Konrad Adenauer auch von der Sorge, dass eine ungebremste Expansion der Sozialleistungen die Bundesrepublik früher oder später finanziell überfordern und zur Herausbildung eines »Versorgungsstaates« oder »Ammenstaates« führen und die Eigeninitiative der Bürger lähmen würde.[123] Schon früh hatte der Bundeskanzler sich dafür ausgesprochen, den Wohlfahrtsstaat zu begrenzen und stattdessen die Vermögens- beziehungsweise Eigentumsbildung der Arbeitnehmer durch Hilfe zur Selbsthilfe zu fördern.[124] Die Diskussionen innerhalb der Regierung, aber auch zwischen Regierung und Opposition über eine umfassende Sozialreform, die neben der Alterssicherung die Kranken- und Invaliditätsversicherung, die Arbeitslosenversicherung und Leistungen für Familien beziehungsweise Kinder und Jugendliche einbezog, verengten sich im Laufe der zweiten Legislaturperiode allerdings auf die Rentenreform.

Ohne Frage gehörte eine Reform der Alterssicherung zu den dringlichsten sozialpolitischen Herausforderungen. In den Besatzungsjahren und in der Frühphase der Bundesrepublik hatte man zunächst am »System Bismarck« festgehalten, einer beitragsfinanzierten Pflichtversicherung, in der Beitrag und Leistung aneinandergekoppelt waren. Die Rente war in dieser Tradition nicht als Einkommensersatz konzipiert, sondern als »Zubrot« (Günther Schulz). Bei Eintritt ins Rentenalter sahen die Menschen sich daher mit dem Problem der Altersarmut konfrontiert. Mit der dynamischen Entwicklung der Wirtschaft, mit steigenden Löhnen und Preisen wuchs die Diskrepanz zwischen Arbeitseinkommen und Rente beträchtlich. 1950 gab es etwa 3,9 Millionen Rentenempfänger, deren Rente im Durchschnitt nur ein Drittel ihres letzten Arbeitseinkommens betrug und die daher von den Segnungen des »Wirtschaftswunders« weitestgehend ausgeschlossen blieben.

Mit der Reform wurden die Rentenleistungen rückwirkend zum 1. Januar 1957 um rund 60 Prozent erhöht, was sich auf den Ausgang der Bundestagswahlen im Herbst entscheidend auswirkte. Langfristig spielten aber die strukturellen Elemente der Reform eine immer größere Rolle. Die Rente wurde an die Entwicklung der Bruttolöhne angepasst, sie wurde dynamisiert. Damit konnten die Rentner an der wirtschaftlichen Wachstumsentwicklung teilnehmen. Aus dem »Zubrot« war eine Lohnersatzleistung geworden, die es ermöglichte, den im Arbeitsleben erreichten Lebensstandard weitgehend auch im Alter aufrechtzuerhalten. In Verbindung damit stand das Prinzip der Beitragsäquivalenz: Wer mehr verdiente und daher höhere Rentenversicherungsbeiträge leistete, erhielt auch eine höhere Rente. Die individuelle Beitragsleistung schlug sich in der Bemessung nieder; das Prinzip der Statussicherung bezog sich also auch auf das Individuum, und insofern ging von der Rentenreform keine egalisierende Wirkung aus.

Die Reform schaffte schließlich die bis dahin existierende Kapitaldeckung ab. Zwar leisteten Arbeitnehmer und Arbeitgeber weiterhin paritätische Beiträge, sparten diese aber nicht für die eigene Rente an. An die Stelle des Kapitaldeckungsverfahrens trat das Umlageverfahren. Mit ihren Beiträgen finanzierten die im Erwerbsleben stehenden Versicherten die Renten der nicht mehr Erwerbstätigen. Dafür hat sich schon damals der Ausdruck »Solidarvertrag zwischen den Generationen« oder, kürzer, »Generationenvertrag« eingebürgert. Dessen Regelungen galten sowohl für die Arbeiter- als auch für die Angestelltenversicherung. Arbeiter und Angestellte wurden – was lange eine zentrale gewerkschaftliche Forderung gewesen war – versicherungsrechtlich so gut wie gleichgestellt. In diesem Sinne war die Rentenreform für die Arbeiter ein Teil ihres »Abschieds von der Proletarität« (Josef Mooser).[125]

Die Rentenreform von 1957 war fraglos ein »Strukturwandel der Alterssicherung« und damit eine »Richtungsänderung im deutschen Entwicklungspfad«.[126] Bei der Rentenreform ging es nicht mehr um die Bewältigung von Kriegs- und Diktaturfolgen und auch nicht mehr um die Wiederherstellung des Sozialstaats, sondern um seinen systematischen Ausbau bei gleichzeitiger Veränderung und Erneuerung. Die Richtungsänderung war allerdings nicht unproblematisch. Der voll erwerbstätige Arbeitnehmer profitierte ohne Zweifel von der Reform, doch nicht erwerbsmäßige Arbeiten (beispielsweise Kindererziehung und Haushaltsführung) wurden nicht berücksichtigt. In diesem Sinne spiegelte die Alterssicherung das Familien- und Frauenbild mit seiner klaren Rollenzuweisung an den Mann und Familienvater als erwerbstätigen Ernährer und Versorger. Kindererziehungszeiten werden in der Rentenversicherung erst seit 1986 angerechnet.

Die SPD stimmte der Rentenreform im Bundestag zu und verabschiedete sich auf ihrem Weg zur Volkspartei damit von früheren Vorstellungen einer steuerfinanzierten Grundversorgung, wie sie in Großbritannien (Beveridge-Plan) oder Skandinavien umgesetzt worden war. In künftigen sozialpolitischen Auseinandersetzungen zwischen den Unionsparteien und der SPD ging es nicht mehr um grundsätzliche ordnungspolitische Alternativen, sondern um unterschiedliche Auffassungen zu Zweck und Schwerpunkt des Leistungsausbaus.

Spätestens 1957 hatte sich die »große Koalition der Pfadabhängigen« (Christoph Conrad) herausgebildet, die die Entwicklung der sozialen Sicherungssysteme in der Bundesrepublik bis in die 1990er Jahre – und das auch unter Bedingungen des Wandels ihrer sozialstrukturellen, nicht zuletzt demographischen, und sozioökonomischen Voraussetzungen – trug.[127] Die Grundlage für diesen sozialpolitischen Konsens war eine bis in die 1970er Jahre hinein geteilte Zukunftsgewissheit, ein aus dem »Wirtschaftswunder« und der politischen und gesellschaftlichen Konsolidierung der Ära Adenauer geborener struktureller Optimismus, der insbesondere von der Annahme ausging, dass sich der ökonomische, demographische, sozialstrukturelle Ausbau des Sozialstaats unbegrenzt fortsetzen würde. Als man aus dem »Traum von der immerwährenden Prosperität« (Burkhard Lutz) erwachte und eine anhaltend hohe Sockelarbeitslosigkeit die Finanzierungsgrundlage der Rentenversicherung zunehmend in Frage stellte, flüchtete man sich in die Hoffnung, die alten Bedingungen wiederherstellen zu können. Darüber hinaus haben wahlpolitische Überlegungen grundsätzliche Veränderungen des Systems – und das hieß in der Regel: Leistungsabbau – erschwert und den sozialstaatlichen Strukturkonservatismus begünstigt.[128] Nicht zu unterschätzen ist auch der Beitrag der DDR zur Etablierung und zum Erhalt der bundesrepublikanischen Sozialstaatlichkeit. Die innerdeutsche Systemkonkurrenz ließ bis 1989 sozialpolitische Einschnitte kaum zu, und nach 1989/90 führte politisch kein Weg daran vorbei, die westdeutschen sozialpolitischen Institutionen und ihr Leistungs- und Versorgungsniveau auf die neuen Bundesländer zu übertragen und in diesem Transfer auch unangetastet zu lassen.

Misst man die sozialstaatlichen Reform- und Aufbauleistungen nur an ihren späteren Unzulänglichkeiten und Problemen, wird man ihrer Bedeutung für die politische Stabilisierung der jungen Bundesrepublik, aber auch für die Überwindung sozialer Missstände nicht gerecht. Nicht nur die marktwirtschaftlich-kapitalistische Ordnung Westdeutschlands gewann durch die sozialen Leistungen, die mit ihr verbunden waren, ja durch diese Ordnung erst ermöglicht wurden, an Akzeptanz. Der Kapitalismus zeigte hier nicht sein Wolfsgesicht, sondern trat in einer sozial verantwortlichen und dem Ziel sozialer Gerechtigkeit verpflichteten Art und Weise auf. Das war das Ergebnis bewusster politischer Entscheidungen in der Frühphase der Bundesrepublik. Deren politisches System, die parlamentarische Demokratie, die solche Entscheidungen hervorbrachte, gewann Akzeptanz und Ansehen und legitimierte dadurch sich selbst und den Staat, für den es stand. Zum ersten Mal in ihrer Geschichte konnten die Deutschen stabile politische Verhältnisse, ein gewisses Maß an Wohlstand und sozialer Sicherheit mit einem freiheitlich-demokratischen System in Verbindung bringen. Mit der Bundesrepublik, mit der sich die (West-)Deutschen zunehmend identifizierten und zu der sie sich bekannten, war die Soziale Marktwirtschaft untrennbar verbunden.

Adenauer im Zenit: die Bundestagswahlen von 1957

Aus der Tatsache, dass sie der dynamischen Rente zugestimmt hatte, konnte die SPD bei den dritten Bundestagswahlen am 15. September 1957 kein Kapital schlagen. Es gelang ihr nicht, die 30-Prozent-Marke entscheidend hinter sich zu lassen. Mit 31,8 Prozent der Stimmen hatte sie sich zwar gegenüber 1953 um drei Prozent verbessert, doch der bescheidene Stimmenzuwachs war vornehmlich auf das Verbot der KPD sowie die Auflösung der Gesamtdeutschen Volkspartei (GVP) Gustav Heinemanns zurückzuführen, deren Wähler sich nun mehrheitlich für die SPD entschieden. Neben Heinemann gewann die Sozialdemokratie mit den ehemaligen GVP-Angehörigen Johannes Rau, Erhard Eppler und Jürgen Schmude eine Reihe von Politikern, die später in hohe Parteifunktionen und Staatsämter gelangen sollten. Mit Heinemann und Rau verfügen zwei Bundespräsidenten über einen GVP-Hintergrund. Die Abkehr der SPD vom Marxismus und ihre Wende zur Volkspartei wurden nicht unerheblich durch den GVP-Zuwachs befördert.

Viel stärker als die SPD von den Wählerwanderungen im linken Lager profitierten CDU und CSU von den Austauschprozessen im nicht-sozialistischen Bereich.[1129] Wähler, die sich gegen den BHE, die DP, die FVP oder in Bayern auch die Bayernpartei (BP) entschieden, wandten sich in ihrer überwältigenden Mehrheit der Union zu. Die programmatisch ambivalente FDP, die sich noch dazu in einen Gegensatz zu Adenauer und durch den Koalitionswechsel in Düsseldorf in die Nähe der SPD begeben hatte, war für diese Wähler keine Option.

Die SPD hatte versucht, die Außenpolitik zum dominierenden Wahlkampfthema zu machen, doch gegen die außenpolitischen Erfolge Adenauers vom NATO-Beitritt über die europäische Integration bis hin zur Rückführung der deutschen Kriegsgefangenen im Gefolge der Moskau-Reise 1955 war kaum etwas auszurichten. Selbst die Frage der Atomrüstung, die im Frühjahr 1957 die Gemüter erregt hatte, wirkte im Wahlkampf nicht mobilisierend, obwohl sich bei Umfragen etwa zwei Drittel der Befragten gegen die Ausrüstung der Bundeswehr mit Atomwaffen aussprachen. Die Grundrichtung der Außen- und Sicherheitspolitik Adenauers fand allgemeine Billigung, und im Übrigen waren Sozialleistungen, Wohlstandssicherung und wirtschaftliche Entwicklung für die breite Masse der Bevölkerung wichtiger als rüstungspolitische Fragen. »Erhard hält, was er verspricht: Wohlstand für alle durch soziale Marktwirtschaft.«[130] Solche Plakate trafen die Stimmung sehr genau.

Von solchen Plakatbotschaften abgesehen führte die Union 1957 einen noch stärker auf Adenauer zugeschnittenen Wahlkampf als 1953. In der Außen- und Innenpolitik verkörperte der mittlerweile 81-jährige Kanzler wie kein zweiter die Kernbotschaft des Wahlkampfs: »Keine Experimente!« Kaum je hat ein Wahlslogan den Geist der Zeit so getroffen und reflektiert. Nicht nur die Rentenreform hatte dazu geführt, dass »aus Leuten, die etwas haben wollten, Leute wurden, die etwas bewahren wollten«, wie es Hans-Peter Schwarz formuliert.[131] Bewahren wollte man den Wohlstand, aber auch die neu gewonnene Normalität und Sicherheit, die sich allmählich eingestellt hatte und die für die Westdeutschen, gerade die Angehörigen der mittleren und älteren Generation, ein kostbares, ja unschätzbares Gut geworden waren.

Auf solche Grundstimmungen allein wollte Adenauer indes nicht bauen. Um möglichst viele Wähler zu erreichen und für die Union zu mobilisieren, setzte er auf Polarisierung und schreckte nicht davor zurück, an tief sitzende antisozialdemokratische Ressentiments zu appellieren, die sich nicht zuletzt aus einem ebenso tief verwurzelten Nationalismus speisten. Die nationalistische Rhetorik der Weimarer Republik, ja mehr noch des Kaiserreichs lebte wieder auf. Es sagt viel über die politische Mentalität der 1950er Jahre und ihre Prägung durch den Wilhelminismus, dass Adenauer einen Wahlsieg der SPD als »Finis Germaniae« bezeichnen konnte: »Wir sind fest entschlossen, dass die SPD niemals an die Macht kommt. Warum sind wir dazu fest entschlossen? Nicht etwa – glauben Sie mir das – aus parteipolitischem Hass. Das ist nicht der Grund, sondern weil wir glauben, dass mit einem Sieg der Sozialdemokratischen Partei der Untergang Deutschlands verknüpft ist.«[132] Die Empörung über diese wohlkalkulierte Entgleisung blieb bezeichnenderweise auf die SPD beschränkt. Adenauers weitere Kanzlerschaft und eine CDU/CSU-geführte Regierung als Gefahr für die Demokratie, ja als das »Ende des zweiten Versuchs, in Deutschland einen demokratischen Staat zu errichten«, zu beschwören, wie es SPD und FDP taten, war nur ein verzweifelter und untauglicher Versuch, auf Adenauers Parolen zu reagieren.

Für eine Politik des Wandels standen die Zeichen schlecht, das war der SPD-Spitze durchaus bewusst. Aber sollte man auf den Kurs der Union einschwenken?

Ein Misserfolg der SPD, die überdies mit Erich Ollenhauer einen Kandidaten ins Rennen schickte, der Wählerschichten jenseits der sozialdemokratischen Stammwähler nicht mobilisieren konnte, war programmiert, ja, die CDU hatte in Nordrhein-Westfalen sogar erheblichen Erfolg bei der Arbeiterschaft, und in Bayern eroberte die CSU alle Wahlkreise und grub damit sowohl der SPD als auch der Bayernpartei das Wasser ab.

Am Ende fuhr die Union einen triumphalen Erfolg ein. Zum ersten und einzigen Mal in der deutschen Geschichte errang eine Partei – so wird man CDU und CSU betrachten können – bei freien Wahlen die absolute Mehrheit der Stimmen: 50,2 Prozent. Zusammen mit der DP, die mit der CDU Listenbündnisse gebildet hatte, verfügte das Regierungslager damit über 287 Parlamentssitze, eine komfortable Mehrheit von 77 Abgeordneten. Die SPD war weit abgeschlagen, und die FDP konnte sich zwar nach ihrer Spaltung im Vorjahr stabilisieren, verlor aber dennoch an Stimmen. Von 11,9 Prozent im Jahr 1949 war sie auf 7,7 Prozent abgerutscht. Vor allem Stimmenverluste in Nordrhein-Westfalen, wo die Annäherung der liberalen »Jungtürken« an die SPD nicht nur auf Zustimmung stieß, wandten sich Wähler in großer Zahl von der FDP ab, die nunmehr zusammen mit der SPD für vier Jahre zur Opposition verdammt war.

Der Prozess der Parteienkonzentration und die Abkehr vom zerklüfteten Parteiensystem von Weimar, die sich schon 1953 angedeutet hatte, waren damit zum Abschluss gelangt. Trotz des bescheidenen Ergebnisses der Sozialdemokratie hatten 82 Prozent der Wähler Union oder SPD gewählt. Zwei große Volksparteien waren entstanden, auch wenn die SPD diese Transformation programmatisch noch nachholen musste. Die Misserfolge auf Bundesebene kündigten das bevorstehende Ende der kleinen Parteien beziehungsweise ihr Absinken in die Bedeutungslosigkeit an. Auch in den Ländern gerieten sie bald in den Sog der Entwicklung auf Bundesebene. Die Parteienkonzentration war ein flächendeckender Prozess.

Mit dem Wahlsieg von 1957 stand Adenauer im Zenit seiner Macht.[133] Was folgte, war das lange sich hinziehende Ende seiner Ära. Die politischen Divergenzen in der Union traten nun, nach dem Gewinn der absoluten Mehrheit, klarer zutage als zuvor. Der Prozess des Niedergangs setzte zunächst unionsintern mit der Diskussion über die Kanzlernachfolge ein und breitete sich bald auf die Außen- und Deutschlandpolitik aus, die seit 1958 wieder in schwereres Fahrwasser geriet. Auch bei der SPD zeigten sich Auswirkungen. Die Niederlage von 1957 war der letzte Anstoß zu einer tief greifenden Reform, die zum Godesberger Programm von 1959 und der Kanzlerkandidatur Willy Brandts zwei Jahre später führte. Hinzu traten schließlich allmählich einsetzende gesellschaftliche und soziokulturelle Veränderungen, die zu dem semi-autoritären Regierungsstil Adenauers und dem konservativen Grundgepräge der Ära Adenauer in zunehmenden Widerspruch gerieten und zu wachsenden Spannungen in der westdeutschen Gesellschaft führten. Diese Spannungen waren ein Indikator für jene Fundamentalliberalisierung, die institutionell schon 1949 angelegt war, die aber erst auf der Basis materiellen Wohlstands und politischer Stabilität mit dem beginnenden Wechsel der Generationen und im wachsenden Abstand zum Nationalsozialismus an Dynamik gewann.

3.
Modernisierung im Wiederaufbau

Voraussetzungen

»Eine Sozialgeschichte der Bundesrepublik hat mit der Bilanz des Zweiten Weltkriegs einzusetzen, war doch die westdeutsche Gesellschaft zuerst eine Nachkriegsgesellschaft.«[1] Zu dieser Bilanz gehört, dass Deutschland fast ein Viertel seiner
Fläche von 1937 verloren hat, auf der vor dem Krieg 10 Millionen Menschen gelebt
hatten. Zu dieser Bilanz gehören aber auch über 7 Millionen Kriegstote, Soldaten
der Wehrmacht, zivile Opfer (beispielsweise des Bombenkriegs), 165 000 ermordete deutsche Juden sowie etwa 1,5 bis 2 Millionen Kriegsbeschädigte.[2]

Kaum eine Familie war nicht betroffen. Der Krieg und seine Folgen reichten
tief in die deutsche Gesellschaft hinein und trugen massiv zu ihrer Veränderung
bei. Schon in der Endphase des Krieges, von 1943 an, hatten gewaltige Bevölke-
rungsbewegungen eingesetzt. Was als Flucht oder Evakuierung aus den industriellen und urbanen Zentren begann, setzte sich seit Herbst 1944 zunächst als Flucht
vor der herannahenden Sowjetarmee, später als Vertreibung insbesondere aus den
deutschen Gebieten östlich von Oder und Neiße fort.

Im Jahr 1946 lebten auf dem Gebiet der Westzonen 46,2 Millionen Menschen,
vier Jahre später waren es 50,2 Millionen, davon 7,9 Millionen Vertriebene sowie
1,5 Millionen ehemalige Bewohner der SBZ beziehungsweise der DDR. Durch diese
Massenmigration und die mit ihr einhergehenden »demographischen Verwirbe-
lungen« (Norbert Frei) veränderte sich die Sozialstruktur der Bundesrepublik im
Vergleich zur Vorkriegsgesellschaft tiefgreifend. Soziale Konstellationen, die die
deutsche Gesellschaft seit dem Kaiserreich trotz aller Veränderungen durch den
Ersten Weltkrieg, durch Inflation und Weltwirtschaftskrise sowie durch den Nationalsozialismus geprägt hatten, wurden aufgebrochen, ja zerstört.

Für die politische Entwicklung in Deutschland waren seit dem späten 19. Jahrhundert die stark agrarisch geprägten ländlichen Gebiete Ostelbiens von Bedeutung gewesen. Sie stellten bis weit ins 20. Jahrhundert hinein eine mächtige Bastion
der großagarischen Interessenpolitik und der antidemokratischen und antiliberaa-
len politischen Rechten dar. Die landwirtschaftlich geprägten Regionen in Bayern
und in Norddeutschland waren dagegen kleinräumig und bei weitem nicht so ho-
mogen wie die östlich der Elbe gelegenen. Der Westen, die spätere Bundesrepublik,
war industriell-gewerblich geprägt; der landwirtschaftliche Sektor besaß hier nirgends strukturelle Dominanz und ging in seiner wirtschaftlichen und sozialen Be-

deutung sukzessive zurück. Zwischen 1950 und 1960 sank die Zahl der Arbeitskräfte in der Landwirtschaft von einem Viertel aller Beschäftigten auf 14 Prozent.
Während der primäre Sektor 1950 noch 10,7 Prozent zum Bruttoinlandsprodukt
beitrug, waren es 1957 nur noch 7,2 Prozent, auch wenn die Produktivität der Landwirtschaft in absoluten Zahlen stieg.[3]

Der Zustrom der Flüchtlinge und Vertriebenen aus dem Osten veränderte vor
allem die konfessionellen Strukturen auf dem Land, und dies in doppelter Weise:
Zum einen schwand die konfessionelle Homogenität beziehungsweise Dominanz
einer der beiden Konfessionen, die in einzelen Regionen zum Teil über Jahrhunderte Bestand gehabt hatte. Zum anderen veränderte sich die konfessionelle Balance insgesamt. Hatten im Deutschen Reich Protestanten fast zwei Drittel der Gesamtbevölkerung gestellt und die Katholiken sich permanent in der Minderheit
befunden, so war das konfessionelle Verhältnis nun annähernd ausgeglichen. Die
Dominanz der Protestanten war gebrochen. Sie machten nur noch etwa die Hälfte
der Bevölkerung aus, während Katholiken auf etwa 44 Prozent kamen. Dass entgegen diesen Verhältnissen bisweilen der Eindruck einer katholischen Dominanz in
der Bundesrepublik entstand, ist unter anderem darauf zurückzuführen, dass die
Unionsparteien als politisch stärkste Kraft der 1950er Jahre weithin mit dem
Katholizismus in Verbindung gebracht wurden. Das ist nicht ganz falsch, denn
60 Prozent aller Katholiken wählten CDU oder CSU, die zwar ihren überkonfessionellen Anspruch unterstrichen, aber gerade im Westen und Süden der Republik
eine Partei der Katholiken waren, was auch der katholische Bundeskanzler und
Parteivorsitzende zu bestätigen schien.

Allmählich legten die Katholiken ihr tradiertes Inferioritätsbewusstsein ab,
überkommene konfessionelle Konfliktlinien traten vor dem Hintergrund des Kalten Kriegs hinter weltanschauliche Grundpositionen zurück, was die politische
Kooperation mit den Protestanten möglich machte und eine zentrale Bedingung
dafür war, dass sich in den Nachkriegsjahren der Unionsgedanke gegenüber der
Zentrumsidee durchsetzen konnte.[4] In der Regel betrachteten Katholiken die Bundesrepublik viel früher als ihren Staat, während die stärkere nationale Orientierung in der Vergangenheit und in vielen Fällen auch die Herkunft aus dem Osten
des Reiches es vielen Protestanten schwer machten, den westdeutschen Staat vorbehaltlos zu akzeptieren.

Der Rückzug ins Private: Ehe und Familie, Kindheit und Jugend

Kurz nach ihrer Gründung hatte die Bundesrepublik eine Bevölkerung von knapp 50 Millionen Menschen, zehn Jahre später waren es weit über 55 Millionen. Zu diesem Anstieg um etwa 11 Prozent trug nicht nur der Zustrom von Vertriebenen und Flüchtlingen insbesondere aus der DDR bei, sondern eine wachsende Geburtenrate, die zwischen 1950 und 1960 die Sterberate deutlich überstieg. Die sich stetig verbessernden materiellen Verhältnisse förderten Eheschließungen und Familiengründungen. Das Heiratsalter der Frauen sank zwischen 1950 und 1960 von 25,4 auf 23,7 Jahre, bei Männern von 28,1 auf 25,9 Jahre. In diesen Zahlen spiegelt sich eine Rückkehr zur Normalität, eine gesellschaftliche Normalisierung, die vor allem auf dem Gefühl der materiellen Sicherheit beruhte. Hinzu kam der Wunsch nach harmonischen und geordneten privaten Verhältnissen, die man sich nun zu schaffen suchte.

Der Rückzug ins Private war die Reaktion auf eine beispiellose Politisierung, ja Hyperpolitisierung des Lebens insbesondere in den Jahren des Nationalsozialismus und auf das teils freiwillige, teils erzwungene politische Engagement vieler Deutscher in der Zeit nach 1933, mit dem man der falschen Sache gedient und sich falschen Zielen verschrieben hatte. Man wollte sich nicht noch einmal verführen lassen. Dass die Westdeutschen, die sich 1949 mit einer Wahlbeteiligung von rund 75 Prozent noch zurückhaltend gezeigt hatten, in den ersten Jahren der Bundesrepublik in großer Zahl zu den Wahlurnen strömten und die Wahlbeteiligung insbesondere an den Bundestagswahlen der Ära Adenauer weit über 80 Prozent lag, steht dazu nicht im Widerspruch, denn mit der Stimmabgabe kam man in gewisser Weise seiner staatsbürgerlich-politischen Pflicht nach und zog sich dann mit beruhigtem Gewissen in den privaten Raum zurück.

Im Zentrum dieses privaten Raums stand die Familie. Ihre Bedeutung und Entwicklung wird im ersten Nachkriegsjahrzehnt von vielfältigen Entwicklungen bestimmt. Nicht nur in Deutschland, sondern in ganz Europa erscheint die »Nachkriegszeit als ungewöhnlich schillernde, vieldeutige Epoche der Familiengeschichte«.[5] Für die westdeutsche Gesellschaft sind wir dabei mit einem zunächst widersprüchlich anmutenden Befund konfrontiert. Auf der einen Seite hatten sich durch den Krieg und seine Folgen traditionelle Familienstrukturen aufgelöst. Viele Familien mussten seit den Kriegsjahren ohne Vater auskommen. Das veränderte die Rolle der Frau und Mutter, wirkte sich aber auch auf Kinder und Jugendliche aus, die während des Kriegs und in der Not der Nachkriegszeit größere Verantwortung in der und für die Familie zu übernehmen hatten und dadurch an Selbstständigkeit und Selbstbewusstsein gewannen.

Nachkriegsdeutschland war eine »vaterlose Gesellschaft«, und man kann den gesellschaftlichen und politischen Patriarchalismus der 1950er Jahre, den Konrad Adenauer wie kein zweiter Politiker verkörperte, durchaus mit dieser Verlust- beziehungsweise Abwesenheitserfahrung in Verbindung bringen. Der Männermangel nach zwei Weltkriegen mit Millionen von Toten machte sich in der deutschen Gesellschaft überall signifikant bemerkbar. Die Jahrgänge 1906 bis 1927, fast eine komplette Generation, hatten im Zweiten Weltkrieg den höchsten Blutzoll zu entrichten. 41,1 Prozent aller Soldaten des Jahrgangs 1920 kehrten aus dem Krieg nicht zurück.[6] In Bayern kamen 1946 in der Altersgruppe zwischen 20 und 35 Jahren auf 100 Männer 162 Frauen. Dieses Verhältnis glich sich nur sehr langsam wieder aus, zumal die Sterberate der Männer noch für einige Jahre deutlich höher blieb als vor dem Krieg.[7] Das verringerte die Heiratschancen junger Frauen erheblich, die Anzahl unverheirateter Frauen war entsprechend hoch, und in der üblichen Anrede »Fräulein« für diese unverheirateten Frauen schwang noch lange ein leicht verächtlicher Unterton.

Den kriegs- und nachkriegsbedingten Auflösungserscheinungen der traditionellen Familie stand auf der anderen Seite ein unverkennbarer Bedeutungsgewinn gegenüber. Nach den massiven Erschütterungen durch den Krieg und seine Folgen wurde die Familie oder das, was von ihr noch übrig war, zum Hort des Rückzugs und Ausgleichs. Aber auch ökonomisch erhielt die Familie als Notgemeinschaft zur Sicherung unmittelbarer Lebensbedürfnisse, nicht zuletzt indem sie für Nahrung sorgte, wichtige zusätzliche Funktionen. Das galt jedoch nur für die direkte Nachkriegszeit und verlor sich spätestens mit dem Einsetzen des »Wirtschaftswunders«. So widersprechen sich die Befunde von der Auflösung beziehungsweise der Stärkung der Familie nicht, denn sie gelten für unterschiedliche Zeitabschnitte der Nachkriegsgeschichte.

Für die 1950er Jahre gilt jedenfalls, dass sich die klassische Familie noch einmal restabilisieren konnte. Diese Restabilisierung ruhte auf drei Säulen: der Hausfrauenehe und vergleichsweise starken Gegensätzen der Geschlechterrollen; der abgeschlossenen Intimfamilie, nachdem in den Jahren zwischen Stalingrad und der Währungsreform die familiäre Abgeschlossenheit und Intimität kaum mehr aufrechtzuerhalten gewesen war; und schließlich der elterlichen Autorität gegenüber Kindern und Jugendlichen in der Familie, deren Freiräume, die während des Nationalsozialismus entstanden waren und sich während des gesellschaftlichen Zusammenbruchs noch erweitert hatten, sich wieder verringerten.[8]

Die Restauration der traditionellen Kernfamilie aus Eltern und Kindern ist ohne das breite gesellschaftliche Normalitäts- und Sicherheitsstreben der 1950er

Jahre nicht zu verstehen. Nur die klassische Familie schien jene Normalität zu bieten, nach der sich die Menschen nach dem Krieg so sehnten. Für die Frauen bedeutete das die Rückkehr zur traditionellen Aufgabenverteilung, also die Übernahme der Rolle als Hausfrau und Mutter. Nicht nur die Bundesregierung, auch einflussreiche öffentliche Institutionen wie die Kirchen, vor allem die katholische, und eine Reihe mitgliederstarker und politisch mächtiger Sozialverbände unterstützten diese Entwicklung und propagierten dieses Familienmodell.

Zu den eifrigsten politischen Advokaten traditioneller Familienstrukturen und Frauenrollen gehörte der katholische CDU-Politiker Franz-Josef Wuermeling, der seit 1953 das Bundesministerium für Familienfragen leitete. Wuermeling war verantwortlich für eine ganze Reihe von Maßnahmen, die die Förderung der kinderreichen Familie und der Hausfrauenehe zum Ziel hatten. Dabei konnte er sich auf den breiten gesellschaftlichen Konsens berufen, der sich nach den Erfahrungen mit dem Nationalsozialismus herausgebildet hatte und der in der Familie die »Keimzelle des Staates« sah, die es zu fördern gelte. Dieses Familienmodell und die Verengung auf ein bestimmtes Frauenbild wurde jedoch nicht von allen gesellschaftlichen Gruppen mitgetragen. So räumte der DGB der Familie zwar hohe Priorität in seinen sozial- und tarifpolitischen Anstrengungen ein und war 1956 mit der Kampagne »Samstags gehört Vati mir« überaus erfolgreich, doch gegen das traditionelle Familienmodell machte er Front, indem er sich für die Berufstätigkeit von Frauen einsetzte.

In dem Familienmodell, das die Bundesregierung vertrat, war für erwerbstätige Frauen jedoch kein Platz. Man argumentierte mit der demographischen Entwicklung, beschwor den Untergang der Deutschen und erging sich in einer »Volkstod-Rhetorik«, die an Traditionen des Kaiserreichs anschloss. Darüber hinaus versuchte man mit dem Hinweis auf die ostdeutsche Politik der Frauenarbeit, die man als »Arbeitszwang« bezeichnete, die Berufstätigkeit von Frauen zu diskreditieren. So wirkte der Kalte Krieg bis in die Familienpolitik der Bundesrepublik hinein.

Am Ende muss man freilich unterscheiden zwischen Rhetorik und politischen Wunschvorstellungen einerseits und den tatsächlichen Entwicklungen andererseits. Analysiert man die Familienpolitik der Regierung Adenauer nämlich genau und misst sie am Verfassungsanspruch des Grundgesetzes (Art. 6: Schutz der Familie), so wird man feststellen, dass allen steuerlichen Vergünstigungen und Privilegierungen zum Trotz Familien mit Kindern gegenüber Ehepaaren ohne Kinder vor allem finanziell benachteiligt waren. Ein Lebensstandardindex für das Jahr 1957 zeigt, dass in der Bundesrepublik der Lebensstandard einer Familie mit drei Kindern bei nur 65 Prozent eines kinderlosen Ehepaars lag. Dass dies nicht so sein musste, zeigt ein Blick auf Frankreich, wo eine fünfköpfige Familie immerhin 91 Prozent des Lebensstandards eines Ehepaars ohne Kinder erreichte.[9] Die Politik selbst trug also durch Unterlassung dazu bei, dass sich ihre Vorstellungen bezüglich des Reproduktionsverhaltens und der Kinderzahl und damit indirekt auch bezüglich der Rollenverteilung zwischen Mann und Frau nicht durchsetzten.

Aber auch die Lebensentwürfe von Frauen entsprachen nicht den politischen und kirchlichen Wunschvorstellungen. Zwar blieb der Anteil erwerbstätiger Frauen mit 31,3 Prozent 1950 und 33,4 Prozent 1961 in etwa konstant und kam damit über das Niveau der Zwischenkriegszeit (35,6 Prozent 1925 und 36,1 Prozent 1939) nicht hinaus, aber wenn man allein die jüngere Generation betrachtet, werden doch Veränderungen sichtbar: 1950 waren von allen verheirateten Frauen zwischen 20 und 29 Jahren nur 27,3 Prozent erwerbstätig, 1961 waren es schon 43,1 Prozent; bei den verheirateten Frauen zwischen 30 und 39 Jahren stieg der Erwerbstätigenanteil immerhin von 26,0 Prozent 1950 auf 37,1 Prozent 1961.[10]

Axel Schildt hat die Durchschnittsehe der 1950er Jahre charakterisiert als »moderne Zugewinngemeinschaft mit ein bis zwei Kindern, in der die Ehefrau immer häufiger ›mitarbeitete‹, um an den Segnungen des Konsums partizipieren zu dürfen«.[11] Gemeint war damit nicht die Erwerbstätigkeit verheirateter Frauen und Mütter aus rein ökonomischen Gründen, also mit dem Ziel, zum Lebensunterhalt der Familie beizutragen, vielmehr benötigte man das Einkommen der Frau, um sich technische Errungenschaften wie Waschmaschinen und Kühlschränke leisten zu können, die die Haushaltsbelastung der Frau reduzierten und damit Freiräume für deren berufliche Tätigkeit öffneten beziehungsweise erweiterten. Die Motive mögen zunächst nur konsumbezogen und finanziell gewesen sein, doch immer mehr Frauen zeigten echtes Interesse am Beruf, was dafür sprach, dass ihr Selbstbewusstsein wuchs und ihr Selbstwertgefühl sich verstärkte.

Der Erwerbstätigkeit verheirateter Frauen stand allerdings bis 1957 das Bürgerliche Gesetzbuch (BGB) im Wege, das dem Ehemann das Recht gab, das Arbeitsverhältnis seiner Frau auch ohne deren Zustimmung zu kündigen. Auch andere Bestimmungen des BGB, die zum Teil noch aus seiner Entstehungszeit während des wilhelminischen Kaiserreichs stammten, statteten die Männer mit substantiellen Vorrechten aus und verfestigten dadurch die Ungleichbehandlung von Mann und Frau. So entschied der Ehemann und Vater allein in allen Fragen von Ehe und Familie. Er war im Sinne des BGB das Oberhaupt der Familie und hatte das Recht, das eheliche Vermögen zu verwalten. Derartige Bestimmungen, von denen das BGB voll war, widersprachen dem Gleichberechtigungsgrundsatz des Grundgesetzes

(Artikel 3: Männer und Frauen sind gleichberechtigt), der sich im Parlamentarischen Rat nach langen und höchst kontroversen Beratungen durchgesetzt hatte. Im Grundgesetz war damit ein allgemeiner Anspruch formuliert worden und der Gesetzgeber aufgerufen, bis zum Jahr 1953 die Gleichberechtigung im Bürgerlichen Recht durch entsprechende Gesetze herzustellen.

Die Bundesregierung machte zunächst wenig Anstalten, diesen Auftrag zu erfüllen. 1953 sah sich das Bundesverfassungsgericht schließlich gezwungen, den Gleichberechtigungsgrundsatz für geltendes Recht zu erklären, nachdem beispielsweise die Unionsfraktion im Bundesbeamtengesetz die rechtliche Diskriminierung verheirateter Frauen bei der Anstellung beziehungsweise Weiterbeschäftigung im öffentlichen Dienst hatte fortschreiben wollen.[12] Darüber hinaus verlangten die Karlsruher Richter ein Gleichberechtigungsgesetz, das der Bundestag dann vier Jahre später, am 18. Juni 1957, verabschiedete. Erst mit diesem Gesetz wurde die vielfältige Bevorrechtigung des Mannes insbesondere in Ehe und Familie aufgehoben, auch wenn der Gesetzestext weiterhin vom Modell der traditionellen Familie mit der klaren Rollenverteilung zwischen Mann (»Ernährer«) und Frau (Hausfrau und Mutter) ausging, etwa mit der Bestimmung, dass die Erwerbstätigkeit der Frau mit ihren Aufgaben in Haushalt und Familie vereinbar sein müsse.

Die letzten Bestimmungen dieser Art fielen erst der Reform des Familien-, Ehe- und Scheidungsrechts im Jahr 1977 zum Opfer, die man insofern nicht nur als Ausdruck von Prozessen des Wertewandels seit den 1960er Jahren deuten darf, sondern als konsequente, wenn auch späte Durchführung eines zentralen Verfassungsauftrags aus dem Jahr 1949. Dass Frauen verpflichtet blieben, bei Eheschließung den Namen des Mannes anzunehmen, zeigt, dass der Bundestag 1957 versucht hatte, Restbestände männlicher Privilegierung zu retten. So gab der Mann weiterhin den Ausschlag, wenn die Ehepartner sich nicht einigen konnten. Das Bundesverfassungsgesetz hat diese Bestimmung 1959 als grundgesetzwidrig aufgehoben: »Es vermochte nicht zu sehen, inwiefern objektive biologische oder funktionale Unterschiede und die besondere Wesensart der Frau das väterliche Vorrecht rechtfertigten.«[13]

Für Jugendliche war es oft nicht leicht, die Dominanz der Väter in den Familien zu akzeptieren, die mit den gesetzlichen Veränderungen keineswegs endete. Die Rückkehr zur Normalität hat im Laufe der 1950er Jahre die Freiräume der Jugendlichen erheblich eingeschränkt. Es ist problematisch, die Tatsache, dass schon Kinder in der Notlage des Krieges und in der unmittelbaren Nachkriegszeit eine viel zu große Verantwortung übernehmen mussten, gegen die größere Freiheit aufzurechnen, die das mit sich brachte. Im Grunde waren die Angehörigen der viel zitierten »Flakhelfer-Generation«, also der Jahrgänge um 1930, eine »Jugend ohne Jugend«. Eine Rebellion gegen die Eltern erwuchs daraus nicht. Wie die Erwachsenen waren diese Jugendlichen in den späten 1940er Jahren erleichtert, allmählich wieder festen Boden unter den Füßen zu gewinnen, die Ausnahmesituation der Zusammenbruchs- und Besatzungsjahre hinter sich lassen und an sich denken zu können. Diese Rückkehr in die Normalität vollzog sich vor allem über die Eingliederung in das Arbeitsleben seit Anfang der 1950er Jahre. Arbeit, in der Regel mit hohen Wochenarbeitszeiten, stellte zumindest bei der Berufsjugend den Mittelpunkt des Alltags dar.

In den 1950er Jahren war die Masse der Jugendlichen berufstätig. Daran hatte sich im Vergleich zur Zwischenkriegszeit nichts geändert. Von allen 13-jährigen Schülern in der Bundesrepublik besuchten 1950 rund 80 Prozent eine Volksschule (Hauptschule), sechs Prozent eine Mittelschule (Realschule) und nur zwölf Prozent ein Gymnasium. Bis 1960 verschoben sich diese Prozentsätze nur geringfügig: Der Volksschulanteil ging zurück auf 70 Prozent, und der Mittelschul- beziehungsweise Gymnasialanteil steigerte sich auf 11 beziehungsweise 15 Prozent. Die Abiturientenquote lag 1960 zwischen 7,3 Prozent in Hessen und lediglich 3,7 Prozent im Saarland.[14] Immerhin gelang schon in den frühen 1950er Jahren die vollständige Eingliederung der schulentlassenen Jugendlichen in den Arbeitsmarkt und damit die Überwindung der beträchtlichen Jugendarbeitslosigkeit, die um 1950 noch geherrscht hatte und die, wenn sie angehalten hätte, wohl nicht ohne Folgen für die politische Stabilisierung der Bundesrepublik geblieben wäre.

Eine spezifische Jugendkultur hat sich vor diesem Hintergrund nicht ausgebildet. Jugendliche waren junge Erwachsene, die sich in ihrem Freizeitverhalten, ihren Wertorientierungen und ihren Zukunftsperspektiven kaum von älteren Erwachsenen unterschieden. Helmut Schelsky hat diese erste junge Generation der Bundesrepublik, die eben nicht durch die etwa 130 000 Studenten repräsentiert wurde, die im Wintersemester 1950/51 an einer westdeutschen Hochschule eingeschrieben waren, als »skeptische Generation« bezeichnet. Schelsky hat die Nüchternheit, die Illusionslosigkeit, auch die Angepasstheit, die er bei den jungen Menschen beobachtete, auf deren ganz spezifische NS-Erfahrungen zurückgeführt, insbesondere auf die Erfahrung, vom Nationalsozialismus ausgenutzt und für die verbrecherischen Ziele des Regimes missbraucht worden zu sein. Aus dieser Erfahrung – und Enttäuschung – speise sich, so Schelsky, ihr pathosfreier Realismus, ihre skeptisch-distanzierte Zurückhaltung gegenüber der Politik und ihren Parolen sowie ihre Konzentration auf das eigene Fortkommen und den eigenen, individuellen Erfolg. Schelskys Thesen sind nicht unwidersprochen geblieben. Von der Skepsis der »skeptischen Generation« konnten seine Kritiker nur wenig erkennen. Sie warfen dem Dortmunder Soziologen vor, ein erhebliches Maß an Opportunismus und Anpassung durch den Begriff »Skepsis« zu verbrämen und die nicht nur in der jungen Generation vorherrschende Konzentration auf den materiellen Status zu idealisieren. Letztlich habe er zum – vermeintlichen – Stillstand der Adenauer-Zeit, der seinen Ausdruck nicht zuletzt im Wahlkampfmotto von 1957 »Keine Experimente« fand, mit seinen ausgerechnet 1957 publizierten wissenschaftlichen Ergebnissen beigetragen.[15]

Eine Jugendkultur, die diesen Namen auch verdient, begann sich erst im letzten Drittel des Jahrzehnts zu entwickeln. Sie war allerdings nicht mehr getragen von der Flakhelfer- und HJ-Generation, sondern von den um 1940 Geborenen, die, sofern sie nicht das Gymnasium besuchten, seit Mitte der 1950er Jahre ins Berufsleben eintraten. Zwei Faktoren begünstigten die Herausbildung dieser Jugendkultur: eine spürbare Arbeitszeitverkürzung und die Tatsache, dass diese Jugendlichen infolge der allgemeinen Lohn- und Einkommensentwicklung über mehr Geld verfügten. Nun gab es Freizeit, die genutzt sein wollte, das weckte Konsumwünsche, die man sich auch erfüllen konnte. An der Spitze dieser Wünsche stand bei männlichen Jugendlichen das Moped, das Mobilität versprach, bei weiblichen der Plattenspieler.

Die Massenkultur der USA mit ihren Angeboten und Leitbildern hat die Konsumwünsche und das Konsumverhalten westdeutscher Jugendlicher in dieser Zeit stark beeinflusst. Filme mit James Dean, die Musik von Bill Haley und vor allem von Elvis Presley sowie die Blue Jeans standen hoch im Kurs bei den Jugendlichen, denen die Enge, die Biederkeit und die Spießigkeit der Adenauer-Zeit zunehmend widerstrebten und für die die amerikanische Massenkultur Ausdruck einer offeneren, einer freieren Gesellschaft war. Von einer Rebellion gegen die Generation der Eltern waren sie jedoch, auch wenn sie Jeans trugen und Rock 'n' Roll hörten, weit entfernt. Mit den »Halbstarken«, jener zahlenmäßig gar nicht so großen Gruppe von Jugendlichen aus dem Arbeitermilieu, die in der zweiten Hälfte der 1950er Jahre durch Krawalle auf sich aufmerksam machten und einen aufgeregten und durch die Boulevardpresse aufgebauschten Diskurs über die deutsche Jugend auslösten, wollten diese Teenager nichts zu tun haben.

Die Auseinandersetzung mit der »Halbstarken«-Thematik zog vor allem deswegen weite Kreise, weil die jungen Leute sich offenkundig aus deutschen Traditionen jugendlicher Nonkonformität (beispielsweise der Jugendbewegung) lösten und in eindeutiger Amerika- und Englandorientierung nach neuen Ausdrucksformen intergenerationeller Auseinandersetzung suchten. In all ihrer Unterschiedlichkeit standen »Halbstarke« und Teenager für den Abschied der Westdeutschen von der Zeit des Wiederaufbaus und der diese Zeit prägenden Einstellungen und Werte. Der Wind des Wandels, der insbesondere von Westen blies, erreichte zuerst die Jugend. Nach und nach erfasste er aber auch die übrige Gesellschaft.[16]

Arbeit, Freizeit und Konsum in den Wirtschaftswunder-Jahren

Die Gesellschaft der Bundesrepublik hat sich in der »Wirtschaftswunder«-Zeit gut eingerichtet. Alle profitierten vom kontinuierlichen Konjunkturaufschwung, der bewirkte, dass die politische Entwicklung in ruhigen Bahnen verlief. Doch so rosig und frei von Problemen und Spannungen waren die Zeiten auch nicht. Die Integration der Millionen von Flüchtlingen und Vertriebenen war ein langer und schwieriger Prozess.[17] Die befürchtete politische Radikalisierung der Vertriebenen blieb zwar aus, nicht zuletzt weil der Arbeitsmarkt expandierte und allen Arbeit bot, doch die Neubürger stießen vor allem auf dem Land auf Abneigungen und Vorurteile, was zu Konflikten und Abgrenzungen führte. Es war ein Glück, dass diese durch die erfreuliche Entwicklung der Wirtschaft abgemildert wurden. Dennoch haben sich die Zugewanderten bis in die 1970er Jahre hinein beruflich mit deutlich niedrigeren Positionen begnügen müssen als die Einheimischen.

Die Einheimischen waren nicht alleine verantwortlich für die insbesondere im ländlichen Raum eher schleppende Integration. Die Flüchtlinge und Vertriebenen selbst trugen dazu bei, weil sie sich lange Zeit dagegen wehrten, sich in der »neuen Heimat« endgültig niederzulassen und Fuß zu fassen. Bis weit in die 1950er Jahre hinein hat die Politik ihnen die Rückkehr in die alte Heimat versprochen und nährte damit sehr konkrete Hoffnungen, von denen die Menschen erst allmählich abließen, da die internationalen Entwicklungen und die Stabilisierung des nach 1945 entstandenen territorialen Status quo eine Rückkehr immer unwahrscheinlicher machten. Als in den frühen 1970er Jahren die Ostpolitik der sozialliberalen Koalition die deutschen Gebietsverluste vertraglich anerkannte, hatten sich konkrete Rückkehrhoffnungen längst zerschlagen. Die emotionale Bindung an die verlorene Heimat blieb aber bestehen und auch die Politisierung der Vertreibungserfahrung im außen- und innenpolitischen Kontext.

Für die Entwicklung der westdeutschen Gesellschaft war der Zustrom der Flüchtlinge und Vertriebenen, der ja bis 1961 in Gestalt der Flüchtlinge aus der DDR anhielt, jenseits der Integrationsproblematik aus zweierlei Gründen bedeutsam: Zum einen trugen die massenhaft zunächst in die westlichen Besatzungszonen und dann in die Bundesrepublik gelangenden Flüchtlinge und Vertriebenen zur Auflösung traditioneller politischer oder konfessioneller Strukturen bei. Zum anderen bildeten die Flüchtlinge und Vertriebenen, die in der Regel all ihr Hab und Gut verloren hatten, die tatkräftigste Trägergruppe des »Wirtschaftswunders«, das sich zu einem guten Teil aus der Aufstiegs- beziehungsweise Wiederaufstiegs-orientierung der Deutschen speiste. In diesem Sinne waren sie besonders typische Bürger der Bundesrepublik.[18]

Die zentrale Rolle im Leben der Bundesbürger spielte die Arbeit, denn die Arbeitszeiten waren lang. Die Sechs-Tage-Woche mit einer Wochenarbeitszeit von fast 50 Stunden war normal. Der Produktivitätsfortschritt ermöglichte aber schon Mitte der 1950er Jahre die Einführung der Fünf-Tage-Woche und damit des »langen« Wochenendes, für das allerdings unter der Woche länger gearbeitet werden musste. Gewerkschaftliche Vorstellungen überkreuzten sich hier mit familienpolitischen Zielsetzungen der Bundesregierung. Bald wurde die 45-Stunden-Woche Standard. Im Bad Homburger Abkommen von 1960 einigten sich die IG Metall und der Arbeitgeberverband Gesamtmetall schließlich in einer Pilotvereinbarung auf die schrittweise Einführung der 40-Stunden-Woche. Der ökonomische Aufschwung bildete auch hier den Hintergrund der Entwicklung: Reformen mussten von den Gewerkschaften in der Regel nicht erstritten werden, sondern wurden von den Tarifparteien einvernehmlich auf dem Verhandlungswege vorangebracht. Mit diesen Prozessen hat sich der Stellenwert von Arbeit in der Gesellschaft allmählich verändert. Die Arbeitsorientierung blieb ungebrochen, aber Arbeit war nun nicht mehr nur ein Wert an sich, sondern diente auch dazu, die materielle Grundlage für die Gestaltung der wachsenden Freizeit zu schaffen.

Infolge der günstigen Entwicklung der Konjunktur, die zu einer Verdoppelung des Bruttosozialprodukts zwischen 1950 und 1960 und der Nettoreallöhne zwischen 1950 und 1963 führte, ging es fast allen immer besser. Die Bundesrepublik erlebte einen beispiellosen Prosperitätsschub. Die Deutschen sparten, und sie konsumierten. Zwischen 1950 und 1960 erhöhte sich die Sparquote von drei auf neun Prozent. Nicht zuletzt das Bausparen mit der Aussicht auf ein eigenes Heim erfreute sich wachsender Beliebtheit. Doch im Sparwillen drückten sich auch kollektive Ängste aus: Man sparte für »schlechte Zeiten«, obwohl die Hyperinflation in den Jahren 1922/23 den Deutschen gezeigt hatte, wie schnell sich Sparguthaben in Luft auflösen können, und man sparte, um sich Autos, Motorräder, Haushaltsgeräte, Einrichtungsgegenstände oder auch Urlaubsreisen leisten zu können. Sparen und konsumieren schlossen einander also nicht aus.

Zunächst strebten die Deutschen danach, die Lebensverhältnisse der Vorkriegszeit wieder zu erreichen. Doch dieses Niveau ließen sie bald hinter sich. Die Grundbedürfnisse nach Nahrung und Kleidung waren nach kurzer Zeit gesichert, so dass die steigenden Einkommen für andere Anschaffungen ausgegeben werden konnten. Der Soziologe Ernest Zahn hat 1960 vom Blick der Konsumenten nicht auf »Entbehrtes, sondern auf Begehrtes« gesprochen.[19] Das impliziert eine Zäsur im Konsumverhalten, die mit der lange Zeit akzeptierten Deutung eines kontinuierlich steigenden Wohlstands und einer wellenförmigen Entwicklung des Konsums – zunächst die »Fresswelle«, dann die »Kleidungswelle«, schließlich »Einrichtungs-« und »Reisewelle« – nur schwer zu vereinbaren ist. Jüngere Untersuchungen zeigen, dass der Konsum erst in den späten 1950er Jahren über den Grundbedarf und den Ersatz dessen, was durch den Krieg und seine Folgen verloren oder beschädigt worden war, hinausging und die Deutschen erst jetzt in der Lage waren, »sich ein Stück Wohlstand zu leisten«.[20] Doch nicht alle Bevölkerungsgruppen waren in die Wohlstands- und Konsumentwicklung eingeschlossen. Jugendliche wurden erst jetzt zu Konsumenten, und zumindest bis zur Rentenreform von 1957 und der Einführung der dynamischen Rente gehörten auch die Rentner zu den »Stiefkindern des Wirtschaftswunders« (Axel Schildt). Durch die Reform löste sich der Zusammenhang von Alter und Armut, und die Rentner konnten, wenn auch in bescheidenem Maße, am Konsum teilnehmen.

Der Durchbruch zur modernen Massenkonsumgesellschaft stand mit Prozessen der Amerikanisierung in Verbindung. Ganz allgemein bildete die amerikanische Gesellschaft das Modell für Entwicklungen im Zeichen des Wohlstandskonsums. Selbstbedienungsläden und bald auch Supermärkte lösten das herkömmliche Einzelhandelsgeschäft ab. 1951 gab es in der Bundesrepublik 39 Selbstbedienungsgeschäfte, 1960 waren es schon 17 132 und fünf Jahre später sogar 53 125.[21] Mit der Selbstbedienung veränderten sich nicht nur die Waren, beispielsweise wurden Fertigkost- und Tiefkühlprodukte eingeführt, sondern auch die Wahrnehmung der Ware, die nun, nicht zuletzt durch ihre Verpackung, für sich selbst warb. Markenartikel sollten in der unüberschaubaren Vielfalt des Angebots die Auswahl erleichtern. Aus den USA kamen aber auch neue Formen der Werbung und des Marketings nach Westeuropa. Werbung wurde zur Wissenschaft und gezielt auf den Massenkonsum, der reiche Gewinne versprach, ausgerichtet. Wirtschaftliches Handeln setzte immer mehr beim Absatz des Produkts an und nicht mehr wie im Nationalsozialismus und in der DDR allein bei der Produktionssteigerung.[22]

Sozialstrukturen im Zeichen des Fahrstuhl-Effekts

Die soziale Gruppe, die sich unter dem Einfluss der wirtschaftlichen Entwicklung und der enormen Wohlstandssteigerung am deutlichsten veränderte, war die Arbeiterschaft. Der Sozialhistoriker Josef Mooser hat dafür den viel zitierten Begriff »Abschied der Proletarität« geprägt. Was meint das? Das »offensichtlichste und vielleicht wirksamste Phänomen der Diskontinuität in der Arbeitergeschichte« war nach Mooser der steile und über viele Jahre anhaltende Anstieg der Löhne und Gehälter. »Die absolut und relativ historisch vergleichslos schnelle Entwicklung des Wohlstands ist die zentrale Erfahrung der westdeutschen Bevölkerung seit den fünfziger Jahren, an der auch die Arbeiter teilhatten.«[23]

Die »Proletarität« hat sich allerdings nie nur finanziell ausgedrückt. Zu ihr gehörten seit dem 19. Jahrhundert spezifische Wertorientierungen sowie ein spezifischer Lebensstil der Arbeiterschaft, der seinen Ausdruck unter anderem in eigenen Freizeit- und Kulturorganisationen fand. Diese Organisationen hat der Nationalsozialismus zerschlagen. Nach 1945 wurden sie nur in sehr geringem Umfang wieder aufgebaut. Darüber hinaus haben Krieg und Kriegsfolgen die Geschlossenheit und Homogenität des Arbeitermilieus aufgelöst. Diese Auflösungsprozesse setzten sich fort, da viele neue Arbeiter, etwa die Vertriebenen, nicht mehr aus der traditionellen Arbeiterschaft stammten und über ganz andere soziale Hintergründe verfügten. Die quantitative Ausweitung der Industriearbeiterschaft bedeutete also keineswegs eine Stabilisierung von Arbeitermilieu und Arbeiterkultur.

Politisch löste sich die enge Verbindung der Arbeiterschaft an die Sozialdemokratie. Katholische Arbeiter wählten durchaus Adenauer und die Unionsparteien, und die SPD war auf ihrem Weg zur Volkspartei bestrebt, den Eindruck einer reinen Arbeiterpartei zu vermeiden. Die oft schwere körperliche Arbeit blieb weiterhin ein definierendes Merkmal der Arbeiterschaft und ihrer Selbstwahrnehmung, aber in anderen Zusammenhängen veränderte sich diese Wahrnehmung, beispielsweise durch die arbeits- und sozialrechtliche Annäherung von Arbeitern und Angestellten. Als Arbeitnehmer wurden Arbeiter und Angestellte zunehmend schwerer voneinander unterscheidbar, zumal es immer mehr Angestellte in der Industrie und im produzierenden Gewerbe gab. So ging mit dem »Abschied von der Proletarität« der Arbeiter die »Entbürgerlichung der Angestellten« einher.[24] Dies hatte mit der allgemeinen Ausweitung des Angestelltenbereichs zu tun, aber auch mit der zunehmenden Erwerbstätigkeit der Ehefrauen von Angestellten sowie der Zunahme von weiblichen Angestellten, die oftmals niedrige Positionen innehatten (Schreibkräfte, Telefonistinnen) und damit die klare Hierarchie zwischen männlichen Angestellten in eher herausgehobenen Positionen und Arbeitern verwischten.[25] Dafür entstanden innerhalb der Arbeiterschaft mit dem Zustrom ausländischer Arbeitnehmer, zumeist Ungelernte, neue und schärfere Trennlinien.

Für die gesamtgesellschaftliche Entwicklung war entscheidend, dass fast alle sozialen Gruppen am steigenden Wohlstand teilhatten, dass das »Wirtschaftswunder« also nicht auf die Ober- und Mittelschichten beschränkt blieb. Das relativierte auch gesellschaftliche Fragmentierungen, die für die politische Entwicklung in Deutschland seit dem Kaiserreich von Bedeutung waren. Erhöhte der allgemein steigende Wohlstand nicht die Chancen für den sozialen Frieden? Wurde am Ende nicht sogar die Klassengesellschaft mit ihrer inhärenten Konflikthaftigkeit und ihrer politischen Brisanz überwunden? Nicht wenige Beobachter sahen das so. Zu den einflussreichsten gehörte Helmut Schelsky, der in einem Aufsatz aus dem Jahr 1953 den Begriff der »nivellierten Mittelstandsgesellschaft« prägte. Diese »nivellierte Mittelstandsgesellschaft« bilde sich in der Bundesrepublik infolge gegenläufiger »sozialer Aufstiegs- und Abstiegsprozesse« heraus. Während Arbeiterschaft und Angestellte in den einen »neuen Mittelstand der industriell-bürokratischen Gesellschaft« aufstiegen, würden insbesondere Angehörige des Besitz- und Bildungsbürgertums schon seit der Zeit des Ersten Weltkriegs und verstärkt seit 1945 in diese soziale Mittellage absinken. »Das Zusammenwirken dieser sich begegnenden Richtungen der sozialen Mobilität führt ... vor allem zu einem relativen Abbau der Klassengegensätze, einer Entdifferenzierung ... und damit zu einer sozialen Nivellierung in einer verhältnismäßig einheitlichen Gesellschaftsschicht, die ebenso wenig proletarisch wie bürgerlich ist.« Den »verhältnismäßig einheitlichen Lebensstil der nivellierten Mittelstandsgesellschaft«, den er als »kleinbürgerlich-mittelständisch« einordnete, erkannte Schelsky insbesondere in der Angleichung »ehemals schichttypischer Verhaltensstrukturen des Familienlebens, der Berufs- und Ausbildungswünsche der Kinder, der Wohn-, Verbrauchs- und Unterhaltungsformen, ja der kulturellen, politischen und wirtschaftlichen Reaktionen«.[26]

An den Beobachtungen Schelskys war viel Wahres, und sie fanden damals gewiss reichlich Bestätigung. Es sprach einiges für die These des Soziologen, dass die von ihm identifizierten und analysierten Nivellierungsprozesse einen längeren Vorlauf hatten und durch die Entwicklungen seit 1945 nur beschleunigt worden seien. Schelsky war nicht der Einzige, der zu solchen Einsichten gelangte. Schon 1948 hatte der Soziologe Theodor Geiger von der »Klassengesellschaft im Schmelztiegel« gesprochen. Schelskys Thesen gerieten erst unter Beschuss, als man in ihnen einen Versuch erblickte, die Wiederherstellung des kapitalistischen Systems in Deutschland vor dem Hintergrund des Kalten Krieges und der deutsch-deutschen Konkurrenz zu rechtfertigen und der östlichen Kritik an der Klassengesellschaft zu begegnen. Einige Kritiker wiesen auf die Bezüge, ja die Ähnlichkeiten zwischen Schelskys »nivellierter Mittelstandsgesellschaft« und der nationalsozialistischen Volksgemeinschaft hin beziehungsweise sahen in Schelskys Befunden ein Weiterwirken der NS-Volksgemeinschaftsideologie mit ihrer sozial harmonisierenden und antikommunistischen Ausrichtung. Letztlich kam man aber an der allgemeinen Wohlstandssteigerung und den wachsenden Konsummöglichkeiten nicht vorbei.

Die »Wohlstandsexplosion« ließ die »Wohlstandsschere« in den Hintergrund rücken, schloss diese aber nicht.[27] Die Einkommen stiegen, aber die Löhne der Arbeiter stiegen nicht stärker als die anderer Gruppen. Die Unterschiede blieben also erhalten. An der grundsätzlichen sozialen Differenzierung änderte sich in Westdeutschland nur wenig: »Die Sozialstruktur der Bundesrepublik veränderte sich weniger über eine Umverteilung als durch eine Anhebung des Gesamtniveaus.«[28] Der Soziologe Ulrich Beck hat dies Jahre später als »Fahrstuhl-Effekt« bezeichnet. Die größere Teilhabe am Konsum wirkte nur oberflächlich homogenisierend und nivellierend. In weit über die 1950er Jahre hinausreichenden Prozessen mögen Klassen verschwunden und Schichten ihre scharfen Konturen verloren haben, doch die sozialen Lagen und Milieus, so die Begriffe der Soziologie, die an ihre Stelle traten, signalisierten nicht Nivellierung, sondern feinere, subtilere Formen der Ungleichheit.[29] Sie mag im Alltag weniger deutlich erkennbar gewesen sein, es gab sie aber trotzdem.

Bürgertum, Bürgerlichkeit und Politik der Mitte

Dass die Arbeiterschaft in der Bundesrepublik der Ära Adenauer stark war, daran besteht kein Zweifel. Der Adel verlor dagegen Einfluss. Er mochte noch eine soziokulturell distinkte Gruppe darstellen, sozialstrukturell und politisch aber hatte er seine Bedeutung verloren.[30] Eine schwierige Frage ist, ob es jenseits einer diffusen Mittelschicht noch so etwas wie ein Bürgertum gab. Waren ihm nicht durch den Ersten Weltkrieg, insbesondere aber durch Inflation und Wirtschaftskrise in der Zwischenkriegszeit die materiellen Grundlagen seiner Existenz entzogen worden und damit auch die materiellen Voraussetzungen bürgerlicher Lebensformen? War nicht bereits durch die ökonomischen Entwicklungen der Weimarer Zeit, dann aber auch durch Ideologie und Realität der NS-Volksgemeinschaft die soziale Kohäsion des Bürgertums verloren gegangen? Gab es nach dem politischen Bedeutungsverlust des Liberalismus spätestens zu Beginn der 1930er Jahre noch so etwas wie eine politische Bürgerlichkeit? Ganz ohne Zweifel kam es in der frühen Bundesrepublik nicht zu einer Wiederherstellung des traditionellen deutschen Bürgertums als klar erkennbarer Sozialformation, auch wenn die wirtschaftliche Entwicklung die Wiederentstehung einer soziokulturellen Bürgerlichkeit durchaus begünstigte.

In der alltäglichen Normalität der industriellen Konsum- und Freizeitgesellschaft näherten sich überkommene klassen- und schichtenspezifische Lebensstile einander an, Statussymbole waren für breitere Schichten erreichbar. Es kam zu einer Verallgemeinerung von Bürgerlichkeit, was aber die weitgehende Auflösung der Sozialformation Bürgertum mit ihrem Exklusivitätsanspruch voraussetzte. Die Zuschnitte individueller Lebensführung glichen sich an, ehedem exklusive Elemente der Lebensführung wurden allmählich zu allgemeinen. Das war beileibe keine spezifisch deutsche beziehungsweise westdeutsche Entwicklung. Vergleichbare Phänomene können wir auch in anderen westeuropäischen Gesellschaften feststellen.

Die Konzentration auf das persönliche wirtschaftliche Vorankommen – zuerst auf die Bewältigung von Not und Elend, dann auf den Aufbau einer neuen Existenz und schließlich auf die Sicherung eines zuvor nicht gekannten Wohlstands – führte zu einer Revitalisierung und einer neuen Hochschätzung von Werten und Werthaltungen, die man dem »bürgerlichen Wertehimmel« und dem bürgerlichen Kulturmodell des 19. und frühen 20. Jahrhunderts zuordnen kann: Fleiß, Arbeitsdisziplin, Betonung von Bildung, Distinktion, Diskretion, Sparsamkeit, Hinwendung zu Familie und Heimat. Diese bestimmenden Attribute markieren unübersehbar Kontinuitätslinien, die vom Kaiserreich bis in die Ära Adenauer reichen und in dieser wieder deutlicher hervortreten als in den Dekaden zuvor. Ende und Verallgemeinerung von »Bürgerlichkeit« sind somit zwei Seiten derselben Medaille, und wir können sehr wohl auch von »Bürgerlichkeit« sprechen, wenn wir unseren Blick auf die sozial integrierende und partiell entdifferenzierende »bürgerliche Mitte« der Adenauer-Zeit richten.[31]

Die sozialen und sozialstrukturellen Prozesse der Verallgemeinerung von Bürgerlichkeit verbanden sich allmählich, wenn auch wohl zeitlich versetzt, mit Veränderungen im Bereich der politischen Kultur, mit einem Wandel politischer Werte und gesellschaftlicher Ordnungsvorstellungen. Diese Prozesse kann man als Entwicklung hin zu einer »Bürgergesellschaft« charakterisieren, einer *civil society* im angelsächsischen Sinne. Das Ideal der »bürgerlichen Gesellschaft« des frühen 19. Jahrhunderts tauchte wieder auf. Die Entwicklung der frühen Bundesrepublik soll nicht auf die Ideenwelt der Zeit um 1800 zurückgeführt werden, doch die

Interpretation der politischen und sozialen Prozesse in Westdeutschland als Entwicklung hin zu einer Bürgergesellschaft stellt all jene Forschungsansätze, die mit Kategorien wie »Verwestlichung«, gesellschaftliche Liberalisierung oder auch Zivilisierung operieren, in diesen Zusammenhang, da sie moderne und insbesondere die von den USA geprägte »Westlichkeit« oder »Liberalität« auf gemeineuropäische, wenn nicht atlantische, durch Aufklärung und frühen Liberalismus geschaffene Traditionsbestände bezieht, in die sich die *civil society* einordnen lässt.

Diese Verallgemeinerung, ja Universalisierung von Bürgerlichkeit war ein Teil jenes Prozesses, der in der politisch-sozialen Sprache der Zeit seinen Ausdruck auch in der Konjunktur des Begriffs »Mitte« fand, was Schelskys »nivellierte Mittelstandsgesellschaft« sozialwissenschaftlich unterfütterte. Die »bürgerliche Mitte«, von der in der Ära Adenauer viel die Rede war, war fast schon eine Tautologie. Die »bürgerlichen« Parteien, insbesondere CDU und FDP, zielten in ihrer Programmatik auf eine selten näher bestimmte »Mitte«, der sich immer mehr Menschen zurechneten. Im Appell an die »Mitte« lag ein wichtiger Grund der Wahlerfolge der Union. Dass sich die SPD demgegenüber bis zu ihrer Godesberger Wende dezidiert als links verstand und die Gesellschaft der Bundesrepublik als Klassengesellschaft sah und darstellte, trug zu ihren Misserfolgen bei. Die Unionsparteien – die CDU stärker als die CSU – und die FDP hingegen zielten mit ihrer Konzentration auf die »Mitte« auf die Überwindung sozialer Segmentierung und gesellschaftlicher Trennlinien, die nicht zuletzt die Weimarer Republik schwer belastet hatten.

In der Selbstwahrnehmung der Nachkriegsgesellschaft war diese Segmentierung schon früh überwunden. Auch das wurde durch die Sozialforschung gestützt. Eine große Mehrheit der Westdeutschen rechnete sich in demoskopischen Umfragen der Mittel- und der Arbeiterschicht zu, nicht aber der Unterschicht.[32] Der Soziologe Karl-Martin Bolte entwickelte damals ein Schichtmodell der westdeutschen Gesellschaft, die »Boltesche Zwiebel«, das die breite Mitte der Gesellschaft klar hervortreten ließ.[33] Der Begriff »Mitte« blieb jedoch nicht auf gesellschaftliche Strukturen und soziale Schichtungen beschränkt, sondern stand auch für politische Positionierungen. Politisch war die »Mitte« der Ort jenseits der Extreme, der Ort des Kompromisses zwischen Rechts und Links. Eine »Politik der Mitte« versprach Ruhe, Berechenbarkeit und Ausgleich und kam damit dem Wunsch der Bundesbürger nach Stabilität und gesicherten Verhältnissen, nach Sicherheit schlechthin, entgegen. Insofern hatte die »Politik der Mitte«, für die Adenauer und Erhard standen und die in der bürgerlich-liberalen »Koalition der Mitte« von 1982 noch einmal zitiert wurde, eine konservative Ausrichtung, denn sie zielte auf Bewahrung und Erhalt von Erreichtem und Bestehendem.

Im Kampf um die »Mitte« wurden in der alten Bundesrepublik Wahlen gewonnen. In ihren Programmen warben CDU, FDP und später auch die SPD um diese »Mitte«. Lediglich die CSU blickte auch nach rechts, konnte dies aber nur als in Bayern seit den 1960er Jahren unangefochtene »Volkspartei der Mitte«. Die späteren Diskussionen der Grünen, die Auseinandersetzungen zwischen »Fundamentalisten« und »Realos«, waren immer auch Konflikte über den Ort der Partei. Konnte man mit einer dezidiert linken Politik mehr Stimmen gewinnen als mit einer Politik, die auch versucht, Stimmenanteile aus der »Mitte« zu gewinnen? Es gehört zu den Gründen für den bundespolitischen Aufstieg der PDS/Linkspartei, dass sich in der Sozialdemokratie über Jahrzehnte hinweg und insbesondere dann, wenn die SPD in der Regierungsverantwortung stand, ein Kurs der »Mitte« durchsetzen konnte, für den zuletzt Bundeskanzler Gerhard Schröder mit seiner Reformpolitik im Zeichen der »Agenda 2010« stand.

Eine »Politik der Mitte« kann freilich nur so lange erfolgreich sein, solange sich die Menschen in ihrer überwiegenden Mehrheit dieser Mitte zurechnen und mit Recht zurechnen können. Das ist in Zeiten der Massenarbeitslosigkeit, »neuer Armut« und wachsender sozialer Ungleichheit nicht der Fall. Wird nicht aus der »Bolteschen Zwiebel« im beginnenden 21. Jahrhundert allmählich eine »Sanduhr«? Der bewahrende Konservatismus der Mitte ist für jene nicht attraktiv, die kaum etwas zu bewahren haben. Das hat erhebliche politische Konsequenzen, wenn eine Partei wie die PDS/Linkspartei, die sich ausdrücklich nicht zur »Mitte« bekennt und sich dieser nicht verpflichtet fühlt, massenhaften Wählerzuspruch findet, denn dann verändert sich das politische Koordinatensystem und verrutscht insgesamt mehr nach links. Die »Mitte« ist kein statisch-unverrückbarer Ort auf der politischen Landkarte, denn sie verändert ihren Standort je nach Entwicklung des Parteiensystems und des Wählerverhaltens. Infolge der Fixierung insbesondere der beiden großen Volksparteien auf die »Mitte« und die Wähler der »Mitte« kommt es dann zu einer klaren Linksverschiebung der politischen Programmatik, was sowohl die SPD als auch die CDU bestätigen. Aber sind »rechts« und »links« heute überhaupt noch passende Begriffe für politische Richtungen? Mit Blick auf die 1950er Jahre kann man feststellen, dass die politische Mitte der westdeutschen Gesellschaft zunächst eher rechts lag, was die SPD in ihrem Interesse an den Wählern der »Mitte« zu einer Rechtsverschiebung ihres politischen Profils und ihres Programms geradezu zwang.

Die sozial und politisch stabilisierende »Politik der Mitte« hat zu Verkrustungen und Immobilismus geführt, die durch das Wechselspiel von Regierung und Opposition und den Wechsel der Opposition auf die Regierungsbank nicht mehr aufgebrochen werden konnten. Die »Politik der Mitte«, die der Bundesrepublik lange Zeit die gewünschte Stabilität verschaffte, trägt heute zu ihrer Bewegungsunfähigkeit bei und ist ein Reformhindernis. Dass die CDU unter Angela Merkel ihr ambitioniertes und weit reichendes Reformprogramm – nicht nur unter dem Druck der Großen Koalition mit der SPD – aufgab, zeigt deutlich die Ambivalenz des Primats der »Mitte«.

»Motorisiertes Biedermeier«: Lebensstile und Alltagskultur

Die Gesellschaft der Adenauer-Zeit suchte in der »Mitte« Ruhe, Sicherheit und auch Halt angesichts der enormen Veränderungen der Gegenwart. Im Wiederaufbau, den Blick orientierend zurückgewandt, modernisierte sich die westdeutsche Gesellschaft.[34] Hans-Peter Schwarz hat schon früh von den 1950er Jahren als einer »Periode aufregender Modernisierung« gesprochen.[35]

Ein wichtiger Ausdruck der Modernisierung waren Motorisierung und Mobilisierung. Hier hatte die Bundesrepublik gegenüber anderen westeuropäischen Ländern und insbesondere gegenüber den USA aufzuholen. 1953 besaßen nur zwei von 100 Westdeutschen ein Auto, aber immerhin vier von 100 Franzosen, fünf von 100 Briten und jeder vierte Amerikaner. Das Massenmotorisierungsversprechen, das der »Volkswagen« einlösen sollte, hat das »Dritte Reich« nicht erfüllt. So träumten zwar bereits breite Schichten den Traum vom eigenen Auto, doch die Motorisierung in Deutschland kam zunächst nicht voran.

Mit dem Beginn des »Wirtschaftswunders« setzte ein beschleunigter Aufholprozess ein. Zwischen 1950 und 1960 verachtfachte sich der Pkw-Bestand von 520 000 auf 4,1 Millionen. Zunächst konkurrierte das Auto noch mit dem Motorrad, das als vergleichsweise kostengünstiges Fortbewegungsmittel insbesondere für den Weg zur Arbeit galt. Im Jahr 1955 waren 2,1 Millionen Motorräder zugelassen, danach gingen die Zulassungszahlen deutlich zurück.[36] Ein großer Teil der Autos, die sich die Bundesbürger anschafften, waren im Grunde nicht viel mehr als überdachte Motorräder. Das Goggomobil, die »Isetta«, im Volksmund auch »Knutschkugel« genannt, oder der Messerschmitt Kabinenroller eigneten sich nur für eher kurze Strecken und den individuellen Transport. Sie kosteten kaum mehr als ein Motorrad und waren daher recht bald für größere Bevölkerungsschichten erschwinglich. Zum Volkswagen im wahrsten Sinne des Wortes wurde der in Wolfsburg nun für zivile Zwecke produzierte »Käfer«. Schon 1950 liefen täglich 300 dieser VW vom Band, zehn Jahre später waren es 4000. Im Jahr 1955 verließ der millionste Käfer das Werk, 1961 war man bereits bei 5 Millionen.[37] In diesen Zahlen wird die enorme volkswirtschaftliche Bedeutung der Automobilindustrie erkennbar, die rasch zu einer Hauptbranche der ökonomischen Entwicklung wurde und mit all ihren Zulieferbetrieben Arbeitskräfte in steigender Zahl benötigte.

Der Individualverkehr wuchs gewaltig und überstieg in seiner Verkehrsleistung schon bald die öffentlichen Verkehrseinrichtungen. Der Straßenbau, der diesem Zuwachs nicht entsprach, sondern ihm Herr zu werden suchte, konnte mit diesem Verkehrsaufkommen, das von Jahr zu Jahr stieg, nicht Schritt halten. Dessen ungeachtet wuchs die individuelle Mobilität und mit ihr auch der individuelle Aktions- und Erfahrungsraum vieler Menschen, der bislang gering und allenfalls durch die Eisenbahn erweitert worden war.[38] Auch für Berufspendler wurden nun ganz andere Distanzen zwischen Wohnung und Arbeitsstelle überwindbar. Wohn- und Arbeitsort mussten nicht mehr identisch sein oder in nächster Nähe liegen. Es war möglich, auf dem Land zu leben und in der Stadt zu arbeiten. Das förderte eine Stadt-Land-Verflechtung und eine Angleichung städtischer und ländlicher Lebensstile, die bis dahin extrem unterschiedlich waren.

Menschen, die in der Land- oder Forstwirtschaft keine Arbeit mehr fanden, konnten nun in städtischen Industriebetrieben arbeiten, ohne ihren ländlichen Wohnort verlassen zu müssen. Es dauerte nicht lange, bis die ersten Städter ins Umland zogen, wo Wohnungen billiger waren oder man günstigere Bauplätze für ein Eigenheim erwerben konnte. Der Bedeutungsverlust des primären Sektors führte nicht mehr zu einer Landflucht und einer neuen Urbanisierungswelle, was den Wohnungsmangel in den Städten vergrößert und damit den Wiederaufbau insgesamt erschwert hätte. Die Modernität der Städte erreichte über die Pendler auch das Land, es kam zu einer »Entprovinzialisierung dörflichen Lebens«, was wesentlich zur gesellschaftlichen Modernisierung der Bundesrepublik in den 1950er Jahren beitrug.[39]

Bei Urlaubsreisen, zu denen die Deutschen jetzt aufbrachten, überschnitten sich die neuen Möglichkeiten des Konsums und der Mobilität. Die viel zitierte »Reisewelle« setzte allerdings erst ein, als andere Konsumwünsche im häuslichen Umfeld erfüllt oder ein fahrbarer Untersatz angeschafft worden waren. Der Jahresurlaub, erst in der Weimarer Republik überhaupt und für Arbeiter im Nationalsozialismus eingeführt, wurde nun garantiert. 1963 betrug der jährliche Mindesturlaub bundeseinheitlich 15 Tage für unter 35-Jährige und 18 Tage für die Älteren. Reisebusse und Bahnen beförderten in wachsendem Maße Urlauber, doch letztlich war die Reisewelle ein Ergebnis der Massenmotorisierung. Der Urlaub mit dem eigenen Pkw erlaubte eine individuelle Reisegestaltung, wovon allerdings nur wenige Gebrauch machten, da sich die Vorlieben der deutschen Touristen in Bezug auf Ferienziele und -gestaltung ähnelten. Dass der Massentourismus sich am Tourismus des Nationalsozialismus orientierte, beispielsweise an den Reiseangeboten von »Kraft durch Freude«, trifft nicht zu, da die breite Masse gar nicht in den Genuss dieser Angebote gekommen war. Für Auslandserfahrung hatte nur die Wehrmacht gesorgt. Nicht wenige Deutsche kehrten in den Nachkriegsjahren an jene Orte vor allem in Italien zurück, die sie in den 1940er Jahren unter ganz anderen Umständen kennen gelernt hatten.

Italien war das begehrteste Ziel für deutsche Touristen. In Millionen Deutschen weckte Rudi Schurickes Schlager »Wenn bei Capri die rote Sonne im Meer versinkt« Sehnsüchte. Die Heimat von »Bella Marie« besuchte 1954 aber nur ein kleiner Teil. Die Fischerboote, denen die deutschen Urlauber verträumt nachsahen, lagen nicht im Golf von Neapel, sondern in der Lübecker Bucht oder fuhren über den Bodensee. Nur 15 Prozent der Bundesbürger reisten ins Ausland, darunter deutlich mehr ins vertrautere, weil deutsch sprechende und deutsch kochende Österreich als nach Italien. Noch 1968 hielten sich die Inlands- und Auslandsurlauber die Waage. Die meisten suchten im Urlaub Erholung und Entspannung von der anstrengenden Arbeit, aber vielleicht auch von den Anstrengungen und Entbehrungen der Kriegs- und Besatzungsjahre. Der bürgerliche Bildungsurlaub schwebte ihnen eher nicht vor. Dennoch gaben sich die Anbieter von Pauschalreisen Mühe, kulturelle Akzente zu setzen. Bei der Reise an den Gardasee durfte ein Besuch von Romeos und Julias Balkon in Verona nicht fehlen.

Infolge der Arbeitszeitverkürzungen gab es auch im Alltag mehr Freizeit, die dank der steigenden Einkommen anders ausgefüllt werden konnte als früher. Wurde Freizeit außerhalb des Hauses verbracht, so geschah das im engeren Umfeld des Wohnorts und überwiegend in Vereinen. Der beliebte Kinobesuch büßte erst in den 1960er Jahren mit der Verbreitung des Fernsehens an Attraktivität ein. Das »Pantoffelkino« entsprach ganz den Freizeitvorlieben zumindest der mittleren und älteren Generation, die ihre Freizeit vorzugsweise zu Hause verbrachte. Hier konnte man nach der anstrengenden Arbeit ungestört sein und es sich im Kreise der Familie gemütlich machen. Das dürfte auch eine Reaktion auf die Nachkriegszeit gewesen sein, als viele Familien getrennt wurden und man in Wohngemeinschaften auf engstem Raum zu leben gezwungen war.[40] Der Rückzug ins Private äußerte sich gerade auch in der vorzugsweise häuslich-familiären Freizeitgestaltung. Dieses »Einbunkern« in der Familie beklagten selbst katholische Theologen, und Sozialwissenschaftler konstatierten eine »Regression in den kleinfamiliären Gruppenegoismus«.[41]

Zum »Hegemon der häuslichen Freizeit« wurde das Radio,[42] denn es erwies sich als das geradezu ideale Medium. Die herausgehobene Stellung des Rundfunks in der Nachkriegszeit basierte auf einem Vorlauf insbesondere in den Jahren des »Dritten Reiches«. Noch während des Krieges war die Zahl der Rundfunkgenehmigungen gestiegen und hatte 1943 schließlich 16,1 Millionen erreicht. Die Produktion von Radios wurde nach 1945 sehr schnell wieder aufgenommen, und schon zu Beginn der 1950er Jahre erreichte die Rundfunkdichte den alten Höchststand, der bis 1960 deutlich überschritten wurde. Radioprogramme informierten, vor allem aber unterhielten sie und waren so ein bequemes und zugleich erschwingliches Freizeitvergnügen. Erst einfache, später immer bessere Rundfunkgeräte gehörten zu dem, was man sich in den Adenauer-Jahren leistete.

Die Radios hatten ihren Platz im Wohnzimmer, wo man sich zum Zuhören versammelte. »Bunte Abende« und Ratesendungen richteten sich an die gesamte Familie. Unterhaltungskost, die zerstreuen und entspannen sollte, dominierte. Leichte Musik begleitete insbesondere die Hausfrau durch den Tag. Mit dem Kofferradio wurde es möglich, die Rundfunkunterhaltung, nicht zuletzt wenn Sportveranstaltungen übertragen wurden, in den Garten, zum Autowaschen oder zum Ausflug ins Grüne mitzunehmen. Anspruchsvollere Musiksendungen oder literarische Hörspiele stießen auf geringeres Publikumsinteresse, erhielten aber dennoch einen festen Platz in den Programmen. Das Hörspiel als literarische Form, die erst durch das Radio entstand, reizte auch wichtige deutschsprachige Autoren wie Ingeborg Bachmann, Ilse Aichinger, Günter Eich und Helmut Heißenbüttel. Das Radio als deutsches Freizeitmedium wurde so wichtig und das Programm so vielfältig, dass die im Springer-Verlag erscheinende Programmzeitschrift *Hör zu* in den Jahren zwischen 1950 und 1961 ihre Auflage von einer Million auf 4,2 Millionen steigern konnte. Radioprogrammzeitschriften wurden damit fast so häufig gelesen wie Tageszeitungen.[43]

Kunst und Literatur zwischen Entpolitisierung und Zeitkritik

Was lasen die Deutschen außer Tageszeitungen und Programmzeitschriften? Welche Filme sahen sie im Kino? Wie gestaltete sich die kulturelle Landschaft in der Ära Adenauer? Insgesamt überlagerten sich zwei Entwicklungen. Zum einen wollten die Deutschen an die 1933 abgerissenen kulturellen Traditionen der Weimarer Republik anknüpfen. Man suchte nach Vertrautem, nach Anschlussfähigem, nach Traditionslinien, die durch den Nationalsozialismus nicht diskreditiert waren. Zugleich zeichneten sich jedoch zunächst eher schwach und zurückhaltend neue Entwicklungen ab, die sich in der zweiten Hälfte des Jahrzehnts verstärkten und einen Umbruch einleiteten. Insbesondere war die Aversion der deutschen »Kultur« gegenüber der westlichen »Zivilisation« unter den politischen Bedingungen der Nachkriegszeit und angesichts des Generationenwechsels nicht lange aufrechtzuerhalten, und so öffnete sich der deutsche Kulturbetrieb immer stärker internationalen Einflüssen und fand allmählich Anschluss an den Westen.[44] Diese Prozesse des kulturellen Wandels waren mit den politischen und sozialen Veränderungen engstens verbunden.

Der Rückbezug auf die Weimarer Kultur war auch der Versuch eines »Neuanfangs ohne Schatten der Vergangenheit«, wie es Joachim Kaiser formulierte.[45] Gemeint war gewiss nicht das Verdrängen der NS-Vergangenheit, aber doch der Versuch, sich in eine kulturelle Tradition zu stellen, die um den Nationalsozialismus gleichsam einen Bogen machte und die Kultur des »Dritten Reiches« aus der kulturellen Entwicklung Deutschlands des 19. und 20. Jahrhunderts ausklammerte. In der Musik wurde dies wohl am deutlichsten erkennbar. Von Aufbruchstimmung und Neubeginn konnte keine Rede sein. Im Bereich der E-Musik griffen Konzertaufführungen auf das bildungsbürgerliche Repertoire zurück: Barock, Klassik und Romantik. Zeitgenössische Komponisten, die während des »Dritten Reichs« verfemt waren, Paul Hindemith zum Beispiel, wurden ebenso zur Aufführung gebracht wie Repräsentanten der internationalen Moderne, unter ihnen Igor Strawinsky und Béla Bartók. Diesen Komponisten galt nie die ungeteilte Gunst des Publikums, doch man spielte ihre Werke, um Distanz zum Nationalsozialismus zu markieren und um kulturelle Wiedergutmachung zu leisten. Ansonsten blieb die Aufführungspraxis unpolitisch, eine Auseinandersetzung mit dem Nationalsozialismus fand nicht statt, denn diese hätte nicht zuletzt einen kritischen Blick auf Orchester, Musiker und Dirigenten in den Jahren nach 1933 bedeutet. Herbert von Karajan, der der NSDAP gleich zweimal beigetreten war, machte als Chefdirigent der Berliner Philharmoniker und Nachfolger Wilhelm Furtwänglers eine glanzvolle Karriere. Karajan verkörperte wie kein zweiter den Typus des »unpolitischen« Musikers, dem es angeblich nur um die Kunst zu tun war, und so dirigierte er in Berlin vor und nach 1945 mit dem gleichen Erfolg.

Dass gerade die Musik von den Nationalsozialisten politisch eingesetzt und ideologisch missbraucht worden sei, bestärkte viele deutsche Musiker in den Nachkriegsjahren in ihrer Verteidigung einer unpolitischen Musik, und die große Mehrheit des deutschen Publikums folgte ihnen darin. Die von Rundfunksendern getragenen Bemühungen um die Neue Musik, die Donaueschinger Musiktage des

Südwestfunks, die die Tradition der Weimarer Zeit wieder aufnahmen, oder die *Musica viva* des Bayerischen Rundfunks fanden zwar internationale Beachtung, blieben aber elitär. Das breite Publikum bevorzugte leichten, unterhaltsamen und entspannenden Musikgenuss: Operetten von Franz Lehár und Robert Stolz sowie Schlager- und Tanzmusik.

Sowohl beim Schlager als auch in der Tanzmusik waren schon recht früh amerikanische Einflüsse zu beobachten, was vor allem darauf zurückzuführen war, dass die Jüngeren lieber die Sender der Besatzungstruppen, vor allem AFN (American Forces Network), hörten. Deutsche Bands und Orchester nahmen amerikanische Tanzmusik in ihr Repertoire auf.

Auch in Malerei und in der Bildenden Kunst sind Rückbezüge auf die Weimarer Jahre zu erkennen. Viele Künstler wandten sich von der gegenständlichen Kunst ab und der abstrakten zu. Anders als nach dem Ersten Weltkrieg kam es aber nicht zu einem großen künstlerischen Innovationsschub, vielmehr griff eine »gehemmte Moderne« auf künstlerische Ausdrucksformen der 1920er Jahre zurück, auf Expressionismus, Neue Sachlichkeit, kritischen Realismus und Surrealismus.[46] Die nichtgegenständliche Kunst überwog, was eine Reaktion auf die Gegenständlichkeit der bildenden Kunst im »Dritten Reich« war. Ein »neuer Realismus« konnte sich nicht durchsetzen, weil der »sozialistische Realismus«, der in der DDR gefördert wurde, das verhinderte. Vor dem Hintergrund des Ost-West-Konflikts galt abstrakte Kunst daher als »Westkunst« und hatte in diesem Sinne eine wichtige Funktion für die ideologische Selbstverständigung der Westdeutschen. Über diese ideologische Funktion hinaus aber öffnete die abstrakte Kunst, die in den Werken von Ernst Wilhelm Nay, Willi Baumeister, Georg Meistermann oder Gerhard Marcks zum Ausdruck kam, die westdeutsche bildende Kunst ins Internationale.

Ein Spiegelbild dieser Entwicklung war die seit 1955 im Abstand von vier Jahren in Kassel stattfindende *documenta*. Für den Initiator, Arnold Bode, hatte die *documenta* eindeutig »übernationalen Charakter« und war »die einzige Ausstellung der Welt, die keinerlei nationalen Ehrgeiz« besaß.[47] Man mag diese Haltung als typisch (west)deutsch charakterisieren und das prononcierte Bekenntnis zu internationaler Kunst und Menschheitskultur als nachvollziehbare Gegenreaktion nicht nur auf den übersteigerten und mörderischen Nationalismus des »Dritten Reiches«, sondern auch auf das bornierte Nationalgefühl des Kaiserreichs werten, das auch in der Weimarer Republik keineswegs verschwunden war. Ganz gewiss bewirkte die internationale Öffnung aber einen Anschluss der deutschen bildenden Kunst an den Westen, und insofern besaß die *documenta* eine »Funktion im

Rahmen des Modernisierungsschubs innerhalb der deutschen Nachkriegsgesellschaft«.[48]

Die abstrakte Kunst wurde nicht überall bereitwillig aufgenommen, sondern
hatte sich auch schwerer Angriffe, beispielsweise von dem einflussreichen Kunst-
historiker Hans Sedlmayr, zu erwehren, der ihr den »Verlust der Mitte«[49] vorwarf.
Damit stand er für jenen »mittelständischen Kulturkonservatismus«,[50] der zur
Kultur der Zeit vor 1933 zurückkehren wollte, aber zugleich restaurativ an deutsche
antimoderne und antiwestliche Kulturtraditionen anschloss. In der bis Mitte der
1950er Jahre einflussreichen konservativ-katholischen »Abendländischen Bewegung« erfreuten sich Sedlmayrs Positionen großer Beliebtheit.[51] Aber auch die Organisatoren und Träger der ersten *documenta* und ihr programmatischer Internationalismus wiesen deutliche Bezüge zum Topos des »Abendlands« auf. So nannte
sich die Trägergesellschaft der *documenta* »Abendländische Kunst des XX. Jahrhunderts«, und in Verlautbarungen der Ausstellungsmacher war immer wieder
von »abendländischer Gemeinsamkeit« die Rede.[52] »Abendland« und »abendlän-
disch« waren wichtige Hülsenbegriffe jener Zeit, denn sie verwiesen auf eine Überwindung des reichsdeutschen Nationalismus sowie auf einen Internationalismus, der freilich mit ganz unterschiedlichen Inhalten gefüllt werden konnte.
Gerade deshalb konnte der Abendland-Begriff zur Basisideologie des Kalten Krieges werden.[53]

Solche Spannungen sind noch stärker im Bereich der Literatur auszumachen.
Die Literatur der frühen Nachkriegszeit erschöpft sich nicht – weder was die Produktion noch was die Rezeption angeht – in der immer wieder erzählten Erfolgsgeschichte der Gruppe 47. Diese von Hans Werner Richter begründete und von
ihm zusammengehaltene Gruppe von Literaten war zu keinem Zeitpunkt eine
geschlossene Einheit; sie wurde zunächst nur von wenigen wahrgenommen. Verleger und Kritiker zollten ihr wohlwollende Anerkennung, aber die Auflagen der
Werke blieben klein. Von Günter Eich und Wolfgang Koeppen abgesehen waren
die Mitglieder der Gruppe 47 zumeist recht junge Nachwuchsschriftsteller und bei
Kriegsende um die 30 Jahre alt. Es dauerte bis in die 1960er Jahre, bis sie sich nicht
nur in der deutschen Literaturwelt, sondern auch in der deutschen Lesewelt etablieren konnten.

Die Kunst der Jungen war zeitkritisch und wirkte auf die bürgerliche Mitte der
westdeutschen Gesellschaft in doppelter Weise verunsichernd, denn sie setzten sich
nicht nur mit den Schatten der braunen Vergangenheit auseinander, sondern auch
mit dieser Vergangenheit selbst, wobei sie nicht nur das unheilvolle Wirken weniger, sondern Schuld und Verstrickung der Vielen anprangerten. Autoren wie Hein-

rich Böll, Martin Walser und Günter Grass, der mit dem 1959 erschienenen Roman »Die Blechtrommel« schon im Jahr zuvor den Preis der Gruppe 47 erhalten hatte, sahen in dem kleinbürgerlich-mittelständischen Sekuritäts- und Wohlstandsstreben der Deutschen eine Ursache für die satte Selbstzufriedenheit, die Muffigkeit und Spießigkeit der »Wirtschaftswunder«-Jahre sowie ihren politischen Immobilismus und machten darin auch einen Grund für den Aufstieg und die Herrschaftsstabilisierung des Nationalsozialismus aus.

»Was unterscheidet die Menschen hier eigentlich von denen im Jahr 1933«, ließ Heinrich Böll in seinem Essay »Hierzulande« einen Besucher der Bundesrepublik fragen. »Natürlich nichts«, hatte der Ich-Autor geantwortet und »dann eine winzige Korrektur hinzugefügt: ›Es geht ihnen wirtschaftlich besser als denen damals.‹«[54] Inge Scholl und Otl Aicher schrieben 1961: »Es geht uns wieder gut. Aber den Staat, den wir heute haben, hätte nur ein selbstgefälliger Kleinbürger erfinden können, dessen Horizont und Format bestimmt wird durch die Problemlosigkeit, die der um seiner selbst willen gesuchte Wohlstand verschafft.«[55] Im Lichte seiner eigenen NS- und SS-Vergangenheit mag man Günter Grass' Selbst- und Gesellschaftsbild für unaufrichtig, ja verlogen halten. Doch der Autor der »Blechtrommel« brachte auf den Punkt, worum es vielen jüngeren Schriftstellern damals ging: nicht um »›Bewältigung‹ deutscher Vergangenheit«, sondern um den »Versuch, … die Ablagerungen der sogenannten Mittelschicht (proletarisch-kleinbürgerlicher Geschiebemergel) Schicht für Schicht abzutragen«.[56] Für diese Autoren war die zeitkritische Auseinandersetzung mit dem »motorisierten Biedermeier«, wie Erich Kästner schrieb, ohne eine gleichzeitige Beschäftigung mit der nationalsozialistischen Vergangenheit nicht möglich. Wolfgang Koeppens 1953 erschienener und heute als literarische Chronik der frühen Bundesrepublik betrachteter Roman »Das Treibhaus«, der den Provinzialismus der Bonner Republik beklagt und wie sein im Jahr darauf erschienener Roman »Tod in Rom« auch die mangelnde Auseinandersetzung mit dem Nationalsozialismus, fand damals jedoch nur wenige Leser.

Das geringe Interesse der Leser an solcher Lektüre erleichterte es der Politik und insbesondere den Exponenten der regierenden bürgerlich-konservativen Parteien, entspannt mit den kritischen Intellektuellen und ihren »linken« Positionen umzugehen. Der Literaturkritiker Friedrich Sieburg, seit 1956 Leiter des Literaturblatts der *Frankfurter Allgemeinen Zeitung*, hat schon 1954 spöttisch bemerkt: »Das konservative Prinzip sitzt so fest im Sattel, dass die Toleranz in künstlerischen Dingen sozusagen zu den Attributen seines Hofstaates gehört. Mit anderen und etwas gröberen Worten: die Politik ist ›rechts‹, und die Kunst ist ›links‹.«[57] Und weil sie links war, war das, was sie zu sagen hatte, kaum mehrheitsfähig. Das änderte sich erst im folgenden Jahrzehnt, als sich die Künstler stärker politisch zu engagieren begannen und beispielsweise für die SPD und ihren Kanzlerkandidaten Willy Brandt Partei ergriffen. Jetzt fand eine jüngere Generation von Lesern in den Werken der Gruppe 47 Themen und Fragen behandelt, die sie selbst in der Auseinandersetzung mit der Generation ihrer Eltern zunehmend umtrieben.[58]

Die Generation der Eltern hatte, falls sie las, an den bildungsbürgerlich geprägten Lesekanon der Weimarer Zeit angeknüpft. Vor allem Thomas Mann erfreute sich großer Beliebtheit: Seine »Buddenbrooks« wurden zwischen 1950 und 1960 rund 1,2 Millionen mal verkauft, die »Bekenntnisse des Hochstaplers Felix Krull« 720 000 mal. Ganz gleich, ob diese Bücher tatsächlich gelesen wurden oder nicht, signalisieren diese Zahlen die Rückkehr zum Bewährten, zum Vertrauten, zur Literatur, mit der man auch politisch nichts falsch machen konnte, da der Nobelpreisträger ins Exil gegangen war. Viel weniger gekauft und gelesen wurde Manns 1947 erschienener Roman »Doktor Faustus«, der mit der Geschichte des Tonsetzers Adrian Leverkühn den Aufstieg des Nationalsozialismus literarisierte, wobei in der Analogie der »teuflischen Jahre« mit der »luziferischen Versuchung eines Künstlers«[59] eine zentrale bürgerliche Interpretation des Nationalsozialismus aufschien, nämlich die seiner Dämonisierung.

Auch in der Geschichtswissenschaft, beispielsweise in den Werken Friedrich Meineckes und Gerhard Ritters, tauchte die Kategorie des Dämonischen, des Teuflischen auf und trug zur Entstehung eines Geschichtsbilds bei, in dem der Nationalsozialismus aus der Kontinuität der deutschen Geschichte gleichsam entfernt wurde und jene Strukturen und Entwicklungen verdrängt und ignoriert wurden, die den Aufstieg des Nationalsozialismus begünstigt, wenn nicht ermöglicht hatten.[60] Der so dämonisierte und zugleich hitlerisierte Nationalsozialismus bot dem deutschen Bürgertum die Möglichkeit, sich in dem Antagonismus von Geist und Macht auf die Seite des Geistes zu stellen und das «Dritte Reich« als Diktatur der Kleinbürger zu betrachten.

Für bedeutende Schriftsteller hielten die Westdeutschen neben Thomas Mann Hermann Hesse, Gerhart Hauptmann, Rainer Maria Rilke, Franz Kafka und Stefan Zweig. Keiner dieser Autoren hat so in die Breite gewirkt wie der inzwischen in der Schweiz lebende Thomas Mann, der jetzt erst recht zum *praeceptor Germaniae* geworden war, und zwar in beiden Teilen Deutschlands. Mann war der deutsche Autor mit den höchsten Auflagen, doch seine »Buddenbrooks« rangierten auf der Liste der meistverkauften Romane der 1950er Jahre indes nur auf dem neunten Platz. Besser verkauften sich amerikanische Autoren, allen voran Ernest Hemingway, aber auch William Faulkner, John Steinbeck und Thornton Wilder. Nach Jahren der kulturellen Isolation dürstete es die Deutschen nach internationaler, nach Weltliteratur.

Die Bücherwelt der 1950er Jahre war amerikanisch, doch auch französische Literatur wurde gelesen. Vor allem in der jüngeren Generation begeisterte man sich für Albert Camus und Jean-Paul Sartre, die auch durch Theaterstücke wirkten. Die Deutschen öffneten sich allmählich gegenüber dem Westen, und selbst konservative Leser nahmen Abschied von jenem nationalen Kulturdünkel, den der Nationalsozialismus pervertiert, nicht aber hervorgebracht hatte.

Auf den Theaterbühnen konnten deutsche Gegenwartsautoren mit Tennessee Williams, Christopher Fry oder Jean Anouilh kaum konkurrieren. Allenfalls Carl Zuckmayer und Bert Brecht, die freilich einer älteren Generation angehörten, hatten hier eine Chance. Große Erfolge feierten die Stücke der Schweizer Friedrich Dürrenmatt und Max Frisch. Ansonsten dominierte das klassische Repertoire, Weimarer Klassik und eine »bereits klassisch gewordene Moderne«.[61] Die Inszenierungen übernahmen Regisseure, die vielfach auch in der NS-Zeit an deutschen Bühnen gearbeitet hatten und nicht wie beispielsweise Fritz Kortner nach 1933 emigriert waren. Gustaf Gründgens etwa gelang es, zunächst in Düsseldorf, später in Hamburg, ein Spitzenensemble zu bilden.

Die heile Welt des Films

Das Jahr 1956 verzeichnete über 800 Millionen Kinobesuche in 6500 Lichtspielhäusern. Danach sanken die Besucherzahlen mit dem Vordringen des Fernsehens. Hollywood-Filme dominierten, allerdings gelang es den amerikanischen Filmen nicht, die deutschen Produktionen ganz zu verdrängen. Der deutsche Unterhaltungsfilm setzte seine im »Dritten Reich« begonnene Karriere in der Nachkriegszeit fort. Regisseure und Schauspieler, die noch in der Schlussphase des Krieges an Durchhalte-Filmen mitgewirkt hatten, drehten bald wieder neue Filme oder standen vor der Kamera. Veit Harlan, Regisseur des antisemitischen Films »Jud Süß«von 1940 und des Streifens »Kolberg« von 1945, konnte nach der Aufhebung seines Berufsverbots noch zahlreiche Filme produzieren.[62] Harlans Frau Kristina Söderbaum, Hans Albers, Heinz Rühmann und Theo Lingen blieben Publikumslieblinge.

Gefragt waren Unterhaltung und Entspannung, und die lieferten die meisten deutschen Produktionen. Streifen wie Wolfgang Staudtes DEFA-Produktion von 1946 »Die Mörder sind unter uns« oder der 1947 in britischer Lizenz gedrehte Streifen »In jenen Tagen« von Helmut Käutner, in denen es um die NS-Vergangenheit ging, konnten kaum reüssieren. Gerade die DEFA-Produktionen, die sich mit der Zeit vor 1945 auseinandersetzten, waren im Westen schon bald durch den Antikommunismus des Kalten Kriegs diskreditiert. Wolfgang Staudtes »Der Untertan«, 1951 in der DDR nach dem Roman von Heinrich Mann gedreht, wurde erst Jahre später und nur in einer gekürzen Fassung in der Bundesrepublik gezeigt. Es gab zwar westdeutsche Filme, die einen kritischen Blick auf die Vergangenheit warfen, etwa Kurt Hoffmanns Satire »Wir Wunderkinder« (1958), doch solche Produktionen hatten im Gegensatz zu den Unterhaltungsfilmen kaum Erfolg.

Mit dem UfA-Film »Schwarzwaldmädel«, einer operettenhaften Farbproduktion, begann der Siegeszug des deutschen Heimatfilms der Nachkriegszeit. Streifen wie »Grün ist die Heide«, »Echo der Berge«, »Die Mädels vom Immenhof« oder »Der Förster vom Silberwald« lockten ein Millionenpublikum in die Kinos. Heimatfilme zeigten eine heile Welt ohne zerbombte Städte und ohne die industriellen Produktionsstätten des »Wirtschaftswunders«. Viele dieser Streifen, die im Mikrokosmos von Heideflecken oder Alpendörfern schwierige, am Ende aber doch gelungene Integrationsprozesse und Aussöhnungen zeigten, wirkten volkspädagogisch zurück auf die Gesellschaft, die mit der Herausforderung der Integration der Vertriebenen zu kämpfen hatte. Darüber hinaus fanden Wertvorstellungen, die insbesondere in der Zusammenbruchsgesellschaft außer Kraft gesetzt worden waren, in den Heimatfilmen neue Bestätigung: Ehrlichkeit, Aufrichtigkeit, Ordentlichkeit und Zuverlässigkeit. Das restabilisierte den bürgerlichen Tugendkatalog und schuf neue Verhaltenssicherheit.

Dass zu den positiv besetzten Verhaltensweisen die Anerkennung gegebener Ordnung und herrschender Autorität gehörte, verlieh dem Heimatfilm durchaus eine politische Note und machte ihn wertvoll für die kulturelle Absicherung und Stabilisierung der »Keine-Experimente-Republik«. Die millionenfachen Erfolge dieser Filme verstärkten die sozialpsychologischen und mentalitären Grunddispositionen, die auch die politische Dominanz Adenauers und der Unionsparteien weit über das Ende des Jahrzehnts hinaus zu erklären helfen. Aus Österreich, doch von Anfang an auf das westdeutsche Publikum zielend, kamen in den Jahren 1955, 1956 und 1957 die drei Sissi-Filme in die Kinos. Mit über 20 Millionen Besuchern pro Film übertrafen sie sogar die allermeisten Heimatfilme. Mit dem Wiener Kaiserhof und dem k.u.k. Vielvölkerreich der Habsburger wurde eine untergegangene heile Welt heraufbeschworen, in der sich am Ende alles zur rechten Ordnung fügte. Ob sich die Welt der preußischen Hohenzollern für ähnliche Botschaften geeignet hätte, darf man bezweifeln.

Die Filmpolitik jener Jahre unterstützte die christliche Familienpolitik der Bundesregierung, für die Familienminister Wuermeling im Verein mit den katholischen Kreisen in den Unionsparteien und der katholischen Kirche stand. Nicht wenigen christlich-katholischen Kulturpolitikern schien das Kino ein Einfallstor für Unsittlichkeit und eine Gefahr für Kinder und Jugendliche zu sein. Entsprechend versuchten sie durch ein Filmförderungsgesetz und durch die sogenannte Filmselbstkontrolle Einfluss auf die Produktion und Vorführung von Filmen zu nehmen. Die Wellen der Empörung schlugen hoch, als 1950 in Willi Forsts Film »Die Sünderin« Hildegard Knef für einen Moment nackt zu sehen war. Der Film entsprach zwar insgesamt den Moral- und Wertvorstellungen der Gesellschaft, aber die unbekleidete Knef hatte, so hieß es auf Flugblättern und von Kanzeln, die »Ehre unserer Frauen und Mädchen« verletzt. Es kam zu Demonstrationen, Kinos wurden verbarrikadiert, und Politiker wetterten gegen die »Pornographie«. In der erregten Auseinandersetzung zwischen den selbsternannten Hütern der Moral und liberalen Stimmen in Politik und Presse klangen noch einmal die erbitterten Konflikte an, die sich schon im Kaiserreich und in der Weimarer Republik an der Kultur festgemacht hatten. Dabei war es nie nur um die Ausformungen kulturellen und künstlerischen Schaffens gegangen, sondern stets auch um den Weg der Deutschen in die Moderne und um die Grundkoordinaten gesellschaftlicher Ordnung und Entwicklung.[63]

Zum Wiederaufbau im wörtlichen Sinne kam es vor allem in den zerstörten Städten. Nachdem die dringendsten Not- und Instandsetzungsmaßnahmen vorgenommen worden waren, ging man an den Bau neuer Häuser. Wohnungsbau war das Gebot der Stunde.[64] Gestalt und Ausstattung von Häusern und Wohnungen waren funktional und unübersehbar vom Geldmangel der öffentlichen Hand bestimmt. Ästhetische Ansprüche traten angesichts solcher Erfordernisse in den Hintergrund. Die Vorstellungen vieler Städteplaner, darunter die des Berliner Stadtbaurats Hans Scharoun, der von der neuen »Stadtlandschaft« schwärmte und dabei auf Traditionen der 1920er Jahre zurückgriff, wurden nicht umgesetzt. Das von renommierten Architekten gestaltete Hansaviertel, das auf der Internationalen Bauausstellung 1957 präsentiert und später sogar unter Denkmalschutz gestellt wurde, blieb eine Ausnahme.[65] Die noblen Ansätze der frühen Zeit wurden immer mehr verwässert, die Grundstücksflächen wurden kleiner, die Häuser höher, die Bauteile normiert, und am Ende wichen Wiesen und Felder Satelliten- und Trabantenstädten für Zehntausende. Im Zuge dieser Prozesse, die sich weit in die 1960er und zum Teil in die 1970er Jahre hineinzogen, entstanden Industrie- und Gewerbegebiete sowie Schlafstädte an den Rändern der Städte und in ihrem Kern von Waren- und Kaufhäusern geprägte Einkaufszonen, die nach Ladenschluss wie ausgestorben waren. Reformideen und städtebauliche Experimente konnten sich nicht durchsetzen, Funktionalität und Gleichförmigkeit bestimmten die Wohnarchitektur. Auch in ihr – nicht zuletzt in den seit Mitte der 1950er Jahre entstehenden Eigenheimsiedlungen – spiegelte sich das Ordnungs- und Sicherheitsbedürfnis der Menschen, äußerte sich der Rückzug ins Private und zeigte sich nicht nur bei den Flüchtlingen und Vertriebenen der Wunsch, eine »neue Heimat« zu finden.

Städtebau war aber nicht nur Wohnungsbau. In der Architektur öffentlicher Gebäude war das monumentale, ja gigantomanische Bauen des Nationalsozialismus diskreditiert.[66] Nur in wenigen Fällen, in Nürnberg zum Beispiel, meinte Wiederaufbau eine rein rekonstruierende Wiederherstellung der alten, durch den Krieg zerstörten Stadtkerne, wie das der Massengeschmack zu fordern schien. Doch nicht nur der Bundespräsident äußerte seinen »Überdruss an dem historisierenden Geschmäcklertum«.[67] Die Kriegszerstörung vieler deutscher Großstädte bot Städteplanern und Städtebauern nicht selten die Chance, an Ideen und Konzepte der Zeit vor 1933 anzuknüpfen. Eine einheitliche Stilrichtung bildete sich nun aber nicht heraus, stattdessen wurden Bezugnahmen auf die verschiedenen modernen und avantgardistischen Strömungen erkennbar. Westliche, französische und amerikanische Einflüsse spielten eine wichtige Rolle. Sie wurden auch von deutschen Remigranten in die Bundesrepublik gebracht. Gerade die amerikanische Moderne in der Architektur war von deutschen Architekten des Bauhauses, unter ihnen Ludwig Mies van der Rohe oder Walter Gropius, mit geprägt worden. Diese westlich-amerikanischen Konzepte gelangten nun nach Deutschland zurück, ein Prozess, in dem sich die ganze Komplexität der Verwestlichung der Bundesrepublik spiegelt.[68]

Kommunikativ beschwiegen und verdrängt: der Nationalsozialismus

Über der deutschen Gesellschaft liegt seit 1945 der Schatten der Vergangenheit. Es gibt buchstäblich keinen Bereich der politischen, gesellschaftlichen und kulturellen Entwicklung, in den die NS-Vergangenheit nicht hineinreichte. Peter Graf Kielmansegg hat seine im Jahr 2000 erschienene Geschichte Deutschlands nach 1945 »Nach der Katastrophe« genannt und zu Recht festgestellt: »Alle Geschichte von 1945 an ist Geschichte im Schatten und im Bewusstsein der einmal geschehenen Katastrophe.«[69]

Die Frage nach dem Umgang der Deutschen mit dieser Vergangenheit – und das gilt für West- wie Ostdeutschland gleichermaßen – beherrscht das gesellschaftliche Selbstverständnis, die nationale Identität und die politische Kultur. Sowohl die zeithistorische Forschung als auch die breitere Publizistik hat sich der Thematik in einer mittlerweile kaum noch zu überschauenden Zahl von Veröffentlichungen angenommen. Ein Konsens insbesondere in der Bewertung der 1950er Jahre ist dabei nicht entstanden, im Gegenteil: Zwei höchst widersprüchliche Grundpositionen stehen einander gegenüber. Die eine Position knüpft an die schon 1967 von Alexander und Margarete Mitscherlich in ihrem Werk »Die Unfähigkeit zu trauern« getroffene Feststellung an: »Statt einer politischen Durcharbeitung der Vergangenheit als dem geringsten Versuch der Wiedergutmachung vollzog sich die explosive Entwicklung der deutschen Industrie. Werktätigkeit und ihr Erfolg verdeckten bald die offenen Wunden, die aus der Vergangenheit geblieben waren.«[70] Manche Autoren gingen sogar so weit, in der ihrer Ansicht nach unterbliebenen Auseinandersetzung mit der NS-Vergangenheit und in deren Verdrängung eine »zweite Schuld« der Deutschen zu erkennen.[71] Andere widersprachen der »Legende von der zweiten Schuld«. Die Deutschen hätten sich wie keine andere Gesellschaft mit der NS-Vergangenheit auseinandergesetzt, sie systematisch erforscht und ihr publizistisch sowie im öffentlichen Gedenken gerecht zu werden versucht.[72] »Die Vergangenheit wurde nicht verdrängt«, urteilte der Publizist Joachim Fest 1990.[73]

Einen besonders wichtigen und wirkungsvollen Akzent in der Bewertung des Umgangs mit der NS-Vergangenheit, der auf den ersten Blick die beiden entgegengesetzten Deutungen zu verbinden schien, setzte in den 1980er Jahren der Philosoph Hermann Lübbe. Auf einem großen Berliner Symposium zum 50. Jahrestag der Machtübernahme der Nationalsozialisten konzedierte Lübbe zwar, dass »eine gewisse Zurückhaltung in der öffentlichen Thematisierung individueller oder auch institutioneller Nazi-Vergangenheiten« die Frühgeschichte der Bundesrepublik kennzeichne, dass diese Zurückhaltung aber »eine Funktion der Bemühung war, zwar nicht diese Vergangenheiten, aber doch ihre Subjekte in den neuen demokratischen Staat zu integrieren«. Eine »gewisse Stille« und »Diskretion« sei das »sozialpsychologisch und politisch nötige Medium der Verwandlung unserer Nachkriegsbevölkerung in die Bürgerschaft der Bundesrepublik Deutschland« gewesen.[74] Lübbe verwies ohne Frage auf einen entscheidenden funktionalen Zusammenhang, ohne den die überraschend schnelle politische und soziale Stabilisierung der Bundesrepublik kaum zu erklären ist. Aber schon in der Akzeptanz dieser »gewissen Stille« liegt der Ansatz, ihre moralische Dimension, den moralischen Preis, den die Deutschen für die rasche Stabilisierung und die soziale Integration zahlten, zu marginalisieren. Wenn er diesen Preis schlicht zu den Bedingungen der bundesrepublikanischen Erfolgsgeschichte rechnet, folgt er damit letztlich der zeitgenössischen Auffassung, die in der Vergangenheitspolitik der Ära Adenauer, insbesondere in der massenhaften gesellschaftlichen Integration und Rehabilitierung von NS-Anhängern, NS-Funktionsträgern und NS-Verbrechern, allein eine entscheidende Rekonsolidierungs- und Aufbauleistung der Bundesrepublik erblickte.[75]

Historisch führt weder das funktionale Sachzwang-Argument weiter noch die bloße moralische Verurteilung. Axel Schildt hat die entscheidende Frage gestellt, die aus dem Dilemma führt und zugleich eine umfassende geschichtswissenschaftliche Forschungsagenda entstehen lässt: »Wie konnte aus der Bundesrepublik angesichts der enormen Belastung der politischen Kultur durch die soziale Integration NS-belasteter Bevölkerungsteile eigentlich eine an westlichen Maßstäben gemessen relativ liberale und zivile Gesellschaft werden?«[76] Diese Frage löst weder die Ambivalenz der Entwicklungen auf, noch rechtfertigt sie das Geschehene ex post von den Ergebnissen der Entwicklung her. Und schon gar nicht zielt eine solche Frage auf die Delegitimierung der Bundesrepublik, eine Absicht, von der der Hinweis auf das enorme Ausmaß und die Intensität der gesellschaftlichen Kontinuitäten aus der NS-Zeit in die Adenauer-Republik hinein über lange Jahre getragen war.[77]

Man muss sich davor hüten, die »Verdrängung« der NS-Vergangenheit mit der generellen Nicht-Thematisierung gleichzusetzen. Nicht nur die Studien, welche dem Vorwurf der »zweiten Schuld« entgegenzutreten versuchten, haben gezeigt, dass die NS-Vergangenheit in der westdeutschen Gesellschaft der 1950er Jahre in erstaunlichem Umfang und großer Breite präsent gewesen ist. Das bezieht sich nicht zuletzt auf den privaten oder familiären Bereich, wo der Krieg und seine Folgen gar nicht ausgeklammert werden konnten und wo sich mit dem »Dritten Reich« und insbesondere seinen »Friedensjahren« schöne und erfreuliche Erinnerungen verbanden, an die man anzuknüpfen bestrebt war. Das spiegelte sich in Umfragen. 1948 meinten 57 Prozent der Befragten, dass der Nationalsozialismus eine gute Idee gewesen, die aber schlecht ausgeführt worden sei. Und Ende 1951 nannten immerhin 40 Prozent auf die Frage, wann es denn Deutschland im 20. Jahrhundert am besten gegangen sei, die »Friedensjahre« des »Dritten Reiches«. Noch mehr, nämlich 45 Prozent, verwiesen auf das Kaiserreich. Und 1955 hatte ja noch fast die Hälfte gemeint, ohne den Krieg wäre Hitler einer der größten Staatsmänner geworden.[78]

Doch auch im öffentlichen Raum war der Nationalsozialismus keineswegs abwesend, vielmehr entfaltete sich eine beispiellose publizistische Erinnerungskultur, die jedoch von der »Hegemonie legitimatorischen Umgangs mit dem verflossenen ›Dritten Reich‹« geprägt war.[79] Insbesondere die »Steigbügelhalter« Hitlers aus den Jahren um 1933, Figuren wie Papen und Schacht, meldeten sich zu Wort, ferner Hitlers Generäle, von denen nicht wenige darzulegen versuchten, wie man den Krieg hätte gewinnen können, wenn Hitler nicht gewesen wäre. In Trivialromanen wie der »08/15«-Trilogie des ehemaligen Wehrmachtsoffiziers Hans Hellmut Kirst von 1954 wurde der Krieg zwar verurteilt, aber die deutschen Soldaten erschienen vorwiegend als Opfer, eine Sichtweise, die im Übrigen letztlich auch der 1951 wieder eingeführte Volkstrauertag begünstigte.

Von einer Tabuisierung konnte keine Rede sein, wenn man auch die öffentliche Gedenkkultur, mit der sich die Bundesrepublik symbolisch vom Nationalsozialismus abgrenzte, einbezieht. Dennoch wurde verdrängt, wurde um des inneren Friedens und der politischen und gesellschaftlichen Stabilität willen die NS-Belastung weiter Bevölkerungsteile beiseitegeschoben. Bundeskanzler Adenauer sagte dazu in seiner ersten Regierungserklärung 1949: »Durch die Denazifizierung ist viel Unglück und viel Unheil angerichtet worden. Die wirklich Schuldigen an den Verbrechen, die in der nationalsozialistischen Zeit und im Kriege begangen worden sind, sollen mit aller Strenge bestraft werden. Aber im Übrigen dürfen wir nicht mehr zwei Klassen von Menschen in Deutschland unterscheiden: die politisch Einwandfreien und die Nichteinwandfreien. Diese Unterscheidung muss baldigst verschwinden. Der Krieg und auch die Wirren der Nachkriegszeit haben eine so harte Prüfung für viele gebracht und solche Versuchungen, dass man für manche Verfehlungen und Vergehen Verständnis aufbringen muss.«[80]

Der heute omnipräsente Terminus der »Vergangenheitsbewältigung« tauchte in den Jahren nach 1945 zunächst nicht auf, und es sind Zweifel angebracht, ob dieser Begriff die ganze Breite des Umgangs und der Auseinandersetzung mit der nationalsozialistischen Vergangenheit umfasst.[81] Er steht für die aktive Auseinandersetzung, denkend und handelnd, mit der NS-Vergangenheit. Gerade die Intellektuellen aus dem eher linken Spektrum haben angestrebt, die Vergangenheit zu bewältigen, »um nach der Katastrophe wieder zu ethisch vertretbaren und politisch vernünftigen Maßstäben des Verhaltens und Handelns zu kommen«.[82] Doch in dem Begriff schwingt stets auch der bewusste oder unbewusste, individuelle oder kollektive Wunsch mit, die Auseinandersetzung mit der Vergangenheit an ein Ende zu bringen, die Vergangenheit in diesem Sinne zu bewältigen und damit hinter sich zu lassen, was nicht zuletzt Hannah Arendt kritisierte.[83] Ungeachtet solcher Überlegungen hat die »Vergangenheitsbewältigung« seit Mitte der 1950er Jahre beständig an Bedeutung gewonnen. Das aus kirchlich-theologischen Kontexten stammende Wort hat sich spätestens zu Ende des Jahrzehnts seinen Platz im deutschen Sprachschatz erobert. Der ehemalige Bundespräsident Heuss pries es als »plastisch gewähltes Schlagwort«.[84]

Mit Blick auf die »alte« Bundesrepublik beziehungsweise die Zeit zwischen 1945 und 1990 können wir in Anlehnung an Norbert Frei vier Phasen der Auseinandersetzung mit dem Nationalsozialismus unterscheiden: die Phase der politischen Säuberung zwischen 1945 und 1948/49; die Phase der Vergangenheitspolitik zwischen 1949 und dem Ende der 1950er Jahre mit ihrer Ambivalenz von Verdrängung und normativer Distanzierung; die Phase einer aktiven, mehrdimensionalen Vergangenheitsbewältigung zwischen den späten 1950er und den 1970er Jahren und schließlich die Phase der Vergangenheitsbewahrung, wie es Frei nennt, die auch über 1990 hinausführt und sich seit etwa 1990 mit der wichtigen Entwicklung einer Universalisierung der Erinnerungskultur verbindet.[85]

Der Umgang mit der NS-Vergangenheit und insbesondere die Vergangenheitspolitik in der Frühzeit der Bundesrepublik ist ohne das Vorhaben einer umfassenden Entnazifizierung als Teil und als Voraussetzung der gerade von den USA verfolgten Politik der Umerziehung (reeducation) nicht zu verstehen. Weil die Entnazifizierung nicht auf eine kleine Personengruppe zielte, sondern auf weite Teile der deutschen Bevölkerung, mussten die Deutschen zunächst über den verbrecherischen Charakter des NS-Regimes und über das Ausmaß der NS-Verbrechen aufgeklärt werden. Die Berichterstattung über den Nürnberger Prozess gegen die so genannten Hauptkriegsverbrecher trug viel dazu bei, doch sie bewirkte auch, dass in der deutschen Gesellschaft weithin der Eindruck entstand, mit der Verurteilung der Spitzen des »Dritten Reiches« und führender Repräsentanten der NS-Funktionseliten seien die eigentlichen Verbrecher und damit die Schuldigen zur Rechenschaft gezogen. Die Entnazifizierungsmaßnahmen zielten aber beispielsweise auf die über 600 000 politischen Leiter der NSDAP oder die mehr als eine Million zählenden Angehörigen der SS, die in Nürnberg zur »verbrecherischen Organisation« erklärt worden war.

Letztlich wurden vor den zunächst alliierten, später deutschen Spruchkammergerichten bis 1949 rund 3,6 Millionen Entnazifizierungsverfahren durchgeführt. Etwa 95 Prozent der Verfahren hat man eingestellt oder die Betroffenen als »entlastet«, »minderbelastet« oder »nicht betroffen« eingestuft. Die Alliierten duldeten dies, weil es ihnen zunehmend wichtiger wurde, die Westdeutschen als potentielle Bundesgenossen auf ihre Seite zu ziehen und nicht durch eine verschärfte und flächendeckende Entnazifizierung gegen die Westmächte aufzubringen. So kam es dazu, dass zunächst eher gering belastete Personen mit schweren Strafen belegt wurden, während später selbst führende Funktionäre des NS-Regimes, unter ihnen beispielsweise der ehemalige Hamburger Reichsstatthalter und Gauleiter Karl Kaufmann, als »minderbelastet«, wenn nicht gar als »Mitläufer« eingestuft wurden. Das verstärkte die deutschen Aversionen gegen die Entnazifizierung, schließlich auch gegen eine gerichtliche Verfolgung von NS-Tätern. Während 1946 noch 70 Prozent der Westdeutschen den Kriegsverbrecherprozessen zustimmten, lehnte vier Jahre später ein ebenso hoher Prozentsatz diese ab.[86] Führende Politiker wie der Bundesminister Hans-Joachim v. Merkatz äußerten den Wunsch nach einem Ende des »modernen Hexentreibens« und stießen damit auf große Resonanz.

Immer mehr Deutsche sahen sich selbst nicht nur als vom Nationalsozialismus Verführte, sondern als Opfer zunächst der NS-Herrschaft und des Krieges, später der alliierten Entnazifizierungspolitik, sogar von einer »Nachkriegsschuld der Sieger« war die Rede.[87] Vor diesem Hintergrund ist die Vergangenheitspolitik der frühen Ära Adenauer zu sehen. Die Zeitgenossen kannten diesen Begriff nicht. Geprägt hat ihn der Zeithistoriker Norbert Frei, der ihn als den »Prozess der Amnestierung und Integration der vormaligen Anhänger des ›Dritten Reiches‹ und der normativen Absetzung vom Nationalsozialismus« definiert. In erster Linie sei es dabei um Strafaufhebungen und Integrationsleistungen für das Millionenheer der ehemaligen Parteigenossen gegangen, die fast ausnahmslos wieder in ihren sozialen, beruflichen und staatsbürgerlichen – nicht jedoch politischen – Status quo ante eingesetzt worden seien, den sie im Zuge der Entnazifizierung, Internierung oder der Ahndung »politischer« Straftaten verloren hatten. Flankierend sei es um die politische und justitielle Grenzziehung gegen die ideologischen Restgruppen des Nationalsozialismus gegangen.[88] Diese beiden Zielsetzungen zu verbinden, war nicht leicht, schien aber notwendig, denn man erreichte beide Ziele oder keines. Mit aller Entschiedenheit musste sich die Politik vom Nationalsozialismus abgrenzen, wollte man nicht der Begnadigungs- und Strafbefreiungspraxis den Boden entziehen. Umgekehrt glaubte man, selbst schwer belastete NS-Funktionsträger sozial integrieren zu müssen, um in der deutschen Gesellschaft den notwendigen Rückhalt für die Politik der klaren Abgrenzung und Verurteilung des Nationalsozialismus zu gewinnen beziehungsweise zu erhalten. Insofern bildeten die Beendigung der Entnazifizierung, die weitgehende Einstellung der justitiellen Verfolgung von NS-Verbrechen und die Avancen an ehemalige Hitler-Generäle einerseits sowie die Wiedergutmachung an Israel, das Verbot neonazistischer Aktivitäten und die Ehrung des Widerstands eine widersprüchliche, aber doch unauflösliche Einheit.[89]

Mit den Stimmen von Regierung und Opposition – sogar die KPD stimmte zu, und CSU und Bayernpartei lehnten nur ab, weil sie die Kompetenz des Bundes bestritten – verabschiedete der Deutsche Bundestag im Dezember 1949 das sogenannte »Straffreiheitsgesetz«, das zu einer Amnestiewelle und massenhaften Verfahrenseinstellungen führte. Weitere vergangenheitspolitische Maßnahmen vom 131er-Gesetz[90] über die Beendigung der Entnazifizierung bis hin zum zweiten Straffreiheitsgesetz von 1954 wurden von einer breiten Mehrheit unter Einschluss der SPD getragen. Die Parteien reagierten damit auf eine weit verbreitete Stimmung in der Bevölkerung, die sich beispielsweise darin niederschlug, dass der Roman »Der Fragebogen«, 1951 von dem ehemaligen Terroristen und Freikorps-Kämpfer Ernst von Salomon publiziert, innerhalb kürzester Zeit 150 000-mal verkauft wurde – ein Bestseller der Rechtfertigungsliteratur, der an Schönfärberei des Nationalsozialismus und politischer Weißwäscherei kaum zu überbieten ist. Gerade die großen Volksparteien CDU und SPD, wo es durchaus auch skeptische Stimmen gab, sahen sich zu »vergangenheitspolitischem Populismus« (Norbert Frei) gezwungen, um Wähler nicht zur FDP, zur Deutschen Partei (DP) oder dem BHE zu treiben, die sich als Klientelparteien der »Ehemaligen«, »Entrechteten« oder »Entehrten« zu profilieren versuchten.[91]

Waren auf dem Gebiet der Bundesrepublik 1948 noch 1819 rechtskräftige Verurteilungen wegen NS-Verbrechen erfolgt, so sank die Zahl bis 1951 auf 259 und erreichte 1955 den Stand von 21, wo sie bis zum Ende des Jahrzehnts in etwa blieb. In dem beklagenswerten Umgang der Justiz und der Strafverfolgungsbehörden mit NS-Verbrechen spiegelt sich in ganz besonderer Weise die schlichte Tatsache, dass zahlreiche Richter und Staatsanwälte selbst zu den Belasteten zählten und zu den Vorläufern und Wegbereitern der flächendeckenden Reintegration nationalsozialistischer Funktionseliten gehörten. Kein einziger Richter des »Volksgerichtshofs« ist je für seine Taten zur Rechenschaft gezogen worden. Nicht wenige Deutsche sprachen der Justiz allerdings auch das Recht ab, über offenkundig längst vergangenes Unrecht zu richten. Das wurde 1958 bei der Errichtung der Zentralen Stelle der Landesjustizverwaltungen zur Aufklärung nationalsozialistischer Verbrechen in Ludwigsburg deutlich, die von nun an die staatsanwaltlichen Ermittlungen der Bundesländer bündeln und Materialien zur Strafverfolgung sammeln sollte. Der FDP-Politiker und schleswig-holsteinische Justizminister Leverenz hat damals ausgesprochen, was viele dachten: Die Vergangenheitserforschung sei »nicht Aufgabe der Justiz, sondern der Historiker«.[92]

Der Justizapparat ist freilich nur ein Beispiel dafür, dass die Funktionseliten relativ unbeschadet den Bruch zwischen »Drittem Reich« und Bundesrepublik überstanden. Es führt kaum weiter, zwischen den »›traditionellen Eliten‹ in Wirtschaft, Verwaltung, Wissenschaft und Militär und den eigentlichen ›NS-Eliten‹« zu unterscheiden,[93] denn die Übergänge waren fließend, und in den meisten Fällen sind Bewertungen ohnehin nicht summarisch, sondern individuell vorzunehmen. Das NS-Regime hatte Funktionseliten, die sich aus unterschiedlichen Herkunftsgruppen mit unterschiedlichen Biographien zusammensetzten und sich dem Nationalsozialismus aus unterschiedlichen Motiven annäherten, die aber als eine Einheit die verbrecherische Politik des Nationalsozialismus vorantrieben und umsetzten und damit zum nationalsozialistischen Regime selbst gehörten. Nicht nur im Auswärtigen Amt erhielten ehemalige Nationalsozialisten wieder hohe Posten, sondern in sämtlichen Bundesministerien, im gesamten öffentlichen Dienst und gerade bei der Polizei. In der Finanzverwaltung hatten nun Beamte mit Wiedergutmachungsfragen, mit Rückerstattungs- oder Entschädigungsforderungen zu tun, die in direktem Bezug standen zu nationalsozialistischem Raub, zu »Arisierungen« und Enteignungen, an denen vielleicht nicht sie selbst, wohl aber ihre Behörden und damit ihre Kollegen mitgewirkt hatten. Verschleppte Verfahren, späte, geringe oder gar keine Erstattungs- und Entschädigungsleistungen waren vielfach die Folge.[94] In Wirtschaft, Wissenschaft und Medien sah es nicht anders aus.[95] Für das Ausmaß an Kontinuität gab es unterschiedliche Gründe, die von der Bedeutung des Expertenwissens bis hin zu einer tatsächlichen oder unterstellten demokratischen Lern- und Veränderungsbereitschaft reichten. Diese Gründe haben für sich genommen durchaus Gewicht, doch es bleibt die Frage nach dem moralischen Preis dieser Kontinuität und nach der Wirkung auf die Gesellschaft insgesamt, in der es angesichts solcher Eliten schwer war, ehemalige Nationalsozialisten zu diskreditieren und die Verfolgung von NS-Verbrechern massiv zu betreiben.

Belastete Nationalsozialisten gelangten bis in die Spitzen der Bundespolitik, unter anderen Adenauers Staatssekretär im Kanzleramt Hans Globke, der hohe Ministerialbeamte und spätere Staatssekretär im Entwicklungshilfeministerium Karl-Friedrich Vialon oder Bundesvertriebenenminister Theodor Oberländer. Globke stand wegen seiner Vergangenheit unter Dauerbeschuss – nicht nur aus der DDR. Immer wieder kam es zu Skandalen, die gewissermaßen die Kehrseite der Vergangenheitspolitik bildeten. Zur Entlastung wurde dann gerne das von Eugen Kogon, der in Buchenwald inhaftiert gewesen war, 1947 postulierte »Recht auf politischen Irrtum« vorgebracht, das quasi zum »vergangenheitspolitischen Grundgesetz der Bundesrepublik« wurde.[96] So entwickelte sich das Wechselspiel von

Skandal und Tabu zum hervorstechenden Signum der westdeutschen Erinnerungskultur der 1950er Jahre.[97] Vielen Belasteten half es, dass Hinweise zu ihrer braunen Vergangenheit und entsprechende Anschuldigungen aus der DDR kamen. Im antikommunistischen Klima des Kalten Krieges und vor dem Hintergrund der deutsch-deutschen Systemkonkurrenz diskreditierte das die Vorwürfe und Informationen, die fraglos aus politisch-ideologischen Gründen lanciert wurden, aber von den präsentierten Fakten her – wie wir heute wissen – zutrafen.

Die Reintegration zum Teil schwer belasteter NS-Täter ist indes nicht ausschließlich politisch zu erklären. Allein jener breite soziale Konsens, der die Straffreiheitsgesetze ermöglichte, bot den NS-belasteten Bevölkerungsteilen die Chance, in der Gesellschaft der jungen Bundesrepublik unbehelligt wieder Fuß zu fassen. Das breite soziale Streben nach Normalität und Sekurität, der Rückzug in Familie und Privatheit, die Konzentration auf Wiederaufbau und wirtschaftliches Vorankommen sowie der starr nach vorne gerichtete Blick fast einer ganzen Gesellschaft sorgten dafür, dass es den vielen NS-Belasteten, unter ihnen nicht wenigen Verbrechern, gelang, sich innerhalb weniger Jahre wieder eine normale Existenz aufzubauen und zum Teil erstaunliche berufliche Karrieren zu durchlaufen.[98] Die »Rückkehr in die Bürgerlichkeit«[99] gelang, weil das Individuum mit seiner privaten Existenz und Biographie sich nicht öffentlich zu verantworten hatte. Die Frage nach individueller Schuld und Verantwortung hätte den Prozess der Normalisierung (als Abkehr von der Exzeptionalität der Kriegs- und ersten Nachkriegsjahre) aufgehalten, hätte vom wirtschaftlichen Wiederaufbau abgelenkt und durch die öffentliche Debatte, die damit verbunden gewesen wäre, eine entpolitisierte Gesellschaft von neuem zutiefst politisiert. So konnte man den Nationalsozialismus und seine Verbrechen abstrakt und allgemein moralisch verurteilen und sich der Einsicht verschließen, dass nicht abnorme Kriminelle sie verübt hatten, sondern Menschen aus dem eigenen Milieu: Verwandte, Freunde, Nachbarn und Kollegen. Der Panzer der Bürgerlichkeit bekam erst in den späten 1950er Jahren mit der einsetzenden gesellschaftlichen Liberalisierung der Bundesrepublik Risse. Neue Gerichtsverfahren und auch die Einrichtung der Ludwigsburger Stelle waren die Folge. Verfahren wie der Ulmer Einsatzgruppen-Prozess oder, in den 1960er Jahren, der Frankfurter Auschwitz-Prozess trugen dazu bei, die deutsche Gesellschaft und Öffentlichkeit für das Ausmaß an individueller Schuld und Belastung zu sensibilisieren, und trieben so die gesellschaftliche und soziokulturelle Liberalisierung voran.[100]

Der britische Botschafter in Bonn gelangte Ende der 1950er Jahre zu einem widersprüchlichen Urteil: Die meisten ehemaligen Nazis seien in wichtige Positionen in Staat und Gesellschaft der Bundesrepublik zurückgekehrt – eine Gefahr für deren demokratische Ordnung bestehe aber nicht.[101] Viele NS-Belastete waren in Kameradennetzwerken organisiert, informierten, unterstützten, entlasteten und deckten sich gegenseitig. Doch öffentlich traten die schwer belasteten Angehörigen der ehemaligen NS-Funktionseliten als Exponenten eines alten oder neuen Rechtsradikalismus nicht in Erscheinung, denn das, darüber war man sich klar, hätte alle Reintegrationsstrategien und -erfolge durchkreuzt, die ja gerade darauf basierten, sich nicht lauthals zum Nationalsozialismus und damit auch zur eigenen NS-Vergangenheit zu bekennen. Dass dies nicht geschah, dafür sorgte zudem die Präsenz der Alliierten in der Bundesrepublik und ihre latente Interventionsdrohung. Die britische Besatzungsmacht hatte 1953 in der Naumann-Affäre demonstriert, dass sie massiv einschreiten würde, sollte es in der Bundesrepublik zu Renazifizierungsentwicklungen kommen.[102]

Aber auch die Bundesrepublik selbst zog scharfe Grenzen. Das bewies das SRP-Verbot von 1952 ebenso wie die Ende des Jahrzehnts initiierte und 1960 verabschiedete Neufassung des Straftatbestandes Volksverhetzung (Paragraph 130 StGB), wenn auch beide Maßnahmen nur ein gegenwärtiges politisch-ideologisches Bekenntnis zum Nationalsozialismus sanktionierten. Zu diesen legislativen Maßnahmen gesellte sich als zweite Säule der offiziellen Distanzierungspolitik die symbolische Abgrenzung. Diese fand Ausdruck zum einen in der Aussöhnung mit Israel, einschließlich des Luxemburger Abkommens zur Wiedergutmachung,[103] zum anderen im öffentlichen Gedenken an den Widerstand gegen den Nationalsozialismus, das sich jedoch im Wesentlichen auf den nationalkonservativen Attentatsversuch vom 20. Juli 1944 beschränkte. Selbst dieses reduzierte Gedenken musste allerdings in einem mühsamen »Erinnerungskampf« erst durchgesetzt werden.[104] Es dauerte Jahre, bis die Männer des 20. Juli nicht mehr mit dem Vorwurf des Landesverrats belegt wurden. Wieder und wieder wurde die Ehre der Verschwörer um Stauffenberg von Rechtsradikalen verunglimpft, bis der Braunschweiger Generalstaatsanwalt Fritz Bauer ihnen 1952 den Prozess machte. Dennoch hatten die Westdeutschen erhebliche Vorbehalte dagegen, eine Schule nach Stauffenberg oder Goerdeler zu benennen, obwohl Bundespräsident Heuss 1954 in einer bedeutenden Rede zum zehnten Jahrestag des gescheiterten Attentats den Verschwörern einen herausragenden Platz in der offiziellen Erinnerungskultur der Bundesrepublik zugewiesen hatte.[105]

Das Gedenken an den 20. Juli 1944 verband sich in den 1950er Jahren nicht selten mit der Erinnerung an den 17. Juni 1953, den Aufstand in der DDR. Zum einen ließ sich so eine freiheitliche Traditionslinie in der deutschen Geschichte aus dem 19. Jahrhundert – 1848 – über die Weimarer Republik in die beiden Diktaturen des 20. Jahrhunderts hinein ziehen; zum anderen verstärkte das doppelte und miteinander verknüpfte Gedenken den antitotalitaristischen Grundkonsens in der Bundesrepublik, der vor dem Hintergrund des Kalten Krieges entstanden war und sich in der Abgrenzung von der NSDAP- wie der SED-Diktatur manifestierte.[106] Die Erinnerung an den linken, gar den kommunistischen Widerstand gegen den Nationalsozialismus hatte da keinen Platz.

Mit dem deutschen Widerstand beschäftigte sich die deutsche Geschichtswissenschaft schon bald nach Kriegsende. Führende Historiker wie Gerhard Ritter sowie der 1939 emigrierte und 1951 nach Deutschland zurückgekehrte Hans Rothfels legten Studien zur Opposition gegen Hitler vor. Doch mit dem Nationalsozialismus insgesamt, der Geschichte seines Aufstiegs, seiner Verankerung in der deutschen Gesellschaft oder seinem Platz in der Geschichte des deutschen Nationalstaats, setzte man sich zunächst nur sehr zögerlich auseinander. Es überwogen die Versuche, das »Dritte Reich« aus der Kontinuität deutscher Geschichte hinauszudeuten, einen Bruch mit der deutschen Geschichte zu postulieren und damit einer Analyse der Entwicklungen, die auf 1933 zuliefen und die dann auch Krieg und Völkermord ermöglichten, auszuweichen, da dieses das nationale und nationalstaatliche Paradigma nachhaltig erschüttert hätte. Der Nationalsozialismus wurde diabolisiert und dämonisiert und der rationalen wissenschaftlichen Erforschung dadurch die Grundlage entzogen. Das »Dritte Reich« wurde hitlerisiert, was dem gesellschaftlichen Konsens und der Selbst-Entlastungsabsicht weiter Teile der frühen bundesrepublikanischen Gesellschaft entsprach. Nicht nur die Historiker wichen aus. Leopold v. Wiese, Präsident der Deutschen Gesellschaft für Soziologie, äußerte 1946 zur nationalsozialistischen Herrschaft: »Und doch kam die Pest über die Menschen von außen, unvorbereitet, als ein heimtückischer Überfall. Das ist ein metaphysisches Geheimnis, an das der Soziologe nicht zu rühren vermag.«[107]

Von einem starken Interesse an der systematischen Aufarbeitung der NS-Vergangenheit konnte jedenfalls keine Rede sein, zumal dies für die deutsche Geschichtswissenschaft auch bedeutet hätte, sich selbst zu historisieren und den eigenen Ort in der jüngsten deutschen Vergangenheit zu bestimmen. Damit begannen die deutschen Historiker ernsthaft erst in den 1990er Jahren. Werner Conze und Theodor Schieder beispielsweise, die in der Ära Adenauer zu führenden und enorm einflussreichen Historikern aufstiegen, waren nicht nur NSDAP-Mitglieder, sondern zählten auch zu den tendenziell völkischen »Ostforschern« im »Dritten Reich«, die die Volkstumspolitik des Regimes wissenschaftlich abzustützen halfen, eine Politik, die nach Kriegsbeginn gewaltsame Umsiedlungen und die Vernichtung der Juden beförderte.[108]

Die westdeutsche Zeitgeschichte hingegen war eine »Geburt aus dem Geist der Vergangenheitsbewältigung«.[109] Eher gegen die etablierte Historikerzunft, in jedem Falle aber nicht von ihr getragen, entstand 1949/50 in München mit dem politischen Auftrag, zur Erforschung des Aufstiegs und der Herrschaft des Nationalsozialismus beizutragen, das »Institut für die Erforschung der nationalsozialistischen Zeit«, das spätere Institut für Zeitgeschichte (IfZ), das in der Bundesrepublik eine moderne Zeitgeschichte begründete, prägte und ihre Etablierung als geschichtswissenschaftliche Teildisziplin vorantrieb.[110] Innerhalb wie außerhalb des IfZ wurde diese Zeitgeschichte in starkem Maße durch politikwissenschaftliche Einflüsse geprägt, die nicht zuletzt über Remigranten wie Ernst Fraenkel aus den USA in die Bundesrepublik gelangten. Die bedeutenden Werke der frühen bundesrepublikanischen Zeithistorie, allen voran Karl Dietrich Brachers Untersuchung der Auflösung der Weimarer Republik von 1955,[111] atmen diesen Geist, und sie verstanden sich – wie Brachers Untertitel »Eine Studie zum Problem des Machtverfalls in der Demokratie« zeigt – als systematische gegenwartsbezogene und gegenwartsorientierte Analysen.

TEIL III

Ende der Nachkriegszeit
1957–1966

1.
The Times They Are A-Changin'

Babyboom und Gastarbeiter: demographische Entwicklungen

Der Zeitraum zwischen 1957 und 1966, immerhin fast ein ganzes Jahrzehnt, steht im Schatten der »Gründerjahre der Republik«, ihrer formativen Phase, und er steht zudem im Schatten jener Phase beschleunigter Veränderung, die die Jahre der Großen Koalition und unter Willy Brandt charakterisiert und so gewaltig war, dass man sogar von einer »Umgründung der Republik« sprach.[1] Das ist übertrieben. Die jüngere zeithistorische Forschung hat jedoch mit Blick auf gesellschaftliche und soziokulturelle, aber auch mentalitätsgeschichtliche Entwicklungen das ganz eigene Gewicht gerade der späten 1950er und frühen 1960er Jahre als Scharnier- und Inkubationszeit herausgestellt, als eine Phase der Gärung, eine Zeit des Übergangs, geprägt von Veränderungsimpulsen, die sich wechselseitig verstärkten und ohne die die Veränderungen späterer Jahre auch im politischen Bereich nicht zu verstehen sind.[2]

Selbst Normalisierung ist ein historischer Prozess eigenen Rechts und eigener Bedeutung, und gerade im Fall der Bundesrepublik war die politische und ökonomische Normalisierung, die wir mit der zu Ende gehenden Ära Adenauer und den Regierungsjahren Ludwig Erhards verbinden, eine wichtige Voraussetzung für jenen gesellschaftlichen und kulturellen Wandel, dessen sich schon die Zeitgenossen bewusst waren. Wenn der Soziologe Ralf Dahrendorf, einer der wichtigsten Intellektuellen der Bundesrepublik jener Zeit, 1962 von der »Neuen Gesellschaft« sprach, dann meinte er damit nicht die Gesellschaft der unmittelbaren Nachkriegszeit, der Besatzungsjahre und der frühen Bundesrepublik mit ihren vielfältigen Rückbezügen auf die Zeit vor 1945, vor 1933, ja sogar vor 1914. Dahrendorf meinte vielmehr jene durch die »Modernisierung im Wiederaufbau« hervorgebrachte, die innerhalb kürzester Zeit »gewissermaßen bis auf die Gene durchindustrialisiert, technisiert und rationalisiert« worden war,[3] die sich politisch und ökonomisch stabilisiert hatte und sich auf dieser Basis nun veränderte. Worin aber bestanden diese Veränderungen?

Beginnen wir mit der demographischen Entwicklung. Bei jährlichen Zuwachsraten, die zwischen 0,9 und 1,3 Prozent lagen, wuchs die deutsche Bevölkerung zwischen 1957 und 1966 von knapp 53,7 auf etwa 59,1 Millionen. Zugleich verjüngte sie sich durch den Babyboom. Der Geburtenüberschuss erreichte mit 7,2 Prozent 1964 seinen Höhepunkt und fiel danach bei immer noch eindrucksvollen Raten wieder langsam ab. Innerhalb eines Jahrzehnts, von 1960 bis 1970, vergrößerte sich der Anteil der unter Zwanzigjährigen an der Gesamtbevölkerung, der heute bei knapp 21 Prozent liegt, von 28,8 auf 31,1 Prozent. Fast jeder dritte Einwohner der Bundesrepublik war damit jünger als zwanzig Jahre.

Die Gründe für den Anstieg der Geburtenrate sind vielfältig. Das Heiratsverhalten der Westdeutschen etwa veränderte sich dahingehend, dass die Anzahl der Eheschließungen zunahm und das Heiratsalter sank, und aus den Ehen gingen mehr Kinder hervor. Man heiratete, um eine Familie zu gründen. Das spricht dafür, dass wirtschaftliche und politische Stabilität der jungen Generation das für diesen Schritt notwendige Gefühl der Sicherheit gab. Man vertraute darauf, dass Wirtschaftswachstum und Wohlstandssteigerung sich fortsetzen und die innen- und außenpolitische Entwicklung trotz des Kalten Krieges ruhig verlaufen würde. Diese Zuversicht wurde offensichtlich weder durch die Berlin-Krise 1961 noch durch die Kuba-Krise im Jahr darauf ernsthaft erschüttert. Von der Kriegsangst, die in den ersten Jahren der Bundesrepublik nicht nur latent vorhanden, sondern durch den Korea-Krieg, den Ungarnaufstand und die Suez-Krise immer wieder geschürt worden war, spürte man kaum noch etwas. Der ökonomische und politische Optimismus verband sich mit der restabilisierten sozialmoralischen Wertschätzung von Ehe und Familie. Dazu hatte nicht nur die Familienpolitik der Bundesregierung beigetragen, sondern auch die Familie selbst als Rückzugsort und Geborgenheit bietende Gemeinschaft im Angesicht all der Einbrüche zwischen Stalingrad und Währungsreform, aber auch der enormen Veränderungsdynamik der »Wirtschaftswundergesellschaft«.

Zu den »natürlichen« Gründen für das Bevölkerungswachstum gesellten sich noch weitere Faktoren. Die Bundesrepublik war schon in den 1950er Jahren eine »mobilisierte Gesellschaft«, die sich durch Zuwanderung vergrößerte und veränderte.[4] Insgesamt fanden zwischen 1945 und 1960 über 13 Millionen Flüchtlinge und Vertriebene auf dem Gebiet der Bundesrepublik Aufnahme, der Großteil von ihnen allerdings schon vor 1949. Zwischen 1949 und dem Mauerbau am 13. August 1961 kamen noch etwa 2,7 Millionen Flüchtlinge aus der DDR in die Bundesrepublik, davon über eine Million in den letzten vier Jahren, bevor das SED-Regime die Grenzen abriegelte. Diese Migration war politisch und wirtschaftlich motiviert. Die Zuwanderung von Ausländern vor allem aus Südeuropa, die zu Beginn der 1960er Jahre mit Macht einsetzte, war dagegen direkt von der Bundesregierung initiiert und aufseiten der Migranten ganz überwiegend von ökonomischen Beweggründen getragen.

Das erste Abkommen über die Anwerbung von »Gastarbeitern« zwischen der Bundesrepublik und Italien war schon 1955 geschlossen worden, doch erst als mit dem Mauerbau das ostdeutsche Arbeitskräftepotential entfiel, wurde die Anwerbepolitik systematisch ausgebaut. Zwischen 1960 und 1966 stieg der Anteil ausländischer Arbeitnehmer an der Gesamtzahl der Erwerbstätigen rapide an von 1,3 Prozent (279 000) auf 6,1 Prozent (1 314 000). Anwerbeverträge wurden mit Spanien und Griechenland (1960), mit der Türkei (1961), Portugal (1964) und Jugoslawien (1968) geschlossen. Die Regierungen dieser Staaten mussten in der Regel nicht lange gebeten werden, ja in einigen Fällen ging die Initiative sogar von ihnen aus, da sie in der Entsendung von Gastarbeitern eine Möglichkeit sahen, den eigenen Arbeitsmarkt zu entlasten, und überdies damit rechneten, dass die Gastarbeiterlöhne zur Konsolidierung der eigenen Wirtschaft beitragen würden.[5]

Nicht wenige Staaten, allen voran die Türkei, waren nur an einer vorübergehenden Beschäftigung ihrer Staatsangehörigen in der Bundesrepublik interessiert und spekulierten darauf, dass nach einiger Zeit besser qualifizierte Arbeitskräfte aus Deutschland auf einen dann aufnahmefähigen heimischen Arbeitsmarkt zurückkehren würden. Die Bundesregierung teilte diese Erwartung eines befristeten Aufenthalts. Die Gastarbeiter – die Bezeichnung unterstrich das – sollten in Zeiten von Hochkonjunktur, Vollbeschäftigung und Arbeitszeitverkürzung als »Konjunkturpuffer« und »industrielle Reservearmee« dienen. Bundeswirtschaftsminister Erhard hatte schon 1954 klar formuliert, wo ihr Platz war: Bei der wirtschaftlichen und technischen Entwicklung müssten die deutschen Arbeitnehmer verstärkt zu dringend benötigten Facharbeitern ausgebildet werden. »Um das aber besorgen zu können, müssen wir natürlich dann die relativ primitiveren Arbeiten in Deutschland bei Anhalten dieser Konjunktur schließlich doch mal von ausländischen Arbeitskräften besorgen lassen.«[6] Es ging um eine »Unterschichtung« des deutschen Arbeitsmarkts durch die ausländischen Arbeitnehmer, und genau dieser Effekt trat auch ein. Die angeworbenen Arbeitskräfte übten körperlich anstrengende und als unsauber betrachtete Berufe aus, oftmals im Schicht- oder Akkord-betrieb, die bei den Deutschen unbeliebt oder gering angesehen waren. 90 Prozent aller ausländischen Erwerbstätigen in der Bundesrepublik – ganz überwiegend Männer – waren 1966 als Arbeiter beschäftigt, im Vergleich zu 49 Prozent der Deutschen. 72 Prozent der »Gastarbeiter« waren an- oder ungelernt.[7]

In den 1960er Jahren schien die Rechnung der Politik zunächst aufzugehen. Der Zustrom ausländischer Arbeitskräfte hielt die Konjunktur am Laufen, der weitgehende Konsumverzicht wirkte inflationsmindernd. 1964 begrüßte Arbeits-minister Theodor Blank den millionsten Gastarbeiter mit den Worten: »Diese Million Menschen auf deutschen Arbeitsplätzen trägt mit dazu bei, dass unsere Produktion weiter wächst, unsere Preise stabil und unsere Geltung auf dem Weltmarkt erhalten bleibt.«[8] Immer mehr ausländische Arbeitskräfte füllten immer größere Lücken auf dem deutschen Arbeitsmarkt, auf dem das Angebot an Arbeitskräften nicht nur durch den Bau der Mauer geschrumpft war. Vier weitere Faktoren kamen hinzu: der Eintritt der geburtenschwachen Kriegsjahrgänge ins Erwerbsleben, ein nach der Rentenreform von 1957 tendenziell früher erfolgender Eintritt ins Renten-alter, die Verlängerung der Ausbildungszeiten und schließlich die Verkürzung der Wochenarbeitszeit.[9]

Der Zustrom der »Gastarbeiter« stabilisierte auch die Löhne, denn solange der Markt Arbeitskräfte zur Verfügung stellte, mussten Unternehmen nicht mit höheren Löhnen um Personal konkurrieren. Es zeugt von naivem Optimismus und der Kurzfristigkeit der Arbeits- und Sozialpolitik, wenn Ludwig Kattenstroht, Staats-sekretär im Arbeitsministerium, sich 1966 über die Steuerzahlungen und Sozialver-sicherungsbeiträge der ausländischen Arbeitskräfte freut: »Bei dem Lebensalter der ausländischen Arbeitnehmer wirkt sich das zur Zeit vor allem für die deutsche Rentenversicherung sehr günstig aus, weil sie weit höhere Beiträge von den auslän-dischen Arbeitnehmern einnimmt, als sie gegenwärtig an Rentenleistungen für diesen Personenkreis aufzubringen hat.« Wenn man es so betrachtete, war es nicht schwer, in der Ausländerbeschäftigung mehr Vorteile als Nachteile für die Gesell-schaft zu sehen und sie darüber hinaus als Beitrag zur Völkerverständigung und zur europäischen Einigung zu preisen.[10]

Das Ausländergesetz von 1965 bekräftigte den temporären Charakter der Ar-beitsmigration, indem es ein System von Aufenthaltsgenehmigung und Arbeits-erlaubnis etablierte, das es erlaubte, den Aufenthalt in Deutschland rasch wieder zu beenden, wenn die »Belange der Bundesrepublik Deutschland« das erforderten. Bei den ausländischen Arbeitnehmern stieß diese Politik, die eine dauerhafte Nie-derlassung verhindern sollte, nicht auf nennenswerten Widerspruch, denn noch überwog der Rückkehrwunsch, blieb die Bindung an das Heimatland bestimmend, obwohl der Lebensmittelpunkt vieler Ausländer schon bald in Deutschland lag, erst recht wenn Frau und Kinder nachzogen und aus dem befristeten Aufenthalt de facto eine dauerhafte Einwanderung wurde.

In der Bundesrepublik gab es 1961 nur 137 200 nicht erwerbstätige Ausländer, das waren vor allem Familienangehörige der Erwerbstätigen. Diese Zahl stieg bis 1967 auf 815 000 und erreichte 1973 bereits 1,37 Millionen.[11] Die Bundesrepublik war zum Einwanderungsland geworden, auch wenn sie sich selbst noch lange nicht als solches sah und keine entsprechende Einwanderungspolitik entwickelte. Das zeigte sich beispielsweise in der Frage der schulischen und religiösen Betreuung der türkischen Arbeitnehmer und ihrer Familien. Anders als bei den »Gastarbeitern« aus Südeuropa konnten dies die christlichen Kirchen kaum übernehmen. Moscheen und Koranschulen wurden daher privat organisiert und auf diese Weise zu intransparenten und schwer zu kontrollierenden Institutionen der Glaubensausübung. In einigen dieser Einrichtungen wurde von Anfang an eine stark politische, gegen das kemalistisch-laizistische System der Türkei gerichtete Lehre vertreten.

Konnten Politiker die Zuwanderung ausländischer Arbeitskräfte zunächst uneingeschränkt befürworten, so änderte sich dies in der kurzen Phase der Rezession 1966/67. Die 1964 gegründete NPD warb offen mit ausländerfeindlichen Parolen für sich, die bei der konjunkturellen Alarmstimmung auf beträchtlichen Widerhall stießen. Zwischen 1966 und 1968 zog die rechtsradikale Partei in sieben Länderparlamente ein. Kaum zeigten sich am Konjunkturhimmel düstere Wolken, tauchten ausländerfeindliche Ressentiments und Vorurteile in unterschiedlichsten Ausprägungen auf. Sie knüpften an eine lange Tradition seit dem 19., vor allem aber im 20. Jahrhundert an. Die Wogen glätteten sich rasch wieder, doch es hatte sich gezeigt, wie wenig man bis dahin politisch und gesellschaftlich über die Bedingungen und Voraussetzungen der Beschäftigung von Ausländern in Deutschland nachgedacht hatte. Die Annahme, dass der Aufenthalt der Ausländer zeitlich begrenzt sei, und die Ausrichtung auf rein ökonomische Nutzenkategorien hatten bis dahin jegliche Auseinandersetzung mit der »Gastarbeiterfrage« verhindert. Dass nicht darüber nachgedacht wurde, was es mittel- und langfristig bedeutete, wenn die Bundesrepublik sich zu einem Einwanderungsland und damit zu einer »multikulturellen Gesellschaft« nicht nur wirtschaftlich, sondern auch politisch und kulturell entwickelte, unter diesem Versäumnis leidet die deutsche Gesellschaft noch immer.

Arbeit und Freizeit

Die Bundesrepublik war in den 1960er Jahren eine Industriegesellschaft, der Übergang zur Dienstleistungsgesellschaft, auch wenn diese noch immer industriell geprägt blieb, begann erst langsam. Der Anteil der Beschäftigten in der Industrieproduktion blieb konstant hoch, und die industrielle Arbeitsproduktivität stieg sogar noch. Trotzdem ging die Zahl der Arbeiter wie die der Selbstständigen und der sogenannten mithelfenden Familienangehörigen zurück, Beamte und Angestellte gab es hingegen immer mehr. Der primäre Sektor, also vor allem Land- und Forstwirtschaft, verlor gesamtwirtschaftlich rapide an Bedeutung, obwohl sich der dort erwirtschaftete Anteil am Bruttoinlandsprodukt zwischen 1957 und 1966 von 15,5 Milliarden auf 20,8 Milliarden DM erhöhte, was vor allem den Fortschritten bei Arbeitsproduktivität und Rationalisierung zuzuschreiben ist.[12] War 1950 noch etwa ein Viertel aller Erwerbstätigen in der Land- und Forstwirtschaft beschäftigt, so waren es zehn Jahre später nur noch 14 Prozent, und 1970 mit 9 Prozent nicht einmal mehr ein Zehntel.

Aus der Ausdehnung des Dienstleistungssektors, der insbesondere Frauen Beschäftigung bot, erklärt sich auch die zunehmende Feminisierung des gesamten Erwerbssystems. Die Erwerbstätigkeit von Ehefrauen nahm zu, und zwar von 32,8 Prozent 1961 auf 35,2 Prozent 1970. Dazu trugen auch neue Teilzeitangebote, wiederum vorwiegend im tertiären Sektor, bei.[13] Das Vordringen der Frauen im Erwerbsleben war ein langsamer und mühsamer Prozess, der durch die traditionellen Rollenmuster in Ehe und Familie sowie durch die gesellschaftlichen und politischen und damit gesetzgeberischen Realitäten bestimmt blieb. So führte das Leitbild der »Hausfrauenehe« 1958 zur Einführung des »Ehegattensplittings«, eines steuerlichen Veranlagungsverfahrens, das die »Hausfrauenehe« eindeutig begünstigt. Die neue Steuerklasse »F« – heute die Steuerklasse V – bot die Möglichkeit, das Einkommen der Frau steuerlich als zweites Einkommen des Mannes zu betrachten. Der Steuersatz in dieser neuen Klasse war hoch und stellte »die häusliche Harmonie zwischen ›Haupternährer‹ und ›Zuverdienerin‹ wieder her«.[14]

An prinzipiellen konservativen Grundüberzeugungen wurde noch nicht gerüttelt. 1966 definierte die »Frauenenquote« des Bundesfamilienministeriums die Frau vor allem »als zentrale Figur, von der die Harmonie des Familienlebens abhängt. ... Pflegerin und Trösterin soll die Frau sein; Sinnbild bescheidener Harmonie, Ordnungsfaktor in der einzig verlässlichen Welt des Privaten; Erwerbstätigkeit und gesellschaftliches Engagement sollte die Frau nur eingehen, wenn es die familiären Anforderungen zulassen.«[15] Dergleichen offenbart, warum Frauen auf dem

Arbeitsmarkt weit über die 1960er Jahre hinaus signifikant benachteiligt blieben, selbst wenn die »familiären Anforderungen« eine Erwerbstätigkeit zuließen. Das begann bei unzureichenden Mutterschutzrechten, die nur langsam verbessert wurden, äußerte sich aber auch in Lohnabschlagsklauseln oder »Leichtlohngruppen« im Tarifwesen, mit denen man Frauen selbst bei gleicher oder vergleichbarer Arbeit weniger Lohn zubilligte. Der durchschnittliche Bruttoarbeitslohn von Arbeiterinnen in Industrie und Handel belief sich 1950 auf 60 Prozent, 1965 auf 65 Prozent und 1970 auf 69 Prozent des durchschnittlichen Männerverdienstes.[16]

Frauen waren in der Regel in niedrigeren Positionen beschäftig, was auch damit zusammenhing, dass sie schlechter ausgebildet waren als Männer und nur selten über eine höhere Schulbildung oder gar einen akademischen Abschluss verfügten. Man betrachtete sie primär wie die »Gastarbeiter« als Arbeitsreserve in Zeiten der Hochkonjunktur. Verheiratete Frauen oder gar Mütter, die in den 1960er Jahren immer öfter berufstätig wurden, wenn auch in der Regel in Teilzeitarbeit, riskierten, öffentlich kritisiert, ja angefeindet zu werden. Von »Rabenmüttern«, »Schlüsselkindern« und »Wohlstandsverwahrlosung« war die Rede, und noch Mitte des Jahrzehnts sprach sich die Mehrheit der Bevölkerung dafür aus, verheirateten Müttern die Erwerbstätigkeit zu verbieten. Gepriesen wurde dagegen die »moderne Hausfrau«, die vor Ehe und Mutterschaft berufstätig war, dann die Rolle als Hausfrau und Mutter übernahm und wieder in den Beruf einstieg, wenn die Kinder aus dem Haus waren.[17] Nicht zu bestreiten war, dass das zweite Einkommen den Frauen und ihren Familien mehr Teilhabe am Konsum verschaffte. Wenn das monatliche Nettoeinkommen von Arbeiter-, Angestellten- und Beamtenhaushalten zwischen 1960 und 1970 um etwa 50 Prozent stieg, dann war das nicht nur auf die Einkommenszuwächse der Männer zurückzuführen.[18]

Die bundesrepublikanische Wohlstandsgesellschaft war wie die anderer westlicher Länder auch in erster Linie eine Konsumgesellschaft, doch man kann mit Hans Günter Hockerts einen entscheidenden Unterschied zwischen den ersten Jahren der Bundesrepublik und der Zeit seit den späten 1950er Jahren in der Verschiebung von der »Wohlstandserwartung« zur »Wohlstandserfahrung« erkennen.[19] Auch wenn immer ein fürsorge- beziehungsweise sozialhilfeabhängiger Armutssockel bestehen blieb, der 1963 bei etwa 1.7 Prozent der Gesamtbevölkerung lag, erfasste der neue Wohlstand, der zudem auch noch dauerhaft zu sein schien, immer weitere Teile der Bevölkerung. Das war für die meisten eine ganz neue Erfahrung.

Materieller Wohlstand und damit einhergehende Teilhabe am Konsum trugen entscheidend zu jenen sozialen Nivellierungsprozessen bei, die sich auch auf die politische Entwicklung in der Bundesrepublik, beispielsweise das Parteiensystem, auswirkten. Nicht nur das Godesberger Programm der SPD mochte keine Klassengesellschaft mehr erkennen. Überkommene soziale Schichtungsstrukturen lösten sich auf oder verloren zumindest an politisch wirksamer Plausibilität. Das bedeutete aber nicht das Ende sozialer Ungleichheit, sondern neue Differenzierungen. Nicht evidente Klassen- oder Schichtenzugehörigkeiten mit ihren groben Unterschieden bestimmten nun das Bild, sondern, um mit dem französischen Soziologen Pierre Bourdieu zu sprechen, die »feinen Unterschiede«,[20] die sich im Konsumverhalten zeigten, in der Auswahl von Konsumoptionen und der Diversifizierung der Qualität des Konsums.

Regelrechte Anschaffungswellen haben die Bundesrepublik damals überrollt. Sie betrafen drei Bereiche, nämlich Wohnung und Haushalt (Möbel, Kühlschrank, Waschmaschine, Staubsauger), Mobilität (Auto) und Massenmedien (Fernseher), verliefen mit großer Geschwindigkeit von oben nach unten und erreichten enorme Breitenwirkung.[21] Die Haushaltsgeräte verschafften auch den Hausfrauen mehr Freizeit. Überhaupt wurde Freizeit, die bereits durch die Ausdehnung des Wochenendes auf den Samstag und die Verkürzung der Wochenarbeitszeit angewachsen war, nun ein eigener Bereich des Lebens und die Freizeitgestaltung ein wichtiger Faktor des Massenkonsums. Mit der wachsenden Freizeit zerfiel die Woche schließlich in einen Arbeits- und einen Freizeitblock. »Immer mehr konzentrierte sich das ›eigentliche Leben‹ auf die Freizeit am Wochenende, während die intensive Arbeitswoche dazu diente, die dafür erforderlichen finanziellen Mittel herbeizuschaffen.«[22]

Noch mehr freie Zeit gewann man, wenn man im eigenen Auto von der Wohn- zur Arbeitsstätte fahren konnte. Hier liegt eine wichtige Triebkraft für die massenhafte Automobilisierung, die seit den späten 1950er Jahren rapide zunahm. 1957 übertraf die Zahl der zugelassenen Pkw die der zugelassenen Motorräder.[23] Während sich die Fahrpreise für öffentliche Verkehrsmittel erhöhten und die Streckennetze der Straßenbahnen verkleinert wurden, subventionierte der Staat das Berufspendeln mit dem Auto durch Steuervorteile, und nicht nur die Preise für Benzin, sondern auch die für Automobile sanken. Die Automobil- und Motorisierungspolitik der Bundesregierung war eindeutig Konjunkturpolitik, darauf ausgerichtet, mit der Automobilindustrie einen Motor des wirtschaftlichen Wachstums zu unterstützen. Gab es 1960 rund 4 Millionen Pkw, so waren es zum Ende des Jahrzehnts fast 14 Millionen.

Die individuelle Mobilität verstärkte den Trend zur klaren Trennung von Wohn- und Arbeitsort und damit von Arbeit und Freizeit. Das Pendeln mit dem eigenen Wagen förderte damit die zunehmende Suburbanisierung, die schon in den 1950er Jahren begonnen hatte. Mit dem fahrbaren Untersatz konnte man aber auch die Freizeit gestalten und in den Urlaub fahren. Ein massenhaft einsetzender Individualtourismus war die Folge, der zunehmend auf weiter entfernte Ziele ausgerichtet war. Seit 1964 überstieg die Zahl der Pkw-Urlauber die Zahl derjenigen, die mit Bahn oder Bus unterwegs waren. 1968 gab es erstmals mehr Auslands- als Inlandsurlauber, und auch Flugreisen gewannen an Bedeutung. Während zu Beginn des Jahrzehnts nur 78 000 Deutsche mit dem Flugzeug in den Urlaub reisten, waren es 1969 bereits 1,25 Millionen.[24]

Die Freizeit wurde indes in erster Linie zu Hause verbracht. Ein eigenes Heim, ein Einfamilienhaus mit Garten war für die Mehrheit der Westdeutschen ein überaus erstrebenswertes Lebensziel. Immer mehr Menschen waren in der Lage, sich diesen Traum zu erfüllen. Die Eigentumsquote, also der Anteil von Eigenheimen an den Wohnverhältnissen insgesamt, stieg von 29 Prozent (1959) auf 34,3 Prozent (1968).[25]

Ob nun Mietwohnung oder eigenes Haus, ins Zentrum der häuslichen Freizeit rückte im Laufe der 1960er Jahre das Fernsehen. Die Anzahl der angemeldeten Geräte lag 1957 bei etwa 1 Million, 1961 bereits bei 4 Millionen und erreichte 1970 gar 15 Millionen. Damit waren drei Viertel aller Haushalte in der Bundesrepublik mit einem Fernsehapparat ausgestattet. Zwar verdrängte der Fernseher das Radio nicht, dessen Programme tagsüber, wenn das Fernsehen noch nicht sendete, gehört wurden. Am Abend und am Wochenende aber sah man fern. Neben den Programmen von ARD und ZDF (ab 1963) gab es bald die dritten Programme der Landessender, und im grenznahen Bereich konnte man überdies die Sender anderer Länder, darunter nicht zuletzt der DDR, empfangen. 1967 löste das Farbfernsehen, das die Attraktivität des Mediums Fernsehen noch erhöhte, eine Anschaffungswelle von TV-Geräten aus.

Die stetig wachsende Zahl der TV-Konsumenten machte die Bundesrepublik zu einer Fernsehnation. Nicht nur für Gespräche am Arbeitsplatz, in der Schule oder in der Freizeit bildete das Fernsehprogramm einen wichtigen gemeinsamen Referenzpunkt. Mit dem zwei- bis dreistündigen Abendprogramm konnte *agenda setting* betrieben werden, konnten kulturelle Normierungen erfolgen und sich Wertorientierungen und Ordnungsvorstellungen flächendeckend ausbreiten.[26] Auch für die aktuelle politische Information der gesamten Republik war das Fernsehen von zentraler Bedeutung. Die ARD-Tagesschau hatte fast regierungsamtlichen Charakter; Millionen Deutsche sahen diese Nachrichtensendung in den 1960er Jahren regelmäßig. Der politischen Information dienten auch Magazin-Sendungen wie »Panorama«, »Report«, »Monitor« oder das »ZDF-Magazin« (seit 1969).

Deutlich höhere Einschaltquoten aber erzielte das Unterhaltungsprogramm der Sender. Besonderer Beliebtheit erfreuten sich Krimis, beispielsweise die Straßenfeger von Francis Durbridge, aber auch für die ganze Familie gedachte Unterhaltungsshows wie »Der Goldene Schuss« mit Lou van Burg, die erste große Quizsendung im deutschen Fernsehen. Sportübertragung von den Begegnungen der 1963 etablierten Fußball-Bundesliga bis hin zu internationalen Großereignissen wie den Olympischen Spielen oder Fußball-Länderspielen lockte zwar große Zuschauermengen an, konnte aber mit den Quoten der Unterhaltungssendungen nicht konkurrieren, zumal die Sportsendungen primär von einem männlichen Publikum verfolgt wurden. Insgesamt war das Fernsehen in den 1960er Jahren eine »Vermittlungsagentur gesellschaftlicher Modernisierungsprozesse«. Indem es zunehmend breiter rezipierte Verhaltensstandards setzte, trug es erheblich zur Stabilisierung gesellschaftlicher Verhältnisse, zur sozialen Integration und zur kulturellen Homogenisierung bei, etwa indem sich die Konsumgewohnheiten zwischen Stadt und Land annäherten.[27]

Stärker wohl als in anderen westeuropäischen Gesellschaften gehörten amerikanische Produktionen zum deutschen Fernsehprogramm. Seriensendungen wie »Fury«, »Lassie«, »Flipper« oder »Bonanza« hatten einen festen Platz im Programm und erfreuten sich bei Jung und Alt großer Beliebtheit. »Für die Aufnahme der US-amerikanischen Ideologie mit dem tapferen Individuum, das Recht und Besitz selbstlos verteidigt, gefährdete Ordnung wiederherstellt und das Böse überwindet, war nach dem Zweiten Weltkrieg wohl kein Land so offen wie Westdeutschland.« Die antikommunistische Botschaft dieser Fernsehunterhaltung war nicht zu übersehen, doch sie lieferte der westdeutschen Gesellschaft der Nachkriegszeit zugleich Sinnangebote, »die aus der kulturellen Tradition des kleindeutschen Nationalstaats nicht zu decken waren«, und trug damit wie das Fernsehen insgesamt zur Selbstverständigung der Deutschen nach Hitler bei.[28]

Für die Amerikanisierung der jüngeren Generation war allerdings weniger das Fernsehen entscheidend als vielmehr Kino und Radio. Zwischen der Unterhaltungsmusik der Kinder und dem, was die Eltern hörten, lagen Welten. Die Musiksendungen eines Peter Alexander hatten nichts gemein mit der Rock- und Beat-Musik, für die sich Jugendliche begeisterten. Die Hörfunksender stellten sich darauf ein. Das »Phänomen einer speziell für Jugendliche gemachten und von Jugendlichen konsumierten Musik« wurde zum Kennzeichen der Radioprogramme,[29] die, in die Konkurrenz zum Fernsehen getrieben, diese jüngeren Zuhörer als Zielgruppe erkannten. Die öffentlich-rechtlichen Rundfunkanstalten reagierten damit aber auch auf die Abwanderung jugendlicher Hörer zum amerikanischen Soldatensender AFN (American Forces Network) oder Radio Luxemburg, wo mehr anglo-amerikanische Popmusik gesendet wurde.

Politisierung und Liberalisierung

Dem Boom des Fernsehens entsprach die Krise des Kinos. Hatte man 1960 noch fast 600 Millionen Kinobesucher gezählt, so sank deren Zahl bis 1970 auf 167 Millionen. Die Erwachsenen blieben zu Hause und frönten dem Pantoffel-Kino, aber Jugendliche zwischen 14 und 19 Jahren strömten nun in die Lichtspielhäuser, wo sie sich amerikanische Produktionen, aber auch die sehr erfolgreichen Karl-May-Verfilmungen ansahen. Es gab noch deutsche Massenproduktionen, was die beliebten Musikfilme mit dem Schlagersänger Freddy Quinn oder die Verfilmung des Simmel-Romans »Es muss nicht immer Kaviar sein« (1961) belegen, und »Papas Kino« war keineswegs tot, wie eine Gruppe von Filmemachern 1962 in ihrem »Oberhausener Manifest« behauptete. Aber die westdeutsche Filmproduktion befand sich in einer Umbruchzeit, die ihre Entsprechungen in anderen westlichen wie östlichen Ländern fand.[30]

Die Filme der »Oberhausener Gruppe«, zu der unter anderen Ulrich Schamoni, Volker Schlöndorff, Werner Herzog und Edgar Reitz gehörten, zielten nicht auf ein Massenpublikum. Alexander Kluges gesellschaftsanalytischer »Abschied von gestern« (1966) erhielt internationale Filmpreise, wurde aber in Deutschland nur von einer intellektuellen Minderheit gesehen.[31] Der »Junge deutsche Film« stand für die gesellschaftlichen Veränderungen der 1960er Jahre. In ihrem programmatischen Realismus, in ihrer Auseinandersetung mit den gesellschaftlichen Zuständen der Bundesrepublik waren die Produktionen politisch und damit weit entfernt von den wirklichkeitsfremde Scheinwelten schaffenden Filmen der »Wirtschaftswunderzeit«.

Politisierung wurde zum bestimmenden Merkmal des Kulturschaffens, wie auch ein Blick auf Literatur und Theater zeigt. Gegenwartsbezogene, gesellschaftskritische Theaterstücke von Autoren wie Rolf Hochhuth (Der Stellvertreter, 1963), Peter Weiss (Die Ermittlung, 1965) oder Heinar Kipphardt (In der Sache J. Robert Oppenheimer, 1964) wurden von Regisseuren wie Kurt Hübner, Erwin Piscator und Peter Zadek auf die Bühne gebracht. Das Theater Bremen, an dem Hübner in den 1960er Jahren wirkte, wurde mit seinem »Bremer Stil« zum Inbegriff eines modernen, gesellschaftskritischen und politischen Theaters. Der Schriftsteller Martin Walser setzte sich in einer Reihe von Essays, darunter »Vom erwarteten Theater« (1962), für ein politisches, zeitbezogenes und zeitkritisches Theater ein, für das er mit »Eiche und Andorra« (1962) oder »Der schwarze Schwan« (1964) eigene Beiträge lieferte. Walsers Engagement ging über den Literaturbetrieb im engeren Sinne hinaus. Bereits 1961 hatte er einen Sammelband mit dem Titel »Die Alternative oder Brauchen wir eine neue Regierung?« herausgegeben, in dem er mit Schriftstellerkollegen wie Günter Grass, Hans Magnus Enzensberger und Siegfried Lenz für einen demokratischen Machtwechsel und eine SPD-Regierung warb.[32]

Von der »*Spiegel*-Affäre« 1962 bis zur Debatte über die Notstandsgesetzgebung in den Jahren der »Großen Koalition« hatten immer wieder Schriftsteller und Intellektuelle zu aktuellen Fragen und zur politischen Entwicklung Stellung genommen. Nun ergriffen sie auch im Wahlkampf das Wort. Vor der Bundestagswahl 1965 veröffentlichte Rolf Hochhuth sein »Plädoyer für eine neue Regierung«, von dem im *Spiegel* unter der Überschrift »Der Klassenkampf ist noch nicht zu Ende« ein Vorabdruck erschien. Das war eine scharfe, klassenkämpferisch gehaltene Abrechnung mit der westdeutschen Wirtschafts- und Sozialpolitik seit 1949. Ludwig Erhard, der sich zunächst am Dialog mit den Intellektuellen interessiert gezeigt hatte, fühlte sich persönlich angegriffen und schoss auf einer Parteiveranstaltung von CDU/CSU zurück: »Neuerdings ist es ja Mode, dass die Dichter unter die Sozialpolitiker und die Sozialkritiker gegangen sind. Wenn sie das tun, das ist natürlich ihr gutes demokratisches Recht, dann müssen sie sich aber auch gefallen lassen, so angesprochen zu werden, wie sie es verdienen, nämlich als Banausen und Nichtskönner, die über Dinge urteilen, von denen sie einfach nichts verstehen. Ich habe keine Lust, mich mit Herrn Hochhuth zu unterhalten über Wirtschafts- und Sozialpolitik, um das einmal ganz deutlich zu sagen und das Kind beim Namen zu nennen. … Die sprechen von Dingen, von denen sie keine Ahnung haben. Sie begeben sich auf die Ebene eines Parteifunktionärs und wollen doch mit dem hohen Grad eines Dichters ernst genommen werden. Nein, so haben wir nicht gewettet. Da hört der Dichter auf, da fängt der ganz kleine Pinscher an.«[33] Als der Bundeskanzler dann auch noch über »einen gewissen Intellektualismus« redete, der »in Idiotie umschlägt« und über »Entartungserscheinungen« in der modernen Kunst, war das Tischtuch endgültig zerschnitten.[34] Hatte Adenauer kein Verhältnis zu Intellektuellen gehabt, so hatte Erhard nun eines, das schlechter nicht sein konnte.

Die Politisierung der Schriftsteller, ihr direktes, parteinehmendes Engagement war letztlich ein Indiz für die fundamentale Politisierung der westdeutschen Gesellschaft und Sozialkultur in den frühen 1960er Jahren, die zugleich wesentlich war für ihre Liberalisierung. Politik und politische Auseinandersetzungen blieben nicht auf die politische Klasse beschränkt, sondern erfassten die ganze Gesellschaft. Die politische Öffentlichkeit erweiterte sich, ja verschmolz mit der gesellschaftlichen Öffentlichkeit, die sich ihrerseits zur kritischen Öffentlichkeit entwickelte. Die gesellschaftlichen Reaktionen auf die »*Spiegel*-Affäre« demonstrieren das ebenso wie die Politisierung der Literatur, des Theaters und des Films. In diesen Prozessen lediglich eine Vorgeschichte späterer Eruptionen, die wir mit der Chiffre »1968« verbinden, zu sehen, würde ihnen nicht gerecht. Die Herausbildung einer kritischen gesellschaftlichen Öffentlichkeit war vielmehr ein Wandlungsprozess ganz eigener Dynamik, eigenen Rechts und von nicht zu unterschätzender Bedeutung für die Zeitenwende, welche die ausgehenden 1950er Jahre für die Bundesrepublik insgesamt – aber wohl nicht nur für diese allein – bedeuteten.

Zur Politisierung der Gesellschaft gehörte die Politisierung der Jugend. Beide Prozesse verstärkten sich wechselseitig und trieben einander an. Das hatten schon die »Halbstarkenkrawalle« in der zweiten Hälfte der 1950er Jahre angedeutet. Die Krawalle lösten heftigste gesellschaftliche Reaktionen, vor allem in den Medien, aus. Randalierend zogen Gruppen von männlichen Jugendlichen, meist Lehrlinge und ungelernte Arbeiter, durch die Städte und lieferten sich zum Teil schwere Auseinandersetzungen mit der Polizei. Die »Halbstarken« repräsentierten keine »Jugendrebellion« und schon gar keine »Rebellion« *der* Jugend, wie es die soziologische und zeithistorische Forschung lange Zeit gesehen hat, die überdies die »Halbstarken« der 1950er und die Studentenbewegung der 1960er Jahre als zwei Ausprägungen einer sich verändernden, aber in dieser Veränderung doch einheitlichen Jugendkultur auffasste (womit die späten 1950er und frühen 1960er Jahre wieder einmal zur Vorgeschichte von »1968« degradiert wurden).[35]

Die Politisierung der Jugendlichen fand gleichermaßen von »oben« wie von »unten« statt. Schon in der Interpretation der »Halbstarken-Krawalle« wurde ihr Verhalten kulturkritisch mit dem sich ausbreitenden Wohlstand und dem wachsenden Konsum in Verbindung gebracht. Nicht wenige Stimmen warnten vor der negativen Begleiterscheinung der Kommerzialisierung und forderten eine kritische Jugend: »Wir müssen die Jungen und Mädchen in unseren Gruppen«, so drückte es ein Jugendverbandsfunktionär 1961 aus, »zum selbständigen Denken, zum kritischen Hören und Sehen veranlassen, damit sie nicht ohne eigene Meinung jeder Parole folgen, die geschäftstüchtige Unternehmer ihnen suggerieren.« Andere warnten, »dass eine Jugend, die sich geschäftlich ausnutzen lässt, es eines Tages nicht mehr merkt, wenn sie auch politisch ausgenutzt wird«.[36] Das verband sich mit zum Teil massiver Gesellschaftskritik, wenn beispielsweise der Soziologe und spätere hessische Kultusminister Ludwig von Friedeburg (SPD) aus den Segnungen der Konsumgesellschaft die Gefahr einer kapitalistischen Diktatur, zumindest aber eines »Obrigkeitsstaates antikommunistischer Prägung« ableitete.[37]

Die Befürchtung, dass eine unkritische und unpolitische Jugend heranwachsen könne, hat zum Politisierungsdruck auf die Jugendlichen nicht unerheblich beigetragen. Die Vorwürfe, die Beschwörung von Parallelen zum Nationalsozialismus, aber auch zum Staatssozialismus insbesondere der DDR – beispielsweise durch den Verweis auf die »Vermassung« –, griffen die Jugendlichen schließlich auf und wandten sie gegen die Angehörigen der Generation ihrer Eltern. Indem sie ihre Musik, ihre Frisuren und ihre Kleidung verteidigten, politisierten sie sich. Dieser Prozess setzte in den scheinbar unpolitischen Nischen einer aus dem Westen kommenden und besonders über die Musik vermittelten Jugendkultur ein, was aber nicht wahrgenommen, sondern als Ausdruck von Konsum und Kommerz missdeutet und kritisiert worden war. Manfred Weißleder, der Gründer des Hamburger Star-Clubs, in dem auch die Beatles auftraten, schrieb 1964: »Jedem nüchtern denkenden Menschen ist ... ein Beatle-Haircut lieber als der militärische Plätzchenschnitt unserer jüngeren Geschichte. Und elektrische Gitarren erzeugen einen angenehmeren Klang als das Landsknechtsgetrommel und die Fanfaren der schon wieder gegen Ostland drängenden neuen Jugendverbände.«[38] Hier werden bereits Muster einer vergangenheitsbezogenen Politisierung von Generationenkonflikten erkennbar, die in der zweiten Hälfte der 1960er Jahre ausgetragen wurden und bis heute unser Bild von »1968« prägen.

In den Auseinandersetzungen über die Jugendkultur verwies man auch auf die Unterschiede zwischen deutschen und westlich-angelsächsischen Ordnungsvorstellungen. Der Star-Club wehrte sich gegen die »Hyper-Politisierung« von Musikgeschmack und Haartracht. In England sei Beat »nicht eine Art von Rebellion gegen die staatliche Ordnung«, sondern »ein anerkanntes Freizeithobby der Jugend«.[39] Das Thema »Deutschland und der Westen« erlangte auch dadurch eine gesellschaftlich und politisch relevante Breitenwirkung. Es entstand ein »internationaler jugendkultureller Code«, der auch für bundesrepublikanische Jugendliche verbindlich war,[40] doch der damit verbundene Drang nach mehr »Lockerheit«, nach mehr »Freiheit« wirkte hier eher politisch, weil er als Ausbruch aus deutschen Traditionen der »Unfreiheit« verstanden werden konnte und verstanden wurde. Die noch zu Beginn der 1960er Jahre als unpolitisch charakterisierte und kritisierte Jugendkultur galt nur wenige Jahre später als extrem politisch. Dass sie sich an westlichen Gesellschaften und Kulturen, nicht zuletzt der amerikanischen, orientierte, machte den Umgang mit ihr nicht leichter. Politisch war die Orientierung am Westen, an den USA, aber auch an Großbritannien und Frankreich, durchaus erwünscht, kulturell stieß diese Orientierung jedoch noch immer auf Vorbehalte, die sich aus den älteren Traditionen eines deutschen antiwestlichen Denkens und eines kulturell begründeten, modernitätskritischen Antiamerikanismus speisten.

Völlig zu Recht werden die Entwicklungen der Jugendkultur in den Kontext breiterer Prozesse des Wertewandels gestellt. Bereits in den 1960er Jahren habe der Übergang von der Dominanz sogenannter Pflicht- und Akzeptanzwerte hin zu sogenannten Selbstentfaltungswerten begonnen.[41] Ralf Dahrendorf entwickelte 1962 einen Gegensatz zwischen der »heroischen, gemeinschaftsbezogenen, arbeitsamen Vergangenheit«, der gegenüber »persönliches Erfolgsstreben, Freizeitorientierung, Konsumorientierung, Individualismus, betonte Ablehnung aller militärischen Disziplin, Sachlichkeit, Materialismus« dominant geworden seien.[42] Vielfach wird in solche Argumentationen – gerade in der Retrospektive – auch das Sexualverhalten beziehungsweise der Umgang mit Sexualität einbezogen.

Fraglos erhielt die Sexualität eine neue alltagskulturelle Bedeutung. Die Werbung entdeckte den Wert von Sexsymbolen für den Absatz von Produkten,[43] und nicht nur die in die Krise geratene Filmwirtschaft versuchte durch Streifen mit mehr oder weniger offenen sexuellen Bezügen wieder mehr Zuschauer in die Kinos zu locken. Friedrich Sieburg hat nach der Veröffentlichung der deutschen Fassung von Vladimir Nabokovs Roman »Lolita« schon 1959 prognostiziert: »Die Volksschülerin mit nackten Schenkeln ist schon seit Jahren in der ganzen Welt der werbende Typ, der die echte Frau spielend aus dem Feld geschlagen hat. Von der Schulbank ins Bett – das ist die geheime und unerfüllbare Lustvorstellung, auf die heute mit allen Mitteln der Werbung spekuliert wird und nach der der weibliche Plakattyp sich zu richten beginnt.«[44] Filme mit dem französischen Sexidol Brigitte Bardot kamen in kürzesten Abständen in die Kinos und fanden ein Massenpublikum. Die skandinavischen Länder, die als Vorreiter einer neuen sexuellen Freizügigkeit galten, sorgten mit Filmen wie »Das Schweigen« von Ingmar Bergman (1964) für Aufruhr, weil sie meilenweit entfernt waren von den Moralvorstellungen der 1950er Jahre. Trotz der Proteste der Kirchen, insbesondere der katholischen, oder der »Aktion saubere Leinwand«, die der CDU-Politiker Adolf Süsterhenn 1964 ins Leben rief, sahen rund 11 Millionen Deutsche diesen Film. Nicht einmal in seiner eigenen Partei stieß der katholische Politiker noch auf ungeteilte Zustimmung mit der Forderung, in das Grundgesetz den Passus einzufügen: »Die Freiheit der Kunst entbindet nicht von der Beachtung des Sittengesetzes.« Gerade die Skandalisierung steigerte die Attraktivität der Streifen und lockte die Menschen an die Kinokassen.

Zum Kassenschlager ganz anderer Art wurden die Filme von Oswalt Kolle, denen erfolgreiche Serien Kolles in den Illustrierten *Quick* und *Neue Revue* vorausgingen. Für den Film »Dein Mann – das unbekannte Wesen« (auch »Deine Frau – das unbekannte Wesen« gab es) warb das Filmplakat mit dem Satz: »Die geheimen sexuellen Wünsche des Mannes werden den Frauen nach diesem Film nicht mehr so rätselhaft und unheimlich sein.«[45] Kolles Film »Das Wunder der Liebe« (1968) brachte es innerhalb von vier Monaten auf 5 Millionen Zuschauer, und nicht nur die »Freiwillige Selbstkontrolle der Filmwirtschaft« (FSK) sah in der Produktion weniger einen Beitrag zur Aufklärung als einen kaum kaschierten Sexfilm, dem als Deckmäntelchen der Untertitel »Sexualität in der Ehe« verpasst worden war. Dass es solcher Alibis bedurfte, zeigt, wie zögernd und unsicher sich die Deutschen von traditionellen Moralvorstellungen lösten. Es dauerte noch bis in die 1970er Jahre, bis einschlägige Bestimmungen des Strafgesetzbuches – der »Kuppelei-Paragraph« zum Beispiel, der die »Ermöglichung von Sexualverkehr zwischen Nicht-Verheirateten« mit Freiheitsstrafe bedrohte – abgeschafft wurden.

Mit diesen Entwicklungen, mit sexueller Libertinage und einer stürmischen sexuellen Revolution sollte man die Einführung der »Pille« als Verhütungsmittel, die in der Bundesrepublik seit 1961 auf Rezept erhältlich war, nicht in Verbindung bringen. Wichtiger als die sexuelle Befreiung war den meisten Frauen, die die Pille einnahmen und denen damit die Verantwortung für die Verhütung zukam, die Möglichkeit, über Schwangerschaft und Kinderzahl besser, verlässlicher und vor allem selbst entscheiden zu können und damit auch über ihre Berufstätigkeit und den individuellen Lebensweg ganz allgemein. Im Jahr 1970 verkaufte der Pharmakonzern Schering, der die deutsche Pille herstellte, 27,8 Millionen Packungen des Präparats. Die Geburtenzahlen, die 1961 die Millionengrenze überschritten hatten (1 012 687) und noch bis Mitte des Jahrzehnts anstiegen (auf 1 065 379), gingen infolge des »Pillenknicks« drastisch zurück und lagen 1970 mit 810 808 etwa wieder auf dem Niveau, das sie Mitte der 1950er Jahre erreicht hatten.[46]

Bildungskatastrophe und Bildungsexpansion

Die Bundesrepublik der 1960er Jahre war eine junge Gesellschaft, und darin lag ein guter Teil ihrer Dynamik. Doch schon damals sorgte man sich, ob das westdeutsche Bildungssystem und die westdeutsche Bildungspolitik das Zukunftspotential in der Bevölkerung wirklich ausschöpfen könne.

Ende der 1950er Jahre hatte eine von den USA ausgehende Bildungsdiskussion alle westlichen Industriegesellschaften ergriffen. Der »Sputnik-Schock« des Jahres 1957, mit dem die Sowjetunion ihre wissenschaftlich-technische Leistungskraft demonstrierte, hatte in den Gesellschaften des Westens nicht nur verstärkte wissenschaftliche Anstrengungen im Bereich der Luft- und Raumfahrttechnik ausgelöst, sondern auch eine breite Diskussion über bessere Bildung ganz allgemein. Bildungsexperten verwiesen bald auf die enormen Fortschritte, die Wissenschaft und Technik versprachen, und ihren gesellschaftlichen Bedeutungsgewinn. Um diese Chancen auszuschöpfen, seien moderne Wissensgesellschaften auf ein funktionierendes Bildungssystem angewiesen, das jenes »Humankapital« heranziehe, ohne das diese Gesellschaften nicht überleben könnten. So gerieten allenthalben die Bildungssysteme auf den Prüfstand, und die Bundesrepublik schnitt dabei keineswegs besonders gut ab. Eine Untersuchung der OECD (Organisation for Economic Co-operation and Development, zu deutsch: Organisation für wirtschaftliche Zusammenarbeit und Entwicklung) die international Bildungswege, Bildungsinstitutionen und Bildungserfolge verglich, stellte der Bundesrepublik Deutschland ein schlechtes Zeugnis aus und platzierte sie im unteren Bereich in unmittelbarer Nachbarschaft zu dem gerade erst unabhängig gewordenen afrikanischen Staat Uganda.

Fraglos hatte die Bundesrepublik Bildung und Ausbildung insbesondere im gewerblich-technischen Bereich in den 1950er Jahren sträflich vernachlässigt. Ein Grund dafür war der bis 1961 anhaltende Flüchtlingsstrom aus der DDR, durch den qualifiziertes Personal weiterhin ins Land kam, so dass im Bildungssystem kaum Reformdruck und Reforminitiativen entwickelt wurden. Das überkommene dreigliedrige, wenig durchlässige und sozial selektive Schulsystem, das sich nach dem Intermezzo der Besatzungszeit und entsprechenden Änderungsversuchen der Alliierten wieder durchgesetzt hatte, gab es noch immer. Darüber hinaus wirkte die Bekenntnisschule, gerade im Volksschulbereich, hemmend, wenn es um soziale Mobilisierung und Bildungsqualifikation breiter Gesellschaftsschichten ging. Die Lebensperspektive des »katholischen Mädchens vom Lande«, von dem in den Bildungsdebatten der 1960er Jahre immer wieder die Rede war, war durch die Schulausbildung schon vorherbestimmt, echte Bildungschancen hatte es nicht. Die Abiturientenquote war im internationalen Vergleich ausgesprochen niedrig und spiegelte die Diskriminierung und soziale Benachteiligung bildungsferner Schichten. Noch 1970 erreichten in der Bundesrepublik lediglich 6,8 Prozent eines Altersjahrgangs die allgemeine Hochschulreife, während es in Frankreich 19 Prozent, in Norwegen und Schweden sogar 22 Prozent waren. Der Anteil von Arbeiterkindern an der Studentenschaft lag 1960 bei 5,2 Prozent. 1960 traten 90 Prozent aller deutschen Schüler mit einem Volksschulabschluss in das Berufsleben ein, ein Wert, der sich seit dem späten 19. Jahrhundert nicht verändert hatte.[47]

Die Medien griffen die Bildungsprobleme immer wieder auf. »Den Krieg haben die besseren Lehrer gewonnen«, titelte die *Stuttgarter Zeitung* im November 1960 und forderte zur verstärkten Lehrerausbildung auf. Das Blatt wies darauf hin, dass es in der Sowjetunion heute »2,4 Millionen Studenten und 104 000 Professoren« gebe, in der Bundesrepublik jedoch nur 200 000 Studenten bei 9000 Dozenten. Ein Staat müsse »viele Wissenschaftler haben …, wenn er stark sein will«.[48] Reinhold Schairer, der Gründer des deutschen Studentenwerks und Sekretär der Studienstiftung des Deutschen Volkes, hatte bereits vor dem »Sputnik-Schock« darauf hingewiesen, dass es in der UdSSR bald schon eine Million Ingenieursstudenten geben werde, während man in der Bundesrepublik gerade einmal 60 910 habe.[49] Kritische Stimmen, die auf Reformen drängten, hatte es also gegeben, aber ganz gleich, ob sie vor dem Hintergrund des Kalten Krieges und der ost-westlichen beziehungsweise deutsch-deutschen Systemauseinandersetzung argumentierten oder ob sie Bildungsreformen mit der Fortsetzung des wirtschaftlichen Wachstums in Verbindung brachten, die Bildungsdebatte und ihre öffentliche Wahrnehmung blieben begrenzt. Auch das hing nicht zuletzt damit zusammen, dass die erfolgreiche Entwicklung der Bundesrepublik das bestehende System auf den ersten Blick zu bestätigen schien und man nur wenig Anlass sah, einschneidende Veränderungen vorzunehmen.

Der Heidelberger Religionsphilosoph und Pädagoge Georg Picht, der zwischen 1952 und 1962 dem Deutschen Ausschuss für das Erziehungs- und Bildungswesen angehörte, betrat also eigentlich kein Neuland, als er im Februar 1964 zunächst in einer Artikelserie der Wochenzeitung *Christ und Welt* dramatische Töne anschlug: »Jedes Volk hat das Bildungswesen, das es verdient. Noch ist es möglich, zu verhindern, dass die Bildungskatastrophe in ihrer vollen Gewalt über uns hereinbricht. Deutschland kann als Kulturstaat noch erhalten bleiben. Dazu bedarf es aber einer entschiedenen Wendung. Das Volk muss bereit sein, die Versäumnisse der letzten Jahre durch finanzielle Opfer zu bezahlen. Die Regierungen und die Parlamente aber müssen jetzt handeln. Tun sie es nicht, so steht schon heute fest, wer für den dritten großen Zusammenbruch der deutschen Geschichte in diesem Jahrhundert verantwortlich ist.«[50] Das wirkte. Die kulturkritische, Katastrophen und Untergänge an die Wand malende, in existentiellen Alternativen argumentierende Botschaft Pichts wurde gehört und erzeugte ein gewaltiges Echo. Bildung und Bildungspolitik standen mit einem Schlag ganz oben auf der gesellschaftlichen und politischen Agenda.

Picht argumentierte bildungsökonomisch. »Bildungsnotstand«, ein weiterer von ihm geprägter Begriff, war in seinen Augen wirtschaftlicher Notstand: »Der bisherige wirtschaftliche Aufschwung wird ein rasches Ende nehmen, wenn uns die qualifizierten Nachwuchskräfte fehlen, ohne die im technischen Zeitalter kein Produktionssystem etwas leisten kann.«[51] Drei oder vier Jahrzehnte später hätte Picht sicher den »Standort Deutschland« gefährdet gesehen. Er beklagte die geringe Zahl an Abiturienten und Studenten, vor allem aber an Lehrern. Der bereits bestehende und sich bei den wachsenden Geburtenzahlen noch verschärfende Lehrermangel (in Verbindung mit mangelndem Schulraum) werde die Abiturienten- und Studentenzahlen auf niedrigem Niveau halten. Man versäume es in der Bundesrepublik, Bildungsinvestitionen als wirtschaftliche Investitionen zu betrachten. Und in der Tat: Trotz des »Wirtschaftswunders« hatte sich der Anteil der öffentlichen Ausgaben für Bildung und Ausbildung zwischen 1951 und 1965 lediglich um 1,5 Prozent, zwischen 1956 und 1962 sogar nur noch um 0,1 Prozent erhöht und lag 1962 mit 9,6 Prozent deutlich unter dem vergleichbaren Wert der Weimarer Republik im Jahr 1925.[52] Picht forderte vor allem eine massive Erhöhung der Bildungsausgaben, um der nahenden Katastrophe zu entgehen. Darüber hinaus sprach er sich für eine bessere Bildungsplanung und die Stärkung der bildungspolitischen Kompetenzen des Bundes aus.

Die von Picht eher ökonomisierend vorangetriebene Debatte bereicherte Ralf Dahrendorf durch bildungssoziologische Argumente. Auch er plädierte für mehr konzeptionelle Planung und malte dabei Schreckensszenarien aus: »Der Verzicht auf eine überlegte, … geplante Bildungspolitik müsste zu einer Bildungskrise führen, die auch in ihren politischen Konsequenzen vermutlich die Wirtschaftskrise nach 1929 in den Schatten stellen würde.«[53] Der Kern von Dahrendorfs bildungspolitischen Überlegungen war jedoch der Imperativ »Bildung ist Bürgerrecht«. Dem Soziologen ging es um Chancengleichheit, und er verband sein Plädoyer mit liberalen Überlegungen zum freiheitlichen Charakter einer modernen demokratischen Gesellschaft. Dahrendorfs Gedanken kreisten vor allem um Konzepte einer Schulreform. Bildungsexpansion hieß für ihn primär, weiterführende Schulen auch für Kinder und Jugendliche aus bildungsfernen Gesellschaftsschichten zu öffnen. Bildungspolitik müsse, so Dahrendorf, das »Fundament der Freiheit für den Einzelnen und seine Gesellschaft« sichern und sei begründet »allein durch die Sorge um den Bestand der inneren Ordnung moderner Liberalität«.[54] Damit hatte er einen wesentlichen Gedanken der bildungspolitischen Debatte der nächsten Jahre, ja Jahrzehnte formuliert, der beispielsweise die Auseinandersetzung um die Gesamtschule bis in die 1980er Jahre beherrschte und heute auch in der PISA-Debatte auftaucht. Zugleich hatte er der Entwicklung und Veränderung des politischen Liberalismus in der Bundesrepublik und damit dem Wandel und der eher sozialliberalen Neuorientierung der FDP, der Dahrendorf 1967 beitrat, wichtige Stichworte und Impulse geliefert. In diesem Sinne war er einer der Vordenker der sozialliberalen Koalition von 1969.

Die Plädoyers von Picht und Dahrendorf schlugen publizistisch hohe Wellen und brachten Bewegung in die westdeutsche Bildungspolitik. Dies wirkte sich aus in institutionellen Neuerungen wie der Gründung des Deutschen Bildungsrats (1965), aber auch bereits existierende Institutionen wie der 1957 gegründete Wissenschaftsrat gewannen neue Bedeutung. Der 1959 verabschiedete »Rahmenplan zur Umgestaltung und Vereinheitlichung des allgemeinbildenden öffentlichen Schulwesens« wurde nun politisch relevant. Zwar verringerte sich die Anzahl der Schulen, vor allem durch die Schließung von »Zwergschulen«, aber die Zahl der Schüler erhöhte sich (von 6 648 200 im Jahr 1960 auf 8 968 400 zehn Jahre später) und vor allem die der Lehrer, die von 210 000 (1960) auf 313 400 (1970) stieg und sich innerhalb von 15 Jahren auf 425 900 (1975) verdoppelte. Signifikante Veränderungen gab es im Mittel- und Realschulbereich, wo sich die Schülerzahl zwischen 1960 und 1970 von 430 000 auf 863 500 ebenfalls verdoppelte. 20,2 Prozent aller Siebtklässler des Jahres 1970 waren Realschüler; zehn Jahre zuvor waren es nur 12,1 Prozent gewesen. 17,1 Prozent aller Schüler der siebten Klasse besuchten 1960 ein Gymnasium, 1970 waren es 22,3 Prozent, ein deutlich geringerer Anstieg. Dennoch konnte der Bildungsrat 1975 feststellen, dass sich die Gymnasien von einer »Standesschule für das Bürgertum zu einer Aufstiegsschule auch für bisher bildungsferne Schichten« entwickelt hatten.[55]

Eine solche Bildungsexpansion wäre ohne neue Kapazitäten in der Lehrerausbildung vor allem an den Hochschulen nicht denkbar gewesen. Die Lehrerausbildung erwies sich damit als eine der wichtigsten Triebkräfte des Hochschulausbaus, wie umgekehrt der seit Mitte der 1960er Jahre planmäßig betriebene Hochschulausbau eine entscheidende Voraussetzung für den Lehrerzuwachs war. Der Bildungsforscher Peter Lundgreen spricht von einer »eingebaute[n] Dynamik des Bildungswesens …, nach der die Schule für die Hochschule und diese für die Schule ausbildet. In anderen Worten: Die große Expansion im Sekundarbereich des Bildungssystems bietet den Hauptarbeitsmarkt für den Zuwachs an Hochschulabsolventen an. Darauf reagier[e] der Studienanfänger.«[56]

1965, als Ralf Dahrendorf eine grundlegende Hochschul- und Studienreform forderte mit dem Ziel, »mehr Studenten rascher zu einem qualifizierten Abschluss zu führen«,[57] hatte der Ausbau der Hochschulen schon begonnen. Bereits 1960 hatte der Wissenschaftsrat eine Expertise »Zum Ausbau der Universitäten und technischen Hochschulen« vorgelegt. Den Empfehlungen dieses Papiers folgend wurden zwischen 1961 und 1966 von den Bundesländern etwa 16 000 neue Stellen für wissenschaftliches Personal geschaffen – das war eine Verdoppelung. Für Baumaßnahmen im Hochschulbereich stellten Bund und Länder zwischen 1960 und 1964 etwa 3 Milliarden DM zur Verfügung und damit deutlich mehr, als der Wissenschaftsrat gefordert hatte. Doch Mitte der 1960er Jahre gewann der Hochschulausbau noch deutlich an Fahrt, und auch die Studentenzahlen stiegen signifikant. Nordrhein-Westfalen mit seinen bis dahin drei Universitäten in Bonn, Köln und Münster sowie der Technischen Hochschule in Aachen war dabei der Vorreiter. Die erste deutsche Reformuniversität wurde 1965 in Bochum gegründet: die Ruhr-Universität. Universitäten erhielten in den folgenden Jahren Bielefeld und Dortmund. Die Medizinische Akademie in Düsseldorf wurde zur Universität erklärt. Seit den frühen 1970er Jahren entstanden in Duisburg, Essen, Paderborn, Siegen und Wuppertal fünf Gesamthochschulen, die bestehende Fachhochschulen und Pädagogische Hochschulen integrierten und ganz besonders auf die Lehrerbildung ausgerichtet waren. Den Schlussstein dieses ehrgeizigen Ausbauprogramms bildete Mitte der 1970er Jahre die Fernuniversität Hagen, die berufstätigen Menschen die Möglichkeit bietet, sich akademisch weiterzubilden. Waren Universitäten in den 1950er Jahren noch spärlich gesät, überzog nun ein dichtes Netz vielfältiger Hochschulen das Land.[58]

Andere Bundesländer folgten dem nordrhein-westfälischen Beispiel. Baden-Württemberg errichtete 1966 die Reformuniversität Konstanz, an der Ralf Dahrendorf einen Lehrstuhl für Soziologie erhielt. Bayern gründete neue Hochschulen in Regensburg, Bayreuth, Bamberg und Passau. 1971 wurde die Universität Bremen gegründet. In Flächenbundesländern wie Niedersachsen, wo 1970 die beiden Universitäten Oldenburg und Osnabrück entstanden, waren die Hochschulneugründungen auch regionalpolitische Maßnahmen und erfolgten gemeinsam mit der Verkehrs- und Gesundheitspolitik im Rahmen einer umfassenden Raumordnungs- und Strukturpolitik. Sie sollten nicht zuletzt die Bildungschancen der Bevölkerung ländlicher sowie strukturschwächerer Gebiete erhöhen und diese ökonomisch festigen. Bundesweit erhöhte sich die Zahl der Lehrstuhlinhaber zwischen 1960 und 1968 um 63 Prozent von 3098 auf 5072; der akademische Mittelbau wuchs um 330,6 Prozent von 2058 auf 8862 Beschäftigte; die Zahl der Assistenten und Oberassistenten stieg um 126,6 Prozent von 9263 auf 20 998.[59] Waren im Wintersemester 1959/60 lediglich 189 239 Studenten an westdeutschen Universitäten eingeschrieben, so waren es im Wintersemester 1967/68 schon 295 102, und nochmals einige Jahre später, im Wintersemester 1973/74 gar 728 478. Die Millionengrenze wurde im Jahr 1980 überschritten. Selbst der enorme Stellenzuwachs – eine vergleichbare Expansion wurde später nie wieder erreicht – konnte also mit der Erhöhung der Studentenzahlen nicht Schritt halten. Die Relation zwischen Lehrenden und Studierenden verschlechterte sich dramatisch. Kam 1959 noch ein Professor auf 51 Studenten, so lag das Betreuungsverhältnis 1972 bereits bei 1 zu 61. Heute werden in manchen Fächern, vor allem im geistes- und sozialwissenschaftlichen Bereich, Relationen von einem Professor auf über 100 Studenten erreicht. Und nicht alle neu ernannten Professoren waren für ihre Aufgaben an den Hochschulen entspechend qualifiziert.

Bildungspolitiker verfügten damals über eine hohe Reputation. Sie wurden öffentlich wahrgenommen und hatten ein vergleichsweise hohes politisches Gewicht. Als Bildungspolitiker konnte man sich für höhere politische Ämter empfehlen und profilieren, wie der Aufstieg von Johannes Rau (SPD) zeigt, der 1970 der erste Minister des neuen nordrhein-westfälischen Ministeriums für Wissenschaft und Forschung wurde und von dort aus 1978 in die Düsseldorfer Staatskanzlei aufstieg. Aber auch der hessische Kultusminister Ludwig von Friedeburg (SPD) oder der bayerische Kultusminister Ludwig Huber (CSU) waren weit über ihr Bundesland hinaus bekannt.

Die Reformanstrengungen konzentrierten sich allerdings – und das gilt auch für die Debattenbeiträge von Picht oder Dahrendorf – auf die höhere Schulbildung sowie den Hochschulbereich. Die Veränderungen in den Real- und Hauptschulen sowie in der beruflichen Bildung waren dagegen weit weniger durchgreifend. Wichtige und bewährte Standards, insbesondere das duale System der Berufsbildung in Betrieben und Schulen, waren bereits etabliert. Im Berufsbildungsgesetz von 1969 wurde dieses System vereinheitlicht. Diese einseitige Ausrichtung beförderte die Entwicklung hin zur Massenuniversität und damit eine einschneidende Veränderung des Studiums beziehungsweise der universitären Lehre. Das führte zu einer »Bildungsinflation«, denn höhere Schul- und insbesondere Universitätsabschlüsse verloren an Wert in der Gesellschaft und auf dem Arbeitsmarkt. Dort kam es zu Verdrängungseffekten, weil Bildungspatente beziehungsweise Schulabschlüsse, die über lange Zeit für bestimmte Berufsfelder qualifiziert hatten, nun für den Berufseinstieg nicht mehr ausreichten. Bei den Reformen hatte man nicht berücksichtigt, dass Konjunkturschwankungen oder -krisen die Fähigkeit des Arbeitsmarkts zur Aufnahme gut qualifizierter Arbeitskräfte beeinträchtigen, und ignoriert, dass in bestimmten Bereichen des akademischen Arbeitsmarktes nach einer gewissen Zeit Sättigungseffekte eintreten mussten. So konnten qualifizierte

Hochschulabsolventen auf dem gesättigten Markt bald kein Unterkommen mehr finden. Die hohe Arbeitslosigkeit von Akademikern, vor allem von Geistes- oder Sozialwissenschaftlern, ist eine bis heute spürbare Folge dieser Entwicklung.

Auf das neue, hoch differenzierte Schulsystem wirkten sich nicht nur ökonomisch-konjunkturelle, sondern auch demographische Entwicklungen aus. Ein fein gegliedertes, unterschiedlichen Bedürfnissen und Erfordernissen gerecht werdendes Schulsystem braucht hohe Schülerzahlen, wenn es effizient sein soll. Diese Voraussetzung ist nicht mehr erfüllt, seit die Generation des Babybooms die Schulen verlassen hat. Der dramatische Geburtenrückgang der jüngsten Zeit in Verbindung mit der Binnenmigration, die in Ostdeutschland besonders spürbar ist, verschärft das Problem.

Dass die Bildungspolitik einen solchen Aufschwung nehmen konnte, lag an einem historisch einzigartigen Zusammentreffen vieler Faktoren: an dem noch immer rasanten wirtschaftlichen Wachstum, das eine frühe Standort-Debatte auslöste, zu der Georg Picht einen wichtigen Beitrag leistete; an dem fundamentalen Wandel der Beschäftigungsstruktur, in dessen Zentrum der absehbare Übergang von der Industrie- zur Dienstleistungsgesellschaft stand; an dem Bedeutungsgewinn individueller Bildung als Voraussetzung staatsbürgerlicher Partizipation in einem liberal-demokratischen Gemeinwesen; und schließlich an der historischen Erfahrung insbesondere der Flüchtlinge und Vertriebenen, dass einem niemand nehmen konnte, was man im Kopf hatte. »Lebensgeschichtliche Einsichten, Nützlichkeit und Moral bestärkten sich gegenseitig – diese Kombination war die Garantie für die Durchschlagkraft des Themas Bildungspolitik.«[60]

Obwohl Georg Picht Katastrophen an die Wand gemalt hatte, war der westdeutsche Bildungsdiskurs von einem erstaunlichen Optimismus geprägt. Zukunftsgewissheit in Verbindung mit der Überzeugung, man könne diese Zukunft gestalten und ihre Entwicklungen steuern, hatte die tiefe Verunsicherung abgelöst, die nicht nur die unmittelbaren Nachkriegsjahre, sondern auch die Frühzeit der Bundesrepublik charakterisiert hatte. Es ist bemerkenswert, wie rasch die Unsicherheit in Bezug auf das individuelle Schicksal wie auf die politische und wirtschaftliche Entwicklung der Bundesrepublik schwand. Zuversicht breitete sich aus, dass die Verhältnisse stabil bleiben und die Aufwärtsentwicklung sich fortsetzen werde. Die Bildungspolitik strahlte dies in ganz besonderer Weise aus. Sie beruhte auf der Grundannahme, dass die Prosperitätsphase, in der man sich befand, von Dauer sein werde, wenn man die Reform des Bildungswesens in Gang setze und die Rückständigkeit des deutschen Bildungssystems überwinde.

Auch die Anwerbung der Gastarbeiter war von diesem Motiv bestimmt. Hatte man nur genügend Arbeitskräfte zur Verfügung, dann war eine ungebrochene wirtschaftliche Wachstumsentwicklung möglich. Die Deutschen, von denen viele in den Jahren um 1960 noch durch die multiplen Krisenerfahrungen des 20. Jahrhunderts geprägt waren, zeigten sich, nachdem die ersten zehn Jahre der Bundesrepublik ihnen eine außerordentliche Stabilitäts- und Wohlstandsentwicklung beschert hatten, nur zu gerne bereit, an eine bessere Zukunft zu glauben. Eine Politik, die behauptete, die Bundesrepublik von einer Gegenwart, an der bereits wenig auszusetzen war, in eine noch bessere Zukunft zu führen, konnte mit der breiten Zustimmung der Bürger rechnen. Das historische Krisenbewusstsein, das in den frühen 1960er Jahren noch nicht verschwunden war, stand also nicht im Gegensatz zum Fortschrittsoptimismus und zur Zukunftsgewissheit dieser Zeit, sondern war geradezu die Voraussetzung dafür.

NS-Vergangenheit und deutsche Nationalgeschichte

Anders, als man es hätte vermuten können, schwächte sich der auf ein symbolisches Minimum reduzierte öffentliche Diskurs über die NS-Vergangenheit mit wachsendem Abstand zum »Dritten Reich« und im Zuge des Generationenwechsels nicht ab, im Gegenteil: Seit Ende der 1950er Jahre intensivierte sich die öffentliche Auseinandersetzung um den Nationalsozialismus, die NS-Vergangenheit kehrte zurück. Die 1960er Jahre wurden zum Jahrzehnt der westdeutschen Vergangenheitsbewältigung schlechthin. Was war geschehen?

Der am 28. April 1958 eröffnete Ulmer Einsatzgruppen-Prozess gegen zehn Angeklagte aus SS, SD und Gestapo, die im »Einsatzkommando Tilsit« 1941 an Massenmorden in Litauen beteiligt gewesen waren, markierte den Beginn einer neuen, systematischen Strafverfolgung von NS-Verbrechern. Schon bald folgten spektakuläre Verfahren gegen KZ-Verbrecher und Einsatzgruppentäter, darunter der Frankfurter Auschwitz-Prozess der Jahre 1963 bis 1965. Zu dem Ulmer Verfahren war es gekommen, weil einer der später Verurteilten, ein ehemaliger Staatsbediensteter, dreist und unverfroren seine Wiedereinstellung in den öffentlichen Dienst eingeklagt hatte und seine Vergangenheit dabei ins Visier der Justiz geraten war. Das bestätigt, dass bis dahin von systematischen Ermittlungen bei der NS-Strafverfolgung keine Rede sein konnte, dass selbst schwerst belastete NS-Täter weitgehend integriert waren und sich mittlerweile relativ sicher fühlen konnten. »Die Mörder sind unter uns« hatte der Regisseur Wolfgang Staudte schon 1945/46 einen DEFA-Film genannt, doch das war in der Bundesrepublik wie in der DDR vollkommen verdrängt worden. Mit dem Ulmer Prozess gelangte diese Wahrheit wieder an die Oberfläche. »Noch sind die Mörder unter uns«, schrieb im Juli 1958 die *Süddeutsche Zeitung*.[61]

Ebenfalls 1958 war es an verschiedenen Orten der Bundesrepublik zu antisemitischen Vorfällen gekommen, zu Beleidigungen jüdischer Bürger und öffentlichen antisemitischen Äußerungen. Die neu eröffnete Düsseldorfer Synagoge wurde beschmiert, jüdische Friedhöfe wurden geschändet. Das war an sich schon schlimm genug, doch nun musste die Öffentlichkeit auch noch zur Kennnis nehmen, dass NS-belastete Richter antisemitische Straftäter vor Gericht ganz offenkundig begünstigten. So wurde der Hamburger Kaufmann Friedrich Nieland, der eine antisemitische Broschüre vertrieben hatte, vor Gericht freigesprochen.[62] Die Justizskandale und die Welle des Antisemitismus, die das Land überrollte, offenbarten die starke Kontinuität zwischen Nationalsozialismus und Bundesrepublik im Justizwesen, eine Folge nicht zuletzt der unkontrollierten Selbstamnestierung der Justizangehörigen.

Die Justizskandale führten nun dazu, dass die NS-Vergangenheit von Richtern und Staatsanwälten öffentlich wurde. Die 1959/60 in Karlsruhe und Berlin gezeigte Ausstellung »Ungesühnte Nazijustiz« des SDS-Mitglieds Reinhard Strecker löste zwar kontroverse Reaktionen aus, rückte das Problem aber ins öffentliche Bewusstsein. Im antikommunistischen Klima blieb es nicht aus, dass Strecker vorgeworfen wurde, die »Propaganda Pankows« zu betreiben. Das lag auch deshalb nahe, weil Albert Norden, in der DDR für Agitation verantwortlich, schon 1957 eine »NS-Blutrichter-Kampagne« gegen die Bundesrepublik gestartet hatte. Natürlich ging es der SED vor allem darum, den Nachweis zu erbringen, dass die Bundesrepublik das Erbe des Faschismus angetreten habe, und damit dem westdeutschen Staat international zu schaden. Aber was Nordens Kampagne an Dokumenten zutage förderte, das ließ sich nicht einfach als kommunistische Propaganda ignorieren, denn die vorgelegten Fakten stimmten in der Regel, das präsentierte Archivmaterial war echt. Dennoch halfen die Angriffe aus dem Osten den beschuldigten Juristen wohl mehr, als sie ihnen schadeten.[63]

Wolfgang Staudtes 1959 gedrehter Film »Rosen für den Staatsanwalt« mit Martin Held und Walter Giller in den Hauptrollen griff die Problematik auf und brachte sie für ein Massenpublikum ins Kino. Zusammen mit der Ausstellung »Ungesühnte Nazijustiz« sensibilisierte dieser Film die Öffentlichkeit, auch wenn das für die betroffenen Juristen in der Regel kaum Folgen hatte. Skandale um NS-Richter und ihre Unrechtsurteile erfassten die Bundesrepublik auch später immer wieder. 1978 wurde beispielsweise der baden-württembergische Ministerpräsidentt

Hans Filbinger (CDU) von seiner Vergangenheit als NS-Marine-Richter eingeholt
und auch infolge seiner Uneinsichtigkeit in sein Unrechtshandeln zum Rücktritt
gezwungen. Seinen Rücktritt riskierte knapp 30 Jahre später auch Filbingers Stuttgarter Amtsnachfolger Günther Oettinger (CDU), der sich in einer Rede anlässlich des Todes von Filbinger dazu verstieg, diesen zu einem »Gegner des NS-
Regimes« zu erheben.

Der neuerliche Antisemitismus, die Justizskandale und der Ulmer Einsatzgruppen-Prozess weckten das Interesse der Westdeutschen an der NS-Vergangenheit und förderten die Debatte über die Erziehung der jüngeren Generation und
die Bedeutung historisch-politischer Bildungsarbeit. Als die Kölner Synagoge am
Weihnachtsabend 1959 von zwei jungen Mitgliedern der rechtsradikalen Deutschen
Reichspartei mit Hakenkreuzen beschmiert wurde, ging ein Aufschrei der Empörung durch die Republik. Man verdächtigte die DDR, hinter der Synagogenschän-
dung zu stehen. Doch ob das Ministerium für Staatssicherheit an der Aktion beteiligt war oder nicht, ist im Grunde unerheblich. Wichtiger ist, dass es im Dezember
1959 und im Januar 1960 zu Hunderten von Anschluss- und Nachahmungstaten
kam.[64] Im Schatten des Kölner Ereignisses hat der Bundestag mit Zustimmung aller
Parteien schließlich den noch im Dezember 1959 gescheiterten Gesetzentwurf, der
den Straftatbestand der Volksverhetzung einführte, verabschiedet.

In der politischen Bildung, in Medien und Wissenschaft wurden die Themen
Antisemitismus und NS-Vergangenheit nun verstärkt aufgegriffen. Das Interesse
der Bevölkerung war groß. Das erstmals 1955 publizierte Tagebuch der Anne Frank
erreichte 1960 eine Auflage von 750 000 Exemplaren. Die Dokumentation von Gerhard Schoenberner »Der gelbe Stern« über Antisemitismus und Judenverfolgung
im Nationalsozialismus wurde breit rezipiert. Die Quellensammlung »Das Dritte
Reich« des Schweizer Historikers Walther Hofer, 1957 erschienen, hatte bis 1960
schon 300 000 Käufer gefunden. Und im deutschen Fernsehen sahen zwischen Oktober 1960 und Mai 1961 etwa 15 Millionen Deutsche jeden Freitagabend die Dokumentation »Das Dritte Reich«.[65]

Der Deutsche Ausschuss für das Erziehungs- und Bildungswesen sah in vielen
Deutschen dennoch nur »Mitläufer der Demokratie« und warnte: »Wir können
nicht wissen, ob und wann der demokratische Wille auf die Probe gestellt werden
wird und sich wird bewähren müssen, also auch nicht, wieviel Zeit der Schule zur
Verfügung steht, um vorher ihren möglicherweise entscheidenden Beitrag zur Bewältigung unserer Vergangenheit zu leisten.«[66] Letztlich löste die antisemitische
Welle »als Initialereignis jene Debatte um historisch-politische Bildung aus, die
den Nationalsozialismus als Gegenstand der Bildungsarbeit irreversibel machte«.[67]

Die Kultusministerkonferenz der Länder verabschiedete im Februar 1960 neue Richtlinien zur Behandlung der jüngsten Geschichte im Schulunterricht und verständigte sich insbesondere auf eine ausführliche Behandlung des Nationalsozialismus. Aus der Bundeszentrale für Heimatdienst wurde die Bundeszentrale für politische Bildung, der fortan die Information über aktuelle politische Themen und die Bundesrepublik Deutschland ganz allgemein sowie die Vermittlung von Kenntnissen über die NS-Vergangenheit oblag. Mit dem Auftrag des »Werbens um unsere Staatsform«, den Bundesinnenminister Hermann Höcherl der Bundeszentrale erteilte, war die Aufklärung über die nationalsozialistische Diktatur und ihre Verbrechen verbunden.[68]

Auch die deutsche Zeitgeschichtsschreibung empfing wichtige Impulse. Dass sie im Laufe der 1960er Jahre intensiviert wurde und dabei bis heute grundlegende Studien zum Nationalsozialismus hervorbrachte, verdankt sich in erster Linie der mit dem Ulmer Einsatzgruppen-Prozess einsetzenden Serie von großen NS-Prozessen, in denen deutsche Zeithistoriker vor allem aus dem Münchener Institut für Zeitgeschichte als Experten in Erscheinung traten. Ihre Gutachten wurden mehr oder weniger unverändert und zeitnah als Bücher – beispielsweise im Jahr 1965 die »Anatomie des SS-Staates«[69] – publiziert und in hohen Auflagen verkauft. Man mag kritisieren, dass die deutschen Historiker sich zunächst weniger mit der Judenverfolgung und dem Holocaust selbst beschäftigten und dieses Terrain den überlebenden Opfern und ihren Nachfahren überließen. Doch die Zeitgeschichtsschreibung hat schließlich »den Nebel geistesgeschichtlicher Deutungen und legitimatorischer Memoirenliteratur« verscheucht, der viele Jahre über der deutschen Publikationslandschaft zum »Dritten Reich« gelegen hatte.[70]

Bis 1965 fanden Gerichtsverfahren zu den Verbrechen in den Konzentrations- oder Vernichtungslagern Auschwitz, Chelmno, Belzec, Sobibor, Treblinka, Dachau, Stutthof und Mauthausen statt, dazu eine Reihe von Prozessen gegen Einsatzgruppentäter. Fast die Hälfte der in Westdeutschland zwischen 1946 und 1965 ergangenen rechtskräftigen Urteile wegen NS-Verbrechen fielen in die erste Hälfte der 1960er Jahre. 55,9 Prozent aller Urteile richteten sich gegen KZ-Verbrecher und sogar 78,3 Prozent gegen Einsatzgruppentäter.[71] Die Ludwigsburger Stelle, die seit 1958 die NS-bezogenen staatsanwaltlichen Ermittlungen der Länder bündelte, arbeitete auf Hochtouren und führte Hunderte von Vorermittlungsverfahren durch. Viele »normale Deutsche«, die in den Nischen der Wirtschaftswundergesellschaft Unterschlupf und Schutz gefunden hatten, wurden nun als Gewaltverbrecher verfolgt. Das veränderte zwangsläufig den Blick der Deutschen auf sich selbst und ihre Geschichte, auf individuelles und kollektives Handeln zwischen 1933 und 1945.

Die Prozesse gegen Angehörige von SS- oder Polizeieinheiten, die an schwersten Verbrechen beteiligt gewesen waren und in der Nachkriegszeit wie unbeschol-
tene Bürger, als Nachbarn, Kollegen oder Vereinskameraden gelebt hatten, machten
es schwierig, die Deutschen weiterhin vorwiegend als Opfer des Nationalsozialismus zu sehen. Hatte der Eichmann-Prozess in Jerusalem, der zwischen April und
Dezember 1961 geführt wurde und der nicht zuletzt wegen der Fernsehübertra-
gung weithin wahrgenommen wurde, noch die Distanzierung vom Typus des
Schreibtischtäters zugelassen, so war eine solche Distanzierung seit dem Frankfurter Auschwitz-Prozess, der am 20. Dezember 1963 eröffnet wurde, nicht mehr
möglich.

Der Auschwitz-Prozess war weit mehr als ein strafrechtliches Verfahren. Sosehr der vorsitzende Richter Hans Hofmeyer auch betonen mochte, dass es dem
Gericht um die Feststellung individueller Schuld als Voraussetzung für eine individuelle Bestrafung gehe, so klar wurde doch vom ersten Prozesstag an, dass im
Schwurgerichtssaal des Frankfurter Landgerichts nicht nur ein Strafprozess geführt wurde, sondern es zugleich um die Aufklärung der deutschen NS-Vergangenheit ging und über die Verbrechen, die von Deutschen verübt worden waren.
Durch die umfassende und kontinuierliche Medienberichterstattung wurde die
deutsche, aber auch die internationale Öffentlichkeit wie noch niemals zuvor, auch
nicht zur Zeit des Nürnberger Kriegsverbrechertribunals, über die nationalsozialistischen Menschheitsverbrechen bis zum schier unfassbaren industriellen Massenmord informiert. Was Staatsanwalt Joachim Kügler in seinem Plädoyer in scho-
nungsloser Klarheit feststellte, ließ für einen deutschen Opfermythos keinen Raum
mehr: »Die Beweisaufnahme hat mit glasklarer Härte ergeben, dass wir es mit Auschwitz mit einem Mordzentrum von unvorstellbarer Entsetzlichkeit zu tun haben
und dass dessen Funktionieren von dem bewussten und gewollten Zusammenwirken der Angeklagten und Tausender anderer abhing.«[72]

Der Schutz der Täter und deren soziale Reintegration waren damit ausgeschlossen. Der Auschwitz-Prozess markierte »das symbolische Ende jener Phase
der Vergangenheitspolitik, in der die politische Agenda in der Bundesrepublik in
heute kaum mehr vorstellbarer Weise bestimmt war von der Wahrung der Interessen der Täter«.[73] Dass zahlreiche NS-Gewaltverbrecher erst spät, viele auch überhaupt nicht in die Fänge der Justiz gerieten, widerspricht dem nicht. Den gesellschaftlichen Konsens, der das Abtauchen nach dem Krieg begünstigt hatte, gab es
nicht mehr. Die NS-Täter konnten nicht mehr davon ausgehen, sich für immer in
Sicherheit gebracht zu haben. Dass dennoch kleinräumige Solidaritäten und vor
allem Ahnungslosigkeit und Unwissenheit im unmittelbaren sozialen Umfeld wei-

terhin Schutz vor Strafverfolgung bieten konnten und Täter-Netzwerke weiterhin funktionierten, steht auf einem anderen Blatt.[74]

Das öffentliche Gedenken der Bundesrepublik an den Nationalsozialismus richtete sich nun zunehmend auf Auschwitz und den Holocaust, nachdem in den 1950er Jahren vor allem der Widerstand des 20. Juli und die Aussöhnung mit Israel, die aber auf den Judenmord nur in sehr abstrakter Weise Bezug nahm, im Mittelpunkt gestanden hatten. Zum 20. Jahrestag der Befreiung des Konzentrationslagers Bergen-Belsen hielt Bundespräsident Lübke eine Rede, die noch von Zaghaftigkeit bestimmt war: »Die Zahl der deutschen Opfer ... übersteigt die Zahl der Henker um ein Vielfaches. Die Leiden und der Tod dieser unserer Landsleute ... verbinden unser Volk in Leid und Schmerz auch mit den sechs Millionen deutscher und ausländischer Juden.«[75] Solche Ambivalenzen waren allgegenwärtig, und auch sie charakterisierten das Klima dieser Jahre.

Viele Westdeutsche fürchteten, NS-Prozesse wie der Frankfurter könnten das Ansehen der Bundesrepublik im Ausland beschädigen, und eine wachsende Zahl von Bundesbürgern wünschte einen »Schlussstrich« unter die NS-Vergangenheit zu ziehen. Vom Eichmann-Prozess hatten 90 Prozent der Westdeutschen gehört, etwa zwei Drittel hielten die Bestrafung des Angeklagten für richtig, und dennoch stimmten 1961 die meisten der vom Allensbach-Institut befragten Deutschen der Feststellung zu, es wäre am besten, »wenn man diese Angelegenheit vergessen würde und wenn wir uns ausschließlich mit der Gegenwart und der Zukunft beschäftigen würden«. Der Auschwitz-Prozess verstärkte diese Tendenz noch. Hatten während des Eichmann-Prozesses nur 15 Prozent der Befragten die Ansicht vertreten, man solle ganz auf solche Verfahren verzichten, so stieg die Zahl bis zum Sommer 1964 auf 39 Prozent und erreichte Anfang 1965 sogar 57 Prozent. Die letzte Befragung stand allerdings schon unter dem Eindruck der politischen Debatte über die Verjährung von Mord.[76]

In diesem Klima erfolgte am 28. November 1964 die Gründung der NPD, die sogleich in einem Manifest ihrer Sorge um ein »wahres Geschichtsbild« Ausdruck verlieh und bestrebt war, den »Ungeist der Unterwerfung und die Anerkennung der Kollektivschuld auszutilgen«.[77] Die Wahlerfolge der rechtsradikalen Partei in den folgenden Jahren zeigen eindrücklich, dass das Schlussstrich-Denken politische Wirkung entfaltete. Die NPD-Propaganda griff indes nur auf, was rechte Intellektuelle schon seit längerem predigten. Armin Mohler sprach vom deutschen »Nationalmasochismus« und kritisierte »Bewältigungsindustrie« und »Berufsbewältiger«. Caspar v. Schrenck-Notzing bezeichnete in seiner Schrift »Charakterwäsche« von 1965 die Vergangenheitsbewältigung als »zweite Entnazifizierung«.[78]

Das Schlussstrich-Denken gewann in dem Maße an politischer Bedeutung, in dem der Nationalsozialismus und insbesondere die Verbrechen der Deutschen herangezogen wurden, um die Idee der deutschen Nation und insbesondere eines deutschen Nationalstaats zu diskreditieren. Hatten die Deutschen mit »Auschwitz« nicht jedes Recht verwirkt, eine Nation zu sein und einen Nationalstaat zu bilden? Das hatte der Baseler Philosoph Karl Jaspers schon 1960 öffentlich bejaht und damit einen politischen Skandal verursacht. Er gab den Deutschen selbst die Schuld an der Teilung und hielt die Existenz zweier deutscher Staaten für gerechtfertigt. Damit geriet er in Widerspruch zu der 1960 noch von fast allen Westdeutschen geteilten Haltung, dass das Streben nach Wiedervereinigung niemals aufgegeben werden dürfe.[79]

Die Frage nach dem Zusammenhang von deutschem Nationalstaat und dem Aufstieg des Nationalsozialismus und seinen Verbrechen stellte nicht nur Jaspers. Die führenden Vertreter der westdeutschen Geschichtswissenschaft, noch ganz der Tradition der deutschen Nationalhistoriographie verhaftet, sahen in Nation und Nationalstaat den Endpunkt historischer Entwicklung und das zentrale Paradigma ihrer Wissenschaft. Sie mussten den Nationalsozialismus – etwa als »Betriebsunfall« – aus der Kontinuität deutscher Nationalgeschichte entfernen, um nach 1945 wissenschaftlich wie politisch an dieses nationale Paradigma anschließen zu können. Ferner musste das deutsche Kaiserreich von 1871 in einem günstigen Licht dargestellt werden, und zwar nicht nur, was die Nationalstaatsbildung 1870/71 anging, sondern beispielsweise auch Bismarcks Bündnispolitik, die Entstehung deutscher Sozialstaatlichkeit oder die gemeinsame Verantwortung aller europäischen Großmächte für den Ersten Weltkrieg.

Diesen dominierenden Interpretationen widersprach der Hamburger Historiker Fritz Fischer mit seinen Studien zur Vorgeschichte und zum Beginn des Ersten Weltkriegs, die er seit 1959 veröffentlichte. In »Griff nach der Weltmacht« wies er die Verantwortung für den Ersten Weltkrieg eindeutig dem wilhelminischen Kaiserreich zu und gab damit eine klare Antwort auf die Kriegsschuldfrage.[80] Mehr noch: Fischer postulierte die Kontinuität der deutschen Eliten weit über das Ende des Kaiserreichs hinaus, sprach von einem Bündnis der alten kaiserlichen mit den neuen, den aufsteigenden Eliten des Nationalsozialismus, die in ihrem Weltmachtstreben zueinander fanden. Auch auf die Identität der deutschen Kriegsziele im Ersten und Zweiten Weltkrieg, nicht zuletzt in Ost- und Ostmitteleuropa, wies Fischer hin.[81] Damit aber war das »Dritte Reich« nicht aus der deutschen Nationalgeschichte gelöst, sondern ihr Teil, ja ihre konsequente Fortsetzung. Die »Fischer-Kontroverse« schlug bis in die Politik hinein hohe Wellen und wurde zum Medienereignis, weil sie die Geschichte des deutschen Nationalstaats, insbesondere des Kaiserreichs, enttabuisierte. Fritz Fischer hatte seine Kontinuitätsthese hauptsächlich politikhistorisch und methodisch eher konventionell entwickelt, doch seine Positionen wirkten impulsgebend auf die jüngere Historikergeneration, die auch nach den gesellschaftlichen und damit strukturellen Kontinuitäten zwischen Kaiserreich und »Drittem Reich« fragte und schon bald im deutschen Weg in die Moderne seit dem 19. Jahrhundert die Antwort auf die Frage nach den Ursachen des Nationalsozialismus fand.

Diese Überlegungen sammelten sich in der These vom »deutschen Sonderweg« in die Moderne. Deutschland sei im 19. Jahrhundert von einer westlichen »Normalentwicklung« abgewichen, und statt einer auf das Individuum bezogenen liberalen Demokratie, statt Parlamentarismus und Pluralismus hätten sich vom Staat her gedachte illiberale und obrigkeitsstaatliche politische Ordnungsvorstellungen herausgebildet. Diese Gegensatzkonstruktion war nicht neu, sondern griff im Grunde nur auf, was sich in der deutschen Geisteslandschaft als »Ideologie des deutschen Weges« schon seit dem späten 19. Jahrhundert, insbesondere aber seit dem Ersten Weltkrieg, entwickelt hatte. Diese Ordnungsvorstellungen dienten nun als wissenschaftliche Argumente dazu, die Genese des Nationalsozialismus zu erklären. Der geschichtswissenschaftliche und historiographische Paradigmenwechsel, um den es in diesen Auseinandersetzungen ging, ist eine wesentliche Komponente jenes breiteren gesellschaftlichen und soziokulturellen Verwestlichungsprozesses, den die Bundesrepublik seit den späten 1950er Jahren durchlief. Vor allem die Angehörigen der jüngeren deutschen Historikergeneration, von denen viele über Amerika- oder England-Erfahrung verfügten, trugen dazu bei, jene politische Kultur des Autoritarismus, des antidemokratischen und antiliberalen Denkens zu überwinden, die eine Voraussetzung für das Scheitern der Weimarer Republik und den Aufstieg des Nationalsozialismus gewesen war und deren Einfluss man in der westdeutschen Nachkriegsgesellschaft noch immer spüren konnte.

Die Entstehung einer kritischen Öffentlichkeit, wie sie im Umfeld der »*Spiegel*-Affäre« hervortrat, war eine wichtige Voraussetzung dafür, dass jenseits konkreter Anlässe ein breiter gesellschaftlicher Diskurs über die »unbewältigte Vergangenheit« entstehen konnte. Zugleich aber wurde, wie Detlef Siegfried feststellt, in der westdeutschen Debatte über die »unbewältigte Vergangenheit« das Selbstverständnis der Bundesrepublik verhandelt, suchten die Westdeutschen durchaus konfliktreich nach Werten und Normen einer nachnationalsozialistischen Gesellschaft. Insofern diente die Auseinandersetzung mit dem Nationalsozialismus auch als Katalysator für die Politisierung und Liberalisierung der Bundesrepublik.[82] Das

ging weit darüber hinaus, sich prinzipiell vom Nationalsozialismus abzusetzen, sosehr diese allmählich »zum Nachweis und Konstitutivum des Bundesbürgers«
wurde.[83]

Das NS-bezogene Interesse junger Erwachsener, die das »Dritte Reich« allenfalls als Kinder oder Jugendliche erlebt hatten, verdrängte allmählich das Ver-
schweigen und Marginalisieren derjenigen, die die Zeit zwischen 1933 und 1945
als Erwachsene erlebt hatten. Damit schwand auch jene vergangenheitsbezogene
Grundübereinstimmung, die während der Zeit des Wiederaufbaus die NS-Belas-
tungen übergangen, ja akzeptiert hatte. Die Kontinuität in den Funktionseliten
wurde immer häufiger offen und kritisch behandelt. NS-belastete Angehörige in
der politischen Spitze der Republik waren nicht mehr zu halten. Staatssekretär
Globke schied 1963 noch vor Adenauers Rücktritt aus dem Amt, und die NS-Vergangenheit der Minister Seebohm und Oberländer stellte die Bundesregierung in
einer Weise unter Druck, die in den ersten Jahren der Bundesrepublik nicht denkbar gewesen wäre. Theodor Oberländer musste 1960 zurücktreten. Auch das waren
deutliche Hinweise auf eine Veränderung der politischen Kultur und des gesellschaftlichen Klimas.

2.
Gesellschaftliche Liberalisierung und politischer Wandel

Eine »westernisierte« Volkspartei: die Godesberger Wende der SPD

Das Wahldebakel von 1957 ließ viele Sozialdemokraten resignieren. Würde man auf Dauer zur Rolle der Opposition verdammt sein, zur Rolle eines eher dekorativen Elements in der Verfassungswirklichkeit der Bundesrepublik? Innerhalb der Partei hatte schon nach den verlorenen Bundestagswahlen von 1953 eine Reformdebatte begonnen, und der Bundesparteitag von 1954 hatte eine Kommission beauftragt, ein neues Grundsatzprogramm zu erarbeiten, das an die Stelle des Heidelberger Programms von 1925 treten sollte. Doch die Strukturen der Partei und die personelle Zusammensetzung ihrer Führungsspitze, in der die Traditionalisten dominierten, begünstigten den Kurs der durchgreifenden Erneuerung nicht. Erst nach dem Wahlschock von 1957 wurde der Reformdruck so stark, dass er die SPD innerhalb weniger Jahre grundlegend veränderte.

Die SPD musste erkennen, dass die überwiegende Mehrheit der Westdeutschen für fundamentale Veränderungen der Gesellschaft und insbesondere der Wirtschafts- und Eigentumsordnung nicht zu gewinnen war. Der Kapitalismus im Zeichen der Sozialen Marktwirtschaft hatte zu einer beispiellosen Wohlstandsentwicklung geführt, an der alle partizipierten. Die Außenpolitik im Zeichen der Westbindung hatte diese Entwicklung international abgesichert und damit zur politischen und sozialen Stabilität beigetragen. Unter diesen Voraussetzungen konnte das Programm der Sozialdemokratie, das die SPD marxistisch als Klassenpartei profilierte und den Klassenkampf zum Bewegungsgesetz der Politik erhob, kaum noch Attraktivität entfalten. Auch der Antikommunismus des Kalten Krieges trug dazu bei.

Die Neuwahl des Vorstands der SPD-Bundestagsfraktion für die dritte Legislaturperiode wies eindeutig in Richtung Reform. Zwar konnte der Fraktionsvorsitzende Erich Ollenhauer nicht abgelöst werden, aber an die Stelle seines blassen Stellvertreters Wilhelm Mellies setzte die Fraktion nun drei politische Schwergewichte: Carlo Schmid, Fritz Erler und Herbert Wehner, alle drei voll politischer Energie und entschlossen, in die erstarrte Partei wieder Bewegung zu bringen. Dass die SPD durchaus Wähler mobilisieren, Wahlen gewinnen und Politik machen konnte, bewiesen zahlreiche sozialdemokratische Oberbürgermeister und einige Ministerpräsidenten, die zu treibenden Kräften des Reformkurses wurden.

Den Reformern war klar, dass sie an der Parteiorganisation ansetzen mussten, um ihren Vorstellungen eine Chance zu verschaffen. 1958 gelang es ihnen endlich, den geschäftsführenden Parteivorstand mit seinen hauptamtlichen Funktionären zu entmachten und durch einen gewählten Parteivorstand mit einem elfköpfigen Präsidium an der Spitze zu ersetzen, in dem die SPD-Bundestagsfraktion das Übergewicht hatte. Für die SPD endete damit der lange Primat der Parteiorganisation, der stets auch eine Geringschätzung, ja Entmündigung der Parlamentsfraktion und damit der Volksvertretung insgesamt bedeutet hatte, was offenbart, wie stark auch die Sozialdemokratie Teil jener obrigkeitsstaatlichen politischen Kultur war, die sich in Deutschland seit dem Kaiserreich herausgebildet hatte.[1]

Die personellen und organisatorischen Veränderungen in der Bonner Baracke, der Geschäftsstelle der SPD in der Bundeshauptstadt, schufen erst die Voraussetzung dafür, dass auf dem Stuttgarter Parteitag 1958 der Entwurf eines neuen Grundsatzprogramms präsentiert und zur Diskussion gestellt werden konnte, ein Entwurf, der dann über ein Jahr lang auf allen Ebenen und in allen Gliederungen der Partei vorgestellt, diskutiert, ergänzt und modifiziert wurde, bis die SPD auf einem außerordentlichen Parteitag in Bad Godesberg bei Bonn im November 1959 ihr neues Grundsatzprogramm, das »Godesberger Programm«, mit überwältigender Mehrheit verabschiedete. Dass das neue Parteiprogramm eine so breite Zustimmung fand, hat auch damit zu tun, dass der Parteivorsitzende Ollenhauer trotz seiner Skepsis gegenüber den Veränderungen loyal zu den Beschlüssen des Parteivorstands stand, in dem die Reformer in der Mehrheit waren, und bei den Traditionalisten, die nicht zuletzt aus dem Gewerkschaftsflügel kamen, für das neue Programm warb. So konnte die Partei, die vor einer Zerreißprobe stand, ihre Geschlossenheit wahren und eine wichtige Voraussetzung für den Neuaufbruch nach Godesberg schaffen.

Mit dem »Godesberger Programm« verabschiedete sich die SPD vom Klassenkampf und wurde zur Volkspartei. Das marxistische Vokabular und die programmatische Bindung an das Proletariat wurden aufgegeben. Die Partei akzeptierte die »freiheitliche Ordnung der Wirtschaft«, Marktwirtschaft und Privateigentum an Produktionsmitteln, stellte diese Zustimmung aber unter den Imperativ der sozialen Gerechtigkeit. Dass sie auf dem Boden des Grundgesetzes stand, unterstrich die Partei nun noch einmal durch den expliziten Grundwertebezug ihres Programms. Auch ihr Bekenntnis zur Landesverteidigung, mit dem nicht nur die Außen- und Sicherheitspolitik der Regierung Adenauer mit ihrem Primat der Westintegration, sondern auch die Wehrverfassung des Grundgesetzes gebilligt wurde, bekräftigte das. Im Bundestag vertrat Herbert Wehner diese Position der Partei am 30. Juni 1969 in einer historischen Rede und zog damit einen Schlussstrich unter mehr als zehn Jahre schärfster außen- und deutschlandpolitischer Divergenzen zwischen Regierung und Opposition.

Wie sehr die SPD nun nach neuen Wählerschichten jenseits der Arbeiterschaft strebte und sich zur bürgerlichen Mitte hin öffnete, kam in jenen Passagen des Programms zum Ausdruck, in denen die Verwurzelung des demokratischen Sozialismus in der christlichen Ethik hervorgehoben und die positive Rolle der Kirchen in einer modernen Gesellschaft betont wurde. Damit brach man mit der langen und in der Partei noch immer starken Tradition der Kirchenkritik und des Freidenkertums. Diese hatte in den Wahlkämpfen der 1950er Jahre, nicht zuletzt in der Auseinandersetzung mit der »schwarzen« Union und dem katholischen Konrad Adenauer, noch eine erhebliche Rolle gespielt. Im Godesberger Programm wurde aber keinesfalls ein harmonisierendes Gesellschaftsbild entworfen, im Gegenteil: Schon in der Präambel entfaltete es die Widersprüche einer modernen technisch-industriellen Gesellschaft, doch dieser »Widerspruch unserer Zeit« wurde als Herausforderung begriffen und die Konzeption eines »demokratischen Sozialismus« als Weg entwickelt, diese Widersprüche wenn nicht zu überwinden, so doch auszugleichen und damit Grundlagen für die freie und sichere Existenz der Menschen zu schaffen. Das war nicht das »Keine Experimente« der Unionsparteien, sondern der Versuch, das Streben nach Sicherheit anzuerkennen und ernst zu nehmen, es aber in einer »gesicherten Demokratie« zu einer Triebkraft politischen Handelns, das nach wie vor auf »Freiheit, Gerechtigkeit und Solidarität« zielte, zu machen.

Es war die Abkehr vom Marxismus, vom ideologischen Denken überhaupt, es war die »Ideologie des Ideologieverzichts«,[2] wenn die SPD in ihrem Parteiprogramm herausstellte, der demokratische Sozialismus wolle »keine letzten Wahrheiten verkünden«. Ihr politischer Kurs geriet damit nicht ins Unverbindliche, vielmehr wurde die Grundlage geschaffen für jene »Politik der Gemeinsamkeit«, für die in den Folgejahren vor allem Willy Brandt stand. Darüber hinaus war eine entscheidende Voraussetzung für die Bildung einer Großen Koalition erfüllt, die beinahe schon 1962 entstanden wäre, dann aber erst 1966 zustande kam.

Der Abschied von der Ideologie und die Überzeugung, »dass in einer pluralistischen Gesellschaft das Wohl der Gesamtheit in einem Ausgleich der Interessen der verschiedenen Gruppen besteht«,[3] waren entscheidende Schritte auf dem Weg der bundesrepublikanischen Arbeiterbewegung gen Westen, und zwar sowohl der SPD als auch der Gewerkschaften. Das Düsseldorfer Programm des DGB von 1963 orientierte sich an dem, wozu sich die SPD schon 1959 in Godesberg durchgerungen hatte, nämlich der Anerkennung konsensliberaler gesellschaftlicher und politischer Ordnungsvorstellungen.[4]

Der Konsensliberalismus, erwachsen aus der Weltwirtschaftskrise und dem »New Deal« der Roosevelt-Administration, stand für einen gesellschaftlichen und wirtschaftlichen Liberalismus mit staatlicher Steuerungs- und Eingriffskompetenz in der Wirtschafts- und Sozialpolitik mit dem Ziel, der pluralistischen Gesellschaft in der liberalen Demokratie Stabilität zu verschaffen.[5] Das konsensliberale Denken nahm Elemente des Keynesianismus auf, also der Konjunkturpolitik und Konjunktursteuerung, um eine möglichst gleichmäßige Entwicklung von Wirtschaftswachstum und gesellschaftlichem Wohlstand zu gewährleisten. Konsensliberalismus war in diesem Sinne immer auch Konsenskapitalismus und nicht zuletzt darauf gerichtet, der kommunistischen Herausforderung, der marxistischen Diskreditierung von Liberalismus und Kapitalismus zu begegnen.

Jüngere Forschungen haben gezeigt, wie konsensliberales Gedankengut nach 1945 gleichsam im Windschatten des Marshall-Plans nach Europa gelangte und über verschiedene Kommunikationsagenturen in den politischen Diskurs der westeuropäischen Gesellschaften eingespeist wurde. Als besonders wichtig erwies sich in diesem Zusammenhang der »Kongress für kulturelle Freiheit«, eine 1950 in Berlin ins Leben gerufene Intellektuellenorganisation, sie sich um den Amerikaner Melvin Lasky und die von ihm begründete Zeitschrift *Der Monat* gruppierte.[6] Die Berliner SPD war im »Kongress für kulturelle Freiheit« unter anderen mit Ernst Reuter, Otto Suhr und Willy Brandt vertreten; zu den Konsensliberalen in der deutschen Arbeiterbewegung zählten die Gewerkschafter Ludwig Rosenberg und Werner Hansen. Sie alle waren davon überzeugt, dass die Vorstellung von einer Klassengesellschaft und der Konfrontation von »Sozialisten« und »Bürgerlichen« der sozioökonomischen Entwicklung in den modernen westlichen Industriegesellschaften nicht gerecht werde. Mit seinem 1960 erschienenen Buch über das Ende der Ideologie (»The End of Ideology«) bestätigte der amerikanische Soziologe Daniel Bell solche Wahrnehmungen und gab diesen sowie der darauf beruhenden Politik eine wissenschaftliche und damit rationale Grundlage.[7]

Tendierte nicht gerade in der Bundesrepublik die Entwicklung hin zu einer »klassenlosen Mittelstandsgesellschaft«, in der es zwar durchaus noch auseinanderstrebende soziale und ökonomische Interessen gab, in der aber Wirtschaftswachstum und Wohlstand dazu beitrugen, diese unterschiedlichen Interessen auszugleichen und darüber hinaus brennende soziale Notstände zu beheben? Solche Überlegungen wurden bei den Sozialdemokraten wie bei den Gewerkschaften schon seit den frühen 1950er Jahren angestellt, aber sie setzten sich erst mit den Programmen von Godesberg und Düsseldorf durch. Angesichts der wirtschaftlichen und gesellschaftlichen Entwicklung in der Bundesrepublik erschien die überkommene politisch-ideologische Ausrichtung schlicht unzeitgemäß und damit sinnlos.

Der Aufstieg Willy Brandts in der SPD verdankte sich nicht zuletzt diesen Entwicklungen. Der Berliner Regierende Bürgermeister, der 1958 gerade 45 Jahre alt war, trieb den Reformkurs seiner Partei energisch mit voran. Brandt verkörperte, so sah auch er selbst es, den Typus des jungen sozialdemokratischen Politikers, dem es gelingen konnte, neue Wähler insbesondere aus der jüngeren Generation anzuziehen. Doch das Establishment der Sozialdemokratie hinderte ihn daran. Zweimal, 1954 und 1956, scheiterte er bei der Wahl in den Bundesvorstand. Viele lasteten ihm seinen Modernisierungskurs an und hielten ihn für ein politisches Leichtgewicht, das zwar bei der Bevölkerung und den Medien, insbesondere dem wichtiger werdenden Fernsehen gut ankomme, aber über wenig Substanz verfüge. Doch gerade weil er der Prototyp des modernen Medienpolitikers war, der insbesondere die Bildmedien geschickt zu nutzen verstand, konnten die Traditionskader der Partei Brandts Aufstieg schließlich nicht verhindern. 1960 kürte ihn die SPD zum Kanzlerkandidaten für die Bundestagswahl im folgenden Jahr.

Die Position des Kanzlerkandidaten hat es bis dahin in dieser exponierten und formalisierten Form nicht gegeben. Klaus Schütz, einer der Berliner Vertrauten Brandts und später dessen Nachfolger als Regierender Bürgermeister von Berlin, hat den Begriff aus Amerika importiert.[8] Doch damit enden die Amerikanismen nicht. Ein gewaltiger Medienzirkus umgab den »deutschen Kennedy«, zu dem nicht nur die Springer-Presse ihn kürte. Brandt kopierte John F. Kennedy, der im November 1960 zum Präsidenten der USA gewählt worden war, in seinen Reden. Wie dieser nährte er die Hoffnung, eine Zeit der politischen Erstarrung und des Immobilismus durch neue Bewegung und den Schwung jugendlicher Vitalität beenden zu können.

Als Regierender Bürgermeister von Berlin war Brandt schon vor dem Mauerbau für die Freiheit West-Berlins eingetreten, aber in den dramatischen Monaten nach Chruschtschows Berlin-Ultimatum im November 1958 gewann er als Vertreter dieser Freiheit und damit Repräsentant der offenen deutschen Frage national wie international an Statur. Konrad Adenauer schickte ihn als »Sonderbotschafter der Freiheit Berlins« (Peter Merseburger) auf Auslandsreisen, nicht ahnend, dass er damit dazu beitrug, seinen politischen Herausforderer für die nächste Bundestagswahl aufzubauen. Im Einsatz für die Freiheit West-Berlins ließ sich Brandt von niemandem überbieten. Das mochte ihm sogar einige Stimmen national orientierter Wähler einbringen, eine Klientel, die ihm seine Emigration nach Norwegen ankreidete, weshalb er für sie als Kanzler eigentlich nicht in Frage kam. Die Ablehnung war so stark, dass Konrad Adenauer im Wahlkampf 1961 nicht einmal angesichts des Mauerbaus davor zurückschreckte, die Öffentlichkeit an diesen »Makel« – wie im Übrigen auch den von Brandts unehelicher Geburt – zu erinnern, indem er von »Brandt alias Frahm« sprach.

Das war kein Ausrutscher. Vor dem CDU-Bundesvorstand äußerte Adenauer, wenn keiner daran Anstoß nehme, dass sein Wahlherausforderer norwegische Uniform getragen habe, dann sei er [Adenauer; E.C.] »erschüttert … über den Mangel an National- und Selbstwertgefühl des deutschen Volkes«.[9] Und in Bayern hetzte Franz Josef Strauß: »Eines aber wird man Herrn Brandt doch fragen dürfen: Was haben Sie zwölf Jahre lang draußen gemacht? Wir wissen, was wir drinnen gemacht haben.«[10] Diese infamen Äußerungen offenbaren, wie sehr Adenauer und die Union den neuen Spitzenmann der SPD fürchteten, der im Gegensatz zu dem biederen Ollenhauer in der Lage zu sein schien, in das Wählerreservoir der Union einzubrechen und insbesondere die jüngere Generation für sich einzunehmen. Die Äußerungen zeigen aber auch, wie wenig das verbrecherische »Dritte Reich« bisher aus der positiv besetzten nationalen Kontinuität herausgenommen wurde und wie stark und tief die Idee der nationalsozialistischen Volksgemeinschaft in die Nachkriegszeit hineinwirkte.

1961 gelang es der SPD zwar noch nicht, einen Regierungswechsel herbeizuführen, aber sie gewann über fünf Prozent der Stimmen hinzu, während die Union fast fünf Prozent verlor. Die CDU, die mit dem Ende der Ära Adenauer kämpfte und mit der Suche nach einem Nachfolger beschäftigt war, konnte sich nicht als die dynamische politische Kraft der Zukunft darstellen. Sie hatte sich, so wirkte es, in der politischen Grundlegung der Bundesrepublik, insbesondere in der Durchsetzung von Sozialer Marktwirtschaft und Westintegration, erschöpft. Sie schien nicht in der Lage, auf der Basis des Erreichten die Gesellschaft weiterzuentwickeln und anstehende Reformen in Angriff zu nehmen. Das hingegen behaupteten die Sozialdemokraten von sich, und weil sie seit Godesberg ihre Reformpolitik nicht mehr mit einem grundsätzlichen gesellschaftlichen Umgestaltungsanspruch verbanden, waren mehr Wähler bereit, der »linken Volkspartei« SPD, wie der nordrhein-westfälische Ministerpräsident Heinz Kühn sie nannte, und ihrem attraktiven Kanzlerkandidaten ihre Stimme zu geben.[11]

Dass von der SPD als einer »linken Volkspartei« die Rede war, ist ein Hinweis auf eine seit Mitte der 1960er Jahre einsetzende Re-Ideologisierung der Politik, die zwar nicht die Große Koalition verhinderte, aber doch zur schärferen Abgrenzung der beiden großen Volksparteien voneinander beitrug. Dennoch blieb der politische Konsens zwischen den Unionsparteien und der SPD, der sich seit den späten

1950er Jahren in Bezug auf die sozioökonomischen Ordnungsvorstellungen herausgebildet hatte, weit über die »Politik der Gemeinsamkeit« und die Jahre der Großen Koalition hinaus bis zum Ende der alten Bundesrepublik – und unter veränderten Bedingungen auch darüber hinaus – erhalten. Weil dieser Konsens das Nachdenken über Alternativen auf den verschiedenen Politikfeldern, ganz besonders aber in der Sozial- und Wirtschaftspolitik, erheblich einschränkte, gelangten neoliberale Ordnungskonzepte in der Bundesrepublik nicht in dem Maße zur Entfaltung wie in den USA oder in Großbritannien.

Ende einer Ära: die Adenauer-Nachfolge in der deutschen Innenpolitik

Die Unionsparteien blieben in den späten 1950er und 1960er Jahren von Programmdiskussionen nicht verschont, aber die Wahlsiege, insbesondere der von 1957, hielten den Veränderungsdruck in Grenzen. Das vorherrschende Problem der Union und insbesondere der CDU war nach dem Wahlsieg auch eher die Frage, wie lange der am Beginn der dritten Legislaturperiode 81-jährige Konrad Adenauer noch für das Amt des Bundeskanzlers zur Verfügung stehen würde.

Über ein dem Godesberger Programm der SPD vergleichbares Grundsatzprogramm verfügte die CDU nicht. Das Hamburger Programm von 1953 war im Kern ein Wahlprogramm und bestätigte das Selbstverständnis der CDU als »Kanzlerwahlverein« nachdrücklich. Gleich zu Beginn hieß es dort: »Unter der Kanzlerschaft Konrad Adenauers hat die Christlich-Demokratische Union ... das deutsche Volk in der Bundesrepublik aus Hunger, Not und tödlicher Verzweiflung herausgeholt.«[12] Über knappe Wahlprogramme gelangte die Partei in den folgenden Jahren nicht hinaus. Erst von 1960 an mehrten sich die Stimmen, die grundsätzlichere Programm- und Richtungsüberlegungen forderten. Dahinter stand die Einsicht gerade auch jüngerer Politiker wie Rainer Barzel und Gerhard Stoltenberg, dass die Zeit der richtungsweisenden Entscheidungen, die die ersten zehn Jahre der Bundesrepublik geprägt hatten und in Konrad Adenauer verkörpert waren, vorbei war. Weil die Ära Adenauer früher oder später zu Ende gehen werde, so argumentierten sie, sei die Orientierung der CDU auf eine Zukunft mit Adenauer allein problematisch, ja riskant.

Noch gelang es der Partei, ernsthafte und systematische Programmdiskussionen hinauszuzögern. Programme seien, so betonte 1962 der geschäftsführende CDU-Vorsitzende Josef Hermann Dufhues, »ein Requisit der ideologischen Parteien des 19. Jahrhunderts. Unsere Leitsätze aber entwickeln sich dynamisch immer wieder aus der Auseinandersetzung mit der Wirklichkeit, also aus Erfahrung.«[13] Das war auch ein Seitenhieb auf das Godesberger Programm der SPD, doch im Grunde genommen war Dufhues' Position, die eine Mehrheit in der CDU teilte, vom Kurs der SPD in den frühen 1960er Jahren gar nicht so weit entfernt. Das »Ende der Ideologie« klang bei Dufhues ebenso an, wie aus seinen Worten der politische Pragmatismus sprach, zu dem sich die SPD, die ihr Godesberger Programm keineswegs wie eine Monstranz vor sich her trug, inzwischen bekannte. In der Ideologie der Ideologielosigkeit näherten sich die beiden Volksparteien einander an und ebneten damit den Weg zur Großen Koalition. Letztlich suchte die CDU nicht »nach einem neuen Programm, sondern nach einem neuen Kanzler. Und als der Kanzlerwechsel gelungen war, verstummte schließlich auch die Forderung nach Programmen.«[14]

War der neue Bundeskanzler Ludwig Erhard, der Vater der Sozialen Marktwirtschaft und des »Wirtschaftswunders«, nicht genug Programm? Konnte die Partei nicht mit Erhard ihrer personalisierten, auf den Kanzler zugeschnittenen Ausrichtung treu bleiben? In der Union sahen das viele so. Zu den wenigen, die anderer Meinung waren, gehörte Konrad Adenauer. Für ihn waren die letzten vier Amtsjahre als Bundeskanzler ein einziger Kampf gegen Ludwig Erhard als Nachfolger in diesem Amt. Dass sich die Nachfolgefrage früher oder später stellen würde, hatte Adenauer immer gewusst, und er strebte nun danach, nicht nur über seinen Abgang, sondern auch über seinen Nachfolger zu entscheiden. Das zeigte sich schon 1959 in der »Präsidentschaftskrise«, als nach zehnjähriger Amtszeit von Theodor Heuss die Neuwahl des Bundespräsidenten anstand. Mit dem Wahlsieg von 1957 im Rücken wollte die Union auf jeden Fall einen Sieg des von der SPD nominierten Carlo Schmid verhindern, der als Intellektueller von bürgerlichem Habitus an Heuss' Amtsverständnis und Amtsführung hätte anschließen können. Gegen eine Kandidatur Ludwig Erhards, die zunächst lanciert worden war, erhob sich allenthalben massiver Widerstand, denn der Bundeswirtschaftsminister sollte als »Wahlkampflokomotive« im Kabinett gehalten und nicht auf den Repräsentantenposten an der Spitze des Staates verabschiedet werden. Nicht wenige Unionsabgeordnete sahen für die Zeit nach Adenauer den Erfolg der Union allein durch Erhard, womöglich sogar als Kanzlerkandidat, gewährleistet. Doch dann kündigte Adenauer zur großen Überraschung aller seine eigene Kandidatur um die Präsidentschaft an. Viele glaubten nicht an den Wechsel des machtbewussten »Alten« in die Bonner Villa Hammerschmidt, doch dieser entwickelte der Öffentlichkeit bald sein Verständnis von dem Amt und orientierte sich dabei nicht zuletzt am Beispiel Charles de Gaulles, der nur wenige Wochen zuvor als Staatspräsident an die Spitze der Exekutive der Fünften Französischen Republik gewählt worden war. Er wolle das Grundgesetz »gaullistisch« auslegen, ließ Adenauer wissen.

Doch es kam anders. Als sich nämlich abzeichnete, dass Ludwig Erhard nicht nur Ansprüche auf das Kanzleramt anmeldete, sondern sich wohl auch durchsetzen würde gegen den von Adenauer vorgeschlagenen Finanzministers Franz Etzel, zog der Kanzler seine Präsidialkandidatur zurück. Da er die Fortsetzung seiner Politik unter einem Bundeskanzler Erhard »nicht für gesichert ansehe«, begründete er seinen Entschluss, werde »die ganze Aktion sinnlos. Ich muss dann ... auf die Wahl zum Bundespräsidenten verzichten.«[15] Als Verlegenheitskandidat der Union wurde schließlich Bundeslandwirtschaftsminister Heinrich Lübke präsentiert, der am 1. Juli 1959 zum Bundespräsidenten gewählt wurde. Lübke, gerade in seinen ersten Amtsjahren wegen seiner NS-Vergangenheit in der »Organisation Todt« von der DDR als »KZ-Baumeister« diffamiert, wurde ein durchaus volkstümlicher Bundespräsident. Er war auch ein politischer Präsident, nicht zuletzt weil er eine Koalition von CDU/CSU und SPD befürwortete und sich damit in Gegensatz zu Adenauer begab. 1964 wurde er mit den Stimmen der SPD wiedergewählt, doch es gelang ihm nie, aus dem Schatten Theodor Heuss' herauszutreten. Seine letzten Amtsjahre wurden überschattet von offenkundig altersbedingten und zum Teil überaus peinlichen Ausfällen, die schließlich dazu führten, dass der Sauerländer sein Amt knapp drei Monate vor Ablauf der offiziellen Amtszeit abgab.[16]

Zunächst hatte es aber den Anschein, als habe Adenauer sich durchgesetzt und einen politischen Sieg errungen. Doch es war ein Pyrrhussieg, denn politischen Schaden genommen hatte nicht Erhard, sondern der Bundeskanzler, der sich in der Öffentlichkeit als politisch unschlüssig gezeigt und den Eindruck erweckt hatte, er könne sich von seinem Amt nicht lösen. Erhard hingegen wuchsen in den Monaten der Krise Sympathien zu, die seine Aussichten im Rennen um Adenauers Nachfolge entgegen den Intentionen des Kanzlers verbesserten. Mit der »Präsidentschaftskrise«, die keinesfalls nur eine »Präsidentschaftsposse« oder eine »politische Burleske« war,[17] begann nicht einmal zwei Jahre nach dem triumphalen Wahlsieg von 1957 Adenauers politischer Abstieg, der sich über vier Jahre, bis in den Oktober 1963, hinziehen sollte.

Die »Präsidentschaftskrise« beschädigte Adenauer, und das Ringen um die Kanzlernachfolge band einen Teil seiner politischen Energie, den er für die großen außen- und deutschlandpolitischen Herausforderungen der kommenden Jahre dringend gebraucht hätte. Darüber hinaus verloren die Unionsparteien über der Nachfolgefrage an Geschlossenheit, wovon die Opposition nur profitieren konnte. Die Wirkungen der »Präsidentschaftskrise« reichten indes weiter. Bis dahin hatte

Adenauer trotz seines semiautoritären Führungsstils stets das Grundgesetz respektiert. Nun sah es so aus, als wolle sich der Kanzler – insbesondere durch seine Umdefinition der Präsidentenrolle – über die Bestimmungen und den Geist der Verfassung erheben. Hatte der Parlamentarische Rat nicht mit Bedacht die Kompetenzen von Bundespräsident und Bundeskanzler klar voneinander geschieden? Auch im Ausland blickten nicht wenige skeptisch auf die autoritäre Versuchung des Bundeskanzlers. Das Amt des Bundespräsidenten blieb letztlich zwar unangetastet, aber für einen kurzen Moment hatte es so ausgesehen, also könne über das Spitzenamt der Republik und seine verfassungsmäßigen Kompetenzen politisch einfach verfügt werden. Adenauers Verhalten in den Monaten der »Präsidentschaftskrise« war verfassungspolitisch zumindest unüberlegt und unklug und sein politisches Urteilsvermögen – wenigstens für einen Moment – getrübt.

Schon wenig später rief ein weiterer Vorstoß des Kanzlers das Bundesverfassungsgericht auf den Plan. Der Bundestagswahlkampf 1957 war noch ein eher traditioneller Wahlkampf gewesen, geprägt von öffentlichen Kundgebungen und Plakaten, aber es war abzusehen, dass künftig in immer stärkerem Maße mit dem Fernsehen als Wahlkampfmedium zu rechnen sein würde. Adenauer erfüllte das mit Sorge, da er den Eindruck hatte, dass die regionalen Rundfunkanstalten, die sich 1954 zur »Arbeitsgemeinschaft der öffentlich-rechtlichen Rundfunkanstalten Deutschlands« (ARD) zusammengeschlossen hatten, seine Politik und die Unionsparteien mehrheitlich eher kritisch sahen. Vor allem der »rote« Nordwestdeutsche Rundfunk war dem Kanzler ein Dorn im Auge. Vor diesem Hintergrund entwickelte man im Kanzleramt den Plan, ein zweites Sendeprogramms zu installieren, auf das die Bundesregierung größeren Einfluss nehmen konnte als auf die regionalen Sender der ARD. Im Rahmen einer Initiative zur Neuordnung des Rundfunk- und Fernsehwesens schlug die Bundesregierung nicht nur zwei neue Radiosender, den Deutschlandfunk und die Deutsche Welle, vor, sondern auch eine kommerzielle Fernsehanstalt unter staatlicher – sprich: Bonner – Leitung.

Das Projekt stieß nicht nur bei der Bonner Opposition auf Widerstand, sondern auch bei den Ministerpräsidenten der Bundesländer, die eine Schwächung der Länder im politischen System der Bundesrepublik durch diese Pläne des Bundes befürchteten. SPD- wie CDU-Ministerpräsidenten, allen voran der rheinland-pfälzische Ministerpräsident Peter Altmeier, widersetzten sich Adenauer mit aller Entschiedenheit. Nachdem die Verhandlungen zwischen Bund und Ländern im Sommer 1960 endgültig gescheitert waren, entschloss sich der Bundeskanzler zu einem Alleingang und kündigte die Gründung einer privatrechtlichen »Deutschland-Fernseh-GmbH« an, an der sich auch die Bundesländer beteiligen könnten. Als diese sich weigerten, übernahm der Bundesfinanzminister treuhänderisch die Länderanteile. All das klang in den Ohren der Opposition sehr nach »Staatsfunk«. Die Ministerpräsidenten der SPD-regierten Bundesländer reichten daher beim Bundesverfassungsgericht Klage ein, um die schon zum 1. April 1961 geplante Aufnahme des Programmbetriebs zu verhindern. Mit einer einstweiligen Anordnung gegen die Ausstrahlung eines zweiten Programms sorgten die Karlsruher Richter im Dezember 1960 tatsächlich dafür. Am 28. Februar 1961 untersagten sie dem Bund in ihrem »Fernsehurteil«, in alleiniger Kontrolle einen Fernsehsender zu betreiben. Adenauer war mit seinem »Deutschland-Fernsehen« gescheitert, aber die Länder verständigten sich schließlich auf eine zweite öffentlich-rechtliche Sendeanstalt, das »Zweite Deutsche Fernsehen« (ZDF), das im April 1963 seinen Sendebetrieb aufnahm.[18]

Der sich über mehrere Jahre hinziehende »Fernsehstreit« belastete das Verhältnis zwischen Bundes- und Landespolitikern der Union erheblich, doch er zeigte auch, dass die Institutionenordnung der Bundesrepublik an Stabilität gewonnen hatte. Selbst für eine Bundesregierung mit absoluter Mehrheit im Bundestag war es nicht ohne weiteres möglich, Maßnahmen zu ergreifen, die zentrale Bestandteile dieser Ordnung wie beispielsweise den Föderalismus veränderten beziehungsweise die institutionelle Balance zu gefährden drohten. Auch wenn Adenauer es so darzustellen versuchte, waren nicht alle politischen Konflikte in der Bundesrepublik auf den Gegensatz von Regierungs- und Oppositionsparteien auf Bundesebene zu reduzieren. Die Bundesländer hatten eigene Interessen, die mit denen des Bundes nicht immer und nicht grundsätzlich übereinstimmten. Diese politische Komplexität hatte der Bundeskanzler nicht erkannt beziehungsweise falsch eingeschätzt und eine weitere Niederlage erlitten, die seine Position noch mehr schwächte.

Vor die Frage gestellt, wen sie als Bundeskanzler bevorzugen würden, Adenauer oder Brandt, sprachen sich bei Meinungsumfragen im Jahr 1960 konstant etwa 40 Prozent für Brandt aus und nur etwa 30 Prozent für Adenauer, ein signifikanter Popularitätsverlust für einen Politiker, der seiner Partei noch drei Jahre zuvor eine absolute Parlamentsmehrheit verschafft hatte. Offensichtlich fragten sich immer mehr Wähler, wie lange der greise Kanzler die Regierungsgeschäfte noch führen könne, und die Stimmen nahmen zu, die seine einsamen Entscheidungen und das Verhalten in der Nachfolgefrage missbilligten. SPD und FDP kritisierten nicht nur die Entwicklung der CDU zur »Staatspartei«, sondern verwiesen auch auf die politischen Misserfolge der Regierung. Nach ihrer Ansicht war vor allem die Deutschlandpolitik in eine Sackgasse geraten.

Die Union entschloss sich, die Flucht nach vorn anzutreten. Der neue Wahlkampfslogan »Sicherheit und Erfahrung« in Anlehnung an das erfolgreiche »Keine
Experimente« von 1957 war vor allem auf Adenauer bezogen, nämlich auf sein
Alter und seine außenpolitische Erfahrung, derer die Bundesrepublik im Zeichen
der schwelenden Berlin-Krise bedürfe. Das entscheidende Motto des Wahlkampfs
aber war: »Adenauer, Erhard und die Mannschaft«. Mit Adenauer allein, darüber
waren sich die Unionsstrategen einig, war die Wahl nicht zu gewinnen. Der Kanzler brauchte die Wahlkampflokomotive Erhard an seiner Seite, und er musste von
einer Mannschaft eingerahmt werden. So setzte die Partei ein Zeichen in der Nachfolgefrage. Der Kronprinz der Partei hieß Erhard, und Adenauer musste zulassen,
dass dieser Eindruck vermittelt wurde. So ging die Union zwar optimistisch in den
Bundestagswahlkampf, war sich aber darüber im Klaren, dass die Reihen nur dank
der Wahlen geschlossen worden waren und insbesondere die Nachfolgefrage dazu
geeignet sein würde, tiefe Keile in die Partei zu treiben.

Zu Beginn des Jahres 1961 holte Adenauer in den Sympathiewerten wieder auf
und überflügelte Brandt sogar. Der Kanzler und die Union profitierten dabei von
der sich zuspitzenden internationalen Krise um Berlin. Doch am 13. August 1961
änderte sich das schlagartig. Der Mauerbau ließ sich als Ergebnis einer verfehlten
Berlin- und Deutschlandpolitik der Bundesregierung darstellen, und das miserable Bonner Krisenmanagement sorgte dafür, dass das Ansehen der Regierung
und insbesondere des Bundeskanzlers deutlich zurückging. Adenauer kostete die
Fortsetzung des Wahlkampfs, als sei nichts geschehen, in Verbindung mit den persönlichen Angriffen auf Willy Brandt wertvolle Sympathiepunkte. Erst zehn Tage
nach dem Mauerbau flog er nach Berlin und stellte damit in den Augen vieler
sein Desinteresse am Schicksal der geteilten Stadt unter Beweis. In zornigen Lettern
titelte die *Bild*-Zeitung am 16. August: »Der Westen tut nichts! Präsident Kennedy
schweigt … Macmillan geht auf die Jagd … und Adenauer schimpft auf Willy
Brandt.« Der Regierende Bürgermeister hingegen, der seinen Wahlkampf am
13. August unterbrach, konnte sich in dieser Krise profilieren.

Wäre Anfang September gewählt worden, hätte die SPD wohl den Sieg davongetragen, denn Ende August gaben in einer Allensbach-Umfrage 46 Prozent der
Befragten an, SPD wählen zu wollen, und nur noch 35 Prozent nannten die Union,
für die sich in den Tagen vor dem Mauerbau noch 49 Prozent ausgesprochen hatten.[19] Die Menschen warfen Adenauer vor, sich in der Krise falsch verhalten zu haben. Sie fragten sich auch, ob er noch immer für das stand, was er im Juli 1961 vor
dem CDU-Bundesvorstand ausgeführt hatte: »Also die Leute wollen Sicherheit; sie
wollen Sicherheit in der Wirtschaft, im Innern und nach außen. Das Gefühl der

Sicherheit ist dasjenige, das sie am meisten berührt.«[20] Diese Einschätzung war zweifellos richtig, aber Adenauer konnte immer weniger Menschen davon überzeugen, dass er und eine von ihm geführte Regierung diese Sicherheit würden gewährleisten können. Wo war die starke Führung, die von einem Bundeskanzler in einer dramatischen Krisensituation erwartet wurde? Wie war es bestellt um Adenauers Verbindungen zu den Westmächten? War ein 85-Jähriger in der Lage, in einer explosiven internationalen Lage die richtigen Entscheidungen zu fällen? Viele, nicht nur Anhänger der SPD, bezweifelten das.

Am 17. September 1961 verloren CDU und CSU ihre absolute Mehrheit. Beide Parteien zusammen erzielten 45,3 Prozent der Stimmen, ein Minus von fast fünf Prozent, auch wenn die Union die absolute Mehrheit der Parlamentsmandate nur um sieben Sitze verfehlte. Von einem Absturz konnte also keine Rede sein. Möglicherweise hat die Kriegsangst, die in Deutschland in den Wochen nach dem Mauerbau herrschte und die noch bis in den späten Herbst anhielt, als sich schießbereite amerikanische und sowjetische Panzer am Berliner Checkpoint Charly gegenüberstanden, am Ende der Union geholfen. Die Zugewinne der SPD hielten sich in Grenzen. Sie gelangte zwar deutlich über 35 Prozent, konnte aber doch nur ein Plus von 4,4 Prozentpunkten verbuchen, viel zu wenig, um daraus einen Regierungsauftrag abzuleiten, aber doch genug, um den »Genossen Trend« an ihrer Seite zu sehen. Zum eigentlichen Gewinner der Wahl wurden die Freien Demokraten, die mit einem Ergebnis von 12,8 Prozent ihren Stimmenanteil um mehr als fünf Prozent erhöhten und damit fast verdoppelten. Mit 67 Abgeordneten statt vorher 43 zog eine starke und selbstbewusste FDP-Fraktion in den Bonner Bundestag ein.

Das absehbare Ende der Ära Adenauer war schon im Wahlkampf ein Thema gewesen, und nun demonstrierte die schwierige, sich fast zwei Monate lang hinziehende Regierungsbildung, dass das Ende der Kanzlerschaft Adenauers auch im politischen Bonn kein Tabu war und die Autorität des Bundeskanzlers dahinschwand. In der Öffentlichkeit lastete man ihm auch an, dass in Bonn um die Macht gerangelt wurde, während die Ost-West-Krise sich wieder gefährlich zuspitzte. Dabei war das Tauziehen eher auf die FDP zurückzuführen, die sich zwar durch ihren Vorsitzenden Erich Mende zu einer Koalition mit der Union bereit erklärt hatte, diese aber keinesfalls von Konrad Adenauer, sondern von Ludwig Erhard geführt sehen wollte. Mit dieser Festlegung schadeten sich die Liberalen selbst am meisten, denn der Fuchs Adenauer reagierte darauf sogleich mit Gesprächsavancen an die SPD. Bei Adenauer selbst mögen taktische Motive für die überraschende Wendung zur SPD ausschlaggebend gewesen sein, doch es gab in der Union durchaus einflussreiche Stimmen, die sich eine Koalition mit den Sozialdemokraten – und sei es nur aus antiliberalen Vorbehalten – vorstellen konnten. »Für uns ist Adenauer überhaupt kein Problem«, verkündete Herbert Wehner, und die FDP verstand die Botschaft.[21]

Wehner spielte darauf an, dass die Liberalen sich vor einer Wahlrechtsänderung, nämlich dem Übergang von der Verhältnis- zur Mehrheitswahl nach englischem Muster, fürchteten, das das der kleinen FDP mit Sicherheit den Garaus gemacht hätte. In der Koalitionskrise von 1962 wurde den Liberalen damit ganz unverhohlen gedroht, doch auch 1961 lag dieser Gedanke nicht ganz fern. In seiner Stellungnahme legte Wehner allerdings auch die eigentlichen Motive der Sozialdemokraten offen, eine Koalition mit der Union unter Adenauer in Betracht zu ziehen: »Dieser Kanzler ist ein Kanzler der Liquidation, politisch wie physisch. Wenn wir einmal mit sechs oder acht Bundesministern vier Jahre lang in der Regierung in Bonn sind, wollen wir mal sehen, ob der ›Rote Bürgerschreck‹ noch in Deutschland sitzt und ob dann nicht eine neue Zeit begonnen hat. Wir müssen in die Regierung. Die Person Adenauers ist völlig sekundär.«[22] In dieser Einschätzung wird schon sehr viel von den Beweggründen der SPD deutlich, fünf Jahre später, 1966, mit der Union die Große Koalition zu bilden.

Das Schreckgespenst einer solchen schwarz-roten Koalition trieb die FDP 1961 an den Verhandlungstisch zurück. Und obwohl Erich Mende noch einmal öffentlich betonte, Adenauer sei jetzt »so alt wie Hindenburg, als er uns Hitler gab«,[23] blieb den Liberalen am Ende nichts anderes übrig, als eine Fortsetzung der Kanzlerschaft des »Alten« zu akzeptieren. Die FDP war »umgefallen«, und von diesem Makel sollte sie sich lange nicht befreien können. Da half es auch nichts, dass Mende selbst im neuen Kabinett kein Ministeramt übernahm, und ebenso wenig, dass man Adenauer die Zusage abrang, sein Amt nicht für die komplette Legislaturperiode wahrzunehmen und rechtzeitig vor der nächsten Bundestagswahl, voraussichtlich 1965, zurückzutreten. Als nach langem Hin und Her die Kabinettsposten vergeben waren – als Zugeständnis an die Liberalen rückte der bisherige Außenminister Heinrich v. Brentano an die Spitze der Unionsfraktion und wurde im Auswärtigen Amt durch den ambitionierten, aber nicht zuletzt deutschlandpolitisch flexibleren Gerhard Schröder ersetzt –, konnte die Regierungsbildung abgeschlossen werden. Eigentlich verfügte die neue Koalition über eine komfortable Mehrheit. Aber für viele Abgeordnete beider Seiten war das Bündnis keine Liebesheirat gewesen. Wechselseitige Vorbehalte bestanden weiter und belasteten das Koalitionsklima. Adenauer war ein Kanzler auf Zeit, das schwächte ihn noch mehr. Abträglich war auch, dass innerhalb der Union das Ringen um seine Nachfolge mit der Regierungsbildung nicht beendet, sondern erst richtig eingeläutet worden war.

Erosion der »Staatsideologie«: die »*Spiegel*-Krise«

Schon ein Jahr nach der Wahl geriet die Koalition in eine schwere Krise, in deren Verlauf die FDP-Minister das Kabinett verließen und Adenauer gezwungen wurde, einen festen Termin für seinen Rücktritt zu nennen. In der »*Spiegel*-Krise« vom Oktober 1962 wurde aber auch deutlich, dass sich die Bundesrepublik zu einem liberalen Gemeinwesen entwickelt hatte, in welchem das Verhalten der Regierung nicht länger obrigkeitsorientiert akzeptiert, sondern scharf und deutlich kritisiert wurde, wenn es nötig war.

Was war geschehen? Das Nachrichtenmagazin *Der Spiegel* hatte am 8. Oktober 1962 die Titelgeschichte »Bedingt abwehrbereit« veröffentlicht, in der Conrad Ahlers, der stellvertretende Chefredakteur des Magazins, offensichtlich auf der Basis geheimer Unterlagen aus dem Verteidigungsministerium erhebliche Schwächen der Bundeswehr anprangerte. Diese mangelnde Verteidigungsbereitschaft werde, so war in dem Magazin zu lesen, von Verteidigungsminister Franz Josef Strauß und führenden Militärs hingenommen, die für den Fall eines Angriffs der Sowjetunion ohnehin eine nukleare Reaktion bevorzugten. Für Strauß setzten diese Angriffe nur eine Kampagne fort, als deren Opfer sich der Minister seit Jahren sah und als deren Urheber er Rudolf Augstein, den Herausgeber des *Spiegel*, ausgemacht hatte.

In der Tat stand der CSU-Politiker seit Jahren unter Dauerbeschuss aus Hamburg, hatte allerdings durch sein Gebaren und handfeste Affären immer wieder Anlässe für eine Berichterstattung gegeben, die auf den Vorwurf hinauslief, Strauß strebe versessen nach dem Kanzleramt, um in Deutschland alsbald autoritär regieren zu können. Vor diesem Hintergrund ermittelte die Bundesanwaltschaft pflichtgemäß wegen eines möglichen Geheimnisverrats. Zugleich wurden mit Wissen und auf Drängen des Bundesverteidigungsministeriums Redaktionsräume des *Spiegel* in Hamburg und Bonn durchsucht, Tausende von Dokumenten beschlagnahmt und mehrere *Spiegel*-Mitarbeiter, unter ihnen Rudolf Augstein, verhaftet. Conrad Ahlers, der Verfasser des Artikels, wurde in Spanien verhaftet, nachdem Franz Josef Strauß gewissermaßen auf dem kurzen Dienstweg über den deutschen Militärattaché in Madrid seine Festnahme veranlasst hatte. Der *Spiegel* konnte über mehrere Wochen nur als Notausgabe erscheinen, Rudolf Augstein blieb bis Februar 1963 in Haft.

Zunächst stand die »*Spiegel*-Affäre« im Schatten der Kuba-Krise, die die Welt an den Rand des nuklearen Abgrunds brachte. Nachdem sie einige Wochen vor sich hin geschwelt hatte, wurde sie schließlich zur »Strauß-Affäre«, als sich herausstellte, dass die Maßnahmen gegen den *Spiegel* ohne Wissen des Bundesjustizministers erfolgt waren. Dabei mag eine Rolle gespielt haben, dass man dem der FDP angehörenden Justizminister Wolfgang Stammberger zutraute, seinen Parteifreund Augstein vor dem polizeilichen Zugriff zu warnen. Der Bundeskanzler, der von Strauß über die Entwicklung genau informiert wurde, sprach am 7. November 1962 vor dem Bundestag von einem »Abgrund von Landesverrat«, was dem Minister zunächst Rückendeckung verschaffte, in späteren juristischen Verfahren freilich nie erhärtet werden konnte. Die öffentliche Meinung wandte sich allerdings zunehmend gegen Strauß. Immer mehr Beobachter vermuteten hinter den Maßnahmen gegen den *Spiegel* einen Rachefeldzug gegen das Hamburger Magazin und seinen Herausgeber und warfen dem CSU-Politiker einen schweren Angriff auf die Pressefreiheit vor. Öffentliche Kundgebungen, Professorendenkschriften und Leitartikel kritisierten den Verteidigungsminister scharf.

Strauß wurde schließlich im Deutschen Bundestags zu seiner Rolle bei der Verhaftung von Ahlers in Spanien befragt. Als sich herausstellte, dass er dort gelogen hatte, wurde er politisch unhaltbar. Selbst Parteifreunde wie Bundesinnenminister Hermann Höcherl gestanden ein, dass Strauß sich »am Rande der Legalität« bewegt habe. Im Schulterschluss mit Justizminister Stammberger verließen alle FDP-Minister das Kabinett, und die FDP-Führung gab zu verstehen, dass man die Koalition nur ohne einen Minister Strauß fortzuführen bereit sei. Aber auch eine Reihe von CDU-Ministern wollte einer Regierung nicht mehr gemeinsam mit Strauß angehören.

Strauß schien zunächst zum Amtsverzicht bereit, revidierte seine Meinung aber unter dem Eindruck der bayerischen Landtagswahlen vom 25. November 1962, bei denen die CSU unter seinem Vorsitz die absolute Mehrheit der Abgeordnetenmandate erringen konnte. Daraufhin führte Wohnungsbauminister Paul Lücke für die CDU erste Gespräche mit Herbert Wehner, um die Chancen für eine Große Koalition zu sondieren. Die SPD schien zu einem solchen Bündnis durchaus bereit. Wieder kreisten die Unterredungen, aus denen bald offizielle Koalitionsgespräche wurden, um die Einführung des Mehrheitswahlrechts, das eine existentielle Bedrohung für die FDP darstellte. Adenauer brach die Gespräche mit der SPD jedoch ab, als Franz Josef Strauß schließlich seinen Verzicht auf ein Ministeramt erklärte und damit der FDP, die ihrerseits mit der SPD verhandelt hatte, die Rückkehr ins Kabinett ermöglichte. Die Koalition wurde fortgeführt, die Regierung geringfügig umgebildet: Nachfolger von Strauß wurde der junge schleswig-holsteinische CDU-Politiker Kai-Uwe v. Hassel, als Minister für Gesamtdeutsche Fragen trat der aufstrebende Rainer Barzel in das Kabinett ein. Und doch war alles anders, denn Adenauer hatte offiziell erklärt, im Herbst 1963 sein Amt als Bundeskanzler niederzulegen.

Der »Alte« war angeschlagen. Seine Partei stand nicht mehr geschlossen hinter ihm. Große Teile der Union setzten auf Ludwig Erhard als künftigen Kanzler. Gerade in der Europapolitik versagte die eigene Partei Adenauer die Gefolgschaft. Der Elysée-Vertrag vom Januar 1963 wurde nicht zum Beginn einer Europäisierung Europas unter deutsch-französischer Führung, vielmehr wurde 1963 zum Jahr der »Atlantiker«, die sich mit der Präambel zum Elysée-Vertrag und ihrem Bekenntnis zur NATO, zur transatlantischen Partnerschaft und zum EWG-Beitritt Großbritanniens gegen die »gaullistische« Vision des Bundeskanzlers durchsetzten. Am Ende gelang es ihnen auch, Erhard zum Kanzlernachfolger zu erheben.

Die Parteiengespräche und Koalitionsverhandlungen des Spätherbst 1962 hatten indes demonstriert, dass sowohl die Union als auch die FDP die SPD als prinzipiell regierungsfähig anerkannten, was das Selbstbewusstsein der Sozialdemokraten stärkte, auch wenn sie einstweilen weiter in der Opposition ausharren mussten. Bei der FDP, die sich im Herbst 1962 als das liberale Gewissen der westdeutschen Demokratie profiliert hatte, war längst eine jüngere Generation dominierend geworden, die die Tradition des Linksliberalismus aufnahm und sie in Richtung eines programmatischen Sozialliberalismus weiterentwickelte. Dieser Erneuerungsprozess innerhalb der FDP setzte sich in den Folgejahren fort und führte 1969 zur Bildung der sozialliberalen Koalition. Damit erweiterten sich die Koalitionsmuster, die die 1950er und den Beginn der 1960er Jahre bestimmt hatten. Das mochte die Koalitionsbildungen im Einzelnen erschweren, weil den Parteien jetzt mehr Optionen zur Verfügung standen, der politischen Kultur der Bundesrepublik stellte das aber ein gutes Zeugnis aus.

Die Bedeutung der »*Spiegel*-Krise« erschöpfte sich darin nicht. Durch sie erfuhr die Demokratie der Bundesrepublik einen kräftigen Liberalisierungsschub,[24] und die Art und Weise, wie die westdeutsche Öffentlichkeit auf die Affäre reagiert hatte, förderte politische und gesellschaftliche Wandlungsprozesse sowie die Ausbreitung eines staatsbürgerlichen Demokratieverständnisses, das es weder in der Weimarer Republik noch in den frühen Jahren der Bundesrepublik gegeben hatte.[25] Gerade gegenüber dem Ausland präsentierte sich die Bundesrepublik in jenen Wochen als eine *liberal democracy* westlich-atlantischen Musters. Die Demokratie zeigte sich nicht nur in den Institutionen – und das bedeutete im deutschen Falle ja nicht wenig –, sondern auch im gesellschaftlichen Handeln der einzelnen Bürger. Die lange gehegten Traditionen obrigkeitsstaatlichen Denkens waren nicht mehr allgemein akzeptiert, und allmählich gerieten sie gegenüber einem westlichen Demokratieverständnis in eine unterlegene Position.

Der Freiburger Historiker Gerhard Ritter drückte keineswegs den gesellschaftlichen Konsens in der Bundesrepublik aus, als er mitten in der »*Spiegel*-Krise« in einem Leserbrief an die *Frankfurter Allgemeine Zeitung* das Verhalten von Bundesregierung und Bundesanwaltschaft vorbehaltlos rechtfertigte und die öffentliche Kritik an diesem Verhalten als »Skandal« bezeichnete. »Sind wir durch das ewige Starren auf die Schrecknisse der Hitlerdiktatur«, so formulierte Ritter, »nachgerade so blind geworden für die uns umgebende Wirklichkeit, dass wir lieber jeden noch so groben Missbrauch der im Rechtsstaat garantierten persönlichen Freiheitsrechte hinnehmen als die eine oder andere Unschicklichkeit (oder auch Inkorrektheit) unserer Strafverfolgungsorgane?«[26] Bestürzt unterzog daraufhin der Bonner Zeithistoriker Karl Dietrich Bracher, eine Generation jünger als Ritter, die Position seines Kollegen einer ideologiekritischen Analyse. Er warf Ritter vor, eine »Staatsideologie« zu vertreten, »die Politik nur von oben nach unten gelten lässt und einer außenpolitisch verstandenen Staatsräson den fast unbedingten Vorrang vor innerer Freiheit und Rechtsstaatlichkeit zuerkennt«. Ritter rechtfertige »nichts anderes als den so verhängnisvollen traditionellen Obrigkeitsstaat in Deutschland auf Kosten der Demokratie, in der wir eben unsere ersten Schritte tun«.[27]

Bemerkenswert an dieser Beurteilung wie an der Kritik, die das Vorgehen der Bundesregierung und insbesondere von Franz Josef Strauß erfuhr, war, dass sie nicht nur von einer kleinen Gruppe »linker« Intellektueller und Adenauer- beziehungsweise Strauß-Gegner artikuliert wurde, sondern von Repräsentanten der unterschiedlichsten politischen Lager bis in die Reihen der CDU-Bundesminister. Nicht »linke« oder »rechte« Professoren verfassten Denkschriften, sondern Wissenschaftler, die sich als Staatsbürger einer Demokratie verstanden und diese Demokratie angegriffen sahen. Nicht linke Studenten gingen auf die Straße, sondern die Angehörigen einer Generation, die zu erkennen begonnen hatten, dass individuelles Engagement zu den Wesenselementen einer liberalen Demokratie gehörte und dass ohne den Staatsbürger, den *citoyen*, eine liberal-demokratische Ordnung nicht zu schaffen und nicht zu erhalten ist.

In diesem Sinne trug die »*Spiegel*-Affäre« zur weiteren Herausbildung einer politischen Öffentlichkeit in der Bundesrepublik bei. Wie unter einem Brennglas war zu erkennen, dass sich die politischen Debatten und Konflikte immer stärker von den politischen Institutionen in die Gesellschaft – nicht zuletzt die mediale Gesellschaft – hinein verlagerten, die auf diese Weise fundamental politisiert wurde. Traditionelle deutsche politische und gesellschaftliche Ordnungsvorstellungen wurden zunehmend überlagert von den Wertorientierungen einer sich allmählich entwickelnden Staatsbürgergesellschaft. Diese Entwicklung war sowohl Voraussetzung als auch Teil jener politischen und sozialen Reform- und Veränderungsprozesse seit den späten 1950er Jahren, die wir ganz allgemein als politische und gesellschaftliche Liberalisierung fassen können.

Es war kein Zufall, dass Karl Dietrich Bracher so vehement gegen Gerhard Ritter Stellung bezog. Bracher, Jahrgang 1922, gehörte als relativ alter Vertreter einer Generation von Intellektuellen an, die der Historiker Dirk Moses als die »45er« bezeichnet hat und die man als die für den Verwestlichungs- und Liberalisierungsprozess der Bundesrepublik wohl wichtigste Altersgruppe betrachten muss. Der Begriff bezieht sich auf die diese Generation prägende Zäsur von 1945.[28] Diese 45er kommen nach der Generation der um die Jahrhundertwende Geborenen, der Aufbaugeneration der Bundesrepublik, wenn man einmal von der noch eine Generation früher geborenen Gruppe ihrer ersten Spitzenpolitiker, unter ihnen Adenauer, Heuss und Schumacher, die schon in Weimar politisch exponierte Stellungen innehatten, absieht. Auf die 45er folgen die um 1940 Geborenen, die Kerngruppe der späteren »68er«, die aber zu jung waren, um an der deutlich vor 1968 beginnenden Liberalisierung der Bundesrepublik Anteil haben zu können. Die Generation der 45er ist im Laufe der Jahre auch anders bezeichnet worden. Helmut Schelsky sprach von der »skeptischen Generation«, auch »Flakhelfergeneration« tauchte auf für die um 1930 Geborenen, die alt genug waren, »um den Nationalsozialismus noch unmittelbar erfahren zu haben, und jung genug, um sich nach 1945 politisch neu orientieren zu können«.[29] Amerika-Aufenthalte und Erfahrungen im westeuropäischen Ausland brachten sie in Kontakt mit westlichen Ideen und dem westlich-atlantischen Demokratieverständnis, nach dem eine demokratische Gesellschaft nicht von oben, vom Staat her gedacht wurde, sondern von unten, vom Einzelnen als Staatsbürger. In den 1960er Jahren wurden die 45er, unter ihnen Intellektuelle wie Ralf Dahrendorf, Jürgen Habermas oder die Historiker Hans und Wolfgang Mommsen, zu den größten Kritikern überkommener deutscher soziopolitischer Ordnungsvorstellungen und zu den wichtigsten Trägern des politischen und soziokulturellen Liberalisierungsprozesses.

Der »Volkskanzler«:
Anspruch und Scheitern des Kanzlers Ludwig Erhard

Am 23. April 1963 entschied sich die CDU/CSU-Bundestagsfraktion in geheimer Abstimmung mit 159 gegen 47 Stimmen (bei 19 Enthaltungen) für Erhard als nächsten Bundeskanzler. Andere mögliche Nachfolger, unter ihnen Eugen Gerstenmaier, Gerhard Schröder, Heinrich Krone und Heinrich v. Brentano, konnten sich weniger gegen Erhard als vielmehr gegen die Fraktion nicht durchsetzen, wo sich die Anciennität und Erfahrung des Bundeswirtschaftsministers vorteilhaft auswirkte sowie die ihm zugeschriebene Qualität als »Wahllokomotive«. Für viele Unionsabgeordnete und die meisten der FDP-Politiker spielte eine Rolle, dass Erhard eine Große Koalition mit der SPD, die man seit 1961 in Union und SDP nicht mehr für ausgeschlossen hielt, nicht unterstützte.

Nichts offenbart den Machtverfall Adenauers mehr als die Tatsache, dass er sich mit seinen Vorbehalten gegen Erhard in der Unionsfraktion nicht mehr durchsetzen konnte. Dass »jemand der beste Wirtschaftsminister sein [kann], ohne dass er deswegen für die politischen Fragen dasselbe Verständnis aufbringt«, wollte die Mehrheit der Unionsabgeordneten, schon die Bundestagswahl 1965 im Blick, nicht hören. Dass Adenauer ganz unverbrämt formulierte, er halte »einen Mann, mit dem ich selbst seit 14 Jahren zusammengearbeitet habe und der Hervorragendes geleistet hat, nun für einen anderen Posten, den er haben möchte, nicht für geeignet«, dürfte Erhard am Ende eher geholfen haben.[30]

Der »Kanzler auf Abruf« musste zudem erfahren, dass ihm die Regierungskoalition außenpolitisch nicht mehr folgte. Indem sie den deutsch-französischen Bilateralismus im Zeichen des Elysée-Vertrags durch eine einseitige Präambel des Bundestags zu diesem Vertrag relativierte und das deutsch-französische Verhältnis in den weiteren Kontext der westeuropäischen Einigung und der transatlantischen Beziehungen stellte, nahm sie eine Kurskorrektur vor. Keiner sah das klarer als der französische Präsident, dem der Triumph des Atlantizismus, für den nicht zuletzt Ludwig Erhard stand, auch vor Augen geführt wurde, als der amerikanische Präsident Kennedy im Juni 1963 der Bundesrepublik und West-Berlin einen umjubelten Besuch abstattete. Obwohl sich in den Ost-West-Beziehungen nach Ende der Doppelkrise um Berlin und Kuba die Entspannungssignale häuften, hatte die Begeisterung, die Kennedy in Deutschland entgegenschlug, doch auch mit dem Sicherheits- und Schutzbedürfnis der Deutschen, nicht nur der Berliner, zu tun, und die sahen nicht in Frankreich, sondern im Amerika die Macht, deren starkem Schutz sie sich anvertrauen wollten, und setzten auf deren jugendlichen Präsidenten.[31]

Konrad Adenauer schied am 15. Oktober 1963 aus dem Amt, »nicht frohen Herzens«,[32] doch er konnte auf eine Kanzlerschaft zurückblicken, die so lange Bestand gehabt hatte wie die Weimarer Republik insgesamt. Mehr als 14 Jahre, nachdem ihn der Deutsche Bundestag zum ersten Bundeskanzler der Bundesrepublik Deutschland gewählt hatte, verabschiedete Bundestagspräsident Gerstenmaier ihn mit den feierlichen Worten: »Konrad Adenauer hat sich um das Vaterland verdient gemacht.«[33] Für einen Augenblick trat mit der Würdigung des Gründungskanzlers der Republik alles andere zurück: die Intrigen und Machtkämpfe der letzten Jahre, der autoritäre Führungsstil, der zum Teil extreme Machiavellismus und der mitunter unangemessene Umgang mit dem politischen Gegner. Adenauer selbst fasste die Jahre seiner Amtszeit mit dem Satz zusammen: »Wir Deutschen dürfen unser Haupt wieder aufrecht tragen, denn wir sind eingetreten in den Bund der freien Nationen.«[34] Das bezog sich auf den demokratischen Wiederaufbau und die Westbindung, und damit machte der scheidende Kanzler nochmals deutlich, was von 1949 an sein politisches Handeln und damit seine Kanzlerschaft bestimmt hatte und wo sich schon damals trotz aller politischen Bewertungsunterschiede im Einzelnen seine historische Leistung zeigte.

Nicht nur der Bundestagspräsident fühlte sich in jenen Oktobertagen an Bismarck erinnert, was Adenauer ehrte und doch auch ein Licht wirft auf die politische Kultur in Nachkriegsdeutschland, in der Bismarck noch weithin als politischer Heros galt und entsprechend verehrt wurde. Anders als der erste Reichskanzler war Adenauer freilich kein Kanzler der deutschen Einigung. Von einer Wiedervereinigung, das gab Adenauer unumwunden zu, war die Bundesrepublik seit dem Mauerbau weiter entfernt als je zuvor, und die Status-quo-Orientierung der heraufziehenden Entspannungsphase erhöhte die Chancen, die Teilung zu überwinden, nicht. Hier blieb nur die Hoffnung, die Überzeugung, »dass dieser Tag einmal da sein wird«.[35]

Am 16. Oktober wählte der Bundestag mit klarer Mehrheit – und auch mit Adenauers Stimme – den 66-jährigen Ludwig Erhard zum Bundeskanzler, eine deutliche Verjüngung, wenn man bedenkt, dass Adenauer inzwischen das 88. Lebensjahr erreicht hatte. Aber Erhards Wahl stand nicht nur für einen Generationenwechsel, den im Übrigen auch der Tod von Theodor Heuss und Erich Ollenhauer nur wenige Wochen nach dem Kanzlerwechsel signalisierten. Sie stand auch für den Eintritt der Bundesrepublik in eine neue Ära, eine Zeit der Bewegung und des beschleunigten Wandels. Das sahen die Angehörigen einer älteren Generation, Politiker der bundesrepublikanischen Gründergeneration, schärfer als diejenigen, die jetzt in Politik und Gesellschaft die Spitzenpositionen einzunehmen sich anschickten.

Heinrich Krone, einer der engsten Vertrauten Adenauers, fest verwurzelt in der christlichen Tradition des politischen Katholizismus, war nicht der Einzige, der von der liberalen Prägung der Ära Erhard sprach.[36] Was das genau meinte, war den Zeitgenossen, von denen manche den Wandel begrüßten, während andere, wie Krone, ihm skeptisch, ja ablehnend gegenüberstanden, keineswegs klar. Doch nicht zuletzt die »Spiegel-Affäre« hatte den Westdeutschen eine Ahnung vermittelt von der fundamentalen Liberalisierung ihrer Gesellschaft, in der reichsdeutsche Orientierungen allmählich von westlichen Ordnungsvorstellungen verdrängt wurden. Es war kein Zufall, dass die westdeutsche Presse in Gestalt des *Spiegel* in der Bewährungsprobe der liberalen Demokratie eine so zentrale Rolle eingenommen hatte. In der medialen Öffentlichkeit der Bundesrepublik zeigte sich eine soziokulturelle Liberalisierung, die man nicht zur Linksliberalisierung verkürzen sollte.[37] Journalisten ganz unterschiedlicher Medien, von den Zeitungen bis zum Fernsehen, gehörten zu den Trägern und Katalysatoren dieser gesellschaftlichen und politischen Wandlungsprozesse, die von der viel zitierten und viel geschmähten »Hamburger Presse«, vor allem vom *Spiegel* und der Wochenzeitung *Die Zeit*, vorangetrieben wurden.

Ludwig Erhard versprach der Kanzler eines von vielen ersehnten, von manchen auch befürchteten Aufbruchs in eine neue Zeit zu werden. Die meisten Deutschen sahen in ihm aber nicht primär den Neuerer und Veränderer, sondern einen Politiker, von dem sie sich eine Fortsetzung jener Politik versprachen, die seit 1949 zu Sicherheit und Wohlstand geführt hatte. Am Ende der Ära Adenauer glaubte eine breite Mehrheit der Deutschen nämlich, in der besten aller Welten zu leben. Waren 1951 noch über 80 Prozent der befragten Bundesbürger der Ansicht gewesen, es sei den Deutschen entweder im Kaiserreich oder im »Dritten Reich« vor Beginn des Krieges am besten gegangen, waren zwölf Jahre später, im Dezember 1963, über 60 Prozent davon überzeugt, dass es Deutschland nie besser gegangen sei als in der Gegenwart.[38] Das musste so bleiben, und daran würden die Deutschen den neuen Kanzler messen. Doch würde Erhard sich als Regierungschef bewähren, würde es ihm gelingen, den Kurs Adenauers fortzuführen oder gar aus dem Schatten des übermächtigen Vorgängers herauszutreten?

Konrad Adenauer selbst, als Vorsitzender der CDU noch immer ein mächtiger und einflussreicher Politiker, ließ auch nach dem Regierungswechsel kein gutes Haar an Erhard. Er sprach seinem Nachfolger schlicht die Fähigkeit ab, politisch zu denken und zu handeln. Er traute es ihm nicht zu, deutsche Interessen wirksam zu vertreten, hielt ihn für weltfremd und entscheidungsschwach. Und er betrieb als »Nebenkanzler« über weite Strecken eine zum Teil gegen Erhard gerichtete Politik, die es dem neuen Bundeskanzler schwer machte, eigene Positionen konsequent zu entwickeln, zu vertreten und durchzusetzen. Vor allem außenpolitisch agierte Erhard glücklos. Während er mit Außenminister Gerhard Schröder für einen pronociert atlantischen Kurs und eine enge politische Anlehnung an die USA stand, bekämpfte Adenauer, der auch nach dem Abgang aus dem Kanzleramt der führende deutsche »Gaullist« blieb, zusammen mit anderen wichtigen Unionspolitikern, unter ihnen Franz Josef Strauß und Eugen Gerstenmaier, die Linie Erhards und Schröders. Für diese Linie standen mittlerweile allerdings auch führende Sozialdemokraten, unter ihnen Willy Brandt, Fritz Erler und der aufstrebende Helmut Schmidt, und diese Zustimmung verschaffte Erhard immerhin eine breite parlamentarische Basis für seine Außenpolitik. Aber das Regieren erleichterte ihm das nicht, zumal die »Gaullisten« der Union und die Spitzen der Sozialdemokratie die Vorliebe für eine Große Koalition teilten. Nicht wenige Unionspolitiker sahen in ihr eine Möglichkeit, die ungeliebte FDP, deren Liberalismus sie zutiefst misstrauten, entweder in die Opposition zu verbannen oder gar ganz loszuwerden.

Ludwig Erhard wurde in diesen permanenten Spannungen und Konflikten zerrieben, und es zeigte sich bald, dass er nicht in der Lage war, seine ratlose und zerrissene Partei in dieser Phase des politischen und gesellschaftlichen Wandels zu führen und zu profilieren. Schon mit seiner ersten Regierungserklärung am 17. Oktober 1963 hatte Erhard kaum neue Akzente gesetzt. Er plädierte für eine »Politik der Mitte und der Verständigung«. Das war ebenso außen- wie innenpolitisch gemeint, demonstrierte Pragmatismus und atmete den Geist des Ideologieverzichts. Abstützen wollte Erhard diese Politik direkt bei der Bevölkerung, auf deren Sympathie und Rückhalt er baute. Er habe sich als gewählter Bundeskanzler »über alle Parteiungen hinweg als Sachwalter des ganzen deutschen Volkes zu fühlen und aus dieser Verantwortung heraus zu handeln«.[39] Er trat als »Volkskanzler«[40] auf und suchte auf diese Weise den Konflikten in der Union zu entgehen und deren divergierende Positionen gewissermaßen zu neutralisieren. Nur so ist zu erklären, dass Erhard nicht unmittelbar nach Übernahme der Kanzlerschaft seinen Anspruch auf den CDU-Vorsitz anmeldete, wie man ihm das in seiner Umgebung nahegelegt hatte. Er wollte nicht als der »Gefangene« seiner eigenen Partei erscheinen.[41]

In der Idee des »Volkskanzlertums« spiegelten sich Erhards offensichtlich tief sitzende Vorbehalte gegen den politischen Stil und die politische Kultur der Parteiendemokratie, ja des Pluralismus insgesamt. Man hat es als liberalen Zug gewertet und als Abkehr vom Autoritarismus Adenauers, dass er sich im Kabinett und in der CDU/CSU-Bundestagsfraktion gleich nach seiner Regierungsübernahme für einen kollegialen Stil aussprach, für einen besseren Informationsfluss und einen intensiven Meinungsaustausch. Während Adenauer wusste, dass er ohne den Rückhalt von Partei und Fraktion nicht regieren konnte, glaubte Erhard, Entscheidungen auch ohne die Partei- und Parlamentsgremien der Union durchsetzen zu können, denen er in abträglicher Konnotation »Interessenpolitik« unterstellte, indem er ihnen vorwarf, das »Volk« aus dem Auge zu verlieren und nur nach der Macht zu streben. Nach Macht zu streben erschien ihm »immer öde«, gefährlich, brutal und »im Letzten sogar dumm«.[42] Natürlich hatte Erhard seine politische Karriere zielstrebig verfolgt und wohl seit den späten 1950er Jahren das Kanzleramt fest im Blick gehabt. Er hat mit großem Einsatz und nicht ungeschickt auf das Amt hingearbeitet, aber er war eben auch lange parteilos geblieben, hatte die Nähe zur FDP nie geleugnet und sich in dem Ruf gesonnt, über den Niederungen der Parteipolitik zu stehen.

Mindestens ebenso groß wie seine Parteienskepsis waren Erhards Vorbehalte gegen alle Verbände und Funktionäre mit ihren partikularen Interessen und Gruppenegoismen. Die Macht der Verbände hatte auch Theodor Eschenburg in den 1950er Jahren angeprangert,[43] aber wenn Erhard in seiner Regierungserklärung von 1963 für mehr Gemeinsinn und eine positive Staatsgesinnung warb, huldigte er dann nicht einem Gesellschaftsbild und einer Staatsvorstellung, die von der liberalen und pluralistischen Demokratie westlichen Zuschnitts weit entfernt war? Wenn Erhard – nicht erst als Bundeskanzler – einerseits von der »Zerklüftung und Zerrissenheit« der Gesellschaft sprach und andererseits betonte, »dass es in einem geordneten Staat nur eine Ordnung geben kann: das ist die gesellschaftliche Ordnung als Ganzheit«, dann sprach er nicht nur als Anhänger der ordoliberalen »Freiburger Schule« mit ihrem Interesse an Institutionenbildung zur Sicherung einer marktwirtschaftlichen Ordnung, sondern knüpfte auch an traditionelle deutsche Ordnungsvorstellungen an, die in der Verbändekritik der frühen Bundesrepublik sehr deutlich aufschienen. So gut wie alle diese Vorstellungen gingen von der Überzeugung aus, es könne gelingen, die durch Verbände und andere gesellschaftliche Gruppen repräsentierten Interessen gleichsam staatlich zu organisieren und umzusetzen.[44]

Das Konzept der »Formierten Gesellschaft« bündelte diese Überzeugungen. Es hat seine Ursprünge durchaus bei Erhard selbst und nicht nur in seiner Umgebung, auch wenn der konservative, in der Art Carl Schmitts denkende Publizist Rüdiger Altmann wohl als der Vater des Begriffs gelten kann. Mit dem Konzept der »Formierten Gesellschaft« versuchte Erhard im Bundestagswahlkampf 1965 an erfolgreiche Wahlkampfslogans früherer Jahre, allen voran »Wohlstand für alle«, anzuknüpfen. Doch es ging um mehr. Nicht das »Deutsche Gemeinschaftswerk«, für das sich der Bundeskanzler stark machte und mit dem aus Steuermitteln wichtige öffentliche Projekte finanziert werden sollten, stand im Zentrum seiner Überlegungen, sondern das sozialutopische Ziel, das Zusammenwirken divergierender gesellschaftlicher Gruppen und Interessen zum Wohle der Gesamtgesellschaft zu erreichen.

Das Konzept der »Formierten Gesellschaft«, gegen das insbesondere linke Kritiker überzogen und alarmistisch polemisierten, indem sie behaupteten, es gehe darum, Parteien, Verbände und die gesamte pluralistische Öffentlichkeit staatsstreichartig abzuschaffen, war der sozialkonservative Ansatz einer Antwort auf die Abschwächung, ja das Ende von Klassengegensätzen in der modernen Industriegesellschaft. Eine »sozial befriedete«, eine »moderne klassenlose Gesellschaft« konnte und musste nunmehr stabilisiert werden; sie musste sich jenseits der Ideologien mit Hilfe des Staates auf kollektive gesellschaftspolitische Ziele konzentrieren, statt sich und den Staat den organisierten egoistischen Gruppeninteressen auszuliefern.[45] Erhards Konzept war alles andere als restaurativ oder gar reaktionär, sondern durchaus modern, und er stand damit nicht allein. Es gab Entsprechendes in anderen westlichen Gesellschaften, nicht zuletzt die Vision der *Great Society*, mit der der amerikanische Präsident Lyndon B. Johnson fast zur selben Zeit an die Öffentlichkeit trat. Das waren Versuche, traditionelle sozialharmonistische und staatsorientierte Ordnungsvorstellungen fortzuentwickeln und veränderten gesellschaftlichen Bedingungen anzupassen.

Wie sich die Gesellschaft entwickeln würde, darüber gingen die Vorstellungen weit auseinander. Helmut Schelsky etwa prophezeite angesichts der rasanten technischen, ökonomischen und sozialen Entwicklungen ein Ende des Staates. Schon zu Beginn des Jahrzehnts hatte er in provozierender Zuspitzung die These verbreitet, dass insbesondere die Dynamik der technischen Entwicklung politische Entscheidungen im herkömmlichen Sinne schon bald unmöglich machen würden, der politische Prozess allein dem »Sachzwang« folgen werde und der Staat seine Funktionalität verlieren und schließlich absterben würde.[46]

Auch wenn nicht jeder Schelskys These folgte, so nahm man doch wahr, dass politisches Handeln komplexer geworden war und in zunehmendem Maße durch Faktoren beeinflusst wurde, die nationalstaatliche Regierungen nur begrenzt steuern konnten. Technische Entwicklungen gehörten ebenso dazu wie äußere Zwänge oder Abhängigkeiten, nicht zuletzt die zunehmende Politikverflechtung auf europäischer Ebene.[47] Das aber musste kein Ende der Politik bedeuten. Vielmehr lag in dem Befund erhöhter Komplexität und schrumpfender politischer Entscheidungsautonomie eine der zentralen Voraussetzungen für eine Verwissenschaftlichung von Politik im Zeichen von Planung und Steuerung. Planung war ein »Versuch der Rückeroberung des Politischen« gegenüber Schelskys »Sachzwang«. Planung beruhte aber zugleich auf einem staatsorientierten Politikverständnis, das kaum Platz ließ für Prozesse gesellschaftlicher Selbststeuerung, sondern danach strebte, bestehende staatliche Institutionen den sich verändernden Gegebenheiten anzupassen beziehungsweise neue Institutionen einer verwissenschaftlichen Politik zu schaffen. All das schwang in Erhards Konzept der »Formierten Gesellschaft« bereits mit, und es kam während seiner Kanzlerschaft auch schon zu ersten institutionellen Ausformungen, beispielsweise mit der Einrichtung des Sachverständigenrates zur Begutachtung der gesamtwirtschaftlichen Entwicklung (1963) oder dem Bildungsrat (1965).

Letztlich hat aber nicht das Konzept der »Formierten Gesellschaft« Ludwig Erhard und den Unionsparteien bei den Bundestagswahl 1965 zu einem überzeugenden Wahlsieg verholfen, sondern die Tatsache, dass CDU und CSU auf ihre Bilanz seit 1949 verweisen und die Wähler davon überzeugen konnten, dass sie mit der Union und einem Bundeskanzler Ludwig Erhard auf der sicheren Seite seien. Dieses Kontinuitätsversprechen trug entscheidend dazu bei, dass die Union um gut zwei Prozentpunkte zulegte. Die Scharte von 1961 konnte man also nicht ganz auswetzen, zu einer absoluten Mehrheit wie 1957 reichte es erst recht nicht, und der Abstand zur SPD blieb in etwa gleich. Groß war dagegen die Enttäuschung bei den Sozialdemokraten, die sich zwar verbessert hatten, jedoch nur knapp unter 40 Prozent kamen. Ein geschlagener Willy Brandt, der abermals massiv persönlich verunglimpft worden war, kündigte an, für eine dritte Kanzlerkandidatur nicht zur Verfügung zu stehen. Die FDP hatte immerhin trotz deutlicher Stimmenverluste ihr primäres Wahlziel, eine Alleinherrschaft der Union zu verhindern, erreicht.

Die Freien Demokraten ließen an ihrem Willen, die »Kleine Koalition« mit der CDU/CSU fortzusetzen, keinen Zweifel aufkommen, aber die zähe Regierungsbildung deutete darauf hin, dass Ludwig Erhard keineswegs so fest im Sattel saß, wie es nach dem Wahlerfolg zu erwarten gewesen wäre. Nicht nur innerhalb der Koalition, sondern auch innerhalb der Union flammte wieder Streit auf, der im Zeichen der Wahlen für kurze Zeit beigelegt worden war. Jeder in der Union wusste, dass man Erhard den Wahlsieg zu verdanken hatte, doch bereits in der Schlussphase des Wahlkampfs hatte kein Geringerer als Konrad Adenauer den »Burgfrieden« aufgekündigt und offen für eine schwarz-rote Koalition plädiert.

Erhard hatte einen Pyrrhussieg errungen. Die »Gaullisten« innerhalb der Union versuchten nun, Bundesaußenminister Schröder, den überzeugten »Atlantiker«, aus dem Amt zu drängen. Die FDP hatte erklärt, keinem Kabinett angehören zu wollen, in dem Franz Josef Strauß einen Ministerposten bekleide. Weil die Liberalen unter Erich Mende kein zweites Mal »umfallen« durften, die CSU aber die Rehabilitierung von Strauß verlangte, standen die Koalitionsverhandlungen immer wieder auf Messers Schneide. Personalfragen schienen inhaltliche Fragen in den Hintergrund zu drängen, die Suche nach Kompromissen erwies sich als äußerst mühselig. Franz Josef Strauß musste erst ein Ministerium angeboten werden, das er ausschlagen konnte, was wiederum der FDP den Eintritt in die Regierung ermöglichte und zugleich die Anzahl der Ministerposten für die CSU erhöhte. Nach langem Hin und Her blieb Erich Mende schließlich Vizekanzler und Minister für Gesamtdeutsche Fragen, obwohl seine Haltung in der Ost- und Deutschlandpolitik auf scharfe Kritik in der Union stieß.

Alles in allem war Erhards zweites Kabinett eine durch vielfältige Widersprüche, Gegensätze und persönliche Konflikte zerrissene Mannschaft. Der SPD-Fraktionsvorsitzende Fritz Erler hatte nicht Unrecht, als er feststellte, »dass die neue Bundesregierung noch handlungsunfähiger sei als die alte«.[48] In großer Einmütigkeit machte man Ludwig Erhard für diesen schlechten Auftakt verantwortlich. Er habe es an Entschlossenheit und Führungsstärke fehlen lassen, er sei zu viele Kompromisse eingegangen, die nun eine kraftvolle Regierungsarbeit erschweren würden. Schon in der Stunde seines Wahlerfolgs, auf dem Höhepunkt seiner politischen Karriere, braute sich über Erhard etwas zusammen. Die dunklen Wolken sollten sich bis zum Ende seiner Regierung nur ein Jahr später nicht mehr verziehen.

Mit seiner Regierungserklärung am 10. November 1965 wollte Erhard alle Schwierigkeiten hinter sich lassen und den Blick auf die Zukunft und ihre Herausforderungen richten. Der Entwurf der »Formierten Gesellschaft« stand im Zentrum seines Regierungsprogramms. Wohl weil er sich aus dem Schatten Adenauers, des übermächtigen Gründungskanzlers der Republik, lösen wollte, gipfelten seine Ausführungen in dem Satz: »Die Nachkriegszeit ist zu Ende!«[49] Das gab ihm zugleich Gelegenheit, noch einmal auf die Aufbauleistung der Jahre seit 1949 zu verweisen und dabei seinen eigenen Anteil an der Ausformung und Ausgestaltung der Sozialen Marktwirtschaft zu betonen. Die grundsätzliche Auseinandersetzung über die Verfassungs- und Wirtschaftsordnung sei nun aber abgeschlossen, betonte er, die Weichenstellung erfolgt, und es gelte, die Entwicklung einer modernen Gesellschaft, die keine Klassengesellschaft mehr sei, planmäßig voranzutreiben. Das »deutsche Modell einer modernen Wirtschafts- und Sozialordnung« sei »aus dem Höhenflug des einstmals als ›Wunder‹ erschienenen Erfolges in die natürliche Phase alltäglicher Bewährung« eingetreten. Dann entwickelte der Bundeskanzler mit »Sorge und Zuversicht« die Grundlinien seiner Politik.

Mit Sorge erfüllten Erhard vor allem die wirtschaftliche Situation und die Staatsfinanzen.[50] Seit 1965 schrillten in der Bundesrepublik nämlich die konjunkturellen Alarmglocken. Von einer wirtschaftlichen Rezession war die Rede. Zu ernsthafter Besorgnis oder gar Krisenstimmung bestand indes kein Anlass, denn noch brummte die Konjunktur. Im September 1966, unmittelbar vor Erhards Rücktritt, gab es 100 000 Arbeitslose, denen rund 600 000 offene Stellen gegenüberstanden. 1,4 Millionen »Gastarbeiter« befanden sich mittlerweile in der Bundes-republik in Lohn und Brot. Doch es gab deutliche Anzeichen dafür, dass sich das enorme Wachstum der Vorjahre, das im Zeichen der Rekonstruktion gestanden hatte, allmählich abschwächen würde. Insofern hatte Ludwig Erhard ökonomisch mit seinem Befund vom »Ende der Nachkriegszeit« durchaus Recht. Die Wachs-tumsrate, die 1960 noch bei 7,9 Prozent gelegen hatte, war 1963 auf 2,3 Prozent ge-sunken und fiel nach einer kurzen Erholung im Jahr 1967 in den Minusbereich (minus 0,1 Prozent). Allerdings wurden schon 1968 wieder 6,8 Prozent erreicht. Die Arbeitslosenquote lag 1966 bei 0,7 Prozent, stieg im Folgejahr auf 2,1 Prozent und fiel bereits 1968 wieder auf 1,5 Prozent zurück. Die Inflationsrate schließlich war zwischen 1960 und 1966 von 1,4 auf 3,5 Prozent gestiegen, lag aber schon im Jahr darauf wieder bei 1,5 Prozent.[51]

In der Rückschau machen diese Zahlen deutlich, dass es sich bei der Rezession Mitte der 1960er Jahre tatsächlich nur um eine leichte Konjunkturdelle handelte, die das langfristige Wachstum nicht wirklich unterbrach. Und auch im internatio-nalen Vergleich war sie harmlos. Doch in einer Gesellschaft, die durch die Krisen-erfahrungen der Zwischenkriegszeit tief traumatisiert worden war, reichte es aus, um Ängste zu wecken und Unsicherheit zu verbreiten. Besonders dramatisch wirk-ten die Nachrichten und Bilder aus dem Ruhrgebiet, wo sich das Ende des mon-tanindustriellen Zeitalters abzuzeichnen begann, ein deutlicher Hinweis auf die steigende Bedeutung des Erdöls. Seit den späten 1950er Jahren kam es dort zu Ze-chenstilllegungen, zu Kurzarbeit und zu Bergarbeiterprotesten unter der schwar-zen Fahne. Ein Hauch von Weimar lag in der Luft. Bereits 1959 riefen Bergarbeiter von Rhein und Ruhr unter dem Motto »Sicherheit statt Chaos« zu einem »Marsch auf Bonn« auf.[52]

»Sicherheit JA« hatte die SPD, »Unsere Sicherheit« die CDU im Bundestags-wahlkampf 1965 plakatiert. Ein Jahr später konnte der Bundeskanzler noch so sehr versichern, dass es nach »18 zum Teil geradezu stürmisch verlaufenen Jahren des Aufschwungs und der Expansion« nunmehr gelte, »den Übergang in eine normale wirtschaftliche Entwicklung zu finden«,[53] es half nichts. Es half auch nichts, dass die Löhne noch immer stärker anstiegen als die Preise und die Lebenshaltungs-kosten. In der Bevölkerung, die sich an den kontinuierlich wachsenden Wohlstand gewöhnt hatte, machten sich die »fünf U's«, wie es Franz Josef Strauß nannte, breit: »Ungewissheit, Unsicherheit, Unbehagen, Unruhe und potentielle Unzufrieden-heit«.[54] Ausgerechnet Ludwig Erhard, der »Vater des Wirtschaftswunders«, wurde ein Opfer dieser Stimmung. Mit seinen »Maßhalte-Appellen« stieß er auf Unver-ständnis, und der Unmut in der Bevölkerung wuchs noch, als er sich weigerte, Programme zur Belebung der Konjunktur aufzulegen, was wiederum zu sinkenden Steuereinnahmen führte.

Rechthaberisch verschloss sich Erhard den immer drängenderen Bitten und Ratschlägen aus seiner Partei, die er als einen »Ausdruck von Hysterie« abtat.[55] Er erkannte nicht, dass er schon im Sommer 1966 alle Sympathien verloren hatte und nicht nur die SPD seinen Rücktritt forderte. Bei den Landtagswahlen in Nordrhein-Westfalen im Juli 1966 erreichte die CDU nur noch 42,8 Prozent der Stimmen, während die SPD mit 49,5 Prozent fast die absolute Mehrheit erzielte. Selbst das für die Union katastrophale Ergebnis in dem von der Bergbaukrise am schwersten getroffenen Bundesland vermochte den Bundeskanzler nicht zum Einlenken zu bewegen. Eine sozialliberale Koalition wäre dort nun rechnerisch möglich gewesen und hätte politische Stabilität versprochen. Doch die FDP stützte noch einmal die Bonner Koalition und bildete mit der CDU eine Regierung, die im Düsseldorfer Parlament über eine Mehrheit von nur einer Stimme verfügte. Die Liberalen machten jedoch klar, dass sie sich nicht auf Gedeih und Verderb an einen Koalitionspartner und insbesondere an einen Kanzler binden würden, dessen Popularität sich im freien Fall befand und über dessen Sturz in seiner eigenen Partei nicht mehr nur hinter vorgehaltener Hand gesprochen wurde.

Auf Grund der schrumpfenden Steuereinnahmen wies der Bundeshaushalt 1967 eine Deckungslücke von 3,3 Milliarden DM auf, obwohl die Ausgaben bereits drastisch eingeschränkt und Steuervergünstigungen, die keinen konjunkturpolitischen Effekt mehr hatten, abgebaut worden waren. Hinzu kamen weitere 3,6 Milliarden DM Zahlungsansprüche der USA aus dem Offset-Abkommen von 1964, durch das die Devisenverluste der Vereinigten Staaten infolge der Truppenstationierung in der Bundesrepublik ausgeglichen werden sollten. Bereits im Dezember 1965 hatte der Bundeskanzler versucht, bei Präsident Johnson einen Aufschub der deutschen Zahlungen zu erreichen – ohne Erfolg. Vor dem Hintergrund der deutlich spürbaren Rezession reiste Erhard neun Monate später erneut nach Amerika. Immenser Druck lastete nun auf ihm, sein politisches Überleben stand auf dem Spiel. Doch die immer größere Belastung des amerikanischen Haushalts durch den Vietnam-Krieg und die Forderung quer durch alle politischen Lager nach einer gerechteren Verteilung der militärischen Lasten veranlassten den amerikanischen Präsidenten, hart zu bleiben. Damit war, das wusste auch Johnson, das politische Schicksal Erhards besiegelt.

Es war eine Ironie des Schicksals, dass der überzeugte »Atlantiker« Erhard am Ende die Unterstützung der USA nicht gewinnen konnte. Die Union intrigierte nun gegen Erhard, und man dachte kaum verbrämt über ein konstruktives Misstrauensvotum zugunsten Eugen Gerstenmaiers als Kanzler einer »Großen Koalition« nach, wobei Helmut Kohl, der ambitionierte junge Vorsitzende der rheinland-pfälzischen CDU, erstmals auf sich aufmerksam machte. Und die FDP stellte sich gegen Erhards späten und aus der schieren Not geborenen Plan, den Haushalt durch Steuererhöhungen auszugleichen. Am 27. Oktober 1966 verließen die vier FDP-Minister schließlich die Regierung. Die Liberalen kündigten die Koalition auf. Damit war Erhard Kanzler einer Minderheitsregierung. Die SPD forderte den angeschlagenen Regierungschef auf, im Parlament die Vertrauensfrage zu stellen. Einem entsprechenden Antrag der SPD-Bundestagsfraktion stimmte der Bundestag am 8. November mit 255 gegen 246 Stimmen zu. Wenn auch nur indirekt und ohne verfassungsrechtliche Konsequenzen hatte hier erstmals in der Geschichte der Bundesrepublik das Parlament einem Bundeskanzler das Misstrauen ausgesprochen.

Es offenbart den Realitätsverlust Erhards, dass er sich weigerte, zurückzutreten. Im Bundesvorstand der CDU gab schließlich Helmut Kohl das Signal zum Kanzlersturz, indem er vier Kandidaten für die Erhard-Nachfolge benannte und vorschlug, die CDU/CSU-Bundestagsfraktion solle den nächsten Bundeskanzler nominieren. Gegen den Fraktionsvorsitzenden Barzel, Bundestagspräsident Gerstenmaier und Außenminister Schröder setzte sich am 10. November Kurt Georg Kiesinger, der Ministerpräsident von Baden-Württemberg, durch. Man tut Kiesinger nicht Unrecht, wenn man sagt, dass sich die Fraktion wohl weniger für ihn als vielmehr gegen Barzel und Schröder aussprach, nachdem Eugen Gerstenmaier auf eine Kandidatur verzichtet hatte. So war auch die Wahl Kiesingers ein Indiz für die Zerstrittenheit und die tief ins Persönliche reichenden Konflikte innerhalb der Union und insbesondere ihres Bonner Spitzenpersonals.

Diese Differenzen waren keineswegs erst mit der Regierungsübernahme Ludwig Erhards 1963 beziehungsweise den ihr vorangehenden Auseinandersetzungen über die Adenauer-Nachfolge aufgekommen. Mit dem außenpolitischen Streit zwischen »Atlantikern« und »Gaullisten« kann man die Zerrissenheit der Partei und ihrer Führung auch nur bedingt erklären. Der Urheber der tiefen Krise der Union, die auch durch die Bildung der Großen Koalition und die Wahl Kiesingers zum Bundeskanzler nicht überwunden wurde, war vielmehr Konrad Adenauer, der bis ans Ende seiner Kanzlerschaft die Partei in einer Weise auf sich ausgerichtet hatte, dass für die Diskussion und Entwicklung nicht nur personeller, sondern vor allem auch inhaltlich-programmatischer Perspektiven kaum Freiraum blieb. Die CDU der frühen Bundesrepublik war in diesem Sinne nicht »Kanzlerwahlverein«, sondern »Adenauer-Wahlverein«. Mit dem Ausscheiden des »Alten« aus dem Amt entstand ein Vakuum, das nur schwer zu füllen war. Darüber hinaus war die Krise der Union, insbesondere der CDU, die Krise einer Partei, die geprägt worden war durch die Grundentscheidungen der westdeutschen Politik in der ausgehenden Besatzungszeit. Hinter diesen Grundentscheidungen stand die Partei fest und geschlossen, aber ansonsten war sie so heterogen, dass die Frage nach einer Politik jenseits der Grundentscheidungen unausweichlich zu schweren Spannungen und Konflikten führen musste. Das zeigte die Atlantiker-Gaullisten-Kontroverse, die mehr war als ein außenpolitischer Richtungsstreit, und in enger Verbindung mit ihr der Streit um die Adenauer-Nachfolge und das Scheitern Ludwig Erhards.

Zur Krise kam ein politischer Klimawandel hinzu. Die noch stark ideologisch beziehungsweise vom Gegensatz der Ideologien geprägten 1950er Jahre hatten einem scheinbar post-ideologischen Zeitalter Platz gemacht, in dem Sachlichkeit, Pragmatismus und parteiübergreifender Konsens zu entscheidenden Determinanten politischen Handelns geworden waren. In einer liberaleren, einer mehr westlich orientierten Gesellschaft verloren die weltanschaulichen Gewissheiten und Grundüberzeugungen, für die gerade die Union stand, an Bedeutung. Das verdeutlicht nicht zuletzt die in der CDU in den frühen 1960er Jahren unter dem Eindruck der zunehmenden »Säkularisierung und Materialisierung des gesamten Denkens« intensiv geführte, aber letztlich gescheiterte »C-Diskussion« über das »Christliche« an und in der CDU.[56]

Die Regierungszeit Ludwig Erhards stand im Zeichen all dieser Entwicklungen, und es wäre völlig falsch, die Krise ausschließlich an der Person und der Politik Erhards festzumachen. Aber die führenden Politiker der Union wollten nicht wahrhaben, dass nicht Erhard allein, dem 1965 ja ein eindrucksvoller Wahlsieg gelungen war, für die Krise der Partei verantwortlich war, sondern dass die Partei insgesamt die Orientierung verloren hatte und man nicht in der Lage war, gemeinsam mit dem Bundeskanzler politische Perspektiven zu entwickeln, die über den Tag hinausreichten. Das Vertrauenskapital, das die Union in den 1950er Jahren angesammelt hatte, war schon Mitte, nicht erst Ende der 1960er Jahre weitgehend aufgebraucht.

3.
Gezeitenwechsel: deutsche Teilung und internationale Politik

»Kampf dem Atomtod«

Nur wenige Monate nach ihrer Gründung befand sich die Bundeswehr in einer tiefen Krise. Zunächst hatte die parlamentarische Beratung der Wehrgesetze die Aufstellung von Truppen hinausgezögert, und dann hatte sich herausgestellt, dass die von Verteidigungsminister Blank gegebene Zusage, innerhalb von nur drei Jahren 500 000 Mann zu rekrutieren, nicht einzuhalten war. Es mangelte an allem: an Uniformen, Kasernen, Übungsgeländen und letztlich auch an Soldaten. Es gab zwar genügend Freiwillige, doch nicht jeder Bewerber war diensttauglich oder dienstfähig. Die florierende Wirtschaft hatte gut qualifiziertes Personal abgeschöpft, und die Wehrmachtsvergangenheit der Bewerber verhinderte so manche Einstellung. Von den 152 000 freiwilligen Bewerbern 1955 waren 128 000 in der Wehrmacht gewesen. Bei solchen Zahlen überrascht es nicht, dass an der Schwelle der 1960er Jahre der Löwenanteil des Offizierskorps eine Wehrmachtsvergangenheit und 300 Offiziere sogar eine SS-Karriere hinter sich hatten.[1]

Schon 1956 war klar: Selbst wenn man Wehrpflichtige in großer Zahl einberief, würde der Aufbau der Bundeswehr Jahre dauern. Minister Blank beharrte dennoch auf den ursprünglichen Planungen, was auf immer größeren Widerstand stieß. Dieser Widerstand kam aus den Reihen der Opposition, wo man angesichts der 1957 bevorstehenden Bundestagswahlen das Modell einer Berufsarmee zu propagieren begann. Doch der wichtigste Gegner Blanks saß in der Bundesregierung. Es war der Bundesminister für Atomfragen Franz Josef Strauß, der sich schon in der Genesephase der Bundeswehr als Verteidigungsexperte profiliert und keinen Zweifel daran gelassen hatte, dass er sich selbst für den besseren Verteidigungsminister hielt. Strauß kritisierte nicht nur die chaotische Umsetzung des Streitkräfteaufbaus durch Blank und die Bundeswehrführung, sondern hielt sie auch für überholt.

Zusammen mit führenden Oppositionspolitikern verwies Strauß auf die Entwicklungen in der amerikanischen Strategie- und Streitkräfteplanung. Insbesondere der sogenannte Radford-Plan sorgte für Unruhe. Admiral Arthur Radford, der Vorsitzende der Vereinigten Stabschefs der USA (JCS, Joint Chiefs of Staff) hatte nämlich im Juli 1956 vorgeschlagen, die konventionellen amerikanischen Truppen um 800 000 Mann zu reduzieren und stattdessen die nuklearen Kapazitäten der USA zu stärken, was nicht nur militärisch erfolgversprechender, sondern auch erheblich kostengünstiger sei. In der fiskalisch konservativen, sparorientierten Eisenhower-Administration stieß Radford damit aus ökonomischen Gründen durchaus auf Resonanz. Die Bundesregierung jedoch sah ihren Streitkräfteplanungen die Grundlage entzogen.

Noch basierte die NATO-Verteidigungsplanung auf starken konventionellen Streitkräften aller Verbündeten, auch wenn die amerikanische Nuklearstrategie der »Massiven Vergeltung« *(massive retaliation)* auf die abschreckende Wirkung der Drohung mit einem umfassenden atomaren Vergeltungsschlag setzte. In dem Maße aber, in dem die USA, Großbritannien und vorhersehbar auch Frankreich zu einer Ausrüstung ihrer Truppen mit taktischen nuklearen Waffen für den Einsatz auf dem Gefechtsfeld übergingen, würde die Bundesrepublik mit ihrer rein konventionellen Armee diskriminiert. Sollten die Soldaten der Bundeswehr nur noch nukleares »Kanonenfutter« der NATO sein? Das widersprach dem Bonner Gleichberechtigungsstreben eklatant. Franz Josef Strauß war daher gegen die Fortsetzung der Bundeswehraufstellung im Sinne Blanks. Er sprach sich für eine Verlangsamung des quantitativen Truppenaufbaus aus, gleichzeitig aber für eine Steigerung der Streitkräftequalität. Nicht auf die Truppenstärke komme es an, sondern auf die Ausrüstung der Bundeswehr mit den modernsten Waffensystemen auf dem Stande der technischen Möglichkeiten. Strauß, der Atomminister, strebte eine Akzentverschiebung vom Heer zur Luftwaffe an (von der die deutsche und insbesondere die bayerische Luftfahrtindustrie profitieren würde) und eine Ausstattung der Bundeswehr mit taktischen Nuklearwaffen, damit sie ihren Rang innerhalb der NATO behaupten konnte.

Letztlich konnte der CSU-Politiker den Bundeskanzler und die CDU/CSU-Bundestagsfraktion überzeugen, zumal in seiner Konzeption auch ein Ansatz zur Überwindung der Aufbaukrise der Bundeswehr lag. Am 16. Oktober 1956 wurde Strauß Bundesverteidigungsminister. Der glücklose Theodor Blank fand nach der Bundestagswahl 1957 als Arbeitsminister eine Position, die seinem Herkommen und seinen politischen Interessen mehr entgegenkam. Strauß gelang es relativ rasch, die Aufbaukrise der Bundeswehr zu überwinden: Die Führungsstruktur wurde gestrafft, die Einberufung von Soldaten verlangsamt und der Schaffung von Ausbildungskapazität aus freiwilligen Zeit- und Berufssoldaten der Vorzug gegeben vor der massenhaften Einberufung von Wehrpflichtigen. Als sich dann aber der Bundeskanzler im Frühjahr 1957 der Absicht des neuen Verteidigungsministers anschloss, die Bundeswehr mit nuklearen Waffensystemen auszustatten, ging ein Aufschrei durch die Republik, dem sich massive Proteste anschlossen.

Adenauer mochte sich noch so sehr bemühen, die taktischen Atomwaffen als »Weiterentwicklung der Artillerie« zu definieren und damit von den strategischen, den »großen atomaren Waffen« zu unterscheiden; er mochte auf die Dynamik des waffentechnischen Fortschritts verweisen, dem die Bundesrepublik nicht entkommen könne; er mochte die abschreckende und damit friedenssichernde Wirkung atomarer Waffen betonen und beteuern, dass die Bundeswehr nur mit atomaren Trägersystemen ausgestattet würde und die nuklearen Gefechtsköpfe in amerikanischer Verfügung bleiben sollten, so dass nur eine gemeinsame deutsch-amerikanische Entscheidung ihren Einsatz möglich mache: Der Widerstand gegen die atomare Bewaffnung der Bundeswehr wuchs auf breiter Front, und ähnlich wie der Protest gegen die Wiederbewaffnung selbst mobilisierte er ganz unterschiedliche politische und gesellschaftliche Kräfte.

Die Ablehnungsfront reichte bis ins Offizierskorps der Bundeswehr hinein. Vor allem nationalkonservative Offiziere und Generale sprachen sich gegen die nuklearen Planungen aus. NATO-Übungen hatten in aller Deutlichkeit gezeigt, dass Deutschland, sollte die Abschreckung versagen, zum nuklearen Schlachtfeld werden würde. Dieser bewusst einkalkulierten Möglichkeit der Vernichtung ihres Vaterlandes wollten sie nicht zustimmen. Die Ablehnung der neuen Nuklearstrategie und des taktischen Einsatzes von Atomwaffen verband sich nicht selten mit einer Gegnerschaft zur NATO und damit zur militärischen und politischen Westintegration insgesamt, die gerade in diesen nationalkonservativen Kreisen schon vor 1955 angelegt war. Am Ende setzten die politische Führung und insbesondere der Bundeskanzler sich jedoch durch. Der politische Wunsch nach Gleichberechtigung – insbesondere im europäischen Kontext und gegenüber den beiden Mittelmächten Großbritannien und Frankreich – und der Glaube an die abschreckende Wirkung nuklearer Waffen gaben den Ausschlag.

Adenauer erkannte durchaus, wie prekär diese Strategie der Abschreckung unter moralischen Gesichtspunkten war. Vor dem CDU-Bundesvorstand sprach er von einer »völligen Umstellung des Kriegsdenkens« und von den neuen, »nicht ungefährlichen Grundsätzen, dass man alles auf eine Karte setzt durch eine Steigerung des Schreckens, durch eine Steigerung der Zerstörung bis zur völligen Vernichtung der Erde mit der Möglichkeit, die gesamte Erde … unbewohnbar zu machen«.[2] Adenauer akzeptierte das Risiko aus politischem Interesse. So kam es nicht nur zur Nuklearbewaffnung der Bundeswehr, präziser: der Ausrüstung der Bundeswehr mit Trägersystemen für amerikanische nukleare Gefechtsköpfe, sondern folgerichtig auch dazu, dass sich die Bundeswehr zusammen mit den anderen Armeen des Bündnisses in ihren Planungen und Manövern auf einen Atomkrieg vorbereitete und Millionen von Soldaten bis in die 1990er Jahre entsprechend ausgebildet wurden.

Die Widersprüche und Risiken der nuklearen Abschreckung und einer auf Atomwaffen basierenden Militärstrategie waren immer wieder Anlass für den Ausbruch politischer Krisen und Konflikte innerhalb der westlichen Verteidigungsallianz – von der Multilateralen Atomstreitmacht der 1960er über die Frage der Neutronenbombe in den 1970er bis hin zu den amerikanisch-sowjetischen Abrüstungsvereinbarungen der 1980er Jahre. Damit verbunden waren massive gesellschaftliche Auseinandersetzungen und Proteste, die in der NATO-Nachrüstungskrise zu Beginn der 1980er Jahre ihren Höhepunkt erreichten.

Wenn es um Atomwaffen und die nukleare Rüstung ging, wirkten außen- und sicherheitspolitische Fragen politisch mobilisierend, zumal sich damit gesellschaftliche und soziokulturelle Strömungen wie beispielsweise der Antiamerikanismus verbanden. Für die Stabilisierung eines politischen Antiamerikanismus in der westdeutschen Gesellschaft vor 1990 war der antinukleare Protest von zentraler Bedeutung. Über Jahrzehnte trug er dazu bei, dass die Moralität der amerikanischen Politik angezweifelt werden konnte. Während die Frage der Wiedervereinigung seit den 1970er Jahren an gesellschaftlicher Wirkungskraft verlor, kam es in der nuklearen Frage bis zum Ende des Ost-West-Konflikts immer wieder zu Auseinandersetzungen, in die alle wichtigen gesellschaftlichen Gruppen und Verbände einbezogen wurden.

1957/58 führte die Atombewaffnung der Bundeswehr zu politischen und gesellschaftlichen Konfrontationen, die den Auseinandersetzungen über die Wiederbewaffnung in den frühen 1950er Jahren in nichts nachstanden. Die politische Opposition attackierte den Kurs der Bundesregierung in der berühmten Atomdebatte des Bundestags im März 1958 heftig, wobei verschiedene Oppositionsredner bei ihren Attacken auf das Regierungslager eindeutige NS-Bezüge bemühten. Fritz Erler beispielsweise fühlte sich durch die Pläne der Bundesregierung an Goebbels' Rede im Berliner Sportpalast nach dem Fall von Stalingrad erinnert, in welcher dieser den totalen Krieg propagiert hatte; und der junge Helmut Schmidt warf der CDU in einer seiner ersten Bundestagsreden sogar »deutsch-nationalen Größenwahn« vor und wies darauf hin, dass die politischen Ahnen der Bundesregierung 1933 dem Ermächtigungsgesetz zugestimmt hatten.[3] Was immer man von diesen rhetorischen Tiefschlägen halten mag, Schärfe und Emotionalität der Debatte sprachen für die Bedeutung der Frage, die förmlich zur Stellungnahme zwang und die daher auch überall in der Bundesrepublik, nicht nur in Bonn, heftigst debattiert wurde.

Schon wenige Tage, nachdem der Bundeskanzler sich am 5. April 1957 öffentlich für eine Atomrüstung der Bundeswehr ausgesprochen hatte, wandten sich

18 führende deutsche Atomwissenschaftler – darunter die vier Nobelpreisträger Max Born, Otto Hahn, Werner Heisenberg und Max von Laue sowie weitere Wissenschaftler mit klangvollen Namen wie Carl Friedrich von Weizsäcker – mit ihrer »Göttinger Erklärung« an die Öffentlichkeit. Sie forderten diese und alle künftigen Bundesregierungen auf, »ausdrücklich und freiwillig auf den Besitz von Atomwaffen jeder Art« zu verzichten, und erklärten, dass sie als Wissenschaftler nicht bereit seien, »sich an der Herstellung, der Erprobung und dem Einsatz von Atomwaffen in irgendeiner Weise zu beteiligen«. Es nützte nichts, dass der Bundeskanzler die »Göttinger Erklärung« als Einmischung von Wissenschaftlern in die Politik brandmarkte, das Manifest bereitete den Boden für eine enorme gesellschaftliche Mobilisierung bis tief in liberale und konservative bürgerliche Schichten hinein, wo gerade der Protest der Wissenschaftler Wirkung entfaltete. Ein Appell Albert Schweitzers wenige Wochen später verstärkte diese Wirkung, zudem meldeten aus dem Ausland Albert Einstein und Bertrand Russell Bedenken an. Die politische und gesellschaftliche Opposition in der Bundesrepublik, die von der SPD und der FDP über die Gewerkschaften bis in die Kirchen, vor allem die evangelischen, reichte, berief sich auf diese Persönlichkeiten als Kronzeugen.

Nachdem er zunächst eher ungeschickt reagiert hatte, gelang es dem Bundeskanzler schließlich, die 18 Kritiker auf ein gemeinsames Kommuniqué über die Notwendigkeit einer allgemeinen Abrüstung zu verpflichten. Die SPD, die sich von der atomaren Frage Rückenwind im Wahljahr 1957 versprochen hatte, verspielte nun ihren Gunstgewinn, weil sie im Wahlkampf nicht nur die westdeutsche Atomrüstung kritisierte, sondern die Verteidigungskonzeption des Westens insgesamt. So weit wollten die meisten Bundesbürger nicht gehen, die in zunehmendem Maße in der politischen und militärischen Westintegration der Bundesrepublik eine entscheidende Voraussetzung für ihre Sicherheit und damit auch für den weiteren individuellen materiellen Aufstieg erblickten. In diesem Licht betrachtet, war »Keine Experimente« ein außenpolitisch klug gewählter Wahlkampfslogan der Unionsparteien, denn er schlug eine Saite an, die die Stimmung traf, was für den Gewinn der absoluten Mehrheit durch CDU/CSU am 15. September 1957 entscheidend war.

Nach dem Wahlsieg Adenauers war es schwer, den antinuklearen Protest unmittelbar in politische Münze umzusetzen. Zwar waren die Mobilisierungserfolge der im März 1958 auf breiter gesellschaftlicher Basis gegründeten Bewegung »Kampf dem Atomtod« beachtlich – Hunderttausende gingen in jenem Frühjahr auf die Straße. Aber nachdem der Bundestag sich mehrheitlich für eine Ausstattung der Bundeswehr mit den »modernsten Waffen« ausgesprochen hatte, schwand die Dynamik, zumal die Regierung eine geschickte Gegenkampagne ins Werk setzte, die den »Sicherheitsnerv der Bevölkerung«[4] traf, zumal eifrig auf den kommunistischen Anteil an der von der DDR unterstützten »Kampf dem Atomtod«-Bewegung verwiesen wurde. Das wirkte. Nach der verheerenden Wahlniederlage bei den Landtagswahlen in Nordrhein-Westfalen im Juli 1958 zog sich die SPD aus der Bewegung zurück. Das unmittelbare Ziel, nämlich eine Volksbefragung, war durch ein Verbot des Bundesverfassungsgerichts ohnehin verfehlt worden. Bis Jahresende brach die Bewegung zusammen. In den Folgejahren setzte eine kleine Gruppe von »Ostermarschierern«, die pazifistisch orientiert war und ethisch argumentierte, den antinuklearen Protest fort.[5]

Die Fragen der Atomrüstung und Nuklearstrategie beherrschten auch die internationale Politik. Angesichts der bevorstehenden Ausrüstung der NATO-Armeen mit Kernwaffen startete der Ostblock 1957 eine von großem Propagandaaufwand begleitete diplomatische Initiative: In Mitteleuropa – diesseits und jenseits des Eisernen Vorhangs – sollte eine Zone begrenzter Rüstung geschaffen werden, nach Möglichkeit sogar, wie der polnische Außenminister Adam Rapacki im Oktober 1957 vorschlug, eine atomwaffenfreie Zone, die neben der Bundesrepublik und der DDR auch Polen einschließen sollte. Der Rapacki-Plan stieß im Westen auf große Resonanz. In der Bundesrepublik war er nicht nur für die Gegner der Atombewaffnung attraktiv, sondern auch für national-neutralistische Kreise, die Deutschland aus der Ost-West-Konfrontation herauszulösen suchten. Es half diesen Gruppen, dass in Großbritannien und den USA wichtige Persönlichkeiten und politische Gruppierungen die Ideen Rapackis aufnahmen. In den USA trat George F. Kennan, der Vater des *Containment*, für das sogenannte *Disengagement* ein, also das Auseinanderrücken der beiden Blöcke und insbesondere ihrer Streitkräfte und Waffenarsenale, und entwickelte in seinen berühmten *Reith Lectures* in der BBC auch Perspektiven für eine deutsche Wiedervereinigung unter neutralen Vorzeichen. Ähnliche Pläne entwickelte die britische Labour Party unter ihrem Vorsitzenden Hugh Gaitskell.

Kennans und Gaitskells Überlegungen wurden in der deutschen Sozialdemokratie bereitwillig aufgegriffen. Adenauer sah in Kennan schon bald den »Kronzeugen der SPD«.[6] Was den Bundeskanzler an den Disengagement-Konzepten irritierte, war weniger die darin vorgesehene Abrüstung oder Rüstungskontrolle, als vielmehr die implizite Akzeptanz des Status quo in Europa und Deutschland und damit die Anerkennung der DDR. Im Zeichen fortgesetzter, ja beschleunigter nuklearer Rüstung in Ost und West und vor dem Hintergrund des »Sputnik-Schocks« hatte Adenauers in den frühen 1950er Jahren vertretene Überzeugung, eine westliche Politik der Stärke werde zur Wiedervereinigung führen, an Plausibilität verloren. Eine Vereinigung der beiden deutschen Staaten schien in weite Ferne gerückt. Gustav Heinemann (nun SPD) und Thomas Dehler (FDP) hatten dies dem Bundeskanzler bereits im Januar 1958 in einer Bundestagsdebatte vorgeworfen, aber nun waren auch aus den eigenen Reihen Stimmen zu hören, die Adenauer aufforderten, Bewegung in die deutsche Frage zu bringen und eine Annäherung an die SPD zu suchen. Zum Handeln gedrängt fühlte sich der Bundeskanzler darüber hinaus durch Berichte, die die Unterdrückung in der DDR anprangerten und die durch den ständig wachsenden Flüchtlingsstrom über Berlin in die Bundesrepublik vieltausendfach bestätigt wurden.

Berlin-Krisen und Mauerbau

Die deutschlandpolitische Verunsicherung der Bundesregierung war so groß, dass Adenauer den sowjetischen Botschafter in Bonn, Andrej A. Smirnow, im März 1958 fragte, ob die Sowjetregierung bereit sei, »der Sowjetzone den Status Österreichs zu geben«.[7] Es zeugt von der Unsicherheit des Bundeskanzlers, dass er diesen Vorstoß erst 1967, beim Erscheinen des dritten Bandes seiner Memoiren, publik machte und ihn damals nicht als politischen Befreiungsschlag nutzte. Es muss offenbleiben, ob Adenauer sich früher zu seiner Initiative bekannt hätte, wenn die Sowjetunion darauf eingegangen wäre. Moskau aber hatte 1958 kein Interesse an einer Neutralisierung der DDR und einem Rückzug aus Zentraleuropa. Und auch in der DDR – wenn man ihr überhaupt einen außen- und deutschlandpolitischen Handlungsspielraum zubilligen möchte – standen die Zeichen auf Stabilisierung und Sowjetisierung unter der Führung Walter Ulbrichts. Dieser hatte gerade erst durch eine Säuberungsaktion, der das Politbüromitglied Fred Oelßner, Staatssicherheitsminister Ernst Wollweber und das ZK-Mitglied Karl Schirdewan zum Opfer gefallen waren, seine Position gefestigt. Er strebte nun eher danach, die Anerkennung der DDR durch Bonn zu erreichen und die Zweistaatlichkeit zu fixieren, als von ihr abzurücken. So war Adenauers Vorschlag nicht Ausdruck einer neuen deutschlandpolitischen Flexibilität, sondern der fast verzweifelte Versuch, den Status quo der Teilung wenigstens im Bonner Sinne zu gestalten, was angesichts der ost-westlichen Gesamtkonstellation unrealistisch schien. Welches Interesse sollte Moskau haben, die SED-Regierung in Ost-Berlin fallen zu lassen und der DDR einen Österreich-Status zuzubilligen? Vermutlich wollte Adenauer späteren Historikern mit dieser Initiative demonstrieren, dass er nach 1955 deutschlandpolitisch nicht untätig war und das Schicksal der unterdrückten Landsleute östlich der Elbe nicht aus den Augen verlor, wie seine Gegner ihm immer wieder vorwarfen.

Die Sowjetunion ging 1958 im Vollgefühl ihrer nicht zuletzt durch den Sputnik-Start bestätigten Stärke und im Bewusstsein ihrer Gleichrangigkeit mit den USA zur deutschlandpolitischen Initiative über und setzte den Hebel in Berlin an. Die geteilte Stadt behinderte seit Mitte der 1950er Jahre die Stabilisierung der DDR, da der westliche Teil der ehemaligen deutschen Hauptstadt nicht nur eine geopolitische Insel im östlichen Meer darstellte, sondern ein Schaufenster des demokratischen und kapitalistischen Westens, in dem sich die westliche Konsumgesellschaft bewundern ließ. Die Grenzen zwischen Ost- und West-Berlin waren offen, mit Nahverkehrsmitteln konnte man sich ungehindert in der ganzen Stadt bewegen. Noch pendelten Tausende Ost-Berliner tagtäglich zur Arbeit in den Westteil der Stadt, und man pflegte freundschaftliche und verwandtschaftliche Kontakte über die Sektorengrenzen hinweg.

Für die Sowjetunion war es politisch und militärisch auf Dauer inakzeptabel, dass der Westen – und sei es nur in symbolischer Militärpräsenz – tief in das östliche Herrschaftsgebiet hineinreichte. Bedrohlich war Berlin aber vor allem für die DDR, die seit dem niedergeschlagenen Aufstand des 17. Juni 1953 über die Berliner Sektorengrenzen hinweg förmlich ausblutete. Zehntausende DDR-Bürger verließen auf diesem Wege Jahr für Jahr das Land – 1957 waren es 129 579, ein Jahr später 119 552 –, zu denen noch etwa genauso viele kamen, die über die innerdeutsche Grenze oder das Ausland in den Westen flohen.[3] Zwischen 1949 und dem Mauerbau 1961 kehrten 2,7 Millionen DDR-Bürger dem ostdeutschen Staat den Rücken. Der Anteil der unter 25-Jährigen, die dort offensichtlich keine Zukunft und keine Lebensperspektive mehr sahen, lag bei etwa 50 Prozent. Die DDR verlor aber nicht nur ihre Jugend, sondern auch gut ausgebildete Facharbeiter, Ingenieure und Techniker sowie Tausende von Ärzten. Diese wurden von der boomenden Wirtschaft der Bundesrepublik problemlos absorbiert. Das kommunistische Regime aber fand kein Mittel, diesen Substanzverlust, der mit einer Diskreditierung des ostdeutschen Staates einherging, aufzuhalten.

Im November 1958 begann die zweite Berlin-Krise, die sich in unterschiedlichen Spannungsphasen über den Mauerbau von 1961 bis in den Herbst 1962 hinzog und schließlich zusammen mit der Kuba-Krise beigelegt wurde. Durch aggressive Reden vorbereitet, in denen die sowjetische Führung die Überlegenheit des Sozialismus in der Weltarena herausstrich, setzte Nikita Chruschtschow den drei westlichen Besatzungsmächten am 27. November 1958 ein Ultimatum: Moskau forderte die Umwandlung West-Berlins in eine selbstständige politische Einheit, eine »Freie Stadt«. Sollte der Westen dem binnen sechs Monaten nicht zustimmen, werde die Sowjetunion ihre Rechte in Bezug auf Berlin der DDR übergeben.

Die Antwort aus den westlichen Hauptstädten war eindeutig: Unter Druck werde man nicht verhandeln. Ungeachtet dessen wurde rasch deutlich, dass man die sowjetischen Forderungen, die am 10. Januar 1959 durch den Entwurf eines Friedensvertrags mit der Bundesrepublik und der DDR ergänzt wurden, nicht völlig ignorieren konnte und zumindest Gesprächsbereitschaft zeigen musste. US-Außenminister Dulles irritierte den Bundeskanzler in diesen Wochen mit seiner »Agenten-Theorie«, nach der man ostdeutsche Grenzkontrolleure als Beauftragte der Sowjetunion verstehen könne. Und der konservative britische Premierminister Harold Macmillan reiste im Februar 1959 nach Moskau, um mit der dortigen Führung über die Aufnahme von Verhandlungen zu sprechen. Adenauers Deutschlandpolitik schien endgültig in eine Sackgasse geraten zu sein, da nun auch der Westen Bereitschaft erkennen ließ, den Status quo anzuerkennen und damit den Primat der Wiedervereinigung preiszugeben.

In dieser Situation entwickelte der Bundeskanzler ein deutschlandpolitisches Konzept, das über die gegenseitige Anerkennung von Bundesrepublik und DDR und die Umwandlung ganz Berlins in eine freie Stadt hinausging, indem es auf die Abhaltung freier Wahlen in Ost- und Westdeutschland und schließlich auf eine per Volksabstimmung zu billigende Wiedervereinigung abzielte. Die später »Globke-Plan« genannten und erst 1974 veröffentlichten Überlegungen, von denen 1959 nur ein enger Kreis von Adenauer-Vertrauten Kenntnis hatte, dürften als letzter Ausweg zu bewerten sein. Der Bundeskanzler wollte damit verhindern, dass die deutsche Frage in ost-westlichen Verhandlungen unter sowjetischem Druck vollends auf eine schiefe Ebene geriet – mit der Anerkennung und Stabilisierung des Status quo an ihrem Ende. Eine Publikation dieser Gedanken, die 1960 noch einmal modifiziert wurden, unterblieb damals ganz bewusst, zumal mit dem Scheitern der Genfer Außenministerkonferenz 1959 und des Pariser Gipfels von 1960 klar geworden war, dass es auf absehbare Zeit keine Verhandlungen über Deutschland oder gar über eine Wiedervereinigung geben würde. Eine grundsätzliche Wende in Adenauers Deutschlandpolitik, gar der Beginn einer »Ostpolitik« des ersten Bundeskanzlers war der Globke-Plan nicht, den man 15 Jahre später veröffentlichte, um den Vorwurf zu entkräften, Adenauer habe nie ost- und deutschlandpolitische Konzepte entwickelt.[9]

SPD und FDP traten schon 1959 mit elaborierten Deutschlandplänen an die Öffentlichkeit. Darin wurde die Wiedervereinigung in Freiheit gefordert und vorgeschlagen, ein neutrales, blockfreies Deutschland zwischen Ost und West zu installieren, das in ein unscharf konturiertes gesamteuropäisches Sicherheitssystem eingebunden sein sollte. Sowohl der Globke-Plan als auch die Deutschlandpläne von SPD und FDP krankten daran, dass die Perspektive auf die Wiedervereinigung ausgerichtet blieb. Das aber war in der Ost-West-Konstellation des Jahres 1959 unrealistisch. Die Genfer Außenministerkonferenz, die zwischen Mai und August 1959 viele Wochen lang tagte und an der erstmals auch Beobachter aus der Bundesrepublik und der DDR an »Katzentischen« teilnehmen durften, zeigte in aller Deutlichkeit, dass eine Einigung über Modalitäten und Gestalt einer Wiedervereinigung nicht zu erzielen war. Stattdessen nahm auf amerikanischer und sowjetischer Seite das Interesse zu, Konfliktpotentiale zu reduzieren, die Konfrontativität der Ost-West-Beziehungen abzubauen und in jedem Fall eine Eskalation der Gewalt zu verhindern, die, das war allen Beteiligten klar, mit dem Risiko eines Nuklearkrieges verbunden war.

Im Frühsommer 1959 wurde mit dem »Herter-Plan«, benannt nach dem neuen amerikanischen Außenminister Christian Herter, der dem verstorbenen John Foster Dulles nachgefolgt war, der letzte amerikanisch-westliche Deutschlandplan vorgelegt. Zum letzten Mal war damit die Frage der deutschen Wiedervereinigung Thema internationaler Verhandlungen im Viermächterahmen. Danach wurde die Wiedervereinigung als Thema der internationalen Politik für drei Jahrzehnte ad acta gelegt, der Status quo der deutschen und europäischen Teilung gleichsam eingefroren. Erst als Ende 1989 das Eis, das während des Kalten Krieges über der deutschen Frage gelegen hatte, unter völlig gewandelten internationalen Bedingungen zu schmelzen begann, rückte die Vereinigung der beiden deutschen Staaten wieder auf die Agenda der Weltpolitik. Es ist gewiss kein Zufall, dass die Deutschlandpläne des Jahres 1990 unmittelbar anknüpften an die Deutschlandpläne des Jahres 1959. Der »Genscher-Plan« beispielsweise, der im Kontext der Zwei-plus-Vier-Verhandlungen 1990 auf den Verbleib Deutschlands in der NATO abzielte, jedoch die Stationierung von NATO-Truppen jenseits der ehemaligen innerdeutschen Grenze ausschloss, lehnte sich sehr direkt an den Herter-Plan an, in dem ein ganz ähnliches Modell entwickelt worden war.[10]

Die mit Chruschtschows Ultimatum ausgelöste Berlin-Krise machte umgehend klar, dass am Status Berlins nichts zu ändern war, wollte man das Risiko eines Atomkriegs meiden. So wurde die Krise um Berlin insbesondere auf amerikanischer Seite zum Auslöser einer Umorientierung in der Nuklearstrategie. In der akuten Krisensituation und der militärischen Notfallplanung von USA und NATO wurde deutlich, dass die Strategie der »Massiven Vergeltung«, die seit 1953/54 angewandt wurde und der Sowjetunion für jede denkbare militärische Gewaltmaßnahme mit umfassender atomarer Vergeltung drohte, bei einem nuklearen Patt nicht durchzuhalten war. Sollte man einen nuklearen Krieg riskieren, weil möglicherweise ein amerikanischer Truppenkonvoi daran gehindert wurde, von Westdeutschland nach Berlin zu kommen? Solche Überlegungen führten schon in der Spätphase der Präsidentschaft Eisenhowers und nicht erst, wie oft zu lesen ist, mit der Übernahme des Präsidentenamtes durch John F. Kennedy 1961 zu einer grundlegenden Veränderung der US-Nuklearstrategie: An die Stelle der »Massiven Vergeltung« trat – wenn auch zunächst nicht offiziell – die »Flexible Erwiderung« *(flexible response)*, das hieß: Die USA würden sich nicht von vornherein auf ein bestimmtes Reaktionsmuster festlegen und auf militärische Angriffe flexibel reagieren, mit konventionellen oder nuklearen Mitteln ihrer Wahl. Die Unkalkulierbarkeit der Gegenmaßnahmen sollte den Abschreckungseffekt erhöhen.

Dieser Strategiewechsel sorgte in der Bundesrepublik, wo man sich mit der nuklearen Ausrüstung der Bundeswehr gerade auf die »Massive Vergeltung« eingelassen hatte, für Irritationen. Die größere Flexibilität, nach der Washington strebte, hielt man in Bonn für ein Zeichen nachlassender amerikanischer Bereitschaft, West-Berlin, Westdeutschland und Westeuropa mit allen Mitteln zu verteidigen. Die Hinwendung Adenauers zu de Gaulle, der in Frankreich 1958 an die Macht zurückgekehrt war und gleichermaßen an der amerikanischen Verlässlichkeit zweifelte, und zu einem engen deutsch-französischen Bilateralismus hat hier ihre Ursprünge. Als der für Mai 1960 angesetzte Viermächtegipfel in Paris, auf dem es nochmals um die Berlin- und Deutschlandfrage gehen sollte, schon vor dem offiziellen Beginn scheiterte, war Adenauer erleichtert. »Wir haben nochmals fies Jlück gehabt«, vertraute er auf gut Kölsch seinem Pressesprecher Felix v. Eckardt an.[11]

Es spricht manches dafür, dass Chruschtschow den Abschuss des amerikanischen Aufklärungsflugzeugs U-2 über sowjetischem Territorium nur zum Anlass nahm, um wenige Monate vor den amerikanischen Präsidentschaftswahlen Zeit zu gewinnen. Denn Kennedy, der Kandidat der Demokraten, sparte im Wahlkampf nicht mit Kritik an der von Eisenhower und Dulles gepflegten engen und einseitigen Verbindung zu Adenauer. Ihn störte vor allem, dass sich die amerikanische Führung in zentralen Bereichen ihrer Außenpolitik von dem deutschen Bundeskanzler an die Leine nehmen lasse. Der Gleichklang und das enge Einvernehmen zwischen Bundesregierung und amerikanischer Führung waren tatsächlich trotz aller Spannungen und Krisen im Einzelnen kaum noch zu steigern gewesen, und der deutsche Bundeskanzler wusste vor allem aus seiner engen, ja freundschaftlichen Beziehung zu Dulles politisches Kapital zu schlagen. Der enge Schulterschluss mit den USA galt in der Bundesrepublik als wichtige Rückversicherung, und es gab keinen oppositionellen Politiker, dem man ein ähnlich enges Verhältnis zu den Vereinigten Staaten und ihren führenden Politikern zutraute wie Adenauer. Aber Kennedy hielt die Zeit Adenauers und der CDU für abgelaufen,[12] und er hatte mit dieser Diagnose nicht Unrecht.

Das Verhältnis zwischen Adenauer und Kennedy war von Anfang an deutlich gespannt. Der mittlerweile 85-jährige Bundeskanzler hielt den 42-jährigen Präsidenten für politisch unerfahren, ein Leichtgewicht, das kaum in der Lage sein würde, westliche und damit auch westdeutsche Interessen wirksam und erfolgreich zu vertreten. Das Desaster in der Schweinebucht im April 1961, wenige Wochen nach Kennedys Amtsübernahme, schien diese Einschätzung zu bestätigen. Damals scheiterte eine von der CIA vorbereitete und von exil-kubanischen Kräften durchgeführte Invasion auf Kuba, durch die der 1959 an die Macht gelangte kommunistischen Diktator Fidel Castro gestürzt werden sollte, kläglich.

Die Moskauer Führung mag ähnlich gedacht haben. Doch der Wiener Gipfel, zu dem sich Kennedy und Chruschtschow im Juni 1961 trafen, konfrontierte die Sowjetunion mit einem amerikanischen Präsidenten, der sich entschlossen zeigte, die Interessen des Westens – auch in Berlin – zu verteidigen. Kennedy und seine außen- und sicherheitspolitischen Berater konnten sich allerdings nicht der Einsicht verschließen, dass es bei den gegebenen nuklearen Kräfteverhältnissen im Interesse der USA liegen musste, den geopolitischen Status quo zu stabilisieren. Jeder Versuch, diesen insbesondere in Europa zu verändern, barg das Risiko einer nuklearen Konfrontation – und damit auch das Risiko der nuklearen Vernichtung des nordamerikanischen Kontinents.

Unmittelbar nach seiner Rückkehr aus Wien kündigte der amerikanische Präsident umfangreiche Truppenverstärkungen und Rüstungsmaßnahmen auf konventionellem Gebiet an. Gleichzeitig signalisierte er der Sowjetunion wie den westlichen Verbündeten der USA in aller Klarheit, dass die Verteidigung des Status quo das politische Ziel der Vereinigten Staaten sei, nicht aber seine Veränderung. Am deutlichsten machte Kennedy diesen Punkt, als er in einer Rundfunk- und Fernsehansprache am 25. Juli 1961 auf den erneuten sowjetischen Druck auf Berlin mit seinen »Three Essentials« reagierte, welche die Kernprinzipien der amerikanischen Berlin-Politik darstellten: die Präsenz amerikanischer – und damit auch britischer und französischer – Truppen in West-Berlin, der freie Zugang nach West-Berlin und das Recht der West-Berliner, über ihre Lebensform selbst zu bestimmen. Von West-Berlin war in aller Eindeutigkeit die Rede, und damit hatte der amerikanische Präsident in Richtung Westen Entschlossenheit gezeigt und zugleich dem Osten in kaum verhüllter Form signalisiert, dass die Schutz- und Verteidigungsgarantien der Vereinigten Staaten an der Sektorengrenze enden und sich also nicht auf Ost-Berlin bezogen. Wie am 17. Juni 1953 und während des Ungarn-Aufstands 1956 würde man die Einflusssphäre der Sowjetunion auch in Zukunft respektieren.

Genau darauf reagierte die Gegenseite kaum drei Wochen später mit dem Mauerbau. In den frühen Morgenstunden des 13. August 1961 riegelten Bausoldaten der NVA die Sektorengrenzen zwischen Ost- und West-Berlin ab, und auch die Grenze zwischen den Westsektoren und dem Gebiet der DDR wurde geschlossen. Schon wenige Tage später stand eine insgesamt 46 Kilometer lange Mauer, alle Verbindungen von Ost-Berlin und der DDR in den Westen wurden gekappt. Nur durch diese menschenverachtenden Sperr- und Sicherungsmaßnahmen, denen bis 1989 allein in Berlin 190 Menschen zum Opfer fallen sollten – weitere 400 starben an der innerdeutschen Grenze oder an der Seegrenze –, konnte der Staat DDR noch vor dem Ausbluten bewahrt werden. Allein in den letzten Wochen vor dem Mauerbau, im Juli und August 1961, hatten fast 80 000 Menschen das Land verlassen, ein massenhafter Exodus, der an der mangelnden Legitimität und Akzeptanz der SED-Herrschaft auch nicht den Hauch eines Zweifels ließ. In Moskau hatte man sich lange gegen den Vorschlag der SED-Führung gesträubt, den Flüchtlingsstrom durch eine Mauer aufzuhalten. Erst nachdem auf dem Wiener Gipfel klar geworden war, dass John F. Kennedy den Vorschlag einer »Freien Stadt« Berlin und damit eines Grenzregimes vehement ablehnte, zugleich aber die westlich-amerikanischen Interessen auf den Westteil der geteilten Stadt beschränkte, erhielt die Ost-Berliner Führung grünes Licht. Die Planung oblag dem Leiter für Sicherheitsfragen im Zentralkomitee der SED Erich Honecker.

In der westlichen Welt, nicht nur in West-Berlin und in der Bundesrepublik, löste der barbarische Akt Entsetzen aus. Scharfe Protestnoten wurden versandt, Bilder wie das von dem NVA-Soldaten, der kurzentschlossen über den ausgerollten Stacheldraht in die Feiheit springt, gingen um den Globus. In der Bundesrepublik, vor allem aber in West-Berlin war man empört über die Tatenlosigkeit des Westens angesichts des östlichen Vorgehens.

Die amerikanische Führung verfolgte die Maßnahmen genau, sah für ein Eingreifen jedoch keinen Anlass. Der Mauerbau erfolgte auf östlichem Territorium, verletzte die Rechte des Westens also nicht und wahrte den Status quo. Ja, er nahm, so sah man es in Washington, den Druck aus den Ost-West-Beziehungen, der sich seit Chruschtschows Ultimatum 1958 aufgebaut hatte. Die Berlin-Frage, die in ihrer politischen Bedeutung immer weit über Berlin hinausgewiesen hatte, war mit einem Schlag gelöst, und das Kriegsrisiko, das stets mit den Auseinandersetzungen um Berlin verbunden gewesen war, hatte sich deutlich vermindert.

Gewiss, die USA zeigten sich nach anfänglichem Abwarten zu symbolischen Gesten bereit: Ein bewaffneter Konvoi der US Army wurde über die Autobahn nach Berlin geschickt, die Berliner US-Garnison um 1500 Mann verstärkt, und US-Vizepräsident Lyndon B. Johnson besuchte zusammen mit General Lucius D. Clay, dem Helden der Luftbrücke, die geteilte Stadt. Doch dabei blieb es. Wer es noch nicht verstanden hatte, dem wurde spätestens jetzt klar, dass die Stabilisierung des Status quo, die Erhaltung des Friedens und die Verhinderung eines Nuklearkriegs, in der amerikanischen Politik höchste Priorität hatte. Die Überwindung der deutschen Teilung war kein vorrangiges Ziel der Vereinigten Staaten mehr, im Gegenteil: Der Mauerbau zementierte – im Wortsinne – die Teilung, und Washington akzeptierte das, weil die Mauer eine Stabilisierung der Ost-West-Beziehungen insgesamt versprach. Stabilität war eine wesentliche Voraussetzung für jegliche Entspannungspolitik, die allein das Risiko eines Nuklearkriegs reduzieren konnte. An dieser amerikanischen Einstellung sollte sich für knapp 30 Jahre nichts ändern. Die deutsche Teilung blieb bis 1989/90 ein Strukturmerkmal des internationalen Systems bei militärischer Parität, ja unter dem Kondominium der Supermächte. Erst mit dem Zerfall dieser internationalen Ordnung, als die Schwäche der Sowjetunion nicht mehr zu übersehen war, entstanden politische Spielräume, die schließlich 1990 die Vereinigung der beiden deutschen Staaten möglich machten.

Für Adenauer und seine Regierung war der Mauerbau eine empfindliche Niederlage. Sein »deutschlandpolitisches Kartenhaus« (Hans-Peter Schwarz) war zusammengefallen, und das nur wenige Wochen vor der Bundestagswahl, in der Adenauer es nun ausgerechnet mit Willy Brandt als Spitzenkandidaten der SPD zu tun hatte. Man kann verstehen, dass der wahlkämpfende Kanzler nicht erpicht war, nach Berlin zu reisen, wo Mauer und Stacheldraht ihn mit seiner wenig erfolgreichen Deutschlandpolitik konfrontierten und er zudem mit Brandt ins Rampenlicht treten musste. Aber indem er zögerte und nicht sofort nach Berlin aufbrach, gab er seinem Gegner die Möglichkeit, sich als »emotionaler Krisenmanager« zu inszenieren[13] und nicht nur in West-Berlin, sondern überall in der Bundesrepublik Sympathien zu gewinnen. Adenauer hatte unterschätzt, wie stark die Teilung die Deutschen schmerzte – trotz aller Zufriedenheit, mit der man sich in der Wirtschaftswunder-Gesellschaft der Bundesrepublik eingerichtet hatte. Bei der Bundestagswahl am 17. September 1961 präsentierten die Wähler Adenauer und den Unionsparteien die Quittung: CDU und CSU verloren ihre absolute Mehrheit und fast fünf Prozent der Wählerstimmen, wogegen die SPD mit ihrem Spitzenkandidaten Brandt erstmals deutliche Zugewinne verbuchen und mit der größten Zahl an Abgeordneten seit 1949 in den Bundestag einziehen konnte. Adenauer war angeschlagen.

Auch wenn die Spannungen um Berlin noch eine Zeit lang anhielten und im Herbst 1961 am Checkpoint Charlie amerikanische und sowjetische Panzer auf-fuhren, so war doch der Höhepunkt der Krise erreicht. Die Entwicklungen im Sommer 1961 hatten gezeigt, dass die Vereinigten Staaten auf einen Kurs der Ent-spannung eingeschwenkt waren, und der Bundesrepublik in ihrer fundamentalen Abhängigkeit von der Hegemonialmacht blieb nichts anderes übrig, als diesem Kurs zu folgen. Das fiel dem Bundeskanzler nicht leicht, und zwar nicht nur, weil das die Preisgabe deutschlandpolitischer Positionen aus den 1950er Jahren bedeu-tete und die Anerkennung der DDR wie der Oder-Neiße-Grenze wahlkampfpoli-tisch von Bedeutung war im Hinblick auf das Wählerpotential der Vertriebenen, sondern auch weil es im Grundgesetz einen Verfassungsvorbehalt gegen die Aner-kennung der Teilung und der Oder-Neiße-Grenze gab.[14] Dass aus sicherheits- und entspannungspolitischen Gründen der Anerkennungsdruck wuchs, änderte nichts an der Illegitimität der SED-Diktatur und an der Tatsache, dass die Vertreibung der Deutschen aus den Ostgebieten ein Unrecht war, auch wenn die vorangegangenen Verbrechen der Deutschen erst dazu geführt hatten.

Bis 1962 sah es so aus, als seien die USA auch bereit, über den Status West-Ber-lins zu verhandeln. Zu den Mitteln, mit denen Adenauer das zu verhindern suchte, gehörten gezielte Indiskretionen, die die amerikanische Politik diskreditieren soll-ten. Das führte 1962 zu einer schweren diplomatischen Krise und zur Abberufung des deutschen Botschafters in Washington. Ferner unternahm der Bundeskanzler einen neuen Vorstoß in Richtung Sowjetunion über den sowjetischen Botschafter Smirnow, dem er im Juni 1962 den Vorschlag eines auf zehn Jahre angelegten Still-halteabkommens in der Deutschland- und Berlin-Frage unterbreitete. Das impli-zierte natürlich die Anerkennung der DDR und zeigt, unter welchem Druck Ade-nauer sich fühlte und wie sehr er fürchtete, Moskau und Washington könnten in ihrem wechselseitigen Entspannungsinteresse über Bonn hinweg den Ausverkauf deutscher Interessen betreiben.

Der Druck im Innern und von außen, der immer stärker auf ihm lastete, ver-anlasste Adenauer, im Oktober 1962 vor dem Bundestag zu erklären, »dass die Bun-desrepublik bereit ist, über vieles mit sich reden zu lassen, wenn unsere Brüder in der Zone ihr Leben so einrichten können, wie sie es wollen. Überlegungen der Menschlichkeit spielen für uns eine noch größere Rolle als nationale Überlegun-gen.«[15] Adenauers Vertrauter Heinrich Krone notierte dazu 1963 in seinem Tage-buch: »Wir sind das Opfer der amerikanischen Entspannungspolitik.«[16] Doch es blieb der Bundesrepublik gar nichts anderes übrig, als sich in einem mühsamen Prozess, der weit über das Ende der Ära Adenauer hinausreichte, allmählich dem weltpolitischen Klimawechsel anzupassen. Unter diesen Vorzeichen begann der lange Weg zur »Neuen Ostpolitik« der Regierung Brandt/Scheel mit dem Mauerbau 1961.

Détente

Hatte bereits die Berlin-Krise den USA den Weg in Richtung Entspannung gewiesen, so galt dies noch mehr für die Kuba-Krise im Oktober 1962. Zu dieser Krise kam es, als die Sowjetunion auf der Insel Kuba und damit in unmittelbarer Nähe zum amerikanischen Festland Atomraketen stationierte, die die gesamte Ostküste der Vereinigten Staaten bedrohten. Washington setzte dieser Stationierung entschiedenen Widerstand entgegen, forderte Moskau ultimativ auf, die Waffen abzuziehen, und verhängte eine Seeblockade um Kuba. Die Welt stand am Rande eines Nuklearkriegs. Am Ende gab die Sowjetunion nach. Die Raketen wurden abgezogen, nachdem die USA ihrerseits den Abzug amerikanischer Nuklearwaffen aus der Türkei angekündigt hatten, so dass Moskau das Gesicht wahren konnte.

Die 13 hochdramatischen Tage der Kuba-Krise offenbarten, wie groß die Gefahr eines nuklearen Zusammenpralls der beiden Supermächte und der globalen Zerstörung war. Auf der anderen Seite zügelte das Risiko wechselseitiger atomarer Vernichtung die beiden Kontrahenten. Sowohl in Washington als auch in Moskau war man sich der Gefahr bewusst, und es war nicht zuletzt dieses Bewusstsein, welches das Handeln Kennedys und Chruschtschows bestimmte. Das nukleare Risiko erforderte äußerste Rationalität bei der Abwägung jedes Schrittes. Dass Ost und West, Amerika und die Sowjetunion auf diese Rationalität beim Gegner vertrauten, war eine entscheidende Voraussetzung für das Funktionieren der nuklearen Abschreckung. Nicht die Existenz von Atomwaffen per se wirkte abschreckend, vielmehr erwuchs die abschreckende Wirkung aus der Einsicht rationaler Akteure. Das wurde in seinem ganzen Ausmaß erst in der Rückschau deutlich. Man mag dieses System mit guten Gründen für moralisch fragwürdig halten, doch es hat zweifellos stabilisierend und zumindest auf der Nordhalbkugel friedenssichernd gewirkt.

In den dramatischen Oktobertagen 1962 zeigte sich, wie wichtig in Krisensituationen die unmittelbare und schnelle Kommunikation zwischen den Entscheidungsträgern in Ost und West war. Schon 1963 wurde daher der »Heiße Draht«, eine Fernschreibverbindung zwischen dem Weißen Haus und dem Kreml, eingerichtet. Nur wenige Wochen nach dem Ende der Kuba-Krise begannen Verhandlungen über eine Einstellung der Kernwaffenversuche, die im August 1963 zum amerikanisch-sowjetisch-britischen Teststoppabkommen führten. Das hatte neue deutsch-amerikanische Verstimmungen zur Folge, da nach dem Willen der Erstunterzeichner sowohl die Bundesrepublik als auch die DDR dem Abkommen beitreten sollten. Die Bundesregierung erreichte schließlich eine amerikanische Erklärung, dass die Unterschrift der DDR unter das Abkommen keine Anerkennung des ostdeutschen Staates bedeute. Die Vorgänge um das Teststoppabkommen zeigten jedoch, dass die USA bereit waren, die DDR faktisch anzuerkennen, und dass die Deutschlandfrage auf der Prioritätenliste der amerikanischen Politik weit nach hinten gerutscht war. Washington zeigte sich entschlossen, seine Entspannungspolitik durch deutschlandpolitische Positionen der Bundesregierung nicht mehr behindern zu lassen.

Trotz der tiefen Krise zwischen Bonn und Washington – Adenauer fühlte sich von Kennedy verraten – kam der amerikanische Präsident im Juni 1963 zu einem Staatsbesuch nach Deutschland, nachdem er kurz zuvor in einer großen Rede vor der American University in Washington den Friedenswillen und die Entspannungsbereitschaft der USA noch einmal unterstrichen hatte. Den triumphalen Höhepunkt dieser Reise, die auch Teil des amerikanischen Krisenmanagements war, bildete der Aufenthalt in West-Berlin, wo der amerikanische Präsident nicht als Verräter, sondern als Vertreter der Macht begrüßt wurde, die die Freiheit West-Berlins und der West-Berliner erneut verteidigt hatte. Kennedy erwiderte die Sympathie, die ihm entgegenschlug, durch sein emotionales Bekenntnis zu Berlin. Seine Rede vom Balkon des Schöneberger Rathauses gipfelte in dem Satz »Ich bin ein Berliner«, mit dem der US-Präsident begeisterten Jubel auslöste und den Kennedy-Mythos begründete, der sich nach seiner Ermordung entwickelte. Wie schon zur Zeit der Blockade wurde Berlin zum Symbol der deutsch-amerikanischen Freundschaft, so wie es durch den Mauerbau zum Symbol des Kalten Krieges und der Teilung der Welt geworden war.

Für die Kennedy-Begeisterung seiner Landsleute hatte Adenauer wenig Verständnis. Es zeige die ganze Dummheit und Sentimentalität der Deutschen, vertraute der verbitterte Alt-Kanzler 1965 Henry Kissinger an, dass sie Brücken und Straßen nach jemandem benannten, der ihnen derart geschadet und fast alles »ausverkauft« habe.[17] Die rhetorische Formel von der deutsch-amerikanischen Freundschaft überdeckte also schon in den 1960er Jahren politische Spannungen und Krisen, entfaltete aber in der Öffentlichkeit nichtsdestoweniger eine starke Wirkung. Die Pflege und Inszenierung dieser transatlantischen Beziehung war ohne den Ost-West-Konflikt und ohne die Nähe zu 1945 nicht zu denken. Sie entwickelte sich in Abhängigkeit zu den systemischen Rahmenbedingungen der internationalen Politik nach 1945. Nicht die deutsch-amerikanische Freundschaft war in diesem Sinne das »zweite Grundgesetz der Bundesrepublik«,[18] sondern der Ost-West-Konflikt. Insofern kann es kaum überraschen, dass sich nach 1990 der Charakter der deutsch-amerikanischen Beziehungen und ihre öffentliche Wahrnehmung und Bewertung veränderten.

An der Seite John F. Kennedys in Berlin triumphierte nicht Adenauer, sondern Willy Brandt, der wie der amerikanische Präsident jung und dynamisch auftrat und ganz offenkundig die amerikanische Entspannungspolitik auf der Basis des Status quo begrüßte. Wie kein anderer SPD-Politiker verkörperte Brandt die neue West- und Amerika-Orientierung der deutschen Sozialdemokratie; wie kein anderer deutscher Politiker stand er für den Abschied von den deutschlandpolitischen Positionen der Ära Adenauer und den Aufbruch ins Zeitalter der Entspannung.

Mit ihrem Deutschlandplan von 1959 hatte die SPD noch einmal den Versuch unternommen, durch Neutralisierung Deutschlands zur Wiedervereinigung zu gelangen. Das Scheitern der Genfer Außenministerkonferenz im Sommer 1959 hatte das Ende dieser deutschlandpolitischen Vorstellungen der SPD bedeutet, die stets mit einer Ablehnung von Adenauers Politik der Westintegration verbunden gewesen war. In einer Rede vor dem Deutschen Bundestag stellte Herbert Wehner, stellvertretender Parteivorsitzender und Urheber des Deutschlandplans seiner Partei, am 30. Juni 1960 klar: »Die Sozialdemokratische Partei Deutschlands geht davon aus, dass das europäische und das atlantische Vertragssystem, dem die Bundesrepublik angehört, Grundlage und Rahmen für alle Bemühungen der deutschen Außen- und Wiedervereinigungspolitik ist.« Elf Jahre nach Gründung der Bundesrepublik beendete die SPD damit ihre auch ideologisch prädisponierte außen- und deutschlandpolitische Fundamentalopposition gegen die Bundesregierung und die Unionsparteien: »Innenpolitische Gegnerschaft belebt die Demokratie. Aber ein Feindverhältnis … tötet schließlich die Demokratie … Das geteilte Deutschland … kann nicht unheilbar miteinander verfeindete christliche Demokraten und Sozialdemokraten ertragen.«[19] Wehners Rede stand nicht für sich. Voraussetzung für den darin verkündeten Richtungswechsel der SPD, der auch die Regierungsfähigkeit der Sozialdemokratie zum Ausdruck bringen sollte, war die mit dem Godesberger Programm von 1959 verbundene politisch-ideologische Kurskorrektur, also der Abschied vom Marxismus und von dem historischen Selbstverständnis als Klassenpartei.

Mit der programmatischen Neuorientierung verband sich auch ein Wechsel in der SPD-Führung, in die mit Herbert Wehner, Waldemar v. Knoeringen und Fritz

Erler Angehörige einer Generation nachrückten, die nicht schon in der Weimarer Zeit zur Führungsriege der Partei gehört hatten. Vor allem aber begann nach Godesberg der kometenhafte Aufstieg Willy Brandts, seit 1957 Regierender Bürgermeister von Berlin und 1961 erstmals Kanzlerkandidat der SPD. Wie kein Zweiter verkörperte er den Wandel und den Aufbruch der SPD. Der 1913 geborene Brandt war zum Zeitpunkt seiner ersten Kanzlerkandidatur eine ganze Generation jünger als der 1876 geborene Adenauer. Die beiden trennten Welten. Brandt vertrat im Windschatten des nur vier Jahre jüngeren Kennedy in Deutschland den Anspruch auf einen politischen Wechsel. Sein Wahlkampf von 1961 orientierte sich an Kennedys Kampagne von 1960. Nicht nur der Zug, mit dem Brandt – gleichsam »from coast to coast« – die Bundesrepublik durchquerte, war Indiz für die konsequente Amerikanisierung des Wahlkampfs.[20]

Der Gleichklang mit Kennedy in der Entspannungspolitik hatte jedoch nicht nur wahlkampftaktische Gründe, sondern beruhte auch auf den Erfahrungen Brandts als Regierender Bürgermeister im geteilten Berlin. An der Nahtstelle zwischen Ost und West, wo der Systemgegensatz am schärfsten und unmenschlichsten ausgeprägt war, hatten Brandt und seine Berater aus der Berliner SPD, unter ihnen Egon Bahr, Klaus Schütz, Heinrich Albertz und Dietrich Spangenberg, erfahren, dass unter den Bedingungen des anhaltenden Ost-West-Gegensatzes und angesichts der nuklearen Waffenarsenale der Status quo auf absehbare Zeit nicht zu verändern war. In Berlin war stärker als anderswo das menschliche Leid als Folge von Teilung und Unterdrückung zu spüren. Deshalb trachteten Brandt und seine Berater schon in den frühen 1960er Jahren danach, den Menschen im Osten – und das hieß zunächst primär im Osten Berlins – das Leben mit der Spaltung zumindest zu erleichtern, wenn man diese schon nicht überwinden konnte. Um »menschliche Erleichterungen« ging es den Berliner SPD-Politikern nach dem Mauerbau, ein Begriff, der seit den 1970er Jahren aus den deutsch-deutschen Beziehungen nicht mehr wegzudenken war. Erstmals konkret erfahren wurden diese Erleicherungen mit den »Passierscheinabkommen«, die zwischen 1963 und 1966 Besuche und Kontakte zwischen Ost- und West-Berlin ermöglichten.

Weit über Berlin hinausweisend, entwickelte Egon Bahr, eng abgestimmt mit Brandt, in einer Rede vor der Evangelischen Akademie in Tutzing im Juli 1963 das Konzept eines »Wandels durch Annäherung«. Hier ging es nicht um konkrete Schritte, vielmehr kreiste alles um die Überlegung, dass nur die Akzeptanz des Status quo und die wechselseitige Anerkennung von Bundesrepublik und DDR eine Entspannung im deutsch-deutschen Verhältnis zur Folge haben könne. Eine solche Entspannung sei Voraussetzung für eine »Politik kleiner Schritte«, die den Menschen in der DDR zunächst das Leben mit der Teilung erleichtern, aber langfristig dazu führen sollten, diese eines Tages zu überwinden. Die SED-Führung bezeichnete diesen Vorstoß als »Aggression in Filzlatschen«. Bahr hatte den Versuch unternommen, die amerikanisch-sowjetische *Détente* auf die beiden deutschen Staaten zu übertragen, aber anders als Kennedy mit seinem Konzept machte er bei der Stabilisierung des Status quo nicht Halt, sondern strebte letztlich dessen Überwindung an. Das deutschlandpolitische Konzept war nicht im engen Schulterschluss mit den USA und im Nachvollzug der amerikanischen Politik entwickelt worden, sondern in nationalem beziehungsweise nationalpolitischem Kalkül geradezu gegen die westliche Vormacht, die sich mit der Teilung auch längerfristig abzufinden schien. Dazu war Bahr nicht bereit. Nach 1969 sollte sein national motivierter antiwestlicher Kurs noch für erhebliche Irritationen zwischen Bonn und Washington sorgen.

Adenauer, de Gaulle und die deutsch-französische Freundschaft

Während die deutsch-amerikanischen und die deutsch-britischen Beziehungen mit dem Übergang zu einer am Status quo orientierten Entspannung in eine tiefe Krise gerieten, intensivierten sich die deutsch-französischen Beziehungen in überraschender Weise. Das fand Ausdruck in den wechselseitigen Staatsbesuchen des deutschen Bundeskanzlers in Frankreich und des französischen Staatspräsidenten in der Bundesrepublik im Sommer 1962 und in dem hochsymbolischen Vertrag über die deutsch-französische Zusammenarbeit vom 22. Januar 1963, dem Elysée-Vertrag, dem vorläufigen Höhepunkt der Beziehungen.

Eine solche Entwicklung des deutsch-französischen Verhältnisses, aber auch des persönlichen zwischen Charles de Gaulle und Konrad Adenauer hatte man nicht erwarten können, als de Gaulle in der Krise der Vierten Republik im Frühsommer 1962 an die Spitze der Pariser Regierung zurückkehrte, der er als Ministerpräsident schon einmal, 1945/46, vorgestanden hatte. De Gaulle, der aus Protest gegen die Verfassung das Amt des Regierungschefs niedergelegt hatte, war als Gründer und wichtigste Figur der politischen Sammlungsbewegung Rassemblement du Peuple Français (RPF) stets auf der politischen Bühne Frankreichs präsent geblieben, auch wenn er sich nach dem Scheitern der RPF 1953 aus Paris auf seinen Landsitz Colombey-les-deux-Eglises in Lothringen zurückgezogen hatte. Immer wieder warnte er von dort aus vor der deutschen Gefahr und einem raschen Wiederaufstieg Deutschlands. Die junge Bundesrepublik Deutschland nannte er »Reich«, die

Montanunion lehnte er ebenso ab wie die EWG und den deutschen NATO-Beitritt. Für ihn waren die europäischen und transatlantischen Zusammenschlüsse nur Vehikel für den deutschen wirtschaftlichen und militärischen Wiederaufstieg. Hinter solchen in Frankreich durchaus populären deutschlandpolitischen Positionen stand die Erfahrung dreier Kriege mit Deutschland – auf französischem Boden – in der Abfolge weniger Jahrzehnte, vor allem aber eine vom europäischen System der Nationalstaaten des 19. Jahrhunderts geprägte politische Vorstellungswelt, in der die Idee des autonomen Nationalstaats nach wie vor eine zentrale Rolle spielte. Der für de Gaulles Politik entscheidende Begriff der »Grandeur«, der Größe Frankreichs, entsprang dieser Vorstellung.[21]

Als de Gaulle in der durch den Algerienkrieg ausgelösten Untergangskrise der Vierten Republik an die politische Spitze Frankreichs zurückkehrte, galt sein Handeln primär der Beruhigung und Stabilisierung des Landes, das vor einer Militärdiktatur, wenn nicht vor einem Bürgerkrieg stand. Dies gelang, auch wenn von politischer Stabilität in Frankreich bis in die 1960er Jahre hinein keine Rede sein konnte. Die wichtigste Stabilisierungsmaßnahme war eine grundlegende Verfassungsreform, die dem stark parlamentarisch geprägten politischen System der Vierten Republik ein Ende bereitete und dieses durch ein auf de Gaulle zugeschnittenes Präsidialsystem ersetzte. Eine solche Verfassungsreform hatte der General zur Bedingung gemacht für seine Rückkehr an die Spitze der französischen Regierung.

Außenpolitisch vernahm man in Bonn unterschiedliche Signale aus Paris. Einerseits kündigte de Gaulle, dessen Nationalismus sich im nuklearen Bereich in besonderer Schärfe zeigte, unmittelbar nach seiner Regierungsübernahme die trilaterale französisch-deutsch-italienische Nuklearkooperation auf, zu der sich die drei Staaten nach der Suez-Krise von 1956 zusammengefunden hatten. Andererseits lud der französische Ministerpräsident nur wenige Wochen nach seiner Amtsübernahme den deutschen Bundeskanzler zu einem Treffen in sein Privathaus in Colombey ein und schloss damit ostentativ einen gegen Deutschland gerichteten französisch-sowjetischen Bilateralismus aus, der freilich in den späten 1950er Jahren auch kaum vorstellbar gewesen wäre. Die Begegnung in Colombey-les-deux-Eglises wurde zum Auftakt einer engen politischen wie persönlichen Beziehung, die nach anfänglichen Unsicherheiten von der wechselseitigen Sympathie der beiden 1876 und 1890 geborenen Staatsmänner getragen war.

Dennoch verhielt sich de Gaulle als Staatsmann gegenüber den Deutschen und der Bundesrepublik stets ambivalent und zweideutig. So unterbreitete seine Regierung am selben Tag, an dem er den deutschen Kanzler in Colombey empfing, Großbritannien und den USA den Vorschlag, innerhalb der NATO ein amerikanisch-britisch-französisches Dreierdirektorium zu errichten. Washington und London wiesen diese Initiative zurück, weil sie zu bündnispolitischen Verwerfungen geführt hätte, doch sie zeigte, dass das Großmachtbewusstsein Frankreichs durch de Gaulle neu belebt und von diesem zur entscheidenden Prämisse französischer Außenpolitik gemacht wurde. Das offenbarte sich nicht zuletzt im Verhältnis zur Bundesrepublik Deutschland, aber auch in den Rechten und Verantwortlichkeiten Frankreichs in Bezug auf Berlin und auf Deutschland als Ganzes, jenen Rechten also, die auf Frankreich als Siegermacht des Zweiten Weltkriegs zurückgingen. Gerade weil sich über Deutschland und Berlin der Statusanspruch Frankreichs grundlegend definierte, hat de Gaulle anders als Eisenhower, Kennedy und Macmillan ganz entschieden am Status quo in Berlin festgehalten und sich gegen dessen Aufweichung und Veränderung ausgesprochen. Das brachte Frankreich in Gegensatz zu den USA und zu Großbritannien und führte es an die Seite der Bundesrepublik, die ihrerseits, wenn auch aus anderen Gründen, eine Status-quo-orientierte Politik betrieb. Was das bedeutete, sah man im Winter 1958/59 und erst recht bei der Genfer Außenministerkonferenz, als Großbritannien und die USA unter dem sowjetischen Druck auf Berlin erhebliche Zugeständnisse zu machen bereit waren und Frankreich sowie die Bundesrepublik sich dem widersetzten.

Kaum waren zum 1. Januar 1958 die Römischen Verträge in Kraft getreten, da verdüsterte die Rückkehr des notorischen Euroskeptikers de Gaulle an die Macht in Paris die Aussichten auf eine europäische Einigung. Würde sich der Kurs der europäischen Integration, der nach dem Debakel der EVG neu bestimmt worden war, fortsetzen lassen? Doch als de Gaulles Direktoriumskonzept auf wenig Gegenliebe stieß, sollte sich bald herausstellen, dass Frankreich an der europäischen Einigung festhielt. Dahinter standen mehrere Überlegungen: Nur die europäische Einigung versprach Frankreich die Führungsrolle in Kontinentaleuropa, und diese stellte nach wie vor das am besten geeignete Mittel dar, die wirtschaftlich immer stärker werdende Bundesrepublik einzubinden und zu kontrollieren. Auch Konrad Adenauer betrachtete die europäische Integration in erster Linie politisch. Für ihn standen das deutsch-französische Verhältnis und die feste und dauerhafte Einbindung der Deutschen im Zentrum des Interesses.

Aus dieser Übereinstimmung heraus wandten sich Adenauer und de Gaulle in den Jahren 1958/59 entschieden gegen das britische Modell einer europäischen Freihandelszone (FTA). Dieses Konzept war in London entwickelt worden, um eine kontinentaleuropäische Zollunion zu verhindern und gleichzeitig dem politischen Integrationsmodell der EWG ein rein wirtschaftliches Modell entgegenzustellen, an dem auch Großbritannien beteiligt war. In der Bundesrepublik befürwortete nicht zuletzt Bundeswirtschaftsminister Ludwig Erhard, der zu den überzeugten Freihändlern gehörte und der Zollunionsperspektive der EWG kritisch gegenüberstand, den britischen Vorschlag. Doch vor dem Hintergrund der Berlin-Krise und der offenkundigen anglo-amerikanischen deutschlandpolitischen Kompromissbereitschaft fiel es Adenauer nicht schwer, mit de Gaulle gemeinsam das FTA-Konzept abzulehnen. Das war eine wichtige Voraussetzung für die harte französische Haltung in der Berlin- und Deutschlandpolitik.

De Gaulles Zustimmung zum supranationalen Kurs der europäischen Integration blieb freilich auf einen kurzen Zeitraum beschränkt. Kaum hatte sich die politische Situation in Frankreich einigermaßen beruhigt, ergriff der französische Staatspräsident europapolitisch die Initiative. Diese gaullistische Herausforderung sollte erst mit dem Rücktritt des Generals vom Amt des Staatspräsidenten 1969 enden. Im Grundsatz hielt de Gaulle an der europäischen Einigung fest, stellte diese aber zunehmend in den Dienst des französischen Führungsanspruchs über Westeuropa. Es entspach der Vorstellung des französischen Präsidenten vom Prinzip nationaler Souveränität und Autonomie, dass Frankreich immer stärker einer intergouvernementalen Einigung den Vorzug vor der supranationalen gab. Die Nationalstaaten sollten die Herren der Integration sein, ihre Regierungen sollten kooperieren und europapolitisch handeln und nicht übernationale parlamentarische oder bürokratische Institutionen. Frankreich akzeptierte die europäischen Institutionen, die seit Anfang der 1950er Jahre entstanden waren, zwar, suchte sie aber neu auf das Leitprinzip des Intergouvernementalismus hin auszurichten. Vom »Europa der Vaterländer« – *Europe des patries* – war immer wieder die Rede, und die Pariser Politik zielte seit 1959 in verschiedenen Initiativen darauf, ein Europa der Regierungszusammenarbeit zustande zu bringen. Vor allem das Projekt einer Europäischen Politischen Union (EPU), erstmals vorgeschlagen im Sommer 1959, hatte von Anfang an eine solche intergouvernementale Stoßrichtung. Die EPU sollte, was beispielsweise in den so genannten Fouchet-Plänen von 1961/62 aufschien, auch für Verteidigungs- und Wirtschaftsfragen zuständig sein und damit NATO und EWG schwächen. Gerade die kleineren Mitgliedsstaaten der EWG waren strikt gegen eine solche Entwicklung, von der sie durchaus zu Recht eine Hierarchisierung der europäischen Integration und eine Festschreibung der französischen Dominanz erwarteten – und befürchteten.

Die Bundesrepublik verhielt sich zurückhaltend und versuchte zu vermitteln. Sie war durch das französische Vorgehen in eine schwierige Situation geraten. Einerseits wusste man in Bonn nur zu gut, dass de Gaulle den Basiskonsens der europäischen Einigung aufs Spiel setzte und dass die französische Europapolitik überdies zu scharfen Spannungen im Verhältnis zu den USA führen musste, denn sie richtete sich eindeutig gegen die Vereinigten Staaten und ihre Hegemonie über den Westen. Andererseits suchte man sich enger an Frankreich zu binden, weil man sich durch die Kennedy-Administration berlin- und deutschlandpolitisch allein gelassen fühlte. Dieses Gefühl beförderte das grundsätzliche Einvernehmen zwischen der Bundesrepublik und Frankreich, das in seinem Kern bis an die Schwelle der Gegenwart bestehen geblieben ist. Frankreich unterstützte die Bundesrepublik in ihrem Bestreben, mit dem Gemeinsamen Markt der EWG einen Exportmarkt für die deutsche Industrie zu schaffen, während die Bundesrepublik im Rahmen der EWG die Interessen der französischen Landwirtschaft respektierte und unterstützte.[22] Nur so ist es zu erklären, dass die Bundesregierung sich nach dem Scheitern der Fouchet-Pläne Anfang 1962 auf den deutsch-französischen Bilateralismus einließ, der ein Jahr später, im Januar 1963, in den Elysée-Vertrag mündete.

Die Motive beider Regierungen sind klar zu fassen. Für Frankreich ging es nach wie vor um Kontrolle der Bundesrepublik, eine Kontrolle durch Umarmung, wenn man so will. Hinzu kam der gegen die USA gerichtete Wunsch, in der Auseinandersetzung um den amerikanischen Hegemonialanspruch die Bundesrepublik auf die Seite Frankreichs zu ziehen und damit innerhalb des Westens ein zweites, kontinentaleuropäisches Kraftzentrum zu bilden. In diese Logik gehörte auch die französische Ablehnung des britischen EWG-Beitritts, den die Regierung in London 1961 beantragt hatte. Die konservative britische Regierung reagierte mit dieser Hinwendung nach Europa nicht nur auf den imperialen Niedergang des Vereinigten Königreichs, der mit der Suez-Krise 1956 und erst recht mit der Dekolonialisierung offenkundig geworden war. Darüber hinaus signalisierte das britische Beitrittsgesuch das Scheitern der gegen die EWG gerichteten Freihandelszonenkonzepte, die noch wenige Jahre zuvor für so viel Unruhe in der europäischen Politik gesorgt hatten. Für de Gaulle war freilich klar, dass ein britischer EWG-Beitritt nicht nur den französischen Dominanzanspruch konterkarieren würde, sondern dass über London auch amerikanische Interessen auf die EWG und auf die Fortsetzung der europäischen Integration einwirken würden. Deshalb war Großbritannien für ihn spätestens von 1961 an das »trojanische Pferd« der Amerikaner.

Auf deutscher Seite bestimmte 1961/62 primär das tiefe und wachsende Misstrauen insbesondere des Bundeskanzlers gegen die Politik der USA die Hinwendung zu Frankreich. Darüber hinaus ging es Adenauer, der den französisch-sowjetischen Vertrag von 1944 nie vergessen hatte, um die feste Einbindung Frankreichs. Zugleich wollte der Bundeskanzler die Bundesrepublik durch die engen Beziehungen zu Frankreich dauerhaft, ja irreversibel an den Westen binden. Das Gespenst eines deutschen Nationalneutralismus, einer deutschen Schaukelpolitik zwischen Ost und West, geisterte noch immer durch die Alpträume Adenauers. Dass die Politik der Bundesregierung von dem aufrichtigen Wunsch nach Verständigung und Versöhnung geleitet war, geht in solchen Überlegungen immer wieder unter, dabei zählt dieses Bestreben mindestens ebenso sehr zu den Gründen der Politik Adenauers wie die funktionalen Überlegungen der frühen 1960er Jahre.

Im Zeichen dieser Versöhnung und einer neu begründeten deutsch-französischen Freundschaft standen die beiden Staatsbesuche, die sich Konrad Adenauer und Charles de Gaulle im Sommer 1962 gegenseitig abstatteten. Im Juli reiste der deutsche Bundeskanzler nach Frankreich, wo er mit militärischen Ehren empfangen wurde und gemeinsam mit dem französischen Präsidenten auf dem Truppenübungsplatz Mourmelon in der Champagne eine deutsch-französische Truppenparade abnahm. Anschließend wohnten die beiden Staatsmänner in der Kathedrale von Reims, der Krönungskathedrale der französischen Könige, einem Festgottesdienst bei. Die Symbolkraft dieser Inszenierung war kaum zu steigern, und die Herzlichkeit der nationalen Freundschaft, verkörpert durch die beiden führenden Politiker, unterschied sich merklich von dem kühlen Empfang, der beispielsweise dem Bundespräsidenten kurze Zeit zuvor in England bereitet worden war. Gewiss, de Gaulle verfolgte ein klares politisches Ziel mit seiner Offensive des Charmes und der Herzlichkeit, das änderte aber nichts an der Botschaft der Staatsbesuche, die, so verstanden es Millionen Franzosen und Deutsche, Freundschaft und Versöhnung lautete.

Die beiden Staatsbesuche von 1962 waren Meilensteine auf dem langen Weg von der »Erbfeindschaft« zur »Erbfreundschaft« und zur »Entente élémentaire«, wie Willy Brandt später formulieren sollte. Bei seinem Gegenbesuch in der Bundesrepublik schlugen dem französischen Präsidenten überall Jubel und Begeisterung entgegen. In kluger Berechnung sprach de Gaulle wieder und wieder vom »großen deutschen Volk«, das er damit ganz auf seine Seite zog. Diese öffentliche Zustimmung war von entscheidender Bedeutung für den französischen Plan, den deutsch-französischen Bilateralismus – als Keimzelle eines »Europa der Vaterländer« – politisch zu fixieren.

Obwohl Konrad Adenauer sich nach Kräften gegen einen völkerrechtlichen und damit ratifizierungsbedürftigen Vertrag wehrte, schlug im Sommer 1962 die Geburtsstunde des deutsch-französischen Vertrags, der am 22. Januar 1963 im Pariser Elysée-Palast unterzeichnet wurde. In seinen Bestimmungen kam de Gaulles Vorstellung einer intergouvernementalen Zusammenarbeit, die seiner Ansicht nach auch auf europäischer Ebene umgesetzt werden sollte, deutlich zum Ausdruck. Es waren regelmäßige Begegnungen und Konsultationen der Staats- und Regierungschefs vorgesehen sowie Kooperation zwischen einzelnen Ministerien und Behörden. Im deutsch-französischen Fall sollte sich diese Zusammenarbeit zunächst auf die Bereiche Außenpolitik, Verteidigung sowie Jugend und Erziehung erstrecken. Die eigentliche Brisanz des Abkommens lag darin, dass der französische Präsident nur wenige Tage vor Unterzeichnung des Elysée-Vertrags der internationalen Öffentlichkeit seinen außenpolitischen Kurs mit einem Paukenschlag kundgetan hatte, indem er die Entschlossenheit Frankreichs betonte, sein nationales Nuklearwaffenprogramm voranzutreiben, und sein Veto einlegte gegen einen britischen EWG-Beitritt. Vor diesem Hintergrund musste die Welt, mussten vor allem die USA, Großbritannien und die Mitgliedsländer der EWG den deutsch-französischen Vertrag lesen und deuten.

Es verwundert kaum, dass der Elysée-Vertrag in der Bundesrepublik skeptisch betrachtet und der Bundeskanzler nicht nur von den Oppositionsparteien für seine Politik kritisiert wurde. Auch die amerikanische Regierung hielt sich mit Kritik an dem Vertragswerk nicht zurück, wenn man auch anerkannte, dass der Elysée-Vertrag zur fortgesetzten Einbindung der Bundesrepublik in den Westen beitragen würde. Die massive Kritik bestimmte die Ratifizierungsdebatte im Bundestag, in der sich schließlich eine Mehrheit von Abgeordneten aus Regierung und Opposition für eine Präambel zu dem Vertrag aussprach. Diese stellte den Elysée-Vertrag in einen weiteren außenpolitischen Rahmen, bekannte sich nicht nur zur fortgesetzten Partnerschaft mit den USA und zur NATO als der entscheidenden Ebene westlicher Sicherheitspolitik, sondern auch zur Fortsetzung der supranationalen europäischen Integration im EWG-Rahmen sowie zu einem britischen EWG-Beitritt. In den Augen de Gaulles war der deutsch-französische Vertrag damit völlig entwertet, und er machte kein Hehl aus seiner Enttäuschung. Die Bestimmungen des Abkommens blieben vorerst toter Buchstabe, zumal mit Ludwig Erhard im Oktober 1963 ein Politiker das Amt des Bundeskanzlers übernahm, der an seiner atlantischen – und pro-britischen – Orientierung nie einen Zweifel gelassen hatte. Dennoch kann man den Elysée-Vertrag in seiner Bedeutung kaum hoch genug einschätzen, denn er brachte nicht nur die deutsch-französische Verständigung und Aussöhnung nach dem Zweiten Weltkrieg in vertragliche Form, sondern bildete auch den Rahmen für die deutsch-französische Zusammenarbeit, die nach de Gaulles Rücktritt 1969 in der Zeit Helmut Schmidts und Valéry Giscard d'Estaings sowie Helmut Kohls und François Mitterrands besonders intensiv war.

Die Präambel zum Elysée-Vertrag war eine schwere Niederlage für die französische Europapolitik. Der deutsch-französische Vertrag, der den Kern eines europäischen Staatenbundes bilden sollte, und die ihm voranzustellende deutsche Präambel offenbarten, wie tief der europapolitische Gegensatz zwischen Frankreich und den anderen Mitgliedsstaaten der EWG war. Es überrascht kaum, dass Frankreich unmittelbar nach der Übernahme des Kanzleramts durch Ludwig Erhard, von dem eine profranzösische Europapolitik nicht zu erwarten war, zu einem Frontalangriff auf die Gemeinschaften der Römischen Verträge und ihre Institutionen ansetzte, der den Integrationsprozess in eine schwere Krise stürzte. Der französische Präsident verschärfte seinen Kurs der nationalen Unabhängigkeit und sperrte sich gegen die zum Teil schon in den Verträgen von Rom vorgesehene Weiterentwicklung der Gemeinschaften und ihrer supranationalen Strukturen. Insbesondere machte Paris Front gegen das Vorhaben, Beschlüsse im Ministerrat der Gemeinschaften mit qualifizierter Mehrheit, also nicht mehr einstimmig, zu fassen. Ferner wandte man sich gegen ein Budgetrecht des Europäischen Parlaments und dagegen, dass die EWG über eigene Mittel verfügen sollte, die ihr nicht mehr über die Mitgliedsstaaten zuflossen.

Der Konflikt, der durch Auseinandersetzungen um die Agrarpolitik der EWG zusätzlich verschärft wurde, eskalierte im Sommer 1965, als Frankreich seine Vertreter aus allen europäischen Institutionen abzog. Die »Krise des leeren Stuhls« hatte begonnen. Als Bedingung für seine Rückkehr nach Europa nannte Frankreich eine umfassende Revision der Gemeinschaftsstrukturen im Sinne des intergouvernementalen Prinzips. Die Verhandlungen, die sich anschlossen, waren von der Einsicht der fünf übrigen Mitgliedsstaaten bestimmt, dass die europäische Einigung ohne Frankreich zum Scheitern verurteilt war. Das stärkte die französische Position, die sich im »Luxemburger Kompromiss« vom Januar 1966 durchsetzte. Dieser Kompromiss, der keiner war, verhinderte Mehrheitsbeschlüsse im Ministerrat. Er veränderte die Rolle der EWG-Kommission, der nun stärker die Rolle eines Mittlers zwischen Gemeinschaft und Einzelstaaten zugewiesen wurde, und er stärkte den intergouvernementalen Ministerrat.

Dass in Luxemburg auch ein Beschluss gefasst wurde über die Verschmelzung der Institutionen von EGKS, EWG und Euratom, dass fortan die Europäischen Gemeinschaften (EG) mit einer gemeinsamen Kommission und einem gemeinsamen Ministerrat existierten, schien angesichts der Schwächung des supranationalen Prinzips und der Aufgabe der Balance von Supranationalität und Intergouvernementalität eine eher kosmetische Maßnahme zu sein. National französische Interessen bestimmten die Richtung der Integration, und das würde sich nicht ändern, solange de Gaulle die französische Politik bestimmte. Das zweite Veto de Gaulles gegen einen britischen EG-Beitritt im Jahre 1967 unterstrich dies noch einmal. Die

Bundesregierung und Bundeskanzler Erhard hatten in dieser Krise kaum eine Chance, außenpolitisch neue und weiterführende Akzente zu setzen. Als Vermittler zwischen französischen und europäischen Interessen kam der deutsche Bundeskanzler wegen seiner freihändlerischen, proamerikanischen und probritischen Position nicht in Frage. Erhards Europapolitik war auf Schadensbegrenzung und Einbindung Frankreichs ausgerichtet. Dabei spielte auch eine Rolle, dass er vor der Bundestagswahl 1965 die Geschlossenheit der Union, in der viele die Krise des deutsch-französischen Verhältnisses und der europäischen Einigung seit 1963 dem Bundeskanzler zur Last legten, nicht gefährden wollte.

Die Grundfrage nach dem rechten Verhältnis zwischen supranationalem und intergouvernementalem Prinzip begleitet die europäische Integration bis heute. Sie hat durch die Osterweiterung der Europäischen Union nach 1990 neue Brisanz erhalten. Im Zusammenhang mit künftigen Erweiterungsperspektiven wird bekanntlich ein EU-Beitritt der Türkei diskutiert, wenn auch durchaus kontrovers. Das ist noch Zukunftsmusik, aber es gehört zur Europapolitik der 1960er Jahre und damit auch zur Außenpolitik der Bundesrepublik in jener Zeit, dass die EWG im September 1963 ein Assoziierungsabkommen mit der Türkei abgeschlossen hat. Mit diesem Abkommen wurde der Türkei ein späterer Beitritt in Aussicht gestellt. Der damalige Präsident der EWG-Kommission, der Deutsche Walter Hallstein, CDU-Politiker und enger Vertrauter Adenauers, erklärte dazu: »Die Türkei gehört zu Europa«, und es sei ganz natürlich, »dass sich Europa und die Türkei in ihren Aktionen und Reaktionen identifizieren: militärisch, politisch und wirtschaftlich«.[23] Das Assoziierungsabkommen lag in der Tat in der Logik der damaligen Entwicklung, denn schon 1949 war die Türkei – eher als die Bundesrepublik – dem Europarat beigetreten, 1951 war sie Mitglied der NATO geworden.

Insbesondere die NATO-Mitgliedschaft bezeugt, dass es in den Jahren des Kalten Krieges primär sicherheitspolitische Gründe waren, die die Beziehungen zwischen der Türkei und dem Westen bestimmten. Als Frontstaat des Kalten Krieges mit einer direkten Grenze zur Sowjetunion war die Türkei von enormer strategischer Bedeutung für die Sicherung der Südflanke der NATO. Das wirft freilich auch ein Licht auf den politischen Charakter der europäischen Integration, die eben nicht zuallererst ein Zusammenschluss von europäischen Staaten in christlich-abendländischer Verbundenheit war, sondern eine politische Zweckgemeinschaft mit verschiedenen Funktionen, zu denen auch die Stärkung des Westens in der Auseinandersetzung mit dem kommunistischen Osten gehörte. In diesem Rahmen erfüllte die Türkei, das war 1963 unbestritten, eine wichtige Aufgabe. Dass ihr auch heute in der Sicherheitspolitik des Westens und von den Befürwortern eines EU-Beitritts als

Übergangsraum in den Nahen und Mittleren Osten und angesichts der islamisch-fundamentalistischen Bedrohung eine wichtige Rolle zugewiesen wird, liegt somit durchaus in der Logik der Entwicklungen seit den 1950er und 1960er Jahren.[24]

»Atlantiker« und »Gaullisten«

Je mehr die Bundesrepublik seit Mitte der 1950er Jahre die Rolle als politisches Objekt abstreifte, desto dringender wurde es, die westdeutschen Interessen klar zu definieren, erst recht angesichts der internationalen Entwicklungen des folgenden Jahrzehnts. In der Atlantiker-Gaullisten-Kontroverse, die vor allem zwischen 1963 und 1966, also im letzten Jahr der Ära Adenauer und in den Jahren der Kanzler-schaft Ludwig Erhards, ausgetragen wurde, ging es um nichts anderes als um diese Interessen. Selbst wenn sich die Debatte mit anderen politischen Themen und Gegenständen verband, etwa der Frage der Adenauer-Nachfolge bis hin zu Optionen der Koalitionsbildung, so drehte sie sich in ihrem Kern um die außenpolitische Orientierung der Bundesrepublik Deutschland.[25]

An der Bestimmung der »nationalen Interessen« beteiligten sich alle im Bundestag vertretenen Parteien. Die schiere Tatsache, dass sich etwa von 1962/63 an eine solche Debatte entwickeln und entfalten konnte und auch in der politischen Öffentlichkeit breiten Widerhall fand, deutet auf das Vorhandensein von außenpolitischen Gestaltungsspielräumen hin, die es in dieser Form in den 1950er Jahren nicht gegeben hatte. Allerdings standen die fundamentalen außenpolitischen Entscheidungen der frühen 1950er Jahre, die »Option für den Westen« (Ludolf Herbst), in den frühen 1960er Jahren gar nicht mehr zur Disposition, im Gegenteil: Für die Westbindung in ihren unterschiedlichen Dimensionen (bündnis- und integrationspolitisch, institutionell und immer stärker auch in den politisch-ideellen Wertorientierungen) war die politische und gesellschaftliche Zustimmung inzwischen breiter als je zuvor. Im allgemeinen Verständnis konstituierte die Westbindung die Staatsräson der Bundesrepublik.

Im Streit zwischen »Atlantikern« und »Gaullisten« ging es nun um die internationale Selbstverortung, denn er machte in Bezug auf die Außenpolitik die Orientierungsschwierigkeiten und die Orientierungssuche der Bundesrepublik seit Ende der 1950er Jahre deutlich. Das Ringen um Orientierung wurde von einer breiten politischen Öffentlichkeit wahrgenommen, ja dort zum Teil unter Parteinahme wichtiger Medienorgane ausgetragen. Es zeigte sich, dass eine Phase an ihr Ende gelangt war, in der die Bundesregierung nahezu im Alleingang die auswärtigen

Beziehungen hatte gestalten können. Zentrale Themen der Außenpolitik wie die transatlantischen Beziehungen, das deutsch-französische Verhältnis, die europäische Integration, in wachsendem Maße auch die Ost- und Deutschlandpolitik waren allmählich zu Gegenständen einer zivilgesellschaftlichen Debatte geworden. Auch das sagt etwas über die gesellschaftlichen und soziokulturellen Veränderungen in der Bundesrepublik. Ohne diese außenpolitischen Kontroversen wäre das Bild vom politischen und sozialen Wandel in Westdeutschland jedenfalls unvollständig.[26]

»Atlantiker« und »Gaullisten« sind politische Schlagworte jener Zeit. »Atlantiker« waren die Vertreter einer außenpolitischen Konzeption, die den transatlantischen Bezug der westdeutschen Außenpolitik besonders betonten. Demgegenüber übten die »Gaullisten« Kritik an der amerikanischen Außenpolitik und plädierten für eine möglichst enge politische Abstimmung mit Frankreich, eine Konzeption, die man als tendenziell »europazentrisch« bezeichnen könnte.[27] Die Gruppe der »Atlantiker« setzte sich zusammen aus einem Großteil der CDU, der FDP und der SPD sowie aus Vertretern der Wirtschaft, der Gewerkschaften und der Wissenschaft. Innerhalb der Bundesregierung waren ab 1963 Bundeskanzler Erhard, Außenminister Schröder und Verteidigungsminister v. Hassel dem »atlantischen« Lager zuzurechnen. In der SPD profilierten sich insbesondere Willy Brandt sowie der Vorsitzende der SPD-Bundestagsfraktion, Fritz Erler, als »Atlantiker«. Hinter den »Gaullisten« standen fast die komplette CSU sowie ein Teil der CDU. Die Protagonisten dieses Lagers waren neben Adenauer und Bundestagspräsident Gerstenmaier der CSU-Vorsitzende Franz Josef Strauß und der CSU-Außenpolitiker Freiherr zu Guttenberg.[28]

Infolge der Veränderungen des internationalen Systems seit den späten fünfziger Jahren musste der Standort der Bundesrepublik neu bestimmt werden. Die einsetzende Phase der Entspannung schwächte nun den Antikommunismus als außenpolitische Leitvorstellung, und sie schwächte auch die Kohäsion des westlichen Lagers. Letztlich war de Gaulles Politik der betont nationalen Eigenständigkeit nur möglich angesichts der nachlassenden Konfrontativität im Ost-West-Verhältnis. Für die Bundesrepublik bedeuteten diese Tendenzen eine ganz neue Herausforderung, denn sie musste nun eigene westdeutsche Interessen und Ziele entwickeln. Das war ein schmerzhafter Prozess, weil die Bundesrepublik Abschied nehmen musste von der Vorstellung einer baldigen Wiedervereinigung und sich mit einer westdeutschen Eigenstaatlichkeit auf unabsehbare Zeit abzufinden hatte, politisch wie moralisch.

Wenn die Bundesrepublik international gleichberechtigt sein wollte, konnte sie dann den Zustand nuklearer Diskriminierung, also den Status eines nuklearen Habenichts, auf Dauer hinnehmen? Die grundsätzlichen Fragen, um die es in der Atlantiker-Gaullisten-Kontroverse ging, waren mit ganz konkreten politischen Themen verknüpft, wie der Plan einer europäisch-amerikanischen Nuklearstreitmacht unter deutscher Beteiligung, der seegestützten MLF (Multilateral Force) zeigt.[29] »Atlantiker« und »Gaullisten« stimmten durchaus in ihrem Interesse an nuklearer Teilhabe, ja nuklearem Mitbesitz der Bundesrepublik überein, weil sie sich davon mehr Einfluss innerhalb der NATO und im bilateralen Verhältnis zu den USA versprachen und weil sie insbesondere in der MLF auch eine Möglichkeit sahen, die Allianzkohäsion der NATO (wieder) zu stärken. Doch jenseits dieser allgemeinen politischen Übereinstimmung, die bis 1965 bestand, schieden sich die Geister an der Frage, welchen engeren politischen Zielen die MLF nutzbar gemacht werden sollte.

Während Adenauer – in den letzten Monaten seiner Kanzlerschaft, aber auch noch zu Beginn der Regierungszeit Erhards – auf das amerikanische MLF-Angebot einging, um amerikanische Vorbehalte angesichts des deutsch-französischen Bilateralismus im Sinne des Elysée-Vertrags zu zerstreuen und den politischen Druck der USA auf die Bundesrepublik zu reduzieren, war für Außenminister Schröder das Bekenntnis zur MLF Ausdruck seines konsequenten Atlantizismus im Sinne einer fortgesetzten engen und prioritären Bindung der Bundesrepublik an die Vereinigten Staaten. Diese Linie vertrat im Kern auch Ludwig Erhard, dem es in der Frage der MLF auch darum ging zu demonstrieren, dass die Bundesrepublik, insbesondere im nuklearen Bereich, nicht an einer Abschwächung der europäischamerikanischen Verbindung interessiert und nicht bereit war, den amerikanischen atomaren Schutz zugunsten vager französischer nuklearer Schutz- und Partizipationszusagen beziehungsweise -angebote aufs Spiel zu setzen. Am Ende scheiterte das multilaterale Projekt, und die MLF ging in die Geschichtsbücher ein als jene Flotte, die unterging, noch ehe sie vom Stapel gelaufen war.

Die westdeutsche Sozialdemokratie nahm infolge der Zerrissenheit der Union stärker als je zuvor an außenpolitischen Entscheidungsprozessen anteil. Die Vorgeschichte der Präambel zum Elysée-Vertrag ist eines der prägnantesten Beispiele für außenpolitische Entscheidungen quer zu den Frontlinien zwischen Regierung und Opposition.[30] Der atlantische Kurs der SPD trug mit zu ihrer wachsenden Akzeptanz in der deutschen Gesellschaft – und das heißt zu ihren Wahlerfolgen – bei, aber auch dazu, dass die USA ihre Vorbehalte gegen die SPD abbauten. Noch 1960 hatte Konrad Adenauer gegenüber dem französischen Ministerpräsidenten Michel Debré argumentiert, dass ihm die enge Bindung an die USA, welche der Bevölkerung das Gefühl der Sicherheit gebe, schon drei Wahlen zu gewinnen geholfen habe.[31] Der Umkehrschluss liegt auf der Hand, dass die Gefährdung des außen- und sicherheitspolitischen Konsenses mit den USA zur Krise der CDU/CSU in den 1960er Jahren beitrug, während auf der anderen Seite die SPD ihre Regierungs- fähigkeit durch Annäherung an die USA steigern und 1966 erstmals in eine Bundes- regierung eintreten konnte. Gerade die Atlantiker-Gaullisten-Debatte gab der SPD die Möglichkeit, sich an dem Ringen um die Definition prinzipieller außenpoliti- scher Interessen der Bundesrepublik jenseits des Wiedervereinigungsgebots zu beteiligen und sich dadurch als eine auch außenpolitisch verantwortungsvolle, kompetente und innovative Partei zu profilieren. So ebnete sie sich – mit Rücken- wind aus Amerika – über die Beteiligung an der Großen Koalition, in der Brandt nicht von ungefähr den Außenminister stellte, den Weg an die Spitze der Bundes- regierung am Ende des Jahrzehnts.

Blockaden und Widersprüche

Die permanenten Auseinandersetzungen – nicht nur zwischen Regierung und Op- position, sondern auch innerhalb der Regierungskoalition – verhinderten, dass die Bundesrepublik in der Ost- und Deutschlandpolitik neue Impulse setzte. Bundes- außenminister Schröder verfolgte zwar eine »Politik der Bewegung«, die der Bun- desrepublik beispielsweise durch die Eröffnung von Handelsmissionen in Polen, Ungarn, Rumänien und Bulgarien Anschluss an die *Détente* verschaffen sollte, doch die Bonner Ansätze einer Entspannungspolitik stießen immer wieder schnell an die durch den Alleinvertretungsanspruch und die Hallstein-Doktrin gezogenen Grenzen. In diesen Zwängen blieb die Republik gefangen. Ihre politischen Hand- lungsspielräume waren massiv eingeschränkt, und die Gefahr einer zunehmenden außenpolitischen Isolierung wuchs.

In der westdeutschen Gesellschaft mehrten sich bereits die Stimmen, die eine Aufgabe des Alleinvertretungsanspruchs und Entspannungssignale in Richtung Osten forderten. In diesem Zusammenhang traten besonders die beiden christ- lichen Kirchen hervor. Der Austausch von Botschaften zwischen den katholischen Bischöfen in Polen und Deutschland, der allerdings von polnischer Seite ange- stoßen worden war, zeigte, dass in der westdeutschen Öffentlichkeit die Bereit- schaft zunahm, über eine neue Ostpolitik nachzudenken. In einer Denkschrift vom 14. Oktober 1965 über »Die Lage der Vertriebenen und das Verhältnis des deut- schen Volkes zu seinen östlichen Nachbarn« sprach sich die Evangelische Kirche

Deutschlands (EKD), wenn auch zurückhaltend und eher indirekt, für eine Anerkennung der Oder-Neiße-Grenze als Grundlage einer Versöhnung zwischen Deutschen und Polen aus. Zwar war der Protest gegen diese sogenannte Ostdenkschrift
der EKD unüberhörbar, wobei aus den Unionsparteien, der FDP und den Vertriebenenverbänden sogar der Vorwurf des »Verzichts« ertönte, doch letztlich blieben
die Stimmen der Kirche in der Bonner Politik nicht ohne Wirkung.

Am 25. März 1966 wandte sich die Bundesrepublik mit einer »Note der Bundesregierung zur Abrüstung und zur Sicherung des Friedens« an die Weltöffentlichkeit, die unter Beteiligung der SPD-Opposition in Schröders Auswärtigem Amt
erarbeitet worden war. Diese sogenannte Friedensnote wurde mit Ausnahme der
DDR auch denjenigen osteuropäischen Staaten übergeben, mit denen die Bundesrepublik auf Grund der Hallstein-Doktrin keine diplomatischen Beziehungen
unterhielt. Zwar gab Bonn in der Friedensnote keine seiner ost- und deutschlandpolitischen Positionen auf, aber man sandte entspannungs- und versöhnungspoli-
tische Signale in Richtung Osten, indem man sich zu Vereinbarungen über einen
Gewaltverzicht und die Nichtverbreitung von Atomwaffen bereit erklärte. In der
Friedensnote wurde damit auch der in den 1950er Jahren geschaffene Zusammenhang von Wiedervereinigung und Abrüstung gelöst, der lange Zeit Entspannungs-
maßnahmen an Fortschritte in der deutschen Frage gekoppelt hatte. Das führte
zunächst nicht zu einem grundlegenden Politikwechsel, aber es wirkte außenpolitisch durchaus befreiend.

In Richtung Westen und vor allem in Richtung Amerika demonstrierte die
Friedensnote eine neue entspannungspolitische Flexibilität, die sich in das allgemeine Entspannungsbestreben einfügte; in Richtung Osten löste sie sich aus
der Erstarrung und Konfrontativität der Vorjahre durch den versöhnlichen Ton. In
der Sache blieb die Bonner Position jedoch unverändert, Hallstein-Doktrin und
Alleinvertretungsanspruch wurden weder aufgegeben noch relativiert, und insofern war auch die überwiegend negative Reaktion aus den östlichen Hauptstädten
nicht überraschend.

Für einen Augenblick hatten sich entspannungs- und ostpolitische Gemeinsamkeiten der Parteien gezeigt. Aber vor allem die Unionsparteien hatten größte
Mühe, sich allmählich von überkommenen Positionen zu lösen, sosehr auch einzelne Politiker, Bundesaußenminister Gerhard Schröder oder der junge Richard
v. Weizsäcker beispielsweise, dazu bereit waren. Rasch kam es zu neuen Auseinandersetzungen, die bis weit in die 1970er Jahre und in die großen Kontroversen über
die Ost- und Deutschlandpolitik der sozialliberalen Koalition hineinreichten.

Mit der Zeit wurde immer deutlicher, wie sehr die deutschlandpolitischen

Positionen der 1950er Jahre in eine Sackgasse geführt hatten. Selbst im Nahen Osten, wo der arabisch-israelische Konflikt tief in den Sog des Ost-West-Konflikts geraten war, hatte sich die Bundesrepublik in eine Position politischer Handlungsunfähigkeit hineinmanövriert, was 1964/65 zu einer schweren diplomatischen Krise führte. Hintergrund waren deutsche Waffenlieferungen an Israel und andere militärtechnische Unterstützungsleistungen, die nicht zuletzt auf 1960 getroffene Vereinbarungen zwischen Konrad Adenauer und Israels Staatspräsident David Ben Gurion zurückgingen und die in der deutschen Politik nicht zuletzt mit dem nationalsozialistischen Judenmord und einer daraus resultierenden besonderen Verpflichtung der Bundesrepublik gegenüber dem Staat Israel legitimiert worden waren.

Die Militärhilfe an Israel blieb in den arabischen Staaten, mit denen die Bundesrepublik im Gegensatz zu Israel diplomatische Beziehungen unterhielt, nicht unbemerkt, und ebenso nahm man wahr, dass die Bundesrepublik die Aufnahme diplomatischer Beziehungen mit Israel anstrebte. Die politische Empörung, insbesondere in Ägypten, war groß. Nur mit Mühe gelang es dem als Emissär der Bundesregierung nach Kairo gereisten Bundestagspräsidenten Eugen Gerstenmaier, die Wogen zu glätten und einen Kompromiss mit dem ägyptischen Präsidenten Gamal Abdel Nasser auszuhandeln, der die Einstellung deutscher Waffenlieferungen in den Nahen Osten vorsah, wofür Ägypten die Aufnahme diplomatischer Beziehungen zwischen der Bundesrepublik und Israel zu akzeptieren bereit war.

Gerstenmaiers Kompromiss wurde von Bonn jedoch nicht beziehungsweise viel zu langsam umgesetzt. Während die Bundesregierung sich gerade gegenüber nicht-europäischen Staaten nicht zuletzt wegen ihres wachsenden ökonomischen Gewichts am längeren Hebel wähnte, erkannte der ägyptische Präsident in den deutschlandpolitischen Positionen der Bundesregierung eine Möglichkeit, Druck auf Bonn auszuüben. Ägypten hatte nämlich mittlerweile als Gegenleistung für beträchtliche sowjetische militärische und wirtschaftliche Unterstützungsleistungen Walter Ulbricht zu einem Staatsbesuch nach Kairo eingeladen. Als Bonn daraufhin in der Logik der Hallstein-Doktrin mit dem Abbruch der diplomatischen Beziehungen drohte, offenbarte Nasser die ganze Verfahrenheit der Bonner Deutschlandpolitik. Wenn die Bundesrepublik ihre Unterstützung Israels nicht einstelle, drohte er, werde er seinerseits diplomatische Beziehungen zur DDR aufnehmen. Diesem Vorbild Ägyptens werde die gesamte arabische Welt folgen. Bonn musste klein beigeben und öffentlich erklären, keine Waffen mehr in Konfliktregionen – sprich nach Israel – zu liefern. Gleichzeitig empfing Nasser DDR-Staats- und Parteichef Ulbricht zu einem Staatsbesuch.

Auch wenn es nicht zum offiziellen Austausch von Botschaftern kam, war die Demütigung für Bonn doch offenkundig, zumal man mit den eigenen politisch-diplomatischen Waffen geschlagen worden war. Die Bundesrepublik ihrerseits nahm dennoch im August 1965 diplomatische Beziehungen zu Israel auf, woraufhin die arabischen Staaten bis auf Libyen, Tunesien und Marokko ihre Beziehungen zu Bonn abbrachen. Zwar blieben die Wirtschafts- und Handelsbeziehungen im Wesentlichen intakt, aber die Bundesrepublik hatte eine empfindliche weltpolitische Niederlage erlitten. Das Ansehen des Bundeskanzlers, der in der Krise keine gute Figur abgegeben hatte, war beschädigt. Nicht nur in Deutschland fragte man sich, ob Adenauer doch recht gehabt hatte, der seinem Nachfolger außenpolitische Kompetenz immer wieder abgesprochen hatte. Gewiss, Ludwig Erhard hatte in der Krisensituation ungeschickt taktiert, doch zu diesem Fiasko hatte mindestens ebenso sehr beigetragen, dass die in den 1950er Jahren entwickelten deutschlandpolitischen Positionen in prinzipiellen Widerspruch zu den weltpolitischen Entwicklungen im Zeichen der Entspannung geraten waren und die Bonner Außenpolitik erheblich behinderten. Die Hallstein-Doktrin war eine politische Vorgabe, die vor dem Hintergrund der globalen Konfrontation zwischen Ost und West entstanden war, in welche sich der deutsch-deutsche Sonderkonflikt nahtlos einfügte. Als Instrument der Entspannungspolitik taugte sie nicht, und insofern musste sie die westdeutsche Außen- und Deutschlandpolitik in den 1960er Jahren in jene strukturelle Krise führen, aus der es letztlich nur einen Ausweg gab: die Aufgabe des Alleinvertretungsanspruchs und die Anerkennung der DDR.

Eine globale Politik

Allmählich zeigte sich in den Außenbeziehungen der Bundesrepublik, dass sich politische und ökonomische Interessen zunehmend widersprachen. Die Wirtschaftsmacht Bundesrepublik konnte es sich immer weniger leisten, ihre internationalen Beziehungen allein nach politischen und vor allem deutschlandpolitischen Kriterien auszurichten. Starke Wirtschafts- und Handelsinteressen drängten zur Lockerung der rigiden politischen Positionen, was sich zum Beispiel in der Errichtung der schon erwähnten Handelsmissionen in Warschau, Budapest, Bukarest und Sofia niederschlug, für die sich nicht zuletzt der einflussreiche Ostausschuss der deutschen Wirtschaft stark gemacht hatte.

Die Länder der »Dritten Welt«, die durch die Entkolonialisierung von Jahr zu Jahr an Zahl zunahmen, gerieten in den Sog des Ost-West-Konflikts, und folgerichtig wurde die Entwicklungspolitik und Entwicklungshilfe fast aller Länder der Nordhalbkugel durch diesen strukturellen Rahmen der internationalen Politik bestimmt. Obwohl die 1955 in der Tauwetterphase entstandene Bewegung der Blockfreien versuchte, die Südhalbkugel aus der Konfrontation zwischen Ost und West herauszuhalten, war die strukturbildende Kraft dieses Konflikts doch so stark, dass der Nord-Süd-Konflikt deutlich überlagert wurde.[32] Diesen Grundkonflikt verschärfte die deutsch-deutsche Konkurrenz noch weiter. Die Bonner Entwicklungspolitik wurde massiv durch deutschlandpolitische Prämissen bestimmt, was sich nicht zuletzt darin äußerte, dass Bonn nur Staaten als »Entwicklungsländer« einstufte, die die DDR nicht anerkannten.[33] Auf Grund ihrer wirtschaftlichen Stärke und ihrer technologischen Überlegenheit gelang es der Bundesrepublik zwar vorerst, in der »Dritten Welt« die Oberhand zu behalten, aber die westdeutsche Entwicklungspolitik blieb zu sehr darauf ausgerichtet, Anerkennungserfolge der DDR zu verhindern. Genuin entwicklungspolitische Ziele oder Erfordernisse wurden diesem Imperativ untergeordnet. Nicht wenige finanzintensive und prestigeträchtige westdeutsche Entwicklungshilfeprojekte, beispielsweise der Bau eines riesigen Stahlwerks im indischen Rourkela, sind nur vor diesem deutschlandpolitischen Hintergrund zu verstehen.

Darüber hinaus verfolgte die westdeutsche »Dritte-Welt«-Politik entwicklungsökonomische Ziele wie alle anderen westlichen Länder auch. Der eigene Wiederaufbau und Wiederaufstieg nach 1945, insbesondere im Zeichen der Marshall-Plan-Hilfe, diente dabei als Folie für das eigene Engagement, das freilich stets westdeutschen Außenhandelsinteressen unterlag, und das hieß, nach einem Ersatz für die zunächst völlig abgeschnittenen Märkte Ost- und Südosteuropas zu suchen. Der »Nimbus eines ›Wirtschaftswunderlandes‹« erwies sich dabei als ausgesprochen nützlich, und von Vorteil war auch die Tatsache, dass Deutschland seine Kolonien schon im Ersten Weltkrieg verloren hatte, denn nun erschien die Bundesrepublik als kolonial unbelastet, wie man in Großbritannien, Frankreich und in Amerika neidisch feststellen musste.

Wie alle Entwicklungshilfe trug auch die der Bundesrepublik dazu bei, neue Abhängigkeiten zu schaffen, und nichts konnte darüber hinwegtäuschen, dass die Entwicklungsmöglichkeiten durchaus begrenzt waren. Die DDR beeilte sich, aus marxistischer Perspektive und unter dem Druck der innerdeutschen Systemkonkurrenz die Bonner Entwicklungspolitik als ungebrochen imperialistisch zu verurteilen und auf die Kontinuitäten des deutschen Imperialismus zwischen Kaiserreich und Bundesrepublik hinzuweisen. »Ebenso wenig wie ein Wolf sich in ein friedliches Lamm verwandeln kann, können die Imperialisten zu friedlichen,

selbstlosen Partnern der afrikanischen Völker werden«, hieß es in einer DDR-Ver-
öffentlichung von 1960. Lediglich die Begriffe hätten sich verändert: »Die anrü-
chigen Termini ›Kolonie‹, ›Protektorat‹, ›Kolonialwirtschaft‹ werden ersetzt durch
›Entwicklungsland‹, ›wirtschaftliche Hilfe‹, ›Partnerschaft‹, ›Eurafrika‹.«[34] Das bezog sich nicht nur auf die offizielle Politik der Bundesrepublik, sondern auch auf
das Engagement der Wirtschaft, das an Bedeutung immer mehr zunahm. Im Laufe
der Zeit haben sich Entwicklungspolitik und Entwicklungshilfe verändert, indem
man zum einen bessere Voraussetzungen für privatwirtschaftliche Investitionen zu
schaffen suchte, zum anderen immer mehr auf unmittelbare Hilfe im Sinne von
Fürsorge und Gefahrenprävention zielte in dem Wunsch, massenhafte Migratio-
nen aus der »Dritten Welt« nach Europa zu verhindern.

Im Schnittpunkt von Dekolonialisierung und Ost-West-Konflikt befand sich
der Vietnam-Krieg, zunächst ein Bürgerkrieg zwischen dem kommunistischen
Nordvietnam und dem demokratischen Südvietnam, in den die Vereinigten Staaten schon während der Präsidentschaft Kennedys verdeckt, seit 1964 aber auch
offen und massiv eingriffen. Über 400 000 amerikanische Soldaten waren 1966 in
Vietnam stationiert, und je mehr sich die USA in Indochina engagierten, desto
kräftiger forderten sie ihre europäischen Alliierten auf, sie politisch und militärisch
zu unterstützen. Schließlich verteidige man, so das Argument, in Südvietnam
ebenso die westliche Freiheit wie in Deutschland oder Berlin. Dem konnte gerade
die Bundesrepublik kaum widersprechen, und man bemühte sich, die USA loyal zu
unterstützen, obwohl Politiker aller Parteien und die westdeutsche Öffentlichkeit
das amerikanische Vorgehen zunehmend schärfer kritisierten. Schon in den Jahren
der Regierung Erhard entwickelte sich die amerikanische Vietnam-Politik zum
Problem für die Beziehung der beiden Länder. Die finanziellen Belastungen durch
den Vietnam-Krieg verhinderten schließlich, dass US-Präsident Johnson Bundeskanzler Erhard in der Frage der deutsch-amerikanischen Devisenausgleichszah-
lungen entgegenkam. Für Erhard war das ein schwerer außenpolitischer Misserfolg, der zu seinem Sturz 1966 entscheidend beitrug.[35]

Gezeitenwechsel

In den drei Jahren seiner Kanzlerschaft hat es Ludwig Erhard nicht vermocht, der
Außen- und Deutschlandpolitik der Bundesrepublik einen eigenen Stempel aufzu-
drücken. Die zaghaften Versuche, aus der Sackgasse der Hallstein-Doktrin zu entkommen, gingen nicht auf Erhard zurück, sondern auf den Bundesaußenminister.

Nicht nur während der Krise mit Ägypten 1965/66 wirkte der Bundeskanzler zögernd, unentschlossen und ohne außenpolitische Zielvorstellung. Den politischen Handlungsspielraum der Kanzlerdemokratie schöpfte Erhard außen- und deutschlandpolitisch nicht aus. Das Land wurde »weder innen- noch außenpolitisch geführt«, urteilt hart, aber im Kern zutreffend Christian Hacke.[36] Erhard, der sich um die Nachfolge Konrad Adenauers beworben hatte, indem er die Notwendigkeit eines Aufbruchs und einer Reformpolitik betonte, war als Kanzler dazu nicht in der Lage. Seine innenpolitischen Reformideen fanden nicht einmal in der eigenen Partei Zuspruch. Die öffentliche Reaktion war kritisch, ja ablehnend. Die Unionsparteien hatten sich – nicht zuletzt aus Gründen des Machterhalts – zwar von Adenauer als Bundeskanzler gelöst, nicht aber von dessen Politik.

Während die SPD und immer stärker auch die FDP aus den Entwicklungen des internationalen Systems, aus der Veränderung des Ost-West-Konflikts und der amerikanischen Außenpolitik deutschlandpolitische Konsequenzen zogen, verharrten CDU und CSU in den alten Positionen. Von Neuaufbruch und Veränderung war nur wenig zu spüren. Man scheute das Risiko des Neubeginns und wünschte nach dem Rücktritt Adenauers erst recht »keine Experimente«. Das verhalf Erhard ins Kanzleramt, verurteilte aber seine Reformagenda zum Scheitern. Es entbehrt auch nicht der Ironie, dass die wirtschaftliche Stärke der Bundesrepublik, an deren Aufbau der Bundeswirtschaftsminister Erhard entscheidenden Anteil hatte, es dem westdeutschen Staat nun erlaubte, die Politik des Alleinvertretungsanspruchs zu verfolgen, obwohl die Hallstein-Doktrin längst keine angemessene und weiterführende politische Strategie mehr darstellte. Darüber hinaus belastete, ja lähmte die Auseinandersetzung zwischen »Atlantikern« und »Gaullisten« die westdeutsche Außenpolitik, die sich angesichts der tiefen Zerstrittenheit der Unionsparteien konzeptionell nicht weiterentwickelte.

Diese Erstarrung war nicht nur hausgemacht. In Europa und im transatlantischen Verhältnis sorgte de Gaulle für Krisen, deren Bewältigung so viel Energie erforderte, dass eine Politik, die über den Tag hinausdachte, so gut wie nicht betrieben wurde. Die Aufmerksamkeit der USA als westliche Führungsmacht war zunehmend auf Südostasien gerichtet, die transatlantischen und damit auch die amerikanisch-deutschen Beziehungen wurden in Washington immer stärker durch Vietnam bestimmt. An eine deutsch-amerikanische Politik, wie sie dem »Atlantiker« Erhard vorschwebte, nämlich eine, die transatlantische Beziehungen und europäische Integration wieder stärker miteinander zu verzahnen suchte, war unter diesen Voraussetzungen nicht zu denken.

Die Entspannung im amerikanisch-sowjetischen Verhältnis seit 1961 und der Vietnam-Krieg verhinderten, dass die Europapolitik auf der außenpolitischen Agenda der USA Vorrang erhielt. Das schuf Freiräume für de Gaulle, dessen nationale Politik ohne die ost-westliche *Détente* und ohne das amerikanische Engagement in Vietnam nicht denkbar gewesen wäre. Die politische – und persönliche – Demütigung, die Ludwig Erhard während seiner Amerikareise 1966 erfuhr, zeigt, dass die Bundesrepublik nicht länger geschont, sondern stärker als je zuvor mit amerikanischen Interessen konfrontiert wurde, die mit den westdeutschen nicht mehr grundsätzlich übereinstimmten. Das war schon in den letzten Jahren der Regierung Adenauer deutlich geworden, verschärfte sich aber während der Kanzlerschaft Erhards. Die Bundesrepublik aber hatte infolge ihrer strukturellen Abhängigkeit von den USA kaum Möglichkeiten, Druck auf die USA auszuüben. Zudem war es noch die Frage, ob Erhard überhaupt in der Lage gewesen wäre, auf einen Konfrontationskurs mit Amerika zu gehen. Bei der unberechenbaren, allein am eigenen nationalen Interesse orientierten Politik de Gaulles blieb Bonn nicht einmal die Drohung mit der französischen Option westdeutscher Außenpolitik. So hatte die Bundesrepublik gar keine andere Wahl, als schmerzhafte Anpassungsleistungen zu erbringen und sich der Hegemonie der USA im Ost-West-Konflikt unterzuordnen. Die Regierung Erhard freilich und die Unionsparteien waren zu diesen Anpassungsleistungen nicht mehr in der Lage.

Aus dieser Perspektive stellt sich die Regierungszeit Erhards gerade auch außen- und deutschlandpolitisch als Fortsetzung, ja gleichsam als Ende der Ära Adenauer dar. Der Aufbruch zu neuen Ufern blieb politische Rhetorik. Stattdessen verwaltete man die geerbten außen- und deutschlandpolitischen Probleme. Die entscheidenden Positionen in der Außen- und Deutschlandpolitik besetzte weiterhin das Personal, das schon unter Adenauer mit diesen Fragen befasst gewesen war. Auch deshalb war ein Kurswechsel nur schwer vorstellbar. Die Friedensnote vom März 1966 war der äußerste entspannungspolitische Schritt, den die Unionsparteien wagen konnten, ohne ihre deutschlandpolitisch fragile Geschlossenheit zu gefährden. In dieser Friedensnote wurde zwar die Überwindung der Teilung und die Wiedervereinigung weiterhin als »größte nationale Aufgabe« bezeichnet, aber doch zugleich mit der Bereitschaft zum Gewaltverzicht ein klares Signal ausgesandt: Die Zeit einer operativen, einer »aktiven Wiedervereinigungspolitik« war vorüber, wie der damalige Staatssekretär im Auswärtigen Amt Karl Carstens im Oktober 1966 nüchtern feststellte.[37]

Das alles galt nicht erst seit 1966, sondern war spätestens mit dem Mauerbau von 1961 klar geworden. Es öffentlich auszusprechen, war freilich etwas anderes, und erst recht war es etwas anderes, die politischen Konsequenzen daraus zu ziehen. Ansätze dazu lassen sich in der Regierung Erhard ausmachen, die Friedens-note ist dafür nur ein Beispiel. Doch noch mehr gilt das für die oppositionelle SPD und große Teile der FDP, die sich anders als die Unionsparteien außen- und ent-spannungspolitisch nicht aus dem Schatten Adenauers lösen mussten und daher zu einer größeren Dynamik in der Lage waren. Für sie wurde der Status quo zum Ausgangspunkt einer neuen Deutschland- und Ostpolitik. Schon im Juni 1966, noch vor dem Regierungsantritt der Großen Koalition, prägte Willy Brandt in die-sem Zusammenhang die Formel vom »qualifizierten, geregelten und zeitlich be-grenzten Nebeneinander der beiden Gebiete«.[38]

Die politischen Orientierungsschwierigkeiten der späten 1950er und der 1960er Jahre erwuchsen allerdings nicht allein aus den konkreten Herausforderun-gen der Außen- und Deutschlandpolitik. Während die Bundesrepublik sich lang-sam und durchaus mühsam aus ihrem teilstaatlichen Provisoriumscharakter be-freite, wandelte sich – und das hängt mit den politischen und gesellschaftlichen Entwicklungen eng zusammen – auch die historische und historiographische Selbstverortung der Bonner Republik, für die das untergegangene Bismarckreich als nationalstaatlicher Orientierungsrahmen langsam verblasste.[39] Symptomatisch hierfür war die Auseinandersetzung innerhalb der westdeutschen Geschichtswis-senschaft über die Thesen des Hamburger Historikers Fritz Fischer zum Ursprung des Ersten Weltkriegs, die in ihrer Bedeutung weit über die Historikerzunft hinaus-reichte.[40] Die Fischer-Kontroverse veränderte das Bild des deutschen National-staats in Geschichte und Politik, Geschichtswissenschaft und Öffentlichkeit, sie machte die wilhelminische und auch die Bismarcksche Außenpolitik zum Gegen-stand kritischer Analysen und verwies damit auch ganz allgemein auf eine Los-lösung der westdeutschen Politik von dem historischen Bezugsrahmen des deut-schen Nationalstaats der Zeit vor 1914.[41]

Man wird es insofern nicht als bloßen Zufall der Chronologie abtun dürfen, dass die Fischer-Kontroverse ihren Höhepunkt genau in jenen Jahren erreichte, als in den politischen Parteien der Bundesrepublik im Zuge der Atlantiker-Gaul-listen-Debatte über die außenpolitische Grundorientierung des westdeutschen Staates gerungen wurde. Es wäre zwar zu einfach, einen direkten Zusammenhang herzustellen zwischen der geschichtswissenschaftlichen und der politischen Aus-einandersetzung. Aber das kulturelle, gesellschaftliche und politische Klima, in dem diese Kontroverse ausgetragen wurde, war geprägt von der Herausbildung eines bundesrepublikanischen Staatsbewusstseins. Die 1949 begründete westdeut-sche Staatlichkeit verfestigte sich. Immer klarer wurde den Politikern wie der west-deutschen Öffentlichkeit, dass die deutsche Teilung vor dem Hintergrund des Ost-

West-Konflikts auf absehbare Zeit nicht zu überwinden sein würde. War denn, so fragten sich immer mehr Deutsche, der einheitliche deutsche Nationalstaat die einzig vorstellbare Form der staatlichen Existenz der Deutschen?

Solche Fragen machten deutlich, dass sich anderthalb Jahrzehnte nach Gründung der Bonner Republik das politische Credo vom Provisoriumscharakter der Bundesrepublik allmählich überholt hatte. Die institutionelle, vor allem außen- und sicherheitspolitische Westbindung der Bundesrepublik war erreicht. Sie stand nicht mehr zur Disposition. Die Veränderung des weltpolitischen Klimas, die nach der Doppelkrise von Berlin und Kuba in immer stärkerem Maße politikbestimmend wurde und im Ost-West-Konflikt die Phase der *Détente* einleitete, die Verschiebung der Koordinaten im europäischen Integrationsprozess seit dem Amtsantritt Charles de Gaulles in Frankreich zwangen die Bundesrepublik, außenpolitische Anpassungsleistungen zu erbringen und ihre außen-, sicherheits-, allianz- und integrationspolitischen Interessen und Ziele klar zu bestimmen. Der schnelle Weg zur Wiedervereinigung war spätestens seit 1961 versperrt, und selbst wer an der Überwindung der Teilung als langfristigem Politikziel festhielt, war gezwungen, über den geeigneten Weg dorthin nachzudenken. Für außenpolitischen Immobilismus war die Bundesrepublik jedenfalls geopolitisch und infolge ihres politischen und ökonomischen Gewichts zu wichtig geworden.

Hatten bis an die Schwelle der 1960er Jahre die fast völlige Abhängigkeit der Bundesrepublik von den USA und der Primat der Wiedervereinigung das Nachdenken über »nationale Interessen« überflüssig gemacht oder gar verhindert, so erforderten nunmehr das gestiegene internationale Gewicht der Bundesrepublik, die Auflösung des totalen Konsenses mit den USA und vor allem die Perspektive fortgesetzter westdeutscher Eigenstaatlichkeit die Formulierung außenpolitischer Ziele und – vor dem Hintergrund des westdeutschen Platzes in den internationalen Beziehungen – die Entwicklung »nationaler Interessen«. Die veränderten Rahmenbedingungen ihrer Außenpolitik erforderten die Definition westdeutscher Interessen jenseits der Überwindung der deutschen Teilung und jenseits oder besser unterhalb des überwölbenden politischen, ideellen und gesellschaftlichen Westbindungsimperativs. Sie verlangten eine Selbstverortung der Bundesrepublik als Mittelmacht (Kurt-Georg Kiesinger) in der Welt des Ost-West-Konflikts, welcher – trotz *Détente* – auf unbestimmte Zeit andauern würde.[42]

TEIL IV

Reformzeit
1966–1974

1.
Achtundsechzig

Transnationaler Protest in einem Jahrzehnt des Wandels

So kann man sich täuschen. Für den Soziologen Ludwig v. Friedeburg schien 1965 nichts auf die Studentenunruhen und den Jugendprotest hinzudeuten, mit denen wir heute die späten 1960er Jahre in Verbindung bringen. Eine gesellschaftliche oder politische Aufbruchstimmung vermochte Friedeburg, der nur wenig später als hessischer Kultusminister ein wichtiger Akteur in jenen Prozessen des Wandels war, die wir mit der Chiffre »1968« belegen, nicht zu erkennen: »Überall erscheint die Welt ohne Alternativen, passt man sich den jeweiligen Gegebenheiten an, ohne sich zu engagieren, und sucht sein persönliches Glück in Familienleben und Berufskarriere. In der modernen Gesellschaft bilden Studenten kaum mehr ein Ferment produktiver Unruhe. Es geht nicht mehr darum, sein Leben oder gar die Welt zu verändern, sondern deren Angebote bereitwillig aufzunehmen und sich in ihr, so wie sie nun einmal ist, angemessen und distanziert einzurichten.«[1]

Die politische und ökonomische Entwicklung in der Bundesrepublik zur Mitte des Jahrzehnts schien Friedeburgs Befund zu stützen. Die Wirtschaft befand sich noch auf Wachstumskurs. Mit Bundeskanzler Ludwig Erhard als Wahlkampflokomotive zogen die Unionsparteien zuversichtlich in den Bundestagswahlkampf, aus dem sie im September 1965 deutlich als Sieger hervorgingen. Selbst außenpolitisch herrschte nach der Doppelkrise um Berlin und Kuba Ruhe; der Ost-West-Konflikt war in die Phase der Entspannung eingetreten, die scharfe Konfrontativität in eine kooperative Konfliktaustragung im Zeichen der nuklearen Abschreckung übergegangen. Doch wer genauer hinschaute, der konnte bemerken, dass es in der westdeutschen Gesellschaft – und nicht nur da – gärte; dass sich ein

politischer Generationenwechsel vollzog; dass sich auf der Grundlage des erreichten materiellen Wohlstands kulturelle Orientierungen und Verhaltensweisen veränderten; dass ein grundlegender Wertewandel begonnen hatte; dass eine kritische
Öffentlichkeit im Entstehen begriffen war; dass sich, damit zusammenhängend, die
westdeutsche Gesellschaft politisierte und politische Kultur und Sozialkultur liberaler und westlicher wurden. Weil diese Entwicklungen sich zwar kraftvoll, aber
eher langsam vollzogen, waren sie für den zeitgenössischen Beobachter nicht leicht
zu diagnostizieren. Doch in der Retrospektive wird deutlich, dass die Bundesrepublik in Bewegung gekommen, dass sie in ihre zweite formative Phase eingetreten
war, die sie nicht weniger prägen sollte als die Phase des Wiederaufbaus zwischen
der Gründung der Republik 1949 und den späten 1950er Jahren.[2]

Auch die Historiker nahmen die Veränderungen seit der ausgehenden Ära
Adenauer lange Zeit nicht wahr. Nicht nur politikgeschichtlich konstruierte man
eine Epoche, die aus den Gründerjahren der Republik bis zum Ende der Kanzlerschaft Erhards reichte und erst dann durch eine Phase des Wandels zunächst in den
Jahren der Großen und vor allem in der Zeit der sozialliberalen Koalition seit 1969
abgelöst wurde. Gerade der soziale und kulturelle Wandel der 1960er Jahre stand
über lange Zeit fast völlig im Schatten des Jahres 1968 und der 68er-Bewegung. Entsprechend konnte die Geschichte der Bundesrepublik bis 1989/90 sowohl politik-
als auch sozial- und kulturhistorisch in zwei, zufällig auch noch gleich lange Ab-
schnitte eingeteilt werden: einen ersten bis 1968/69 und einen zweiten danach. In
Sprache und Begriffen spiegelt sich das auch in jüngeren Veröffentlichungen wider.
Von »Umgründung der Republik« nach 1968/69 ist die Rede, von ihrer »soziokulturellen Nachgründung«, ja sogar von der »zweiten Gründung der Bundesrepublik«
oder von 1968 als dem »Epochenjahr in der Lebensgeschichte der westdeutschen
Demokratie«, um nur einige Beispiele ganz unterschiedlicher Provenienz zu nennen.[3] Es steht dahin, ob Hannah Arendt Recht behalten wird mit ihrer schon aus
dem Juni 1968 stammenden Einschätzung, dass »die Kinder des nächsten Jahrhunderts ... das Jahr 1968 mal so lernen wie wir das Jahr 1848«.[4] Doch als »kalendari-
sches Etikett« (Wolfgang Kraushaar) hat »1968« in der Tat in Zeitgeschichtsschreibung und allgemeiner öffentlicher Wahrnehmung inzwischen »eine derart starke
Strahlkraft gewonnen, dass ... viele reformerische Tendenzen der fünfziger bis
siebziger Jahre darin aufgehen«.[5]

»1968« meint heute also keineswegs nur ein einziges Jahr und bezieht sich auch
nicht auf die drei Jahre von 1967 bis 1969,[6] sondern auf eine Periode soziokultureller Transformation, welche die 1960er Jahre deutlich umgreift. Allerdings verdichteten sich diese Transformationsprozesse zwischen 1967 und 1969, so dass die Ver-

änderungen in der Öffentlichkeit als tiefer kultureller und überdies auch politisch aufgeladener Umbruch wahrgenommen wurden.[7] Eine Sichtweise, die erst mit dem Jahr 1968 und der 68er-Bewegung das Ende der angeblich durch Erstarrung und Verkrustung gekennzeichneten Ära Adenauer gekommen sieht und allein der Studentenbewegung das historische Verdienst zuschreibt, die Bundesrepublik nicht nur modernisiert, sondern sie politisch, sozial und kulturell liberalisiert zu haben, erweist sich als viel zu eng. Eher wird man wohl in der Protestbewegung der späten 1960er Jahre einen »treibenden und übertreibenden Teil einer dynamischen Modernisierung der westdeutschen Gesellschaft und ihrer politischen Kultur«, die vor 1968 begann und deutlich über 1968 hinaus andauerte, ausmachen.[8] »Historische Zeiten, die kairosverdächtig sind«, so hat Klaus Scherpe formuliert, »die Einschnitte der tatsächlichen Revolutionen und daneben auch die revolutionsverdächtigen Ereignisse von 1968 und 1989, verblassen in dem Maße, wie die Strukturgeschichte die Ereignisgeschichte einebnet.«[9] Dabei waren es nicht zuletzt die Fragen nach den Wurzeln der Studentenbewegung und nach ihren Wirkungen, die im Laufe der Jahre einen gewissermaßen selbstreferentiellen Blick von den Eruptionen der Unruhe am Ende der 1960er Jahre weglenkten und das Augenmerk auf grundlegende Strukturveränderungen in der westdeutschen Gesellschaft vor und nach »1968« richteten, für die »1968« lediglich eine Art »Hochwassermarke«[10] darstellte.

So wenig man also »1968« zeitlich auf die Hochphase der Studentenbewegung in den Jahren 1967 und 1968 reduzieren kann, so wenig war »1968« eine rein deutsche Entwicklung. Man muss nicht unbedingt von einer »Revolution im Weltsystem« sprechen, aber sowohl die Prozesse gesellschaftlichen und kulturellen Wandels, von denen im Zusammenhang mit »1968« die Rede ist, als auch die Studentenunruhen und Jugendproteste erfassten, wenn auch in unterschiedlicher Weise, nahezu alle westlichen Gesellschaften. Bezieht man noch die Entwicklungen in Polen ein, wo es ebenfalls zu Studentenunruhen kam, und insbesondere den »Prager Frühling« in der Tschechoslowakei, so wird die transnationale, ja globale Dimension von »1968« deutlich.[11] Sicher, die unmittelbaren Anlässe des Protests unterschieden sich von Land zu Land. Aber in allen Gesellschaften trugen die Auseinandersetzungen Züge eines Generationenkonflikts, wandten sich junge Menschen, Studenten zumeist, gegen ein der älteren Generation angehörendes »Establishment« und gegen soziopolitische Strukturen, die sie als autoritär und repressiv ansahen. Dass für den Protest innerhalb der westlichen Welt wichtige Impulse von den USA ausgingen, ist bei der nicht nur politischen, sondern auch kulturellen Dominanz der Vereinigten Staaten im Westen wenig überraschend.

In den Vereinigten Staaten intensivierten sich die Aktivitäten der Bürger-rechtsbewegung schon zu Beginn der 1960er Jahre. Enttäuscht von der Tatenlosig-keit des neuen Präsidenten John F. Kennedy, auf den man zunächst große Hoff-nungen gesetzt hatte, wandten sich viele Bürgerrechtler immer lauter gegen Rassendiskriminierung und Rassensegregation, unter denen um 1960 in den USA die schwarze Minderheit nach wie vor litt. In den Südstaaten beruhte diese Diskri-minierung vielfach auf Gesetzen, die ein flächendeckendes System der Apartheid stützten. Die amerikanische Bürgerrechtsbewegung, getragen von schwarzen und weißen Amerikanern, rief zu Protestaktionen und Demonstrationen auf, die 1963 in einem »Marsch auf Washington«, an dem eine Viertelmillion Menschen teilnah-men, ihren vorläufigen Höhepunkt erreichte. Martin Luther King, der wichtigste Führer der amerikanischen Bürgerrechtsbewegung, entwickelte in einer berühmt gewordenen Rede in Washington (»I have a dream«) die Vision einer Gesellschaft ohne Rassendiskriminierung und Rassenhass. Unter Kennedys Nachfolger Lyn-don B. Johnson kam es 1964 und 1965 dann in der Tat zu wichtigen und umfassen-den Bürgerrechtsgesetzen.

Vom kalifornischen Berkeley ausgehend, erhob sich an amerikanischen Uni-versitäten beinahe gleichzeitig eine Welle studentischen Protests zur Durchsetzung des Rechts auf freie Meinungsäußerung und freie Rede in der Universität *(Free Speech Movement)*. Der Protest breitete sich rasch über das ganze Land aus. Was mit der Forderung nach freier Rede und nach einer Reform des Universitätssystems be-gann, weitete sich zur umfassenden Kritik an der amerikanischen Gesellschaft des Kalten Krieges aus, an jener angeblich bewegungslosen und bewegungsunfähigen Gesellschaft der Älteren, die sich, so warf man ihnen vor, bequem und behäbig im Wohlstand eingerichtet hätten. Schon 1962 hatte das Port Huron Statement der Students for a Democratic Society (SDS), wenn auch noch vergleichsweise zurück-haltend, diese Kritik artikuliert: »Wir sind Menschen dieser Generation, aufge-wachsen in zumeist bescheidenem Komfort, zur Zeit untergebracht an Universitä-ten, erfüllt vom Unbehagen an der Welt, die einmal die unsere sein wird.«[12]

Neben die Forderung nach Universitätsreformen und Beseitigung der Rassen-diskriminierung trat bald einen weiterer Grund zum Protest: der seit 1964 eskalie-rende Krieg in Vietnam, in dem sich die USA immer stärker und immer offener militärisch engagierten. Zwar ging die amerikanische Militärpräsenz in Vietnam schon zurück auf die Amtszeit Kennedys, aber erst unter seinem Nachfolger Lyn-don B. Johnson wurde aus verdeckten Operationen und Beratungsfunktionen amerikanischer Militärs und Geheimdienstangehöriger ein von den USA offen ge-führter Boden- und Luftkrieg. 1964 betrug die Zahl der amerikanischen »Militärberater« etwa 23 000, Ende 1965 waren bereits 184 000 amerikanische Soldaten in Vietnam im Einsatz, 1968 schließlich über eine halbe Million. Wie sehr sich der Protest gegen den amerikanischen Krieg in Indochina mit der Bürgerrechtsagenda in den USA verband, zeigt ein Flugblatt von 1965 aus dem amerikanischen Bundesstaat Mississippi: »No Mississippi Negroes should be fighting in Vietnam for the White Man's freedom, until all the Negro People are free in Missisippi.«[13]

Im Protest gegen den Vietnam-Krieg, der mit Sit-ins, Go-ins und Teach-ins auch ganz neue Protestformen hervorbrachte, ließ sich die Kritik an der Rassendiskriminierung, die sich in der Rekrutierung überproportional vieler schwarzer Soldaten fortsetzte, mit der Kritik an der innen- und außenpolitischen Aggressivität des Antikommunismus und an liberalen und demokratischen Defiziten der amerikanischen Gesellschaft verknüpfen. Das sicherte dem Anti-Vietnam-Protest in den USA eine breite Basis, die sich im weiteren Verlauf noch ausweitete, als deutlich wurde, dass die amerikanischen Truppen immer höhere Verluste zu beklagen hatten und ein Ende des Krieges nicht in Sicht war.[14]

Wenn man die studentischen Protestbewegungen nicht ganz abstrakt als Teile beziehungsweise Ausprägungen einer transnationalen Grundströmung betrachten will, dann kann man die international verbindende Wirkung von Vietnam-Krieg und Anti-Kriegsprotest kaum hoch genug einschätzen. So wenig der Studentenprotest in den einzelnen Ländern einer gemeinsamen Agenda folgte, so sehr bezog er sich überall auf den Vietnam-Krieg. Erst Vietnam machte aus Studentenprotest und Studentenunruhe ein transnationales Phänomen und führte zum Brückenschlag zwischen den Studenten der westlichen Länder. Dabei war der Krieg in Südostasien für diejenigen, die ihn ablehnten, nicht nur ein außenpolitisches Problem, sondern, wie der Vorsitzende des amerikanischen SDS, Paul Potter, 1965 erklärte, im Grunde nur das nach außen gerichtete Handeln eines »Systems«, »das gesichtslose und schreckliche Bürokratien schafft«, »permanent materielle Werte humanen Werten überordnet – und dennoch fortfährt, sich selbst als frei zu bezeichnen und für geeignet zu halten, die Rolle des Weltpolizisten zu übernehmen«.[15] Eine solche Sichtweise konnten sich auch deutsche oder italienische Kritiker des Vietnam-Kriegs leicht zu eigen machen und sich der von Paul Potter an den USA geübten Gesellschaftskritik mit Blick auf ihre eigenen Länder leicht anschließen.

Für die deutsche Studentenbewegung spielte auch eine Rolle, dass dieser Protest insbesondere den Angehörigen der jüngeren Generation erlaubte, sich als Teil einer ständig wachsenden internationalen Protestgemeinde zu fühlen.[16] Jedenfalls nahm die Unruhe unter den Studenten in der Bundesrepublik vor dem Hintergrund des Vietnam-Kriegs seit 1965 deutlich zu, und umgekehrt gewann die Bewegung an Auftrieb, je mehr sich der Vietnam-Krieg ins Zentrum des studentischen Protests schob. An den Berliner Universitäten fand im Wintersemester 1965/66 ein »Vietnam-Semester« statt, Vietnam-Ausstellungen wurden veranstaltet, und im Mai 1966 tagte in Frankfurt am Main ein großer Kongress unter dem programmatischen Titel »Vietnam – Analyse eines Exempels«.

Hauptredner dieses Kongresses war der 1933 aus Deutschland emigrierte und nun in San Diego lehrende Soziologe Herbert Marcuse. Auf dem Frankfurter Römerberg forderte er dezidiert eine »politische Universität« und erklärte die Opposition gegen den Vietnam-Krieg zur »moralischen Pflicht« aller Dozenten und Studenten: »Es gibt eben in der Geschichte so etwas wie Schuld, und es gibt keine Notwendigkeit, weder strategisch noch technisch, noch national, die rechtfertigen könnte, was in Vietnam geschieht: das Abschlachten der Zivilbevölkerung, von Frauen und Kindern, die systematische Vernichtung von Nahrungsmitteln, Massenbombardierungen eines der ärmsten und wehrlosesten Länder der Welt – das ist Schuld, und dagegen müssen wir protestieren, selbst wenn wir glauben, dass es hoffnungslos ist, einfach um als Menschen überleben zu können.«[17] Marcuse ließ keinen Zweifel daran – und so wurde er in Frankfurt durchaus verstanden –, dass die von ihm formulierte moralische Verpflichtung auch aus der nationalsozialistischen deutschen Vergangenheit erwuchs. Nur wenige Tage vor Marcuse hatte Theodor Adorno, seit seiner Rückkehr aus dem amerikanischen Exil Professor am 1950 wiedergegründeten Frankfurter Institut für Sozialforschung, in einem viel beachteten Rundfunkvortrag zum Thema »Erziehung nach Auschwitz« betont: »Aller politischer Unterricht endlich sollte zentriert sein darin, dass Auschwitz sich nicht wiederhole.«[18]

NS-Vergangenheit und Neue Linke

Die Entstehung der westdeutschen Studentenbewegung ist ohne ihre vergangenheitspolitischen Bezüge nicht zu begreifen. Jener politische, gesellschaftliche und kulturelle Wandel, der sich in der Bundesrepublik seit den späten 1950er Jahren abzeichnete, bald an Dynamik gewann und unmittelbar mit der Studentenbewegung in Zusammenhang stand, vollzog sich nicht einfach vor dem Hintergrund einer 1945 abgeschlossenen NS-Vergangenheit. Vielmehr waren die Belastung der Bundesrepublik durch diese Vergangenheit und die Thematisierung dieser Belastung, also der »unbewältigten Vergangenheit«, eine zentrale Triebkraft für die fundamentale Politisierung der Gesellschaft. Nicht zuletzt die starke Kontinuität der

Funktionseliten zwischen dem »Dritten Reich« und der Bundesrepublik, die beispielsweise in der Justiz, aber auch in der Industrie und zum Teil auch in den Hochschulen herrschte, wurde im Übergang von den 1950er zu den 1960er Jahren zunehmend zum Gegenstand öffentlicher Konflikte, die sich zwar nicht ausschließlich, aber doch in starkem Maße an der Trennlinie zwischen den Generationen entzündeten. Diese Konflikte reichten bis in die Familien hinein, wo im Kleinen sichtbar wurde, was das Generationenverhältnis in der Gesellschaft insgesamt charakterisierte: »Der Generationsbruch ist ungeheuer. Sie [die Angehörigen der jüngeren Generation; E.C.] können mit ihren Vätern nicht reden, weil sie ja wissen, wie tief sie in die Nazi-Sache verstrickt waren.«[19]

Ein Flugblatt aus dem Jahr 1967 drückt in drastischer Sprache aus, dass es vielen Angehörigen der jüngeren Generation nicht um theoretisierende Begründungen einer neuen Gesellschaftsordnung ging, sondern dass sie sich moralisch empörten über ältere Generationen, über ihre Väter, ja ihre Großväter, deren Autorität sie für unglaubwürdig und damit für inakzeptabel hielten: »Nazi-Richter, Nazi-Staatsanwälte, Nazi-Gesetzgeber aller Couleur, Nazi-Polizisten, Nazi-Beamte, Nazi-Verfassungsschützer, Nazi-Lehrer, Nazi-Professoren, Nazi-Pfaffen. … Machen wir Schluss damit, dass nazistische Rassenhetzer, dass die Juden-Mörder, die Slawen-Killer, die Sozialisten-Schlächter, dass die ganze Nazi-Scheiße von gestern weiterhin ihren Gestank über unsere Generation bringt.«[20]

Mit dem Konflikt und der Entfremdung der Generationen infolge der NS-Belastung und dem Fortwirken alter politischer Mentalitäten gerieten das politische System und die gesellschaftliche Ordnung in eine tiefe Legitimationskrise. Das vergangenheitspolitische Argument trat zu anderen gesellschaftskritischen Positionen hinzu und verstärkte diese. Man wird dieser Entwicklung nicht gerecht, wenn man den Kritikern der Bundesrepublik pauschal unterstellt, sie hätten sich damals lediglich des Vergangenheitsarguments bedient, im Grunde aber ganz andere, allgemeinere Legitimitätsvorbehalte gegen die Bundesrepublik gehegt. Der Hinweis auf die NS-Belastung und die fortdauernde Prägekraft einer zwar nicht genuin nationalsozialistischen, aber doch zumindest schwarz-weiß-roten, auf den Obrigkeitsstaat des Kaiserreichs zurückgehenden politischen Kultur war keineswegs nur ein vorgetäuschtes, ein Scheinargument.[21]

Gegen diese Belastungen, die allenthalben spürbar waren, richtete sich der gesellschaftliche Aufbruch zu Beginn des Jahrzehnts, beispielsweise anlässlich der »*Spiegel*-Affäre«, und dagegen bezog auch die Studentenbewegung Stellung. Mit Hilfe eines wissenschaftlich wenig ergiebigen, politisch dafür umso schlagkräftigeren Faschismus-Begriffs prangerte sie nicht nur die personellen Kontinuitäten zwischen »Drittem Reich« und Bundesrepublik an oder die im Autoritarismus der 1950er Jahre nachwirkende reichsdeutsche politische Kultur, sondern stellte die westdeutsche Demokratie insgesamt unter Faschismus-Verdacht. Das war freilich nur möglich, wenn man einen definitorischen Zusammenhang von Faschismus und Kapitalismus konstruierte, um mit dem Faschismus-Verdikt also primär den Kapitalismus und damit eben auch die marktwirtschaftliche Ordnung der Bundesrepublik zu diskreditieren. Folgerichtig war der »Kampf gegen den Faschismus« nur »zu gewinnen als Kampf für den Sozialismus«, wie es Wolfgang Fritz Haug 1967 formulierte.[22]

Die antifaschistische Systemkritik marginalisierte den Holocaust, und sie interessierte sich kaum für die konkrete Belastung der Bundesrepublik durch die NS-Vergangenheit, so sehr sie auch personalpolitische Skandale oder die NS-Prozesse zum Anlass nahm für eine allgemeine Verurteilung des faschistischen, sprich kapitalistischen Systems. Hieraus ergab sich ein Schulterschluss mit der DDR, die beispielsweise mit ihrem »Braunbuch« von 1965 die Bundesrepublik als faschistisch entlarven wollte und westdeutsche Akteure wie Klaus Rainer Röhl, den Herausgeber der Zeitschrift *konkret*, mit Geld und Dokumenten versorgte.[23] Davon, dass die DDR den Studentenprotest gelenkt hätte, kann nach allem, was wir heute wissen, keine Rede sein. Die Studentenbewegung war dafür zu vielgestaltig und zu heterogen, und ihr politisch-ideologisches Profil, wenn man ein solches überhaupt herausarbeiten kann, war weit entfernt von dem Marxismus, der die ideologische Grundlage des real existierenden Sozialismus in der DDR oder der Sowjetunion bildete.

Nicht nur in der Bundesrepublik orientierte sich die Studentenbewegung an den Ideen einer »Neuen Linken«, die sich programmatisch scharf von der Alten Linken, den traditionellen kommunistischen, sozialistischen und sozialdemokratischen Parteien, abgrenzte.[24] Insbesondere der kommunistischen Linken warf man Erstarrung und ideologische Selbstbeschränkung vor. Im Glauben an die marxistischen Gesetzmäßigkeiten des geschichtlichen Prozesses warteten diese auf die Revolution der Zukunft, während man selbst die Gegenwart verändern wollte. »Ein Klassenbewusstsein, zumal ein revolutionäres, ist heute auch in den Kernschichten der Arbeiterschaft nicht festzustellen. Jede revolutionäre Theorie entbehrt unter diesen Umständen ihres Adressaten, Argumente lassen sich daher nicht mehr in Parolen umsetzen«, konstatierte Jürgen Habermas.[25]

Im Zeitalter des Massenwohlstands und der Konsumgesellschaft sah man das gesellschaftliche Hauptproblem nicht in der Ausbeutung des Menschen und insbesondere des Proletariers, sondern in der Entfremdung des Menschen nicht nur im

Produktionsprozess, sondern in seiner gesamten Lebenswelt. Das fortentwickelte kapitalistische System brauche zwar weiterhin billige Arbeitskräfte, habe aber subtile Mechanismen entwickelt, deren politische Partizipation zu verhindern, beziehungsweise erwecke durch politische Institutionen wie Parlament und Parteien den Anschein demokratischer Willensbildung. Herbert Marcuse sprach in diesem Zusammenhang von »repressiver Toleranz« und lieferte der Gesellschaftskritik damit einen zentralen Begriff.[26] Eine durch Konsummöglichkeiten befriedigte, ja tranquilisierte Bevölkerung sei zu einer kritischen Gesellschaftswahrnehmung nicht mehr in der Lage. Die zentrale Frage der gesellschaftlichen Auseinandersetzung, des Klassenkampfes, sei nicht mehr die Unterdrückung der Arbeiterklasse, sondern die Frage, ob die Gesellschaft »weiterhin vom Vorrang der Privatentschlüsse, des Profitinteresses und der bürokratischen Verplanung abhängig bleibt«.[27] Eine neue Gesellschaftsordnung dürfe also nicht bei der Revolutionierung der sozioökonomischen und politischen Verhältnisse Halt machen, sondern müsse sich auf die gesamte Lebenswelt des Einzelnen erstrecken: »Alle Tropfen und Rinnsale der sozialen Unzufriedenheit und des Unbehagens an unserer Gesellschaft sollen gesammelt, alle bestehenden Konflikte zum Anlass genommen werden, um gegen die vielfältigen Formen der sozialen Abhängigkeit, der Einschränkung der Freiheit und gegen alle Fälle der Willkür und Unterdrückung, der Ausnutzung und des Missbrauchs zu agitieren, aber nicht dabei stehen zu bleiben.«[28]

Nicht zuletzt aus diesem Gegenwartsbezug heraus verstand sich die Neue Linke nicht als Partei, sondern als Bewegung. Nicht Organisation, sondern Aktion hieß die Devise. Durch unmittelbares Handeln im klaren Gegenwartsbezug wollte sie ihre Gesellschaftskritik artikulieren, die Öffentlichkeit durch zum Teil provozierende Aktionen aufrütteln und zugleich verändern. Wenn die Arbeiterklasse oder das Proletariat die Gesellschaft gar nicht mehr transformieren konnte – weil sie es im Zeichen des erreichten Wohlstands nicht mehr wollte –, brauchte gesellschaftliche Veränderung neue Trägergruppen. Die Neue Linke erkannte diese nicht zuletzt in sich selbst, in der jungen, studierenden Intelligenz, und wusste das damit zu erklären, dass »in einer bürokratischen Gesellschaft die Intellektuellen strategische Nervenpunkte besetzt halten: in der Beamtenschaft, in den Massenmedien, unter den Städteplanern, in Braintrusts, Parteien und Gewerkschaften, unter Jugendfunktionären und Pfarrern, in Schulen und Universitäten und nicht zuletzt unter den Technikern, Juristen und Ärzten«.[29]

Das Zentrum der Neuen Linken war in Deutschland Frankfurt am Main. Hier wirkte das Institut für Sozialforschung mit Max Horkheimer und Theodor Adorno als wichtigstem Ideengeber der sich entfaltenden Bewegung. Frankfurt in den

1960er Jahren war freilich auch, wie es Norbert Frei formuliert hat, »die verdichtete Wirklichkeit einer im Umbruch befindlichen Bundesrepublik«. Es war die amerikanischste aller deutschen Nachkriegsstädte, Hauptquartier der US-Truppen in Europa, Inbegriff des kapitalistischen Wiederaufbaus und des »Wirtschaftswunders«, Sitz einer starken Sozialdemokratie und einer selbstbewussten IG Metall, Ort einer großen jüdischen Vergangenheit, linkskatholischer Gegenwart, radikaldemokratischer Traditionen, wichtiger Verlage und einer ernstzunehmenden Presse. Frankfurt, »das bedeutete satirische Frechheit (seit 1962 in Gestalt von ›Pardon‹) und intellektuellen Anspruch (seit 1963 ›neue kritik‹, seit 1963 ›edition suhrkamp‹, seit 1965 ›Kursbuch‹), Modernität und Konsum, Lust auf das Neue und Bereitschaft zur Veränderung«.[30] Hier fanden die Ideen der Neuen Linken Nahrung. Horkheimer und Adorno mit ihren Mitarbeitern Jürgen Habermas und Oskar Negt waren weit davon entfernt, in ihren Vorlesungen den Umsturz zu predigen und die Revolution zu schüren, aber das Gedankengebäude der Kritischen Theorie, das Horkheimer und Adorno in seinem Kern noch vor der Machtübernahme der Nationalsozialisten und vor ihrer Emigration entwickelt hatten, ließ sich doch – und so wurden gerade die frühen Schriften der beiden Sozialphilosophen rezipiert – in seinen kapitalismuskritischen Gesellschaftsanalysen auf die Realitäten der Nachkriegsgesellschaft beziehen und lieferte gerade wegen seiner Entstehung vor 1933 wichtige Argumente für die Verknüpfung von Kapitalismus und Faschismus. Dass darüber hinaus die Kritische Theorie weit entfernt war von den Doktrinen und Orthodoxien eines parteiförmigen Marxismus, machte sie für die Neue Linke ebenso attraktiv wie die Integration sozialpsychologischer beziehungsweise psychoanalytischer Ansätze, die sich insbesondere im Konzept der »autoritären Persönlichkeit« verdichteten.

In einer ganzen Reihe von Schriften hatten Vertreter der Kritischen Theorie schon seit den 1930er Jahren eine durch die Gesellschaft vermittelte und stabilisierte autoritäre Charakterstruktur des Menschen als eine Bedingung für den Aufstieg und die Verbrechen des Nationalsozialismus identifiziert. Um aber zu erreichen, dass »Auschwitz sich nicht wiederhole, nichts Ähnliches geschehe«, wie Adorno 1966 schrieb, sei es notwendig, das Individuum gleichsam zu immunisieren gegen die Wirkungen autoritärer Strukturen in der Gesellschaft.[31] Die Studentenbewegung griff das begierig auf. Zunächst kritisierte man vor allem das westdeutsche Universitätssystem, prangerte mit dem Slogan »Unter den Talaren – Muff von tausend Jahren« seine fortdauernde NS-Belastung an und sprach sich für Demokratisierung, die Aufhebung von Abhängigkeitsverhältnissen, für Teilhabe und die Überwindung autoritärer Strukturen an den Hochschulen aus.[32] Aber schon bald geriet die Gesellschaft insgesamt in den Fokus der Studenten: »Wir in einer autoritären Gesellschaft aufgewachsenen Menschen«, formulierte Rudi Dutschke, »haben nur eine Chance, unsere autoritäre Charakterstruktur aufzubrechen, wenn wir es lernen, uns in dieser Gesellschaft zu bewegen als Menschen, denen diese Gesellschaft gehört, denen sie nur verweigert wird durch die bestehenden Macht- und Herrschaftsstrukturen.«[33]

Der Studentenprotest erwuchs aus ganz unterschiedlichen Motiven, was es unmöglich macht, die Ziele der 68er-Bewegung auf einen Punkt zu bringen. Aber alle diese einzelnen Interessen einte ihre antiautoritären Stoßrichtung, die Ablehnung bestehender Autoritätsverhältnisse, wo immer man sie erkannte: im politischen System, in der Wirtschaftsordnung, an der Universität, in der Familie und im Individuum selbst. Es ging um Widerstand gegen diese autoritären Strukturen, um Befreiung und Selbstbestimmung. Antiautoritäres Handeln nicht zuletzt durch gezielte Provokation wurde zu einer zentralen Maxime der Bewegung, die ein enormes Mobilisierungspotential entfaltete. Zugleich sollten – das war von Anfang an mitgedacht – die Reaktionen auf die Provokationen die Provokateure bestätigen, indem sie das Repressionspotential enthüllten, das in den autoritären Institutionen enthalten war.[34] Darüber hinaus sollte der Antiautoritarismus aber auch Konstitutionsprinzip einer neuen, einer anderen Gesellschaft sein, deren Umrisse sich in antiautoritären Institutionen der Studentenbewegung abzeichneten: Kommunen, Kinderläden, Gegenuniversitäten.

Der Kampf gegen Repression und autoritäre Strukturen machte bei der Gesellschaft der Bundesrepublik nicht Halt. Er zielte ins Globale und schuf globale Netzwerke. Nicht nur die deutsche Neue Linke solidarisierte sich mit den Unterdrückten in der »Dritten Welt« und den Befreiungsbewegungen in Asien, Afrika und Lateinamerika.[35] Man bekämpfte vor allem diejenigen autoritären Regime, die nach Ende des Kolonialismus überall in der »Dritten Welt« entstanden waren. Nominell unabhängige Staaten, so sah man es, würden von autokratischen Machthabern beherrscht, die sich ihrer politischen Gegner brutal und skrupellos entledigten, um sich persönlich bereichern zu können. Diese Machthaber seien nichts anderes als neokolonialistische Marionetten des Kapitalismus.

Vor diesem Hintergrund war es wenig überraschend, dass die westdeutsche Studentenbewegung sich anlässlich des Besuches von Kongos Ministerpräsident Moise Tschombé in der Bundesrepublik 1964 in Berlin zu Demonstrationen zusammenfand. Tschombé, den man für die Ermordung seines Amtsvorgängers und linken politischen Gegners Patrice Lumumba verantwortlich machte, verkörperte in den Augen der Studenten wie kein Zweiter den Typus des korrupten Potentaten, der sich in seinem Land nur an der Macht halten konnte, weil er von den kapitalistischen Staaten des Westens unterstützt wurde.

Der Vietnam-Krieg war Wasser auf die Mühlen solcher Argumente, und er bestätigte der Neuen Linken zugleich die Rolle der USA als globale Vormacht des Kapitalismus, die vor Gewalt und Krieg nicht zurückschreckte, wenn es darum ging, den Kapitalismus auch in der »Dritten Welt« durchzusetzen. Wenngleich sich der Antiamerikanismus der Studentenbewegung auch aus anderen Quellen speiste, beispielsweise der Kritik an der Rassendiskriminierung in den USA, wurde doch die internationale Politik der Vereinigten Staaten zu seinem entscheidenden Motiv. In den Berichten über die amerikanische Kriegführung in Vietnam, über Flächenbombardements, Napalmbomben, den Einsatz hoch toxischer Entlaubungsmittel (Agent Orange) und über Massaker an der vietnamesischen Zivilbevölkerung (My Lai) fand dieser Antiamerikanismus immer wieder Nahrung.

Das kriegführende Amerika stand stellvertretend für die Natur westlich-kapitalistischer Staaten insgesamt. Wenn man die USA kritisierte, wenn man auf die Unterdrückung der Menschen in der »Dritten Welt« hinwies, kritisierte man zugleich die eigene Gesellschaft. Sich mit den linken Befreiungsbewegungen in der »Dritten Welt« zu solidarisieren, ja sich mit diesen im gleichen Kampf zu sehen, war die logische Konsequenz. Um Befreiung ging es hier wie dort. Nur so ist auch zu erklären, warum der Brief des lateinamerikanischen Revolutionärs und Guerillaführers Ernesto Che Guevara an die Solidaritätsorganisationen der Völker Asiens, Afrikas und Lateinamerikas »Schaffen wir zwei, drei, viele Vietnam« (1967) oder Frantz Fanons Manifest »Die Verdammten dieser Erde« (1961) in den Studentenbewegungen Westeuropas und Nordamerikas auf so große Resonanz stieß.

Che Guevaras Texte, aber auch Schriften Ho Chi Minhs und die in der »Mao-Bibel« handlich zusammengestellten Worte des großen Vorsitzenden Mao Zedong, die häufig zitiert, aber selten verstanden wurden, verkündeten eine linke Gesellschaftstheorie, die Gewalt als Mittel der Auseinandersetzung rechtfertigte und den Übergang zum Guerillakrieg als Mittel zu Revolution und Befreiung nahezulegen schien. Spätestens nach dem Attentat auf Rudi Dutschke wuchs die Gewaltbereitschaft in der westdeutschen Studentenbewegung, parallele Entwicklungen lassen sich aber auch in anderen westeuropäischen Ländern verfolgen. Wo endete die »Gewalt gegen Sachen«, wo begann »Gewalt gegen Menschen«? In der Übernahme von Guerilla-Konzepten und der Ausrufung des bewaffneten Kampfes weltweit lagen die Ursprünge des westdeutschen Linksterrorismus, der zwar nicht einfach eine Fortentwicklung der Studentenbewegung war, aber ohne deren revolutionären Internationalismus nicht zu erklären ist.

Studentenbewegung und APO

Die westdeutsche Studentenbewegung war vielgestaltig. Eine einheitliche Organisation hatte sie nicht. In ihrem politischen Zentrum stand der Sozialistische Deutsche Studentenbund (SDS). In seinen Veranstaltungen und Publikationen entwickelte sich das politische Profil der Bewegung, hier wurden die Ideen der Neuen Linken auf die politischen und gesellschaftlichen Realitäten der Bundesrepublik bezogen.

Die schon 1946 gegründete Hochschulorganisation der SPD hatte innerhalb der westdeutschen Sozialdemokratie stets eher linke Positionen vertreten. Dennoch galt die Studentenorganisation, deren Vorsitzender zeitweilig auch Helmut Schmidt war, nicht als eigenständiges politisches Kraftzentrum innerhalb der Partei, sondern eher als Nachwuchsorganisation und auch als Rekrutierungsbasis der Mutterpartei. In der Auseinandersetzung um das Godesberger Programm der SPD, über ihre Lösung vom Marxismus und vom Klassenkampfdenken hatten sich der SDS und insbesondere sein Bundesvorstand Ende der 1950er Jahre allerdings sehr weit links positioniert und waren zudem, insbesondere über den Bundesvorsitzenden Oswald Hüller, unter starken Einfluss der DDR geraten. Immer schärfer distanzierte man sich von der Godesberger Programmatik der Sozialdemokratie und damit von der SPD selbst. Der Konflikt war vorprogrammiert. Schon im Frühjahr 1960 trennten sich mehrere Gruppen, die den Kurs der SPD loyal mit trugen, vom SDS und gründeten den Sozialdemokratischen Hochschulbund (SHB). Kurze Zeit später, im Juli 1960, brach die SPD ihre organisatorischen und finanziellen Beziehungen zum SDS ab; ein formaler Beschluss über die Unvereinbarkeit der Mitgliedschaft in SPD und SDS folgte 1961. Professoren wie Wolfgang Abendroth und Ossip K. Flechtheim, die sich mit dem SDS solidarisierten, wurden aus der SPD ausgeschlossen.

Der finanziell auf schwachen Füßen stehende SDS war nun zunächst darum bemüht, sich als Neue Linke in der Bundesrepublik zu profilieren. Die endlosen Theoriediskussionen, die man intern führte, konnten jedoch kaum größere Aufmerksamkeit auf sich ziehen, und auch die Forderung nach einer »Demokratisierung« der Universitäten, der Umsetzung der Ideen der Neuen Linken im Hochschulalltag, wirkte über die Hochschulen kaum hinaus. Die Kritik des SDS an den angeblich autoritären Strukturen der westdeutschen Gesellschaft stieß erst auf größeren Widerhall, als in der zweiten Hälfte der 1960er Jahre die Verabschiedung einer Notstandsverfassung auf die politische Agenda rückte.

Politische Initiativen der Bundesregierung, ein Notstandsrecht in die Verfassung aufzunehmen, hatte es schon seit den späten 1950er Jahren gegeben, doch erst als die SPD von 1964 an Bereitschaft signalisierte, einem einvernehmlich konzipierten Notstandsrecht zuzustimmen und damit die für die Änderung des Grundgesetzes nötige Zwei-Drittel-Mehrheit zu schaffen, gewann dieses Vorhaben an Gestalt. Im Plan einer Notstandsverfassung, durch die der Bundesregierung für den Fall des inneren oder äußeren Notstands außerordentliche Handlungsbefugnisse eingeräumt werden sollten, sah nicht nur der SDS einen Beleg für den autoritären Charakter beziehungsweise die autoritären Absichten der politischen Elite der Bundesrepublik. Die Gewerkschaften hegten schon seit längerer Zeit die Befürchtung, dass mit der Änderung des Grundgesetzes das Streik- und Koalitionsrecht ausgehebelt werden sollte. Weitere Kritiker waren Hochschullehrer, Künstler, Schriftsteller, Repräsentanten des Protestantismus, Sozialdemokraten, die den Kurs ihrer Partei nicht billigten, sowie Angehörige der Ostermarschbewegung aus den späten 1950er Jahren, die sich mittlerweile als »Kampagne für Abrüstung« bezeichneten. Gerade die Ostermarschierer trugen die Fackel des außerparlamentarischen Protests aus den 1950er in die 1960er Jahre.

Im Mai 1965 wurde in Berlin ein Kongress »Demokratie vor dem Notstand« abgehalten, der die unterschiedlichen Gegner einer Notstandsverfassung zusammenführte. Wenige Tage zuvor hatte sich bereits in Frankfurt ein »Aktionsausschuss gegen die Notstandsgesetze« gegründet, an dem der SDS führend beteiligt war. Obwohl der SDS in der Auseinandersetzung mit der geplanten Notstandsgesetzgebung die radikalste Position vertrat, indem er ein Notstandsrecht komplett ablehnte und diese Ablehnung überdies mit einer extremen Gesellschaftskritik verknüpfte, wurde der Studentenverband zur treibenden und zur führenden Kraft der Außerparlamentarischen Opposition (APO), die sich in der Auseinandersetzung mit den Notstandsgesetzen formierte. Im Herbst 1966 – am Horizont zeichnete sich bereits eine Große Koalition ab – bildete sich das Kuratorium »Notstand der Demokratie«, dessen erster Sekretär der SDS-Vorsitzende Helmut Schauer wurde, obwohl das Kuratorium organisatorisch und finanziell hauptsächlich von der IG Metall getragen wurde. Der SDS war damit ins Zentrum der politischen Entwicklungen in der Bundesrepublik gerückt. Das machte den Studentenverband bekannt und steigerte seine Attraktivität.

Die Gesellschaftsvorstellungen der einzelnen APO-Gruppen trennten Welten, doch im Kampf gegen die Notstandsgesetze verband sie der gemeinsame Bezug auf die nationalsozialistische Vergangenheit und den Untergang, ja die Zerstörung der Weimarer Demokratie. Die Schärfe der Ablehnung einer Verfassungsänderung und das Bündnis ganz unterschiedlicher gesellschaftlicher Kräfte sind ohne diesen geschichtspolitischen Bezug nicht zu verstehen. Auf dem Berliner Kongress »Demokratie vor dem Notstand« hatten linke und linksliberale Hochschullehrer, unter ihnen der Zeithistoriker Karl Dietrich Bracher, der Politologe Wolfgang Abendroth und der Theologe Helmut Gollwitzer gewarnt: »Ausnahmegesetze sind – wir haben es schon einmal erlebt – der Tod der Demokratie. Sie sind es auch dann, wenn sie im Namen der Demokratie beschlossen werden.«[36] Ein Jahr später, im Oktober 1966, als sich die Gegner der Notstandsgesetze in Frankfurt versammelten, begann der Philosoph Ernst Bloch seine Rede auf der Abschlusskundgebung mit den Worten: »Wir kommen zusammen, um den Anfängen zu wehren.« Er erinnerte an das Ermächtigungsgesetz von 1933, nach dessen ausgedehntem Gebrauch »nicht nur die Schornsteine der Industrie geraucht haben«.[37] Die nationalsozialistische Vergangenheit war in der Auseinandersetzung über die Notstandsverfassung allgegenwärtig. Dass ihre Gegner die Notstandsgesetze als »NS-Gesetze« bezeichneten, war mehr als nur ein Sprachspiel. Mit den Notstandsgesetzen, die nicht nur Bloch mit dem Ermächtigungsgesetz verglich, hatte sich in den Augen der Studenten das »System« der Bundesrepublik endgültig als faschistisch entlarvt.

Dass der neue Bundeskanzler der Bundesrepublik, der CDU-Politiker Kurt Georg Kiesinger, Mitglied der NSDAP und während des Krieges Angehöriger des Auswärtigen Amtes gewesen war, passte nur zu gut in dieses Bild. Und dass sich die SPD unter Willy Brandt, der nun Vizekanzler und Außenminister wurde, auf eine Koalition unter diesem Kanzler eingelassen hatte, bestätigte diejenigen in ihrer Meinung, die Sozialdemokratie habe sich durch das kapitalistische System korrumpieren lassen. Auch dass Franz Josef Strauß, der während der »*Spiegel*-Affäre« 1962 die Normen des Grundgesetzes »nicht kleinlich gehandhabt hat«, wie es Jürgen Habermas ausdrückte, mit Billigung der SPD wieder zum Bundesminister avancieren konnte, fügte sich in diese Wahrnehmung. Im Bundestag verfügte die Große Koalition über eine erdrückende Mehrheit, was die parlamentarische Opposition der FDP zwar aufwertete, aber zugleich zur Wirkungslosigkeit verdammte. Vor diesem Hintergrund, aber auch auf Grund der Wahlerfolge der NPD gewann die Außerparlamentarische Opposition seit Ende 1966 geradezu schlagartig an Bedeutung, und die Studentenbewegung fand nun in der Tagespolitik der Bundesrepublik reichlich Anlässe und Belege für ihre Gesellschaftskritik.

War Frankfurt das intellektuelle Zentrum der Studentenbewegung, so wurde spätestens Mitte des Jahrzehnts West-Berlin zum Zentrum ihrer Aktionen. Die Teilung der Stadt, ihre Insellage, ihre Wahrnehmung als Frontstadt im Kalten Krieg oder als Fenster des Westens in Richtung Osten sowie die Präsenz der drei Westmächte schufen ein besonderes politisches Klima. Als der Rektor der Freien Universität den Studenten im Mai 1965 eine zum 20. Jahrestag des Kriegsendes geplante Veranstaltung zum Thema »Restauration oder Neubeginn« untersagte, weil der als Redner eingeladene Publizist Erich Kuby die FU »verunglimpft« habe – Kuby hatte die nach dem Zweiten Weltkrieg mit amerikanischer Unterstützung gegründete West-Berliner Universität mit der Humboldt-Universität im Osten der Stadt verglichen –, erhob sich massiver Protest. Wie in Berkeley schien nun auch in Berlin das Recht auf freie Rede ein zentrales Thema des Protests geworden zu sein. Die Berliner Studenten setzten sich mit den Protestmethoden ihrer kalifornischen Kommilitonen gegen die Maßnahmen der Universitätsleitung zur Wehr. Eine *picketing line* wurde errichtet, Tausende von Studenten beteiligten sich an einer großen Plakatmalaktion, und am Otto-Suhr-Institut für Politikwissenschaft wurde ein Vorlesungsstreik ausgerufen. Der Konflikt um die Verlängerung der Anstellung des politikwissenschaftlichen Assistenten Ekkehart Krippendorff, der die Leitung der FU beschuldigte, eine Einladung von Karl Jaspers verhindert zu haben, sorgte für weiteren Zündstoff. Die West-Berliner Studentenschaft war Mitte 1965 in Bewegung geraten, und ihre Kritik an der Berliner Universität, ihrer Spitze und ihren Professoren ging schon bald über rein hochschulpolitische Anliegen weit hinaus.

West-Berlin wurde allmählich zum Zentrum des studentischen Protests gegen den Vietnam-Krieg. Das schuf in der geteilten Stadt, in der die USA nicht nur als Besatzungs-, sondern – in der Wahrnehmung der Bevölkerung – spätestens seit der Blockade von 1948/49 als Schutzmacht präsent waren, neues Konfliktpotential. Wenige Jahre zuvor hatte John F. Kennedy das Band zwischen den West-Berlinern und den USA durch sein Bekenntnis »Ich bin ein Berliner!« noch gestärkt, nun standen die USA wegen des Krieges in Vietnam im Kreuzfeuer der Kritik. Die Studenten wollten die Kriegführung der USA in Indochina nicht billigen, und sie verurteilten einen blinden Antikommunismus. Der studentische Protest richtete sich nicht nur allgemein gegen die Vereinigten Staaten, sondern auch gegen diejenigen Medien, allen voran die Zeitungen des Springer-Konzerns, welche die Bevölkerung antikommunistisch und proamerikanisch indoktrinierten, indem sie immer wieder die Lage in Südvietnam mit der in West-Berlin gleichsetzten.

Im Laufe des Jahres 1966 verschärfte sich die Lage. Große Demonstrationszüge zogen über den Kurfürstendamm; Transparente verurteilten den »Mord durch Napalmbomben« oder forderten »Amis raus aus Vietnam!«. Amerikanische Einrichtungen wurden mit Eiern oder Tomaten beworfen. Das nimmt sich aus heutiger Sicht harmlos aus, aber in der Wahrnehmung der Zeit rührten die Demonstranten mit ihrer Amerika-Kritik und ihrem unverhohlenen Antiamerikanismus an einen politischen Grundkonsens der Bundesrepublik: die unverrückbare Freundschaft mit den Vereinigten Staaten. Viele junge Demonstranten konnten nicht verstehen, dass es zur Staatsräson der Bundesrepublik gehören sollte, die Politik der USA weltweit zu unterstützen, selbst wenn diese einen brutalen Krieg führten. Entscheidend für die weitere Verschärfung der Studentenunruhen war, dass der Protest der jungen Generation am Antikommunismus und Proamerikanismus der westdeutschen politischen Eliten und an großen Teilen der Massenmedien schlicht abzuprallen schien. Ihre moralisch wie politisch legitime Kritik wurde dort pauschal mit dem Vorwurf des politischen Radikalismus belegt. Profitieren konnten davon letztlich nur die tatsächlich Radikalen.

Während des gesamten Jahres 1966 riss in Berlin der Protest nicht ab. Immer neue Formen der Provokation ließen sich die Studenten einfallen, die zweifellos stark vom Antiautoritarismus der Neuen Linken geprägt waren, von der Überzeugung, durch provozierende Aktionen nicht nur auf sich aufmerksam zu machen, sondern den wahren Charakter des »Systems« zu enthüllen. Nicht angekündigte und angemeldete Demonstrationszüge, sogenannte »Spaziergangsproteste«, sollten beispielsweise »die versteinerte Legalität lächerlich machen, ... das Irrationale der rationalen Ordnung bloßlegen, ... durch Spaß zeigen, dass die Vor- und Leitbilder dieser Gesellschaft Narren sind«.[38] Die öffentlich inszenierte Einrichtung der Kommune 1 gehörte ebenso zum provozierenden Arsenal wie der Plan eines Pudding-Attentats auf den amerikanischen Vizepräsidenten Hubert Humphrey, der Berlin im Frühjahr 1967 einen Besuch abstattete.

Provokation und Eskalation

»Ohne Provokationen werden wir überhaupt nicht wahrgenommen«, erklärte damals der Berliner Soziologie-Student Rudi Dutschke, der innerhalb kürzester Zeit zur Figur der West-Berliner Studentenbewegung wurde. Der 1940 in Luckenwalde geborene und in der DDR aufgewachsene Dutschke hatte nach dem Abitur den Wehrdienst in der Nationalen Volksarmee verweigert, durfte daraufhin in der DDR nicht studieren und floh noch vor dem Mauerbau im August 1961 nach West-Berlin. Zusammen mit seinem Kommilitonen Bernd Rabehl fand er 1964 zunächst Anschluss an die von München aus agierende »Subversive Aktion« des Studenten Dieter Kunzelmann, die durch Aktionen und Provokationen die reine Theoriedebatte der Neuen Linken durchbrechen und es nicht bei Gesellschaftskritik belassen, sondern die Gesellschaft verändern wollte. Dutschke, der sich später von Kunzelmann löste, brachte zusammen mit Rabehl die Strategie der Aktion und einen programmatischen Antiautoritarismus in den SDS, dessen politischem Beirat in Berlin er angehörte. Unter dem Einfluss von Dutschke veränderte sich der SDS, der wohl ohne ihn nicht zu einer so zentralen Position innerhalb von Studentenbewegung und APO hätte gelangen können. Er war ein begnadeter Redner, dennoch sahen nicht nur seine Gegner in ihm einen – auch gefährlichen – Demagogen.

Rudi Dutschke hat die Studentenbewegung mobilisiert, zu deren Führungsfigur er innerhalb kürzester Zeit aufstieg. Er wurde sogar zum Medienstar und brachte es bis auf die Titelseite des amerikanischen Magazins *Time* sowie der deutschen Zeitschrift *Capital*. Zugleich trug er mit seiner aggressiven Rhetorik dazu bei, weite Teile der westdeutschen Bevölkerung gegen sich und gegen die Studentenbewegung insgesamt einzunehmen.

In Berlin, wo die Springer-Presse, allen voran die *Bild*-Zeitung, ununterbrochen gegen Dutschke und die Studentenbewegung hetzte, stieg in den ersten Monaten des Jahres 1967 der Druck wie in einem Kessel. Die Studenten riefen zu immer neuen Protestaktionen auf, die Zusammenstöße mit einer offenkundig überforderten Polizei mehrten sich und wurden schärfer, die Lage war gespannt.

Ein Aufenthalt in der geteilten Stadt gehörte damals zum Pflichtprogramm bei Staatsbesuchen. Die Bundesregierung wollte damit die Zugehörigkeit West-Berlins zur Bundesrepublik bekräftigen, aber auch auf die fortdauernde Teilung Deutschlands aufmerksam machen, indem sie ihren ausländischen Gästen die Mauer zeigte und ihnen damit einen Eindruck vom unmenschlichen Gesicht des Kommunismus verschaffte. Eines solchen Anschauungsunterrichtes bedurfte der Schah von Persien wohl nicht, der im Iran an der Spitze eines strikt antikommunistischen und von den USA militärisch wie wirtschaftlich unterstützten autoritären Regimes stand, dennoch stattete er Anfang Juni 1967 der geteilten Stadt seinen Pflichtbesuch ab.

Für die Berliner Studenten war der persische Herrscher der Prototyp des prowestlichen Diktators, der seine politischen Gegner verfolgte, sich nur mit Hilfe Amerikas an der Macht halten konnte, dafür aber dem Westen seine Rohstoffvorkommen, in diesem Fall das Erdöl, ausbeuten ließ. So war es nicht verwunderlich, dass demonstrierende Studenten den Schah vor dem Schöneberger Rathaus erwarteten, wo ihn der Regierende Bürgermeister Heinrich Albertz (SPD), der Nachfolger Willy Brandts, willkommen hieß. Es trug nicht zur Deeskalation bei, dass Gegendemonstranten, unter ihnen Angehörige des persischen Geheimdienstes, dem Schah nicht nur ostentativ zujubelten – »Jubelperser« –, sondern prügelnd auf die Studenten losgingen, die gegen das »Folterregime« protestierten.

Während der Staatsgast am Abend in Begleitung des Bundespräsidenten einer Aufführung der »Zauberflöte« in der Deutschen Oper beiwohnte, kam es vor dem

Opernhaus zu neuen Krawallen und Auseinandersetzungen mit der Polizei, die mit aller Macht versuchte, die Menschen auseinanderzutreiben. Zivile Greiftrupps verfolgten die Demonstranten und trieben sie in die Enge. Es fielen Schüsse. Das erste Todesopfer der Studentenunruhen war zu beklagen. Aus nächster Nähe hatte ein Polizist den Studenten Benno Ohnesorg, der zum ersten Mal an einer Demonstration teilnahm, in den Hinterkopf getroffen. Ohnesorg war sofort tot.

Die Stellungnahmen zu dem Ereignis ließen deutlich zwei Lager erkennen: Der Polizeibeamte behauptete, der Schuss habe sich versehentlich aus seiner Pistole gelöst, der Regierende Bürgermeister Albertz erklärte, der Schuss gehe auf das »Konto« der Demonstranten, und die B.Z. des Springer-Konzerns meldete, ein anderer Demonstrant habe Ohnesorg getötet. Aus Sicht der Studenten und derjenigen, die auf ihrer Seite standen, hatte der Staat sein wahres Gesicht gezeigt. Günter Grass sprach vom »ersten politischen Mord in der Bundesrepublik«, Theodor Adorno ließ verlauten: »Die Studenten haben so ein wenig die Rolle der Juden übernommen.« Von einer »faschistoiden Verschwörung des Senats« war die Rede, und vor dem Hintergrund der Ablehnung der Notstandsgesetze sah man in dem Schusswaffengebrauch der Polizei auch die logische Folge eines »nicht erklärten Notstands« in West-Berlin.[39] Der Kulturkorrespondent der *FAZ* erklärte, die Polizei habe »nicht nur im Affekt, sondern ohne gravierende Notwendigkeit mit Planung einer Brutalität den Lauf gelassen, wie sie bisher nur aus Zeitungsberichten über faschistische oder halb faschistische Länder bekannt wurde«.[40]

Die Studentenbewegung hatte einen Märtyrer. Der Tod Benno Ohnesorgs führte ihr neue Sympathisanten zu, verbreitete ihre Basis und trug dazu bei, dass sich der Protest von West-Berlin aus auf das gesamte Bundesgebiet ausweitete. 65 Prozent aller Studenten bezeichneten sich nun als »politisiert«. Im öffentlichen Sprachgebrauch wurde erst jetzt aus der ›Unruhe der Studenten« die »Studentenbewegung«.[41]

Wenn wir von der 68er-Generation sprechen, dann war der 2. Juni 1967 das generationsstiftende Ereignis. Der Schock, ja das Entsetzen über Ohnesorgs Tod schien förmlich zur politischen Stellungnahme und zum gesellschaftlichen Engagement zu zwingen. Aus den Studenten, denen Ludwig v. Friedeburg 1965 abgesprochen hatte, »ein Ferment produktiver Unruhe« zu sein, denen er unterstellt hatte, es ginge ihnen nur darum, sich in der Welt, »so wie sie nun einmal ist, angemessen und distanziert einzurichten«, hatte sich 1967 die wichtigste Trägergruppe gesellschaftlichen und politischen Wandels entwickelt. Dabei waren wohl nur etwa fünf bis zehn Prozent der demographischen Altersgruppe der Studenten im engeren Sinne politisch aktiv, und die Zahl der eigentlichen Aktivisten war mit etwa

5000 relativ gering. Rechnet man jedoch diejenigen hinzu, die den Protest mit trugen sowie die ungleich größere Zahl der Sympathisanten, nicht wenige von ihnen in wichtigen gesellschaftlichen Multiplikatorfunktionen, dann wird deutlich, warum die Studentenbewegung insbesondere zwischen Frühjahr 1967 und Ende 1968 eine solche Wirkung entfalten konnte.

Innerhalb des SDS – beileibe nicht in der gesamten Studentenbewegung – führte der Tod Ohnesorgs zu einer politischen Radikalisierung. Man wollte den »Widerstand« organisieren, Rudi Dutschke und andere riefen nun, ohne das freilich näher zu präzisieren, zu »direkter Aktion« auf und erklärten, dass die »materiellen Voraussetzungen für die Machbarkeit unserer Geschichte« gegeben seien. War das ein Aufruf zur Gewalt? Welche Widerstandsformen wollte man legitimieren? Auf einem SDS-Kongress in Hannover am Tag nach der Beisetzung Ohnesorgs bestritt Jürgen Habermas, Nachfolger Max Horkheimers in Frankfurt, das Vorhandensein einer revolutionären Situation. In scharfer Form kritisierte er die unklare Haltung Dutschkes in der Gewaltfrage und hielt diesem seine voluntaristische Ideologie vor, die er als »linken Faschismus« verurteilte.[42]

Anderenorts ging man sehr viel weniger differenziert mit dem Faschismus-Begriff um, rückte den politischen Gegner nicht nur in die Nähe eines eher abstrakten Faschismus, sondern auch des deutschen Nationalsozialismus, der immer noch allgegenwärtig war. In den Wochen und Monaten nach dem 2. Juni 1967 verglichen die Studenten die Situation in der Bundesrepublik immer wieder mit den bürgerkriegsähnlichen Zuständen in Deutschland am Ende der Weimarer Republik, unmittelbar vor der Machtübernahme der Nationalsozialisten. Solche Vergleiche kamen jedoch nicht nur den Studenten in den Sinn, auch die Springer-Presse stellte sie an. In der *Bild*-Zeitung war zu lesen: »Wir haben etwas gegen SA-Methoden.« Und: »Die Deutschen wollen keine braune und keine rote SA. Sie wollen keine Schlägerkolonnen, sondern Frieden.«[43]

Solche Vergleiche führten dazu, dass die Angriffe der Studenten sich zunehmend gegen die Springer-Medien richteten. Im *Spiegel* eröffnete Rudi Dutschke eine »Enteignet Springer«-Kampagne, weil er in der Springer-Presse und ihrer Berichterstattung einen entscheidenden Grund dafür erblickte, dass es noch nicht zu einer Solidarisierung zwischen der studentischen Opposition und der restlichen Bevölkerung gekommen sei.[44] Nicht alle Kritiker des Springer-Verlages und Axel Springers persönlich gingen so weit wie Dutschke, aber selbst der liberale Zeithistoriker Karl Dietrich Bracher, einer der besten Kenner der Geschichte der Weimarer Republik, zog Parallelen zu den »Hetzkampagnen der Hugenberg-Presse …, an der einst die Weimarer Republik zerbrach«.[45]

Auch wenn die Studentenbewegung in der linken und linksliberalen Presse durchaus Unterstützung fand, so bildete doch ein durch die Springer-Zeitungen vergiftetes öffentliches Klima den Hintergrund für die weiteren Entwicklungen der Jahre 1967 und 1968, in denen die Studenten sich radikalisierten und die Gewalt eskalierte.

Die Massenmedien – und nicht nur jene, die sich gegen die Studenten stellten – verschafften den Studenten und ihrem Protest eine erhebliche Breitenwirkung. Die Protagonisten der Bewegung, von denen nicht wenige auf der Klaviatur medialer Selbstinszenierung meisterlich zu spielen wussten, bezogen das in ihre Überlegungen und ihr Handeln stets mit ein. In den etwa eineinhalb Jahren nach dem Tod Ohnesorgs verging in der Bundesrepublik kaum ein Tag, an dem Presse, Funk und Fernsehen nicht über die Studentenbewegung berichteten.

Seit dem 2. Juni 1967 machte die Studentenopposition ihrer Unzufriedenheit noch heftiger Luft. Eine Protestveranstaltung folgte der anderen. Anlässe fand man genug. Sie reichten von der Notstandsgesetzgebung, die weiterhin über den Kreis der protestierenden Studenten hinaus mobilisierend wirkte, bis hin zum Vietnam-Krieg, der mit der vietnamesischen Tet-Offensive Anfang 1968 in eine neue Phase eintrat. Ein Internationaler Vietnam-Kongress in Berlin mit Tausenden von Teilnehmern aus dem In- und Ausland zeigte, dass die Studentenbewegung in der Bundesrepublik nicht an Kraft verloren hatte und in ein internationales Netzwerk des Protests eingebunden war.

Kongresse und Diskussionen reichten den radikalen Angehörigen der Bewegung bald nicht mehr. Schon 1967 war in Brüssel ein Kaufhaus aus Protest gegen den Krieg in Vietnam in Brand gesteckt worden. Ein Jahr später, Anfang April 1968, brannten in Frankfurt zwei Kaufhäuser. Unter den Brandstiftern waren mit Gudrun Ensslin und Andreas Baader zwei später führende Terroristen der »Rote Armee Fraktion« (RAF). Sie erklärten, sie hätten die Kaufhäuser niederbrennen wollen »aus Protest gegen die Gleichgültigkeit gegenüber dem Krieg in Vietnam«.[46] In Frankfurt begann ihr Weg in die Gewalt. Bestätigt fühlten sie sich in ihrer Wendung zur Gewalt – erst gegen Sachen, bald schon gegen Menschen – durch den Hass und die Gewalt, die der Studentenbewegung entgegenschlugen. Die Welle des Hasses erreichte einen neuen Höhepunkt, als Josef Bachmann, ein junger Rechtsradikaler, am Gründonnerstag 1968 in Berlin ein Attentat auf Rudi Dutschke verübte. Dutschke überlebte, doch er starb elf Jahre später, 1979, an den Spätfolgen der schweren Verletzungen, die er durch die Revolverschüsse erlitten hatte.

Zu Ostern 1968 kam es überall in der Bundesrepublik zu Kundgebungen und

Demonstrationen, die begleitet waren von schweren Ausschreitungen und Straßenschlachten mit der Polizei. Hunderttausende gingen auf die Straße. In der Überzeugung, dass »*Bild* mitgeschossen« habe, richtete sich der Zorn der Studenten vor allem gegen Einrichtungen des Springer-Konzerns. Büros und Redaktionen des Verlags wurden belagert, Auslieferungsdepots blockiert. Bei diesen Unruhen, den schwersten seit Bestehen der Bundesrepublik, wurden über 400 Menschen verletzt, ein Fotograf und ein Student kamen durch Wurfgeschosse von Demonstranten ums Leben.

Mit den Unruhen fügte sich die Bundesrepublik in das internationale Bild. In den USA brachen 1968 nach der Ermordung des schwarzen Bürgerrechtlers Martin Luther King schwere Unruhen aus. In Rom stürmten Studenten der Universität im März 1968 die Fakultät für Architektur in der Valle Giulia, die daraufhin von der Polizei mit Gewalt geräumt wurde. Selbst in Großbritannien, bislang kein Zentrum gewaltsamen Protestes, kam es im selben Monat vor der amerikanischen Botschaft am Londoner Grosvenor Square zu Straßenschlachten zwischen Demonstranten und der Polizei. Frankreich erreichte diese Entwicklung erst relativ spät, doch dann eskalierten die Auseinandersetzungen zwischen protestierenden Studenten und dem Staat dort innerhalb kürzester Zeit.

Zu den Wortführern des französischen Studentenprotests gehörte der deutschfranzösische Soziologiestudent Daniel Cohn-Bendit, dessen Eltern 1933 als Juden und Kommunisten nach Frankreich emigriert waren. Er wurde im Frühjahr 1968 ein wichtiges Bindeglied zwischen der französischen und der deutschen Studentenbewegung. Nachdem die Polizei die Sorbonne abgeriegelt hatte, errichteten Studenten in der Nacht vom 10. auf den 11. Mai 1968 überall im Pariser Quartier Latin Barrikaden. Als der französische Innenminister die Räumung anordnete, kam es zu gewaltsamen Auseinandersetzungen zwischen den Studenten und den Ordnungskräften, deren Militanz alles überbot, was es in europäischen Städten bis dahin gegeben hatte. Autos wurden in Brand gesteckt, Pflastersteine und Molotow-Cocktails flogen, Hunderte von Demonstranten und Polizisten erlitten Verletzungen.

Der Barrikadenkampf in Paris war der Auftakt zu einer schweren französischen Staatskrise. In einem Generalstreik solidarisierten sich die Parteien der französischen Linken und die Gewerkschaften mit den Studenten. Was als Protest gegen die Zustände an französischen Universitäten begonnen hatte, wurde zu einer Massenbewegung gegen den Gaullismus und die Präsidentschaft Charles de Gaulles. Der Staatspräsident, der das Land verließ – zu den französischen Truppen nach Baden-Baden –, kehrte zwar bald nach Paris zurück, und der Aufruhr endete, doch der Pariser Mai markierte den Anfang vom Ende der Ära de Gaulle. Im folgenden Jahr trat der General nach einem gescheiterten Referendum vom Amt des Präsidenten zurück. Sein Nachfolger wurde Georges Pompidou, der als Premierminister in den Maitagen 1968 politisch zu vermitteln versucht hatte, während de Gaulle selbst kompromisslos hart aufgetreten war.

An einen Generalstreik wie in Frankreich, an einen Schulterschluss von Studenten und Arbeitern, wie ihn nicht nur Rudi Dutschke herbeizureden suchte, war in Deutschland nicht zu denken. Zwar solidarisierten sich nach dem französischen Mai einige Gewerkschaftsvertreter und Betriebsräte mit der Studentenbewegung, doch zu dem Generalstreik, zu dem Studenten für den 29. Mai vor den Fabriktoren aufriefen, kam es nicht. Anders als der Pariser Barrikadenkampf die französischen Arbeiter konnten das Dutschke-Attentat und die Osterunruhen die deutsche Arbeiterschaft nicht mobilisieren. Dafür lagen die politischen Zielsetzungen von Gewerkschaften und Studentenbewegung viel zu weit auseinander. Die deutschen Arbeiter und ihre Organisationen akzeptierten das politische und seit Beginn der 1960er Jahre auch das wirtschaftliche System der Bundesrepublik, das nicht zu ihrer Unterdrückung führte, sondern ihnen Wohlstand und gute Lebensbedingungen bescherte. Die Studenten, insbesondere der antiautoritäre Flügel des SDS, hatten zudem erst spät begonnen, in der nach der Theorie der Neuen Linken korrumpierten Arbeiterschaft einen revolutionären Bundes-, ja Kampfgenossen zu sehen.

Studenten und Arbeiter kooperierten in der Bundesrepublik nur punktuell. Das beste Beispiel dafür war der gemeinsame Kampf gegen die Notstandsgesetze in der Außerparlamentarischen Opposition. Doch über das begrenzte Ziel, eine Änderung des Grundgesetzes zu verhindern, ging die Gemeinsamkeit nicht hinaus. Während das SDS-dominierte Kuratorium »Notstand der Demokratie« für den 11. Mai, den Tag der zweiten Lesung der Notstandsgesetze im Bundestag, zu einem »Sternmarsch auf Bonn« aufrief, an dem mehr als 60 000 Menschen teilnahmen, veranstaltete der DGB am selben Tag eine Kundgebung in Dortmund. Deutlicher konnte man kaum zum Ausdruck bringen, dass Studenten und Arbeiter in der Bundesrepublik nicht zusammenfanden. Nach der Verabschiedung der Notstandsverfassung durch den Bundestag am 30. Mai 1968 fehlte der Anlass für gemeinsame Aktionen. Die APO begann sich aufzulösen. Zwar hat insbesondere der SDS den studentischen Protest noch bis in den Herbst 1968 hineingetragen, doch die Zerfallserscheinungen waren unübersehbar. Von Flügelkämpfen geschwächt und uneinig, was den politischen Kurs und das politische Profil betraf, löste sich der SDS 1970 schließlich auf.

Wirkungen

Das Ende von »1968« war das nicht. Der politische Aufbruch, der schon zu Beginn des Jahrzehnts eingesetzt hatte und sich durch die Studentenbewegung vor allem in ihrer Hochphase 1967/68 dynamisiert und intensiviert hatte, war irreversibel. Der kulturelle Wandel, der nicht nur in der Bundesrepublik den 1960er Jahren ihr Gesicht gab, ließ sich nicht zurückdrehen. Das Land hatte sich grundlegend verändert. Gesellschaft und Sozialkultur waren nun offener, liberaler und westlicher. Gerade weil das so war und weil dieser Wandel lange vor 1968 wahrnehmbar eingesetzt hatte, hatte der politisch extreme Kern der Studentenbewegung, der SDS mit seiner radikalen Gesellschaftskritik, letztlich keine Chance. Die Gesellschaft, die der SDS und seine Wortführer verteufelten, das war nicht die Gesellschaft der Bundesrepublik – trotz NS-Vergangenheit, Großer Koalition und Notstandsgesetzgebung. So sah das die überwältigende Mehrheit der Bundesbürger und mit ihnen die überwältigende Mehrheit der jungen Generation und auch der Studenten. Das hieß nicht, dass die Gesellschaftsordnung und das politische System der Bundesrepublik rundum und ohne Einschränkung akzeptiert wurden, im Gegenteil: Erst die Prozesse der Liberalisierung hatten dazu geführt, dass man die politischen und sozialen Realitäten kritisch betrachtete und Veränderungsbedarf erkannte.

Eine ganz andere Republik wünschte sich nur eine winzige Minderheit, und die verlor den letzten Rest ihrer Argumentationskraft in dem Moment, als mit der Bildung der sozialliberalen Koalition und der Wahl Willy Brandts zum Bundeskanzler eine Bundesregierung antrat, die Veränderung, Reformen und mehr Demokratie versprach. Insofern gehörten die gesteigerte politische Mobilisierung durch APO und Studentenbewegung, aber auch deren Kritik an der Großen Koalition durchaus zu den Voraussetzungen des Machtwechsels. Dieser Machtwechsel gewann an Nachhaltigkeit, die Reformagenda der Regierung Brandt an Zuspruch, gerade weil es der SPD insbesondere über die Jusos, zum Teil auch der FDP über die Jungen Demokraten gelang, einen guten Teil der Aktivisten und Sympathisanten der Studentenbewegung zu gewinnen und damit politisch zu integrieren.

»1968« führte nicht nur zum Engagement in politischen Parteien. Es gehörte zu den Lehren der Zeit, dass man die Kritik an der Gesellschaft auch außerhalb der Parteien vertreten, dass man sich ganz unmittelbar und anlassbezogen für politischen und gesellschaftlichen Wandel einsetzen konnte, nicht zuletzt im lokalen Umfeld. Diese Erkenntnis passte zu einer Beobachtung des Soziologen Niklas Luhmann, der eine ganz allgemeine und abstrakte Gesellschaftskritik ins Leere laufen sah: »Die Gesellschaft hat keine Adresse. Was man von ihr verlangt, muss man an

Organisationen adressieren.«[47] Eine Vielzahl neuer Bewegungen, unter ihnen die Umweltbewegung, die Friedensbewegung, die Frauenbewegung sowie Bürgerinitiativen unterschiedlichster Art, war die Folge. Alle diese Bewegungen trugen zu einer Ausweitung und Lockerung des politischen Lebens in der Bundesrepublik bei. Daraus resultierte schließlich Ende der 1970er Jahre die Gründung der Partei Die Grünen, die sich zwar als Anti-Partei verstanden, aber schon dadurch, dass sie sich als Partei etablierten und zur Wahl stellten, darauf zielten, gesellschaftliche Reform- und Veränderungsanliegen – freilich jenseits der »etablierten Parteien« – in den politisch-institutionellen Prozess der Bundesrepublik einzubringen.

Nicht nur quantitativ sind diese Wirkungen von »1968« ungleich bedeutsamer als die weitere Entwicklung des SDS, der in die Deutsche Kommunistische Partei sowie eine Vielzahl untereinander zerstrittener und sich gegenseitig bekämpfender kommunistischer Kadergruppen unterschiedlichster ideologischer Ausrichtung (Maoisten, Trotzkisten, Neoleninisten u.a.) zerfiel.[48] Manche dieser Gruppen zeigten sich überzeugt, die bürgerlich-kapitalistische Gesellschaft in der Bundesrepublik – und in anderen westlichen Staaten – nur mit Waffengewalt überwinden zu können. Diesen Versuch unternahm in aller Radikalität der westdeutsche Linksterrorismus insbesondere der RAF, deren Geschichte mit dem Frankfurter Kaufhausbrandanschlag von 1968 begann. Mehrere »Generationen« von RAF-Terroristen haben Morde und andere Gewaltverbrechen begangen und in den 1970er, 1980er und 1990er Jahren ihre blutige Spur hinterlassen.

Der Terrorismus hat »1968« nachhaltig diskreditiert. Wem der kulturelle Wandel und der politische Aufbruch, für den die Chiffre »1968« steht, nicht behagte, der konnte – und kann – auf die menschenverachtende Gewaltanwendung der Terroristen verweisen, um damit zu verdeutlichen, wozu »1968« geführt habe. Den Terrorismus kurzerhand aus dem Bild von »1968« zu tilgen, ist zu einfach. Doch genauso falsch ist es, die 68er-Bewegung insgesamt zu verurteilen, weil eine verschwindend kleine Minderheit dieser Bewegung ihre Gesellschaftsvorstellungen mit Bomben und Maschinenpistolen durchzusetzen versucht hat. Der Terrorismus der RAF gehört zu den Ambivalenzen und Widersprüchlichkeiten der 68er-Bewegung, die sich – nicht nur mit Blick auf den Terrorismus – die Frage stellen lassen muss, wie eine Bewegung »Liberalität, Demokratisierung und Verwestlichung vorangetrieben haben [kann], die bis in die frühen 8oer Jahre hinein das deutliche Gegenteil auf ihre Fahnen geschrieben hatte«.[49]

Die Studentenbewegung muss sich Hinweise auf ihre blinden Flecken gefallen lassen: auf ihre Orientierung an Mao beispielsweise, dessen »Kulturrevolution« in den Jahren um 1968 Millionen von Menschen zum Opfer fielen. Irritierend wirkt auch das auffällige Desinteresse der deutschen Studentenbewegung und ihrer politischen Führung am »Prager Frühling« in der Tschechoslowakei, jenem Versuch der Reformkommunisten um Alexander Dubček, Sozialismus und Demokratie miteinander zu versöhnen, einen »Sozialismus mit menschlichem Antlitz« zu schaffen. Sicher, im Frühjahr 1968 und insbesondere nach dem Attentat auf Dutschke war die Studentenbewegung in erster Linie mit der Entwicklung in der Bundesrepublik beschäftigt. Doch darüber hinaus verhinderte wohl auch das Denken in Kategorien der Neuen Linken und die Distanzierung vom Marxismus der Alten Linken eine tiefere Auseinandersetzung mit den Reformversuchen in der Tschechoslowakei, bei denen Studenten zwar eine gewisse Rolle spielten, als deren Hauptträger Dubček aber die Kommunistische Partei ansah. Zwar solidarisierte sich der SDS nach der blutigen Niederschlagung des »Prager Frühlings« durch sowjetische Truppen mit den Reformkommunisten in der ČSSR, doch die Anführer des Protests gegen die sowjetische – und ostdeutsche – Militärintervention waren auf der westdeutschen Linken SPD und Gewerkschaften, nicht die Studentenbewegung.

Die Bundesrepublik ist 1968 nicht umgegründet worden, doch sie hat sich in den 1960er Jahren grundlegend gewandelt. Ihre politischen Institutionen blieben stabil, und sie bewährten sich angesichts der Herausforderung durch die Studentenbewegung. Die politische Kultur der Republik war am Ende des Jahrzehnts nicht mehr dieselbe wie am Anfang. Sie war liberaler, westlicher geworden. Die Wegbereiter dieses Wandels waren nicht die in den 1940er Jahren geborenen Studenten, sondern die Generation der »45er«, jene in den 1920er oder 1930er Jahren geborene politische Generation, deren Angehörige sich seit den späten 1950er Jahren auf allen Ebenen für eine liberalere, eine westlichere Demokratie einsetzten, die die Fortwirkung traditionell deutscher Ordnungsvorstellungen in Politik und Gesellschaft kritisierten und durch ihre Kritik und ihr öffentliches Engagement zur Herausbildung einer Staatsbürgergesellschaft beitrugen, die nun Gestalt annahm.

Das war kein linkes Projekt. Nicht alle »45er« waren Linke. Man tritt ihnen nicht zu nahe, wenn man sie als Liberale bezeichnet. So gehören in den Kontext der »45er« auch jene »Liberalkonservativen«, Hermann Lübbe oder Odo v. Marquard beispielsweise, die das Institutionengefüge des Grundgesetzes nicht nur funktional akzeptierten, weil es eine moderne Industriegesellschaft wie die Bundesrepublik stabilisierte, sondern die Liberalität der Verfassung und damit der staatlichen Ordnung sowie den Pluralismus der Gesellschaft als eigene Werte verteidigten.[50] Die »45er« standen also für unterschiedliche Traditionen politischen Denkens, und es waren politisch durchaus verschiedene Strömungen, die in der Bundesrepublik zu westlichem Freiheitsverständnis, zu Liberalität und Bürgerlichkeit geführt haben.[51] Gemeinsam war ihnen, dass sie die parlamentarisch-repräsentative Demokratie verteidigten und dabei zum Teil durchaus scharfe Gesellschaftskritik vorbrachten. Aber die freiheitliche Ordnung der Bundesrepublik überwinden, das wollten sie nicht. Deswegen bezeichnete Jürgen Habermas den Kurs des SDS 1968 als »linken Faschismus«.[52]

Betrachtet man es aus dieser Perspektive, ist es schwer, dem politisch radikalen Kern der Studentenbewegung, insbesondere dem SDS, zu bescheinigen, er habe das Wirken der »45er« im Sinne von Liberalisierung und Verwestlichung schlicht fortgeführt oder gar beschleunigt. Dem SDS ging es nicht um die weitere Liberalisierung oder Verwestlichung der Bundesrepublik, sondern um die Überwindung ihrer liberalen Ordnung. Seine Ziele selbst und nicht nur die Mittel zu ihrer Durchsetzung waren zutiefst illiberal. Die politische Zielsetzung des SDS wurde keineswegs erst durch den Terrorismus der 1970er Jahre desavouiert. So gesehen ist die Studentenbewegung zum Glück gescheitert.

Viele Protagonisten der Bewegung erklären heute: »Wir haben nicht gesiegt, Gott sei Dank.«[53] Nicht alle gehen dabei so weit wie Götz Aly, der seine Auseinandersetzung mit der Studentenbewegung – und seiner eigenen Vergangenheit – jüngst unter dem assoziationsheischenden Titel »Unser Kampf« veröffentlichte. In der 68er-Bewegung meint er alles andere als ein Aufbegehren gegen autoritäre, aus dem Nationalsozialismus kommende Strukturen in der Bundesrepublik zu erkennen, sondern eine Reproduktion des autoritären Syndroms der NS-belasteten Vätergeneration, ja sogar, noch schärfer, einen »Spätausläufer des europäischen Totalitarismus – und besonders des deutschen«.[54] Womöglich liegt Aly, in den 1970er Jahren Mitglied der »Roten Zellen« in Berlin, damit gar nicht so weit entfernt von einer Einschätzung, die Theodor Adorno am 6. August 1969, dem Tag seines Todes, formulierte: »Die Meriten der Studentenbewegung bin ich der Letzte zu unterschätzen; sie hat den glatten Übergang zur total verwalteten Welt unterbrochen. Aber es ist ihr ein Quentchen Wahn beigemischt, dem das Totalitäre teleologisch innewohnt, gar nicht erst – obwohl dies auch – als Reperkussion.«[55]

Man muss unterscheiden zwischen den radikalen politischen Organisationen der Bewegung und ihren Protagonisten und jenen zumeist jungen Menschen, die durch die Entwicklungen insbesondere der Jahre 1967 und 1968 politisch mobilisiert wurden. Sie hielten die Gesellschaftskritik der Neuen Linken partiell durchaus für berechtigt, sahen in der Bundesrepublik der Großen Koalition und in der amerikanischen Kriegführung in Vietnam eine Bestätigung der linken Positionen, ohne sich deshalb gleich den revolutionären Umsturz auf die Fahnen zu schreiben.

Kein Zweifel, »1968« hat einen Prozess gesellschaftlicher Politisierung noch einmal katalytisch verstärkt, und diese Politisierung, die selbstverständlich die Gegner der Studentenbewegung mit einschloss, war später gerade wegen ihrer Breitenwirkung nicht mehr rückgängig zu machen. In der Vielschichtigkeit und Komplexität von »1968« liegt das Hauptproblem der Urteilsbildung, darin, dass unterschiedliche Dimensionen von »1968« zu unterschiedlichen Urteilen führen. Deswegen erklären schnelle Antworten auf die Frage nach den Folgen und Wirkungen von »1968« gar nichts. Niklas Luhmann hat das schon 1988 auf den Punkt gebracht: »Zufällige Vorfälle, der Schuss auf Benno Ohnesorg zum Beispiel, schossen die Studenten aus der Gesellschaft hinaus – und von da ab konnte man über den Rasen laufen.«[56]

Man muss ferner unterscheiden zwischen der 68er-Bewegung und der 68er-Generation. Die Studentenbewegung selbst wollte ihren Protest gerade nicht als Generationenkonflikt verstanden wissen. Weil in der öffentlichen Meinung der Versuch unternommen wurde, die Proteste mit dem Altersargument zu delegitimieren, sah sie im Begriff der Generation einen »Kampfbegriff des Gegners« und wehrte sich strikt dagegen, das eigene politische Handeln generationell zu begründen. Die Anliegen, die man auf die Straße trug, waren kein »pubertärer Jugendprotest«.[57] Die Auseinandersetzung mit der NS-Vergangenheit und die Frage nach dem Verhalten der Elterngeneration im »Dritten Reich« gaben dem westdeutschen Studentenprotest aber, ob man es nun wollte oder nicht, von Anfang an Dimensionen eines – politischen – Generationskonflikts. Eine »Generation 1968« bildete sich dadurch noch nicht heraus. Das geschah erst in Bezug auf die Ereignisse der Jahre 1967 und 1968, wobei am wichtigsten wohl der Tod Benno Ohnesorgs und das Attentat auf Rudi Dutschke waren. Als politische Generation mit einem linken Profil wurde sie erst in den 1970er Jahren konstruiert, als sich die Impulse der Studentenbewegung längst ausgebreitet hatten, neue soziale Bewegungen die Politisierung der 1960er Jahre fortführten, der kulturelle Aufbruch flächendeckend wurde und, erkennbar zum Beispiel an Mode und Musikgeschmack, selbst die deutsche Provinz erreichte. Doch in diesen Prozessen war gerade nicht »aus der Revolte einer ›kleinen radikalen Minderheit‹ der moralisch-universalistische Aufbruch einer ganzen Generation geworden«. Das wäre in der Tat ein »letzter Hauch von Allmachtsphantasie«.[58]

Wo stünde Rudi Dutschke in der Bundesrepublik heute, wenn er nicht so früh gestorben wäre und sich weiter bei den Grünen engagiert hätte? Wäre für ihn am Kabinettstisch einer rot-grünen Bundesregierung Platz gewesen wie für seinen revolutionären Kampfgenossen, den Frankfurter Sponti und Straßenkämpfer Joschka Fischer, der 1998 zum Vizekanzler und Außenminister der Bundesrepublik

Deutschland avancierte? Diese kontrafaktische Frage muss hier nicht weiter verfolgt werden, aber sie lenkt den Blick doch darauf, dass sich in den Jahrzehnten seit 1968 nicht nur die Bundesrepublik verändert hat, sondern auch viele von denen, die 1968 und zum Teil auch noch in den Jahren danach den westdeutschen Staat, seine demokratische Verfassung und seine freiheitliche Gesellschaft radikal bekämpften. Demokratie ist eine »lernende« Staatsform, sie kann Veränderungsimpulse aufnehmen und sich fortentwickeln. Umgekehrt kann eine durch ihre gesellschaftliche Rückbindung vitale Demokratie ehemalige Gegner überzeugen und diese dadurch nicht nur integrieren, sondern für sich aktivieren. Mit Dutschkes 1967 ausgegebener Parole vom »Marsch durch die Institutionen« ist dieser komplexe Prozess nur unzureichend beschrieben. Denn abgesehen davon, dass dieser Marsch vielfach ein gleichsam natürliches Ergebnis von biographischen Entwicklungen und Karriereverläufen war, haben die Marschierenden nicht nur die Institutionen – Parteien, Verbände, Schulen und Hochschulen, Gerichte und Behörden – verändert, sondern die Institutionen, zu denen man auch die Bundesrepublik selbst rechnen darf, auch die Marschierenden.

Selbst vier Jahrzehnte nach den Ereignissen ist es für eine abschließende Wertung von »1968« noch zu früh. Anders als über die 1960er Jahre insgesamt, über deren Charakter als Jahrzehnt gesellschaftlicher Liberalisierung heute kaum noch gestritten wird, herrscht über »1968« in der Bundesrepublik kein Konsens. Einen solchen Konsens verhindert nicht nur der düstere Schatten des Terrorismus, sondern vor allem, dass »1968« viel mehr ist als der »Inbegriff eines realen Geschehens. ›68‹ ist ein Assoziationsraum gesellschaftlicher Zuschreibungen und auktorialer Selbstdeutungen, eine beispiellos florierende Begegnungsstätte, in der die Aussagen der Akteure und die Entgegnungen der Kritiker, die Wahrnehmungen der Zeitgenossen und die Beobachtungen von Nachgeborenen aufeinandertreffen.«[59]

Wahrscheinlich liegt der entscheidende Impuls von »1968« gerade darin, dass es die Dramatik der Ereignisse in den Jahren 1967 und 1968 unmöglich machte, sich dazu nicht zu positionieren. »1968« war nicht nur die Folge einer fundamentalen Politisierung der westdeutschen Gesellschaft, sondern es trieb diese Politisierung auch weiter voran. Es war Teil eines Demokratisierungsschubs und gab diesem doch auch zusätzlichen Elan. »1968« wurde möglich, weil die Bundesrepublik in den 1960er Jahren westlicher und liberaler geworden war, und es gab dieser Verwestlichung und Liberalisierung zugleich neuen Schwung. Gewiss, der Liberalisierungsschub hatte höchst problematische Nebenfolgen: vom politischen Radikalismus über einen Wertewandel, der nicht selten einem Werteverlust gleichkam, bis hin zu einem kulturellen Aufbruch, zu dessen Schattenseiten auch der Drogenkonsum gehörte. Das machte »1968« nicht nur in den 1970er und 1980er Jahren zu einem Reizwort der politischen Auseinandersetzung und führte zu so grotesken Verzerrungen wie der Äußerung des CDU-Politikers Bruno Heck, die Rebellion von 1968 habe »mehr Werte zerstört als das Dritte Reich. Sie zu bewältigen, ist daher wichtiger, als ein weiteres Mal Hitler zu überwinden.«[60]

Wenn wir »1968« nicht allein auf die Jahre der APO oder, noch enger, die Hochphase der Studentenbewegung zwischen dem 2. Juni 1967 und dem Herbst 1968 beziehen, sondern in einen weiteren zeitlichen Zusammenhang stellen, dann dürfte kein Zweifel daran bleiben, dass die Dynamik des Aufbruchs und der Veränderung, die die Bundesrepublik in den 1960er Jahren ergriff, alles in allem auf der Haben-Seite ihrer Geschichte zu verbuchen ist.

2.
Machtwechsel

Krisenstimmung und Bildung der Großen Koalition

Am 30. November 1966 trat Ludwig Erhard vom Amt des Bundeskanzlers zurück. Einen Tag später, am 1. Dezember, wählte der Bundestag Kurt Georg Kiesinger, seit 1958 Ministerpräsident von Baden-Württemberg, mit 340 von 473 möglichen Stimmen zum dritten Bundeskanzler der Bundesrepublik Deutschland. Die überwältigende Stimmenmehrheit, über die CDU/CSU und SPD im Parlament verfügten, war ein sicheres Polster, und die Wahl Kiesingers stand zu keinem Zeitpunkt in Frage. Dennoch wurde der neue Kanzler von einer beträchtlichen Anzahl Abgeordneter aus den Unionsparteien, vor allem aber aus der Sozialdemokratie, nicht gewählt. Nicht wenige sozialdemokratische Parlamentarier konnten sich einfach nicht vorstellen, einen Bundeskanzler der Union zu unterstützen, die man seit 1949 bekämpft und auf deren Ablösung als Regierungspartei man hingearbeitet hatte.[1]

Dass Kiesinger der NSDAP angehört hatte, störte viele Sozialdemokraten weitaus weniger als die Rückkehr von Franz Josef Strauß ins Kabinett. Seit der »Spiegel-Affäre« waren gerade erst vier Jahre vergangen. Trotz dieser Vorbehalte konnten sich in der SPD am Ende die Befürworter einer Großen Koalition durchsetzen. Zu ihnen gehörten neben dem Parteivorsitzenden und künftigen Vizekanzler Willy Brandt Herbert Wehner, der schon seit Anfang der 1960er Jahre auf eine Große Koalition hingearbeitet hatte, sowie der schwer erkrankte Vorsitzende der SPD-Bundestagsfraktion Fritz Erler und Helmut Schmidt, der nach Erlers Tod Anfang 1967 den Fraktionsvorsitz übernahm. Rein rechnerisch wäre im Bundestag auch die Bildung einer Koalition aus SPD und FDP möglich gewesen, doch die hätte nur über eine hauchdünne Mehrheit verfügt: ein unkalkulierbares Risiko bei der Zerrissenheit der FDP. Zwar hätte es mit den Liberalen Übereinstimmungen im Bereich der Außen-, Ost- und Deutschlandpolitik gegeben, in der Finanz-, Wirtschafts- und Sozialpolitik jedoch existierten kaum Schnittmengen. So bot eine Große Koalition der SPD eine verlässlichere Perspektive, erstmals auf Bundesebene Regierungsverantwortung zu übernehmen und Regierungsfähigkeit zu demonstrieren.

Die SPD wollte beweisen, dass ihre Regierung oder Regierungsbeteiligung nicht das »Ende Deutschlands« bedeutete, wie Konrad Adenauer im Wahlkampf 1967 behauptet hatte. In diesem Sinne war ihr Eintritt in die Regierung der Großen Koalition die konsequente Fortsetzung der seit 1960 vertretenen »Politik der Gemeinsamkeit«, die an die Stelle des grundsätzlichen Konfrontationskurses getreten war. Die meisten Sozialdemokraten strebten aber wie Herbert Wehner auf eine SPD-geführte Regierung zu und sahen die Juniorpartnerschaft der Partei in der Großen Koalition als notwendige Übergangsetappe auf dem Weg dorthin an. Bevölkerung und Ministerialbürokratie sollten sich an eine regierende SPD gewöhnen.

Für die Unionsparteien bot eine Große Koalition im Grunde die einzige Möglichkeit, den ungeliebten Kanzler Erhard loszuwerden, dennoch an der Regierungsmacht zu bleiben und einer bei den nächsten Bundestagswahlen drohenden Niederlage zu entgehen. Sowohl in der CDU als auch in der CSU hoffte man, die Geschlossenheit einer gerade auch außenpolitisch zerrissenen Partei wiederherstellen zu können. Darüber hinaus ging es darum, parlamentarische Mehrheiten für wichtige Gesetzesvorhaben, insbesondere das Notstandsrecht, für dessen Verabschiedung man eine verfassungsändernde Zweidrittel-Mehrheit im Bundestag brauchte, zu schaffen. Eine Notsituation freilich, welche die Bildung einer Großen Koalition oder gar einer Allparteienregierung erforderlich gemacht hätte, existierte nicht. Damit soll die Krisenwahrnehmung nicht heruntergespielt werden, die die Gesellschaft Mitte der 1960er Jahre erfasst hatte. Dass der neue Bundeskanzler in seiner Regierungserklärung vom 13. Dezember 1966 die Bildung der Großen Koalition als Folge »einer von unserem Volk mit tiefer Sorge verfolgten Krise« bezeichnete und betonte, »eine lange, schwelende Krise« sei mit der neuen Regierungsbildung beendet worden, war keineswegs nur eine Rechtfertigung gegenüber denen, die das Außerkraftsetzen des parlamentarischen Verhältnisses von Regierung und Opposition kritisierten, oder jenen, die skeptisch auf den Regierungswechsel in einer laufenden Legislaturperiode und ohne Wählervotum blickten.[2]

Dass Ludwig Erhard seit Oktober 1966 an der Spitze einer Minderheitsregierung stand, verwies auf eine politische Krise. Hinzu trat eine Wirtschaftskrise. Die Haushaltsprobleme, die den Auslöser für den Sturz Erhards bildeten, waren ein erster Hinweis darauf gewesen. Auch wenn sich diese Krise im Nachhinein nur als eine leichte Wachstumsdelle erwies, geriet die Wirtschaft der Bundesrepublik erstmals in eine Rezession. Bereits in der zweiten Jahreshälfte 1966 stagnierte das gesamtwirtschaftliche Wachstum. Im folgenden Halbjahr schrumpfte das Bruttosozialprodukt, und die Arbeitslosigkeit nahm zu (mit regionalen Entwicklungen, die zum Teil deutlich über dem Bundesdurchschnitt von 2,1 Prozent für das Jahr 1967 lagen). Nach Jahren der Preisstabilität stieg auch die Teuerungsrate wieder. 1966 lagen die Lebenshaltungskosten um 3,5 Prozent höher als im Vorjahr.[3] In der Perspektive langfristiger Entwicklungen mögen sich solche Zahlen harmlos ausnehmen, vor dem »Wirtschaftswunder« und den Erwartungen, die die kontinuierliche Aufwärtsentwicklung geweckt hatten, wirkte die rezessive Entwicklung verunsichernd, und die Agonie der Kanzlerschaft Erhards verstärkte den Eindruck, dass die Regierung weder die Kraft noch die Fähigkeit besaß, mit der finanz- und wirtschaftspolitischen Herausforderung fertig zu werden. Dass aus der wirtschaftlichen Herausforderung sehr rasch eine politische wurde, lag überdies an den Wahlerfolgen der 1964 gegründeten rechtsradikalen NPD, die im November 1966 in Hessen und Bayern in den Landtag einzog und deren Attraktivität im Klima der Rezession offenkundig zunahm. Erinnerungen an Weimar wurden wach.

Wenn Kiesinger in seiner Regierungserklärung von Krise und Krisenüberwindung sprach, diente das also nicht allein einer vordergründigen Legitimation der Großen Koalition. In der Gesellschaft der Bundesrepublik war weithin der Eindruck entstanden, vor großen Herausforderungen zu stehen. Waren SPD und CDU 1965 noch mit dem Versprechen der Sicherheit in den Wahlkampf gezogen, so standen jetzt alle Zeichen auf Veränderung. An eine Politik des »Weiter so« war nicht mehr zu denken. Die Gründungskonstellation der Bundesrepublik, die die Ära Adenauer überdauert und auch noch in die Regierungszeit Erhards hineingewirkt hatte, war an ihr Ende gelangt. In diesem Sinne war das »Ende der Nachkriegszeit«, das Ludwig Erhard in seiner Regierungserklärung 1965 verkündet hatte, erreicht. Erhard selbst bekam allerdings nicht mehr die Chance, den von ihm konstatierten Wandel politisch auszugestalten, sondern wurde sein Opfer. Viele Beobachter hielten ihn für unfähig, seine eigene Wirtschaftspolitik einer gründlichen Revision zu unterziehen und zu verändern. Erhards marktliberale Politik schien zu versagen, wenn es darum ging, auf Dauer Wirtschaftswachstum, Vollbeschäftigung und Geldwertstabilität zu erhalten. Musste nicht der Staat aktiv und steuernd in die Wirtschaft eingreifen? Waren die strukturellen Grundlagen und Instrumentarien der deutschen Wirtschafts- und Finanzpolitik, so wie sie im Grundgesetz angelegt waren und sich in den 1950er Jahren entwickelt hatten, noch geeignet, mit der neuen ökonomischen und konjunkturellen Situation umzugehen?

Mit dem Godesberger Programm von 1959 hatte sich die SPD vom Marxismus getrennt und die kapitalistische Wirtschaftsordnung der Bundesrepublik im Grundsatz anerkannt. Sie hatte damit die Konsequenzen aus der Tatsache gezogen, dass die alte SPD als Klassenpartei in dem Maße an Bedeutung verlor, in dem sich die überwiegende Mehrheit der Arbeiterschaft im Zeichen steigender Löhne, einer ausgebauten Sozialstaatlichkeit und wachsender Teilhabe am Konsum nicht mehr in überkommenen Mustern von Klassenzugehörigkeit und Klassenkampf wiederfand. Das war die Grundlage für die »Politik der Gemeinsamkeit«, die half, den

Weg zur Großen Koalition zu ebnen. Die SPD schwenkte in ihrem wirtschaftspolitischen Programm aber keineswegs schlicht auf Erhards marktwirtschaftlichen Kurs ein, sondern öffnete sich nach Godesberg vielmehr dem Keynesianismus. Dieses in den 1930er Jahren von dem britischen Ökonomen John Maynard Keynes entwickelte wirtschaftliche Ordnungsmodell wies dem Staat eine zentrale Rolle in der und für die wirtschaftliche Entwicklung zu. Vor allem sollte der Staat beziehungsweise die Regierung die Aufgabe der konjunkturpolitischen Globalsteuerung übernehmen, um das Wirtschaftswachstum zu verstetigen und zugleich Vollbeschäftigung und Geldwertstabilität zu erreichen. Auf Grund dieser Zielsetzung wurde der Keynesianismus nach 1945 für jene Parteien der Linken – die Labour Party in Großbritannien und die SPD in der Bundesrepublik – attraktiv, die sich im Zeichen des Kalten Krieges und des Antikommunismus vom Marxismus und seinen wirtschaftlichen Ordnungsvorstellungen lösten und eine marktwirtschaftlich-kapitalistische Ordnung prinzipiell anerkannten, aber zugleich für einen gesamtgesellschaftlichen Interessenausgleich eintraten. Dazu gehörte nicht nur der Ausbau sozialer Sicherungssysteme, sondern, damit verknüpft, eine Umverteilungspolitik zugunsten einkommensschwächerer Bevölkerungsschichten.

In der SPD, aber auch in den westdeutschen Gewerkschaften setzte sich der Keynesianismus rasch durch. Sein wichtigster Repräsentant war der Ökonom Karl Schiller, der 1964 in den Bundesvorstand der SPD aufstieg und in der Großen Koalition Bundeswirtschaftsminister wurde. Die Union, insgesamt heterogener als die SPD, hatte in ihren Reihen ebenfalls einige Anhänger des Keynesianismus, obwohl man sich hier nicht immer direkt auf Keynes bezog. Mit Genugtuung stellte ein Diskussionsredner auf dem CDU-Bundesparteitag 1964 fest, »dass das Wort ›Planung‹ hier keinen Schock ausgelöst hat«.[4] Und erst recht für das Jahr 1966 gilt, dass »der Ruf nach einer aktiveren Wirtschafts- und Finanzpolitik … längst über die Parteigrenzen hinweg konsensfähig« geworden war.[5]

Für diesen Konsens standen innerhalb der neuen Bundesregierung nicht zuletzt Finanzminister Strauß und Wirtschaftsminister Schiller, in der Presse bald volkstümlich »Plisch und Plum« genannt, die gemeinsam das finanz- und konjunkturpolitische Programm der Großen Koalition entwickelten und in einer Fülle von Gesetzesänderungen umsetzten. Aber auch die Tatsache, dass der CDU-Politiker und christliche Gewerkschafter Hans Katzer Minister für Arbeit und Sozialordnung bleiben konnte und diesen Posten nicht an einen Sozialdemokraten abtreten musste, deutet darauf hin, dass sich Union und SPD in diesem wichtigen Politikbereich kaum noch unterschieden. Hans Günter Hockerts hat zutreffend von einer »Großen Koalition der Sozialpolitiker« gesprochen. In der Kabinettsbildung spiegelte sich ansonsten die Tatsache, dass die SPD der Juniorpartner in der Koalition war. Sie stellte neun Minister, darunter mit Außenminister Willy Brandt den Vizekanzler, während die Unionsparteien zusätzlich zum Bundeskanzler zehn Ministerposten erhielten.

Der Reformelan der Sozialdemokratie fand Ausdruck darin, dass die Ressorts für Wohnungswesen und Städtebau (Lauritz Lauritzen), Gesundheitswesen (Käte Strobel), Verkehr (Georg Leber) und Justiz (Gustav Heinemann) an SPD-Politiker gingen. Mit Herbert Wehner (Gesamtdeutsche Fragen) und Carlo Schmid (Bundesrat und Länder) wurden zwei weitere sozialdemokratische Schwergewichte in das Kabinett eingebunden. Die CDU stellte mit Paul Lücke, einem der Architekten der Großen Koalition und entschiedenen Verfechter eines Mehrheitswahlrechts, den Bundesinnenminister. Gerhard Schröder, der bisherige Außenminister, wurde Verteidigungsminister, ein Amt, das angesichts der Tatsache, dass der Bundesaußenminister aus der SPD kam, innerhalb der Union an Gewicht gewann.

In CDU und CSU gab es bis zuletzt heftige Widerstände gegen einen Verbleib Schröders in der Regierung. Er war ein Konkurrent Kiesingers im Kampf um die Erhard-Nachfolge gewesen und stieß zudem mit seiner flexibleren Haltung in der Ost- und Deutschlandpolitik sowie seiner atlantischen Grundorientierung auf Vorbehalte, unter anderem bei Altkanzler Adenauer, der einen Minister Schröder bis zum Schluss zu verhindern suchte. Schröder half schließlich, dass in der Union noch immer auf den konfessionellen Proporz Wert gelegt wurde. Den Vorsitzenden des Evangelischen Arbeitskreises der CDU/CSU konnte man daher nicht so einfach aus der Bundesregierung fernhalten. Als Repräsentant des evanglischen Flügels galt auch Kai Uwe v. Hassel, der das Amt des Vertriebenenministers erhielt. Bruno Heck wurde Minister für Familie und Jugend und übernahm 1967 zusätzlich das wichtige Parteiamt des CDU-Generalsekretärs; der junge Gerhard Stoltenberg, ein habilitierter Historiker, wurde als Minister für wissenschaftliche Forschung eine Art »Zukunftsminister«.

Star der Regierung war zweifellos Karl Schiller. Der Hamburger Ökonom, der in der SPD in den 1960er Jahren geradezu wie ein Komet aufstieg, trat selbstbewusst in die Fußstapfen Ludwig Erhards. Man traute Schiller zu, die Rezession von 1966, die Erhard nicht hatte verhindern können, zu überwinden, und als die Konjunktur überraschend schnell wieder anzog, sah man in ihm den Vater des neuen Aufschwungs beziehungsweise des fortgesetzten Wachstums.

Der 1911 geborene Wirtschaftswissenschaftler war kein wirklich junger Politiker, aber er verkörperte wie kein anderer Sozialdemokrat eine junge, eine neue, eine moderne Wirtschafts- und Gesellschaftspolitik. Mit Schiller erhielt der Keynesianismus in der SPD, ja in der deutschen Politik insgesamt ein Gesicht. Er wurde zum wichtigsten Popularisierer der keynesianischen »New Economies«. Als Wissenschaftler strahlte der Wirtschaftsminister hohen Sachverstand aus, ja, er personifizierte die Verwissenschaftlichung der Politik und damit einen Trend der Zeit. Seine Erklärungen zur antizyklischen Konjunkturpolitik waren einfach und unmittelbar einleuchtend. Wenn Schiller sich zur Globalsteuerung äußerte, klang das nicht hoch komplex und verwirrend, sondern schien mit der nötigen ökonomischen Kompetenz beherrschbar und machbar. Schillers wirtschafts- und konjunkturpolitische Metaphorik war legendär. Sprach er davon, dass man die »Talsohle der Konjunktur« durchschritten habe, wussten alle, dass es nun wieder aufwärtsgehen musste.

Kiesinger hatte eine durchaus schwergewichtige Regierung gebildet, hatte erfahrene Politiker und reformfreudige Geister am Kabinettstisch versammelt und dabei divergierende Flügel und Strömungen vor allem innerhalb der Union in die Regierungsmannschaft eingebunden. Kritik zog das Kabinett dennoch auf sich, primär von jenen, die eine Große Koalition insgesamt ablehnten. Der Schriftsteller Günter Grass warnte Willy Brandt in einem Brief vor dem »Proporz-Einerlei« einer Großen Koalition, sprach von Anpassung und lähmender Resignation und prognostizierte, dass die Jugend sich »vom Staat und seiner Verfassung abkehren und nach rechts und links driften« werde. Mit Blick auf »1968« mögen Grass' Worte prophetisch wirken, aber von den Jugendunruhen und Studentenprotesten wurde ja nicht nur die Bundesrepublik erfasst.[6]

Fast mehr noch als an der Großen Koalition störte sich Grass daran, dass mit Kiesinger ein ehemaliges Mitglied der NSDAP Bundeskanzler werden sollte: Das Amt des Bundeskanzlers dürfe »niemals von einem Manne wahrgenommen werden …, der schon einmal wider alle Vernunft handelte und dem Verbrechen diente, während andere daran zugrunde gingen, weil sie der Vernunft folgten und dem Verbrechen Widerstand boten«. Wie solle die Jugend »in diesem Land jener Partei von vorgestern, die heute als NPD auferstehen kann, mit Argumenten begegnen können, wenn Sie das Amt des Bundeskanzlers mit Ihrer immer noch schwerwiegenden Vergangenheit belasten? Wie sollen wir der gefolterten, ermordeten Widerstandskämpfer gedenken, wenn Sie, der Mitläufer von damals, es wagen, heute hier die Richtlinien der Politik zu bestimmen?«[7]

Nach dem, was wir heute über den – jungen – Grass wissen, erscheinen diese Vorwürfe in einem anderen Licht. Aber der Schriftsteller stand nicht allein, auch andere hegten Bedenken gegen einen Bundeskanzler Kiesinger. Heute ist klar, dass dieser gerade bei seiner Tätigkeit im Auswärtigen Amt seit 1940 trotz »aller Anpassung und partieller Mitwirkung an der Kriegspolitik des ›Dritten Reiches‹, aus einer national-konservativen, kritisch-distanzierten Haltung heraus ein deutliches Maß an Illoyalität und Resistenz gegenüber dem NS-Staat« an den Tag legte.[8] Dass er damals als »Mitläufer« gebrandmarkt wurde und Beate Klarsfeld, die den Kanzler auf dem CDU-Parteitag 1968 öffentlich ohrfeigte, ihn als »führenden Nazi-Propagandisten« beschimpfen konnte, überrascht dennoch kaum.

Kiesinger selbst hat noch während seiner Kanzlerzeit argumentiert, er habe das Risiko der Kanzlerkandidatur auf sich nehmen müssen, und er habe das für all diejenigen getan, »die in ähnlicher Lage sind, … damit umso schärfer die Grenze gezogen wird zu den Verbrechern und auch denen, die wirkliche Handlanger waren, ohne dass man von ihnen vielleicht sagen kann, sie hätten Verbrechen begangen«.[9] In seiner Kanzlerschaft und in der Regierungsbildung der Großen Koalition erblickte er die Chance zur »Vergangenheitsbewältigung durch nationale Versöhnung«, wie es Kiesingers Biograph Philipp Gassert genannt hat. Er sah »in der Aufgabe der Integration der unterschiedlichen Vergangenheiten eine wichtige identitätsstiftende Funktion seiner Regierung«.[10] Und war nicht Kiesingers Kabinett ein Kabinett der nationalen Versöhnung? Das ehemalige NSDAP-Mitglied Kiesinger als Kanzler, der Emigrant Brandt als sein Stellvertreter; aber auch die SPD-Minister Schiller und Lauritzen hatten der NSDAP angehört, Gerhard Schröder von der CDU wiederum der SA, und mit Herbert Wehner gehörte ein ehemaliger Kommunist, der die Kriegsjahre in Moskau verbracht hatte, zur Regierung. Den damaligen Akteuren waren diese biographischen Hintergründe natürlich bekannt. Nicht wenige wollten damit bewusst ein Zeichen setzen. Helmut Schmidt, der wie Franz Josef Strauß Offizier der Wehrmacht gewesen war, sprach von einem »Brückenschlag« zur »inneren Aussöhnung unseres Volkes«; der SPD-Rechtspolitiker Adolf Arndt, dessen Wort in vergangenheitspolitischen Fragen großes Gewicht hatte, erklärte, die NS-Vergangenheit Kiesingers sei ja »nun wirklich verjährt«; und Conrad Ahlers, der frühere *Spiegel*-Redakteur und nunmehrige Regierungssprecher, sorgte dafür, dass im *Spiegel* Dokumente veröffentlicht wurden, die den Bundeskanzler entlasten sollten.

Die Bemühungen um Aussöhnung liefen nicht nur in diese eine Richtung. So signalisierte Kiesingers ostentativ freundschaftliches Verhältnis zu Herbert Wehner, dass die Zeit der diffamierenden Angriffe, mit denen insbesondere in Wahlkampfzeiten Unionspolitiker den ehemaligen Kommunisten überzogen hatten, zu Ende sein sollte. Stärker noch als Wehner betraf das Willy Brandt, der im Bundestagswahlkampf 1965 wieder einmal schlimmsten Schmähungen ausgesetzt war. In einem Interview identifizierte sich Kiesinger daraufhin mit Brandt. Das diente nicht nur der eigenen Entlastung, sondern zeigte den Unionsparteien, wo nunmehr – nach Adenauer – die Grenzen der Auseinandersetzung mit dem politischen Gegner lagen.

Konrad Adenauer war am 19. April 1967 im Alter von 91 Jahren in seinem Haus in Rhöndorf bei Bonn gestorben. Bis zuletzt hatte er die politische Entwicklung der Bundesrepublik verfolgt, sich immer wieder eingemischt und vor allem seinen Nachfolger Ludwig Erhard scharf kritisiert. Zu seinem politischen Testament wurde eine große Rede, die er im Februar 1967 während seiner letzten Auslandsreise in Madrid hielt. Noch einmal beschwor er die kommunistische Bedrohung und die Gefahr, die von der Sowjetunion für die freie Welt ausgehe, und er verband diese Warnungen mit einem Plädoyer für die Einigung Europas, die er, wenn auch unvollendet, als das Zentrum seines politischen Lebenswerks betrachtete.[11]

Der Gründungskanzler der Republik erhielt ein Staatsbegräbnis, das nicht nur den Staatsmann Adenauer würdigte, sondern aller Welt zugleich den Aufstieg der Bundesrepublik aus dem Nichts und ihr gewachsenes Selbstbewusstsein demonstrierte. Es spricht für sich, dass man bei der Planung des Staatsakts die Beisetzung Winston Churchills 1965 vor Augen hatte. In Köln versammelten sich 25 Staatsoberhäupter und zahllose Repräsentanten anderer Länder. Der amerikanische Präsident Lyndon B. Johnson war ebenso anwesend wie Charles de Gaulle aus Frankreich, und aus Israel reiste David Ben Gurion, 1949 der erste Ministerpräsident des Landes, an den Rhein, was von hoher symbolischer Bedeutung war. Nach dem Pontifikalrequiem im Kölner Dom wurde der Sarg auf einem Schnellboot der Bundesmarine rheinaufwärts nach Königswinter überführt, wo der »Alte« auf dem kleinen Rhöndorfer Friedhof seine letzte Ruhe fand.[12] Eine Ära war zu Ende, eine neue Zeit hatte begonnen.

In seinem Regierungsstil musste sich Bundeskanzler Kiesinger den Bedingungen einer Großen Koalition anpassen. Für eine Kanzlerdemokratie Adenauerscher Prägung, also eine eindeutige Dominanz des Bundeskanzlers, gab es keinen Spielraum. Selbst eine nicht extensiv ausgelegte Richtlinienkompetenz musste in der 1966 entstandenen politischen Konstellation rasch an ihre Grenzen stoßen. »Es gibt keine Richtlinien gegen Brandt und Wehner«, erklärte Helmut Schmidt noch vor der Wahl Kiesingers zum Bundeskanzler vor der SPD-Bundestagsfraktion.[13] Der Bundeskanzler musste vermitteln, er musste ausgleichen nicht nur zwischen den divergierenden Interessen von CDU/CSU und SPD, sondern auch zwischen den oft genug konfligierenden Positionen innerhalb der Union. In seiner eigenen Partei verfügte Kiesinger, obwohl er seit Mai 1967 Bundesvorsitzender war, über keine Hausmacht, und die CSU wurde nicht müde, den Kanzler daran zu erinnern, dass er im Grunde ihr die Kanzlerschaft zu verdanken hätte. Diese Gesamtsituation verlangte diskursive Führung. Kiesinger war dazu in der Lage.

Neben das Bundeskabinett als Entscheidungsgremium traten informelle Gesprächsrunden, in denen zum Teil im kleinsten Kreis Entscheidungen vorbereitet, abgestimmt und konsensfähig gemacht wurden. Der wichtigste dieser Zirkel war der Kressbronner Kreis, benannt nach Kiesingers Urlaubsort am Bodensee, wo erstmals im Sommer 1967 eine Runde der wichtigsten Koalitionspolitiker zusammenkam, um die Regierungspolitik zu koordinieren und Konflikte zu entschärfen. In Bonn tagte der Kressbronner Kreis in der Regel wöchentlich und etablierte damit die Praxis informeller, aber politisch entscheidender Koalitionsrunden, die auch von späteren Regierungschefs gepflegt wurde. Vor allem wurden in dieser Runde Kompromisse ausgehandelt, wobei man darauf achtete, durch diese keinen der Beteiligten zu übervorteilen oder auch nur den Eindruck zu erwecken, hier habe sich eine Seite gegen die andere durchgesetzt. Dass alle sich daran hielten, darüber wachten die Fraktionsvorsitzenden Rainer Barzel und Helmut Schmidt. Das Gewicht der Fraktionen und vor allem ihrer Vorsitzenden stieg, weil unter den Bedingungen einer Großen Koalition dem Parlament insgesamt – beziehungsweise seiner überwältigenden Mehrheit – eine neuartige Kontrollfunktion gegenüber der Regierung zukam. Das zumindest behaupteten die Fraktionsvorsitzenden, die mit der Kritik umgehen mussten, das Parlament habe nur noch Regierungsentscheidungen abzusegnen.

Insgesamt zeigte die parlamentarische Praxis in den Jahren der Großen Koalition, dass die Fraktionen zwar prinzipiell die Politik der Regierung stützten, dass sie das aber nur taten, weil sie über die Fraktionsvorsitzenden von Anfang an in den Entscheidungsprozess eingebunden waren. Insofern nahmen die Regierungsfraktionen durchaus parlamentarische Kontrollfunktionen wahr und wirkten intensiv an der Gesetzgebung mit. Eine parlamentarische Opposition waren sie indes nicht. Diese Rolle blieb der kleinen FDP-Fraktion überlassen, die aber von der schieren Übermacht der beiden anderen Fraktionen geradezu erdrückt wurde. Die liberale Fraktion hatte nicht einmal genügend Abgeordnete, um wichtige Rechte der parlamentarischen Opposition wie zum Beispiel die Einsetzung eines parlamentarischen Untersuchungsausschusses wahrnehmen zu können.

Krisenüberwindung und Reformpolitik im Zeichen der Globalsteuerung

In der zeithistorischen Forschung ist oftmals erst der Regierungswechsel von 1969 mit der Bildung der sozialliberalen Koalition als Auftakt zu einer Politik der Reformen und in dieser Perspektive dann auch als »Umgründung der Republik« bezeichnet worden.[14] Große Koalitionen gelten als politisch immobil und reformunfähig. Für die 1966 gebildete Große Koalition galt das nicht. Sie mag als »Notallianz« (Hans Günter Hockerts) entstanden sein, doch ihre Politik, die sie nach der Regierungsbildung Ende 1966 umzusetzen begann, bewirkte sogleich – und ganz anders als die der Großen Koalition nach 2005 – einen kräftigen Modernisierungsschub mit einer Fülle von institutionellen und konstitutionellen Veränderungen, wie ihn die Bundesrepublik bis dahin noch nicht erlebt hatte.

Dass diese Reformmaßnahmen sich nicht erst aus der politischen Dynamik der Jahre 1966 bis 1969 ergaben, sondern von Anfang an von beiden Koalitionspartnern beabsichtigt waren, zeigt bereits die Regierungserklärung Kiesingers. Sie erfolgte im Zeichen der Krise, deren Bewältigung von der Politik ausgehen musste. Vor allem die Haushaltskrise, die zum Auseinanderbrechen der christlich-liberalen Koalition geführt hatte und Anlass gewesen war für den Sturz Erhards, sollte durch Sofortmaßnahmen behoben, die Deckungslücke im Bundeshaushalt 1967 geschlossen werden. Eine Politik der Einsparungen und Umschichtungen war die Folge.[15] Mit Ausnahme von Wissenschaft und Forschung blieb kein Haushaltsbereich von Streichungen verschont. Das Verteidigungs-, das Landwirtschafts- und das Entwicklungshilferessort mussten zum Teil empfindliche Ausgabenkürzungen hinnehmen. Auch die Sozialausgaben hat man nicht ausgenommen. Hier wurden die Einnahmeausfälle aber durch eine Erhöhung der Sozialversicherungsbeiträge ausgeglichen. Eine Verringerung des Sozialaufwands insgesamt schien indes ausgeschlossen. Das hätte nicht nur scharfe Kritik der Gewerkschaften hervorgerufen, sondern auch die Popularität der Großen Koalition, auf die diese setzten, gefährdet. Da man von einer raschen Überwindung der Rezession ausging, schien die Höhe der Sozialausgaben auch kein grundsätzliches Problem dazustellen. Zur akuten Krisenbewältigung sollte der Abbau von Steuersubventionen und Steuererhöhungen beitragen. Die Mehrwertsteuer wurde von zehn auf elf Prozent erhöht und zugleich für Spitzenverdiener eine dreiprozentige Ergänzungsabgabe auf Einkommens- und Körperschaftssteuer eingeführt.

Zur Politik der Krisenüberwindung gehörten die in den nächsten Jahren entwickelten Maßnahmen zur Neuordnung der Montanindustrie an Rhein und Ruhr. Die Krise des Kohlebergbaus, ausgelöst vor allem durch den Übergang zu anderen

Energieträgern, insbesondere zum Erdöl, hatte sich bereits Ende der 1950er Jahre abgezeichnet. Die Rezession von 1966/67 beschleunigte diese Entwicklung. Die Kohlehalden wuchsen, es kam zu Entlassungen, die Arbeitslosenzahlen stiegen – wenn auch im Ruhrgebiet bei weitem nicht so stark wie in anderen, überhaupt nicht montanindustriell geprägten Regionen der Bundesrepublik –, und das Gespenst der Zechenschließungen ging um. Bei weitem nicht alle Politiker vertraten die vermeintlichen oder tatsächlichen Interessen des Reviers, aber im politischen Kalkül spielte die Bevölkerung an Rhein und Ruhr und in Nordrhein-Westfalen als bevölkerungsstärkstem Bundesland eine große Rolle. Man versuchte dem Rechnung zu tragen durch das »Kohlegesetz« von 1968 sowie die Gründung der Einheitsgesellschaft Ruhrkohle AG 1969. Diese Maßnahmen sollten die Anpassung des Kohlebergbaus an veränderte wirtschaftliche Bedingungen unterstützen und diese sozialverträglich gestalten. Die wieder anziehende Konjunktur verhinderte dann aber einschneidende Maßnahmen, und das Strukturproblem der nordrhein-westfälischen Montanindustrie blieb ungelöst. Zur Überwindung der Rezession wurde ein großes Konjunkturprogramm ausgearbeitet, das mit Hilfe des vom Parlament im Februar 1967 verabschiedeten »Kreditfinanzierungsgesetzes« angeschoben wurde. Insgesamt stellte man Mittel in Höhe von 2,5 Milliarden Mark für Investitionen im Bereich der Bahn, des Verkehrs, der Post sowie von Bildung und Forschung bereit. Steuerliche Sonderabschreibungen lieferten der Wirtschaft Investitionsanreize. Im Kreditfinanzierungsgesetz zeigte sich klar der Übergang zum Keynesianismus als Grundlage der Wirtschafts- und Finanzpolitik.

Die Regierungserklärung des Bundeskanzlers ließ keinen Zweifel daran, dass die Bundesregierung eine aktive – planende und steuernde – Wirtschafts- und Konjunkturpolitik zu betreiben gedachte. Dass Kiesinger die Absicht erwähnte, »durch gezielte Ausgaben die Investitionstätigkeit in unserer Volkswirtschaft zu beleben«, war der deutlichste Hinweis darauf. Im Kern ging es darum, durch eine antizyklische Konjunkturpolitik das wirtschaftliche Wachstum zu verstetigen.

Voraussetzung für den politischen Siegeszug des Keynesianismus – nicht nur in der Bundesrepublik – war die Überzeugung, dass es mit wissenschaftlichen Mitteln gelingen konnte, den Wirtschaftsverlauf zu prognostizieren und, darauf aufbauend, durch gezielte Maßnahmen zu beeinflussen. Mit wissenschaftlichen Mitteln sei es möglich, gesellschaftliche, ökonomische, technische und in der Folge auch politische Wandlungsprozesse nicht nur zu erkennen, sondern auch, aus dieser präzisen Kenntnis heraus, diesen Wandel planend und steuernd zu gestalten. Politik verwissenschaftlichte sich in den 1960er Jahren in bis dahin ungekanntem Maße. Wissenschaftliche Experten, Ökonomen, Sozial- und Naturwissenschaftler wurden zu Politikberatern, nicht nur weil sie sich aufdrängten, sondern auch weil die Politik die wissenschaftliche Expertise förmlich suchte, um damit die Legitimität ihres politischen Handelns zu erhöhen. Wissenschaftliche Planung versprach überdies Ideologiefreiheit. Gerade in der Bundesrepublik war die Planung wirtschaftlicher und gesellschaftlicher Prozesse vor dem Hintergrund der NS-Herrschaft (Vierjahresplan) und der kommunistischen Planwirtschaft (insbesondere in der DDR) ein politisches Tabu gewesen, obwohl es auf einer Reihe von Feldern schon in den 1950er Jahren planerische Maßnahmen gegeben hatte. Diese zielten aber nur auf einzelne Entwicklungsbereiche und waren nicht von der Idee getragen, dass es möglich sein könnte, die gesellschaftliche und die wirtschaftliche Entwicklung insgesamt planerisch zu erfassen und zu steuern. Der Begriff der Planung wurde erst seit den 1960er Jahren seiner ideologischen und damit repressiven Konnotationen entkleidet und positiv als Zukunftsgestaltung im Dienste der Menschen verstanden.

Mit der Planungseuphorie verbanden sich ein in der Rückschau kaum nachvollziehbarer Zukunftsoptimismus und Fortschrittsglaube. Im Grunde stand ein massiver Wirtschaftseinbruch gar nicht zur Debatte, vielmehr ging es um Abfederung der wirtschaftlichen Entwicklung, die man als prinzipiell gesichert ansah, darum, Konjunkturdellen vorauszusehen und ihre Auswirkungen zu minimieren, indem man rechtzeitig Maßnahmen dagegen ergriff. Es überrascht nicht, dass gerade in der Bundesrepublik der Keynesianismus auf so große politische Resonanz stieß, denn er versprach – und verspricht – letztlich nichts Anderes als die Sicherheit, die Berechenbarkeit und Stabilität der ökonomischen, gesellschaftlichen und politischen Entwicklung. Durch Krieg und Nachkrieg, Revolution und Inflation im 20. Jahrhundert zutiefst traumatisiert, waren die Westdeutschen nur allzu gerne bereit, einer Politik unter keynesianischen Vorzeichen zuzustimmen. Wirtschaftliche Stabilität und wirtschaftliches Wachstum wurden dabei vorausgesetzt, waren sozusagen die Grundlage für weitergehende gesellschaftspolitische Vorstellungen im Zeichen einer umfassenden sozialen Modernisierung, die freilich von der wirtschaftlichen Entwicklung her gedacht wurde. Deshalb schlug nun die »Stunde der Ökonomen«.[16]

Die gesellschaftliche Modernisierung – in Kiesingers Regierungserklärung war von einer »klaren vorausschauenden Gesamtpolitik« und einem »politischen Gesamtprogramm« die Rede[17] – sollte wissenschaftlich konzipiert und begleitet werden. Ihr Ziel war eine flächendeckende gesellschaftliche Liberalisierung, ihre Voraussetzung der in der Bundesrepublik Mitte der 1960er Jahre nicht zuletzt als Ergebnis der »Westernisierung« entstandene breite Konsens über die grundlegenden Ordnungsvorstellungen einer liberalen, westlichen Gesellschaft. Ohne diesen Konsens ist die Bildung der Großen Koalition nicht zu verstehen.

Kern der keynesianischen Politik der Großen Koalition blieb im Zeichen der akuten Rezession freilich die Wirtschafts- und Finanzpolitik. Aber Wirtschaftspolitik war Gesellschaftspolitik. Dass das Planungsdenken nicht schlagartig mit der Bildung der Großen Koalition in die Bonner Politik Einzug hielt oder gar allein von der SPD in die Politik eingebracht wurde, zeigt die schlichte Tatsache, dass sich Bundeskanzler Kiesinger in der Zielbestimmung der Wirtschafts- und Finanzpolitik seiner Regierung auf das bereits 1963 verabschiedete Gesetz über die Bildung des Sachverständigenrats zur Begutachtung der gesamtwirtschaftlichen Entwicklung berufen konnte, dessen einschlägige Bestimmungen er zitierte. Schon dieses Gesetz hatte als die vier zentralen Ziele der Wirtschaftspolitik »im Rahmen der marktwirtschaftlichen Ordnung gleichzeitig Stabilität des Preisniveaus, hohen Beschäftigungsstand und außenwirtschaftliches Gleichgewicht bei stetigem und angemessenem Wachstum« benannt.[18] Das war fast exakt der Wortlaut des Gesetzes zur Förderung der Stabilität und des Wachstums, das der Bundestag im Mai 1967 mit großer Mehrheit verabschiedete und das die Bundesregierung als »Magna Charta der modernen Wirtschaftspolitik« feierte.[19]

Das »magische Viereck« der wirtschaftspolitischen Ziele wurde nun per Gesetz für Bund und Länder zur Richtschnur ihrer finanz- und wirtschaftspolitischen Maßnahmen erklärt. Es definierte die Orientierungskriterien der Globalsteuerung. Im Kern erhielt damit eine nachfrageorientierte antizyklische Konjunkturpolitik im Sinne des Keynesianismus Gesetzesrang. Die Steuerung der Nachfrage war der Hebel, an dem man ansetzen wollte, um konjunkturelle Schwankungen so weit wie möglich auszugleichen und damit die Wirtschaft auf Wachstumskurs zu halten. Eine solche Politik war auf umfassende Informationen über die konjunkturelle Entwicklung und auf Wirtschaftsdaten angewiesen, damit man die Steuerungsentscheidungen präzise treffen konnte. Das Gesetz gab der Bundesregierung daher vor, diese Orientierungsdaten zu sammeln und vorzuhalten. Auf dieser Basis wurde die Bundesregierung verpflichtet, nicht nur eine kurzfristige Haushaltsplanung vorzunehmen, sondern eine auf fünf Jahre angelegte »mittelfristige Finanzplanung«. Optimistisch ging man davon aus, dass es auf diese Art und Weise gelingen müsse, die Konjunktur mit wissenschaftlichen Mitteln vorausschauend zu steuern. Man war überzeugt, dass es möglich sein würde, die enorme Komplexität der wirtschaftlichen und konjunkturellen Entwicklung mehr oder weniger vollständig zu erfassen und die Entwicklung und Veränderung jedes einzelnen Einflussfaktors über Jahre hinweg verlässlich zu prognostizieren.

Der Bundesregierung war klar, dass sie nicht der einzige wirtschafts- und finanzpolitisch relevante Akteur war und dass sie nicht allein das Nachfrageverhalten kontrollieren konnte. Aus diesem Grund forderte das Stabilitäts- und Wachstumsgesetz »ein gleichzeitiges, aufeinander abgestimmtes Verhalten (Konzertierte Aktion) der Gebietskörperschaften, Gewerkschaften und Unternehmensverbände«. Die »Konzertierte Aktion« war bereits in Kiesingers Regierungserklärung erwähnt worden und in der ersten Jahreshälfte 1967 schon dreimal zusammengetreten, bevor sie durch das Stabilitäts- und Wachstumsgesetz auf Dauer gestellt und institutionalisiert wurde.

Die »Konzertierte Aktion« ist von der Forschung oft in die Tradition des deutschen Korporatismus mit der steuernden Rolle des Staates in Tarifpolitik und Tarifbeziehungen gestellt worden. Auf den ersten Blick ist diese Kontinuitätslinie, die immer wieder auch als ein Charakteristikum des »rheinischen Kapitalismus« bezeichnet wird, gewiss nicht zu bestreiten. Doch diese historische Herleitung der »Konzertierten Aktion« reicht nicht aus, wenngleich die Tradition des Korporatismus die Legitimation der »Konzertierten Aktion« zu untermauern half und diese Ausformung keynesianischen Denkens historisch anschlussfähig machte. Vor allem Bundeswirtschaftsminister Schiller dachte jedoch keineswegs primär in korporatistischen Kategorien. Ihm ging es in erster Linie darum, auch die Tarifbeziehungen auf eine rationale Grundlage zu stellen und den Tarifparteien diejenigen Informationsgrundlagen zur Verfügung zu stellen, die in seiner Wahrnehmung für eine Entwicklung der Löhne im Lichte des »magischen Vierecks« von Bedeutung waren. Auch darum wurde der wirtschaftliche Sachverständigenrat von Anfang an an der »Konzertierten Aktion« beteiligt.[20] In den etwa zehn Jahren, die die »Konzertierte Aktion« Bestand hatte, gelang es aber nie ganz, die Tarifparteien, insbesondere die Gewerkschaften, von der tarifpolitischen Neutralität des Rationalitätspostulats zu überzeugen. Arbeitnehmer wie Arbeitgeber zeigten sich nur begrenzt bereit, ihre tarif- und lohnpolitischen Eigeninteressen schwer greifbaren übergeordneten konjunkturpolitischen Erfordernissen unterzuordnen, und waren in diesem Sinne allenfalls selektive Keynesianer.

Wie die Gewerkschaften und Unternehmen mussten auch die Länder und Gemeinden in das Gesamtkonzept der neuen Wirtschafts- und Konjunkturpolitik eingebunden werden, denn öffentliche Investitionen, ein wichtiges Instrument der Nachfragesteuerung, tätigte nicht nur der Bund. An dieser Stelle freilich rieben sich die Erfordernisse des Stabilitäts- und Wachstumsgesetzes mit den verfassungsmäßigen Grundstrukturen des Föderalismus. Artikel 109 des Grundgesetzes hielt klar fest: »Bund und Länder sind in ihrer Haushaltswirtschaft selbständig und voneinander unabhängig.« Das musste zwar nicht, aber es konnte einer konzertierten Wirtschafts- und Finanzpolitik von Bund und Ländern im Wege stehen und damit den Keynesianismus empfindlich verwässern. Insofern war es nur konsequent, dass der Bundestag mit der dafür notwendigen Zweidrittel-Mehrheit den Artikel 109 änderte. Dieser bestimmte nunmehr zusätzlich, dass Bund und Länder »bei ihrer Haushaltswirtschaft den Erfordernissen des gesamtwirtschaftlichen Gleichgewichts Rechnung zu tragen« haben. Das war vergleichsweise offen formuliert, da aber der Begriff des »gesamtwirtschaftlichen Gleichgewichts« aus dem Stabilitäts- und Wachstumsgesetz stammte, konnte an der Intention der Verfassungsänderung keinerlei Zweifel bestehen. Mit dem Konjunkturrat und dem Finanzplanungsrat wurden zugleich Gremien geschaffen, in denen der Bund mit den Ländern kooperieren konnte. Der Keynesianismus hatte ins Grundgesetz Einzug gehalten, und er hatte die Verfassungsordnung der Bundesrepublik an einer zentralen Stelle, nämlich im Bereich des Föderalismus, zu verändern begonnen.

Mit der Neufassung von Artikel 109 war es aber nicht getan. Die Finanzreform, die im Mai 1969, also wenige Monate vor Ende der Großen Koalition, verabschiedet wurde, ist damals als »die tiefgreifendste und weitreichendste Reform unseres Grundgesetzes in den 20 Jahren seines Bestehens« bezeichnet worden.[21] Anders als in der Haushaltsreform ging es in der Finanzreform darum, die Finanzverfassung des Bundes den konjunkturellen Steuerungserfordernissen anzupassen. Ergebnis der einzelnen Verfassungsänderungen war eine deutliche Unitarisierung der Finanzverfassung, die zwar verfassungspolitisch vom Imperativ der Vereinheitlichung der Rechtsordnung, der Wirtschaftsverhältnisse und der Lebensverhältnisse in allen Teilen des Bundesgebiets getragen,[22] ordnungspolitisch indes aus dem keynesianischen Ziel des »gesamtwirtschaftlichen Gleichgewichts« gespeist war. Vor allem durch die Einführung von »Gemeinschaftsaufgaben« (Artikel 91a GG) im Bereich des Aus- und Neubaus von Hochschulen, bei der Verbesserung der Agrarstruktur, des Küstenschutzes und der regionalen Wirtschaftsstruktur wurde der Finanzföderalismus kräftig durchbrochen. Dass es auch vor 1969 bereits Formen der Mischfinanzierung gegeben hatte, kann diesen Befund nicht relativieren. Dem Bund wurden nunmehr zugleich Mitwirkungsrechte, aber eben auch finanzielle Mitwirkungspflichten verfassungsrechtlich zuerkannt. Eine bislang informelle Bund-Länder-Kooperation wurde in ein institutionalisiertes Verhandlungssystem überführt. Das war nicht nur Unitarisierung, sondern bedeutete auch Politikverflechtung, die weit über die im Grundgesetz fixierten Gemeinschaftsaufgaben hinausging. Der kooperative Föderalismus bildete selbst im ausschließlichen Zuständigkeitsbereich der Länder Strukturen und Institutionen aus, beispielsweise die Kultusministerkonferenz, durch die das Gewicht des einzelnen Bundeslandes zurückging.

Diese Politikverflechtung sollte effizienzsteigernd wirken. Die Verfassungsreform von 1969 ging von der politischen Gleichgerichtetheit der Mehrheitsverhältnisse in Bund und Ländern aus und zugleich – gerade nach der Überwindung der Rezession von 1966/67 – von der Fortsetzung, ja Verstetigung wirtschaftlichen Wachstums. Die Verteilung verfügbarer, ständig steigender Mittel stand im Zentrum der Bund-Länder-Kooperation und des Verbundföderalismus. Beide Prämissen waren schon wenige Jahre später hinfällig. In Bundestag und Bundesrat gab es fast ohne Unterbrechung konträre Mehrheitsverhältnisse, und seit Mitte der 1970er Jahre verringerten sich die finanziellen Gestaltungsspielräume im Zeichen konjunktureller Krisen ganz erheblich. So schuf die Finanzverfassung von 1969 zwar die konstitutionellen Voraussetzungen für die Reformpolitik der Ära Brandt, etablierte aber zugleich hoch komplexe institutionelle Mechanismen und Zusammenhänge. Diese konnten zum einen parteipolitisch instrumentalisiert werden, was auch geschah (Stichwort: Blockadepolitik), und formten zum anderen den Föderalismus der Bundesrepublik so um, dass er auf unterschiedlichen Ebenen klare Strukturen und politische Handlungsfähigkeit nicht mehr gewährleistete, sondern gegenteiligen Entwicklungen Vorschub leistete. Das wurde seit den 1970er Jahren beklagt, führte aber erst nach der deutschen Vereinigung zu einem Veränderungsdruck, der schließlich nach langem Vorlauf 2006 in die Föderalismusreform mündete. Durch diese Reform wurden die Zuständigkeiten von Bund und Ländern wieder klarer voneinander abgegrenzt, obwohl der gesetzgebungspolitischen Neuordnung eine Neuordnung der Finanzbeziehungen noch nicht gefolgt ist.[23]

Verwissenschaftlichung und Planung, die längst vor 1966 eingesetzt hatten, breiteten sich unter der Großen Koalition über nahezu alle Politikbereiche aus. In Bund und Ländern bis hinab zu den Kommunen sang man unisono das Hohelied der Planung und Steuerung. Planung verband sich dabei fast immer mit massiven öffentlichen Investitionen beziehungsweise Investitionsprogrammen. Diese zum Teil gigantischen Programme blieben nie auf ihre im engeren Sinne wirtschafts- und konjunkturpolitische Funktion beschränkt. Sie sollten, nicht zuletzt im Bereich der sogenannten Infrastrukturpolitik, gesellschaftlich modernisierend wirken und die Gesellschaft verändern. Ein Projekt dieser Art war der »Leber-Plan«, benannt nach dem sozialdemokratischen Verkehrsminister Georg Leber, der einen gewaltigen Ausbau des Straßennetzes, vor allem der Autobahnen, vorsah, zugleich aber auch eine Verlagerung des Gütertransports von der Straße auf die Schiene. Bis 1985 sollte jeder Bundesbürger von seiner Wohnung aus maximal 25 Kilometer bis zum nächsten Autobahnanschluss fahren müssen. In urbanen Ballungsräumen waren riesige Autobahnbänder mit bis zu 18 Spuren vorgesehen. Das war ein enormes Investitionsprogramm, mit dem sich die Vision einer vollkommen automobilisierten, auf die individuelle motorisierte Fortbewegung ausgerichteten Gesellschaft verband.

Die Ölkrisen der 1970er Jahre machten dieser Vision ein Ende, zum Geist der 1960er Jahre gehören solche Projekte jedoch unbedingt. In der weithin geteilten, geradezu enthusiastischen Befürwortung der Atomenergie und ihrer friedlichen Nutzung verbanden sich Wissenschafts- und Technikgläubigkeit mit der Idee unbegrenzter industriell-ökonomischer Wachstumsmöglichkeiten auf der Basis unbegrenzter Energieressourcen. Die dadurch mögliche Steigerung und Verbreitung von Wohlstand, nicht zuletzt durch mehr Teilhabe am Konsum, war in solchen Szenarien stets mitgedacht. Das Atomprogramm der Bundesregierung, zentrales Element ihrer Forschungspolitik und zugleich ein gewaltiges Investitionsprogramm, war von solchen Überzeugungen getragen.

Der Staat wollte nicht nur auf gesellschaftlichen Wandel reagieren, er wollte diesen Wandel planen und steuern. Das war kein rein technokratisches Denken, obwohl es diesem Tür und Tor öffnete. Die Landes- und Raumplanung, die im späten 19. Jahrhundert entstanden war, aber zuletzt im Nationalsozialismus über größere Gestaltungsmöglichkeiten verfügt hatte, erlebte einen Boom ohnegleichen.[24] Das bayerische Exempel macht deutlich, wie mit Mitteln der Landesplanung und einer dirigistischen Strukturpolitik aus dem agrarischen Freistaat binnen weniger Jahrzehnte ein industrielles Kraftzentrum wurde, wie es gelang, die Strukturunterschiede zwischen Zentrum und Peripherie, Stadt und Land, Agrarwirtschaft und Industrie zwar nicht völlig zu überwinden, aber weitgehend auszugleichen. Bayern wurde in der Ära Goppel (1962–1978) flächendeckend modernisiert. Welchen Preis man für diesen Infrastrukturausbau (als Voraussetzung der Industrieansiedlung) zahlte, wurde zu spät wahrgenommen. Die noch immer gültigen Strukturpläne wurden erst in den 1980er Jahren revidiert und ihre Ergebnisse selbst von CSU-Politikern als zum Teil »inhuman und unorganisch« bezeichnet.[25]

Modernisierung meinte immer auch Effizienzsteigerung. In diesem Sinne modernisierend sollte auch das innenpolitische Programm der Großen Koalition wirken. Seine beiden Hauptpfeiler waren eine Wahlrechtsreform sowie die Verabschiedung einer Notstandsverfassung. Das Projekt einer Wahlrechtsreform zog sich bereits seit den frühen 1960er Jahren wie ein roter Faden durch die Gespräche zwischen Vertretern der Union und der SPD, in denen die Idee einer Großen Koalition erörtert wurde. Diese Überlegungen speisten sich de facto aus dem Bestreben, die FDP aus der politischen Landschaft der Bundesrepublik zu eliminieren und im Parlament klare politische Verhältnisse zu schaffen, was ein effizientes Regieren gerade in Krisenzeiten erleichtern sollte. Der wahlrechtsbezogene Reformeifer schwächte sich jetzt jedoch rasch wieder ab. Vor allem die SPD distanzierte sich in dem Maße von dem Projekt, in dem die FDP durch eine programmatische Umorientierung im Zeichen des Linksliberalismus und den damit einhergehenden Generations- und Führungswechsel neue Bedeutung als möglicher Koalitionspartner gewann. Den Sozialdemokraten stand nur zu deutlich die Gefahr einer strukturellen Mehrheit der Unionsparteien vor Augen, die durch ein Mehrheitswahlrecht auf lange Zeit zementiert werden konnte. Aber auch in den Unionsparteien mehrten sich die skeptischen Stimmen. So verschwand die Wahlrechtsreform bald von der Agenda.

Schatten der Vergangenheit: Notstandsgesetze und Verjährungsfrage

Bei der Notstandsverfassung war das anders. Die Bundesrepublik war 1955 mit dem Deutschland-Vertrag beinahe völlig souverän geworden, aber eben nur beinahe. Die Alliierten behielten sich nämlich ihre Rechte bezogen auf Berlin und Deutschland als Ganzes sowie das Notstandsrecht vor. Allerdings eröffneten sie der Bundesrepublik die Möglichkeit, eine eigene Notstandsverfassung – als Teil des Grundgesetzes – zu schaffen. Bereits Ende der 1950er Jahre begann eine politische Debatte über eine solche Notstandsverfassung, die immer wieder zu entsprechenden Gesetzesplanungen, beispielsweise unter Bundesinnenminister Gerhard Schröder, führte, aber nicht zum Abschluss gelangte, weil der Bundesregierung bis 1966 die parlamentarische Mehrheit für eine Verfassungsänderung fehlte. Das war nun anders. Dennoch dauerte es bis zum Mai 1968, ehe die Koalition das Notstandsrecht mit der notwendigen verfassungsändernden Mehrheit im Bundestag verabschiedete.

Viel stärker als die Reformen im Bereich der Wirtschafts- und Finanzpolitik führte das Vorhaben einer Notstandsverfassung zu heftigen gesellschaftlichen Debatten und Auseinandersetzungen. In nationaler Perspektive gehört die Notstandsgesetzgebung zu den wichtigsten Hintergründen von Studentenprotest und Außerparlamentarischer Opposition. Nicht nur Jugendliche, Studenten und viele Intellektuelle lehnten die Notstandsgesetzgebung ab, sondern auch große Teile der SPD, die Gewerkschaften und kirchliche Kreise, so dass die Kritik weit in die Gesellschaft hinein wirkte. Dass viele Gegner die Notstandsgesetze als »NS-Gesetze«

bezeichneten, verweist auf den vergangenheitspolitischen Bezugsrahmen der Debatte, die ohne den Erfahrungshorizont des Untergangs der Weimarer Republik
und des Aufstiegs des Nationalsozialismus nicht zu verstehen ist. Dieser historische
Erfahrungshintergrund war mehr als nur ein Argument gegen die Notstandsgesetze.

Sicher, wer dem Notstandsrecht skeptisch gegenüberstand, der verwies auf
den Artikel 48 der Weimarer Verfassung, der nicht nur allgemein die Exekutive begünstigte und das Parlament marginalisierte, sondern auch konkret seit 1930 zur
Zerstörung der Weimarer Republik durch die Einsetzung der Präsidialkabinette
und damit letztlich der Regierung Hitler gedient hatte. Und nicht wenige Gegner
der Notstandsgesetze unterstellten ihren politischen Befürwortern ganz unverhohlen autoritäre, ja diktatorische Absichten. Umgekehrt freilich verwiesen die Befürworter einer Notstandsverfassung auf die Schwäche der Weimarer Republik und
auf das Erfordernis, dass eine Demokratie sich ihrer Gegner erwehren können,
dass sie auch durch ein wirksames Notstandsrecht gestärkt werden müsse. Am
Ende langwieriger Verhandlungen, die nicht einfacher wurden durch die Tatsache,
dass die APO-Positionen auch von vielen Sozialdemokraten, gerade von Angehörigen der jüngeren Generation, geteilt wurden, stand ein Kompromisspaket, das der
Bundestag schließlich am 30. Mai 1968 verabschiedete. Die FDP und immerhin ein
Viertel der SPD-Abgeordneten stimmten dagegen. Doch die APO hatte damit ihren
Zenit überschritten, denn weder die SPD-Gegner des Notstandsrechts noch die Ge-
werkschaften waren nun noch bereit, den Protest gegen ein parlamentarisch legiti-
miertes Gesetzeswerk fortzusetzen und damit den Antiparlamentarismus linker
Radikaler zu stützen.

Das Notstandsrecht, das 1968 in die Verfassung integriert wurde – insofern ist
der Begriff Notstandsverfassung eigentlich irreführend –, sicherte dem Parlament
weitgehende Mitbestimmungs- und Kontrollrechte. Mit der Verabschiedung des
Notstandsrechts der Bundesrepublik schlug keineswegs die »Stunde der Exekutive«, wie es viele Kritiker behaupteten und wie man manche Entwürfe der Frühzeit durchaus hatte interpretieren können. Gegen eine Exekutive, die mit dem
Notstandsrecht den Staat zu usurpieren und die freiheitlich-demokratische Verfassungsordnung auszuhebeln suchte, verankerte das Parlament im Artikel 20 (4) des
Grundgesetzes ein Widerstandsrecht. Dass sich die beiden großen Parteien am
Ende auf eine Notstandsgesetzgebung einigen konnten, ist nicht zuletzt Ausdruck
einer weit reichenden politischen und gesellschaftlichen Liberalisierung, durch die
in den 1960er Jahren – in der SPD nicht weniger als in den Unionsparteien – obrigkeitsstaatliche, zumindest aber stark staatsorientierte und vom Staat her entwi-

ckelte politische Ordnungsvorstellungen abgebaut worden waren. Das 1968 verabschiedete Notstandsrecht schützt keinen abstrakten Staat, sondern die freiheitliche Demokratie der Bundesrepublik. So ist es gedacht und konstruiert.

Schon Ende der 1950er Jahre hatten in der Bundesrepublik Gerichtsverfahren im Zusammenhang mit der nationalsozialistischen Massenvernichtung und insbesondere dem Mord an den europäischen Juden eingesetzt. Doch kaum war die Arbeit an diesen Verfahren und an der mit ihnen einhergehenden Strafverfolgung richtig in Gang gekommen, da drohte Gefahr, dass die nationalsozialistischen Mörder nicht mehr verfolgt und vor Gericht gestellt werden könnten, denn die Verjährungsfrist für Mord und Beihilfe zum Mord lag damals bei 20 Jahren. Da die Frist in der Bundesrepublik von 1945 an rechnete, wären von 1965 an NS-Verbrecher für die Justiz nicht mehr greifbar gewesen. Die Stimmung in den weit gespannten Netzwerken der NS-Täter und ihrer Lobbyisten war zuversichtlich, und die öffentliche Meinung schien zunächst zu einem rechtspolitischen Schlussstrich zu tendieren. Nach einer Debatte im Bundestag über die Verlängerung der Verjährungsfrist, die mit Recht als eine der Sternstunden deutscher Parlamentsgeschichte gelten kann, trat ein, was anfangs unwahrscheinlich schien: Im Plenum fand sich eine breite Mehrheit für eine Verlängerung, und so beschloss das Parlament im März 1965, die Verjährungsfrist um vier Jahre zu verlängern, weil in den Jahren der Besatzung zwischen 1945 und 1949 eine Strafverfolgung nur eingeschränkt möglich gewesen sei.

Das war letztlich ein pragmatischer Kompromiss, doch er war gefunden worden, weil sich viele Abgeordnete, unter ihnen Adolf Arndt, der »Kronjurist« der SPD, aber auch der CDU-Abgeordnete Ernst Benda, 1968/69 Innenminister der Großen Koalition und später Präsident des Bundesverfassungsgerichts, mit großer moralischer Ernsthaftigkeit und grundsätzlich geäußert hatten. Auf das Argument, die »Ehre der deutschen Nation« erfordere es, einen Schlussstrich zu ziehen, hatte Benda entgegnet, dass es für ihn zur »Ehre der Nation« gehöre, »zu sagen, dass dieses deutsche Volk doch kein Volk von Mördern ist und … von diesen Mördern befreit wird«.[26] Für Arndt ging es darum, »dass wir dem Gebirge an Schuld und Unheil, das hinter uns liegt, nicht den Rücken kehren, sondern dass wir uns als das zusammenfinden, was wir sein wollen: kleine demütige Kärrner, Kärrner der Gerechtigkeit, nicht mehr.« Es war klar, dass die Frage spätestens 1969 wieder auf die politische Tagesordnung gelangen würde. Gegen die Stimmen von CSU und FDP stimmten CDU und SPD nun für eine generelle Verlängerung der Verjährung von Mord um weitere zehn Jahre und reagierten damit auch auf den internationalen Druck. 1979 schließlich wurde die Verjährung von Mord ganz abgeschafft.

Die »Schreibtischtäter«, die Bürokraten des Terrors und Organisatoren der NS-Gewaltverbrechen, waren von dieser Entwicklung indes nicht betroffen. Ihnen war es 1968 gelungen, den Kopf aus der Schlinge zu ziehen, denn während die Verjährungsfrist für Mord verlängert wurde, ermöglichte eine von der Öffentlichkeit kaum zur Kenntnis genommene Strafrechtsänderung die Verjährung der Beihilfe zum Mord, die bis dahin hinsichtlich Strafmaß und Verjährungsfrist mit Mord gleichgesetzt war. Damit entfiel die Möglichkeit, die Schreibtischtäter noch vor Gericht zu stellen. Im Bundesjustizministerium, wo diese Gesetzesänderung konzipiert worden war, sprach man von einem »Versehen«. Es gibt jedoch klare Hinweise darauf, dass die Juristen im Justizministerium, von denen viele ihre Justizkarrieren vor 1945 begonnen hatten, und ihre externen Berater durchaus wussten, dass sie eine »Amnestie durch die Hintertür« vornahmen. Die »kalte Verjährung« von 1968, so urteilt Norbert Frei, »diente fortan als juristische Barriere, um hochrangige NS-Täter vor der Strafverfolgung zu bewahren«.[27] Ein Verfahren gegen führende Angehörige des Reichssicherheitshauptamts, das der Generalstaatsanwalt des Berliner Kammergerichts bis zur Anklagereife vorbereitet hatte, kam nicht mehr zustande. Andere Verfahren wurden abgebrochen, Ermittlungen gegen eine Vielzahl schwer belasteter Personen eingestellt.

Die Strafrechtsänderung ist ohne Wissen von Bundesjustizminister Gustav Heinemann (SPD) erfolgt. Die Beamten hatten den Minister nicht informiert, vielleicht sogar bewusst umgangen. Dabei hatten der Justizminister und sein Staatssekretär Horst Ehmke, ein reformorientierter Staatsrechtler, die Rechtsreform als zentrales Element gesellschaftlicher Modernisierung zu ihrem persönlichen Anliegen erklärt. Wesentliche Gesetzesänderungen der Strafrechtsreform von 1969, an die die sozialliberale Koalition nach dem Regierungswechsel anknüpfte, gingen auf Heinemann und Ehmke zurück, aber auch wichtige Rechtspolitiker der Union, beispielsweise der ehemalige Generalbundesanwalt Max Güde, wirkten an dem Vorhaben mit und sicherten ihm eine breite parlamentarische Mehrheit, zum Teil sogar unter Einschluss der FDP.

Allgemein trat im Strafrecht neben die bislang dominierenden Leitprinzipien der Tätersühne und der Prävention die Absicht der Resozialisierung. Das Zuchthaus wurde abgeschafft, man führte sozialtherapeutische Maßnahmen ein, und in der Strafbemessung zog man Geldstrafen nun kurzen Haftstrafen vor. Wenn die Bundesregierung betonte, dass sich in Verbrechen nicht nur »antisoziales, sondern zugleich auch sozialbedingtes Verhalten« zeige, dann ließ das deutlich den Konnex von allgemeiner Gesellschaftsreform und Gesellschaftsveränderung einerseits und der Entwicklung von Strafrecht und Strafvollzug andererseits erkennen.[28]

Dass das gesellschaftliche Klima sich bereits gewandelt hatte und im Laufe der 1960er Jahre liberaler geworden war, zeigt die Lockerung des Sexualstrafrechts. Ehebruch und Homosexualität unter Erwachsenen waren nicht länger mit Strafe belegt. Aber auch die rechtliche Diskriminierung nichtehelicher Kinder und lediger Mütter wurde beseitigt, was freilich gesellschaftliche Realitäten nicht sofort veränderte. Es ging bei der Änderung insbesondere um die bereits im Grundgesetz geforderte Chancengleichheit für nichtehelich geborene Kinder. Dazu gehörte, dass ledige Mütter und ihre Kinder nunmehr als Familien bezeichnet wurden, ferner die erbrechtliche Gleichstellung ehelicher und nichtehelicher Kinder. Hinter diesen Änderungen stand ein neues Gesellschaftsbild, standen neue soziokulturelle Ordnungsvorstellungen und Wertorientierungen. Nichtehelichkeit wurde zwar noch immer als abweichendes Verhalten wahrgenommen – auch in der Rechtsordnung –, aber zumindest prinzipiell nicht länger als gesellschaftliche Bedrohung sanktioniert. Und die Rechtsordnung diente in diesem Bereich nicht mehr der »normativen Stabilisierung der ehelichen Familie«.[29]

Ende der Gemeinsamkeit – Ende der Großen Koalition

Die Reformpolitik, die der Justizminister unablässig vorantrieb, wäre nicht denkbar gewesen ohne die Unterstützung von Unionspolitikern. Doch die Debatten über die Reformpakete machten bald deutlich, dass der Vorrat an Gemeinsamkeiten innerhalb der Großen Koalition begrenzt war. Was für viele SPD-Politiker nur den Anfang einer weiter reichenden und tiefer gehenden Gesellschaftsreform darstellte, war für große Teile der Union das Maximum des Zumutbaren. Der Konsens zwischen Union und SPD schwand dahin. Wichtige Reformvorhaben, über die Einvernehmen geherrscht hatte, waren durchgeführt worden, und in beiden Lagern wurden angesichts der 1969 bevorstehenden Bundestagswahlen die Stimmen derer lauter, die daran erinnerten, dass man die Koalition nur auf Zeit und als Mittel der Krisenbewältigung gebildet habe. Beide Parteien versuchten nun wieder, ihr eigenes Profil schärfer herauszuarbeiten beziehungsweise sichtbar werden zu lassen. Das galt für die Innen- und Gesellschaftspolitik wie für die Außen- und Deutschlandpolitik, wo der Dissens zwischen Union und SPD am deutlichsten wurde und wo sich am klarsten zeigte, dass die Große Koalition weitgehend handlungsunfähig geworden war. Gerade in der Außen- und Deutschlandpolitik waren aber die Schnittmengen zwischen SPD und FDP größer geworden. Hier vor allem vollzog sich die Annäherung der beiden Parteien, was schließlich zur Bildung der sozialliberalen Koalition im Herbst 1969 führte. Deren wesentliche Klammer war der gemeinsame Wille, die Ost- und Deutschlandpolitik der Bundesrepublik als Teil der ost-westlichen Entspannungspolitik deutlich zu flexibilisieren.

Auch in der Außenwirtschafts- und Währungspolitik hatte sich seit 1968 Konfliktpotential gebildet. Die Frage einer Aufwertung der DM entzweite die Koalitionspartner. Während die Union diese Aufwertung ablehnte, um die Exportkraft der deutschen Wirtschaft nicht zu schwächen und die Erholung der Konjunktur nicht zu gefährden, sprachen sich der populäre Wirtschaftsminister Schiller und mit ihm die SPD für eine Aufwertung aus, um das außenwirtschaftliche Gleichgewicht herzustellen und die Gefahr einer »importierten Inflation« zu vermindern.

Union und SPD konnten sich auch nicht auf einen gemeinsamen Kandidaten als Nachfolger Heinrich Lübkes verständigen, und so trat bei der Bundespräsidentenwahl 1969 Gerhard Schröder für die Union und Gustav Heinemann für die SPD an. Das war die Stunde der FDP, die in der Bundesversammlung nicht nur ihr bundespolitisches Gewicht und ihren bundespolitischen Anspruch demonstrieren konnte, nachdem sie in den vergangenen drei Jahren im Parlament geradezu marginalisiert worden war, sondern auch auf ihr verändertes politisches Profil hinweisen konnte. In der Tat hatte sich die FDP seit Mitte der 1960er Jahre deutlich linksliberalisiert. Dieser Kurswechsel ging von der Ost- und Deutschlandpolitik aus, wo man sich von nationalen Positionen verabschiedet hatte, und setzte sich in anderen Politikbereichen fort.

Der SPD, in der noch immer erhebliche, vor allem wirtschafts- und sozialpolitisch begründete Vorbehalte gegen die Liberalen existierten, konnte man die Abkehr von der alten FDP und den Willen zu einer Regierungskooperation mit den Sozialdemokraten dadurch beweisen, dass man ihren Kandidaten bei der Bundespräsidentenwahl unterstützte. Das führte die FDP zwar in eine Zerreißprobe, deren Folgen sich in Gestalt zahlreicher Partei- und Fraktionswechsel in den frühen 1970er Jahren zeigten, verhalf aber Gustav Heinemann im dritten Wahlgang zum Erfolg. Der einstige CDU-Innenminister im ersten Kabinett Adenauer wurde der erste sozialdemokratische Bundespräsident.

FDP, SPD und der neu gewählte Bundespräsident verstanden die Wahl als »ein Stück Machtwechsel«, wie Heinemann selbst kurz nach der Wahl in wenig bundespräsidialer Zurückhaltung formuliert hat. Aber genau so war es gemeint. Heinemann war ein ausgesprochen politischer Bundespräsident, der seine Präsidentschaft ganz in den Dienst einer fortgesetzten Modernisierung und Liberalisierung der Bundesrepublik stellte. In seiner Antrittsrede am 1. Juli 1969 nahm er Themen vorweg, die wenige Monate später in Willy Brandts erster Regierungserklärung

wieder auftauchen sollten. »Wir stehen erst am Anfang der ersten wirklich freiheitlichen Periode unserer Geschichte. Freiheitliche Demokratie muss endlich das
Lebenselement unserer Gesellschaft werden. … Überall müssen Autorität und Tradition sich die Frage nach ihrer Rechtfertigung gefallen lassen. … Nicht weniger,
sondern mehr Demokratie – das ist die Forderung, das ist das große Ziel, dem wir
uns alle und zumal die Jugend verschrieben haben.« Das nahm nicht nur Impulse
der Studentenbewegung auf und versuchte, die jüngere Generation für die Politik
des »Machtwechsels« zu gewinnen. Es bilanzierte auch Entwicklungen in der Sozialkultur der Bundesrepublik, die sich verstärkt und schließlich dazu geführt hatten, dass die politische Kultur der Republik 1969 nur noch wenig mit derjenigen
der Gründungszeit gemein hatte. Schon die schlichte Tatsache, dass Gustav Heinemann 1969 zum Bundespräsidenten gewählt werden konnte, verweist auf die tiefen
Wandlungsprozesse, die die Bundesrepublik seit 1949 durchlaufen hatte. Die Liberalisierung der Bundesrepublik begann nicht erst 1969.

In der Retrospektive nimmt sich der Weg von der Bundespräsidentenwahl zur
Bildung der Regierung Brandt/Scheel geradlinig, ja zwangsläufig aus. Dabei war
die Situation 1969 durchaus offen. Noch ließ sich nicht absehen, ob SPD und FDP
zusammen überhaupt über die Mehrheit im nächsten Bundestag verfügen würden.
In der Union hielt man eine absolute Mehrheit zumindest der Sitze nicht für möglich. Nicht alle Spitzenpolitiker der SPD neigten wie Willy Brandt zu einer sozialliberalen Koalition. Herbert Wehner beispielsweise wollte eine Fortsetzung der
Großen Koalition nicht ausschließen. Dass die FDP bei der Bundespräsidentenwahl den SPD-Kandidaten unterstützt hatte, wollten viele liberale Politiker nicht
als koalitionspolitisches Signal verstanden wissen, sondern eher als Demonstration
für die Handlungsfähigkeit der Partei.

Als der FDP-Vorsitzende Walter Scheel wenige Tage vor der Bundestagswahl
seine Präferenz für eine Koalition mit der SPD verkündete, war das ein Versuch, zusätzliche Wählerstimmen zu mobilisieren und innerhalb der FDP eine koalitions-
politische Dynamik auszulösen, die es bis dahin nicht gab. Dass Walter Scheel den
Parteivorsitz von Erich Mende übernommen hatte, beförderte den Generations-
und Richtungswechsel, der auch davon geleitet war, der Partei, die sich nun – mit
»Pünktchen« – F.D.P. nannte, neue, vor allem jüngere Wählerschichten jenseits des
bürgerlichen Mittelstands zu erschließen.[30]

Das Ergebnis der Bundestagswahl vom 28. September 1969 bestätigte im
Grunde die Offenheit der Entwicklung. Der Stimmenanteil von CDU/CSU hatte
sich zwar leicht verringert, doch die Union war stärkste Fraktion geblieben und
verfehlte in der Tat die absolute Mehrheit der Sitze im Parlament nur knapp. Die

SPD gewann zwar 3,4 Prozent und lag nunmehr bei 42,7 Prozent, dafür aber büßte die FDP kräftig ein, verlor 3,7 Prozent ihres Stimmenanteils von 1965 und erreichte lediglich 5,8 Prozent. Es war den Liberalen zwar gelungen, neue Wähler zu gewinnen, doch der liberale Linkskurs hatte alte, vor allem nationalliberale Wähler der Partei zu den Unionsparteien, wenn nicht sogar zur NPD getrieben, die mit 4,3 Prozent zumindest in die Nähe der Fünf-Prozent-Hürde kam. Zusammen verfügten SPD und FDP nur über eine äußerst knappe Mehrheit im Bundestag: zwölf Sitze vor der Union, aber nur fünf über der absoluten Mehrheit, die die Grundlage der Regierungsbildung und einer stabilen Regierung war. Dennoch ließen die Parteivorsitzenden Brandt und Scheel noch in der Wahlnacht keinerlei Zweifel daran, eine Koalition bilden zu wollen, und so konnten sich die Union und ihr Spitzenkandidat Kurt Georg Kiesinger nur wenige Stunden als Wahlsieger fühlen.[31]

Die Union – präziser: die CDU – war 1969 wieder als Kanzlerpartei in den Wahlkampf gezogen. Ihr auf den in der Bevölkerung beliebten Kurt Georg Kiesinger zugeschnittener Slogan hieß: »Auf den Kanzler kommt es an!« Doch die Partei hatte sich inzwischen weit von der Adenauer-CDU der 1950er Jahre entfernt. Dazu hatte das Parteiengesetz von 1967 einen Anstoß geliefert, das den Parteien klare Auflagen für ihre innere Ordnung machte, eine Voraussetzung für die Finanzierung durch das neu geschaffene Instrument der Wahlkampfkostenerstattung. Hinzu kam, dass in der Frühzeit der Großen Koalition der Parteivorsitzende – Ludwig Erhard – nicht mehr mit dem Bundeskanzler identisch war, so dass die Partei viel weniger als bislang aus dem Kanzleramt heraus geführt werden konnte. Und selbst als der Parteivorsitz an Kiesinger übergegangen war, verhinderten die Mechanismen der Großen Koalition, die Tatsache, dass das Kanzleramt nun vor allem Clearing-Stelle zwischen den Koalitionspartnern sein musste, die Revitalisierung des Systems Adenauer.

Der »Kanzlerwahlverein« Adenauerscher Prägung wurde – vorerst – zu Grabe getragen, die Partei durchorganisiert und professionalisiert. Der Apparat und die Führung wurden von den Institutionen der Regierung getrennt. Ohne es zu beabsichtigen, schuf die CDU damit wichtige Voraussetzungen für eine Parteiarbeit aus der Opposition heraus, die seit 1969 erforderlich wurde. Aus dem Primat der Rationalisierung und der Professionalisierung der Partei beziehungsweise der Parteiführung ergab sich eine größere Transparenz der innerparteilichen Strukturen. Kooptationen als wichtiges Charakteristikum einer Honoratiorenpartei verloren an Bedeutung, ebenso auch das von Adenauer stets respektierte Proporzdenken. Innerparteiliche Wahlen wurden wichtiger, und nicht immer waren die Wahlentscheidungen vorbestimmt. Vor allem jüngere CDU-Politiker, unter ihnen der Aufsteiger Helmut Kohl, traten für solche Wahlen ein. Anders als viele Politiker der älteren Generation scheuten sie innerparteiliche Wahlkämpfe nicht, ja sahen in ihnen sogar eine Möglichkeit, sich zu profilieren. Und anders als ältere Honoratiorenpolitiker bewegten sie sich in der Partei wie Fische im Wasser, waren als Berufspolitiker mit deren Funktionsweisen und Gremien bestens vertraut. Politiker wie Helmut Kohl und Gerhard Stoltenberg kannten die Basis der Partei, waren in permanentem Kontakt zu den Kreis- und Ortsverbänden und wussten nur zu genau, wem es helfen würde, in der Partei eine größere Basisbeteiligung zu fordern. Das »kleine 1968« der CDU, wie es Frank Bösch nennt, hatte somit für die jüngere Politikergeneration durchaus auch instrumentelle Funktion.

Die Parteiorganisation wurde darüber hinaus durch Zentralisierung, die Fusion einzelner Landesverbände und Koordination ihrer Aktivitäten gestrafft. Die Bundesgeschäftsstelle gewann in diesen Prozessen an Bedeutung. Ihr Leiter wurde als Generalsekretär der erfahrene Bruno Heck, der schon unter Adenauer als Bundesgeschäftsführer agiert hatte. Der Parteivorsitzende Kiesinger selbst hielt auf Distanz zu den Gremien und Institutionen seiner Partei. Als »wandelnden Vermittlungsausschuss« hat man ihn nicht ganz zu Unrecht bezeichnet. Seinem Selbstverständnis als Politiker und dem Verständnis von seiner Rolle an der Spitze der Großen Koalition entsprach ein eher präsidialer Führungsstil. Die Partei trug und stützte ihren Vorsitzenden – bei Erhard war es nicht anders gewesen –, solange er ihr Erfolge versprach. Das war bis 1969 der Fall. Danach wurde Kiesingers Führungsstil, der den Nimbus des Kanzlers brauchte, für die Partei zum Problem. Die Zeit war reif für Barzel und Kohl, die auch das Zeug zum polarisierenden Oppositionspolitiker hatten. Kiesinger gab den Parteivorsitz 1971 ab.[32]

Die Veränderungen in der CDU blieben nicht auf die Parteiorganisation beschränkt. Mochte Generalsekretär Heck noch so sehr betonen, dass die CDU kein neues Programm brauche, weil sich »aus der christlichen Sicht des Menschen … weiterhin die Leitlinien ihrer Politik ergeben« würden, er konnte die Programmreform nicht aufhalten, im Gegenteil: Heck verstärkte durch solche Positionen seinen Ruf als Mann von gestern, der von den Erfordernissen moderner Parteiarbeit keine Ahnung hatte. Unmittelbar nach seiner Wahl zum Parteivorsitzenden trennte sich Rainer Barzel von Heck, dem Helmut Kohl schon 1969 die Leitung der Programmkommission zur Erarbeitung eines neuen Grundsatzprogramms abgenommen hatte. Dass in der CDU überhaupt eine Programmdiskussion in Gang kam, die darauf zielte, die Politik- und Gesellschaftsvorstellungen der Partei in Programmform zu bringen, lässt sich nicht zuletzt darauf zurückführen, dass auch in der CDU der Geist der Planbarkeit und Machbarkeit Einzug gehalten hatte. Das

Berliner »Aktionsprogramm« von 1968 spiegelte das in seinen Formulierungen nur in Ansätzen wider, weil divergierende Positionen nicht unter einen Hut zu bringen waren, aber gerade die Diskussionen über dieses Programm zeigten doch klar, dass der Geist der Zeit die CDU erreicht hatte.

Anders als die CDU, die ihre innerparteilichen Konflikte nach dem Sturz Erhards zunächst als beigelegt ansah, fand die SPD nach der Bildung der Großen Koalition keine Ruhe – im Gegenteil. Während die Union Mitglieder gewann, stagnierte die Mitgliederentwicklung der SPD, unter anderem eine Folge der Parteiaustritte als Reaktion auf die Bildung der Großen Koalition und deren Politik. Ein eigenständiges Profil konnte die SPD gleichsam im Schatten der Union nicht gewinnen, obwohl es eigentlich in Deutschland selten sozialdemokratischer zugegangen war. Die Kooperation mit der Union, nicht zuletzt bei der Notstandsgesetzgebung, stieß bei den Jungsozialisten, die sich im Kontext der 68er-Bewegung reideologisiert und sehr weit nach links bewegt hatten, auf scharfe Kritik, und auch die Parteibasis betrachtete die Zusammenarbeit mit dem Gegner von gestern mit größter Skepsis, ja Ablehnung. Abspaltungen von der Partei schienen nicht mehr ausgeschlossen.

Die Parteiführung reagierte auf die weit verbreitete Unzufriedenheit, indem sie eine grundsätzliche Programmdiskussion initiierte, welche den Dissens kanalisieren und das Profil der Partei gerade in Abgrenzung von der Union schärfen sollte. Viel stärker als im Godesberger Wahlprogramm von 1969 floss in die Diskussion der »Sozialdemokratischen Perspektiven im Übergang zu den siebziger Jahren« die Überzeugung ein, die Welt sei planbar, steuerbar und machbar, und deswegen sei es auch möglich, eine Gesellschaft nach sozialdemokratischen Vorstellungen zu schaffen. Obwohl sie innerparteiliche Konfliktlinien nicht verwischte, orientierte die Diskussion der Perspektiven die Partei auf die Zukunft und erinnerte sie daran, dass man die Große Koalition nicht für das Endziel der politischen Entwicklung hielt.

Je mehr die politischen Gemeinsamkeiten mit der Union aufgezehrt waren und der Wahlkampf heranrückte, desto geschlossener präsentierte sich die Partei unter ihren beiden Integrationsfiguren Willy Brandt und Karl Schiller. Anders als die Union, bei der es auf den Kanzler ankam, behauptete die SPD auf ihren Plakaten: »Wir haben die richtigen Männer«. Das war Ausdruck einer »noch recht ungebrochenen Selbstverständlichkeit eines maskulinen Politikverständnisses«[33] und wies optimistisch in die Zukunft. Mit den »richtigen Männern« würde man das Versprechen wahr machen: »Wir schaffen das moderne Deutschland«. Das wirkte auch innerhalb der SPD mobilisierend und erzeugte Geschlossenheit.

Weil die FDP 1969 wieder in den Bundestag einzog und die NPD an der Fünf-Prozent-Hürde scheiterte, blieb das Parteiensystem der Bundesrepublik über 1969 hinaus erhalten, obwohl es für einen Moment so ausgesehen hatte, als würde die NPD das Spektrum nach rechts erweitern. Immerhin gelang es der rechtsradikalen Partei zwischen 1966 und 1968 mit Stimmenanteilen zwischen 5,8 und 9,8 Prozent, in sieben Landesparlamente einzuziehen. Die Wahlerfolge der NPD speisten sich dabei aus verschiedenen Quellen: Die wirtschaftliche Rezession gehörte dazu wie die Bildung der Großen Koalition an sich; aber auch die gesellschaftliche Polarisierung angesichts der Studentenbewegung verschaffte ihr Sympathien. Die beschleunigte gesellschaftliche und kulturelle Veränderung und der sich abzeichnende Wertewandel bewirkten Verunsicherung und verstärkten in Teilen der Bevölkerung die Bereitschaft, sich an traditionellen Normvorstellungen zu orientieren, die Handlungssicherheit versprachen. Aber auch der intensive vergangenheitspolitische Diskurs der 1960er Jahre hat zu den Erfolgen der NPD beigetragen. Das weit verbreitete Schlussstrich-Denken fand in der NPD – viel stärker als in den Unionsparteien oder auch auf dem nationalliberalen Flügel der FDP – politischen Widerhall. Es war Teil ihres politischen Programms. Der Aufstieg der NPD blieb dennoch Episode. Das Ende der Großen Koalition und die mit Bildung der sozialliberalen Koalition zunehmende innen- und außenpolitische Polarisierung, die dazu führte, dass die Union wieder ein – gerade auch nationalpolitisch – »rechteres« Profil entwickelte, hatten die Orientierung vieler NPD-Wähler hin zur Union zur Folge.

»Mehr Demokratie wagen«: Auftakt zur sozialliberalen Ära

Das Pathos der Reform, ja des Neubeginns, mit dem sich die sozialliberale Koalition umgab, kann leicht darüber hinwegtäuschen, wie sehr die neue Bundesregierung mit ihrer Reformagenda an die Politik der Großen Koalition anschloss. Allerdings erhöhte sich das Reformtempo, und die Reformrhetorik führender Koalitionspolitiker ließ keinen Zweifel, dass das Regierungsbündnis nicht nur angetreten war, um punktuellen Krisenphänomenen zu begegnen, sondern dass man einen umfassenden Gesellschaftsentwurf vor Augen hatte. Dieser Gesellschaftsentwurf, die Perspektive eines »modernen Deutschland«, mit der die SPD schon im Wahlkampf geworben hatte, war orientiert an Leitbegriffen wie »soziale Demokratie«, »Mitbestimmung« und »Partizipation«. In einer übergeordneten Idee von Modernisierung flossen all die unterschiedlichen Reformimpulse und Reformziele zusammen, so dass Modernisierung in diesem Sinne ganz allgemein Bewegung und Veränderung meinte. Das war weit entfernt von der Status-quo-Orientierung des »Keine Experimente«-Wahlkampfs von 1957, den die Unionsparteien mit dem Versprechen gewonnen hatten, die nach dem Krieg wiedergewonnene Normalität und Stabilität zu bewahren und nicht durch eine Politik der Veränderung aufs Spiel zu setzen.

Der Slogan »Keine Experimente« hatte das breite Sicherheitsbedürfnis der westdeutschen Nachkriegsgesellschaft zur Grundlage. Dieses Bedürfnis war auch in den 1960er Jahren noch groß, aber Sicherheit meinte nun nicht mehr bloße Normalität und Stabilität; Sicherheit meinte jetzt die Gewissheit, dass diese Stabilität mit ihren Profiten und Renditen auf Dauer erhalten bleiben würde. Die Vorstellung, dass man für eine »gesicherte Zukunft« sorgen müsse und könne, vereinte die Bundesbürger, und gerade die sozialliberale Koalition nahm diesen Fortschrittsoptimismus, diese Fortschrittsgewissheit umfassend in ihr Regierungsprogramm auf. Nicht von ungefähr stand die Regierungserklärung, die der neue Bundeskanzler am 28. Oktober 1969 abgab, unter der Überschrift »Kontinuität und Erneuerung«.[34] Darin führte Brandt aus, dass die Sicherheit von Wirtschaftswachstum und Prosperität, die »Stabilität ohne Stagnation«, einen erheblichen Ausbau des Sozialstaats zum »sozialen Rechtsstaat« begründe und rechtfertige. Brandts Regierungserklärung enthielt eine lange Liste von Programmen, Maßnahmen und Gesetzesinitiativen, die so gut wie alle Gebiete der modernen Sozial- und »Daseinsvorsorge« erfasste: von der Krankenversicherung über die Unterstützung von Familien bis hin zur Erhöhung der Kriegsopferrenten.

Auf der anderen Seite schuf die erreichte und als sicher erachtete soziopolitische wie sozioökonomische Stabilität Potentiale für gesellschaftlichen und politischen Wandel, wie er sich insbesondere in der einprägsamen Formel des »Mehr Demokratie wagen« niederschlug. Dabei ist die Dialektik der Argumentation bemerkenswert, und das vor allem deshalb, weil sie letztlich eine Umkehrung der sicherheitsbezogenen Zielvorstellungen der 1950er Jahre bedeutete. Dauerhafte Sicherheit, so betonte Brandt nämlich, könne es in einer entwickelten Gesellschaft nur durch Veränderung geben. Gesellschaftlich verweist das auch darauf, dass die auf Stabilisierung der Lebensumstände, auf sozialen Aufstieg oder Wiederaufstieg gerichteten Formen des Sicherheitsstrebens in dem Maß an Bedeutung verloren hatten, in dem eine Generation herangewachsen war, für die die Unsicherheitspotentiale der frühen Nachkriegsjahre keine selbst erfahrene Realität mehr darstellten. Aber es war eben eine grundlegende Zukunftsgewissheit die Voraussetzung für diese Experimentierbereitschaft und erhöhte Reformfreudigkeit. Das Wagnis, das der Kanzler forderte, war vor diesem Hintergrund ein Wagnis ohne Ri-

siko. Das Wahlprogramm der SPD von 1972 brachte das auf den Punkt: »Lebensqualität ist mehr als höherer Lebensstandard, Lebensqualität setzt Freiheit voraus,
auch Freiheit von Angst. Sie ist Sicherheit durch menschliche Solidarität, die
Chance zur Selbstbestimmung und Selbstverwirklichung, zu Mitbestimmung und
Mitverantwortung.«[35]

Während in der letzten Phase der Großen Koalition zwischen CDU/CSU und
SPD ein Klima zunehmend mühsamer Kooperation geherrscht hatte, tendierte
man nun zum Konflikt. Immer wieder verwies der neue Bundeskanzler auf die
fundamentalen Unterschiede zwischen Union und SPD, und immer wieder reagierten die Unionsparteien in scharfer Form auf die Aufbruch- und Veränderungs-
stimmung der neuen Regierung, denn sie fühlten sich durch die sozialliberale
Koalitionsbildung ausgebootet – und das als stärkste Fraktion im Bundestag – und
sahen sich damit zum ersten Mal seit 1949 auf die harten Oppositionsbänke verbannt. Die Schärfe der wechselseitigen Vorwürfe und die Härte der politischen
Auseinandersetzungen ließen schnell in Vergessenheit geraten, dass schon in der
Großen Koalition das Ziel gesamtgesellschaftlicher Modernisierung angestrebt
worden war und der dort herrschende Konsens zwischen den Unionsparteien und
der SPD auch ein seit den späten 1950er Jahren herausgebildetes Politik- und Ge-
sellschaftsverständnis widergespiegelt hatte.

Die Unionsparteien und insbesondere die CDU gingen den Weg der Veränderung langsamer und gegen größere innerparteiliche Widerstände. Das hatte damit
zu tun, dass die Union seit 1949 Regierungspartei gewesen war, dass sie noch immer im Schatten Adenauers und seiner Politik stand und sich daher nicht leicht
von früheren Positionen lösen konnte. Wenn Willy Brandt 1969 behauptete, für
CDU und CSU bedeute Demokratie »eine Organisationsform des Staates«, für die
SPD hingegen »ein Prinzip, das alles gesellschaftliche Sein des Menschen beeinflussen und durchdringen muss«, dann akzentuierte er Unterschiede zwischen den
beiden großen Volksparteien und ihrem Politikverständnis, die es in dieser scharfen Ausprägung Ende der 1960er Jahre nicht mehr gab. Dass Brandt am Ende seiner
Regierungserklärung formulierte: »Wir stehen nicht am Ende unserer Demokratie,
wir fangen erst richtig an«, stieß auch vor diesem Hintergrund auf Empörung in
den Unionsparteien, die durch das Pathos des Neuanfangs ihren Beitrag zur demokratischen Stabilisierung der Bundesrepublik herabgewürdigt und sich als Vertreter einer bloß formalen Demokratie abgestempelt sahen.

Brandt hatte freilich gute Gründe für seine Wortwahl und für die Distanzierung von der Union. In der FDP gab es erhebliche Vorbehalte gegen die neue Regierung und ihren Kanzler. Drei Abgeordnete der FDP, darunter ihr ehemaliger Vor-

sitzender Erich Mende, verweigerten Brandt bei der Kanzlerwahl ihre Stimme. Das zeigte, wie brüchig die Mehrheit war, auf der die sozialliberale Koalition basierte. Angesichts dieser Konstellation galt es, durch das Pathos der Reform und des Neubeginns, aber auch durch die dadurch bewirkte Polarisierung die Geschlossenheit innerhalb der Koalition zu festigen, ja die beiden Koalitionspartner durch die Berufung auf die gleichsam historische Mission einer »zweiten Republikgründung« zusammenzuschweißen. Es galt aber auch, den Willen und die Bereitschaft zur Veränderung, die in der westdeutschen Gesellschaft breit vorhanden waren, aufzunehmen und daraus ein geradezu visionäres politisches Projekt zu machen, das versprach, die Zustimmung zur Koalition zu erhöhen und ihr bei der nächsten Wahl noch mehr Wählerstimmen zuzuführen.

Gerade die Aufbruchstimmung der Studentenbewegung wollte Brandt aufnehmen und dadurch die politischen Sympathien der »Achtundsechziger« gewinnen. Das konnte nur gelingen, wenn Brandt sich mit seiner Koalition klar von den Unionsparteien und der »Adenauer-Republik« distanzierte und im Namen der neuen Regierung den Anspruch erhob, die Bundesrepublik aus der Erstarrung und Verkrustung, die ihr die junge Generation vorwarf, zu lösen. Zugleich machte er damit deutlich, dass die Demokratie der Bundesrepublik nicht überwunden werden musste, dass sie nicht untauglich und unreformierbar sei – »jenseits aller Reparatur«, wie es Hans Magnus Enzensberger 1967 formuliert hatte[36] – und dass er die neomarxistische Kritik an der Demokratie der Bundesrepublik wie an der parlamentarischen Demokratie überhaupt in keiner Weise teilte. Brandts »Wir stehen nicht am Ende« und sein »Mehr Demokratie wagen« waren in ganz besonderer Weise an die junge Generation gerichtet, die durch diese Formeln zur Beteiligung an der Ausgestaltung der Demokratie und damit zur Unterstützung der sozialliberalen Koalition gewonnen werden sollte.

Vor diesem Hintergrund war es nur konsequent, dass schon wenige Monate nach der Regierungsbildung das aktive Wahlalter von 21 auf 18 Jahre gesenkt wurde, das passive von 25 auf 21 Jahre. Die Bundesregierung und insbesondere die SPD lagen nicht falsch mit ihrer Erwartung, dass die etwa 2,5 Millionen Neu- und Jungwähler mehrheitlich zur SPD tendieren würden, eine Rechnung, die bei den nächsten Bundestagswahlen 1972 aufging.

Brandts Regierungserklärung war, so nahmen es viele Zeitgenossen wahr, »ein Manifest des Neubeginns, des Aufbruchs zu neuen Ufern«.[37] Aber die Richtung des Neubeginns und seine konkrete Ausgestaltung blieben eher vage, die sehr allgemeinen Formulierungen der Erklärung dazu unklar und offen. Auch das hatte seinen Sinn, denn es galt unterschiedliche Ideen und Strömungen zusammenzubringen.

Der emanzipatorische Aufbruch, auf den weite Teile der Studentenbewegung zielten, hatte nur wenig gemein mit den planerisch-technokratischen Zukunftsvisionen einer vom Staat her gedachten und vom Staat ins Werk gesetzten Gesellschaftsgestaltung aus dem Geist der Globalsteuerung. Diese Widersprüche konnte Brandt in seiner Regierungserklärung letztlich nicht auflösen; er konnte nur versuchen, durch die Rhetorik des Aufbruchs und des Neubeginns die fundamentale Ambivalenz, ja Widersprüchlichkeit der gesellschaftlichen Zielsetzungen zu relativieren beziehungsweise in den Hintergrund treten zu lassen. Das gelang nur begrenzt, und die SPD blieb weit über die Regierungsjahre Brandts hinaus von diesem Widerspruch geprägt und zerrissen.

Willy Brandts Regierungserklärung war letztlich das »eigentliche Koalitionsabkommen« von SPD und FDP.[38] Einen förmlichen Koalitionsvertrag gab es nicht. Das offenbarte ein Grundproblem der neuen Regierungskoalition, nämlich jenseits einer prinzipiellen Reformorientierung und großer ost- und deutschlandpolitischer Gemeinsamkeiten Einigkeit über die präzise Ausgestaltung der Reformen in unterschiedlichen Politikbereichen zu erzielen. Der nationalliberale Flügel der FDP hegte große Vorbehalte gegen ein Bündnis mit der Sozialdemokratie, und die liberalen Spitzenpolitiker, die sich eindeutig für eine Regierungsbildung mit der SPD ausgesprochen hatten, wussten, dass der Vorrat an politischen Gemeinsamkeiten recht gering war und womöglich bald erschöpft sein würde. Die von der SPD geforderte »paritätische Mitbestimmung« in Unternehmen lehnte man kategorisch ab, und in der Sozial- und der Steuerpolitik lagen die beiden Parteien weit auseinander. Nicht wenige FDP-Politiker, unter ihnen der Parteivorsitzende und künftige Vizekanzler Walter Scheel, sahen auf zentralen Feldern der Innenpolitik deutlich größere Affinitäten zur CDU, insbesondere ihrer nachrückenden Generation, für die Politiker wie Helmut Kohl standen. Aber man war sich doch auch klar darüber, dass die CDU eine Partei im Übergang war, in der wichtige Protagonisten der Adenauer-Zeit noch immer großen Einfluss besaßen. Und von der CSU sah sich die FDP meilenweit entfernt. So wurde jenseits der konkreten Politikinhalte die Bildung der Koalition selbst zum Reformprojekt. Der Wandel, den man beschwor, kam bereits in der neuen Koalitionskonstellation zum Ausdruck. Die FDP untermauerte dadurch ihren bundespolitischen Anspruch und demonstrierte, dass sie auf Bundesebene nicht grundsätzlich an die Union gebunden war.

Das knappe Wahlergebnis erhöhte das Gewicht der FDP. Im neuen Bundeskabinett erhielten die Liberalen drei Ministerposten, darunter mit dem Posten des Außenministers, den Walter Scheel bekleidete, und dem des Innenministers, den Hans-Dietrich Genscher übernahm, zwei schwergewichtige klassische Ressorts.

Dritter FDP-Minister wurde der bayerische FDP-Abgeordnete Josef Ertl, dem das Landwirtschaftsressort zufiel. Vor allem die Bestellung Ertls, der dem rechten Parteiflügel zuzurechnen war, konnte als geschickter Schachzug der Parteiführung gelten. Denn damit wurde dieser rechte Flügel in die Koalition eingebunden, oder es wurde ein Keil in ihn hineingetrieben. In jedem Fall unterstrich die Nominierung Ertls, wie wenig die FDP-Führung auf den Rückhalt gab, den die sozialliberale Koalition in der eigenen Partei und der Bundestagsfraktion hatte.

Auch auf der Ebene der parlamentarischen Staatssekretäre war die FDP gut vertreten. Diese Institution hatte die Große Koalition für die wichtigeren Ministerien eingeführt, um das Zusammenspiel zwischen Regierung und Parlament generell zu verbessern, aber auch um unter den Bedingungen der Großen Koalition die selbstbewussten Fraktionen stärker in die Regierungsarbeit und -verantwortung einzubeziehen.[39] 1969 – und seither immer wieder – bot die Besetzung der Posten der Parlamentarischen Staatssekretäre, nunmehr in allen Ministerien, aber auch die Möglichkeit, die Erfordernisse des innerparteilichen und innerkoalitionären Proporzes zu berücksichtigen. Nicht als Parlamentarische, sondern als beamtete Staatssekretärin zog die bayerische FDP-Abgeordnete und Bildungspolitikerin Hildegard Hamm-Brücher, eine wichtige Exponentin der liberalen Reformpolitik, in das neu geschaffene Ministerium für Bildung und Wissenschaft ein, in dem der parteilose Hans Leussink, der Vorsitzende des Wissenschaftsrats, Minister wurde.

Die SPD unterstrich bei der Verteilung der ihr zustehenden Kabinettsposten ihren Anspruch auf Kontinuität und Erneuerung. Mit Karl Schiller (Wirtschaft), Georg Leber (Verkehr), Lauritz Lauritzen (Städtebau), Käte Strobel (Gesundheit) und Erhard Eppler (wirtschaftliche Zusammenarbeit) blieben fünf Minister der Großen Koalition, vier von ihnen in zentralen Reformbereichen, auf ihren Posten. Mit Alex Möller als Finanz- und Helmut Schmidt als Verteidigungsminister zogen zwei SPD-Schwergewichte, die bislang die Bundestagsfraktion geführt hatten, in die Regierung ein. Beide gaben ihre Posten in der Fraktion nicht ohne Vorbehalte auf. Aber Herbert Wehner strebte von der Regierungsbank in die Fraktion, und gegen seine Wünsche konnten sich weder Helmut Schmidt noch Willy Brandt durchsetzen. Das bisherige Ministerium für Gesamtdeutsche Fragen, das nun programmatisch Ministerium für Innerdeutsche Beziehungen hieß, besetzte Egon Franke, der dem eher rechten, gewerkschaftsnahen Flügel der SPD angehörte. Nicht minder programmatisch war auch die Auflösung des Vertriebenenministeriums, dessen Zuständigkeiten nun das Innenministerium übernahm. Die neue Regierung unterstrich damit die aus ihrer Sicht gelungene gesellschaftliche Integration der Vertriebenen und setzte zugleich ein Zeichen in Richtung Osten.

Das Bundeskanzleramt wurde ausgebaut zur Zentrale der Regierung. Mit Horst Ehmke als Bundesminister für besondere Aufgaben, einem »Hans Dampf in allen Gassen«, stand an seiner Spitze einer der wichtigsten und ehrgeizigsten Repräsentanten der reformorientierten Politik. In der Tat ging Ehmke, der bis dahin das Justizressort innegehabt hatte, mit größtem Elan daran, das Kanzleramt zur zentralen Institution politischer und gesellschaftlicher Steuerungsprozesse zu machen. Nicht wenige Kabinettskollegen warfen ihm vor, sich als »Oberminister« aufzuspielen, weil er den Versuch unternahm, das Handeln der einzelnen Ministerien zentral zu koordinieren, mit Mitteln modernster Informations- und Datenverarbeitungstechnik aufeinander abzustimmen und im Sinne übergeordneter politischer Leitlinien und gesellschaftlicher Zielvorstellungen auszurichten. Ehmke hatte dabei die Unterstützung des Bundeskanzlers, der dem zupackenden Juristen, der 1969 gerade 42 Jahre alt war, die Aufgabe übertrug, aus dem Kanzleramt »eine moderne Behörde zu machen und sich um die Planung der Regierungsarbeit zu kümmern«.[40] Ehmke konnte dabei an Entwicklungen aus der Zeit der Großen Koalition anknüpfen, denn Kiesinger hatte schon 1967 einen Planungsstab im Kanzleramt eingerichtet, dem insbesondere die »Richtlinienplanung« quer zu den Fachabteilungen oblag. Dieser Planungsstab wurde nun zur Planungsabteilung ausgebaut und personell kräftig aufgestockt. Der Personalstab des Kanzleramts wuchs innerhalb kürzester Zeit von etwa 250 auf 400 Beschäftigte. Die Planungseuphorie schlug sich aber auch in den Ministerien nieder, deren hochrangige Planungsbeauftragte mit der von dem Ökonomen Reimut Jochimsen, einem überzeugten Vertreter von Planungsdenken und Globalsteuerung, geleiteten Planungsabteilung des Kanzleramts vernetzt wurden.

Kern der Planungs- und Steuerungsaktivitäten der Bundesregierung war das von Ehmke eingeführte »Vorhabeninformationssystem« – auch die Wortschöpfung wirft ein Licht auf den Geist der Zeit – als »Grundvoraussetzung für jegliche Aufgabenplanung, Frühkoordinierung und Ablaufsteuerung«.[41] Voller Stolz und tiefer Überzeugung berichtete Ehmke 1971 über dieses System: »Seit Anfang 1970 melden die Ressorts monatlich auf Datenblättern dem Bundeskanzleramt die Projekte, die von allgemeiner politischer oder finanzieller Bedeutung sind. Die in den Datenblättern enthaltenen Informationen werden mit Hilfe eines Elektronenrechners aufgelistet und dann sofort *allen* Ressorts zugänglich gemacht. Sie enthalten verwaltungstechnische Daten, inhaltliche Merkmale, wie Bezeichnung und Beschreibung des Vorhabens; Bezüge zum internen Arbeitsprogramm der Regierung, Bezüge zur Europäischen Gemeinschaft, politische Bedeutung, Öffentlichkeitswirksamkeit; Finanzdaten, wie Auswirkungen auf den Bundeshaushalt, auf andere öffentliche Haushalte und auf Preise; schließlich Daten zu Art und Verfahren der Durchführung des Vorhabens samt Zeitplan zur regierungsinternen und parlamentarischen Behandlung.«[42] Architektonischen Ausdruck fanden Ehmkes Ambitionen im Neubau des Bundeskanzleramtes, das zu einer technischen Schaltzentrale von höchster Funktionalität werden sollte. Als der Neubau 1976 fertiggestellt wurde, war die Begeisterung für Planung und Steuerung längst verflogen. Nicht nur Helmut Schmidt, der nun in dem von ihm mit dem Attribut »Krankenkassenarchitektur« versehenen Bau residierte, fand das Gebäude hässlich. So atmeten die Kanzlerämter der Bonner Republik den Geist ihrer Zeit. Das Palais Schaumburg, in dem Adenauer regierte, stand für die gediegene Bürgerlichkeit der Ära Adenauer. Das Kanzleramt der Planungsgruppe Stieldorf war nicht betont unauffällig, was sich vielleicht für andere Gebäude des Bonner Regierungsviertels sagen lässt, aber es war auch keine klassische Repräsentationsarchitektur, es sei denn, man wollte in ihm einen Staat repräsentiert sehen, der auch in den Augen seiner Bürger auf kompetente und effiziente Gesellschaftsplanung und -steuerung reduziert war.

Ehmkes Planungs- und Steuerungssystem scheiterte nicht nur an der mangelnden Verknüpfung von Aufgaben- und Finanz- beziehungsweise Haushaltsplanung, wie der Minister zu seiner Rechtfertigung später vorbrachte. Noch bevor die Entwicklung der Weltwirtschaft und insbesondere der sprunghafte Anstieg der Rohölpreise jener Zukunftssicherheit und Fortschrittsgewissheit, die die Basis dieser weitgehenden Planungs- und Steuerungsambitionen bildete, den Boden entzog, zeigte sich bereits, dass eine Planung, die so weit in die Zukunft reichte – eine auf 15 Jahre angelegte Aufgabenplanung war das Ziel –, nicht möglich war. Man war schlicht nicht in der Lage, die hoch komplexen Dynamiken einer modernen Industriegesellschaft mit den unvorhersehbaren Veränderungen der Politik zu erfassen, und aus den aktuellen Daten und Zukunftsprojektionen ließen sich erst recht keine langfristigen Steuerungsoptionen entwickeln. Ehmkes Planungssystem, von Helmut Schmidt als »Kinderdampfmaschine« verunglimpft,[43] wurde nach der Bundestagswahl 1972 wieder aufgegeben. Während der Verbund der Planungsbeauftragten der Bonner Ministerien zwischen 1969 und 1972 noch 49-mal getagt hatte, fanden in der darauf folgenden, längeren Legislaturperiode nur noch zwölf Sitzungen statt.[44] Aus Institutionen, die den Geist von Machbarkeit und Steuerbarkeit widerspiegelten, wurden bescheidenere Gremien der Politikabstimmung beziehungsweise der Problemanalyse. Ehmke verließ 1972 das Kanzleramt, um Forschungsminister zu werden, und »wenn man von den modernen Techniken und einigen organisatorischen Neuerungen absieht, arbeitete die Planungsabteilung des Bundeskanzleramts seit 1973 wieder etwa im Stil der Jahre 1967 bis 1969«.[45]

Ein »modernes Deutschland«

Der Aufbruch der Koalition erschöpfte sich nicht in der Ost- und Deutschlandpolitik, doch angesichts dieser zum Teil dramatischen Entwicklungen verschwanden die inneren Reformen, die im Zentrum von Brandts erster Regierungserklärung gestanden hatten, tendenziell aus der öffentlichen Wahrnehmung. Aber sie fanden doch statt.

Brandt hatte seine innere und die äußere Reformagenda am Schluss seiner Regierungserklärung miteinander verbunden in dem Satz: »Wir wollen ein Volk der guten Nachbarn werden im Innern und nach außen.«[46] War das mehr als eine rhetorische Floskel? Hinter der Formel von der »guten Nachbarschaft« verbarg sich das für Brandt politisch wie persönlich wichtige, ihn antreibende Interesse an Ausgleich und Versöhnung. Das hatte selbstverständlich eine historische Dimension. Brandt hatte schon die Bildung der Großen Koalition und seine Vizekanzlerschaft als Ausdruck der Versöhnung von Deutschen, die zwischen 1933 und 1945 ganz unterschiedliche biographische Wege gegangen waren, betrachtet. Musste er nicht erst recht die Tatsache, dass die SPD in Deutschland erstmals seit 1930 wieder an der Spitze einer Regierung stand und mit ihm ein immer wieder als Vaterlandsverräter geschmähter Emigrant zum Bundeskanzler gewählt worden war, als eine historische Versöhnung ansehen? Wie hatte sich Deutschland verändern müssen, damit ein Willy Brandt Bundeskanzler werden konnte!

Brandts Politik der Versöhnung sah in einer ausgestalteten sozialen Demokratie, in sozialer Gerechtigkeit und sozialem Ausgleich die Voraussetzung für inneren wie äußeren Frieden. Nirgendwo artikulierte Brandt das klarer als in seiner Rede bei der Verleihung des Friedensnobelpreises 1971.[47] Eine Gesellschaft, der es gelänge, ihre inneren, durch materielle Ungleichheit erzeugten Spannungen und Konflikte wenn auch nicht völlig zu überwinden, so doch zu entschärfen und damit die gesellschaftliche Akzeptanz politischer Herrschaft zu erhöhen, würde als Gesellschaft des Ausgleichs, wie sie das Godesberger Programm als Zielvorstellung entwickelt hatte, auch nach außen friedlich und verständigungsbereit sein. Und umgekehrt würde eine internationale Ordnung, geprägt durch wechselseitige Anerkennung, gute Beziehungen und den Primat des Friedens, die demokratische und soziale Ausgestaltung der Gesellschaften in ihrem Innern befördern.

Wie das »moderne Deutschland« aussehen sollte, das zu schaffen sich die Koalition vorgenommen hatte, darüber sollte nicht eine abgehobene politische Funktionselite in Bonn entscheiden, sondern die ganze Gesellschaft sollte diese »konkrete Utopie« (Michael Ruck) entwickeln und Gestalt annehmen lassen. Sie sollte nicht nur in den politischen Prozess einbezogen, sondern politisch integriert und aktiviert werden. Damit wurde die enorme politische Mobilisierung, ja Politisierung der westdeutschen Gesellschaft, die sich in den späten 1960er Jahren noch einmal verstärkt hatte, aufgegriffen in dem Wunsch, aus dieser Politisierung Reform- und Modernisierungsschwung abzuleiten. Unmittelbar nach dem Regierungswechsel wurde eine Vielzahl von Gremien, formellen und informellen Zirkeln, Expertenstäben und Beraterkreisen gebildet, die »Input« für die Planung der Gesellschaftsreform liefern, aber den Reformprozess auch kritisch begleiten sollten. Die unterschiedlichsten gesellschaftlichen Gruppen wurden in diese kommunikativen und deliberativen Strukturen eingebunden und vor allem viele Wissenschaftler. Es war dies nicht mehr nur die »Stunde der Ökonomen«, sondern auch die der Sozialwissenschaftler, in deren Expertise, so sah und hoffte man es, sich Reformorientierung und kritische Rationalität verbinden sollten.

Doch die Hoffnung, durch wissenschaftliche Beratung und gesellschaftliche Rückbindung die Reformagenda konsensfähig machen und ihrer Durchsetzung damit eine breite politische Grundlage verschaffen zu können, verflog rasch. Es gab kaum einen Politikbereich, in dem die Reformen der sozialliberalen Koalition nicht auf den erbitterten Widerstand der Opposition stießen. Ähnlich scharf wie in der Ostpolitik waren die Auseinandersetzungen in der Innenpolitik. Hier hatte »1968« ein Klima geschaffen, in dem Reformvorhaben in ganz unterschiedlichen Politikfeldern ebenso leicht unter Ideologieverdacht gestellt werden konnten wie die Ablehnung bestimmter Reformen. In der hochgradig aufgeladenen und polarisierten politischen Atmosphäre waren Kompromisse kaum möglich, unterstellte man sich doch gegenseitig, eine jeweils »andere Republik« anzustreben.

Das alles belastete auch die Bildungspolitik, die Brandt an die Spitze seiner Reformagenda gestellt hatte.[48] »Die Schule der Nation ist die Schule«, hatte der Bundeskanzler nicht nur betont, um sich von der preußisch-deutschen Traditionslinie des gesellschaftlichen Militarismus zu distanzieren, sondern auch um die zentrale Aufgabe der Schule für die Errichtung und Ausgestaltung einer sozialen Demokratie herauszustreichen: »Das Ziel ist die Erziehung eines kritischen, urteilsfähigen Bürgers, der imstande ist, durch einen permanenten Lernprozess die Bedingungen seiner sozialen Existenz zu erkennen und sich ihnen entsprechend zu verhalten.«[49] Das war die Prämisse einer gesamtstaatlichen Bildungsreform, deren Grundlage die neue Regierung in der Föderalismusreform der Großen Koalition und insbesondere in der Einführung der »Gemeinschaftsaufgaben« von Bund und Ländern sah. Während die 1960er Jahre noch von einem weitgehenden bildungspolitischen Gleichklang geprägt waren, löste die Bildungspolitik der Regierung Brandt/

Scheel solche Konflikte aus, dass sie – neben der Ostpolitik – zum »zweiten Haupt-
kriegsschauplatz« (Hans Günter Hockerts) der Auseinandersetzung zwischen Regierung und Opposition wurde. Anders als der Streit über die Ostpolitik wurde der
bildungspolitische Konflikt nicht nur auf Bundesebene ausgetragen, sondern auch
zwischen Bund und Ländern, vor allem den unionsregierten, sowie innerhalb einzelner Bundesländer. Weite Teile der Bevölkerung, namentlich die Eltern, aber
auch Lehrer und Wissenschaftler, beteiligten sich aktiv an dieser Auseinandersetzung. Das Thema Bildungsreform mobilisierte die Gesellschaft. Wie kaum ein
zweiter Politikbereich geriet es in den Sog der politischen Polarisierung und Re-
Ideologisierung, die es seinerseits weiter vorantrieb.

Der bildungspolitische Konsens der 1960er Jahre bezog sich alles in allem auf
den Ausbau des existierenden Schul- und auch Hochschulwesens, dessen grundsätzliche Strukturen, nicht zuletzt die Dreigliedrigkeit des Schulsystems, beibehalten wurden. Die massive Expansion des Bildungswesens setzte dann allerdings
zum Ende des Jahrzehnts Umbauplanungen in Gang, in die zugleich der Anspruch
auf Gesellschaftsveränderung und weitgehende Machbarkeitsvorstellungen einflos-
sen. Das Bundesland Hessen war der Vorreiter dieser Entwicklungen und wurde damit wieder einmal seiner Rolle als Laboratorium der Bundesrepublik gerecht.

Der hessische Schulentwicklungsplan von 1970 sah die Umwandlung des verti-
kal gegliederten Schulsystems (Hauptschule, Realschule, Gymnasium) in ein hori-
zontal geschichtetes System mit stufenartig aufgebauten integrierten Gesamtschulen vor. Auch die Bildungskommission des Deutschen Bildungsrates machte sich
diese Konzeption im Grundsatz zu eigen, wobei deren »Strukturplan« von 1970 der
Bundesregierung nicht weit genug ging.[50] In Hessen sorgte allerdings nicht nur die
Gesamtschulplanung für Streit, sondern auch die Lehrplanentwicklung. Die hessischen »Rahmenrichtlinien für Deutsch und Gesellschaftslehre«, getragen von
Leitbegriffen wie antiautoritäre Erziehung, Emanzipation und Aufklärung, lösten
bundesweit ein geteiltes Echo aus, wobei die Kritiker keineswegs eine homogene
Gruppe bildeten. Für Karl Carstens etwa, seit 1973 Fraktionsvorsitzender der CDU/
CSU im Bundestag, waren die Rahmenrichtlinien die Ausgeburt »kommunistisch-
soziologische(r) Ideologie«,[51] der *Spiegel* fand dagegen Ansätze von »sozialisti-
schem Drill«, wenn es beispielsweise hieß, dass Schüler lernen sollten, sich »für die
inner- und überbetriebliche Wahrnehmung ihrer Interessen als Arbeitnehmer zu
qualifizieren«.[52]

Der Bildungsgesamtplan, den die Bund-Länder-Kommission für Bildungsplanung 1973 vorlegte, sollte auf der Basis des kooperativen Föderalismus langfristige
Richtlinien für die Bildungspolitik vorgeben und dabei zugleich die Planungen

von Bund und Ländern vereinheitlichen. Dieses Ziel aber war in den frühen 1970er Jahren nicht mehr zu erreichen, weil im Bildungsgesamtplan die Fortsetzung der Ausbauplanung mit weitgehenden Strukturreformen verkoppelt wurde. Das verhinderte einen Konsens. Am Ende war die bildungspolitische Landschaft der Bundesrepublik heterogener als zuvor, und die bildungspolitischen Auseinandersetzungen hatten sowohl die Bildungsplanung diskreditiert als auch dem Planungsdenken insgesamt beträchtlichen Schaden zugefügt. Dass auch SPD und FDP durchaus unterschiedliche Reformakzente setzten, zeigt die von Brandt in seiner Regierungserklärung 1973 angekündigte Neufassung des Berufsbildungsgesetzes, die ein koalitionsinterner Dissens – die FDP vertrat die Interessen der Arbeitgeber – verhinderte. Gerade im Bildungsbereich kann man den Umschwung von der Planungsbegeisterung zur Planungsernüchterung gut verfolgen.

Keine Konflikte löste hingegen das 1971 verabschiedete Bundesausbildungsförderungsgesetz (BAföG) aus, das die Bildungschancen von Kindern aus Familien mit niedrigerem Einkommen durch die Bereitstellung individueller Fördermittel verbesserte.[53] Beim BAföG verbanden sich bildungs- und sozialpolitische Zielsetzungen, und das Gesetz gehört somit in den historischen Kontext eines »beispiellosen Ausbaus des Sozialstaats«.[54]

Die Expansion des westdeutschen Sozialstaats erreichte 1972/73 ihren Höhepunkt. Sozialpolitik zielte nun nicht mehr allein auf die materielle Absicherung von Daseinsrisiken, sondern auf Angebote des Staates für den Umgang mit solchen Risiken. Das hatte bereits das noch von der Großen Koalition verabschiedete Arbeitsförderungsgesetz von 1969 gezeigt, das Arbeitsvermittlung, Berufsberatung, die Förderung beruflicher Ausbildung, Fortbildung und Umschulung, Maßnahmen zugunsten behinderter Arbeitnehmer und finanzielle Hilfen zur Schaffung und Erhaltung von Arbeitsplätzen vorsah.[55] An solche Politikkonzepte schloss die sozialliberale Koalition an. Weit darüber hinausgehend betrachtete und konzipierte sie ihre Sozialpolitik noch stärker als Katalysator des gesellschaftlichen Wandels und damit als Gesellschaftspolitik.[56] Die Sozialpolitik sollte jedem Bürger materielle Sicherheit geben und ihm die Teilhabe am gesellschaftlichen und politischen Leben ermöglichen. Stellte die Bildungspolitik dem Bürger gleichsam das ideelle Kapital für die politische Partizipation zur Verfügung, so war die Sozialpolitik zuständig für das materielle Grundkapital. Soziale Benachteiligung, Armut und Chancenungleichheit, welche die Inanspruchnahme von Freiheits- und Gleichheitsrechten in der sozialen Demokratie verhinderten und dem Menschen verwehrten, Staatsbürger zu sein, sollten so weit wie möglich eingedämmt werden.

Überlegungen dieser Art hatten schon früher sozialstaatliche Maßnahmen eingeleitet und 1961 zum Beispiel zum Bundessozialhilfegesetz geführt. Nun aber wurden sie zum generellen sozialpolitischen Orientierungshorizont. Sozialhilfe und Kriegsopferversorgung – in den 1970er Jahren noch immer ein wichtiges Thema – wurden dynamisch der Entwicklung der Arbeitnehmereinkommen angepasst. Die Krankenversicherung wurde ausgeweitet und bezog nun auch Landwirte und Studenten mit ein. Diese Versicherungsleistungen wie auch die der Unfallversicherung wurden erhöht. Aber auch kostenfreie Vorsorgeuntersuchungen und die erhebliche Verbesserung von Arbeitsschutzbestimmungen gehörten zu dem Paket. Wohn- und Kindergeld hob man ebenfalls an.

Das wichtigste Projekt war in diesem Zusammenhang die Rentenreform von 1972, die ganz unterschiedliche Elemente vereinigte. Das Rentenniveau wurde ganz allgemein dadurch angehoben, dass man es nach einem fiktiven Mindesteinkommen bemaß, welches deutlich über dem tatsächlichen Einkommen Geringverdienender lag. Neue Bevölkerungsgruppen, insbesondere Frauen und Selbstständige, wurden in die Rentenversicherung einbezogen. Es gab keine starren Altersgrenzen mehr und attraktive Angebote für die Frühverrentung. So konnte man mit 63 Jahren bei voller Rente in den Ruhestand gehen, wenn man 35 Jahre lang Rentenversicherungsbeiträge gezahlt hatte. Wer nur auf 25 Beitragsjahre kam, konnte es immerhin noch auf 75 Prozent des durchschnittlichen Rentenanspruchs bringen. All diese Maßnahmen wurden nicht ohne Bedacht unmittelbar vor den Bundestagswahlen von 1972 angekündigt. Überdies zog man die nächste Rentenanpassung um drei Jahre vor. Was sprach dagegen, dass die SPD/FDP-Koalition so handelte wie die Adenauer-Regierung 1957? Dass die Rentenreform 1972 in der heißen Phase des Bundestagswahlkampfs verhandelt wurde, hatte eine beträchtliche Leistungsausweitung zur Folge, weil die Parteien sich mit ausgabefreudigen Reformkonzepten gegenseitig überboten.

Die Reformen waren getragen von einem geradezu grenzenlosen Vertrauen darauf, dass die wirtschaftliche Wachstumsentwicklung anhalten würde. Bei der Planung der Rentenreform ging man von fünf Prozent Wachstum jährlich aus. Das war, wie sich bald herausstellen sollte, eine höchst »riskante Grundsatzentscheidung«.[57] Schon die Summe aller Einzelleistungen beziehungsweise der Leistungssteigerungen war erheblich und selbst unter günstigen konjunkturellen Bedingungen nicht ohne weiteres aufzubringen. Aber zur Expansion des Sozialstaats kamen noch die wachsenden Mittelanforderungen anderer Ministerien, die in ihren Planungen ebenso von permanent hohen Wachstumsraten ausgingen. Schon 1971 sah sich Bundesfinanzminister Alex Möller nicht mehr in der Lage, diese Forderungen zu erfüllen und gleichzeitig einen gedeckten Haushalt vorzulegen. Als der Bundeskanzler ihn gegenüber den anderen Ministern und insbesondere Wirtschaftsminister Schiller, dessen Konjunkturpolitik nicht nur von fiskalischen Gesichtspunkten bestimmt war, nicht ausreichend unterstützte, trat Möller im Mai 1971 zurück. Schiller, der damit seinen persönlichen Rivalen Möller ausgestochen hatte, führte von da an als »Superminister« das Wirtschafts- und das Finanzministerium. Kaum ein Jahr später trat allerdings auch er zurück, nachdem er vergeblich versucht hatte, seine Kabinettskollegen zur Ausgabenbeschränkung zu bewegen, um, ganz keynesianisch, einer konjunkturellen Überhitzung entgegenzusteuern und die durch die Entwicklungen im Weltwährungssystem hervorgerufene »importierte Inflation« zu bekämpfen.

Für die Ausgabenpolitik der meisten Ministerien war inzwischen nicht mehr die ökonomisch und konjunkturpolitisch begründete Globalsteuerung handlungsleitend, sondern ein von den Imperativen der Globalsteuerung und des Keynesianismus zunehmend abgekoppeltes ideologisches Fortschritts- und Modernisierungsdenken, das ganz anderen Gesetzen folgte. Das Hauptrisiko der ausgabefreudigen Sozialpolitik lag aber mittelfristig vor allem darin, dass eine Stagnation des Wachstums, von einer Rezession ganz zu schweigen, eine sofortige Verminderung der Einnahmen (aus Steuern und Sozialversicherungsbeiträgen) und zugleich eine unmittelbare Ausweitung der Leistungsansprüche zur Folge hatte. Es enthüllt die ganze Problematik des Planungsdenkens der frühen 1970er Jahre, dass man von günstigen Zukunftsszenarien ausging und sich weigerte – nach dem Motto, dass nicht sein kann, was nicht sein darf –, negative Entwicklungen in die Planung und die auf ihr beruhende Politik einzubeziehen. Das führte dazu, dass die sozialen Leistungsansprüche »strukturell von der finanziellen Leistungskraft abgekoppelt« wurden. Innerhalb von zehn Jahren, zwischen 1965 und 1975, stieg die Sozialleistungsquote, also das Verhältnis aller Sozialleistungen zum Bruttosozialprodukt, um knapp 10 Prozent auf 33,7 Prozent an.[58] Ebenso wenig flossen wahrscheinliche – und damals bereits absehbare – demographische Verschiebungen in die Rechnung mit ein. Im Grunde war die Expansion des Sozialstaats zu Beginn der 1970er Jahre auf den ökonomisch-konjunkturellen und demographischen Bedingungen aus der Zeit des »Wirtschaftswunders« aufgebaut.

Auf dem Weg zum »sozialen Rechtsstaat«: Rechtsreformen im Konflikt

Ein »sozialer Rechtsstaat« sollte die Bundesrepublik werden. Auch das hatte Brandt in seiner Regierungserklärung angekündigt. Deutlicher als in anderen Politikbereichen knüpfte die sozialliberale Koalition hier an die Reformmaßnahmen der Großen Koalition an, die Justizminister Heinemann maßgeblich vorangetrieben hatte. Im Zentrum standen das Strafrecht sowie das Ehe- und Familienrecht.

Nach den Ereignissen von »1968« ist nicht zuletzt die Liberalisierung des Demonstrationsstrafrechts bedeutsam, die mit einer Amnestie verbunden wurde und für bestimmte Delikte Straffreiheit vorsah, wenn sie im Zusammenhang mit Demonstrationen zwischen 1965 und 1969 begangen worden waren. Ähnlich wie die Herabsetzung des Wahlalters stellten auch diese Maßnahmen ein »Integrationsangebot für die Protestgeneration der 68er« dar.[59] Zu der zwischen Regierung und Opposition hart umkämpften Strafrechtsreform gehörte ferner eine weitere Reform des Strafvollzugs, welche die »soziologisierenden« (Wolfgang Jäger) Entwicklungen aus der Zeit der Großen Koalition fortsetzte, beispielsweise indem man Geldstrafen den Vorzug gab und mehr Möglichkeiten vorsah für Bewährungsstrafen.[60] Liberalisiert wurde auch das Sexualstrafrecht. Ehebetrug oder das Verlassen einer Schwangeren beispielsweise stellten fortan keinen Straftatbestand mehr dar, bei Kuppelei, Zuhälterei und Pornographie wurde die Grenze sehr viel enger gezogen, und Homosexualität wurde nur noch im Sinne des Jugendschutzes als Straftatbestand definiert.[61]

Alle diese Maßnahmen waren heftig umstritten, doch für den größten gesellschaftlichen Konflikt sorgte das Vorhaben der Regierung, den Paragraphen 218 des Strafgesetzbuchs, der die Abtreibung unter Strafe stellte, zu ändern. Dass der Paragraph 218, der auf das preußische Strafrecht von 1851 zurückging, einer Änderung bedürfe, darüber waren sich im Grunde alle Parteien einig, nur wie diese Änderung aussehen sollte, darüber wurde heftig gestritten.[62] Das Gesetz, das die Koalition 1974 verabschiedete, sah eine »Fristenlösung« vor, wonach eine Abtreibung vor dem Ende der zwölften Schwangerschaftswoche nicht strafbar sein sollte. Die Unionsfraktion hatte eine sehr viel enger gefasste »Indikationenlösung« vorgeschlagen, welche die Straffreiheit an scharf umrissene Indikationen band. Ursprünglich hatte sich auch das Bundeskabinett für eine großzügige Indikationenlösung ausgesprochen, unter dem Druck der FDP-Fraktion, die eine Fristenlösung durchsetzen wollte, aber schließlich darauf verzichtet, einen eigenen Gesetzentwurf einzubringen, und dem Parlament die Gesetzesinitiative überlassen.

Die parlamentarische und öffentliche Auseinandersetzung kreiste um die Frage, ob das Selbstbestimmungsrecht der Frau – zumindest innerhalb einer bestimmten Frist – Vorrang haben sollte vor dem Lebensrecht des Kindes oder ob der modifizierte Paragraph 218 vorrangig das ungeborene Leben schützen müsse.[63] Eine Umfrage aus dem Jahr 1973 ergab, dass 83 Prozent der Frauen die Straffreiheit von Abtreibung befürworteten. Nicht wenige von ihnen brachten ihren Anspruch auf Selbstbestimmung auf den trotzigen Punkt: »Mein Bauch gehört mir!« Wie sehr das Thema die Öffentlichkeit beschäftigte, wie sehr sich aber auch das gesellschaftliche Klima in der Bundesrepublik gewandelt hatte, zeigte das Titelblatt der Illustrierten *Stern* vom 6. Juni 1971, auf dem zahlreiche prominente Frauen abgebildet waren, die bekannten: »Wir haben abgetrieben!« Insgesamt 374 Frauen erklärten öffentlich, gegen den Paragraphen 218 verstoßen zu haben. An der heftigen Debatte, die den gesamten Gesetzgebungsprozess begleitete, kann man das Ausmaß des Wertewandels ermessen, der die Bundesrepublik seit den 1960er Jahren erfasst hatte. Die mahnenden Rufe vor allem der katholischen Kirche, welche die ganze Debatte über Indikationen- oder Fristenlösung für fehlgeleitet hielt, verhallten weitgehend ungehört. Dass die katholische Kirche nun wieder auf Distanz zur Sozialdemokratie ging, überrascht nicht, wurde in der SPD aber relativ gelassen zur Kenntnis genommen. Eine klare Distanz zur katholischen (Amts-)Kirche, so das wahlpolitische Kalkül, versprach größere Gewinne als eine als kompromittierend erachtete zu starke Nähe. Von der gesellschaftlichen und politischen Prägekraft der – katholischen – Kirche, die zum Bild der 1950er Jahre gehört, war 20 Jahre später kaum noch etwas zu spüren. Das war nicht nur eine Folge von »1968«, sondern ebenso auf den Säkularisierungsschub zurückzuführen, der schon zu Beginn der 1960er Jahre eingesetzt hatte.

Gegen die mit knapper Mehrheit 1974 beschlossene Fristenlösung riefen die unionsgeführten Bundesländer sowie 193 CDU/CSU-Bundestagsabgeordnete das Bundesverfassungsgericht in einem Normenkontrollverfahren an. Die Karlsruher Richter verwarfen die Fristenlösung im Februar 1975 als grundgesetzwidrig. Der modifizierte Paragraph 218 werde der »verfassungsrechtlichen Verpflichtung, das werdende Leben zu schützen, nicht in dem gebotenen Umfang gerecht«, weil er dieses werdende Leben »der völlig freien Verfügungsgewalt der Frau ausliefert«. In der Konsequenz dieses Richterspruchs verabschiedete der Bundestag schließlich 1976 eine weit gefasste Indikationenregelung. Eine Abtreibung innerhalb der ersten zwölf Schwangerschaftswochen blieb straffrei, wenn eine medizinische, eine eugenische, eine ethische oder eine »Notlagen-Indikation« gegeben war. Vor allem die »Notlagen-Indikation«, auch als soziale Indikation bezeichnet, blieb umstritten, weil nirgends präzise bestimmt worden war, was denn eine »soziale Notlage« (der Mutter) ausmache. Kritiker argumentierten schon damals, dass das weit gefasste und große Entscheidungsspielräume gewährende Indikationenmodell de facto einer Fristenlösung gleichkomme. In der Tat ist es wohl nicht verkehrt, in dem Gesetz von 1976 das »Recht auf Abtreibung« durchgesetzt zu sehen.[64]

Die Diskussion über die Abtreibung beziehungsweise ihre Strafbarkeit nach Paragraph 218 StGB hat der Frauenbewegung enormen Auftrieb gegeben.[65] Das war in der Bundesrepublik nicht anders als in anderen westlichen Gesellschaften. In der »neuen« Frauenbewegung, die sich von der alten, der bürgerlichen Frauenbewegung abhob und abgrenzte, spiegelt sich ebenfalls die Wirkung liberalisierender Entwicklungen, durch die der Anspruch der Einzelnen auf individuelle Freiheit und Selbstbestimmung wuchs und zu einer mächtigen Kraft gesellschaftlicher Veränderung wurde. Die antiautoritäre Jugend- und Studentenbewegung der späten 1960er Jahre beschleunigte diese Entwicklung, bot aber trotz – oder gerade wegen – des gesellschaftsverändernden Gesamtanspruchs der Neuen Linken einer Frauenbewegung keinen Entfaltungsspielraum. Erst die umkämpfte Reformpolitik der Ära Brandt im Klima ideologisch-politischer Konfrontativität schuf Anlässe und Gelegenheit, ein grundsätzlich emanzipatorisches Streben an konkreten politischen Fragen und Problemen auch jenseits des Paragraphen 218 festzumachen und damit in die Mitte der Gesellschaft zu tragen. Die 1970er Jahre waren nicht zuletzt deswegen »die wohl entscheidende Dekade weiblicher Emanzipation in der Geschichte der Bundesrepublik«.[66]

Freilich wurden in diesem Jahrzehnt auch Grundlagen gelegt für die Entwicklung und Verfestigung geschlechterbezogener Leitvorstellungen, welche die sozial- und familienpolitischen Debatten in der Bundesrepublik bis heute geradezu normativ bestimmen. So gewann in der Auseinandersetzung über das Abtreibungsrecht das Leitbild der berufstätigen Frau an gesellschaftlicher Bedeutung und Akzeptanz. Dass dieses Leitbild eine solch starke, nicht zuletzt politikprägende Wirkung entfalten konnte und andere Möglichkeiten weiblicher Lebensgestaltung deutlich in den Hintergrund drängte, ist wohl auch als historischer Pendelschlag zu werten, als Reaktion auf die Politik der Ära Adenauer, in der die Erwerbstätigkeit vor allem verheirateter Frauen diskreditiert, sicherlich aber nicht gefördert wurde. Elemente solchen Denkens fanden sich noch überall in der Gesellschaft, in allen politischen Lagern. Als der SPD-Vordenker Erhard Eppler 1972 den Begriff der Lebensqualität in die Diskussion einführte, da stand für ihn außer Zweifel, dass »die Lebensqualität eines Kleinkindes … ziemlich genau proportional zu der Zeit sein (dürfte), in der die Mutter sich auf das Kind konzentrieren kann«.[67]

Noch immer war nach dem Ehe- und Familienrecht der Mann zum finanziellen Unterhalt von Frau und Kindern verpflichtet und die Frau primär zur Haushaltsführung. Die Reform des Ehe- und Familienrechts, die zwar erst unter der Kanzlerschaft Helmut Schmidts 1976 in Kraft trat, gleichwohl aber den Geist der Ära Brandt, ja im Grunde der 1960er Jahre atmet, sollte solche Bestimmungen aufheben und die rechtliche Gleichstellung von Mann und Frau erreichen – de facto die Stellung der Frau verbessern. Bereits 1968 hatte der Bundesjustizminister dazu eine Sachverständigenkommission einberufen. Ein neues Namensrecht erlaubte den Ehepartnern die freie Wahl des Familiennamens, so dass nicht mehr wie bisher der Name des Mannes automatisch zum Familiennamen wurde. Veränderungen im Scheidungsrecht verbesserten die Position der Frau. An die Stelle des Verschuldens- trat das Zerrüttungsprinzip, das insbesondere bei den Unterhaltsverpflichtungen die sozialen Folgen von Ehescheidungen berücksichtigte, unter denen infolge der Erwerbsstruktur Frauen stärker als Männer zu leiden hatten.

Auch wenn alle diese Reformen mit heftigen und sehr grundsätzlichen politischen Diskussionen einhergingen, in denen man über die Grundwerte der deutschen Gesellschaft stritt, wurden sie doch von einer breiten Schicht der Gesellschaft akzeptiert. Politisch war daher aus der Fundamentalisierung und ideologischen Polarisierung der Reformdebatten kaum Kapital zu schlagen. Aber der Streit und die scharfen Kontroversen, die die Reformpolitik begleiteten, waren auch nicht zu vermeiden, denn immerhin ging es um nicht weniger als den Versuch, einen seit den späten 1950er Jahren in Gang gekommenen grundlegenden soziokulturellen Wertewandel politisch umzusetzen, ja ihn in Rechtsform zu bringen.

»Willy wählen«: die Bundestagswahlen 1972 und das zweite Kabinett Brandt

Im Klima heftiger gesellschaftlicher Auseinandersetzungen, die in den frühen 1970er Jahren beherrscht waren von dem Streit über die Neue Ostpolitik, fanden 1972 vorgezogene Bundestagswahlen statt, nachdem die Regierungskoalition durch den Partei- und Fraktionswechsel einer Reihe von »nationalliberalen« FDP-Abgeordneten ihre ohnehin knappe Mehrheit verloren hatte. Zwar war das konstruktive Misstrauensvotum der CDU/CSU-Fraktion am 27. April 1972 gescheitert, denn Rainer Barzel hatten zur Wahl zum Bundeskanzler zwei Stimmen gefehlt.[68] Doch über eine stabile Mehrheit verfügte die Regierung weiterhin nicht. Zwischen Koalition und Opposition herrschte Einvernehmen, dass die parlamentarische Pattsituation schnellstmöglich durch Neuwahlen beseitigt werden sollte. Die Union wirkte daher an der Auflösung des Bundestages durch eine Vertrauensfrage des Bundeskanzlers am 22. September 1972 mit und zog hoffnungsfroh, nicht zuletzt weil sie kurz zuvor in Baden-Württemberg die absolute Mehrheit von 53 Prozent der Stimmen erzielt hatte, in den kurzen, aber intensiven Bundestagswahlkampf.

An den Wahlen vom 19. November 1972 beteiligten sich 91,2 Prozent der Wahlberechtigten, die höchste Wahlbeteiligung in der Geschichte der Bundesrepublik und ein Indiz für die enorme politische Polarisierung jener Zeit. Trotz aller Gegensätze befürwortete eine Mehrheit der Westdeutschen die Reform- und Erneuerungspolitik der sozialliberalen Koalition und bekundete durch der Wahl, dass sie diese innen- wie außenpolitisch fortgesetzt sehen wollte. Mit 45,8 Prozent, einem Stimmenzuwachs von 3,1 Prozent, wurde die SPD zum ersten Mal in der Geschichte der Bundesrepublik stärkste Partei. Zusammen mit der FDP, die ebenfalls zugelegt hatte und auf 8,4 Prozent kam, verfügte die sozialliberale Koalition im neuen Bundestag nun über eine stabile Mehrheit, was die Fortsetzung der Reformpolitik erleichtern würde. Die Unionsparteien kamen zusammen auf 44,9 Prozent und lagen damit nur knapp hinter der SPD. Dennoch gab es an der Niederlage nichts zu deuteln. Die Polarisierung während des Wahlkampfs förderte die weitere Konzentration im Parteiensystem. Splitterparteien hatten keine Chance. Die NPD erzielte nur noch 0,6 Prozent, ihre Wähler waren überwiegend zur Union gewandert.

Geschickt hatte die Regierung die Wahlen zum Plebiszit über die Neue Ostpolitik erklärt, die zwar in der politischen Klasse schärfstens umstritten war, aber in der Bevölkerung, auch unter Unionsanhängern, breite Unterstützung fand. Nicht zuletzt trug die ausgeprägte Personalisierung des Wahlkampfs zum Wahlsieg der Koalition bei. »Willy wählen«, las man auf Buttons und anderen Werbemitteln der SPD. »Willy Brandt muss Kanzler bleiben« und »Kanzler des Vertrauens« lauteten die auf Plakaten überall verbreiteten Slogans nicht nur der Sozialdemokraten. 1971 hatte der Bundeskanzler den Friedensnobelpreis erhalten. Als Politiker und als Mensch war Brandt international anerkannt, seine politische und moralische Reputation war enorm. Nicht wenige Deutsche erfüllte das mit Stolz. Außerdem waren erst wenige Tage vor Beginn des Wahlkampfs die Olympischen Spiele in München zu Ende gegangen. Trotz des Terroranschlags und der Todesopfer, welche die Spiele von München überschatteten, hatte diese Inszenierung des »modernen Deutschland« die Westdeutschen in ihren Bann gezogen. Diese »olympische« Stimmung griff die SPD auf mit dem Plakat »Deutsche, wir können stolz sein auf unser Land«.

Überhaupt lässt sich der Wahlerfolg Brandts und der Koalition nicht allein auf die Ostpolitik zurückführen, sosehr dieses Thema den Wahlkampf auch beherrschte. War nicht die Neue Ostpolitik nur die außen- und deutschlandpolitische Ausprägung jener Politik des Wandels und der Bewegung im Innern, einer Politik im Zeichen des Ausgleichs und der Verständigung? Innen- wie außen- und deutschlandpolitisch standen Brandt und die von ihm geführte Koalition für eine fortschrittliche Politik, und noch stärker als 1969 konnte der Bundeskanzler 1972 die Deutschen davon überzeugen, dass man nicht am Ende stehe, sondern eigentlich jetzt – nach einem Wahlsieg – erst richtig anfangen werde. Aber auch längerfristig angelegte wahlpolitische Kalküle der SPD, welche die Reformpolitik der Ära Brandt stets mit bestimmten, waren aufgegangen. Die Herabsetzung des Wahlalters zahlte sich aus: 55 Prozent der 18- bis 24-Jährigen wählten 1972 SPD. Hatten bislang etwa zehn Prozent mehr Frauen als Männer die Unionsparteien gewählt, so waren es jetzt nur noch drei Prozent – eine deutliche Verschiebung. Und die Gewerkschaften, die sich von einer Fortsetzung der sozialliberalen Reformpolitik eine weitere Stärkung der Arbeitnehmerrechte versprachen, engagierten sich wirkungsvoll zugunsten der SPD.[69]

Die starke Arbeitnehmerorientierung stieß in der FDP auf immer weniger Widerstand. Das Profil der Partei und ihre Mitglieder- und Wählerstruktur hatten sich in den frühen 1970er Jahren deutlich nach links verschoben. Der Freiburger Parteitag von 1971 und die dort verabschiedeten »Freiburger Thesen« unterstrichen die »Sozialliberalisierung« der FDP. Nicht nur das nationalliberale, sondern auch das wirtschaftsliberale Profil der Partei trat zumindest auf Bundesebene deutlich in den Hintergrund. Erst in der Auseinandersetzung mit der SPD am Ende der Kanzlerschaft Helmut Schmidts und im Prozess der Annäherung an die Union sollte sie ihr wirtschaftsliberales Profil wieder stärker konturieren, um sich von der im Niedergang begriffenen SPD abzusetzen und für die Union koalitions- und damit regierungsfähig zu machen.

Die von Machtkämpfen zerrissene Führung der Union, die im Jahr zuvor Kurt Georg Kiesinger als Parteivorsitzenden durch Rainer Barzel ersetzt hatte, der nun als »Oppositionsführer« an der Spitze von Partei und Fraktion stand, hatte der Aufbruchstimmung in den Regierungsparteien wenig entgegenzusetzen. Barzels Rückhalt in der Partei schwand. Nach der Wahlniederlage war es nur noch eine Frage der Zeit, wann er von dem aufstrebenden Helmut Kohl an der Spitze der Partei und von Karl Carstens als Vorsitzender der Unionsfraktion im Bundestag abgelöst werden würde. Carstens versah dieses Amt dann nur für eine Übergangszeit, bis Kohl von 1976 an auch den Fraktionsvorsitz übernahm. Damit war dieser innerhalb von drei Jahren zur unbestrittenen Führungsfigur der CDU aufgestiegen.

»Schon der Beginn meiner zweiten Kanzlerschaft stand unter einem unglück-
lichen Stern.«[70] Die Kabinettsbildung im Dezember 1972 fand weitgehend ohne
Willy Brandt statt, den der Wahlkampf völlig erschöpft hatte und der sich einer
Kehlkopfoperation unterziehen musste. Überdies litt er unter Depressionen. So
führten für die SPD Helmut Schmidt und Herbert Wehner die Koalitionsverhandlungen. Das neue Kabinett war kein Kabinett Brandts. Die FDP, die unter Scheel
und Genscher hart verhandelt hatte, war der Gewinner dieser Regierungsbildung.
Es gelang ihr, mit dem Wirtschaftsministerium, in das Hans Friderichs einzog, ein
weiteres klassisches Ministerium zu besetzen, ohne ein anderes dafür aufgeben zu
müssen. Zwar konnte Helmut Schmidt seine Position als Finanzminister dadurch
stärken, dass seinem Ministerium die wichtige Abteilung »Geld und Kredit« des
Wirtschaftsministeriums und damit die Federführung in der Währungspolitik zu-
geschlagen wurde, doch das war eher ein persönlicher Erfolg Schmidts als einer der
SPD. Einen fünften Kabinettsposten erhielt die FDP dadurch, dass der linksliberale
Theoretiker Werner Maihofer zum Minister für besondere Aufgaben bestellt wurde.
Schließlich besetzten die Liberalen auch noch das Amt des Regierungssprechers,
das Rüdiger v. Wechmar übernahm, weil sich die SPD nicht auf einen sozialdemo-
kratischen Nachfolger für den in der Partei unbeliebten Conrad Ahlers einigen
konnte beziehungsweise weil Brandt die Kraft fehlte, einen sozialdemokratischen
Kandidaten durchzusetzen.

Mit Horst Ehmke, der nun das neu geschaffene Doppelressort für Forschung
und Technologie sowie Post und Fernmeldewesen leitete, verlor Brandt eine wichtige Stütze im Kanzleramt. Ehmke, der effizienzorientierte und systematisch arbei-
tende Juraprofessor, hatte im Kanzleramt die Defizite des Arbeitsstils von Brandt
bestens ausgeglichen. Überdies hatte er damit begonnen, das Kanzleramt zu einer
funktionsfähigen Regierungszentrale auszubauen. Genau aus diesen Gründen
hatte gerade Helmut Schmidt die Entfernung Ehmkes aus dem Kanzleramt betrieben. Dem mächtigen Minister war der ressortübergreifende Steuerungsanspruch
von Ehmkes Kanzleramt ein Dorn im Auge. An die Stelle Ehmkes trat Horst Grabert, ein aus Berliner Zeiten mit Brandt verbundener Sozialdemokrat, der es zwar
verstand, das Kanzleramt geräuschlos zu leiten, wie Peter Merseburger schreibt,
der aber in keiner Weise an den Kontroll-, ja Dominanzanspruch Ehmkes anknüpfte.[71] Bildungs- und Wissenschaftsminister blieb Klaus v. Dohnanyi, der im
März 1972 den parteilosen Hans Leussink abgelöst hatte. Neu im Kabinett waren
Katharina Focke als Ministerin für Jugend, Familie und Gesundheit sowie Hans-
Jochen Vogel als Minister für Städtebau und Wohnungswesen.

»Geborgenheit im gesicherten Fortschritt«: Reformpolitik im Zeichen der Lebensqualität

Die Regierungserklärung des wiedergewählten Bundeskanzlers am 18. Januar 1973 schlug einen anderen Ton an als die Erklärung von 1969. Der Reformenthusiasmus der ersten Amtszeit war verflogen und mit ihm die Vorstellung, die geplanten und zum Teil bereits in Angriff genommenen Reformen könnten innerhalb kürzester Zeit zu Ende gebracht werden. Die Reformpolitik brauche »einen langen Atem«, Reformen müssten sich im Alltag bewähren, hieß es nun.[72] Im Zusammenprall mit den politischen, gesellschaftlichen und ökonomischen Realitäten hatten die Reformvisionen von 1969 an Kraft und Schwung verloren. Brandt warnte davor, neue Forderungen zu stellen, »ohne zu neuen Leistungen bereit zu sein«. Und die Idee, die ganze Gesellschaft zu verändern, trat nun hinter ein recht konkretes, präzise bestimmtes Reformprogramm zurück.

Das hatte damit zu tun, dass viele 1969 angekündigte Reformen bereits durchgeführt, zumindest aber auf den Weg gebracht waren, offenbarte aber zugleich eine Veränderung des gesellschaftlichen Klimas. 1972 hatte Erhard Eppler, Bundesminister für wirtschaftliche Zusammenarbeit und vor allem einer der programmatischen Vordenker der SPD, den Begriff der »Lebensqualität« in die Diskussion geworfen.[73] Wirtschaftliches Wachstum tauge nicht länger als Maßstab für den Fortschritt, lautete seine Botschaft. Rein quantitative Indikatoren sagten über die Qualität des Lebens nichts aus. Diese Gedanken erhielten in Brandts Regierungserklärung einen prominenten Platz: »Lebensqualität ist mehr als Lebensstandard. Sie ist Bereicherung unseres Lebens über Einkommen und Konsum hinaus.«[74] Von der »Geborgenheit im gesicherten Fortschritt« hatte Brandt schon in seiner Ansprache zum Jahreswechsel 1970/71 gesprochen. Dazu trat jetzt das »Recht auf Geborgenheit«, und er verwandte zudem Begriffe wie Heimat, Menschlichkeit und neues Zuhause. Man hat darin eine »Sentimentalisierung und Idyllisierung der Politik« gesehen.[75] Dem Begriff der Lebensqualität wurde eine Bedeutung gegeben, die über mehr Selbstbestimmung, Selbstentfaltung und Selbstverwirklichung, worin Brandt 1969 eine zentrale Aufgabe des Staates und einen entscheidenden Antrieb der Reformpolitik gesehen hatte, deutlich hinausging. In die Kritik an einem rein quantitativen Wachstumsdenken – und mochte es auch durch Freiheits- und Gleichheitspostulate legitimiert sein – mischten sich neue, skeptische Überlegungen über die Kosten des Wachstums und den Preis permanenter Wachstumssteigerung. Das ist zu beachten, weil allzu oft erst der Ölpreisschock von 1973 und der damit verbundene weltwirtschaftliche Abschwung für das Ende eines

grenzenlosen Fortschrittsoptimismus und eines ungehemmten Wachstumsden-
kens verantwortlich gemacht werden.

Brandts Bekenntnis zur Lebensqualität stärkte die Bedeutung des Umweltschutzes in der Politik seiner zweiten Amtszeit. Zwar war das Bundesinnenministerium schon 1969 mit der neuen Querschnittsaufgabe des Umweltschutzes betraut
worden, nun aber wurde die gesamte Regierungspolitik unter diesen Primat gestellt: »Die Menschen haben ein elementares Recht auf eine menschenwürdige
Umwelt, dem Verfassungsrang zukommen sollte.«[76] Wer Brandts Regierungserklärung von Anfang 1973 liest, der kann die Anzeichen einer Umorientierung nicht
nur zwischen den Zeilen erkennen. Wie lange es freilich dauerte, bis dieses Umdenken in der Gesellschaft ankam und sich auch politisch niederschlug, ist eine andere
Frage. Brandt distanzierte sich ja nicht grundsätzlich vom Wachstumsdenken.
Seine Botschaft lag eher darin, dass es gelingen müsse – und gelingen werde –,
Quantität in Qualität zu überführen, um in der Sprache der Zeit zu bleiben. Dennoch ist die Regierungserklärung Willy Brandts am Beginn seiner zweiten Amtszeit
ein frühes Dokument jener »reflexiven Moderne«, jener »Moderne im Selbstbezug« (Ulrich Beck), in der es politisch und gesellschaftlich nun darum ging, die
durch Modernisierungsprozesse entstandenen und geschaffenen Problemlagen zu
bewältigen.[77]

Dass Brandt den Konflikt mit der Opposition nicht scheute, wenn es galt, die
politische Agenda seiner zweiten Regierung umzusetzen, machte er am Ende seiner
Regierungserklärung deutlich. Konflikt, den es in der Tat zwischen 1969 und 1972
mehr als reichlich gegeben hat, hielt er für fruchtbar, die viel zitierte »Polarisierung« dagegen für einen verzerrten Begriff. Er wollte in der scharfen Konflikthaftigkeit der Politik eine »Schärfung des politischen Bewusstseins« erkennen. Die
Politisierung der Gesellschaft in den 1960er Jahren, die sich seit Ende des Jahrzehnts noch einmal verstärkt hatte, begrüßte er. Nur der politische Bürger, der
Citoyen, nicht der Bourgeois, könne auf Dauer seine Freiheit behaupten und damit
die Demokratie sichern. Diesem »gewandelten Bürgertypus« sei die Bundesrepublik näher gekommen, und sie sei »insofern ›westlicher‹ geworden«.

Vor dem Hintergrund der Re-Ideologisierung der Politik seit 1969 ist schließlich auch der Leitbegriff der »Neuen Mitte« zu betrachten, mit dem Brandt diejenigen gesellschaftlichen Kräfte beschrieb, welche die Politik der Koalition stützten.
Das Werben um die »Mitte« und die Selbstverortung der Parteien in einer wie auch
immer bestimmten gesellschaftlichen Mitte gehörten spätestens seit der Godesberger Wende bis ins beginnende 21. Jahrhundert hinein zu den Konstanten der politischen Kultur der Bundesrepublik. Von Brandt wurde diese Mitte nun als »die neue,

die soziale und liberale« charakterisiert. Das zielte wie schon bei Adenauer auf die Wählerschaft, aber auch darauf, die eigene Partei und die Regierungskoalition zusammenzuhalten. Zwar hatte sich die FDP deutlich nach links bewegt, aber von jenen sozialistischen Vorstellungen, die nach dem Wahlsieg der SPD nicht nur bei den Jusos wieder an Bedeutung gewannen, waren die Liberalen insbesondere auf wirtschaftlichem Gebiet weit entfernt. Diese Konflikte konnte die Berufung auf die »neue Mitte«, in Brandts Umfeld als eine dauerhafte Überwindung der Kluft zwischen Bürgertum und Arbeiterschaft dargestellt, nicht verscheuchen. Das sahen nicht nur die Linken in der SPD so. Auch für die FDP ergaben sich Erfolg und damit Bestand der Koalition nicht aus abstrakten politischen Bekenntnissen, sondern aus einer gemeinsam gestalteten Regierungspolitik. Dass die Koalition mit der Ratifizierung der Ostverträge eine wichtige, wenn nicht ihre wichtigste Klammer verloren hatte, war sowohl der FDP als auch der SPD bewusst.

Zu den wichtigeren Reformprojekten der zweiten Amtszeit Brandts gehörte die schon 1969 angekündigte, auf Absichtserklärungen der Großen Koalition zurückgehende, bislang aber nicht umgesetzte Steuerreform. Eine umfassende Reform gelang nicht. Divergierende Interessen und unterschiedliche Vorstellungen nicht nur zwischen Regierung und Opposition, sondern auch innerhalb der Koalition verhinderten das. Am Ende konnte 1974 eine Einkommensteuerreform verabschiedet werden, die die Bezieher hoher Einkommen stärker belastete – die Spitzenbelastung stieg um etwa 1,5 Prozent –, mittlere und niedrige Einkommen hingegen entlastete. Ähnliche Effekte hatte auch die Reform der Vermögens-, Erbschafts- und Grundsteuer. Immerhin hatten diese Veränderungen einen Entlastungseffekt von etwa 14 Milliarden DM (bezogen auf das Jahr 1975). Eine wichtige Neuerung, die zugleich familienpolitisch wirkte, waren die finanziellen und steuerlichen Regelungen zum Unterhalt von Kindern. Steuerliche Freibeträge für Kinder, die es seit den 1950er Jahren gegeben hatte, entfielen, das Kindergeld wurde kräftig erhöht, nach Kinderzahl gestaffelt und schon vom ersten Kind an gezahlt. Im ersten Geltungsjahr stieg das Niveau des Familienlastenausgleichs dadurch von 9,4 auf 14,6 Milliarden DM.[78] Die meisten Familien profitierten von der Reform, die in der Bevölkerung auf entsprechend wohlwollende Resonanz stieß.

Insgesamt konnte jedoch »von einer wirklichen Neuordnung des Steuersystems … keine Rede sein«.[79] Am politischen Willen mangelte es nicht, aber eine umfassende Neuregelung scheiterte an der enormen Komplexität der Materie und an den legislativen Entscheidungsstrukturen sowie den, politikwissenschaftlich ausgedrückt, zahlreichen Vetospielern im Entscheidungsprozess. Das Steuersystem der Bundesrepublik verkomplizierte sich durch eine Vielzahl von Maßnahmen, die im Laufe der Jahre nicht nur von der sozialliberalen Koalition beschlossen worden waren und sektorale, gruppenbezogene Interessen bedienten. Schließlich fehlten für eine umfassende Steuerreform auch die konjunkturellen und wirtschaftlichen Rahmenbedingungen. Je stärker die konjunkturelle Entwicklung seit 1973/74 abwärtsging, desto mehr wurde die Steuerpolitik im Sinne eines verkürzten Keynesianismus zum Instrument einer eher kurzfristig und punktuell orientierten Wirtschaftspolitik.

Eine Reform der Vermögenspolitik, in den Regierungserklärungen 1969 und 1973 angekündigt, die man aus der Vermögensverteilung in der Bundesrepublik gut rechtfertigen konnte,[80] kam über bescheidene Maßnahmen zur Sparförderung (Vermögensbildungsgesetz) nicht hinaus. Schritte zur Vermögensumverteilung, also beispielsweise die Beteiligung der Arbeitnehmer an Unternehmensgewinnen, waren in der Ära Brandt nicht durchsetzbar und wurden unter Helmut Schmidt schließlich ganz aufgegeben. Gewiss kam der Widerstand dagegen primär aus der Wirtschaft, aber auch den Gewerkschaften war eine Reform der Mitbestimmung wichtiger als die Vermögenspolitik.

Im Reformschwung der ersten Amtszeit Brandts verabschiedete die Koalition 1972 das Betriebsverfassungsgesetz, das den Zugang der Gewerkschaften zu den Betriebsräten sicherte und zugleich die Rechte dieser Arbeitnehmervertretungen ausweitete. Aber die Gewerkschaften strebten nach dem Vorbild des Montanbereichs eine paritätische Mitbestimmung von Arbeitgebern beziehungsweise Kapitaleignern und Arbeitnehmern in allen Großunternehmen an. Erst nach jahrelangen Diskussionen zwischen den Parteien, zwischen Arbeitgebern und Arbeitnehmern, aber auch quer zu diesen Konfliktlinien (beispielsweise zwischen SPD und Gewerkschaften) konnte 1976 ein neues Mitbestimmungsgesetz in Kraft treten. FDP und CDU/CSU waren strikt gegen eine paritätische Mitbestimmung und setzten schließlich einen Kompromiss durch, der einem leitenden Angestellten einen Platz in der Arbeitnehmervertretung zubilligte sowie dem Vorsitzenden des Aufsichtsrats in Pattsituationen eine zweite – entscheidende – Stimme. Die Gewerkschaften durften die Arbeitnehmervertreter nicht einfach delegieren, sondern lediglich vorschlagen. Am Ende war keine Seite mit dem Gesetz zufrieden. Die Arbeitgeber riefen das Bundesverfassungsgericht an, das allerdings 1979 das Gesetz für verfassungskonform erklärte, und die Gewerkschaften zogen sich enttäuscht und verärgert aus der Konzertierten Aktion von 1967 zurück. Diese hatte allerdings längst die ihr zugedachte Bedeutung verloren.[81]

Die Affäre Guillaume und der Rücktritt Brandts

Als Willy Brandt im Januar 1973 seine Regierungserklärung abgab, lagen nur noch 16 Monate Amtszeit vor ihm. Mit dem Wahlsieg im November 1972 war aber nicht nur der Zenit der Kanzlerschaft Brandts überschritten, sondern auch der Zenit der Reformära. »Machen wir uns an die Arbeit, tun wir unsere Pflicht«, so endete die Regierungserklärung.[82] Welch ein Unterschied zum »Wir fangen erst richtig an« von 1969!

Die Grenzen der Reform waren deutlich geworden. Sie ergaben sich aus dem politischen System der Bundesrepublik, aus der parteipolitischen Konstellation, aus den wirtschaftlichen Rahmenbedingungen, aber auch aus der gesellschaftlichen Reaktion auf die Reformagenda. Brandt selbst wirkte erschöpft und ausgelaugt, und aus seiner eigenen Partei wurde ihm nur begrenzt Unterstützung zuteil. Die SPD war zunehmend zerrieben zwischen einem oft radikalen gesellschaftlichen Umgestaltungsanspruch, den insbesondere die Jusos in die Partei trugen, und dem Pragmatismus ihres rechten Flügels, der sich etwa im »Seeheimer Kreis« organisierte. Brandt selbst schwankte zwischen den unterschiedlichen Positionen hin und her. Mit seinem Führungsstil des »entschiedenen Sowohl-als-auch« bezog er nur selten klar Stellung, weshalb die SPD in der Koalition allmählich an Gewicht verlor. Herbert Wehner, der Fraktionsvorsitzende, und Helmut Schmidt, nunmehr Finanzminister, lasteten dem Bundeskanzler diese Führungsschwäche an, taten aber nur wenig, um ihn zu stützen.

Während Schmidt – nicht nur als Finanzminister – der Reformpolitik skeptisch gegenüberstand und sich selbst mehr Führungsstärke und Regierungskompetenz zutraute, war Wehner wohl nicht mehr überzeugt, dass die SPD mit einem Kanzler Brandt längerfristig an der Regierung bleiben würde. Wehner vermisste Führungsstärke, er vermisste vor allem eine kraftvolle Fortsetzung der Ostpolitik. Das betonte der SPD-Fraktionschef auch in Gesprächen, die er mit Erich Honecker in Ost-Berlin und mit Leonid Breschnew in Moskau führte. Insbesondere in den Gesprächen mit Honecker verließ Wehner, wie wir aus DDR-Archivalien wissen, die nach seinem Tod zugänglich wurden, die Basis der sozialliberalen Ostpolitik. Über die Akzeptanz des Status quo als Voraussetzung einer Politik der Entspannung und menschlicher Erleichterungen hinausgehend, versprach Wehner die Anerkennung von kommunistischer Gewaltherrschaft und Verständnis beispielsweise für die gewaltsame Niederschlagung freiheitlicher Bestrebungen im Bereich des Warschauer Pakts.[83] Über diesen Alleingang dürfen die humanitären Erfolge nicht hinwegtäuschen, die Wehner bei seinen Gesprächen mit Honecker erzielte. Vom

»Schutzschild ›humanitärer Kontakte‹« spricht Brandts Biograph Peter Merseburger.[84]

Letztlich hat aber nicht die Aufgabe moralischer Grundpositionen der Ostpolitik, die ja geheim blieb, das Klima zwischen Brandt und Wehner verschlechtert. Zum Zerwürfnis führte die Tatsache, dass Wehner Brandt in Moskau vor Journalisten persönlich angriff, ja ihn hämisch mit Spott überzog: Die »Nummer eins« sei »entrückt« und »abgeschlafft«, hieß es beispielsweise, und: »Der Herr badet gerne lau – so in einem Schaumbad.« Was der Regierung fehle, sei ein Kopf, war schon bald im *Spiegel* zu lesen. Wehners Ausfälle waren unverschämt und beleidigend. Aber hatte er mit seiner Kritik an Brandts Führung in der Sache nicht Recht? Bestätigte nicht Brandts Reaktion auf Wehners Äußerungen die Führungsschwäche des Kanzlers? Als man ihm nämlich nahelegt, für die Ablösung des Fraktionschefs zu sorgen, antwortet ein resignierter Brandt: »Und was dann? Dann kommt Schmidt.«[85] Brandt wich zurück: aus Angst vor Wehner, aus Angst vor Schmidt, aus Angst vor der Fraktion, wo er befürchtete, sich nicht durchsetzen zu können. Brandt war angeschlagen, seine Position irreversibel geschwächt.

Man muss sich indes hüten, aus Wehner einen »Königsmörder« zu machen. Nach allem, was wir heute wissen, hat Herbert Wehner den Sturz Brandts nicht aktiv betrieben, und schon gar nicht hat er gemeinsam mit der SED-Führung in Ost-Berlin die Guillaume-Affäre lanciert, was ihm unterstellt worden ist und was auch Brandt selbst nach seinem Rücktritt verschiedentlich anzudeuten schien.[86] Welches Interesse sollte die DDR an einem Sturz Brandts gehabt haben? Manches spricht dafür, dass das sowjetische KGB die Guillaume-Affäre ins Rollen brachte, um zu enge deutsch-deutsche Beziehungen zu verhindern und die DDR wieder fester in die Blockdisziplin einzubinden.[87]

Die Affäre Guillaume, die den Anlass für den Rücktritt Brandts bildete, entfaltete sich innerhalb weniger Tage. Am 24. April 1974 wurde Günther Guillaume, seit 1970 Mitarbeiter des Bundeskanzleramts, wo er Zugang zu Dokumenten der höchsten Geheimhaltungsstufe hatte und sich darüber hinaus des persönlichen Vertrauens des Kanzlers erfreute, unter dem Verdacht der Spionage für die DDR festgenommen. Guillaume war schon 1956 als »Offizier im besonderen Einsatz« des Ministeriums für Staatssicherheit in die Bundesrepublik gekommen und als Funktionär innerhalb der SPD rasch aufgestiegen.

Dass Guillaume es bis ins Kanzleramt und in die unmittelbare Nähe Willy Brandts bringen konnte, den er sogar auf Urlaubsreisen begleitete, war auf eine im Nachhinein kaum nachvollziehbare Nachlässigkeit der westdeutschen Geheimdienste und der zuständigen Stellen in Kanzleramt und Innenministerium zurückzuführen. Schon bei der Einstellung Guillaumes im Kanzleramt waren – durchaus existierende – Sicherheitsbedenken zurückgestellt worden. Noch schwerer aber wog, dass nichts gegen Guillaume unternommen wurde, als 1973 begründete Verdachtsmomente gegen ihn auftauchten. Kanzleramtschef Grabert, Innenminister Genscher und Verfassungsschutzpräsident Nollau blieben untätig oder rieten Brandt, nichts zu unternehmen, damit Guillaume keinen Verdacht schöpfe. Als die Affäre schließlich im April 1974 aufflog, wäre es an Grabert, Genscher, Nollau und womöglich auch Ehmke gewesen, die Verantwortung dafür zu übernehmen und zurückzutreten. Stattdessen erklärte Brandt selbst nicht einmal 14 Tage später seinen Rücktritt.

Krieg das überzogen? Der Politikwissenschaftler Theodor Eschenburg, später Mitglied einer Untersuchungskommission zum Fall Guillaume, schrieb damals: »Die Demission eines integren, erfolgreichen und angesehenen Kanzlers wegen dieses Vorfalls, der auf Pannen und Betriebsstörungen mittleren Ranges beruhte, lag weit außerhalb des Erwartungshorizonts der öffentlichen Meinung und Bevölkerung. Die Reaktion Brandts stand in keinem Verhältnis zum Verantwortungsgrad. Die Guillaume-Affäre mag der Anlass, kann aber nicht die Ursache eines Rücktritts gewesen sein.«[88] Oder war der Bundeskanzler durch Enthüllungen, deren Wahrheitsgehalt schwer einzuschätzen war, politisch erpressbar geworden? In den Tagen nach dem Auffliegen Guillaumes waren nämlich in Vernehmungen delikate Informationen über den privaten Lebenswandel des Bundeskanzlers öffentlich geworden, in denen angebliche »Sex-Geschichten« Brandts, aber auch seine Alkoholprobleme eine Rolle spielten. Für Herbert Wehner, mit dem Brandt am 4. Mai 1974 ein Vier-Augen-Gespräch führte, mag der mögliche Imageverlust des Kanzlers entscheidend dafür gewesen sein, ihm den Rücktritt nahezulegen. Brandt fasste daraufhin dem Entschluss, zurückzutreten. Zuvor hatte er noch betont, die Krise kämpferisch durchstehen zu wollen. Aber dafür hätte er die Solidarität der Partei und jedes einzelnen Mitglieds ihrer Führung gebraucht. Dieser Solidarität konnte er sich schon seit längerem nicht mehr sicher sein. In den ersten Maitagen 1974 bestätigte sich das.

Die Ursachen für Brandts Rücktritt lagen indes tiefer. Die Konflikte in der eigenen Partei, die Spannungen mit Schmidt und Wehner bildeten nur die Spitze des Eisbergs. Zwar konnte Brandt sich 1973 noch einmal als Außen- und Entspannungspolitiker präsentieren und damit national wie international Punkte sammeln. Doch in der Innenpolitik blies ihm der Wind ins Gesicht. Die wirtschaftliche Lage hatte sich verschlechtert, der Konjunkturmotor stotterte. Schon vor dem Ölpreis-Schock war die Inflationsrate auf sieben Prozent gestiegen. In wilden Streiks reagierten zuerst die Arbeiter der Kölner Ford-Werke auf diese Preissteigerung und forderten deutlich höhere Löhne. Aber auch in den Gewerkschaften machte sich Unruhe breit. Man hatte sich in den Jahren zuvor mit eher maßvollen Lohnsteigerungen zufriedengegeben, um damit die Konjunkturpolitik der Regierung zu unterstützen, jetzt sahen sich viele Gewerkschafter hintergangen und um den Lohn für ihre Zurückhaltung gebracht. Die Drucker forderten Lohnerhöhungen zwischen 10,8 und 17,1 Prozent. Scharfe Konfrontationen mit den Arbeitgebern waren die Folge. Ein Bummelstreik der Fluglotsen, »schlicht eine materielle Erpressung einer beruflichen Spezialgruppe, für die es keinen Ersatz gab«,[89] zog sich über Wochen hin. In der Bevölkerung warf man der Bundesregierung Untätigkeit vor. Anfang 1974 wurden dann die öffentlichen Arbeitgeber Bund, Länder und Gemeinden mit Tarifsteigerungsforderungen der Gewerkschaft ÖTV (Öffentliche Dienste, Transport und Verkehr) in Höhe von 15 Prozent konfrontiert. Dieser Forderung verlieh die Gewerkschaft unter ihrem unnachgiebigen Vorsitzenden Heinz Klucker Nachdruck, indem sie mit Streiks in sensiblen Bereichen des öffentlichen Dienstes wie Müllabfuhr und öffentlicher Nahverkehr drohte. Unter massivem Druck stimmten die Arbeitgeber schließlich einer Lohnsteigerung von 11 Prozent zu, angesichts der wirtschaftlichen Situation eine verheerende Entwicklung.

Der Tarifabschluss beschädigte den Bundeskanzler, der sich öffentlich gegen Tarifsteigerungen im zweistelligen Bereich ausgesprochen hatte. Nun stand er da als jemand, dem es an Durchsetzungsvermögen fehlte. Die *Zeit* sprach sogar von einem »Verlust an Staatsautorität«, den sie der amtierenden Bundesregierung anlastete. Aber wurde nicht in Brandts Verhalten auch mangelndes politisches Gespür erkennbar? Hatte denn der Bundeskanzler öffentlich in dem Tarifstreit Stellung beziehen müssen? Ende 1973, Anfang 1974 sah es jedenfalls so aus, als hätte Willy Brandt alle politische Fortune verlassen. Vor diesem weiten Hintergrund muss man seine Rücktrittsentscheidung vom Mai 1974 sehen. Erst dann wird sie nachvollziehbar.

3.
Wandel durch Annäherung

Die Jahre der Großen Koalition und der Kanzlerschaft Willy Brandts waren nicht nur eine Zeit des innenpolitischen, gesellschaftlichen und soziokulturellen Wandels. Die Bundesrepublik musste auch in den Veränderungen der internationalen Politik und des Ost-West-Konflikts seit den frühen 1960er Jahren ihre Position neu bestimmen, wollte sie sich nicht von der Dynamik des Wandels überrollen lassen. In dem nach wie vor durch den Ost-West-Gegensatz geprägten internationalen System, aber auch angesichts der fortbestehenden Hegemonie der USA im Westen blieb ihr keine andere Wahl, als politische Anpassungsleistungen zu erbringen. Sein gestiegenes politisches Gewicht und Selbstbewusstsein eröffnete dem westdeutschen Staat allerdings durchaus Freiräume, diese Anpassung auszugestalten. Insofern war die Bonner Politik nicht nur reaktiv, und sie war auch nicht nur defensiv.

Bei dem Schwung, der unter der sozialliberalen Koalition nach 1969 in die Ost- und Deutschlandpolitik kam, wird häufig übersehen, wie sehr diese schon unter der Großen Koalition in Bewegung geraten war. Das macht aus den Jahren 1966 bis 1969 noch keine Einleitungsphase der späteren »Neuen Ostpolitik«, aber es wäre auch nicht angemessen, die gemeinsame Regierung von CDU/CSU und SPD lediglich als ost- und deutschlandpolitische Blockadekonstellation zu betrachten und dabei den Unionsparteien den Part des Blockierers zuzuweisen, denn auch im Lager der Union gab es ein ausgeprägtes Interesse an politischer Bewegung. Den Unionsparteien fiel das Umdenken aber schwerer, weil sie selbst die Politik, die es zu modifizieren galt, zwischen 1949 und 1966 konzipiert und umgesetzt hatten. Für die FDP, die als kleinere Koalitionspartei über weite Strecken die Ost- und Deutschlandpolitik der Union mitgetragen hatte, war die Umorientierung vor 1966 und erst recht als Oppositionspartei nach 1966 leichter. Ohne die Last der Regierungsverantwortung konnte sie sich nach dem Generationenwechsel in ihrer Führung ost- und deutschlandpolitisch neu ausrichten, und, nachdem sie 1969 eine Koalition mit der SPD eingegangen war, sich dem politischen Tempo des größeren Koalitionspartners anschließen.

Gebremster Auftakt: die Außen- und Deutschlandpolitik der Großen Koalition

Die erste Regierungserklärung Kurt Georg Kiesingers schloss an Erhards Friedensnote an, ging aber doch deutlich über sie hinaus, indem sie die westdeutsche Bereitschaft signalisierte, die DDR in eine Gewaltverzichtserklärung einzubeziehen. Dahinter stand die Überlegung, dass es kontraproduktiv sei, die DDR öffentlich zu isolieren, denn das würde nur die Position Ost-Berlins verhärten und die Politik der anderen Ostblock-Staaten negativ beeinflussen, da diese sich, das war vorauszusehen, mit der DDR solidarisieren würden. Die DDR tauchte in Kiesingers Rede aber nicht nur indirekt auf, indem der Kanzler einen Zusammenhang herstellte zwischen dem Austausch von Gewaltverzichtserklärungen einerseits und der Frage der deutschen Teilung andererseits. Was Kiesinger zum deutsch-deutschen Verhältnis formulierte, waren nicht nuancierte Veränderungen, sondern ganz neue Akzente, die zweifellos auch auf die deutschlandpolitischen Vorstellungen der SPD zurückgingen. Natürlich betonte der Bundeskanzler das freie Selbstbestimmungsrecht aller Deutschen und unterstrich, dass allein die Bundesregierung die legitime Vertreterin des gesamten deutschen Volkes sei. Das war noch keine Abkehr von der Hallstein-Doktrin. Zugleich aber bekundete Kiesinger den Willen der von ihm geführten Bundesregierung, ihre Außen- und Deutschlandpolitik den internationalen Bedingungen anzupassen. Das war weit entfernt von einer Aufgabe des Wiedervereinigungsanspruchs, aber man sah doch keinen Widerspruch mehr zwischen dem Ziel der Wiedervereinigung und dem politischen Wunsch nach Frieden und Verständigung zwischen Bundesrepublik und DDR.

Mit dieser Anpassung kam man den Erwartungen der USA entgegen, aber auch der französische Präsident de Gaulle hatte seit Mitte der 1960er Jahre wieder verstärkt für eine Zusammenarbeit zwischen Ost- und Westeuropa als Voraussetzung für eine Überwindung der Teilung des Kontinents geworben. »*Détente, entente, coopération*« war das französische Konzept überschrieben. Andere westliche Staaten schlossen sich dem an und waren immer weniger bereit, sich durch eine deutschlandpolitisch begründete Vetoposition der Bundesrepublik entspannungspolitisch einschränken zu lassen. Das stellte bald auch die NATO vor die Aufgabe, das stärker werdende Entspannungsinteresse mit dem ursprünglichen Verteidigungsauftrag in Übereinstimmung zu bringen, ohne dadurch die Allianzkohäsion zu gefährden. Unter der überwölbenden Maxime der Sicherheit gelang dem Atlantischen Bündnis die Quadratur des Kreises. Der nach dem belgischen Außenminister Pierre Harmel benannte und im Dezember 1967 verabschiedete »Bericht über die künftigen Aufgaben der Allianz« nannte für die Zukunft zwei Hauptfunktionen des Bündnisses, nämlich »militärische Sicherheit« einerseits und eine Politik der Entspannung andererseits, die »keinen Widerspruch, sondern eine gegenseitige Ergänzung« darstellten.[1] Über die Ausgestaltung der Entspannungspolitik schwieg sich der Bericht aus, gewann aber gerade dadurch seine politische Bedeutung, die weit über die 1960er und 1970er Jahre hinausreichte. Für die Regierung der Großen Koalition und die sie tragenden Parteien war der Harmel-Bericht aus unterschiedlichen Gründen bedeutsam: Die SPD konnte nun darauf verweisen, dass ihr entspannungspolitischer Kurs die Bundesrepublik nicht dem Atlantischen Bündnis und der Allianz mit den USA entfremdete. Für die Unionsparteien wiederum waren die Erklärungen der NATO wichtig, weil sie das Ziel der Verteidigung festschrieben und jede Politik der Entspannung dem Primat der Sicherheit unterordneten.

Doch die ost- und deutschlandpolitischen Passagen der Regierungserklärung Kiesingers waren mehr als nur die Übersetzung des internationalen Entspannungsimperativs ins Deutsche. Kiesingers Überlegungen hatten eine dezidiert nationale Dimension, und es war kein Zufall, dass in seiner Rede wieder das Bild der »Brücke« auftauchte, das seit Jakob Kaiser in den Hintergrund getreten war. »Wir wollen ... verhindern«, so formulierte der Bundeskanzler, »dass die beiden Teile unseres Volkes sich während der Trennung auseinanderleben. Wir wollen entkrampfen und nicht verhärten, Gräben überwinden und nicht vertiefen. Deshalb wollen wir die menschlichen, wirtschaftlichen und geistigen Beziehungen mit unseren Landsleuten im anderen Teil Deutschlands mit allen Kräften fördern.«[2] Das implizierte direkte Kontakte mit ostdeutschen Behörden, freilich ohne eine völkerrechtliche Anerkennung der DDR. Die Berliner Erfahrungen Willy Brandts und der SPD wurden so auf die Bundesebene transponiert und das Programm einer operativen Deutschlandpolitik entwickelt.

Dass solche Kontakte rasch an Grenzen stoßen konnten, hatte die SPD in den Vormonaten erfahren, als das Projekt eines Redneraustauschs zwischen SPD und SED, ein Vorstoß, der ursprünglich von der SED ausgegangen war, platzte, weil die Ost-Berliner Führung den offenen Austausch über Menschen- und Bürgerrechtsfragen, über Mauer und Schießbefehl scheute. Dennoch unterbreitete die Bundesregierung im April 1967 der DDR 16 »Vorschläge zur Erleichterung des täglichen Lebens für die Menschen in beiden Teilen Deutschlands«, die primär Beziehungen auf dem Gebiet von Wirtschaft und Verkehr und den wissenschaftlich-technischen Austausch betrafen. Das entsprach ganz der neuen deutschlandpolitischen Zielsetzung der Bundesregierung, die Außenminister Brandt beispielsweise vor dem

Europarat in Straßburg dargelegt hatte: »Wir streben ein geregeltes Nebeneinander in Deutschland an, das geeignet sein kann, eine weitergehende Lösung der Deutschlandfrage vorzubereiten.«[3] Entscheidend war hier vor allem die Unterscheidung zwischen einem Nah- und einem Fernziel der Bonner Deutschlandpolitik. Die faktische Anerkennung der DDR und der Wiedervereinigungsanspruch schlossen sich in dieser Sichtweise keineswegs gegenseitig aus.

Dass die deutsche Frage im Kern mit dem Ost-West-Konflikt zusammenhing, dass die Spaltung Deutschlands eine Folge des Ost-West-Gegensatzes war und langfristig eine Überwindung der deutschen Teilung nur durch die Überwindung der Ost-West-Konfrontation möglich sein würde, formulierte der Bundeskanzler am 17. Juni 1967 vor dem Bundestag so klar wie kaum ein deutscher Politiker vor ihm. Man könne »das Zusammenwachsen der getrennten Teile Deutschlands nur eingebettet sehen in den Prozess der Überwindung des Ost-West-Konflikts in Europa«.[4] Das war die genaue Umkehrung dessen, was man in den 1950er Jahren aus dem Munde Konrad Adenauers hatte vernehmen können, und es macht deutlich, welchen Weg die Bundesrepublik, aber auch viele Unionspolitiker seither zurückgelegt hatten.

Es gab mehrere Gründe, warum die Bonner Entspannungspolitik sich nicht so entfalten konnte, wie es Bundeskanzler Kiesinger, Außenminister Brandt, aber auch Verteidigungsminister Schröder, einem der wichtigsten Wegbereiter des neuen Kurses in der Union, vorschwebte. Weite Teile der Unionsparteien, insbesondere die CSU, sperrten sich gegen eine in ihren Augen zu rasche Aufgabe deutschlandpolitischer Positionen und vor allem gegen die Anerkennung des Status quo der Teilung. Je stärker die SPD nach vorne drängte, desto zurückhaltender wurden die Unionsparteien. Das hatte jenseits aller ost- und deutschlandpolitischen Grundüberzeugungen auch zu tun mit dem Bedürfnis der Parteien, sich innerhalb der Großen Koalition zu profilieren und solchermaßen gestärkt in die nächsten Bundestagswahlen, die 1969 bevorstanden, zu gehen. In den späten 1960er Jahren stießen die deutschlandpolitischen Positionen Willy Brandts und der SPD in der westdeutschen Bevölkerung keineswegs auf ungeteilte Zustimmung. In einer Allensbach-Umfrage vom Februar 1967 stellten lediglich 14 Prozent der Befragten den Alleinvertretungsanspruch in Frage, 61 Prozent hielten ihn nach wie vor für gerechtfertigt. Eine Auswertung verschiedener Umfragen der Jahre 1968/69 ergibt, dass Anfang 1968 und zum Zeitpunkt der Bundestagswahl 1969 lediglich 30 beziehungsweise 31 Prozent der Westdeutschen für eine Anerkennung der DDR waren, während 45 beziehungsweise 46 Prozent eine solche Anerkennung entschieden ablehnten. Soll man die DDR als selbstständigen Staat anerkennen, der aber kein Ausland ist, fragte das Gesamtdeutsche Barometer von Infas im Mai 1968. Nur 24 Prozent der Befragten hätten das begrüßt, 57 Prozent sprachen sich dagegen aus.[5] Aus der Zustimmung, die die Ostpolitik der sozialliberalen Koalition später erfuhr, lässt sich also keineswegs ein Meinungsbild für die Jahre der Großen Koalition ableiten, im Gegenteil: Die Vorbehalte der CDU/CSU gegen eine Aufgabe deutschlandpolitischer Prinzipien hatten in der westdeutschen Bevölkerung Rückhalt. Aus den Bundestagswahlen 1969 gingen die Unionsparteien als stärkste politische Kraft hervor.

Die Mehrzahl der Westdeutschen begrüßte die ost- und deutschlandpolitischen Vorstellungen also keineswegs enthusiastisch. Das hatte auch mit der Politik der Sowjetunion und der DDR in den späten 1960er Jahren und den Reaktionen der beiden Staaten auf die Verständigungsavancen der Bundesregierung zu tun. Die neue politische Linie, für die sich Kiesinger und Brandt, Schröder und Wehner einsetzten, scheiterte nicht nur aus innenpolitischen Gründen, sondern auch, wenn nicht sogar primär, an einer politischen Kursverhärtung in Moskau und Ost-Berlin, wo man die Entspannungsbemühungen der Bundesrepublik zunächst ins Leere laufen ließ. Auf die Aufweichung der Hallstein-Doktrin durch die Aufnahme diplomatischer Beziehungen zu Rumänien und Jugoslawien sowie den Austausch von Handelsmissionen mit der Tschechoslowakei reagierte der Ostblock im Februar 1967 mit der »Ulbricht-Doktrin«, die besagte, dass die Mitglieder des Warschauer Pakts ihre Beziehungen zur Bundesrepublik erst dann normalisieren dürften, wenn die DDR dies getan habe. Das machte die Anerkennung der DDR zur Voraussetzung jeder weiteren Bonner Ostpolitik und verhinderte gleichzeitig eine Ostpolitik der Bilateralismen, also zweiseitiger Abkommen oder Verträge zwischen der Bundesrepublik und einzelnen osteuropäischen Staaten. Die begrenzte Souveränität der Ostblock-Staaten, die wenig später in der »Breschnew-Doktrin« deklaratorisch fixiert werden sollte, fand schon hier ihren deutlichen Ausdruck.

Es gab für die Bundesrepublik, das machten diese Entwicklungen klar, keine Ostpolitik um die DDR herum und an der Sowjetunion vorbei. Für die Vertragspolitik der sozialliberalen Koalition nach 1969 war diese Lehre von entscheidender Bedeutung. Auch der Gewaltverzichtsdialog, in den sich die Bundesregierung 1967 mit der Sowjetunion begab, scheiterte. Es ging dabei um die prinzipielle Anerkennung des Status quo, ohne dass diese Anerkennung konkretisiert wurde. Moskau konnte der Bundesrepublik schon deswegen nicht durch ein allgemeines Gewaltverzichtsabkommen die prinzipielle Friedensfähigkeit bescheinigen, weil die Diffamierung der Bundesrepublik als Hort von Kapitalismus, Militarismus und Revanchismus ein wichtiges ideologisches Bindemittel für den östlichen Block darstellte.[6]

Nicht zuletzt mit solchen Argumenten hat der Ostblock die Invasion der

Truppen des Warschauer Pakts in der ČSSR im August 1968 zur Beendigung des »Prager Frühlings« begründet. Dass 1968 in den Uniformen der Nationalen Volksarmee (NVA) auch deutsche Truppen die tschechoslowakische Grenze überschritten und dabei Erinnerungen an 1938/39 wachriefen, empfand man nicht als Problem. Und für die internationale Politik sowie die Ost-West-Beziehungen bedeutete der Einmarsch auch nur eine kurze Eintrübung. Die USA sahen die Stabilität des Status quo in Europa wie 1953 in der DDR, 1956 in Ungarn und 1961 in Berlin nicht berührt. Im Übrigen galt ihre Aufmerksamkeit 1968 in allererster Linie dem Vietnam-Krieg, der in diesem Jahr seinen Höhepunkt erreichte. Einen europäischen Konflikt mit der Sowjetunion konnten die USA jetzt nicht brauchen.

Die »Breschnew-Doktrin« von der begrenzten Souveränität der sozialistischen Staaten, die im Herbst 1968 formuliert wurde, unterstrich den hegemonialen Anspruch der UdSSR, lieferte im Rückgriff auf den proletarisch-sozialistischen Internationalismus der Stalin-Zeit eine ideologische Rechtfertigung des Blockzusammenhalts und bekräftigte zugleich den Status quo, wie er in Europa nach 1945 entstanden war. Für die DDR war das eine klare Bestandsgarantie, die bis in die Ära Gorbatschow aufrechterhalten wurde. Der Einmarsch in Prag sollte auch nach dem Willen Moskaus nicht zu neuen Spannungen im Ost-West-Verhältnis führen, im Gegenteil: Die sowjetische Entspannungsbereitschaft, gerade gegenüber den USA, wuchs in dem Maße, in dem die Spannungen zwischen der Sowjetunion und der Volksrepublik China zunahmen. Insbesondere nach den sowjetisch-chinesischen Grenzkonflikten am Ussuri im März 1969 suchte Moskau Entlastung an seiner »westlichen Front«. Dass hierin auch deutschlandpolitische Möglichkeiten steckten, sah Bundesaußenminister Brandt sogleich. Er registrierte aufmerksam, dass beispielsweise in dem neuerlichen Vorschlag der UdSSR und ihrer Satelliten, eine gesamteuropäische Konferenz über Sicherheit und Zusammenarbeit einzuberufen, als Vorbedingung nur noch von »Anerkennung der DDR«, nicht mehr aber von »völkerrechtlicher Anerkennung« die Rede war.[7]

Solche bescheidenen Signale konnten nicht darüber hinwegtäuschen, dass im deutsch-deutschen Konflikt die Entspannungs- und Verständigungsbemühungen der Großen Koalition kaum Fortschritte gebracht hatten, sosehr sich die Bundesregierung auch bewegt hatte. Zwar war der Briefwechsel zwischen Bundeskanzler Kiesinger und dem Ministerpräsidenten der DDR Willi Stoph für sich genommen eine fast revolutionäre Entwicklung, weil die Bundesregierung damit offiziell die Existenz der DDR anerkannte (ohne freilich an ihrer prinzipiellen Rechtsauffassung auch nur den Hauch eines Zweifels aufkommen zu lassen). Aber als die DDR in dem Briefwechsel schließlich erklärte, dass die Zugehörigkeit der Bundesrepublik zu NATO und EWG unvereinbar sei mit einer Normalisierung der deutsch-deutschen Beziehungen, war klar, dass in Ost-Berlin gar kein Interesse an einer Entspannung bestand. Für die CDU/CSU war jeder weiteren Annäherung damit die Grundlage entzogen. Auch das mag man in Ost-Berlin einkalkuliert haben, denn mit der Position der Unionsparteien konnte man die kompromisslose eigene Haltung rechtfertigen.

Dass die DDR in der Auseinandersetzung mit der Bundesrepublik und ihrem Alleinvertretungsanspruch mit Rückendeckung aus Moskau agierte, zeigte nicht nur die »Ulbricht-Doktrin« von 1967. Auch die im April 1968 in Kraft getretene neue Verfassung der DDR demonstrierte das neue Selbstbewusstsein der DDR, das im Übrigen auf relative Stabilisierungserfolge nach dem Mauerbau zurückging. In dem Verfassungstext wurde die DDR als »sozialistischer Staat deutscher Nation« bezeichnet, man begab sich also verfassungspolitisch in eine nationale Konkurrenz zur Bundesrepublik. Am Fortbestand einer deutschen Nation wurde festgehalten, aber als Fernziel jenseits der Teilung – das gilt gerade für Ulbricht – hatte man nach der Niederringung des Kapitalismus in der BRD eine sozialistische deutsche Nation vor Augen.

Wie sich der deutsch-deutsche Sonderkonflikt – nicht mehr und nicht weniger war er mittlerweile im Gesamtzusammenhang der Ost-West-Beziehungen – auf das Verhältnis zwischen USA und UdSSR und innerhalb des Westens auf die trans-atlantischen Beziehungen auswirkte, das wurde im Zusammenhang mit dem Atomwaffensperrvertrag deutlich, über den seit 1967 erneut – und im Zeichen der Entspannung erstmals mit Erfolgsaussichten – im Rahmen der Vereinten Nationen verhandelt wurde. Insbesondere die beiden Supermächte USA und Sowjetunion hielten einen Vertrag über die Nichtverbreitung *(non-proliferation)* von Kernwaffen für entspannungspolitisch bedeutsam, weil eine solche Vereinbarung zur Stabili-sierung des internationalen Systems beitragen würde und zugleich geeignet war, die eigene Hegemonie beziehungsweise Doppelhegemonie zu befestigen.

Für die Bundesrepublik wurde der Atomsperrvertrag zum Thema, weil er auch von den Staaten unterzeichnet werden sollte, die nicht über nukleare Waffen verfügten. Dass sich hier massiver Widerstand gegen den Sperrvertrag erhob, hatte wenig mit konkreten atomaren Ambitionen der Bundesrepublik zu tun als viel-mehr damit, dass man den Charakter des geplanten Vertrages für diskriminierend hielt. Noch in seinen letzten Lebensmonaten kritisierte Altkanzler Adenauer, darin unterstützt von Bundesfinanzminister Strauß und der CSU, dass der Vertrag dem deutschen Gleichberechtigungsinteresse massiv zuwiderlaufe. Der greise Adenauer sprach von einer »verteufelten Neuauflage des Morgenthau-Plans«, und Franz

Josef Strauß prognostizierte ein »neues Versailles … von kosmischen Ausmaßen«.[8]
Da äußerten sich zwei deutsche »Gaullisten«, die sich gegen die Festschreibung der
amerikanischen Dominanz wehrten und wie de Gaulle in der Verfügung über
nukleare Waffen einen entscheidenden Ausweis nationaler Souveränität sahen,
und die kritisierten, dass die westlich-amerikanische Entspannungspolitik die Interessen der Bundesrepublik völlig außer Acht lasse. Das bezog sich auch auf das
wissenschaftlich-technische und wirtschaftliche Potential der Kernwaffenfor-
schung, dem nicht nur in der Bundesrepublik zum damaligen Zeitpunkt erhebliche Bedeutung beigemessen wurde.

Aufmerksamen Beobachtern war darüber hinaus nicht entgangen, dass die
Sowjetunion eine Bonner Unterschrift unter den Nichtverbreitungsvertrag immer
wieder zur Vorbedingung für eine Normalisierung der deutsch-sowjetischen Beziehungen machte. Sollte sich Bonn zu dieser Unterschrift etwa ohne Gegenleistung bereitfinden? In Bonn und insbesondere in den Unionsparteien wollte man
sich dem Diktat der USA, die den Vertrag in keiner Weise mit der Bundesregierung
abgestimmt hatten, nicht einfach unterwerfen. Auch Bundeskanzler Kiesinger beklagte öffentlich die Entfremdung zwischen Washington und Bonn und sprach von
der Gefahr einer »atomaren Komplizenschaft« zwischen den USA und der Sowjetunion. Die SPD hingegen und Bundesaußenminister Brandt betonten den entspannungspolitischen Wert des Atomwaffensperrvertrags und waren bereit, den Vertrag
zu unterschreiben. Auf diese Weise geriet die Große Koalition in eine Zerreißprobe,
die in andere Bereiche der Außenpolitik ausstrahlte und einen klaren und einheitlichen Kurs der Bundesregierung in außen-, sicherheits- und deutschlandpolitischen Fragen erschwerte, ja verhinderte. Es ist also kein Zufall, dass die Bundesrepublik dem Vertrag zur Nichtverbreitung von Kernwaffen erst einige Tage nach
dem Regierungsantritt der sozialliberalen Koalition, im November 1969, beitrat.

Gegen massive Widerstände bemühte man sich in den Jahren der Großen
Koalition, den Anschluss an die westliche und vor allem amerikanische Politik
der Entspannung zu finden und den Imperativ der Entspannung in Übereinstimmung zu bringen mit den durch das Grundgesetz vorgegebenen Grundprinzipien
der Deutschlandpolitik. Dabei schien es bisweilen, als hätten sich die außen- und
deutschlandpolitischen Positionen von CDU/CSU einerseits und SPD andererseits
im Vergleich zu den 1950er Jahren umgekehrt. Während die SPD zehn Jahre zuvor
als die Partei der Wiedervereinigung erschien, betrieb sie unter Willy Brandt nun
die Anerkennung der DDR und damit der deutschen Teilung. Die Union dagegen,
in den fünfziger Jahren *die* Partei der Westintegration, sperrte sich nunmehr geradezu vehement dagegen. Dies ist nur scheinbar ein Widerspruch, aber es offenbart

die hohe Komplexität der politischen Lage, die in den 1960er Jahren entstanden war und mit der umzugehen unter den Bedingungen einer Großen Koalition nicht einfacher wurde.

Der äußere Druck auf die Bundesrepublik, der nicht nur von den USA und Frankreich, sondern auch von der Sowjetunion und der DDR ausgeübt wurde, führte in Verbindung mit dem Einigungsdruck innerhalb der Großen Koalition allmählich zu einer intensiven Diskussion über deutsche Interessen in der internationalen Politik. So scharf, polemisch und verletzend diese Diskussion auch geführt worden sein mag, sie ist ein Beleg für das außenpolitische Ende der Nachkriegszeit, von dem Bundeskanzler Erhard 1965 gesprochen hatte. Sicher, noch immer bestimmte das internationale System die außenpolitischen Optionen der Bundesrepublik ganz wesentlich; daran hatte sich nichts geändert. Aber jetzt entwickelten sich einerseits Spielräume und andererseits Notwendigkeiten, die eine eigenständige Definition nationaler Interessen jenseits des Imperativs der Wiedervereinigung ermöglichten beziehungsweise verlangten. Überdies blickte die Bundesrepublik 1969 bereits auf eine eigene außenpolitische Tradition von 20 Jahren zurück, was ihr mehr und mehr politisches Eigengewicht bescherte. Gerade auch außen- und deutschlandpolitisch, das zeigen die Debatten und Konflikte jener Zeit, musste sie sich immer stärker mit sich selbst auseinandersetzen und den Versuch unternehmen, ihre Geschichte in diesem Sinne ins Licht der Gegenwart zu rücken. Die Bundesrepublik war auf dem »Weg zu sich selbst«, wie es schon 1970 Waldemar Besson in seiner bis heute unübertroffenen Darstellung der Außenpolitik der Bundesrepublik (bis 1969) formuliert hat.[9]

Grundlagen der Neuen Ostpolitik

Die Neue Ostpolitik war nicht grundlegend neu und stellte keinen zäsurartigen Neubeginn dar, im Gegenteil: Ohne die außenpolitischen Traditionslinien der Bundesrepublik seit 1949, an die sie anschließen musste und aus denen heraus sie, wenn auch zum Teil in klarer Abgrenzung, entwickelt wurde, ist sie gar nicht zu denken und nicht zu verstehen. Die Zeitgeschichtsschreibung darf sich in ihrer berechtigten Suche nach Phaseneinteilungen, Zäsuren und Periodisierungen nicht zu sehr von den Einschätzungen und Selbsteinschätzungen insbesondere der politischen Akteure leiten lassen, und sie sollte sich nicht in das – völlig legitime – Ringen der Parteien um ihre historischen Verdienste hineinziehen lassen. So ist etwa die Frage, ob mit dem Fall der Mauer 1989 und der deutschen Vereinigung 1990 eher die Politik Adenauers oder die Politik Brandts erfolgreich gewesen sei, ganz unhistorisch. Hier mag man zu dieser oder jener politischen Bewertung gelangen, für den Historiker ist allein wichtig, in welcher Weise – und vielleicht auch in welchem Maße – die Westpolitik der 1950er und die Ostpolitik der 1970er Jahre eine Entwicklung beeinflussten, an deren Ende der 9. November 1989 und der 3. Oktober 1990 standen. Zwei Jahrzehnte nach dem Mauerfall von 1989, mit dem jene deutsche Dynamik einsetzte, an deren Ende, 329 Tage später, der Beitritt der DDR zur Bundesrepublik stand, ist aus historischer Perspektive auch zu fragen, was aus der Geschichte von Westintegration und Ostpolitik, aus der Geschichte der deutsch-amerikanischen, deutsch-britischen, deutsch-französischen, aber auch deutsch-sowjetischen Politik der Jahrzehnte vor 1989/90 und aus der Geschichte der europäischen und transatlantischen Bindungen der Bundesrepublik weiterwirkt in die Zeit danach.

Die Kontinuität der Außenpolitik der Bundesrepublik in der Diskontinuität beziehungsweise im Wandel des internationalen Systems nach 1990 ist vielfach betont worden. Worauf bezieht sich dieses Kontinuitätspostulat, wenn man die Westintegration nicht einfach als ein fortgeltendes zentrales Strukturelement deutscher Außen- und Sicherheitspolitik bezeichnen will, was zwar gewiss nicht falsch, aber in dieser Allgemeinheit nur wenig aussagekräftig ist? Wie verhält sich eine mittlere Macht wie die Bundesrepublik mit starkem ökonomischen Gewicht in einem komplexen internationalen System, das sie mit ganz unterschiedlichen Anforderungen konfrontiert und sie zwingt, ihre Interessen klar zu bestimmen und nach Möglichkeit auch durchzusetzen? Zu solchen Fragen kann die historische Analyse wichtige Antworten beitragen, nicht zuletzt weil die sechzigjährige Geschichte bundesrepublikanischer Außenpolitik, ihre geschichtliche Entwicklung und ihre Historizität, zum gegenwartsrelevanten Faktor außenpolitischen Handelns und Entscheidens geworden ist.

Was war neu an der »Neuen Ostpolitik«? Sie war vor allem eine wirklich nach Osten und auf den Osten, auf die DDR, die Staaten Ostmitteleuropas und die Sowjetunion gerichtete Politik. Sie war mit der Westpolitik der Bundesrepublik, den deutsch-amerikanischen, deutsch-französischen, transatlantischen und (west-)europäischen Beziehungen, engstens verflochten, aber sie entsprang ost- und deutschlandpolitischen Überlegungen und Vorstellungen, die im Laufe der 1960er Jahre an die Spitze der politischen Agenda der Bundesrepublik gerückt waren. Die Voraussetzung für diese Ostpolitik war aber die erfolgreiche Westbindung der Bundesrepublik, die von SPD und FDP nie in Frage gestellt wurde. Ost- und Westpolitik wurden nicht gegeneinander ausgespielt. Die Verständigung mit dem

Osten – und auch mit der DDR – erfolgte nicht zu Lasten der Verankerung der Bundesrepublik im Westen. Dennoch stieß die westdeutsche Ostpolitik gelegentlich auf Skepsis, Misstrauen, ja Ablehnung im Westen, auch in den USA.

Neu an der Neuen Ostpolitik war nicht die Bereitschaft, die Existenz der DDR als zweiten Staat in Deutschland politisch anzuerkennen – so weit war die Große Koalition, zumindest auf Regierungsebene und im Einvernehmen von Bundeskanzler und Außenminister, schon gekommen, neu war der politische Wille, diese Anerkennung – wie im Übrigen auch die der Oder-Neiße-Grenze als polnische Westgrenze – vertraglich zu bestätigen, ohne sie damit staatsrechtlich und völkerrechtlich zu akzeptieren. Es ging also um die vertragliche Fixierung eines Modus vivendi, der die Option der Wiedervereinigung, so unwahrscheinlich sie auch erscheinen mochte, offen hielt, der aber darüber hinaus eine politische und rechtliche Grundlage bot, den Deutschen in der DDR das Leben mit der Teilung zu erleichtern.

Menschliche Erleichterungen zu erreichen, das war eine der wichtigsten Triebkräfte dieser Politik. Solche Motive trugen durchaus resignative Züge, weil ihnen die Einsicht zugrunde lag, dass Teilung und SED-Herrschaft sich kurzfristig nicht überwinden lassen würden. Die prinzipienpolitische Beharrlichkeit der Ära Adenauer, die von den Unionsparteien bis weit in die 1970er Jahre hinein an den Tag gelegt wurde, verlor keineswegs an Legitimität, denn es war wichtig, dass in dem Prozess von Entspannung und Annäherung weiterhin an die fehlende Legitimation der SED-Herrschaft, an Repression und Gewaltherrschaft erinnert wurde. Aber dieses Beharren nützte den Menschen, den Opfern der Unterdrückung und Bevormundung, nur wenig, und ihnen war auch nicht damit geholfen, dass man die Lebenswelten, in denen sie sich seit 1961 eingerichtet und mit denen sie sich abgefunden hatten und abfinden mussten, ganz prinzipiell diskreditierte. Durch Diskreditierung verstärkte man eher das Gefühl der Ostdeutschen, den Krieg gleich zweimal verloren zu haben. Die Neue Ostpolitik stellte sich daher nicht an die Seite der DDR, wohl aber an die Seite ihrer Bürger, in deren Interesse sie zu handeln bemüht war. Das mag nicht immer erfolgreich gewesen sein, und man muss auch fragen, ob die Ostpolitik seit den 1970er Jahren – und über 1982 hinaus – nicht zur Stabilisierung der SED-Diktatur und zur Fortdauer der Repression beigetragen hat. Aber was waren die Alternativen? Sollte man die prinzipielle Abgrenzungspolitik der 1950er Jahre fortsetzen? Oder sollte man eine Politik aktiver Destabilisierung betreiben unter den Bedingungen ost-westlicher Systemstabilität und angesichts einer bis in die zweite Hälfte der 1980er Jahre uneingeschränkten und militärisch fundierten sowjetischen Machtposition?

Die Koalition aus SPD und FDP, die nach den Bundestagswahlen im September 1969 mit einer äußerst knappen Mehrheit die Regierung bildete, betrachtete eine aktive Ost- und Deutschlandpolitik von Anfang an als ihre wichtigste Aufgabe. Hier war die politische Gemeinsamkeit der beiden Parteien am größten. Die SPD hatte ihre ost- und deutschlandpolitischen Positionen seit den späten 1950er Jahren, insbesondere aber seit dem Mauerbau, verändert, und die FDP hatte sich in der Auseinandersetzung mit dem langjährigen, aber zunehmend ungeliebten Koalitionspartner CDU/CSU, vor allem aber als Oppositionspartei zwischen 1966 und 1969 gewandelt. Die neue Generation der liberalen Spitzenpolitiker, Männer wie der neue Parteivorsitzende Walter Scheel, aber auch Hans-Dietrich Genscher, Wolfgang Mischnick und Willi Weyer, gaben der Partei nun ein deutlich »linksliberaleres« Profil und führten sie an die Spitze der ost- und deutschlandpolitischen Bewegung in der Bundesrepublik. Es war alles andere als ein Zufall, dass mit der Wahl Walter Scheels zum neuen Vorsitzenden im Januar 1968 die FDP den Entwurf eines Generalvertrags mit der DDR in den Bundestag einbrachte, der den Alleinvertretungsanspruch der Bundesrepublik in aller Form aufgab.

Der Vertragsentwurf war der Endpunkt einer längeren Entwicklung in der FDP, in der vor allem die Überlegungen des damaligen Leiters der FDP-Pressestelle Wolfgang Schollwer eine wichtige Rolle spielten. Schollwer hatte schon zu Beginn der 1960er Jahre eine Politik der Bewegung im deutsch-deutschen Kontext gefordert. Das »Schollwer-Papier« von Anfang 1967, das die Illustrierte *Stern* wenig später veröffentlichte, markierte den deutschlandpolitischen Aufbruch der Liberalen. Bemerkenswert an Schollwers Überlegungen war die Liste seiner ost- und deutschlandpolitischen Zielvorstellungen, die von einem Abrücken vom Alleinvertretungsanspruch über die Aufgabe des Anspruchs auf die ehemaligen deutschen Ostgebiete bis hin zur Aufnahme umfassender Verhandlungen mit der DDR über wirtschaftliche Zusammenarbeit, einen freieren Personenverkehr, technisch-wissenschaftliche Kooperation und einen Kulturaustausch reichten.[10] Gerade in der FDP, deren Mitglieder und Wähler in starkem Maße nationalem Denken und nationalpolitischen Traditionen verpflichtet waren, mussten die historischen Begründungen, die Schollwer für seine ost- und deutschlandpolitischen Positionen anführte, starke Reaktionen auslösen. Denn statt auf die Schuld der Alliierten und insbesondere der Sowjetunion an der deutschen Teilung hinzuweisen und die UdSSR für die Unterdrückung von Millionen Menschen verantwortlich zu machen, wie es weithin üblich war, bezeichnete Schollwer Hitler als den »eigentlichen Verantwortlichen für die Sowjetisierung ganz Ost- und auch Südosteuropas. Das nationalsozialistische Deutschland schuf damit auch die Grundlagen für die Teilung, die Zerstückelung des ehemaligen Deutschen Reiches. Hitler war also … der Zerstörer der europäischen Ordnung und der Totengräber der deutschen Einheit.«[11] Auf solchen historischen Argumenten baute Schollwer sein Plädoyer für eine Politik der Entspannung und der Akzeptanz des Status quo auf. Nicht alle Mitglieder und Wähler der FDP, unter ihnen der ehemalige Vorsitzende Erich Mende, waren bereit, dem neuen Kurs zu folgen. Das schlechte Wahlergebnis der FDP von 1969, das den Liberalen trotz ihrer Oppositionsrolle zwischen 1966 und 1969 nur 5,8 Prozent der Stimmen und damit ihr schlechtestes Ergebnis seit 1949 einbrachte, lässt sich insbesondere auf ihren deutschlandpolitischen Richtungswechsel zurückführen, den man freilich im Gesamtzusammenhang der politischen Linksliberalisierung der Partei zu betrachten hat.

Die Bildung der sozialliberalen Koalition 1969 erfolgte zweifellos um der Ost- und Deutschlandpolitik willen, aber man darf nicht außer Acht lassen, dass es einen Zusammenhang von äußerer Entspannungs- und innerer Reformpolitik gab. Noch nach seinem Rücktritt 1974 war Willy Brandt davon überzeugt, es gebe »kein Ziel …, das sich nicht ohne Entspannung fördern oder erreichen lässt«.[12] Das war nicht nur auf die internationale Politik bezogen. Vor allem in dem Leitbegriff der Sicherheit, den Brandt in der Regierungserklärung von 1969 bewusst nach innen und außen wandte, wurde deutlich, dass die neue Regierung einen inneren Zusammenhang zwischen ihrer Außen-, Sicherheits- und Deutschlandpolitik einerseits und ihrer Innen- und Gesellschaftspolitik andererseits herstellte. Die Maxime, dass es in einer entwickelten Gesellschaft dauerhafte Sicherheit nur durch Veränderung geben könne, galt für beide Politikbereiche, ja verband sie miteinander. Der Wille zu Bewegung und Veränderung auf allen Politikfeldern charakterisierte das Regierungsprogramm der sozialliberalen Koalition. Stillstand und Beharren, das wurde damit deutlich, dienten den Interessen der Bundesrepublik nicht, würden es den Deutschen nicht ermöglichen, »ein Volk der guten Nachbarn [zu] werden im Innern und nach außen«, wie der letzte Satz der Regierungserklärung Brandts 1969 lautete.

Im Bereich der Ost- und Deutschlandpolitik waren in der Regierungserklärung die Grundpositionen und das Programm der Koalition entwickelt. So sehr Brandt diese Politik »im Zeichen der Kontinuität und im Zeichen der Erneuerung« sah, so sehr wurde doch deutlich, dass die neue Regierung mit neuem Elan die Schwierigkeiten, welche die Jahre der Großen Koalition beherrscht hatten, überwinden wollte. Das betraf vor allem die deutsch-deutschen Beziehungen und die Frage der Anerkennung der DDR. Es war ein Signal, dass Brandt in seiner Rede die Umwandlung des Bundesministeriums für Gesamtdeutsche Fragen in Ministerium für innerdeutsche Beziehungen erwähnte. Diese Umbenennung ergab sich aus der politischen Anerkennung der DDR, die die Regierungserklärung in aller Form aussprach, wobei sie zugleich und nicht minder deutlich eine völkerrechtliche Anerkennung ausschloss. Die Botschaft, wenn auch in einem Nebensatz formuliert, war klar: »Auch wenn zwei Staaten in Deutschland existieren, sind sie doch füreinander nicht Ausland; ihre Beziehungen zueinander können nur von besonderer Art sein.« Von zwei Staaten in Deutschland war die Rede, nicht von zwei deutschen Staaten. Das unterstrich das Festhalten an der Einheit der Nation. Aus diesem Bekenntnis zur Einheit der Nation entwickelte Brandt die Verpflichtung, »dass das Verhältnis zwischen den Teilen Deutschlands aus der gegenwärtigen Verkrampfung gelöst wird«, um »ein weiteres Auseinanderleben der deutschen Nation zu verhindern«. Und im Einklang mit früheren Äußerungen setzte der Bundeskanzler das Ziel, »über ein geregeltes Nebeneinander zu einem Miteinander zu kommen«.

Das war auf Deutschland und die deutsch-deutschen Beziehungen bezogen, ging jedoch darin nicht auf. Die westdeutsche Ostpolitik hatte einen weiteren ideengeschichtlichen Hintergrund, sie war verbunden mit einem transnationalen intellektuellen Diskurs, der sich schon in den 1960er Jahren ausgebildet hatte, nun aber verstärkt politisch wirksam wurde. In Verbindung mit der These vom »Ende der Ideologie« des amerikanischen Soziologen Daniel Bell und der Erwartung einer nur noch von pragmatisch-technischen Notwendigkeiten geprägten Fortentwicklung der modernen Industriegesellschaften postulierte die sogenannte Konvergenztheorie eine allmähliche Annäherung der sozioökonomischen Strukturen und der politischen Systeme in Ost und West. In diese Entwicklung »vom Antagonismus zur Konvergenz« (Wilfried von Bredow) ließ sich die Entspannung als gleichsam außenpolitische Dimension der Konvergenz gut integrieren. Im europäischen und auch im deutschen Kontext speiste die Verbindung von Konvergenztheorie und Entspannungskonzepten Überlegungen, Deutschland beziehungsweise Europa aus den Strukturen des vermeintlich ohnehin zu Ende gehenden Ost-West-Konflikts zu lösen und zu einer »Europäisierung Europas« (Peter Bender) zu gelangen. Das knüpfte durchaus an die »Dritte-Kraft«-Konzepte der Nachkriegsjahre an.

Innergesellschaftlich trug das Konvergenzdenken tendenziell zur Verwischung der Unterschiede zwischen Demokratie und Diktatur bei. Durch politische Theorien beeinflusst und durch die politische Praxis verstärkt, begann sich das Bild der DDR in der Bundesrepublik zu verändern. Nicht zuletzt in den Sozialwissenschaften verlor man weithin den Blick für den fundamentalen Gegensatz zwischen den beiden Staaten, postulierte den »wertfreien« Systemvergleich und wandte sich

besonders scharf dagegen, die DDR und andere kommunistische Systeme totalita-
rismustheoretisch zu analysieren. Der Soziologe Peter Christian Ludz etwa vertrat
die These, die DDR habe sich von der älteren Parteidiktatur zu einem funktional-
autoritären Verwaltungsstaat entwickelt.[13] Daran ließ sich freilich auch der nachlassende gesellschaftliche und soziokulturelle Antikommunismus in der Bundesrepublik ablesen. Sicherheitspolitisch gewendet sprach in der Bundesrepublik
beispielsweise Egon Bahr in einem Vortrag zum zehnten Jahrestag seiner Tutzinger
Rede von einem »Gleichgewicht der Interessen und des Vertrauens« und von einer
ost-westlichen »Sicherheitspartnerschaft«.[14] Das ging weit über Brandts in der Regierungserklärung von 1969 formulierte Ziele hinaus und erklärt das amerikanische Misstrauen gegenüber der deutschen Ostpolitik, aber auch manche innenpolitische Kritik an ihren Protagonisten.

In die Gewaltverzichtspolitik, die Brandt, anknüpfend an die Friedensnote
und an Kiesingers Regierungserklärung von 1966, der Sowjetunion und den Staaten Osteuropas, allen voran Polen und der Tschechoslowakei, anbot, war die DDR
ausdrücklich mit einbezogen. Auch Brandt argumentierte historisch, indem er die
Fragen der Gegenwart »aus dem Zweiten Weltkrieg und dem nationalen Verrat
durch das Hitlerregime« herleitete und seine Verständigungsbemühungen in den
Zusammenhang einer Politik stellte, die darauf zielte, »die Folgen des Unheils
überwinden [zu] können, das eine verbrecherische Clique über Europa gebracht
hat«.[15] Der Emigrant und Widerstandskämpfer Brandt konnte solche historischen
Argumente, die auf die deutsche Verantwortung für den Zweiten Weltkrieg und
seine Folgen für die Teilung Europas und Deutschlands hinwiesen, glaubhafter
vorbringen als die meisten anderen Politiker der Bundesrepublik. Brandt machte
seine Neue Ostpolitik auch zur Geschichtspolitik, indem er sie als Versöhnungs-
und Verständigungspolitik vor dem Hintergrund des von Deutschland begonnenen Zweiten Weltkriegs und der von Deutschen begangenen Verbrechen, gerade
auch in Osteuropa, begriff und darstellte. Wenig mehr als ein Jahr nach seiner Regierungserklärung symbolisierte Brandts Kniefall an der Gedenkstätte des Warschauer Ghettos unter den Augen der Weltöffentlichkeit diesen Zusammenhang
von Ost- und Versöhnungspolitik, von Friedens- und Geschichtspolitik.

Nüchtern formuliert, zielte die Ost- und Deutschlandpolitik der sozialliberalen Koalition also auf eine Normalisierung des Verhältnisses zur Sowjetunion und
zu den Staaten Osteuropas insgesamt sowie auf eine Normalisierung im deutsch-
deutschen Verhältnis. Daneben strebte sie nach größerer Sicherheit für West-Berlin, das seit Beginn der 1960er Jahre zwar von keiner größeren Krise mehr bedroht
wurde, dessen Status aber immer noch prekär und unsicher erscheinen musste.

Weder in Bezug auf die Sowjetunion und Osteuropa noch auf die DDR und die deutsch-deutschen Beziehungen, noch auf Berlin ging es der Bundesregierung um eine Überwindung des Status quo. Die neue Bundesregierung trat auch nicht mit dem Ziel an, den Ost-West-Konflikt zu beenden, im Gegenteil: Voraussetzung der neuen Politik war die klare Erkenntnis, dass der Ost-West-Konflikt andauern und der ideologische Antagonismus sowie der aus ihm gespeiste Systemgegensatz Bestand haben würden. In Anbetracht dieser Erkenntnis, die nicht nur in Bonn verbreitet war, konnte es lediglich darum gehen, den Konflikt politisch zu entschärfen und von einem Modus konfrontativer zu einem Modus kooperativer Konfliktaustragung zu gelangen.[16] Für die Bundesrepublik und ihre Deutschland- und Berlin-Politik hieß dies nichts anderes, als einen Modus vivendi zu erreichen, der den Menschen diente, vor allem denen im Osten, und der gleichzeitig die Gefahr einer militärisch-gewaltsamen Konfliktaustragung mit dem Risiko einer nuklearen Eskalation minimierte. Genau diese Agenda bestimmte die konkreten politischen Schritte der Regierung Brandt/Scheel. Ihr Handlungsspielraum war nicht unbegrenzt, dafür sorgten das Grundgesetz sowie die nach wie vor bestehenden Rechte der Vier Mächte bezogen auf Berlin und auf Deutschland als Ganzes.

Der Hinweis auf die Rechte der Alliierten zeigt, dass der Blick nicht nur auf Deutschland zu richten ist, wenn man die Ostpolitik der Bundesrepublik in den frühen 1970er Jahren verstehen möchte. Deshalb muss man nicht gleich argumentieren, dass »der Primat der Außenpolitik, mit sozialdemokratischem Inhalt gefüllt, in die Geschichte der Bundesrepublik zurückkehrte«.[17] Wie aber stellte sich die internationale Situation um 1969/70 dar? Die Grundstrukturen des Ost-West-Konflikts hatten sich verfestigt und doch zugleich verändert. Der amerikanisch-sowjetische Gegensatz, seit 1945/47 Kern der machtpolitischen Zuspitzung des ostwestlichen Antagonismus, bestand weiterhin, auch wenn im Zeichen der *Détente* die Konfrontativität abgenommen hatte, weil die USA und die Sowjetunion gemeinsame Interessen verfolgten – zuallererst das, einen Nuklearkrieg zu verhindern. Dieses Interesse wurde in dem Maße politikbestimmend, in dem USA und Sowjetunion sich mit Atomraketen interkontinentaler Reichweite gegenseitig bedrohen konnten und beide Staaten über eine nukleare Zweitschlagsfähigkeit verfügten, wie es im Jargon der Nuklearstrategie hieß. Das bedeutete die Verfestigung des atomaren Patts und unterstützte den globalen Machtanspruch der UdSSR.

Die Bipolarität des Ost-West-Verhältnisses, abgeleitet von dem globalen Gegensatz zwischen Sowjetunion und USA, wurde seit den späten 1960er Jahren durch den Aufstieg der Volksrepublik China und den sino-sowjetischen Konflikt relativiert. Als Ringen um die ideologische und politische Suprematie innerhalb des kommunistischen Machtbereichs war der Konflikt zwischen Moskau und Peking schon seit den späten 1950er Jahren erkennbar gewesen, globale politische Relevanz konnte er aber erst entfalten, als Maos China die Kulturrevolution hinter sich gelassen hatte und als Akteur auf die regionale und globale Bühne zurückkehrte. Der sino-sowjetische Gegensatz schwächte die Sowjetunion und steigerte ihr Interesse an einer Stabilisierung des Verhältnisses zu den USA und der Situation in Europa. Den USA bot der Faktor China die Chance, mit der Sowjetunion die Entspannungspolitik im amerikanischen Interesse voranzutreiben. Keiner erkannte dies klarer als der Sicherheitsberater des amerikanischen Präsidenten Richard Nixon und spätere Außenminister Henry Kissinger. Angesichts der militärischen, politischen und ökonomischen Schwächung durch den Vietnam-Krieg war das für die USA von enormer Bedeutung, schließlich resultierte aus der relativen Schwäche der Vereinigten Staaten auch der Bedeutungsgewinn Westeuropas und seiner einzelnen Staaten, einschließlich der Bundesrepublik, sowie Japans.

Ihr wachsendes politisches und wirtschaftliches Gewicht verschaffte den Staaten Westeuropas und Japan neue Handlungsspielräume. Es wuchs allerdings auch das Konfliktpotential im europäisch-amerikanischen Verhältnis sowie in den bilateralen Beziehungen der USA zu einzelnen europäischen Staaten, allen voran Frankreich und die Bundesrepublik. Diese durchaus unübersichtliche Gesamtkonstellation, in der die internationalen Beziehungen sich neu ordneten, stellte die Bundesrepublik vor keine leichte Aufgabe, denn sie konnte ihre Politik nur innerhalb dieses internationalen Rahmens betreiben. Aber aus der komplexen und in Bewegung geratenen internationalen Lage erwuchsen eben auch neue Handlungsräume und Handlungsmöglichkeiten.

Moskauer und Warschauer Vertrag

Der Bundeskanzler und seine Berater – viele von ihnen waren Brandt aus dem Auswärtigen Amt ins Bundeskanzleramt gefolgt, allen voran Egon Bahr als Staatssekretär – hatten aus den Erfahrungen der 1960er Jahre ihre Lehren gezogen. Eine erfolgversprechende Ostpolitik konnte nur als Gesamtkonzept entwickelt und im Gesamtzusammenhang umgesetzt werden. Das hieß nicht zuletzt, Abschied zu nehmen von einer Politik der Bilateralismen, von einer Politik insbesondere an Moskau vorbei. Wollte die Bundesrepublik ihre ostpolitischen Ziele realisieren, dann musste sie die machtpolitischen Realitäten in Osteuropa anerkennen – und damit letztlich auch die »Breschnew-Doktrin« – und ihr politisches Vorgehen an diesen Realitäten ausrichten. Es war kein Zufall, dass noch im Dezember 1969 erste Sondierungsgespräche zwischen der Bundesrepublik und der Sowjetunion begannen, die schon einen Monat später zu Gesprächen Egon Bahrs in Moskau über einen Gewaltverzichtsvertrag zwischen den beiden Staaten führten.

Durch ihre Unterschrift unter den Atomsperrvertrag am 28. November 1969 hatte die Bundesrepublik der UdSSR nicht nur ein allgemeines Entgegenkommen gezeigt, sondern darüber hinaus deutlich signalisiert, dass sie es ernst meinte mit dem Gewaltverzicht. Auch auf einem anderen Gebiet ließ die Bundesrepublik Bereitschaft erkennen, auf sowjetische Interessen einzugehen: Am 1. Februar 1970 wurde das »Erdgas-Röhren-Geschäft« zwischen der Bundesrepublik und der Sowjetunion abgeschlossen. Westdeutsche Unternehmen sollten Stahlröhren für den Bau einer Erdgaspipeline von Sibirien in Richtung Westen liefern, und die Bundesrepublik sollte dafür im Gegenzug 20 Jahre lang Erdgas aus der Sowjetunion erhalten. Die Lieferung der Röhren lag im geschäftlichen Interesse der deutschen Stahlindustrie, und die Sowjetunion hatte ein genuines Interesse an dem Geschäft, weil es ihr die wirtschaftliche Nutzung eigener Energieressourcen erleichtern würde. Solchermaßen abgestützt, führten die Gespräche zwischen Bahr und dem sowjetischen Außenminister Andrej Gromyko im Mai 1970 zu einem Einvernehmen, das in dem sogenannten Bahr-Papier festgehalten wurde. Als das Papier auf Grund einer Indiskretion in der deutschen Presse publik wurde, waren die Möglichkeiten weiterer Verhandlungen allerdings sofort massiv eingeschränkt. Insbesondere für die Sowjetunion hätte jedes weitere Zugeständnis einen Gesichtsverlust bedeutet.

Moskau konnte mit dem Erreichten dennoch zufrieden sein. Die Bundesrepublik würde sich verpflichten, die Grenzen aller europäischen Staaten einschließlich der Oder-Neiße-Grenze und der innerdeutschen Grenze zu respektieren, und sie erklärte sich außerdem bereit, »ihre Beziehungen zur Deutschen Demokratischen Republik auf der Grundlage der vollen Gleichberechtigung und Nichtdiskriminierung, der Achtung der Unabhängigkeit und der Selbständigkeit jedes der beiden Staaten in Angelegenheiten, die ihre innere Kompetenz in ihren entsprechenden Grenzen betreffen, gestalten«.[18] Das war nichts anderes als die Aufgabe von Alleinvertretungsanspruch und Hallstein-Doktrin, auch wenn Bonn eine völkerrechtliche Anerkennung der DDR und eine Anerkennung ihrer Staatsbürgerschaft ausschloss.

Die Modifikationen, die nach der Veröffentlichung des Bahr-Papiers in den deutsch-sowjetischen Verhandlungen noch vereinbart wurden, auf deutscher Seite nunmehr unter Federführung des Auswärtigen Amtes, fielen zwar vergleichsweise gering aus, bedeuteten aber dennoch einen Bonner Erfolg. Die Bundesrepublik setzte einen Friedensvertragsvorbehalt durch, verband die Grenzaussage mit dem Gewaltverzicht – die Grenzen sollten »unverletzlich«, aber nicht prinzipiell »unveränderbar« sein – und ließ sich die Legitimität ihrer grundsätzlichen Wiedervereinigungspolitik bestätigen. Schließlich handelte Bonn auch noch ein Junktim zwischen der Ratifizierung des Vertrages und »einer noch auszuhandelnden Berlin-Regelung« aus. Der Vertrag zwischen der Bundesrepublik Deutschland und der Sowjetunion, der Moskauer Vertrag, wurde am 12. August 1970 im Kreml unterzeichnet. Im sogenannten Brief zur deutschen Einheit, der am selben Tag der Sowjetunion übergeben wurde, stellte die Bundesregierung ausdrücklich fest, dass der Vertrag »nicht im Widerspruch zu dem politischen Ziel der Bundesrepublik Deutschland steht, auf einen Zustand des Friedens in Europa hinzuwirken, in dem das deutsche Volk in freier Selbstbestimmung seine Einheit wiedererlangt«.[19] Das unterstrich den Charakter des Vertrags als Modus-vivendi-Regelung und ließ Raum für künftige Entwicklungen. Gerade deshalb war der Moskauer Vertrag kein Friedensvertrag und auch kein Friedensvertragsersatz, wie die Kritiker aus den Reihen der Opposition der Bundesregierung vorwarfen.

Das Junktim zwischen Vertragsratifizierung und Berlin-Regelung ist in seiner Bedeutung kaum hoch genug einzuschätzen. Es entsprach zum einen dem Interesse der Bundesrepublik, größere Sicherheit für West-Berlin und die West-Berliner Bevölkerung zu erreichen. Wenn Moskau an Normalisierung und Anerkennung des europäischen Status quo interessiert war, dann musste das auch für Berlin und die Bindungen zwischen der Bundesrepublik und West-Berlin gelten. Zum anderen verknüpfte es die Bonner Politik mit der internationalen Entspannungspolitik, mit einer Verständigung zwischen den Vier Mächten und vor allem zwischen den USA und der Sowjetunion. Die Verhandlungen über ein Berlin-Abkommen waren aber nicht nur engstens mit den Beziehungen zwischen Bonn und Moskau verflochten, sondern ebenso sehr mit den deutsch-deutschen Beziehungen. Denn das Berlin-Abkommen der Vier Mächte konnte nur einen Rahmen bilden, der dann von Bonn und Ost-Berlin auszufüllen war und im Verkehrsvertrag und Transitabkommen auch ausgefüllt wurde.

Das Berlin-Abkommen war das Bindeglied zwischen internationaler Entspannungspolitik und deutscher Ostpolitik. Es band die Ostpolitik in die internationale Entspannung ein, erhöhte dadurch Gewicht und Wirksamkeit der Bonner Vertragspolitik und verhinderte zugleich ein Ausscheren der Bundesrepublik aus dem internationalen Entspannungskonvoi beziehungsweise – und nicht weniger wichtig – ließ den Eindruck eines westdeutschen Alleingangs gar nicht erst aufkommen. Nicht gegen oder ohne die westlichen Verbündeten konnte die Bundesrepublik ihre Ostpolitik betreiben, sondern nur mit ihnen. Das war zu Beginn der 1970er Jahre die wichtigste Lehre aus gut zwei Jahrzehnten westdeutscher Außen- und Deutschlandpolitik. Willy Brandt hat sich gelegentlich mit Walther Rathenau verglichen, der 1922 den Vertrag von Rapallo mit der jungen Sowjetunion unterzeichnet hatte. Diesen Vergleich sollte man nicht zu sehr strapazieren. Er mag tauglich sein in Bezug auf die moralische Fundierung deutscher Außenpolitik nach zwei von Deutschland begonnenen und von Deutschland verlorenen Kriegen. Er mag tauglich sein in Bezug auf Vertrauensbildung und gegenseitigen Respekt als Grundlagen außenpolitischen Handelns. Aber er ist untauglich in Bezug auf die deutsche Ostpolitik der 1920er Jahre, die mit der Ostpolitik der 1970er Jahre in keinem historischen Zusammenhang stand. Keiner sah das deutlicher als Willy Brandt selbst: »Unser nationales Interesse erlaubt es nicht, zwischen dem Westen und dem Osten zu stehen«, betonte er in seiner Regierungserklärung von 1969. Die Bündnisloyalität der Bundesrepublik Deutschland war die Voraussetzung für die Ostpolitik der sozialliberalen Koalition und für ihren Erfolg.

Die Verhandlungen zwischen der Bundesrepublik Deutschland und Polen wurden durch den Moskauer Vertrag zugleich erleichtert und erschwert. Erleichtert, weil angesichts der hegemonialen Strukturen im Ostblock die Verständigung mit Moskau den Weg frei machte für einen westdeutsch-polnischen Vertrag, den Moskau der polnischen Führung sonst nicht zugestanden hätte. Überdies hatte der Moskauer Vertrag wichtige inhaltliche Vorgaben geliefert, über die Bonn und Warschau nun nicht mehr verhandeln mussten. Erschwert wurden die Gespräche, weil das polnische nationale Unabhängigkeitsbewusstsein aufbegehrte gegen die Vorfestlegung der polnischen Westgrenze durch Bonn und Moskau. Leidvolle Erfahrungen der Polen, die mehrfach das Opfer deutsch-russischer Verständigungen geworden waren – letztmalig 1939 –, erklären das blanke Entsetzen, mit dem man in Warschau auf die Veröffentlichung des Bahr-Papiers reagierte, noch während man sich in Gesprächen mit der Bundesrepublik befand.

Es entsprach dem besonderen Charakter der deutsch-polnischen Beziehungen und der aus polnischer und deutscher Sicht höchst sensiblen Frage der Anerkennung der Oder-Neiße-Linie als polnische Westgrenze, dass der am 7. Dezember 1970 unterzeichnete Warschauer Vertrag zwar genauso wie der Moskauer Vertrag ein Normalisierungs-, Grenz- und Gewaltverzichtsvertrag war, dass er aber an entscheidenden Punkten von dem Moskauer Vorbild abwich. Während im Moskauer Vertrag der Gewaltverzicht im Vertragstext vor der Grenzfrage rangierte, obwohl Gewaltverzicht und Grenzanerkennung miteinander verknüpft waren, gab der Warschauer Vertrag der Grenzfeststellung in Artikel I eindeutig die Priorität und signalisierte damit das entscheidende polnische Interesse. Die Bundesrepublik Deutschland und Polen stellten übereinstimmend fest, »dass die bestehende Grenzlinie«, die auf der Potsdamer Konferenz festgelegte Oder-Neiße-Linie, »die westliche Staatsgrenze der Volksrepublik Polen bildet«.[20] Es folgten der Verweis auf die Unverletzlichkeit der bestehenden Grenzen – »jetzt und in Zukunft« – und der wechselseitige Verzicht auf territoriale Forderungen. Erst danach, im Artikel II, bekannte man sich im allgemeineren Sinne zum Gewaltverzicht und zur friedlichen Lösung aller Streitfragen. Anders auch als der Moskauer Vertrag erinnerte der Warschauer Vertrag in seiner Präambel daran, »dass mehr als 25 Jahre seit Ende des Zweiten Weltkrieges vergangen sind, dessen erstes Opfer Polen wurde und der über die Völker Europas schweres Leid gebracht hat«. Aus der Geschichte und aus dem nur wenig verbrämten Hinweis auf die deutsche Schuld an polnischem Leid und Millionen von Opfern erhielt der Vertrag seine wichtigste, seine moralische Begründung, für deren Aufrichtigkeit und Wahrhaftigkeit Willy Brandt, der NS-Gegner und Emigrant, wie kaum ein anderer deutscher Spitzenpolitiker stand.

Aber es gehört eben auch zur deutsch-polnischen Geschichte im 20. Jahrhundert, dass nach 1945 Millionen von Deutschen, die ihre Heimat in den nun größtenteils polnischen ehemaligen deutschen Ostgebieten hatten, in Ostpreußen, Pommern oder Schlesien, nicht auf »humane Weise« umgesiedelt wurden, wie es das Potsdamer Protokoll von 1945 vorgesehen hatte, sondern Opfer einer brutalen Entrechtung und Vertreibung geworden sind. Das machte auch Befürwortern der Ostpolitik und Anhängern Willy Brandts wie der aus Ostpreußen stammenden *Zeit*-Journalistin Marion Gräfin Dönhoff die Zustimmung zum Warschauer Vertrag und zum deutschen Verzicht auf die östlichen Gebiete schwer. Dem Urteil des Bundeskanzlers, der Warschauer Vertrag gebe »nichts preis, was nicht längst verspielt worden« sei,[21] stimmte die Gräfin zu. Doch der Einladung Brandts, sie zusammen mit dem in Danzig geborenen Günter Grass, dem aus Ostpreußen stammenden Siegfried Lenz und anderen Vertretern des öffentlichen Lebens der Bundesrepublik auf die Reise nach Warschau zu begleiten, mochte sie nicht folgen.

Der Bundeskanzler war sich nur zu genau bewusst, dass der Warschauer Vertrag mit polnischem und mit deutschem Leid verbunden war. Es war nicht, wie ihm seine Gegner vorwarfen, innenpolitisches Kalkül, wenn er in einer Fernsehansprache an die Deutschen unterstrich, dass der Vertrag nicht nachträglich die Vertreibung legitimieren sollte: »Uns schmerzt das Verlorene«, betonte der Kanzler, »und das leidgeprüfte polnische Volk wird unsere Schmerzen respektieren.«[22] Solche ernst und aufrichtig gemeinten Worte änderten bei vielen Deutschen, nicht nur bei den Vertriebenenverbänden, an ihrer Ablehnung und Verurteilung der Ostpolitik und insbesondere des Warschauer Vertrages nichts. Für sie blieb Brandt ein Verräter an der deutschen Nation, ein Verzichtspolitiker, dem – und hier stimmt der Vergleich dann wieder – Hass und Häme genauso entgegenschlugen wie einst Walther Rathenau und Matthias Erzberger, die beide Opfer von rechtsextremen Attentätern wurden.

Das polnische Leid war Brandt in Warschau genauso gegenwärtig wie das deutsche, das deutsche Unrecht genauso wie das polnische. Aber gerade diese Geschichte von Unrecht und Leid bewog den Bundeskanzler, »den Blick in die Zukunft zu richten, die Kette des Unrechts zu durchbrechen und die Moral als politische Kraft zu erkennen«.[23] Keine Geste konnte die Wahrhaftigkeit dieser Überzeugung besser zum Ausdruck bringen als Brandts Kniefall vor dem Mahnmal für den Aufstand im Warschauer Ghetto. Im Zeitalter einer durch und durch medial inszenierten, auf televisible Effekthascherei ausgerichteten Politik droht unsere Fähigkeit, Brandts Geste in ihrer Bedeutung richtig einzuschätzen, verloren zu gehen. Der Kniefall in Warschau war nicht geplant; nicht einmal die engsten Vertrauten des Kanzlers ahnten etwas. Brandt selbst schrieb später: »Unter der Last der jüngsten Geschichte tat ich, was Menschen tun, wenn die Worte versagen; so gedachte ich der Millionen Ermordeter.«[24] »Da er nicht zu den Tätern, den Mitschuldigen oder Mitläufern zählt«, schreibt Brandts Biograph Peter Merseburger, »kniet der Antifaschist Brandt stellvertretend für sein Volk«,[25] »für alle die, die es nötig haben, aber nicht knien – weil sie es nicht wagen oder nicht können oder nicht wagen können«, schrieb der *Spiegel* schon 1970.[26]

Brandts Geste erfuhr im Ausland große, ja zum Teil begeisterte Zustimmung. Das amerikanische Magazin *Time* wählte den deutschen Bundeskanzler zum »Mann des Jahres 1970« – zum dritten Deutschen nach Hitler (1938) und Adenauer (1953). Und wichtiger noch: Fast auf den Tag genau ein Jahr später, am 10. Dezember 1971, erhielt Brandt in Stockholm den Friedensnobelpreis. Brandts Wille zur Versöhnung, der in der Begründung ausdrücklich gewürdigt wurde, hatte im Warschauer Kniefall symbolischen Ausdruck gefunden. Dass Brandts Geste auch einen geschichtspolitischen Bezug hatte und zur deutschen Auseinandersetzung mit der NS-Vergangenheit dazugehört, wurde 1970 keinesfalls so klar erkannt, wie wir es heute in der Rückschau tun. Die westdeutsche Erinnerungskultur der 1970er Jahre war zu einer solchen Einordnung und Bewertung der Geste noch kaum in der Lage. Das sollte sich erst im folgenden Jahrzehnt ändern.[27]

Zu Hause waren die Reaktionen gespalten. 41 Prozent der vom Allensbacher Institut befragten Deutschen hielten den Kniefall für eine angemessene Geste, aber 48 Prozent, darunter vor allem die Angehörigen der Kriegsgeneration, bezeichneten sie als übertrieben. Die Opposition kritisierte ihre Emotionalität und unterstellte ihr politisches Kalkül. CDU-Generalsekretär Bruno Heck argumentierte in einem größeren Zusammenhang: »Die einseitig und hektisch betriebene Ostpolitik hat Gräben in unserem Volk wieder aufgerissen, die in den Jahren zuvor mühsam zugeschüttet worden waren. In dieser Situation wirkt es sich besonders verheerend aus, dass die Regierung alle Unwägbarkeiten dieses Kurses durch Emotionen zu überdecken versucht. Begriffe wie Versöhnung, Freundschaft, Vertrauen und Friedfertigkeit sind nicht für den politischen Verstand, sondern fürs Herz und fürs Gemüt gesprochen. Der Auftritt des Bundeskanzlers in Warschau ... war eine solche Verquickung von demonstrierter Moral und machtpolitischem Hintersinn.«[28] Sogar von deutscher Selbsterniedrigung war die Rede. Und von Seiten der Vertriebenen hörte man, der Kniefall könne nicht darüber hinwegtäuschen, dass Brandt »die Rechte der Ostdeutschen auf Heimat und Selbstbestimmung auf den Müllhaufen der Geschichte« befördert habe.[29]

Wie sind diese verbitterten Urteile, wie die hasserfüllten Vorwürfe, die Brandt und der sozialliberalen Koalition entgegenschlugen, zu erklären? Der Hinweis auf das schwere Schicksal von Heimatverlust, Flucht und Vertreibung reicht hier nicht aus. Zwar hatte sich in den 1960er Jahren schon abgezeichnet, dass die Vertriebenen in der Bundesrepublik – immerhin 14 Millionen – ihre Heimat im Osten für immer verloren hatten, aber erst die Ostverträge machten daraus eine Gewissheit, eine Tatsache. Trotz des Friedensvertragsvorbehalts gab es nach den Verträgen keine Hoffnung mehr, je wieder in die ehemals deutsche Heimat zurückkehren zu können beziehungsweise die Ostgebiete je wieder deutsch zu sehen. Diese Desillusionierung traf die Vertriebenen so hart, weil die Politik der Bundesrepublik über zwei Jahrzehnte stets laut und uneingeschränkt ihr Recht auf Heimat und den berechtigten deutschen Anspruch auf Rückgabe der verlorenen Gebiete versichert hatte. Doch schon ein Blick auf die Außen- und Deutschlandpolitik unter Konrad Adenauer, aber auch unter den Regierungen Erhard und Kiesinger zeigt, dass sich die Bundesrepublik mit dem Verlust der Ostgebiete längst abgefunden hatte, weil dieser zumindest faktische Verzicht die Voraussetzung war für den deutschen Wiederaufstieg nach 1949 und die Integration in die westliche Gemeinschaft. Auch in diesem Sinne gab gerade der Warschauer Vertrag mit der Anerkennung der Oder-Neiße-Grenze nichts preis, was nicht längst aufgegeben worden war. Dass die vor allem nach innen gerichtete politische Rhetorik anderes verkündete, steht dazu nicht im Widerspruch. Das rhetorische Offenhalten der Frage der deutschen Ostgrenze und der ehemaligen Ostgebiete war zentrales Element einer Politik, die auf Integration der Vertriebenen zielte und deren politische Isolierung und Radikalisierung zu verhindern suchte, indem sie ihre Forderungen nicht nur für legitim erklärte, sondern sie auch vertrat. Das gilt für CDU/CSU, FDP und SPD. Sie alle hatten das Wählerpotential der Vertriebenen im Blick, die bis in die frühen 1970er Jahre keineswegs einseitig in Richtung der Unionsparteien tendierten.

Während Willy Brandt, das zeigen nicht zuletzt seine Erklärungen in Warschau 1970, das Unrecht, das auch Deutsche erlitten hatten, keineswegs schweigend überging, führte der Wille zu einer Politik der Entspannung und zu einer Aussöhnung mit Deutschlands östlichen Nachbarn dazu, dass schon bald viele Politiker das Leid, das die geflohenen oder vertriebenen Deutschen erfahren hatten und zu dem auch Polen oder etwa die Tschechoslowakei beigetragen hatten, nicht mehr sehen mochten, zumindest aber nicht mehr davon sprachen. Im öffentlichen Raum erinnerten zunächst noch die Unionsparteien an das Unrecht der Vertreibung, doch auch deren Stimme wurde schwächer, bis schließlich nur noch die Vertriebenenorganisationen selbst sich – oftmals lautstark und zunehmend aggressiv – in dieser Sache zu Wort meldeten.

Die Verdrängung des Vertreibungsunrechts und seine Verschiebung in den privaten Raum hinein standen in weiteren politischen und soziokulturellen Zusammenhängen. Je stärker in der Bundesrepublik seit den 1960er Jahren die NS-Vergangenheit und mit ihr auch die deutschen Kriegs- und Menschheitsverbrechen und deren Opfer zum Thema wurden, desto schwerer fiel der Hinweis auf das Unrecht der Vertreibung, auf deutsche Opfer und das Deutschen zugefügte Leid. Vergleichbare Veränderungen lassen sich auch im Hinblick auf den Bombenkrieg ausmachen, doch diese waren nicht mit zentralen politischen – außen- und deutschlandpolitischen – Fragen und Entwicklungen verbunden. Das zunehmende Entsetzen über die von Deutschen begangenen Verbrechen ließ die an Deutschen begangenen Verbrechen in den Hintergrund treten, wenn nicht das Deutschen zugefügte Unrecht – historisch in der Sache sicher völlig zutreffend, in der Artikulation freilich bisweilen etwas simpel – in einen schlichten Kausalzusammenhang von Ursache und Wirkung gebracht wurde, der dann schon fast legitimierend wirken konnte. Nach 1990, als mit dem Zwei-plus-Vier-Vertrag die Frage der ehemaligen Ostgebiete auch völkerrechtlich endgültig beantwortet war, brachen in Deutschland die Krusten auf, wurde das Schweigen gebrochen. Nicht im Zusammenhang außen- und deutschlandpolitischer Debatten, sondern gerade weil dieser Zusammenhang nicht mehr bestand, konnte über das Unrecht der Vertreibung auch öffentlich wieder gesprochen werden. Intellektuelle wie Günter Grass oder der in Eger geborene sozialdemokratische Politiker Peter Glotz holten das Thema vom rechten Rand in die Mitte der Gesellschaft zurück, und sie stießen damit auch deswegen auf so großen Widerhall, weil sie nicht individuelle und vereinzelte Erfahrungen öffentlich machten, sondern die Erfahrungen von Millionen von Deutschen in Ost und West. Massenmedien, insbesondere das Fernsehen, griffen die Thematik, die offenkundig ein großes Publikum versprach, in Dokumentationen und Spielfilmen auf.

Nicht nur im Zusammenhang mit dem geplanten Zentrum gegen Vertreibung wurde nun auch wieder der historische Kontext der Vertreibung der Deutschen aus Ostmitteleuropa zum Thema: Welchen historischen Ort hat die Vertreibung der Deutschen nach 1945? Wie beziehen wir sie auf den von Deutschland begonnenen Zweiten Weltkrieg und die von Deutschen begangenen Verbrechen? Welchen Platz hat die Vertreibung der Deutschen in einem Jahrhundert, in dem sich ethnische Säuberungen und Zwangsmigrationen immer wieder mit extremer Gewalt und Gewalterfahrung verbunden haben? Die Debatte darüber ist noch lange nicht an ihr Ende gelangt. Sie ist freilich keine rein deutsche Debatte, sondern eine europäische. In den polnischen Auseinandersetzungen über die politische Orientierung des Landes zwischen Nation und Europa spielt das Thema der Vertreibung eine zentrale Rolle und wird so auch in all seiner historischen und politischen Vielschichtigkeit in die öffentliche Debatte der Bundesrepublik zurückgetragen, wo es für neue Kontroversen sorgt, die man nach 1990 zunächst für überwunden hielt.

Die Unterzeichnung des Warschauer Vertrags löste in der Bundesrepublik heftige Reaktionen aus, und auch in Ost-Berlin sah man das Abkommen, das im wahrsten Sinne des Wortes über die DDR hinweg geschlossen worden war, mit großer Skepsis. Sicher, der Vertrag fixierte den territorialen Status quo, das musste auch im ostdeutschen Interesse sein, aber dass die Bundesrepublik und Polen einen Vertrag über die Grenze zwischen der DDR und Polen schlossen, löste in Ost-Berlin Irritationen aus. Ost-Berlin hatte mit Warschau längst einen Vertrag über die Oder-Neiße-Grenze abgeschlossen: den Görlitzer Vertrag von 1950. Dennoch hatte die DDR keine andere Wahl, als den Warschauer Vertrag zu akzeptieren, dessen Grundprinzipien von Moskau autoritativ vorgegeben worden waren.

Die Bundesregierung war den polnischen Interessen sehr weit entgegengekommen, und sie hatte ihre Gründe dafür. Von der Notwendigkeit einer Aussöhnung mit Polen waren nicht nur die Parteien der Regierung, sondern auch Opposition und selbst Vertriebenenverbände überzeugt. Aber gab es auch polnische Zugeständnisse? Konnte die Bundesrepublik nicht polnische Gegenleistungen erwarten? Diese Fragen der Opposition waren durchaus berechtigt. Vor allem um ein Thema ging es: die Ausreisemöglichkeiten für noch in Polen lebende Deutsche. Der Bundeskanzler betonte schließlich gegenüber der polnischen Regierung das

»humanitäre Anliegen«, einen Weg zu finden, »der den Hoffnungen und Wünschen vieler in Polen lebender Menschen Rechnung trägt und ihnen die Wahl ihres ständigen Aufenthaltsortes freistellt«.[30] Die polnische Führung, die über Jahre hinweg die Position vertreten hatte, in Polen lebten keine Deutschen mehr, war aber nicht bereit, Ausreisemöglichkeiten oder gar eine Art Volksgruppenrecht für die in Polen lebenden Deutschen in den Warschauer Vertrag aufzunehmen. Warschau gab lediglich eine einseitige, »Information« genannte Erklärung ab, Personen mit unbestreitbar deutscher Volksgruppenzugehörigkeit die Ausreise zu ermöglichen. Wer zu diesem Personenkreis zu zählen sei, schon daran schieden sich die Geister. Während man in der Bundesrepublik von etwa 300 000 Betroffenen ausging, sprach die »Information« von »einigen zehntausend«. Die polnischen Behörden orientierten sich an den polnischen Zahlen. Nachdem etwa 40 000 Deutsche ausgereist waren, verweigerten sie weitere Ausreisegenehmigungen. Personen, die sich als Ausreisewillige zu erkennen gegeben hatten, wurden diskriminiert und benachteiligt, beispielsweise durch die Entlassung aus dem Arbeitsverhältnis. Als die Bundesregierung die Praxis anmahnte, konnte sie sich auf den Warschauer Vertrag nicht berufen, vielmehr sah sie sich mit neuen polnischen Wünschen konfrontiert, darunter einem deutschen Großkredit, gewissermaßen als Ersatz für Wiedergutmachungsleistungen, und die Übernahme von Rentenansprüchen polnischer Staatsangehöriger gegenüber der Bundesrepublik beziehungsweise dem Deutschen Reich. Erst 1975 wurde nach zähen Verhandlungen ein Kompromisspaket geschnürt, das die Ausreise von Deutschen an finanzielle Leistungen der Bundesrepublik band.

Berlin-Abkommen

Moskauer und Warschauer Vertrag wurden im August beziehungsweise Dezember 1970 unterzeichnet, waren damit aber noch lange nicht ratifiziert und rechtsgültig. Im Falle des Moskauer Vertrags hatte die Bundesrepublik ihre Zugeständnisse an ein sowjetisches Entgegenkommen in der Berlin-Frage gekoppelt. Die Ratifizierung der beiden Ostverträge war also an ein befriedigendes Abkommen der Vier Mächte über Berlin gebunden. Damit hatte man nicht nur die deutsche Ostpolitik und die ost-westliche Entspannungspolitik verzahnt, sondern sich auch das Interesse von USA und Sowjetunion an der Fortsetzung der *Détente* zunutze gemacht. Überdies hatte Bonn mit dem Junktim signalisiert, dass man nicht aus dem Gesamtzusammenhang der westlichen Entspannungspolitik ausscheren wolle und keineswegs einen Kurs nationaler Annäherung an die Sowjetunion verfolgte, also, wie Zeitgenossen es polemisch bezeichneten, eine »Selbst-Finnlandisierung« der Bundesrepublik betrieb.

Nicht nur in den USA hatte sich seit 1969 der Argwohn gegenüber der Bundesrepublik gesteigert, auch in Frankreich und Großbritannien keimte Misstrauen auf angesichts der eigenständigen und selbstbewussten Bonner Politik. Bonn informierte die westlichen Bündnispartner zwar über seine Schritte, stimmte sie aber nicht in Konsultationen mit den Westmächten ab. Vor diesem Hintergrund hatten die Berlin-Verhandlungen und ihre Verknüpfung mit der Ratifizierung der beiden Ostverträge für die Westmächte, vor allem die Vereinigten Staaten, eine wichtige Steuerungs- und Kontrollfunktion. Aber sie wurden nicht über den Kopf der Bundesrepublik hinweg geführt. Geheime Gespräche in Bonn, an denen der deutschlandpolitische Vertraute Breschnews und sowjetische Botschafter in Bonn, Valentin Falin, der amerikanische Botschafter am Rhein Kenneth Rush mit seinen engen Verbindungen ins Weiße Haus und Brandts ost- und deutschlandpolitischer Intimus Egon Bahr beteiligt waren, sorgten dafür, dass die Berlin-Verhandlungen an ihren neuralgischen Punkten nicht scheiterten.

Ein solcher neuralgischer Punkt war die Frage nach dem Status Berlins beziehungsweise danach, ob man über Berlin insgesamt oder nur über die Westsektoren der geteilten Stadt redete. Am Ende stand in den »allgemeinen Bestimmungen« des Abkommens, die den Gewaltverzicht und die Verpflichtung, den Status quo nicht einseitig zu verändern, beinhalteten, salomonisch »betreffendes Gebiet«, während ein zweiter Teil der Vereinbarung diejenigen Bestimmungen enthielt, »die die Westsektoren Berlins betreffen«. Dabei ging es vor allem um den ungehinderten Transitverkehr zwischen West-Berlin und der Bundesrepublik sowie um deutlich verbesserte Reise- und Besuchsmöglichkeiten für West-Berliner in Ost-Berlin und in der DDR. In dem Abkommen war festgehalten, dass die drei Westsektoren Berlins kein konstitutiver Bestandteil der Bundesrepublik seien, aber die Sowjetunion erkannte »Bindungen« zwischen der Bundesrepublik und West-Berlin an, wobei freilich offen blieb, ob sich das auf eher technische »Verbindungen« bezog, beispielsweise im Verkehrs- und Kommunikationsbereich, wie es die Lesart der DDR war, oder auch politische »Bindungen« gemeint waren, wie die Bundesregierung das sah.

Solche Diskrepanzen konnten entstehen, weil es keine offizielle deutsche Fassung des Abkommens gab, worauf insbesondere Frankreich großen Wert gelegt hatte, aber sie zeigten in der Folgezeit kaum Wirkung. Die Bundesrepublik musste zwar auf hoheitliche Akte von Verfassungsorganen in der alten Reichshauptstadt verzichten – die Bundesversammlung fand künftig nicht mehr im Berliner Reichstag, sondern in der Bonner Beethovenhalle statt –, doch dafür war die Gefahr neuer Berlin-Krisen vorläufig gebannt. Das Berlin-Problem war nicht gelöst, aber es war entschärft. Das trug mit den Verträgen zur Entspannung und zu einem einigermaßen stabilen Modus vivendi bei. Darüber hinaus – und darauf hatte man von Anfang an hingearbeitet – öffnete das Berlin-Abkommen die Tür zu ganz konkreten Vereinbarungen zwischen Bonn und Ost-Berlin und damit zu einer Normalisierung des deutsch-deutschen Verhältnisses.

Nach der Unterzeichnung des Viermächteabkommens durch die Verhandlungsführer am 3. September 1971 erwartete die Sowjetunion die rasche Ratifizierung des Moskauer und des Warschauer Vertrags durch die Bundesrepublik. Doch die stand auf Messers Schneide, weil die parlamentarische Mehrheit der SPD/FDP-Koalition auf den hauchdünnen Vorsprung von zwei Stimmen geschrumpft war. Neben dem FDP-Politiker Erich Mende, Heinz Starke und Siegfried Zoglmann, die zur CDU/CSU-Fraktion übergetreten waren, hatte eine Reihe sozialdemokratischer Parlamentarier mit Vertriebenenhintergrund, unter ihnen Herbert Hupka, der Vorsitzende der Landsmannschaft Schlesien, die Koalition verlassen und die Opposition verstärkt beziehungsweise zu erkennen gegeben, mit der Union stimmen zu wollen. Die Koalition schien ohne Mehrheit zu sein. In dieser Situation beantragte die Bundestagsfraktion der CDU/CSU am 25. April 1972, der Bundestag möge nach Artikel 67 des Grundgesetzes Bundeskanzler Willy Brandt das Misstrauen aussprechen und Oppositionsführer Rainer Barzel zum neuen Bundeskanzler wählen – das erste konstruktive Misstrauensvotum in der Geschichte der Bundesrepublik. Bei der entscheidenden Abstimmung am 27. April 1972 erhielt Rainer Barzel aber nur 247 von 249 notwendigen Stimmen. Mindestens zwei, vielleicht sogar drei Abgeordnete aus CDU/CSU hatten Barzel nicht unterstützt. Wir wissen heute, dass der CDU-Abgeordnete Julius Steiner vom Ost-Berliner Ministerium für Staatssicherheit 50 000 Mark erhalten hat, damit er gegen Barzel – und damit für Brandt – stimmte. Ob der Fraktionsgeschäftsführer der SPD-Bundestagsfraktion Karl Wienand weitere Zahlungen an Steiner geleistet hat, ihn womöglich sogar wegen seiner Stasi-Verbindung erpresste, ist bis heute ungewiss. Wer die anderen »Überläufer« waren, dazu gibt es nur Vermutungen.[31]

Die Regierung Brandt/Scheel konnte sich zwar halten, aber die Ratifizierung der Ostverträge war damit keineswegs gesichert. Doch die Opposition stand unter Druck, weil mit einer Ablehnung der beiden Verträge auch das Berlin-Abkommen gefährdet war, das die Unionsparteien nach anfänglichen Bedenken mittlerweile begrüßten. Sollte die Union wirklich zwei bereits unterzeichnete Verträge von so großer historischer Bedeutung einfach ablehnen? Eine Gemeinsame Erklärung des

Bundestags zu den Ostverträgen, ausgehandelt zwischen Regierung und Opposition, schien einen Ausweg aus dieser Situation zu bieten. Darin wurde die Bedeutung der Verträge als »Elemente eines Modus vivendi« betont. Ferner bekannte sich die Erklärung mit Verweis auf den Friedensvertragsvorbehalt zum Selbstbestimmungsrecht der Deutschen sowie zum Wiedervereinigungsgebot des Grundgesetzes und unterstrich ihre feste Verankerung im atlantischen Bündnis und der europäischen Gemeinschaft, um nur die wichtigsten Punkte zu nennen.[32] Die Sowjetunion war bereit, diese Erklärung, an deren Formulierung im übrigen Valentin Falin mitgearbeitet hatte, offiziell zur Kenntnis zu nehmen.

Was Oppositionsführer Rainer Barzel und der deutschlandpolitische Sprecher der CDU/CSU-Fraktion Richard von Weizsäcker für ausreichend hielten, um die Zustimmung der Union zu den Verträgen zu sichern, reichte weiten Teilen des Unionslagers, insbesondere den Vertriebenenvertretern und der CSU, nicht. Man einigte sich in der Unionsfraktion schließlich darauf, für die entscheidende Abstimmung eine Stimmenthaltung zu empfehlen. So würde man die Verträge nicht verhindern, musste ihnen aber auch nicht zustimmen. Am Ende votierten zehn Abgeordnete gegen den Moskauer und siebzehn gegen den Warschauer Vertrag, womit er angenommen war. Der Bundesrat stimmte ebenfalls zu. Nach der Ratifizierung in der Sowjetunion und in Polen konnten die beiden Verträge schließlich am 3. Juni 1972 in Kraft treten, am selben Tag, an dem die Außenminister der USA, Großbritanniens, Frankreichs und der Sowjetunion das Schlussprotokoll des Viermächteabkommens unterzeichneten.

Damit war der Weg frei für die Aufnahme multilateraler Gespräche über Sicherheitsfragen in Europa. Durch eine europäische Sicherheitskonferenz sollten auch die kleineren europäischen Staaten noch enger in die Entspannungspolitik eingebunden werden. Die Sowjetunion hatte eine solche gesamteuropäische Sicherheitskonferenz, von der man sich vor allem die Anerkennung und Bestätigung des territorialen und politischen Status quo versprach, seit den 1950er Jahren immer wieder gefordert, die Beteiligung der USA und Kanadas aber abgelehnt. Das war nun anders. Die Sowjetunion und die anderen Staaten des Ostblocks akzeptierten die Präsenz und die politische Rolle der beiden nordamerikanischen Staaten in Europa.

Die Konferenz für Sicherheit und Zusammenarbeit in Europa (KSZE), kein einmaliges Ereignis, sondern ein Verhandlungsprozess, wurde im Juli 1973 mit einem Außenministertreffen in der finnischen Hauptstadt Helsinki eröffnet. An ihm nahmen erstmals gleichberechtigt Vertreter von Bundesrepublik und DDR teil. Drei Kommissionen wurden gebildet und beauftragt, über Fragen der Sicherheit in Europa, über Fragen der Zusammenarbeit in den Bereichen Wirtschaft, Wissenschaft, Technik und Umwelt sowie über Fragen der humanitären Kooperation zu beraten. Am 1. August 1975 konnten 35 europäische und nordamerikanische Staats- und Regierungschefs, unter ihnen Helmut Schmidt und Erich Honecker, das Abschlussdokument unterzeichnen. Doch der Helsinki-Prozess hatte damit erst begonnen.[33]

Zwei Staaten in Deutschland

Mit dem Viermächteabkommen traten die ersten innerdeutschen Vereinbarungen zur Ausfüllung des Berlin-Abkommens in Kraft, allen voran das Abkommen über den Transitverkehr zwischen der Bundesrepublik und West-Berlin, das sogenannte Transit-Abkommen. Der allgemeine Verkehrsvertrag, der Erleichterungen – präziser Möglichkeiten für den innerdeutschen Reiseverkehr – fixierte, unterschied sich von den anderen Abkommen durch seine politische Bedeutung: Der Verkehrsvertrag war ein Staatsvertrag zwischen der Bundesrepublik Deutschland und der DDR. Er implizierte bereits die wechselseitige Anerkennung der beiden Staaten, deren genauere Bestimmung jedoch dem sogenannten Grundlagenvertrag überlassen blieb, über den Bonn und Ost-Berlin seit Juni 1972 verhandelten. Das Quidproquo, das der deutsch-deutschen Vertragspolitik von Anfang an unterlag, war deutlich: Die DDR konnte Anerkennungserfolge erringen, wenn sie bereit war, menschliche Erleichterungen zu gewähren.

Ob die DDR die verschiedenen Abkommen, den Verkehrs- und den Grundlagenvertrag, ohne Moskauer Druck so rasch abgeschlossen hätte, kann bezweifelt werden. Dass Walter Ulbricht im Mai 1971 als SED-Parteichef abgelöst und durch den jüngeren Erich Honecker ersetzt wurde, hat damit zu tun, dass Ulbricht seit 1969 immer wieder die eigenen Interessen der DDR durchaus in Abweichung vom Moskauer Kurs betont hatte. Honecker galt als flexibler. Unter seiner Führung würde die DDR der sowjetischen Westpolitik keine Steine in den Weg legen, indem sie beispielsweise der Bundesrepublik gegenüber auf Maximalforderungen beharrte, was sich auf die deutsch-sowjetischen Vertragsverhandlungen oder das Berlin-Abkommen ausgewirkt hätte.

Vielleicht wollte Brandt in der Euphorie des Machtwechsels zu schnell einen deutsch-deutschen Erfolg erzielen, vielleicht war ihm im Herbst und Winter 1969/70 noch nicht so klar wie später, dass der Weg nach Ost-Berlin nur über Moskau führen konnte, was Außenminister Gromyko gegenüber Egon Bahr im März 1970 bestätigt hatte, indem er signalisierte, Bonn brauche »keine besondere Sorge über die Haltung dritter Staaten – Polen und der DDR – zu haben, mit denen die Sowjetunion reden würde«.[34] Der Auftakt der deutsch-deutschen Gespräche zur Normalisierung der Beziehungen, wie es Willy Brandt nannte, hatte auf jeden Fall nicht zu Hoffnungen Anlass gegeben. Wenn man wie Werner Link davon ausgeht, dass die »neue Ostpolitik ... zugleich und in ihrer innersten Zielsetzung Deutschlandpolitik« war,[35] dann konnten die deutsch-deutschen Beziehungen politisch nicht einfach umgangen oder deren Regelung in die Zukunft verschoben werden.

Zunächst liefen die Kontakte zwischen der Bundesrepublik und der DDR ins Leere, und auch die beiden Spitzenbegegnungen zwischen Bundeskanzler Brandt und dem ostdeutschen Ministerpräsidenten Willi Stoph in Erfurt und Kassel im März und Mai 1970 führten nicht weiter. Stoph konfrontierte den Bundeskanzler in Erfurt mit einer Liste von Maximalforderungen, von der sofortigen gegenseitigen völkerrechtlichen Anerkennung über die Aufnahme diplomatischer Beziehungen bis hin zu einem gemeinsamen Antrag auf Aufnahme in die Vereinten Nationen, die Brandt eindeutig zurückwies, und die Bundesregierung machte mit den »Zwanzig Punkten« von Kassel ihre Position klar. Dabei blieb es.

Brandt dürfte durch den Besuch in Erfurt dennoch in seinen deutschlandpolitischen Überzeugungen und Zielen bestärkt worden sein. Denn wichtiger als der konfrontative Austausch mit Stoph war für ihn die unmittelbare Begegnung mit den Deutschen jenseits des Eisernen Vorhangs. Von einem »emotionsgeladenen Tag« hat er später gesprochen.[36] Die Willy-Willy-Rufe galten ihm und nicht Stoph. Als der Bundeskanzler ans Fenster des Hotels Erfurter Hof trat, ließ ihn die dort versammelte Menge spüren, dass die Nation nicht geteilt war. Darauf errichtete Willy Brandt seine Ostpolitik, die freilich, das war ihm klar, eine Politik des langen Atems, der Bescheidenheit und der Behutsamkeit sein musste. Auch wenn die nationalen Emotionen den Kanzler innerlich aufwühlten, mahnte seine Geste am Fenster die Willy-Rufer zur Zurückhaltung. Neben dem Bild vom Kniefall in Warschau werden auch die Bilder aus Erfurt den Deutschen im Gedächtnis bleiben.

Der Gegenbesuch Stophs in Kassel wurde nicht nur durch die Intransigenz der DDR belastet, die kompromisslos auf ihren Maximalforderungen beharrte, sondern auch durch die Aktionen westdeutscher Demonstranten, die unter anderem eine Fahne der DDR zerstörten und einen Kranz beschädigten, den Willi Stoph am Mahnmal für die Opfer des Faschismus niedergelegt hatte. Der gewalttätige Protest richtete sich nicht nur gegen die DDR und ihren Ministerpräsidenten, sondern mindestens ebenso sehr, wenn nicht noch mehr, gegen Willy Brandt und seine Politik: »Brandt an die Wand!« oder »Volksverräter Hand in Hand – Willi Stoph und

Willy Brandt« lauteten Sprechchöre von Mitgliedern der NPD, von Heimatvertriebenen, aber auch von Demonstranten vom rechten Rand der Jungen Union. Gegendemonstrationen der DKP führten zu Krawallen und Handgreiflichkeiten. »Der Geruch von Weimar lag in der Luft«, sagte Brandt später.[37] 25 Jahre nach Ende des Zweiten Weltkriegs und mehr als zwei Jahrzehnte nach Gründung der Bundesrepublik mag dieser Vergleich weit hergeholt sein, doch nicht nur in den Augen Brandts, der als Mitglied der Sozialistischen Arbeiterpartei (SAP) die Zerstörung der ersten deutschen Demokratie im Zangengriff von Nationalsozialisten und Kommunisten miterlebt hatte, lag in den frühen 1970er Jahren noch einmal der Schatten von Weimar über der Bundesrepublik.

Die Schärfe der Auseinandersetzungen über die Neue Ostpolitik, die Sprache mancher Medien, der Springer-Presse zumal, aber auch mancher Politiker, ließen in der Tat etwas von dem Hass und der gegenseitigen Verachtung der politischen Lager spüren, die zum Untergang von Weimar so entscheidend beigetragen hatten. Von »Verzicht« war die Rede, und »Verzicht ist Verrat«, hieß es wieder und wieder. Das klang wie die hasserfüllte politische Rhetorik der Zeit nach dem Ersten Weltkrieg. Doch »Verzicht ist Verrat, wer wollte das bestreiten … Das Recht auf Heimat kann man nicht für ein Linsengericht verhökern«, das hatte Willy Brandt selbst noch 1963 in einer Grußbotschaft zum Schlesiertreffen geschrieben, und darauf beriefen sich die Vertriebenenorganisationen nun. In der Opposition, als in der SPD noch der nationale Kurs der Schumacher- und Ollenhauer-Zeit nachwirkte, fielen solche Aussagen leicher als in der Regierung. Nicht wenige Vertriebene gehörten der SPD an, die auch um das Wählerpotential der Vertriebenen warb. Die Ostpolitik Brandts schien nun eine ganz andere Sprache zu sprechen.

Wie einst die Westintegrationspolitik Adenauers wurde die Ostpolitik Brandts in erbitterten Auseinandersetzungen und in scharfer, teils verletzender Konfrontation durchgesetzt. Dass die Bundesrepublik in ihrer politischen Selbsthistorisierung seit den 1980er Jahren und erst recht nach 1990 Westintegration und Ostpolitik zu zentralen – und zusammengehörigen – Säulen einer Erfolgsgeschichte machte, ist wenig überraschend. Über der außen- und deutschlandpolitischen *success story* sollte aber nicht in Vergessenheit geraten, welch tiefe innenpolitische und gesellschaftliche Gräben sie gezogen hat und was sie für die politische Kultur der Bundesrepublik bedeutete. Denn worauf bezieht sich das erfolgsgeschichtliche Narrativ eigentlich? Für die Vertriebenen konnte – und kann – die Ostpolitik keinen Erfolg darstellen, und man sollte sich hüten, sie an diesem Punkt in die Erfolgsgeschichte der Bundesrepublik hineinzuzwingen. Für sie war die Ostpolitik zunächst und vor allem die Fortsetzung einer bitteren Verlustgeschichte. Viele, ja die meisten Vertriebenen sahen ein, dass sie sich mit dem Verlust ihrer Heimat abfinden mussten, und waren dazu auch bereit, aber man hätte es ihnen leichter machen können, wenn man den Verlust als Verlust anerkannt und die Trauer über ihn nicht geradezu reflexartig in die braune Ecke eines aggressiven und unbelehrbaren Revisionismus gestellt hätte. Umgekehrt haben die Vertriebenenverbände in den 1970er und 1980er Jahren nicht gerade dazu beigetragen, Verständnis für die Trauer und Verlusterfahrungen ihrer Klientel zu wecken. Ihre Distanzierung von revisionistischen Zielen blieb verhalten und ambivalent.

Die Aktivitäten der Vertriebenenverbände haben in der Bundesrepublik zu scharfen politischen Frontstellungen geführt, die bis heute nicht überwunden sind. Der DDR und anderen Staaten des Ostblocks, allen voran Polen und die Tschechoslowakei, dienten diese Aktivitäten als Beleg für den ungebrochenen westdeutschen Revisionismus und wurden entsprechend propagandistisch ausgeschlachtet. Unter diesem Aspekt waren auch die Kasseler Ausschreitungen vom Mai 1970 Wasser auf die Mühlen der DDR. In der Darstellung Ost-Berlins legitimierten sie den Abbruch der deutsch-deutschen Sondierungen, an denen die SED ohnehin kein allzu großes Interesse hatte. Spielte nicht die Zeit für die DDR? Musste man nicht nur abwarten, um die internationale Anerkennung und damit die Aushebelung der Hallstein-Doktrin zu erreichen? Der Ost-Berliner Seite konnte die deutsch-deutsche »Denkpause« also durchaus recht sein, zu der es nach der Kasseler Begegnung kam.

Dass die DDR im Spätherbst 1970 die Wiederaufnahme der deutsch-deutschen Gespräche vorschlug, ging daher weniger auf eine Ost-Berliner Entscheidung zurück als vielmehr auf die Dynamik der Viermächteverhandlungen über Berlin sowie auf den mittlerweile unterzeichneten Moskauer Vertrag und den Druck, den die Sowjetunion auf die DDR-Führung ausübte. Technische Vereinbarungen zum Berlin-Abkommen und der Verkehrsvertrag waren die ersten Resultate der neuen Verhandlungen, die klugerweise nicht auf Gipfelebene stattfanden. Erst nach diesem Schritt in Richtung »normaler gutnachbarlicher Beziehungen« (Bahr) erklärte sich die Bundesrepublik bereit, Gespräche über die »Grundfragen des Verhältnisses zwischen beiden Staaten« zu beginnen, die am 15. Juni 1972 informell aufgenommen wurden und am 16. August offiziellen Status erhielten.[38] Wieder verhandelte man nicht nur auf bilateraler Ebene, sondern stellte einen engen Kontakt her zwischen Egon Bahr und den Westmächten sowie der Sowjetunion, die ihrerseits auf Erich Honecker einwirkte. Anfang November war der Grundlagenvertrag, der »Vertrag über die Grundlagen der Beziehungen zwischen der Bundesrepublik Deutschland und der Deutschen Demokratischen Republik«, fertig. Er wurde am 8. November 1972 paraphiert und einen Tag später veröffentlicht.

Damit konnte der Vertrag noch zum Thema im Bundestagswahlkampf werden, der mit den Wahlen am 19. November 1972 endete. Die sozialliberale Koalition hatte diese vorgezogenen Wahlen über eine Vertrauensfrage nach Artikel 63 des Grundgesetzes herbeigeführt, um klare Mehrheitsverhältnisse nicht zuletzt für die parlamentarische Verabschiedung des Grundlagenvertrags zu schaffen. Der Wahltermin stellte nicht nur die Bundesrepublik bei den Vertragsverhandlungen unter Zeitdruck, auch die östliche Seite beeilte sich, zu einem Übereinkommen zu gelangen, denn in Moskau und Ost-Berlin war man sicher, dass ein Sieg der Unionsparteien, den man nicht ausschließen konnte, zu ost- und deutschlandpolitischem Stillstand führen würde. Die prekären Stimmenverhältnisse im Bundestag und die Schwäche der sozialliberalen Koalition gehörten so betrachtet zu den Erfolgsbedingungen des Grundlagenvertrags.

Die »Willy-Wahlen« vom November 1972 brachten der SPD/FDP-Koalition deutliche Stimmengewinne und eine klare Mehrheit. Die SPD wurde erstmals stärkste Partei. Bereits der Wahlkampf hatte keinen Zweifel daran gelassen, dass es sich um eine Abstimmung über die Kanzlerschaft Willy Brandts und die Ostpolitik handelte. Wie nie zuvor hatte die SPD ihren Wahlkampf auf die Person ihres Spitzenkandidaten zugeschnitten. Sie präsentierte den Friedensnobelpreisträger Willy Brandt als charismatische Politikerpersönlichkeit und internationalen Staatsmann. Dem hatte die Union mit dem nach dem gescheiterten Misstrauensvotum geschwächten Rainer Barzel wenig entgegenzusetzen. Auch der Antikommunismus, bis weit in die 1960er Jahre wahlpolitisch im Sinne der Union wirksam, hatte an Schärfe und Kraft verloren. Sein Bedeutungsverlust und sein Gestaltwandel hatten dazu beigetragen, die Ostpolitik möglich zu machen, und umgekehrt bewirkte die Ostpolitik seine Abschwächung und Veränderung.

Nach dem Wahlsieg der Koalition konnte der Grundlagenvertrag am 21. Dezember 1972 unterzeichnet werden. Am 11. Mai 1973 wurde er vom Deutschen Bundestag ratifiziert. Ostpolitisch schloss sich der Grundlagenvertrag an den Moskauer und den Warschauer Vertrag an, nicht zuletzt indem er die Unverletzlichkeit der Grenzen und den Gewaltverzicht erklärte. Deutschlandpolitisch markierte er das offizielle Ende der Hallstein-Doktrin: Bundesrepublik und DDR »gehen davon aus, dass keiner der beiden Staaten den anderen international vertreten oder in seinem Namen handeln kann«. Man erkannte sich gegenseitig an, die Bundesrepublik attestierte der DDR die Gleichberechtigung. Beide Staaten »respektieren die Unabhängigkeit und Selbständigkeit jedes der beiden Staaten in seinen inneren und äußeren Angelegenheiten«. Man folgte bei der Regelung der wechselseitigen Beziehungen also den Grundsätzen des Völkerrechts. Dennoch bedeutete der Grundlagenvertrag keine völkerrechtliche Anerkennung der DDR, auch wenn man nun parallel die UN-Mitgliedschaften beantragte und diese am 18. September 1973 auch erlangte. Ihr Maximalziel, die völkerrechtliche Anerkennung, hatte die DDR nicht erreicht. Die gegenseitige staatliche Anerkennung etablierte ein Sonderverhältnis, das sich auch darin ausdrückte, dass Bonn und Ost-Berlin keine Botschafter austauschten, sondern »ständige Vertretungen« (in Bonn und Ost-Berlin) einrichteten, sowie dadurch, dass der Vertrag Staatsangehörigkeitsfragen offen ließ. Die Bundesrepublik erkannte die Staatsbürgerschaft der DDR nach wie vor nicht an. Schließlich bestätigte die Präambel des Vertrags den fortbestehenden Dissens beider Staaten über die nationale Frage.

Bereits vor Unterzeichnung des Vertrags hatte ein von der DDR quittierter Brief der Bundesrepublik festgestellt, »dass dieser Vertrag nicht in Widerspruch zu dem politischen Ziel der Bundesrepublik Deutschland steht, auf einen Zustand des Friedens in Europa hinzuwirken, in dem das deutsche Volk in freier Selbstbestimmung seine Einheit wiedererlangt«. Auf die fortbestehenden und durch den Vertrag nicht berührten Rechte der Vier Mächte in Bezug auf Deutschland als Ganzes hatte schon am 9. November 1972 eine Erklärung der Viermächtebotschafter hingewiesen. Deutschland blieb damit als völkerrechtliche Größe erhalten. Auch deshalb war der Grundlagenvertrag kein Teilungsvertrag, sondern eine Modus-vivendi-Regelung auf der Basis des politischen und territorialen Status quo. Das unterstrichen auch die vertraglichen Vereinbarungen über die Regelung »praktischer und humanitärer Fragen«. Hier wurden freilich keine konkreten Inhalte beschlossen, sondern Absichtserklärungen abgegeben. Die DDR hatte ihr Ziel – nämlich die Anerkennung, wenn auch nicht die völkerrechtliche – damit erreicht. Ob die Bundesrepublik ihr Ziel – die Normalisierung des Verhältnisses und menschliche Erleichterungen – erreichen würde, musste die Zukunft zeigen. Die Entscheidung darüber lag bei der DDR, die schon wenige Tage nach dem UN-Beitritt der beiden Staaten durch die unangekündigte und unabgestimmte Erhöhung des Zwangsumtausches für DDR-Besucher demonstrierte, wer am längeren Hebel saß.

Das in dem Vertrag enthaltene Ungleichgewicht verstärkte die Kritik der Opposition. Es ging um den Vorwurf, das Unrechtsregime der DDR werde anerkannt und die Teilung der Nation besiegelt. Das sahen nicht nur CDU und CSU so, auch im Ausland wurde der Grundlagenvertrag in dieser Weise wahrgenommen, aber gerade deshalb positiv bewertet. Was die Londoner *Times* nach der Unterzeichnung schrieb, gab pointiert, aber im Kern zutreffend eine weit verbreitete Meinung wieder: Der Vertrag besiegele die Zerstückelung des 1871 begründeten deutschen Nationalstaats, was in Europa aber kaum jemand bedauere.[39]

Nachdem es der Opposition nicht gelungen war, den Grundlagenvertrag im parlamentarischen Ratifikationsverfahren zu Fall zu bringen – bis auf vier Abgeordnete stimmten CDU und CSU im Bundestag gegen den Vertrag –, rief die bayerische Staatsregierung das Bundesverfassungsgericht an. Das Karlsruher Gericht lehnte zunächst eine einstweilige Anordnung gegen das Inkrafttreten des Vertrags ab. Die Richter waren sich der verheerenden politischen Wirkung einer solchen Maßnahme bewusst, die nicht nur zu einer neuen Eiszeit im deutsch-deutschen Verhältnis geführt, sondern die gesamte Ost- und Deutschlandpolitik, die seit 1969 entwickelt und umgesetzt worden war, diskreditiert und entwertet hätte. Der Urteilsspruch aus Karlsruhe vom 31. Juli 1973, der einstimmig erging, bestätigte diese Linie und erklärte den Grundlagenvertrag für mit dem Grundgesetz vereinbar. Dennoch war die Klage nicht »vergeblich« gewesen.[40] Wenn dieses Urteil auch als Erfolg des Klägers, also der Unionsparteien, angesehen werden konnte, lag das daran, dass Karlsruhe in größter Deutlichkeit alle Verfassungsorgane der Bundesrepublik Deutschland in ihrem politischen Handeln auf das Ziel der Wiedervereinigung der deutschen Nation festlegte, von deren Fortbestand das Bundesverfassungsgericht ausging. Das höchste Gericht der Bundesrepublik hat auf diese Weise die deutsche Frage offen gehalten, und es hat diese Offenheit nicht nur juristisch im Rückgriff auf deutsche und internationale Rechtspositionen begründet, sondern auch moralisch, indem es die Bedeutung der Präambel des Grundgesetzes unterstrich und das darin postulierte Recht auf freie Selbstbestimmung aller Deutschen.

Diese eindeutige Stellungnahme wirkte in Richtung Osten, in Richtung DDR, wo die SED seit Beginn der Ära Honecker darangegangen war, sich von der Idee der fortbestehenden Nation zu verabschieden, von der man noch in der Verfassung von 1969 hatte lesen können. Die neue Verfassung von 1974 tilgte alle Bezüge auf die gemeinsame Nation und die Wiedervereinigung, und Johannes R. Bechers DDR-Hymne mit der Verszeile »Deutschland, einig Vaterland« durfte nur noch gespielt und gesummt, aber nicht mehr gesungen werden. Auch die ideologische Abgrenzung der DDR schritt voran, was man wohl als Korrelat zur politischen Normalisierung der deutsch-deutschen Beziehungen betrachten kann. Im Artikel 6 ihrer neuen Verfassung verband sich die DDR darüber hinaus »für immer und unwiderruflich« mit der UdSSR und bestätigte das noch einmal in einem Bündnisvertrag von 1975. Dass sie damit auch ihren Untergang an den der Sowjetunion gebunden hatte, konnte man damals noch nicht ahnen. Doch die Ereignisse in den Jahren 1989/90 folgten dieser Logik unerbittlich.

Für die Bundesrepublik und ihre Deutschlandpolitik formulierte das Karlsruher Urteil einen Generalvorbehalt, ohne dass darin eine deutschlandpolitische Handlungsanweisung zu erkennen gewesen wäre. Was operative Deutschlandpolitik sein konnte und sein durfte, darüber wurde in der Bundesrepublik bis 1989 heftig gestritten – gerade in Auseinandersetzung mit denjenigen, insbesondere auf der politischen Linken, die sich in den 1980er Jahren von der Idee der Nation weit entfernt und die vergessen hatten oder nicht sehen wollten, worauf die Macht der Herrschenden in Ost-Berlin – wie in Moskau – eigentlich beruhte. Diesen Kräften konnte man mit dem Urteil des Verfassungsgerichts begegnen. Der Karlsruher Richterspruch eignete sich allerdings nicht, jene, vor allem in den Unionsparteien, argumentativ zu unterstützen, die von der seit 1982 wieder unionsgeführten Bundesregierung eine operative Wiedervereinigungspolitik, also konkrete Schritte zur Überwindung der Teilung verlangten. Erst mit dem Zusammenbruch der DDR konnte seit Ende 1989 Deutschlandpolitik zur Wiedervereinigungspolitik werden.

Das Tableau der sozialliberalen Ostpolitik wäre unvollständig ohne die Aufnahme diplomatischer Beziehungen zu Ungarn und Bulgarien, vor allem aber ohne den am 11. Dezember 1973 unterzeichneten und am 10. Juli 1974 – Brandt war schon zurückgetreten – ratifizierten Prager Vertrag. Die Verhandlungen zwischen der Bundesrepublik und der Tschechoslowakei hatten später begonnen und sich länger hingezogen, weil über ihnen der Schatten des Münchener Abkommens von 1938 lag, in dem die tschechische Regierung unter internationalem Druck den deutschen Forderungen nach einer Abtretung der sudetendeutschen Gebiete hatte zustimmen müssen. Sollte das Münchener Abkommen von Anfang an ungültig sein, also als nie abgeschlossen gelten, oder sollte es erst im Nachhinein seine Gültigkeit verlieren? Nach zähen Verhandlungen einigten sich Bonn und Prag darauf, das Münchener Abkommen als nichtig zu betrachten, allerdings wurde dadurch das Staatsangehörigkeitsrecht der Sudetendeutschen, die zwischen 1938 und 1945 zum Deutschen Reich gehörten, nicht berührt. Der Prager Vertrag folgte in seinen übrigen Bestimmungen, gerade im Hinblick auf Gewaltverzicht und Grenzanerkennung, dem Vorbild des Moskauer Vertrags. Mit der Unterzeichnung in Prag war die Vertragsphase der Neuen Ostpolitik an ihr Ende gelangt. Die Bundesrepublik Deutschland hatte als potentiell revisionistische Macht den nach 1945 in Deutschland und Europa entstandenen Status quo anerkannt, sich aus den Blockaden ihrer in den 1950er Jahren entstandenen Ost- und Deutschlandpolitik gelöst und sich damit nach West wie Ost neue politische Handlungsfreiräume verschafft.

Das wachsende internationale Gewicht der Bundesrepublik

So schwierig es gewesen war, die Verträge in ihrer Komplexität zustande zu bringen, so schwierig würde es sein, auf ihrer Basis Politik zu betreiben und diese Politik in die sich fortentwickelnden internationalen Beziehungen zu integrieren. Willy Brandt hatte daran noch an der Spitze der SPD, nicht aber als Bundeskanzler seinen Anteil. Den Anlass für Brandts Rücktritt hatte die Enttarnung des DDR-Spions Günther Guillaume geliefert, der die DDR längere Zeit mit wertvollen Informationen aus dem Kanzleramt versorgt hatte. Doch es stellt sich die Frage, warum die DDR die politische Gefährdung Brandts zumindest billigend in Kauf genommen hat. Der Stasi-General und Chef der DDR-Auslandsspionage Markus Wolf hat nach 1989 von einer Panne gesprochen.[41] Mag sein, aber gab es nicht auch Motive? Hatte die Normalisierungspolitik mit dem Grundlagenvertrag aus Sicht der DDR ihre Ziele erreicht? War das genug der Annäherung?

Helmut Schmidt, Brandts Nachfolger im Kanzleramt, war mit der Aufgabe konfrontiert, Politik auf der Grundlage der ausgehandelten Verträge zu machen. Die größte Herausforderung bestand darin, Ost- und Westpolitik der Bundesrepublik noch stärker als bisher als Einheit zu begreifen. Die Regierung Brandt hatte ihren Akzent ganz eindeutig auf die Ostpolitik gelegt. Doch auch im Westen, im transatlantischen Verhältnis und in der Europapolitik, sah sich die Bundesrepublik großen Herausforderungen gegenüber.

Bereits in den 1960er Jahren hatte der amerikanisch-französische Antagonismus, der 1966 im Austritt Frankreichs aus der militärischen Organisation der NATO gipfelte, die westdeutsche Außenpolitik schwer belastet. Für die Bundesrepublik waren enge deutsch-amerikanische Beziehungen von vitalem Interesse, gleichzeitig jedoch sah man ein enges deutsch-französisches Verhältnis als entscheidend für die Europapolitik und insbesondere den Fortgang der europäischen Integration an. Die Ostpolitik der sozialliberalen Koalition vollzog sich demgemäß einerseits in fester Einbindung in die Nordatlantische Allianz unter Washingtoner Führung und in aktiver Anpassung an die amerikanische Entspannungspolitik. Andererseits gehörten aber auch die deutsche Verankerung in den Strukturen der europäischen Integration und enge deutsch-französische Beziehungen zu ihren Voraussetzungen. Letzteres war nach dem Rücktritt de Gaulles als Staatspräsident und der Übernahme des Amtes durch Georges Pompidou wieder leichter, auch wenn der Gaullist Pompidou außenpolitisch durchaus an seinen Vorgänger anknüpfte und die Bonner Ostpolitik mit erheblicher Skepsis betrachtete. Die Regierung Brandt/Scheel hatte also dafür Sorge zu tragen, dass die Beziehungen zu den

USA und zu Frankreich, die atlantische und die europäische Politik, immer wieder sorgfältig ausbalanciert wurden. Aus denselben Gründen musste Bonn verhindern, dass die wachsenden europäisch-amerikanischen Differenzen in der Wirtschafts-, Handels- und Währungspolitik das deutsch-amerikanische Verhältnis beschädigten und dadurch die deutsche Ostpolitik gefährdeten oder die militärische Präsenz der USA in Westeuropa aufs Spiel setzten.

Das ökonomische Machtgefälle zwischen den Vereinigten Staaten und der Bundesrepublik beziehungsweise Westeuropa hatte sich seit den 1950er Jahren erheblich abgeflacht. Die Handelsbilanzüberschüsse der USA gingen zurück, 1971 war erstmals ein Handelsdefizit zu verzeichnen. Die amerikanische Zahlungsbilanz wies schon 1970 ein Minus von 10 Milliarden Dollar auf. In der Handelsbilanz der Bundesrepublik hingegen kam es weiter zu Überschüssen. Mit dieser Entwicklung verband sich eine zunehmende Schwächung der amerikanischen Währung, die in den frühen 1970er Jahren zu einer Weltwährungskrise und zum Zusammenbruch des am Ende des Zweiten Weltkriegs begründeten Bretton-Woods-Systems führte. 1944 war auf der Konferenz von Bretton Woods der Dollar zur globalen Leitwährung gemacht worden, eine wichtige Entscheidung für die hegemoniale amerikanische Politik. Grundlagen dieses Währungssystems waren die feste Bindung des US-Dollars an den Goldpreis sowie feste Wechselkurse anderer Währungen gegenüber dem Dollar. Das System war stabil, solange die Handelsbilanz der USA positiv und der Dollar knapp war. Das änderte sich in den 1960er Jahren. Insbesondere die Finanzierung des Vietnam-Kriegs beförderte inflationäre Tendenzen in den USA und den Verfall des Dollars, was wiederum bei festen Wechselkursen auch in Westeuropa zu inflationären Entwicklungen (importierte Inflation) führte. Innerhalb der westeuropäischen Staaten und insbesondere zwischen Frankreich und der Bundesrepublik herrschte kein Einvernehmen über die richtige Reaktion auf diese Entwicklung – sollte man die Wechselkurse ganz freigeben oder im europäischen Interesse steuernd intervenieren –, doch die Europäer verständigten sich darauf, den US-Dollar nicht weiterhin durch einseitige Anpassung ihrer Währungen zu stützen. Die USA entschlossen sich daraufhin zu einem dramatischen Schritt: Am 15. August 1971 hoben sie die Gold-Dollar-Konvertibilität auf und verhängten zugleich eine zehnprozentige Steuer auf alle Importe.

Dieser »Nixon-Schock« belastete das amerikanisch-europäische Verhältnis erheblich, zumal die USA bei der Suche nach Wegen aus der Krise die Interessen der Europäer kaum berücksichtigten. In dieser Situation rückte die Bundesrepublik immer stärker in die Position des Vermittlers, und es gelang Bundesfinanzminister Helmut Schmidt schließlich, einen Kompromiss herbeizuführen. Dieser verpflichtete die europäischen Währungen in ihrem Wechselkursverbund zum gemeinsamen *Floaten* gegenüber dem US-Dollar, nichtsdestoweniger hatten sie sich damit vom Dollar gelöst, eine Rückkehr zum System von Bretton Woods war nicht mehr denkbar.

In den währungspolitischen Turbulenzen justierte sich aber nicht nur das amerikanisch-europäische Verhältnis neu, sondern auch das amerikanisch-deutsche. Die USA blieben zwar die Hegemonialmacht des Westens, aber ihre Hegemonie hatte sich abgeschwächt, die Bedingungen hegemonialer Zusammenarbeit hatten sich verändert. Die Bundesrepublik ging aus diesen Entwicklungen als wirtschaftliche Großmacht, aber auch politisch gestärkt hervor. Bei der engen Verknüpfung von ökonomischer und politischer Macht war das Bild von der Bundesrepublik als wirtschaftlichem Riesen und politischem Zwerg ohnehin nie sonderlich wirklichkeitsnah. Das wurde spätestens in den frühen 1970er Jahren deutlich. In Washington sprach man jetzt schmeichelhaft, aber doch bezeichnend immer häufiger von amerikanisch-deutscher Doppelhegemonie und einer gemeinsamen amerikanisch-deutschen Führungsrolle im Westen. Das diente freilich auch dem Zweck, Bonn aus der europäischen Gemeinsamkeit und der engen Bindung mit Frankreich herauszulösen. Denn gerade die währungspolitischen Konflikte hatten in aller Deutlichkeit gezeigt, dass die Europäische Gemeinschaft immer dann den USA gegenüber durchsetzungsfähig war, wenn Bonn die Sache der EG vertrat und im Schulterschluss mit Paris agierte. Der amerikanischen Führung war es nicht entgangen, dass die europäische Einigung wieder an Dynamik gewonnen hatte, seitdem Charles de Gaulle die politische Bühne verlassen hatte.

Zu den dynamisierenden Faktoren zählten der Beitritt Großbritanniens – im dritten Anlauf –, Irlands und Dänemark 1973 sowie das wachsende Bemühen der Europäer, »Fortschritte auf dem Gebiet der politischen Einigung« zu erzielen, wie es der EG-Gipfel in Den Haag 1969 beschlossen hatte. Vor allem wollte man die außenpolitische Zusammenarbeit und Abstimmung verstärken. Aus diesem Übereinkommen entstand in einem längeren Prozess die Europäische Politische Zusammenarbeit (EPZ), das heißt regelmäßige Außenministertreffen und Treffen von Spitzendiplomaten mit dem Ziel, sich gegenseitig zu informieren und zu konsultieren, außenpolitische Standpunkte abzustimmen und, wenn möglich, ein gemeinsames Vorgehen herbeizuführen. Auch wenn die EPZ keine supranationale Gestalt annahm, sondern intergouvernemental umgesetzt wurde, brachte sie doch das gestiegene Machtbewusstsein der Europäischen Gemeinschaft und ihrer Mitgliedsstaaten zum Ausdruck und den Willen, nicht nur als regionaler, sondern als globaler Akteur aufzutreten.

Nachdem die USA in den Jahren der Nixon-Administration, also seit 1969, neben der Beendigung des Vietnam-Kriegs zunächst dem amerikanisch-sowjetischen, dann aber auch dem amerikanisch-chinesischen Verhältnis die höchste außenpolitische Priorität eingeräumt hatten, wandte man sich nun den transatlantisch-europäischen Beziehungen zu. Es ging der amerikanischen Führung 1973, im »Jahr Europas«, um nichts Anderes, als »die Beziehungen zu Westeuropa der neuen Machtstruktur anzupassen und das ›werdende Europa‹ in das amerikanische Globalkonzept einzufügen«.[42] Das zielte gerade nicht auf die Anerkennung einer neuen, auch globalen politischen Rolle Europas, sondern auf die Festschreibung der bisherigen amerikanisch-europäischen Hegemonialstrukturen. Darüber hinaus sollte nun ein politisch und ökonomisch stärkeres Europa Gegenleistungen für die fortgesetzte amerikanische Unterstützung der europäischen Integration und für die amerikanische Sicherheitsgarantie erbringen, nicht zuletzt durch eine stärkere Beteiligung an den Verteidigungslasten *(burden sharing)*. Da wirkte es auf Washington wie ein Schlag ins Gesicht, als die europäischen Staaten ihrem gestiegenen Selbstbewusstsein Ausdruck verliehen, indem sie in einer von Washington angestrebten »Atlantischen Deklaration« die USA aufforderten, die politische Gleichberechtigung der EG ausdrücklich anzuerkennen.

Parallel zu den Währungsturbulenzen stürzte nun auch das politische europäisch-amerikanische Verhältnis in eine tiefe Krise. Wie im Währungszusammenhang konnte am Ende eine Lösung nur erzielt werden, weil die Bundesrepublik, für die die transatlantischen Beziehungen und die europäische Einigung gleichermaßen von vitalem Interesse waren, vermittelnd beziehungsweise zugunsten der USA eingriff. Bonn war der Chefkonstrukteur des europäisch-amerikanischen Kompromisses, der in der »Gymnicher Formel« von 1974 den USA gegen den Willen Frankreichs eine Mitwirkung an den europäischen Entscheidungsprozessen im EPZ-Kontext sicherte. Unter massivem amerikanischen Druck musste die Bundesregierung in ihrer existentiellen Abhängigkeit von den USA eine antiamerikanische Blockbildung der Europäer verhindern, von deren Folgen die Bundesrepublik am schärfsten betroffen gewesen wäre.

Die europäische Einigung schritt dennoch voran. Der Pariser EG-Gipfel von 1974 verpflichtete die EG-Mitgliedsstaaten auf das Ziel einer Europäischen Union, einer politischen Union. Wirtschafts- und währungspolitisch bedeutete die Weltwährungskrise das Aus für die ambitionierten Vorstellungen des »Werner-Plans« von 1970, der eine Vereinheitlichung der Wirtschafts- und Währungspolitik vorsah und für die Zukunft eine gemeinsame Währung, eine gemeinsame Zentralbank und eine gemeinsame Wirtschaftspolitik in Aussicht stellte. Und selbst die bescheideneren Versuche eines europäischen Wechselkursverbunds gingen im Strudel der durch den dramatischen Anstieg der Ölpreise ausgelösten Weltwirtschaftskrise unter.

Die Rolle, die der Bundesrepublik bei all diesen Entwicklungen zukam, war gewaltig. Musste es zunächst im westdeutschen Interesse sein, sich europäisch und transatlantisch zu engagieren, um der Ostpolitik den notwendigen Rückhalt im Westen zu verschaffen, so trugen die Ergebnisse der Ostpolitik schon bald zum weiteren Anwachsen ihres politischen Gewichts bei. Die Stabilisierung des Status quo, die mit der Ostpolitik gelungen war, entlastete die Bonner Außenpolitik, reduzierte Abhängigkeiten und verschaffte ihr neue Handlungsspielräume. In diesem Sinne hatte die Ostpolitik von Anfang an eine westpolitische Wirkung. Zu den entscheidenden außenpolitischen Leistungen der Regierung Brandt/Scheel gehört freilich, dass es ihr gelang, die Ostpolitik nicht neben der transatlantischen und der europäischen Politik der Bundesrepublik zu betreiben, sondern sie in das außenpolitische Referenz- und Orientierungssystem des westdeutschen Staates zu integrieren beziehungsweise dieses System kohärent um eine östliche Dimension zu erweitern.

Das Bild der Bundesrepublik in der Welt:
die Olympischen Spiele 1972

Während Bonn und Ost-Berlin 1972 über den Grundlagenvertrag verhandelten, begannen in München und Kiel am 28. August 1972 die XX. Olympischen Spiele. Sie waren überschattet von einem Anschlag palästinensischer Terroristen auf das Olympische Dorf am 5. September. Der arabisch-israelische Konflikt wurde auf einmal mit blutiger Gewalt mitten in der Bundesrepublik ausgetragen. Doch nicht nur deswegen gehören die Spiele von München in den Kontext der Außenpolitik der sozialliberalen Koalition. Die Entscheidung für München war schon 1966 gefallen, aber erst die Regierung Brandt/Scheel begriff, welche politischen Möglichkeiten mit diesem internationalen Sportereignis verbunden waren: »Wir haben damit die Chance«, betonte Willy Brandt in seiner Regierungserklärung von 1969, »der Weltöffentlichkeit das moderne Deutschland vorzustellen.«[43]

Zur Außenpolitik der Bundesrepublik Deutschland gehörte von Anfang an ihre auswärtige Repräsentation. Die deutsche Kulturdiplomatie und die auswärtige Kulturpolitik wurden seit 1949 zunehmend in die Außenpolitik der Bundesrepublik integriert. Was 1970 in den Leitsätzen des Auswärtigen Amts für die auswärtige

Kulturpolitik unterstrichen wurde, hatte sich als Konsens seit Gründung der Bundesrepublik herausgebildet: »Auswärtige Kulturpolitik bedeutet Internationalität und Weltoffenheit. … Regierungen, die sich hinter nationalen Grenzen abkapseln möchten und nicht den Vergleich und den Erfahrungsaustausch über die Grenze suchen, laufen Gefahr, dass die Kultur ihres Landes hinter den weltweiten kulturellen Entwicklungen zurückbleibt.«[44] Das hatte nur noch wenig zu tun mit den kulturimperialistischen Traditionen der Außenpolitik, die die europäischen Staaten bis 1914 betrieben hatten, als die unterschiedlichen nationalen Kulturen zum Teil überaus aggressiv miteinander konkurrierten und auswärtige Kulturpolitik gerade im kolonialen Zusammenhang auch im Bewusstsein zivilisatorischer Überlegenheit betrieben wurde.

Für Deutschland hat Johannes Paulmann den Wandel nach 1945 als »Haltung der Zurückhaltung« charakterisiert. Zu diesem Wandel, der infolge der deutschen Geschichte zwischen 1933 und 1945 notwendig war, trug die Fremdeinschätzung der Deutschen, das Bild Deutschlands und der Deutschen im Ausland, wesentlich bei. Die »reflexive Selbstwahrnehmung« (Paulmann) führte dazu, dass die auswärtige Repräsentation der Bundesrepublik nicht auf den engeren Bereich der auswärtigen Kulturdiplomatie beispielsweise über in den frühen 1950er Jahren gegründete neue Mittlerorganisationen wie DAAD, Goethe-Institut, Inter Nationes oder die Alexander von Humboldt Stiftung beschränkt blieb, sondern die gesamte deutsche Selbstdarstellung vor internationalem Hintergrund erfasste. Dazu zählten internationale Kunstausstellungen, Musik-, Theater- und Filmfestspiele, Industriemessen und Staatsbesuche, ganz gleich, ob nun der Bundespräsident ins Ausland reiste oder Staatsgäste in der Bundesrepublik empfing. Diese ganz unterschiedlichen Ausformungen und Inszenierungen verbindet, dass sie in den deutschen Medien und damit in der öffentlichen Debatte zum Ausgangspunkt für Auseinandersetzungen um das eigene deutsche Selbstverständnis genommen wurden. Im Spiegel ihrer auswärtigen Repräsentation verständigte sich die westdeutsche Gesellschaft mit sich selbst. »Durch das Überschreiten der nationalstaatlichen Grenzen im Rahmen der Präsentation des eigenen Bildes wurde der Prozess des Nachdenkens über die eigene Gesellschaft, ihre gegenwärtigen und vergangenen Kennzeichen, vorangetrieben.«[45] Hier wird nicht nur die enge und in modernen Gesellschaften geradezu unauflösliche Verknüpfung von innerer und äußerer Politik sichtbar, sondern auch, dass zentrale Prozesse deutscher Selbstvergewisserung und Selbstverständigung ohne den internationalen Bezug nicht denkbar sind.

Die Olympischen Spiele in München waren nicht nur ein sportliches, sie waren ein politisches Ereignis, an dessen Vorbereitung und Ausgestaltung die Politik starken Anteil hatte. Sie waren zu wichtig, um sie allein Sportfunktionären zu überlassen. Ihre Austragung wurde für die Bundesrepublik zu einer ganz besonderen Herausforderung. Diese resultierte zunächst aus der olympischen Tradition und dem überkommenen olympischen Reglement, dessen Zeremoniell noch lange nach 1945 den nationalistischen und militärischen Geist des späten 19. Jahrhunderts atmete. An solche Traditionen konnte – und wollte – die Bundesrepublik nicht anknüpfen, schließlich lag über der Ausrichtung der Münchener Spiele der Schatten der Berliner Spiele von 1936 und ihrer propagandistischen Instrumentalisierung durch das NS-Regime. Bei allem Willen zur Distanzierung wurden jedoch nicht alle deutschen Kontinuitäten beseitigt. So war seit 1961 Guido v. Mengden, 1936 Generalreferent des Reichssportführers, Generalsekretär des Nationalen Olympischen Komitees. Mengden ließ sich allerdings von kaum jemandem übertreffen in seinem Bestreben, die Münchener Spiele zu entmilitarisieren, zu entnationalisieren und zu demokratisieren.[46]

Der Imperativ der Entnationalisierung hatte freilich auch einen anderen Grund: die Existenz der DDR. Die deutsche Teilung und die deutsch-deutsche Systemkonkurrenz konfrontierten die westdeutschen Ausrichter nämlich mit einem Problem, und das bestand nicht nur in der Anerkennung des olympischen Zeremoniells mit Flaggen, Hymnen und anderen nationalen Symbolen, sondern auch im befürchteten sportlichen Erfolg der DDR, der für den ostdeutschen Staat schon im Vorfeld selbstverständlich schien. »Der Kapellmeister soll in München gut unsere Hymne einstudieren, er wird sie oft spielen müssen«, stichelte Karl Eduard v. Schnitzler, bekannter DDR-Journalist und Sprachrohr der SED.

Wegen der Teilnahme der DDR wurde im Auswärtigen Amt noch Ende 1968 ein Verzicht auf die Spiele erwogen.[47] Dass es dazu nicht kam, hat viel zu tun mit der einmaligen Gelegenheit, welche die Olympischen Spiele für die Selbstdarstellung der Bundesrepublik vor einem internationalen, ja weltweiten Publikum boten. Durchaus selbstbewusst wollte sich die Bundesrepublik als neuer deutscher Staat, als »modernes Deutschland« der Welt präsentieren. Dieser selbstbewusste Auftritt durfte freilich nicht im Gegensatz stehen zu der Kultur der Zurückhaltung, mit der man die gewandelten Deutschen, ihre Demokratie, ihre Friedensorientierung und ihren Willen zur Völkerverständigung zu präsentieren gedachte. Beide Zielsetzungen trafen sich in der Idee der »heiteren Spiele«, welche die architektonische Gestaltung des olympischen Geländes bestimmte und über der feierlichen Eröffnungszeremonie lag. Das Olympiastadion bestach mit einer filigranen Zeltdachkonstruktion von »erschlagender Modernität« (Uta Balbier). Es war ein Symbol technischer Leistungsfähigkeit und alles andere als bescheiden. München leuchtete wieder, was auch das von Otl Aicher entworfene olympische Emblem, eine Lichterkrone, ausdrückte, und in diesem Licht erstrahlte die ganze Bundesrepublik.

Die olympische Inszenierung wurde – trotz des Terroranschlags und seiner Opfer – zu einem großen Erfolg. Das bestätigte auch die internationale Presse, in der in vielerlei Variationen vom Bruch der Deutschen mit ihrer Vergangenheit und von ihrem Wandel zu lesen war. Die Rechnung war aufgegangen, auch wenn im Medaillenspiegel hinter der Sowjetunion und den USA die DDR mit insgesamt 66 Medaillen, darunter 20 goldenen, vor der Bundesrepublik lag, die immerhin 40 Medaillen erringen konnte, darunter 13 goldene.

Zwei Jahre später versuchte man mit der Fußballweltmeisterschaft an den olympischen Erfolg anzuknüpfen. Auch dieses internationale Sportereignis war 1966 an die Bundesrepublik vergeben worden, die offenkundig gut 20 Jahre nach Ende des Zweiten Weltkriegs sportpolitisch aus dem Schatten des »Dritten Reiches« herausgetreten war. Unbesorgt konnten die Veranstalter nun auch West-Berlin zum Austragungsort machen. Ostpolitik und Viermächteabkommen hatten dafür die Voraussetzungen geschaffen. Auch wenn es der Mannschaft der Bundesrepublik, der »deutschen Nationalmannschaft«, trotz einer Null-zu-eins-Niederlage gegen die Mannschaft der DDR in der Vorrunde – das berühmte Sparwasser-Tor in der 78. Minute – gelang, den Weltmeistertitel zu erringen, war die Atmosphäre des Turniers im Juni und Juli 1974 eine andere als zwei Jahre zuvor bei den Olympischen Spielen. Der Terroranschlag von München hatte Spuren hinterlassen. Von »Heiterkeit« war nicht viel zu spüren. Infolge neuer Anschlagsdrohungen bestimmten massive Sicherheitsvorkehrungen das Bild und sorgten für eine nüchterne, fast unterkühlte Stimmung. Über der Bundesrepublik lag nicht mehr die Aufbruchstimmung der frühen 1970er Jahre. Der Geist der Reform, der die Ära Brandt bestimmt hatte, war verflogen. In der Folge des Ölpreisschocks und der durch ihn ausgelösten globalen Wirtschaftskrise machte sich eine neue Nüchternheit breit. Helmut Schmidt, der im Mai 1974 Willy Brandt als Regierungschef abgelöst hatte, sprach davon, dass man das »Ende der Fahnenstange« erreicht habe. Die Bäume wuchsen eben nicht in den Himmel.

TEIL V

Krisenjahre
1974–1982

1.
Sicherheit und Stabilität

Helmut Schmidt: Kanzler in der Krise

Am 16. Mai 1974, zehn Tage nach dem Rücktritt Brandts, wurde Helmut Schmidt zum fünften Bundeskanzler der Bundesrepublik Deutschland gewählt. Der Wirtschafts- und Finanzminister der Regierung Brandt und stellvertretende SPD-Vorsitzende war der natürliche Kandidat. An seiner Eignung für das höchste Regierungsamt gab es keinen Zweifel. Schmidt, Jahrgang 1918, gehörte zwar der gleichen Generation an wie Willy Brandt, verfügte aber über ganz andere biographische Erfahrungen als sein Amtsvorgänger.[1] Der Hamburger hatte den Nationalsozialismus in Deutschland erlebt, den Zweiten Weltkrieg als Offizier der Wehrmacht. 1946 schloss er sich der SPD an, 1953 wurde er erstmals in den Bundestag gewählt und erwarb sich dort bald den Ruf eines brillanten Debattenredners (»Schmidt-Schnauze«) sowie eines kompetenten und sachkundigen Politikers. Vor allem als verteidigungs- und sicherheitspolitischer Experte trat er hervor. In verschiedenen Veröffentlichungen erläuterte er in den 1960er Jahren seine Ansichten zur Strategiedebatte der NATO sowie zu den Auseinandersetzungen über die nukleare Abschreckung.[2]

Andere Talente konnte Helmut Schmidt als Innensenator von Hamburg beweisen, wo er mit Umsicht, aber auch großer Tatkraft und Entschlossenheit den Einsatz der Rettungskräfte während der großen Hamburger Sturmflut im Februar 1962 leitete. Die Popularität, die er dadurch gewann, beschleunigte seinen politischen Aufstieg. Bei der Bildung der Großen Koalition 1966 konnte er noch nicht das Amt des Verteidigungsministers übernehmen, besetzte aber nach dem Tod Fritz Erlers ab 1967 als SPD-Fraktionsvorsitzender im Bundestag eine bundespolitische Schlüsselposition. In der Regierung Brandt/Scheel war er dann von 1969 an zunächst Verteidigungsminister, bis er 1972 als Nachfolger Karl Schillers für eine Übergangszeit dessen »Superministerium« für Wirtschaft und Finanzen übernahm. Dem zweiten Kabinett Brandt gehörte Schmidt als Finanzminister an.

Der neue Bundeskanzler Schmidt repräsentierte einen ganz anderen Politikstil und ein anderes Politikverständnis als sein Amtsvorgänger. Brandt war ein politischer Visionär, der durch seinen Idealismus Menschen begeistern und an sich binden konnte, Schmidt dagegen trat nüchtern, sachlich und pragmatisch auf. Er orientierte sich am Machbaren und beschäftigte sich kaum mit utopischem Denken und gesinnungsethischen Positionen. Seine Bezugspunkte waren Max Webers Verantwortungsethik, die politische Ethik Kants und der kritische Rationalismus Karl Poppers. Die Godesberger Wende der SPD, die sozialdemokratische Anerkennung der Bundesrepublik und ihrer marktwirtschaftlich-kapitalistischen Ordnung, hatte Schmidt tief verinnerlicht. Auch deswegen stand er neomarxistischen Ideen überaus skeptisch gegenüber. Den gesellschaftsverändernden Bestrebungen der Studentenbewegung, deren Angehörige seit 1969 in großer Zahl in die SPD strömten, konnte er nur wenig abgewinnen.

Während Brandt einen Kurs der Integration und des »Zentrismus« verfolgt hatte, war Schmidt ein Exponent des rechten Parteiflügels und damit auch der gewerkschaftlich und arbeitnehmerorientierten SPD. Das zeigte schon die Zusammensetzung seines Kabinetts, dem die Vorzeigeintellektuellen Brandts, nämlich Bahr, Ehmke und Dohnanyi, nicht mehr angehörten. An ihre Stelle traten mit Hans Apel, einem Hamburger Freund Schmidts, sowie Karl Ravens, Kurt Gscheidle und Hans Matthöfer gewerkschaftsnahe Politiker, die für die SPD als traditionelle Arbeitnehmerpartei standen. Georg Leber, der Verteidigungsminister, und Arbeitsminister Walter Arendt verstärkten diese Gruppe. Hans-Jochen Vogel wechselte vom Bau- ins Justizministerium. Erhard Eppler, Vor- und Querdenker der SPD unter Brandt, blieb als Entwicklungshilfeminister, prallte aber schon nach wenigen Wochen mit Schmidt zusammen und verließ daraufhin das Kabinett, in das Egon Bahr wieder einzog. Am Tag vor der Kanzlerwahl Helmut Schmidts wurde Außenminister Walter Scheel zum Bundespräsidenten gewählt, nach Theodor Heuss der zweite Bundespräsident, der der FDP angehörte. Für ihn wechselte der bisherige Bundesinnenminister Hans-Dietrich Genscher, der den Parteivorsitz der Liberalen übernahm, ins Auswärtige Amt. Neuer Innenminister wurde der linksliberale Werner Maihofer. Josef Ertl (Landwirtschaft) und Hans Friderichs (Wirtschaft) blieben in ihren Ämtern.

Die Regierungsbildung hatte nur wenige Tage gedauert. Das war symptomatisch für den Führungsstil Schmidts. Ihm war daran gelegen, rasch ein handlungsfähiges Kabinett, das seine Dominanz anerkannte, zu bilden und umgehend die Regierungsarbeit aufzunehmen.

Auf ganz andere Weise als in der Frühzeit Brandts gewann das Bundeskanzleramt unter Helmut Schmidt wieder Bedeutung als Regierungszentrale. Manfred Schüler, der aus der Wirtschaft kam, aber als Staatssekretär im Finanzministerium unter Schmidt politische Erfahrung gesammelt hatte, steuerte das Kanzleramt geräuschlos und effizient und wurde zu einer der wichtigsten Stützen des Bundeskanzlers, darin seinem Amtsvorgänger Hans Globke nicht unähnlich. Zu keinem Zeitpunkt gab es Bestrebungen, das Amt wie zu Zeiten Horst Ehmkes zu einem heimlichen Kabinett auszubauen und Entscheidungskompetenzen des Bundeskabinetts beziehungsweise einzelner Minister ins Bundeskanzleramt zu ziehen.

Die Kabinettsbildung zeigte klar, welchen politischen Kurs der neue Kanzler einzuschlagen gedachte. Obgleich Schmidt in den Tagen der Regierungsübernahme sehr viel von Kontinuität sprach, wurde deutlich, dass er einen Neubeginn für unumgänglich hielt. Damit verbunden war eine gewisse Distanzierung von Willy Brandt, dessen Regierungsstil und dessen Politik. Unmittelbar nach seiner Wahl im Bundestag am 16. Mai 1974 informierte Schmidt die SPD-Fraktion über die Grundlinien seiner Politik, die er am folgenden Tag dem Parlament in der Regierungserklärung vortragen wollte. Er bezeichnete diese als Zwischenbilanz, betonte aber, dass es »auf dem Boden einer Zwischenbilanz« darum gehe, »etwas anders neu anzufangen, als es vor zehn Tagen aufgehört hat«.[3] Schmidt sparte nicht mit Kritik an Brandt und am politischen Kurs der SPD insbesondere seit 1972, den er wegen der übermäßigen Reform- und Veränderungsorientierung als illusionär brandmarkte und als Gefahr für die Regierungsfähigkeit der Partei: »Wir haben uns sehr nahe an den Punkt heranbegeben, an dem wir für die ganzen siebziger Jahre die Chance verspielen können, ein Mandat zur Gesetzgebung und zur Regierung überhaupt noch erlangen zu können.«[4]

Man müsse Hoffnungen und Erwartungen reduzieren und sich auf Machbares konzentrieren, das war die Botschaft von Schmidts Regierungserklärung am 17. Mai 1974. Der Bundeskanzler wies auf die Fortdauer der Legislaturperiode und der sozialliberalen Koalition hin und würdigte die politischen Leistungen seines Vorgängers, doch Ton und Sprache offenbarten, dass sich ein Wandel vollzogen hatte seit der letzten Regierungserklärung Willy Brandts 16 Monate zuvor. »In einer Zeit weltweit wachsender Probleme konzentrieren wir uns in Realismus und Nüchternheit auf das Wesentliche, auf das, was jetzt notwendig ist, und lassen anderes beiseite«, eröffnete Schmidt seine Erklärung, und damit war der Rahmen für die politischen Ziele der neuen Regierung abgesteckt.

»Reformen sind nur machbar, wenn man sie finanzieren kann«, erklärte der Kanzler in einem Interview.[5] Große Zukunftsentwürfe entstanden auf dieser Basis nicht. Dabei war die Regierung Schmidt nicht gegen Veränderungen, doch diese sollten sukzessive erfolgen und durften die ökonomische Stabilität des Gemeinwesens nicht gefährden. Überhaupt war »Stabilität« ein zentraler Begriff in Helmut Schmidts »neuer Kanzlersprache«.[6] »Stabilität« und »Konzentration« waren die Leitmotive künftiger Politik. Vor dem Parteivorstand der SPD hatte Helmut Schmidt schon zwei Monate vor dem Rücktritt Brandts darauf verwiesen, dass jede Regierung zunächst und vor allem »die klassischen Staatsfunktionen befriedigend für den Bürger zu erfüllen« habe. Das trug ihm scharfe Kritik aus den eigenen Reihen ein, insbesondere vom linken Flügel der Partei, wo man Schmidts Staatsverständnis in die Nähe von »klassischen vordemokratischen Ansichten über das Verhältnis von Staat und Bürgern« rückte.[7]

Für Schmidt waren die »klassischen Funktionen eines modernen Staates« Sicherheitsfunktionen: »wirtschaftliche und soziale Sicherheit, … innere Sicherheit, innere öffentliche Sicherheit und … als drittes: äußere Sicherheit«. Nur wenn die Bürger das Gefühl hätten, daß eine SPD-geführte Regierung diese Sicherheitsfunktionen richtig erfülle, »nur dann können wir obendrauf unsere Reformen, unsere Programmatik mit deren Konsensus verwirklichen. Wenn wir aber in den klassischen Aufgaben versagen sollten, dann kriegen wir für das andere, das spezifisch Sozialdemokratische, keinen Konsensus, keine Zustimmung der Mitte.«[8] Geradezu prophetisch hatte Schmidt damit jene Herausforderungen benannt, welche die acht Jahre seiner Regierung bestimmen sollten: Fragen der wirtschaftlichen und sozialen Sicherheit im Zeichen eines dramatischen, weltweiten Konjunktureinbruchs; Fragen der inneren Sicherheit angesichts eines mörderischen Terrorismus; und Fragen der äußeren Sicherheit vor dem Hintergrund einer schweren Ost-West-Krise, welche die Phase der Entspannung beendete.

Zunächst standen die ökonomischen Entwicklungen im Vordergrund, welche die Deutschen seit 1973 tief verunsicherten. 1971 war wegen der durch den Vietnam-Krieg bedingten Schwäche des US-Dollars die Weltfinanzordnung von Bretton Woods zusammengebrochen, was den europäischen Volkswirtschaften beträchtliche Anpassungsleistungen abverlangt hatte. Im März 1973 löste sich die Bundesregierung gemeinsam mit anderen europäischen Regierungen endgültig vom Dollar als Leitwährung. Für Schmidt ging es dabei vor allem darum, die durch den schwachen Dollar gewissermaßen importierte Inflation zu bekämpfen, die andererseits aber auch auf die Hochkonjunktur der westdeutschen Wirtschaft und die Steigerung der öffentlichen Ausgaben in der Regierungszeit Brandts zurückzuführen war. Die Bundesbank ging vor diesem Hintergrund schon 1973 zu einer restriktiven und stabilitätsorientierten Geldpolitik über.

Zu einem regelrechten Einbruch der Konjunktur kam es dann infolge der enormen Verteuerung von Rohöl, von dessen Import die Bundesrepublik wie alle anderen Industriestaaten abhängig war. Die Ölpreise stiegen seit 1973 auf Grund der chronischen Dollar-Schwäche, schnellten aber in die Höhe, als die erdölexportierenden arabischen Staaten im Zusammenhang mit dem Jom-Kippur-Krieg und dem eskalierenden arabisch-israelischen Konflikt das Erdöl als Waffe gegen die westlichen Verbündeten Israels einsetzten. Durch die Drosselung ihrer Rohölförderung und ein temporäres Embargo trieben sie den Preis in die Höhe und die Weltwirtschaft damit in die Rezession. Zwischen Anfang 1973 und Anfang 1974 stiegen in der Bundesrepublik die Ölpreise um das Vierfache. Das beschleunigte nicht nur die Inflation, die schon Ende 1973 sieben Prozent erreichte, innerhalb kürzester Zeit brach auch die Binnennachfrage ein und wenig später die Auslandsnachfrage. Die Zahl der Arbeitslosen in der Bundesrepublik stieg 1974 auf 582 000 und überschritt im darauffolgenden Jahr die Millionengrenze.

Die drastischen Maßnahmen, die die Bundesregierung mit dem »Energiesicherungsgesetz«beschloss, das der Bundestag am 9. November 1973 einstimmig verabschiedete, konnten die konjunkturellen Effekte des Ölpreisschocks kaum mindern, aber das »Tempolimit« (100 Stundenkilometer auf Autobahnen, 80 auf Landstraßen), ein Fahrverbot an vier Sonntagen im November und Dezember 1973 sowie der von vielen Kommunen verfügte Verzicht auf die Weihnachtsbeleuchtung erschütterten die Gewissheiten der frühen Jahre, vor allem die Überzeugung von der Stetigkeit wirtschaftlichen Wachstums und kontinuierlich steigenden Wohlstands. Die in der Bundesrepublik besonders lange und besonders ausgeprägte Phase einer positiven Konjunkturentwicklung seit den frühen 1950er Jahren mit Wachstumsraten, die deutlich über dem Durchschnitt anderer Volkswirtschaften lagen, hatte diese Überzeugung in der deutschen Gesellschaft stärker werden lassen als in anderen europäischen Nachkriegsgesellschaften. Und alle Bundesregierungen von Adenauer bis Brandt hatten den Glauben an den gesicherten Fortschritt genährt, ja zur Gewissheit werden lassen. Diese Gewissheit war nun schlagartig verschwunden. Der Ölpreisschock demonstrierte den Deutschen – aber nicht nur ihnen allein – die Abhängigkeit der wirtschaftlichen Entwicklung von Faktoren, die sie selbst nicht steuern und kaum beeinflussen konnten. Darüber hinaus aber konfrontierte der konjunkturelle Einbruch sie mit der schlichten Tatsache, dass auch im Wirtschaftswunderland Bundesrepublik die Wellenentwicklung der Konjunktur mit Phasen des Booms und Perioden der Rezession nicht außer Kraft gesetzt war. Dass die Bundesregierung sich nun massiv für den Ausbau der Atomenergie einsetzte, um die Abhängigkeit vom Erdöl zu reduzieren, änderte daran nichts. Der Traum von der immerwährenden Prosperität war ausgeträumt.[9]

Weil der wirtschaftliche Abschwung sowohl konjunkturelle als auch strukturelle Gründe hatte, mussten Bundesregierung und Bundesbank auf die Krise reagieren, aber die Maßnahmen, die sie ergriffen, waren nicht abgestimmt, ja zum Teil widersprüchlich. Schon 1973, als die Konjunktur die Talsohle längst noch nicht erreicht hatte, ging die Bundesbank zu einer restriktiven Geldpolitik über, um inflationären Tendenzen gegenzusteuern. Da sich die Rezession weiterhin verschärfte, ließ sich diese Linie im Herbst 1974 kaum noch durchhalten, weshalb die Bank sich Ende 1974 zu einer expansiven Geldpolitik entschloss: Sie senkte den Leitzins, den Diskontsatz, und reduzierte zugleich die Mindestreservesätze, die Mindestguthaben der Geldinstitute bei der Bundesbank. Geld wurde billiger. Die Bundesregierung ihrerseits reagierte – klassisch keynesianisch – mit Konjunkturprogrammen und deutlichen Steuerentlastungen auf die Krise, um die Binnennachfrage zu stimulieren, und versuchte zugleich, den Bundeshaushalt durch Spar- und Kürzungsmaßnahmen zu konsolidieren, die öffentlichen Ausgaben also zu vermindern.

Allein auf den Effekt einer Belebung der Binnennachfrage vertraute man, das belegten die Maßnahmen, nicht mehr. Man bezweifelte, dass die Globalsteuerung im Sinne des Keynesianismus wirklich in der Lage war, eine ausgewachsene Rezession zu überwinden. War der Keynesianismus nicht ein Schönwettermodell, das letztlich auf der Annahme stetigen Wachstums gründete? Vor dem Hintergrund solcher Zweifel gewannen angebotsorientierte Wirtschaftstheorien an Einfluss. Diese sahen den Grund für die Wirtschaftsschwäche nicht in der sinkenden Nachfrage, sondern in einer zurückgehenden Bereitschaft von Unternehmern zu investieren, weshalb letztlich ein gesellschaftliches und politisches Klima, das Investitionen abträglich war, als Konjunkturbremse ausgemacht wurde, speziell hohe Löhne und Lohnnebenkosten, aber eben auch steigende Rohstoff- und Energiekosten sowie generell eine unternehmensunfreundliche Stimmung.

Helmut Schmidt hatte, darin bestärkt von der FDP und ihrem Wirtschaftsminister Hans Friderichs, Kernelemente einer angebotsorientierten Wirtschaftspolitik schon in seine Regierungserklärung 1974 aufgenommen und damit signalisiert, dass er die Grenzen einer rein nachfrageorientierten Konjunkturpolitik erkannte: »Angemessene Erträge sind Voraussetzung für die notwendigen Investitionen in der Wirtschaft. Mit sinkenden Investitionen wäre weder der Volkswirt-

schaft insgesamt noch dem einzelnen Arbeitnehmer gedient. Nur die fortwäh-
rende Modernisierung unserer Volkswirtschaft – und das ist das, was mit Investitionen erreicht wird – sichert und verbessert unseren Lebensstandard und die Leistungsfähigkeit auch des Staates für seine Bürger. ... Ohne Investitionen kein
Wachstum; ohne Investitionen keine Arbeitsplatzsicherheit, keine höheren Löhne
und auch kein sozialer Fortschritt.«[10]

Eine wirtschafts- und konjunkturpolitische Kehrtwende bedeutete das nicht,
denn eine drastische Beschneidung der in rund zwei Jahrzehnten entstandenen sozialstaatlichen Verteilungsansprüche war gar nicht denkbar. Solche Maßnahmen
hätten nicht nur die Gewerkschaften, die Schmidts Politik mit trugen, gegen die
Regierung aufgebracht, sondern auch die Wahlaussichten der SPD für die Bundestagswahlen 1976 erheblich verschlechtert. Nicht zuletzt das erklärt das »unstete
Schwanken« der Regierung Schmidt zwischen ganz unterschiedlichen, zum Teil
gegenläufigen wirtschafts- und konjunkturpolitischen Maßnahmen. Groß angelegte Beschäftigungsprogramme, wie sie beispielsweise auf dem Mannheimer Parteitag der SPD 1975 gefordert wurden, konnten sich nicht durchsetzen. Keynesianismus in Reinform war nicht mehr denkbar. Ebenso wenig war die SPD aber bereit,
Steuererleichterungen für Unternehmen, was die FDP forderte, zuzustimmen, weil
sie um ihr arbeitnehmerfreundliches Profil fürchtete. Schärfere Auseinandersetzungen und Konflikte wurden – vorerst – nur vermieden, weil die wirtschaftliche
Lage sich besserte. Als Ende 1975 die Konjunktur wieder ansprang, als die Wachs-
tumsrate wieder stieg und die Inflation sank (auf 4,4 Prozent 1976), konnten sich
die Vertreter unterschiedlicher wirtschaftstheoretischer und wirtschaftspolitischer
Positionen bestätigt sehen. Der Erfolg war allerdings begrenzt, denn obwohl die
Wirtschaft wieder wuchs und die Inflation zurückging, sank die Arbeitslosigkeit
nur geringfügig. Im »guten« Jahr 1979 lag die Zahl der Arbeitslosen noch immer bei
876 000, und sie stieg in der nächsten Rezession binnen kurzem auf über 2 Millionen an. Diese hohe Sockelarbeitslosigkeit ging nicht mehr zurück und behauptet
bis heute einen Spitzenplatz auf der politischen Agenda.

Die Entwicklung der Arbeitslosenquote war und ist nur zum Teil konjunkturell bedingt. In den 1970er Jahren drängten die geburtenstarken Jahrgänge auf den
Arbeitsmarkt, aber auch immer mehr Frauen suchten Arbeit. In den Prozessen der
Globalisierung und der Liberalisierung des europäischen Binnenmarkts nahm der
Preiswettbewerb zu, wodurch die Wirtschaft der Bundesrepublik mit ihren relativ
hohen Produktions- und Arbeitskosten besonders unter Druck geriet. Vor allem
aber kam es innerhalb der Bundesrepublik – wie auch in anderen westlichen Industriegesellschaften – zu Umschichtungen zwischen den verschiedenen Beschäf-

tigungssektoren. Primärer und sekundärer Sektor verloren an Bedeutung, ohne dass der tertiäre Dienstleistungssektor das Arbeitskräftepotential aus diesen beiden Bereichen in vollem Umfang absorbieren konnte. Das war quantitativ unmöglich, hatte aber auch Gründe, die in der mangelnden Qualifikation der Arbeitskräfte, nicht zuletzt der ungelernten Arbeiter, lagen.

Die anhaltende Arbeitslosigkeit trotz wirtschaftlichen Wachstums – *jobless growth* – machte deutlich, dass die Politik nicht mehr in der Lage war, das »magische Viereck« der Globalsteuerung – Vollbeschäftigung, Preisstabilität, Wachstum und außenwirtschaftliches Gleichgewicht – zu beherrschen. Um die Marktwirtschaft wieder zu beleben, war offenkundig nicht nur Konjunkturpolitik notwendig, sondern eine Strukturpolitik, welche die Modernisierung der Volkswirtschaft insgesamt vorantrieb.[11] Doch die Versuche, die verloren gegangene Wettbewerbsfähigkeit der deutschen Wirtschaft wiederherzustellen, waren nur begrenzt erfolgreich. Überdies kosteten sie Geld, das man nicht hatte. Lag die Verschuldung des Bundes 1974 bei 78,7 Milliarden DM, so erreichte sie schon zwei Jahre später 135,1 Milliarden, bis 1982 sogar 314,3 Milliarden. Allein im Jahr 1975 stieg die Neuverschuldung des Bundes um 46,1 Prozent, ein Rekord.

Die öffentlichen Ausgaben – und Schulden – stiegen freilich auch, weil die Sozialleistungen weiter finanziert werden mussten, die sozialen Sicherungssysteme aber in eine schwere Krise geraten waren. Insbesondere die Arbeitslosenversicherung offenbarte das Problem: Die Ausgaben der Bundesanstalt für Arbeit wuchsen von 1974 auf 1975, also innerhalb eines Jahres, um 87,3 Prozent, während die entsprechenden Einnahmen, also Versicherungsbeiträge, ausblieben. Die Folge waren Beitragserhöhungen und Leistungskürzungen bei allen Sozialversicherungen. Im Falle der Arbeitslosenversicherung erfolgte eine Erhöhung der Beiträge von zwei auf drei Prozent. Die Leistungskürzungen betrafen vor allem den öffentlichen Dienst. Auch die Leistungen der Krankenversicherung wurden reduziert. Bei den jährlichen Rentenanpassungen legte man seit 1977 nicht mehr das Brutto-, sondern das Nettoeinkommen der Rentenbezieher zugrunde. Der Imperativ der Expansion des Sozialstaats und der damit verbundene gesellschaftsverändernde Anspruch, der die politische Programmatik der Regierung Brandt gekennzeichnet hatte, war verdrängt worden von der Maxime, den Bestand zu erhalten und das Erreichte zu sichern. Doch selbst die bloße Besitzstandswahrung war nicht leicht. »Sozialpolitik wurde in weiten Teilen Sparpolitik«,[12] und immer schärfer trat der Konflikt zwischen Haushaltsdisziplin und Kontrolle der Staatsausgaben einerseits und Sozialpolitik andererseits hervor. Das hat sich bis heute nicht geändert.

Mitte der 1970er Jahre waren durch den Verlust der Vollbeschäftigung sowie den einsetzenden, zumindest aber absehbaren demographischen Wandel die beiden wesentlichen Grundlagen der in den 1950er Jahren entwickelten und in den folgenden Jahrzehnten ausgebauten Systeme der sozialen Sicherung weggebrochen. Die Einheit und wechselseitige Verklammerung von Wirtschafts- und Sozialpolitik, konzeptionelles Kernelement der Sozialen Marktwirtschaft und ihrer Institutionen, veränderte ihren Wirkungszusammenhang. Die »Ökonomisierung« lenkte die Aufmerksamkeit nun auf die finanzielle »Machbarkeit« der Sozialpolitik und setzte ihr damit Grenzen. Die Sozialausgaben selbst ließen sich allerdings kaum einschränken, im Gegenteil: Auch bei Konjunktureinbrüchen, die die Sozialkassen schwer trafen, stiegen sie im Zeichen einer strukturell hohen Arbeitslosigkeit und der demographischen Entwicklung weiter. Frühverrentungen und ähnliche Instrumente der Arbeitsmarktpolitik, welche die Beschäftigungssituation leicht besserten, entlasteten zwar das eine Sozialsystem, aber andere wie die Altersversicherung wurden dadurch mehr in Anspruch genommen. Die strukturelle Krise des Sozialstaats und der Arbeitsgesellschaft wurde letztlich nicht behoben. Die Sozialabgabenquote, der Anteil der Sozialbeiträge am Bruttosozialprodukt, stieg nach 1970 ebenso massiv wie der Anteil der Sozialausgaben an den öffentlichen Ausgaben insgesamt.

Die Bundesrepublik war in schwieriges Fahrwasser geraten. Hatte man ihr 25-jähriges Bestehen 1974 noch selbstbewusst und mit einem gewissen Stolz auf das Erreichte gefeiert, so machte sich nun Verunsicherung breit. Seinem Buch zum 30. Jahrestag ihrer Gründung 1979 gab der bekannte Politikwissenschaftler Kurt Sontheimer den Titel »Die verunsicherte Republik«.[13] Die Aufbruchstimmung der frühen Ära Brandt war verflogen. Bei den Wahlen blies der sozialliberalen Koalition, vor allem der SPD, der Wind ins Gesicht. In fast allen Landtagswahlen seit 1974 konnten die Unionsparteien deutliche Stimmengewinne verbuchen. Bei der Bundestagswahl von 1976 erzielten sie mit ihrem Spitzenkandidaten, dem CDU-Vorsitzenden und rheinland-pfälzischen Ministerpräsidenten Helmut Kohl, mit 48,6 Prozent der Stimmen das zweitbeste Ergebnis seit 1949 und erreichten überdies die absolute Mehrheit der Direktmandate. Die Parteien der Regierungskoalition verloren dagegen: Die SPD, die nur noch 42,6 Prozent der Stimmen erhielt, 3,2 Prozent, die FDP, für die 7,9 Prozent der Wähler votierten, 0,5 Prozent. Noch größere Verluste blieben den Liberalen erspart, weil sie sich seit der Übernahme des Kanzleramtes durch Helmut Schmidt wieder stärker von der SPD distanzierten und eine »Strategie der Eigenständigkeit« verfolgten.[14] Aus der programmatisch relativ homogenen sozialliberalen Koalition war eine SPD/FDP-Koalition geworden. Die politische Schnittmenge hatte sich verringert.

Mit nur vier Stimmen über der Kanzlermehrheit war Helmut Schmidt dennoch in der Lage, eine neue Regierung zu bilden. Dass die Koalition überhaupt diese Mehrheit erringen konnte, hatte sie seiner Popularität zu verdanken, denn Schmidts Zustimmungswerte übertrafen die seiner Partei bei weitem. »Zieh' mit, wähl' Schmidt« war der Wahlkampfslogan der SPD – ein Name als Programmersatz. Weit in die Anhängerschaft der Union hinein reichte die Sympathie für den »Macher« und Krisenmanager, der nicht nur parteiintern, sondern auch bei öffentlichen Auftritten keinen Zweifel ließ, dass er von gesellschaftlichen Umgestaltungsideen, die der linke Flügel seiner Partei nach wie vor vertrat, nur wenig hielt. Die Popularität und Beliebtheit Schmidts hatte den Gipfel 1976 noch längst nicht erreicht. Dass sie stetig weiter wuchs, ja selbst im Niedergang der SPD/FDP-Regierung nach 1980 nicht nachließ, lag an der Wahrnehmung Schmidts als ökonomisch kompetentem Politiker, dem man zutraute, das Staatsschiff sicher durch die Wechsellagen der wirtschaftlichen Entwicklung zu führen. Ganz entscheidend trug aber auch das Image des in kritischen Situationen entschlossen handelnden Politikers dazu bei, das Schmidt bei der Bekämpfung des Terrorismus der RAF insbesondere während des Jahres 1977 erwarb.

Innere Sicherheit und die Herausforderung des Terrorismus

Wie nichts anderes trieb der Terrorismus den Aufstieg des Politikfelds »Innere Sicherheit« voran. Nicht nur »Sicherheit« allgemein, sondern »Innere Sicherheit« erlangte während der Ära Schmidt oberste Priorität im politischen Handeln. Die Regierung und alle anderen politischen Akteure und Institutionen wurden daran gemessen, was sie zur »Inneren Sicherheit« beitrugen. Staatliches Handeln, ja der Staat selbst gewann aus der Bekämpfung des Terrorismus neue Legitimation. Die staatliche Ordnung der Bundesrepublik, die sich in den 1950er und frühen 1960er Jahren vor dem Hintergrund des Kalten Krieges und einer – tatsächlichen oder vermeintlichen – Bedrohung der äußeren Sicherheit entwickelt und stabilisiert hatte, festigte sich unter den terroristischen Angriffen in Bezug auf die »Innere Sicherheit« weiter, und in diesem Sinne wirkte der Terrorismus auf die Bundesrepublik durchaus identitätsstiftend.

In der Rückschau lässt sich leicht feststellen, dass die Bundesrepublik und ihre freiheitlich-demokratische Grundordnung durch den Terror der RAF und anderer terroristischer Gruppen in ihrem Bestand nicht bedroht waren.[15] In den 1970er Jahren selbst und vor allem während der Krisenmonate des Jahres 1977 sah man das anders. Die verantwortlichen Politiker wie weite Teile der Bevölkerung wähnten die Bundesrepublik vor einer geradezu existentiellen Herausforderung. Das von Gewalt und Terror überschattete Ende der Weimarer Republik und der Aufstieg des Nationalsozialismus hatten ja viele Deutsche noch erlebt. Vor diesem Hintergrund meinte »Innere Sicherheit« primär Sicherung von Demokratie und Freiheit gegen Angriffe, die auf deren Überwindung zielten. Dieser grundlegende Konsens verband Regierung und Opposition und erzeugte eine Geschlossenheit des Handelns, auch wenn sich die politischen Einschätzungen des Terrorismus, seiner Hintergründe und seiner Ziele unterschieden. Die Frage nach den Ursprüngen des westdeutschen Terrorismus hat die Wissenschaft seither beschäftigt. Zu übereinstimmenden Urteilen ist man bislang nicht gelangt, aber es lassen sich doch einige wesentliche Aspekte festhalten.

Die biographischen Hintergründe der Terroristen sind so verschieden, dass sich daraus über den Einzelnen hinausreichende Argumente nicht entwickeln lassen.[16] Dass Andreas Baader vaterlos aufwuchs oder der Vater von Gudrun Ensslin seine Kinder ausgesprochen autoritär erzog, mag für den individuellen Fall einen gewissen Erklärungswert haben, mehr nicht. Auch ein gemeinsames sozialstrukturelles Profil der späteren Terroristen ist kaum zu zeichnen. Allerdings hatten gerade die Angehörigen der »ersten Generation« der »Rote Armee Fraktion« in der Sozialarbeit unmittelbare Erfahrungen mit sozialen Problemlagen in der Bundesrepublik gewonnen. Ulrike Meinhof, die sich als Journalistin mit Kinderheimen beschäftigte, sah in Heimerziehung den »Büttel des Systems«, den »Rohrstock, mit dem proletarischen Jugendlichen eingebläut wird, dass es keinen Zweck hat, sich zu wehren, keinen Zweck, etwas anderes zu wollen, als lebenslänglich am Fließband zu stehen«. Andreas Baader sprach von Heimen als »faschistoiden Anpassungslagern des Spätkapitalismus«.[17] Aus der Kritik an den Erziehungsheimen entwickelte sich bei Meinhof und Baader allmählich eine radikale Gesellschaftskritik mit dem Ziel, die kapitalistische Gesellschaft, die solche Missstände hervorbrachte, zu überwinden. Gesellschaftskritik war Kapitalismuskritik, und die gelangte in den Zeiten von APO und Studentenbewegung zur Blüte. Für den Übergang zur Gewalt – zunächst gegen Sachen, bald auch gegen Personen – war aber nicht nur die Rezeption kommunistischer Revolutionstheorien verantwortlich, sondern auch die wachsende Enttäuschung über das Scheitern des Versuchs, den revolutionären Funken in die Mitte der westdeutschen Gesellschaft zu tragen, die Massen zu mobilisieren und mit Unterstützung der Massen das System zu verändern.

Der Übergang zu terroristischer Gewalt war kein Zerfallsprodukt der Studentenbewegung, und er entwickelte sich auch nicht als eskalierende Reaktion auf das Dutschke-Attentat. Die Brandanschläge auf Frankfurter Kaufhäuser am 3. April 1968 dokumentierten ein zwar mit den Studentenunruhen verbundenes, aber nicht aus ihr hervorgehendes Gewaltpotential. Aber die Studentenbewegung bildete mit ihrer radikalen Gesellschaftskritik den Nährboden, auf dem der Terrorismus entstehen und sich ideologisch legitimieren konnte. So hatten im Mai 1967 Angehörige der Berliner Kommune 1, unter ihnen Fritz Teufel und Rainer Langhans, nach einem Brandanschlag auf ein Brüsseler Kaufhaus in Berlin ein Flugblatt verteilt, in dem es hieß: »Ein brennendes Kaufhaus mit brennenden Menschen vermittelte zum ersten Mal in einer europäischen Großstadt jenes knisternde Vietnam-Gefühl (dabei zu sein und mitzubrennen), das wir in Berlin bislang noch missen müssen. … Sosehr wir den Schmerz der Hinterbliebenen in Brüssel mitempfinden: wir, die wir dem Neuen aufgeschlossen sind, können … dem Kühnen und Unkonventionellen, das, bei aller menschlicher Tragik, im Brüsseler Kaufhausbrand steckt, unsere Bewunderung nicht versagen.« Auf einem anderen Kommune-1-Flugblatt wurde gefragt: »Wann brennen die Berliner Kaufhäuser?«[18] Knapp ein Jahr später verübten Gudrun Ensslin und Andreas Baader die Frankfurter Brandanschläge. Gegen die Gleichgültigkeit der Deutschen gegenüber dem Krieg in Vietnam habe man protestieren wollen, erklärten die Brandstifter später.

Der Vietnam-Krieg war fraglos nicht nur für die Studentenbewegung, sondern auch für den Terrorismus ein entscheidender Bezugspunkt. Gerade für die internationalen Verbindungen militanter Gruppen spielte er eine wichtige Rolle.[19] Die Kritik am amerikanischen Krieg in Vietnam verband militante und gewaltbereite Gruppen mit dem Rest der Studentenbewegung, aber die zunehmende Militarisierung und die Bereitschaft zur Gewaltanwendung blieben ein Randphänomen, begrenzt auf Einzelne, denen die billigenden Äußerungen von Sympathisanten das Gefühl vermittelten, ihr Handeln sei legitim.[20] Das Gros der Studenten mochte über die Gewaltfrage diskutieren, nicht wenige ihrer Führungsfiguren mochten wie Rudi Dutschke das Verhältnis zur Gewalt bewusst im Unklaren lassen, doch zum bewaffneten revolutionären Kampf waren nur die Wenigsten bereit.

Diejenigen, die auch gewaltbereit waren, orientierten sich an der »Stadtguerilla« des brasilianischen Guerillaführers Carlos Marighella, der versucht hatte, den Kampf gegen die südamerikanischen Militärdiktaturen in die urbanen Zentren zu tragen. Unter Berufung auf Mao wurde dabei die Mobilisierung der Massen zum wichtigsten Ziel des »revolutionären Kriegs« erklärt. »Marighellas Mini-Handbuch der Stadtguerilla wird eines der wichtigsten Bücher sein FÜR JEDEN, der als Konsequenz der unvermeidlichen Schlacht gegen Bourgeoisie und Imperialismus den Weg der bewaffneten Rebellion einschlagen will«, verkündeten die Herausgeber der deutschen Ausgabe im Vorwort.[21] In Verbindung mit anderen Gewalt propagierenden Schriften wurde Marighellas Büchlein zur Grundlage einer »Philosophie der Tat«, die darauf zielte, durch systematische Gewaltakte die Massen zu mobilisieren und damit den revolutionären Umsturz in Gang zu setzen. Die Terroristen kalkulierten ein, dass ihre Terrorakte auf massive staatliche Reaktionen stoßen würden und der Staat sich durch diese Gewalt als Polizeistaat entlarven, also sein wahres, sein faschistisches Gesicht zeigen würde.

Die Faschismus-Chimäre, wie Peter Graf Kielmansegg das genannt hat, mag den Terroristen zur Rechtfertigung ihres Handelns gedient haben.[22] Aber in solchen Argumentationsgängen wurde doch auch offenbar, wie stark die Entwicklung des Linksterrorismus in Deutschland auf die NS-Vergangenheit bezogen war, mit der man noch die fürchterlichsten Bluttaten zu legitimieren können glaubte. Ob es darüber hinaus einen unmittelbaren Zusammenhang gab zwischen der nationalsozialistischen Herrschaft in Deutschland und dem Ausmaß sowie der Intensität terroristischer Gewalt, ist kaum zu beantworten, und man sollte sich hüten, hier allzu schnell kausale Verbindungen herzustellen. Natürlich wirkte der NS-bezogene Generationenkonflikt in die Genese des deutschen Linksterrorismus hinein, wie er auch in die Studentenbewegung hineingewirkt hatte. Aber die Bezüge sind doch nicht so direkt, wie es mitunter anklingt. Ganz ohne Frage konnte die marxistische Gleichsetzung von Faschismus und Kapitalismus, die im Denken der »Neuen Linken« wiederbelebt wurde, angesichts der NS-Vergangenheit besondere Wirksamkeit entfalten, und zweifellos war das Faschismus-Verdikt in besonderer Weise dazu angetan, soziopolitische, sozioökonomische und soziokulturelle Entwicklungen gleichsam unter Generalverdacht zu stellen. Aber nur wenn man den Kapitalismus zum Hauptmerkmal des Faschismus erhob, die Bedeutung von Rassismus und Antisemitismus minderte und dadurch das Gewicht des Holocaust reduzierte, war es möglich, antiisraelische Positionen und antijüdische Gewalt, die sich nicht zuletzt in der Kooperation deutscher und arabisch-palästinensischer Terroristen manifestierte, als antifaschistisch zu bezeichnen.

Von den Frankfurter Kaufhausbränden 1968 führte ein direkter Weg zur Eskalation des Terrors in den 1970er Jahren. Von den wegen Brandstiftung zu drei Jahren Haft verurteilten vier Terroristen trat nur einer, Horst Söhnlein, seine Strafe an. Andreas Baader wurde im April 1970 verhaftet, aber schon einen Monat später bei einer Ausführung in eine Bibliothek der Freien Universität Berlin von einem Kommando unter Führung von Ulrike Meinhof wieder befreit. Ein Bibliotheksangestellter wurde dabei schwer verletzt. »Natürlich kann geschossen werden«, erklärte

Ulrike Meinhof wenige Tage später gegenüber dem *Spiegel*. Nach Baaders Befreiung bildete sich die Baader-Meinhof-Bande, nach der nunmehr kollektiv gefahndet wurde. In einer Erklärung der Terroristen zu der Befreiung am 5. Juni 1970 war erstmals aber auch von der »Roten Armee« die Rede, die es nun aufzubauen galt. Schon bald nannte sich die Gruppe »Rote Armee Fraktion«. Dass die Abkürzung RAF die Deutschen an die Royal Air Force und die Bomben des Zweiten Weltkriegs erinnerte, war durchaus beabsichtigt.

Die »erste Generation« der RAF, die sich um Baader, Meinhof und Ensslin gruppierte, lieferte dem Terrorismus in einer Reihe von Erklärungen und Kampfschriften seine ideologische Basis und prägte ihn damit für Jahre. Darüber hinaus verübte sie Morde und andere Gewaltverbrechen, darunter Banküberfälle und Waffenraub. In der »Maioffensive« von 1972 kam es im Abstand von wenigen Tagen zu fünf Bombenanschlägen auf Einrichtungen der amerikanischen Armee, der deutschen Polizei, auf einen Bundesrichter und das Springer-Verlagshaus in Hamburg, bei denen vier Menschen starben und viele verletzt wurden. Kurz darauf gelang der deutschen Polizei ein großer Fahndungserfolg: Baader, Meinhof, Ensslin und mehrere andere Terroristen der »ersten Generation« wurden verhaftet.

Die Verhaftungswelle war die Geburtsstunde der »zweiten Generation« der RAF, deren Gewaltaktionen vornehmlich ein Ziel hatten, nämlich die inhaftierten Terroristen zu befreien beziehungsweise freizupressen. Gesteuert wurde die »zweite Generation« von den Köpfen der »ersten Generation«, die selbst im Hochsicherheitstrakt des Gefängnisses von Stuttgart-Stammheim die Fäden in der Hand behielten und dabei von einigen willfährigen, mit ihnen sympathisierenden Anwälten massiv unterstützt wurden. Durch einen abgestimmten Hungerstreik, bei dem im November 1974 der zusammen mit Baader verhaftete Holger Meins starb, versuchten die Inhaftierten ihre Haftbedingungen zu verändern. Im April 1975 überfiel ein RAF-Kommando »Holger Meins« die deutsche Botschaft in Stockholm, nahm die Botschaftsangehörigen als Geiseln und verlangte die Freilassung von 26 inhaftierten Gesinnungsgenossen. Da sie auf Widerstand stießen, schossen die Terroristen auf den Diplomaten Andreas v. Mirbach, der später an den Verletzungen starb. Da sich die Bundesregierung weigerte, auf die Forderungen der Geiselnehmer einzugehen, ermordeten sie Heinz Hillegaart, einen weiteren Diplomaten. Die schwedische Polizei traf daraufhin Vorbereitungen zur Stürmung des Botschaftsgebäudes, um die Geiseln zu befreien. Währenddessen explodierte der von den Geiselnehmern deponierte Sprengstoff. Zwei Terroristen wurden bei der Explosion so schwer verletzt, dass sie später starben.

Dass die RAF es wagte, durch eine groß angelegte Geiselnahme die Freilassung einsitzender Terroristen zu erpressen, hatte mit dem Erfolg zu tun, den die nicht der RAF zugehörige terroristische »Bewegung 2. Juni« wenige Wochen zuvor mit der Entführung des Berliner CDU-Vorsitzenden Peter Lorenz erzielt hatte. Die Gruppe, auf deren Konto auch – als Reaktion auf den Hungertod von Holger Meins – die Ermordung des Berliner Kammergerichtspräsidenten Günter v. Drenkmann im November des Vorjahres ging, hielt den Berliner Unionspolitiker mehrere Tage gefangen und gab ihn erst frei, als fünf Häftlinge aus der zweiten Reihe der RAF in den Jemen ausgeflogen worden waren.[23] Bundeskanzler Schmidt hat die Freilassung der Terroristen später als »schweren Fehler« bezeichnet.[24] Die Rechnung, dass es nichts nützen würde, Lorenz zu opfern, da die Terroristen dann weitere Anschläge beziehungsweise Entführungen verüben würden, um die Freipressung von Gefangenen zu erreichen, war nicht aufgegangen, wie die Botschaftsbesetzung in Stockholm wenige Wochen später zeigte. Die Bundesregierung entschied sich deshalb in der Stockholmer Botschaftsbesetzung für einen harten Kurs und lehnte die Forderungen der Entführer strikt ab. Helmut Schmidt hatte dabei auch die Unterstützung von CDU/CSU-Oppositionsführer Helmut Kohl, der im Fall Lorenz noch für ein Nachgeben plädiert hatte. Vor dem Parlament erklärte der Bundeskanzler, es sei die Aufgabe des Staates, »das Leben und die Freiheit aller seiner Bürger zu schützen«. Die Freilassung von Terroristen aber und ihre Rückkehr in die Bundesrepublik bedeuteten »das Ende aller Sicherheit«.[25]

Am 21. Mai 1975 begann im Gerichtssaal von Stuttgart-Stammheim der Prozess gegen Andreas Baader, Ulrike Meinhof, Gudrun Ensslin und Jan-Carl Raspe. Er dauerte beinahe zwei Jahre und endete mit der Verurteilung Baaders, Ensslins und Raspes zu lebenslanger Haft. Ulrike Meinhof erlebte das Ende des Verfahrens nicht mehr; sie hatte sich schon am 9. Mai 1976 in ihrer Gefängniszelle das Leben genommen. Prozess und Urteilsverkündung in diesem wichtigsten und aufwändigsten Terroristenprozess der Bundesrepublik bildeten den Hintergrund für eine dramatische Eskalation des RAF-Terrors im Laufe des Jahres 1977, die im Oktober mit der Entführung – und Befreiung – der Lufthansa-Maschine »Landshut«, der Ermordung von Arbeitgeberpräsident Hanns Martin Schleyer und dem Selbstmord von Andreas Baader, Gudrun Ensslin und Jan-Carl Raspe in Stammheim ihren Höhepunkt fand. Bei den Anschlägen ging es den Terroristen um zweierlei: um die Freipressung der inhaftierten RAF-Spitze und um mörderische Gewalt gegen führende Repräsentanten der Bundesrepublik, vor allem aus Justiz und Wirtschaft. Alles zielte darauf, den Staat herauszufordern, seine Organe zu Überreaktionen zu reizen und das Gemeinwesen dazu zu bewegen, die Grenzen des Rechtsstaates zu überschreiten. Das ist den Terroristen nicht gelungen.

Die Serie der blutigen Attentate, bei denen Brigitte Mohnhaupt und Christian Klar eine führende Rolle spielten, begann am 7. April 1977, als ein RAF-Kommando in Karlsruhe Generalbundesanwalt Siegfried Buback und seine beiden Begleiter Georg Wurster und Helmut Göbel ermordete. Mit einem Mord endete auch die geplante Entführung von Jürgen Ponto, dem Sprecher der Dresdner Bank. Mit Hilfe von Susanne Albrecht, einer der RAF angehörenden Patentochter des Bankiers, erschlich sich das Terrorkommando am 30. Juli Zugang zum Haus Pontos in Oberursel bei Frankfurt. Als dieser sich gegen seine Entführung wehrte, erschossen Brigitte Mohnhaupt und Christian Klar ihn kaltblütig. Am 25. August scheiterte ein Raketenwerfer-Anschlag auf das Gebäude der Bundesanwaltschaft in Karlsruhe nur knapp. Zum Aufatmen indes blieb keine Zeit. In Köln wurde wenige Tage später, am 5. September, Hanns Martin Schleyer, der Präsident von BDI und BDA und damit der beiden wichtigsten deutschen Arbeitgebervereinigungen, auf offener Straße aus seinem Fahrzeug heraus entführt. Sein Fahrer und seine drei Leibwächter starben in einem Kugelhagel. Schleyer war nicht nur als »Boss der Bosse«, wie ihn der *Stern* nannte, ein »ideales« Ziel für die RAF, sondern auch weil er als Wirtschaftsführer und Mitglied von NSDAP und SS in den Nationalsozialismus verstrickt war. In den Augen der Terroristen stand er für die Kontinuität des Faschismus in Deutschland. Nicht einmal 24 Stunden nach der Entführung gaben Schleyers Entführer ihre Forderungen bekannt: ein Lösegeld, vor allem aber die Freilassung der RAF-Häftlinge, unter ihnen Baader, Ensslin und Raspe.

In der Bundesrepublik herrschte der – unerklärte – Ausnahmezustand. Entscheidungen von weit reichender Bedeutung wurden nicht von Verfassungsorganen wie Bundestag und Bundesregierung getroffen, sondern von kurzfristig gebildeten Entscheidungszirkeln. In Bonn trat in den Wochen der Entführung täglich der »kleine Krisenstab« zusammen, dem neben dem Bundeskanzler und den Bundesministern des Äußern, des Innern und der Justiz auch der Staatsminister sowie der Staatssekretär im Bundeskanzleramt, der Regierungssprecher, der Generalbundesanwalt und der Präsident des Bundeskriminalamts angehörten. Ein- bis zweimal in der Woche traf sich der »große Krisenstab«, der aus dem »kleinen Krisenstab« sowie den Vorsitzenden der im Bundestag vertretenen Parteien und Fraktionen und den Ministerpräsidenten derjenigen Bundesländer bestand, in denen Terroristen inhaftiert waren (Baden-Württemberg, Bayern, Hamburg und Nordrhein-Westfalen). Politisch waren sich die Teilnehmer, wie der Bundeskanzler erklärte, über drei Ziele einig: »die Geisel Hanns Martin Schleyer lebend zu befreien; die Entführer zu ergreifen und vor Gericht zu stellen; die Handlungsfähigkeit des Staates und das Vertrauen in ihn im In- und Ausland nicht zu gefährden, das bedeutet auch: die Gefangenen, deren Freilassung erpresst werden sollte, nicht frei-zugeben«.[26]

Der Krisenstab war sich allerding im Klaren, dass es zu einer Situation kom-men konnte, in welcher man einem der Ziele den Vorrang einräumen musste. Um dies zu verhindern, lief unter Führung des Bundeskriminalamts (BKA) die größte polizeiliche Fahndungsaktion der Geschichte der Bundesrepublik an. Tausende von Beamten gingen Hinweisen aus der Bevölkerung nach, überall kontrollierten mit Maschinenpistolen bewaffnete Polizisten Autofahrer. Doch die im BKA ent-wickelte neuartige »Rasterfahndung« brachte keinen Erfolg, im Gegenteil: Der Polizei unterliefen schwere Pannen. Um der Fahndung doch noch zum Erfolg zu verhelfen, setzte die Regierung auf Zeit. Der Druck erhöhte sich, als am 13. Oktober 1977 palästinensische Terroristen, die mit der RAF kooperierten, das Lufthansa-Flugzeug »Landshut« mit 91 Menschen an Bord auf dem Weg von Mallorca nach Frankfurt entführten und die Forderungen der Schleyer-Entführer bekräftigten. Nach einem tagelangen Irrflug mit Stationen in Rom, Larnaka auf Zypern, Bah-rein, Dubai und Aden, wo die Entführer den Piloten der Maschine, Jürgen Schu-mann, ermordeten, landete die »Landshut« am 17. Oktober schließlich in der so-malischen Hauptstadt Mogadischu. Wenig später traf dort Kanzleramtsminister Hans-Jürgen Wischnewski ein, wegen seiner guten Kontakte in die arabische Welt auch »Ben Wisch« genannt, um mit der somalischen Regierung über eine Befrei-ung der Geiseln zu verhandeln. Nachdem er die Zustimmung dazu erhalten hatte, stürmte die Eliteeinheit GSG 9 des Bundesgrenzschutzes, die nach dem Anschlag auf die Olympischen Spiele 1972 gebildet worden war, in der Nacht vom 17. auf den 18. Oktober das Flugzeug und befreite alle Geiseln unversehrt. Drei der vier Ent-führer wurden getötet.

In Bonn, wo Bundeskanzler Schmidt für den Fall eines Fehlschlags seinen Rücktritt vorbereitet hatte, atmete man auf. Doch das Gefühl der Erleichterung währte nur kurz. Am Morgen des 18. Oktober fanden Vollzugsbeamte in der Stammheimer Haftanstalt die Leichen von Andreas Baader, Gudrun Ensslin sowie den schwer verletzten Jan-Carl Raspe, der wenig später im Krankenhaus starb. Die drei hatten Selbstmord begangen. Die Hoffnungen, das Leben Hanns Martin Schleyers noch zu retten, sanken auf Null. Die schlimmsten Befürchtungen traten schließlich ein: Schleyer wurde erschossen, seine Leiche fand man am 19. Oktober im Kofferraum eines Autos in der elsässischen Stadt Mulhouse. Die Trauer über den Tod des Arbeitgeberpräsidenten überschattete die Freude und den Stolz über die Befreiung der »Landshut«.

Auch die Stammheimer Selbstmorde warfen einen Schatten auf den Erfolg von Mogadischu, erst recht, als Terroristen, die sich noch auf freiem Fuß befanden, und Sympathisanten der RAF die »Mord-Legende« in die Welt setzten. Baader, Ensslin und Raspe – wie im Übrigen auch Ulrike Meinhof – hätten ihrem Leben nicht selbst ein Ende gesetzt, sondern seien im Gefängnis ermordet worden.[27] In der aufgewühlten Situation des Jahres 1977 waren viele verunsichert. Konnte man eine »Hinrichtung« der Terroristen ganz ausschließen? Solche Irritationen gaben auch Auskunft über ein Bild der Staatsmacht, das gerade in den Köpfen junger, keineswegs politisch radikaler Menschen existierte. Durch die Inszenierung ihrer Selbstmorde hatten Baader, Ensslin und Raspe selbst an der Entstehung und Verbreitung dieser Legende mitgewirkt, durch die sie sich zu politischen Märtyrern und zum Mythos zu stilisieren hofften. Mit dem angeblichen »Mord an den Gefangenen« hatte die extreme Linke in der Bundesrepublik bis in die 1990er Jahre ein Agitationsthema gefunden, obwohl nie auch nur der Hauch eines Zweifels bestand, dass es sich um Selbstmorde handelte. Eher verwies die Tatsache, dass Pistolen in den Hochsicherheitstrakt von Stammheim geschmuggelt werden konnten und die Inhaftierten offensichtlich miteinander kommunizierten, auf die massive Unterstützung, die den inhaftierten Terroristen durch ihre Anwälte zuteilgeworden war, und auf empfindliche Lücken in der Überwachung der Gefängnisinsassen.

Die Terroranschläge des Jahres 1977, vor allem die Ereignisse des »Deutschen Herbstes«, ein Begriff, der in den Jahren 1977/78 geprägt wurde, beschäftigten alle Schichten der Gesellschaft. In den Wochen der Schleyer-Entführung war die Stimmung beinahe hysterisch. Viele Bundesbürger waren für die Wiedereinführung der Todesstrafe. Wer differenzierter über die Terrorismusproblematik nachdachte oder die staatlichen Antiterrormaßnahmen kritisierte, galt schnell als Sympathisant und Helfershelfer der Gewalttäter. Der Schriftsteller Heinrich Böll bekam dies zu spüren. Umgekehrt gab es eine nicht kleine Sympathisantenszene, die den Terror als Mittel der Auseinandersetzung mit einem angeblich repressiven, einem faschistischen Staat für legitim hielt und Schutz- und Abwehrmaßnahmen als polizeistaatliche Willkür bezeichnete. In einem anonymen »Nachruf« auf den ermordeten Generalbundesanwalt Buback war von »klammheimlicher Freude« die Rede. Der aus dem linksextremen Universitätsmilieu stammende so genannte Mescalero-Nachruf löste eine breite und erregte Debatte über Sympathiebekundungen mit Terroristen und die Strafbarkeit solcher Äußerungen aus. Was musste der Rechtsstaat dulden und hinnehmen? Wie weit durfte er gehen, welcher Mittel durfte er sich bedienen, um die freiheitlich-demokratische Grundordnung zu schützen?

Sosehr die Herausbildung des Politikfeldes »Innere Sicherheit« auch mit der Herausforderung der Bundesrepublik durch den Terrorismus der RAF verbunden ist, es existierte schon vorher. »Demokratie und innere Sicherheit gehören zusammen«, hatte schon Willy Brandt in seiner Regierungserklärung von 1973 betont und in Abstimmung mit den Ländern den weiteren Ausbau der Sicherheitsorgane der Bundesrepublik angekündigt. Und obwohl der Themenbereich »Innere Sicherheit« in Brandts Regierungserklärung von 1969 noch ganz fehlte, war auch die erste Regierung Brandt/Scheel auf diesem Gebiet nicht untätig gewesen.

»Die Karriere des politischen Schlagwortes ›Innere Sicherheit‹ begann Anfang der 1970er Jahre.«[28] Doch man darf die Ängste und Verunsicherungen nicht unterschätzen, welche die rasanten gesellschaftlichen Wandlungsprozesse in den Jahren davor mit all den Spannungen und Konflikten hervorriefen. Das Gefühl der Fortschritts- und Zukunftssicherheit hatte eine Kehrseite. Willy Brandt, der von der »Geborgenheit im gesicherten Fortschritt« sprach, sah diese Unsicherheitspotentiale und nahm sie politisch ernst. Die »Sicherheit nach innen«, die beispielsweise Bundesinnenminister Lücke 1966 betont hatte, war in erster Linie eine Voraussetzung für die Stabilisierung der äußeren Sicherheit vor dem Hintergrund des Kalten Krieges gewesen, denn nur eine im Innern sichere und damit gefestigte Bundesrepublik würde gegen die Herausforderungen, ja die Bedrohung durch den Osten, durch den Kommunismus bestehen können.[29] Im Zeichen der Entspannung trat diese äußere Begründung innerer Sicherheit allmählich zurück, und es entwickelten sich neue gesellschaftliche Problemlagen beziehungsweise Problemwahrnehmungslagen – etwa der Anstieg von Kriminalität –, die der »Inneren Sicherheit« nun ein stärkeres politisches Eigengewicht gaben. Innere Sicherheit verlor ihren funktionalen Charakter und wurde zur wichtigen Säule einer Politik, welche die Herstellung umfassender Sicherheit auf ihre Fahnen geschrieben hatte. So betonte Bundesinnenminister Hans-Dietrich Genscher 1970 vor der Gewerkschaft der Polizei, dass die Bundesregierung der »Erhaltung der freiheitlich-demokratischen Grundordnung« sowie dem »Schutz der Bürger denselben Stellenwert beimisst wie der äußeren Sicherheit«.[30] Gerade im Zusammenhang mit der Bekämpfung von Kriminalität können wir die Politik der »Inneren Sicherheit« durchaus in den weiteren Kontext der Gesellschaftspolitik der sozialliberalen Koalition stellen, denn nicht zuletzt durch gesellschaftliche und sozialpolitische Reformmaßnahmen sollte auch Kriminalität abgebaut, Delinquenz reduziert beziehungsweise verhindert werden.

Der mit den Brandanschlägen auf die Frankfurter Kaufhäuser 1968 einsetzende Linksterrorismus hatte unter anderem zur Folge, dass die Politik der Inneren Sicherheit sich auch terroristischen Herausforderungen gewachsen zeigen musste. Eine Änderung des Grundgesetzes erweiterte die Kompetenzen des Bundes bei der

Verbrechensbekämpfung und wies dem Bundesgrenzschutz neue Aufgaben im Bereich der inneren Sicherheit zu. Das Bundeskriminalamt wurde »technisch und qualitativ geradezu spektakulär aufgerüstet«.[31] Mit Horst Herold trat 1971 ein Experte, ja Vorreiter einer auf moderne Informationstechnologien und Computereinsatz gestützten Verbrechensbekämpfung an die Spitze des BKA. Es begann ein enormer personeller Ausbau des Amtes. Den forcierten Einsatz moderner Datenverarbeitung bei der Polizei muss man auch vor dem Hintergrund der allgemeinen Planbarkeits- und Machbarkeitsvorstellungen betrachten. Jedenfalls lag die Computerisierung der Polizei im Trend der Zeit, als man von der Zuversicht getragen war, dass jedes Problem gemeistert und auch die Kriminalität besiegt werden könne, wenn man nur über genügend Informationen verfügte und über wissenschaftlich-technische Mittel, diese Informationen zu verarbeiten. Herolds Reputation stieg, weil der Polizei in der Tat zu Beginn seiner Amtszeit wichtige Erfolge bei der Terroristenfahndung gelangen. Heute wissen wir, dass diese Erfolge nicht vorrangig auf die von Herold vorangetriebene computergestützte Fahndung zurückzuführen waren.[32]

Riesige Datensammlungen hatten auch ihre Schattenseite. Das machte die Diskussion über den »Extremistenbeschluss« deutlich, den die Innenminister des Bundes und der Länder am 28. Januar 1972 fassten. Der Beschluss erfolgte weniger vor dem Hintergrund des Terrorismus als angesichts der Tatsache, dass es mit der KPD in der Bundesrepublik wieder eine von der SED gesteuerte kommunistische Partei gab. Überdies gehörten viele ehemalige Angehörige der Studentenbewegung linksextremen Gruppierungen an, die die freiheitlich-demokratische Ordnung der Bundesrepublik entschieden ablehnten. Der Extremistenbeschluss, der an beamtenrechtliche Bestimmungen der 1950er Jahre anknüpfte, stellte klar, dass in den öffentlichen Dienst nur gehören konnte, »wer die Gewähr dafür bietet, dass er jederzeit für die freiheitliche demokratische Grundordnung im Sinne des Grundgesetzes eintritt«. Noch einmal wirkten sich die Weimarer Erfahrungen aus. Das Bundesverfassungsgericht bestätigte 1975 den Grundsatz der wehrhaften Demokratie und die Treuepflicht des öffentlichen Dienstes.

Das Problem des Extremistenbeschlusses lag weniger in den allgemeinen Formulierungen als in der Einzelfallprüfung, der »Regelanfrage«, welche die einstellende Behörde beim Verfassungsschutz stellte. Gerieten damit nicht alle Bürger unter Generalverdacht? Reichte die – womöglich beendete – bloße Zugehörigkeit zu einer als verfassungsfeindlich eingestuften Organisation wirklich aus, einem Bewerber den Eintritt in den öffentlichen Dienst zu verweigern? Über welche Daten zu seinen Bürgern durfte der Staat verfügen? Wie durfte er diese Daten verwenden?

Dass letztlich nur äußerst wenige Bewerber abgelehnt wurden, ändert nichts an der Berechtigung dieser ins Grundsätzliche zielenden Fragen. War die Bundesrepublik auf dem Weg zum »Überwachungsstaat«, zum »Sicherheitsstaat«, wie die Kritiker der Regelungen betonten? Die Grundfrage nach dem Verhältnis von Freiheit und Sicherheit war damit jedenfalls gestellt, und sie wurde vor dem Hintergrund der Ereignisse des Jahres 1977 drängender als zu Beginn des Jahrzehnts.

Der Gedanke der »wehrhaften Demokratie«, vom Bundesverfassungsgericht 1956 im Verbotsurteil gegen die KPD geprägt, gewann mit den Terroranschlägen von 1977 neue Bedeutung, da die gesetzgeberischen Maßnahmen gegen den Terrorismus in diesem Sinne begründet und gerechtfertigt wurden. Noch während der Schleyer-Entführung verabschiedete der Bundestag im Eilverfahren das Kontaktsperregesetz, das es den Justizbehörden erlaubte, unter bestimmten Voraussetzungen über Inhaftierte eine Kontaktsperre von 30 Tagen zu verhängen, die sowohl Kontakte zwischen Gefängnisinsassen als auch zu Anwälten betraf. Wenige Tage nach der Ermordung Schleyers debattierte der Bundestag in erster Lesung ein weiteres Paket von Antiterror-Gesetzen, die im April 1978 in Kraft traten. Vor allem wurden Bestimmungen der Strafprozessordnung geändert, von denen man sich Erleicherungen bei der Strafverfolgung und Verbesserungen bei der Fahndung versprach. Bereits 1976 hatte der Bundestag den umstrittenen Paragraphen 129 a des Strafgesetzbuchs verabschiedet, die »lex RAF«, wie das Gesetz genannt wurde, das jenseits konkreter Straftatbestände die Bildung, Mitgliedschaft und Unterstützung einer terroristischen Vereinigung unter Strafe stellte.

Seit Beginn der 1970er Jahre war die Bekämpfung des Terrorismus das zentrale Thema auf dem in atemberaubender Geschwindigkeit an Bedeutung gewinnenden Politikfeld der »Inneren Sicherheit«. Je mehr Angst die Terroristen der RAF schürten, desto größer wurde der Druck auf den Staat und seine Organe, den Bürgern ein Gefühl der Sicherheit zu vermitteln, wie Helmut Schmidt bei der Übernahme des Kanzleramts 1974 versprochen hatte. Was freilich Innere Sicherheit genau meinte, blieb offen und politisch umstritten. Der Schulterschluss von Regierung und Opposition in den Wochen der Schleyer-Entführung, der den gemeinsamen Kampf der Demokraten gegen die terroristische Bedrohung zum Ausdruck bringen sollte, war eine Ausnahmeerscheinung, nicht die Regel. Bereits die Auseinandersetzungen über das zweite Anti-Terror-Paket, das der Bundestag im Februar 1978 mit der Mehrheit von nur einer Stimme verabschiedete, offenbarten den Dissens. Den Unionsparteien gingen die beschlossenen Maßnahmen nicht weit genug, während in der SPD, vor allem aber in der FDP, Stimmen laut wurden, die die Einschränkung von Freiheitsrechten kritisierten. Dem liberalen Bundesinnenminister

Werner Maihofer wurde von der Opposition vorgeworfen, die terroristische Bedrohung zu unterschätzen, ja den Terrorismus zu verharmlosen.

Stärker als je zuvor wurde »Sicherheit« zum Leitbegriff des politischen Handelns, wurden politische Initiativen und Maßnahmen daran gemessen, ob sie die Sicherheit erhöhten oder nicht. Denn in der Gesellschaft verbreitete sich das Gefühl, dass die Sicherheiten abhanden kamen, wozu nicht nur der Terrorismus beitrug, sondern auch die Wirtschaftskrise, die trotz des Wiederanziehens der Konjunktur seit 1975 noch nicht als überwunden gelten konnte. War der Staat noch in der Lage, den grundlegenden Sicherheitsbedürfnissen seiner Bürger nachzukommen? Bei der Bekämpfung des Terrorismus, zu der neben den gesetzlichen Maßnahmen vor allem ein gewaltiger personeller und materieller Ausbau des Sicherheitsapparats gehörte, konnte der Staat seine Bedeutung unter Beweis stellen, die durch die krisenhaften Entwicklungen der Jahre nach 1973 erschüttert worden waren.[33] Während die staatliche Globalsteuerung an Grenzen stieß und die Globalisierung den Bedeutungsverlust des Nationalstaats weiter beschleunigte, erfuhr der Staat als – einziger – Garant innerer Sicherheit einen Bedeutungs- und Legitimitätsgewinn. Als »Sicherheitsstaat« konnte er sich noch beziehungsweise wieder rechtfertigen.

Zum »Modell Deutschland«, Ende der 1970er Jahre in aller Munde, gehörte auch der »Sicherheitsstaat«, auf den die Deutschen nach den Ereignissen des Jahres 1977 stolz waren und der im Ausland bewundert wurde. Doch diese Entwicklungen trugen schon den Keim ihrer Relativierung in sich. Die Fragen, die der Ausbau der inneren Sicherheit in der Bundesrepublik aufwarf, die öffentlich geführten Auseinandersetzungen darüber, wie weit der Staat gehen durfte, um den Terrorismus zu bekämpfen und Sicherheit zu gewährleisten, beförderten auch staatskritische Haltungen und verstärkten die Skepsis gegenüber staatlicher Macht. Das bezog sich auf die Außerkraftsetzung von Freiheitsrechten ebenso wie auf Fahndungsmethoden der Polizei oder die Anlage großer Datensammlungen. Insofern waren die Debatten über den Terrorismus und seine Bekämpfung sowie über das Politikziel der inneren Sicherheit stets auch Debatten über das Spannungsverhältnis von Freiheit und Sicherheit. Darin lag ihr demokratisierender und liberalisierender Charakter.[34]

Die akute Bedrohung durch den Linksterrorismus war im Oktober 1977 zunächst vorüber. Doch die RAF war noch nicht am Ende. Logistisch unterstützt durch das Ministerium für Staatssicherheit der DDR – der ostdeutsche Staat hat im Übrigen verfolgte Terroristen aufgenommen und ihnen ein kleinbürgerliches Leben ermöglicht –, erhob die RAF gemeinsam mit anderen Terrorgruppen bis in die

1990er Jahre immer wieder ihr böses Haupt. Mitglieder der »Revolutionären Zellen« ermordeten 1981 den hessischen Wirtschaftsminister Hans-Herbert Karry (FDP). Terroristen der »zweiten« und »dritten« RAF-Generation verübten Anschläge auf Angehörige der amerikanischen Streitkräfte sowie auf Repräsentanten der Bundesrepublik und ihrer Wirtschaft. Der Chef des Rüstungsunternehmens MTU (Motoren- und Turbinen-Union) Ernst Zimmermann (1985), das Siemens-Vorstandsmitglied Karl Heinz Beckurts und sein Fahrer Eckhard Groppler (1986), der Diplomat Gerold v. Braunmühl, der Sprecher der Deutschen Bank Alfred Herrhausen (1989) sowie Treuhandchef Detlev Karsten Rohwedder (1991) wurden Opfer solcher Mordanschläge. Auf den Staatssekretär im Finanzministerium Hans Tietmeyer und den Staatssekretär im Bundesinnenministerium Hans Neusel wurden 1988 und 1990 ebenfalls Anschläge verübt. Beide überlebten. In der DDR kam es im Sommer 1990 zur Enttarnung und Verhaftung mehrerer gesuchter Terroristen, doch erst am 20. April 1998 veröffentlichte die RAF ihre »Auflösungserklärung«: »Heute beenden wir das Projekt. Die Stadtguerilla in der Form der RAF ist nun Geschichte.«[35]

Fast genau 30 Jahre waren seit dem Brandanschlag auf die Frankfurter Kaufhäuser vergangen, drei Jahrzehnte, in denen die RAF eine Blutspur in der Geschichte der Bundesrepublik hinterließ. 34 Menschen hat sie ermordet, unzählige verletzt. Die Bundesrepublik hat die terroristische Herausforderung bestanden, ja, sie ist gestärkt aus ihr hervorgegangen. Es gelang den Terroristen nicht, das »System« Bundesrepublik, wie man es im Nazi-Jargon nannte, zu zerstören, nicht einmal ernsthaft zu erschüttern. Die Massen konnten die Gewalttäter nicht mobilisieren und ebenso wenig einen »faschistischen Polizeistaat« vorführen. 1977, als der terroristische Druck am größten war, was man nicht nur in den Bonner Krisenstäben, sondern überall in der Republik spüren konnte, wichen die politisch Verantwortlichen nicht zurück. Mit ihren Maßnahmen zur Bekämpfung des Terrors gingen sie bis an die Grenze dessen, was der freiheitliche Rechtsstaat zuließ. Doch sie gaben ihn keinen Augenblick preis. Im Griff des Terrors gewann die Demokratie der Bundesrepublik in der Bevölkerung eine emotionale Akzeptanz, die sie bis dahin nicht gehabt hatte. Die terroristische Herausforderung gemeistert zu haben, wirkte in der westdeutschen Gesellschaft identitätsstiftend. So erreichten die Terroristen das Gegenteil dessen, was sie bewirken wollten.

Der Terrorismus von rechts hat in der Bundesrepublik nie vergleichbare Ausmaße angenommen, aber marginalisieren sollte man ihn deshalb nicht. Nach einer Reihe von Banküberfällen und Waffendiebstählen in den 1970er Jahren kam es 1980 zu Anschlägen der »Deutschen Aktionsgruppe« unter Führung des Neonazis Michael Kühnen auf Ausländerwohnheime, bei denen zwei Menschen getötet wurden. Eine andere rechtsterroristische Gruppe, die »Wehrsportgruppe Hoffmann«, ermordete 1980 den jüdischen Verleger Shlomo Lewin und seine Lebensgefährtin. Die »Wehrsportgruppe Hoffmann« stand auch hinter dem Anschlag, den der Rechtsextremist Gundolf Köhler im Oktober 1980 auf das Münchener Oktoberfest verübte. 13 Menschen starben, über 200 wurden zum Teil schwer verletzt. Dass sich Rechts- und Linksterrorismus zumindest punktuell berührten, belegt der von beiden geteilte Antiamerikanismus. Immer wieder waren Angehörige der amerikanischen Streitkräfte und amerikanische Einrichtungen Ziele von Anschlägen. Mitglieder der »Wehrsportgruppe Hoffmann« und der RAF unterhielten Kontakte zur palästinensischen Terrorbewegung »Fatah«, bis sich diese in den 1990er Jahren vom Terror abwandte. Das Spektrum rechtsextremer Gewalt in der Bundesrepublik umfasst allerdings weit mehr als die organisierten Gruppen des Rechtsterrorismus. Insbesondere eine massive Ausländerfeindlichkeit bildete schon in den 1970er, verstärkt aber seit den 1990er Jahren den Hintergrund für eine ganze Reihe rechtsextremer Gewalttaten, darunter mehrere Brandstiftungen und Überfälle auf Häuser mit ausländischen Bewohnern, bei denen zahlreiche Menschen ermordet oder verletzt wurden.[36]

Strategien der Opposition

Die 1977 in den Wochen des unerklärten Ausnahmezustands herrschende Einigkeit von Regierung und Opposition kann nicht darüber hinwegtäuschen, dass gerade das Thema »Innere Sicherheit« Anlass für Konflikte zwischen den Parteien der Regierungskoalition und den Unionsparteien bot. Aber auch in den Medien stritt man bald heftig über die Ursachen des Terrorismus und die geeigneten Mittel zu seiner Bekämpfung. Die Gewalttaten der RAF wurden als Argument angeführt bei der Abrechnung mit der Politik der sozialliberalen Koalition, mit der Reformagenda der Regierung Brandt und mit der Liberalisierung des gesellschaftlichen, politischen und kulturellen Klimas. Nicht wenige stellten die Bundesrepublik als »schwachen Staat« dar, dem es am »Willen zum Widerstand gegen Umsturz und Verbrechen« fehle. Die Schwäche des Staates bringe den »linken anarchistischen oder marxistischen Radikalismus« überhaupt erst hervor.[37] Der Antikommunismus des Kalten Krieges lebte wieder auf: »Auf deutschem Boden beginnt sich ein heimlich geführter Untergrundkrieg zu entwickeln. Nahost-Partisanen, revolutionäre Gruppen der deutschen ›Neuen Linken‹ und auch Geheimdienste des

Ostblocks bereiten in der Bundesrepublik einen subversiven Konflikt vor«, hieß es in der *Welt*.[38]

Mit massiver Gesellschaftskritik- und Kulturkritik taten sich vor dem Hintergrund des RAF-Terrors vor allem Politiker des rechten Flügels der Union hervor. Der baden-württembergische Ministerpräsident Filbinger (CDU) erklärte in den Tagen der Schleyer-Entführung vor dem Bundesrat: Ursächlich für den Terrorismus sei eine »lange Reihe von ... schwerwiegenden Fehlentwicklungen: die teilweise von amtlicher Seite geförderte Konfliktpädagogik, die Fehlinterpretation unseres gesellschaftlichen und staatlichen Zusammenlebens durch führende Schriftsteller, die feinsinnigen Unterscheidungen zwischen Gewalt an Personen und Gewalt gegen Sachen, die Philosophen und Theologen angestellt haben, das Verständnis gegenüber Gewalttätern, das in manchen Medien und Zeitschriften zu finden ist, die Verkehrung der Sicht, die darin liegt, dass man nur auf die Täter starrt und über die Opfer hinwegsieht ..., die Weiterverbreitung des sogenannten Buback-Nachrufs durch bestimmte Professoren und bestimmte Jugendorganisationen, die unter dem heuchlerischen Vorwand, für Informationen sorgen zu wollen, eine unglaubliche Schmähung eines Ermordeten durchgeführt haben.«[39]

Äußerungen wie diese trugen erheblich zur politischen und gesellschaftlichen Polarisierung bei. Die SPD beziehungsweise die sozialliberale Regierungskoalition geriet darüber trotz der hohen Popularität von Helmut Schmidt in die Defensive. Die FDP unter der Führung von Hans-Dietrich Genscher ging 1976 zwar mit einer klaren Koalitionsaussage zugunsten der SPD in den Wahlkampf und zögerte trotz der denkbar knappen Mehrheit nicht, die gemeinsame Regierung fortzusetzen. Doch mit dem engen Schulterschluss der beiden Parteien, der vor allem die Jahre 1969 bis 1972 charakterisiert hatte, war es vorbei. Der sozialliberale Konsens, der die Reformpolitik der Ära Brandt getragen hatte, löste sich auf. Sukzessive verabschiedete sich die FDP von dem pronicoert linksliberalen Profil, das sie sich seit den späten 1960er Jahren gegeben hatte und das als »sozialer Liberalismus« im Freiburger Programm von 1971 festgeschrieben worden war.

Ohnehin war die Gemeinsamkeit von SPD und FDP stärker ost- und deutschlandpolitisch begründet als wirtschafts- und gesellschaftspolitisch, und es erstaunt daher nicht, dass nach dem Abschluss der Vertragsphase der Ostpolitik die enge Bindung der beiden Parteien wieder nachließ. Die Frage nach den geeigneten Mitteln zur Überwindung der Rezession ließ schon 1974/75 einen nicht unerheblichen Dissens innerhalb der Koalition zutage treten. Der in der SPD an Gewicht gewinnende und sich lautstark zu Wort meldende linke Flügel lag mit seinen wirtschafts- und konjunkturpolitischen Positionen meilenweit entfernt von den Vorstellungen der FDP. Konnte eine politische Zusammenarbeit von Union und FDP zu Beginn der 1970er Jahre noch als ausgeschlossen gelten, so ließen die Liberalen nun mehr Pragmatismus walten. Diese Umorientierung begann auf Länderebene, hatte aber von Anfang an die Bundespolitik im Visier. 1977 bildeten CDU und FDP in Niedersachsen und im Saarland eine Koalition.

Im Bundesrat hatte der Wahlsieg der CDU in Baden-Württemberg – die Partei errang dort die absolute Mehrheit – der Union eine klare Mehrheit verschafft. Durch das Wahlpatt im Saarland 1975 wurde diese zwar kurzzeitig relativiert, nach dem Gewinn der absoluten Mehrheit durch die CDU in Niedersachsen 1978 aber nochmals ausgebaut. Bis zum Ende der Regierung Schmidt dominierte die Union im Bundesrat. Das gab ihr ein starkes bundespolitisches Mitspracherecht und engte die gesetzgeberischen Spielräume der SPD, die überdies durch Koalitionszwänge gebunden war, deutlich ein. Es war daher nicht verwunderlich, dass die SPD die Unionsparteien einer Obstruktions- und Blockadepolitik beschuldigte und ihnen vorwarf, sich als »Gegenregierung« aufzuspielen. Der Bundesrat war vom Parlamentarischen Rat als Länderkammer konzipiert worden, um die Interessen der Bundesländer im Gesetzgebungsprozess zu berücksichtigen. Dass die Länderkammer in einer Parteiendemokratie aber auch »ein wichtiges Instrument der Opposition« sein konnte, damit hätte man rechnen müssen.[40] Dass die Opposition über die Mehrheit im Länderparlament verfügte, wog insofern schwer, als durch die »Politikverflechtung«, ein Begriff, den der Sozialwissenschaftler Fritz Scharpf prägte,[41] also durch den Ausbau des kooperativen Föderalismus, der Anteil der zustimmungspflichtigen Gesetze des Bundes von ursprünglich etwa zehn auf über 50 Prozent angewachsen war. Nur in ganz wenigen Fällen hat die Union das ausgenutzt und über den Bundesrat Gesetzesvorhaben blockiert, aber sie zwang die Bundesregierung zum Kompromiss, nicht zuletzt durch Anrufung des Vermittlungsausschusses von Bundesrat und Bundestag. Von einer »Gegenregierung« konnte daher keine Rede sein, von einer Mitregierung der Bundesratsmehrheit schon. Man würde das Bild des Bundesrats allerdings grob verzerren, wenn man ihn gerade für die 1970er Jahre nur als Organ der bundespolitischen Opposition darstellte. In wichtigen Fragen, beispielsweise der Finanz-, der Verwaltungs- und der Bildungspolitik, gab es einen parteiübergreifenden Länderkonsens, der durch das Verhältnis von Regierung und Opposition auf Bundesebene nicht beeinträchtigt wurde.

Die zum Teil überaus heftigen Auseinandersetzungen über die politische Rolle des Bundesrats und die Probleme des Föderalismus gehören in den Zusammenhang einer zu dieser Zeit international geführten Debatte über die »Regierbarkeit«

von Demokratien. In dieser Debatte ging es zunächst weniger um die Funktion und Wirkung einzelner Verfassungsorgane in demokratischen Staaten oder die Bedeutung des Föderalismus. Vielmehr drehte sich alles um die Frage, ob und wie der Staat bei wachsenden Aufgaben und der hohen Komplexität moderner Industriegesellschaften überhaupt noch handlungsfähig bleiben könne. Die deutsche Diskussion kreiste nicht zuletzt um die gegensätzlichen Positionen eines notwendigen Ausbaus und der Effizienzsteigerung von Staatsfunktionen und Staatsorganen auf der einen Seite und der Warnung vor einer grundsätzlichen Überforderung des Staates verbunden mit der Gefahr der Erosion von Freiheitsrechten auf der anderen.[42] Zwischen diesen argumentativen Polen entfaltete sich die politische Bewertung, aber auch die wissenschaftliche Auseinandersetzung mit der Reformpolitik der Ära Brandt.

Einen ganz anderen Beitrag zu der Debatte über »Regierbarkeit« und »Unregierbarkeit« leistete der CSU-Vorsitzende Franz Josef Strauß. Auf einer Tagung der CSU-Landesgruppe entwickelte Strauß im November 1974 – die CSU hatte soeben die bayerische Landtagswahl mit einem Stimmenanteil von 62,1 Prozent gewonnen – grundsätzliche Überlegungen zum Oppositionsverhalten der Unionsparteien. In seiner berühmt-berüchtigten Sonthofener Rede, die der *Spiegel* wenige Monate später infolge einer Indiskretion veröffentlichte, forderte Strauß einen grundsätzlichen Konfrontationskurs, plädierte dafür, die Bundesrepublik noch tiefer in die wirtschaftliche Krise sinken zu lassen und die Regierung dann vorzuführen; er lehnte es ab, die Regierung aus falsch verstandenem staatspolitischem Verantwortungsbewusstsein zu unterstützen. Strauß suchte aus den Ängsten und Befürchtungen der Bevölkerung politisches Kapital zu schlagen. Er predigte eine Fundamentalopposition und artikulierte seine Bereitschaft, das Staatsschiff auf Grund laufen zu lassen, um es dann retten zu können.

In den Koalitionsparteien, in der breiten Öffentlichkeit und sogar in weiten Teilen der Union wie ihrer Wählerschaft löste die Sonthofener Rede Empörung aus. Im Bonner Adenauer-Haus, der Parteizentrale der CDU, sah man, dass mit der von Strauß geforderten »allgemeinen Konfrontierung« die Wähler der Mitte, auf die die Unionsparteien angewiesen waren, wenn sie die Regierung bilden wollten, nicht zu gewinnen waren. »Wir kämpfen für die Freiheit«, hieß es bei Strauß, »gegen den Sozialismus, für die Person und das Individuum, gegen das Kollektiv, für ein geeinigtes Westeuropa, gegen eine sowjetische Hegemonie über ganz Europa. Da muss man die anderen immer identifizieren damit, dass sie den Sozialismus und die Unfreiheit repräsentieren, dass sie das Kollektiv und die Funktionärsherrschaft repräsentieren und dass ihre Politik auf die Hegemonie der Sowjetunion über Westeuropa hinausläuft. Dass es bei den anderen eine ganze Menge von Leuten gibt, die das nicht wollen, soll uns nicht daran hindern, unter einem Übermaß an Objektivität zu leiden und das hier zu sagen.«[43]

Der Mehrheit in der CDU unter ihrem neuen Parteivorsitzenden Helmut Kohl ging die Polarisierung, die dem CSU-Vorsitzenden vorschwebte, zu weit. Dennoch bestimmte der von Strauß vorgeschlagene Konfrontationskurs 1976 den Bundestagswahlkampf der Union. Der Slogan »Freiheit statt Sozialismus«, den die Union im baden-württembergischen Landtagswahlkampf wenige Monate zuvor bereits ausprobiert hatte – in der leicht abgewandelten Version »Freiheit oder Sozialismus« –, verbreitete diesen Geist einer unüberbrückbaren Polarisierung. Aber würde man – früher oder später – die FDP als Koalitionspartner gewinnen können, wenn man, wie in Baden-Württemberg geschehen, die CDU als »die einzige nichtsozialistische Alternative« anpries? Es ist bezeichnend, dass die CDU-Gremien den konfrontativen Wahlkampfkurs erst absegneten, nachdem die niedersächsische FDP sich gegen eine Koalition mit der CDU in Hannover entschieden hatte. In der Frage der Kanzlerkandidatur hatte Franz Josef Strauß keinen Erfolg, ja, die Veröffentlichung der Sonthofener Rede im *Spiegel* trug dazu bei, dass die CDU sich zunehmend gegen seine Ansprüche auf die Kandidatur wehrte und Helmut Kohl sich schließlich als Spitzenkandidat durchsetzte. Umfragen belegten nämlich einen dramatischen Popularitätsverlust von Strauß nach Bekanntwerden seiner Rede. Selbst unter CDU/CSU-Sympathisanten brach der Rückhalt des bayerischen Politikers massiv ein.

Kohl vertrat einen moderaten Kurs und plädierte für eine konstruktive Oppositionspolitik. Schon Mitte der 1970er Jahre setzte er auf eine wachsende Entfremdung zwischen SPD und FDP. Trotz Helmut Schmidt werde es einen Linksrutsch der Sozialdemokratie geben, der zwangsläufig zu Konflikten mit der FDP führen müsse. Behutsam nahm er Kontakte zu den Spitzen der liberalen Partei auf, allen voran zu Hans-Dietrich Genscher. Das sollte sich Jahre später auszahlen. Vielleicht war es der konfrontative Wahlkampf auf der einen und ein Kandidat, der nicht für eine Fundamentalopposition stand auf der anderen Seite, was den Unionsparteien im Oktober 1976 zu ihrem zweitbesten Ergebnis seit 1949 verhalf. Nur 1,4 Prozentpunkte und wenige hunderttausend Stimmen trennten CDU und CSU von der absoluten Mehrheit. Je nach Standpunkt konnte man natürlich auch anders argumentieren: Hätte man den Sieg davongetragen, wenn man noch schärfer polarisiert hätte? Oder hätte man gewonnen, wenn man auf die scharfe Konfrontation verzichtet hätte?

Da im Wahljahr die Konjunktur wieder anzog, was von weiten Teilen der

Bevölkerung – auch von vielen Unionswählern – Helmut Schmidt zugeschrieben wurde, verlor das Sonthofener Krisenkalkül seine Grundlage. In der direkten Gegenüberstellung der Spitzenkandidaten – hier Schmidt, dort Kohl – schnitt der amtierende Kanzler deutlich besser ab als der Herausforderer. Da die Wahl von 1976 mangels großer Themen eine Persönlichkeitswahl war, wog das schwer. Dass man Schmidt als einen Sozialisten verteufelt hatte, bezeichneten selbst führende Politiker der CDU als kontraproduktiv. Nur Franz Josef Strauß zweifelte nicht daran, dass die Union mit ihm als Kandidaten die Wahl gewonnen hätte. Er schrieb die Niederlage, obwohl sie mit Blick auf die Stimmengewinne gar keine war, Helmut Kohl zu. Wenig später warf er ihm politische Unfähigkeit vor und prophezeite, dass Helmut Kohl niemals Bundeskanzler werden würde.[44]

Ein weiterer Schachzug von Strauß sollte angeblich die Wahlchancen steigern, zielte aber in Wahrheit darauf, dessen eigene Chancen auf die Kanzlerschaft zu erhöhen. Es handelte sich um den auf einer Klausurtagung der CSU-Landesgruppe im oberbayerischen Wildbad Kreuth gefassten Beschluss, die seit 1949 bestehende Fraktionsgemeinschaft von CDU und CSU im Bundestag aufzulösen. Strauß ließ keinen Zweifel daran, dass dies nur der erste Schritt war auf dem Weg der CSU zu einer bundesweit vertretenen Partei. Zwar wurde der Kreuther Beschluss wenige Wochen später wieder einkassiert, auch weil Strauß' Kurs innerhalb der eigenen Partei auf erheblichen Widerstand gestoßen war, doch die CSU hatte immerhin Stärke und ihren eigenen bundespolitischen Anspruch gezeigt. Die Kanzlerkandidatur von Franz Josef Strauß bei der Bundestagswahl 1980 hatte ihren Ausgang genommen.

Sanierungspolitik und Krisenmanagement: Auftakt zur zweiten Regierung Schmidt

Die Auseinandersetzungen innerhalb der Union um Strauß wurden überlagert vom »Fehlstart« (Wolfgang Jäger) des zweiten Kabinetts Schmidt/Genscher. Unmittelbar nach den Wahlen wurde die Regierung nämlich von Walter Arendt, Bundesminister für Arbeit und Soziales, mit einer Liquiditätslücke in der Rentenversicherung konfrontiert. SPD und FDP eingten sich bei den Koalitionsverhandlungen rasch auf ein Maßnahmenbündel. Danach sollten die Beiträge der Rentenversicherungsträger an die Krankenkassen von 17 auf 11 Prozent reduziert werden, und für die Rentenerhöhungen von 1979 an sollten nicht mehr die Brutto-, sondern die Nettoeinkünfte als Berechnungsgrundlage dienen. Vor allem aber sollte die im

Wahlkampf angekündigte Erhöhung der Renten zum 1. Juli 1977 um ein halbes Jahr verschoben werden.[45] Die Empörung war enorm. Die Opposition sprach von der »Rentenlüge« oder vom »Rentenbetrug«, und in den Medien wurde der Koalitionsbeschluss als Vertrauensbruch gewertet. Nicht wenige Kommentatoren verbanden das rentenpolitische Fiasko, das im Übrigen von einer kräftigen Erhöhung der Abgeordnetendiäten begleitet wurde, mit allgemeineren Überlegungen zum Thema Vertrauen und Glaubwürdigkeit in der Demokratie. Der angerichtete Schaden war groß; Arbeits- und Sozialminister Arendt trat von seinem Amt zurück. Der Koalitionsführung blieb schließlich nichts anderes übrig, als den Beschluss zurückzunehmen und die Rentenerhöhung wie angekündigt durchzuführen.

Das »Rentendebakel« von 1976 offenbart nicht nur die Glaubwürdigkeitsprobleme der Parteiendemokratie, sondern auch die wachsende Belastung der sozialen Sicherungssysteme und die politische Schwierigkeit, den Sozialstaat durch wirtschaftliche Krisen zu steuern und seine Errungenschaften unter sich verändernden demographischen Bedingungen zu erhalten. Die Einsicht in die Notwendigkeit von Leistungsminderungen, die beispielsweise den ursprünglichen Koalitionsbeschluss von 1976 geleitet hatte, geriet spätestens Mitte der 1970er Jahre immer wieder in Konflikt mit der Tatsache, dass solche Maßnahmen beim Wähler unpopulär waren. Damit ist ein Kardinalproblem der deutschen Sozialpolitik mitsamt ihren Weiterungen in die Steuerpolitik hinein benannt, das an Brisanz nicht verloren hat.

Seit Antritt der Regierung Schmidt und auch später unter der Regierung Kohl kam es dennoch immer wieder zu punktuellen Kürzungen sozialpolitischer Leistungen. Manche Verbesserung der sozialen Sicherung, für die es in den Jahren hoher Wachstumsraten finanzielle Spielräume gegeben hatte, wurde wieder zurückgenommen: die Anpassung der Renten an die Entwicklung der Löhne wurde verzögert, die Leistung der Krankenkassen beschränkt und der private Eigenanteil erhöht, Kindergeld, Sozialhilfe, Wohngeld, Arbeitslosengeld und Arbeitslosenhilfe wurden reduziert, während die Sozialversicherungsbeiträge stiegen.[46] Doch das alles waren lediglich Maßnahmen punktueller Natur, mit denen die Politik auf konjunkturelle Entwicklungen reagierte. Sobald sich die finanziellen Spielräume wieder erweiterten, wurden die Einschnitte rückgängig gemacht, die Sozialleistungen wieder erhöht. Zu grundlegenden Reformen der sozialen Sicherungssysteme kam es nicht. Dahinter stand die Überzeugung, dass die vielfach konstatierte Krise des Sozialstaats konjunkturell, nicht strukturell begründet sei, die Probleme also nur temporärer Natur seien.

Einer Überprüfung hielt diese Überzeugung, an die man sich so gerne klammerte, nicht stand. Schon die demographische Entwicklung ließ erkennen, dass die Grundlagen des Generationenvertrags ins Wanken geraten waren. Alle familienpolitischen Leistungen dieser Zeit, die stets auch auf eine Umkehrung des demographischen Trends, also eine Erhöhung der Geburtenzahl, zielten, vermochten daran nichts zu ändern. Hinzu kam die wachsende Arbeitslosigkeit, die nicht nur konjunkturell bedingt war, sondern strukturelle Ursachen hatte: die zunehmende Erwerbstätigkeit von Frauen, die mikroelektronische Revolution, durch welche die industrielle Produktion fundamental verändert wurde, und die technische Rationalisierung, die Arbeitskräfte freisetzte. Mit den Wellenbewegungen der Konjunktur hatte das nichts zu tun, vielmehr handelte es sich um einen »irreversiblen Prozess«. »Die klassische Arbeitsgesellschaft, an der sich der deutsche Sozialstaat ausgerichtet hatte, gelangte an ihr historisches Ende.«[47] Doch weder in den 1970er Jahren noch in den 16 Jahren der Regierung Kohl seit 1982 folgten daraus grundlegende Strukturreformen. Der Zusammenbruch der DDR und die Vereinigung Deutschlands, eine Situation, in der es durchaus Spielraum für eine strukturelle Umorientierung gegeben hätte, war mit einer enormen finanziellen Belastung verbunden, da die westdeutschen Sicherungssysteme auf die ehemalige DDR übertragen wurden. Diese Belastung aber ließ sich erneut als ein temporäres und damit überwindbares Problem betrachten. Der konjunkturelle Aufschwung, den man als Folge der Vereinigung erwartete, würde, so das Kalkül beziehungsweise die Hoffnung, die Krise des Sozialstaats beheben.

Mit der knappen Mehrheit von nur einer Stimme wählte der Deutsche Bundestag am 15. Dezember 1976 Helmut Schmidt wieder zum Bundeskanzler. Das zweite Kabinett Schmidt unterschied sich kaum vom ersten: Der den Gewerkschaften verbundene Herbert Ehrenberg ersetzte als Arbeitsminister den zurückgetretenen Walter Arendt. Das Entwicklungshilfeministerium übernahm Marie Schlei; ihr Vorgänger Egon Bahr wurde Bundesgeschäftsführer der SPD, und Antje Huber wurde in der Nachfolge von Katharina Focke Bundesfamilienministerin. Die FDP-Minister, allen voran der Parteivorsitzende Genscher als Außenminister und Vizekanzler, blieben in ihren Ämtern. Als Wirtschaftsminister Friderichs 1977 in der Nachfolge des ermordeten Jürgen Ponto Sprecher der Dresdner Bank wurde, ersetzte ihn in Bonn der wirtschaftspolitische Sprecher der Liberalen Otto Graf Lambsdorff.

Schmidts Regierungserklärung von 1976 atmete, wohlwollend betrachtet, noch stärker den Geist eines nüchternen Pragmatismus und sachlichen Realismus als seine erste Regierungserklärung. Zwar sprach der Kanzler von einer »Politik stetiger Reformen«, doch der Reformelan der frühen sozialliberalen Jahre war längst

verflogen. Nicht um Reformen ging es nun, sondern um Sanierung und Krisenmanagement.[48] Auch deshalb stand der Beginn der zweiten Regierung Schmidt
unter einem schlechten Stern. Zwar schien die Talsohle der Rezession durchschritten, aber die Frage nach den geeigneten politischen Maßnahmen zur Stabilisierung
der Konjunktur barg erhebliches koalitionspolitisches Konfliktpotential. Die FDP
demonstrierte, auch weil sie sich bei den Wahlen knapp hatte behaupten können,
neues Selbstbewusstsein. Schon Wirtschaftsminister Friderichs, nicht erst sein
Nachfolger Lambsdorff, vertrat in der Wirtschafts- und Finanzpolitik klare angebotsorientierte Positionen und setzte sich damit zumindest punktuell durch. Um
Haushaltslücken zu schließen, wurde die Mehrwertsteuer erhöht. Dass man zugleich auf Betreiben der FDP die Vermögenssteuer senkte, um einen Investitions-
anreiz zu geben, hielten weite Teile der SPD für verfehlt.

Widerspruch kam nicht nur aus den Gewerkschaftskreisen der Partei, die ansonsten den pragmatischen Kurs Helmut Schmidts durchaus unterstützten, Widerspruch kam vor allem vom linken Flügel der SPD, wo der Marxismus im Gefolge der Studentenbewegung und nach dem Parteieintritt zahlreicher Aktivisten
der APO eine Renaissance erlebte. Diese relativ stark ausgeprägte Renaissance war,
so Peter Graf Kielmansegg, auch deswegen möglich, weil sich die SPD in den 1960er
Jahren in ihrem eisernen Streben nach der Regierungsmacht so sehr entideologi-
siert hatte. Nun schwang das Pendel zurück.[49] In den »Orientierungsrahmen 85«,
den die Partei auf ihrem Mannheimer Parteitag 1975 verabschiedete, flossen Ideen
der Neuen Linken ein, vor allem aber jene Reformvisionen und die mit ihnen verbundenen Staats- und Gesellschaftsvorstellungen, die der Regierungszeit Willy
Brandts ihr Gepräge gegeben hatten. An die Bedeutung des Godesberger Programms reichte der »OR 85« nicht heran, aber er war keineswegs nur eine innerparteiliche »Spielwiese« mit der Funktion eines »geistig-politischen Integrationsprozesses«, wie Willy Brandt es darstellte.[50] Vielmehr markierte das Programm
Positionen, die zum Tragen kommen konnten, wenn es im Falle einer Koalitionskrise darum ging, das Profil der SPD gegenüber der FDP zu schärfen.

In den Diskussionen über den Orientierungsrahmen wurde auch deutlich,
dass Helmut Schmidt, dem Herbert Wehner als Fraktionschef im Parlament die
Unterstützung der Abgeordneten sicherte, innerhalb seiner Partei von einer mächtigen Opposition skeptisch beobachtet wurde. Deren Vertreter sahen in ihm alles
andere als einen Repräsentanten sozialdemokratischer Politik, wie sie ihnen vorschwebte. Anders als er selbst es später darstellte, half es ihm durchaus, dass er
»nur« Bundeskanzler und nicht auch noch Parteivorsitzender war. Brandt wirkte
als SPD-Vorsitzender weitaus integrierender, als es Schmidt jemals möglich gewe-

sen wäre. Brandts Charisma hatte viele junge Menschen aus dem Umfeld der Studentenbewegung in die SPD geholt, und nun trug es dazu bei, den politischen Gestaltungs- und den gesellschaftlichen Veränderungswillen dieser Parteimitglieder so zu kanalisieren, dass die Regierungskoalition nicht gefährdet wurde. Das funktionierte, bis Ende der 1970er Jahre mit dem Aufstieg der Grünen der Druck auf die SPD wuchs, sich den gesellschaftspolitischen Vorstellungen aus dem Umfeld der sogenannten neuen sozialen Bewegungen anzunähern, um nicht die Attraktivität bei jüngeren Wählerschichten völlig zu verlieren. Insbesondere die Fragen der Kernenergie und der NATO-Nachrüstung führten zu einem offenen Konflikt zwischen dem Bundeskanzler und den Teilen der Partei, die seinen Kurs unterstützten, und jenen Kräften, die gerade in der Umwelt- und der Friedenspolitik ganz andere Positionen vertraten. Als Willy Brandt sich offen auf die Seite dieser Kräfte schlug, waren die Tage Schmidts als Bundeskanzler gezählt. Er verlor den Rückhalt seiner Partei und war in der SPD zunehmend isoliert.

Duell der Giganten: die Bundestagswahlen 1980

In der CDU setzte mit der Erkenntnis, die Regierungsmacht nicht nur für kurze Zeit verloren zu haben, eine umfassende Reorganisation und Neuausrichtung ein. Unter dem neuen Parteivorsitzenden Helmut Kohl und seinem Generalsekretär Kurt Biedenkopf wurde der Parteiapparat von Grund auf modernisiert. Es entstand eine schlagkräftige Parteiorganisation, in der die Bundesgeschäftsstelle im Bonner Adenauer-Haus stärker als früher zentrale Planungs- und Steuerungsfunktionen übernahm. Alle Kreisverbände erhielten hauptamtliche Mitarbeiter, die Kreisgeschäftsstellen sollten zu effizienten Organen der Partei auf lokaler Ebene werden. Der Parteivorsitzende Kohl bemühte sich, gerade die Kreisvorsitzenden und Kreisgeschäftsführer möglichst eng an die Bundesgeschäftsstelle, vor allem aber an sich selbst zu binden, und er schuf damit eine wesentliche Basis seiner Dominanz innerhalb der CDU in den Jahren seiner späteren Kanzlerschaft. Der Ausbau der Parteiorganisation war freilich auch deshalb notwendig, weil die Zahl der Parteimitglieder seit den späten 1960er Jahren sprunghaft anstieg. Zwischen 1969 und 1976 verdoppelte sich die Zahl der CDU-Mitglieder von 300 000 auf 600 000, ein Ergebnis der gesellschaftlichen und politischen Polarisierung zunächst im Zeichen von APO und Studentenbewegung, später vor dem Hintergrund der Auseinandersetzungen über die Ostpolitik der sozialliberalen Koalition.

Hatte die Union ihre politische Programmatik bislang im Regieren entwickelt, so gehörte es zu der von Kohl und Biedenkopf verfolgten Oppositionsstrategie, der Partei eine klare programmatische Linie zu geben. Die Programmdiskussion, die in den späten 1960er Jahren eingesetzt hatte, gewann unter der Führung Kohls an Kraft und mündete schließlich 1978 in das erste Grundsatzprogramm der CDU, das mit den drei Leitbegriffen »Freiheit, Solidarität und Gerechtigkeit« überschrieben war. Das Programm integrierte ganz unterschiedliche Vorstellungen und Ansätze und zeigte, dass auch die CDU keine homogene Partei war. Konservative Kräfte bestimmten ihr Profil ebenso wie christlich-soziale und wirtschaftsliberale. Das machte schon die Präambel deutlich, in der es hieß, »Freiheit und Menschlichkeit sollen sich nicht wieder [wie in der Weimarer Republik; E.C.] in verhängnisvoller Gegnerschaft zwischen sozialen, liberalen und konservativen Strömungen verlieren«.[51] Weil das Spektrum so breit war, blieb das Ludwigshafener Programm in seiner Wirkung begrenzt. Zu einer einheitlichen programmatischen Ausrichtung der CDU – unter Einschluss womöglich noch der CSU – trug es jedenfalls nicht bei. Immerhin war es der Versuch, die politischen Überzeugungen und Vorstellungen, die in der CDU vertreten wurden, »durch gemeinsame Werte und Ziele [zu] verbinden«.[52] Wenn man zurückblickt auf die endlosen C-Debatten der 1960er Jahre, in denen die Notwendigkeit eines Grundsatzprogramms bestritten wurde, war schon die Feststellung, dass sich aus christlichem Glauben allein kein politisches Programm ableiten lasse, ein Fortschritt.[53]

Mobilisierende Wirkung entfaltete die von den »Kohlianern«, unter ihnen Kurt Biedenkopf, Heiner Geißler und Norbert Blüm, identifizierte »neue soziale Frage«, mit der man sich einerseits von der SPD und den Gewerkschaften absetzte, andererseits aber Reformimpulse der frühen 1970er Jahre aufnahm. In der Auseinandersetzung mit der »neuen sozialen Frage« versuchte die CDU, ihre ordnungs- und sozialpolitischen Vorstellungen miteinander zu verknüpfen und als Einheit darzustellen. In diesen Diskussionen erwies sich die Partei als innovativ und kreativ. Als das Grundsatzprogramm 1978 verabschiedet wurde, war das gesellschaftliche Klima nicht mehr dasselbe wie zu Beginn des Jahrzehnts, als Helmut Kohl die Programmdiskussion angestoßen hatte. Im Staccato der Krisen und angesichts profunder Verunsicherungen in der Gesellschaft hatten langfristige Zukunftsvorstellungen und fortschrittsgewisse Visionen an Attraktivität verloren. Nun ging es um Krisenmanagement und Krisendiagnosen. Die Zeit großer Programmentwürfe war vorbei.[54]

Weil die Union 1976 wieder stärkste Fraktion im Bundestag geworden war, konnte sie den Posten des Bundestagspräsidenten besetzen. Karl Carstens, Exponent des konservativen Parteiflügels, der 1973 Rainer Barzel im Vorsitz der Bundestagsfraktion abgelöst hatte, wurde in dieses Amt gewählt. An der Spitze der Fraktion wurde dadurch Platz frei für Helmut Kohl, der seinen Ministerpräsidentenposten in Mainz aufgab und sich fortan ganz auf die Bundespolitik konzentrierte. Kohls Wechsel nach Bonn unterstrich seine ungebrochenen bundespolitischen Ambitionen, aber auch seinen Anspruch, an der Spitze von Partei und Fraktion zur unbestrittenen Führungsfigur der CDU zu werden. Die Chancen für die Kanzlerschaft standen so schlecht nicht. Auf Grund ihres Übergewichts in den Länderparlamenten hatte die CDU immerhin in der Bundesversammlung die Mehrheit. 1979 machte die Wahl von Karl Carstens in das höchste Staatsamt die Stärke der Union in den Ländern deutlich. Die ungebrochene Popularität und das hohe Ansehen von Helmut Schmidt stellten allerdings immer noch eine unüberwindliche Hürde auf dem Weg zur Macht dar.

Nach dem schwierigen Start mit der »Rentenlüge« hatte Schmidts Kabinett doch noch Tritt gefasst. Sein entschiedenes Krisenmanagement angesichts der terroristischen Herausforderung 1977 und der Erfolg der Geiselbefreiung in Mogadischu brachten ihm wieder mehr Zustimmung in der Bevölkerung. Weder Helmut Kohl noch Franz Josef Strauß konnten sich mit ihm messen. Überdies war es Schmidt gelungen, die Rezession der Jahre 1974/75 rasch zu überwinden, die Wirtschaft wieder anzukurbeln und die Inflation zu drosseln. Dass die Arbeitslosigkeit nicht signifikant gesenkt werden konnte, wurde zwar wahrgenommen, gefährdete seine Position aber kaum, da man die hohe Arbeitslosigkeit für konjunkturell bedingt hielt, was auf baldige Entspannung hoffen ließ, und die Systeme der sozialen Sicherung ihre Aufgabe offenkundig gut erfüllten. Dass Schmidt auch auf internationalem Parkett Anerkennung fand, dass seine Stimme im Westen etwas galt, erhöhte seine Wertschätzung in der Heimat noch. Im westlichen Ausland wiederum zollte man dem Bundeskanzler Respekt wegen seines Umgangs mit dem Terrorismus, aber mehr noch, weil es ihm gelungen war, die Wirtschaftskrise so rasch zu überwinden. Dadurch erwarb er sich den Ruf eines »Weltökonomen«.

Als sich die Staats- und Regierungschefs der sieben wichtigsten westlichen Industrieländer (G 7) im Jahr 1978 zum Gipfeltreffen in Bonn versammelten, stand der Bundeskanzler nicht nur als Gastgeber, sondern als erfolgreicher Krisenmanager im Mittelpunkt der Aufmerksamkeit. Mit ihm wurde das »Modell Deutschland« gefeiert, für das er stand. Von außen nahm man aber nicht nur die Wirtschaftskraft der Bundesrepublik wahr und die Tatsache, dass sie zur »Lokomotive« der Weltwirtschaft geworden war, sondern auch deren politische und gesellschaftliche Stabilität. Der deutsche Bundeskanzler befand sich im Jahr des »Schmidt-Gipfels« auf dem Höhepunkt seiner politischen Karriere und seiner nationalen wie internationalen Anerkennung. Hier legte er die Grundlagen für seinen Wahlerfolg 1980.[55]

Mit der zweiten Ölpreiskrise, die Ende 1978 begann, und der neuen weltweiten Rezession, zu der sie sich rasch auswuchs, nahmen Schmidts Erfolgsaussichten noch zu, weil der Wähler in Krisensituationen noch mehr zur Kontinuität der Regierung neigt und weil man Schmidt zutraute, auch diese neuerliche Konjunkturkrise rasch zu überwinden. Für die Unionsparteien war die Lage dagegen eher ungünstig. Keiner sah das klarer als Helmut Kohl, der kühl kalkulierend die Chance ergriff, seinen bayerischen Konkurrenten Franz Josef Strauß mit seinen Aspirationen auf das Kanzleramt endgültig in die Schranken zu weisen. Als Strauß Ansprüche auf die Kanzlerkandidatur 1980 anmeldete, stellte Kohl dem keine eigenen Ambitionen entgegen. Vermutlich hat er es begrüßt, dass sich Strauß innerhalb der Union gegen Ernst Albrecht, den jungen niedersächsischen Ministerpräsidenten, durchsetzte.[56]

Der Wahlkampf 1980 wurde ein »Duell der Giganten« (Wolfgang Jäger), geprägt von einer beispiellosen Polarisierung sowie von persönlichen Angriffen und Schmähungen, wie es sie seit der Konfrontation zwischen Adenauer und Schumacher 1949 nicht mehr gegeben hatte. Während Teile der CDU den bayerischen Ministerpräsidenten im Wahlkampf längst nicht so engagiert unterstützten, wie dieser es sich gewünscht hätte, wurde der Unionskandidat für Wähler der FDP sowie des linken Spektrums zu einer regelrechten Hassfigur. »Stoppt Strauß« war der heimliche Slogan von SPD und FDP, dem sich aber auch jene Wähler anschlossen, die der 1979 gegründeten Partei Die Grünen ihre Stimme gaben. Lange vor 1998 und der Regierung Schröder/Fischer entwickelte sich so im Bundestagswahlkampf eine erste rot-grüne Koalition. Der Union gelang es nicht, den Personenwahlkampf in den Hintergrund treten zu lassen, und die Sozialdemokratie setzte auf den Bundeskanzler, ja versuchte sogar – und das nicht ohne Erfolg –, Unionswähler angesichts der Alternative Strauß für Schmidt zu gewinnen. Dabei war die Unterstützung für Helmut Schmidt innerhalb der SPD bereits im Schwinden begriffen, insbesondere aufgrund der Sicherheits- und der Kernenergiepolitik.

Die Wahlen am 5. Oktober 1980 brachten der Union eine schwere Niederlage und ihr schlechtestes Ergebnis seit 1949. Von 48,6 Prozent 1976 sanken CDU/CSU auf 44,5 Prozent ab. Damit blieb die Union zwar stärkste Fraktion, vom Gewinn der absoluten Mehrheit und damit einer Alleinregierung war man jedoch weit entfernt. Die SPD konnte sich stabilisieren, sie lag mit 42,9 Prozent knapp über ihrem Ergebnis von 1976. Die FDP hingegen gewann 2,7 Prozent und erreichte mit 10,6 Prozent ein zweistelliges Ergebnis. Die Grünen, die erstmals bei einer Bundestagswahl angetreten waren, brachten es auf 1,5 Prozent und scheiterten damit deutlich an der Fünf-Prozent-Hürde. Das Wahlergebnis spiegelte wider, dass die meisten Deutschen die Wahl als Persönlichkeitswahl betrachtet hatten. An Franz Josef Strauß schieden sich die Geister, was der Union schadete, während die Beliebtheit Helmut Schmidts der SPD beziehungsweise der Koalition half. Der Stimmenanteil der Unionswähler war in Süddeutschland ungleich höher als im Norden der Republik, wo offenkundig zahlreiche Unionsanhänger ihr Kreuz bei der FDP gemacht hatten, weil sie Strauß nicht wählen wollten. Überhaupt erwies sich die FDP als der große Profiteur des polarisierenden Wahlkampfs. Ihr Zweitstimmenanteil erhöhte sich, weil viele CDU-Wähler zwar ihren Wahlkreiskandidaten, nicht aber eine CDU mit diesem Spitzenkandidaten wählen wollten. Auch SPD-Wähler, denen die Linksorientierung der Sozialdemokratie missfiel, entschlossen sich, für die Liberalen zu votieren, um damit eine Fortsetzung der Regierungskoalition zu erreichen, nicht aber eine Stärkung der SPD.

Dass sich mit Strauß als Kanzlerkandidaten die Union nach rechts bewegt hatte und die SPD sich immer deutlicher nach links orientierte, schuf in der Mitte des politischen Spektrums eine »Marktlücke« für die FDP.[57] Sie konnte diese Lücke schließen und Stimmen von rechts und links gewinnen, weil sie sich unter der Führung Hans-Dietrich Genschers sukzessive von ihrer eindeutigen Linksorientierung und ihrer engen Bindung an die SPD gelöst hatte. Von vielen Wählern wurde sie nicht mehr als Verstärkung der SPD in der Regierungskoalition wahrgenommen, sondern als Korrektiv. Andere Wähler erblickten in den Liberalen einen möglichen Koalitionspartner für die Union, der in der Lage sein würde, den rechten Kurs eines Franz Josef Strauß zu konterkarieren. So sonnten sich die Freien Demokraten im Herbst 1980 im Glanze ihres Erfolges. Das gute Abschneiden täuschte allerdings darüber hinweg, dass die FDP selbst ganz unterschiedliche Positionen unter ihrem liberalen Dach versammelte. Einer wachsenden Distanz zum Koalitionspartner SPD entsprach keineswegs eine geschlossene Hinwendung zur Union. Helmut Schmidt als Bundeskanzler konnte die Liberalen zunächst noch einmal hinter sich vereinen und zur Fortsetzung der Koalition bewegen. Aber schon in den Koalitionsverhandlungen wurde das Konfliktpotential deutlich, das sich vor allem aus grundsätzlich divergierenden Positionen in der Wirtschafts- und Finanzpolitik ergab. Darüber hinaus schien sich eine gewisse Koalitionsmüdigkeit eingestellt zu haben. Der Schwung der Anfangsjahre war längst dahin, man kämpfte nun mit den Mühen der Ebene.

Personalpolitisch war die Bildung des dritten Kabinetts Schmidt problemlos. Die vier FDP-Minister, unter ihnen der linksliberale Gerhart Baum, der 1978 Werner Maihofer als Innenminister abgelöst hatte, behielten ihre Ressorts. Auf der SPD-Seite gab es nur geringfügige Veränderungen. Helmut Schmidt ging mit einer fast unveränderten Mannschaft in die Legislaturperiode. In der Partei hingegen brodelte es. Nach der Wahl brachen die Spannungen auf, die während des Wahlkampfs mühsam hatten übertüncht werden können. Lautstark kritisierte der linke Parteiflügel die Personalisierung des Wahlkampfs und die sozialdemokratische Politik insgesamt. Dem Diktat des Kanzlers wollte man sich nicht länger beugen, und ebenso wenig war man bereit, politische Zugeständnisse an die FDP zu machen, nur um die Koalition zu erhalten.

So wurde schon zu Beginn der Legislaturperiode deutlich, dass die Koalition in schwieriges Fahrwasser steuerte und insbesondere in der SPD der Machterhalt kein unumstrittenes politisches Ziel mehr darstellte, dem sich das inhaltliche Profil der Partei unterzuordnen hatte. Da große Teile der Partei Schmidt nur noch widerwillig folgten und FDP und SPD sich bereits stark entfremdet hatten, war es kein Wunder, dass der Bundeskanzler in seiner Regierungserklärung vom 24. November 1980 nicht einmal den Versuch unternahm, eine nach vorne weisende politische Agenda zu entwickeln. Vielmehr repetierte er die mühsam erzielten Koalitionsvereinbarungen, die über weite Strecken lediglich eine Ansammlung von Formelkompromissen darstellten. Auf mehr hatte man sich in der Koalition, aber auch innerhalb der SPD nicht verständigen können. Von »geistiger Öde« sprach der SPD-Politiker Erhard Eppler, einer der schärfsten Gegner Schmidts,[58] und es schien, als wolle er damit sagen, dass diese »Öde« mit Schmidt als Kanzler und der FDP als Koalitionspartner nicht überwunden werden könne, ja dass die SPD als Regierungspartei zu geistiger Erneuerung nicht in der Lage sei.

Für die Union war angesichts des Wahlergebnisses das Kapitel der Kanzlerkandidatur von Franz Josef Strauß beendet. Ein erneutes Antreten des CSU-Vorsitzenden war ausgeschlossen, zu klar traten die Ursachen der Wahlniederlage zutage. Das erhöhte die Geschlossenheit in der Union, die – darin bestärkt durch den auf Vorschlag von Franz Josef Strauß in seinem Amt als Fraktionsvorsitzender bestätigten Helmut Kohl – auf eine innerparteiliche Auseinandersetzung über den Ausgang der Wahl verzichtete. Für Kohl selbst war die Niederlage der Union – und damit von Strauß – ein Erfolg. Er konnte sich in seinem Oppositionskurs bestätigt sehen, nicht zuletzt in seiner Haltung gegenüber der FDP. Im Bundestag und in der weiteren Öffentlichkeit wurde der CDU-Vorsitzende nicht nur als unumstrittener Oppositionsführer wahrgenommen, sondern auch als der unumstrittene Kanzler einer Koalition aus CDU/CSU und FDP, falls es im Laufe der Legislaturperiode zu einem Bruch der sozialliberalen Koalition kommen sollte. Das sah selbst Strauß so, der den Führungsanspruch Kohls anerkannte: »Es ist eine Selbstverständlichkeit in einer funktionierenden parlamentarischen Demokratie, dass der Oppositionsführer – das ist Helmut Kohl als Fraktionsvorsitzender der CDU/CSU – der natürliche Nachfolger von Helmut Schmidt wäre, wenn es zu einer Änderung kommt.«[59] Ein baldiger Bruch der sozialliberalen Koalition war Ende 1980 nicht zu erwarten, aber es war nicht ausgeschlossen, dass sich der nicht gerade große Bestand an Gemeinsamkeiten von SPD und FDP im Laufe der nächsten Jahre verschleißen und es zu Auflösungserscheinungen der Koalition kommen würde. Dann würde die Stunde der Union schlagen – und die Stunde Helmut Kohls.

Veränderungen im Parteiensystem: der Aufstieg der Grünen

Das Wahlergebnis von 1980, das nur den drei Parteien CDU/CSU, SPD und FDP den Einzug in den Bundestag ermöglichte und eine Fortsetzung der seit 1969 bestehenden parlamentarischen Rollenverteilung brachte, täuschte darüber hinweg, dass die gesellschaftlichen Veränderungen der 1970er Jahre sich allmählich auf das Parteiensystem auszuwirken begannen. Das seit den frühen 1960er Jahren fest gefügte System der drei Parteien wirkte oberflächlich zwar stabil, doch die Gründung der Grünen und ihre Wahlerfolge jenseits der Bundestagswahl kündigten weit reichende Verschiebungen an. Das Drei-Parteien-System erreichte seinen Zenit bei den Bundestagswahlen 1972 und 1976, die mit über 90 Prozent einen Rekord bei der Wahlbeteiligung erzielten und mit einem Stimmenanteil von lediglich 0,9 Prozent für alle »sonstigen« Parteien die Periode seiner stärksten Ausprägung markierten. In dieser Zeit erreichten die beiden großen Volksparteien auch ihre größte Integrationskraft. 1972 und 1976 vereinigten sie über 90 Prozent der Wählerstimmen auf sich. Das war nicht zuletzt das Ergebnis einer beispiellosen politischen Mobilisierung in einer hochgradig polarisierten Atmosphäre. Die Integration unterschiedlicher Positionen innerhalb der beiden großen Parteien erleichterte das keineswegs. Aber die hohen Stimmenanteile, die Union und SPD zuflossen, verweisen auch auf die Akzeptanz des westdeutschen Parteiensystems, das in der Dreier-Konstellation seit der Frühzeit der Bundesrepublik an Legitimität gewonnen hatte, was die Rolle der FDP als Koalitionspartner und parlamentarischer Mehrheitsbeschafferin einschloss.

Entstehung und Aufstieg der Partei Die Grünen veränderten diese Parteienkonfiguration grundlegend. Aus dem Drei-Parteien-System wurde im Laufe der 1980er Jahre ein Vier-Parteien-System. Das schuf nicht nur neue Koalitionsmöglichkeiten, sondern wirkte sich auch auf die »etablierten« Parteien, so der Begriff der Grünen, aus. Vor allem die SPD, die in den 1970er Jahren auf Bundesebene Wahlergebnisse von deutlich über 40 Prozent eingefahren hatte – mit dem Höchststand von 45,8 Prozent bei den »Willy-Wahlen« 1972 –, verlor Wähler an die neue Partei und bewegte sich schon seit 1983 wieder in den 30-Prozent-Bereich zurück. Union und FDP waren vom Aufstieg der Grünen zunächst weniger betroffen, doch die FDP verlor ihre Rolle als der geborene Koalitionspartner und einzige Mehrheitsbeschaffer.

In der Gründung der Grünen-Partei und ihrem Aufstieg bis zum Einzug in den Bundestag 1983 verbanden sich politische Wirkungen der Studentenbewegung mit soziokulturellen Wandlungsprozessen der 1970er Jahre. Da diese Veränderungsprozesse nahezu gleichzeitig alle westlichen Industriegesellschaften, vor allem die westeuropäischen, erfassten, ist es nicht überraschend, dass grüne Parteien etwa gleichzeitig in den meisten westeuropäischen Ländern entstanden. Die Entwicklung in der Bundesrepublik war allerdings besonders dynamisch. Hier wurde die Krise der Industriegesellschaft und des Fortschrittsdenkens besonders intensiv wahrgenommen, hier wurde sie auch kulturell besonders stark als Krise der technisch-industriellen Moderne insgesamt empfunden.

Für die Gefahren und Risiken der technisch-industriellen Moderne standen vor allem zwei Entwicklungen: die friedliche Nutzung der Kernkraft und die nukleare Rüstung. So wie sich an der Beherrschung und Nutzung der Atomkraft die Zukunftsgewissheit und das Machbarkeitsdenken der technisch-industriellen Moderne festmachten – das Godesberger Programm der SPD legt in der Präambel beredt Zeugnis davon ab –, so standen Kernenergie und Kernwaffen seit den 1970er Jahren für die Schattenseiten dieser Moderne, für ihre Ambivalenz und ihre Risiken. Bedeutete Atomenergie in den Zukunftsvisionen der zwei Jahrzehnte zuvor Sicherheit und Stetigkeit des technisch-industriellen Fortschritts und damit wirtschaftliches Wachstum und materiellen Wohlstand, so sah man nun auf den Preis dieses Fortschritts: die mögliche Gefährdung der natürlichen Lebensgrundlagen des Menschen, das Risiko für Mensch und Umwelt.

Nukleare Waffen standen vor dem Hintergrund des Kalten Kriegs zunächst ebenfalls für verlässliche äußere Sicherheit, für wirksamen Schutz gegen militärische Übergriffe und für ein höchst rationales System der Abschreckung, das den Krieg verhindern würde. Erst allmählich geriet das enorme Zerstörungspotential nuklearer Waffen in den Blick einer breiteren Öffentlichkeit, wurde eine Militärstrategie beleuchtet, die im bipolaren System der Blöcke Sicherheit auf die Drohung mit wechselseitiger Vernichtung gründete. Eine Technologie also, die Sicherheit zu schaffen beziehungsweise zu erhöhen versprochen hatte, erschien nun vielen als ein unmoralisches Gefährdungs- und Unsicherheitspotential. Die atomare Rüstung und die friedliche Nutzung der Kernenergie waren vor diesem Hintergrund die beiden zentralen Kristallisationspunkte für jene sozialen Bewegungen, die sich kritisch mit der technisch-industriellen Moderne auseinandersetzten und dem Fortschritts- und Modernisierungsparadigma skeptisch, ja ablehnend gegenüberstanden. Aus Antikernkraftbewegung und Friedensbewegung speiste sich jene politische Dynamik, die zur Entstehung der Grünen in den späten 1970er Jahren, zu ihrem politischen Durchbruch in den frühen 1980ern und bis 1990 zu ihrer stabilen Verankerung in Gesellschaft und Politik entscheidend beitrug.

Die Entstehungsbedingungen der Grünen sind vielfältig. Zu ihnen gehörte eine nicht zuletzt durch die gesellschaftliche Liberalisierung der 1960er Jahre bewirkte politische Mobilisierung, die in der Zeit der Studentenunruhen und dann in der Ära Brandt noch weiter zunahm. Zu ihnen gehörte aber auch das wachsende Bewusstsein für die Gefährdung der natürlichen Lebensgrundlagen des Menschen, das zum Teil in eine regelrechte Zukunftsangst umschlug. Und zu ihnen gehörte schließlich eine sich soziokulturell im Laufe der 1970er Jahre verstärkende Kritik an den etablierten Strukturen der parlamentarischen Demokratie und insbesondere an ihren Parteien. Politische Gegenentwürfe standen im Zeichen der »Basisdemokratie«.

Kritik und Protest artikulierten vor allem eine ganze Reihe neuer sozialer Bewegungen, oftmals lose gefügte Netzwerke, verbunden durch gemeinsame Protestanliegen, gesellschaftliche Mobilisierungsbemühungen und das Ziel, »sozialen Wandel herbeizuführen, zu verhindern oder rückgängig zu machen«.[60] Die Fortschritts- und Modernitätskritik der neuen sozialen Bewegungen diffundierte allmählich nicht nur in die SPD und verband sich dort mit gesellschaftsreformerischen Anliegen des linken Flügels, der dadurch wesentlich gestärkt wurde, sondern sie trug auch dazu bei, dass sich in der Bundesrepublik ein neues, ökologisch-alternatives Milieu entwickelte. Getragen wurde dieses Milieu von Angehörigen einer jüngeren Generation, akademisch ausgebildet und den Mittelschichten zugehörig, oftmals aus Lehr- und Erziehungsberufen stammend. Gerade diese Gruppe hatte sich durch die Bildungsexpansion erheblich ausgeweitet, was zur Stabilisierung des Milieus und zu seinem dauerhaften Bestand beitrug.

Lokale Bürgerinitiativen und Protestbewegungen, beispielsweise gegen ein Atomkraftwerk in Whyl am Oberrhein oder in Brokdorf an der Elbe, aber auch gegen ein atomares Endlager im niedersächsischen Gorleben, speisten sich aus diesem Milieu ebenso wie mannigfaltige andere Umwelt- und Naturschutzaktivitäten. Ersten kommunalpolitischen Zusammenschlüssen und der Beteiligung lokaler Gruppierungen an Kommunalwahlen, beispielsweise im Wendland, folgte 1979 die Beteiligung verschiedenster Gruppen unter der Sammelbezeichnung »Die Grünen« an der Europawahl. Als Bundespartei konstituierten sich Die Grünen am 12./13. Januar 1980 in Karlsruhe. Ihr Gründungsprogramm, das um die Leitbegriffe »ökologisch«, »sozial«, »gewaltfrei« und »basisdemokratisch« kreiste, atmete den Geist ihrer Entstehung. Hinter diesen Begriffen verbarg sich eine erhebliche politische und soziokulturelle Heterogenität, die von linksextremen K-Gruppen über linksorientierte »Alternative« oder »Bunte Listen« bis hin zu bürgerlich-konservativen Strömungen um den ehemaligen CDU-Politiker Herbert Gruhl reichte.

In der Anfangszeit fanden selbst schillernde Individuen wie der schleswig-holsteinische Bio-Bauer Baldur Springmann mit seinen zum Teil agrarromantischen Vorstellungen unter dem Dach der Grünen Platz. Doch schon bald setzte eine eindeutig linke politische Profilierung ein, die konservative Grüne zunehmend marginalisierte und schließlich aus der Partei verdrängte. Herbert Gruhl etwa, 1978 Mitbegründer der Grünen Aktion Zukunft, rief 1982 die Ökologisch-demokratische Partei (ÖDP) ins Leben, der jedoch kein Erfolg beschieden war. Zu Beginn der 1980er Jahre verstanden die Grünen sich eindeutig als linke Partei, auch wenn ihre Entwicklung noch Jahre gekennzeichnet war von der prinzipiellen Auseinandersetzung zwischen den theoretisch-sozialistisch ausgerichteten »Fundamentalisten« mit ihrem Programm einer prinzipiellen – fundamentalen – Opposition und den reformorientierten »Realpolitikern«, die schon bald für eine Regierungsbeteiligung auf Länderebene eintraten, um so grüne Politikziele durchsetzen zu können.[61]

Die Isolierung des Kanzlers und der Zerfall der Koalition

Die vergleichsweise rasche Einigung auf eine Fortsetzung der sozialliberalen Koalition und die glatte Regierungsbildung nach den Wahlen 1980 verdeckten, dass die Gemeinsamkeiten zwischen SPD und FDP schwanden und Konflikte innerhalb der Sozialdemokratie die Führungs- und Durchsetzungsfähigkeit des Bundeskanzlers auf eine harte Probe stellten. Die zwei Jahre zwischen der Bildung des dritten Kabinetts Schmidt und dem Ende der Regierungskoalition waren weit weniger von den Auseinandersetzungen zwischen Regierung und Opposition geprägt als vielmehr von nicht endenden, nur notdürftig übertünchten Streitigkeiten innerhalb des Regierungslagers und seiner Parteien, die vor allem um Fragen der Sicherheits- und Wirtschaftspolitik kreisten.

In der Rüstungs- und Sicherheitspolitik geriet Helmut Schmidts Position zur NATO-Nachrüstung in seiner eigenen Partei zunehmend in die Kritik. Unter dem Druck der Friedensbewegung und dem allmählichen Aufstieg der Grünen wandten sich weite Teile der SPD von der Linie der Bundesregierung ab. Dabei spielten wahltaktische Überlegungen eine Rolle, aber auch eine tiefe Skepsis gegenüber der Moralität der nuklearen Abschreckungsdoktrin, wie sie beispielsweise Erhard Eppler hegte. Demonstrativ besann man sich auf die friedenspolitischen Überzeugungen der 1950er Jahre sowie auf die von der SPD maßgeblich vorangetriebene Entspannungspolitik. Stand Helmut Schmidt noch in der Tradition dieser Politik? Selbst Willy Brandt ging nun auf Distanz zum Bundeskanzler. Ostentativ stärkte er Erhard Eppler den Rücken, als dieser auf der großen Kundgebung der Friedensbewegung gegen den Nachrüstungsbeschluss im Oktober 1981 im Bonner Hofgarten auftrat, und wenig später verglich der Parteivorsitzende die Nachrüstungspolitik mit dem Vietnam-Krieg.

Die Führungstroika – Schmidt, Brandt, Wehner – hielt die SPD nicht mehr zusammen. Sie repräsentierte vielmehr in ihren unterschiedlichen, ja entgegengesetzten Positionen die Zerrissenheit der Partei. Der saarländische SPD-Politiker Oskar Lafontaine sprach aus, was viele dachten: »Die SPD muss raus aus der Regierung in Bonn. So wie die Dinge liegen, ist Regeneration der Partei nur in der Opposition möglich.«[62] Wenn sich diese Ansicht durchsetzte, konnte Helmut Schmidt nicht weiter regieren. Noch gelang es dem Kanzler aber, sich mit seinem politischen Kurs zu behaupten. Parteitage billigten die Linie der Regierung in der Nachrüstungsfrage und im Hinblick auf die friedliche Nutzung der Kernenergie. Aber dass die SPD-Nachrüstungsgegner auf einem Parteitag im Frühjahr 1982 etwa ein Drittel der Delegierten hinter sich versammeln konnten, zeigte, dass Schmidt unter wachsendem Druck stand.

Mit der Kritik an der Energie- und der Sicherheitspolitik der Bundesregierung verbanden sich diffuse Ängste, die eine zunehmend als unbeherrschbar und riskant empfundene technisch-industrielle Modernität auslöste. Auf der politischen Linken verband sich diese Modernitätskritik mit einem starken Antiamerikanismus, der mit der Wahl des Republikaners Ronald Reagan zum Präsidenten der USA im November 1980 und seiner Ost-West-Politik der Konfrontation neue Nahrung erhielt. Hatte sich der Antiamerikanismus der europäischen Linken in den vergangenen zwei Jahrzehnten am Vietnam-Krieg festgemacht, so war nun die Rüstungspolitik der Vereinigten Staaten beziehungsweise der NATO der politische Bezugspunkt. Aber die Argumentationsmuster waren die gleichen. Mit APO und Studentenbewegung war der Antiamerikanismus nunmehr in die Friedensbewegung, zu den Grünen und in die SPD gewandert. Dass sich in der Auseinandersetzung mit Amerika Modernitätskritik artikulierte, war ebenfalls nicht neu. Hier reichen, gerade in Deutschland, die Traditionslinien bis in die Zwischenkriegszeit zurück. Schon in der Amerikanismus-Debatte der Weimarer Republik hatten sich die Deutschen kritisch, vielfach ablehnend gegenüber einer westlichen politischen und kulturellen Moderne gezeigt, für die die USA mit ihrer politischen, ökonomischen und gesellschaftlichen Dynamik standen.

Zu den nuklearen Ängsten und Befürchtungen gesellten sich um 1980 andere Sorgen und tiefe Verunsicherungen. Nachdem sich die deutsche Konjunktur gerade von der Rezession erholt hatte, die Arbeitslosenquote auf 3,7 Prozent und die Arbeitslosenzahl 1979 wieder unter die psychologisch wichtige Millionengrenze gesunken waren, löste die zweite Ölkrise einen neuen konjunkturellen Abschwung aus. Wieder stiegen – diesmal in Folge der iranischen Revolution 1979 – die Rohölpreise und schickten die Wirtschaft auf eine rasante Talfahrt. Das Wirtschaftswachstum ging zunächst auf 1,9 Prozent (1980) zurück und geriet dann sogar in den Negativbereich (minus 0,2 Prozent 1981 und minus 1,1 Prozent im Folgejahr). Die Produktion sank, die Zahl der Firmenzusammenbrüche stieg. Sie lag 1980 bei 6300, ein Jahr später schon bei 8500. Arbeitslosigkeit und Inflation schnellten in die Höhe: Die Arbeitslosenquote 1981 betrug 5,3 Prozent, ein Jahr später 7,6 Prozent und 1983 sogar 9,3 Prozent. Über 2 Millionen Menschen waren zu diesem Zeitpunkt ohne Arbeit. Die Teuerungsrate stieg auf 6,1 Prozent (1981). Unter dem konjunkturellen Druck litten auch die öffentlichen Haushalte: Die Steuereinnahmen verminderten sich massiv, und zugleich stiegen die Staatsausgaben infolge der hohen Arbeitslosigkeit an. Von Jahr zu Jahr wurde die Finanzierungslücke in den öffentlichen Haushalten (Bund, Länder und Gemeinden) größer. Die seit 1973/74 rapide zunehmende Staatsverschuldung wuchs immer schneller. Belief sie sich für den Bund 1973 noch auf 68,4 Milliarden Mark, so war sie 1979 bereits auf 207,6 Milliarden Mark angewachsen; 1982 erreichte sie den neuen Höchstwert von 314,3 Milliarden Mark. Die Verschuldung der Länder und Gemeinden verzeichnete ähnliche Zuwachsraten.[63]

Diese Zahlen verbreiteten Krisenstimmung in der Bevölkerung und setzten die Regierung unter Handlungsdruck. Doch mit welchen Mitteln, mit welcher Politik die Krise bekämpft werden könne, darüber gingen in der Koalition die Meinungen weit auseinander. Der Streit zwischen FDP und SPD, ob man eine angebotsorientierte oder eine nachfrageorientierte Wirtschafts- und Finanzpolitik betreiben müsse, zu dem es schon während der ersten Ölkrise gekommen war, brach erneut und mit noch größerer Heftigkeit aus. Die Bonner Konjunkturpolitik war damals zweigleisig gefahren, was aber die Spannung zwischen Marktorientierung und Keynesianismus nicht löste. 1977, also vor Beginn der Rezession, hatte der Bund ein umfangreiches Konjunkturprogramm beschlossen und war damit, auch wenn das Maßnahmenpaket einige angebotsorientierte Elemente enthielt, zum Primat der Nachfrageorientierung zurückgekehrt. Unter dem Druck der USA, die der Bundesrepublik die Rolle einer »Lokomotive der Weltwirtschaft« zuwiesen, wurde nach dem Bonner Weltwirtschaftsgipfel 1978 ein weiteres Konjunkturprogramm aufgelegt mit der Folge, dass es 1979, als die Ölpreiskrise über die Bundesrepublik hereinbrach, kaum Handlungsspielräume für eine expansive keynesianische Konjunkturpolitik gab, weil die öffentlichen Haushalte längst defizitär und daher nicht mehr belastbar waren.[64]

Beflügelt von ihrem Wahlerfolg, forderte die FDP 1980 eine klare angebotspolitische Orientierung in der Wirtschafts- und Konjunkturpolitik. Neue Konjunkturprogramme waren mit den Liberalen, die sich endgültig vom Keynesianismus und der Globalsteuerung abgewandt hatten, nicht mehr zu machen. Als Anfang 1982 die Zahl der Arbeitslosen die Zwei-Millionen-Grenze zu überschreiten drohte, waren die Freien Demokraten für die expansive »Gemeinschaftsinitiative für Arbeitsplätze, Wachstum und Stabilität« nur zu gewinnen, wenn man gleichzeitig den Mieterschutz abbaute, um auf diese Weise private Investitionen im Wohnungsbau zu stimulieren. Eine konsequente Wirtschaftspolitik war das nicht. Zur Annahme dieses Kompromisses musste der Bundeskanzler seine eigene Fraktion zwingen, indem er am 5. Februar 1982 im Bundestag die Vertrauensfrage stellte. Das war, so Heinrich August Winkler, die erste »echte« Vertrauensfrage in der Geschichte der Bundesrepublik, denn Willy Brandt hatte 1972 die Vertrauensfrage gestellt, um damit den Weg zu Neuwahlen freizumachen.[65] Schmidts Kalkül ging auf: Mit 269 zu 224 Stimmen sprach ihm das Parlament das Vertrauen aus. Doch die stabilisierende Wirkung der Vertrauensabstimmung war nur von kurzer Dauer. Die Koalition blieb brüchig, und der Rückhalt für den Kanzler in der eigenen Partei bröckelte weiter. Auf dem Münchener SPD-Parteitag im April 1982 konnte er sich zwar mit seinen sicherheitspolitischen Positionen durchsetzen, aber eine Mehrheit der Delegierten wandte sich nun strikt gegen den »Neokapitalismus«. Der Parteitag sprach sich für ein umfangreiches Beschäftigungsprogramm aus, das sowohl durch neue Kreditaufnahmen als auch durch eine Ergänzungsabgabe auf höhere Einkommen finanziert werden sollte. Andere Anträge forderten die Erhöhung der Spitzensteuersätze bei der Einkommensteuer sowie der Vermögensteuer.[66]

Im Zentrum der Kritik des linken und des Gewerkschaftsflügels der SPD, die hier zueinander fanden, stand Bundeswirtschaftsminister Otto Graf Lambsdorff, der den Abschied der FDP vom Keynesianismus geradezu personifizierte. Der »Marktgraf«, wie man ihn nannte, wurde zur Zielscheibe erbitterter Angriffe. Fraglos vertrat Lambsdorff den angebots- und marktorientierten Kurs der FDP besonders offensiv, doch er wusste die Partei dabei hinter sich, denn der wirtschaftspolitische Dissens mit der SPD war für die Freien Demokraten eine Möglichkeit, Nähe zu den Unionsparteien zu demonstrieren, ja Konsens in wichtigen Politikbereichen. So wie Ende der 1960er Jahre die Ost- und Deutschlandpolitik SPD und FDP zusammengeführt hatte, so sorgte nun die Wirtschafts- und Finanzpolitik für eine Annäherung von Union und FDP. Von einer Identität der Positionen konnte freilich keine Rede sein. Das unterstrich die FDP, wenn sie darauf hinwies, dass die Einführung der Lohnfortzahlung im Krankheitsfall, die sie einschränken wollte, nicht auf die sozialliberale, sondern auf die Große Koalition zurückging.[67]

Im August 1981 – die Beratungen über den Bundeshaushalt 1982 standen unmittelbar bevor – forderte der FDP-Vorsitzende Genscher in einem Brief an die Mitglieder seiner Partei eine »Wende«. Die Bundesrepublik sei an einem »Scheideweg« angelangt, und es bedürfe grundsätzlicher Entscheidungen wie in den Jahren nach dem Zweiten Weltkrieg. Genscher, der kurz zuvor von der »sozialen Hängematte« gesprochen hatte, plädierte für ein Ende der »Anspruchsmentalität« und den Abbau sozialstaatlicher Leistungsgesetze. Eine Fortsetzung der Koalition mit der SPD hielt er zwar für möglich, ließ jedoch durch die Formulierung erkennen, dass sich die Liberalen auch ein anderes Regierungsbündnis vorstellen konnten. Genschers »Wendebrief« scheint im Herbst 1981 noch einmal zur Verlängerung der sozialliberalen Koalition beigetragen zu haben. Der Haushalt 1982 war ein Kompromiss. Langfristige konjunkturpolitische Perspektiven enthielt er nicht, und das Konfliktpotential war mitnichten aus dem Weg geräumt.

Vor der SPD-Bundestagsfraktion erinnerte Helmut Schmidt im September 1981 an das Scheitern der SPD-geführten letzten parlamentarischen Regierung der Weimarer Republik, einer Großen Koalition unter dem sozialdemokratischen Kanzler Hermann Müller. Das lag mehr als 50 Jahre zurück. Doch die Lehren, die Schmidt aus der Geschichte zog, waren höchst aktuell. Der Bundeskanzler warnte seine Partei vor einem leichtfertigen Ausscheiden aus der Regierung. Willy Brandt widersprach: Nicht die SPD, sondern die Liberalen hätten es – 1930 – auf ein Ende der Koalition angelegt. Das war keine Debatte über die Geschichte der Weimarer Republik, sondern eine gegenwartsbezogene Auseinandersetzung mit Argumenten aus der Geschichte. Wie wichtig war der SPD die Regierungsmacht? Was bedeutete eine SPD-geführte Regierung für die Bundesrepublik? Welcher Nutzen lag für die Partei und den Staat in einem Rückzug in die Opposition? Gewiss, die historischen

Parallelen zwischen 1930 und 1981 führten nicht weit. Im Parlament stand eine andere Mehrheitskonstellation zur Verfügung. Ein Ende der sozialliberalen Koalition hätte nicht republikfeindlichen Kräften geholfen. An der Stabilität der parlamentarischen Demokratie in der Bundesrepublik bestand nicht der geringste Zweifel, mochte die Rezession die deutsche Wirtschaft auch noch so sehr belasten. Aber die geschichtspolitische Debatte innerhalb der SPD, die in den Medien nachhallte, machte deutlich, dass die Bundesrepublik vor wichtigen Entwicklungen und Entscheidungen stand und dass – trotz des Wahlergebnisses von 1980 – eine Fortsetzung der sozialliberalen Koalition keineswegs als sicher gelten konnte.

Im Laufe des Jahres 1982 vertieften sich die Risse in der Koalition. In Landtagswahlen folgte Niederlage auf Niederlage, während die Unionsparteien triumphierten. Die Wähler machten die Bundesregierung für die nicht enden wollende Wirtschaftskrise verantwortlich. Die FDP, wiewohl seit 1972 für das Wirtschaftsministerium zuständig, setzte sich von der SPD ab und warf ihr eine verfehlte Wirtschaftspolitik vor. Bereits seit 1981 unterstützten die Liberalen in Berlin eine Minderheitsregierung der CDU unter der Führung von Richard von Weizsäcker. Aber wie lange würde die Union die Unterstützung durch die FDP überhaupt noch brauchen, um regieren zu können? Bei den Landtagswahlen in Niedersachsen im März 1982 erreichte die CDU mit Ernst Albrecht die absolute Mehrheit, während die SPD einbrach. Dramatische Stimmenverluste erlitt die Sozialdemokratie auch bei den Wahlen zur Hamburger Bürgerschaft im Juni 1982. Mehr als acht Prozent büßte sie ein. Und die FDP schien hier mit in den Sog geraten zu sein. Zwar erlitten die Liberalen nur leichtere Verluste, schafften die Fünf-Prozent-Hürde aber nicht und verfehlten damit den Einzug in die Bürgerschaft. Das ließ bei den Liberalen die Alarmglocken schrillen. Nur wenige Tage nach der Hamburger Wahl entschied sich die hessische FDP, darin von der Führung der Bundespartei bestärkt, für eine Koalition mit der CDU nach den im September 1982 bevorstehenden Landtagswahlen. Aus der Agonie der sozialliberalen Koalition war offener Zerfall geworden.

Der Koalitionsspitze in Bonn gelang es dennoch, sich auf Rahmendaten für den Bundeshaushalt 1983 zu verständigen. Aber immer größere Teile der SPD waren nicht mehr zu Kompromissen mit der FDP bereit und wiesen dem Bundeskanzler die Schuld an den Misserfolgen der Partei zu. Dass Helmut Schmidt an das staatspolitische Verantwortungsbewusstsein seiner Partei appellierte, zeigte keine Wirkung. Oskar Lafontaine, ein von Willy Brandt protegierter, aufsteigender Nachwuchspolitiker der SPD, ging auf Distanz zu Schmidt. In gänzlich unangemessenen, bösen und verletzenden Worten, die über Lafontaine weit mehr sagen als über Schmidt, attackierte er den Kanzler: »Helmut Schmidt spricht weiter von Pflichtgefühl, Berechenbarkeit, Machbarkeit, Standhaftigkeit. Das sind Sekundärtugenden. Ganz präzis gesagt: Damit kann man auch ein KZ betreiben.«[68]

Zugleich griffen die Gewerkschaften die Haushaltsbeschlüsse der Koalition scharf an. Man drohte mit Protestaktionen. Als dann noch die FDP auf Kollisionskurs ging, Außenminister Genscher öffentlich eine »Wende zur Vernunft, zur Verantwortung, zu mehr Gestaltungsräumen für den Einzelnen« einforderte und von »neuen Mehrheiten« sprach,[69] musste der Bundeskanzler sich eingestehen, dass die Koalition nicht mehr zu retten war. Aber dann wollte er wenigstens die Verantwortung für das Ende der sozialliberalen Koalition von der SPD fernhalten und der FDP zuweisen, diese also zum Austritt aus der Koalition bewegen. Im Bundestag forderte Schmidt die Opposition unter der Führung von Helmut Kohl auf, einen Antrag auf ein konstruktives Misstrauensvotum einzubringen. Das war die Koalitionsfrage. Fast zeitgleich maßregelte der Kanzler Wirtschaftsminister Lambsdorff öffentlich und verlangte, dass dieser seine wirtschaftspolitischen Vorstellungen schriftlich darlege.

Lambsdorffs Ausarbeitung wurde zum offiziellen Scheidungspapier der Koalition, obwohl deren Auflösung längst begonnen hatte und von der FDP-Führung immer stärker vorangetrieben wurde. Lambsdorffs »Konzept für eine Politik zur Überwindung der Wachstumsschwäche und zur Bekämpfung der Arbeitslosigkeit« war eine Programmschrift des Wirtschaftsliberalismus. Es war durch und durch angebotspolitisch ausgerichtet und markierte in aller Deutlichkeit die Unterschiede zu einer nachfrageorientierten Politik im Zeichen der Globalsteuerung, wie sie von der SPD und den Gewerkschaften vertreten wurde. Die Wirtschaftspolitik der letzten Jahre, so Lambsdorff, an der die FDP und er selbst ja keinen geringen Anteil hatten, sei »zu kurzatmig, zu vordergründig, zu unsystematisch und teilweise sogar in sich widersprüchlich gewesen«. Mit diesem Befund hatte Lambsdorff nicht Unrecht. Nun aber, so fuhr er fort, müsse es »vor einer wichtigen Wegkreuzung« darum gehen, »dass die Politik für die Wirtschaft einen neuen Anfang setzt und eine Zukunftsperspektive gibt, die frei ist von entbehrlichen staatlichen Belastungen, so dass Investitionen in neue Arbeitsplätze und zur Sicherung vorhandener Arbeitsplätze wieder vertretbar und lohnend erscheinen«. Lambsdorff forderte eine »marktwirtschaftliche Politik«, die der »Wirtschaft wieder mehr Handlungsraum« verschaffe, und zugleich eine staatliche Politik, die Investitionsanreize gebe statt an der konsumtiven Seite anzusetzen. Eine lange Liste von Maßnahmen konkretisierte die Vorstellungen des Wirtschaftsministers. Nichts davon war für die SPD akzeptabel: nicht die Senkung des Arbeitslosengeldes, nicht die Erhöhung von Eigenbeteiligungen in der Krankenversicherung, nicht die Liberalisierung des Kündigungsschutzes und nicht – ein Vorgriff auf die Hartz-IV-Reformen der Regierung Schröder – die Zusammenlegung von Arbeitslosenhilfe und Sozialhilfe. Dass Lambsdorff zugleich steuerliche Vergünstigungen für Unternehmen und die Liberalisierung des Wirtschaftsrechts forderte, lag in der Logik des Konzepts. Auf welches Echo seine Vorschläge in der SPD stoßen würden, konnte der Wirtschaftsminister sich vorstellen: »Wer eine solche Politik als ›soziale Demontage‹ oder gar als ›unsozial‹ diffamiert«, begegnete Lambsdorff der vorhersehbaren Kritik, »verkennt, dass sie in Wirklichkeit der Gesundung und Erneuerung des wirtschaftlichen Fundaments für unser Sozialsystem dient.«[70]

Auch in der Union traf Lambsdorff nicht auf ungeteilte Zustimmung. Der Arbeitnehmerflügel von CDU und CSU war im Grunde nicht weniger keynesianisch eingestellt als weite Teile der SPD, schließlich war der Übergang zur Globalsteuerung in den Jahren der Großen Koalition erfolgt, gemeinsam durchgesetzt und getragen von Union und SPD. Als Volksparteien konnten CDU und CSU nicht einem wirtschaftsliberalen Konzept zustimmen, das Einschnitte in die sozialen Sicherungssysteme bedeutete und den Einzelnen womöglich mit höheren Belastungen konfrontierte. Doch es war ja nicht Lambsdorffs Ziel, die Union zu einer angebotspolitischen Wende zu bewegen, sondern die Unvereinbarkeit der politischen Vorstellungen von SPD und FDP zu demonstrieren und damit das Ende der Koalition herbeizuführen. Genau diesen Zweck erfüllte das Papier. Am 17. September 1982 baten die vier Minister der FDP um ihre Entlassung aus dem Bundeskabinett.

Dieser Teil der Rechnung Schmidts war aufgegangen. Der andere Teil hingegen, der Versuch, über eine Vertrauensfrage rasch Neuwahlen herbeizuführen, schlug fehl. Schmidt hatte gehofft, auf diese Weise als Bundeskanzler, wenn auch als Chef einer Minderheitsregierung, in den Wahlkampf ziehen zu können. Er mag auch darauf spekuliert haben, dass die FDP, auf der das Odium der Koalitionsaufkündigung lastete, bei einer raschen Neuwahl an der Fünf-Prozent-Hürde scheitern könnte. Diesen Weg verbaute die Union, die sich nach dem Rücktritt der FDP-Minister begründete Hoffnungen machte, über ein konstruktives Misstrauensvotum gemeinsam mit der FDP den Kanzler- und Regierungswechsel herbeiführen zu können. Oppositionsführer Helmut Kohl setzte auf die Liberalen als Partner in einer bürgerlichen Koalition, denn er war nicht sicher, ob die Union allein die absolute Mehrheit erreichen und ob nicht in absehbarer Zukunft eine rot-grüne Allianz das Übergewicht über die Union erringen würde.

Die Landtagswahl in Hessen am 26. September bestätigte Kohls Überlegungen. Die SPD verlor nur wenige Prozentpunkte und kam auf einen Stimmenanteil von 42,8 Prozent. Die CDU erlitt ebenfalls leichte Verluste und errang 45,6 Prozent.

Das machte sie zwar zur stärksten Fraktion in Wiesbaden, zur Regierungsübernahme reichte es jedoch nicht, weil die FDP offenkundig für ihren »Verrat« der sozialliberalen Koalition und, mehr noch, des Bundeskanzlers abgestraft wurde und mit 3,1 Prozent den Einzug in den Landtag verpasste. Die Grünen hingegen errangen einen Stimmenanteil von acht Prozent und waren damit die Sieger der Wahl. Zunächst kam es nicht zu einer rot-grünen Koalition, sondern zu einer sozialdemokratischen Minderheitsregierung unter Holger Börner. Doch Willy Brandt als SPD-Vorsitzender ließ keinen Zweifel daran, wie er das Wahlergebnis interpretierte. Für ihn gab es jetzt eine »Mehrheit diesseits der Union«. Die politische Lagerbildung, die die nächsten zwei Jahrzehnte charakterisieren sollte, hatte damit begonnen. Für Helmut Schmidt war das nichts. Schmidts Politik hätte sich gegebenenfalls in einer Großen Koalition umsetzen lassen, doch daran hatte die Union unter Helmut Kohl kein Interesse.

Der Ausgang der Hessen-Wahl beschleunigte die Entwicklungen in Bonn. Union und FDP verständigten sich auf ein konstruktives Misstrauensvotum und den Termin für eine Neuwahl des Bundestags am 6. März 1983. Obwohl das Grundgesetz das nicht verlangte, wollte die Union die Regierungsübernahme durch Wahlen legitimieren, denn CDU und CSU konnten auf ein besseres Wahlergebnis als bei der Strauß-Wahl 1980 hoffen und damit auf eine stabile Parlamentsmehrheit. Dazu brauchte man nach Ansicht des künftigen Kanzlers Kohl allerdings auch die FDP, und so widersetzte er sich dem Begehren des CSU-Vorsitzenden Franz Josef Strauß, der den Bundestag alsbald auflösen und Neuwahlen abhalten wollte, denn das hätte das sichere Ende der FDP bedeutet. Für Strauß, der von der FDP wie kein zweiter Unionspolitiker bekämpft wurde, mochte das die Erfüllung eines lang gehegten Wunsches bedeuten, doch Helmut Kohl hielt eine dauerhafte Alleinregierung der Union für illusorisch. Außerdem hätte eine Regierung nur von CDU und CSU das Gewicht der CSU und insbesondere von Strauß in der Bundespolitik gestärkt, woran Helmut Kohl und weiten Teilen der CDU nicht gelegen war.

Die FDP tat sich mit der Zustimmung zum Kanzlerwechsel schwerer. In der Bundestagsfraktion, der 54 Abgeordnete angehörten, gab es 18 Gegenstimmen, im Bundesvorstand der Partei fiel die Entscheidung mit 19 zu 18 knapp aus. Ohne Zweifel hatten sich SPD und FDP auseinandergelebt, aber die Abgeordneten des sozialliberalen Flügels, die die Gemeinsamkeiten mit der SPD nicht auf die Ostpolitik beschränkt sahen, hielten trotz der wirtschaftspolitischen Divergenzen noch immer an der Idee einer sozialliberalen Gesellschaft fest, wie sie während der Kanzlerschaft Willy Brandts Konturen gewonnen hatte.

Am 1. Oktober 1982 stimmte der Bundestag über das konstruktive Misstrauensvotum ab. Mit 256 gegen 235 Stimmen (bei vier Enthaltungen) wählte das Parlament Helmut Kohl zum sechsten Bundeskanzler der Bundesrepublik. Die Abstimmung von 1982 war die einzige in der Geschichte der Bundesrepublik, durch die nach Artikel 67 des Grundgesetzes ein amtierender Bundeskanzler abgewählt und ein neuer gewählt wurde. Zehn Jahre zuvor, 1972, war Rainer Barzel bei seinem Versuch, mit Hilfe eines konstruktiven Misstrauensvotums Bundeskanzler zu werden, gescheitert. Auch deshalb übertrug ihm die CDU/CSU-Fraktion jetzt die Begründung des Antrags. Barzel betonte die Legitimität des Verfahrens und nahm eine Generalabrechnung mit der Politik der SPD-geführten Regierung seit 1969 vor: »Nun gehen Sie, weil Sie ein blühendes Gemeinwesen, das Sie übernahmen, in ein krisengeschütteltes Land verwandelt haben.«[71]

Helmut Schmidt hat als einer der ersten seinem Herausforderer und Nachfolger Helmut Kohl gratuliert. Würdig verließ der Lotse das Staatsschiff, wie man in Anspielung auf Bismarcks Entlassung 1890 auf Transparenten und in Zeitungen lesen konnte. Die Agonie seiner Regierung und seine Niederlage gegen Helmut Kohl beschädigten das Ansehen, das der SPD-Politiker bis heute genießt, in keiner Weise. Die Schuld für das Ende der Regierung Schmidt und damit der sozialliberalen Koalition lag in den Augen der Öffentlichkeit bei anderen: weniger bei Helmut Kohl, dem Herausforderer, stärker bei Hans-Dietrich Genscher, der in den Tagen des Regierungswechsels als politischer Verräter ohne Vorbild erscheinen musste, ein Vorwurf, den auch das nur wenige Tage nach Schmidts Sturz publizierte Tagebuch des Schmidt-Vertrauten Klaus Böling erzeugte.[72] Noch mehr wurde die Schuld allerdings Willy Brandt zugeschoben, dem nicht nur die kleiner werdende Schar der »Schmidtianer« in der SPD den Vorwurf machten, den Kanzler im Stich gelassen zu haben, ja ihm mit seinem angeblichen Integrationskurs, der in Wirklichkeit ein Linksschwenk gewesen sei, in den Rücken gefallen zu sein.

Fast drei Jahrzehnte nach den Ereignissen fällt es schwer, die Verantwortung für das Geschehene zu personalisieren und in Schuldkategorien zu urteilen. Natürlich trugen die handelnden Politiker – jeder für sich – zu der Entwicklung bei, die 1982 im Kanzlerwechsel kulminierte, aber die Ursachen für den Wechsel lagen doch tiefer. Die sozialliberale Koalition hatte unter dem Kanzler Willy Brandt eine Agenda der Reform, des gesellschaftlichen und politischen Wandels verkündet und umzusetzen begonnen. Bei den Wahlen von 1972 war Brandt mit einem starken Mandat ausgestattet worden, doch das konnte nicht verhindern, dass infolge der ersten Ölpreiskrise die Reformvorhaben der sozialliberalen Regierung abgebrochen werden mussten. Sie waren nicht mehr zu finanzieren, weil die Bedingungen, von denen Brandts Politik abhing, nicht mehr erfüllt waren. Mit der Ölkrise und ihren Folgen schwanden die materiellen Möglichkeiten für die Reformpolitik, und jener Zukunftsoptimismus, jenes Fortschrittsdenken und jener Glaube an eine lineare Weiterentwicklung der Moderne gingen verloren, die sich in den Jahren des Booms nach 1945 in allen westlichen Gesellschaften eingestellt hatten. An ihre Stelle traten nun Modernisierungsskepsis und Fortschrittsangst, an die Stelle von Gewissheit, Zuversicht und das Gefühl der Sicherheit rückten Verunsicherung, Zweifel und eine Wahrnehmung von Unsicherheit.

In dieser Situation übernahm Helmut Schmidt das Amt des Bundeskanzlers. Seine nüchterne Politik der Konzentration und der Stabilisierung befand sich von Anfang an in einem Dilemma. Sie konnte weder die Erwartungen, ja Hoffnungen erfüllen, die die Regierung Brandt geweckt hatte, noch vermochte sie es, den Bürgern ihre Ängste und das Gefühl von Verunsicherungen zu nehmen, im Gegenteil: Die Krisenhaftigkeit der Regierungszeit Schmidts – vom Terrorismus über die Ambivalenz in Bezug auf die zivile wie militärische Nutzung der Kernenergie bis hin zum erneuten Einbruch der Konjunktur von 1979 an – förderte die Erkenntnis, dass die Regierung trotz aller Erfolge, die sie zweifellos vorzuweisen hatte, die verlorene Sicherheit nicht wiederherstellte, sondern dass die Unsicherheit wuchs. Die Bundesregierung und insbesondere Helmut Schmidt haben in diesen Jahren einen »erweiterten Sicherheitsbegriff« geprägt, was ihr Bewusstsein für die gewachsenen und neuen Unsicherheitspotentiale unterstreichen mag. Doch durch ein neues Verständnis von Sicherheit konnte die wachsende Unsicherheit nicht eingedämmt oder gar abgebaut werden, eher verstärkten sich die Wahrnehmungen von Unsicherheit.

2.
Weltwirtschaft und Weltpolitik

Die Regierungserklärung, die Helmut Schmidt am 17. Mai 1974 abgab, war alles andere als eine »Zwischenbilanz« der durch den Rücktritt Willy Brandts noch nicht an ihr Ende gelangten Legislaturperiode. Auch wenn sich der bisherige Wirtschafts- und Finanzminister alle Mühe gab, sich selbst und seine Politik in die Kontinuität der Regierung Brandt zu stellen, war doch schon den Zeitgenossen bewusst, dass neue Herausforderungen nach neuen Antworten verlangten und an eine Politik des »Weiter so« nicht zu denken war. Das bedeutete allerdings die Abkehr von der Reformpolitik, ja vom Reformoptimismus, der die Kanzlerschaft Brandts gekennzeichnet hatte. Dass daran kein Weg vorbeiführte, machte Schmidt mit seinem Imperativ von »Kontinuität und Konzentration« klar.[1]

»Kontinuität und Konzentration«, das galt auch für die internationale Politik. Mit den Ostverträgen, dem Grundlagenvertrag und – indirekt – dem Viermächteabkommen über Berlin hatte die Bundesrepublik Anschluss an den Entspannungsprozess in den Ost-West-Beziehungen gefunden; sie hatte, wie es in Schmidts Regierungserklärung hieß, ihre eigenen Interessen mit dem weltweiten Entspannungsprozess verbunden.[2] Damit hatte sie neue außen- und deutschlandpolitische Handlungsspielräume gewonnen, was das Bonner Gewicht innerhalb des Westens erhöhte. Zwar harrte der Prager Vertrag zum Zeitpunkt der Amtsübernahme Helmut Schmidts noch der Ratifizierung durch den Bundestag, aber es war doch deutlich, dass die Vertragspolitik im engeren Sinne an ihr Ende gelangt war. Nachdem die ersten Schritte noch von der Regierung Brandt/Scheel gemacht worden waren, mussten die Verträge nun ausgestaltet beziehungsweise auf ihrer Grundlage die Ost- und Deutschlandpolitik weitergeführt werden. Spektakuläre Entwicklungen oder gar große politische Erfolge waren nicht zu erwarten.

Für Enthusiasmus oder gar Euphorie bestand wenig Anlass. Dazu passte auch, dass sich die amerikanisch-sowjetischen Beziehungen, die sich im Zeichen der *Détente* verbessert hatten, wieder verschlechterten. Konflikte in der »Dritten Welt« strahlten bald auf Europa aus, und eine zunehmend aggressive sowjetische Rüstungspolitik ließ Zweifel am Entspannungsinteresse Moskaus aufkommen. Wo lagen die Optionen der Bundesrepublik in dieser Situation? Es sagt viel über ihr gestiegenes politisches Gewicht, dass sie gerade im deutsch-deutschen Zusammenhang zumindest eine Zeit lang den Versuch unternehmen konnte, ihre Entspannungspolitik auch gegen die dominierenden Tendenzen neuer Konfrontation im Ost-West-Verhältnis aufrechtzuerhalten. Am Ende der Ära Schmidt zeigte sich dann allerdings in unabweisbarer Deutlichkeit, dass die Bundesrepublik den Strukturzwängen des bipolaren internationalen Systems nicht entkommen konnte und sich dem politischen Kurs der USA anzupassen hatte, wollte sie nicht in eine gefährliche Isolation geraten.

Die Veränderung der Ost-West-Beziehungen stand also in engem Zusammenhang mit der Entwicklung der innerwestlichen Beziehungen. Das war in den Jahrzehnten zuvor nicht anders gewesen. Allerdings wirkten nicht nur der Ost-West-Konflikt und das amerikanisch-sowjetische Verhältnis auf die Atlantische Allianz und die europäisch-amerikanischen Beziehungen zurück. Weltpolitik – das zeigte sich in nun in aller Klarheit – wurde immer stärker Weltwirtschaftspolitik. In dem Maße aber, in dem die weltwirtschaftliche Dominanz der USA sich abschwächte, nicht zuletzt durch den dramatischen Verfall des US-Dollars, in dem Maße wuchs die ökonomische Macht anderer westlicher Staaten, darunter insbesondere der Bundesrepublik, die mit der Deutschen Mark eine stabile Leitwährung vorweisen konnte und überdies auf Grund ihrer wirtschaftlichen Leistungsfähigkeit globales Gewicht entwickelte. Dieses Gewicht blieb nicht auf die Wirtschaft beziehungsweise die Wirtschafts- und Währungspolitik beschränkt, sondern stärkte die Bundesrepublik als Akteur auch auf anderen Feldern der internationalen Politik. Allerdings konnte kein noch so großes wirtschaftliches und wirtschaftspolitisches Gewicht die fortbestehende und strukturell begründete sicherheitspolitische Schwäche der Bundesrepublik ausgleichen. Als nicht-nukleare Macht an der europäischen Trennlinie zwischen West und Ost blieb die Bundesrepublik fundamental abhängig vom Schutz und den Sicherheitsgarantien der USA. Dennoch ist die in den 1970er Jahren entstandene und auf diese Jahre bezogene Redewendung von der Bundesrepublik als »wirtschaftlichem Riesen« und »politischem Zwerg« ganz falsch, weil sie zwischen ökonomischer und politischer Macht unterscheidet und dabei übersieht, wie sehr wirtschaftliche Stärke auch politische Macht war, selbst wenn sie nicht darin aufging und insbesondere die sicherheitspolitische Schwäche nicht ökonomisch ausgeglichen werden konnte.

Der Aufstieg der Bundesrepublik zur globalen Wirtschaftsmacht vollzog sich in einer Zeit der weltwirtschaftlichen Krise. Das bedeutete zweierlei: den Zwang, politische Verantwortung und politische Funktionen zu übernehmen im Zuge der internationalen Bemühugen um Überwindung der Krise einerseits sowie nationale Krisenbewältigung andererseits. Nationale und internationale Agenda waren engstens miteinander verflochten und politisch kaum voneinander zu trennen. In der Krise der Weltwirtschaft wurde offenkundig, dass ökonomische Entwicklungen längst nicht mehr national beziehungsweise nationalstaatlich begrenzt waren, sondern global wirkten und mächtige Prozesse der Entnationalisierung beförderten, die einige Jahre später in dem Begriff »Globalisierung« zusammengefasst wurden.

Viele Zeitgenossen sahen in der globalen Wirtschaftskrise der 1970er Jahre, die mit dem Zusammenbruch des Systems von Bretton Woods und einer Phase internationaler Währungsturbulenzen begann und sich dann in der durch den Ölpreisschock ausgelösten beziehungsweise verstärkten Rezession fortsetzte, eine Wirtschafts- und Konjunkturkrise traditionellen Zuschnitts, die binnen einiger Jahre überwunden sein werde. Heute erkennt man sehr viel klarer, dass damals der Nachkriegsboom endete, das »Goldene Zeitalter« der Nachkriegsprosperität, wie Eric Hobsbawm es genannt hat, und eine profunde sozioökonomische Strukturveränderung einsetzte. Das war das Ende der industriellen Moderne, sie sich seit dem Ende des 19. Jahrhunderts in Europa und den USA entfaltet hatte. Für die internationale Politik, nicht nur die internationale Wirtschaftspolitik, sollte das von großer Bedeutung sein, weil der sozioökonomische Strukturwandel mit seinen beiden wichtigen Säulen der Entwicklung der Dienstleistungsgesellschaft und der dritten industriellen Revolution im Zeichen von Informationstechnologie und Mikroelektronik auch die Staaten des Ostblocks herausforderte, der letztlich an dieser Herausforderung scheiterte und zerbrach.

Ende der Entspannung?

1974 schien der Ost-West-Konflikt noch auf Dauer gestellt. Nicht zuletzt die Vertragspolitik der Regierung Brandt/Scheel hatte den geopolitischen Status quo in Europa anerkannt und damit die Machtposition der UdSSR bestätigt. Das unterstrich auch der KSZE-Prozess, der nach Abschluss der Ostverträge und des Grundlagenvertrags begann und nach zähen Verhandlungen 1975 schließlich zu einem ersten Abschluss gebracht werden konnte, als 35 europäische und nordamerikanische Staats- und Regierungschefs in der finnischen Hauptstadt zur feierlichen Unterzeichnung der Schlussakte von Helsinki zusammenkamen.

In drei »Körben« wurden in Helsinki die wichtigsten Übereinkünfte zusammengefasst: Korb I, überschrieben mit »Fragen der Sicherheit in Europa«, umfasste eine Prinzipienerklärung in zehn Punkten, welche die Basis für die künftigen Beziehungen zwischen den Unterzeichnerstaaten bilden sollte. Zentrale Prinzipien der Ostverträge wie der Gewaltverzicht oder die Unverletzlichkeit der Grenzen tauchen hier wieder auf, aber auch der Grundsatz der Nichteinmischung in die inneren Angelegenheiten von Staaten wurde, nicht zuletzt im Interesse des Ostblocks, fixiert. Doch die osteuropäischen Diktaturen hatten einen Preis für die westliche Anerkennung des Status quo zu zahlen. Sie unterschrieben auch – Punkt 7 des Prinzipiendekalogs –, »die Menschenrechte und Grundfreiheiten einschließlich der Gedanken-, Gewissens-, Religions- oder Überzeugungsfreiheit« zu achten, und bestätigten »das Recht des Individuums, seine Rechte und Pflichten auf diesem Gebiet zu kennen und auszuüben«.[3] Korb II behandelte die Zusammenarbeit in den Bereichen Wirtschaft, Wissenschaft, Technik und Umwelt, während Korb III Grundsätze der Kooperation im humanitären Bereich beinhaltete, darunter Empfehlungen für die Verbesserung menschlicher Kontakte über die Blockgrenzen hinweg, für eine Intensivierung der Kultur- und Bildungszusammenarbeit und für den freien ost-westlichen Informationsaustausch. Die Bundesrepublik hatte sich aus ihrem ureigenen deutsch-deutschen Interesse heraus besonders für den Korb III engagiert, mit dem die Ostblockstaaten erstmals ganz konkrete individuelle Rechte (der Familienzusammenführung, der Eheschließung, Reisemöglichkeiten aus beruflichen oder persönlichen Gründen) zumindest prinzipiell anerkannten. Das war gerade im deutsch-deutschen Kontext bedeutsam, aber durchaus auch für die deutsch-polnischen oder deutsch-tschechoslowakischen Beziehungen.

Es handelte sich bei den Vereinbarungen von Helsinki um reine Absichtserklärungen, ob sie umgesetzt oder eingelöst wurden, lag ganz im Ermessen der östlichen Machthaber, und gerade die DDR-Führung demonstrierte der Bundesrepublik in den folgenden Jahren immer wieder, dass sie allein über die Rechte und Möglichkeiten entschied, die den Bürgern der DDR im Sinne der Helsinki-Akte eingeräumt werden konnten. Darüber hinaus hatten es die SED-Machthaber in der Hand, die Gewährung von Reise- und Besuchsmöglichkeiten von finanziellen Gegenleistungen – Stichwort Zwangsumtausch – abhängig zu machen. So war man also trotz KSZE-Schlussakte weit entfernt von einer tatsächlichen Verbesserung der Ost-West-Beziehungen und insbesondere von einer Verbesserung der Lebenssituation der Menschen in den Staaten Osteuropas. Dass die Helsinki-Akte langfristig dennoch zur Überwindung des Status quo beitrug, hat in erster Linie damit zu tun, dass sich die kommunistischen Machthaber in Osteuropa mit ihrer Unterschrift unter das Dokument zu Grundsätzen bekannten, die mit den repressiven Realitäten in ihren Staaten vollkommen unvereinbar waren. Das bezog sich insbesondere auf die Achtung der Menschenrechte und Grundfreiheiten (Korb I).

Zwar haben die kommunistischen Regime bis zum Ende ihrer Existenz den Rechten und Freiheiten keine Geltung verschafft, die in Korb I genannt waren, doch die Bürger dieser Staaten und insbesondere oppositionelle Gruppen konnten sich fortan auf ein international akzeptiertes und von ihren eigenen Führungen unterschriebenes Grunddokument berufen. Auf dieses Dokument konnten sie sich in ihren politischen Forderungen beziehen und an ihm die Herrschaftspraxis der kommunistischen Staatsparteien messen. Ohne dass dies von den – westlichen und östlichen – Unterzeichnern 1975 vorausgesehen worden wäre, stärkte die Schlussakte von Helsinki Dissidenten und Oppositionelle in Osteuropa, die sich – beispielsweise die Tschechoslowaken um Václav Havel mit der »Charta 77« – seither nicht von ungefähr immer wieder auf Helsinki bezogen.

Der politische Helsinki-Prozess verlief ebenfalls vielversprechend. Der Gipfel in der finnischen Hauptstadt bildete den Auftakt einer Serie von Folgekonferenzen in Belgrad, Madrid und schließlich Wien, wo man die Umsetzung der KSZE-Grundsätze »überprüfte«. Daneben kam es zu ganz unterschiedlichen sektoralen Treffen und Begegnungen. Bundesaußenminister Hans-Dietrich Genscher, der das friedenspolitische Potential des KSZE-Prozesses in der immer engeren Vernetzung von Ost und West erkannte, war eine treibende Kraft dieser Entwicklungen. So wurde der Multilateralismus der KSZE im Sinne eines permanenten Dialogs verstetigt, und der Prozess selbst institutionalisierte sich zunehmend. Dass nach 1990 ein KSZE-Sekretariat in Prag eingerichtet werden und schließlich 1994 daraus die Organisation für Sicherheit und Zusammenarbeit in Europa (OSZE) hervorgehen konnte, hat insofern nicht nur mit dem Ende des Ost-West-Konflikts zu tun.

Der Helsinki-Prozess wirkte sich auch auf die deutsch-deutschen Beziehungen aus, deren Bilateralismus ohne die multilaterale Einbettung kaum denkbar gewesen wäre. Egon Bahr, einer der wichtigsten Architekten der Ostpolitik, sollte Recht behalten mit seinem Diktum, früher habe man keine Beziehungen zur DDR gehabt, »jetzt wenigstens schlechte«.[4] Das deutsch-deutsche Verhältnis blieb trotz des Grundlagenvertrags hoch problematisch. Zwar intensivierten sich die politischen Beziehungen, und in den Jahren nach dem Grundlagenvertrag wurde eine Reihe von Abkommen geschlossen, die in erster Linie, wie beispielsweise der Bau einer Transitautobahn von Hamburg nach Berlin, der besseren Anbindung West-Berlins an die Bundesrepublik dienten. Aber von einer Normalisierung konnte man – nicht nur wegen Mauer und Schießbefehl – gewiss nicht sprechen, im Gegenteil: Die DDR-Führung betrieb eine rigide Abgrenzungspolitik und suchte jeden Anschein zu vermeiden, die Abkommen und Vereinbarungen seien die Vorstufe zu einer Überwindung der Teilung. Aus der DDR-Verfassung wurden alle Hinweise auf den Fortbestand der deutschen Nation getilgt, und ein neuer Freundschaftsvertrag bestätigte die enge und unwiderrufliche Bindung der DDR an die Sowjetunion. Der Vertrag diente aus ostdeutscher Sicht freilich auch dem Zweck, dem

Argwohn Moskaus zu begegnen, die DDR könne auf eine nationalpolitische Bahn geraten und dabei die Grenzen der Blockkohäsion überschreiten.

Im deutsch-deutschen Kontext fand der Abgrenzungskurs der DDR seinen Höhepunkt in den »Geraer Forderungen«, die Staats- und Parteichef Erich Honecker im Oktober 1980 aufstellte. Das lief letztlich auf eine völkerrechtliche Anerkennung der DDR durch die Bundesrepublik hinaus, auf die Anerkennung »der Existenz zweier souveräner, voneinander unabhängiger Staaten mit unterschiedlichen Gesellschaftsordnungen«.[5] In scharfem Ton verlangte Honecker, »dass sich die BRD in der Frage der Staatsbürgerschaft endlich auf die Realitäten besinnt, was ihr auf Dauer ohnehin nicht erspart bleibt«. Die Bundesrepublik hatte die DDR-Staatsbürgerschaft bis dahin nicht anerkannt, sondern räumte jedem DDR-Bürger grundsätzlich das Recht auf die Staatsangehörigkeit und einen Pass der Bundesrepublik ein. Das lag in der Logik des im Grundgesetz verankerten Wiedervereinigungsanspruchs, der durch das Verfassungsgerichtsurteil zum Grundlagenvertrag eher noch verstärkt als abgeschwächt worden war.

Zu den »Geraer Forderungen« zählten weiterhin die Umwandlung der »Ständigen Vertretungen« der beiden Staaten in Bonn und Ost-Berlin in Botschaften sowie die Regelung des Grenzverlaufs auf der Elbe nach internationalem Recht. Das hätte eine deutsch-deutsche Grenzziehung in der Mitte des Flusses bedeutet, wozu sich die Bundesrepublik nicht bereitfinden konnte, weil sie ihre Grenze zur DDR nicht als eine völkerrechtliche Grenze verstand, sondern auf der Grenzziehung zwischen den Besatzungszonen beharrte, die die Alliierten 1945 vorgenommen hatten. Die letzte »Geraer Forderung« betraf die Auflösung der 1961 von den Landesjustizverwaltungen gegründeten Zentralen Erfassungsstelle in Salzgitter, welche die Aufgabe hatte, politisch bedingte Gewalt- und Tötungsdelikte in der DDR, insbesondere auch an der innerdeutschen Grenze, zu dokumentieren und somit Beweismaterial für Strafverfahren nach der Wiedervereinigung zu sammeln. Für die DDR war die Erfassungsstelle nicht nur eine Agentur des westlichen Revanchismus, sondern stellte eine Einmischung in die inneren Angelegenheiten der DDR dar, die Honecker, nicht zuletzt mit Hinweis auf die Helsinki-Schlussakte, scharf ablehnte. Die »Geraer Forderungen« waren bis zum Ende der SED-Herrschaft ein Thema der deutsch-deutschen Beziehungen. Die Bundesregierung ist auf sie bis 1989 nicht eingegangen.

Die deutsch-deutschen Beziehungen blieben also grundsätzlich antagonistisch, was unter den ideologischen und systemischen Bedingungen des Ost-West-Konflikts gar nicht anders denkbar war. Wie in den Ost-West-Beziehungen insgesamt hatte sich auch im innerdeutschen Verhältnis mit der Entspannungspolitik lediglich der Austragungsmodus des Grundkonflikts verändert, der sich nun stärker durch kooperative als durch konfrontative Elemente auszeichnete. Doch selbst die Kooperation steckte voller Konfliktpotential und wurde durch die Ost-Berliner Politik immer wieder schweren Belastungsproben ausgesetzt.

Die westdeutsche Deutschlandpolitik zielte ganz im Sinne der Politik Willy Brandts weiterhin – und letztlich bis 1989 – darauf, das Band der Nation nicht zerreißen zu lassen und den Menschen in der DDR das Leben in und mit der Teilung zu erleichtern. Insofern gehörten ost-westliche Begegnungen und menschliche Erleichterungen zu den zentralen Zielen der Deutschlandpolitik auch der Regierung Schmidt/Genscher, der deshalb in ganz besonderer Weise am Korb III der Helsinki-Vereinbarungen gelegen war. Die DDR dagegen errichtete immer wieder neue Hindernisse. Das hatte mit der fortgesetzten Systemkonkurrenz und der Ablehnung des westdeutschen Wiedervereinigungsanspruchs zu tun und in vielen Fällen mit handfesten materiellen und finanziellen Interessen. Die DDR-Führung erkannte sehr klar, dass aus den deutschlandpolitischen Zielsetzungen der Bundesrepublik Kapital – im wahrsten Sinne des Wortes – zu schlagen war. Helmut Schmidt hat das einmal nüchtern und realistisch als »mehr Menschlichkeit gegen Kasse« bezeichnet.[6] Die Bundesrepublik hat bis 1989 an die DDR allgemeine »Transitpauschalen« gezahlt, die zwar nominell der Verbesserung des Transitverkehrs dienen sollten, faktisch aber eine zweckfreie Finanzspritze für die DDR darstellten. Auch den bis 1989 immer wieder diskutierten Mindestumtauschsatz für Reisende in die DDR hat das Regime konsequent genutzt, um entweder die Deviseneinnahmen zu erhöhen oder Reisen in die DDR zu erschweren. Hinzu kamen noch beträchtliche Summen, die die Bundesrepublik für den Freikauf von »politischen« Häftlingen aufwandte, darunter nicht wenige gescheiterte »Republikflüchtlinge«. Insgesamt hat die Bundesrepublik zwischen 1963 und 1989 rund 34 000 Häftlinge freigekauft, wobei der »Preis« für den einzelnen Häftling im Laufe der Jahre deutlich anstieg: von 40 000 DM am Anfang auf fast 100 000 DM 1989.[7]

Der innerdeutsche Handel gewann gleichfalls an Bedeutung. Die DDR profitierte wohl am stärksten von der ökonomischen Intensivierung der Ost-West-Beziehungen, zumal sie auf Grund der deutsch-deutschen Sondersituation anders als andere dem RGW (Rat für Gegenseitige Wirtschaftshilfe) angehörende Staaten zollfrei mit der Bundesrepublik und den übrigen EG-Ländern Handel treiben konnte. Dadurch stieg aber ihre Verschuldung in westlichen Währungen. Das betraf zwar auch den Handel mit der Bundesrepublik, doch der beruhte insofern auf einer anderen Grundlage, als die Bundesrepublik der DDR einen zinslosen Überziehungskredit, den »Swing«, einräumte, der mit den Erlösen der DDR aus dem innerdeutschen Handel verrechnet werden konnte. Dadurch konnte die DDR bis in die frühen 1980er Jahre eine existenzgefährdende Zahlungsbilanzkrise verhindern. Danach mussten westdeutsche Bankkredite in Milliardenhöhe helfen, die der CSU-Vorsitzende Strauß vermittelte und für die die Bundesregierung bürgte. Unmittelbare ostdeutsche Gegenleistungen dafür hat es nicht gegeben. Als Bonn Anfang der 1980er Jahre – die zweite Ölpreiskrise hatte die DDR-Devisenwirtschaft massiv unter Druck gebracht und die Zahlungsbilanz verschlechtert – eine Erhöhung des »Swing« gegen eine Absenkung der Pflichtumtauschsätze anbot, lehnte Ost-Berlin ab. Auf ein so direktes Quidproquo wollte man sich nicht einlassen. Aber in dem Versuch wird doch deutlich, wie Bonn gerade auf der Ebene der Wirtschaftsbeziehungen und der Kreditpolitik nach Möglichkeiten suchte, zu menschlichen Erleichterungen zu gelangen.

Ähnliche Ziele verfolgte Helmut Schmidt mit seinem Besuch in der DDR im Dezember 1981. Während sich der Zustand der Ost-West-Beziehungen allgemein und der amerikanisch-sowjetischen Beziehungen vor dem Hintergrund der sowjetischen Invasion in Afghanistan und der Nachrüstungskrise dramatisch verschlechterte, unternahm der deutsche Bundeskanzler den Versuch, den deutsch-deutschen Dialog aufrechtzuerhalten und damit die Hoffnung auf menschliche Erleichterungen. Das einzig greifbare Ergebnis, das er nach der dreitägigen Gipfelbegegnung am Werbellinsee in der Uckermark vorweisen konnte, war die Verlängerung des »Swing« um ein Jahr. Eine Absenkung der Mindestumtauschsätze gelang nicht, und erst mit dem Sicherheitsabstand von zwei Monaten gab die DDR die Ausweitung der Kriterien für Westreisen berufstätiger DDR-Bürger in dringenden Familienangelegenheiten bekannt.[8] Das war ein sehr bescheidener Erfolg. Doch der deutsch-deutsche Gipfel war, unabhängig von seinen Ergebnissen, auch der Versuch gewesen, so Helmut Schmidt, herauszufinden, »wo es konkrete Aussichten für eine zukünftige stetige Entwicklung der Beziehungen zwischen uns geben kann und wo wir im Interesse der Bürger der Deutschen Demokratischen Republik die Qualität der Beziehungen zwischen den beiden deutschen Staaten anheben können«.[9]

Die internationale Situation erleichterte derartige Bestrebungen nicht, im Gegenteil: Der Nachrüstungsbeschluss der NATO, an dem Schmidt entscheidenden Anteil hatte, verschlechterte das internationale Klima, und das wirkte unweigerlich zurück auf die innerdeutschen Beziehungen. Auch deswegen war der Bundeskanzler daran interessiert, dass beide deutschen Staaten ihr Gewicht in ihren jeweiligen Bündnissen geltend machten, um den Konflikt zu entschärfen. Zu einem solchen Schulterschluss mit der Bundesrepublik war Honecker nicht bereit, denn er hätte ein Ausscheren aus der östlichen Blocksolidarität und eine Distanzierung von der Sowjetunion bedeutet. Das aber war für die DDR undenkbar – und unmöglich.

Die DDR hatte innerhalb des Ostblocks nie die politischen Spielräume, die sich die Bundesrepublik im Westen allmählich schuf und es ihr trotz der überwölbenden amerikanischen Hegemonie ermöglichten, eigene Interessen und Positionen innerhalb der NATO und im deutsch-amerikanischen Verhältnis zu artikulieren. Die SED-Spitze wusste das nur zu gut, und so erklärt sich auch Honeckers Drängen, die Bundesrepublik möge vom NATO-Nachrüstungsbeschluss abrücken. Indem Honecker vom »Wechselverhältnis zwischen der bilateralen und der internationalen Seite unserer Beziehungen« sprach, machte er eine Verbesserung im innerdeutschen Verhältnis, einschließlich menschlicher Erleichterungen, letztlich davon abhängig, dass die Bundesrepublik ihre Westbindung relativierte. Für die Regierung Schmidt/Genscher kam das unter keinen Umständen in Frage, und dennoch erweckten schon die bescheidenen Versuche der Bundesrepublik, im ostwestlichen Konflikt über die Raketenstationierung den deutsch-deutschen Dialog aufrechtzuerhalten, Misstrauen, insbesondere in den USA. Der Sicherheitsberater des Präsidenten Jimmy Carter, Zbigniew Brzezinski, warnte in diesem Zusammenhang vor einer »Selbst-Finnlandisierung« der Bundesrepublik, und auch aus der Administration von Präsident Ronald Reagan waren später skeptische Töne zu hören.

War Entspannung teilbar, wie es der deutsch-deutsche Dialog zu suggerieren schien? Konnte unterhalb der Ebene der – sich verschlechternden – Supermachtbeziehungen die Politik der *Détente* fortgesetzt werden? War es möglich, in der Krise der Entspannungspolitik »die Bemühungen um gutnachbarliche Beziehungen stetig fortzuführen«? Als während des deutsch-deutschen Gipfels in Polen angesichts der Herausforderung der Parteidiktatur durch die unabhängige Gewerkschaftsbewegung »Solidarność« das Kriegsrecht verhängt wurde und das Militär unter General Wojciech Jaruzelski die Macht übernahm, reiste der Bundeskanzler nicht demonstrativ ab, und die Bundesregierung übte in ihren Stellungnahmen zu der Entwicklung in Polen deutliche Zurückhaltung. Doch die Entspannungspolitik war damit nicht zu retten, und die Bundesregierung hütete sich letztlich, den Bogen zu überspannen.

Schmidts Interesse an der Fortsetzung des Meinungsaustauschs und an »gutnachbarlichen Beziehungen« mit der DDR ließ ihn nicht übersehen, mit wem er es zu tun hatte. Denn auch das war während der Gipfelbegegnung noch einmal auf drastische Weise offenbar geworden. Als der Bundeskanzler zum Abschluss seiner Reise die Barlach-Stadt Güstrow mit ihrem Dom besuchte, verhinderte die Staatssicherheit jeden Kontakt der Bevölkerung mit dem Gast aus dem Westen. Sympathiebezeugungen, wie sie 1970 Willy Brandt in Erfurt erfahren hatte, sollte es diesmal nicht geben. In einer »stalinistisch anmutenden Belagerung«[10] blieben die Güstrower in ihren Häusern eingesperrt, während Tausende von Stasi-Mitarbeitern um den Dom herum ein vorweihnachtliches Fest einschließlich eines Weihnachtsmarkts inszenierten. Die Bilder dieser »Polizeistaatsgroteske«[11] gingen um die Welt. Sie verwiesen auf den Kern der deutschen Teilung und auf den deutsch-deutschen Grundgegensatz, der in den Jahren der *Détente* nicht an Schärfe verloren hatte. Aber die Bilder aus Güstrow zeigten auch die Nervosität der SED-Führung im Umgang mit der eigenen Bevölkerung, die man von der Legitimität der Parteidiktatur nicht überzeugen und deren Loyalität man sich nie gewiss sein konnte.

Nicht nur im Verhältnis zur DDR, sondern auch gegenüber der UdSSR hatte die Entspannungspolitik der Bundesrepublik eine starke ökonomische Dimension, die aber durchaus von wechselseitigen Interessen getragen war. Gerade die bekannten Erdgas-Röhren-Geschäfte, deren erstes im unmittelbaren Vorfeld des Moskauer Vertrags 1970 abgeschlossen worden war, können dies verdeutlichen. Stets ging es für die Bundesrepublik darum – was nach der Ölkrise noch wichtiger wurde –, ihre Energieversorgung zu sichern und zu diversifizieren und darüber hinaus die Exportleistung insbesondere der Stahl- und Maschinenbauindustrie zu erhöhen. Die Sowjetunion erhielt im Gegenzug – und ohne dass sie dafür wertvolle Devisen aufwenden musste – moderne Industrieanlagen und technisch-industrielles Know-how.

Auch jenseits der Erdgas-Röhren-Geschäfte blühte der westdeutsche Osthandel, für den Industriekapitäne wie der Kölner Stahlunternehmer Otto Wolff von Amerongen, lange Jahre Vorsitzender des Ostausschusses der deutschen Wirtschaft, eifrig warben. Die Bundesrepublik war in den 1970er Jahren der wichtigste westliche Handelspartner der UdSSR, und diese Handelsbeziehungen waren – Stichwort Wandel durch Handel – ein zentrales Element der westdeutschen Entspannungspolitik. Diese geriet in Gefahr, als die USA nach dem sowjetischen Einmarsch in Afghanistan nicht nur Maßnahmen symbolischer Politik wie den Boykott der Olympischen Spiele in Moskau 1980 forderten, an dem sich die Bundesrepublik beteiligte, sondern auch Wirtschaftssanktionen, und das zu einem Zeitpunkt, als wieder einmal über ein Erdgas-Röhren-Abkommen verhandelt werden sollte, an dem allerdings auch andere westeuropäische Länder beziehungsweise Unternehmen und Banken beteiligt waren. Die Erdgas-Röhren-Frage führte 1981/82 zu erheblichen deutsch-amerikanischen Konflikten, doch am Ende setzten sich die Bundesrepublik und ihre westeuropäischen Partner durch.[12]

Weltwirtschaftliche Verflechtung und europäische Integration

Dass die Bundesrepublik sich an der Wende zu den 1980er Jahren, der Zeit des zweiten Kalten Krieges, erlauben konnte, die deutsch-deutsche Entspannungspolitik gegen die Entwicklung der Weltpolitik fortzusetzen, hat mit ihrem in den 1970er Jahren deutlich gestiegenen internationalen Gewicht zu tun. Die Ostpolitik der Regierung Brandt/Scheel hatte der Bundesrepublik mehr internationale Bewegungsfreiheit verschafft und die einengenden Ketten der Hallstein-Doktrin gesprengt. Nach den grundsätzlichen Klärungen, die mit der deutsch-deutschen Vertragspolitik verbunden waren, konnte man auf der internationalen Bühne freier agieren, ja diese Bühne als UNO-Mitglied erst richtig betreten.

Andere Faktoren traten hinzu. In den Turbulenzen der Weltwirtschaft, die mit dem Zusammenbruch des Weltwährungssystems von Bretton Woods 1971 einsetzten, schwächte sich die bis dahin dominierende weltwirtschaftliche Rolle der USA ab, und die Bundesrepublik mit ihrer relativ starken Währung konnte eine Führungsposition einnehmen. Auch innerhalb der Europäischen Gemeinschaft lag die wirtschaftliche und wirtschaftspolitische Führung bei der Bundesrepublik. Wirtschaftliche Fragen und wirtschaftliche Potenz hatten seit dem arabisch-israelischen Jom-Kippur-Krieg von 1973 im Zeichen der dramatischen Verteuerung des Rohöls in der internationalen Politik enorm an Bedeutung gewonnen. Die globale Wirtschaft rutschte zusehends in eine tiefe Rezession, aber den Vereinigten Staaten fehlte sowohl ökonomisch als auch politisch nach der demütigenden Niederlage im Vietnam-Krieg die Kraft, den Westen durch diese Krisenphase zu führen.

Zwar trat die Bundesrepublik nicht an die Stelle der USA, aber Helmut Schmidt warf doch das ganze Gewicht des westdeutschen Staates in die Waagschale, um eine konzertierte Politik der westlichen Industrienationen zustande zu bringen. Gemeinsam mit dem neu gewählten französischen Staatspräsidenten Valéry Giscard d'Estaing, mit dem Schmidt bereits als Finanzminister kooperiert hatte, ergriff er die Initiative zu einem Gipfel der Staats- und Regierungschefs der wichtigsten westlichen Industrieländer, um über Wege aus der Wirtschaftskrise zu beraten. Dies war die Geburtsstunde der Weltwirtschaftsgipfel, die rasch eine Eigendynamik entwickelten und die bis heute eine zentrale Institution weltwirtschaftlicher Politik beziehungsweise des Versuchs der politischen Steuerung der Weltwirtschaft sind.[13] Eine internationale ökonomische Globalsteuerungsfunktion konnten sie angesichts der rasant fortschreitenden Globalisierung und der mit ihr verbundenen Entkopplung von Wirtschaft und Politik allerdings nicht beziehungsweise immer weniger übernehmen.

Das erste dieser Gipfeltreffen fand auf Einladung der französischen Regierung im November 1975 auf Schloss Rambouillet bei Paris statt. Sechs Länder waren beteiligt: neben Frankreich, den USA und der Bundesrepublik Großbritannien, Italien und Japan. Die amerikanische Regierung unter Präsident Gerald Ford, der dem wegen des Watergate-Skandals zurückgetretenen Richard Nixon nachgefolgt war, hatte sich nur zögernd auf die französisch-deutsche Initiative eingelassen, die in aller Klarheit den Verlust der traditionellen politischen Führungsrolle der USA und den weltpolitischen Bedeutungsgewinn der westeuropäischen Staaten signalisierte. Dass das Treffen unter diesen Bedingungen überhaupt zustande kam, kann bereits als Erfolg gewertet werden. Die sechs Teilnehmerstaaten verständigten sich auf Schloss Rambouillet darauf, in der Krise der Weltwirtschaft das Heil nicht im Protektionismus zu suchen, sondern in einem freien Welthandel, eine Lehre, die man aus der Weltwirtschaftskrise der 1930er Jahre gezogen hatte. Auch über Währungsfragen wollte man sich künftig verständigen und danach streben, ein einigermaßen stabiles Gleichgewicht zwischen dem US-Dollar, dem japanischen Yen und dem westeuropäischen Währungsverbund zu erhalten. 1976 wurde Kanada als weiterer Teilnehmer zum nächsten Gipfeltreffen in Puerto Rico gebeten. Damit war die »Gruppe der Sieben« (G 7) komplett, die bis zum Hinzutreten Russlands 1998 an den Weltwirtschaftsgipfeln teilnahmen. Eingeladen wurde seit 1977 zudem, wenngleich zunächst gegen französischen Widerstand, der Präsident der Brüsseler EG-Kommission, was die wachsende Bedeutung der Europäischen Gemeinschaft als wirtschafts- und währungspolitischer Akteur widerspiegelte.

1978 lud Helmut Schmidt zum Weltwirtschaftsgipfel nach Bonn. Der Bundeskanzler vertrat wie kaum ein anderer westlicher Politiker die Position, dass Weltwirtschaft Weltpolitik sei und angesichts der globalen Reichweite wirtschaftlicher und monetärer Entwicklungen eine einzelstaatliche Politik von vornherein zum Scheitern verurteilt war. Nur eine solche gemeinsame und konzertierte Politik diene auch den Interessen der Bundesrepublik, die der Kanzler bereits in seiner Regierungserklärung von 1974 auf den Punkt gebracht hatte. Die Bundesrepublik sei abhängig vom Außenhandel, und sie sei deshalb »anfällig ... gegen alle Störungen im weltwirtschaftlichen System«. Nicht nur die Arbeitsplätze in Deutschland hingen in hohem Maße von der Entwicklung der Weltwirtschaft ab, auch »die Erträge, die Höhe der Investitionen, die erzielten Produktivitätsfortschritte und damit der Lebensstandard und damit auch die Preise«. »Wir brauchen deshalb eine stabile, eine stetige Weltwirtschaft. Wir brauchen freien Handel. Wir brauchen ein geordnetes, ein funktionstüchtiges Weltwährungssystem.«[14]

Doch internationales Gewicht bedeutete auch internationale Verantwortung und damit möglicherweise eine Politik, die punktuell deutschen Interessen nicht gerecht wurde. Das zeigte sich auf dem Bonner Weltwirtschaftsgipfel, wo sich die Bundesrepublik zu konjunkturpolitischen Maßnahmen bereitfinden musste, um die Weltwirtschaft wieder anzukurbeln. Mit ihrer relativ guten Konjunktur und ihrer starken Währung sollte die Bundesrepublik eine globale ökonomische Lokomotivfunktion übernehmen. Dieser Aufgabe konnte sie sich nicht entziehen. Bonn musste sich verpflichten, Maßnahmen zur Hebung der Inlandsnachfrage zu ergreifen, die der rigiden Sparpolitik der Regierung Schmidt und ihrem anti-inflationären Kurs eindeutig widersprachen. Das war der Preis für die weltwirtschaftliche Führungsrolle und das gestiegene politische Gewicht der Bundesrepublik.

1978 machte allerdings auch deutlich, dass die Bonner Politik nur im europäischen Rahmen erfolgreich sein konnte. Das Bonner Gewicht erhöhte sich international in dem Maße, in dem die Bundesrepublik als Sachwalter europäischer Interessen auftrat. Das war bei den divergierenden Interessen der einzelnen Mitgliedsländer in der EG nicht immer einfach. Insbesondere die deutschen und die französischen Positionen lagen oftmals weit auseinander. Es charakterisiert die deutsch-französischen Beziehungen in der Ära Schmidt/Giscard, dass es den beiden Staaten in der Regel gelang, ihre Differenzen zurückzustellen und gemeinsam die europäischen Positionen zu vertreten. Auf dem Bonner Gipfel gelang dies besonders gut, weil sich auf Initiative Frankreichs und der Bundesrepublik der Europäische Rat nur wenige Tage zuvor auf ein Europäisches Währungssystem geeinigt hatte, das zu stabilen Wechselkursen zwischen den europäischen Währungen führen sollte. Man wollte vermeiden, dass es wie in den Vorjahren zu starken Schwankungen kam, was die europäische Integrationsdynamik erheblich beeinträchtigt hatte. Die europäische Einigung hatte nach dem Rücktritt de Gaulles 1969 weitere Fortschritte gemacht, nicht zuletzt durch die Erweiterungsrunde mit Großbritannien, Irland und Dänemark. Politisch hat die weltwirtschaftliche Krise der 1970er Jahre in Verbindung mit der relativen Schwäche der USA die »Europäisierung Europas« vorangetrieben. Daneben lässt sich diese Europäisierung aber auch auf das weltpolitische Klima der Entspannung zurückführen, die in der Wahrnehmung der Europäer den Imperativ der europäisch-atlantischen Geschlossenheit angesichts der östlich-sowjetischen Bedrohung zumindest milderte.

Mehr als je zuvor entwickelte sich EG-Europa in den 1970er Jahren zu einem politischen Akteur. Schon 1969 hatte ein EG-Gipfel in Den Haag sich für »Fortschritte auf dem Gebiet der politischen Einigung ausgesprochen«. Auf dieser Basis entwickelte sich nun die sogenannte Europäische Politische Zusammenarbeit (EPZ), die, ohne supranationale Institutionen auszubilden, zu einer besseren außenpolitischen Abstimmung der EG-Mitgliedsstaaten führen sollte, und zwar durch gegenseitige Information und Konsultation sowie Harmonisierung von Positionen und Vorgehensweisen. Außenministertreffen und regelmäßige Treffen von Spitzendiplomaten waren ihre wichtigsten Instrumente. Die EPZ, die erst 1986 in der Einheitlichen Europäischen Akte als Gemeinschaftsinstitution Erwähnung fand, bewährte sich beispielsweise bei der Abstimmung europäischer Positionen im KSZE-Prozess. In den Kontext dieses neuen Intergouvernementalismus, der Europa politisch handlungsfähiger machen sollte, ohne die außenpolitische Souveränität der Mitgliedsstaaten zu beeinträchtigen, gehört auch der von Helmut Schmidt und dem französischen Präsidenten Giscard d'Estaing 1974 vorgeschlagene Europäische Rat, das waren regelmäßige Begegnungen der Staats- und Regierungschefs der EG-Staaten, die man in den Europa-Verträgen bis dahin nicht vorgesehen hatte. Auch der Europäische Rat, de facto ein Spitzengremium der Europäischen Gemeinschaft, wurde erst 1986 – zusammen mit der EPZ – in der Einheitlichen Europäischen Akte verankert. Rolle und Aufgaben der supranationalen EG-Kommission wandelten sich in dieser neuen institutionellen Struktur erheblich.

Letztlich gehört auch der Bedeutungsgewinn des Europäischen Parlaments, vor allem seine erste Direktwahl 1979, in die von Schmidt und Giscard angeschobene Entwicklung. Zwar war diese Direktwahl schon in den Römischen Verträgen vorgesehen, auf Grund nationaler Widerstände, insbesondere in Frankreich, aber nicht durchgesetzt worden. Erst 1974 verbanden der deutsche Bundeskanzler und der französische Präsident mit ihrer Initiative zur Errichtung eines Europäischen Rats auch den – kompensatorischen – Vorstoß, Direktwahlen zum Europaparlament abzuhalten, um damit die Legitimationsgrundlage europäischer Politik und – zunehmend – Gesetzgebung zu erhöhen, aber auch um die europäische Integration stärker in die nationalen Gesellschaften hineinzutragen.

Alle Versuche der Europäer, ihre Integration auch wirtschafts- und währungspolitisch voranzubringen, scheiterten in den frühen 1970er Jahren, weil das Weltwährungssystem von Bretton Woods zusammenbrach. Das gilt für den »Werner-Plan« zur Vereinheitlichung der Wirtschafts- und Währungspolitik von 1970 ebenso wie für den 1972 errichteten europäischen Wechselkursverbund, die »Währungsschlange«. Erst in der zweiten Hälfte des Jahrzehnts erfolgte auf deutsch-französische Initiative hin ein neuer Anlauf: das 1978 beschlossene und zum 1. Januar 1979 in Kraft getretene Europäische Währungssystem (EWS). Es etablierte einen Wechselkursverbund mit festen Schwankungsbreiten sowie eine Reihe von währungspolitischen Interventions- und Stützungsmechanismen, welche die Stabilität der Währungen sichern sollen. Darüber hinaus wurde mit der Einführung der Europäischen Verrechnungseinheit (European Currency Unit – ECU) die Vorstufe einer europäischen Währung beschlossen, welche die Abwicklung von Handelsbeziehungen im EWS-Raum erleichterte. Das waren erste Schritte auf dem Weg zur Währungsunion und zum Euro.

EPZ und Europäischer Rat traten nicht einfach an die Stelle supranationaler Integration, vielmehr entwickelte sich eine komplexe Parallelstruktur. Die Supranationalisierung Europas schritt faktisch durch das tagtägliche Handeln der europäischen Institutionen voran. Die ökonomische Integration erforderte in immer stärkerem Maße eine regulative Politik, die tief in die einzelnen Mitgliedsstaaten hineinwirkte. Europäisches Recht, europäische Gesetzgebung und europäische Verordnungen wurden immer wichtiger, damit aber auch europäische Gerichte, allen voran der Europäische Gerichtshof, dessen Rechtsprechung für alle Mitgliedsstaaten verbindlich ist und sie zu teilweise erheblichen Anpassungsleistungen zwingt. Auch das ist eine Form der Europäisierung. Nicht weniger als diese regulative Politik wirkte die sogenannte distributive Politik der EG europäisierend. Bedeutung entwickelte hier vor allem die regionale Strukturpolitik, die wirtschaftliche und damit auch sozioökonomische Unterschiede innerhalb Europas so weit wie möglich ausgleichen soll. Zusätzlich konnte die EG gerade in neuen und an Bedeutung gewinnenden Politikbereichen wie der Umwelt- oder der Technologiepolitik supranationale Kompetenzen entwickeln.

Wenn es dennoch gegen Ende der 1970er zu einer erneuten Stagnation des Integrationsprozesses kam, zeitgenössisch als »Eurosklerose« bezeichnet, dann hatte dies zum einen damit zu tun, dass in der Verschärfung des Ost-West-Konflikts die transatlantischen Beziehungen zu den USA wieder an Bedeutung gewannen und sich die europäischen Staaten wieder enger an Amerika anlehnten. Es hatte aber auch damit zu tun, dass innerhalb der Europäischen Gemeinschaft kein Konsens über die Finalität und den Charakter des Integrationsprozesses bestand. Sollte die Einigung supranational fortgesetzt werden oder intergouvernemental? Sollte sie eher ökonomisch orientiert sein und letztlich eine große Freihandelszone errichten oder auf die politische Einheit zielen? Solche Fragen verbanden sich in den frühen 1980er Jahren auch mit divergierenden wirtschafts- und ordnungspolitischen Prämissen. Die konservative britische Regierung unter Margaret Thatcher bevorzugte bei ihrer Marktorientierung im Sinne des neoliberalen Paradigmas einen großen Freihandelsverbund, während Frankreich vor allem nach der Übernahme des Präsidentenamtes durch den Sozialisten François Mitterrand 1981 in Europa eine Möglichkeit sah, auf länderübergreifender Ebene eine keynesianisch orientierte Politik des wirtschafts- und konjunkturpolitischen Staatsinterventionismus zu betreiben. Solche Gegensätze erklären den Stillstand der Integration, der noch weiteren divergierenden nationalen Interessen geschuldet war, darunter nicht zuletzt den finanziellen Interessen der großen europäischen Beitragszahler.

Man hat Helmut Schmidt vorgeworfen, seine Europapolitik sei nicht so sehr von der Integrationsidee dominiert gewesen wie bei seinen christdemokratischen Amtsvorgängern, sondern primär von den wirtschaftspolitischen Interessen der Bundesrepublik bestimmt.[15] Sicher, etwa zwei Drittel des deutschen Außenhandels wurden mit den Staaten der EG und der Europäischen Freihandelszone (EFTA – European Free Trade Association) abgewickelt, handels- und wirtschaftspolitische Fragen beherrschten die europäische Agenda. Aber diese Fragen hatten eine enorme politische Bedeutung, die weit über die ökonomische Sphäre hinausreichte, und davon ganz abgesehen hatte die europäische Integration die fundamentalen Zielsetzungen ihrer Frühphase keineswegs eingebüßt. Dazu gehörte, wenn auch nie ausschließlich, die wirtschaftliche Integration. Durch verstärkten Handel und die Errichtung eines europäischen Marktes sollte in den Mitgliedsstaaten für stetiges Wirtschaftswachstum gesorgt und das Wohlstandsniveau der europäischen Gesellschaften angehoben werden.

Angesichts der deutschen Ostpolitik diente die europäische Integration aber auch dem Zweck, die Bundesrepublik europäisch einzubinden und nationale Alleingänge zu verhindern. Allgemeiner ging es darum, das gewachsene politische Gewicht – der französische Präsident Giscard sprach nach seinem Ausscheiden aus dem Amt sogar von Übergewicht[16] – der Bundesrepublik europäisch einzuhegen. Das lag auch im eigenen Interesse der Bundesrepublik, deren gewachsene politische Handlungsfähigkeit sich entscheidend ihrem Bekenntnis zum Multilateralismus und zur prinzipiellen Einbindung in die Allianz- und Integrationsstrukturen des Westens verdankte. In diesen Strukturen konnte die Bundesrepublik, nach wie vor der »verdächtige Verbündete«,[17] ihr gestiegenes politisches Gewicht auf eine Art und Weise zur Geltung bringen, die nicht sogleich das grundsätzliche Misstrauen oder die Opposition anderer Staaten hervorrief.

Nord-Süd-Politik

Die Entwicklungspolitik der Bundesrepublik war bis in die 1960er Jahre deutschlandpolitisch bestimmt und unterlag dem Imperativ und den Zwängen der deutsch-deutschen Rivalität und Systemkonkurrenz sowie der Hallstein-Doktrin. Das änderte sich durch die Ostpolitik der sozialliberalen Koalition. In der UNO wurde die Bundesrepublik ein globaler Akteur, und die Bonner Entwicklungspolitik war nun in Übereinstimmung mit dem noch vorherrschenden Klima der *Détente* primär friedenspolitisch orientiert.[18] Zum führenden politischen Repräsentanten dieser Entwicklungspolitik wurde zunächst Erhard Eppler, der das Bundesministerium für Wirtschaftliche Zusammenarbeit, das Entwicklungshilfeministerium, in der Schlussphase der Großen Koalition übernahm und es bis 1974 leitete. Ihm folgten Egon Bahr, Marie Schlei und als letzter Minister der sozialliberalen Koalition Rainer Offergeld.

Die Bedingungen für eine wirkungsvolle Entwicklungspolitik waren in den frühen 1970er Jahren insofern günstig, als die Entspannung im Ost-West-Verhältnis das politische Bewusstsein und Interesse auf die Nord-Süd-Problematik lenkte. Man glaubte, durch die Entspannung möglicherweise Ressourcen gewinnen zu können, um eine aktivere und großzügigere Entwicklungspolitik betreiben zu können. Voneinander unabhängig waren ost-westliche und nord-südliche Agenda aber keineswegs, im Gegenteil: Der Ost-West-Konflikt fand in den Jahren der *Détente* auf der Südhalbkugel seine Fortsetzung. Mit Mitteln der Entwicklungspolitik und Entwicklungshilfe wurde Ost-West-Politik betrieben, denn die strukturbildende Kraft des Ost-West-Konflikts in der globalen Politik war viel zu groß, als dass eine von ihr unabhängige und unbeeinflusste Entwicklungspolitik möglich gewesen wäre. In der Bundesrepublik wurde die Südpolitik neben der West- und der Ostpolitik zur dritten Säule westdeutscher Außenpolitik.

Ihren Schwerpunkt hatte diese Politik in Afrika. Erhard Epplers Anstrengungen, den zumeist ehemaligen Kolonialländern den Anschluss an die Industriestaaten der Nordhalbkugel zu ermöglichen, standen unter dem Motto »Hilfe zur Selbsthilfe«. Eppler war durchaus klar, dass ein Aufschließen der Entwicklungsländer zu den nördlichen Industriegesellschaften recht unwahrscheinlich war. Von den technizistischen Machbarkeitsvorstellungen der 1960er Jahre, die auch die Entwicklungspolitik – als forcierte Modernisierungspolitik – leiteten, hatte sich Eppler entfernt. Er konzentrierte sich darauf, diesen Ländern über die Weltwirtschafts- und Welthandelsordnung beispielsweise durch günstige Zölle für Drittweltprodukte Vorteile zu verschaffen, die ihrerseits die weitere »Entwicklung« dieser Länder ermöglichen sollten. Auf europäischer Ebene folgte das Abkommen von Lomé (1975) diesen Prämissen, das 46 Staaten Afrikas, des karibischen und des pazifischen Raums (AKP) zollfreien Zugang zum europäischen Markt für eine Vielzahl ihrer Produkte eröffnete. Das Abkommen von Lomé, das in weiteren Vertragsrunden im folgenden Jahrzehnt fortgeschrieben wurde, schuf auch Grundlagen für die Kreditgewährung an Drittweltländer, zum Beispiel durch günstige Darlehen der Europäischen Investitionsbank, und deren Schuldendienst. Der Erfolg von Lomé, aber auch bilateraler Abkommen ist nicht zu bestreiten. Die wirtschaftlichen Beziehungen zwischen der Bundesrepublik und den Entwicklungsländern intensivierten und diversifizierten sich. Immerhin kamen 1979 etwa 22 Prozent der bundesrepublikanischen Importe aus Drittweltländern.

Obwohl eine entwicklungspolitische Grundübereinstimmung alle Parteien des Bundestags verband, stieg die Entwicklungshilfe jenseits des Handels als wirksamer, indirekter Form der Entwicklungskooperation nicht signifikant an. Das lag nicht am mangelnden Willen der deutschen Politik, sondern an den sich seit 1974 drastisch reduzierenden Möglichkeiten und finanziellen Spielräumen. Auch die entwicklungspolitische Dimension sozialliberaler Reformpolitik wurde ein Opfer des Endes vom Wachstum. In den Folgejahren blieben ihre Leistungen weit hinter den Margen zurück, die von internationalen Organisationen aufgestellt wurden. Das wachsende Engagement nichtstaatlicher Entwicklungshilfeorganisationen, insbesondere aus dem kirchlichen Bereich, konnte diese Defizite nicht ausgleichen. Doch über die finanziellen Dimensionen hinaus erschütterte das Ende der Fortschrittsgläubigkeit auch die optimistischen Grundannahmen der Entwicklungspolitik und führte zu großer Verunsicherung hinsichtlich ihrer Zielperspektiven und Leitvorstellungen.

Mit dem zweiten Kalten Krieg trat die Nord-Süd-Problematik gerade in ihrer entwicklungsbezogenen Dimension wieder in den Hintergrund der öffentlichen und politischen Aufmerksamkeit. Aber es wurde Kritik laut nicht nur an der deutschen, sondern an der westlichen Entwicklungshilfepolitik überhaupt. Bemängelt wurde, dass weder der Grad der Bedürftigkeit noch die Existenz demokratischer Strukturen in den Empfängerstaaten zum Maß der Hilfe gemacht wurde, sondern allein ost-west-politische Faktoren eine Rolle spielten. Sollte man Diktaturen unterstützen, bloß weil sie sich auf die Seite des Westens schlugen? Manche Drittweltstaaten, zum Beispiel Äthiopien und Somalia, wechselten zum Teil mehrfach die Seite, je nachdem, wer dem jeweils herrschenden Regime die größere wirtschaftliche und militärische Unterstützung in Aussicht stellte.

Nahezu frei von solchen Überlegungen operierten Industrieunternehmen und internationale Konzerne, die ihre Investitionsentscheidung sehr viel stärker von Gewinninteressen abhängig machten als von politischen Opportunitätserwägungen. Mercedes-Benz beispielsweise störte sich in den 1970er und 1980er Jahren kaum an dem rassistischen Apartheid-Regime in Südafrika. Die Wirtschaft folgte ihren eigenen Interessen, die politisch immer weniger zu beeinflussen waren, weil nationale Politik und nationale Gesetzgebung nicht beziehungsweise nur sehr begrenzt in der Lage waren, auf die strategischen und operativen Entscheidungen international agierender Unternehmen einzuwirken. Der Nationalstaat war mit seinen Mitteln nationaler Politik offenkundig an Handlungs- und Wirkungsgrenzen gelangt. Die Globalisierung der Wirtschaft konnte er nicht steuern.

Der zweite Kalte Krieg und die Raketenkrise

Der deutsch-französische Motor hat die europäische Einigung in den 1970er Jahren vorangetrieben, Bonn und Paris sprachen gegenüber den USA mit einer Stimme, aber das bilaterale Verhältnis blieb von einer grundsätzlichen Konkurrenz geprägt. Es war für Frankreich als Siegermacht des Zweiten Weltkriegs nicht leicht, sich mit dem Aufstieg der Bundesrepublik abzufinden, die ihr wachsendes politisches Gewicht nicht automatisch französischen Interessen zur Verfügung stellte. Weit über die Ära Giscard hinaus blieb es ein Ziel der französischen Außenpolitik, in Europa Machtstrukturen zu etablieren, in denen Deutschland nicht dominierte. Der Ausgang des Zweiten Weltkriegs und die deutsche Teilung hatten die Voraussetzungen dafür geschaffen, und nicht zuletzt deswegen sah Frankreich in der Aufrechterhaltung der deutschen Teilung mehr Vor- als Nachteile. Auch aus diesem Grund befürwortete die französische Regierung die deutschen Unterschriften unter die KSZE-Schlussakte und betonte, wo immer sie konnte, die deutschlandpolitischen Rechte Frankreichs als eine der vier Siegermächte.

Giscard und Schmidt stimmten allerdings in einem Punkt völlig überein: Sie forderten größeren weltpolitischen Einfluss für Westeuropa, und sie waren sich darüber im Klaren, dass eine gemeinsame Politik Frankreichs und der Bundesrepublik die entscheidende Voraussetzung dafür war. Der deutsche Bundeskanzler und der französische Staatspräsident sahen nicht nur die wachsenden Divergenzen zwischen den USA und Westeuropa, sondern sie beobachteten auch mit Sorge die nicht zuletzt ökonomisch und monetär bedingte weltpolitische Schwäche Amerikas. Für umso wichtiger erachteten sie daher eine Stärkung Westeuropas und damit des Westens insgesamt. Aber das deutsch-französische Gleichgewichts- und Stabilitätsdenken bezog sich nicht nur auf den Westen und die transatlantischen Beziehungen, sondern mindestens ebenso sehr auf das Ost-West-Verhältnis. Während sich die USA in einer Schwächephase befanden, betrieb die Sowjetunion unter dem Schirm nuklearer Rüstungskontrollabkommen eine aggressive Aufrüstungspolitik, insbesondere mit konventionellen Waffen. Auch in der »Dritten Welt«, vorwiegend in Afrika, trat sie politisch und militärisch auf den Plan. Mit wachsendem

Selbstbewusstsein betrieb die UdSSR Weltpolitik und dehnte ihren globalen Einfluss aus, ohne dass sie von den USA daran gehindert wurde.

Dass eine solche Verschiebung des weltpolitischen Gleichgewichts früher oder später auf Europa zurückwirken würde, wusste – außer Henry Kissinger – keiner besser als Helmut Schmidt. Und der deutsche Kanzler wusste auch, dass Westeuropa im Zeichen des Ost-West-Konflikts weiterhin von den Vereinigten Staaten und insbesondere dem militärischen Schutz durch die USA abhängig war. Ganz besonders galt das für die Bundesrepublik als nicht-nukleare Macht an der Frontlinie der Blöcke. Eine fortgesetzte Schwächung der USA konnte nicht im deutschen Interesse sein. Eine besondere Gefahr erblickte Helmut Schmidt in der massiven Aufrüstung der Sowjetunion, die das militärische Kräftegleichgewicht veränderte und weitreichende strategische und politische Implikationen nach sich zog. Während die bilaterale amerikanisch-sowjetische atomare Rüstungskontrollpolitik durch den SALT-Prozess (Strategic Arms Limitation Talks – Gespräche über die Begrenzung strategischer Rüstung), aber auch durch den Vertrag zur Begrenzung von Raketenabwehrsystemen, den ABM-Vertrag (Anti-Ballistic Missile Treaty) von 1972, auf der sogenannten nuklearstrategischen Ebene ein Gleichgewicht herstellte beziehungsweise stabilisierte, entstanden durch die sowjetische Rüstung unterhalb dieser Ebene große Disparitäten.

Es ging hier um ein wachsendes Ungleichgewicht bei konventionellen Waffen, vor allem aber um die sogenannte eurostrategische Nuklearrüstung der UdSSR. Die Sowjetunion hatte nämlich Mitte der 1970er Jahre begonnen, ihre veralteten Kernwaffen mittlerer Reichweite, Raketen vom Typ SS-4 und SS-5, durch moderne Waffensysteme vom Typ SS-20 zu ersetzen. Die in den westlichen Gebieten der Sowjetunion stationierten Waffen waren mit Mehrfachsprengköpfen ausgestattet und auf Ziele in Westeuropa gerichtet. Der Westen hatte dem nichts Vergleichbares entgegenzusetzen. Das war ein rüstungstechnisches und im engeren Sinne militärisches Problem, vor allem aber eine politische Gefahr. Wenn Westeuropa von der Sowjetunion nuklear bedroht wurde, ohne angemessen darauf reagieren zu können, dann war die Sicherheitslage auf beiden Seiten des Atlantiks nicht mehr gleich. Denn würden die USA unter den Bedingungen nuklearstrategischer Parität bereit sein, im Falle des Falles ihre Raketensysteme interkontinentaler Reichweite zum Einsatz zu bringen und damit die eigene Vernichtung zu riskieren? Das komplexe System der nuklearen Abschreckung, das sich seit den 1960er Jahren herausgebildet hatte, schien ausgehebelt. Die »Abkopplung« Europas drohte.

Darüber musste man mit den USA sprechen. Doch Helmut Schmidt sah sich seit Anfang 1977 mit dem amerikanischen Präsidenten Jimmy Carter konfrontiert, einem Demokraten, der die Dominanz von Militär- und Rüstungpolitik im Ost-West-Dialog kritisierte und stattdessen programmatisch die Menschenrechtspolitik ins Zentrum der globalen amerikanischen Politik zu rücken versuchte.[19] Die USA beschworen mit der stark propagandistischen Menschenrechtsagenda – wie im Übrigen auch mit ihrer China-Politik – scharfe Konflikte mit der Sowjetunion herauf und erschwerten dadurch Verständigungsbemühungen in Sicherheitsfragen, an denen der Westen großes Interesse haben musste. Die Politik Carters und seines Sicherheitsberaters Brzezinski war in den Augen europäischer Beobachter unhaltbar, aber die Carter-Administration schien für die Sicherheitsbelange der Europäer insbesondere seit der Stationierung der sowjetischen SS-20-Raketen nur wenig Verständnis zu haben. In dieser Situation nutzte der deutsche Bundeskanzler eine Rede vor dem Internationalen Institut für Strategische Studien in London (IISS) im Oktober 1977, um die sicherheitspolitischen Eliten diesseits und jenseits des Atlantiks auf die politische Bedeutung des europäischen Kräftegleichgewichts aufmerksam zu machen.

Schmidts Rede, gehalten auf dem Höhepunkt des RAF-Terrorismus in der Bundesrepublik, nur wenige Tage nach der Erstürmung der Lufthansa-Maschine »Landshut« in Mogadischu, der Ermordung von Arbeitgeberpräsident Schleyer und dem Selbstmord der in Stuttgart-Stammheim inhaftierten Terroristen, war weit mehr als eine rüstungspolitische Stellungnahme, denn sie dokumentiert die sicherheitspolitischen Grundpositionen des Bundeskanzlers und sein weites Verständnis von Sicherheit, für das die militärische Sicherheit nur ein Aspekt war.

Es gelang Schmidt mit seiner Londoner Rede, das nukleare Gleichgewicht in Europa und die Interessen der Westeuropäer wieder in die sicherheitspolitischen Überlegungen der Washingtoner Regierung zurückzutragen. Der amerikanische Versuch, den europäischen Interessen durch die Stationierung der sogenannten Neutronenwaffe, einer Nuklearwaffe für den Gefechtsfeldeinsatz, entgegenzukommen, scheiterte allerdings. Diese Atomwaffe, von Egon Bahr als »Symbol der Perversion des Denkens« bezeichnet, weil sie Menschen tötete, militärisches Gerät indes unzerstört ließ, sollte die konventionelle Überlegenheit des Warschauer Pakts ausgleichen. Doch der amerikanische Präsident ging bald selbst auf Distanz zu der Stationierungsabsicht. Mit der Aufforderung, die Bundesregierung solle ihrerseits die USA um die Stationierung der Neutronenwaffe ersuchen, manövrierte er Helmut Schmidt und die anderen europäischen Regierungen in ein schweres Dilemma. Die Bundesregierung erkannte zwar den Abschreckungswert der Neutronenwaffe an und sah auch die Bedeutung des neuen Waffensystems im Kontext von Rüstungskontroll- oder Abrüstungsverhandlungen, aber sie musste mit einer breiten öffentlichen Ablehnung der Neutronenwaffe bis weit in die SPD hinein rechnen. Als am Ende die amerikanische Entscheidung gegen den Bau der Neutronenwaffe fiel, war dieses Dilemma beseitigt, doch das Konfliktpotential zwischen den USA und ihren europäischen Verbündeten gewachsen.

Die öffentliche Opposition gegen das neue Waffensystem, die sich rasch zu einer Ablehnung der nuklearen Rüstung und atomarer Waffen insgesamt ausweitete und erhebliche gesellschaftliche und politische Wirkung entfaltete, machte deutlich, dass der weitgehende Konsens, der seit den späten 1950er Jahren die Sicherheitspolitik der Bundesrepublik im NATO-Rahmen – und unter den Bedingungen der nuklearen Abschreckung – getragen hatte, in Auflösung begriffen war. Den Rüstungsgegnern ging es nicht nur um das politische Ziel, die Entspannungspolitik gegenüber der Sowjetunion aufrechtzuerhalten und diese Entspannungspolitik als die moralisch überlegene Politik zu charakterisieren, wie es in der SPD Willy Brandt, Egon Bahr, Erhard Eppler oder Herbert Wehner, aber auch Intellektuelle wie Heinrich Böll oder Walter Jens taten, es ging ihnen auch um eine ganz grundsätzliche Ablehnung von Atomwaffen und um die moralische Legitimität einer Sicherheitspolitik, die auf der Existenz von Kernwaffen beruhte, einer Verteidigungsstrategie, die auf nuklearen Vernichtungsdrohungen basierte. Die Debatten der Jahre 1977/78 waren allerdings nur das Vorspiel für die Auseinandersetzungen um den NATO-Doppelbeschluss von 1979 und – in seiner Folge – die Stationierung amerikanischer Mittelstreckenraketen in der Bundesrepublik und anderen westeuropäischen Ländern zu Beginn der 1980er Jahre.

Am Zustandekommen des NATO-Doppelbeschlusses war die Bundesrepublik wesentlich beteiligt. Trotz der wechselseitigen Abneigung zwischen Helmut Schmidt und Jimmy Carter stießen die Argumente, die der deutsche Bundeskanzler in London genannt hatte, in Washington nicht auf taube Ohren. In die transatlantische Entscheidungsfindung wurde der deutsche Regierungschef eingebunden, unübersehbar auf dem Vierer-Gipfel von Guadeloupe im Januar 1979, als die führenden Nationen des Westens – USA, Großbritannien, Frankreich und die Bundesrepublik – über eine angemessene Antwort auf die SS-20-Herausforderung berieten und die USA sich zur Stationierung nuklearer Mittelstreckenraketen in Westeuropa bereit erklärten. Das war ein politischer Erfolg der Bundesrepublik, die nicht nur ihr Sicherheitsinteresse geltend gemacht hatte, sondern deren internationaler Statusgewinn nun auch im NATO-Kontext anerkannt wurde. Bei ihrer spezifischen ost- und deutschlandpolitischen Interessenlage wollte die Bundesregierung aber um keinen Preis als Urheberin einer neuen Rüstungsspirale dastehen. Deswegen setzte sich Bonn massiv dafür ein, die westliche Politik so zu gestalten, dass die europäische Balance auch durch Abrüstung wiederhergestellt und der Entspannungsdialog auf diese Weise fortgeführt werden konnte. Der NATO-Doppelbeschluss vom 12. Dezember 1979 trug dem Rechnung. Die Entscheidung des NATO-Rats sah zum einen die Stationierung nuklearer Mittelstreckenwaffen in Westeuropa vor: Raketen (Pershing II) und Marschflugkörper (Cruise Missiles), die von Westeuropa aus Ziele in der Sowjetunion erreichen konnten. Beschönigend, aber in der Sache zutreffend sprach man von »Nachrüstung«. Zugleich enthielt der Beschluss ein Angebot an die UdSSR, in Verhandlungen über den Abbau der sowjetischen eurostrategischen Waffen (SS-20) einzutreten, um diese Stationierung noch abzuwenden. Hinzu traten weitere Verhandlungsinitiativen für die KSZE sowie die Wiener Gespräche über »beiderseitige ausgewogene Truppenreduzierung« in Europa (MBFR – Mutual Balanced Force Reduction).

Der NATO-Doppelbeschluss, der die Handschrift Helmut Schmidts trug, war ein Erfolg für die Bundesregierung und für den Bundeskanzler persönlich. Die westliche Allianz hatte durch die Art und Weise, wie sie im Konsens auf eine sicherheitspolitische Herausforderung reagierte, an Stärke und Kohäsion gewonnen, wenn auch die langwierige Entscheidungsfindung nicht ohne heftige Konflikte abgelaufen war. Aber der NATO war es in einer Situation internationalen Drucks gelungen, die asymmetrischen Interessen ihrer Mitgliedsstaaten in ihren Beschlüssen weitgehend zu berücksichtigen und damit den Allianzzusammenhalt zu wahren. Für Helmut Schmidt und seine Regierung war der Doppelbeschluss freilich ein Pyrrhussieg. Wenn das Ende der sozialliberalen Koalition 1982 auch in erster Linie durch den wirtschafts- und finanzpolitischen Dissens zwischen SPD und FDP besiegelt wurde, so führte der Doppelbeschluss doch in dem Sinne zum Ende der Kanzlerschaft Schmidts, als in der Stationierungsfrage die SPD ihrem Bundeskanzler die Gefolgschaft verweigerte, der dadurch in der Außen- und Sicherheitspolitik die Regierungsfähigkeit verlor. Die Umsetzung des Doppelbeschlusses wurde in der Bundesrepublik schließlich nach dem Regierungswechsel im Oktober 1982 von der christlich-liberalen Regierung Kohl/Genscher durchgeführt.

Nach dem NATO-Doppelbeschluss verschlechterte sich das ost-westliche Klima dramatisch. Der zweite Kalte Krieg begann. Am 27. Dezember 1979 marschierten sowjetische Truppen in Afghanistan ein, um dort ein pro-sowjetisches, kommunistisches Marionettenregime zu installieren. Heute wissen wir, dass vor allem die islamische Revolution unter dem Ayatollah Khomeini im Iran Moskau zu der Invasion veranlasst hat, weil man eine politische Islamisierung der zentralasiatischen Sowjetrepubliken befürchtete, für die Afghanistan das Einfallstor hätte bilden können. Die USA und in ihrem Gefolge die Bundesrepublik reagierten auf den Einmarsch mit einem Boykott der Olympischen Sommerspiele in Moskau, Großbritannien und Frankreich nahmen dagegen an den Spielen teil. Wichtiger aber erscheint aus heutiger Sicht die sogenannte Carter-Doktrin, die jeden Versuch einer auswärtigen Macht, Kontrolle über die Region um den Persischen Golf mit seinen Erdölreserven zu erlangen, als Verletzung vitaler amerikanischer Interessen bezeichnete und mit Gegenmaßnahmen drohte. Die amerikanische Unterstützung derjenigen islamischen Aufständischen in Afghanistan mit Geld und Waffen, die sich mit Waffengewalt gegen die »gottlose« kommunistische Herrschaft zur Wehr setzten, war eine weitere Maßnahme. Die »Mudschahidin« führten bis zum Abzug der sowjetischen Truppen einen blutigen Guerilla-Krieg gegen das kommunistische Regime. Zu ihren Unterstützern gehörte auch der saudi-arabische Geschäftsmann Osama bin Laden. Aus den Mudschahidin gingen schließlich die fundamentalislamistischen Taliban hervor.[20]

Erste amerikanisch-sowjetische Sondierungsgespräche über die Rüstung im Mittelstreckenbereich begannen im Herbst 1980, wurden jedoch nach dem Wahlsieg des Republikaners Ronald Reagan wieder abgebrochen. Die Verhängung des Kriegsrechts in Polen im Dezember 1981 belastete die Beziehungen weiter. Eine Verständigung zwischen der UdSSR und den USA, deren neuer Präsident die Sowjetunion als »Reich des Bösen« bezeichnete, der weltweit, vor allem aber in Lateinamerika, antikommunistische Rebellen materiell wie finanziell unterstützte und gewaltige Rüstungsprogramme auflegte, wurde immer unwahrscheinlicher. Washington zeigte sich entschlossen, in Rüstungskontrollverhandlungen nicht aus einer Position vermeintlicher Schwäche, für die Reagan die Carter-Regierung verantwortlich machte, einzutreten, sondern aus einer Position der Stärke. Ende 1981 kam es noch einmal zu einer amerikanisch-sowjetischen Verhandlungsrunde über nukleare Mittel- und Langstreckenwaffen, doch diesmal verließ die sowjetische Delegation den Verhandlungstisch, als 1983 die Stationierung der Pershing II und Cruise Missiles in Westeuropa bevorstand. Es herrschte Eiszeit.

Dass die Sowjetunion nicht entschlossener in Rüstungskontrollverhandlungen eintrat, mag darauf zurückzuführen sein, dass der Widerstand gegen die Stationierung neuer Nuklearwaffen in den Gesellschaften Westeuropas enorm war. Vor allem in der Bundesrepublik entwickelte sich in Gestalt der Friedensbewegung eine breite und machtvolle Opposition, der man durchaus zutrauen konnte, den politischen Stationierungswillen zu untergraben. Die Sowjetunion mag das einkalkuliert haben. Die Friedensbewegung aber deshalb als komplett von Moskau beziehungsweise als kommunistisch gesteuert zu bezeichnen, ist abwegig, auch wenn verschiedene Gruppierungen der ausgesprochen heterogenen Bewegung insbesondere über die DDR und die SED finanziell unterstützt und dadurch auch beeinflusst wurden.

Gelang es Helmut Schmidt zunächst noch, seine Partei auf seinen sicherheitspolitischen Kurs und insbesondere den Doppelbeschluss festzulegen, so bröckelte dieser Rückhalt ab, je näher die Stationierung rückte und je massiver und breiter der gesellschaftliche Protest dagegen wurde. Auf dem Bundesparteitag der SPD 1983 – das war schon nach Schmidts Kanzlerschaft – stimmten von 400 Delegierten nur noch 13 mit Helmut Schmidt für den Doppelbeschluss. Vergeblich warnte der ehemalige Bundeskanzler vor dem außenpolitischen Schaden, den das Ausscheren aus der Bündnissolidarität für die SPD, aber auch für die Bundesrepublik insgesamt bedeuten würde. Die feste und verlässliche Einbindung der Bundesrepublik in den Westen und insbesondere die enge Verbindung mit den USA war in seinen Augen die entscheidende Voraussetzung für ihre internationale Stärke und Handlungsfähigkeit unter den Bedingungen des Ost-West-Konflikts. Seine eigene Partei und ihr Vorsitzender Willy Brandt sahen das anders. Entspannung wurde zum Selbstzweck, und darüber drohte eine realistische Beurteilung der Sowjetunion oder der DDR verloren zu gehen. Die SPD geriet auf diese Weise in den 1980er Jahren auf einen politischen, auch deutschlandpolitischen Kurs, der sie wenige Jahre später von der Mitgestaltung der deutschen Einheit weitgehend ausschloss. Das ist auch ein wichtiger Grund dafür, dass die SPD im vereinten Deutschland erst 1998 Regierungsverantwortung übernehmen konnte.

Die weitere politische Entwicklung im Zusammenhang mit der NATO-Nachrüstung ist rasch erzählt: Die Regierung Kohl/Genscher, die im Oktober 1982 die Regierungsgeschäfte übernahm, bekannte sich eindeutig zum NATO-Doppelbeschluss und damit zur Stationierung nuklearer Mittelstreckenwaffen auf deutschem Boden. Sie sicherte damit die Geschlossenheit der westlichen Staaten und wahrte die Bündnisloyalität. Das sahen die Vereinigten Staaten so und auch der sozialistische französische Staatspräsident Mitterrand, der den Kurs der Regierung Kohl in der Nachrüstungsfrage unterstützte. In einer Rede vor dem Deutschen Bundestag zum 20. Jahrestag des Elysée-Vertrags im Januar 1983 plädierte Mitterrand nachdrücklich für die Stationierung, was die Abgeordneten der SPD-Opposition mit versteinerter Miene zur Kenntnis nahmen. Die Bundestagswahlen vom 6. März 1983 brachten CDU/CSU und FDP eine klare Mehrheit. Die Wahlen waren aber kein Plebiszit zur Stationierung, wie es in den Regierungsparteien zum Teil gesehen wurde, eher zeigten sie, dass die mobilisierende Wirkung der Nachrüstungsdebatte Grenzen hatte und auch andere Themen die Entscheidung der Wähler beeinflussten.

Weil sich im Herbst 1983 keine Verhandlungslösung zwischen den USA und der Sowjetunion abzeichnete, stand der Deutsche Bundestag nun vor dem Stationierungsbeschluss. Gewaltige Massenkundgebungen und zahllose Protestaktionen, darunter eine Menschenkette mit rund 200 000 Teilnehmern zwischen Stuttgart und Neu-Ulm sowie die riesige Abschlusskundgebung im Bonner Hofgarten am 22. Oktober 1983 mit prominenten Rednern aus der Friedensbewegung, konnten das Blatt nicht mehr wenden. Das deutsche Parlament billigte am 22. November 1983 mit deutlicher Mehrheit die Stationierung amerikanischer Mittelstreckenwaffen auf deutschem Boden. Mit der Dislozierung der Waffensysteme wurde bereits einen Monat später begonnen.

Nachrüstungsdebatte und Friedensbewegung

Die Friedensbewegung war die größte außerparlamentarische Protestbewegung in der Geschichte der Bundesrepublik. Im Laufe des Jahres 1983 gelang es ihr, Hunderttausende von Deutschen gegen die Stationierung der amerikanischen Mittelstreckenraketen zu mobilisieren. Das gemeinsame Protestanliegen – die Friedensbewegung war eine *single issue*-Bewegung – einte die heterogenen, politisch, gesellschaftlich und kulturell ganz unterschiedlichen Protestgruppen. Nach der Bundestagsentscheidung im November 1983 verlor die Bewegung mit ihrer Mobilisierungsfähigkeit rasch auch ihre breite gesellschaftliche Basis, auch wenn ihre Organisationsstrukturen bis 1989 erhalten blieben. In ihrer Bedeutung reicht sie dennoch weit über die frühen 1980er Jahre und das konkrete rüstungspolitische Anliegen hinaus.

Die Auseinandersetzung über die NATO-Nachrüstung war in der Geschichte der Bundesrepublik nicht der erste Konflikt über außen- und sicherheitspolitische Grundentscheidungen. In den 1950er Jahren hatte zunächst die Wiederbewaffnung, später die Frage der atomaren Ausrüstung der Bundeswehr zu Kontroversen geführt, die tief in die deutsche Öffentlichkeit hineinreichten. Das gilt auch für die Auseinandersetzung um die Ostpolitik der Regierung Brandt/Scheel nach 1969, die extrem polarisierend wirkte. Aber diese Konflikte unterscheiden sich von den Entwicklungen der frühen 1980er Jahre in wesentlichen Punkten. So war ihre gesellschaftliche Mobilisierungskraft viel geringer. Weder in den 1950er noch in den 1970er Jahren kam es zu einem derartig breiten und machtvollen außerparlamentarischen Protest, und die zentralen Auseinandersetzungen fanden damals nicht außerhalb, sondern innerhalb des Parlaments statt. Das verweist darauf, dass der

Protest offenkundig von Parteien und Parlament nicht absorbiert werden konnte, dass also die Gegner der Nachrüstung ihre Interessen, aber auch Wertorientierungen, die hinter diesen Interessen standen, von den Parteien nicht angemessen vertreten sahen,[21] und es verweist darauf, dass sich hinter dem Protest ein tiefes politisches und gesellschaftliches Unbehagen verbarg, für dessen Artikulation der Widerstand gegen die Raketenstationierung nur ein Ventil bot.

Trotz ihrer Heterogenität fand die Friedensbewegung gerade 1982/83 zu enormer Geschlossenheit im Handeln. Ihr koordinierendes und repräsentierendes Zentrum war der »Koordinationsausschuss«, der in Bonn angesiedelt war. Dieser Ausschuss führte die unterschiedlichen »Spektren« der Friedensbewegung zusammen und gab ihnen dadurch größere, das heißt bundespolitische Wirkungskraft. Andreas Wirsching unterscheidet trotz aller Überschneidungen und Wechselwirkungen idealtypisch fünf solcher »Spektren«: das sozialdemokratische; die Grünen; das kommunistisch beeinflusste, zum Teil aus der DDR finanzierte, aber auch für nichtkommunistische Gruppen offene »Komitee für Frieden, Abrüstung und Zusammenarbeit« (KOFAZ); das bunte Spektrum einer ganzen Reihe autonomer Verbände, Gruppierungen und Initiativen, ab 1982 organisiert in der losen »Bundeskonferenz Unabhängiger Friedensgruppen«; sowie schließlich das christliche Spektrum.[22]

Entstammte die christliche Opposition gegen Wiederbewaffnung und Atombewaffnung der Bundeswehr vorwiegend einem in den 1950er Jahren noch stark national und wiedervereinigungsorientierten Protestantismus, so war die christliche Friedensbewegung nun interkonfessionell, mochte auch die friedenspolitische Aufladung der evangelischen Kirchentage in Hamburg (1981) und Hannover (1983) den Eindruck protestantischer Dominanz erwecken. Der westdeutsche Katholizismus und die Evangelischen Kirchen in Deutschland waren in ihren Positionen zur NATO-Nachrüstung und zu Atomwaffen insgesamt gespalten, tiefe Risse zogen sich durch die amtskirchlichen Gremien, durch Landeskirchen, Diözesen, ja durch einzelne Gemeinden und lokale kirchliche Organisationen. Dennoch übten sie erheblichen Einfluss aus, weil gerade die christlich geprägten Mitglieder und Repräsentanten der Friedensbewegung für deren Gesamtprofilierung und öffentliche Wirksamkeit besonders bedeutsam waren. Durch sie wurden die moralischen Zweifel an der nuklearen Abschreckung und der Sicherheitspolitik von NATO und Bundesregierung mit religiösen Argumenten unterlegt und dadurch verstärkt. Die friedenspolitische Interpretation der »Bergpredigt« durch den bekannten Journalisten Franz Alt, die auf ein massenhaftes Echo stieß, ist nur ein Beispiel dafür.[23] Die Resonanz, die Alt, selbst CDU-Mitglied, erfuhr, zeigt allerdings auch, wie die christlich geprägte Friedensargumentation auch bürgerliche Gesellschaftsgruppen für die Friedensbewegung und ihre Anliegen öffnete.

Die Friedensbewegung war eine stark linke, aber doch keine ausschließlich linke Bewegung. Ihre Kraft lässt sich nur erklären aus dem Kontext jener soziopolitischen und soziokulturellen Entwicklungen, die die Bundesrepublik seit den 1970er Jahren erfasst hatten. Prozesse des Wertewandels und die Abkehr vom Fortschrittsparadigma trugen entscheidend bei zur Herausbildung neuer Formen und Ziele des gesellschaftlichen Protests. Nicht mehr der letztlich zukunftsgewisse Sozialutopismus der 1960er und frühen 1970er Jahre trug diese neuen Protestbewegungen, sondern Fortschrittsskepsis und apokalyptische Zukunftsängste. Der gesellschaftliche und politische Protest teilte nicht mehr die fortschrittsgewissen Grundannahmen der Moderne, sondern stellte diese Moderne und ihre Begleiterscheinungen zum Teil radikal in Frage. Es ist kein Zufall, dass dem Widerstand gegen die Stationierung neuer nuklearer Waffensysteme und gegen die Existenz atomarer Waffen insgesamt der wachsende Protest gegen die friedliche Nutzung der Kernenergie vorausging. Im anti-nuklearen Protest zunächst der Ökologie- und dann der Friedensbewegung äußerte sich ein kulturkritisches Unbehagen an Fortschritt und industriell-technischer Modernität. In den »etablierten« Parteien der Bundesrepublik fand dieses Unbehagen gerade in der jüngeren Generation keinen Widerhall. Das war die Geburtsstunde einer neuen Partei, der Grünen, deren Genese und Aufstieg ohne die Anti-Atomkraft-Bewegung als Kern der Ökologiebewegung und ohne den Protest gegen nukleare Rüstung und atomare Abschreckung nicht zu erklären ist.

Gegen die zivile und die militärische Nutzung der Kernenergie hielt man das Alptraumszenario eines »atomaren Holocaust«, ein Begriff, der in Deutschland besondere Wirkung entfaltete. Für die Friedensbewegung war nicht nur die Stationierung neuer Atomwaffen verwerflich, sondern die gesamte Logik der nuklearen Abschreckung, die sich im Ost-West-Konflikt ausgebildet hatte und mit der die NATO-Nachrüstung politisch begründet wurde. Dabei war es an der Schwelle der 1980er Jahre gar nicht einfach, die Risiken der Abschreckung und die Gefahren eines Nuklearkriegs zu beschwören. Trotz der Verhärtung der Fronten schien die Abschreckung doch zu funktionieren, schließlich hatte sie mittlerweile über viele Jahre hinweg Frieden und Sicherheit gewährleistet. Genau hier setzte die Kritik an. Die Friedensbewegung vertrat ein anderes Verständnis von Frieden und Sicherheit, als es die Bundesregierung und die militärisch-sicherheitspolitischen Eliten der NATO taten.[24] Sie bestritt die Legitimität und Moralität einer auf wechselseitiger atomarer Vernichtungsdrohung basierenden Idee von Sicherheit und Frieden, ja,

sie sprach der sicherheitspolitischen »Expertokratie«, so Erhard Eppler, den Friedenswillen und die Friedensfähigkeit ganz prinzipiell ab. Für Eppler und für viele
andere ihrer Protagonisten war die Friedensbewegung »der verzweifelte Versuch,
den Frieden, der von oben nicht mehr zu erwarten ist, von der Basis her zu er-
zwingen«.[25]

Die konfrontative Politik der 1981 ins Amt gelangten amerikanischen Regierung unter Ronald Reagan schien derartige Argumentationen zu stützen. Aus ihrer
politischen Rhetorik – »Reich des Bösen« – wie aus ihrer Rüstungs- und Militärpolitik ließen sich Argumente dafür gewinnen, dass für die USA die Verhinderung
eines Atomkriegs nicht mehr oberste politische Priorität war, sondern man in Washington darüber nachdachte, wie man einen Atomkrieg gewinnen könne. Wollten
die USA unter Reagan womöglich durch einen Atomkrieg den Kalten Krieg beenden?
Sollten Europa und insbesondere Deutschland zum nuklearen Schlachtfeld werden,
während sich die USA mit strategischen Verteidigungssystemen gegen atomare Angriffe schützten? Als der amerikanische Präsident im Frühjahr 1983, während in
Europa die Stationierungskontroverse ihrem Höhepunkt zustrebte, seine Strategische Verteidigungsinitiative (SDI – Strategic Defense Initiative), auch *Star Wars* genannt, verkündete, schienen solche Gedanken nicht aus der Luft gegriffen.

Dass der amerikanische Präsident mit vielen Anhängern der Friedensbewegung tief sitzende moralische Bedenken gegen die Existenz nuklearer Waffen teilte,
die zu einem wichtigen Moment in seiner erfolgreichen Rüstungskontroll- und
Abrüstungspolitik mit Gorbatschows Sowjetunion seit 1985 wurden, war während
seiner ersten Amtszeit alles andere als deutlich. Vielmehr förderte er in der deutschen Öffentlichkeit – beileibe nicht nur in der Friedensbewegung – die Wahrnehmung, die NATO-Nachrüstung diene allein amerikanischen Supermachtinteressen
in der globalen Auseinandersetzung mit der Sowjetunion. Es schien, als habe sich
Amerika von der Entspannung verabschiedet und respektiere die legitimen Sicherheitsinteressen der europäischen Verbündeten nicht mehr. Von der Bundesrepublik als »Abschussrampe« für amerikanische Raketen, als Vorposten der USA
war die Rede.[26] In jedem Fall verstärkte die Reagan-Administration den Anti-
Amerikanismus der Friedensbewegung, der mindestens bis in die 1960er Jahre
zurückreichende Wurzeln hatte, aber durch die amerikanische Politik der frühen
1980er Jahre neu belebt wurde.

Eine kritische Auseinandersetzung mit der Sowjetunion und ihrer Politik, die
immerhin durch ihre massiven Rüstungsanstrengungen in den 1970er Jahren den
NATO-Doppelbeschluss mit herbeigeführt hatte, fand dagegen nicht statt. Sofern
man sich nicht von den kommunistischen Friedenssirenen betören ließ, verdrängte

man diesen Einflussfaktor, indem man die Ziele der Friedensbewegung auf die Verhinderung der NATO-Nachrüstung reduzierte. Diese Marginalisierung der Sowjetunion wurde in den USA, aber auch in anderen westlichen Staaten ebenso aufmerksam registriert wie die Aufwallungen eines nationalen Neutralismus, der sich mit dem Anti-Amerikanismus verband und die Westbindung der Bundesrepublik in Frage zu stellen schien.

Mit ihrem klaren Kurs hat die Regierung Kohl/Genscher das deutsch-amerikanische Verhältnis, das in den letzten Jahren der Kanzlerschaft Helmut Schmidts beschädigt worden war, gestützt und am Ende die deutsch-amerikanische Vertrauenskrise überwunden. Aber auch in den 1980er Jahren waren die Beziehungen der beiden Länder aus sicherheits- und rüstungspolitischen Gründen alles andere als störungsfrei. Das offenbarte schon bald die Auseinandersetzung über die nukleare Abrüstung im Mittelstreckenbereich. Unter dem Primat eines neuen Supermachtbilateralismus drohten europäische und damit auch deutsche Interessen unterzugehen. Das war eine Dauerproblematik, mit der man zu leben gelernt hatte. Doch es gab neue Schwierigkeiten: Die Grünen standen seit ihrer Gründung außerhalb des sicherheitspolitischen Konsenses der Bundesrepublik, der sich Ende der 1950er Jahre herausgebildet hatte. Aber nun kündigte mit der SPD eine der beiden großen Parteien diesen Konsens auf. Durch eine zum Teil diffuse Entspannungs- und Friedenspolitik geriet die SPD unter Führung von Willy Brandt und seinen politischen Enkeln, zu denen Oskar Lafontaine und Gerhard Schröder gehörten, auf einen anti-amerikanischen und anti-westlichen Kurs. Dieser Kurs schlug sich in einer »Nebenaußenpolitik« mit der DDR nieder, die einem vermeintlich gemeinsamen Entspannungs- und Friedensinteresse zuliebe die Realitäten der SED-Diktatur in Ostdeutschland beschönigte wenn nicht ignorierte und – in Worten und Taten – vom Wiedervereinigungsgebot des Grundgesetzes abrückte.

Zu den Wirkungen der Raketenkrise und der politischen und gesellschaftlichen Auseinandersetzung um den NATO-Doppelbeschluss gehört schließlich auch, dass die Logik des nuklearen Gleichgewichts und der nuklearen Abschreckung nach den Stationierungsbeschlüssen nicht mehr jene gesellschaftliche Akzeptanz zurückgewinnen konnte, die sie vordem hatte, im Gegenteil: Die intensive gesellschaftliche und politische Auseinandersetzung mit der Existenz nuklearer Waffen hatte ein neues Bewusstsein für die höchst prekäre Moralität und Legitimität der atomaren Abschreckung geweckt. Das floss auf amerikanischer wie auf sowjetischer Seite schon vor 1989/90 in die Rüstungs- beziehungsweise Abrüstungspolitik ein, und es beschleunigte nach 1989/90 die nukleare Abrüstung.

3.
Orientierungsprobleme einer verunsicherten Gesellschaft

Die Jahre 1974 bis 1982 waren überall in der westlich-industriellen Welt eine Phase des Wandels und des Übergangs. Helmut Schmidt war Kanzler in einer Zeitenwende, in der sich die Bundesrepublik vielleicht sogar tiefer veränderte als durch die Wiedervereinigung. Jetzt vollzog sich der Übergang in eine »zweite Moderne«, in ein nachindustrielles, ein postmodernes Zeitalter, das sich grundlegend unterschied vom Zeitalter der Hochmoderne seit dem späten 19. Jahrhundert. In dieser Übergangsphase bildeten sich all jene politischen, sozialen und wirtschaftlichen Diskurse heraus, die fortan die »alte« wie auch die »neue« Bundesrepublik prägen sollten. Der sozialpolitische Diskurs, wie ihn jüngst Martin H. Geyer untersucht hat, ist dafür nur ein Beispiel.[1] Aber auch die Lebenswelten der Menschen veränderten sich, Sozialstruktur und Sozialkultur kamen wieder in Bewegung. Entwicklungen, die vor den 1970er Jahren begonnen hatten, rissen entweder ab oder nahmen angesichts veränderter Rahmenbedingungen eine ganz neue Richtung. Andere Prozesse gesellschaftlicher, politischer und ökonomischer Transformation wurden nun erst ausgelöst.[2]

In allen westlichen Industriegesellschaften ging den Menschen das Gefühl der Sicherheit verloren. Dieses Gefühl, das sich im Zeichen des Booms seit etwa Mitte der 1950er Jahre herausgebildet hatte, bezog sich nicht nur auf die materiellen Lebensgrundlagen, sondern – als Fortschritts- und Zukunftssicherheit – auch auf die Gewissheit, dass diejenigen Konstellationen, die den Aufstieg und den Wohlstand seit Kriegsende ermöglicht hatten, stabil bleiben würden. Dazu gehörten das wirtschaftliche Wachstum und die Stabilität des politischen Institutionengefüges sowie des internationalen Systems. Diese Gewissheit wurde Mitte der 1970er Jahre zutiefst erschüttert. Der Ölpreisschock Ende 1973 war nur *ein* Auslöser jener individuellen wie kollektiven Verunsicherung, die nun um sich griff.

Schon der Bericht über die »Grenzen des Wachstums« des Club of Rome, einer Vereinigung von Politikern, Wissenschaftlern und Unternehmern, hatte 1972 der Fortschrittsgewissheit die Grundlage entzogen, und die Prognosen wurden durch die Entwicklungen seit Ende 1973 konkretisiert. Man nahm den Einschnitt weithin wahr. In der Zeitschrift *Der Arbeitgeber* hieß es 1975: »So, wie es noch 1973 war, wird es nie wieder sein. Das Jahr 1 neuer Zeitrechnung hat begonnen. Was für die Väter die Zeit ›nach der Währung‹ war, wird für die Kinder die Zeit ›nach dem Öl‹. Nur ein Unterschied: Von nun an geht's bergab.«[3] Der sarkastische Ton der Feststellung unterschätzte die gesellschaftlichen Wirkungen der Energie- und Wirtschaftskrise, er verkannte die Komplexität der Entwicklungen, für die Verknappung und Verteuerung des Erdöls standen. Aus Unternehmerperspektive mochte die konjunkturelle Krise, wie man den Einbruch der Wachstumsraten zunächst deutete, kurzfristig positive Effekte haben, etwa indem überzogene Tarifforderungen unterblieben oder sich das politische Gewicht der Unternehmer und ihrer Interessen in den korporatistischen Strukturen erhöhte, die sich in der Bundesrepublik entwickelt und institutionalisiert hatten. Dass damit langfristig Grundlagen des sozialen Friedens in der Bundesrepublik in Frage gestellt werden konnten, war weit weniger deutlich.

Die wirtschaftliche Entwicklung seit 1973/74, die trotz der kurzen konjunkturellen Erholung von 1975 an ihre grundsätzliche Krisenhaftigkeit nicht verlor, konnte nicht ohne Auswirkungen auf das sozialstaatliche Sicherungssystem bleiben. Aber dieses basierte nicht nur auf ökonomischen Voraussetzungen, also auf der Grundannahme kontinuierlichen Wirtschaftswachstums. Es beruhte auch auf demographischen Prämissen, die in den 1970er Jahren ebenfalls ins Wanken geraten waren.

Demographischer Wandel und dritte industrielle Revolution

Zwischen 1970 und 1989 wuchs die westdeutsche Bevölkerung von etwa 61 auf 62,7 Millionen, doch der Geburtenüberschuss schrumpfte bereits seit Mitte der 1960er Jahre. 1970 lag die Zahl der Lebendgeborenen bei 810 808 und damit nicht nur unter dem Stand von 1960 (968 629), sondern sogar unter dem von 1950 (812 835). Seit 1972 verzeichnete die Bundesrepublik mehr Sterbefälle als Geburten, eine Entwicklung, die sich nicht mehr umkehrte.

Der Geburtenrückgang ist mit dem »Pillenknick« nur vordergründig erklärt. Sicher trugen die neuen Möglichkeiten der Empfängnisverhütung zum Absinken der Geburtenrate bei, aber sie verstärkten lediglich einen säkularen Trend, der sich nicht auf die Jahrzehnte seit 1960 beschränken lässt. Bereits seit Beginn des 20. Jahrhunderts hatte in der langfristigen Entwicklung die Zahl der Kinder je Ehe abgenommen. Allerdings beschleunigte sich seit dieser Zeit der Wandel von Ehe, Familie und weiblichen Rollenmustern. Im Zentrum dieser Prozesse stand eine fundamentale Veränderung weiblicher Lebenspläne und Biographien. Betrachteten junge Frauen 1960 die Berufstätigkeit noch als sekundär gegenüber der Familienorientierung, so war ein Jahrzehnt später Berufstätigkeit für sie selbstverständlich. Weibliche Erwerbstätigkeit war – als Anspruch wie als Realität – der Schlüssel zur Emanzipation der Frau, die seit den 1970er Jahren von der Frauenbewegung machtvoll vorangetrieben wurde. Emanzipation der Frau bedeutete dabei vor allem Gleichberechtigung von Frau und Mann.

In diesem Zusammenhang kam der Bildung von Frauen eine wichtige Rolle zu. Mangelnde weibliche Bildung wurde zu Recht als entscheidender Grund für die strukturelle Benachteiligung von Frauen gesehen. Bessere Bildungschancen waren daher ein zentrales emanzipatorisches Anliegen. Die Veränderungen auf diesem Gebiet, die sich langsam einstellten, führten zu einer Zunahme weiblicher Erwerbstätigkeit, aber auch Gesellschaftspolitik und Gesetzgebung wirkten auf diese Prozesse ein. Selbstverständlich war der wachsende Wunsch von Frauen, berufstätig zu sein, von materiellen Motiven mitbestimmt. Man wollte am Konsum teilnehmen können. Doch darauf lässt sich die Zunahme weiblicher Erwerbstätigkeit nicht reduzieren. Kommunikative Bedürfnisse spielten ebenso eine Rolle wie das Verlangen, im Arbeitsleben neue und andere Erfahrungen zu sammeln. Dass die Heiratsneigung junger Frauen zurückging, wirkte sich ebenso auf die demographische Entwicklung aus wie der abnehmende Wunsch nach Kindern. Brachte eine Frau 1965 noch durchschnittlich 2,5 Kinder zur Welt, waren es 1970 nur noch 2,0 und 1985, auf dem Tiefpunkt dieser Entwicklung, 1,28.

Dass sich das klassische Ernährer-Hausfrau-Modell der Ehe auflöste und sich neue Privatheitstypen herausbildeten (neben dem »familien- und kindzentrierten« beispielsweise ein »partnerschaftszentrierter« oder ein »individualistischer«[4]), hatte seine Ursache auch in allgemeinen Prozessen des Wertewandels, in der gestiegenen Bedeutung der Selbstverwirklichung beispielsweise, die die Gesellschaft insgesamt erfassten und nicht nur die Frauen. In der ausgebauten Sozialstaatlichkeit der Bundesrepublik waren Kinder für die Alterssicherung der Eltern kaum noch von Bedeutung. Umgekehrt berücksichtigten die sozialen Systeme die Betreuung und Erziehung gerade von kleinen Kindern so gut wie gar nicht. Kinder zu haben kostete Geld, verlangte aber auch die Zeit mindestens eines Ehepartners, und diese Notwendigkeiten kollidierten mit den veränderten Lebensvorstellungen jüngerer Menschen.

Da die Geburtenzahl zurückging, die Lebenserwartung aber zugleich weiter anstieg, setzte in den 1970er Jahren die »demographische Alterung« der Gesellschaft der Bundesrepublik ein, deren Auswirkung auf die Systeme sozialer Sicherung, insbesondere die Alters- und die Krankenversicherung, sich nach 1990 zu zentralen Problemen und Herausforderungen deutscher Politik enwickeln sollten. Zwischen 1950 und 1989 nahm der Anteil der unter 15-Jährigen von 23 auf knapp 15 Prozent ab, während der Anteil der über 65-Jährigen von 5 auf 15 Prozent wuchs. In der in den 1950er Jahren geschaffenen, bis Mitte der 1970er Jahre massiv ausgebauten und seither nicht grundsätzlich veränderten Struktur der deutschen Sozialversicherung war bei dieser Alterungsentwicklung ein schwerwiegender intergenerationeller Interessenkonflikt angelegt. Wie lange würde die im Erwerbsleben stehende Generation bereit sein, die Bedingungen des Solidarpakts zu erfüllen, was angesichts wachsender Sozialausgaben ja nur höhere Versicherungsbeiträge bedeuten konnte? Bereits zwischen 1969 und 1982 stieg der Anteil der Sozialbeiträge von 27,8 auf 34 Prozent des Bruttolohns an.

Dieses Strukturproblem hat man durchaus erkannt, und es fand auch Berücksichtigung im politischen Diskurs, aber das führte weder in den 1970er noch in den 1980er Jahren zu institutionellen Veränderungen. Die Sozialpolitik stand zwar unter dem Primat der Konsolidierung, und man setzte sich kritisch mit den sozialpolitischen Entscheidungen insbesondere der Zeit der Großen Koalition und der Regierung Brandt auseinander, aber bis in die Ära Kohl hinein hat man ein offenkundig strukturell an die Grenzen seiner Belastbarkeit geratenes System lediglich so gut wie möglich stabilisiert und nicht grundsätzlich verändert. Zwischen 1950 und 1983 wurden in der Bundesrepublik 130 sozialpolitische Schlüsselgesetze verabschiedet, davon 40 Prozent nach 1974. Hatten von den insgesamt 78 Gesetzen der Zeit davor nur sechs (8 Prozent) zu Einschränkungen von Sozialleistungen geführt, so beinhaltete über die Hälfte der Gesetze zwischen 1974 und 1983 Leistungskürzungen und nur noch 27 Prozent Leistungserweiterungen.[5]

Der demographische Abwärtstrend wurde in der Bundesrepublik gebremst durch die Einwanderung von »Gastarbeitern« mit ihren Familien. 1974 lebten 4 Millionen Ausländer in der Bundesrepublik. Schon damals war klar, dass die »Gastarbeiter«, wenn ihre Familien nachkamen, nicht als lediglich temporär Anwesende betrachtet werden konnten. Um das weitere Anwachsen der ausländischen Wohnbevölkerung aufzuhalten, erließ die Bundesregierung im November 1973 einen »Anwerbestopp« für Arbeitnehmer aus Nicht-EG-Staaten, der durch den Einbruch der Konjunktur zwar zusätzliche Rechtfertigung fand, im Kern jedoch vor dem Ölschock konzipiert worden war. Aber der »Anwerbestopp« konnte die weitere Einwanderung von Ausländern nicht verhindern. Zwar zogen in den 1970er Jahren viele ausländische Arbeitskräfte, die von der wachsenden Arbeitslosigkeit besonders betroffen waren, in ihre Heimatländer zurück (die Arbeitslosenquote war bei der ausländischen Bevölkerung im Schnitt doppelt so hoch wie bei der einheimischen), aber die verbliebenen holten nun zum großen Teil ihre Familien nach.

1980 waren 7,2 Prozent der westdeutschen Bevölkerung Ausländer; ihre Zahl lag inzwischen bei 4,5 Millionen. Die Bundesrepublik war ein Einwanderungsland.

Das war nicht flächendeckend zu erkennen, aber in Großstädten und industriellen Ballungsräumen, wo der durchschnittliche Prozentsatz oft weit überschritten wurde, deutlich wahrzunehmen. Das hatte auch mit zunehmenden Segregationstendenzen zu tun und mit der Herausbildung von regelrechten Ausländerquartieren. Die vielen »Fremden«, die sich in der Bundesrepublik »breitmachten«, und die schlechte Wirtschaftslage verstärkten die Ausländerfeindlichkeit, die sich vor allem in starken Ressentiments gegenüber Türken äußerte. In einer Umfrage aus dem Jahr 1981 zeigten sich 39 Prozent der Befragten überzeugt, dass Türken Deutschen die Arbeitsplätze wegnehmen würden.[6] Solche Einstellungen bildeten den Nährboden für den Anstieg ausländerfeindlicher, rechtsradikaler Gewalt.

Parallel zu den demographischen Verschiebungen, die, wenn auch unterschiedlich ausgeprägt, etwa gleichzeitig in allen westlichen Industriegesellschaften auftraten, veränderte sich die Wirtschafts- und Erwerbsstruktur der Bundesrepublik grundlegend. Die Industriegesellschaft, die sich rund 80 Jahre zuvor im deutschen Kaiserreich aus der Agrargesellschaft entwickelt hatte, gelangte an ihr Ende, denn der sekundäre, also der industrielle Sektor büßte seine Dominanz ein. 1975 war erstmals mit 47,9 Prozent ein höherer Anteil der erwerbstätigen Bevölkerung im tertiären Sektor, also im Dienstleistungsbereich beschäftigt (gegenüber 45,3 Prozent in der Industrie). Der Anteil der im land- und forstwirtschaftlichen primären Sektor Beschäftigten lag zu Beginn der 1970er Jahre unter 10 Prozent und ging bis Ende der 1980er Jahre auf 4,2 Prozent (1938) zurück. Die Bundesrepublik befand sich im Übergang zur Dienstleistungsgesellschaft, was sich auch in der Tatsache widerspiegelt, dass Mitte der 1970er Jahre der Anteil der Beamten und – vor allem – Angestellten an der erwerbstätigen Bevölkerung den der Arbeiter überstieg, ein Trend, der sich noch verstärkte. Vor 1980 wuchs insbesondere der öffentliche Dienst kontinuierlich, vor allem der Bildungs- und Wissenschaftsbereich.

Verantwortlich dafür waren nicht zuletzt der Aufstieg der Mikroelektronik, der elektronischen Datenverarbeitung und der Computer, die in viele Arbeitsfelder Einzug hielten. Arbeit, die mit dieser neuen Technologie verbunden war, erforderte ganz andere Bildungs- und Qualifikationsmerkmale als traditionelle Arbeit im industriellen Sektor. Rein manuelle Tätigkeiten verloren an Bedeutung. Zwischen 1970 und 1989 ging der Anteil der »ungelernten« Arbeitskräfte an der Arbeiterschaft um fast die Hälfte von 41 auf 23 Prozent zurück. Mikroelektronik und Datenverarbeitung, deren Möglichkeiten sich zum Beispiel in Konstruktion und Fertigungstechnik niederschlugen und den in der Bundesrepublik besonders wichtigen Maschinenbau (vor allem Werkzeugmaschinen) revolutionierten, wirkten also nicht grundsätzlich deindustrialisierend, sondern veränderten die industrielle

Produktion. Daher trifft der Begriff »Dienstleistungsgesellschaft« nicht zu, wenn man Dienstleistungen lediglich konsumorientiert versteht, denn damit erfasst man nur einen Teil der durch die Mikroelektronik ermöglichten Dienstleistungen und marginalisiert die an Bedeutung gewinnenden industrie- beziehungsweise produktionsbezogenen Dienstleistungen. Es erscheint daher angemessener, nicht von einer unspezifizierten Dienstleistungswirtschaft zu sprechen, sondern von einer industriellen Dienstleistungswirtschaft und dementsprechend nicht von einer generellen »Tertiarisierung« der Wirtschaftsstruktur, sondern vom Übergang in eine »tertiarisierte Industriewirtschaft«.[7] Die Bundesrepublik blieb weiterhin eine Industriegesellschaft, an der nach wie vor »vorherrschenden Stellung der Industrie im wirtschaftlichen, aber auch politischen und gesellschaftlichen Gefüge« haben die Tertiarisierungsprozesse nicht grundsätzlich etwas gändert,[8] wohl aber haben sie die Ausprägung dieser Industriegesellschaft und ihrer Strukturen einem starken Wandel unterworfen.

Zu den wichtigsten Veränderungen gehört zweifellos der Bedeutungsverlust klassischer Industriebereiche, allen voran der Montanindustrie, des Schiffbaus und der Textilindustrie. Diese Industriezweige waren lange vor dem Ende des Booms in eine Krise geraten, man kann ihren Niedergang also nicht ausschließlich mit den weltwirtschaftlichen Verwerfungen und dem globalen Konjunktureinbruch der 1970er Jahre erklären. Am Anfang stand die Krise des Steinkohlebergbaus seit den späten 1950er Jahren. Dabei folgten die westeuropäischen Kohlebergwerke in England, Frankreich und Belgien zusammen mit dem Kohlebergbau in Westdeutschland der amerikanischen Entwicklung. Hinter dem Niedergang der Steinkohleförderung stand in erster Linie der Aufstieg des Erdöls. Rasch geriet der gesamte montanindustrielle Bereich in den Sog der Kohlekrise, die durch staatliche Subventionen allenfalls gemildert, nicht aber überwunden werden konnte, im Gegenteil: Direkte und indirekte Subventionen, welche die Arbeitgeber genauso forderten wie die Gewerkschaften, verhinderten eine frühzeitige strukturelle Umorientierung der deutschen Industrie und ihre Ausrichtung auf die Industrieproduktion im Zeichen der Mikroelektronik. Die westdeutsche und die meisten westeuropäischen Industrien – von den osteuropäischen ganz zu schweigen – verpassten auf diese Weise den Einstieg in die industrielle Fertigung von Kommunikations- und Unterhaltungselektronik und erst recht von Computern. Angeführt von Japan gewannen in den 1970er Jahren eine Reihe fernöstlicher Länder, darunter die »Tigerstaaten« Thailand, Malaysia, Singapur, Taiwan und Südkorea, einen Innovativitäts- und Produktivitätsvorsprung, den die Europäer nur mühsam wieder aufholen konnten.

Der Niedergang der Traditionsindustrien führte zu einem Strukturwandel ohne Vorbild. Seine historische Bedeutung ging weit über die volkswirtschaftliche Transformation, die er bewirkte, hinaus. Insbesondere die Schwer- und die Textilindustrie standen für den Aufstieg jener industriellen Welt und jener industriellen Moderne, die seit dem ausgehenden Jahrhundert in Westeuropa und Nordamerika den Rahmen der gesellschaftlichen Entwicklung gebildet hatte. Das war der Erfahrungsraum, der die Mentalitäten und Lebenswelten der um 1970 lebenden Generationen bestimmt hatte.[9] Gerade den Deutschen, welche die schwerindustriell geprägte Moderne nicht nur mit den Krisen und Katastrophen der ersten Hälfte des 20. Jahrhunderts in Verbindung brachten, sondern viel stärker mit dem »Wirtschaftswunder«, mit Wirtschaftswachstum und Wohlstand, fiel der Abschied von diesen Industriebereichen und damit die volkswirtschaftliche Schwerpunktverlagerung schwer. Das ist einer der Gründe, warum sich in der Bundesrepublik kein Thatcherismus etablieren konnte, warum die Unionsparteien und letztlich auch die FDP an jener wirtschaftlichen Grundordnung und jenen Industriezweigen festhielten, die den Deutschen die Wachstumsraten der Wirtschaftswunderzeit beschert hatten und mit ihnen den beispiellosen Ausbau des Sozialstaats.

Der industrielle Strukturwandel, der durch die Rezessionen der 1970er und frühen 1980er Jahre beschleunigt wurde, bewirkte eine krisenhafte Transformation der Arbeitsgesellschaft und führte zu einem Anstieg der Arbeitslosenzahlen. Allein in der traditionell sehr arbeitsintensiven Textilindustrie ging die Beschäftigtenzahl innerhalb weniger Jahrzehnte von 600 000 auf 200 000 zurück.[10] Die industriellen Arbeitswelten veränderten sich fundamental, die Produktion fand nun auf mikroelektronischer Basis statt, Erwerbsarbeit erfolgte in einer Vielzahl von Bereichen computergestützt. Diese Prozesse bedeuteten den »Abschied vom Malocher«, den Abschied von körperlicher Schwerarbeit in den Produktionsstätten der Montan- und Stahlindustrie.[11] Der traditionelle Industriearbeiter wurde abgelöst durch höher qualifizierte Arbeitnehmer, die nur in der Regel nicht mehr mit den eigenen Händen produzierten, sondern per Computer Produktionsvorgänge steuerten und kontrollierten. Die in den 1970er Jahren entstehende und seither nicht abgebaute hohe Sockelarbeitslosigkeit ist auf die Freisetzung der alten Industriearbeiterschaft zurückzuführen, die mit ihren Qualifikationen in den neuartigen Industriestrukturen kein Unterkommen finden konnte. Die Wirkung von Umschulungen, welche die Arbeitsämter anboten, blieb insgesamt begrenzt, denn die Qualifikationen, die der neue Arbeitsmarkt erforderte, waren in kurzzeitigen Umschulungskursen kaum zu erwerben, und überdies war es für Arbeitnehmer fortgeschrittenen Alters schwer, das neue Wissen mit ihren vorhandenen Erfahrungen und Fähigkeiten zu

verbinden. Die Erweiterung und Ausdifferenzierung des Schul- und Bildungssystems seit den 1960er Jahren, insbesondere die zurückgehende Bedeutung der
Kombination von Volksschulabschluss und Lehre, trug zwar den künftigen Quali-
fikationserfordernissen Rechnung, half aber einer Arbeitergeneration, die zu alt
war für die Schule, nur wenig.

Der Alltag der Industriearbeiterschaft war bestimmt gewesen durch den festen
Zusammenhang von Fabrik, Familie und Feierabend.[12] In einem kleinräumigen
sozialen Bezugssystem war das Leben des Arbeiters immobil. Diese Immobilität
gehörte nun der Vergangenheit an. Die neuen Industrien, die sich permanent dem
beschleunigten wissenschaftlich-technischen Fortschritt anpassen mussten, konnten Dauerarbeitsplätze immer schwerer zur Verfügung stellen. Mobilität und Flexibilität in Bezug auf den Arbeitsplatz wurden zu neuen Anforderungen in immer
mehr Berufsfeldern, und zwar nicht nur für Aufstiegswillige und Inhaber führender Positionen. Berufswahl und Laufbahnentscheidungen waren zunehmend
risikobehaftet. Es gab keine begründeten Aussichten mehr, über eine gewisse Zeit
hinaus für denselben Arbeitgeber, am selben Ort, mit derselben Aufgabe beschäftigt zu sein. Das hatte auch mit der Internationalisierung der Wirtschaft zu tun, mit
der Entstehung von Weltmärkten, von deren Entwicklung Unternehmer in immer
stärkerem Maße Produktions- und Standortentscheidungen abhängig machten.

Der Staat beziehungsweise nationale Regierungen konnten zur Absicherung
dieser neuen Risiken des Erwerbslebens nur wenig beitragen. Die Instrumentarien
und Mittel des klassischen Sozialstaats und einer nationalen Wirtschaftspolitik
reichten dafür nicht aus. Sie waren nicht für die internationalisierte industrielle
Dienstleistungswirtschaft konzipiert worden, die nun Gestalt annahm. Die neoliberale Wirtschaftstheorie mit ihrem klaren Plädoyer für die Kräfte des Marktes
und ihrem angebots- und damit unternehmerorientierten Primat löste den wirtschaftlichen Strukturwandel nicht aus, erwies sich aber als attraktiver ordnungspolitischer Rahmen für den wirtschaftlich-industriellen Transformationsprozess,
der im Zeichen von Mikrochip und Computer in Gang gekommen war. Vor allem
bot der Neoliberalismus nationalen Regierungen eine Möglichkeit, sich politisch
aus hoch komplexen wirtschaftlichen und sozialen Steuerungsprozessen zurück-
zuziehen.

Diese Rechnung ging freilich nur begrenzt auf, denn die sozialen Kosten der
Transformation waren in den Gesellschaften Westeuropas mit ihren elaborierten
sozialen Sicherungssystemen von den nationalen Staaten zu tragen. Das brachte
die Regierungen in eine extrem unvorteilhafte Lage, denn sie übernahmen die sozialpolitische Verantwortung für unternehmerische Entscheidungen auf interna-

tionalen, einzelstaatlich kaum kontrollierten und kaum kontrollierbaren Märkten. Da ist es kaum verwunderlich, dass sich nationale Staaten – die USA und Großbritannien exerzierten es vor – aus ihren sozialstaatlichen Verpflichtungen zurückzogen und diese privatisierten, wenn nicht sogar ganz aufgaben. Der Keynesianismus, so sahen es die an Zulauf gewinnenden Anhänger des Neoliberalismus, hatte als Theorie der Konjunktursteuerung beziehungsweise der Überwindung konjunktureller Krisen versagt, und er überforderte den Staat mit den sozialen Kosten der wirtschaftlichen Transformation.

In der Bundesrepublik signalisierte das Scheitern der »Konzertierten Aktion« im Zuge der Auseinandersetzung über die Mitbestimmung 1977 zwar nicht den Übergang zum Neoliberalismus, wohl aber das Ende des keynesianischen Konsenses. Dass es in der Bundesrepublik – anders als in Großbritannien unter Margaret Thatcher oder in den USA Ronald Reagans – weder vor noch nach dem Regierungswechsel von 1982 zu einer neoliberalen »Wende« kam, die diesen Namen verdient hätte, hatte nicht nur damit zu tun, dass es der sozialliberalen Koalition 1975 schneller als anderen Regierungen gelungen war, die Rezession zu überwinden – was man sich auch zutraute, als die Wirtschaft nach 1979 neuerlich auf Talfahrt ging. Es lag auch daran, dass man mit einer solchen Wende die wirtschafts- und sozialpolitischen Schlüsselentscheidungen in den ersten 25 Jahren der Geschichte der Bundesrepublik für falsch erklärt hätte. Das hat man tunlichst vermieden, denn diese stellten noch immer ein zentrales Element des bundesrepublikanischen Selbstbewusstseins dar und eine wichtige Grundlage für den allgemeinen Konsens. In der Wahrnehmung von Unionsparteien und SPD, aber auch weit in die Reihen der FDP hinein waren sie der Kern des »Modells Deutschland«.

Wir können den Neoliberalismus begreifen, wie ihn die von Friedrich August v. Hayek begründete Mont Pèlerin Society, das wichtigste intellektuelle und gemeinsam mit dem Londoner Institute for Economic Affairs politisch einflussreichste Netzwerk neoliberalen Denkens,[13] verstand, als eine radikale, strikt antisozialistische und nicht nur ökonomische Freiheitsideologie, in deren Zentrum die unbedingte Freiheit des Einzelnen steht. Dann erschließt sich der Zusammenhang zwischen dem Aufstieg des neoliberalen Denkens und der politischen Durchsetzung seiner Ideen einerseits und jenen Prozessen eines fundamentalen Wertewandels andererseits, der die westlichen Gesellschaften seit den 1960er Jahren erfasste und in dessen Zentrum eine weit reichende Individualisierung und Pluralisierung stand. Beide Entwicklungen gehören zusammen, sind eng aufeinander bezogen. Nur aus der Zusammenschau wird der grundstürzende Charakter der sozioökonomischen und soziokulturellen Transformationen der 1970er Jahre deutlich. Es war kein Zufall, dass Friedrich August v. Hayek 1974 und der amerikanische Ökonom Milton Friedman 1976 den Nobelpreis für Wirtschaft zugesprochen bekamen. Sie waren Repräsentanten einer antikeynesianischen Wirtschaftstheorie, in deren Zentrum nicht die Gesellschaft, ihr konsensualer Zusammenhalt und die Verantwortung des Staates dafür standen, sondern die ihrer Gesellschaftsorientierung und Gesellschaftsverpflichtung weitgehend entkleidete Freiheit des Individuums.

Wertewandel

Eng an jene »industrielle Revolution« gekoppelt, die 1958 mit der Erfindung des Mikrochips, kleinster integrierter elektronischer Schaltkreise, begann und sich nach der Erfindung des Mikroprozessors (alle Bausteine des Prozessors befinden sich auf einem Chip) 1971 beschleunigt fortsetzte, waren tief greifende Prozesse des Wertewandels. Stärker als die historische hat bislang die sozialwissenschaftliche Forschung einen fundamentalen Wertewandel innerhalb der westlichen Gesellschaften ausgemacht, der schon in den 1960er Jahren einsetzte, in dessen Zusammenhang auch der durch die Studentenunruhen gekennzeichnete gesellschaftliche Aufbruch am Ende des Jahrzehnts gehört, der sich aber in den 1970er Jahren intensivierte und beschleunigte.[14]

Zwar müssen wir vorsichtig sein damit, sozialwissenschaftliche Diagnosen und Theorien der 1960er und 1970er Jahre einfach in die Darstellung historischer Entwicklungen zu übernehmen, aber dass sich Wertorientierungen veränderten, steht außer Frage. Allgemein kann man den Wertewandel dieser Zeit als einen Prozess der Entnormativierung fassen, also als Abbau und Akzeptanzverlust vorhandener Normen. Im Kern bedeutete Wertewandel, so hat es Andreas Rödder im Rückgriff auf den Soziologen Helmut Klages kürzlich zusammengefasst, »eine allgemeine Verschiebung im Gefüge gesamtgesellschaftlich gültiger Normen von Pflicht- und Akzeptanzwerten (Akzeptanz im Sinne der unhinterfragten Hinnahme des Vorhandenen) wie Arbeits- und Leistungsbereitschaft, Disziplin, Pünktlichkeit und Sparsamkeit, Gehorsam, Unterordnung und Autorität, sowie von bürgerlichen Moralvorstellungen hin zu Selbstentfaltungswerten wie Selbständigkeit und Mitbestimmung, Kritik, freiem Willen und individueller Autonomie, zu Selbstbestimmung statt festlegender äußerer Verbindlichkeiten.«[15] In der Bundesrepublik standen diese Entwicklungen in engem Zusammenhang mit den Prozessen einer soziopolitisch verstandenen Verwestlichung und der gesellschaftlichen Liberalisierung, durch die in Gesellschaft und Sozialkultur allmählich die Traditionsbestände reichsdeutscher Ordnungsvorstellungen mit starken autoritären, obrigkeitsstaatlich geprägten Orientierungen durch westlich-liberale Denkmuster abgelöst wurden.

Der Wertewandel betraf die politische Kultur, die Sozialkultur und individuelles Alltagshandeln. Der Zusammenhang zwischen sozialhistorischen Veränderungen und den Prozessen des Wertewandels ist komplex und keinesfalls in ein einfaches Ursache-Folge-Schema zu bringen. So wie der neue Wert der Selbstverwirklichung und Selbstentfaltung beim Einzelnen die Wertschätzung der Freizeit erhöhte, so resultierte auch aus sozialen und sozialpolitischen Veränderungen, nicht zuletzt aus dem Rückgang der Tages-, Wochen-, Jahres- und Lebensarbeitszeit, ein Bedeutungsgewinn der Freizeit, was wiederum größere Möglichkeiten der individuellen Zeitgestaltung bot. Die Zusammenhänge lassen sich aber noch weiter – und stärker in die 1970er Jahre hinein – beleuchten. Die Erfahrung ökonomischer Prosperität, ungekannten Wohlstands und mannigfaltiger Konsummöglichkeiten bildete bereits den Hintergrund für eine stärkere Hinwendung vor allem der jüngeren Generation zu »postmateriellen« Werten, die um die Referenzpunkte Lebensqualität und Selbstverwirklichung kreisten. Diese Entwicklung mag schon in den 1960er Jahren angelegt und in Ansätzen ausgeprägt gewesen sein, aber erst in der wirtschaftlichen Krise der 1970er Jahre, angesichts der »Grenzen des Wachstums« und der Transformation der traditionellen Industriegesellschaft, dürften postmaterielle Werte an Bedeutung gewonnen haben, schlicht weil sie Sinn stifteten und Lebensziele jenseits des Materiellen bereithielten. Das verlieh den neuen Wertorientierungen zugleich eine moralisch überlegene Begründung, wie der sozialdemokratische Politiker Erhard Eppler, einer der Gurus der »neuen Werte«, beispielsweise in seiner programmatischen Aufsatzsammlung »Maßstäbe für eine humane Gesellschaft. Lebensstandard oder Lebensqualität?« (1974) darlegte.[16] Der wachsenden Zahl von Arbeitslosen, welche die sozialen und ökonomischen Umbrüche hervorbrachten, halfen neue Wertorientierungen freilich wenig. Angesichts ins Wanken geratener, wenn nicht verlorener Lebensperspektiven wirkten Hinweise auf die Chancen zur Selbstentfaltung in der größer gewordenen Freizeit eher zynisch.

Eng verbunden mit der mikroelektronischen Revolution und dem Aufstieg der Freizeitgesellschaft war eine mediale Revolution, die in den 1970er Jahren begann, vor allem aber die 1980er Jahre kennzeichnete. In diesen beiden Jahrzehnten schnellte die Zahl der angemeldeten Radio- und Fernsehgeräte noch einmal nach oben. Gab es in der Bundesrepublik 1970 rund 19 Millionen Radios, so waren es 20 Jahre später 27 Millionen; die Zahl der Fernsehapparate stieg im selben Zeitraum von 14 auf 24 Millionen. Die flächendeckende Verbreitung der elektronischen Massenmedien trug in Verbindung mit der gewachsenen Freizeit zum vermehrten Medienkonsum (Radio und Fernsehen) bei, der zwischen 1970 und 1990 von durchschnittlich zwei auf drei Stunden täglich anstieg.[17] Die neuen technischen Möglichkeiten, Hörfunk- und TV-Programme über Kabel oder Satellit zu übertragen, führten zu einer enormen Erweiterung des Programmangebots, vor allem aber zu einer Ablösung des öffentlich-rechtlichen Rundfunkmonopols. 1984 wurde in der Bundesrepublik das »duale System« eingeführt, das auch private Rundfunkanbieter zuließ. Zu den treibenden Kräften dieser Erweiterung hatten die Unionsparteien gehört, die sich durch den öffentlich-rechtlichen Rundfunk benachteiligt sahen und sich vom Sendebetrieb privater Anbieter und der größeren Programmvielfalt eine bessere politische Balance erhofften. Im Bereich der Informationssendungen blieben die öffentlich-rechtlichen Anstalten aber dominierend, während die privaten Sender, allen voran SAT. 1 und RTL, in erster Linie auf ein Unterhaltungsprogramm setzten, das finanziert wird durch Werbespots, die in regelmäßigen Abständen das Programm unterbrechen. Auch die musikalischen Unterhaltungsprogramme der privaten Hörfunkanbieter bilden in erster Linie einen Rahmen für Werbung.

Das alles trug dazu bei, dass die Westdeutschen immer mehr Zeit für den Fernseh- und Radiokonsum aufwandten, während die Zeit, die man den Printmedien, vor allem der Tageszeitung, widmete, konstant blieb, was zu leicht rückläufigen Auflagenzahlen führte. Aber auch die Mediennutzung veränderte sich. Neue Speichermöglichkeiten wie die Videotechnik erlaubten die Aufzeichnung von Fernsehsendungen zum späteren Konsum. Kinofilme, gespeichert auf Videokassetten, erhöhten die Attraktivität des »Pantoffel-Kinos« und ließen den Kinobesuch weiter zurückgehen. Weil die Unterhaltungsindustrie infolge neuer automatisierter und rationalisierter Produktionstechniken – in deren Entwicklung die fernöstlichen Staaten Vorreiter waren – günstiger produzieren konnte, sanken die Preise für Geräte in diesem Bereich. Farbfernseher, Stereo-Radios, aber auch Phonogeräte wurden Objekte des Massenkonsums. Über die Hälfte der westdeutschen Haushalte verfügten 1990 über einen Videorecorder. Aber auch der Siegeszug des Personal Computer (PC) begann in diesen Jahren. In 32 Prozent der Haushalte stand 1990 ein PC. Verfügten 1970 nur etwa 20 Prozent aller Haushalte über ein Telefon, so waren es zehn Jahre später bereits 86 und 1990 sogar 98 Prozent.[18] Bei den elektrischen Haushaltsgeräten wie Waschmaschinen, Kühl- und Gefrierschränken oder Geschirrspülern hielten die Trends der 1950er und 1960er Jahre an, wobei zunehmend unabhängig von der Höhe des Einkommens ein immer größerer Sättigungsgrad erreicht wurde.

Trotz einkommensabhängiger Differenzierungen und individueller Vorlieben setzte sich insgesamt auch die Automobilisierung der westdeutschen Gesellschaft fort. Gab es in der Bundesrepublik 1970 rund 13,9 Millionen Pkw, so wuchs diese Zahl innerhalb der nächsten 20 Jahre auf mehr als das Doppelte und lag 1990 bei 30,7 Millionen. 1990 verfügten fast alle Haushalte mit mittlerem Einkommen über ein Auto, oft sogar noch über einen Zweitwagen. Die Bundesrepublik war zu einer automobilisierten Gesellschaft geworden. Diese Entwicklung wurde auch durch wirtschaftliche Krisen und die Verteuerung der Öl- und Spritpreise nicht wesentlich beeinflusst. Das eigene Auto genoss höchste Wertschätzung, stand es doch für individuelle Mobilität und individuelle Freiheit.

Die Entwicklung des Tourismus verzeichnete nach dem Ölpreisanstieg der 1970er Jahre nur einen kurzzeitigen Einbruch. 1987 unternahmen schon zwei Drittel der Westdeutschen eine Urlaubsreise, die zumeist ins Ausland führte. Auch im Urlaubs- und Reiseverhalten spiegelte sich der »Abschied vom Malocher« und damit der Strukturwandel der Arbeitsgesellschaft. Während in den Jahren des »Wirtschaftswunders« Arbeiterfamilien nur selten in Urlaub gefahren waren und man sich eher zu Hause beziehungsweise im lokalen Umfeld erholt hatte, war für die wachsende Zahl der Angestellten insbesondere im Dienstleistungsbereich die Urlaubsreise Standard. Ganz ausgeschlossen von solchem Konsum blieben diejenigen, die in der krisenhaften Veränderung der Arbeitsgesellschaft ihre Arbeit und damit die finanziellen Mittel für Reisen verloren hatten. Diese Gruppe hatte es auch schwer, andere Angebote wahrzunehmen, obwohl der Massenkonsum, beispielsweise im Bereich der Unterhaltungselektronik, die Preise senkte.

Wer nicht von den soziokulturellen Trends des Mainstream abgeschnitten werden wollte, dem blieben oftmals nur der Ratenkauf oder die Kreditfinanzierung, in nicht wenigen Fällen der Einstieg in die Schuldenfalle, in materielle Not und bittere Armut. Dass der Staat beziehungsweise die öffentliche Hand sich ebenfalls immer stärker verschuldeten, steht nicht in kausalem Zusammenhang mit dem Anwachsen individueller Verschuldung, aber wahrgenommen wurde die öffentliche Enttabuisierung von Schulden gewiss. Auch dem Staat – Bund, Ländern und Gemeinden – ging es um die Aufrechterhaltung von Ansprüchen, insbesondere bei der sozialen Sicherung, die sich unter ganz anderen, das heißt weitaus günstigeren ökonomischen Bedingungen herausgebildet hatten. Diese Bedingungen existierten nicht mehr. Manche sahen das, aber weithin hielt sich der Glaube, sie ließen sich wiederherstellen, die Überzeugung, es habe sich eine neue wirtschaftlich-konjunkturelle Normalität eingestellt, die durch die Krise der 1970er Jahre nur unterbrochen, keineswegs aber beendet worden sei.

Gewinner der Entwicklung, die allen mehr Freizeit bescherte, waren Vereine und Freizeitorganisationen, allen voran im Sportbereich. Der Deutsche Sportbund (DSB) verdoppelte zwischen 1970 und 1987 seine Mitgliederzahl von etwa 10 auf rund 20 Millionen. Dass zugleich der unorganisierte Sport zunahm, deutet darauf hin, dass Sport an Attraktivität gewann, weil er als sinnvolle Freizeitbeschäftigung empfunden wurde, bei der es nicht nur um Unterhaltung, Erholung und Entspannung ging, sondern auch um Fitness und Gesundheit. Im Freizeitverhalten der Westdeutschen werden die Prozesse der Individualisierung und Pluralisierung deutlich sichtbar. Die gestiegene Bedeutung der Freizeit als Sphäre individueller Entfaltung und Selbstverwirklichung ist zugleich ein wichtiger Gradmesser des Wertewandels.

Eine starke Veränderung gesellschaftlich gültiger Normen, die zum Teil über lange Zeit Bestand hatten, ist in der Folge einer Neudefinition von Geschlechterrollen und Geschlechterverhältnissen in der Sexualmoral zu verzeichnen. Die Einstellung zur Sexualität, zu ihren Formen und zu ihrer zunehmenden, insbesondere medialen Öffentlichkeit veränderte sich, wurde offener, liberaler, permissiver. Sexualität löste sich von der Institution Ehe und wurde im Zeichen einer boomenden »Sex-Industrie« Teil der Massenkultur. Darin äußerte sich auch ein Bedeutungsverlust der Kirchen als normsetzende und normüberwachende Institutionen. Dieser Bedeutungsrückgang stand im Zusammenhang mit umfassenden Säkularisierungs- und Entkirchlichungsprozessen. Das waren zwar keineswegs völlig neue Entwicklungen, aber sie beschleunigten sich. Der wichtigste Indikator in diesem Zusammenhang ist sicher der Kirchgang, der im Protestantismus wie im Katholizismus, wenn auch dort von einem höheren Ausgangsniveau, deutlich zurückging. Im protestantischen Bereich war der Kirchenbesuch in den Gemeinden bereits 1973 auf ganze sieben Prozent abgefallen, bei den Katholiken lag er noch bei etwa 30 Prozent. Auch die Zahl der Kirchenaustritte nahm zu. Lag diese für die protestantischen Kirchen 1967 bei 44 000, so hatte sie drei Jahre später, sicherlich mit hervorgerufen durch die Studentenbewegung, die Grenze von 200 000 überschritten. Im katholischen Bereich pendelten sich die Austrittszahlen in den 1970er Jahren bei etwa 70 000 jährlich ein.[19]

Vor allem Jugendliche und junge Erwachsene wandten sich von den Kirchen ab und gingen, im Katholizismus noch stärker als im Protestantismus, auf Distanz zu der nun immer häufiger so genannten Amtskirche. Stand diese Amtskirche, gerade die römisch-katholische mit ihren Lehrmeinungen und Dogmen, oft genug bereits im Widerspruch zur modernen Welt, so war für sie als kollektive Sinnstiftungsinstanz in der Postmoderne erst recht kein Platz. Der Bedeutungsverlust der katholischen Kirche, den man bei den konfessionellen Strukturen und Zahlenverhältnissen in der Bundesrepublik so nicht erwartet hatte, war letztlich auch eine Folge der schon im Nationalsozialismus begonnenen, sich aber in der Nachkriegszeit fortsetzenden Auflösung der traditionellen sozialmoralischen Milieus. Was von diesen Milieus, gerade dem katholischen, noch übrig war, fand in den politischen Strukturen und im Parteiensystem der Bundesrepublik keinen Halt mehr. Auch die vehement einsetzende Bildungsentwicklung trug zur Milieuauflösung und zum Autoritätsverlust der Kirche bei. Dass eine informelle christlich-kirchliche Bindung in der Gesellschaft weiterhin bestand und dass die Kirchen auch im individuellen Leben der meisten Menschen durchaus präsent blieben, zeigt die Tatsache, dass die Gemeindemitglieder weiterhin in hoher Zahl ihre Kinder taufen, sich kirchlich trauen und auch begraben ließen.

Die Wucht der soziokulturellen Transformation machte vor den Sozialwissenschaften nicht Halt und äußerte sich nicht zuletzt in den soziologischen Versuchen einer Gesamtbeschreibung der Gesellschaft. Wie bereits an den begrifflichen Etikettierungen »Dienstleistungsgesellschaft«, »Erlebnisgesellschaft«, »Konsumgesellschaft«, »Medien- oder Informationsgesellschaft« oder auch »Wertewandelsgesellschaft« deutlich wird, nahmen einzelne Autoren je unterschiedliche Entwicklungen oder deren phänomenologische Ausprägungen wahr und versuchten aus ihnen eine Gesamtcharakterisierung sozialer Realitäten zu entwickeln. Zweifellos brachten diese Begriffe wichtige Entwicklungen der Zeit auf den Punkt, sie sind jedoch nur in Ansätzen geeignet, die gesamte Breite der soziokulturellen und sozialstrukturellen Veränderungen und Umbrüche der 1960er und 1970er Jahre zu erfassen. Vor allem aber erwiesen sich die meisten Deutungsangebote als erstaunlich indifferent gegenüber den fortbestehenden Strukturen und Ausprägungen sozialer Ungleichheit in der Bundesrepublik. Eine sozialwissenschaftliche Ungleichheitsforschung, die sich mit Fragen der sozialen Schichtung befasste, war in den 1970er und 1980er Jahren eher an der Peripherie der Sozialwissenschaften angesiedelt. Nur wenige Soziologen knüpften an die grundlegenden Studien Karl Martin Boltes aus den 1960er Jahren an.[20] Im Zentrum des soziologischen Diskurses stand nicht die Ergänzung der klassischen vertikalen Ungleichheit – ob nun mit Hilfe des Klassenoder mit Hilfe des Schichtenbegriffs – durch Dimensionen horizontaler Ungleichheit wie beispielsweise Geschlecht, Rasse oder Alter. In seinem Zentrum standen vielmehr Gesellschaftsbeschreibungen, die ganz offenkundig durch die Wahrnehmung jener Individualisierungs- und Pluralisierungsprozesse geprägt, ja determiniert waren. »Die harten Strukturen sozialer Ungleichheit«, so hat es jüngst Hans-Ulrich Wehler formuliert, »wurden wegdifferenziert, wegpluralisiert, weg-

individualisiert, wegdynamisiert«, mit dem »Schleier« der Individualisierungs-
und Pluralisierungsprozesse »verhüllt und unkenntlich gemacht«.[21]

In der Terminologie spiegelt sich das wider, nicht zuletzt bei Ulrich Beck, der
mit seinem Aufsatz »Jenseits von Stand und Klasse« (1983) eine der wichtigsten
Programmschriften dieser Deutungsansätze lieferte.[22] Kategorien wie Lebensstil,
Milieu und Lebenslage bestritten zwar nicht die Existenz sozialer Ungleichheit in
der Gesellschaft der Bundesrepublik, beschrieben diese Ungleichheit aber primär
kultursoziologisch und lösten sie damit in starkem Maße von den materiellen Lebensbedingungen. Das aber ignorierte die Fortexistenz harter traditioneller Ungleichheitsstrukturen, die zwar bis zu einem gewissen Grade in den Jahren des
»Wirtschaftswunders« abgeschliffen worden waren, die aber weiterhin bestanden
und in den ökonomischen sozialen Transformationen der 1970er Jahre erneut hervortraten. So schufen die konjunkturellen Entwicklungen jener Zeit, das Ende
der industriell geprägten Arbeitsgesellschaft und die Rückkehr der Arbeitslosigkeit eine »neue Armut«, unter der Langzeitarbeitslose ebenso litten wie alleinerziehende Frauen oder kinderreiche Familien der Unterschicht. Eine materiell an den
Rand gedrängte Unterschicht war also mitnichten verschwunden, und ebenso
wenig hatten sich die Unterschiede zwischen den Mittel- und Oberschichten abgeschliffen. Zwölf Prozent der Haushalte besaßen 1986 etwa 60 Prozent aller Vermögenswerte, eine Konstellation, die durch die seit den 1990er Jahren in Gang gekommenen Erbgänge nicht relativiert, sondern eher unterstützt wird.

Man kann die Prozesse der Pluralisierung und Individualisierung primär als
fortgesetzte Liberalisierung bewerten, auf die weiter gewordenen Freiräume zur
Selbstentfaltung und Selbstverwirklichung und auf den Abbau beziehungsweise
Bedeutungsverlust traditioneller sozialer Bezugssysteme – von der Familie bis hin
zum Staat – hinweisen. Dabei darf aber nicht die tiefe Verunsicherung übersehen
werden, die ebenso zu den Folgen der Individualisierung gehört. In der Erosion sozialer Strukturen verloren Menschen die Orientierung. Auch der Wertewandel
wirkte liberalisierend. Doch die Entnormativierung schuf keine neuen Werte.
Stattdessen entwickelte sich in der Bundesrepublik eine heftige Diskussion über
Grundwerte, in der eine tiefe Verunsicherung hinsichtlich der Verbindlichkeit gesellschaftlicher und politischer Werte erkennbar wurde.[23]

Kultur in der Postmoderne

Befreiung und Orientierungsverlust, Aufbruch und Verunsicherung: In dieser Ambivalenz liegt ein Wesenszug der Postmoderne. Der Begriff, der in unserem Zusammenhang von dem französischen Philosophen Jean-François Lyotard 1979 geprägt beziehungsweise auf die Entwicklung in den industriellen Gesellschaften des Westens angewandt wurde, macht das Ende der Moderne vor allem an dem Verlust norm- und strukturbildender »großer Erzählungen« fest. Große Erklärungen des Geschichtsverlaufs oder gesellschaftlicher Entwicklungen hätten an Überzeugungskraft eingebüßt, sie hätten die Kraft verloren, menschliches Handeln, gerade als soziales oder politisches Handeln, zu leiten. An die Stelle solcher zentralen Prinzipien – Lyotard nannte beispielsweise Gott oder die Vernunft, das liberale oder das marxistische Fortschrittsdenken – sei eine Heterogenität, ein Nebeneinander unterschiedlicher Deutungsmuster getreten, und genau darin liege der Übergang von der Moderne zur Postmoderne.

Die Pluralisierung und Entnormativierung in den westlichen Gesellschaften, die sich seit den 1960er Jahren vollzog, beförderte also den Aufstieg der Postmoderne. Zwar bestritten die Theoretiker der Postmoderne, zu denen neben Lyotard beispielsweise die strukturalistischen Philosophen Michel Foucault und Jacques Derrida zählen, eine neue Gesellschaftstheorie entwickelt zu haben, doch das Konzept der Postmoderne erwies sich in all seiner Vielgestaltigkeit als gut geeignet, die verschiedenartigen Veränderungs- und Transformationsprozesse, die in Gesellschaft und Wirtschaft, Politik und Kultur im letzten Drittel des 20. Jahrhunderts einsetzten, begrifflich auf einen Nenner zu bringen, ohne ihnen eine Bewegungsrichtung oder ein Entwicklungsziel zuzuschreiben. Das ist das Postmoderne am Begriff der Postmoderne.

Wer einen Blick auf postmoderne Kunst und insbesondere die postmoderne Architektur wirft, wo sich die »Postmoderne« als Stilrichtung am frühesten und am deutlichsten durchsetzte, wird erkennen, dass anders als es der Wortsinn »postmodern« nahelegt, nicht unbedingt die Überwindung der Moderne gemeint ist. Aber die stilprägenden Entwicklungen der Moderne, in der Architektur ihre Minimierung und Reduktion, waren an ihr Ende gelangt. Sie ließen sich nicht weiterführen. In James Stirlings Neuer Staatsgalerie in Stuttgart wurde ein radikaler Eklektizismus erkennbar, der Zitate aus allen Epochen abendländischer Baukultur versammelte. So entstand eine Collage traditioneller und moderner Elemente, eine »Kombination von Heterogenem« (Stirling), die sich zwar in jedem Detail auf die Moderne bezog, durch ihre »eklektische Unbekümmertheit« (Hermann Glaser) aber den strengen Ganzheitsansprüchen und ästhetischen Idealen der Moderne widersprach. Insofern war die Postmoderne zugleich Teil der Moderne, Auseinandersetzung mit ihr und ihre Überwindung.

Die bildende Kunst hatte sich in den späten 1960er Jahren stark politisiert. Aktionistische und konzeptionelle Tendenzen waren Entwicklungen einer »Politkunst«, sollten aufklären, emanzipatorisch und damit gesellschaftsverändernd wirken. Sie richteten sich gegen eine angeblich populistische Massenkunst wie etwa die Pop-Art, die sich in ihren Ursprüngen in durchaus kritischer Absicht mit der Konsumwelt, der Warenwelt der Konsumgesellschaft auseinandergesetzt hatte, darüber aber selbst zum Konsumprodukt geworden war. Dagegen wandte sich in Deutschland allen voran Joseph Beuys mit seinen Schülern, der die Angepasstheit der Pop-Art kritisierte und ihr schon bald Impulse der aus den USA stammenden Happening- und Fluxus-Bewegung entgegensetzte, die er aufnahm und weiterentwickelte. »Kunst = Leben, Leben = Kunst«, nach dieser Gleichung hatte Kunst das Atelier zu verlassen, hatte sich in die praktische Politik einzumischen. Beuys wollte durch seine künstlerische Tätigkeit in die Politik hineinwirken und tat das auf spektakuläre Weise, als er 1971 den offenen Zugang zur Kunstakademie forderte und sogleich alle abgewiesenen Bewerber der Düsseldorfer Kunstakademie in seine Klasse aufnahm. Wie die Pop-Art-Künstler widersetzte er sich einem exklusiven Kunstbegriff. Gerade wenn Kunst politisch wirken wollte, musste sie auf den Menschen zugehen, ihn einbeziehen und an der Kunst teilhaben lassen.

Mit dem Niedergang der Studentenbewegung nahm das politische Engagement der Künstler ab. »Kunst als Kunst«, hieß nun wieder die Devise. Das verstärkte sich nach 1973/74. Der Anspruch auf unmittelbare gesellschaftliche und politische Relevanz von Kunst trat in den Hintergrund. Kunst verband sich nicht mehr mit gesellschaftlichen Zielutopien, verlor an theoretischer Begründung und umfassendem Deutungsanspruch. Das »Ende der großen Erzählung« spiegelte sich auch hier. »Keiner weiß, ob es überhaupt nur ein Sein gibt und nicht vielmehr mehrere, nur eine Sprache des Seins oder mehrere.«[24] Daraus resultierte eine neue Subjektivität, eine spontane, expressive, ich-bezogene Kunst mit dem klaren Willen zur Authentizität. Auch Joseph Beuys vollzog diese Wende. Seine Kunst blieb zwar politisch, doch seine »Radikaldemokratische Partei« bestand nur aus ihm selbst. Die »Wilde Malerei«, zu deren wichtigsten Vertretern Georg Baselitz, Jörg Immendorff, Markus Lüpertz und Martin Kippenberger gehörten, war befeuert von dem Anspruch, der unterkühlten Rationalität der Vergangenheit eine neue, hoch expressive Emotionalität entgegenzustellen. »Malerisch und farbig ... vollblütige Bilder«, wie eine Kritikerin jubelte, entstanden, Bilder, die sich an ein »bilderhungriges« Publikum verkaufen ließen. In einer anderen Wendung der Zustimmung nannte der *Spiegel* die neue Kunstrichtung 1980 »scheußlich anzusehen, grell und ausgefranst, robust energiegeladen, rücksichtslos subjektiv und unerbittlich geschmacklos«.[25]

Die Subjektivitätswelle in der bildenden Kunst war nicht nur ein Ausdruck der Entpolitisierung. Im Verlust der leitenden Ideen beziehungsweise der Abkehr von ihnen spiegelte sich jene »vielnamige Orientierungskrise«, von der der Philosoph Odo Marquard mit Blick auf die 1980er Jahre sprach und die auch in Jürgen Habermas' Rede von der »neuen Unübersichtlichkeit« ihren Ausdruck fand. Die Wendung zur Subjektivität war die künstlerische Ausformung von Individualisierung und Pluralisierung; sie war aber auch die Folge von Orientierungsverlust und Verunsicherung. Das »Anything goes«, jener auf Paul Feyerabend zurückgehende postmoderne Schlachtruf der 1980er Jahre, transportierte eine tiefe Ambivalenz: »Alles ist möglich« wirkte ebenso befreiend wie verunsichernd, setzte neue Ideen frei und nahm ihnen zugleich ihre über das Individuum hinausgehende Wirkung. Es führte, nach den Worten eines Kritikers, zu einer ästhetischen »Grundlosigkeit beziehungsweise Beliebigkeit«.[26] Dass man einzelnen Kunstwerken oder dem Werk einzelner Künstler trotzdem Ideen oder Aussagerichtungen unterlegen konnte, widerspricht dem nicht, ja war wohl eine wichtige Voraussetzung für die erfolgreiche Vermarktung dieser Kunst, die in den Galerien New Yorks erfolgte. Von einem Massenmarkt war diese Kunst weit entfernt, sie wurde wieder elitär und exklusiv, und in ihrer Ausrichtung auf Marktbedürfnisse ließ sie auch erkennen, dass der Aufstieg des Neoliberalismus an ihr nicht vorübergegangen war.

Anders als die bildende Kunst war die westdeutsche Literatur gerade in ihrer doppelten Auseinandersetzung mit der Vergangenheit des »Dritten Reiches« und der Gegenwart der Bundesrepublik schon vor »1968« gesellschaftskritisch und politisch. Die »Gruppe 47« stand für linke Literatur, aber erst in den späten 1960er Jahren wurde die eher unpolitische Literatur, die es auch gab, durch die Fundamentalpolitisierung der Gesellschaft geradezu marginalisiert. Zeit- und Gesellschaftskritik dominierte. Das lag freilich auch im internationalen Trend und wurde international begrüßt, nicht zuletzt durch den Nobelpreis für Literatur, den Heinrich Böll 1972 erhielt. Zwar ging die starke, von der Studentenbewegung ausgelöste Politisierung allmählich zurück, doch im polarisierten politischen Klima der 1970er Jahre blieb die Literatur der Bundesrepublik politisch. Das unmittelbare politische Engagement der Autoren ließ jedoch nach. Die Romane von Heinrich Böll (»Die verlorene Ehre der Katharina Blum«, 1975, oder »Frauen vor Flußlandschaft«, 1985) waren die Ausnahme und nicht die Regel. Günter Grass, der in der

Umwelt- und insbesondere der Friedensbewegung überaus präsent war, hat sich erst mit dem 1986 erschienenen Roman »Die Rättin« dem Thema der ökologischen Bedrohung zugewandt. Auch Martin Walsers sozialkritische Phase war vorüber. Walser hatte sich zunächst gegen das Ende literarischer Gesellschaftskritik und gegen die Aufgabe des gesellschaftsverändernden Anspruchs gestellt, nicht zuletzt in seinem Roman »Die Gallistl'sche Krankheit« (1972). Doch seine weiteren Werke, beginnend mit »Jenseits der Liebe« (1976) bis hin zu »Die Brandung« (1985) trugen in gewisser Weise resignative Züge, da in ihnen die soziale Identität der »Helden« immer stärker in den Hintergrund rückte und statt dessen ihre Gefühls- und Seelenverfassung stärker hervortrat. Individualisierung und »neue Subjektivität« zeigten sich auch bei Peter Schneider (»Lenz«, 1975), Thomas Bernhard (»Ursache«, 1975), Max Frisch (»Montauk«, 1975), Botho Strauß (»Die Widmung«, 1977) und nicht zuletzt bei Bernward Vesper (»Die Reise«, 1977).

In der dramatischen Literatur repräsentierten vor allem Botho Strauß und Peter Handke diese »neue Subjektivität«. Die »Ich-Suche«, um die es in vielen dieser Werke geht, ist immer aus tiefen Verunsicherungen geboren und als Suche nach neuer Sicherheit zu verstehen, nach einer Sicherheit freilich, die den Menschen – vielleicht sogar für immer – abhanden gekommen war. Die Literaturkritik begrüßte diese Entwicklung. »Jetzt dichten sie wieder«, hieß es in den Feuilletons, und mit einem Ton der Erleichterung über eine Literatur, die nicht mehr in erster Linie politisch engagiert und sozialkritisch war, erhob man die Subjektivität zur Voraussetzung jeder Literatur.[27] Ich-Suche und Selbstfindung atmeten jedoch stets eine pessimistische Grundstimmung, in der sich die gesellschaftliche und kulturelle Desillusionierung nach dem Aufbruch der 1960er und frühen 1970er Jahre widerspiegelte. Optimismus und Zukunftsgewissheit waren auch hier abhanden gekommen. Lediglich in der Welt der Fantasy-Literatur, neoromantisch aufgeladen, wurde der Glaube an das Gute noch bewahrt. Aber indem man die Erfüllung der Suche nach dem Glück in eine Fantasie-Welt verlegte, traf man zugleich eine Aussage über die reale Welt. Dennoch oder gerade deswegen wurden der zwar schon in den Jahren des Zweiten Weltkriegs entstandene »Herr der Ringe« (erschienen seit 1954) des Engländers John Ronald Reuel Tolkien, aber auch Michael Endes »Die unendliche Geschichte« (1979) so große Lese- und Verkaufserfolge – der Aufstieg der neuen Fantasy-Literatur aus dem Geist der Verunsicherung.

Das Juli-Heft 1971 der Zeitschrift *Theater heute* stand unter der Überschrift »Ende der Experimente 1971?« Nur wenige Jahre zuvor hatte man die Emanzipation des Theaters gefordert, seine »Bürgerlichkeit« kritisiert, die Passivität eines Publikums beklagt, das es durch die Auswahl der Stücke und deren Inszenierung politisch zu aktivieren gelte. Nur mit Nacktheit auf der Bühne, ein rasch weit verbreiteter Regieeinfall, der auf den Schockeffekt setzte, war das freilich nicht zu erreichen. Als sich bald auch die Schauspieler auf der letzten Provinzbühne entblößten, rüttelte das kaum noch jemanden wach. Im Zuge der Protestbewegung gingen Happenings, Aktionstheater, Demonstrationen und Besetzungen bald ineinander über. Judith Malina, eine Schülerin Erwin Piscators, verkündete während der Mai-Unruhen in Paris 1968: »Ich glaube, dass Piscators Idee vom politischen Theater sich in der Besetzung des Théâtre de l'Odéon durch Studenten während der Mai-Revolution vollendet hat.«[28] Doch mit dem Niedergang der Protestbewegung verlor auch die »emanzipatorische Verpflichtung« (Hermann Glaser) des Theaters an Macht. Nun galt das Interesse der Theatermacher wieder stärker der Inszenierung selbst, nicht nur ihrer politischen Botschaft.

Das Theater wurde dennoch nicht unpolitisch, die Theaterszene schon gar nicht. Der Regisseur Claus Peymann mischte sich öffentlich in die Terrorismus-Debatte ein und geriet in Konflikt mit der baden-württembergischen Landesregierung unter Ministerpräsident Filbinger, als er am Stuttgarter Staatsschauspiel zu einer Geldsammelaktion aufrief, mit deren Erlös der Zahnersatz für die inhaftierte Terroristin Gudrun Ensslin finanziert werden sollte. Aber es waren nicht individuelle politische Stellungnahmen, mit denen die großen Theatermacher der Zeit auf sich aufmerksam machten, sondern ihre politisch aufgeladenen Inszenierungen. Das galt für Peter Stein an der Berliner Schaubühne, es galt für Jürgen Flimm erst in Köln, dann in Hamburg, es galt für Dieter Dorn an den Münchener Kammerspielen, und es galt für Peter Zadek, der schon in Bremen unter Kurt Hübner mit seinen wilden Inszenierungen für Furore gesorgt hatte und seit 1972 in Bochum wirkte.

Hatte das »Oberhausener Manifest« zu Beginn der 1960er Jahre noch einen »Neuen deutschen Film« mit realistischem und gesellschaftskritischem Anspruch jenseits der heilen Filmwelt der Wirtschaftswunderzeit gefordert, so bekannte sich der APO-Film zur »Kunstlosigkeit«, zu einer experimentellen Antiästhetik, die auch zum Ziel hatte, »Filmkonsum« zu verhindern. Das Ergebnis waren, so ein Bericht über die 15. Oberhausener Kurzfilmtage 1969, »siebzig Stunden Filmstrapazen«.[29] Zur Erzählung – wenn auch sperriger, oftmals der Alltagswelt entnommener Stoffe – kehrte der junge Rainer Werner Fassbinder zurück mit Filmen wie »Liebe ist kälter als der Tod« (1969). Mit unglaublicher Produktivität artikulierte Fassbinder mit seinen Mitarbeitern und Darstellern, unter ihnen Hanna Schygulla, Ingrid Caven, Peer Raben und Kurt Raab, eine aus scharfer Beobachtung geborene Gesellschaftskritik, die nicht durch Drehtechnik oder Filmformate, sondern durch die filmische Handlung selbst oftmals in großer Brutalität vorgeführt wurde. Auch die NS-Vergangenheit und ihre Nachwirkungen bis in die Gegenwart griff Fassbinder auf, beispielsweise in »Die Ehe der Maria Braun« (1978) oder »Lili Marleen« (1981). Er starb 1982 im Alter von 38 Jahren.

Fassbinders Generation gehörte auch Volker Schlöndorff an, der zusammen mit Margarethe von Trotta Bölls Erzählung »Die verlorene Ehre der Katharina Blum« (1975) verfilmte, womit er sich in den Jahren des RAF-Terrorismus in der Sympathisantendebatte exponierte und scharf angegriffen wurde. Wenige Jahre später vefilmte er Günter Grass' »Blechtrommel« in einer Weise, die der schriftstellerischen Leistung dieses großen Romans, in dem sich deutsche Vergangenheit und Gegenwart verbanden, in nichts nachstand. Schlöndorff erzielte damit international einen großen Erfolg. Er gewann die »Goldene Palme« der Filmfestspiele in Cannes und – bei sechs Nominierungen – einen Oscar. Zu internationalem Renommee gelangte auch Wim Wenders, der 1970 seinen ersten Spielfilm drehte. Die Filmsprache von Wenders war ganz anders als diejenige Schlöndorffs oder Fassbinders. Wenders erzählte »moderne Märchen«, was besonders deutlich in »Der Himmel über Berlin« (1987) zum Ausdruck kommt, wo menschliche Entwurzelung und Entfremdung zwar thematisiert, aber durch die Poetik des Films ins Hoffnungsvolle gewendet werden.

Die »Tendenzwende« zur Subjektivität, die sich in der bildenden Kunst und in der Literatur der 1970er Jahre beobachten lässt, findet sich auch in der E-Musik wieder. Die Entwicklungen der modernen Musik wurden allerdings weit weniger wahrgenommen und diskutiert als etwa der Wandel der Literatur. In den Jahren um 1968 entstanden zwar einige sogenannte Happening- oder Aktionskompositionen wie beispielsweise Mauricio Kagels »Atem für einen Bläser« (1971), aber Kagel selbst hatte für den Versuch, die »Neue Musik als Mittel politischer oder gesellschaftlicher Veränderung« einzusetzen, nur ein »müdes Lächeln« übrig.[30] In Auseinandersetzung mit Hans Werner Henze, der unter anderem mit seinem Che-Guevara-Oratorium »Das Floß der Medusa« (1968) den Versuch unternommen hatte, eine Musik mit linken Inhalten zu begründen, sprach Helmut Lachenmann 1972 davon, dass der Glaube an eine gesellschaftsverändernde Kraft der Musik pure »Heuchelei« sei.[31] Dennoch: Als die Dichter wieder dichteten, remusikalisierte sich auch die Musik im Zeichen neuer emotionaler Intensität und unter Leitbegriffen wie Neue Subjektivität, Neue Romantik und Neue Expressivität. Das äußerte sich in Kompositionen, welche die Musik der deutschen Romantik wieder aufgriffen, in Werken, die das Klangmaterial exotischer, außereuropäischer Musikwelten aufleben ließen, und schließlich in der sogenannten Ausdrucksmusik mit ihrer extremen Emotionalität und expressiven Dynamik, für die vor allem Wolfgang Rihm stand. So war die E-Musik der 1970er Jahre, die sich im darauf folgenden Jahrzehnt vielgestaltigen postmodernen Einflüssen öffnete, weder traditionale noch avant-gardistische Musik, sondern, in der Einteilung von Hermann Danuser, Bestandteil einer »mittleren Musik«.[32] Darin spiegelten sich die Orientierungsprobleme einer Gesellschaft, der der Glaube an die Moderne ebenso abhandengekommen war wie die feste Bindung an die Tradition.

Auf viel größere öffentliche Resonanz stießen die Entwicklungen der popu-lären Musik, die kaum auf einen Nenner zu bringen sind, wenn man nicht alles unter dem Rubrum postmoderner Beliebigkeit fassen möchte. In der populären Jugendmusik durchbrachen deutsche Produktionen die Dominanz englischspra-chiger Musik, die auch während der APO-Zeit vorgeherrscht hatte und in welcher der kulturelle Amerikanismus und die Internationalität der Studentenbewegung besonders stark zum Ausdruck gekommen war. Die Songs der amerikanischen Pro-testkultur im Zeichen von Vietnam-Krieg und Bürgerrechtsbewegung waren auch die Songs der deutschen Studenten. Doch das war bald wieder vorbei, während die Beatles, die seit 1966 keine Konzerte mehr gaben und sich vier Jahre später auflös-ten, nicht an Popularität einbüßten. Auch englischsprachiger Rock von Gruppen wie Genesis, Supertramp und Pink Floyd blieb attraktiv. Die Texte bedienten die unterschiedlichen Facetten des Zeitgeists: von der Befreiung aus traditionellen und autoritären Strukturen über den Drang zur Selbstverwirklichung bis hin zur Frie-denssehnsucht. Doch die Gesellschaftskritik der Texte trat allmählich hinter der Kraft des zunehmend elektronisch gesteuerten Sounds zurück. Weit über ein ju-gendliches Publikum hinaus wirkte die schwedische Pop-Formation ABBA, die nach ihrem Grand-Prix-Gewinn 1974 überall in Westeuropa einen Erfolg nach dem anderen feierte. ABBA stand für eine neue Musikrichtung leichter, elektronisch durchgestylter und gefällig dargebotener Musik, die auch als Tanzmusik kommer-ziell überaus erfolgreich war.

Zunächst noch im Schatten dieser Entwicklung und begrenzt auf West-Berlin mit seinem ganz speziellen kulturellen Klima entwickelte sich, beeinflusst durch den britischen Punk und die *New Wave*, die »Neue Deutsche Welle«, die zu Beginn der 1980er Jahre ihren Durchbruch erlebte und dann rasch aus dem Untergrund zu enormer Popularität aufstieg. Die Texte der Neuen Deutschen Welle transportier-ten eine pessimistische »No-Future«-Kultur. Sie waren nicht getragen von gesell-schaftlichem Veränderungswillen oder Hoffnung auf die Zukunft, sondern der Perspektive auf eine Welt am Rande des Abgrunds. Ihre Themen waren Umwelt-zerstörung, die nukleare Konfrontation der Supermächte, die Massenarbeitslosigkeit. Besungen wurde eine neue »Eiszeit«, wie ein Song der Gruppe »Ideal« von 1981 hieß. Andere Gruppen thematisierten die deutsche Vergangenheit, etwa BAP mit »Kristallnaach«, während die Münchener Spider Murphy Gang mit »Skandal im Sperrbezirk« die doppelte Moral der Gesellschaft anprangerte. »Karl der Käfer« von Gänsehaut gehörte zum Genre der »Öko-Songs«. Nenas Protestsong »99 Luftballons« (1983) avancierte schnell zur musikalischen Grundausstattung der Friedensbewegung und hielt sich nicht nur in der Bundesrepublik wochenlang auf dem ersten Platz der Hitlisten. Selbst in den USA gelangte der Song auf Platz zwei der Charts.

Die Friedenssehnsucht zu Beginn der 1980er Jahre erklärt auch den durch den Sieg beim Grand Prix der Eurovision 1982 ausgelösten internationalen Erfolg der 17-jährigen deutschen Sängerin Nicole, die nur von einer Gitarre begleitet mit schlichten Worten der Menschheitshoffnung auf »Ein bisschen Frieden« Ausdruck verlieh. Auch das alternative Milieu brachte seine Musik hervor, die indes keine so großen kommerziellen Erfolge erzielte wie die Spitzenbands der Neuen Deutschen Welle. Zwischen Brokdorf und Mutlangen, Gorleben und Wackersdorf tourte »Cochise«, die beispielsweise in dem Song »Das Haus« das Thema der Hausbesetzungen aufnahmen und den Zusammenstoß von alternativer Kultur und Establishment beschrieben. Das »Macht kaputt, was Euch kaputt macht« der 1970 gegründeten deutschsprachigen Rockband »Ton, Steine, Scherben«, die unter dem Management der späteren Grünen-Vorsitzenden Claudia Roth in der links-alternativen Szene noch lange beliebt war, vertrat den Geist der Protestkultur um 1980 schon nicht mehr. Nicht um unversöhnliche Konfrontation mit dem Staat und revolutionären Umbruch, sondern um den evolutionären Wandel der Gesellschaft ging es nun. Der Schlager »Das weiche Wasser bricht den harten Stein« der niederländischen Gruppe »Bots« brachte diesen Wandel auf den Punkt.[33] Darin mag auch politische Desillusionierung mitschwingen, in erster Linie aber verband sich die Alternativkultur der 1970er Jahre mit der Umwelt- und der Friedensbewegung, die starke gesellschaftliche und politische Wirksamkeit entfalteten. Nichts bestätigt das so sehr wie der Aufstieg der Grünen.

In der sozialwissenschaftlichen Auseinandersetzung mit dem Wandel der 1970er Jahre ist der Begriff der Postmoderne überwiegend auf Kritik gestoßen. Hier war eher von einem »Bruch innerhalb der Moderne« die Rede, vom Übergang von einer »ersten« zu einer »zweiten Moderne«, von einer »naiven« zu einer »reflexiven Moderne«, einer »Moderne im Selbstbezug«.[34] Hinter diesen Begriffen standen gegenwartsgewonnene und gegenwartsbezogene Überlegungen, die zwar eine Krise der Modernisierung konstatierten, die aber das »Projekt Moderne« deshalb nicht aufzugeben gedachten. »Ähnlich wie im 19. Jahrhundert Modernisierung die ständisch verknöcherte Agrargesellschaft aufgelöst hat und das Strukturbild der Industriegesellschaft herausgeschält hat, löst Modernisierung heute die Konturen der Industriegesellschaft auf, und in der Kontinuität der Moderne entsteht eine andere gesellschaftliche Gestalt«, schrieb der Soziologe Ulrich Beck.[35] Die Modernisierung habe ihr Gegenbild, die traditionale Welt der Vormoderne und insbesondere »eine Natur, die es zu erkennen und zu beherrschen galt«, verloren. »Heute ... hat Modernisierung ihr Gegenteil aufgezehrt, verloren und trifft nun auf sich selbst in ihren industriegesellschaftlichen Prämissen und Funktionsprinzipien. Modernisierung im Erfahrungshorizont der Vormoderne wird verdrängt durch die Problemlagen von Modernisierung im Selbstbezug.«[36] Solche Positionen waren unzweideutig aus der unmittelbaren Wahrnehmung der Zeit gewonnen. Sie deuteten den rapiden gesellschaftlichen Wandel und seine Ergebnisse, noch stärker aber interpretierten sie die Krisenerscheinungen und Veränderungen, die überall in der westlichen Welt einen tiefen Kulturschock auslösten.

Krisenwahrnehmung und Sicherheitsdenken in der Risikogesellschaft

Der Bericht des Club of Rome über die »Grenzen des Wachstums« erlangte 1972 deswegen international so hohe Aufmerksamkeit, weil er die wirtschaftlichen Turbulenzen nicht im engeren Sinne als kurzfristige ökonomische Krise deutete, die überwunden werden konnte, sondern als Ausdruck eines fundamentalen Wandels. »The Limits of Growth«, so der englische Titel des Berichts, entwickelte in der Diagnose der Krise eine grundsätzliche Absage an technokratisches Machbarkeitsdenken, an lineares Fortschrittsdenken, aber auch an die Annahme eines stetigen Wirtschaftswachstums als politische und gesellschaftliche Grundorientierung. Darüber hinaus fragte der Bericht nach dem Preis einer solchen Wachstums- und Fortschrittsorientierung. Er verwies nicht nur auf die Endlichkeit der natürlichen Ressourcen, sondern rief auch die Auswirkungen ungehemmten industriellen Wachstums und einer ständig steigenden Konsumgüterproduktion auf die Umwelt und damit auf die natürlichen Lebensgrundlagen des Menschen ins Bewusstsein.[37]

Für »Die Grenzen des Wachstums« erhielt der Club of Rome 1973 den Friedenspreis des deutschen Buchhandels. In zwei weiteren Berichten, »Menschheit am Wendepunkt« (1974) sowie »Das Ende der Verschwendung« (1976), vertiefte er in den folgenden Jahren seine Analysen und Appelle.[38] In der Bundesrepublik stießen sie auf ganz besonderes Echo und beförderten die Herausbildung eines ökologischen Bewusstseins. Die Berichte des Clubs gehörten zur Grundausstattung der Umweltbewegung und insbesondere der Anti-Atomkraft-Bewegung. Nicht nur Erhard Eppler, der nach seinem Ausscheiden aus dem Kabinett Schmidt (1974) rasch zum Exponenten der Gegner der friedlichen Nutzung der Atomenergie innerhalb der in dieser Frage gespaltenen SPD wurde und dessen Meinung in der aufsteigenden ökologischen Bewegung viel galt, knüpfte mit seinem 1975 publizierten Buch »Ende oder Wende. Von der Machbarkeit des Notwendigen« an die Berichte des Club of Rome an.[39]

Das Ende des »Goldenen Zeitalters« (Eric Hobsbawm) und die »Grenzen des Wachstums« wirkten unmittelbar auf politisches Handeln zurück. Eine Politik, die unter den Bedingungen kontinuierlichen wirtschaftlichen Wachstums und einer ungebrochenen Zukunftsgewissheit entstanden war, geriet in vielerlei Bereichen auf den Prüfstand, war gezwungen, ihre Prämissen und Grundlagen kritisch zu reflektieren. Die Sozialpolitik ist dafür das wohl wichtigste Beispiel, und sie zeigt auch, was die These einer »Moderne im Selbstbezug« beziehungsweise das Konzept »reflexiver Modernisierung« politisch bedeuteten. Zwar blieb das zentrale Organisationsprinzip sozialer Sicherung, die Sozialversicherung, die sich seit dem späten 19. Jahrhundert herausgebildet hatte und nach 1945 zunächst wiederhergestellt und dann umfassend ausgebaut worden war, als Organisationsform und Legitimationsformel erhalten. Aber aus expansiver Leistungspolitik wurde nun eine reflexive Steuerungspolitik.[40] Die »Reform der Reformen«, immer wieder als Konsolidierung bezeichnet, die mit der Kanzlerschaft Helmut Schmidts einsetzte und im Haushaltsstrukturgesetz von 1975, den Rentenanpassungsgesetzen seit 1976, der Kostendämpfung im Gesundheitswesen sowie in zahlreichen Leistungseinschnitten in allen Bereichen der sozialen Sicherung (Kabinette Schmidt und Kohl) ihren Niederschlag fand (allerdings auch, gerade in den 1980er Jahren, begleitet von neuen Leistungen), war »ein Bremsvorgang, mit dem die (sozial-)politischen Entscheidungen der vorangegangenen Jahre in Ansätzen einer Revision und Kritik unterzogen wurden«. Aber es handelte sich dabei um Maßnahmen, »mit denen ein aus dem Gleichgewicht geratenes System stabilisiert werden sollte, ohne dieses System grundsätzlich zu verändern«.[41] Der Soziologe Franz-Xaver Kaufmann hat von einer »Sozialpolitik zweiter Ordnung« gesprochen, bei der nicht mehr die Entwicklung oder der Ausbau, sondern die Steuerung komplexer Systeme im Mittelpunkt stehe.[42]

Der optimistische Glaube an die Zukunft, der in den ersten 25 Jahren der Bundesrepublik zur kollektiven Mentalität ihrer Bürger geworden war, war erschüttert und stellte sich nicht wieder ein. Die Begriffe »Sicherheit« und »Unsicherheit« bestimmten fortan die politische Sprache. Stärker als zuvor wurden die Kernfragen der Politik in Sicherheitsdiskursen verhandelt. Jüngere sozialwissenschaftliche Theorieansätze haben von einer »Versicherheitlichung« der Politik gesprochen.[43] Die Bewältigung von Unsicherheit wurde zur Maxime politischen Handelns. Der Politikbereich »Innere Sicherheit«, in dem es zunächst um öffentliche Sicherheit im Zeichen des Terrorismus ging, später auch um wachsende Kriminalität und zunehmende Angst vor Verbrechen, wurde in der politischen Wertehierarchie innerhalb weniger Jahre so wichtig, dass schon bald sozial- und umweltpolitische Ziele oder Programme als Beiträge zur Verbesserung der »Inneren Sicherheit« dargestellt und legitimiert wurden. So hieß es im Wahlprogramm der SPD von 1980: »Nicht nur Kriminalität und Terror, auch die Verweigerung sozialer Gerechtigkeit, die Einschränkung der Lebensqualität durch Umweltschädigung und der Missbrauch wirtschaftlicher Macht unter dem Schein des Rechts gefährden die innere Sicherheit.«[44]

Die Diskussion über eine Erweiterung von Sicherheitskonzeptionen beziehungsweise einen »erweiterten Sicherheitsbegriff«, den sich nicht zuletzt Bundeskanzler Helmut Schmidt zu eigen machte, war ein internationales Phänomen, das etwa zeitgleich überall in der westlich-industriellen Welt und ihren Gesellschaften auftrat. Das ist nicht überraschend, da die Debatte über ein erweitertes Sicherheitsverständnis ursächlich zusammenhing mit der internationalen Krisenerfahrung Mitte der 1970er Jahre. Aber war eine nationale oder auch eine international koordinierte Regierungspolitik überhaupt noch in der Lage, Sicherheit zu schaffen beziehungsweise wiederherzustellen? War die Weltwirtschaft, die man für die konjunkturellen Einbrüche verantwortlich machte, national zu steuern? Mit dem Aufstieg des Neoliberalismus verloren die Nationalstaaten ja spürbar an ökonomischer, aber auch an politischer Macht. Weniger als je zuvor war es ihnen möglich, Sicherheiten zu garantieren oder wenigstens für die nationale Sicherheit effektive Bedingungen zu schaffen. In diesem Sinne erreichte der Neoliberalismus auf ökonomischem Gebiet genau das, was die Existenz nuklearer Waffen auf militärischem Gebiet bewirkt hatte: Die »harte Schale des Nationalstaats« wurde durchbrochen.[45]

Umweltrisiken kennen keine nationalen Grenzen. Diese Erkenntnis war schon früh Bestandteil des ökologischen und umweltpolitischen Diskurses, der nicht nur ein nationaler Diskurs war, sondern ein internationaler, ja globaler, wobei schließlich die ganze Erde den Bezugsrahmen bildete.[46] Gerade mit dem Hervortreten und der verstärkten Wahrnehmung ökologischer Gefahren und Risiken gewann die Rede vom erweiterten Sicherheitsverständnis an Plausibilität. Das galt allgemein für das wachsende Bewusstsein, dass die natürlichen Lebensgrundlagen des Menschen gefährdet waren, vor allem aber für die Erkenntnis, dass der Einsatz fortgeschrittener Technologien, allen voran die Nutzung der Kernenergie, Risiken bargen. Zwar war der Widerstand gegen die friedliche Nutzung der Kernkraft schon älter, aber mit der Reaktorkatastrophe von Tschernobyl 1986 wurde der grenzüberschreitende und entgrenzende Charakter von Umweltrisiken gesellschaftlich breit spürbar und damit politisch noch wirkungsmächtiger.[47] Die Windrichtung bestimmte über die Verteilung von Risiken und Gefahren, nicht der nationale Staat, der machtlos war gegen diese Kräfte.

Die Gegner der Atomkraft konnten ihre Position nach 1986 konkret mit dem Verweis auf »Sicherheit« beziehungsweise auf die »Unsicherheit« von Kernenergie untermauern. Waren die Gewinnung nuklearer Energie und die Errichtung von Kernkraftwerken bisher als Möglichkeit dargestellt und gepriesen worden, ökonomische Sicherheit als Wohlstandssicherheit auf Dauer zu stellen,[48] so nahm man nun mit Erschrecken wahr, dass wie in einem System kommunizierender Röhren die Sicherheit der Energiezufuhr erkauft wurde durch das Risiko atomarer Energiegewinnung. Beide Sicherheiten waren offensichtlich nicht gleichzeitig zu haben und erforderten politische Abwägungen und Wertentscheidungen. Daran hat sich bis heute nichts geändert, wie die jüngsten Diskussionen um einen »Ausstieg aus dem Ausstieg« zeigen, die infolge dramatisch steigender Energiekosten, aber auch der Umwelt- und Klimabelastung durch die Nutzung fossiler Energieträger entbrannt sind. Insgesamt trugen die Erfahrungen mit sogenannten Hochrisikotechnologien, vor allem im Bereich der Kernkraft, dazu bei, dass sich in den westlichen Gesellschaften das Bewusstsein für die Relativität von Sicherheit verstärkte. Das politische Handeln und die politischen Entscheidungen waren nun weniger beziehungsweise nur noch ganz allgemein auf die Schaffung von Sicherheit ausgerichtet, sondern vielmehr auf die Minimierung von Unsicherheit und eine Hierarchisierung von Sicherheitszielen, also die Entwicklung von Sicherheitsprioritäten.

In den zeitgenössischen Gesellschaftsbeschreibungen der Soziologie fasste der von Ulrich Beck geprägte Begriff der »Risikogesellschaft« diese Entwicklungen zusammen.[49] Mit Blick auf die Gesellschaft als Ganzes konstatierte Beck die »Ausdehnung von Modernisierungsrisiken« als Sicherheitsrisiken. Nicht von ungefähr verwies er dabei vor allem auf technologische Entwicklungen wie beispielsweise die Kernkraft oder die Gentechnologie. Dass diese neuartigen Sicherheitsrisiken sozial nivellierend und demokratisierend wirkten, indem sie geradezu gleichmacherisch alte Unterschiede in der Unsicherheits- oder Risikoausgesetztheit relativierten und in ihrer Bedeutung verminderten, war eine Seite der Gesellschaftsanalyse Becks. Auf der anderen Seite standen seine Beobachtungen zur Auflösung von sozialen Klassen, von überkommenen Ehe- und Familienstrukturen, von Geschlechterrollen oder Arbeitsbeziehungen sowie zur Erosion sozial verbindlicher Institutionen in den Prozessen der Individualisierung. Der Befund gewachsener Risiken und erodierender Sicherheiten – für die Gesellschaft insgesamt wie für den Einzelnen – verband freilich beide Beobachtungen.

Es herrschte Verunsicherung. Individuelle Ängste und Sorgen verbanden sich mit kollektiven Unsicherheitswahrnehmungen. Das machte die 1970er Jahre zu einer Wendezeit, in der sich die Gesellschaft veränderte und neue soziokulturelle Konstellationen sowie mentalitäre Befindlichkeiten entstanden, die weit über das Jahr 1990 hinweg und bis an die Schwelle der Gegenwart die »alte« wie die »neue« Bundesrepublik entscheidend prägen sollten. Sicherheit war weder als emotionale Geborgenheit im Zeichen der Stabilität noch als Zukunftsgewissheit wiederherzustellen. Im Lichte dieser transnationalen, ja globalen Entwicklung relativiert sich selbst im Blick auf die Geschichte der Bundesrepublik die nationalhistorisch bestimmte Zäsur der Wiedervereinigung 1989/90. Konnten die großen Konversationslexika noch in den 1970er Jahren Sicherheit definieren als »Zustand des Unbedrohtseins, der sich objektiv im Vorhandensein von Schutz beziehungsweise im Fehlen von Gefahr darstellt«,[50] so ist seither deutlicher geworden, dass der angeblich absolute Gegensatz von Sicherheit und Unsicherheit nur ein scheinbarer Gegensatz ist. Sicherheit und Unsicherheit sind vielmehr relationale Begriffe; sie markieren zwei Pole auf einer Sicherheits-Unsicherheits-Skala, und wo sich ein Individuum oder eine Gesellschaft auf dieser Skala verortet, ist von objektiven Faktoren genauso abhängig wie von subjektiven Einschätzungen und Wahrnehmungen. Auf eine tatsächliche Abschaffung von Gefahren kann es wohl nur noch in Grenzfällen hinauslaufen, viel eher geht es um Reduzierung oder Minimierung von Risiken.

Im Zeitalter globaler Information sind Unsicherheiten gewachsen, weil Handlungsräume und Handlungsmöglichkeiten nicht mehr mit Informationsräumen und Informationsmöglichkeiten übereinstimmen.[51] Das verweist auf die Prozesse der Globalisierung, die in den 1970er Jahren einsetzten beziehungsweise sich seither dynamisierten. Obwohl der Begriff »Globalisierung« zunächst nur am Rande auftauchte und eigentlich erst in der Retrospektive auf diese Zeit bezogen wird, kann doch kein Zweifel daran bestehen, dass zentrale Entwicklungen, die wir damit fassen – darunter die beschleunigte weltwirtschaftliche Integration, aber eben auch die Wahrnehmung von Risiken, die national nicht mehr eingrenzbar oder beherrschbar sind –, in dieser Zeit ihren Ausgang nahmen und schon damals diskutiert wurden, beispielsweise unter dem Rubrum einer sich intensivierenden weltweiten Interdependenz.[52]

Prozesse ökonomischer Internationalisierung, die keineswegs auf das ausgehende 20. Jahrhundert beschränkt werden können, weiteten sich aus und erfuhren dadurch eine qualitative Veränderung. Neue technische Möglichkeiten im Bereich der Kommunikation, der Datenübermittlung, des Gütertransports aber auch der individuellen Mobilität (beispielsweise im Flugverkehr) trugen bei zur weltweiten Vernetzung.[53] Erst dadurch wurde aus Internationalisierung Globalisierung. In diesen Prozessen entstand schließlich ein neuer, ein globaler Kapitalismus, der mit Hilfe technischer Möglichkeiten nationale, einzelstaatliche Grenzen in viel stärkerem Maße überwand, als es selbst in der Hochphase der ökonomischen Internationalisierung vor dem Ersten Weltkrieg gelungen war, der aber seinen Aufstieg zugleich dem Niedergang des Keynesianismus und des Konsenskapitalismus verdankte, die trotz aller Internationalisierung stets auf den Staat, den einzelnen Staat bezogen geblieben, ja zu ihrer Umsetzung auf den Staat und auf staatliches Handeln angewiesen blieben.

Der Neoliberalismus zerstörte den Konsenskapitalismus im Zeichen der Globalsteuerung nicht, aber er lieferte eine wirtschaftstheoretische Begründung und Rechtfertigung jenes fundamentalen Strukturwandels, ja Strukturbruchs, der in den 1970er Jahren einsetzte.[54] Aus dem Primatanspruch des Marktes folgten der Bedeutungsverlust des Staates und eine Autonomisierung der Wirtschaft. Auch in der Bundesrepublik lösten die wirtschaftlichen und sozialen Folgen der beginnenden Globalisierung, die nach dem Zusammenbruch des Ostblocks und der Auflösung der Sowjetunion noch dramatisch zunahmen, Ängste und Verunsicherungen aus. Der Aufstieg der neuen sozialen Bewegungen, insbesondere der Umwelt- und der Friedensbewegung, speiste sich aus diesen Ängsten und Verunsicherungen, und umgekehrt trugen diese Bewegungen zur Verstetigung des Krisendiskurses und zu seiner politischen und ideologischen Unterfütterung bei, bis sie schließlich in Gestalt der Partei Die Grünen sogar Eingang in das deutsche Parteiensystem fanden.

»Tendenzwende«

Dass sich aus der Krisenwahrnehmung auch Argumente für einen starken Staat entwickeln konnten, dass der Staat auf Grund der ihm zugeschriebenen Schutz- und Sicherheitsfunktion neue Legitimation gewinnen konnte, ist bereits im

Zusammenhang mit dem Terrorismus und seiner Bekämpfung deutlich geworden. Allgemeiner beförderten die ökonomischen, gesellschaftlichen und kulturellen Umbrüche eine Renaissance des deutschen Konservatismus, dem in den 1960er
und frühen 1970er Jahren seine führende Rolle im Modernisierungsprozess abhandengekommen war. Modernisierung fand insbesondere in den Jahren der Regierung Brandt nicht mehr »unter konservativen Auspizien«[55] statt. Das evozierte den
Ruf nach einer »Tendenzwende«, wie 1974 das Motto einer Konferenz der Münchener Akademie der Schönen Künste lautete, die sich, wie es im Untertitel hieß, mit
der »geistigen Situation in der Bundesrepublik« befasste.[56]

Der Begriff »Tendenzwende« wurde auch in anderen Zusammenhängen verwandt, zum Beispiel bezogen auf den Regierungswechsel von Brandt zu Schmidt
oder im Hinblick auf das »Ende des Wachstums«, aber das Wort transportierte
nicht zuletzt eine Auseinandersetzung mit der Fortschrittsideologie, die sich mit
der Kritik an der Reformpolitik der sozialliberalen Koalition und ihrem emanzipa-
torischen Anspruch sowie den Prozessen des Wertewandels und der Entnormativierung verband. Die Münchener Tagung, an der auch Bundespräsident Walter
Scheel teilnahm, war keine konservative Veranstaltung. Sie bündelte skeptische,
zum Teil pessimistische Stimmen liberaler und konservativer Intellektueller angesichts der Nachwirkungen von »1968«, aber auch angesichts des schwindenden
Fortschrittsoptimismus in den westlichen Gesellschaften. So sprach der Philosoph Hermann Lübbe über »Fortschritt als Orientierungsproblem«, Gerd Albers,
Lehrstuhlinhaber für Städtebau und Regionalplanung, über »Umweltbewusst-
sein – Mode oder Umkehr«?«, der Philosoph Robert Spaemann über »Emanzipation – ein Bildungsziel?« und der Soziologe Ralf Dahrendorf über »Zukunft der
Freiheit«.[57] Andere Veranstaltungen, beispielsweise der Kongress »Mut zur Erziehung« von 1978, wurden weit eher als die »Tendenzwende«-Tagung zu einer Generalabrechnung mit den Reformideen und der Reformpolitik seit den späten 1960er
Jahren, für die man in immer schärferer politischer Polarisierung die Sozialdemokratie verantwortlich machte.

Damit richtete sich der Aufruf zu einer »Tendenzwende« als Politikwende, zu
einer »Gegenreform«, immer stärker an die Unionsparteien. Im Begriff der »Wende«
für den Regierungswechsel 1982 spiegelt sich diese Entwicklung wider. Allerdings
kam in der Union eine flächendeckende Renaissance des Konservatismus nicht zustande, mochte auch Franz Josef Strauß noch so sehr die bayerische Politik der
CSU und ihre Erfolge als modernen Konservatismus anpreisen und eine Aufnahme
des Begriffs »konservativ« in die Programmatik der Union verlangen.[58] Strauß war
mit seinem Konservatismus-Begriff weit entfernt von dem Sozialdemokraten Er-

hard Eppler, der sich selbst und seine Ideen als »wertkonservativ« bezeichnete und sich damit auf die Grünen zubewegte, in deren Gründungsphase ein Bekenntnis zum »Wertkonservatismus« ebenfalls eine gewisse Rolle spielte. Auch Bundeskanzler Schmidt stellte sich in öffentlichen Reden »ausdrücklich als konservativ« dar, und selbst der von der *Zeit* befragte Heinrich Böll sah sich noch als konservativ.[59]

Mit einem derart ausgeweiteten und konturlosen Konservatismus-Begriff war eine klare politische Position nicht zu umreißen. Aber selbst wenn sich ein engerer Konservatismus-Begriff durchgesetzt hätte, wäre mit der sozial und politisch heterogenen CDU unter dem »Modernisierer« Helmut Kohl und einem nach wie vor starken Arbeitnehmerflügel eine konservative Umorientierung nicht denkbar gewesen. Die konservative Wende blieb nicht nur aus, weil die Union 1982 eine Koalition mit der FDP bildete, sondern weil unionsintern die Forderungen des konservativen Parteiflügels und aus dem konservativen Spektrum jenseits der Union nicht durchsetzungsfähig waren. Dennoch bewirkte die Auseinandersetzung um die »Tendenzwende« eine Veränderung des geistig-kulturellen Klimas in der Bundesrepublik, was eine Voraussetzung für den Machtwechsel von 1982 war.

Wie der Kongress »Mut zur Erziehung« zeigt, standen wieder einmal Bildung und Bildungspolitik im Zentrum der politischen und gesellschaftlichen Auseinandersetzung. Das schloss an bildungspolitische Debatten der 1960er Jahre an, beispielsweise im Zusammenhang mit der Einführung von Gesamtschulen oder über die Lehrplangestaltung. Noch stärker wurde jetzt aber die Frage verhandelt, welche Werte denn die Erziehung und Bildung junger Menschen, der Staatsbürger von morgen, vermitteln sollten. Bildungsdiskussionen sind immer Wertediskussionen, aber unter den Prozessen des Wertewandels, welche die Gesellschaft der Bundesrepublik in den Jahren um 1970 durchlief, waren sie es stärker als zu anderen Zeiten. Wenn die katholischen Bischöfe 1976 kritisierten, dass »Bildungsziele und -inhalte in den Schulen« nicht mehr genügend durch die »Grundwerte unserer Gesellschaft« bestimmt würden, dann traf das nicht den Kern der Sache. Das Wesentliche war vielmehr, dass über die Grundwerte keine Einigkeit mehr bestand, dass tradierte Wertorientierungen ins Wanken geraten waren und ein neuer Wertekonsens sich nicht abzeichnete. Das war auch den Bischöfen klar, sonst hätten sie nicht in Anspielung auf die hessischen Rahmenrichtlinien Stellung bezogen gegen »Tendenzen, eine bestimmte ideologisch geprägte Auffassung von Mensch und Gesellschaft in Richtlinien und Curricula zu verankern und Lehrern und Schülern nahezubringen. ... Manche wollen durch Klassenkampf eine angeblich gerechtere Ordnung schaffen.«[60] Ein »verhängnisvolles Bildungsexperiment«, geboren aus Ideologien »meist marxistischer Herkunft«, so der konservativ-katholische Philosoph Nikolaus Lobkowicz auf dem Kongress »Mut zur Erziehung«, ziele auf die »Emanzipation von nahezu allem ..., was uns als Wirklichkeit umgibt«.[61] Man sprach von Bildung und Bildungssystemen, meinte aber die gesellschaftliche Liberalisierung der Bundesrepublik insgesamt, die vom Marxismus beziehungsweise Neomarxismus beeinflusst werde. In der politisch polarisierten Bildungsdiskussion spiegelte sich die politische Polarisierung der Gesellschaft insgesamt, die mit der Reformpolitik der Regierung Brandt eingesetzt hatte, aber auch noch die Jahre der Kanzlerschaft Helmut Schmidts und, unter umgekehrten Vorzeichen, die Frühzeit der Ära Kohl beherrschte. Bildungspolitik war in den Jahren nach dem »Machtwechsel« von 1969 zum Mittel einer durch emanzipatorische und sozialkritische Bildungskonzepte auf Gesellschaftsveränderung zielenden Reformpolitik geworden.

Institutionell gab es im Bildungssystem der Bundesrepublik zwischen Mitte der 1970er und Ende der 1980er Jahre keine einschneidenden Veränderungen. Die Strukturen des Schulsystems blieben weitgehend erhalten. In manchen Bundesländern entstanden integrierte Gesamtschulen, die jedoch nirgends das traditionelle dreigliedrige Schulsystem ablösen. In Nordrhein-Westfalen vereitelte ein Volksbegehren 1978, dass die Gesamtschule zur Regelschule wurde. Die Einführung des differenzierten Oberstufenunterrichts an Gymnasien, durch die selbst in Bayern eine an Interessen orientierte Fächerwahl möglich wurde, bedeutete keine grundsätzliche Veränderung der gymnasialen Bildung, allerdings wiesen die Kritiker der reformierten Oberstufe nicht ohne Berechtigung auf die Verschlechterung der Allgemeinbildung durch Spezialisierung, Fächerkonzentration und Fächerabwahl hin.

Die in den 1960er Jahren in Gang gebrachte Bildungsexpansion zeigte nun Wirkung. Die Zahl der Absolventen der höheren Schule wuchs. Besuchten 1970 rund 20 Prozent aller 13-Jährigen das Gymnasium, so waren es 20 Jahre später 31 Prozent. Machten 1970 noch 11,4 Prozent eines Jahrgangs das Abitur oder Fachabitur, so waren es 1990 schon 33,8 Prozent. In der Folge dieses Anstiegs schnellten zeitlich versetzt die Studentenzahlen in die Höhe. Innerhalb von zwei Jahrzehnten verdreifachten sie sich. Lagen sie 1970 bei 510 000, so waren sie schon zehn Jahre später, 1980, mit 1 044 000 mehr als doppelt so hoch und stiegen schließlich bis 1990 auf 1,52 Millionen an. In diesen Zahlen spiegelte sich auch die demographische Entwicklung, die Tatsache, dass nun die geburtenstarken Jahrgänge der 1950er und 1960er Jahre an die Universitäten drängten. Dieser demographische Effekt wurde aber verstärkt durch die Verbesserung des Bildungszugangs insbesondere für die mittleren Schichten. Insgesamt kam es so zu einer »Höherqualifizierung« der Bevölkerung, was ebenso eine Voraussetzung wie eine Folge der »Tertiarisierung«, der

Entwicklung der westdeutschen Gesellschaft zu einer »tertiarisierten Industriegesellschaft«, war. In diesen Prozessen der Bildungsausweitung und Höherqualifizierung kam es zugleich zum Abbau regionaler, konfessioneller und geschlechtsspezifischer Ungleichheiten. Höhere Bildung war zweifellos eine wichtige Voraussetzung für die weibliche Emanzipation, was in allgemeiner Perspektive auf den Zusammenhang verweist zwischen einem höheren Bildungsniveau und dem allgemeinen Wertewandel. Die Tendenzen der Pluralisierung und Individualisierung wurden durch vermehrte Bildung befördert, die Ausbreitung von Selbstentfaltungswerten vorangetrieben.

Die beispiellose Bildungsexpansion und der gewaltige Anstieg der Abiturienten- und Studentenzahlen bürdeten den öffentlichen Haushalten finanzielle Lasten auf, die bei den zurückgehenden Wachstumsraten und der rezessiven Entwicklung seit 1974 nicht mehr zu schultern waren. Jetzt zeigte sich, wie sehr Bildungspolitik und Bildungsplanung an die Bedingung kontinuierlichen Wachstums und gefüllter öffentlicher Kassen geknüpft waren. Der Staat hatte seine Bildungspolitik von Voraussetzungen abhängig gemacht, die nicht mehr erfüllt wurden, woran er selbst aber nichts ändern konnte. Die Folge waren überlastete Schulen und Hochschulen. Es entstand die schlecht ausgestattete »Massenuniversität«, die den Studentenzahlen nicht gewachsen und infolge chronischer Personalknapphei595t zu einer akademischen Lehre mit sinnvollen Betreuungsrelationen überhaupt nicht in der Lage war.

In der quantitativen Expansion und der klareren Ausrichtung auf eine spezifische Berufsqualifikation relativierte sich überdies der überkommene humanistische Bildungsanspruch des Gymnasiums ebenso wie das Humboldtsche Prinzip der akademischen Einheit von Forschung und Lehre. Diese Tendenzen erscheinen irreversibel, denn sie wurden an den Hochschulen seit den späten 1990er Jahren durch die Einführung der neuen, gestuften Studiengänge nach anglo-amerikanischem Vorbild (Bachelor, Master) sogar formalisiert. Die Studienreform ist in Gestalt des »Bologna-Prozesses«, der alle Staaten der Europäischen Union auf die Einführung gestufter Studiengänge festlegt, auch Teil und Ergebnis bildungsbezogener Europäisierung. Dass die Reform europäisch daherkommen konnte, hat wiederum mit der Gleichartigkeit der Bildungsentwicklung in den europäischen Gesellschaften zu tun, die trotz nationaler Unterschiede und Spezifika einem gemeinsamen Grundmuster folgte.

TEIL VI

Abschied vom Provisorium
1982–1989

1.
Erneuerungsanspruch und Reformblockaden

Die »Wende«

Auf den »Machtwechsel« von 1969 folgte 1982 die »Wende«. Während die sozialliberale Koalition aus einer Bundestagswahl hervorging, fand der Regierungswechsel 13 Jahre später mitten in der Legislaturperiode statt. Die parlamentarische
Mehrheit der sozialliberalen Regierung unter Bundeskanzler Helmut Schmidt war
dahingeschmolzen und an ihre Stelle eine neue Majorität aus CDU/CSU und FDP
getreten, die am 1. Oktober 1982 Helmut Kohl zum sechsten Bundeskanzler der
Bundesrepublik wählte und wie zuletzt in den Jahren der Kanzlerschaft Erhards
(1963 bis 1966) eine christlich-liberale Regierungskoalition bildete.

Helmut Kohl, der Bundesvorsitzende der CDU und zugleich Vorsitzende der
CDU/CSU-Fraktion im Bundestag, stand im Herbst 1982 am Ende eines langen politischen Aufstiegs, der für den 1930 geborenen pfälzischen Politiker schon früh
begonnen hatte.[1] Dass es Kohl jemals gelingen würde, das Amt des Bundeskanzlers
zu erringen, war immer wieder bezweifelt worden. So waren sich Helmut Schmidt
und der CSU-Vorsitzende Franz Josef Strauß, die politisch so unterschiedlichen
Gegner im Wahlkampf von 1980, einig in der Einschätzung, dass Helmut Kohl Format und Fähigkeit zum Bundeskanzler fehlten.

Kohl war 1947, im Alter von 17 Jahren, in die CDU eingetreten und hatte die
Junge Union Rheinland-Pfalz mitbegründet. Neben seinem Studium, vor allem
Geschichte und Staatswissenschaften, an den Universitäten Frankfurt und Heidelberg und parallel zu ersten Berufstätigkeiten in der Industrie beziehungsweise bei
einem Unternehmerverband trieb er zielstrebig seine kommunal- und landespolitische Karriere voran, wurde mit 29 Jahren in den Landtag von Rheinland-Pfalz ge-

wählt und dort schon wenige Jahre später Vorsitzender der CDU-Fraktion. Der Landesvorsitz der rheinland-pfälzischen CDU, den Kohl 1966 übernahm, ebnete ihm den Weg ins Amt des Mainzer Ministerpräsidenten, das er 1969 antrat.

Der junge Helmut Kohl galt in seiner Partei als Reformer, der vor allem den die Ära Adenauer bestimmenden Honoratiorencharakter der Partei zu überwinden suchte. In der Bundes-CDU machte ihm das nicht nur Freunde. Sein Aufstieg in die Spitzengremien der Partei verlief nicht glatt: 1966 scheiterte er mit seiner Kandidatur für das CDU-Präsidium, fünf Jahre später unterlag er bei der Wahl zum Parteivorsitzenden Rainer Barzel deutlich mit 520 zu 174 Stimmen. Der Rücktritt Barzels 1973 eröffnete dem erfolgreichen Ministerpräsidenten dann eine zweite Chance. Von 1973 bis 1998, also 25 Jahre lang, war Kohl Bundesvorsitzender der CDU. Nach der Niederlage bei der Bundestagswahl 1976, die der Union mit 48,6 Prozent der Stimmen gleichwohl um ein Haar die absolute Mehrheit gebracht hätte, wechselte der Mainzer Regierungschef nach Bonn, um dort Oppositionsführer zu werden. Die Niederlage bei den Bundestagswahlen vier Jahre später mit deutlichen Stimmenverlusten für die Unionsparteien beendete die Ambitionen seines Rivalen Franz Josef Strauß auf das Kanzleramt. Der Weg Kohls ins Amt des Bundeskanzlers führte dann nicht über eine erneute Kanzlerkandidatur und einen weiteren Bundestagswahlkampf, sondern nach dem Zerfall der SPD/FDP-Koalition mitten in der Legislaturperiode über ein konstruktives Misstrauensvotum nach Artikel 67 des Grundgesetzes.

Nicht wenige Oppositionspolitiker äußerten in den dramatischen Wochen des Jahres 1982 Zweifel an der Legitimität des Kanzlerwechsels. Auch Helmut Schmidt sah »die Glaubwürdigkeit unserer demokratischen Institutionen« berührt.[2] Solche Urteile waren der Aufgewühltheit des Moments geschuldet. Die Legitimität des Kanzler- und Regierungswechsels am 1. Oktober 1982 stand außer Zweifel. Die westdeutsche Bevölkerung wählte Abgeordnete, nicht den Bundeskanzler, und wenn diese Abgeordneten sich im Parlament – aus welchen Gründen auch immer – zu neuen, konstruktiven Mehrheiten gruppierten, dann war ein Regierungs- und Kanzlerwechsel nicht nur möglich, sondern legitim. Allerdings lief die starke Personalisierung der Bundestagswahlkämpfe, ihre Zuspitzung auf zwei Kanzlerkandidaten – in der Regel den Amtsinhaber und seinen Herausforderer – dieser Verfassungsintention zumindest bis zu einem gewissen Grad zuwider. Dass sich diese politische Praxis herausbildete, war nicht zuletzt das Ergebnis des massiven parteipolitischen Konzentrationsprozesses, der die 1950er Jahre prägte und an dessen Ende jenes Drei-Parteien-System aus CDU/CSU, SPD und FDP stand, das bis Anfang der 1980er Jahre die Parteienlandschaft der Bundesrepublik bestimmte.

Die kleine FDP, die selten über zehn Prozent der Wählerstimmen hinauskam, hatte zwar als potentieller Koalitionspartner der beiden großen Parteien ein enormes Gewicht, aber einen Anspruch auf das Amt des Bundeskanzlers konnte sie nicht erheben. Auch im Vier-Parteien-System, zu dem sich die Konstellation durch den Aufstieg der Grünen erweiterte, stand außer Frage, dass nur Union und SPD bei Bundestagswahlen mit Kanzlerkandidaten antreten konnten. Die beiden kleineren Parteien mussten es mit Spitzenkandidaten ohne Aussicht auf das Kanzleramt bewenden lassen. Die Entstehung eines Fünf-Parteien-Systems auf Bundesebene im Gefolge der Wiedervereinigung und insbesondere in den Jahren seit 2000 hat bislang diese Praxis nicht verändert. Wenn freilich das politische Gewicht der beiden traditionellen Volksparteien SPD und CDU/CSU weiter schwindet und diese zusammen nicht mehr 80 bis 90, sondern vielleicht nur noch etwa 60 Prozent der Wählerstimmen erringen, dann stellt sich die Frage der Kanzlerkandidaturen neu.

Auch wenn die Wahl Helmut Kohls zum Nachfolger Schmidts völlig verfassungskonform war, strebten die Unionsparteien doch danach, den Regierungswechsel gleichsam durch ein Wählervotum besiegeln zu lassen und ihm damit eine über das Konstitutionelle hinausreichende Legitimität und zugleich eine wahlpolitische Basis für eine volle Legislaturperiode zu geben. Die FDP verhielt sich in dieser Frage zurückhaltend, weil ihr das Debakel der Hessen-Wahl Ende September 1982, in der die Liberalen an der Fünf-Prozent-Hürde gescheitert waren, vor Augen führte, dass ein Seitenwechsel bei den Wählern nicht nur Zustimmung fand und dass ihn insbesondere die sozialliberale Wählerschaft als »Verrat« bewerten würde. Diesen Eindruck suchte auch Helmut Schmidt vor und nach dem 1. Oktober 1982 zu erhärten. Der FDP-Führung unter dem alten und neuen Vizekanzler und Außenminister Hans-Dietrich Genscher war deshalb daran gelegen, die Wähler nicht unmittelbar nach dem Kanzlerwechsel an die Urnen zu rufen, sondern, wenn überhaupt, erst einige Monate ins Land gehen zu lassen und so den potentiell bedrohlichen wahlpolitischen Strudeln des Herbstes 1982 zu entgehen.

Genscher fand Unterstützung bei der CDU und dem neuen Bundeskanzler, dem in seiner langfristigen Strategie nicht an einem Untergang der Liberalen gelegen war. Nur die Liberalen konnten innerhalb der Regierung das Gewicht der CSU kompensieren, welches ohne die FDP deutlich höher gewesen wäre und wahrscheinlich sogar Franz Josef Strauß zum Amt des Vizekanzlers und Außenministers verholfen hätte, eine Konstellation, in der Helmut Kohl keinen Vorteil erblicken konnte. Dass die CSU baldige Neuwahlen verlangte, ist vor diesem Hintergrund kaum überraschend. Die SPD neigte ebenfalls zu raschen Neuwahlen, weil sie dann am stärksten von der Popularität Helmut Schmidts zu profitieren hoffte und auch davon, dass die Wähler ihre Stimme noch unter dem Eindruck des dramatischen Kanzlersturzes abgaben. Der Wahltermin wurde schließlich auf den 6. März 1983 festgelegt.

Zunächst musste der Bundestag jedoch aufgelöst werden. Das konnte nur durch den Bundespräsidenten erfolgen unter der Voraussetzung, dass ein amtierender Bundeskanzler im Parlament kein Vertrauen mehr besaß. Ein Selbstauflösungsrecht des Bundestages kennt das Grundgesetz – anders als die Weimarer Reichsverfassung – nicht, weil der Parlamentarische Rat vor dem Hintergrund der Weimarer Erfahrungen verhindern wollte, dass rein destruktive Mehrheiten das parlamentarische System der Bundesrepublik aushebelten oder lähmten, zumindest aber destabilisierten. Um dennoch zu einer Parlamentsauflösung zu gelangen und Neuwahlen durchführen zu können, beschritten die Koalitionsparteien im Einvernehmen mit der SPD einen verfassungsrechtlich und verfassungspolitisch überaus bedenklichen Weg, der das Grundgesetz zwar nicht aushöhlte, die Verfassung aber doch zurechtbog.[3] Die SPD war zwar mit baldigen Neuwahlen einverstanden, zu einer Verfassungsänderung, die eine Selbstauflösung des Bundestags hätte ermöglichen können, war sie allerdings nicht bereit. So blieb nur der Weg über eine manipulierte Vertrauensfrage, die Helmut Kohl am 17. Dezember 1982 stellte. Der Bundeskanzler begründete diese Vertrauensfrage folgerichtig nicht mit einem parlamentarischen Vertrauensverlust – davon konnte gar keine Rede sein –, sondern damit, dass die neue Regierung seit Oktober zwar einige Sofortmaßnahmen zur Überwindung der Krise getroffen habe, dass aber eine weitergehende Politik einer direktdemokratischen Legitimierung durch Neuwahlen bedürfe. In der Abstimmung über die Vertrauensfrage enthielten sich die meisten Abgeordneten von Union und FDP der Stimme, während die SPD dagegen stimmte.

Obwohl Bundespräsident Karl Carstens, ein Staatsrechtsprofessor, schwere Bedenken hinsichtlich des Vorgehens hatte, löste er den Bundestag dennoch auf und setzte für den 6. März 1983 Neuwahlen an. Das Bundesverfassungsgericht, das von einzelnen Abgeordneten in dieser Frage angerufen worden war, bestätigte im Februar 1983 die Entscheidung des Bundespräsidenten. Die Karlsruher Richter befanden, der Bundespräsident sei im Rahmen seines Ermessensspielraums legitimiert gewesen, das Parlament aufzulösen, weil der Koalitionswechsel der FDP zu einer politischen Ausnahmesituation geführt habe. Damit sanktionierte das Verfassungsgericht die Gewichtsverlagerung in der Verfassungswirklichkeit der Bundesrepublik weg von dem Primat einer repräsentativ-demokratischen Bestellung der Exekutive hin zur Notwendigkeit einer direktdemokratischen Unterfütterung von Machtwechseln.

Die Wahlen vom 6. März 1983 hat man später als »Kohls Plebiszit« bezeichnet.[4] Und in der Tat stand im Zentrum des Wahlkampfs und der Entscheidung der Wähler die Bestätigung der Kanzlerschaft Helmut Kohls und damit des Regierungswechsels vom Oktober 1982. Es handelte sich in diesem Sinne weniger um eine Entscheidung zwischen zwei Kanzlerkandidaten, sondern eher um ein Votum für oder gegen Helmut Kohl und die von ihm geführte christlich-liberale Koalition. Hans-Jochen Vogel, der Vorsitzende der sozialdemokratischen Bundestagsfraktion, der die Spitzenkandidatur der SPD übernahm, war sich dessen bewusst. An einen Wahlsieg der Sozialdemokraten war nicht zu denken. Der Stimmenanteil von 38,2 Prozent, auf den die SPD kam, und die Verluste von 4,7 Prozentpunkten gegenüber den Wahlen von 1980 entsprachen in etwa den Erwartungen der Partei, die sich vergeblich bemüht hatte, Helmut Schmidt noch einmal ins Rennen zu schicken. Die Gewinne der Union fielen entsprechend aus. CDU und CSU steigerten sich um 4,3 Prozent und erreichten mit 48,8 Prozent das zweitbeste Ergebnis ihrer Geschichte. Die FDP musste zwar die befürchteten Stimmenverluste hinnehmen, kam aber immerhin auf sieben Prozent und lag damit ungefähr wieder da, wo sie in den 1970er Jahren gelegen hatte. Für eine Regierungsbildung und eine stabile parlamentarische Mehrheit reichten diese Wahlergebnisse allemal. Durchaus überraschend zogen die Grünen mit 5,6 Prozent der Stimmen in den Bundestag ein, die bei den Wahlen 1980 lediglich 1,5 Prozent erreicht hatten.

Der Erfolg der Grünen verweist darauf, dass es trotz aller Personalisierung im Wahlkampf 1983 auch um Sachthemen ging, nicht zuletzt um die Nachrüstungsfrage, aber auch um die Umwelt, und das Gewicht dieser Politikfelder trug zum Einzug der Grünen in das Bonner Parlament entscheidend bei. Andere Themen, die in den Wahlkampfauseinandersetzungen eine Rolle spielten und mit denen sich Union und FDP profilierten und dem Wähler empfahlen, waren die hohe Arbeitslosigkeit sowie, ganz allgemein, die Wirtschafts- und Finanzpolitik.

Mit dem Wahlsieg vom März 1983 verfügte die neue Koalition über eine komfortable Bundestagsmehrheit. Die Durchsetzungschancen der schwarz-gelben Politik erhöhten sich aber auch dadurch, dass die Bonner Regierung mit Unterstützung im Bundesrat rechnen konnte. Anders als in den meisten Jahren der sozialliberalen Koalition verfügte die Bonner Opposition nicht über eine Mehrheit in der Länderkammer, vielmehr waren zwischen 1982 und 1990 die Mehrheiten in Bundestag und Bundesrat gleichgerichtet. Der Handlungsspielraum der Bundesregierung erhöhte sich dadurch beträchtlich, auch wenn nicht übersehen werden darf, dass der Bundesrat trotz aller bundespolitischen Orientierung und trotz seiner zunehmenden parteipolitischen Ausrichtung eine Kammer der Länder blieb.

Diese vertraten dort nicht zuletzt in Steuerfragen und zum Teil im parteiübergreifenden Schulterschluss ihre genuinen Länderinteressen, die mit denen des Bundes beziehungsweise der Bundesregierung nicht immer übereinstimmten.

Die »Koalition der Mitte« und das System Kohl

Ihr Programm hatte die neue Regierung bereits in der ersten Regierungserklärung von Bundeskanzler Kohl am 13. Oktober 1982 präsentiert. Im Zentrum dieser Erklärung stand der Befund einer umfassenden Krise. Schon der Oppositionsführer Kohl hatte der Regierung Schmidt beziehungsweise den sozialliberalen Regierungen seit 1969 immer wieder vorgeworfen, das Land in eine tiefe Krise gestürzt zu haben. Bei einem Vorwurf konnte er es jetzt nicht mehr bewenden lassen, nun musste es darum gehen, Wege aus der diagnostizierten Krise zu weisen. Mit dem Begriff »Wende« gab der Bundeskanzler zu verstehen, dass seine Regierung einen grundlegenden Politikwechsel anstrebte. Er distanzierte sich von der Vorgängerregierung und schrieb dem Handeln der neuen Koalition eine neue Dynamik zu. In der Tat gelang es dem Bundeskanzler, den Terminus »Wende« fest in der Öffentlichkeit zu verankern und mit der Politik seiner Regierung zu verknüpfen. Das weckte freilich auch Erwartungen. Kaum war der »Honeymoon« der christlichliberalen Koalition vorbei, da wurde die SPD nicht müde, auf die »Wende« zu verweisen und diesen Anspruch den Ergebnissen der Regierungspolitik gegenüberzustellen.

Der Begriff »Wende« war durchaus problematisch, weil er die Kontinuitäten beiseitedrängte, in denen die Regierung stand. Der wichtigste Kontinuitätsfaktor war fraglos die FDP, die zwar insbesondere ihr wirtschafts- und finanzpolitisches Profil stärker angebotsorientiert ausgerichtet, sich aber ansonsten keineswegs von allen Positionen verabschiedet hatte, für die sie in der sozialliberalen Ära eingetreten war. Das galt nicht zuletzt für die Außen-, Ost- und Deutschlandpolitik, einen Politikbereich, in dem allerdings auch die Mehrheit der Unionsparteien keinen Kurswechsel befürwortete. Selbst die Spar- und Konsolidierungspolitik, die der Bundeskanzler am 13. Oktober ankündigte und deren Maßnahmen die politische Agenda in den ersten Monaten der Regierung Kohl bestimmten, war nicht so neu, wie es der neue Regierungschef glauben machen wollte. Auf einer ganzen Reihe von Politikfeldern spricht man daher wohl besser von »dynamischer Kontinuität«, also davon, dass Dynamik, Tempo und Reichweite der Entscheidungen sich änderten, nicht aber die grundsätzliche Richtung.[5] Das konstatierte 1983 auch der damalige Vorsitzende der Gewerkschaft Erziehung und Wissenschaft (GEW) Dieter Wunder, als er sagte, ein »Abbau des Sozialstaats [habe] schon zu Zeiten der sozial-liberalen Koalition begonnen, die CDU ist da zunächst nur eine, wenngleich verschärfte Fortsetzung«. Und die Regierung selbst erwähnte in ihrem Sozialbericht von 1983, dass auch ihre Vorgängerin zwischen 1975 und 1982 »mit insgesamt zwölf Gesetzen massive Kürzungen im Sozialbereich vorgenommen« habe.[6]

Letztlich zielte »Wende« oder besser die »Wende«-Rhetorik gar nicht auf Veränderungen in einzelnen Politikbereichen, vielmehr verband sich damit eine breite Krisendiagnose, eine Reaktion auf ganz unterschiedliche Krisensymptome, die von durchaus unterschiedlichen gesellschaftlichen Gruppen wahrgenommen wurden. In der Bundesrepublik herrsche, so der Befund, »eine tiefe Unsicherheit, gespeist aus Angst und Ratlosigkeit, Angst vor wirtschaftlichem Niedergang, Sorge um den Arbeitsplatz, Angst vor Umweltzerstörung, vor Rüstungswettlauf, Angst vieler junger Menschen vor ihrer Zukunft«.[7] Diesen Ängsten und Verunsicherungen hätten die SPD-geführten Regierungen nichts entgegenzusetzen gewusst. Hier verband sich Kritik an der sozialliberalen Politik mit ihrem gesellschaftsverändernden Anspruch, die insbesondere im Hinblick auf die Reformagenda der Regierung Brandt artikuliert wurde, aber auch die Regierung Schmidt traf.

Kohl äußerte aber auch ein generelles, mitunter stark kulturpessimistisch eingefärbtes Unbehagen an gesellschaftlicher und kulturellen Entwicklungen seit den 1960er Jahren, das den Wandel von Wertorientierungen, Prozesse der Individualisierung sowie die beschleunigte Säkularisierung betraf. Das Wort »Wende« nahm also durchaus Bezug auf den Begriff »Tendenzwende« mit seiner zugleich kulturkritisch-krisendiagnostischen und seiner politisch handlungsorientierten Konnotation.[8] Dem diffusen Befund einer »geistig-moralischen Krise« entsprach die Therapie einer »geistig-moralischen Wende«. Für Helmut Kohl lag »diese geistig-moralische Krise« der wirtschaftlichen zugrunde. »Wir mussten die geistig-moralische Wende vor die ökonomische setzen, nicht umgekehrt. Alles, was der Staat, was eine handlungsfähige Regierung in der Wirtschafts-, Finanz- und Sozialpolitik besser machen konnte, würde wirkungslos bleiben, wenn es nicht gelänge, auch im Denken und Handeln unserer Mitbürger eine Wende, eine grundsätzliche Neubesinnung einzuleiten.«[9]

Ein Gesamtkonzept der »geistig-moralischen Wende« entwickelte die Regierungserklärung nicht, ja, der Begriff selbst kam in ihr nicht einmal vor. Aber die Säulen der erwünschten Entwicklung schienen doch auf: ein christliches Menschenbild, das Solidaritäts- und Subsidiaritätsprinzip und die Bedeutung der Familie. Das verband sich – und dies war nicht nur dem liberalen Koalitionspartner geschuldet – mit liberalen Zielsetzungen, mit einer klaren Markt- und Wettbewerbsorientierung und mit einem Bekenntnis zur Eigeninitiative sowie dem Eintreten für technisch-ökonomischen Fortschritt. Eine »neue Wirtschafts- und Gesellschaftspolitik« sollte entstehen, basierend auf den Prinzipien »Freiheit, Dynamik und Selbstverantwortung«, und der Staat sollte sich wieder »auf seine ursprünglichen und wirklichen Aufgaben« konzentrieren. Aus den »Wertaussagen unserer Verfassung« entwickelte der Bundeskanzler die Leitperspektiven für die Politik seiner Regierung, als habe die sozialliberale Koalition diese Wertaussagen aus dem Auge verloren oder gar gegen sie Politik betrieben.[10] Mit seinem Plädoyer für die »Verbindung des sozialen, des christlichen und des liberalen Gedankens«, dem Merkmal der »erfolgreichste[n] Ära der deutschen Nachkriegspolitik«,[11] stellte sich Helmut Kohl nicht nur in die Tradition der Politik Konrad Adenauers, sondern versuchte auch, jene »Koalition der Mitte« zu begründen, als die er das neue Regierungsbündnis bezeichnete. Auch hier war Konrad Adenauer das Vorbild, der sich stets geweigert hatte, die CDU als eine rechte oder eine konservative Partei darzustellen. Mit dieser »Koalition der Mitte« – und hier fand die Parallelisierung Adenauer–Kohl ihren Höhepunkt – werde man, so der neue Bundeskanzler, »einen historischen Neuanfang« setzen – wie 1949.[12]

Der Hinweis auf die »Koalition der Mitte« nahm Rücksicht auf die FDP und war ein Versuch, Geschlossenheit innerhalb des Unionslagers zu erzeugen. Er zielte in all seiner Verschwommenheit und Vielgestaltigkeit aber auch auf ein breiteres Wählerreservoir, auf das sich die Koalition in den nächsten Jahren stützen wollte. Mit einer scharfen programmpolitischen Abgrenzung war eine solche Wählerschaft, die von enttäuschten SPD-Wählern über Anhänger der Liberalen bis weit in konservative, zum Teil nationalkonservative Wählerschichten hineinreichen musste, nicht zu gewinnen. Darüber hinaus vermieden der Begriff »Koalition der Mitte« und die mit ihm verbundenen eher allgemeinen Perspektiven eine präzise politische Festlegung des Bundeskanzlers, die nicht nur innerhalb der Koalition oder der Union Konflikte auslösen, sondern die ganz generell den Handlungs- und Bewegungsspielraum der neuen Regierung hätte einengen können. Daran konnte der Regierungschef kein Interesse haben, und es entsprach auch nicht seinem Politikstil, Entscheidungen, die womöglich noch gar nicht anstanden, zu präjudizieren, sich dadurch festzulegen und dem eigenen politischen Handeln Flexibilität zu nehmen.

Die ersten drei Monate der Regierung Kohl/Genscher standen keineswegs nur im Zeichen der am 13. Oktober angekündigten Konsolidierungs- und Sparpolitik. Steuerschätzungen hatten schon vor dem Regierungswechsel vor erheblichen Einnahmeausfällen im laufenden Jahr und für 1983 gewarnt. An eine Verminderung der Staatsverschuldung, von den neuen Koalitionären vollmundig angekündigt, war daher nicht zu denken. Ein Nachtragshaushalt für 1982 musste eingebracht werden, und im Haushalt für 1983, dessen Gesamtumfang um 2,9 Prozent gegenüber dem Vorjahr gewachsen war, stieg die Neuverschuldung weiter an: von 40 auf 41 Milliarden DM. Auch um der Glaubwürdigkeit der neuen Koalition willen hielt Bundesfinanzminister Gerhard Stoltenberg (CDU) eisern an einem Einsparungsziel in Höhe von 5,5 Milliarden DM fest, während man den Anstieg der Ausgaben und der Verschuldung mit den Erblasten der Regierung Schmidt begründete. Den Löwenanteil des Einsparvolumens wollte man aus einer Kürzung der Sozialausgaben gewinnen. Andere Einsparmöglichkeiten, insbesondere der Abbau von Subventionen, traten demgegenüber in den Hintergrund.

Angesichts der schweren Wachstumskrise und der hohen Arbeitslosigkeit sprach sich nicht einmal die FDP für einen konsequenten Subventionsabbau aus. So schnürte die Regierung ein sozialpolitisches Sparpaket, das der Bundestag mit dem Etat für 1983 am 16. Dezember 1982 verabschiedete. Zu den Sparmaßnahmen gehörten die Verschiebung der Rentenanpassung um ein halbes Jahr, die Staffelung der Leistungsdauer beim Arbeitslosengeld, Einschnitte bei Unterhaltszahlungen, Kürzungen beim Wohngeld, einkommensabhängige Kürzungen beim Kindergeld vom zweiten Kind an sowie die faktische Streichung des Bafög für Schüler. Der Unmut darüber war insbesondere in den Unionsparteien groß. Dass die angekündigte »Wende« mit sozialpolitischen Einschnitten eingeleitet werden sollte, welche die breite Bevölkerung trafen, war an der Basis nur schwer zu vermitteln. Auch deshalb war es das Ziel der Regierung, das Kürzungspaket noch vor Weihnachten 1982 unter Dach und Fach zu bringen, um den bevorstehenden Wahlkampf davon möglichst freizuhalten. Ähnlich umstritten war die ebenfalls im Dezember 1982 beschlossene Anhebung der Mehrwertsteuer um ein Prozent, die allerdings erst im Juli des Folgejahres in Kraft treten sollte.

Wieviel koalitionspolitisches Konfliktpotential in der Finanzpolitik der Regierung lag, offenbarte die Auseinandersetzung über eine »Investitionsanleihe«, die die Koalition zusammen mit dem Haushalt verabschiedete. Mit dieser Abgabe sollte der finanzielle Spielraum der Regierung unmittelbar vergrößert und eine konjunkturbelebende Investitionspolitik ermöglicht werden. Bezieher höherer Einkommen sollten für zwei Jahre mit einem fünfprozentigen Zuschlag auf ihre Steuerschuld belegt werden, diese Zahlungen aber später, wenn auch unverzinst, zurückerhalten. Auf der Rückzahlung der »Anleihe« beharrte vor allem die FDP, die sich schon in der Schlussphase der sozialliberalen Koalition vehement geweigert hatte, die SPD-Forderung nach einer ganz ähnlich gestrickten, aber nicht rückzahlbaren »Ergänzungsabgabe« zu unterstützen. Unter dem Eindruck des Echos auf das sozialpolitische Sparpaket verabschiedete sich die Union im Wahlkampf vom Anleihecharakter der Abgabe. Die Steuerzuschläge sollten nicht zurückgezahlt werden. Damit war der Koalitionskrach vorprogrammiert, der schon den Wahlkampf überschattete, vor allem aber die Koalitionsverhandlungen nach dem 6. März 1983 schwer belastete. Unter dem Druck der FDP machte Helmut Kohl in einer kleinen Koalitionsrunde schließlich einen Rückzieher. Die Abgabe sollte eine – rückzahlbare – Anleihe bleiben. Die massive Kritik, die sich in der Union dagegen erhob, kreiste um die »Glaubwürdigkeit« der Partei, sie weitete sich allerdings auch aus auf das Vorgehen des Bundeskanzlers, der bei seinen Entscheidungen sowohl die Parteigremien als auch die Bundestagsfraktion übergangen hatte. Dass das Bundesverfassungsgericht 1984 die »Investitionsanleihe« für grundgesetzwidrig erklärte, hob die Zerwürfnisse nicht auf.

Der Streit um die »Investitionsanleihe« wirft ein Licht auf das Klima innerhalb der Regierungskoalition, das vom Tag des Regierungswechsels an von permanenten Konflikten und Misshelligkeiten geprägt war. Die wichtigste Ursache dafür waren zweifellos die Spannungen zwischen CSU und FDP, personifiziert in ihren Vorsitzenden Strauß und Genscher. Das Verhältnis des CSU-Vorsitzenden zu den Liberalen – und umgekehrt – war seit den frühen 1960er Jahren vergiftet. Es half nichts, dass Strauß auf einen Posten im Kabinett Kohl verzichtete, denn zugleich bestand er darauf, von München aus »mitzuregieren«, und dies nicht nur über die Minister aus der CSU, sondern persönlich. Das Ergebnis waren »Elefantenrunden«, das heißt Treffen der drei Parteivorsitzenden, in denen jenseits von Kabinett und Bundestagsfraktionen Grundlinien der Politik abgestimmt und Probleme gelöst werden sollten. Mochte Strauß auch noch so sehr betonen, dass das vor allem von ihm geforderte Koalitionsgremium »nicht die Regierung ersetzen oder das Parlament bevormunden« sollte,[13] die Koalitionsrunden erhielten in den folgenden Jahren eine Bedeutung, die ihrem informellen Charakter in keiner Weise entsprach und das politische Gewicht der Verfassungsorgane minderte. Dafür kann man nicht alleine Franz Josef Strauß und die CSU verantwortlich machen. Die Politik der »Elefantenrunden« entsprach auch dem Führungsstil des Bundeskanzlers, der hochgradig personalisiert und situationsbezogen war.[14] Das hatte Kohl schon als Ministerpräsident in Rheinland-Pfalz, stärker aber noch als Bundesvorsitzender der CDU demonstriert, und er ähnelte darin durchaus Konrad Adenauer.

In den 1980er Jahren zog sich der Kanzler den Vorwurf zu, Probleme nicht zu lösen, sondern »auszusitzen«. Diese Kritik wurde durch das entschlossene und strategische Handeln Kohls in den Jahren 1989/90 nachhaltig widerlegt, verkannte aber auch schon vorher, dass die vermeintliche Führungsschwäche des Regierungschefs in Wirklichkeit keine Schwäche war, sondern ein durchaus geschicktes und der Komplexität einer modernen Demokratie mit ihrer Vielzahl politischer und gesellschaftlicher Akteure angemessenes Handeln. Kohl wusste, dass er im politischen Prozess der Bundesrepublik nicht erfolgreich sein konnte, wenn er zu früh prinzipielle Positionen und konkrete Zielfestlegungen entwickeln und dann durchzusetzen versuchte. Vielmehr musste seine Position im politischen Prozess selbst, in der Interaktion mit den relevanten Akteuren Gestalt annehmen, bevor er selbst sie sich zu eigen machte. Dies als Führungsschwäche oder als Aufgabe eines Führungsanspruchs zu deuten, würde die politischen Gesetzmäßigkeiten einer modernen Mediendemokratie missverstehen, in der der politische Prozess umfassend medialisiert ist, was das Gewicht aller an diesem Prozess beteiligten Akteure enorm erhöht und andererseits die Entscheidungsmöglichkeiten eines Regierungschefs einschränkt.

Die verschiedenen Führungsfunktionen Helmut Kohls liefen seit 1982 im Bundeskanzleramt zusammen, wo er sich mit einer Reihe enger Berater und Mitarbeiter umgab, an deren Loyalität kein Zweifel bestehen konnte. Waldemar Schreckenberger, der erste Chef des Bundeskanzleramts in der Ära Kohl, Philipp Jenninger, Eduard Ackermann, Horst Teltschik, Wolfgang Bergsdorf und Juliane Weber gehörten dazu. Als Bundestagspräsident Rainer Barzel 1984 von seinem Amt zurücktrat, wurde Jenninger sein Nachfolger, Kanzleramtschef Schreckenberger, dem in der Leitung des Amtes immer wieder Fehler unterlaufen waren, wurde durch Wolfgang Schäuble, bis dahin Parlamentarischer Geschäftsführer der CDU/CSU-Bundestagsfraktion, ersetzt.

Während Schreckenberger das Kanzleramt als beamteter Staatssekretär geleitet hatte, avancierte der Politiker Schäuble zum Minister mit Kabinettsrang. Das verbesserte die Kommunikation zwischen Kanzler und Fraktion. Auch die Nachfolger Schäubles, Rudolf Seiters und Friedrich Bohl, waren vor ihrer Berufung zum Kanzleramtsminister Parlamentarische Geschäftsführer der Unionsfraktion. Hier wird ein Muster erkennbar. Es gelang Wolfgang Schäuble binnen kurzem, das Kanzleramt zu einer effizient arbeitenden Machtzentrale auszubauen, ohne dass das Amt das institutionelle Gewicht entwickelt hätte, das es unter der Leitung von Horst Ehmke besessen hatte. Nicht straffe Planungsstrukturen bestimmten die Aktivitäten des Kanzleramts, sondern informelle Gesprächsrunden in wechselnder Zusammensetzung, in denen sich der Kanzler beriet und Entscheidungen vorbereitete. Kohl gab diesen Runden und ihren Zusammenkünften – ganz anders übrigens als Adenauer – eine persönlich-freundschaftliche Note und ließ eine Nähe zu seinen Mitarbeitern und Beratern entstehen, die deren Motivation und Engagement noch steigerte. Kritik und Dissens schloss das nicht aus, aber wer Wert legte auf eigenständige Positionen, wer Dissonanzen in die Öffentlichkeit trug und sich damit als illoyal erwies oder sich gar eigener Ambitionen verdächtig machte, dem wurde nicht nur das Privileg der Nähe zur Macht sofort entzogen, sondern der musste auch die Erfahrung machen, wie schnell Nähe und – vermeintliche – Freundschaft in Distanz und Feindschaft umschlagen konnten.

Helmut Kohl pflegte persönliche Beziehungen weit über das Kanzleramt hinaus, vor allem in seiner Partei, durch intensive Telefonkontakte. Das Telefon wurde zum Herrschaftsinstrument, weil es die Gesprächspartner an den Bundeskanzler band und weil die Telefonate dazu beitrugen, dem Regierungschef einen enormen Informationsvorsprung – in politischen wie privaten Angelegenheiten – zu verschaffen, den Kohl durchaus zu nutzen, ja auszuspielen verstand. Personalpatronage in großem Stil war ein integraler Bestandteil des »Systems Kohl«. Der Bundeskanzler sicherte sich damit aber nicht nur Loyalität, sondern versuchte auch stärker als seine Vorgänger die Regierungsparteien und insbesondere die CDU auf den Regierungskurs, auf seinen Kurs, auszurichten und eine zu große Unabhängigkeit der Partei von der Regierung zu verhindern. Auch deswegen wurde CDU-Generalsekretär Heiner Geißler zum Minister berufen, und auch deswegen erhöhte Kohl die Anzahl der parlamentarischen Staatssekretäre zwischen 1982 und 1990 von 20 auf 33.[15] Das diente im Übrigen, wie auch die Kabinettsbildungen, der Integration der Partei, die sich in ihrer Heterogenität in der Exekutive wiederfinden und deren unterschiedliche Flügel und Regionalgruppen sich dem Kanzler verpflichtet fühlen sollten. Eine politische Stärkung des Kabinetts bedeutete das nicht. Es wurde durch die Koalitionsrunden und durch das »Küchenkabinett« im Kanzleramt, so Rita Süssmuth, mehr zu einem reinen Beschlussorgan, das anderweitig getroffene Entscheidungen gewissermaßen absegnete.[16] Das Kabinett tagte unregelmäßig, seine Sitzungen wurden kürzer. Längere Beratungen oder gar kontroverse Diskussionen fanden dort kaum statt.

Die Zusammensetzung des Kabinetts veränderte sich nach den Bundestagswahlen vom März 1983 im Vergleich zum Oktober des Vorjahres nur geringfügig. Die FDP gab das Ministerium für Ernährung, Landwirtschaft und Forsten, das Josef Ertl seit 1969 geleitet hatte, an den CSU-Politiker und Bauernfunktionär Ignaz Kiechle ab, behielt aber das Außen-, das Justiz- und das Wirtschaftsministerium unter Otto Graf Lambsdorff. Die CSU stellte neben dem Landwirtschaftsminister mit Friedrich Zimmermann den Innenminister, den Verkehrs- und den Bauminister sowie den Minister für wirtschaftliche Zusammenarbeit. Alle übrigen Ressorts fielen an die CDU, darunter das Ministerium für Arbeit und Sozialordnung an Norbert Blüm, den wichtigsten Vertreter des Arbeitnehmerflügels der Partei, das Finanzministerium an Gerhard Stoltenberg, den langjährigen Ministerpräsidenten von Schleswig-Holstein, und das Verteidigungsministerium an den Sicherheitsexperten und mit der Bundeswehr bestens vertrauten Manfred Wörner. Ende 1984 kam Wolfgang Schäuble (CDU) als Kanzleramtsminister hinzu, während Graf Lambsdorff im Juni des Jahres durch den FDP-Politiker Martin Bangemann abgelöst worden war.

Affären, Skandale und Parteienkritik

Als ein Gericht Klage gegen Wirtschaftsminister Otto Graf Lambsdorff, der in den Strudel der »Flick-Affäre« geraten war, wegen Bestechlichkeit zuließ, trat dieser am 27. Juni 1984 von seinem Ministeramt zurück. Der Flick-Konzern hatte bereits seit vielen Jahren zur »Pflege der Bonner Landschaft«, wie es hieß, den Parteien umfangreiche Spenden zukommen lassen. Die Parteispenden zielten spätestens seit Mitte der 1970er Jahre auch darauf, dem Konzern erhebliche Steuerzahlungen zu ersparen, über deren Erhebung der Bundesfinanz- und der Bundeswirtschaftsminister zu befinden hatten. Unabhängig von den Zahlungen des Flick-Konzerns hatten freilich alle Bonner Parteien schon seit langem Mittel und Wege gefunden, Spenden insbesondere aus der Wirtschaft in die Parteikassen zu leiten, ohne sie versteuern und ohne ihre Provenienz offenlegen zu müssen. Nicht zuletzt eine ganze Reihe gemeinnütziger Organisation, unter ihnen die in den 1950er Jahren gegründete »Staatsbürgerliche Vereinigung«, aber auch Briefkastenfirmen, die im Bank- und Steuerparadies Liechtenstein residierten, betätigten sich als veritable »Spendenwaschanlagen«. Die Stiftungen der Parteien, die Konrad-Adenauer-Stiftung, die Friedrich-Ebert-Stiftung und die Friedrich-Naumann-Stiftung, gerieten schließlich in Verdacht, an diesen illegalen Transaktionen beteiligt zu sein. 1981 begann die Staatsanwaltschaft in dieser Sache gegen zahlreiche Vertreter aus Politik und Wirtschaft wegen Steuerhinterziehung zu ermitteln. Diese Ermittlungen verbanden sich immer stärker mit der Flick-Affäre, in der es freilich nicht allein um dubiose Spendenpraktiken ging, sondern um die Käuflichkeit der Politik. Bereits 1981 hatte die sozialliberale Koalition mit der Union ein Amnestierungsvorhaben für Gesetzesverletzungen im Zusammenhang mit der Parteispendenpraxis abgestimmt, von dem sich die SPD zwar wieder distanzierte, das aber dennoch allen

Parteien schwere Vorwürfe der Öffentlichkeit eintrug und das Koalitionsklima zwischen SPD und FDP massiv belastete.

Nach dem Regierungswechsel änderten Union und FDP im Einvernehmen mit der SPD zunächst das Parteiengesetz, um Spenden aus der Wirtschaft zu erleichtern und zugleich die Spendenpraxis transparenter zu gestalten. Im Zuge dieser Maßnahmen bemühte man sich erneut um eine Amnestieregelung für die mit den Parteispenden verbundenen Steuerstraftatbestände. Ein Gesetzentwurf, der vertraulich seit Herbst 1983 beraten wurde und für den sich die Vorsitzenden der beiden Unionsparteien Kohl und Strauß nachdrücklich einsetzten, sah die Einstellung aller Ermittlungen und Strafverfolgungsmaßnahmen im Zusammenhang mit Zahlungen vor, die vor dem 1. Januar 1984 erfolgt waren. Der Bundeskanzler warnte vor der Kriminalisierung »unbescholtener Bürger«, der CSU-Vorsitzende vor einem »ultra-moralischen Super-Rigorismus«.[17] Die FDP diskutierte zwar über einen mit dem Amnestiegesetz verbundenen möglichen Ansehensverlust der Parteien, trug das Vorhaben aber dennoch mit. Als die Gesetzesvorlage, bei der es im Kern um Straffreiheit für Steuerstraftäter ging, bekannt wurde, schlugen die Wellen der Empörung hoch. In der öffentlichen Wahrnehmung und Bewertung verband sich der Flick-Skandal mit dem Amnestievorhaben, das damit zum Scheitern verurteilt war, noch bevor die FDP dem Plan ihre Unterstützung entzog. Der Ansehensverlust der Parteien – auch der SPD, die sich anders als 1981 nunmehr gegen eine Amnestie gestellt hatte – war gewaltig. Aus der Kombination von illegaler Spendenpraxis, Vorwürfen von Bestechung und Bestechlichkeit und Versuchen, für Steuerstraftaten Straffreiheit zu erwirken, erwuchs neue Parteienkritik, lauter und umfassender als je zuvor und mit langfristigen Auswirkungen auf die politische Kultur der Republik.

Neben Otto Graf Lambsdorff wurde auch Rainer Barzel, der nach den Wahlen von 1983 das Amt des Bundestagspräsidenten übernommen hatte, ein Opfer des Flick-Skandals. Barzel hatte nach seinem Rücktritt als CDU/CSU-Fraktionsvorsitzender in den 1970er Jahren 1,7 Millionen DM vom Flick-Konzern erhalten. Der Bundeskanzler, der für die CDU ebenfalls Gelder von Flick entgegengenommen hatte, befreite sich schließlich mit Mühe und Not aus einem Geflecht widersprüchlicher Aussagen zur Parteispendenpraxis in Rheinland-Pfalz, wo der Landtag einen Untersuchungsausschuss eingesetzt hatte. Der Abgeordnete der Grünen Otto Schily stellte daraufhin Strafanzeige gegen Kohl wegen des Verdachts der uneidlichen Falschaussage. Dass CDU-Generalsekretär Geißler seinen Vorsitzenden mit dem Hinweis auf einen möglichen »Blackout« zu verteidigen suchte, verbesserte die Lage für den Kanzler nicht, der zur Kenntnis nehmen musste, dass führende

Unionspolitiker sich vorsichtig von ihm distanzierten. Hätte die Staatsanwaltschaft Anklage gegen ihn erhoben, seine Kanzlerschaft wäre im Frühjahr 1986 zu Ende gewesen. Helmut Kohl jedenfalls befand sich auf einem Tiefpunkt seines Ansehens. Er geriet unter medialen Dauerbeschuss und zog die Unionsparteien mit sich in den Umfrage-Keller.

Mit erheblichen Verlusten, insbesondere für die Union, gewann die Koalition die Bundestagswahl 1987. Doch kaum war das neue Kabinett gebildet, erschütterte der nächste Skandal die Republik: die Affäre um den schleswig-holsteinischen Ministerpräsidenten Uwe Barschel (CDU), die »schmutzigste Affäre der deutschen Nachkriegspolitik«, wie Edgar Wolfrum sie bezeichnet, und Andreas Wirsching spricht vom »Höhepunkt der *chronique scandaleuse* der achtziger Jahre«.[18] Der *Spiegel* hatte Informationen erhalten und im September 1987 publiziert, wonach Barschel, der damals als einer der kommenden Männer der Union galt, seinen politischen Gegner in Schleswig-Holstein, den früheren SPD-Bildungsminister Björn Engholm, bespitzeln ließ und den Auftrag erteilte, Engholm durch falsche Informationen, beispielsweise im Hinblick auf seine angebliche Homosexualität oder eine HIV-Erkrankung, aber auch wegen einer angeblichen Steuerhinterziehung, in der Öffentlichkeit zu desavouieren. Bei dem Versuch, sich gegen diese Vorwürfe zu verteidigen, verstrickte sich Barschel nicht nur in Widersprüche, sondern er log, was in der öffentlichen Wahrnehmung umso schwerer wog, als der Ministerpräsident auf einer Pressekonferenz mit einem »Ehrenwort« seine Unschuld beteuert hatte. Als ein Untersuchungsausschuss des Kieler Landtags Barschels Aussagen zumindest zum Teil widerlegte, trat der Ministerpräsident von seinem Amt zurück und beging wenige Tage später, am 10. Oktober 1987, in einem Genfer Hotel Selbstmord.

Bei einer vorgezogenen Neuwahl in Schleswig-Holstein im März 1988 gewann die SPD fast 55 Prozent der Stimmen, und Björn Engholm wurde Ministerpräsident. Drei Jahre später übernahm er sogar den Bundesvorsitz der SPD und galt als Kanzlerkandidat für die Wahl 1994. Am Ende wurde jedoch auch die SPD von der Barschel-Affäre eingeholt, als sich nämlich sukzessive herausstellte, dass die SPD nicht nur von den Aktionen gegen Engholm gewusst hatte, sondern dass schleswig-holsteinische SPD-Politiker jenem Reiner Pfeiffer Geldmittel hatten zukommen lassen, der mit der Behauptung, von Barschel mit den Maßnahmen gegen Engholm beauftragt worden zu sein, 1987 die Affäre ins Rollen gebracht hatte. Ein weiterer Untersuchungsausschuss in Kiel fand schließlich heraus, dass Björn Engholm nicht erst, wie er behauptete, aus dem *Spiegel* von den Aktionen gegen ihn erfahren hatte, sondern deutlich früher informiert worden war. Engholm trat daraufhin am 3. Mai 1988 von allen politischen Ämtern zurück.

Die Flick-Affäre und der mit ihr verbundene Amnestierungsskandal, aber auch die Barschel-Affäre veränderten das politische Klima in der Republik nachhaltig. Von den Schäden, welche die Affären allen Parteien und ihrem Ansehen in der Öffentlichkeit zufügten, konnten diese sich – und damit der Parteienstaat – nicht wieder erholen. Die Glaubwürdigkeit der Regierung Kohl/Genscher, die mit dem Anspruch auf eine »geistig-moralische Wende« angetreten war, litt erheblich, zumal im Laufe der Zeit noch eine Reihe weiterer Skandale ans Licht kamen. Das bezieht sich weniger auf die geschichtspolitischen Fehltritte des Bundeskanzlers, beispielsweise den Besuch auf dem Bitburger Soldatenfriedhof 1985 oder die Formulierung von der »Gnade der späten Geburt«, von der Kohl im Januar 1984 ausgerechnet vor der israelischen Knesset sprach.

Schweren Schaden fügte der Regierung und dem Bundeskanzler bereits 1983/84 die Wörner-Kießling-Affäre zu. Günther Kießling, Vier-Sterne-General der Bundeswehr und stellvertretender Oberbefehlshaber der NATO, wurde infolge dubioser Gerüchte über seine angebliche Homosexualität von Bundesverteidigungsminister Manfred Wörner im Dezember 1983 in den vorzeitigen Ruhestand versetzt. Als sich der General dagegen wehrte und die gegen ihn erhobenen Vorwürfe zurückwies, wurden auf Veranlassung des Ministers höchst zweifelhafte Beweismittel und überaus fragwürdige Zeugen gegen ihn aufgeboten. Zwar konnte der gegen Kießling erhobene Verdacht in keiner Weise erhärtet werden, und der General wurde vollständig rehabilitiert, doch sein Ruf war schwer beschädigt. Obwohl die politische Verantwortung für den Skandal, zu dem im Übrigen auch die moralische Bewertung der unterstellten Homosexualität gehörte, eindeutig bei Wörner lag, trat der Verteidigungsminister nicht zurück. Und dass der Bundeskanzler seinen Minister im Kabinett hielt und sich dadurch mit ihm solidarisierte, zog am Ende auch ihn in die Affäre hinein und schadete ihm. Aber der Verteidigungsminister war ihm jetzt verpflichtet, ja ganz von ihm abhängig. Auch das mag zum Kalkül Kohls in dieser Affäre gehört haben. Manfred Wörner blieb noch bis 1988 Verteidigungsminister und wurde dann der erste Deutsche auf dem Posten des NATO-Generalsekretärs, eine Tatsache, die vor dem Hintergrund der Wiedervereinigung und ihrer internationalen Dimensionen nicht ohne Bedeutung ist.

Alle diese Skandale verstärkten die »Politikverdrossenheit« der 1980er Jahre. Das Vertrauen in die Parteien, das zeigten Umfragen, ging massiv zurück. Keine Partei, mit Ausnahme der Grünen, blieb davon verschont. Immer mehr Menschen sprachen den Parteien die Kompetenz ab, Probleme zu lösen. Dass solche Haltungen entstanden und sich ausbreiteten, war nicht nur die Folge von Affären und Skandalen. Diese bestätigten und verstärkten aber eine Wahrnehmung, nach der

Parteien beziehungsweise die politische Klasse sich zunehmend von der Bevölkerung mit ihren Bedürfnissen und Problemen entfernten. Von der »Abgehobenheit« der Politiker war immer häufiger die Rede und von ihrem mangelnden Realitätsbezug. Von solchen Vorwürfen war es nicht mehr weit zu der Klage, dass es den Parteien und Politikern lediglich um den Machterhalt gehe und nicht um politische Inhalte. Das sei der Grund, weshalb man der Probleme nicht Herr werde oder keine politischen Reformen auf den Weg bringe. Richard von Weizsäcker, der sich als Bundespräsident nie scheute, populäre Stimmungen aufzunehmen, sie kritisch zu reflektieren und mit dem ganzen Gewicht des Staatsoberhaupts zu artikulieren, hatte schon 1981 aus der Parteienkritik heraus eine Bedrohung der Überlebensfähigkeit der Demokratie konstatiert und den Parteien vorgeworfen, sich »den Staat zur Beute« zu machen.[19]

Die Parteienkritik war sicher berechtigt, und sie fand immer wieder neue Anlässe und Belege. Aber den Parteien war doch im Grundgesetz auch – ganz anders als in der Weimarer Verfassung – eine quasi konstitutionelle Rolle zugewiesen worden, die sie nun in vollem Umfang einnahmen. Allerdings gelang es ihnen immer weniger, den Nachweis zu erbringen, dass sie die politischen Interessen und das politische Wollen der Bürger umfassend aggregierten, artikulierten und in die politischen Strukturen und Institutionen einspeisten. Das hatte damit zu tun, dass andere politische Einflussfaktoren an Bedeutung gewonnen hatten, Bürgerinitiativen zum Beispiel, die Bürgeranliegen direkter und vehementer vertreten konnten, weil sie punktuell und anlassbezogen agierten. Es hatte aber auch damit zu tun, dass Prozesse der Individualisierung und des Wertewandels die enge, gleichsam vorgegebene und dauerhafte Bindung gesellschaftlicher Gruppen oder einzelner Bürger an bestimmte Parteien lockerte.

Es wurde zunehmend schwieriger, den typischen SPD-Wähler oder den typischen Unionswähler zu identifizieren. Der Wechselwähler gewann an Bedeutung, aber auch die Gruppe der Nichtwähler vergrößerte sich. Die Wahlbeteiligung ging seit ihrem Höhepunkt von 91,1 Prozent 1972 sukzessive zurück; 1990 lag sie bei 77,8 Prozent.[20] Konnten Union und SPD bei der Bundestagswahl 1976 noch 91,6 Prozent der Wählerstimmen auf sich vereinen, waren es 1987 lediglich 81,3 Prozent und 1990, bei der ersten gesamtdeutschen Wahl, nur noch 77,3 Prozent. Von der »Krise der Volksparteien« ist seither die Rede. 2005 schließlich lag der Stimmenanteil von CDU/CSU und SPD bei unter 70 Prozent. Das kann man nicht nur der Wiedervereinigung mit ihren Folgen und der Stärke der SED/PDS/Linkspartei, vor allem in Ostdeutschland, zuschreiben, sondern es geht auch auf das Konto der andauernden Pluralisierungsprozesse zurück. In der Konsequenz verstärkte dies wiederum die Scheu der Parteien, vor allem der beiden großen Parteien, die von dem Wählerschwund am meisten betroffen waren – und sind –, sich programmatisch eindeutig zu profilieren und festzulegen. Man verortete sich in der »Mitte«, bot lediglich vage Programmaussagen, um für möglichst viele Wähler attraktiv zu sein. Dass sich aus dieser bewussten Unklarheit neue Parteienkritik speiste, liegt auf der Hand. Letztlich wurden jene politischen Kräfte gestärkt, die mit klaren Programmaussagen gezielt Wählergruppen beziehungsweise Wählerpotentiale ansprachen sowie diejenigen, die ihr Programm populistisch zuspitzten, um auf der Woge öffentlicher Stimmungen politische Erfolge zu erringen.

Opposition in Rot und Grün

Der Aufstieg der Partei Die Grünen und ihre dauerhafte Etablierung in der politischen Landschaft der Bundesrepublik beförderte die Parteienkritik der 1970er Jahre, die im folgenden Jahrzehnt an Schärfe und Dynamik gewann. Die Grünen waren in ihrer Selbstwahrnehmung, noch mehr aber in ihrer Außenwahrnehmung die Partei der Parteienkritik, eine »Anti-Parteien-Partei«. Nicht zuletzt in ihrer bewussten Absetzung von den »etablierten Parteien« drückte sich dieser Anspruch aus. Spätestens mit dem Einzug in den Bonner Bundestag 1983, als die Partei mit 5,6 Prozent der Zweitstimmen die Sperrklausel knapp überwand, war deutlich geworden, dass hier nicht ein Strohfeuer flackerte, sondern dass sich das westdeutsche Parteiensystem grundlegend und wohl irreversibel verändert hatte. Die Zeit eines um die FDP herum gruppierten Drei-Parteien-Systems war zu Ende.

Fraglos trug die Friedensbewegung, deren wählermobilisierende Wirkung kaum zu unterschätzen ist, zum Aufstieg der Grünen und zu ihrem Wahlerfolg 1983 entscheidend bei. Es ist gar nicht so sicher, dass die Grünen es ohne NATO-Doppelbeschluss und den Protest gegen die Nachrüstung geschafft hätten, sich zu etablieren. Wie keine andere Partei repräsentierten die Grünen die in der Gesellschaft herrschende Verunsicherung und politisierten sie. Man kommt den Gründen für ihren langfristigen Erfolg näher, wenn man die Friedensbewegung und ihre Protestanliegen auch als Ausdruck dieser fundamentalen Verunsicherung begreift. Die junge Partei wurde getragen und gewählt von jener Alterskohorte, die sich in den 1970er Jahren in den neuen sozialen Bewegungen engagiert hatte. Unter den Mitgliedern und in der Wählerschaft überwogen Menschen mit höherer Schulbildung und akademischen Abschlüssen; Katholiken waren gegenüber Protestanten und Konfessionslosen deutlich in der Unterzahl.

Das Selbstverständnis als »Anti-Parteien-Partei« bestimmte die Parlaments-
politik der Grünen in ihrer ersten Legislaturperiode auf Bundesebene. Der Bewe-
gungscharakter der Partei musste in organisatorische Formen finden, die parlamentarische Arbeit so strukturiert werden, dass ein wirksames politisches Handeln
möglich wurde. Die Verständigung darauf setzte die Partei schweren Belastungsproben aus und führte zu heftigen Auseinandersetzungen, die sich immer wieder an
dem sogenannte Rotationsprinzip entzündeten, das heißt der Weitergabe des parlamentarischen Mandats an einen »Nachrücker« nach zwei Jahren. Aktuelle Man-
datsträger und Nachrücker bildeten gemeinsam die Gruppe der »Grünen im Bundestag«. In der Rotation und die damit verbundenen Organisationsprinzipien und
Verfahrensweisen spiegelte sich der basisdemokratische Anspruch, aber auch Kritik an den Ausformungen des »etablierten« Parteiensystems. Freilich wurde schon
bald deutlich, dass die politische Praxis der Grünen ein effizientes Handeln in den
seit langem entwickelten und bewährten parlamentarischen Strukturen der Bundesrepublik erschwerte, wenn nicht ganz unmöglich machte. Die grünen Politikinhalte drohten auf der Strecke zu bleiben. Stärker als in den politischen Sachthemen
unterschieden sich der »realpolitische« und der »fundamentalistische« Flügel der
Grünen in diesen Fragen, die in den ersten vier Jahren grüner Präsenz im Bundestag Gegenstand sehr viel politische Energie absorbierten.

Das Bild, das die Grünen – nicht nur rein äußerlich durch die Auftritte ihrer
Parlamentarier – in Bonn boten, trug zu den Ressentiments aller drei etablierten
Parteien gegen die Neuankömmlinge im Bundestag entscheidend bei. Sie gingen
auf Distanz. Der parlamentarische Stil der grünen Abgeordneten, ihre politische
Rhetorik und ihr bewusst lockeres Gebaren trug ihnen viel Kritik ein und erschwerte ihre Integration in die Strukturen des Parlaments. Über die Vertretung
grüner Abgeordneter in den Ausschüssen des Bundestags – sonst eine Routine-
angelegenheit – wurde lange gestritten. Den Grünen half das durchaus, denn die
Abgrenzung der anderen Parteien diente ihrer fortgesetzten politischen Profilierung und der Inszenierung ihrer politischen Andersartigkeit. Das war umso wichtiger, da sie es in Bonn wie anderswo nicht dauerhaft bei einer fundamentalen Opposition belassen konnten, sondern, so sah es zumindest der Flügel der »Realos«
um Joschka Fischer, danach streben mussten, ihre politischen Ziele in der Regierung zu verwirklichen. Weil das aber Kompromisse erforderte und die Annäherung
an die etablierten Parteien, vor allem an die SPD, bedingte, war die »kulturelle« Abgrenzung so wichtig, denn auch dadurch blieben die Grünen in den Augen ihrer
Wähler unterscheidbar von den anderen.

Wenige Tage vor der Bonner »Wende« waren die Grünen mit einem Stimmenanteil von 8,0 Prozent in den Hessischen Landtag eingezogen. Bei den vorgezogenen Neuwahlen ein Jahr später brachte es die Partei zwar nur noch auf 5,9 Prozent, ihr politisches Gewicht erhöhte sich aber, da die SPD als stärkste Partei allein nicht regieren konnte und CDU und FDP zusammen eine absolute Mehrheit nicht erreichten. Aus der grünen Tolerierung einer Minderheitsregierung unter dem SPD-Ministerpräsidenten Holger Börner seit 1984 wurde ein Jahr später die erste rot-grüne Koalition auf Landesebene. Joschka Fischer, der aus der Frankfurter Sponti-Szene der 1970er Jahre kam und inzwischen einer der prononciertesten grünen »Realos« geworden war, trat als Minister für Umwelt und Energie in die Landesregierung ein. Die Bilder seiner Vereidigung in Turnschuhen sorgten weit über Hessen hinaus für Aufsehen. Die rot-grüne Allianz währte freilich nur wenig mehr als ein Jahr. Sie zerbrach Anfang 1987 an der nach Tschernobyl von den Grünen bedingungslos vertretenen Forderung, sofort aus der Atomenergie auszusteigen, was in Hessen zu einer scharfen Auseinandersetzung über den Betrieb der Hanauer Brennelementefabrik ALKEM führte. Aus Neuwahlen im April 1987 ging eine CDU/FDP-Koalition unter Bundesumweltminister Walter Wallmann, der aus der hessischen CDU stammte, hervor. Mit seiner Wahl zum Ministerpräsidenten endete in Hessen nach vier Jahrzehnten die politische Herrschaft der SPD.

Die rot-grüne Koalition in Wiesbaden scheiterte aber nicht nur an den Spannungen zwischen SPD und Grünen, sie scheiterte mindestens ebenso sehr an Konflikten innerhalb des hessischen Landesverbands der Grünen, wo sich die »Realos« um Fischer und Hubert Kleinert und die »Fundis« um die Radikalökologin Jutta Ditfurth in dauerndem Streit befanden. Die »Realos« entschieden das Ringen für sich, aber der tiefe Riss wurde nicht gekittet. In Hessen besiegt, avancierte Jutta Ditfurth zur Parteisprecherin der Grünen auf Bundesebene und prägte zusammen mit den Hamburger Ökosozialisten um Rainer Trampert und Thomas Ebermann das Bild der Partei. Der Stimmengewinn bei den Bundestagswahlen Anfang 1987, bei denen die Partei nicht zuletzt vor dem Hintergrund von Tschernobyl, aber auch angesichts der Bonner Affären und Skandale 8,3 Prozent erreichte, konnte nicht darüber hinwegtäuschen, dass die Partei in ihrer Existenz bedroht war, wenn es nicht gelang, den innerparteilichen Dualismus mit seinen unproduktiven Flügelkämpfen hinter sich zu lassen. Je mehr die anderen Parteien grüne Elemente in ihre Parteiprogramme und ihre praktische Politik aufnahmen, desto schwieriger wurde es für die Grünen, ihre eigentlichen politischen Anliegen umzusetzen. Der Konflikt eskalierte 1988, als der »fundamentalistisch« dominierte Bundesvorstand der Partei in eine »Finanzaffäre« verwickelt und abgewählt wurde. Jetzt schlug die Stunde der »Realos«, die fortan den Kurs der Partei bestimmten. Nach der Wahlniederlage von

1990, als die Grünen in Westdeutschland an der Fünf-Prozent-Hürde scheiterten, haben sie für eine prinzipielle Neuorientierung grüner Politik unter »realpolitischen« Vorzeichen gesorgt. Letztlich konnte das nichts anderes meinen als eine Koalition mit der SPD.

Die SPD hatte die Grünen zu Beginn der 1980er Jahre noch wie einen politischen Paria behandelt, und die Grünen hatten ihrerseits kaum Unterschiede zwischen Union und SPD erblicken wollen. Das änderte sich Mitte des Jahrzehnts. Dass die Wiesbadener Koalition so schnell wieder zerbrach, überraschte kaum jemanden. Börner gehörte nicht zu den »Enkeln« Willy Brandts, die in den 1980er Jahren und nach dem Ende der Kanzlerschaft Helmut Schmidts für eine politische Neuorientierung der Sozialdemokratie eintraten, wozu die Aufnahme grüner Ideen und Politikziele gehörte sowie ein insgesamt vorbehaltloser, entspannterer Umgang mit der neuen Partei. Auch das musste für die Grünen nicht unbedingt förderlich sein, wie die Landtagswahl im Saarland 1985 zeigte, wo es dem »Enkel« Oskar Lafontaine gelang, für die SPD die absolute Mehrheit zu erzielen und zugleich die Grünen aus dem Landtag zu halten. Doch es wurde immer deutlicher, dass die SPD eine »Mehrheit diesseits der Union«, von der Willy Brandt schon in den frühen 1980er Jahren gesprochen hatte, kaum aus eigener Kraft zustande bringen würde und wohl nur eine Kooperation mit den Grünen der Sozialdemokratie mittelfristig Chancen auf eine Rückkehr an die Macht bieten konnte. Eine große Koalition von SPD und Union schied infolge der Linksentwicklung der SPD nach Schmidts Sturz aus, und die FDP hatte sich nicht nur programmatisch von der SPD entfernt, sondern würde sich wenige Jahre nach der »Wende« nicht schon wieder für einen Koalitionswechsel hergeben. Dennoch rang die SPD weit über 1990 hinaus intensiv mit sich, was die Frage einer Koalition mit den Grünen anging.

Die politische Unberechenbarkeit der Grünen machte die Diskussion innerhalb der SPD nicht leichter, zumal die Union mit dem von ihr ausgemalten Schreckensszenario einer rot-grünen Koalition bis weit in die Reihen der SPD hinein für Unruhe sorgte, wie der Wahlkampf 1987 mit dem Kanzlerkandidaten Johannes Rau zeigte. Rau hatte zwei Jahre zuvor mit einem triumphalen Sieg bei den Landtagswahlen in Nordrhein-Westfalen vorgeführt, wie man breite Wählerschichten – die SPD kam auf einen Stimmenanteil von 52,1 Prozent – erreichen konnte, ohne grüne Positionen zu vertreten. Die Grünen verfehlten den Einzug in den Düsseldorfer Landtag. »Wie hältst du es mit den Grünen?« war dennoch während der gesamten 1980er Jahre die »Gretchenfrage der SPD«.[21] Man brauchte, das sahen die SPD-Strategen klar, die Grünen, um eine Regierungsmehrheit erreichen zu können. Aber würde man nicht, wenn man sich offensiv zu einer Koalition mit diesen bekannte, so viele Wähler der »Mitte«, also Anhänger des rechten SPD-Flügels nicht zuletzt aus dem Gewerkschaftslager, verprellen, dass man von vornherein alle Mehrheitschancen verlor?

In solchen Diskussionen zerrieb sich die SPD. Ihre Erfolge bei den Länderwahlen des Jahres 1985 waren eher auf das schlechte Erscheinungsbild der Regierungskoalition zurückzuführen als auf eigene Stärken. Bei den Bundestagswahlen vom Januar 1987 fielen die Sozialdemokraten sogar noch hinter ihr schlechtes Ergebnis von 1983 zurück und erzielten lediglich 37 Prozent der Stimmen. Die Krise der Partei verschärfte sich, als Willy Brandt wenige Monate später seinen Rücktritt vom Amt des Parteivorsitzenden, das er seit 1964 innehatte, erklärte, nachdem sich die Partei geweigert hatte, eine von Brandt vorgeschlagene Parteisprecherin zu akzeptieren. Dass Brandt, der schon im Vorjahr seinen Rückzug vom Parteivorsitz für 1988 angekündigt hatte, die parteilose junge Journalistin, der jedweder sozialdemokratische Stallgeruch fehlte, überhaupt vorschlug, zeigt, dass er seine Partei nicht mehr richtig kannte, dass er das Gespür für die sozialdemokratische Stimmungslage verloren hatte. Zum Nachfolger Brandts wählte ein Sonderparteitag im Juni 1987 Hans-Jochen Vogel, der schon 1982 mit der Übernahme des SPD-Fraktionsvorsitzes im Bundestag faktisch die führende Rolle in der Partei übernommen hatte.

Vogel, dessen Kompetenz niemand bestritt, war von vornherein ein Parteiführer des Übergangs. Der jüngeren Generation der »Enkel« Willy Brandts, zu der neben Oskar Lafontaine auch Björn Engholm, Gerhard Schröder, Rudolf Scharping und Herta Däubler-Gmelin zählten, war der 1926 Geborene nicht zuzurechnen. Zwar gelang es Vogel, die Flügelkämpfe in der Partei, die sich primär an der Frage des Umgangs mit den Grünen entzündeten, einzudämmen, doch der Grundkonflikt wurde nicht gelöst und schwelte weiter. Zu einem neuen Aufbruch fand die Partei nicht die Kraft. Stattdessen beschäftigte man sich mit langen Programmdiskussionen, an deren Ende ein neues Grundsatzprogramm stand. Dieses so genannte Berliner Programm, das die SPD im Dezember 1989 verabschiedete, trug deutlich die Handschrift Erhard Epplers und atmete den Geist jener Fortschrittskritik, die Eppler seit den 1970er Jahren wieder und wieder vorgetragen hatte. Damit hielt die Ökologie Einzug in die SPD-Programmatik, aber das Berliner Programm reflektierte auch die zentralen Themen des Wertewandels, der die westdeutsche Gesellschaft seit den 1960er Jahren erfasst hatte. Postmaterielle Werte standen jetzt im Vordergrund.

Auch ohne die Entwicklungen seit dem 9. November 1989, in dessen Schatten der Berliner Programmparteitag der SPD stand, war das neue Grundsatzprogramm schon am Tag seiner Verabschiedung ein Dokument der Vergangenheit. Es spiegelte gesellschaftliche und kulturelle Befindlichkeiten der vergangenen zwei Jahrzehnte, die dank einer an Fahrt gewinnenden Konjunktur und neuer Zukunftsperspektiven so gar nicht mehr existierten. Für die Wiedervereinigung stattete das Berliner Programm die SPD denkbar schlecht aus. Von der Idee der deutschen Einheit hatte sich die Partei in den 1980er Jahren so gut wie ganz verabschiedet. Nicht nur Oskar Lafontaine, Kanzlerkandidat des Jahres 1990, stand für diese Entwicklung. Und ob man mit dem Bekenntnis zu postmateriellen Werten die Bürger der ehemaligen DDR erreichen konnte, für welche die neu gewonnene Freiheit auch etwas mit Konsum und der Chance, ein gewisses Maß an Wohlstand zu erreichen, zu tun hatte, war äußerst fraglich. So war Oskar Lafontaine bei den Bundestagswahlen 1990 der falsche Kandidat zur falschen Zeit und die gesamte SPD politisch in einer Weise positioniert und profiliert, die es sehr schwierig machte, ostdeutsche Wähler zu gewinnen. Das nationale Pathos, das Willy Brandt seit dem 9. November 1989 an den Tag legte, konnte diese Defizite kaum ausgleichen. Ein Absinken der SPD auf 33,5 Prozent, in Westdeutschland alleine auf knapp 36 Prozent, also fast auf das Niveau der Ära Adenauer, war das Ergebnis.

Noch Mitte 1990 hatte Oskar Lafontaine in seiner Partei als »die größte politische Begabung in seiner Generation« gegolten.[22] Nach der Niederlage von 1990 wandte die Sozialdemokratie sich jedoch von ihm ab. Seine politischen Positionen waren insbesondere in Ostdeutschland nicht vermittelbar. Aber was waren Lafontaines Positionen? Der 1943 geborene saarländische Politiker galt in seiner Partei als unabhängiger Kopf, als Intellektueller, als Querdenker. Sozialdemokratischen »Stallgeruch« konnte der Jesuitenzögling nicht vorweisen. In den Jahren um 1980 gehörte er zu den schärfsten Kritikern von Helmut Schmidt und dessen Nachrüstungspolitik, genoss aber gerade deshalb große Sympathien bei jüngeren Mitglieder- und Wählerschichten mit ihrer Nähe zu den Anliegen der Friedens- und der Ökologiebewegung. Der Gewinn der absoluten Mehrheit im Saarland, der ihm 1985 gelang, nährte die Hoffnung, dass die SPD, wenn sie sich programmatisch nur entsprechend orientierte, auch ohne grüne Hilfe wieder an die Regierung gelangen konnte. Die SPD könne »wieder siegen«, jubelte damals Willy Brandt.[23]

Spätestens mit dem Wahltriumph an der Saar stieg Lafontaine zu einem der wichtigsten Bundespolitiker der SPD auf. In Bonn, wo der lebensfrohe Genießer in der saarländischen Landesvertretung einen Spitzenkoch einstellte, war er mindestens ebenso präsent wie in Saarbrücken. Ihm eilte der Ruf des Modernisierers voraus, und man bescheinigte ihm, dass er in den Auseinandersetzungen seiner Partei und der gesamten Gesellschaft über die Krise und die Transformation der Arbeitsgesellschaft Impulse lieferte. Das freilich brachte ihn in Konflikt mit der traditionellen Sozialdemokratie und den Gewerkschaften, besonders als er 1988 mit dem Vorschlag einer Arbeitszeitverkürzung ohne vollen Lohnausgleich zur Bekämpfung der Arbeitslosigkeit aufwartete und für längere Maschinenlaufzeiten, auch am Wochenende, eintrat. Lafontaine galt plötzlich als »Mann moderner, intelligenter marktwirtschaftlicher Innovationen«.[24] Bis weit ins Unternehmerlager hinein trafen seine Vorstöße auf Zustimmung, ja sogar von neuen sozialliberalen Perspektiven war vereinzelt die Rede. In Zeiten einer wieder an Fahrt gewinnenden Konjunktur war es allerdings leicht, solche Vorschläge in die Diskussion zu werfen und mit ihnen ein neues Wählerpotential aus dem »aufstiegsorientierten« und dem »technokratisch-liberalen Milieu« der industriellen Dienstleistungsgesellschaft anzusprechen.[25]

Gerade weil die Gewerkschaften so massiv gegen Lafontaine Front machten, festigte sich sein Image als Modernisierer. Der saarländische Regierungschef und – seit 1987 – stellvertretende SPD-Vorsitzende verstand es zudem, sich selbst und seine Positionen öffentlichkeitswirksam zu präsentieren. Oskar Lafontaine war einer der ersten Medienpolitiker der Bundesrepublik. Gezielte Provokationen und Tabubrüche gehörten dazu, denn so sicherte man sich – das wusste neben Lafontaine auch Gerhard Schröder – mediale Aufmerksamkeit. Weil das immer wieder gegen die eigene Partei und ihre Programmatik geschah, war der Aufstieg Lafontaines in der SPD, in der er als saarländischer Politiker über keine nennenswerte Hausmacht verfügte, nicht unumstritten. Aber da der angebliche Querdenker bei den Medien und in der Öffentlichkeit gut anzukommen schien, stellte die Partei ihre Bedenken zurück. Schließlich hatte Lafontaine bei den Saar-Wahlen 1985 gezeigt, dass und wie er die traditionelle Arbeiterschaft mobilisieren konnte, wie er die aufkommenden Ängste der »kleinen Leute« früher witterte als andere und wie er das »mit durchaus populistischer Energie« zu nutzen verstand.[26] Nach der Wahlniederlage Johannes Raus bei den Bundestagswahlen 1987 galt Lafontaine jedenfalls nicht nur für Willy Brandt als der Hoffnungsträger für die nächste Wahl. Die deutsche Einheit machte Oskar Lafontaine und mit ihm der SPD einen Strich durch die Rechnung.

Regierungsparteien unter Druck

Zu den Gewinnern der deutschen Einheit unter den Parteien gehörte fraglos die FDP. Bei den Bundestagswahlen am 2. Dezember 1990 erreichte sie 11,0 Prozent. Der Ehrenvorsitzende der Liberalen, Bundesaußenminister Hans-Dietrich Genscher, galt neben Helmut Kohl als Architekt der Einheit, und er verstand es, durch seine Herkunft aus Halle im Osten Sympathie zu erlangen und daraus Wahlkapital zu schlagen. Acht Jahre zuvor hatte die FDP noch um ihr politisches Überleben gekämpft. Der Koalitionswechsel von der SPD an die Seite der Union hatte die Partei vor eine Zerreißprobe gestellt und schließlich gespalten. Zwar blieben Versuche, eine linksliberale Partei zu gründen, erfolglos, aber führende Linksliberale wie Ingrid Matthäus-Maier, Helga Schuchardt und Günter Verheugen verließen die FDP, nicht wenige schlossen sich der SPD an. Die Mitgliederzahl der Partei war bis Anfang der 1980er Jahre auf 87 000 gestiegen, aber in den ersten beiden Jahren nach der »Wende« verlor sie rund 20 000 Mitglieder und zählte 1987 nur noch knapp 65 000.[27] Insofern konnte es keineswegs als ausgemacht gelten, dass die kleine Partei die vorgezogenen Bundestagswahlen vom März 1983 überleben würde. Die 7,0 Prozent, die sie schließlich erreichte, waren vor diesem Hintergrund ein beachtlicher Erfolg, der dadurch gleichsam strategisch vergrößert wurde, dass die Unionsparteien zu einer Alleinregierung nicht in der Lage und auf die FDP angewiesen waren. Das verlieh den Liberalen überproportionales politisches Gewicht.

Nicht wenige Wähler der FDP sahen die Hauptaufgabe der Partei in ihrer koalitionspolitischen Funktion. Doch solange sie auf die Unionsparteien angewiesen blieb, um Regierungsmacht ausüben zu können – und an ein Bündnis mit der SPD so rasch nach der »Wende« war nicht zu denken –, so lange blieben die Möglichkeiten, dieses politische Gewicht auch in die Waagschale zu werfen, begrenzt. Dennoch mussten die Liberalen ihr eigenständiges Profil unter Beweis stellen, um ihre politische Bedeutung unabhängig von der Union zu demonstrieren. Die dauernden Konflikte innerhalb der Koalition, die in den 16 Jahren der gemeinsamen Regierungszeit nie eingedämmt wurden, sind nicht zuletzt auf diese Konstellation zurückzuführen.

Die CDU und erst recht die CSU machten es der FDP nicht schwer, Dissenspotential zu finden, auch wenn in den Unionsparteien liberale Politikziele – nicht zuletzt in der Wirtschaftspolitik und zumindest rhetorisch – vertreten wurden. In der Ökologie- und Umweltpolitik war mit den Grünen schwer zu konkurrieren, da alle anderen Parteien nach und nach die Bedeutung der Umweltthematik entdeckten und gerade die FDP am stärksten von der vermeintlichen Spannung zwischen Ökonomie und Ökologie zerrissen war. Auch der Versuch, sich als diejenige Partei darzustellen, die außen- und deutschlandpolitisch den Kurs der sozialliberalen Koalition fortsetzte, sich insbesondere aber in die Kontinuität der Entspannungspolitik stellte, war nur begrenzt erfolgreich.

Eine gewisse Chance zur Abgrenzung von der Union bot seit 1985 die Be-

wertung der Politik Michail Gorbatschows und etwas später der amerikanisch-
sowjetischen nuklearen Abrüstungspolitik. Ansonsten aber schmälerte gerade der
ost- und deutschlandpolitische Pragmatismus des Bundeskanzlers die Distink-
tionschancen der FDP. Konflikte ergaben sich hingegen in der Innen- und Rechtspolitik, und diese Meinungsunterschiede wurden nicht selten ins Grundsätzliche
gezogen, weil die FDP hier jenseits ihrer koalitionspolitischen Bedeutung ein genuin liberales Profil herausbilden konnte. Das zeigte beispielsweise der Streit um
die »Kronzeugenregelung« 1986, als die FDP ein von ihren Rechtspolitikern zunächst mitgetragenes Gesetzesvorhaben ablehnte, das Terroristen Straffreiheit zu-
sicherte, wenn diese sich bereit erklärten, die Fahndung nach anderen Terroristen
durch Zeugenaussagen zu unterstützen. Der Streit um die »Kronzeugenregelung«
trug dazu bei, dass die Liberalen bei den Januarwahlen 1987 das gute Ergebnis von
9,1 Prozent der Stimmen erreichten.[28]

Vielleicht hätte die FDP ein noch besseres Ergebnis erzielt, wenn nicht auch
sie in den Sog des Flick-Skandals und der Parteispendenaffäre geraten wäre. Mit
Wirtschaftsminister Otto Graf Lambsdorff musste 1984 ein prominenter und einflussreicher liberaler Spitzenpolitiker zurücktreten, aber auch der Parteivorsitzende
Genscher war wegen des gescheiterten Amnestie-Vorhabens angeschlagen. Eine
starke Integrationsfigur für die Partei konnte er wegen seiner Rolle beim Koalitionswechsel 1982 nicht sein. Der Rücktritt Genschers von seinem Parteiamt, zunächst für 1986 angekündigt, dann im Schatten einer schweren Niederlage bei den
Europa-Wahlen 1984 schon 1985 vollzogen, war die Folge. Zum Nachfolger wählten
die Liberalen Martin Bangemann, der einige Monate zuvor bereits Graf Lambsdorff als Wirtschaftsminister beerbt hatte. Der neue Parteivorsitzende war kein politisches Schwergewicht, aber der Partei gelang wohl gerade deshalb in der Folgezeit eine Rekonsolidierung, die zu guten Ergebnissen bei einigen Landtagswahlen
und bei der Bundestagswahl 1987 führte. Bangemann selbst konnte davon kaum
profitieren und gab schon 1988 den Parteivorsitz und das Ministeramt wieder auf,
um der Europäischen Kommission in Brüssel beizutreten. Zu einer personellen Erneuerung und einem Generationswechsel zeigte sich die FDP jedoch nicht in der
Lage und wählte Otto Graf Lambsdorff, der mittlerweile von den gegen ihn erhobenen Vorwürfen der Bestechlichkeit entlastet worden war, zu ihrem neuen Vorsitzenden. Zusammen mit Hans-Dietrich Genscher führte Lambsdorff die Liberalen
in die deutsche Einheit.

Der überraschende Aufstieg Helmut Kohls zum Kanzler der Einheit in den
Jahren 1989/90 und die Wahlerfolge der Union im Windschatten der Wiedervereinigung lassen in den Hintergrund treten, dass die CDU zwischen dem Regierungs-

wechsel von 1982 und dem Fall der Mauer keine reine Erfolgsgeschichte durchlief. Noch wenige Wochen vor dem 9. November 1989 befand sie sich in einer schweren Führungskrise, und zumindest für einen Moment galt die politische Zukunft ihres Vorsitzenden Helmut Kohl als ungewiss. Auch parteiintern schien der Kanzlerbonus verbraucht, auf jeden Fall wuchs der Unmut über den Primat des Regierungshandelns und der Koalitionspolitik über die Parteiräson. Kohl, der nach der Wahlniederlage von 1976 den Vorsitz der CDU/CSU-Bundestagsfraktion übernommen hatte, blieb stets ein Mann der Partei, die seine eigentliche Machtbasis darstellte. Er kannte ihre Gremien, aber auch ihre Basis aus jahrzehntelanger Parteiarbeit. Über viele Jahre hinweg hatte er ein Netzwerk von persönlichen Verbindungen geknüpft, das er durch die Patronagemacht des Parteivorsitzenden, des Fraktionsvorsitzenden im Bundestag, vor allem aber des Bundeskanzlers noch weiter ausbaute. Die CDU war 1982 ohne jede Einschränkung Helmut Kohls Partei.

Die Mitgliederzahl der CDU hatte sich seit den 1970er Jahren erfreulich entwickelt. Die Oppositionsrolle in Bonn und die scharfe politische Polarisierung hatten eine Welle von Parteieintritten zur Folge, und die »Wende« von 1982 trug dazu bei, dass der Mitgliederstand der CDU nach den gewonnenen Bundestagswahlen vom März 1983 mit etwa 735 000 Mitgliedern einen Höchststand erreichte. Danach gingen die Zahlen wieder zurück, was auf die Enttäuschung über die, wie manche es sahen, ausgebliebene »geistig-moralische Wende« zurückzuführen war und die unvermeidbare Unzufriedenheit von Mitgliedern mit einzelnen politischen Maßnahmen oder Entscheidungen ihrer Partei. Am Vorabend der Wiedervereinigung zählte die CDU noch etwa 658 000 Mitglieder.[29]

Hatte der Oppositionspolitiker Kohl die Bundesgeschäftsstelle der CDU massiv ausgebaut, so verlor mit dem Regierungswechsel das Bonner Adenauer-Haus an Gewicht. Politik – auch Parteipolitik – wurde nun in immer stärkerem Maße aus dem Kanzleramt heraus betrieben, wo Helmut Kohl mit einem effizienten Stab von Mitarbeitern und Vertrauten residierte. Der Einfluss der Partei auf die Regierungspolitik blieb begrenzt, während umgekehrt der Bundeskanzler durch seine unangefochtene Stellung die Partei zu disziplinieren und auf die Bedürfnisse und Ziele der Regierungs- und Koalitionspolitik hin auszurichten verstand.

Einzig das Parteipräsidium, nicht einmal der CDU-Bundesvorstand insgesamt, verfügte über gewisse Mitsprache- und politische Mitbestimmungsmöglichkeiten. In seiner Zusammensetzung bildete es eine Schnittmenge aus dem Kanzleramt, der Bundestagsfraktion, den Ländern und der Partei. Es war zwar kein eigenständiger Akteur im politischen Prozess, wohl aber ein Koordinationszentrum für die laufenden politischen Entscheidungen und eine Clearingstelle für

Streitfragen.[30] Die CDU/CSU-Bundestagsfraktion dagegen verlor im Vergleich zu den Oppositionsjahren nach 1982 an Bedeutung. Sie blutete personell aus, weil viele führende Politiker der Oppositionsfraktion nun Regierungsämter übernahmen, und sie hatte überdies mit Alfred Dregger einen Fraktionsvorsitzenden, der seine Aufgabe vor allem darin sah, die Fraktion geschlossen zu halten und auf die Regierungspolitik und den Bundeskanzler auszurichten. Helmut Kohl seinerseits verfügte nach sechs Jahren an der Spitze über beste Kenntnisse der Parlamentsfraktion und war mit vielen Abgeordneten persönlich eng verbunden. Dass er zu Zeiten Adenauers für die Trennung von Parteivorsitz und Bundeskanzleramt plädiert und die Verflechtung von Partei und Regierung kritisiert hatte, schien vergessen. Überdies zeigte sich bei der SPD die Problematik einer Trennung, ja einer zunehmenden Abkopplung von Parteivorstand und Kanzleramt. Helmut Kohl jedenfalls schien nach 1982 eher in die entgegengesetzte Richtung zu streben. So machte er CDU-Generalsekretär Heiner Geißler zum Bundesminister für Jugend, Familie und Gesundheit, um ihn in die Kabinettsdisziplin einzubinden und die Entstehung eines von Kohl und dem Kanzleramt unabhängigen Gravitationszentrums zu verhindern.

Programmatisch orientierte sich die CDU weiterhin an ihrem 1978 in Ludwigshafen verabschiedeten Grundsatzprogramm, dem »Dokument einer ausgereiften Oppositionspolitik«, das auf dem christlichen Menschenbild und der Sozialen Marktwirtschaft beruhte und durch die Integration konservativer, liberaler und sozialer Elemente den Anspruch bekräftigte, eine Volkspartei mit breitem Mitglieder- und Wählerpotential zu sein.[31] Eine schärfere programmatische Profilierung, nach dem Regierungswechsel gerade vom konservativen Parteiflügel eingefordert, unterblieb. Das führte zwar zu Spannungen und Unzufriedenheit, erhöhte aber die Erfolgsaussichten bei Wahlen. Gegen die mächtigen Prozesse des Wertewandels, der Individualisierung und Pluralisierung stemmte man sich nicht prinzipiell, vielmehr akzeptierte man den gesellschaftlichen und soziokulturellen Wandel, den man gleichwohl im Sinne christdemokratischer Politik zu beeinflussen und auszugestalten bestrebt war. Die geforderte »geistig-moralische Wende« fand keine programmatische Umsetzung.

Zu einem wichtigen Thema der Auseinandersetzung zwischen Konservativen und »Modernen« wurde die Frauenpolitik. Dabei ging es um die Stellung der Frau in der Gesellschaft und das dazugehörige Gesellschaftsbild, es ging um die Rolle der Frau in der Familie (mit allen Implikationen für die Sozialpolitik) und das Abtreibungsrecht. Versuche, das in den 1970er Jahren beschlossene liberalere Abtreibungsrecht zu revidieren, scheiterten schon am parteiinternen Widerstand. Alle

18 Frauen, die für die Union im Bundestag saßen, lehnten eine Entliberalisierung des Paragraphen 218 ab. Dass es damals nur so wenige weibliche Unionsabgeordnete im Bundestags gab, zeigt, vor welchem Hintergrund der frauenpolitische Aufbruch in der CDU stattfand, den Heiner Geißler und Rita Süssmuth vorantrieben, wobei sie sich aber des Rückhalts durch den Bundeskanzler sicher waren. Zwar verabschiedete die CDU keine Quote, aber der Wiesbadener Parteitag von 1988 beschloss immerhin, dass Frauen mindestens ihrem Mitgliederanteil entsprechend bei Ämtern und Mandaten berücksichtigt werden sollten. Dieser Mitgliederanteil lag damals bei 22 Prozent, also weit unter der Quote von 40 Prozent, welche die SPD im selben Jahr festlegte.[32]

Sosehr Helmut Kohl die frauenpolitische Öffnung der CDU unterstützte, so sehr wusste er um das Konfliktpotential, das eine zu starke Modernisierungsoffensive für die Partei bedeuten würde. Das Ziel des Machterhalts begrenzte weitergehende modernisierungspolitische Ambitionen, die insbesondere Generalsekretär Geißler mit seinem Stab in der Bundesgeschäftsstelle hegte. Geißler galt in der CDU als unabhängiger Kopf und Querdenker. In den Jahren der Opposition hatte er mit seinen Konzepten, nicht zuletzt der »Neuen Sozialen Frage«, maßgeblich zur Profilierung der Partei beigetragen, und der Parteivorsitzende hatte ihm entsprechende Freiräume gewährt. Doch der Modernisierungskurs Geißlers ging nun vielen zu weit. Nicht nur frauenpolitisch setzte er neue Akzente, auch in der Deutschlandpolitik machte er durch provozierende Positionen, beispielsweise im Hinblick auf die Wiederherstellung eines deutschen Nationalstaats, von sich reden. Vor allem aber vertrat Geißler unbeirrt seine Vorstellung einer von der Bundesregierung – und damit vom Bundeskanzler – unabhängigen Partei. Um diesem Unabhängigkeitsanspruch Nachdruck zu verleihen und um zugleich der Kabinettsdisziplin zu entgehen, gab er 1985 sogar sein Ministeramt auf. Immer stärker positionierte er sich nicht nur unabhängig von Kohl, sondern gegen ihn.

Kohl entzog Geißler schließlich das Vertrauen, indem er im Sommer 1989 bekannt gab, auf dem nächsten Parteitag nicht mehr Geißler, sondern den loyalen Volker Rühe als Generalsekretär vorzuschlagen. Ein solcher Alleingang war für einen erfolgreichen Parteivorsitzenden problemlos möglich, doch Kohl hatte seit der Bundestagswahl 1987 seinen Erfolgsnimbus verloren. Die CDU hatte bei der Europawahl und bei einer Reihe von Landtagswahlen herbe Niederlagen erlitten. Mit dem Wahlslogan »Weiter so Deutschland« versuchte die Union 1987 zwar, aus der guten konjunkturellen Entwicklung Kapital zu schlagen, aber die Stimmenverluste, die gegenüber 1983 bei mehr als vier Prozent lagen, zeigten, dass ein Wahlmotto, das dem Adenauerschen »Keine Experimente« von 1957 ähnelte, der Union

30 Jahre später keine Adenauerschen Ergebnisse bescheren musste. Dass es der hessischen CDU mit ihrem Spitzenkandidaten Walter Wallmann 1987 gelang, die Regierung in Wiesbaden zu übernehmen, unterbrach den Trend, aber es beendete ihn nicht.

Das war die Lage, in der sich eine innerparteiliche Fronde gegen Kohl bildete. Nicht zufällig wurde sie von den Modernisierern um Geißler und Süssmuth angeführt, zu denen aber auch Arbeitsminister Norbert Blüm und der baden-württembergische Ministerpräsident Lothar Späth gehörten, der in seinem Land vorführte, wie die CDU ohne Kohl erfolgreich Politik machen konnte. Der »Putsch« im Umfeld des Bremer Parteitags 1989 brach indes schnell zusammen, weil die »Putschisten« zum einen das Ausmaß an Unterstützung unterschätzten, das Kohl in den Landesverbänden der Partei hatte, und weil es zum anderen in der CDU damals keine strukturelle Mehrheit der Modernisierer gab. Das bekam Lothar Späth zu spüren, den der Parteitag nicht mehr ins Parteipräsidium wählte. Der Vorsitzende selbst erlitt zwar Stimmeneinbußen, blieb jedoch unangefochten in seinem Amt. Geschickt hatte es Kohl verstanden, die Wasser der sich zuspitzenden Entwicklung in der DDR im September 1989 auf seine Mühlen zu lenken. Gebannt blickten die Delegierten des Parteitags nach Ungarn, wo seit dem 10. September Tausende von Ostdeutschen über die Grenzen in den Westen strömten. Damit begannen jene Entwicklungen, in deren Folge die Krise der Union und die Krise Helmut Kohls rasch abebbte. Die Partei ging daraus gestärkt hervor, und ihr Vorsitzender sollte ein Staatsmann von historischer Größe werden.

Die CSU stand in den Auseinandersetzungen innerhalb der CDU in der Regel auf der Seite der Konservativen und stärkte in der gemeinsamen Bundestagsfraktion deren Gewicht. Die bayerische Schwesterpartei, die bei den Landtagswahlen 1982 und 1986 jeweils absolute Mehrheiten errang, machte jedoch ihren Einfluss in erster Linie nicht über die Bundestagsfraktion und auch nicht über ihre Minister im Kabinett Kohl geltend, sondern über ihren Parteivorsitzenden Strauß als Teilnehmer der Koalitionsrunden. Strauß sorgte immer wieder für Konflikte in der Koalition, aber seine bundespolitischen Ambitionen boten dem Bundeskanzler auch immer wieder Gelegenheit, in den Auseinandersetzungen zwischen CSU und FDP eine vermittelnde, eine moderierende Rolle zu spielen, was seinem Politikverständnis und seinem Führungsstil durchaus entsprach.

Mit dem plötzlichen Tod von Strauß am 3. Oktober 1988 verminderten sich diese koalitionsinternen Zwistigkeiten, und Helmut Kohl ergriff die Chance, die CSU auf eine konstruktivere Bonner Politik zu verpflichten, indem er dem neuen CSU-Vorsitzenden Theo Waigel den Posten des Finanzministers im Bundeskabinett anbot. Mit der durch Waigels Berufung ausgelösten Kabinettsumbildung im Frühjahr 1989 suchte er darüber hinaus dem Umfragetief zu begegnen, in das die Bundesregierung und der Bundeskanzler hineingeraten waren und das bei den Wahlen zum Berliner Abgeordnetenhaus im Januar 1989 zu massiven Stimmenverlusten der regierenden CDU/FDP-Koalition unter dem Regierenden Bürgermeister Eberhard Diepgen geführt hatte. Beide Parteien zusammen verloren 13,2 Prozent der Wählerstimmen, die CDU allein 8,6 Prozent, ein Erdrutsch, der zur Bildung einer rot-grünen Koalition unter dem SPD-Politiker Walter Momper führte.

Rechtspopulismus und Rechtsradikalismus als Artikulation von Protest

Bei den Berliner Wahlen zu Beginn des Jahres 1989 gelang es den rechtsradikalen »Republikanern« (REP), mit 7,5 Prozent der Stimmen in das Abgeordnetenhaus einzuziehen, und das war besorgniserregend. Der Erfolg der »Republikaner«, die durch ihre Parteibezeichnung einen positiv besetzten Begriff der politischen Sprache in Deutschland entwerteten[33] und die am rechten Rand des politischen Spektrums an die Seite der NPD traten, ist ohne den Regierungswechsel von 1982 nicht zu verstehen. Die Partei entstand damals aus Unzufriedenheit über die deutschlandpolitische Kurskontinuität der neuen Bundesregierung, wobei der durch Franz Josef Strauß 1983 eingefädelte Milliardenkredit an die DDR den Ausschlag gab. Im November 1983 gründeten die beiden CSU-Politiker Ekkehard Voigt und Franz Handlos zusammen mit dem bayerischen Fernsehjournalisten Franz Schönhuber die neue Rechtspartei. Schönhuber hatte im Jahr zuvor eine autobiographische Apologie der Waffen-SS publiziert und daraufhin seine Stelle beim Bayerischen Rundfunk verloren.[34]

Es waren weniger vergangenheits- und deutschlandpolitische Motive, die im Abstand einiger Jahre die »Republikaner« in der Wählergunst steigen ließen. Bei den »Republikanern« wie im Übrigen auch bei der NPD, die beispielsweise 1989 mit 6,6 Prozent ins Frankfurter Stadtparlament einzog, versammelte sich die enttäuschte Anhängerschaft der beiden Volksparteien, insbesondere aus der Arbeiterschaft und der unteren Mittelschicht.[35] Die konstant hohe Arbeitslosigkeit trug zur politischen Unzufriedenheit dieser Wählergruppen erheblich bei. Nicht nur in der Bundesrepublik, sondern überall in Westeuropa gelang es zu dieser Zeit rechtsradikalen oder rechtspopulistischen Parteien – vom Front National des Franzosen Jean-Marie Le Pen bis zur FPÖ (Freiheitliche Partei Österreichs) des Österreichers

Jörg Haider –, als »Hoffnungsträger der Modernisierungsverlierer« (Richard Stöss) Wahlerfolge zu erzielen.

Die »Republikaner« waren eine Protestpartei. Ihr Ruf nach dem starken Staat meinte nicht zuletzt den starken Sozialstaat, ihr oftmals simpler Nationalismus war eine Reaktion auf die sich beschleunigenden Prozesse der Internationalisierung und Globalisierung, ihre Rückwärtsorientierung ein Aufbegehren gegen den Wandel, ja die Auflösung der traditionellen Erwerbsgesellschaft und ihrer sozioökonomischen und soziokulturellen Strukturen. Aus den Europawahlen 1989 – Europawahlen sind klassische Protestwahlen – gingen die Rechtsradikalen gestärkt hervor. Die »Republikaner« kamen auf einen Stimmenanteil von 7,1 Prozent, in Bayern erreichten sie sogar über 14 Prozent. Diesen Aufstieg förderte ganz konkret die ausländerfeindliche Stimmung infolge von Massenarbeitslosigkeit und neuer Armut beziehungsweise der Angst davor. In der Bundesrepublik wurden diese Empfindungen verstärkt durch den wachsenden Zustrom von Migranten (vor allem deutschstämmige Aussiedler aus Osteuropa und Asylsuchende), aber auch durch eine unklare und hinsichtlich ihrer Ziele unentschlossene Ausländerpolitik der Bundesregierung. Die Ausnahmesituation der Wiedervereinigung ließ in den Jahren 1989/90 die Stimmanteile der Rechtsradikalen kurzfristig zurückgehen, aber schon 1991 waren sie wieder da. Die Deutsche Volksunion (DVU) des rechtsextremen Verlegers Gerhard Frey zog in die Bremer Bürgerschaft ein, und im Jahr darauf gewannen die »Republikaner« bei den Landtagswahlen in Baden-Württemberg 10,9 Prozent der Stimmen.

Schon in den 1980er Jahren gab es insbesondere in den Unionsparteien eine heftige Diskussion über die Auseinandersetzung mit den »Republikanern« und den Umgang mit deren Wählern. Sollte man sich programmatisch weiter nach rechts orientieren, um diese Wähler gleichsam wieder einzufangen? Sollte man, wie es etliche Unionspolitiker vorschlugen, womöglich sogar Koalitionen mit den »Republikanern« in Erwägung ziehen? Während die CSU darauf beharrte, dass es rechts von ihr keine politische Kraft geben dürfe, verbot die CDU ihren Gliederungen jede Form der Kooperation mit den Rechtsradikalen. Zugleich empfahl man, die Grünen als Linksradikale zu bezeichnen und sich scharf von Rot-grün zu distanzieren, um auf diese Weise ehemalige Wähler der »Republikaner« wieder an die Union zu binden.[36] Mehr Nationalstolz zu zeigen, wie die Führung der Union ebenfalls empfahl, fiel nach dem 9. November 1989 leicht. Dauerhaft zu bekämpfen waren die rechtsradikalen Parteien dadurch jedoch nicht.

Wirtschaftspolitik im semisouveränen Staat

Auf den ersten Blick künden die wirtschaftlichen und finanziellen Indikatoren nach 1982 von einer positiven Entwicklung. Der Bundesregierung gelang die Stabilisierung des Haushalts – die Neuverschuldung wurde bis 1989 auf 20 Milliarden DM zurückgeführt und damit im Vergleich zu 1981/82 fast halbiert. Die Inflationsrate ging von über 5 Prozent 1982 sogar auf einen Wert von minus 0,2 Prozent 1986 zurück. Die Wachstumsrate des Bruttosozialprodukts, die 1982 noch gesunken war, stieg ab 1983 wieder um mehr als 5 Prozent jährlich. Hinzu traten gewaltige Außenhandelsüberschüsse, die sich zwischen 1983 (42,1 Milliarden DM) und 1989 (134,6 Milliarden DM) mehr als verdreifachten. Seit 1986 war die Bundesrepublik die stärkste Außenhandelsökonomie weltweit. Und die Zahl der Beschäftigten nahm zwischen 1982 und 1989 um 2,4 Millionen auf 22,4 Millionen zu, was jedoch nicht mit einem Absinken der hohen Arbeitslosenzahlen einherging.

Andere Zahlen sprechen indes eine andere Sprache: Es gelang der Bundesregierung nicht, die Investitionsquote zu erhöhen, diese sank vielmehr weiter ab. Hier liegt einer der wichtigsten Gründe dafür, warum die Arbeitslosenquote nicht deutlich zurückgedrängt werden konnte. Wenn Unternehmen investierten, dann floss das Geld in arbeitsplatzsparende Rationalisierungen, weniger in den Ausbau von Kapazitäten. Damit ließen sich substantielle Arbeitsmarkteffekte nicht erzielen. Die Konsequenz war ein permanenter Konflikt zwischen den marktorientierten wirtschaftspolitischen Zielen der Regierungskoalition einerseits und ihren gesellschaftspolitischen Verpflichtungen andererseits, die es der Regierung verboten, bedrohte Arbeitsplätze in vom Strukturwandel betroffenen Branchen einfach den Kräften des Marktes zu überlassen und damit einen weiteren Anstieg der Arbeitslosigkeit zu riskieren.[37] In den Kohle- und Stahlsektor griff die Bundesregierung daher nach 1982 ebenso massiv ein wie in die Werftindustrie und im Übrigen auch, nicht zuletzt auf dem Umweg über Europa, in die Landwirtschaft. Der »Kohlepfennig«, ein 1974 eingeführter Aufschlag auf die Preise der Energieversorgungsunternehmen, mit dem der Steinkohlebergbau unterstützt wurde, war nur ein Beispiel für den Markteingriff durch Subvention. Auch die deutschen Stahlunternehmen, die in den 1980er Jahren noch Hunderttausende beschäftigten, erhielten staatliche Beihilfen, die allerdings weit niedriger ausfielen als die Unterstützungen, die beispielsweise der französischen oder der italienischen Stahlindustrie zuflossen.

Die Subventionspraxis widersprach dem marktorientierten Anspruch der »Wende«, den insbesondere die FDP vertrat. Das »Lambsdorff-Papier« vom Sommer 1982 floss direkt in die Regierungserklärung Helmut Kohls vom 13. Oktober

1982 ein. Ausdrücklich bekannte sich der Bundeskanzler zu dem Prinzip »Weniger Staat – mehr Markt« und verpflichtete seine Regierung auf die Grundsätze von Liberalisierung und Deregulierung. Da die Bundesregierung und in ihr vor allem die Unionsparteien aber anders als die britische Regierung unter Premierministerin Thatcher oder die amerikanische Reagan-Administration keine uneingeschränkte Politik der Angebotsorientierung betrieb, sondern einen primär stabilitätsorientierten wirtschafts- und finanzpolitischen Kurs verfolgte, waren für sie die amerikanischen »Reaganomics« oder der »Thatcherism« kein Vorbild. Nicht Steuererleichterungen standen im Zentrum ihrer Politik, sondern die Konsolidierung des Haushalts und die Stabilisierung der Währung. Das wurde bereits in den ersten Monaten der Regierung Kohl/Genscher deutlich, in denen das Kabinett und die neue parlamentarische Mehrheit zwar auch Steuererleichterungen beschloss, vor allem aber ein umfassendes budgetäres Konsolidierungspaket schnürte. Man scheute dabei auch nicht vor sozialpolitischen Kürzungen zurück – Kohl sprach von einer »Atempause in der Sozialpolitik«[38] –, um den Haushalt zu stabilisieren und die öffentlichen Ausgaben, einschließlich der Neuverschuldung, zu reduzieren.

Hinter dem Ziel, Währungsstabilität zu erreichen, standen die historischen Erfahrungen der Deutschen, zum einen die Traumatisierung durch die Hyperinflation der 1920er Jahre, zum anderen das »Wirtschaftswunder«, wobei der wirtschaftliche Wiederaufstieg, individuell wie kollektiv, sich vor allen Dingen mit einer stabilen, einer harten Währung verband. Eine Politik wie die amerikanische, die wegen ihrer massiven Steuersenkungen in Verbindung mit enormen Rüstungsausgaben in der Zeit des zweiten Kalten Krieges innerhalb kürzester Zeit ein gewaltiges Haushaltsdefizit entstehen ließ, war für die Bundesrepublik daher keine Option. Zwar gewann der Dollar im Vergleich zu den 1970er Jahren wieder deutlich an Wert und befeuerte auch den deutschen Export, doch der Höhenflug der amerikanischen Währung hielt nur wenige Jahre an, und Mitte des Jahrzehnts folgte ein jäher Absturz. Auch in dieser Situation hielt die Bundesregierung an ihrer Stabilitätspolitik fest und geriet damit in heftigen Konflikt mit den USA, die der Bundesrepublik wieder einmal die Rolle der weltwirtschaftlichen Lokomotive zuweisen wollten, zu der sich die Bundesregierung auf Grund ihrer Stabilitätsimperative indes nicht bereitfand.[39]

Stabilitätspolitik war für die Bonner Koalition in erster Linie und ganz eindeutig budgetäre Konsolidierungspolitik, auch wenn sie mit Steuersenkungen für Unternehmen einherging. Erst als die Konsolidierung allmählich Wirkung zeigte, als nicht zuletzt die anhaltende Preisstabilität die Binnennachfrage ansteigen ließ und sich der langsame konjunkturelle Aufschwung zu einer regelrechten Hochkonjunktur entwickelte, was sich auf die Investitionstätigkeit und schließlich auch auf die Schaffung neuer Stellen auswirkte, setzte die Bundesregierung in ihrer Wirtschafts- und Finanzpolitik neue Akzente. Von einer umfassenden Liberalisierung und Deregulierung blieb sie dabei jedoch weit entfernt.

Überhaupt ist festzustellen, dass die Bundesregierung eine insgesamt eher zurückhaltende Deregulierungs- oder Flexibilisierungspolitik betrieb. Das Beschäftigungsförderungsgesetz von 1985 war eine der wenigen legislativen Maßnahmen, die – in diesem Fall – auf eine Flexibilisierung des Arbeitsmarktes zielten. Dass bereits dieses Gesetz als »Kernelement neo-liberaler Wirtschafts- und Arbeitsmarktpolitik« bezeichnet werden kann, zeigt das vergleichsweise moderate Ausmaß neoliberaler Politik in der Bundesrepublik der 1980er Jahre.[40] Über weitere Deregulierungen des Wirtschaftslebens, beispielsweise die Ladenöffnungszeiten, oder die Vereinfachung beziehungsweise Beschleunigung von Genehmigungsverfahren haben die Beteiligten oftmals lange und hart gerungen; zu durchschlagenden Ergebnissen kam es dabei selten. Insgesamt kann man festhalten, dass Deregulierungen vor allem dann erfolgten, wenn sie europäisch induziert waren (etwa bei der Liberalisierung der Kapitalmärkte im Hinblick auf die Errichtung des europäischen Binnenmarkts) oder sich aus dem Druck internationaler Märkte sowie technologischer Internationalisierung (beispielsweise im Kommunikationsbereich) ergaben. Im Bereich autonomer nationaler Zuständigkeit war der Deregulierungsgrad wesentlich geringer.[41]

Das wohl wichtigste Element einer eher angebotsorientierten Politik in der ersten Hälfte der Ära Kohl war eine dreistufige, 1986, 1988 und 1990 in Kraft tretende Steuerreform. Diese Reform, die sich prinzipiell an den Maßnahmen anderer westlicher Industrieländer orientierte, wurde konsequent mit der gesellschaftspolitischen Agenda der Bundesregierung verzahnt. Da Anfang 1987 wieder Bundestagswahlen bevorstanden, bestand die erste Stufe der Steuerreform mit einem Gesamtvolumen von etwa 11 Milliarden DM wenig überraschend aus einem Familienlastenausgleich, der die Kinderfreibeträge und andere Freibeträge, von denen Familien profitierten (Ausbildungsfreibetrag), erhöhte. Zwei Jahre später entlastete die zweite Reformstufe kleine und mittlere Einkommen um insgesamt etwa 14 Milliarden DM, indem sie die Grundfreibeträge anhob und die Progression des Tarifs milderte. Die dritte Stufe schließlich senkte den Eingangssteuersatz von 22 auf 19 Prozent. Politisch umstritten – selbst innerhalb der Koalition – war, dass man zugleich den Spitzensteuersatz bei der Einkommens- beziehungsweise Körperschaftssteuer von 56 auf 53 beziehungsweise 50 Prozent reduzierte. Zudem wurde ein neuer linear-progressiver Steuertarif eingeführt, der vor allem den Mittelstand entlasten sollte. Die Entlastung bezifferte sich in der dritten Stufe auf insgesamt 39 Milliarden DM, von denen allerdings 14 Milliarden durch die Erhöhung von Verbrauchs- und Verkehrssteuern kompensiert werden sollten.[42]

Ein neues Steuersystem wurde durch die Reform nicht eingeführt, vielmehr wurde das bestehende System durch die Vielzahl einzelner Entlastungsmaßnahmen noch komplizierter und gerade für den »normalen« Lohn- oder Einkommensteuerzahler zunehmend unüberschaubar. Das Urteil über die Reform fällt insgesamt zwiespältig aus: Der Entlastungseffekt ist unbestritten. In den Jahren zwischen 1982 und 1990 sank die Abgabenquote von 43 auf 41 Prozent, und das Steuersystem wurde zumindest im Ansatz zugunsten von Konsumabgaben umstrukturiert. Aber die steuerliche Entlastung sowohl von Familien als auch von Unternehmen ging nicht so weit wie in anderen Ländern. Kritikern der Reform insbesondere aus dem Arbeitnehmerlager fielen die Absenkung des Spitzensteuersatzes und die Entlastung von Unternehmen überdies zu hoch aus. Die Reallöhne stiegen in den 1980er Jahren nur geringfügig an, und die Lohnquote, der Anteil aus unselbstständiger Arbeit am Volkseinkommen, sank sogar, wogegen sich die Gewinnquote, also der Anteil aus selbstständiger Tätigkeit, erhöhte.[43] Die verteilungspolitische Wirkung der Reform blieb letztlich begrenzt. Insgesamt bedeutete die Steuerreform der Regierung Kohl einen allenfalls »moderaten Politikwechsel«.[44]

Den Kompromisscharakter der Reform und damit auch ihre begrenzten Effekte kann und muss man erklären mit dem Charakter der Bundesrepublik als einem »semisouveränen Staat«, wie der amerikanische Politikwissenschaftler Peter Katzenstein formulierte. Katzenstein bezog sich mit seinem Befund von 1987, der also genau in die erste Hälfte der Ära Kohl fällt, nicht auf die wenigen verbliebenen Vorbehaltsrechte der Alliierten des Zweiten Weltkriegs im Hinblick auf Deutschland als Ganzes und auf Berlin, sondern auf die durch Verfassungsrecht, Föderalismus, Verbändebeteiligung, Selbstverwaltung und Koalitionspraxis eingeschränkte, ja gezähmte Macht der Bundesregierung.[45] Was in Katzensteins Bewertung durchaus wohlwollend erscheint und seine Begründung ja nicht zuletzt in der politischen Übermacht des NS-Regimes findet, verweist freilich auf ein grundlegendes Strukturproblem der Bundesrepublik Deutschland und ihrer institutionellen Ordnung. Dieses zeigt sich, wenn es nicht um staatliche Macht und politische Herrschaft und die Gefahr ihrer Überdehnung oder Übersteigerung geht, sondern um die Fähigkeit eines Staates und eines politischen Institutionensystems, notwendige beziehungsweise als notwendig erachtete politische Anpassungsleistungen zu erbringen und sich selbst zu reformieren. Diese Problematik konnten die Mitglieder des Parlamentarischen Rats beziehungsweise der Gründergeneration der Bundesrepublik nicht sehen, weil sie ihre politischen Erfahrungen während der Weimarer Republik und der Zeit des Nationalsozialismus gesammelt hatten. Aus diesem Erfahrungshorizont entsprangen die Maximen der Stabilität der Institutionen und der Einhegung der Staatsgewalt. Überdies verhinderte der Provisoriumsvorbehalt des Grundgesetzes eine systematische Auseinandersetzung mit der Frage, wie die Verfassungs- und Institutionenordnung der Bundesrepublik langfristig zu entwickeln und womöglich veränderten Bedingungen und Anforderungen anzupassen sei.

Über etwa 25 Jahre, bis zum Ende des Booms 1973/74, bewährte sich die im Grundgesetz angelegte und in den 1950er Jahren etablierte Ordnung. Danach freilich bedurfte sie immer stärker einer zwar nicht grundsätzlichen Neubestimmung, wohl aber sektoraler Anpassungen, die im politischen Diskurs unter der Überschrift »Reform« verhandelt wurden. Das Eigengewicht der Institutionen und Akteure, das sich über zwei bis drei Jahrzehnte herausgebildet hatte, war aber mittlerweile so groß, dass es Reformen erschwerte beziehungsweise die Reichweite von Reformen deutlich limitierte und die Steuerungsfähigkeit des politischen Systems erheblich einschränkte. Zahlreiche Akteure – und nicht nur solche, die das Grundgesetz ursprünglich vorgesehen hatte – hatten in der Bundesrepublik mittlerweile Vetomacht gewonnen. Die Anzahl der Vetospieler, also derjenigen individuellen und kollektiven Akteure, deren Konsens für einen Politikwechsel notwendig ist, hatte sich erhöht und mit ihm das Blockadepotenzial oder, etwas freundlicher formuliert, der Zwang zu Kompromissen.[46]

2.
Global und postnational

Diesseits der Wiedervereinigung

»Es gehört zu den Ironien in der deutschen Geschichte, dass die ›alte‹ Bundesrepublik eben in jenem historischen Augenblick an ihr Ende gelangte, als sich die Überzeugung durchgesetzt hatte, sie habe ihren ursprünglichen Status als teilstaatliches ›Provisorium‹ definitiv überwunden.«[1] Diese Ironie, wie Andreas Wirsching es nennt, ist auch eine historiographische Herausforderung, und dies gilt in ganz besonderem Maße für die Jahre unmittelbar vor dem Fall der Mauer und der Wiedervereinigung von 1989/90. Wir können die Geschichte jener Jahre – wie die der Bundesrepublik insgesamt – nicht schreiben ohne Kenntnis der grundstürzenden Ereignisse am Ende dieser Dekade. Und doch müssen wir uns klar vor Augen führen, dass die Entwicklungen und das politische Handeln in diesem Jahrzehnt nicht direkt und zielgerichtet auf das Ende des Ost-West-Konflikts und die Wiedervereinigung zuliefen. Die Bundesrepublik steuerte damals keineswegs auf die Überwindung der deutschen Teilung zu, USA und Sowjetunion betrieben keine Politik, die darauf abzielte, den Ost-West-Konflikt zu beenden. Das Gegenteil war der Fall: Deutschlandpolitik und internationale Politik beruhten in kaum überraschender Übereinstimmung auf der Anerkennung des Status quo im internationalen System und damit auch auf der Existenz zweier deutscher Staaten.

Wie sehr sich die Bundesrepublik seit dem Regierungswechsel von 1982 auch normativ, nicht zuletzt unter Berufung auf die Präambel des Grundgesetzes und das Verfassungsgerichtsurteil von 1973 zur deutschen Einheit bekannte, ihre operative Deutschlandpolitik war auf die Stabilisierung des Status quo gerichtet. Das folgte einer doppelten Einsicht: Einerseits war die Anerkennung des Status quo die zentrale Voraussetzung für eine Politik, die auch unter der Regierung Kohl/Genscher danach strebte, den Menschen, insbesondere den Bürgern der DDR, das Leben in und mit der Teilung zu erleichtern. Andererseits war Stabilität – der DDR, aber auch des internationalen Systems insgesamt – oberstes Ziel einer Sicherheitspolitik, die sich des Unsicherheits- und Krisenpotentials einer Destabilisierung des Status quo nur zu deutlich bewusst war.

Nach der konfrontativen Zuspitzung des Ost-West-Konflikts im Zeichen der sowjetischen Invasion in Afghanistan und der NATO-Nachrüstung in den späten 1970er und frühen 1980er Jahren zielten die USA und die Sowjetunion, zumal seitdem 1985 Michail Gorbatschow das Amt des Generalsekretärs der KPdSU übernommen hatte, auf Entspannung und Kooperation, wenn auch aus durchaus unterschiedlichen Motiven. In der Einschätzung Werner Links war die Beendigung des Ost-West-Konflikts wenige Jahre später »das unbeabsichtigte Ergebnis einer Politik der integrativ-kooperativen Regulierung des Ost-West-Konflikts. Statt langfristiger *Détente,* die durch externe Kooperation ein neues wettbewerbsfähigeres System schaffen sollte, mündeten die Reformen in den Zusammenbruch des sozialistischen Systems.«[2] Gewiss kann man das Ende des Ost-West-Konflikts, den Untergang der Sowjetunion und damit auch den Zusammenbruch der DDR und die deutsche Wiedervereinigung nicht monokausal aus der internationalen Politik heraus erklären und damit nicht zuletzt die historische Rolle der Bürger- und Bürgerrechtsbewegungen – nicht nur in der DDR – marginalisieren. Aber der Blick auf die internationale Politik und das internationale System ist für die auf Deutschland konzentrierte Geschichtsschreibung wichtig, in der bislang eher deutschlandbezogene Aspekte im Mittelpunkt standen.[3]

An der grundsätzlichen Abhängigkeit der deutschen Frage von der internationalen Politik im Zeichen des Ost-West-Konflikts hatte sich nichts geändert. Der Ost-West-Konflikt war die Ursache der deutschen Teilung, er war das grundlegende Strukturmerkmal des internationalen Systems seit dem Zweiten Weltkrieg, und erst aus der Auflockerung und schließlich Auflösung dieser Strukturen ergaben sich Möglichkeiten, den deutsch-deutschen Sonderkonflikt beizulegen und die deutsche Teilung zu überwinden. Das wird beim Blick auf die DDR klarer als beim Blick auf die Bundesrepublik: Die Existenz der DDR, in jedem Fall aber die Fortdauer der SED-Diktatur war an den ideologischen und politischen Hegemonieanspruch der Sowjetunion gebunden. Ohne die – militärisch abgestützte – Existenzgarantie durch die UdSSR war die kommunistische Herrschaft in der DDR nicht zu denken. Als dieser Hegemonieanspruch und diese Existenzgarantie sich abschwächten, war es erst mit der SED-Herrschaft und dann mit dem Staat DDR selbst, der ohne den Kommunismus und die ideologische Abgrenzung von der Bundesrepublik keine Existenzlegitimation mehr hatte, binnen weniger Monate vorbei. Das ist keine nachträgliche Erkenntnis, sondern war der Führung in Moskau und noch stärker den Machthabern in Ost-Berlin in den vier Jahrzehnten, in denen die DDR bestand, stets bewusst. Was der sowjetische Generalsekretär Leonid Breschnew 1970 Erich Honecker, dem neuen starken Mann in der DDR, ins Gesicht sagte, galt seit 1949: »Erich, ich sage dir offen, vergiss das nie: die DDR kann ohne uns, ohne die SU, ihre Macht und Stärke nicht existieren. Ohne uns gibt es keine DDR.«[4] Der Untergang der DDR 1989/90 war der historische Beweis dafür.

Solange die Systemstrukturen des Ost-West-Konflikts und der Dominanzanspruch der Sowjetunion stabil waren, so lange gab es für den Westen und insbesondere für die Bundesrepublik keine Möglichkeit, dem Ziel der Wiedervereinigung näherzukommen, ohne eine gefährliche, mit dem Risiko des Nuklearkriegs behaftete Ost-West-Krise auszulösen. Das gilt auch für die 1980er Jahre, die daher in der historischen Rückschau zum einen mit Blick auf jene Entwicklungen untersucht werden müssen, die zum Ende des Ost-West-Konflikts und zur Wiedervereinigung führten, ja diese ermöglichten; die aber bezogen auf die Bundesrepublik beziehungsweise die deutsch-deutschen Beziehungen auch als eine Zeit erfasst werden müssen, in der die Anerkennung der Zweistaatlichkeit einen Konsens zwischen allen wesentlichen Kräften in Politik und Gesellschaft darstellte. Es gab keine operative Wiedervereinigungspolitik – ein Schlagwort jener Jahre –, und es wurde trotz des normativen und deklaratorischen Beharrens auf dem Streben nach der deutschen Einheit eine kooperative und verständigungsorientierte Deutschlandpolitik betrieben, deren Basis die Annahme war, dass die Teilung auf unbestimmte Zeit andauern und die DDR weiter bestehen würde.

Für die 1980er Jahre gilt deshalb in ganz besonderem Maße, was für die Geschichte der »alten« Bundesrepublik insgesamt gilt: Die rückschauende Analyse muss sich mit aller Macht gegen die historiographische Gravitationskraft der Jahre 1989/90 stemmen; sie muss der Versuchung widerstehen, die Entwicklungen als unmittelbare Vorgeschichte der Wiedervereinigung erscheinen zu lassen – obwohl sie das rein chronologisch natürlich waren – und womöglich gar aus dem politischen Handeln einzelner Akteure in der Bundesrepublik vor 1989 das Zustandekommen der Wiedervereinigung zu erklären. Jede historische Analyse muss der unerwarteten Plötzlichkeit der welthistorischen Entwicklungen seit 1989 Rechnung tragen, sie muss der unglaublichen Beschleunigung des historischen Prozesses gerecht werden, und sie muss sich damit auseinandersetzen, wie sich innerhalb kürzester Zeit das für den historischen Prozess und für das Denken und Handeln der Menschen in diesem Prozess entscheidende Verhältnis von »Erfahrungsraum« und »Erwartungshorizont«, wie es Reinhard Koselleck genannt hat, mit Blick auf die deutsche Frage vollkommen verändern konnte, wie innerhalb kürzester Zeit Entwicklungen denkbar und möglich wurden, die noch wenige Wochen, ja Tage zuvor völlig ausgeschlossen und unmöglich schienen. Das soll die historische Analyse der 1980er Jahre keineswegs von den Ereignissen am Ende des Jahrzehnts abschneiden. Weder das Ende des Ost-West-Konflikts noch der Zusammenbruch der DDR geschahen aus heiterem Himmel, so wenig man beides damals voraussehen oder auch nur ahnen konnte. Man muss aber mittel- und längerfristige Entwicklungsstränge und Bedingungszusammenhänge herausarbeiten, die den Zeitgenossen nicht bewusst waren, aber dazu beitragen, die Ereignisse seit 1989 zu erklären und zu deuten.

Anerkennung der Zweistaatlichkeit versus Akzeptanz der Diktatur

Ganz bewusst stellte sich die Regierung Kohl/Genscher nach dem erfolgreichen konstruktiven Misstrauensvotum vom 1. Oktober 1982 und noch einmal nach den Bundestagswahlen vom 6. März 1983 in die Kontinuität der Außen- und Deutschlandpolitik der sozialliberalen Koalition. Dass mit Hans-Dietrich Genscher der Bundesaußenminister derselbe blieb, war nicht nur Ausdruck dieser in Helmut Kohls Regierungserklärungen betonten Kontinuität, sondern zugleich ein wichtiger Grund dafür. Ein Kurswechsel in der Außen- und Deutschlandpolitik wäre mit Genschers FDP nicht zu machen gewesen, und der neue Bundeskanzler wusste nur zu genau, dass er, wollte er länger als eine Legislaturperiode regieren, auf die FDP Rücksicht zu nehmen hatte, die er überdies koalitionsintern brauchte, um das Gewicht des rechten Flügels der Union und insbesondere der CSU unter Franz Josef Strauß auszubalancieren.

Es stellt sich aber auch die Frage, wie eine Politik des außen- und deutschlandpolitischen Kurswechsels denn hätte aussehen sollen. Sicher, ein stärker konfrontativer Kurs insbesondere gegenüber der DDR wäre möglich gewesen. Aber konnte die neue Bundesregierung an einer Verhärtung der deutsch-deutschen Beziehungen in der ohnehin angespannten Situation der Nachrüstungskrise Interesse haben, einer Verhärtung zumal, unter der die Menschen in der DDR zu leiden gehabt hätten? War die Bundesregierung in der Lage, die Wiedervereinigung auf die Tagesordnung nicht nur der deutschen, sondern der internationalen Politik zu setzen und eine aktive und operative Wiedervereinigungspolitik mit entsprechenden Initiativen zu beginnen? Wer konnte ernsthaft glauben, dass auf dem Höhepunkt der Raketenkrise solche deutschlandpolitischen Spielräume existierten? Und welches grundsätzliche Interesse sollten die Verbündeten der Bundesrepublik, allen voran die Vereinigten Staaten, aber auch Frankreich, Großbritannien oder Italien, an einer Wiedervereinigungspolitik haben, die unter den Strukturzwängen des Ost-West-Konflikts zu nichts führen, aber eine international extrem destabilisierende Wirkung haben würde?

Der italienische Ministerpräsident Giulio Andreotti sprach 1984 nur aus, was im Westen viele dachten, ja was zum definierenden Element des internationalen

Systems geworden war: »Es gibt zwei deutsche Staaten, und zwei müssen es bleiben.«[5] Gerade aus dem Mund eines europäischen Politikers – und Andreotti stand als italienischer Christdemokrat Helmut Kohl und den deutschen Unionsparteien durchaus nahe – waren solche Positionen nicht nur aktuell sicherheits- und außenpolitisch begründet, sondern sie erwuchsen auch aus der Geschichte des deutschen Nationalstaats, die für die Generation der in den 1980er Jahren führenden Politiker in Europa keine abstrakte Größe, sondern persönliche, oftmals bittere und leidvolle Erfahrung war. Das sollte sich 1989/90, als die deutsche Einheit dann tatsächlich auf der Tagesordnung der Weltpolitik stand, noch einmal in aller Schärfe zeigen. Doch auch in der Wahrnehmung vieler Deutscher war die deutsche Teilung beides: Bedingung des Friedens in Europa und zugleich Ergebnis der deutschen Geschichte insbesondere zwischen 1933 und 1945. Letzteres Argument war nicht neu, wenn man sich an das Urteil von Karl Jaspers aus dem Jahr 1960 erinnert.[6]

Wie verhielt sich aber dieses ost- und deutschlandpolitische Kontinuitätspostulat mit seiner inhärenten Status-quo-Orientierung zum Bundesverfassungsgerichtsurteil von 1973 über den Grundlagenvertrag, das ja nicht nur über den Vertrag befand, sondern auch das Wiedervereinigungsgebot der Präambel des Grundgesetzes verfassungsrechtlich für die Politik der Verfassungsorgane der Bundesrepublik auslegte? Hier wurde der Imperativ der Präambel bestätigt, zugleich aber die Deutschlandpolitik, die mit der Vertragspolitik der Regierung Brandt Gestalt angenommen hatte, ausdrücklich für verfassungskonform erklärt. Das Spannungsverhältnis zwischen Verfassungsnorm und deutschlandpolitischer Praxis wurde nicht aufgelöst, sondern verfassungsrechtlich abgesichert. Stärker noch als bei den sozialliberalen Regierungen der Jahre 1969 bis 1982 war die Deutschlandpolitik der christlich-liberalen Koalition von diesem Spannungsverhältnis gekennzeichnet. Die Regierung Kohl/Genscher machte aus diesem Spannungsverhältnis geradezu einen konstitutiven und dynamisierenden Bestandteil ihrer Deutschlandpolitik, indem sie die Politik der Anerkennung der DDR und der Akzeptanz der deutsch-deutschen Verhältnisse mit in der Regel rhetorischen und symbolischen, aber deshalb nicht weniger wirkungsmächtigen Bekenntnissen zur deutschen Einheit verband. Zugleich wurde sie nicht müde, den Unrechtscharakter der SED-Herrschaft zu betonen und die Existenz von Mauer und Schießbefehl, in denen sich die Unnatürlichkeit der Teilung und der Zwangscharakter des Regimes brutal offenbart, zu verurteilen. Symbolkraft hatte in diesem Zusammenhang beispielsweise die Tatsache, dass Helmut Kohl am 23. Juni 1983 im Bundestag seinen ersten, alljährlich fälligen Bericht zur Lage der Nation erstmals wieder mit dem

Zusatz »im geteilten Deutschland« versah und einleitend die Teilung nicht für »un-
abänderlich« erklärte. »Wir Deutschen«, so der Bundeskanzler – und er bezog das
auf die Deutschen in West und Ost – »finden uns mit der Teilung unseres Vaterlandes nicht ab.«[7]

Dennoch war die Politik der neuen Regierung in keiner Weise auf die Wieder-
herstellung der staatlichen Einheit Deutschlands gerichtet, und sie zielte erst recht
nicht auf die Destabilisierung der DDR und deren politischer Führung. Das ließ
Helmut Kohl auch Erich Honecker wissen, dem er im Dezember 1983, so kann man
Aufzeichnungen aus der DDR entnehmen, mitteilte: »Sie sprechen hier mit einem
Mann, der nichts unternehmen wird, um Sie in eine ungute Lage ... zu bringen.
Mein Interesse ist, dass das, was mühsam aufgebaut wurde und was unendlich
schwierig und nur mit kleinen Schritten fortzuentwickeln ist, fortentwickelt
wird.«[8] Das änderte nichts an der prinzipiellen Politik der Bundesregierung, die,
wie es in der Sprache der Zeit hieß, die deutsche Frage offen hielt und damit auch
den Vorgaben des Bundesverfassungsgerichts entsprach. Darüber hinaus konnte
man freilich auch argumentieren, dass der Ausbau der Verbindungen zwischen
Bundesrepublik und DDR, verbesserte Kontakt- und Reisemöglichkeiten zwischen
Ost und West, der Versuch, die Mauer zwar nicht zu beseitigen, sie aber durchlässiger zu machen, auch als eine Politik zu verstehen war, die unterhalb der staatlichen
Ebene das Band der Nation zu erhalten und damit das Gefühl der Zusammengehörigkeit, eine entscheidende Voraussetzung für eine dereinstigen Wiedervereinigung, zu bewahren, ja zu stärken trachtete. Das war in der Bundesrepublik
nicht einfach, denn für viele Westdeutsche, gerade die Angehörigen der jüngeren
Generation, war die deutsche Nation ein abstraktes, ein historisches Konzept und
die DDR ein noch viel »ferneres Land« geworden, als jenes, das die *Zeit*-Redakteure
Marion Gräfin Dönhoff, Rudolf Walter Leonhardt und Theo Sommer 1964 besucht
hatten.[9]

Für Theo Sommer war die DDR ein »anderes Land« geworden, als er sie mit
weiteren *Zeit*-Journalisten 1986 erneut bereiste.[10] Ein »anderes Land«, schwang im
Titel seines politischen Reiseberichts mit, wie andere Nachbarländer der Bundesrepublik auch, aber ebenso die vermeintliche Verwandlung und Veränderung eines
Landes, wobei viele nicht mehr zur Kenntnis nehmen wollten, dass es sich nach wie
vor um eine Diktatur handelte. Dem Zeithistoriker Karl Dietrich Bracher lagen
solche Einschätzungen fern. Aber der Doyen der westdeutschen Bundesrepublik-
Forschung bezeichnete 1986 – dabei allerdings eine Feststellung von 1979 aufgrei-
fend – den westdeutschen Staat als »postnationale Demokratie unter Nationalstaaten«.[11] Das billigte weder die Teilung, noch verdrängte es die fundamentalen

Unterschiede zwischen Bundesrepublik und DDR, Freiheit und Diktatur, aber es brachte zum Ausdruck, dass die Idee der Nation als politisches und soziales Ordnungskonzept in der Bundesrepublik an Kraft verloren hatte und längst nicht mehr der entscheidende Referenzpunkt der politischen Orientierung und Identitätsbildung war.

Bei solchen Einschätzungen, die sich in demoskopischen Befunden niederschlugen,[12] kann das deutschlandpolitische Kontinuitätspostulat der Regierung Kohl/Genscher kaum überraschen. Jeder anderen Politik hätte, unabhängig von den mit ihr verbundenen außenpolitischen Problemen und Risiken, die innenpolitische und gesellschaftliche Grundlage gefehlt. Der Zwang zur Status-quo-Politik war enorm, und die Herausforderung bestand darin, aus der einstweilen unausweichlichen Anerkennung der Zweistaatlichkeit nicht eine prinzipielle Akzeptanz der Teilung werden zu lassen und, wichtiger noch, keine Verwischung der ideologischen Unterschiede zwischen Bundesrepublik und DDR oder eine Relativierung des Zwangs- und Unrechtscharakters der SED-Herrschaft zuzulassen. Eine solche Politik war eine ständige Gratwanderung. Denn der Preis der Anerkennungspolitik war, wie der Historiker Michael Stürmer, damals Berater des Bundeskanzlers, formulierte, eine »moralisch nicht einfache Komplizenschaft« mit dem SED-Regime, und es bestand die Gefahr der »Kollaboration«, wie Andreas Wirsching es nennt.[13] Die Bundesregierung war sich dessen bewusst.

Die Deutschlandpolitik der christlich-liberalen Koalition mit ihren beiden Säulen, der pragmatischen und der normativen, war nicht denkbar ohne die feste Einbindung der Bundesrepublik in den Westen und ohne den Rückhalt ihrer westlichen Bündnispartner, allen voran die Vereinigten Staaten. Nur der Konsens mit den Staaten des Westens, von denen die USA, Großbritannien und Frankreich als Siegermächte des Zweiten Weltkriegs nach wie vor über deutschlandpolitische Vorbehaltsrechte verfügten, ermöglichte die Bonner Deutschlandpolitik. Ein isoliertes Vorgehen, eine rein nationale Politik war in den 1980er Jahren so ausgeschlossen, wie sie es seit Gründung der Bundesrepublik stets gewesen war. Allerdings hatte das westdeutsche Staatswesen in den Strukturen und Organisationen des Westens an Gewicht gewonnen, konnte also nationale Interessen – die sich nicht nur auf die Deutschlandpolitik und die Frage der Wiedervereinigung bezogen – deutlicher artikulieren und besser verfolgen. Doch die Voraussetzung dafür blieb der politische Schulterschluss mit den Bündnispartnern und insbesondere mit den USA als der Hegemonialmacht des Westens.

Dieser Schulterschluss musste nach 1982 bekräftigt beziehungsweise glaubhaft erneuert werden. Für die Außenpolitik der neuen Bundesregierung ergab sich daraus ein doppelter Imperativ: Es galt zum einen, auf dem Feld der Sicherheitspolitik und, ganz konkret, in der Frage der NATO-Nachrüstung die Berechenbarkeit und Verlässlichkeit der Bundesrepublik, wie Helmut Kohl schon in seiner ersten Regierungserklärung formulierte, zu demonstrieren. Zum anderen musste es darum gehen, die Einbindung der Bundesrepublik in die Strukturen der europäischen Integration zu intensivieren, ja dem europäischen Einigungsprozess neue Impulse zu verleihen, um aus der westeuropäischen Gemeinschaft heraus politische Stärke für die Ost- und Deutschlandpolitik zu gewinnen. Für die europäische Integration bedeutete das eine neue Politisierung, nachdem die Europapolitik der Regierung Schmidt stark von ökonomischen und monetären Entwicklungen geprägt worden war. Gewiss waren auch die wirtschaftlichen Integrationsschritte, die ja nicht zuletzt durch die Krise der Weltwirtschaft angestoßen und vorangetrieben wurden, in ihrem Kern politisch, doch das Ziel der europäischen Einigung war darüber in den Hintergrund getreten. Hier trat die Regierung Kohl, die schon zum 1. Januar 1983 turnusgemäß die EG-Ratspräsidentschaft übernahm, mit dem festen Entschluss an, »in diesem Jahrzehnt den entscheidenden Schritt auf dem Weg zur politischen Einigung zu wagen«.[14] Die gerade durch die Bundesregierung betriebene Politisierung der Integration, die erneute Orientierung an einer »politischen Finalität«, gehörte zu den wichtigen internationalen Voraussetzungen für die deutsche Einheit, ohne dass dies zu Beginn der Amtszeit Helmut Kohls schon erkennbar gewesen wäre.

Sicherheitspolitik im Bilateralismus der Supermächte

In der Sicherheitspolitik, in jenen Jahren der Dreh- und Angelpunkt des deutsch-amerikanischen Verhältnisses sowie der transatlantischen Beziehungen allgemein, knüpfte die Regierung Kohl/Genscher geradezu programmatisch an die Politik der Vorgängerregierung an. Je stärker sich die SPD von der Politik Helmut Schmidts im Zusammenhang mit dem NATO-Doppelbeschluss abwandte und den ehemaligen Kanzler innerparteilich isolierte, desto entschiedener vertraten der neue Bundeskanzler und die Führungsspitzen der neuen Koalition den von der Vorgängerregierung im Bündnis festgelegten sicherheits- und rüstungspolitischen Kurs.

Mit dem Stationierungsbeschluss des Deutschen Bundestages vom 23. November 1983 und der seit 1984 erfolgenden Stationierung amerikanischer nuklearer Mittelstreckenwaffen auf deutschem Boden waren die Zweifel an der bündnispolitischen Verlässlichkeit der Bundesrepublik ausgeräumt. Diese Bestätigung der deutsch-amerikanischen Übereinstimmung war wichtig, weil sie den Westen insgesamt in der politischen Auseinandersetzung mit der Sowjetunion stärkte. Umgekehrt bewirkte die zunehmende Konfrontativität im Ost-West-Verhältnis einer seit 1945 gültigen Grundregel folgend eine größere innerwestliche Solidarität und Allianzkohäsion. Sogar Frankreich unter seinem sozialistischen Staatspräsidenten Mitterrand rückte demonstrativ an die NATO und die USA heran. Tatsächlich trat der Ost-West-Konflikt während des zweiten Kalten Krieges in eine neue, von vielfältigen Konflikten und Auseinandersetzungen gekennzeichnete Spannungsphase. Das ging nicht nur auf den Rüstungsstreit zurück, sondern auch auf eine aggressive sowjetische Politik, die ihren Höhepunkt 1983 mit dem Abschuss eines südkoreanischen Passagierflugzeugs über der Halbinsel Sachalin fand.

In dieser angespannten Lage zeigten sich allerdings auch auf westlicher Seite die hegemonialen Strukturen des internationalen Systems in aller Deutlichkeit. So sehr der zweite Kalte Krieg und die nun wieder klarer wahrgenommene kommunistische Bedrohung die USA und ihre Bündnispartner zusammenschweißten, so wenig schlug sich dies in einer stärker konzertierten und abgestimmten Allianzpolitik nieder, im Gegenteil: Die seit 1981 amtierende amerikanische Regierung unter dem republikanischen Präsidenten Ronald Reagan vertrat in ihrer ersten Amtszeit nicht nur einen scharfen und konfrontativen Antikommunismus, der bis in die politische Rhetorik hinein ausstrahlte – die Sowjetunion als »Reich des Bösen« –, sondern betrieb auch eine Politik des Unilateralismus, die sich, so sah man das nicht nur in der Bundesrepublik, zuallererst am eigenen amerikanischen Interesse orientierte und die Sicherheitsinteressen der europäischen Bündnispartner darüber in den Hintergrund drängte. Das bekam auch die Bundesrepublik zu spüren: Die Atmosphäre in den deutsch-amerikanischen Beziehungen verbesserte sich zwar seit Beginn der Kanzlerschaft Helmut Kohls, Bonn gewann politisches Vertrauen zurück, das seit der Präsidentschaft Jimmy Carters verloren gegangen war. Washington würdigte die sicherheitspolitische Linie der neuen Bundesregierung und erkannte sie als Beitrag zur Stärkung der Nordatlantischen Allianz durchaus an. Aber Bonn blieb allenfalls ein Juniorpartner. Amerikanische Atomwaffen sollten zwar auf deutschem Territorium stationiert werden, aber in die ostwestlichen Verhandlungen über diese Waffen wurde die Bundesrepublik nicht einbezogen, ja, die Bundesregierung wurde zum Verhandlungsverlauf nicht einmal konsultiert.

In der Strategischen Verteidigungsinitiative der USA, auch *Star Wars* genannt, die Ronald Reagan am 23. März 1983 der Weltöffentlichkeit ankündigte, trat der amerikanische Unilateralismus klar zutage. Völlig unabgestimmt und aus heiterem

Himmel stellte das SDI-Projekt die Grundstrukturen des Systems nuklearer Abschreckung in Frage, das die europäischen Bundesgenossen der USA gegen zum Teil massive innenpolitische Widerstände im Zusammenhang mit der Stationierung amerikanischer Mittelstreckenraketen gerade zu bestätigen und zu festigen im Begriff waren. Das Projekt ging nach den Worten des amerikanischen Präsidenten von der Prämisse aus, nukleare Waffen obsolet zu machen. Dieser Zweck wurde mit dem ambitionierten Plan eines antinuklearen Raketenschutzschilds verfolgt, den Reagan bei dieser Gelegenheit ankündigte.

Der amerikanische Präsident rief die europäischen Verbündeten zur Mitarbeit bei Forschung und Entwicklung des Systems auf. Doch in der Bundesrepublik stellte man sich die Frage, warum man nicht abrüstete, anstatt neue Atomwaffen in Europa zu stationieren, wenn man, was Reagan ja tat, Kernwaffen als Menschheitsbedrohung verdammte. Wenn die USA in der Lage waren, sich gegen einen nuklearen Angriff zu schützen, würde das nicht Zonen unterschiedlicher Sicherheit innerhalb der westlichen Allianz schaffen und damit Europa strategisch von den USA abkoppeln? Genau dagegen hatte sich der NATO-Doppelbeschluss gerichtet. Und schließlich: Wenn sich die USA vor einem – sowjetischen – Atomangriff sicher fühlen konnten, würde das nicht in einer Krisen- oder Konfliktsituation die Versuchung erhöhen, einen nuklearen Erstschlag gegen die Sowjetunion zu führen? Die gesicherte Zweitschlagsfähigkeit war aber, folgt man der zugegebenermaßen bizarren Logik der Nuklearstrategie, die entscheidende Voraussetzung für das System der nuklearen Abschreckung als Mittel zur Verhinderung des Atomkriegs. Die gegenseitige Vernichtungsfähigkeit *(mutual assured destruction)*, auf Deutsch auch mit der zynischen Wendung umschrieben: »Wer zuerst schießt, stirbt als Zweiter«, war Kern der Abschreckung, die gerade zu Beginn der 1980er Jahre überall im Westen unter stärkstem Legitimationsdruck stand. So war es nur natürlich, dass der Bundesaußenminister das SDI-Projekt und die deutsche Beteiligung daran zu einer Frage »vitaler europäischer Sicherheitsinteressen« erklärte.

Diese Frage brachte die Außen- und Sicherheitspolitik der Bundesrepublik in ein schweres Dilemma und trieb einen Keil in die Regierungskoalition. Auf der einen Seite standen die Verteidigungsexperten der Union, unter ihnen Verteidigungsminister Manfred Wörner sowie der rechte Flügel der CDU und die CSU. Sie plädierten für eine Beteiligung der Bundesrepublik am SDI-Projekt und führten dafür nicht nur militärische, ökonomische und forschungspolitische Gründe ins Feld, sondern hielten eine deutsche Partizipation auch als Beweis deutscher Bündnisloyalität und als Bestätigung der deutsch-amerikanischen Partnerschaft für geboten. Andere Unionspolitiker und Genschers FDP waren zurückhaltender. Sie warnten vor einer kostenintensiven neuen Runde des Wettrüstens, nunmehr im Weltall, kritisierten den amerikanischen Unilateralismus und verwiesen darauf, welche Auswirkungen SDI auf die Stabilität der Abschreckung, aber auch auf das deutsch-sowjetische Verhältnis haben würde, das ohnehin angespannt war. Über drei Jahre, bis zum März 1986, beschäftigte *Star Wars* die deutsche Politik und führte phasenweise zu schweren Spannungen in der Koalition. Am Ende stand eine eher vage deutsch-amerikanische Absichtserklärung, die auf die Wirtschafts- und Forschungskooperation bei SDI abhob, aber keine unmittelbare militärische Kooperation oder deutsche Finanzbeiträge implizierte.

Ohne Frage nährte SDI den zu dieser Zeit in der Bundesrepublik nicht nur latent vorhandenen Antiamerikanismus, der sich – und hier läuft eine Linie bis in die Gegenwart – an der unilateralen amerikanischen Macht- und Interessenpolitik stieß. Dass die USA ihre eigenen, globalen Machtinteressen vertraten, war keineswegs neu. Nur hatte die Bundesrepublik in zunehmendem Maße ihrerseits Interessen entwickelt – Sicherheitsinteressen, ökonomische Interessen oder deutschlandpolitische Interessen –, die mit den amerikanischen Interessen nicht immer übereinstimmten. Das stellte die Politik der Regierung Kohl vor die Herausforderung, eigene Positionen in der Auseinandersetzung mit der Politik der USA und ihren Zielen zu definieren und durchzusetzen. Die unveränderte weltpolitische Gesamtsituation, das durch den Ost-West-Konflikt und die Existenz nuklearer Waffen geprägte internationale System, beschränkte dabei den Handlungsspielraum der Bundesrepublik, die sich auf Grund ihrer Abhängigkeit einen prinzipiellen Dissens und dauernde Konflikte mit der transatlantischen Hegemonialmacht nicht erlauben konnte. Das zwang, nach den Worten Helga Haftendorns, die Bundesrepublik weiterhin zu politischen Anpassungsleistungen.[15]

Nach 1990 entstand daraus insofern ein Problem, als der Zwang zu Bündnisloyalität und insbesondere zum deutsch-amerikanischem Konsens sich in den Jahren des Ost-West-Konflikts verselbstständigt hatte und in der außenpolitischen Handlungslogik Deutschlands weiterwirkte, obwohl die internationalen Rahmenbedingungen dieser Logik sich fundamental gewandelt hatten, wenn sie überhaupt noch existierten. Das erschwerte die Neubestimmung außenpolitischer Interessen nach dem Ende des Ost-West-Gegensatzes ganz generell, es behinderte aber auch das politische Entscheidungshandeln in konkreten Situationen, was sich beispielsweise im Irak-Konflikt oder nach dem Terroranschlag vom 11. September 2001 zeigte. Für die Bundesrepublik war es schwerer als für andere europäische Staaten, zwischen den Interessen des Westens und den Interessen der USA zu unterscheiden, weil diese Interessen in den Jahrzehnten des Ost-West-Konflikts zwar nicht identisch waren, aber doch als weitgehend übereinstimmend wahrgenommen wurden. Dadurch verwischten auch die Grenzen zwischen Antiamerikanismus und politischen Positionen, die womöglich im Gegensatz zur Politik der amerikanischen Regierung standen, aber keineswegs Ausdruck einer prinzipiellen Amerika-Kritik oder gar Amerika-Feindschaft waren.

War das deutsch-amerikanische Verhältnis in den 1980er Jahren trotz der Politik des ostentativen Schulterschlusses alles andere als spannungsfrei, so galt das im Besonderen für die deutsch-sowjetischen Beziehungen. Diese gerieten schon im Vorfeld der Nachrüstung, erst recht aber nach dem Stationierungsbeschluss von 1983 in eine tiefe Krise. Dazu trug die deutsche Weigerung bei, dem SDI-Projekt eine grundsätzliche Absage zu erteilen. Überwölbt wurden diese Spannungen von der neuen amerikanisch-sowjetischen Konfrontativität, die mindestens bis zum Beginn der zweiten Amtszeit Ronald Reagans und zum Amtsantritt Michail Gorbatschows 1985 andauerte, denn die Beziehungen zwischen Moskau und Bonn waren strukturell nicht von den Supermachtbeziehungen zu trennen, sosehr die Sowjetunion und die Bundesrepublik das aus unterschiedlichen Gründen hin und wieder auch gewünscht hätten. Ganz ohne Frage: Es herrschte Eiszeit. Das wirkte sich nicht zuletzt auf die deutsch-deutschen Beziehungen aus. Der schon zwischen Helmut Schmidt und Erich Honecker vereinbarte Besuch des DDR-Staatsratsvorsitzenden in der Bundesrepublik – Helmut Kohl hatte die Einladung gleich nach seinem Regierungsantritt erneuert – kam nicht zustande, weil die sowjetische Führung intervenierte. Im Zeichen der Supermachtkonfrontation blieben die Chancen auf eine deutsch-deutsche Entspannung begrenzt.

Obwohl sich nach der Amtsübernahme Gorbatschows das amerikanisch-sowjetische Verhältnis, nicht zuletzt durch die Aufnahme der INF-Verhandlungen (Intermediate Range Nuclear Forces), also Verhandlungen über atomare Mittelstreckenwaffen, aber auch die Beziehungen der UdSSR zu den anderen westeuropäischen Staaten allmählich besserten, blieben die Beziehungen zwischen Bonn und Moskau schlecht. Die neue sowjetische Führung warf der Bundesregierung in altem Ton Amerika-Hörigkeit und Militarismus vor. Diese tat sich ihrerseits schwer, nach dem politischen Kraftakt, den die Stationierung der Mittelstreckensysteme bedeutet hatte, enthusiastisch auf den Kurs der Abrüstung in diesem Bereich einzuschwenken. Nachdem man im Zusammenhang mit der Nachrüstung jahrelang eine sowjetische Politik kritisiert und bekämpft hatte, die danach strebte, Einfluss auf die westdeutsche Gesellschaft und Innenpolitik zu gewinnen, um dort mit »friedenspolitischen« Argumenten der Raketenstationierung die Basis zu entziehen, war man in Bonn zunächst ratlos, was die friedens- und abrüstungspolitische Initiative des neuen sowjetischen Generalsekretärs zu bedeuten habe. Von geschickter Propaganda der neuen Kreml-Führung war die Rede.

Bundeskanzler Kohl sprach im Oktober 1986 in einem Interview mit dem amerikanischen Magazin *Newsweek* nur aus, was in Bonn viele dachten: Gorbatschow sei ein »moderner kommunistischer Führer«, der etwas von Öffentlichkeitsarbeit verstehe. Zum Skandalon wurde das Interview, weil Kohl Gorbatschow mit NS-Propagandaminister Joseph Goebbels verglich. In der von Regierungssprecher Friedhelm Ost freigegebenen Fassung des Interviews las sich das so: »I'm not a fool: I don't consider him [Gorbatschow] a liberal. He is a modern communist leader who understands public relations. Goebbels, one of those responsible for the crimes of the Hitler era, was an expert in public relations, too.«[16] Die sofortige Distanzierung des Bundeskanzlers von dem Vergleich, den er in seinen Erinnerungen als »dumm« bezeichnete,[17] half nichts. Es kam zu einer schweren diplomatischen Krise zwischen Bonn und Moskau, und die ohnehin schon schlechten deutsch-sowjetischen Beziehungen wurden noch schlechter. Erst im Oktober 1988 konnte Helmut Kohl zu einem Staatsbesuch nach Moskau reisen und dort nicht nur das persönliche Verhältnis zu Gorbatschow verbessern, sondern auch die Beziehungen zwischen der Bundesrepublik und der Sowjetunion auf eine neue Grundlage stellen.

Die deutsch-sowjetische Sonderkrise war so problematisch, weil mittlerweile die amerikanisch-sowjetischen Abrüstungsgespräche Tritt gefasst hatten, sich sogar erste Erfolge abzeichneten und sich das Verhältnis zwischen den beiden Supermächten spürbar entspannte. Der amerikanische Präsident Reagan hatte nach der Wiederwahl 1984 in seiner zweiten Amtszeit nicht nur das persönliche Interesse, als Friedenspräsident in die Geschichte einzugehen, sondern es gab auch politische Gründe für seinen Schwenk zu einer neuen *Détente*. Reagan stand unter innenpolitischem Druck. Im Repräsentantenhaus verfügten die Demokraten über die Mehrheit und verlangten die Wiederaufnahme des Abrüstungsdialogs mit der Sowjetunion. Überdies war der Präsident durch die »Iran-Contra-Affäre« (Irangate) angeschlagen. Es war nämlich herausgekommen, dass enge Mitarbeiter des Präsidenten aus dem Nationalen Sicherheitsrat illegal Waffen an den Iran verkauften, um aus dem Erlös dieser Geschäfte die rechtsgerichteten »Contras« im Bürgerkrieg in Nicaragua zu unterstützen. Zudem hegte der Präsident weiterhin grundsätzliche Vorbehalte, was die Moralität nuklearer Waffen betraf. Auf der zweiten Gipfelbegegnung im Oktober 1986 in Reykjavik schlug er Gorbatschow daher vor, innerhalb von zehn Jahren alle strategischen Atomwaffen unter Einschluss der sogenannten eurostrategischen Systeme, also der Mittelstreckenwaffen, ganz zu beseitigen.

Zweifelsohne verlieh die Vision einer atomwaffenfreien Welt der Abrüstungspolitik der zweiten Reagan-Administration erhebliche Dynamik. Es wäre schon in Reykjavik zu einer Verständigung über den Abbau der Mittelstreckenwaffen gekommen, hätte sich Reagan nicht geweigert, sein SDI-Programm mit in eine eventuelle Vereinbarung einzubeziehen. Doch den Lauf der Dinge hielt das nicht mehr auf. Als der sowjetische Generalsekretär Anfang 1986 vorschlug, bis zum Ende des Jahrtausends weltweit alle Atomwaffen zu beseitigen, schien es, als würden Gorbatschow und Reagan dieselbe Sprache sprechen. Die sowjetische Abrüstungsbereitschaft entsprang der seit Gorbatschows Amtsantritt immer klarer zutage tretenden und im Kreml immer weniger tabuisierten Einsicht, dass die Sowjetunion ökonomisch nicht mehr in der Lage war – oder es bald nicht mehr sein würde –, das nukleare Wettrüsten mit seinen immensen technischen und damit auch finanziellen Anforderungen zu bestreiten. Wollte die sowjetische Führung die prekäre Wirtschaftslage in der UdSSR nicht noch mehr gefährden, dann musste sie die gewaltigen Ressourcen, die in den Militär- und Rüstungsbereich flossen, wenigstens zum Teil für andere Zwecke aufwenden.

Die Krise der Weltwirtschaft hatte die Sowjetunion, die auf den Devisenhandel existentiell angewiesen war, hart getroffen. Die Versorgung mit Konsumgütern war schlecht und der Lebensstandard dramatisch abgesunken. Nicht von ungefähr hatte Helmut Schmidt schon in den 1970er Jahren die Sowjetunion als »Obervolta mit Raketen« bezeichnet. Beim Wettlauf der dritten industriellen Revolution im Zeichen von Mikroelektronik und Informationstechnologie, der damals begann, konnte die Sowjetunion mit den westlichen Gesellschaften nicht mithalten. Man hätte in der nuklearen und der konventionellen Rüstung wohl noch über Jahre hinweg dem Westen Paroli bieten können, wenn auch zu einem sehr hohen volkswirtschaftlichen – und damit auch politischen – Preis. Dem SDI-Projekt aber, das ja jenseits seiner zweifelhaften militärstrategischen Bedeutung einen Quantensprung in der militärtechnologischen Forschung und der Entwicklung von Rüstungstechnologie bedeutete, konnte die Sowjetunion nichts Gleichwertiges entgegenstellen. Eine tiefe Kluft tat sich auf. Das erklärt, warum die sowjetische Führung das SDI-Projekt so heftig bekämpfte und unter Gorbatschow alle Anstrengungen unternahm, dieses in die amerikanisch-sowjetischen Abrüstungsverhandlungen einzubeziehen.

Gorbatschow und seine Berater erkannten, dass SDI den militärischen Supermachtstatus der UdSSR gefährdete und damit ihre globale Machtposition sowie ihre Gleichrangigkeit mit den USA im internationalen System des Ost-West-Konflikts. Die Sowjetunion ist von Reagans Amerika nicht »totgerüstet« worden, wie man gelegentlich vernehmen kann. Die neue Spirale des Wettrüstens in der ersten Hälfte der 1980er Jahre hat nicht – und schon gar nicht unmittelbar – das Ende des Ost-West-Konflikts und den westlichen »Sieg« im Kalten Krieg herbeigeführt. Aber die Rüstungs- und Rüstungstechnologiepolitik der Reagan-Regierung war eine wichtige Ursache für die politischen und ökonomischen Reforminitiativen Michail Gorbatschows seit 1985, die wiederum auf den gesamten sowjetischen Machtbereich ausstrahlten und dort Prozesse in Gang setzten, beschleunigten oder verstärkten, an deren Ende der Zerfall des Ostblocks und dann der Untergang der Sowjetunion selbst standen.

Die nach der Raketenkrise zunächst ganz überraschende neue ost-westliche Abrüstungsdynamik fand ihren ersten Höhepunkt im INF-Vertrag, einem Abkommen über die Beseitigung aller amerikanischen und sowjetischen Mittelstreckenwaffen (mit einer Reichweite von 500 bis 5500 Kilometern), das der amerikanische Präsident und der sowjetische Generalsekretär am 8. Dezember 1987 in Washington unterzeichneten. Der INF-Vertrag war der erste echte Abrüstungsvertrag im Bereich nuklearer Waffen. Alle früheren Abkommen waren Rüstungsbegrenzungsabkommen, insbesondere die beiden SALT-Verträge (Strategic Arms Limitation Talks) der 1970er Jahre, die nicht auf Verminderung der nuklearen Arsenale zielten, sondern auf die Festlegung von Rüstungsobergrenzen zur Herstellung beziehungsweise Verfeinerung des atomaren Gleichgewichts. Nachdem die Sowjetunion kurze Zeit später auch mit dem Abzug ihrer Truppen aus Afghanistan begonnen hatte, wurden bei einem Besuch Ronald Reagans in Moskau im Mai 1988 die Ratifizierungsurkunden ausgetauscht. Es war die vierte Gipfelbegegnung innerhalb von drei Jahren, ein Gradmesser für die Intensität und Dynamik der Entspannung.

Der Abrüstungsbilateralismus der beiden Supermächte sorgte in der Bundesrepublik, die gar nicht konsultiert wurde, für politische Unruhe und Konflikte. Die »doppelte Null-Lösung«, die völlige Beseitigung der atomaren Mittelstreckenwaffen kürzerer und längerer Reichweite, die der INF-Vertrag anstrebte, gab im Nachhinein den Abrüstungsgegnern der frühen 1980er Jahre Recht, meinten manche, die vergessen oder verdrängt hatten, dass der NATO-Doppelbeschluss im Grunde auf die Beseitigung der sowjetischen Mittelstreckenpotentiale gerichtet war. Aber auch im engeren Sinne sicherheitspolitisch und militärstrategisch wurde argumentiert. Insbesondere Politiker der Unionsparteien (mit wenigen Ausnahmen) verwiesen darauf, dass die geplante Abrüstung im Mittelstreckenbereich eine Abschreckungslücke entstehen lassen und die konventionelle Überlegenheit des Warschauer Pakts noch stärker akzentuieren würde. Mit dem völligen Verzicht auf nukleare Waffen mittlerer Reichweite entferne man überdies eine Sprosse aus der atomaren Eskalationsleiter, was die gesamte Logik – und damit die Wirksamkeit – der Abschreckung unterminiere. Schließlich – und hier tauchte ein altes Argument wieder auf – würde eine Null-Lösung im Mittelstreckenbereich innerhalb des NATO-Gebiets Zonen unterschiedlicher Sicherheit entstehen lassen und damit Europa von Nordamerika abkoppeln.

Solche Überlegungen waren nicht von der Hand zu weisen, aber man musste sich doch erst die abstrakte, kühl kalkulierende Logik der Nuklearstrategie zu eigen machen, um in solchen Kategorien zu denken und aus ihnen politisches Handeln abzuleiten. Dazu waren die anderen im Bundestag vertretenen Parteien und mit ihnen die überwiegende Mehrheit der Westdeutschen nicht bereit. Die Diskussionen und Auseinandersetzungen um den Doppelbeschluss hatten zwar die Nachrüstung nicht verhindert, sie hatten aber die prinzipielle, gerade auch moralische Legitimität einer Sicherheitsdoktrin, die auf der Existenz von Massenvernichtungswaffen und auf der wechselseitigen Vernichtungsdrohung basierte, nachhaltig unterhöhlt. Das wirkte sich in der Bundesrepublik jetzt politisch aus. Innerhalb der Regierungskoalition sprach sich die FDP mit Bundesaußenminister Genscher dezidiert für die doppelte Null-Lösung aus. Und im Unterschied zu den frühen 1980er Jahren konnte man die Abrüstungsbefürworter nun nicht mehr als »fünfte Kolonne Moskaus« diskreditieren, sondern musste zur Kenntnis nehmen, dass sie sich in vollem Einvernehmen mit der amerikanischen Regierung befanden. Dass eine Zustimmung zur Abrüstung die deutsch-amerikanischen Beziehungen nicht belasten, sondern eher verbessern würde, dürfte am Ende auch den Bundeskanzler zum Einlenken bewegt haben. Wieder einmal musste die Bundesrepublik Anpassungsleistungen erbringen und sich hegemonialem Druck beugen.

Ursprünglich hatte die Bundesregierung versucht, die in deutschem Besitz befindlichen Pershing-IA-Systeme (Mittelstreckenwaffen kürzerer Reichweite, die allerdings mit amerikanischen nuklearen Gefechtsköpfen ausgestattet waren) aus den INF-Vereinbarungen auszuklammern. Der Erhalt der Pershing IA sollte, so wurde argumentiert, eine Singularisierung der Deutschen verhindern, die sich daraus ergeben würde, dass die nach einer doppelten Null-Lösung im Mittelstreckenbereich verbleibenden atomaren Kurzstreckenwaffen nur Ziele in Deutschland, in der Bundesrepublik und der DDR, erreichen konnten. »Je kürzer die Reichweite, desto toter die Deutschen«, hieß ein in diesem Zusammenhang weit verbreiteter Slogan.[18] Weil sich das auf Ost- und Westdeutschland bezog, konnte die rüstungsbeziehungsweise sicherheitspolitische Position nationalpolitisch unterfüttert werden. Nicht die gesamte Union argumentierte so, aber der rechte, eher nationalkonservative Flügel der CDU um Alfred Dregger wie auch die CSU. Als sich Helmut

Kohl dann im Sommer 1987 unter amerikanischem und unter dem Druck der FDP zu einem Verzicht auf die Pershing IA bewegen ließ, lag für kurze Zeit der Schatten von Kreuth, wo die CSU 1976 die Auflösung der Fraktionsgemeinschaft mit der CDU beschlossen hatte, über der Union.

Mit dem Verzicht auf die Pershing IA waren nicht alle Probleme gelöst und die Gefahr einer deutschen Singularisierung längst nicht gebannt. Das zeigte sich, als nach Abschluss des INF-Vertrags die atomaren Kurzstreckenwaffen (Reichweite: unter 500 Kilometer) auf die abrüstungspolitische Agenda gelangten. Während die Bundesregierung eine »dritte Null-Lösung« forderte, um eine Sonderbedrohung der Deutschen zu vermeiden, hielt die amerikanische Regierung an den Kurzstreckenwaffen fest, um Ungleichgewichte im konventionellen Bereich auszugleichen, und sprach sich sogar für eine Modernisierung dieser Systeme aus, auf die sich die NATO, wenn auch unter ganz anderen Umständen, bereits 1983 geeinigt hatte. Die Pläne zur Modernisierung der taktischen Kernwaffen führten zu einer schweren Bündniskrise, die erst im Mai 1989 durch einen Kompromiss beigelegt werden konnte, der die Modernisierung der Kurzstreckenwaffen auf das Jahr 1992 verschob und von der »sicherheitspolitischen Gesamtentwicklung« abhängig machte. Bis dahin hatte sich der Warschauer Pakt allerdings aufgelöst, und die Sowjetunion existierte nicht mehr.

Die Politik Gorbatschows machte das ganze Ausmaß innerwestlicher Interessenunterschiede deutlich. Diese hatte es auch vorher schon gegeben, sie waren aber auf Grund der stets präsenten und auch so wahrgenommenen sowjetischen Aggressivität und Bedrohung in den Hintergrund getreten. Diese sowjetische Bedrohung hatte stets die Dominanz der USA im westlichen Bündnis verstärkt. Das änderte sich nun. Es tauchten nämlich Fragen auf, die den Keim von Dissens und Konflikt in sich trugen: Gab es überhaupt noch eine sowjetische Bedrohung? Was wollte Gorbatschow? Zwar ging die amerikanische Regierung auf die Abrüstungsinitiativen des neuen sowjetischen Führers ein, aber bis Anfang 1989 hielt die Reagan-Administration an dem traditionellen Bild der Sowjetunion und an dem scharfen machtpolitischen Gegensatz zwischen USA und UdSSR, West und Ost, fest.

Dass Michail Gorbatschow die Sowjetunion verändern und den Ost-West-Konflikt transformieren wollte, glaubten nur wenige. Zu ihnen gehörte der Bundesaußenminister. Hans-Dietrich Genscher war 1986 in Moskau erstmals mit Gorbatschow und dessen Außenminister Eduard Schewardnadse, der den damals dienstältesten Außenminister der Welt, Andrej Gromyko, abgelöst hatte, zusammengetroffen. Auf dem Weltwirtschaftsforum in Davos, an dem auch eine sowjetische Delegation teilnahm, machte Genscher dann auf sich aufmerksam, als er als einer der ersten führenden Politiker des Westens dafür plädierte, die sicherheitspolitischen Initiativen, Gorbatschows Aufrufe zu »Neuem Denken« nicht als Propaganda abzutun. Es reiche nicht aus zu erklären, erst müsse Gorbatschow den Worten Taten folgen lassen: »Unsere Devise kann nur lauten: Nehmen wir Gorbatschow ernst, nehmen wir ihn beim Wort! ... Sitzen wir nicht mit verschränkten Armen da und warten, was Gorbatschow uns bringt! Versuchen wir vielmehr, die Entwicklung von unserer Seite aus zu beeinflussen, voranzutreiben und zu gestalten.«[19] Man muss Genscher nicht als den »Stresemann der Außenpolitik der Bundesrepublik« bezeichnen[20] und nicht unterstellen, dass er schon 1986/87 Chancen gesehen habe, den Ost-West-Konflikt zu überwinden. Aber der FDP-Politiker erkannte, dass Gorbatschow die Positionen der Ära Breschnew aufgegeben hatte, dass er eine neue Außenpolitik betrieb, die auf Zusammenarbeit und Öffnung setzte, und dass aus diesem Wandel auch Möglichkeiten für den Westen erwuchsen, ja dass es des Westens bedurfte, um die Veränderung der sowjetischen Politik zu stabilisieren und zu verstetigen.[21] In seiner Regierungserklärung nach der gewonnenen Bundestagswahl vom 11. März 1987 schloss der Bundeskanzler sich dieser Sichtweise an, wenn auch verhalten: »Generalsekretär Gorbatschow spricht von neuem Denken in den internationalen Beziehungen. Wir nehmen ihn beim Wort. Wenn sein Kurs Chancen birgt zu mehr Verständigung, zu mehr Zusammenarbeit, ... werden wir sie aufgreifen.«[22]

Vor dem Hintergrund der NATO-Krise über die Modernisierung der atomaren Kurzstreckenwaffen sah man in Washington, aber auch in Margaret Thatchers London zu einer so allgemeinen optimistischen Einschätzung keine Veranlassung. Man brandmarkte Genschers Optimismus nicht nur als illusionär, sondern beschwor auch Gefahren für die Bündnissolidarität herauf, wenn die Bundesrepublik gleichsam im Alleingang auf die sowjetischen Offerten einzugehen forderte. Im Schimpfwort vom »Genscherismus« schwang freilich nie nur der Vorwurf mangelnder Bündnisloyalität mit, sondern stets auch der Verdacht einer tendenziell national-neutralistischen Politik, die bestrebt sein könnte, Deutschland aus dem Ost-West-Konflikt herauszulösen. Solche Unterstellungen verbanden sich in den USA mit dem Dauervorwurf, die europäischen Verbündeten der Vereinigten Staaten, allen voran die Bundesrepublik, täten zu wenig für ihre eigene Verteidigung und überließen ihre Sicherheit den USA. Das war seit den 1960er Jahren unter dem Stichwort *Burden-sharing* (Lastenteilung) ein Dauerbrenner in den transatlantischen Beziehungen. Das Thema gewann aber bei den gespaltenen Reaktionen auf die Politik Gorbatschows neue Brisanz und belastete das transatlantische, vor allem aber das deutsch-amerikanische Klima.

Das deutsch-französische Tandem und die Europapolitik

Die transatlantischen Dissonanzen, die sich in der zweiten Hälfte der 1980er Jahre verstärkten, veranlassten die Bundesrepublik, in ihrem Bemühen nicht nachzulassen, die Europapolitik und den Prozess der europäischen Integration voranzutreiben und so das weltpolitische Gewicht Westeuropas zu erhöhen sowie der Bundesrepublik in ihren politischen Interessen zu stärkerer Geltung zu verhelfen. Das war alles andere als einfach. Denn trotz der ersten Direktwahlen zum Europäischen Parlament 1979 und der Einführung des Europäischen Währungssystems (EWS) im selben Jahr war die europäische Einigung in eine Krise geraten, die zeitgenössische Beobachter mit dem Begriff »Eurosklerose« versahen.

Integrationspolitische Blockaden und Interessenkonflikte bestimmten die Entwicklung der Europäischen Gemeinschaft. Ein grundsätzlicher Dissens betraf die »Finalität« des Einigungsprozesses und den prinzipiellen Charakter der Integration. Im Kern ging es um die Alternativen fortgesetzte Supranationalisierung und intergouvernementales »Europa der Vaterländer«. Der Konflikt war nicht neu und begleitet als Grundproblem die europäische Integration bis heute. In den Jahren um 1980 verband er sich mit divergierenden Auffassungen darüber, ob die EG überhaupt als eine politische Einheit zu verstehen sei und entsprechend weiter ausgebaut werden solle oder ob es sich letztlich um eine große Freihandelszone handle. Dahinter standen unterschiedliche, ja gegensätzliche wirtschafts- und ordnungspolitische Prämissen.

Mit dem Wahlsieg der britischen Konservativen unter Margaret Thatcher 1979 gewann eine Wirtschafts- und Ordnungspolitik internationales politisches Gewicht, die von der Markt- und Angebotsorientierung im Sinne des neoliberalen Paradigmas geprägt war. Nahezu gleichzeitig jedoch – und darin lag das Konfliktpotential – gelangte in Frankreich nach den Präsidentschaftswahlen von 1981 mit François Mitterrand ein sozialistischer Staatspräsident an die Macht und wenig später auch eine Regierung aus Sozialisten und Kommunisten, die eine spätkeynesianische Politik des Staatsinterventionismus und der Nachfrageorientierung betrieb. Für die Brüsseler Politik bedeutete dies, dass zwei wichtige Mitgliedsstaaten der EG in grundlegenden Fragen der Wirtschafts- und Währungspolitik, die ja zu den Zentralbereichen europäischer Zuständigkeit gehörten, gegensätzlicher Meinung waren.

Hinzu kam, angetrieben durch die britische Politik der Regierung Thatcher, dass sich die einzelstaatliche Europapolitik mehr an nationalen Interessen orientierte. Seit ihren Anfängen hatten nationale Interessen die europäische Einigung bestimmt, doch nun stiegen die nationalen Durchsetzungsansprüche, und gerade im englischen Fall wurde Europapolitik stärker denn je dazu genutzt, innenpolitische Erfolge zu erzielen und Wähler zu binden oder gar neue zu gewinnen. Nicht nur in Großbritannien breitete sich ein oftmals undifferenzierter und unreflektierter »Anti-Europäismus« aus. Margaret Thatchers Kampagne »I want my money back« aus den frühen 1980er Jahren gehört in diesen europapolitischen Zusammenhang. Hier verbanden sich legitime britische Interessen – das Vereinigte Königreich war in der Beitragsfinanzierung der EG in der Tat benachteiligt – mit politischen Motiven, die mit der Brüsseler Europapolitik wenig, der Londoner Innen- und Parteipolitik aber viel zu tun hatten.

Nicht alle Argumente, die die »Eiserne Lady« in die Diskussion warf, waren einfach von der Hand zu weisen. Wenn die Premierministerin den europäischen Föderalismus und – in diesem Verständnis des Föderalismusbegriffs – die zentralistischen und zentralisierenden Bestrebungen der Brüsseler EG-Kommission geißelte und stattdessen den »Primat von Westminster« herausstellte, dann rührte das an die grundsätzliche Frage nationaler Souveränität im Rahmen der europäischen Integration, es rührte an die alles andere als zweitrangige Frage der demokratischen Legitimation Brüsseler Entscheidungen, die durch die Existenz des Europäischen Parlaments mit seinen zum damaligen Zeitpunkt sehr bescheidenen Rechten keineswegs beantwortet war.

Selbst Erfolge des Einigungsprozesses wie beispielsweise die Süderweiterung der EG durch Griechenland (1981) sowie Spanien und Portugal (1986) verschärften die nationalen Interessenkonflikte, nicht zuletzt im Zusammenhang mit der regionalen Strukturförderung für den Mittelmeerraum, von der bis dahin vor allem Frankreich und Italien profitiert hatten. Nun wurden die Verteilungskämpfe schärfer. Wichtiger war freilich die politische Bedeutung und Wirkung der Süderweiterung, denn durch den Beitritt der drei südeuropäischen Staaten, die gerade erst den Übergang von autoritären Diktaturen zur Demokratie bewältigt hatten, erhielt die »Idee Europa« als Zusammenschluss freiheitlich-demokratischer Staaten und Gesellschaften neue Strahlkraft. Der EG-Beitritt stabilisierte diesen Übergang und sicherte ihn ab. Schon lange vorher wirkte die Perspektive »Europa« in den Gesellschaften demokratisierend und gab den Demokratiebefürwortern mächtigen Auftrieb. Der von der EG ausgehende Demokratisierungsdruck wirkte in dieselbe Richtung. Und nicht zuletzt war die materielle Unterstützung der jungen Demokratien durch die EG für die ökonomische Fundierung ihrer liberal-demokratischen politischen Systeme von enormer Bedeutung. Von hier führt eine wichtige Entwicklungslinie der europäischen Einigung vor 1989 zu den Prozessen der Osterweiterung nach 1989, aber auch zu dem umstrittenen türkischen EU-Beitritt in der Gegenwart.

Angesichts der vielschichtigen Probleme und Konflikte, welche die europäische Integration zu Beginn der 1980er Jahre charakterisierten, stellt sich die Frage, woher die unverkennbare neue Integrationsdynamik kam, die in der Mitte des Jahrzehnts einsetzte und mit der Einheitlichen Europäischen Akte 1986 einen ersten Höhepunkt erreichte. Ein Verweis auf die gleichsam dialektische Wirkung von Lähmung, Schwäche und Krise reicht hier nicht aus. Dass aus der »Eurosklerose« ein neuer Aufbruch wurde, ist chronologisch nicht zu bestreiten, aber analytisch hilft das nicht weiter. Fraglos schuf die nach der scharfen Konfrontation allmählich einsetzende Entspannung zwischen West und Ost, einer alten Regel folgend, neue Spielräume für einen politisch eigenständigen Akteur (West-)Europa. Überdies waren sich die meisten europäischen Regierungen einig, dass die Herausforderung durch Gorbatschow und die Bewegung, die seine Politik in die internationalen Beziehungen brachte, nicht nur nach transatlantischen oder einzelstaatlich-nationalen, sondern auch nach europäischen Reaktionen verlangte. Für die Bundesrepublik stand dies ganz außer Frage.

Ein weiterer Faktor trat hinzu: Den Europäern demonstrierte das amerikanische SDI-Projekt den enormen Vorsprung, den die USA seit den 1970er Jahren insbesondere auf den Gebieten der Mikroelektronik und Informationstechnologie erzielt hatten. Und auch Japan war hier deutlich weiter vorangeschritten als die europäischen Staaten. Es war kein Zufall, dass die EG ein Jahr nach der Ankündigung von SDI ein großes, auf die Informationstechnologie ausgerichtetes Programm mit erheblichen Mitteln, genannt ESPRIT (European Strategic Program for Research in Information Technology), verabschiedete, welches die EG als forschungs- und technologiepolitischen Akteur etablierte. Als grundlegende Räson europäischer Integrationsfortschritte wird man ferner auch das Bemühen bezeichnen können, das nach der Überwindung der globalen Wirtschaftskrise wieder steigende ökonomische und monetäre Gewicht der Bundesrepublik, aber auch ihre nach der Nachrüstungskrise und mit dem Regierungswechsel von 1982 weiter zunehmende politische Stärke europäisch einzubinden. Das galt nicht zuletzt für das Frankreich François Mitterrands.

Der französische Präsident traf mit Helmut Kohl auf einen deutschen Bundeskanzler, dem der Fortgang der europäischen Einigung politisch mindestens ebenso wichtig war wie ihm selbst. Die Motive mögen unterschiedlich gewesen sein, und doch verband den Sozialisten Mitterrand und den Christdemokraten Kohl eine aus der historischen Erfahrung geborene Überzeugung, dass die deutsch-französische Freundschaft, die »Entente élémentaire«, wie es Willy Brandt genannt hatte, als Kern der europäischen Integration entscheidend war für die europäische Friedenspolitik. Beide, der 1916 geborene französische Präsident, der während des Zweiten Weltkriegs in deutscher Kriegsgefangenschaft gewesen war, und der 1930 geborene deutsche Bundeskanzler, der seinen älteren Bruder im Krieg verloren und selbst als Schüler in Ludwigshafen die Schrecken und Verheerungen des Krieges erlebt hatte, waren durch diese Jahre tief geprägt. Noch viele Jahrzehnte später bezeichnete Helmut Kohl die »Angst, die wir damals empfunden haben«, als »dominierendes Gefühl meines Lebens«. Damals sei der Imperativ »Nie wieder Krieg!« zum Teil seines Lebens, seines Wesens geworden.[23]

Die geschichtsbezogene Grundübereinstimmung der beiden Politiker äußerte sich in einer symbolisch aufgeladenen Politik, am stärksten 1984, als es 70 Jahre nach dem Beginn des Ersten Weltkriegs zu der emotionalen und emotionalisierenden Versöhnungsgeste auf dem Schlachtfeld von Verdun kam. Dort hatten zwischen 1914 und 1918 Zehntausende französischer und deutscher Soldaten ihr Leben verloren. Der Händedruck über der blutdurchtränkten Erde war auch insofern ein besonderes geschichtspolitisches Ereignis, als er sich auf den in der französischen Erinnerung bis heute viel präsenteren Ersten Weltkrieg bezog, auf den Großen Krieg – *la grande guerre* –, und nicht auf den Zweiten Weltkrieg und den Nationalsozialismus. Er steht somit fraglos in einer Reihe mit der Versöhnungsmesse in der Kathedrale von Reims, an der 1962 Charles de Gaulle und Konrad Adenauer teilnahmen. Die Geste von Verdun umging die Problematik einer auf den Zweiten Weltkrieg bezogenen Versöhnung, die sich in jedem Falle mit einer Anerkennung deutscher Schuld hätte verbinden müssen.

Jenseits des geschichtsbezogenen persönlichen Interesses der Regierungschefs an einer engen Partnerschaft und Kooperation der beiden Staaten bestimmten selbstverständlich politische Motive und nationale Interessen die deutsch-französischen Beziehungen. Für die Bundesrepublik war die Zusammenarbeit mit Frankreich ein Mittel, das eigene Gewicht in der internationalen Politik zu erhöhen, der eigenen Stimme durch den angestrebten Gleichklang mit Frankreich mehr Gehör zu verschaffen, nicht zuletzt in den Vereinigten Staaten. Die deutsche Politik nach 1982 konnte hier nahtlos an die Politik Helmut Schmidts und Valéry Giscard d'Estaings anknüpfen, für deren enge persönliche und politische Beziehungen die Politik der USA ein wichtiger Katalysator gewesen war. Gleichzeitig war aus deutscher Sicht der deutsch-französische Schulterschluss auch dem Interesse geschuldet, die feste Westbindung der Bundesrepublik nicht nur transatlantisch, sondern auch europäisch abzusichern und durch eine Politik der engen Kooperation und Verflechtung ihre Berechenbarkeit, ihre Abkehr vom Unilateralismus und dem Hegemonialstreben früherer deutscher Außenpolitik unter Beweis zu stellen.

Seit dem Zweiten Weltkrieg blieb Vertrauensbildung stets eines der wichtigsten außenpolitischen Ziele der Bundesrepublik. Vier Jahrzehnte nach Kriegsende hegten Deutschlands Nachbarn noch immer ein latentes Misstrauen gegen die Deutschen und die deutsche Politik. Dieses Misstrauen kam im Vereinigungsprozess der Jahre 1989/90 deutlich zum Vorschein, war in der Zeit davor aber keineswegs verschwunden. Angesichts der Vehemenz, mit der die Friedensbewegung in Deutschland sich für eine Herauslösung der Bundesrepublik aus dem Ost-West-Konflikt und damit letztlich auch aus den Integrationsstrukturen des Westens einsetzte, wie sie zum Teil national-neutralistische Positionen vertrat, wurden in Frankreich, aber auch anderswo in Europa alte Sorgen und Ängste wieder wach. Als Argument – ob ausgesprochen oder nicht – war die »deutsche Gefahr« in der internationalen Politik stets gegenwärtig. Seit den 1950er Jahren bildete sie, gewissermaßen in Umkehrung der westdeutschen Politik, ein zentrales Motiv französischer Europa- und Deutschlandpolitik. Diese hatte mehrere Dimensionen: Sie zielte auf die Einbindung und – dadurch – Kontrolle des deutschen Wirtschaftspotentials und versuchte durch die europäische Integration zu verhindern, dass die Bundesrepublik ihre ökonomische und monetäre Stärke im nationalen Alleingang in politische Macht verwandelte. Viel lieber sah es Frankreich, wenn das wirtschaftliche Gewicht der Bundesrepublik europäisiert und europäischen Interessen nutzbar gemacht wurde, die nicht selten freilich französische und gegen die Politik der USA gerichtete Interessen waren. Auch die bilaterale deutsch-französische Politik war also Europapolitik, und sie ist analytisch nicht von ihr zu trennen. Allerdings waren sowohl Frankreich als auch die Bundesrepublik stets darauf bedacht, aus ihren zwar nicht identischen, aber sich doch überschneidenden und komplementären europa- und speziell integrationspolitischen Interessen keinen europäischen Führungsanspruch abzuleiten und damit die übrigen Mitglieder der Europäischen Gemeinschaft auf einen zweiten Rang zu verweisen, was die Integration insgesamt gefährdet hätte.

Die transatlantischen Unstimmigkeiten der 1970er Jahre hatten deutlich gezeigt, dass die Vereinigten Staaten wirtschafts-, handels- und währungspolitisch, aber auch sicherheitspolitisch Interessen verfolgten, die mit denen der westeuropäischen Staaten nicht vollkommen identisch waren. Sie hatten auch gezeigt, dass die strukturelle Dominanz der amerikanisch-sowjetischen Supermachtbeziehungen im Ost-West-Konflikt die europäischen Verbündeten mit ihren zum Teil anders gelagerten Sicherheitsinteressen vor Probleme stellte. Schon in der Schluss-phase der Kanzlerschaft Helmut Schmidts und vor dem Hintergrund der schweren Verstimmungen im deutsch-amerikanischen Verhältnis während der Präsident-schaft Jimmy Carters hatte sich daher eine intensivere deutsch-französische sicher-heitspolitische Zusammenarbeit angebahnt, die zwar prinzipiell schon im Elysée-Vertrag von 1963 angelegt war, aber bis in die frühen 1980er Jahre nicht mit Leben gefüllt worden war. Auch hier ganz in der Kontinuität der Politik seines Amts-vorgängers stehend, machte sich Helmut Kohl die Ansätze einer intensivierten sicherheitspolitischen Kooperation zu eigen, deren Notwendigkeit durch das ame-rikanische SDI-Projekt von 1983 nur bestätigt zu werden schien.

Schon bei den ersten deutsch-französischen Konsultationen nach dem Regie-rungswechsel in Bonn im Oktober 1982 wurde ein Ausschuss für Sicherheits- und Verteidigungsfragen gebildet. Das setzte ein Zeichen, wenn auch unmittelbar kon-krete Resultate nicht erzielt wurden. Denn das französische sicherheitspolitische Kooperationsinteresse hatte klare Grenzen. Die französischen Nuklearwaffen, die »Force de frappe«, waren nicht Gegenstand der Zusammenarbeit. Hier setzte Mit-terrand die strikt auf die nationale Verfügungsgewalt über Atomwaffen gerichtete Politik seiner Vorgänger fort. Er war auch in diesem Sinne ein sozialistischer Gaul-list. Das französische Nuklearwaffenpotential diente unter ihm nicht nur der Ver-teidigung des Hexagons, sondern sollte auch den französischen Großmachtstatus – nicht zuletzt ja gerade gegenüber der Bundesrepublik – demonstrieren sowie das strikte Beharren auf der Idee nationaler Souveränität.

In der delikaten politischen Balance zwischen Frankreich und der Bundesre-publik kam der »Force de frappe« zweifelsohne auch die Funktion zu, das deutsche ökonomische Machtpotential, insbesondere die starke D-Mark, auszugleichen. Weil aber Frankreich nicht bereit war, die Bundesrepublik dafür mit unter seinen atomaren Schutzschirm zu nehmen, war in Paris das Interesse groß, die amerikani-sche nukleare Nachrüstung vor allem in der Bundesrepublik zu realisieren und unter dem schützenden Dach der amerikanischen Kernwaffen die deutsch-fran-zösische Kooperation bei der konventionellen Verteidigung und in der konventio-nellen Rüstungszusammenarbeit voranzutreiben. Aus diesem Grunde warb der französische Staatspräsident zum 20. Jahrestag des Elysée-Vertrags 1983 vor dem Deutschen Bundestag für die amerikanische Nachrüstung, während er sich gleich-zeitig weigerte, das französische – wie auch das britische – nukleare Mittelstrecken-potential in die Berechnungen des ost-westlichen nuklearen Kräfteverhältnisses als Grundlage für Rüstungskontroll- oder Abrüstungsverhandlungen mit einzu-beziehen.

Auf dieser Basis, die von der Bundesregierung akzeptiert wurde, verstärkte sich in den 1980er Jahren die bilaterale sicherheits- und verteidigungspolitische Kooperation. Sie reichte von gemeinsamen Großmanövern deutscher und französischer Streitkräfte über die Aufstellung einer deutsch-französischen Brigade und die Entwicklung eines deutsch-französischen Panzerabwehrhubschraubers bis hin zur Errichtung eines Sicherheits- und Verteidigungsrats 1988. Auch die Forschungs-, Entwicklungs- und Herstellungskooperation in der Luft- und Raumfahrt wurde intensiviert. Diese Bemühungen hatten allerdings von Anfang an europäischen Zuschnitt, beispielsweise im Rahmen des EUREKA-Programms (1985), aber auch in der durch die Europäische Weltraumbehörde, der European Space Agency (ESA), gebündelten Weltraumforschung der Europäer.

Wie sehr die Entwicklung der deutsch-französischen und der europäischen sicherheitspolitischen Kooperation Hand in Hand ging, zeigte sich auch in der von Frankreich angestoßenen Wiederbelebung der Westeuropäischen Union (WEU). Diese Initiative wäre ohne den politischen Willen in Bonn und Paris nicht denkbar gewesen, doch sie stieß auch bei anderen europäischen Staaten auf Resonanz. Die auf die unmittelbare Nachkriegszeit zurückgehende WEU hatte zunächst vor allem die Aufgabe gehabt, die deutsche Wiederbewaffnung zu kontrollieren und europäisch abzusichern, war also in erster Linie eine Institution der Rüstungskontrolle. Als »Bündnis im Bündnis« verlor sie nun zwar nicht ihre alte Funktion, war aber mehr Ausdruck dessen, was man »europäische Sicherheitsidentität« nannte. Nach der Verabschiedung der Einheitlichen Europäischen Akte 1986 war die WEU-Kooperation ein wichtiger Bestandteil der EPZ, bevor sie mit dem Vertrag von Maastricht in die Gemeinsame Außen- und Sicherheitspolitik (GASP) der Europäischen Union integriert wurde.

Nachdem der europäische Gipfel von Fontainebleau 1984 die beiden strittigsten Probleme der Europäischen Gemeinschaft gelöst hatte, nämlich die Frage der britischen Beiträge und die Finanzierung der europäischen Agrarpolitik, konnte man auch auf eine substantielle Reform der institutionellen Strukturen zusteuern, die man – nicht nur in Bonn und Paris – für unerlässlich hielt, sollte der Einigungsprozess neuen Schwung erhalten. Voraussetzung dafür war allerdings, dass Frankreich eine Kehrtwende in der Wirtschafts- und Finanzpolitik vornahm, für die Jacques Delors, seit 1983 »Superminister« für Wirtschaft und Finanzen in der französischen Regierung, sorgte. Die lähmende Blockade der europäischen Integration, für die der grundsätzliche ordnungspolitische Dissens zwischen dem noch keynesianisch orientierten Frankreich der ersten Mitterrand-Jahre und dem England Margaret Thatchers gesorgt hatte, war damit gelöst. 1985 wurde – »ein Glücksfall für Europa«[24] – Jacques Delors Präsident der Brüsseler EG-Kommission. Frankreich und die Bundesrepublik hatten sich gemeinsam für den Franzosen stark gemacht. Indem er auf den europäischen Binnenmarkt zustrebte, zu dem er sich vorbehaltlos bekannte, gelang es dem neuen Kommissionspräsidenten, frischen Elan in die Integration zu bringen.

Die Vorstellung des freien Verkehrs von Waren, Dienstleistungen, Kapital und Personen beflügelte die europäische Wirtschaftspolitik und löste zugleich eine neue politisch-institutionelle Dynamik aus. Sie fand 1986 ihren ersten Höhepunkt in der Einheitlichen Europäischen Akte, einem Vertragsbündel von insgesamt neun Einzelverträgen. Diese schrieben zum einen das Ziel des Binnenmarktes fest, dessen Errichtung sie für das Jahr 1992 vorsahen. Was man in den 1970er und frühen 1980er Jahren so vermisst hatte, war nun mit einem Mal wieder gegeben: Die Politik der europäischen Einigung hatte ein großes Ziel jenseits aller tagespolitischen Erfordernisse und jenseits aller Integrationsschritte in Einzelbereichen. Die Dynamik der wirtschaftlichen Integration auf marktorientierter und freihändlerischer Grundlage wurde durch die Aussicht auf die Europäische Union, die ebenfalls in der Einheitlichen Akte festgeschrieben war, mit der politischen verknüpft. Zu den institutionellen Reformmaßnahmen gehörten veränderte Beschlussverfahren im Ministerrat, die – insbesondere in den Binnenmarkt betreffenden Fragen – Mehrheitsentscheidungen ermöglichten, aber auch eine zumindest leichte Verbesserung der Rechte des Europäischen Parlaments. Vor allem aber integrierte die Einheitliche Europäische Akte die bis dahin existierenden europäischen Institutionen in einem Vertragsdokument, was umso wichtiger war, als ja Institutionen beziehungsweise Praktiken wie der Europäische Rat, die Europäische Politische Zusammenarbeit oder auch das Europäische Währungssystem noch keine europäische Vertragsgrundlage hatten.

Neben den Binnenmarkt trat zwei Jahre später, 1988, als weiteres Ziel die Wirtschafts- und Währungsunion. Diese war zwar schon zu Beginn der 1970er Jahre entworfen worden, beispielsweise im Werner-Plan, musste aber wegen der weltwirtschaftlichen Entwicklungen bis weit in die 1980er Jahre hinein auf Eis gelegt werden. Allerdings bildeten die weltwirtschaftlichen Ungleichgewichte, der schwache Dollar und eine unilaterale amerikanische Währungspolitik, die mit zum Börseneinbruch am 19. Oktober 1987 beitrug, einen weiteren Anstoß für die Revitalisierung der Pläne einer europäischen Währungsunion. Spätestens in der Phase der extremen Dollar-Schwäche der 1970er Jahre, aber auch infolge der fortdauernden Probleme der US-Wirtschaft und des erneuten Dollar-Verfalls ab 1985 war Westeuropa zum DM-Währungsgebiet geworden. Auf die deutsche Wirtschafts- und

Währungspolitik aber hatten die westeuropäischen Partner der Bundesrepublik kaum Einfluss.

Bonn wehrte sich beharrlich gegen eine »Lokomotiv-Funktion« für die europäische oder gar die Weltwirtschaft, denn das hätte inflationäre Tendenzen in der Bundesrepublik befördert. Hier schien die Perspektive einer ökonomischen und monetären Union mit einer gemeinsamen Währung Abhilfe zu bieten. Die Bundesregierung verhielt sich in dieser Frage eher zurückhaltend. Was würde eine Wirtschafts- und Währungsunion für die stabilitätsorientierte deutsche Wirtschafts- und Geldpolitik bedeuten, für die »harte« DM und für die Unabhängigkeit der deutschen Bundesbank? Innerhalb der Bundesregierung trat der liberale Koalitionspartner für eine Politik der Wirtschafts- und Währungsunion ein. Vor allem aber gelang es Jacques Delors, der hier eine klar an französischen Interessen ausgerichtete Politik betrieb, die europäischen Zentralbankchefs in das Projekt einzubinden. Im Sommer 1989, als der europäische Gipfel von Madrid einen Dreistufenplan für eine Wirtschafts- und Währungsunion verabschiedete, war jedoch keinesfalls gewiss, ob man dessen vorgesehene Endstufe, eine gemeinsame europäische Währung und eine europäische Zentralbank, überhaupt würde erreichen können. Erst die Ereignisse im Herbst 1989, der Fall der Mauer und die sich abzeichnende deutsche Einheit, sollten die Schubkraft entwickeln, die dann innerhalb von 13 Jahren zur Einführung einer europäischen Währung, des Euro, führte.

Weltmacht wider Willen?

War die Bundesrepublik Deutschland der 1980er Jahre eine Weltmacht, womöglich eine »Weltmacht wider Willen«?[25] Der Begriff der Weltmacht ist missverständlich, weil in ihm ein Streben nach Hegemonie mitschwingt, das zwar die Außenpolitik des deutschen Nationalstaats zwischen 1871 und 1945 charakterisierte, das aber die Bundesrepublik seit 1949 überwunden hat. Unter den Bedingungen des Ost-West-Konflikts waren nur die USA und die Sowjetunion wirkliche Weltmächte. Sie allein verfügten als Supermächte über die Fähigkeit zu globaler Machtprojektion. Doch seit den 1970er Jahren wurde der außenpolitische Handlungsspielraum der Bundesrepublik zunehmend global. Dafür gab es verschiedene Ursachen: Mit ihrer Aufnahme in die Vereinten Nationen 1973 war die Bundesrepublik Mitglied einer weltumspannenden Staatenorganisation geworden und musste sich in der UNO mit den Fragen und Problemen der globalen Staatenwelt befassen: von politischen Krisen und Spannungen in einzelnen Weltregionen bis hin zu globalen Entwicklungen und Menschheitsfragen. Aber auch ihr gestiegenes und weiter wachsendes wirtschaftliches Gewicht, ihre Bedeutung als Handelsmacht und die Stärke ihrer Währung ließen die Bundesrepublik zu einem globalen politischen und ökonomischen Akteur werden, wobei politisches und wirtschaftliches Handeln nicht wirklich voneinander abzugrenzen war.

Der Aufstieg der Bundesrepublik zu einem globalen Akteur lässt sich nicht nur aus der Entwicklung der Bundesrepublik selbst erklären. Die strukturelle Grundlage für ihre weltweite Präsenz und Bedeutung waren mächtige Prozesse einer primär wirtschaftlichen, doch bald auch auf andere Bereiche ausstrahlenden und übergreifenden internationalen, ja globalen Vernetzung und Verflechtung. Sie ist eine Teildimension jener Globalisierung, die seit den 1990er Jahren die internationalen Beziehungen entscheidend prägt, aber auch tief in einzelne Staaten und ihre Gesellschaften hineinwirkt. Die Dynamik dieser Globalisierung beruhte vor allem auf zwei Säulen: der enormen Ausweitung des Welthandels, des Transfers von Waren, aber auch von Kapital und – wenngleich eng damit zusammenhängend – auf neuen, weltumspannenden Kommunikations- und Informationsmöglichkeiten sowie Mobilitätschancen. Von dieser Dynamik wurden alle Bereiche – Politik, Wirtschaft, Gesellschaft und Kultur, die sich immer stärker in globalen, weltumspannenden Bezügen entwickelten – erfasst. Globalisierung unterscheidet sich von älteren Prozessen der Internationalisierung in erster Linie dadurch, dass sie entnationalisierend wirkt, dass sie die Bedeutung nationaler beziehungsweise nationalstaatlicher Grenzen relativiert, dass sie die territorialstaatliche Ordnung des internationalen Systems, das sich seit der Frühen Neuzeit herausgebildet hat, auflöst und damit auch die Handlungsmöglichkeiten nationaler Politik limitiert. Wenn die Globalisierung auch alles andere war – und ist – als ein rein außenpolitisch relevanter Prozess, so trug sie doch dazu bei, dass die Außenpolitik der Bundesrepublik in immer stärkerem Maße global orientiert war.

Die Entwicklungspolitik zielte auch in den 1980er Jahren darauf, den wirtschaftlichen Aufbau der Länder der »Dritten Welt« zu Handelspartnern voranzutreiben. Dies geschah allerdings, indem man »die Unterstützung der Selbständigkeit und Unabhängigkeit der Staaten der Dritten Welt gegen eine Politik der Einfluss- und Vorherrschaftszonen, die die Dritte Welt zum Ausgangspunkt weltweiter Spannungen macht«, stellte, eine Prämisse, welche bereits die sozialliberale Regierung formuliert hatte.[26] Es war vor diesem Hintergrund keineswegs leicht, eine klare Linie durchzuhalten, zumal die entwicklungspolitischen Zielvorstellungen der christlich-liberalen Koalitionsparteien divergierten. Während die FDP mit Außenminister Genscher das größte Gewicht auf den friedenspolitischen Primat legte, betrieb insbesondere die CSU, die in den drei Kabinetten der Regierung Kohl vor 1990 den für Entwicklungspolitik zuständigen Minister für wirtschaftliche Zusammenarbeit stellte, eine Politik, die stark antikommunistisch ausgerichtet und von der ideologischen Frontbildung des Ost-West-Konflikts geprägt war.

Der Gegensatz zwischen diesen beiden Positionen verweist auf die Frage nach der strukturbildenden Kraft des Ost-West-Konflikts seit den 1970er Jahren. War er noch der primäre, wenn nicht gar der alleinige Bestimmungsfaktor des internationalen Systems und der internationalen Beziehungen? Oder war der Nord-Süd-Konflikt, verstanden als Gegensatz zwischen den reichen Industrieländern des Nordens und den armen Entwicklungsländern des Südens, mit womöglich noch größerer Prägekraft an seine Seite getreten? Die Vereinten Nationen setzten 1977 eine »Nord-Süd-Kommission« ein, deren Vorsitz der ehemalige Bundeskanzler Willy Brandt übernahm. Der Abschlussbericht dieser Kommission, der so genannte Brandt-Bericht von 1980, forderte unter dem Titel »Das Überleben sichern« eine »Globalisierung der Politik« und verwies auf die Bedeutung und Reichweite von Umwelt- und Energiefragen für das Überleben der Menschheit. Aber selbst die Arbeit der Nord-Süd-Kommission war nicht frei von den Gegensätzen zwischen Ost und West, zwischen Kapitalismus und Sozialismus. Der Brandt-Bericht verlor viel von seiner Wirkung, weil er im Krisenjahr 1980 nur am Rand der internationalen öffentlichen Aufmerksamkeit stand, vor allem aber weil Willy Brandt als Vorsitzender der Sozialistischen Internationale einen immer stärker gegen die globale amerikanische Politik gerichteten Kurs vertrat. Das schadete seinem Ansehen auch im eigenen Land, wo die Gegner der SPD die entwicklungspolitischen Konzepte der Brandt-Kommission als Versuch werteten, sozialistischen Politik- und Wirtschaftsmodellen globale Geltung zu verschaffen. Das ging fraglos an der Sache vorbei, doch es war nicht zu übersehen, dass die Entwicklungspläne des Brandt-Berichts, die in weiten Teilen die Züge eines durch massive Geldtransfers finanzierten globalen Konjunkturprogramms trugen, den interventionistischen Geist des Keynesianismus atmeten, der in der nationalen und internationalen Wirtschafts- und Finanzpolitik im Zeichen des neoliberalen Paradigmas längst an den Rand gedrängt worden war.

Noch stärker als die beiden CSU-Minister Jürgen Warnke und Hans Klein stand der CSU-Vorsitzende und bayerische Ministerpräsident Franz Josef Strauß für eine Entwicklungspolitik unter dem Primat von Antikommunismus und Ost-West-Konflikt.[27] Strauß' Politik war – nicht nur in Entwicklungshilfefragen – höchst widersprüchlich. Während der »verhinderte Außenminister«, wie ihn die *Zeit* nannte,[28] Entwicklungshilfe für Staaten, in denen sozialistische oder kommunistische Kräfte einen bestimmenden Einfluss ausübten, ablehnte, hatte er keine Vorbehalte, diktatorische Regime in Afrika oder Lateinamerika wie beispielsweise Zaire oder Chile zu unterstützen, solange sie nur einen pro-westlichen oder pro-amerikanischen Kurs verfolgten beziehungsweise eine antikommunistische Politik betrieben. Seine wirtschafts- und handelspolitischen Überlegungen liefen solchen Motiven zum Teil zuwider, gewannen aber zumeist die Oberhand über den rigiden Antikommunismus, etwa als es um Wirtschaftsbeziehungen und Geschäfte mit der Volksrepublik China ging. Waren ökonomische Interessen im Spiel, dann war Strauß auch bereit, in Menschenrechtsfragen, die in der globalen Politik an Bedeutung gewonnen hatten, ein Auge zuzudrücken. So hielt die weltweite Ächtung der Apartheid-Politik den CSU-Politiker nicht davon ab, Beziehungen zu Südafrika zu pflegen, das nach seiner Ansicht als Rohstofflieferant strategische Bedeutung besaß. Zu einer permanenten Belastung des Koalitionsklimas wurde das Engagement des CSU-Vorsitzenden im Bereich des Rüstungsexports. Weil wichtige Unternehmen der westdeutschen Rüstungsindustrie in Bayern ansässig waren, verfolgte Strauß damit stets auch bayerische Interessen, etwa als er sich 1986 für die Lieferung deutscher – in Bayern hergestellter – Leopard-II-Panzer an Saudi-Arabien einsetzte. Damit missachtete er nicht nur – wenn auch in bester antikommunistischer Absicht – die Position der Bundesregierung, keine Waffen in Krisengebiete zu liefern, sondern ignorierte auch den fortdauernden arabisch-israelischen Konflikt und die besondere historische Verpflichtung der Bundesrepublik Israel gegenüber.

Die Bundesrepublik spielte auf der Weltbühne zwar eine zunehmend wichtige Rolle, aber eine konsequente und systematische Politik im globalen Rahmen betrieb sie nicht. Ihr weltpolitisches Handeln blieb jenseits allgemeiner Imperative wie Frieden oder Förderung des Handels punktuell, situativ und auf den Einzelfall zugeschnitten. Viele der internationalen Krisen und Konflikte, ob nun im Nahen Osten oder in Lateinamerika, in denen auch die Bundesrepublik Position beziehen musste, waren mit dem Ost-West-Gegensatz eng verflochten, doch deshalb ließen sich die auf Europa und das transatlantische Verhältnis fixierten politischen Interessen der Bundesrepublik nicht direkt auf andere Weltregionen übertragen.

Insbesondere die militärische Sicherheit der Bundesrepublik wurde so gut wie ausschließlich im europäisch-amerikanischen Kontext und insbesondere im NATO-Rahmen verhandelt. Man muss das nicht als Provinzialismus kritisieren.[29] Es ist unbestritten, dass in den Jahrzehnten des Ost-West-Konflikts die deutschen Sicherheitsinteressen primär durch die sowjetische Bedrohung und die militärische Konfrontation von NATO und Warschauer Pakt bestimmt waren. Das schränkte den Sicherheitsbegriff unweigerlich auf das Militärische ein und führte dazu, dass die politische Brisanz von Krisen und Konflikten in anderen Weltgegenden unterschätzt wurde. Auf die Notwendigkeit, ihre Sicherheitspolitik nach der Wiedervereinigung im globalen Rahmen zu sehen, waren die Bundesrepublik und ihre Gesellschaft in keiner Weise vorbereitet. Innerhalb des westlichen Bündnisses erntete die weltpolitische Zurückhaltung der Bundesrepublik, so gut sie auch – nicht zuletzt historisch – zu begründen war, zunehmend Kritik, die mit dem Vorwurf einer deutschen »Scheckbuch-Diplomatie« verbunden war. Das mochte der ökonomischen Leistungskraft der Bundesrepublik entsprechen, aber nach den Vorstellungen der deutschen Verbündeten von Bündnissolidarität und gemeinsamem Handeln war das nicht genug, denn es stand in Widerspruch zu dem weltpolitischen Gewicht, das die »alte« Bundesrepublik in den Jahren vor 1989/90 schon besaß.

Wenn die Bundesrepublik global präsent war, so war sie es nicht allein durch ihr Regierungshandeln. Gerade die Entwicklungspolitik war ein Feld, auf dem nicht nur staatliche, sondern auch halb- und nichtstaatliche Akteure, hier insbesondere die mit dem Prozess der Globalisierung eng verbundenen Nichtregierungsorganisationen (Non-governmental organizations, NGO), mit völlig unterschiedlichen Interessen in wachsender Zahl vertreten waren. Immer mehr nationale Organisation schlossen sich in internationalen Vereinigungen oder Verbänden zusammen, und auch auf anderen Feldern wie der Menschenrechts- oder der Umweltpolitik entstanden internationale – oder präziser transnationale – NGOs von wachsender Bedeutung. Beispiele dafür sind die Menschenrechtsorganisation Amnesty International oder auch die Umweltorganisation Greenpeace.

Honecker in Bonn: Deutschlandpolitik vor 1989

Die Entwicklung der deutsch-deutschen Beziehungen nach dem Regierungswechsel von 1982 ließ nicht im Mindesten erahnen, dass der Fall der Mauer, das Ende der DDR und die deutsche Wiedervereinigung unmittelbar bevorstanden, im Gegenteil: Die Deutschlandpolitik der Bundesrepublik – und das Gleiche galt für die der DDR – ging von der Fortdauer des Ost-West-Konflikts und der deutschen Teilung aus, »wahrscheinlich länger als die Lebenszeit meiner Generation«, wie es der Bundeskanzler 1983 formulierte.[30] Sie war geprägt von der Maxime, den Anspruch aller Deutschen auf Selbstbestimmung und dadurch auch auf staatliche Einheit aufrechtzuerhalten, gleichzeitig jedoch »die Folgen der Teilung für die Menschen in Deutschland erträglicher zu machen und die Einheit der Nation zu wahren«, wie in einem von den Koalitionsparteien und der SPD gemeinsam verabschiedeten

Beschluss des Bundestags vom Februar 1984 betont wurde.[31] Der »Zustand des Zusammenlebens«, den Helmut Kohl in seinem ersten Bericht zur Lage der Nation im geteilten Deutschland als deutschlandpolitisches Ziel entwickelte, sollte nach dem Wunsch der Bundesregierung ein Zustand sein, »in dem das gewachsene Geflecht der Beziehungen sich verdichtet und weiter verfestigt, … in dem beide Seiten durch ausgewogenes Geben und Nehmen ihrer Verantwortung für die Menschen gerecht werden, … der für beide Seiten Verpflichtungen enthält, auf die sie sich verlassen können«.

Für die Bundesregierung ergaben sich daraus ganz konkrete Ziele, die bis 1989 alle deutsch-deutschen Verhandlungen und Gespräche bestimmten: die Senkung des Mindestumtauschs, der Ausbau des Reise-, Besucher- und Transitverkehrs, die Kooperation im Umweltschutz, die Zusammenarbeit im Bereich von Kultur, Bildung, Wissenschaft, Technik und Sport, Rechtshilfeverhandlungen und Verhandlungen über den innerdeutschen Handel.[32] Es ging also darum, wie es der Bundeskanzler ausdrückte, »dass die Menschen zueinander kommen«.[33] Das bedeutete, dass auch die christlich-liberale Koalitionsregierung – ganz in der Kontinuität der sozialdemokratisch geführten Bundesregierungen – alles unterließ, was geeignet sein konnte, die DDR zu destabilisieren, weil das im Zeichen des Ost-West-Gegensatzes und des sowjetischen Dominanzanspruchs völlig unkalkulierbare Folgen nach sich ziehen konnte und ein inakzeptables Konfliktrisiko barg. Diesen Konsens teilten innerhalb der Koalition auch die CSU und Franz Josef Strauß, der mit der Vermittlung des »Milliardenkredits« 1983 deutlich machte, dass auch er keinesfalls die Destabilisierung der DDR anstrebte. Widerstand gegen diesen Kurs erhob sich nur am rechten Rand der Unionsparteien, wo ein scharfer, dogmatischer Antikommunismus und ein enger Nationalkonservatismus die politischen Grundüberzeugungen bestimmten. Das änderte nichts am deutschlandpolitischen Kurs des Bundeskanzlers, blieb aber dennoch nicht ganz folgenlos: Vom rechten Rand der CSU lösten sich einige Gegner des Milliardenkredits und der Politik, für die er stand, um zusammen mit dem Fernsehjournalisten Franz Schönhuber im November 1983 die rechtsradikale Partei der »Republikaner« zu gründen.

Die Stabilisierung der DDR war indes nicht das Ziel, sondern die in Kauf genommene Folge einer Politik, die den Zusammenhalt der Nation unterhalb der Schwelle der staatlichen Teilung wahren und vor allem den Menschen in Ostdeutschland das Leben mit der Teilung erleichtern wollte. Eine regelrechte Stabilisierungspolitik, gar ein »Stabilisierungsgebot« hat es nicht gegeben – weder vor noch nach 1982.[34] Die beiden »Milliardenkredite«, die keine Kredite der Bundesregierung waren, sondern Bundesbürgschaften für Bankenkredite, folgten exakt dieser politischen Logik. Die Bundesrepublik trug zur ökonomischen und damit fraglos auch zur politischen Stabilisierung der DDR und ihrer Führung bei, und im Gegenzug gewährte die DDR humanitäre Erleichterungen, auch wenn das nie Gegenstand formaler Vereinbarungen war. Auf diese Weise kam es zur Senkung des Mindestumtauschs, es wurden mehr Ausreisegenehmigungen erteilt, die Bundesrepublik konnte mehr »politische Häftlinge«, unter ihnen viele Fluchtwillige beziehungsweise Menschen, deren Fluchtversuche gescheitert waren, freikaufen, und ab Mitte des Jahrzehnt wurden sogar die furchtbaren Selbstschussanlagen an der innerdeutschen Grenze demontiert. Die Grenze wurde dadurch kein bisschen durchlässiger, denn die Grenzsicherungsmaßnahmen der DDR im Vorfeld der »Staatsgrenze West« waren mittlerweile so effizient, dass man auf die Selbstschussanlagen direkt an Mauer und Stacheldraht gut verzichten konnte. Aber der Bundesregierung ging es darum, Grenzzwischenfälle mit Todesfolge zu vermeiden, die immer wieder die deutsch-deutschen Beziehungen belasteten und die Fortführung der Normalisierungs- und Stabilitätspolitik gefährdeten. Ausschließen konnte man sie freilich nicht. Bis zuletzt haben gerade Republikflüchtlinge und Maueropfer auf den grundlegenden Gegensatz zwischen Bundesrepublik und DDR und auf die wahre Natur des SED-Regimes verwiesen.

Anders als viele erwartet hatten, kam für die deutsch-deutschen Beziehungen weder nach dem Regierungswechsel in Bonn noch nach dem Stationierungsbeschluss des Bundestags 1983 eine Eiszeit. In Bonn wie in Ost-Berlin verfolgte man eine Politik, die alles unternahm, die Verschlechterung des ost-westlichen Klimas im Allgemeinen, insbesondere aber die dramatische Entwicklung der Beziehungen zwischen der UdSSR und der Bundesrepublik nicht auf das deutsch-deutsche Verhältnis zurückwirken zu lassen. Eine Herauslösung der beiden deutschen Staaten aus den Entwicklungen des Ost-West-Verhältnisses insgesamt und aus der strukturellen Dominanz der amerikanisch-sowjetischen Supermachtbeziehungen war das keineswegs, aber es blieben doch unterhalb der Ebene des Systemgegensatzes politische Handlungsfreiräume erhalten, welche die fortgesetzte Politik der Nachbarschaft und des Dialogs ermöglichten. Das beobachtete man in Moskau in den Jahren vor Gorbatschow mit erheblichem Misstrauen. Im Kreml witterte man eine nicht hinnehmbare Lockerung der Blockkohäsion und einen ostdeutschen Versuch, der sowjetischen Dominanz zumindest partiell zu entkommen. Außerdem fürchtete man, dass die »Milliardenkredite« und generell die westdeutschen Transferleistungen die wirtschaftliche Stabilität der DDR in zunehmendem Maße von der Bundesrepublik abhängig machen und die DDR früher oder später unter westlichen Druck setzen könnten. Zweimal, 1983 und 1984, musste auf Drängen Moskaus ein offizieller Besuch Erich Honeckers in der Bundesrepublik abgesagt werden. Erst nach dem Amtsantritt Michail Gorbatschows rückte ein solcher Besuch wieder in den Bereich des Möglichen.

Am 7. September 1987 schließlich wehte vor dem Bonner Bundeskanzleramt die Flagge der DDR, ein Musikkorps der Bundeswehr intonierte die Hymne »Auferstanden aus Ruinen«, aber auch das Deutschlandlied. Gesungen wurden beide Hymnen, in deren Texten von »Deutschland, einig Vaterland« beziehungsweise von »Einigkeit und Recht und Freiheit« die Rede war, nicht. Gemeinsam schritten der Kanzler der Bundesrepublik Deutschland und der Staatsratsvorsitzende der DDR eine Ehrenformation der Bundeswehr ab. Auch wenn dem ostdeutschen Gast die letzten protokollarischen Ehren eines Staatsoberhaupts versagt blieben, machte die politisch-protokollarische Inszenierung doch die historische Bedeutung des Augenblicks deutlich.

Der erste Besuch eines Staats- und Parteichefs der DDR in der Bundesrepublik – Willi Stoph war ja 1970 als Vorsitzender des DDR-Ministerrats nach Kassel gekommen – lag völlig in der Logik der deutsch-deutschen Beziehungen und der westdeutschen Deutschlandpolitik der Regierungen Brandt, Schmidt und Kohl. Der große Gewinner der fünftägigen Westreise Honeckers an der Spitze einer hochrangigen ostdeutschen Delegation war jedoch eindeutig die DDR und die SED-Führung, die den Empfang Honeckers in Bonn völlig zu Recht und durchaus in Übereinstimmung mit der Meinung im Westen als endgültige politische Anerkennung der DDR wertete. Die Pflege freundlicher und, wie es immer wieder hieß, gutnachbarlicher Beziehungen zwischen der Bundesrepublik und der DDR war in der zweiten Hälfte der 1980er Jahre in der Bundesrepublik politisch nicht mehr umstritten. Das Spektrum der Politiker, die den SED-Chef auf seiner Reise durch den Westen empfingen, reichte von Oskar Lafontaine bis zu Franz Josef Strauß. Vielleicht hatten sich nicht alle, denen Honecker in jenen Septembertagen die Hand schüttelte, mit der Teilung abgefunden, mit ihr und in ihr eingerichtet aber hatte man sich auf jeden Fall.

Konsequent und geschickt vertrat der Bundeskanzler die Grundpositionen seiner Deutschlandpolitik. Die Spannung zwischen prinzipieller Distanzierung und dem Imperativ pragmatischer Nähe kennzeichnete vor allem seine Tischrede, die er am Abend des ersten Besuchstags in Bad Godesberg hielt und die, das ist entscheidend, vom Fernsehen in beide Staaten direkt übertragen wurde. In dieser Ansprache stellte Kohl immer wieder die beiden Prämissen seiner Deutschlandpolitik gegenüber. Da hieß es zunächst: »Die Menschen in Deutschland wissen, dass hier zwei Staaten bestehen, die viele praktische Fragen miteinander regeln müssen.

Aber sie wissen auch: Dieser Besuch hat eine besondere menschliche und politische Dimension. ... Das Bewusstsein für die Einheit der Nation ist wach wie eh und je, und ungebrochen ist der Wille, sie zu bewahren.« Und sosehr der Kanzler dann auch ganz in der Kontinuität seiner beiden Vorgänger von dem »Bemühen um ein geregeltes Miteinander« sprach, so wenig ließ er Zweifel am Fortbestehen der unvereinbaren Positionen beider Staaten im Prinzipiellen: »An den unterschiedlichen Auffassungen der beiden Staaten zu grundsätzlichen Fragen, darunter zur nationalen Frage, kann und wird dieser Besuch nichts ändern. ... Die Präambel des Grundgesetzes steht nicht zur Disposition. ... Wir achten die bestehenden Grenzen, doch die Teilung wollen wir überwinden: auf dem Wege friedlicher Verständigung und in Freiheit. Die deutsche Frage bleibt offen ...« Und weiter: »Die Menschen in Deutschland leiden an der Trennung. Sie leiden an einer Mauer, die ihnen buchstäblich im Wege steht und die sie abstößt. Wenn wir abbauen, was Menschen trennt, tragen wir dem unüberhörbaren Verlangen der Deutschen Rechnung: sie wollen zueinander kommen können, weil sie zusammengehören.«[35]

Honecker versuchte auf Kohls Rede zu reagieren und gewissermaßen mit ihm gleichzuziehen, indem er einerseits auf die friedenspolitische Bedeutung guter Beziehungen zwischen den beiden deutschen Staaten hinwies, dabei aber keine neuen Akzente setzte, und andererseits – wohl aus dem Augenblick heraus – unterstrich, dass die Entwicklung der deutsch-deutschen Beziehungen von den Realitäten dieser Welt gekennzeichnet sei, und diese Realitäten bedeuteten, »dass Sozialismus und Kapitalismus sich so wenig vereinigen lassen wie Feuer und Wasser«.[36] Viel Aufmerksamkeit geschenkt wurde 1987 der Bemerkung Honeckers beim Besuch seines Geburtsorts Neunkirchen im Saarland, die Grenzen seien unter den Bedingungen des Ost-West-Konflikts nicht so, »wie sie es sein sollten«. Wenn man weiter friedlich zusammenarbeite, werde der Tag kommen, »an dem Grenzen uns nicht trennen, sondern Grenzen uns vereinen, so wie uns die Grenze zwischen der Deutschen Demokratischen Republik und der Volksrepublik Polen vereint«.[37] Es musste aufhorchen lassen, dass Honecker das Wort »vereinen« gebrauchte, aber welche politischen Folgerungen sollte man daraus ziehen? Bis zum Ende der SED-Herrschaft war von einer Tendenz hin zu einer »vereinenden Grenze« nichts zu erkennen, im Gegenteil: Mauer und Schießbefehl blieben die definierenden Merkmale der innerdeutschen Grenze, an der in den Jahren 1987 bis 1989 weiterhin Menschen ermordet wurden. Dass sich zwischen 1980 und 1988 die Zahl der legalen Übersiedler aus der DDR in die Bundesrepublik deutlich erhöhte, von 12 763 auf 39 832, und die Zahl der Flüchtlinge von 3107 auf 9705 anstieg, wird man kaum als Bestätigung von Honeckers Aussage werten wollen. Diese Zahlen offenbaren vielmehr die wachsende Resignation in der DDR-Bevölkerung, die zunehmende staatliche Repression und die Praxis des Regimes, durch Ausreisegenehmigungen der Unruhe in der Bevölkerung die Spitze zu nehmen und den wachsenden Druck wie durch ein Ventil entweichen zu lassen.

Dass die Regierung Kohl/Genscher nach 1982 scheinbar ungebrochen die Ost- und Deutschlandpolitik der sozialliberalen Koalition fortführte, löste in der SPD erhebliche Irritationen aus. In dem Bestreben, die sozialdemokratische Ostpolitik fortzuführen und gleichzeitig der christlich-liberalen Bundesregierung ein eigenes ost- und deutschlandpolitisches Konzept gegenüberzustellen, entwickelte sie daher die so genannte Zweite Ostpolitik. Diese neue Ostpolitik führte dazu, dass die SPD vor dem Hintergrund der NATO-Nachrüstung und der Kontroversen um Rüstungsfragen sicherheitspolitische Positionen vertrat, die sich immer weiter von der Politik der NATO und der westlichen Verbündeten der Bundesrepublik, allen voran den USA, entfernten. Die Zweite Ostpolitik war – und das wurde damals schon kritisiert – eine regelrechte »Nebenaußenpolitik«, weil sie an der Bundesregierung und insbesondere am Bundesaußenministerium vorbei das Gespräch suchte mit den kommunistischen Parteien und damit automatisch und zwangsläufig den Regierungen des Ostblocks, mit denen die SPD in zum Teil förmliche Verhandlungen über Abrüstungsverträge eintrat. Insbesondere mit der SED handelte man drei Vertragsentwürfe aus, die von den jeweiligen Parteigremien auch »ratifiziert« wurden: einen Vertrag über eine chemiewaffenfreie Zone, einen über einen atomwaffenfreien Korridor in Mitteleuropa (der in vielem an die Disengagement-Pläne der 1950er Jahre anknüpfte) sowie ein Papier über eine »Zone des Vertrauens und der Sicherheit in Zentraleuropa«. Damit sollte die Bundesregierung unter Druck gesetzt werden, was aber nicht gelang, zumal diese Abrüstungsinitiativen infolge der amerikanisch-sowjetischen Abrüstungspolitik seit 1985 zunehmend an den Rand gedrängt wurden. In der Bundesrepublik weckte die SPD Zweifel an ihrer Loyalität als parlamentarische Opposition, da sie sich unter dem bestimmenden Einfluss Egon Bahrs, Willy Brandts und dessen politischen Enkeln außen- und sicherheitspolitisch immer weiter vom Westen entfernte.[38] Sie diskreditierte sich überdies durch ihre zunehmende Nähe zu den kommunistischen Regimeparteien des Ostens, die in den westdeutschen Sozialdemokraten willkommene Bundesgenossen für ihre sozialistische Außenpolitik sahen. Im Prozess der deutschen Einigung 1989/90 sollte diese Nähe zu den herrschenden Parteien des Ostblocks, einschließlich der SED, der SPD schwer schaden.

Ohne die Last der Regierungsverantwortung fiel es den Vertretern der SPD leicht, in Gesprächen mit Angehörigen der SED-Spitze den deutschlandpolitischen

Forderungen Ost-Berlins weit entgegenzukommen. Egon Bahr etwa signalisierte der DDR-Führung die – freilich theoretische – Bereitschaft, auf die vier Geraer Forderungen Honeckers einzugehen und insbesondere die DDR-Staatsbürgerschaft anzuerkennen. Oskar Lafontaine wiederum ging mit den wenigen SPD-Politikern ins Gericht, welche die Ostkontakte der SPD nicht auf die SED reduziert sehen wollten und beispielsweise das Gespräch mit den Kirchen suchten.[39] In zynischer Weise brachte Egon Bahr den antiwestlichen und neonationalen neuen Kurs, für den er wie kein zweiter stand, auf den Punkt mit den Worten: »Die Chancen der Geschichte in der Teilung suchen.«[40]

In einem zwischen der Grundwertekommission der SPD unter Erhard Eppler und der Akademie für Gesellschaftswissenschaften beim Zentralkomitee der SED unter Leitung ihres Rektors, des Honecker-Adlatus Otto Reinhold, 1987 verabschiedeten gemeinsamen Papier mit dem Titel »Der Streit der Ideologien und die gemeinsame Sicherheit« nahm man den offensichtlichen Konsens in Sicherheitsfragen zum Anlass, über den ideologischen Grundgegensatz zwischen Sozialdemokraten und Kommunisten nachzudenken, der sich seit dem Ersten Weltkrieg herausgebildet hatte. Ideologische Unterschiede wurden in diesem Papier keineswegs verwischt, im Gegenteil: Der fundamentale ideologische Dissens, die sich widersprechenden Auffassungen über das Wesen der Demokratie, wurden bekräftigt. Doch wechselseitig erkannte man die Legitimität der Positionen an, rief zwar zu gegenseitiger ideologischer Kritik auf, verwahrte sich aber einvernehmlich dagegen, solche Kritik als »Einmischung in die inneren Angelegenheiten« des jeweils anderen Staates zu betreiben. Ohne Zweifel lieferte das »Streitkulturpapier« fortan auch eine Bezugsgrundlage für Diskussionen innerhalb der DDR über den »real existierenden Sozialismus«, doch die SPD ging, nach den Worten Heinrich August Winklers, über »die Anerkennung der *staatlichen* Existenz der DDR hinaus, wenn sie die Existenzberechtigung des *Gesellschaftssystems* der DDR ausdrücklich bestätigte«.[41] Damit verwischte sie den Unterschied zwischen Demokratie und Diktatur und verabschiedete sich von der normativen Basis und dem Legitimitätsvorbehalt ihrer Deutschlandpolitik, von denen diese seit 1949 über alle Veränderungen hinweg bestimmt gewesen war.

»Beide Seiten müssen sich auf einen langen Zeitraum einrichten, während dessen sie nebeneinander bestehen und miteinander auskommen müssen.«[42] In diesem Satz des »Streitkulturpapiers« zeigt sich, dass in der operativen Deutschlandpolitik Regierung und SPD-Opposition von derselben Grundlage ausgingen: der auf absehbare Zeit andauernden deutschen Teilung. Nichts anderes hatten Helmut Kohl und Hans-Dietrich Genscher seit 1982 immer wieder gesagt. Der

Unterschied bestand darin, dass Kohl, etwa in der Tischrede beim Honecker-Besuch, auf den normativen Grundpositionen westdeutscher Deutschlandpolitik, so wie sie durch die Präambel des Grundgesetzes und das Verfassungsgerichtsurteil von 1973 festgelegt worden waren, beharrte und diese immer wieder öffentlich in Erinnerung rief. Damit verwehrte er der DDR – trotz des Honecker-Besuchs und trotz der die DDR fraglos stabilisierenden praktischen Zusammenarbeit in den verschiedensten Bereichen – die finale Anerkennung. Ohne es zu ahnen, häufte er ein politisches Kapital an, welches 1989/90 entscheidend half, ihn zum »Kanzler der Einheit« – und das heißt vor allem auch: zum Kanzler der Ostdeutschen – zu machen. Willy Brandts Bekenntnis zur nationalen Einheit von 1989 »Jetzt wächst zusammen, was zusammengehört« machte hingegen nicht vergessen, welche deutschlandpolitischen Positionen führende Politiker der SPD in den Jahren vor dem Mauerfall vertreten hatten und wie sie vor allem der SED-Herrschaft eine peinliche Anerkennungslegitimität verschafft hatten. Gerade in der ostdeutschen Wahrnehmung dürfte dieser Faktor stärker zu den Misserfolgen der SPD bei den Wahlen von 1990 beigetragen haben als das viel zitierte Wort Willy Brandts von der Wiedervereinigung als der »Lebenslüge« der Deutschen.[43]

3.
Identitätssuche und neuer Optimismus

Rückkehr der Geschichte

Es fällt schwer, im Hinblick auf gesellschaftliche und kulturelle Entwicklungen die 1970er Jahre von den 1980ern abzugrenzen. Der Regierungswechsel von 1982 war eine politikhistorische Zäsur, ließ aber soziale und soziokulturelle Prozesse, die in dem Jahrzehnt zuvor begonnen hatten, nicht plötzlich auslaufen. Selbst auf dem Feld der Politik stoßen wir aller »Wende«-Rhetorik zum Trotz auf ein erhebliches Maß an Kontinuität. Es gab keine Rückkehr zu einem wie auch immer definierten Status quo ante. Dafür hatten sich die Parameter und die Rahmenbedingungen gesellschaftlicher und politischer Entwicklung seither viel zu sehr verändert. Doch manche Wirkungen und Folgen jenes Bruchs in der Moderne, der in den Jahren nach 1970 manifest wurde, traten erst jetzt machtvoll in Erscheinung. Zu diesen Entwicklungen gehört die Veränderung von Geschichtsinteresse und Geschichts-bewusstsein. »Orientierungsverlust und Identitätssuche sind Geschwister«, schrieb der Historiker Michael Stürmer 1986 in der *Frankfurter Allgemeinen Zeitung (FAZ)*.[1] In der Tat: Die Rückkehr der Geschichte seit Ende der 1970er Jahre stand in ursäch-lichem Zusammenhang mit dem Verlust der Zukunftsgewissheit und der Erschüt-terung des Fortschrittsglaubens, die einige Jahre zuvor geradezu schockartig einge-setzt hatten.

Das neue Interesse an der Geschichte war daran ablesbar, dass führende deutsche Politiker – 1978 der Bundeskanzler, 1982 der Bundespräsident – an Histo-rikertagen teilnahmen und große historische Ausstellungen sich zu Publikums-magneten entwickelten: die Staufer-Ausstellung in Stuttgart 1977, die Wittelsba-cher-Ausstellung in München 1980, vor allem aber die Preußen-Ausstellung in Berlin 1982. Während die Staufer- und die Wittelsbacher-Ausstellung voller landes- und regionalhistorischer Bezüge waren und historisches Bewusstsein nicht allein nationalhistorisch zu wecken suchten, trug die Preußen-Ausstellung deutliche Züge einer nationalen Geschichtsausstellung.

Die nationale Dimension der Ausstellung wurde noch dadurch verstärkt, dass die DDR sich ebenfalls um das preußische Erbe bemühte, aber auch im Zusam-menhang mit anderen historischen Themen oder Persönlichkeiten, Luther und Bismarck etwa, den Versuch unternahm, Ereignisse und Entwicklungen der deut-schen Nationalgeschichte in die eigene, marxistisch determinierte Traditionsbil-dung zu inkorporieren. Diese deutsch-deutsche Geschichtskonkurrenz zeigte, dass die Rückkehr der Geschichte nicht frei war von politischen Hintergründen und Einflussfaktoren.

Musealisierung war eine Dimension des neuen Interesses an der Geschichte, und sie reichte hinunter bis auf die Ebene der Städte und Gemeinden, die lokalen Lebenswelten der Menschen. Stadt- und Dorfmuseen wurden eröffnet oder neu gestaltet, überall entstanden Geschichtsinitiativen und Geschichtswerkstätten, die – gleichsam nach dem Motto »Grabe, wo du stehst!« – die Gewordenheit der Gegenwart im unmittelbaren lokalen und persönlichen Bezug suchen und erkennen wollten. Nicht selten konkurrierten die neuen Geschichtsinitiativen mit älteren, bildungsbürgerlich geprägten, von lokalen Honoratioren getragenen Geschichtsvereinen. Von diesen unterschieden sie sich durch eine geradezu programmatische Hinwendung zur Alltagsgeschichte, die nun auch Einzug hielt in die akademisch-universitäre geschichtswissenschaftliche Landschaft. Geschichte erschöpfte sich für ihre Vertreter weder in den Haupt- und Staatsaktionen einer traditionellen Politikgeschichte, noch ging sie in der menschenleeren Sozialstrukturgeschichte auf, die damals die Geschichtsforschung stark prägte. Die Geschichtsinitiativen wandten sich aber auch mit großem Elan der Geschichte des 20. Jahrhunderts zu und insbesondere der Geschichte des Nationalsozialismus, die von den etablierten Geschichtsvereinen nicht selten sträflich vernachlässigt wurde. In einem auf das Lokale bezogenen Geschichtsbewusstsein gewann der Nationalsozialismus dadurch eine ganz neue und dauerhafte, sehr konkrete und oftmals bedrückende Präsenz. Der an Bedeutung gewinnende Denkmalschutz trug ebenfalls zur Bewahrung des Vergangenen bei. Gerade im Städtebau fanden die architektonische Buntheit und der Eklektizismus der »Postmoderne« einerseits und die Ergebnisse des Denkmalschutzes andererseits gut zusammen.

Ein boomender historischer Buchmarkt war eine weitere Folge des neuen Geschichtsinteresses. Nicht nur historische Romane erfreuten sich großer Beliebtheit, auch historische Sachbücher erreichten ein großes Publikum. Biographien, in der Fachwissenschaft schon totgesagt, wurden wieder geschrieben und gelesen: beispielsweise Lothar Galls große Bismarck-Biographie (1982) oder die Adenauer-Biographie von Hans-Peter Schwarz, deren erster Band 1986 herauskam. Gesamtdarstellungen der deutschen Geschichte wurden ebenso publiziert wie mehrbändige Reihenwerke zur Geschichte der Deutschen und ihrer Nation. Schon 1979 sprach der Philosoph Hermann Lübbe von der »Identitätspräsentationsfunktion von Historie«.[2] Damit kritisierte er nicht nur den Strukturalismus der Sozialgeschichte, sondern er wies Geschichte und Geschichtsschreibung auch eine Aufgabe in der Gesellschaft der Gegenwart zu. Diese Aufgabe – und Lübbes Konzept –

kreiste um den Begriff der »Identität«, der zum Schlüsselwort des geschichtspolitischen Diskurses jener Jahre wurde. Ihre Geschichte verleihe, so hieß es, dem Individuum wie dem Kollektiv ihre eigene, ihre unverwechselbare Identität, und nur
aus dieser Identität, aus diesem Beisichsein im wörtlichen Sinne, könnten Daseins-
gewissheit und Handlungssicherheit entstehen, die nicht nur Lübbe durch die Turbulenzen der 1970er Jahre, den Verlust von Fortschrittsoptimismus und Zukunftssicherheit schwer erschüttert sah.

Für den Versuch, verloren gegangene Identität und Sicherheit wiederzugewin-
nen, stand auch der Wiederaufstieg der »Heimat«, der sich freilich vielfältig mit
dem neuen Geschichtsbewusstsein verband. »Heimat« war ein Gegenkonzept zu
den abstrakten Strukturen einer immer komplexer und – in der Wahrnehmung –
größer werdenden Welt; »Heimat« stand für die Überschaubarkeit kleinteiliger
Lebenswelten, in denen das Individuum noch zu sich finden beziehungsweise sich
wiederfinden konnte. »Heimat« meinte auch Konstanz und Stabilität im beschleunigten Wandel. Überdies transportierte der Begriff Vorstellungen einer nicht industrialisierten, nicht urbanisierten, nicht technischen, eben nicht modernen Welt
und stand damit ganz in der Kontinuität einer kulturpessimistischen Zivilisations-
und Modernekritik, die sich schon im späten 19. Jahrhundert herausgebildet hatte.
Diese Modernekritik war aber nicht einfach im politischen Sinne konservativ, sondern gegenwartskritisch beispielsweise mit den Anliegen des Umweltschutzes und
der Umweltbewegung verbunden. Ein »linkes« Heimatbewusstsein verknüpfte solche Denkmuster mit kapitalismuskritischen Argumenten, trauerte also nicht einer
verlorenen alten Heimat nach, sondern rief dazu auf, eine neue Heimat zu er-
kämpfen, »aber eben keine Heimat des Wertgesetzes, keine mit Warencharakter,
die gegen Geld konvertierbar ist und stückweise verkauft oder verschachert wird,
sondern eine, die eine neue, zeitgemäße lokale Identität schafft«.[3]

Im zeitgenössischen Film nahm der Regisseur Edgar Reitz mit seiner Fernseh-
produktion »Heimat. Eine Chronik in elf Teilen« die Thematik auf. Die Folgen dieses Films liefen 1984 in der ARD und erreichten rund 25 Millionen Zuschauer. Ge-
schildert wurden in einer kraftvollen epischen Filmerzählung die Geschichte des
Hunsrück-Dorfes Schabbach seit 1919, der langsame Wandel lokaler Lebenswelten, aber auch die Auseinandersetzung zwischen Tradition und Moderne. Nur dem
oberflächlichen Betrachter entging, dass das Epos mehr war als eine Hommage an
eine vermeintlich heile Welt, eine vermeintlich gute alte Zeit.

Die Rückkehr der Geschichte hatte ihre Wurzeln also tief in den 1970er Jahren,
und sie manifestierte sich in Gesellschaft und Kultur, lange bevor die Regierung
Kohl seit 1982 zum geschichtspolitischen Akteur wurde. Allerdings hat die Politisie-

rung von Geschichte sehr viel mit der geschichtspolitischen Agenda der beginnenden Ära Kohl und den historisch-politischen Vorstellungen des Bundeskanzlers, eines promovierten Historikers, zu tun. Kohl nahm die »vagabundierenden Begriffe der ›Geschichte‹ und der ›Identität‹«[4] auf und verband sie mit einer politischen Zielsetzung, die eng mit der Deutschlandpolitik seiner Regierung zusammenhing. Die Deutschlandpolitik der christlich-liberalen Koalition stand nach 1982 keineswegs nur der FDP wegen im Zeichen der Kontinuität. Auch die Unionsparteien, zumindest jedoch deren Mehrheit, für die Helmut Kohl sprach, hatten ihren Frieden mit der Ost- und Deutschlandpolitik der SPD/FDP-Koalition gemacht. Gerade aus der politischen Anerkennung des Status quo der Teilung resultierte indes ein umso klareres Bekenntnis zum Fortbestand und zur Einheit der deutschen Nation. Angesichts der staatlichen Teilung, aber auch der Existenz zweier deutscher Gesellschaften lag für Kohl die Einheit der Nation vor allem in ihrer Geschichte. Aus der gemeinsamen Geschichte wurde ein Band nationaler Zusammengehörigkeit in den Jahren der Teilung, aber auch ein mächtiger Imperativ für die Überwindung der Spaltung. Dass die nationale Geschichte schon seit einigen Jahren neue Bedeutung als identitätsstiftende Größe gewonnen hatte und dass sie dadurch im Ideenhaushalt der Westdeutschen verfügbar war, erleichterte dem Bundeskanzler seine geschichtspolitische Offensive.

Die neue Bundesregierung war kaum im Amt beziehungsweise durch die Bundestagswahlen vom März 1983 bestätigt, da ergriff Kohl die Initiative. Der Bundeskanzler schlug zum einen die Errichtung eines »Hauses der Geschichte der Bundesrepublik Deutschland« in Bonn vor, um die mittlerweile unbestreitbare Geschichtlichkeit der Bundesrepublik, die auf ihr vierzigjähriges Bestehen zusteuerte, zu dokumentieren. Das Haus der Geschichte gehörte – auch als Bauprojekt – in den größeren Kontext des Abschieds der Bundesrepublik von ihrem Selbstverständnis als Provisorium. Mit dieser bundesrepublikanischen Selbstanerkennung ging das Bekenntnis zur Einheit der Nation einher, das sich in einem »Museum für Deutsche Geschichte«, so die ursprüngliche Bezeichnung, widerspiegeln sollte. Rechtzeitig zum 1987 bevorstehenden 750. Stadtjubiläum sollte in Berlin ein »Deutsches Historisches Museum«, wie es bald genannt wurde, errichtet werden. Die öffentliche Diskussion beider Projekte konzentrierte sich schon rasch auf die Frage der angemessenen Berücksichtigung des Nationalsozialismus in beiden Ausstellungen. An den ersten konzeptionellen Überlegungen einer Historikerkommission zum Haus der Geschichte der Bundesrepublik wurde kritisiert, dass in ihnen der Nationalsozialismus nicht nur als Vorgeschichte, sondern als immer gegenwärtige Vergangenheit der Bundesrepublik eine zu geringe Rolle spiele. Die Geschichte der Bundesrepublik werde viel zu sehr aus einer Perspektive des Neubeginns konzipiert, das Jahr 1945 viel zu stark als »Stunde Null« betrachtet.[5] Im Hinblick auf das Deutsche Historische Museum wurde demgegenüber vor der Gefahr gewarnt – und dem geschichtspolitischen Handeln der Bundesregierung damit zugleich eine klare Absicht unterstellt –, die historische Bedeutung des Nationalsozialismus und seiner Verbrechen durch den musealen Blick auf viele Jahrhunderte deutscher Geschichte vor 1933 zu relativieren. Schnell war in den öffentlichen Debatten von Geschichtsrevisionismus die Rede und davon, dass die Regierung damit ein nationales Geschichtsbild verordne, das politisch stabilisierend wirken und den Deutschen vor allem ein Heraustreten aus dem Schatten der NS-Vergangenheit, wie es immer wieder hieß, ermöglichen solle.[6]

Diese »Schatten« waren in den frühen 1980er Jahren nicht verblasst. Die NS-Vergangenheit war in der Bundesrepublik gegenwärtig wie kaum jemals zuvor. 1978 hatte der baden-württembergische Ministerpräsident Filbinger von seinem Amt zurücktreten müssen, weil er keinerlei Unrechtsbewusstsein im Hinblick auf sein Handeln als NS-Marinerichter hatte erkennen lassen. Im Frühjahr 1979 wurden im Düsseldorfer Majdanek-Prozess die Urteile verkündet. Nur wenige Monate später hob im Juli 1979 der Bundestag die Verjährungsfrist bei Mord ganz auf, um damit die fortgesetzte Strafverfolgung der nationalsozialistischen Mordtaten zu ermöglichen. Die amerikanische Fernsehserie »Holocaust« stieß in der westdeutschen Gesellschaft auf ein enormes Echo. Der Begriff »Holocaust« hielt durch sie Einzug in die deutsche Sprache. Viele Millionen zeigten sich durch die mit Hollywood-Mitteln erzählte Geschichte der »Endlösung« zutiefst erschüttert. Im personalisierten und individualisierten Blick der amerikanischen Filmemacher wurde vielen erstmals die Monstrosität der NS-Verbrechen und insbesondere des Mordes an den europäischen Juden bewusst. Täter und Opfer wurden ihrer Anonymität beraubt, und damit verlor ein wichtiges Mittel der auch emotionalen Distanzierung vom Nationalsozialismus und seinen Verbrechen seine Wirkung.[7]

Seit Anfang 1983 schließlich führten runde Jahrestage zu einer dauernden Vergegenwärtigung des Nationalsozialismus. Den Auftakt bildete der 50. Jahrestag der nationalsozialistischen Machtübernahme. Das öffentliche Gedenken und die an den Gedenktagen festgemachte wissenschaftliche Auseinandersetzung mit dem Nationalsozialismus führten jedoch nicht zu einer bilanzierenden Historisierung des Nationalsozialismus, sondern zu neuen Forschungsimpulsen und Forschungskontroversen. »Historisierung des Nationalsozialismus«, wie sie Martin Broszat, der Leiter des Münchener Instituts für Zeitgeschichte, forderte, implizierte zwar eine Einordnung der NS-Geschichte in weitere zeithistorische Zusammenhänge, sollte aber das »Dritte Reich« nicht aus dem Fokus der zeithistorischen Forschung drängen, sondern vielmehr neue Forschungen ermöglichen jenseits etablierter Geschichtsbilder und jenseits einer bloßen moralischen Verurteilung, die im politischen Raum mitunter zur Phrase erstarrt war.[8]

Wie ein Versuch, die Bundesrepublik und die sie mittlerweile tragende Generation vom Nationalsozialismus und von der deutschen Schuld zu distanzieren, wirkte es auf kritische Beobachter, als der Bundeskanzler im Januar 1984 vor der Knesset in Jerusalem von der »Gnade der späten Geburt« sprach. Nicht nur in Israel erhob sich ein Sturm der Entrüstung. War das der Hintergrund der museumspolitischen Initiativen, fragte man auch in Deutschland. Ein Jahr später bestätigte das Programm, das der Bundeskanzler dem amerikanischen Präsidenten Ronald Reagan für seinen Besuch in der Bundesrepublik vorschlug, die schlimmsten Befürchtungen. Gemeinsam wollten Kohl und Reagan auf dem Soldatenfriedhof Bitburg in der Eifel in einer Geste der Versöhnung des Krieges und seiner Opfer gedenken. Der Bundeskanzler scheint zu dieser Form des versöhnenden Gedenkens über Gräbern durch den Erfolg beziehungsweise die positive Aufnahme der symbolpolitischen Aussöhnung mit Frankreich im Jahr zuvor gelangt zu sein. Der Versuch, die deutsch-amerikanische Versöhnung nach dem Vorbild von Verdun zu inszenieren, war aber nicht nur wegen der in Bitburg begrabenen Soldaten der Waffen-SS zum Scheitern verurteilt, sondern auch weil er Versöhnung und Schuldanerkenntnis zu trennen und zu unbefangen eine auf die NS-Geschichte bezogene Selbstrepräsentation der Bundesrepublik außenpolitischen Zwecken nutzbar zu machen versuchte.[9] Die nationalen und internationalen Proteste gegen Reagans Besuch auf dem Bitburger Friedhof rissen nicht ab. Der amerikanische Präsident sah sich im eigenen Land massiven Angriffen ausgesetzt, die weit in den Kongress und in seine eigene Partei hineinreichten. Doch Washington und Bonn hielten an ihrer Absicht fest. Für den Bundeskanzler kam ein Rückzug nicht in Frage, und der amerikanische Präsident gab, wie es scheint, wohl auch deshalb nach, weil er sich dem Kanzler wegen seiner harten und unnachgiebigen proamerikanischen Haltung in der Nachrüstungsfrage verpflichtet fühlte. So besuchten Reagan und Kohl am 5. Mai 1985 Bitburg, und über den Gräbern des Friedhofs reichten sich die Generäle Ridgway und Steinhoff, die als Soldaten im Zweiten Weltkrieg gekämpft hatten, die Hand. Dass der amerikanische Präsident am Tag darauf das Konzentrationslager Bergen-Belsen besichtigte, konnte die Kritik, ja die Empörung nicht abschwächen.

Auch vier Jahrzehnte nach Kriegsende war ein unbefangener Umgang mit der deutschen Geschichte der Jahre 1933 bis 1945 ausgeschlossen. Von »Normalisierung« konnte keine Rede sein. Daran wurden die Deutschen stets gemahnt. In diesem Sinne waren – und sind – die Deutschen und ihre geschichtspolitischen Akteure nicht Herren über ihre Geschichte, über öffentliche Erinnerung und historisches Gedenken. Nach Bitburg wirkte die Rede, die Bundespräsident Richard von Weizsäcker nur wenige Tage später, am 8. Mai 1985, im Bundestag hielt, wie ein Kontrast. Intellektuell anspruchsvoll und rhetorisch meisterhaft gedachte das Staatsoberhaupt des 8. Mai als eines Tages der Befreiung. Indem er den historischen Vorgang der Befreiung fein ausdifferenzierte und auf unterschiedliche Schicksalsgruppen zuschnitt, entwickelte er einen vieldeutigen Begriff der Befreiung, der auf breite Akzeptanz stieß. Wer den Begriff der Befreiung akzeptierte, konnte sich einer diffusen Opfergruppe zurechnen. So zu argumentieren war bei der millionenfachen deutschen Täterschaft nicht ganz einfach. Es gelang, weil der Bundespräsident im Gegenzug nur sehr vage von Schuld sprach und sich kaum damit aufhielt, die vielen Formen von Schuld und von Täter- oder Mittäterschaft, die es unter den Deutschen gegeben hatte, klar zu benennen. Und implizit stellte er gegen ds Ausmaß der Schuld »die Ausführung des Verbrechens in der Hand weniger«, ja die entscheidende Verantwortung Hitlers. Dem Stand der historischen Forschung entsprach das damals schon nicht mehr, aber es war die Voraussetzung für eine konsensuale Erinnerung – das wohl wichtigste Ziel der Rede. Weizsäcker erreichte dieses Ziel durch ein integrierendes Opfergedenken, eine vage und sehr zurückhaltende Täteranklage, die keine Gräben aufriss und weite Zustimmung ermöglichte, und schließlich durch eine zukunftsgerichtete Versöhnungsbotschaft, die auf dem Gedenken selbst und auf der Erinnerung ruhte.[10]

Wie eine Antwort auf Weizsäcker klang, wenn man genau hinhörte, die Rede von Bundestagspräsident Philipp Jenninger (CDU) am 9. November 1988, dem 50. Jahrestag der Pogrome der »Reichskristallnacht«. Ohne das Opfergedenken zu marginalisieren, fragte Jenninger nach den Gründen für den Aufstieg und die Popularität Hitlers. Die Deutschen traten hier nicht als Opfer in Erscheinung, sondern als eine Gesellschaft, in der viele Menschen aus Gründen, die der Redner darzulegen versuchte, die Weltsicht und insbesondere den Antisemitismus Hitlers und der Nationalsozialisten teilten. Der Parlamentspräsident sprach von der Popularität Hitlers, von den weit in die Vergangenheit zurückreichenden Wurzeln der Judenfeindschaft, er sprach von der Mitwisserschaft der Deutschen und von ihrer Mittäterschaft, die er – anders als 1985 der Bundespräsident – nicht auf einige wenige begrenzte. In langen Quellenzitaten, beispielsweise aus Himmlers berüchtigter Posener Rede von 1943, aber auch aus Berichten über deutsche Mordaktionen im Osten, wurden die NS-Verbrechen in einer Konkretion und Plastizität benannt, wie es bislang in keiner öffentlichen Gedenkrede in der Bundesrepublik der Fall gewesen war. Rhetorisch aber war die Rede ein Desaster. Um zu erklären, wie es zu den Verbrechen der Nationalsozialisten kommen konnte, versuchte Jenninger, sich selbst und sein Publikum in das Deutschland der 1930er Jahre zu versetzen. Ohne hinreichende Distanz zu schaffen, bemühte er sich, das Denken und zeitgenössische Wahrnehmungen der Deutschen nachzuzeichnen und verständlich zu machen. Dieses Verstehenwollen aber klang in den Ohren mancher Zuhörer rechtfertigend und entschuldigend. Und weil Jenninger sich überdies immer wieder der Sprache des »Dritten Reiches« bediente, ohne klar zu signalisieren, dass er zitierte, war die Fehlperzeption geradezu vorprogrammiert. Es half Jenninger nichts, dass er betonte: »An Auschwitz werden sich die Menschen bis ans Ende aller Zeiten als eines Teils unserer deutschen Geschichte erinnern.« Noch während seiner Rede verließen die ersten Zuhörer den Saal. Der Bundestagspräsident hatte ihnen nicht nur eine miserable und dem Anlass gänzlich unangemessene rhetorische Darbietung präsentiert, er hatte dem Publikum auch auf eine geradezu unerträgliche Weise das Ausmaß der deutschen Schuld und Täterschaft vor Augen geführt, und das so, dass man ihm leicht apologetische Absichten unterstellen konnte, obwohl ihm solche ganz fernlagen. Bereits am Tag nach der Gedenkstunde zog Jenninger die Konsequenz aus der enormen öffentlichen Empörung, die er mit seiner Rede ausgelöst hatte, und trat vom Amt des Parlamentspräsidenten zurück.[11]

Historikerstreit

Bereits 1986, zwei Jahre vor Jenningers Rede, hatte der »Kulturkampf um die deutsche Geschichte« (Andreas Wirsching) mit dem »Historikerstreit« seinen Höhepunkt erreicht. Dabei handelte es sich nur zu einem geringen Teil um eine wissenschaftliche Auseinandersetzung unter Historikern, sondern vielmehr um eine breite öffentliche Debatte über den Ort des Nationalsozialismus in der deutschen Geschichte, über Geschichtspolitik in der Bundesrepublik und damit über die Art und Weise der öffentlichen Erinnerung an den Nationalsozialismus und seine Verbrechen. Insofern begann der »Historikerstreit« weder mit Ernst Noltes Artikel »Die Vergangenheit, die nicht vergehen will« in der *FAZ* vom 6. Juni 1986 noch mit Jürgen Habermas' Beitrag »Eine Art Schadensabwicklung« in der *Zeit* vom 11. Juli 1986.[12]

Die Vorgeschichte des »Historikerstreits« setzt spätestens mit der »Wende« zur christlich-liberalen Koalition unter Helmut Kohl 1982 und den geschichtspolitischen Initiativen des Bundeskanzlers ein. Sosehr die Debatte bestimmt war durch die Frage nach dem Bild des Nationalsozialismus im Wechsel der Generationen, so sehr wurde sie politisch befeuert durch die Deutschlandpolitik der Regierung Kohl, die sich einerseits auf die Grundlage der Ostverträge der sozialliberalen Koalition stellte, andererseits aber die Einheit der Nation postulierte, die deutsche Frage nach wie vor für offen erklärte und am Ziel der Wiedervereinigung festhielt. Wer aber einem deutschen Nationalstaat das Wort redete, so sahen es die Kritiker des Bundeskanzlers und seiner Positionen, der musste das historische Gewicht des »Dritten Reiches«, das aus dem 1871 begründeten Deutschen Reich hervorgegangen war, relativieren, der musste die Geschichte des deutschen Nationalstaats von den Verbrechen der Nationalsozialisten lösen. Das Regime, das die staatliche Einheit Deutschlands verspielt habe, formulierte der Historiker Heinrich August Winkler, dürfe »nicht mehr als das erscheinen, was es war: das menschenfeindlichste der Geschichte«.[13]

Genau dieses Ansinnen unterstellten Habermas, Winkler und andere linke und linksliberale Intellektuelle dem Berliner Historiker Ernst Nolte, der sich als bedeutender Historiker des Faschismus seit den 1960er Jahren einen Namen gemacht hatte. Dieser stellte nämlich 1986 die These auf, der »Rassenmord« der Nationalsozialisten an den europäischen Juden sei als Antwort zu verstehen auf den »Klassenmord« der sowjetischen Bolschewisten, durch die sich die Nationalsozialisten bedroht gefühlt hätten. »War nicht der Archipel GULag«, so schrieb Nolte, »ursprünglicher als Auschwitz? War nicht der ›Klassenmord‹ der Bolschewiki das logische und faktische Prius des ›Rassenmords‹ der Nationalsozialisten? … Rührte Auschwitz vielleicht in seinen Ursprüngen aus einer Vergangenheit her, die nicht vergehen wollte?«[14] Nolte leugnete den Holocaust nicht, aber er suchte ihn als Reaktion auf ein anderes, ein vorangegangenes Geschehen zu erklären und ihn damit, wie seine Gegner ihm vorwarfen, zu rechtfertigen und zu entschuldigen.

Man kann Noltes Thesen in den Kontext seiner vom Antimarxismus ausgehenden Faschismustheorie stellen und in ihnen den Versuch erkennen, den Nationalsozialismus mit dieser Faschismustheorie zu erfassen und damit die Validität der – eigenen – Theorie zu demonstrieren.[15] Doch die wissenschaftliche Frage nach dem historischen Verhältnis von Bolschewismus und Nationalsozialismus bildete nicht den Kern des »Historikerstreits«, und Nolte hat sich mit seiner fragwürdigen Hypothesenbildung nicht nur bei seinen Gegnern von 1986 selbst diskreditiert und wissenschaftlich marginalisiert. Vielmehr ging es damals um die Möglichkeit, Noltes Hypothesen auf den geschichtspolitischen Diskurs in der Bundesrepublik zu beziehen und sie als Versuch zu werten, die Einzigartigkeit und Unvergleichbarkeit des Holocaust zu bestreiten. Und das eben sei, so sahen es die Kritiker, eine Voraussetzung für die von Helmut Kohl und seinem intellektuellen Umfeld angeblich angestrebte »Normalisierung« von Geschichtsbild und Nationalbewusstsein. Ernst Nolte lieferte gleichsam die Munition. Angegriffen wurde aber vor allem und insbesondere von Jürgen Habermas der Erlanger Historiker Michael Stürmer, Mitglied in der Gründungskommission des Deutschen Historischen Museums und regelmäßiger Leitartikler der *FAZ*.

Wissenschaftlich und politisch verband Nolte und Stürmer nur wenig. Aber Stürmer schien in seinen Artikeln die geschichtspolitischen Absichten der Bundesregierung auf den Punkt zu bringen, gerade wenn er schrieb, »dass in geschichtslosem Land die Zukunft gewinnt, wer die Erinnerung füllt, die Begriffe prägt und die Vergangenheit deutet«.[16] Und auch von der sinnstiftenden Funktion der Geschichte sprach Stürmer. Mit solchen Aussagen lieferte der Erlanger Historiker der geschichtspolitischen Offensive des Bundeskanzlers einen Deutungshorizont: die Nation als sinnstiftende Instanz, ein identifikationsfähiges Geschichtsbild – insbesondere des Nationalsozialismus – als Voraussetzung eines normalen, eines positiven Nationalbewusstseins. Habermas und andere Kritiker unterstellten Stürmer, er wolle auf die »Wiederbelebung einer im Nationalbewusstsein naturwüchsig verankerten Identität« hinaus, er lasse sich von »funktionalen Imperativen der Berechenbarkeit, der Konsensbeschaffung, der sozialen Integration durch Sinnstiftung« leiten, er scheue »den aufklärenden Effekt der Geschichtsschreibung« und lehne einen breitenwirksamen Pluralismus der Geschichtsdeutungen« ab.[17] Ganz abgesehen davon, dass man in Stürmer alles andere als einen konservativen Nationalstaatshistoriker vor sich hatte, sondern einen durch und durch verwestlichten Angehörigen der »Generation 1945«, wird doch – erst recht in der Retrospektive – deutlich, dass die Kritik nicht auf die Positionen Stürmers zielte, sondern auf den sich ganz konkret manifestierenden geschichtspolitischen Anspruch der Regierung Kohl.

Hinter dem »Historikerstreit« stand auch eine grundsätzliche Auseinandersetzung über die Bewertung der sozialliberalen Reformpolitik der frühen 1970er Jahre, über die ihr zugrunde liegenden Gesellschaftsvorstellungen und damit über die Wirkungen von »1968«. Umso erstaunlicher ist es, dass sich Angehörige der »Generation 1968« an der Diskussion so gut wie nicht beteiligten. Letztlich war die Debatte wohl vor allem eine Auseinandersetzung innerhalb der Generation der »Fünfundvierziger« (Dirk Moses), die seit den 1960er Jahren die Verwestlichung der Bundesrepublik entscheidend vorangetrieben hatte. Michael Stürmer wertete

die Überwindung der politischen und moralischen Trennung der Deutschen vom
Westen als die entscheidende historische Leistung Konrad Adenauers, und Jürgen
Habermas pries die »vorbehaltlose Öffnung der Bundesrepublik gegenüber der
politischen Kultur des Westens« als »große intellektuelle Leistung unserer Nachkriegszeit«.[18] So weit lag das nicht auseinander, aber ein intellektuelles oder politisches Bekenntnis zum Westen konnte nicht Auseinandersetzungen darüber verhindern, was die Westbindung beziehungweise die Westlichkeit der Bundesrepublik
denn politisch oder soziokulturell bedeuten sollte und bedeuten konnte. Diese
Frage behielt auch über 1989/90 hinaus Relevanz, ja, sie gewann neue Bedeutung.
Die Frage indes nach dem Nationalbewusstsein der Deutschen, nach der Bedeutung des deutschen Nationalstaats in ihrem Geschichtsbild, ihrer Erinnerungskultur und ihrer Gegenwartswahrnehmung erhielt mit der Wiedervereinigung eine
ganz andere, eine neue Wendung, weil sie nun nicht mehr aus der vermeintlichen
Sicherheit postnationaler Distanz zu beantworten war und weil die altbundes-
republikanischen Antworten auf diese Fragen für die neue Bundesrepublik nur
bedingt gültig waren.

Die öffentliche Erinnerung an den Nationalsozialismus war für die Bundesrepublik eine wichtige Form der Selbstverständigung, und in diesem Sinne blieb
Geschichte weiterhin präsent. Die Geschichtskonjunktur der späten 1970er und
frühen 1980er Jahre flaute indes schon bald wieder ab, auch wenn mit dem Deutschen Historischen Museum in Berlin und dem Haus der Geschichte der Bundesrepublik Deutschland in Bonn 1994 die zwei wichtigsten geschichtspolitischen
Initiativen der Regierung Kohl zum Abschluss gebracht wurden. Dass die Ge-
schichtswelle – auch wenn sie nicht zuletzt in der Museumslandschaft ihre Spuren
hinterließ – vergleichsweise rasch abebbte, hat damit zu tun, dass die tiefe Verunsicherung und die Erschütterung der Zukunftsgewissheit, welche die Westdeutschen Mitte der 1970er Jahre erfasst hatten, ein Jahrzehnt später einem neuen Fortschrittsoptimismus Platz machten.

Protestbewegung und alternatives Milieu

Ende der 1970er, Anfang der 1980er Jahre prägte »Angst« die kollektive Stimmung
in der Bundesrepublik. Das Wort von der »German Angst« fand sogar Eingang in
den internationalen Sprachgebrauch. Ihre Begründung fand diese Angst ganz allgemein in der Gefährdung der natürlichen Lebensgrundlagen des Menschen, vor
allen Dingen jedoch in den Risiken und Gefahren, die man mit der nuklearen

Rüstung, aber auch mit der friedlichen Nutzung der Kernenergie verband. Im Fokus der Öffentlichkeit stand damals die von der Industrie und von Autos verursachte Luftverschmutzung mit ihren Folgen, die im »Waldsterben« offensichtlich wurden. Bilder aus dem vom »sauren Regen« extrem geschädigten Erzgebirge, das die Hauptmasse der Emissionen der tschechoslowakischen Montanindustrie abbekam, aber auch aus dem Harz und dem Schwarzwald beunruhigten die Menschen. Hier ereignete sich eine Umweltkatastrophe in unmittelbare Nähe, im »deutschen Wald«, und nicht weitab wie die durch das Unglück des Supertankers »Amoco Cadiz« vor der bretonischen Küste ausgelöste Ölpest. Emissionskontrolle und Emissionsverminderung gelangten innerhalb kurzer Zeit an die Spitze der politischen Agenda. Die Luftreinhaltungspolitik war ein großes Thema der frühen Ära Kohl und fand Niederschlag in einer Reihe von Verordnungen zur Einhaltung von Grenzwerten.

Die Diskussionen über die Emissionen des niedersächsischen Kohlekraftwerks Buschhaus sowie über die Einführung eines »umweltfreundlichen Autos« offenbarten bald das Spannungsverhältnis zwischen Ökologie und Ökonomie. Die Industrie, allen voran die mächtige Automobilindustrie, kämpfte nämlich erbittert gegen die Einführung von Katalysatoren, von bleifreiem Benzin und deutlich reduzierter Abgasgrenzwerte, indem sie auf ihre internationale Konkurrenzfähigkeit und die Folgen für den »Standort Deutschland« hinwies. Im umweltpolitischen Zusammenhang tauchte erstmals das uns heute vertraute, von Politik und Wirtschaft geradezu formelhaft vorgetragene Standort-Argument auf. Aber auch aus den anderen Mitgliedstaaten der Europäischen Gemeinschaft, zumal den automobilproduzierenden, kam Widerspruch, dem man am Ende nur mit einem klassischen europäischen Kompromiss begegnen konnte. Erst von 1993 an, zehn Jahre nach den ersten Beschlüssen der Bundesregierung, war ein Katalysator für alle Neuwagen vorgeschrieben.

Während mit dem Stationierungsbeschluss des Bundestags von 1983 der Protest der Friedensbewegung gegen die NATO-Nachrüstung relativ schnell abebbte, entfaltete die Ablehnung der zivilen Nutzung von Kernenergie weiterhin eine enorm mobilisierende Wirkung. Die Stabilisierung der Grünen als politische Partei hatte damit wesentlich zu tun. Der Protest richtete sich jetzt aber nicht mehr nur gegen die Errichtung von Kernkraftwerken, sondern erwuchs aus der Frage nach den Folgelasten der Kernenergieproduktion. Was sollte mit verbrauchten, aber immer noch hoch radioaktiven Kernbrennstäben geschehen? Welche Risiken barg die Wiederaufarbeitung dieser Brennelemente für den neuerlichen Einsatz, welche Risiken wohnten einer Endlagerung inne? Wie risikobehaftet war der

Transport von Brennstäben? Der viel gelesene und noch mehr zitierte »Zukunfts-forscher« Robert Jungk entwickelte das Schreckensszenario eines »Atomstaats«.[19]

Obwohl der Protest gegen die Atomindustrie in den 1980er Jahren eher zu- als abnahm, setzte die Bundesregierung auf den weiteren Ausbau der Kernenergie. Unterstützung fand sie bei den unionsgeführten Länderregierungen, beispiels-weise Niedersachen, wo die Regierung Albrecht bei Gorleben im Wendland ein atomares Endlager errichten wollte (nachdem weitergehende Pläne zur Errichtung einer integrierten Lagerstätte und Wiederaufbereitungsanlage Ende der 1970er Jahre nicht zuletzt infolge eines Reaktorzwischenfalls im amerikanischen Harris-burg 1979 gescheitert waren). Aber auch die bayerische CSU-Regierung, seit 1978 von dem ehemaligen Bundesatomminister Franz Josef Strauß geführt, trieb ihre energiepolitischen Pläne voran und forcierte gegen erheblichen Widerstand den Bau einer Wiederaufbereitungsanlage im oberpfälzischen Wackersdorf. In der SPD hingegen erlahmte das geradezu enthusiastische Eintreten für die Kernkraft. Die Kernkraftgegner in den Reihen der Sozialdemokratie gewannen im Prozess der Distanzierung von Helmut Schmidt und seiner Politik an Gewicht. Bald war von der Atomkraft nur noch als einer »Übergangsenergie« die Rede, und es wurden Ausstiegsmodelle entwickelt. Damit zerbrach der »Energiekonsens« der beiden großen Parteien, der so solange gehalten hatte, wie Union und SPD überzeugt wa-ren, dass die Vorteile atomarer Energieproduktion ihre Nachteile, also ihre Risiken, überwogen. Diese Gewissheit war ihnen in den 1970er Jahren abhandengekommen.

Die letzten Reste des Atomkonsenses, ohne den nukleare Großprojekte wie der Bau einer Wiederaufbereitungsanlage nicht denkbar waren, beseitigte der Reaktor-unfall von Tschernobyl am 26. April 1986. In dem ukrainischen Kernkraftwerk war es zum GAU, zum größten anzunehmenden Unfall, einer Kernschmelze, gekom-men. Der Reaktor explodierte, und es wurden große Mengen Radioaktivität freige-setzt. Das Gebiet um das Kraftwerk wurde verseucht, Tausende starben, Abertau-dende leiden seither an den Folgen der nuklearen Kontamination, insbesondere an Krebserkrankungen. Die Katastrophe blieb nicht auf die Kraftwerksregion be-schränkt, da die frei gewordene Radioaktivität vom Wind in Richtung Nord- und Westeuropa getrieben wurde. Der radioaktive Niederschlag erreichte schließlich auch die Bundesrepublik. Die Risiken der nuklearen Energiegewinnung waren, das wurde auf brutale Weise deutlich, nicht national einzugrenzen. Die Atomkraft in der Bundesrepublik war nachhaltig diskreditiert, mochten die deutschen Kern-kraftbefürworter auch noch so sehr betonen, dass ein Unfall wie in Tschernobyl in einem deutschen Reaktor gar nicht möglich sei. Ihr gesellschaftlicher Rück-halt schwand, und bald auch ihr politischer. Das Jugendbuch »Die Wolke« von

Gudrun Pausewang, das 1987 die Geschichte eines GAU in einem deutschen Kernkraftwerk erzählte, erreichte ein riesiges Publikum, das nach Tschernobyl nur zu bereit war, die Sorgen der Autorin zu teilen. Im April 1989 gab die deutsche Energiewirtschaft das Projekt einer Wiederaufbereitungsanlage (WAA) in Wackersdorf auf. Ausschlaggebend war dafür der mangelnde politische Rückhalt.

Das Ende von Wackersdorf stand nicht für sich. 1988 waren in der Bundesrepublik 23 Kernkraftwerke am Netz und zwei weitere im Bau, aber es gab keine Planungen mehr für neue Reaktoren. Allen gegenteiligen politischen Beteuerungen zum Trotz war das der beste Beleg dafür, dass – zumindest vorerst – der Ausstieg aus der Kernenergie begonnen hatte. Dieser Ausstieg, den die rot-grüne Bundesregierung von 1998 an weiter vorantrieb, fiel umso leichter, als die Verfügbarkeit fossiler Energieträger zumindest mittelfristig gesichert schien und man über technische Mittel zu verfügen glaubte, mit denen der Schadstoff-, vor allem der Kohlendioxidausstoß nachhaltig reduziert weren konnte. Erst als sich Erdöl und Erdgas seit Mitte der ersten Dekade des 21. Jahrhunderts erheblich verteuerten und beängstigende Szenarien einer vor allem durch Kohlendioxidemissionen ausgelösten globalen Klimakatastrophe kursierten, richtete sich der Blick wieder auf die Atomkraft als kostengünstige, saubere und zumindest relativ sichere Form der Energiegewinnung.

Der ökologisch motivierte Protest machte nicht bei der Kernkraft Halt. Technische Großprojekte wurden nun generell skeptischer betrachtet. Vor allem der Bau der »Startbahn West« des Frankfurter Flughafens stieß auf vehemente Ablehnung. Der Widestand richtete sich gegen die Naturzerstörung, die mit dem Ausbau der Verkehrsinfrastruktur einherging. Überall in der Bundesrepublik wurden lokale Bürgerinitiativen und Protestbewegungen ins Leben gerufen. Über diese Initiativen verstärkte sich die Politisierung der deutschen Gesellschaft weiter. Sie gehören seither zur politischen Landschaft und zur politischen Kultur der Bundesrepublik. Längst sind sie anerkannt als Teil des politischen Lebens, und niemand bestreitet mehr ernsthaft die Legitimität ihres Engagements. Das war ein langer Prozess, der belastet war durch die Gewalt kleiner Gruppierungen aus dem linksextremen Spektrum, die sich sich selbst als »Autonome« bezeichneten und den ökologisch motivierten Widerstand nutzten, um ihrem Hass auf den Staat und das politische System Luft zu machen. Immer wieder kam es an der Startbahn West, in Wackersdorf und Gorleben zu gewalttätigen Auseinandersetzungen mit der Polizei, durch welche wieder einmal der »Polizeistaat« entlarvt werden sollte. Die bayerische Staatsregierung, die den Protest in Wackersdorf als linksextrem und gewalttätig brandmarkte, ging tatsächlich mit brachialer Härte gegen die Gegner der WAA vor, obwohl sich die überwältigende Mehrheit der Demonstranten und Umweltaktivisten von Gewalt als Mittel politischer Auseinandersetzung distanzierte. Das stärkte die Position derjenigen, die in der Oberpfalz nicht nur gegen Atomkraft und die atomare Wiederaufbereitung protestierten, sondern auch gegen einen angeblich repressiven Staat, den Bayern mit seiner CSU-geführten Regierung in geradezu exemplarischer Weise zu verkörpern schien.

Andere Gewaltpotentiale sammelten sich in der Hausbesetzerszene, die zu Beginn der 1980er Jahre vor allem in der Hamburger Hafenstraße sowie in Berlin-Kreuzberg, aber auch in anderen westdeutschen Großstädten entstand. Im Frühjahr 1981 waren im Bundesgebiet insgesamt 244 Häuser besetzt. Für die »Selbstversorgung mit Wohnungen« gab es beispielsweise in Frankfurt einige punktuelle Vorbilder aus der Zeit der Studentenbewegung um 1970. Nun aber drängte ein alternatives Milieu in leer stehende, zumeist innerstädtische Häuser, um dort andere Lebensformen zu verwirklichen, um gegen Wohnungsleerstand und Bauspekulation zu protestieren sowie gegen eine kommunale Bauplanung, die gewachsene Bau- und Wohnstrukturen durch Abriss zerstören und durch gesichtslose Industrie- oder Wohnbauten ersetzen wollte. In manchen Fällen, zum Beispiel in der Hamburger Hafenstraße, wurden Kompromisse zwischen der Stadt und den Hausbesetzern gefunden und die Besetzung durch Mietverträge legalisiert. Aber einige gewaltbereite Extremisten waren an solchen Lösungen nicht interessiert. Ihnen ging es weniger um Wohnraum als vielmehr um den »Häuserkampf« gegen Staat und Gesellschaft. Gerade in Kreuzberg trug die autonome Szene aus den besetzten Häusern die Gewalt auf die Straße, eine Entwicklung, die am 1. Mai 1987 in zerstörerischen Krawallen und regelrechten Straßenschlachten mit der Polizei einen Höhepunkt fand.

Die Kreuzberger Krawalle wurden ausgelöst, als die Berliner Polizei ein Kulturzentrum durchsuchte und dabei Flugblätter gegen die geplante Volkszählung in der Bundesrepublik beschlagnahmte. Das war kein Zufall, denn auch im Protest gegen den seit 1982 geplanten und noch von der sozialliberalen Koalition initiierten Zensus artikulierte sich ein deutliches Unbehagen an neuen Technologien, vor allem aber eine tiefe Sorge im Hinblick auf die staatlichen Absichten, die sich mit der Volkszählung verbanden, und die Möglichkeiten, die sich aus ihr ergaben. Das Gesetz über die Volkszählung war 1982 mit Zustimmung aller im Bundestag vertretenen Parteien verabschiedet worden. Dass sich – für die Politik völlig überraschend – in der Bevölkerung massiver Widerstand gegen die Volkszählung erhob, deutet auf den inzwischen erreichten Sensibilisierungs- und Mobilisierungsgrad in der Gesellschaft hin, zeigt aber auch, dass sich die »etablierten« Parteien gegenüber den neuen sozialen Bewegungen nur wenig geöffnet hatten.[20]

Das Aufbegehren gegen die Volkszählung nahm nach dem Regierungswechsel von 1982 deutlich zu, da sie nun als Projekt der christlich-liberalen Koalition und Beleg für deren angeblichen Autoritarismus dargestellt werden konnte.[21] Dass zudem das Orwellsche Jahr 1984 heranrückte, schürte die Angst vor dem totalen Überwachungsstaat weiter. Das Bundesverfassungsgericht bestätigte 1983 zwar die grundsätzliche Legitimität der Volkszählung, sah aber in dem konkreten Vorhaben der Bundesregierung das »Recht auf informationelle Selbstbestimmung« verletzt. Mit diesem durch die Karlsruher Richter geprägten Rechtsbegriff wurde eine wesentliche Grundlage gelegt für die rechtliche und gesetzgeberische Ausgestaltung der Informationsgesellschaft, die sich dank der Möglichkeiten der elektronischen Datenverarbeitung in voller Entfaltung befand. Der Gesetzgeber reagierte schnell und legte schon 1985 ein modifiziertes Volkszählungsgesetz vor. Der Widerstand gegen den Zensus blieb in den folgenden Jahren heftig und erreichte im Jahr der Zählung (1987) einen Höhepunkt hinsichtlich Schärfe und Militanz; seine Breitenwirkung hatte er allerdings nach dem Verfassungsgerichtsurteil verloren. Die Radikalisierung des Protests, die sich auch auf anderen Feldern zeigte, wird man nicht als Teil der neuen sozialen Bewegungen ansehen können, auch wenn es gemeinsame Protestanliegen gab. Für die militante Szene waren diese Anliegen – von der Volkszählung bis zu den ökologischen Themen – lediglich willkommene Anlässe, um eine weit über das jeweilige Ziel hinausschießende radikale und gewalttätige Ablehnung der Staats- und Gesellschaftsordnung zu äußern.

In den 1980er Jahren veränderte sich der Charakter der neuen sozialen Bewegungen, indem die direkten Formen politischer Artikulation deutlich zunahmen. So stiegen die Unterstützungsquoten der Umweltbewegung zwischen 1982 und 1989 von 7,8 auf 17,3 Prozent, der Friedensbewegung von 15,8 auf 23,2 Prozent. Mit der Bereitschaft, sich diesen neuen sozialen Bewegungen anzuschließen,wuchs, wenngleich zeitlich versetzt, die Akzeptanz der Bewegungen. Das politische Handlungsrepertoire für den Einzelnen wie für Gruppen erweiterte sich dadurch entscheidend. Trotz aller Kritik an der institutionellen und repräsentativen Politik erfuhr die »etablierte« Politik durch diese Herausforderung aber keinen massiven Legitimitäts- und Machtverlust. Eher erfolgte eine Verfeinerung der politischen Strukturen, und es entwickelte sich ein interdependentes und vielfältig aufeinander bezogenes Verhältnis insbesondere von Parteien und Bewegungen. Als »Bewegungspartei« verkörpern die Grünen in ganz besonderer Weise diese Entwicklung, und gerade über sie gelangten Bewegungsanliegen damals in die »etablierten« Parteien und die institutionelle Politik. Auf solchen Wegen fanden die Protestthemen der neuen sozialen Bewegungen Eingang in das politisch-institutionelle Denken und Handeln. Als Paradebeispiel hierfür kann das ökologische Denken gelten. Das alles verweist auf die Entwicklungsfähigkeit der demokratischen politischen Systeme der westlichen Welt.[22]

Haben die neuen sozialen Bewegungen dazu beigetragen, die »soziale Frage«, verstanden vor allem als Frage nach den Strukturen und Ausprägungen sozialer Ungleichheit und nach dem politischen Umgang damit, aus dem Zentrum des politischen Diskurses verdrängt? War insbesondere die grün-alternative Bewegung in diesem Sinne ein Teil der »Wende«? Markierte sie den Aufstieg einer »neokonservativen« Politik und das Ende des »sozialdemokratischen Zeitalters«?[23] Wer so fragt, geht davon aus, dass die »soziale Frage« insbesondere in den Jahren der sozialliberalen Koalition die politische Agenda beherrscht habe. Das aber ist zumindest für die Kanzlerschaft Helmut Schmidts zu bezweifeln. Die Stabilisierungs- und Konsolidierungspolitik der Regierung Schmidt entfernte sich – notgedrungen, wie man einwerfen könnte – von den auch egalisierenden Reformansätzen, welche die Gesellschaftspolitik der Regierung Brandt vor allem in den Jahren 1969 bis 1972 bestimmt hatten. Dennoch ist nicht zu bestreiten, dass ökologische Themen für politisches Handeln allgemein, aber auch als Gegenstand der Parteienkonkurrenz an Bedeutung gewannen. Und innerhalb des breiteren gesellschaftlichen Sicherheitsdiskurses, in dem soziale und militärische Sicherheit lange beherrschend gewesen waren, begann seit Mitte der 1970er Jahre der Aufstieg des Themas Umweltsicherheit. Gerade in der Nachrüstungsdebatte und in der Argumentation der Friedensbewegung wurde die Frage der militärischen Sicherheit, bei der es in erster Linie um die nukleare Bedrohung ging, letztlich im Hinblick auf die Gefährdung der natürlichen Lebensgrundlagen des Menschen und damit der menschlichen Existenz selbst gestellt. Die ökologische Frage war ein Überlebensthema. War es die soziale Frage auch? Hier verschoben sich Gewichte, doch man ist gut beraten, dafür nicht allein den Aufstieg des Neoliberalismus verantwortlich zu machen, der anders als in Großbritannien oder in den USA in der Bundesrepublik nicht der alles dominierende Erklärungsfaktor war.

Sozialstruktur und Sozialpolitik

Die sozialstrukturelle und demographische Entwicklung der 1980er Jahre war durch drei wesentliche Trends gekennzeichnet:[24] Die Geburtenziffern gingen weiter zurück, die westdeutsche Gesellschaft alterte, und die Zahl der Migranten aus dem Ausland wuchs. Im Ergebnis dieser Entwicklungen blieb die Bevölkerungszahl insgesamt stabil und pendelte sich bei etwa 61 Millionen ein. Hinter dieser Stabilität verbargen sich jedoch zum Teil dramatische Entwicklungen mit langfristigen Folgen, die nicht ohne Wirkung auf die Politik blieben. Der von der Bundesregierung 1984 vorgelegte Bericht über die Bevölkerungsentwicklung prognostizierte für das Jahr 2000 eine Bevölkerungszahl von nur noch 52 Millionen, bis 2010 eine Schrumpfung auf 48 Millionen und bis zum Jahr 2030 einen weiteren Rückgang auf 38 Millionen. Nicht nur diese absoluten Zahlen beunruhigten. Mindestens ebenso alarmierend wirkte die demographische Binnenverschiebung. Machten im Jahr 1970 die unter 21-Jährigen in der Bevölkerung der Bundesrepublik einen Anteil von 30,8 Prozent aus, die 21- bis 60-Jährigen einen von 49,5 und die über 60-Jährigen einen von 19,3 Prozent, so hatten sich diese Relationen schon bis 1989 signifikant verschoben. Der Anteil der unter 21-Jährigen lag nun bei 22,2 Prozent, die Mittelgruppe (21 bis 60 Jahre) machte 56,6 Prozent aus, und die über 60-Jährigen lagen bei 20,9 Prozent. Bei der kontinuierlich zurückgehenden Geburtenzahl und der weiter steigenden Lebenserwartung war ein Ende dieses Trends nicht abzusehen. Experten sprachen von einer »zweiten demographischen Transition«, in deren Mittelpunkt die Auflösung der Kleinfamilie stand, die sich überall in den westlichen Industriegesellschaften seit dem späten 19. Jahrhundert als normale Lebensform herausgebildet hatte. Das war abzulesen an der sinkenden Geburtenrate, vor allem aber am Rückgang der Eheschließungen, der Erhöhung des Heiratsalters und dem Anstieg der Scheidungsrate.

Dass die Bevölkerungszahl nicht drastisch zurückging, sondern in etwa stabil blieb, verdankte sich zum einen der weiterhin großen Nachkommenschaft der ausländischen Bevölkerung, zum anderen einem neuen, zahlenmäßig signifikanten Zustrom von Einwanderern. Dieser resultierte weniger aus der zwar medial stark wahrgenommenen und politisch kontrovers diskutierten Zuwanderung von Asylsuchenden als vielmehr aus der Einwanderung der »Spätaussiedler«, deutschstämmiger Migranten aus ehemaligen deutschen Siedlungsgebieten in Ostmitteleuropa (vor allem Polen) und Osteuropa (insbesondere Sowjetunion). Deren Zahl stieg seit 1989/90 rasant an, war aber auch in den 1980er Jahren nicht unbedeutend. Zwischen 1980 und 1989 nahm sie von 52071 auf 377055 pro Jahr zu. Demgegenüber lag die Zahl der Asylberechtigten zwischen etwa 5000 und 12000 jährlich. Von den Asylberechtigten, die als politisch Verfolgte anerkannt sind und damit ein Bleiberecht genießen, sind die Asylsuchenden zu unterscheiden, die sich im Prinzip nur temporär in der Bundesrepublik aufhalten. Ihre Zahl lag schon zu Beginn des Jahrzehnts bei über 100000, ging dann kurzfristig deutlich zurück (19737 im Jahr 1983) und schnellte seit Mitte der Dekade wieder auf über 120000 im Jahr 1989 hoch.

Die Politik reagierte nur zögerlich auf diese Entwicklungen. Mit punktuellen Maßnahmen, das sah man aber deutlich, war es nicht getan. Schon der Anwerbestopp für Gastarbeiter von Ende 1973 hatte zu keiner nennenswerten Reduktion des Ausländeranteils geführt. Zu Beginn der 1980er Jahre lag dieser in der Bundesrepublik bei etwa 4,6 Millionen, sank dann leicht ab und stieg gegen Ende des Jahrzehnts erneut. Das belastete die öffentlichen Haushalte erheblich, denn seit Ende der 1970er Jahre lag die Arbeitslosenquote der Ausländer generell über der der Inländer und stieg dementsprechend überproportional an, wenn sich die Arbeitslosigkeit insgesamt erhöhte.[25] Das politische Gesamtkonzept, mit dem die Regierung Kohl des Problems Herr zu werden trachtete, bestand aus drei Elementen: Rückführungsanreize, Zuzugsbegrenzung und Integration. Jede dieser Maßnahmen war, sobald sie in die öffentliche Diskussion oder in den Gesetzgebungsprozess gelangte, hoch umstritten, und das nicht nur zwischen Regierung und Opposition, sondern auch innerhalb der Regierungskoalition, wo CSU und FDP in der Regel völlig konträre Positionen vertraten. Die Festlegung des Höchstalters für nachziehende Familienangehörige zog sich monatelang hin.

Dass Lösungen so schwer zu finden waren, lag auch daran, dass eine Reihe grundsätzlicher Fragen bis dahin nicht gestellt, geschweige denn beantwortet worden waren, weil die Haltung vorherrschte, die Bundesrepublik sei kein Einwanderungsland. Das hatte entsprechende Überlegungen und Debatten verhindert. Einbürgerungen gab es bis in die zweite Hälfte der 1980er Jahre so gut wie gar nicht, ein Rechtsanspruch darauf wurde erstmals 1993 eingeführt. Ohne eine langfristige, auf Einbürgerung zielende Integrationspolitik waren aber Probleme wie die soziale Segregation oder das niedrige Bildungsniveau der Ausländer und alle damit verbundenen Begleiterscheinungen und Folgen nicht zu bewältigen. Erst im Laufe der 1980er Jahre verlor die Ansicht, die Bundesrepublik sei kein Einwanderungsland, allmählich an Boden. Von der »multikulturellen Gesellschaft« war nun die Rede, ein gut gemeintes Schlagwort, aber noch lange kein stringentes Konzept für eine problemorientierte Ausländerpolitik. Infolge dieser Denk- und Handlungsblockaden vergrößerte sich das migrations- und integrationspolitische Problem vor dem Hintergrund der Globalisierung und ihrer Migrationsfolgen weiter, später verschärfte es sich durch den weltumspannenden islamischen Fundamentalismus und Terrorismus.

Die Ausländerproblematik betraf allerdings nur einen Strang der Bevölkerungsentwicklung. Geburtenrückgang und Alterung waren im Hinblick auf die Sozialpolitik noch viel besorgniserregender, wenn man die Prognosen für das 21. Jahrhundert betrachtete. Das betraf vor allem die Familien- und die Rentenpolitik. Der Ausruf »Die Deutschen sterben aus!« schoss zweifellos über das Ziel hinaus, aber wer differenzierter über die demographische Entwicklung nachdachte und sich dazu äußerte, kam nicht umhin, in der Politik der Bundesrepublik Defizite zu erkennen und Maßnahmen zu vermissen, welche die Lebensbedingungen der Familie verbesserten und die Attraktivität der Familiengründung erhöhten. Konnte es sein, dass der Sozialstaat, der im Kern ganz im Geist der 1950er Jahre auf die – männliche – Alleinernährerbiographie ausgerichtet war, Eltern im Alter benachteiligte, weil – und das betraf vor allem Frauen – die mit den Kindern verbrachte Zeit auf die Rentenversicherung nicht angerechnet wurde? Durfte der Sozialstaat kinderlose Paare in der Alterssicherung begünstigen? Selbst wenn man von der sozialen Absicherung absah, war es unbestreitbar, dass Kinder die Erwerbstätigkeits- und damit die Verdienstchancen von Frauen beziehungsweise von Eltern deutlich einschränkten. Hier entstanden neue soziale Ungleichheiten, die sich zweifellos auf den Wunsch der Menschen, eine Familie zu gründen und Kinder zu haben, auswirkten.

Der Ruf nach der »Vereinbarkeit von Familie und Beruf« wurde lauter, das Thema rückte an die Spitze der sozial- und familienpolitischen Agenda. Einzelne Maßnahmen (wie beispielsweise die Einführung des Erziehungsgelds 1986) wurden beschlossen, bewirkten aber keine grundsätzliche Veränderung. Zwei Drittel aller verheirateten Mütter von zwei und mehr Kindern waren am Beginn wie am Ende der 1980er Jahre Hausfrauen.[26] Insbesondere in der Union zeigte man sich unentschlossen: Sollte man die Vereinbarkeit von Familie und Erwerbstätigkeit (der Frau) fördern oder das Modell der Hausfrauenehe attraktiver gestalten, indem man zum Beispiel – wie in der Rentenversicherungsreform von 1985 geschehen – Kindererziehungszeiten bei der Rentenberechnung berücksichtigte? Hinter dem familienpolitischen Imperativ des »Vorrangs der Familienförderung«[27] verbargen sich also durchaus unterschiedliche, zum Teil sogar gegenläufige Konzepte, die immer wieder zu Konflikten zwischen Union und FDP führten, mitunter aber auch zu Auseinandersetzungen innerhalb der Union, die bis heute andauern. Die Reihe der Familienpolitikerinnen in der Union, die wegen ihrer Positionen zur Vereinbarkeit von Familie und Beruf in das Fadenkreuz der zumeist männlichen Anhänger eines konservativen Familienmodells gerieten, ist lang; sie reicht von Rita Süssmuth über Ursula Lehr in den 1980er Jahren bis hin zu Ursula von der Leyen zwei Jahrzehnte später.

Die Frage bleibt, ob weiter reichende Maßnahmen den Trend umgekehrt hätten. Der Geburtenrückgang war ja nicht nur eine Folge des deutschen Systems der Sozialversicherung, schließlich kam es in anderen westlichen Gesellschaften zu ähnlichen Entwicklungen. Allerdings zeigt das Beispiel Frankreichs, wo es seit den 1990er Jahren gelang, den demographischen Trend umzukehren, dass gezielte Maßnahmen in der Familienpolitik durchaus zu der gewünschten Wirkung führen konnten. In Deutschland steht aber jede Diskussion über eine pronatalistische Familienpolitik unweigerlich im Schatten des Nationalsozialismus und seiner Familienpolitik, was die Handlungsspielräume des Staates deutlich einschränkt. Doch die stärksten Gründe dafür, dass es nicht gelang, den Geburtenrückgang aufzuhalten oder gar einen neuen Anstieg herbeizuführen, lagen in den gesellschaftlichen und soziokulturellen Umbrüchen seit den 1960er Jahren.

Der Hinweis auf den Wertewandel, auf Prozesse der Individualisierung oder den Primat der Selbstverwirklichung allein genügt dabei jedoch nicht. Schon das seit den 1960er Jahren auf breiter Basis ansteigende Bildungsniveau hat den Wunsch der Frauen nach Erwerbstätigkeit verstärkt, und dies nicht nur für eine Übergangszeit. Die Verlängerung der Ausbildungszeiten, unter anderem durch ein Studium, trug zur Veränderung des Heirats- und Reproduktionsverhaltens bei. Zu diesen Entwicklungen – und zum Teil auf ihrer Basis – trat dann seit den 1970er Jahren die Dynamik des Wertewandels, die sich auch in der Reformpolitik der sozialliberalen Koalition, beispielsweise in der Liberalisierung des Ehescheidungsrechts, niederschlug. Man kann den Rückgang der Geburtenziffern aber nicht primär mit der Politik der 1970er Jahre begründen, wie es im folgenden Jahrzehnt zum Teil geschah, denn dass sich Sexualität immer stärker von ihrer Reproduktionsfunktion löste, um nur dieses Beispiel zu nennen, wird man schwerlich der Regierung Brandt und deren Gesetzgebung zuschreiben können.

Die Entwicklung des Sexualverhaltens und sexualitätsbezogener moralischer Normen war fraglos ein wichtiger Indikator für die Verschiebung von Werten und Wertorientierungen. Diese Entwicklung, zu der die zunehmende Akzeptanz von Homosexualität gehörte, beförderte die öffentliche Diskussion um die Reform des Abtreibungsrechts, aber auch, in den 1980er Jahren, die öffentliche Auseinandersetzung mit der Immunschwächekrankheit AIDS. Gerade hier zeigte sich deutlich, dass hinter der gesundheitspolitischen Diskussion eine sexualmoralische Auseinandersetzung stand, in der alte Werte und Normen mit neuen Einstellungen kollidierten. Die breite und zum Teil überaus erregte Diskussion über AIDS, seine Entstehung, Ausbreitung und Bekämpfung sowie den politischen und gesellschaftlichen Umgang damit, war letztlich Teil jenes umfassenden soziokulturellen Sicherheitsdiskurses, der sich aus den Prozessen des Wertewandels ergab. Offenkundig barg eine auch als Liberalisierung verstandene Individualisierung Risiken. Individuelles (Sexual-)Verhalten und Erkrankung wurden in der öffentlichen Diskussion durchaus aufeinander bezogen. Zugleich blieben die staatlichen Handlungsmöglichkeiten begrenzt, weil es keine Basis für eine normative Regulierung individuellen (Sexual-)Verhaltens gegeben hätte. Um dennoch der gesellschaftlichen Verunsicherung, ja Verängstigung zu begegnen und zugleich den Betroffenen zu helfen, setzte die Bundesregierung in Übereinstimmung mit den meisten Landesregierungen auf Aufklärung, Prävention, ärztliche Behandlung und den Aufbau einer umfassenden AIDS-Forschung.

Haben wir es bei der Familienpolitik der 1980er Jahre im Wesentlichen mit dem Versuch zu tun, einen demographischen Trend, den Rückgang der Geburtenzahlen, aufzuhalten oder gar umzukehren, so war der nächste wichtige Bereich der Sozialpolitik, die Rentenpolitik, von dem Bestreben gekennzeichnet, den bereits eingetretenen, vor allem aber den absehbaren Folgen der demographischen Entwicklung für die westdeutsche Sozialstaatlichkeit entgegenzuwirken. Die Rentenversicherung, die in der Rentenreform von 1957 Gestalt angenommen hatte, beruhte auf der Voraussetzung stetig wachsender, zumindest aber stabiler Geburtenzahlen sowie auf Vollbeschäftigung oder allenfalls geringfügiger Arbeitslosigkeit als Prämisse der beitragsfinanzierten Altersversicherung. Das war die Grundlage des immer wieder zitierten »Generationenvertrags«. Diese Bedingungen konnten aber nicht mehr erfüllt werden. Die wissenschaftlichen und politischen Experten waren sich der prekären Lage bewusst, doch die Bundesregierung unternahm so gut wie nichts zur Lösung dieses strukturellen Problems. Zwar hieß es in der Koalitionsvereinbarung, auf die sich die Unionsparteien und die FDP zu Beginn ihrer zweiten Legislaturperiode 1987 verständigt hatten, die Rentenversicherung solle »durch eine Strukturreform an die demographische Entwicklung so angepasst werden, dass sie auch in Zukunft ihre Funktion als lohn- und beitragsbezogene Alterssicherung erfüllen kann«.[28] Doch dieses Ziel wurde verfehlt, weil man dazu den bisherigen Pfad der Koalition hätte verlassen müssen, was politisch, vor allem wahlpolitisch, nicht durchsetzbar schien. Zudem ließ der konjunkturelle Aufschwung der zweiten Hälfte der 1980er Jahre nicht nur in den Regierungsparteien, sondern auch in der SPD einen rentenpolitischen Optimismus aufkommen, der jeder vernünftigen Einsicht zuwiderlief. Arbeitsminister Norbert Blüm (CDU) verkörperte und artikulierte diesen Optimismus. An ihm prallten die alternativen Modelle einer Alterssicherung ab, die von Experten schon in den 1980er Jahren vorgelegt wurden und über die zum Teil, beispielsweise über eine kapitalgedeckte Grundsicherung, noch heute diskutiert wird.

»Die Rente kann dauerhaft im bewährten System erfolgen. Die Rente bleibt lohn- und beitragsbezogen«, hieß es in einem Koalitionspapier aus dem Jahr 1988.

Diesen Geist atmete auch die ein Jahr später verabschiedete Rentenreform. Sie verknüpfte einen weiteren Ausbau – und damit eine weitere Belastung – der Rentenversicherung (beispielsweise durch die Anrechnung von Erziehungszeiten) mit einigen punktuellen Modifikationen der bisherigen Versicherungspraxis. So wurde die Altersgrenze von 60 auf 63 Jahre angehoben, beitragsfreie und beitragsreduzierte Zeiten wurden neu berechnet, die Rentenformel, also die Zusammensetzung von Bundeszuschuss und Beiträgen, modifiziert und schließlich das Rentenniveau an die Nettolohnentwicklung statt wie bisher an die Bruttolöhne gekoppelt. Es gehört zu den Ironien der Geschichte, dass der Bundestag diese Reform just am 9. November 1989 verabschiedete. Als die Reform drei Jahre später, 1992, in Kraft trat, hatten sich durch die Wiedervereinigung die Grundlagen, Bedingungen und Anforderungen der sozialen Sicherungssysteme massiv verändert. Dem konnte das 1989 beschlossene Reformpaket nicht gerecht werden. Doch selbst wenn die Mauer nicht gefallen und die DDR nicht zusammengebrochen wäre, hätte die Rentenreform der Regierung Kohl die Alterssicherung der Bundesrepublik nicht auf eine langfristig tragfähige Grundlage gestellt. Dass Umfang und Ausgestaltung der sozialen Sicherungssysteme der Bundesrepublik und insbesondere der Rentenversicherung ein zentrales Kapitel der tief verinnerlichten »Erfolgsgeschichte« der Bundesrepublik darstellen, macht eine grundlegende Veränderung nicht einfacher.

In fast noch stärkerem Maße als die Rentenreform offenbart die von der Bundesregierung angestrebte Reform des Gesundheitswesens die Strukturprobleme der bundesrepublikanischen Sozialpolitik und noch mehr der deutschen Politik allgemein. Die Politik wird nicht nur beeinflusst von einer Vielzahl von Akteuren, sondern von einer Vielzahl von Vetospielern. Das erschwert politisches Entscheidungshandeln. Man kann darin, insbesondere in den Strukturen des Föderalismus, bis heute die historische Absicht der Demokratiesicherung erkennen. Aber weil die verschiedenen Vetoakteure, zu denen eben nicht nur politische Institutionen beziehungsweise die Verfassungsorgane gehören, sondern auch unterschiedliche Interessen verfolgende Organisationen und Institutionen der Gesellschaft, sind im politischen System der Bundesrepublik klare Kurswechsel und kraftvolle Selbstreformen so gut wie unmöglich.[29]

Dies zeigte sich gerade in der Gesundheitspolitik, die ebenfalls vor gewaltigen und sich infolge der demographischen Entwicklung noch weiter zuspitzenden finanziellen Problemen stand. Zu einer strukturellen Reform kam es auch hier nicht. Man versuchte vielmehr Einsparungen zu erreichen, indem man die Zuzahlungen der Versicherten erhöhte und den Kostenrahmen für Medikamente einschränkte.

Zugleich wurde das Gesundheitssystem neu belastet, da 1988 als Teil des »Gesetzes zur Strukturreform im Gesundheitswesen« ein Anspruch auf häusliche Pflege fixiert wurde. Infolge der zunehmenden Alterung der Bevölkerung wurde die Einbeziehung der Pflege alter Menschen in die Gesundheitssicherung schließlich unabweisbar. Das führte 1995 zur Einführung einer separaten Pflegeversicherung mit eigenem Beitragsaufkommen außerhalb der Krankenversicherung. Dem Imperativ der Kosteneinsparung lief das freilich zuwider. Bereits 1988/89 wurde deutlich, dass das Netz Gesundheitssystem durch die Gesundheitsreform nur notdürftig geflickt worden war. Von einer »Strukturreform«, wie es im Gesetzestext hieß, konnte ohnehin keine Rede sein. Die Reform des Gesundheitswesens blieb ein Thema auf der politischen Agenda.

Arbeitslosigkeit und Beschäftigungspolitik

Die Veränderungen der Erwerbsgesellschaft, die Mitte der 1970er Jahre – unabhängig von den Wellenbewegungen der Konjunktur – begonnen hatten, setzten sich im folgenden Jahrzehnt fort. Die Arbeitswelt war durch den Übergang zur industriellen Dienstleistungsgesellschaft mit derjenigen der 1950er und 1960er Jahre nicht mehr zu vergleichen. Sozialpolitische Kontinuität war in den Gründerjahren der Bundesrepublik möglich gewesen und auch angemessen, weil die Bedingungen der industrialisierten Arbeits- und Erwerbswelt sich seit dem späten 19. Jahrhundert zwar äußerlich, nicht aber grundsätzlich verändert hatten. Das war 30 Jahre später anders. Der Berufseintritt zögerte sich hinaus, weil sich neue Bildungsangebote, Bildungsmöglichkeiten, aber auch Bildungserfordernisse entwickelt hatten. Die Berufsausbildung wurde verschult und akademisiert. Eine Verkürzung der Lebensarbeitszeit ergab sich weiterhin durch den früheren Eintritt in den Ruhestand, der durch ein vergleichsweise hohes Rentenniveau ermöglicht wurde. Zunehmend verbarg sich hinter einer Frühverrentung, hinter einem Vorruhestand aber Arbeitslosigkeit, die nicht selten darauf zurückzuführen war, dass im fortgeschrittenen Alter die Qualifikationen nicht mehr erworben werden konnten, die eine sich dynamisch verändernde Arbeitswelt verlangte. Hinzu kamen Unterbrechungen der Erwerbsbiographie durch Phasen der Arbeitslosigkeit. Es wäre zu einfach, aus dem Bedeutungsgewinn von Freizeit unmittelbar einen Bedeutungsverlust der Erwerbsarbeit abzuleiten, auch wenn diese in vielen Fällen ihre unmittelbar sinnstiftende Bedeutung verlor. Arbeit behielt aber ihren Wert, weil sie Konsum und Freizeitaktivität erst ermöglichte. Mit der Massenarbeitslosigkeit seit den 1970er Jahren wurde ihr wieder mehr Wertschätzung zuteil, weil diese nun einmal aus Mangellagen erwächst.

Dennoch blieb die Verkürzung der Arbeitszeit prägend für den Lebensstil der Wohlstandsgesellschaft. Von deren Konsumangebot konnte der überwiegende Teil der Gesellschaft – der Soziologe Rainer Geissler spricht von 80 bis 90 Prozent – Gebrauch machen.[30] Geissler gehörte zu den wenigen Soziologen, die trotz dieser Entwicklungen darauf beharrten, eine Gesellschaft nicht nur von der Prosperität der Mittelschichten her zu beurteilen sowie Lebensstile und Milieus zu analysieren, sondern auch die fortexistierenden harten Ausformungen sozialer Ungleichheit, die Persistenz von Klassen und Schichten, in den Blick zu nehmen.[31] Dazu gehört die Untersuchung von Armut. Soziologische Studien zeigen, dass Armutsrisiko und Armutsbetroffenheit in der Bundesrepublik seit den 1970er Jahren signifikant angestiegen sind.[32]

Armut war in den 1970er und 1980er Jahren ganz überwiegend eine zeitlich begrenzte Phase. Langzeitarmut – als Ergebnis eines unterstellten sozialen und materiellen Abstiegsprozesses – blieb die Ausnahme. Insofern ist das Schlagwort der »Zweidrittelgesellschaft«, mit dem die »neue Armut« und die sich weiter öffnende Schere zwischen Arm und Reich charakterisiert wurden, unzutreffend. Der deutsche Sozialstaat, so scheint es, konnte das Abgleiten in Langzeitarmut und deren Stabilisierung verhindern. Weit weniger war – und ist – er in der Lage, individualbiographisch bedingte Armutsphasen auszuschließen, die sich beispielsweise aus Scheidungsfolgen, aus Kinderreichtum bei niedrigem Einkommen, nicht zuletzt bei plötzlichem Arbeitsplatzverlust, oder aus Ausbildungsdefiziten ergeben.[33] Unabhängig davon haben sich in der Bundesrepublik seit den 1970er Jahren immer mehr Menschen beziehungsweise immer mehr Haushalte vom durchschnittlichen Nettoeinkommen entfernt, und zwar nach oben wie nach unten. Die Zahl der Haushalte mit einem durchschnittlichen Nettoeinkommen von mehr als 10 000 DM verdreifachte sich zwischen 1978 und 1988. Das waren 3,7 Prozent aller Haushalte. Demgegenüber mussten zwei Prozent der Haushalte 1988 mit weniger als 1000 DM im Monat auskommen. Hier war seit 1978 kein deutlicher Anstieg zu verzeichnen, aber die Zahl der Empfänger laufender Hilfen zum Lebensunterhalt (vor allem Sozialhilfe) nahm seit 1980 um etwa 12 Prozent jährlich zu.[34]

Im Jahr des Regierungswechsels 1982 hatte die Arbeitslosigkeit in der Bundesrepublik mit über 1,8 Millionen Erwerbslosen (im Jahresdurchschnitt) einen neuen Höhepunkt erreicht. Am Ende des Jahres lag die Zahl deutlich über der Zwei-Millionen-Grenze, eine Marke, die sie bis 1989 nicht mehr unterschreiten sollte. Von einer Vollbeschäftigung, wie sie zu Beginn der 1960er Jahre faktisch erreicht worden war und wie sie das Stabilitäts- und Wachstumsgesetz von 1967 als Politikziel im Rahmen des »magischen Vierecks« festgelegt hatte, war man weit entfernt. Von einer kurzfristigen, konjunkturell bedingten Arbeitslosigkeit konnte in den 1980er Jahren nicht mehr die Rede sein. Und auch der Hinweis auf den demographischen Wandel reicht nicht aus, sosehr der Eintritt der geburtenstarken Jahrgänge in den Arbeitsmarkt, die anhaltende Zuwanderung aus dem Ausland, aber auch die zunehmende Zahl erwerbstätiger Frauen die Arbeitslosigkeit jener Zeit erklären hilft.

Der Anstieg der Arbeitslosigkeit resultierte unabhängig von konjunkturellen und demographischen Faktoren vor allen Dingen aus der Transformation der Industriegesellschaft und ihrer Erwerbsstrukturen, und daher war die hohe Erwerbslosigkeit auch in der Phase einer wieder anziehenden Konjunktur in der zweiten Hälfte des Jahrzehnts strukturell nicht zu überwinden. Das war öffentlich kaum zu vermitteln, weil es das Eingeständnis bedeutet hätte, dass der Arbeitslosigkeit mit herkömmlichen politischen Mitteln kaum beizukommen war. Intern aber sah man diese Zusammenhänge durchaus. So betonte der Bundeskanzler vor der CDU/CSU-Bundestagsfraktion: »Wenn Sie die Probleme sehen, etwa die industrielle Entwicklung unseres Landes, den Umbau eines Teiles unserer Volkswirtschaft auf Zukunfts-Wirtschaft, Zukunfts-Industrie, Zukunfts-Technologie, wenn Sie das Problem der Arbeitslosigkeit jetzt nicht nur sektoral und regional, sondern in den strukturellen Problematiken betrachten – dann wissen Sie so gut wie ich, dass wir Probleme haben, die gehen über die nächsten vier Jahre hinaus.«[35]

Im Übergang zur industriellen Dienstleistungsgesellschaft veränderten sich Wirtschaft und Arbeitsmarkt innerhalb kürzester Zeit grundlegend. Im warenproduzierenden Gewerbe gingen zwischen 1973 und 1984 über 2 Millionen Arbeitsplätze verloren. Neue Arbeitsplätze entstanden hingegen im Dienstleistungsbereich, am stärksten bei wirtschaftsnahen Dienstleistungen. Doch der Arbeitsplatzverlust im sekundären Sektor konnte dadurch nicht kompensiert werden; in einigen besonders krisenhaften Branchen wie zum Beispiel in der Werftindustrie, im Textilgewerbe und in der Eisen- und Stahlproduktion ging er sogar in den Jahren des Aufschwungs weiter. Unmittelbar kompensierende Effekte waren auch deswegen nicht zu erzielen, weil die im sekundären Sektor freigesetzten Arbeitskräfte, gerade diejenigen mittleren und fortgeschrittenen Alters mit begrenzten Qualifikationen, im Dienstleistungsbereich keine neue Arbeit finden konnten. Experten sprechen hier von einer »Mismatch-Arbeitslosigkeit«. Die Zahl der Arbeitslosen und die der offenen Stellen können nicht schlicht miteinander verrechnet werden, weil auf beiden Seiten Profildiskrepanzen nicht nur im Hinblick auf die Qualifikation, sondern auch bezogen auf die regionale Verfügbarkeit bestehen.[36] Hier lag eine wesentliche Ursache für die Zunahme der Langzeitarbeitslosigkeit von mehr als einem Jahr, die sich zwischen 1980 und 1988 von 12,9 auf 32,6 Prozent aller Arbeitslosen und damit auf einen absoluten Stand von etwa 700 000 erhöhte.[37] Für jüngere Arbeitnehmer, die bereit waren, sich weiter oder neu zu qualifizieren und die überdies eine erhebliche Mobilitätsbereitschaft mitbrachten, gab es hingegen vergleichsweise gute Beschäftigungschancen.

Maßnahmen zur Bekämpfung der Arbeitslosigkeit konnten also nicht nur konjunkturpolitischer Natur sein, und insofern gelangte auch hier der Keynesianismus, der an die traditionelle Industriegesellschaft und Industriewirtschaft gekoppelt war, an Grenzen. Am wenigsten davon berührt wurde noch das interventionistische Instrumentarium der aktiven Arbeitsmarktpolitik, die mit dem Arbeitsförderungsgesetz von 1969 Gestalt angenommen hat und seitdem ausgebaut und verfeinert worden ist. Im Kern ging es bei der Arbeitsförderungspolitik zunächst darum, den Strukturwandel durch die Förderung regionaler und beruflicher Mobilität zu begleiten und so Arbeitslosigkeit zu verhindern. Schon Mitte der 1970er Jahre aber richtete sich die Arbeitsförderungspolitik zunehmend auf die Bekämpfung der wachsenden Arbeitslosigkeit. Die christlich-liberale Koalition tastete diese aktive Arbeitsmarktpolitik nicht an, ja setzte sie sogar verstärkt ein, wenn sich finanzielle Möglichkeiten dazu ergaben oder Wahlen bevorstanden.[38] Dadurch erhielt diese immer mehr einen kompensatorischen und sozialpolitischen Charakter, was sich nach 1990 in der Folge des Beschäftigungseinbruchs in Ostdeutschland noch verstärkte. Zeitweise lag die Höhe der Ausgaben für die aktive Arbeitsmarktpolitik bei einem Prozent des Bruttosozialprodukts.[39]

Zur aktiven Arbeitsmarktpolitik der Regierung Kohl gehörten in den 1980er Jahren insbesondere die Förderung von beruflicher Fortbildung und Umschulungen – Stichwort »Qualifizierungsoffensive« – sowie Arbeitsbeschaffungsmaßnahmen (ABM). Zwar ist man leicht bei der Hand mit dem Vorwurf, die aktive Arbeitsförderung verdecke lediglich die Arbeitslosigkeit, da ihre Reintegrationserfolge begrenzt seien. Doch damit würde man die individuell und gruppenbezogen stabilisierende Wirkung solcher Maßnahmen unterbewerten.

Scharfe politische Auseinandersetzungen zwischen den Regierungsparteien und der Opposition, aber auch zwischen Arbeitgebern und Gewerkschaften kreisten in jenen Jahren um die Frage, ob Lohnerhöhungen zu einer Steigerung der Nachfrage führen oder nicht vielmehr einen Anstieg der Produktionskosten nach sich ziehen. Das nämlich würde die Nachfrageeffekte konterkarieren und überdies das Risiko erhöhen, dass weitere Arbeitsplätze abgebaut würden. Kontrovers waren die Standpunkte auch beim Thema Arbeitszeitverkürzung. Konnten durch eine Reduzierung der wöchentlichen Arbeitszeit, was die Gewerkschaften behaupteten, neue, zusätzliche Arbeitsplätze geschaffen werden? Arbeitszeitverkürzungen bei vollem Lohnausgleich bedeuteten, so argumentierte dagegen die Arbeitgeberseite, eine erhöhte Kostenbelastung für die Unternehmer.

Die Gewerkschaften verlangten schon seit den späten 1970er Jahren eine Absenkung der Wochenarbeitszeit unter 40 Stunden, und mit zunehmender Arbeitslosigkeit begründeten sie dieses Ansinnen immer stärker auch mit Auswirkungen auf den Arbeitsmarkt und die Arbeitslosigkeit. Die Arbeitgeber sperrten sich vehement dagegen. Der Konflikt spitzte sich zu, als zwei mächtige Gewerkschaften, die IG Metall und die IG Druck und Papier, 1984 mit der Forderung nach Einführung der 35-Stunden-Woche bei vollem Lohnausgleich in die Tarifrunde gingen. Das Resultat war einer der härtesten Arbeitskämpfe in der Geschichte der Bundesrepublik, der zu mehrwöchigen Streiks in der Metall- und Druckindustrie führte, auf welche die Arbeitgeber mit Aussperrungen antworteten. Am Ende wurde die 38,5-Stunden-Woche eingeführt. In der Metallindustrie sank die Wochenarbeitszeit bis 1989 auf 37 Stunden, und auch in anderen Branchen kam es zu Arbeitszeitverkürzungen. Die durchschnittliche Wochenarbeitszeit lag in der Bundesrepublik 1988 bei 39 Stunden. Hinzu trat die Verkürzung der Lebensarbeitszeit nicht zuletzt durch verschiedene Vorruhestandsregelungen, die wiederum durch die Rentenreform von 1989 teilweise aufgehoben wurden, indem man das Renteneintrittsalter von 60 wieder auf 63 Jahre anhob.

Im Streik von 1984 hatte die IG Metall eine »Minimax-Strategie« – minimaler Aufwand, maximale Wirkung – angewandt. Sie hatte gezielt wichtige Zulieferbetriebe bestreikt, um auf diese Weise die Produktion in weiterverarbeitenden Betrieben, nicht zuletzt im Automobilbau, zum Stillstand zu bringen. Für die betroffenen Arbeiter musste dann die Bundesanstalt für Arbeit Lohnersatzleistungen bezahlen, was die Streikkassen der Gewerkschaften erheblich entlastete. Gegen diese Strategie richtete sich eine Gesetzesinitiative der Bundesregierung, die 1986 zu einer massiven Auseinandersetzung mit den Gewerkschaften führte. Während die Regierung die von ihr vorgeschlagene Änderung des Paragraphen 116 Arbeitsförderungsgesetz (AFG) als Maßnahme zur Sicherstellung der tarifpolitischen Neutralität der Bundesanstalt für Arbeit verteidigte, bekämpften die Gewerkschaften die Gesetzesinitiative als Versuch, das grundgesetzlich verbriefte Streikrecht einzuschränken. Der Konflikt schlug hohe Wellen, blieb aber, was Schärfe und Konfrontativität betraf, weit hinter den Arbeitskämpfen und Auseinandersetzungen zwischen Regierung und Gewerkschaften zurück, die etwa zur gleichen Zeit Großbritannien unter der Regierung Thatcher erschütterten. Die erbitterten Auseinandersetzungen um das AFG stellten eine Ausnahme dar und charakterisierten keineswegs das Verhältnis zwischen Regierung und Gewerkschaften in der Ära Kohl. Weder war Helmut Kohl Margaret Thatcher, noch glichen die Unionsparteien den britischen Konservativen. Auch wenn die Bundesregierung von verschiedenen Seiten einer »neoliberalen« Wende bezichtigt wurde, fand diese in der Bundesrepublik nicht statt. Die Novellierung des Paragraphen 116 AFG war keineswegs Teil einer systematischen Politik zur Zurückdrängung des Einflusses der Gewerkschaften.

Gegen eine »neoliberale« Wende spricht auch die Intervention der Bundesregierung, wenn es um die Rettung angeschlagener beziehungsweise in ihrem Bestand bedrohter Unternehmen wie beispielsweise 1986 der ARBED Saarstahl oder des Elektrokonzerns AEG 1984 geht. Zwar wurde hier punktuell das Prinzip der Tarifautonomie außer Kraft gesetzt, aber die Gewerkschaften erklärten sich damit einverstanden, weil es darum ging, Großunternehmen mit Tausenden von Arbeitsplätzen – ARBED Saarstahl hatte 1985 etwa 14 000 Beschäftigte – zu retten. Am deutlichsten atmete das 1985 in Kraft getretene Beschäftigungsförderungsgesetz einen »neoliberalen« Geist. Es war darauf gerichtet, Beschäftigungsverhältnisse zu flexibilisieren und Unternehmern – je nach konjunktureller Lage oder Unternehmensbedarf – Einstellungen, aber auch Entlassungen zu erleichtern. Insbesondere vereinfachte das Gesetz die Einstellung von Teilzeitkräften und Geringbeschäftigten sowie die Befristung von Arbeitsverhältnissen.

Die Gewerkschaften bekämpften das Gesetz als »Abbau von Arbeitnehmerschutzrechten«.[40] Dennoch wurden damit unbestreitbar günstige Arbeitsmarkteffekte kurzfristiger und langfristiger Natur erzielt. So konnten knapp 20 Prozent der auf der Basis des Gesetzes befristet Eingestellten in Dauerarbeitsverhältnisse übernommen werden.[41] Davon abgesehen – und auf einer allgemeineren Ebene – war das Gesetz ein Ausdruck der Transformation der Erwerbsgesellschaft, und zugleich trieb es diese Transformation weiter voran. Die traditionelle Erwerbsbiographie mit ihrem langfristigen Vollzeitarbeitsverhältnis verlor an Bedeutung, nun wurden Erwerbsbiographien pluralisiert und individualisiert. Das trug unternehmerischen Interessen Rechnung, reagierte aber auch auf gesellschaftliche Veränderungen und eben die Pluralisierung von Lebensstilen mit den sich daraus ergebenden Wünschen und Möglichkeiten der Erwerbstätigkeit.

Viel diskutiert wurde die Frage der Lohnflexibilisierung. Im korporatistisch geprägten Lohn- und Tarifsystem der Bundesrepublik mit seinen starken Gewerkschaften und den Bindungen des Arbeits- und Tarifrechts war die Flexibilisierung von Löhnen, also ihre Absenkung nach unten für bestimmte Tätigkeitsbereiche, schwer durchzusetzen. Sie war freilich auch schwer zu vermitteln, wenn gleichzeitig, was in den 1980er Jahren der Fall war, die Einkommen aus selbstständiger Arbeit, Kapital und Vermögen anstiegen, während die Lohnquote, also der Anteil nicht selbstständiger Arbeit am Volkseinkommen, sank. Dennoch zogen sich die Gewerkschaften den Vorwurf zu, lediglich die Interessen der beschäftigten Arbeitnehmer zu vertreten und die Arbeitslosen und Arbeitsuchenden zu vernachlässigen. Völlig ungerechtfertigt ist dieser Vorwurf nicht, aber man darf nicht ignorieren, dass die Haltung der Gewerkschaften zur Flexibilisierung der Löhne nicht auf eine punktuelle Entscheidung der 1980er Jahre zurückgeht. Sie ergab sich vielmehr aus den Funktionen und Positionen, die sie als Arbeitnehmervertretungen unter Bedingungen der traditionellen Erwerbsgesellschaft über viele Jahrzehnte ausgeübt und vertreten hatten. Insbesondere bis Mitte der 1970er Jahre hatten sich im Zuge einer durch Wirtschaftswachstum geprägten ökonomischen und sozialen Entwicklung Verhaltensstandards und Zielhorizonte herausgebildet, die im folgenden Jahrzehnt und zum Teil deutlich darüber hinaus weiter wirkten, obwohl die Bedingungen ihrer Entstehung längst nicht mehr existierten.

Eine Bilanz der Sozialpolitik der 1980er Jahre kann das verbreitete Bild des Reformstaus zwar nicht völlig verwerfen, aber doch differenzieren. Zu einer grundlegenden Reform, zu einem sozialpolitischen Richtungswechsel ist es nicht gekommen. Die sozialpolitischen Grundentscheidungen der Bundesrepublik, die im Wesentlichen auf die ersten beiden Dekaden nach Gründung des westdeutschen Staates zurückgingen, wurden nicht revidiert. Dennoch unterschied sich die Sozialpolitik jener Jahre durch eine ganze Reihe einzelner Maßnahmen von der des vorangegangenen Jahrzehnts. Von schlichter Kontinuität kann man mithin nicht sprechen. Für den Wandel stehen einzelne Liberalisierungen etwa infolge des Beschäftigungsförderungsgesetzes oder der Bedeutungsgewinn der Familienpolitik. Die mit der Familienpolitik zusammenhängende rentenrechtliche Anerkennung von Kindererziehungszeiten bedeutete, obwohl sie primär bevölkerungspolitisch motiviert war, eine »Neudefinition von Arbeit, ... die der sozialpolitischen Benachteiligung der Familienarbeit entgegenwirkt«.[42] Letztlich blieb die Familienpolitik der christlich-liberalen Koalition allerdings »halbherzig«, weil Eltern, die die propagierte Vereinbarkeit von Familie und Beruf tatsächlich umzusetzen versuchten und nach Kindertagesstätten oder Tagesmutterplätzen suchten, »nur sehr relative Unterstützung« fanden.[43] Wandel konnte aber auch Rückschritt bedeuten, was die Entwertung von Ausbildungszeiten für die Rentenversicherung zeigt. Die Alterssicherungspolitik war tendenziell bildungsfeindlich und stand damit in klarem Gegensatz zu den gewachsenen Bildungserfordernissen der sich herausbildenden industriellen Dienstleistungsgesellschaft.

Der wichtigste sozialpolitische Kontinuitätsfaktor war die Pfadabhängigkeit,[44] die nicht nur strukturell einer alternativen Politik entgegenstand, sondern auch im konkreten politischen Handeln. Bundesarbeitsminister Norbert Blüm und der sozialdemokratische Sozialexperte Rudolf Dreßler verkörperten den zumindest die beiden – damals noch großen – Volksparteien übergreifenden grundlegenden sozialpolitischen Konsens, wonach die Sozialversicherung nach überkommenem Muster das leistungsfähigste Prinzip sei, der Sozialstaat »keine Last, sondern eine Errungenschaft«.[45] Stärker reformorientierte Kräfte konnten sich weder in der Union noch in der SPD gegen diese grundsätzliche Position durchsetzen.[46] Norbert Blüm, der trotz seines Beharrungsvermögens immer wieder von der Sozialdemokratie und den Gewerkschaften angegriffen wurde, erhielt gerade deshalb aus den eigenen Reihen bis weit in die FDP hinein Unterstützung. Dass Margaret Thatcher und Ronald Reagan für ihn kein Vorbild waren, daran ließ der Bundesarbeitsminister keinen Zweifel: »Maggie Thatcher ist kein Modell für Strukturwandel. Unsere Sozialtradition ist Kooperation und Rücksicht.«[47] Der Bundeskanzler hat Norbert Blüm bis zum Regierungswechsel 1998 auf seinem Posten belassen, was aus wahltaktischen Gründen mit Blick auf die Sozialstaatsklientel unter den Wählern geschah, aber auch darauf schließen lässt, dass Helmut Kohl zumindest im Ansatz die Position seines Ministers teilte. Dem britischen Kabinett der Ära Thatcher galt der deutsche Bundeskanzler nicht als neokonservativer oder gar neoliberaler Politiker, sondern als »Konsensus-Politiker alten Stils« im Sinne des Konsensliberalismus der Nachkriegsjahrzehnte.[48]

Die Probleme der westdeutschen Sozialstaatlichkeit erkannte die Regierung durchaus. Sie versuchte sie im Wesentlichen systemimmanent zu lösen. Die Hoffnung auf eine Verbesserung der konjunkturellen Bedingungen als Grundlage der Stabilisierung, ja sogar einer Expansion des Sozialstaats in seiner traditionellen Form gab man nicht auf. Hierin unterschieden sich die beiden Volksparteien kaum, die um ihr relativ großes Wählerpotential fürchteten und vor einschneidenden Veränderungen zurückschreckten, weil dies ihre Wahrnehmung als Sozialstaatsparteien beeinträchtigt hätte. So bleibt ein ambivalenter Befund. Der politische Handlungsspielraum wäre groß genug gewesen, um die Reformen in Gang zu bringen, die der Bundeskanzler in seiner ersten Regierungserklärung im Oktober 1982 angekündigt hatte. Dass es dazu nicht kam, hat mit dem mangelnden Willen der Bundesregierung und insbesondere der Unionsparteien zu tun, aber auch mit den institutionellen Bedingungen des politischen Systems (vom Föderalismus über die Verfassungsgerichtsbarkeit bis hin zur Vetoposition mächtiger Verbände), die grundlegende Richtungsentscheidungen erschweren und mitunter sogar verhindern.

Dem aus dem Zeitgeist geborenen Slogan »Mehr Markt – weniger Staat« entsprachen die sozialpolitischen Entwicklungen nur bedingt. Ohnehin ist dessen Gültigkeit für die Bundesrepublik der 1980er Jahre leichter postuliert, als tatsächlich nachgewiesen. Sicher, der »Steuerungspessimismus« (Manfred Schmidt), ein Kind der 1970er Jahre, verstärkte sich und äußerte sich vor allem als Skepsis gegenüber der Gestaltungsfähigkeit und Lenkungswirkung der Politik. Aber »es wurde nach wie vor viel regiert«, und die Einstellungen der Bürger zur bevorzugten Verantwortungsteilung zwischen Staat, gesellschaftlichen Gruppen und privaten Kräften blieben, wie Umfragen zeigen, relativ stabil.[49] Wuchsen dem Staat nicht auch neue Aufgaben zu? Konnten die Gesellschaft und der Einzelne ohne den Staat den Herausforderungen des Informations- und Computerzeitalters überhaupt begegnen? So optimistisch, ja euphorisch man die neuen Informations- und Kommunikationstechniken begrüßte, so verunsichert waren viele angesichts ihrer Möglichkeiten, aber auch ihrer Risiken und Gefahren.

Die Dynamik der 1980er Jahre

Revolutionäre technologische Entwicklungen, die Wirtschaft, Gesellschaft und Sozialkultur transformierten, trugen zur Dynamik des Jahrzehnts bei, reichten jedoch in ihren Wirkungen weit darüber hinaus. Die sich unaufhaltsam und rasend schnell fortsetzende Miniaturisierung von Mikroprozessoren beeinflusste und veränderte nicht nur die industrielle Produktion, Mikrocomputer verwandelten nicht nur Arbeitswelten und Arbeitsweisen, sondern mit der Einführung des *Personal Computer* (PC) auch private Lebens- und Alltagswelten. Eng damit verbunden waren neue Möglichkeiten der digitalen Datenübermittlung, eine wichtige Voraussetzung für den sich intensivierenden Medienkonsum, aber auch neuer, dezentraler Arbeitsstrukturen, die Datenübertragungen in großem Stil erforderlich machten. Daten konnten über Satellit übermittelt werden, eine Technik, die nicht zuletzt für den sich erweiternden Fernsehkonsum eine wichtige Rolle spielte; sie konnten aber auch über Kabelnetzwerke übertragen werden, die von der damals noch monopolistischen Deutschen Bundespost zunächst in Gestalt sogenannter Breitbandkabel, in den späten 1980er Jahren zunehmend mit noch leistungsfähigeren Glasfaserkabeln angelegt und ausgebaut wurden. Seit 1982 projektiert, entstand von 1987 an ein digitales Fernsprechnetz (Integrated Services Digital Network – ISDN), das die Telefonkommunikation auf eine neue Grundlage stellte und die Voraussetzungen für die dann mit Macht einsetzende Nutzung des Internets schuf.

Den Möglichkeiten und Chancen, welche die neuen Technologien boten, standen in der Wahrnehmung der Zeitgenossen Risiken und Unsicherheiten gegenüber. Die Privatisierung und Kommerzialisierung des Fernsehens weitete den medialen Unterhaltungskonsum aus. Aber konnten die Bürger damit umgehen? Liefen sie nicht Gefahr, wie der amerikanische Kulturkritiker Neil Postman in seinem viel gelesenen, zumindest aber viel zitierten Buch behauptete, sich zu Tode zu amüsieren?[50] Es dauerte nicht lange, bis die technischen Möglichkeiten der Datenübertragung und der elektronischen Kommunikation über Ländergrenzen hinweg geschaffen waren. Das wirkte sich vor allem auf die Wirtschafts- und Finanzsysteme sowie den kulturellen Bereich aus. Insofern war die Kommunikationsrevolution eine, wenn nicht die entscheidende Voraussetzung jener Globalisierung, die in den 1990er Jahren unaufhaltsam einsetzte und binnen kurzem soziokulturelle Veränderungen von wahrlich gigantischem Ausmaß auslöste. Nationale, nationalgesellschaftliche und nationalkulturelle Orientierungen büßten in diesen Prozessen ihre bislang bestimmende soziale, kulturelle, aber auch politische Prägekraft ein. Sie verloren sie nicht ganz, doch individuelle und kollektive Mentalitäten, Verhaltensdispositionen und Wertorientierungen lösten sich nun in zunehmendem Maße aus ihrem bislang bestimmenden nationalen Bezugsrahmen.[51]

Für die Gesellschaft der Bundesrepublik, die sich weithin als postnational verstand, schienen die mit der Informations- und Kommunikationstechnik einhergehenden entnationalisierenden Entwicklungen einen Prozess zu verstärken und zu beschleunigen, den viele Bundesbürger schon seit geraumer Zeit auch politisch wahrzunehmen glaubten. Dabei hatten sie freilich nur die eigene Gesellschaft im westlichen Teil Deutschlands im Blick und unterschätzten die Kraft des Nationalen, die sich in der Gesellschaft der DDR – wie auch anderswo im östlichen Europa – zwar nicht machtvoll artikulierte, aber doch breit vorhanden war. Es gehörte zu den Irritationen, die der Zusammenbruch der DDR und die Wiedervereinigung auslösten, dass 1989/90 und in den Jahren danach starke post- und transnationale Orientierungen in Politik, Gesellschaft und Kultur der alten Bundesrepublik mit der offenkundig ungebrochenen Attraktivität des Nationalen kollidierten.

Die technische Revolution mit all ihren Anwendungsmöglichkeiten, die bis in den Bereich der Medizin beziehungsweise der Medizintechnik hineinreichten und dort – vom Herzschrittmacher bis zur Computertomographie – einen Fortschrittssprung auslösten, verscheuchten in der Bundesrepublik etwa seit Mitte der

1980er Jahre die Zukunftsangst und die Fortschrittsskepsis. Neue, positive Erwartungen und ein neuer Zukunftsoptimismus breiteten sich aus. Das Thema »Zukunft« hatte wieder Konjunktur.[52] Gerade in der Politik und von dort in die Gesellschaft hinein ausstrahlend wich die zum Teil schrille Krisenrhetorik, die noch den Regierungswechsel begleitet hatte, optimistischen Modernisierungsperspektiven. Das »Geschäft mit der Angst« (Werner Süß) verlor seinen Nährboden. Dazu trugen die Entwicklungen in Forschung und Technologie entscheidend bei, und nicht von ungefähr gehörte Bundesforschungsminister Heinz Riesenhuber (CDU) zu den wortgewaltigsten Predigern der neuen Zuversicht und den Advokaten einer liberal-konservativen Modernisierungsstrategie, die auf die Versöhnung von ökonomisch-technischem und sozial-kulturellem Fortschritt setzte. Man suchte die weit vorangeschrittenen Transformationsprozesse in neue Bahnen zu lenken: Eine deregulierte Wirtschaft sollte die Krisenerscheinungen des Marktes überwinden, ein gleichsam in Richtung Hedonismus entgleister Wertewandel in eine Kultur der Selbstverantwortung und des individuellen Engagements umgewandelt werden.[53]

Das war nicht die prinzipielle Fortschrittsgewissheit vergangener Dekaden, aber doch eine Rückkehr des Vertrauens in die Fähigkeit des Menschen, Probleme zu lösen, Krisen zu beherrschen, Unsicherheit zu reduzieren und Risiken zu mindern. Konkrete Erfahrungen verstärkten den Stimmungsumschwung. Sie reichten von der 1985 in Gang gekommenen nuklearen Abrüstungspolitik bis hin zum wieder einsetzenden Wirtschaftswachstum, das in starkem Maße technologieinduziert war. Multiple Krisen waren offensichtlich überwunden, die Welt war nicht untergegangen. Auch diese Faktoren trugen dazu bei, dass sich in Umfragen die Quoten einer positiven Zukunftserwartung wieder den Werten der Wirtschaftswunderzeit näherten.[54] Der 40. Jahrestag der Bundesrepublik im Jahr 1989 wurde ganz im Geist dieser veränderten Stimmungslage begangen. Man hatte, so schien es, eine krisenhafte Talsohle durchschritten und befand sich wieder auf Erfolgskurs. Zwar fanden keine großen Jubelfeiern statt, aber wer die Jubiläumspublikationen las und die Ausstellungen besuchte, dem wurde die Botschaft vermittelt, dass die Bundesrepublik und ihre Bürger mit der Entwicklung insgesamt zufrieden sein konnten. Diese Botschaft entsprach durchaus dem Empfinden der Westdeutschen. Trotz der anhaltenden Teilung war die Bundesrepublik von Jahrzehnt zu Jahrzehnt mehr mit sich ins Reine gekommen. Das politische System war intakt und wirkte leistungsfähig, der soziale Konsens trug. Es war gar nicht nötig, der Staatsgründung aufwendig zu gedenken,[55] denn die Gegenwart bot genügend Grund zu Freude und Stolz.

Die Stimmung, die im Frühsommer 1989 über dem Land lag, sorgte bereits seit einigen Jahren für den »Abschied vom Provisorium« (Andreas Wirsching), für eine politische und soziokulturelle Selbstanerkennung der Bundesrepublik. Das wurde in der Bonner Hauptstadtarchitektur sichtbar, die nun ihren bis dahin gepflegten provisorischen Charakter verlieren und das Selbstbewusstsein des westdeutschen Staates widerspiegeln sollte. Vor allem das neue Plenargebäude des Bundestags verkündete diese Botschaft.[56] Es kam aber auch in dem geplanten Haus der Geschichte der Bundesrepublik in Bonn zum Ausdruck sowie in der repräsentativen Historisierung der Bundesrepublik in einer fünfbändigen Geschichtsdarstellung aus der Feder renommierter Historiker, die mit Bundesadler und – in der Volksausgabe – mit schwarz-rot-goldenem Rahmen sukzessive erschien und bis ins Jahr 1982 führte.[57] In diesen Bänden wurde selbstbewusst, ja stolz eine Erfolgsgeschichte geschrieben. Es war genau die Geschichte, auf welche die Westdeutschen 1989 in großer Übereinstimmung zurückblickten. Die nationale Frage blieb nur für den, der sie noch nicht für beantwortet hielt, ein »offenes Dilemma«. »Was derzeit möglich ist, sind lediglich Ausblicke und Suchbilder«, schrieb Joachim Fest im Abschlussessay der fünf Bände. »Niemand weiß, welchen Gang die Geschichte nehmen wird, und die konzeptionelle Ratlosigkeit ist groß.«[58] Nur kurze Zeit später stellte sich die nationale Frage nicht nur mit aller Macht, sondern sie fand zwischen dem 9. November 1989 und dem 3. Oktober 1990 auch ihre Antwort. Am Interpretament der Erfolgsgeschichte änderte das freilich nur wenig.

TEIL VII

Die Wiedervereinigung 1989/90

Sowjetunion und DDR in der Ära Gorbatschow

Nichts deutete Anfang 1989 darauf hin, dass am Ende des Jahres Mauer und Stacheldraht, die Deutschland teilten und die Deutschen brutal voneinander trennten, fallen, dass sich das SED-Regime, das über vier Jahrzehnte die Herrschaft in der DDR ausgeübt hatte, im Zusammenbruch befinden, dass die Sowjetunion der DDR ihre Bestandsgarantie entziehen und dass sich eine mächtige gesellschaftliche und politische Dynamik entwickeln würde, die innerhalb kurzer Zeit zum Untergang der DDR und zur Wiedervereinigung der beiden deutschen Staaten führen sollte. Nichts davon war zu spüren, als die Bundesrepublik im Mai 1989 ihr vierzigjähriges Bestehen feierte, jenes Jubiläum der Selbstanerkennung, in dem die Bonner Republik ihren »Abschied vom Provisorium« bekräftigte und damit nicht zuletzt den breiten bundesrepublikanischen Konsens unterstrich, der besagte, dass die deutsche Teilung auf unabsehbare Zeit andauern werde und ihre Überwindung derzeit nicht auf der Tagesordnung der Weltgeschichte stehe.

Auch die DDR erschien in den späten 1980er Jahren als ein stabiler Staat, in dem sich allerdings, soviel war deutlich, nicht nur gewaltige ökonomische Probleme angestaut hatten, sondern in dem auch oppositionelle Stimmen lauter wurden und die Einparteiendiktatur der SED kritisierten. Schon bei der offiziellen Gedenkveranstaltung anlässlich der Ermordung von Rosa Luxemburg und Karl Liebknecht im Januar 1988 entrollten Demonstranten Transparente mit dem Luxemburg-Zitat »Freiheit ist immer auch Freiheit des Andersdenkenden«. Nach den Kommunalwahlen im Mai 1989 gab es Proteste gegen offenkundige Wahlmanipulationen. Immer stärker vernetzten sich die oppositionellen Gruppen und Dissidenten, von denen nicht wenige seit Beginn der 1980er Jahre die Friedensbewegung in der DDR mitgetragen hatten oder aus oftmals lokal gebildeten Umweltgruppen hervorgegangen waren. Keine dieser Gruppen arbeitete auf den Sturz des SED-

Regimes oder gar eine deutsche Wiedervereinigung hin. Aber weil die Spitze der SED und das Ministerium für Staatssicherheit in den Aktivisten nur »unbelehrbare Feinde des Sozialismus« sehen wollten, die auf die »Aufweichung, Zersetzung und politische Destabilisierung« des SED-Regimes, ja auf die »Liquidierung des Sozialismus« hinwirkten, weil man hinter den Dissidenten lediglich »Agenten des westlichen Kapitalismus« erblickte und danach trachtete, die »wachsende Aggressivität« der Opposition zu neutralisieren, trugen die Führung der Partei und die Stasi selbst dazu bei, dass ihre Kritiker eine Reform des Systems für zunehmend unrealistisch hielten und sich geradezu gezwungen sahen, den Sturz der SED-Herrschaft anzustreben.[1]

Der wachsende Protest in der DDR und die Art und Weise, wie die SED damit umging, ließen einen größer werdenden Dissens zwischen der DDR-Führung und der Sowjetunion offenkundig werden. Damit aber war die DDR in ihrem Bestand bedroht, denn die Sowjetunion hatte die Existenz des ostdeutschen Staates seit seiner Gründung politisch und militärisch garantiert. Gerade weil das SED-Regime zu keinem Zeitpunkt über eine eigene Legitimität verfügte und weil seine Herrschaft auf der Unterstützung sowie der permanenten Interventionsdrohung der östlichen Blockvormacht beruhte, hing das sozialistische System in Ostdeutschland und mit ihm der Staat DDR von der politischen und ideologischen Übereinstimmung zwischen Moskau und Ost-Berlin ab. »Die DDR kann ohne uns, ohne die SU, ihre Macht und Stärke nicht existieren«, hatte Leonid Breschnew 1970 Erich Honecker ganz unverbrämt zu verstehen gegeben und dem kommenden starken Mann in der DDR eingeschärft, dies nie zu vergessen.[2] Unter den Bedingungen der Machtstrukturen im Ostblock konnte Konsens zwischen der Sowjetunion der DDR freilich nur Unterordnung der DDR unter den Moskauer Dominanzanspruch bedeuten. Die Geschichte der DDR seit 1949 ist eine Geschichte dieser Unterordnung und einer teils vorauseilenden, teils nachholenden Anpassung an die ideologischen Vorgaben und die politischen Richtlinien der UdSSR. Eigene Handlungsspielräume hatte sie nicht. Moskau führte, Ost-Berlin folgte.

Das änderte sich nach dem 11. März 1985, als Michail Gorbatschow zum neuen Generalsekretär der KPdSU gewählt wurde. Nach dem Tod Breschnews 1982 hatten zunächst mit Jurij Andropow und Konstantin Tschernenko zwei Interimsherrscher mit jeweils kurzer Amtszeit die Moskauer Gerontokratie fortgesetzt, bevor mit der Wahl des 1931 geborenen Gorbatschow ein Angehöriger einer jüngeren Generation die Macht übernahm. Vor Gorbatschow türmten sich ungeheure Probleme. Die sowjetische Volkswirtschaft befand sich in einer tiefen Krise, seit 1970 waren alle Wachstumsindikatoren stetig gesunken. Und »wo die Wirtschaft noch nicht eindeutig stagnierte, kam sie nur noch mit der Geschwindigkeit eines ermatteten Ochsen voran«.[3] Der Sozialismus war immer weniger in der Lage, den Wohlstand hervorzubringen, auf den er im Interesse der sozialen Stabilität und zur Aufrechterhaltung seiner Herrschaft angewiesen war. Zu wirtschaftlichen Reformen war es in der Sowjetunion, aber auch in anderen Ostblockstaaten (mit Ausnahme Ungarns) seit dem »Prager Frühling« nicht mehr gekommen. Die Ära Breschnew galt spätestens seit den 1970er Jahren als eine Zeit der Stagnation. Auch die sozialistischen Wirtschaften, die ja über Handelsbeziehungen vielfach mit dem Westen verbunden waren, wurden von den weltwirtschaftlichen Turbulenzen der 1970er und frühen 1980er Jahre erfasst. Einen immer größeren Teil des Bruttoinlandsprodukts fraßen überdies die gigantischen Militärausgaben auf, die der sich verschärfende Rüstungswettlauf mit dem Westen allgemein und den USA im Besonderen nach sich zog. Der sowjetische Schuldenberg wuchs unaufhörlich.

Das Argument, die USA unter Präsident Reagan hätten die Sowjetunion in den 1980er Jahren schlicht totgerüstet, trifft nicht ganz die Wahrheit. Richtig ist, dass das Bestreben der sowjetischen Führung, den Vereinigten Staaten militärisch ebenbürtig zu bleiben, zum einen neue Rüstungskontroll- und Abrüstungsanstrengungen auslöste, was seit Mitte der 1980er Jahre auch gelang, und zum anderen jene Reformanstrengungen bewirkte, mit denen die Moskauer Führung unter Gorbatschow seit 1985 der sowjetischen Volkswirtschaft zu neuer Leistungsfähigkeit verhelfen wollte. Durch Reformen sollte das sozialistische System effizienter gemacht, aber keineswegs überwunden werden. »Wir weichen nicht einen Schritt vom Sozialismus und Marxismus-Leninismus«, betonte Gorbatschow ein ums andere Mal.[4] Die Reformpolitik stand unter zwei Leitbegriffen: *Glasnost* (Transparenz) und *Perestroika* (Umgestaltung). Freilich wurde der Moskauer Führung rasch klar, dass mit punktuellen und beschränkten Einzelmaßnamen das angestrebte Ziel nicht zu erreichen war. Immer neue Missstände und Probleme traten zutage, und es erwies sich als unmöglich, wirtschaftliche Reformen losgelöst von politischen Umgestaltungsmaßnahmen durchzuführen. Als in der Sowjetunion seit 1985 – wenn auch in sehr begrenztem Umfang – marktwirtschaftliche Elemente eingeführt wurden, als individuelle, private Wirtschaftsunternehmungen zugelassen wurden und Betriebe in einem gewissen Rahmen eigenständig wirtschaften durften, gerieten die Fundamente des Staatssozialismus ins Wanken.

Die Wirkungen der Politik Gorbatschows endeten hier nicht. Im Geist von *Glasnost* wurde Kritik an bestehenden Strukturen und Apparaten geübt. Journalisten deckten Missstände auf, in den Medien entspann sich rasch eine breite Diskussion über die Probleme des Systems, über die Verantwortung für diese Probleme und nicht zuletzt über die Schattenseiten der historischen Entwicklung des Sozialismus seit der Oktoberrevolution. Das System wurde – bis dahin undenkbar – mit seiner eigenen Geschichte konfrontiert, einer Geschichte, die über weite Strecken durch Repression, Terror und brutale Gewalt charakterisiert war. Kollektive Mythen, die über Jahrzehnte hinweg nicht wenig zum Zusammenhalt der sowjetischen Gesellschaft beigetragen hatten, wurden erschüttert. Über dem Zweiten Weltkrieg, dem »Großen Vaterländischen Krieg«, lag auf einmal der Schatten des Geheimen Zusatzabkommens zum Hitler-Stalin-Pakt, die internationale sozialistische Solidarität wurde in Verbindung gebracht mit den blutigen Interventionen sowjetischer Truppen in Ostdeutschland, Ungarn, der Tschechoslowakei und Afghanistan. In solchen Diskussionen, die schon bald die Medien beherrschten und von den Menschen begierig verfolgt wurden, verlor die »marxistisch-leninistische Staatsideologie ihre Bindekraft«, büßten die Kommunistische Partei und ihre Führung ihre Autorität ein.[5] Die demokratisierenden Impulse, die seit 1988 von Gorbatschow ausgingen und dem System neue Legitimität verleihen sollten, bewirkten genau das Gegenteil: Sie untergruben diese Legitimität beziehungsweise das, was von ihr noch übrig war, vollends und führten in einer schließlich nicht mehr zu beherrschenden Eigendynamik zum Zusammenbruch der kommunistischen Herrschaft.

Überall im sowjetischen Machtbereich lösten die Entwicklungen in der UdSSR Reformdiskussionen aus. In Polen verständigte sich ein »Runder Tisch« aus Vertretern der kommunistischen Polnischen Vereinigten Arbeiterpartei und der Opposition im Frühjahr 1989 auf eine ganze Reihe demokratisierender Maßnahmen, darunter die Einführung zumindest halbfreier Wahlen. In deren Folge wurde im Sommer 1989 unter dem aus der Gewerkschaftsbewegung »Solidarność« stammenden Ministerpräsidenten Tadeusz Mazowiecki eine »Regierung der nationalen Konzentration« gebildet, in der die Kommunisten nur noch vier Minister stellten. Als erstes osteuropäisches Land schaffte Polen damit den Übergang zu einem postkommunistischen System und wurde damit »zum Vorreiter einer Revolution neuen Typs, der ›friedlichen Revolution‹ von 1989«.[6] In Ungarn, das sein planwirtschaftliches System schon seit geraumer Zeit liberalisiert hatte – Stichwort Gulasch-Kommunismus –, erörterte man die Einführung eines Mehr-Parteien-Systems. Die Gespräche zwischen der ungarischen Führung und Oppositionellen am Runden Tisch führten im Juni 1989 zur Rehabilitierung von Imre Nagy, dem ungarischen Reformkommunisten, der nach dem gescheiterten Aufstand von 1956 hingerichtet worden war. Fast zur gleichen Zeit begann Ungarn die Sperranlagen an der Grenze zu Österreich abzubauen. Der Eiserne Vorhang bekam Risse.

Von den Entwicklungen in der Sowjetunion und den anderen Ostblockstaaten blieb die DDR nicht verschont. Was Gorbatschow predigte, mehr Offenheit und die Demokratisierung des Sozialismus, wurde von den Reformkräften in Ostdeutschland aufgegriffen. Gorbatschows Politik und sein ideologischer Kurs lieferten nun jenen Argumente, die etwas verändern, die die verkrusteten Strukturen der Ära Honecker aufbrechen und die Starre des Systems überwinden wollten. Die Ost-Berliner Führung reagierte auf diesen Reformdruck zunächst mit verschärfter Repression. Die Staatssicherheit intensivierte die Kontrolle der als oppositionell eingestuften Gruppen, es kam zu Verhaftungen und immer wieder auch zu Abschiebungen wichtiger Repräsentanten der Bürgerbewegung in die Bundesrepublik. Die Künstlerin Bärbel Bohley, die der »Initiative für Frieden und Menschenrechte« (IFM) angehörte, wurde Anfang 1988 ausgewiesen, konnte allerdings schon einige Monate später wieder in die DDR zurückkehren, wo sie im September 1989 zu den Mitbegründern des »Neuen Forums« gehörte.

Zu einer Diskussion, wie sie in der Presselandschaft der Sowjetunion über die Reform des Sozialismus geführt wurde, kam es in der DDR nicht. Als die deutsche Ausgabe der sowjetischen Zeitschrift *Sputnik* über die Reformmaßnahmen Gorbatschows berichtete und dabei den Sozialismus und seine Geschichte kritisch beleuchtete, wurde sie von der SED-Führung 1988 kurzerhand verboten. Die DDR ging auf Distanz zur Sowjetunion, die jahrzehntelang gültige Maxime »Von der Sowjetunion lernen heißt siegen lernen« wurde außer Kraft gesetzt. Als Michail Gorbatschow SED-Chef Erich Honecker Ende Juni 1989 die Notwendigkeit von Reformen nahezubringen versuchte, erntete er Unverständnis und Ablehnung. Schon früher hatte Kurt Hager, im Politbüro der SED für Ideologiefragen zuständig, zu den sowjetischen Reformen die für sich sprechende Bemerkung gemacht: »Würden Sie …, wenn Ihr Nachbar seine Wohnung neu tapeziert, sich verpflichtet fühlen, Ihre Wohnung ebenfalls neu zu tapezieren?«[7]

Voraussetzung für die ungewohnte Distanz der DDR zur Sowjetunion war die Rücknahme der nach der Niederschlagung des »Prager Frühlings« formulierten »Breschnew-Doktrin« von der begrenzten Souveränität der sozialistischen Staaten, die nie etwas anderes gewesen war als eine permanente Interventionsandrohung der Sowjetunion. Die sowjetische Führung hatte sich zum einen auf Grund der uneinheitlichen Reformpolitik in den verschiedenen sozialistischen Staaten unmittelbar nach Gorbatschows Amtsantritt 1985 von dieser Doktrin zu lösen begonnen, zum anderen gehörte der Widerruf der Doktrin, den Gorbatschow offiziell in einer Rede vor den Vereinten Nationen im Dezember 1988 verkündete, zur »Entideologisierung der zwischenstaatlichen Beziehungen«. In der Rückschau wird klar: Der

Widerruf der »Breschnew-Doktrin« bedeutete das Ende der sowjetischen Herrschaft über Osteuropa. Es gab kein sowjetisches Drohpotential mehr, das die Reform, ja die Auflösung der kommunistischen Systeme in den Staaten des Warschauer Pakts verhinderte, und so brachen die nach 1945 von Moskau erzwungene Solidarität der sowjetischen Satellitenstaaten und damit der Ostblock selbst in sich zusammen.

Das Ende der Herrschaft der ostdeutschen Kommunisten, die stärker als der Kommunismus in anderen östlichen Staaten auf den Gewehren und Panzern der Sowjetarmee ruhte, war also nur noch eine Frage der Zeit. Allerdings garantierten der Widerruf der »Breschnew-Doktrin« und die Nichteinmischung der Sowjetunion in die inneren Angelegenheiten der DDR noch lange kein friedliches Ende der SED-Herrschaft, im Gegenteil: Es war bis in den Herbst 1989 eine offene Frage, wie die Ost-Berliner Führung auf den wachsenden Druck reagieren würde. Anzeichen dafür, dass sie ein gewaltsames Vorgehen gegen die Protestbewegung in Erwägung zog, gab es genug, ja das Regime drohte sogar ganz unverhohlen mit Gewalt. Als nämlich Anfang Juni 1989 die chinesische Führung durch das Massaker auf dem Platz des Himmlischen Friedens in Peking die in der Volksrepublik China aufkeimende Demokratiebewegung brutal unterdrückte, verurteilte die Volkskammer der DDR die »gewaltsamen, blutigen Ausschreitungen verfassungsfeindlicher Elemente« und billigte die Wiederherstellung von Ordnung und Sicherheit »unter Einsatz bewaffneter Kräfte«. Bis in den späten Herbst 1989 hinein und gerade im Zusammenhang mit den immer größer werdenden Demonstrationen in den Städten der DDR, vor allem den Montagsdemonstrationen in Leipzig, war eine »chinesische Lösung« nicht ausgeschlossen.

»Wer zu spät kommt, den bestraft das Leben.«

In der DDR verbanden sich im Laufe des Jahres 1989 zwei Entwicklungen: Zum einen nahm der reformorientierte Bürgerprotest zu, insbesondere nach den manipulierten Kommunalwahlen im Mai, andererseits zeigte die Reformpolitik in Polen, Ungarn und der Sowjetunion Wirkung. Die Menschen, die in der DDR diesen Protest artikulierten, wollten nicht das Ende der DDR, sondern eine andere DDR. Auf der anderen Seite stieg die Zahl derer gewaltig an, die den ostdeutschen Staat verlassen wollten. Bereits Ende 1988 gab es rund 113 500 Antragsteller. 1988 haben 25 300 Ostdeutsche die DDR legal verlassen, allein im ersten Halbjahr 1989 waren es fast 39 000. Immer mehr und vor allem immer mehr jüngere Menschen, gut ausgebildet und mitten im Berufsleben stehend, beantragten ihre Entlassung aus der DDR-Staatsbürgerschaft.[8] Es waren nicht die mangelhafte Versorgung mit Konsumgütern, nicht die Umweltprobleme der DDR und wohl nicht einmal die diktatorische Herrschaft der SED, die sie dazu bewogen. All dies waren wichtige Gründe, die für sich genommen keine Ausreisemotivation darstellten, aber dazu beitrugen, dass sich immer mehr Menschen in der DDR um ihre Lebenschancen gebracht, ja betrogen fühlten. Gerade die jüngeren Ausreisewilligen wollten so schnell wie möglich in den Westen ausreisen und damit nicht bis zum Eintritt ins Rentenalter warten. Sie wollten ein Leben führen, das ihren Erwartungen entsprach, Erwartungen, die nicht zuletzt aus den tagtäglich durch das Fernsehen – wie unrealistisch oder verzerrt auch immer – gewonnenen Eindrücken vom Leben in der Bundesrepublik erwachsen waren.[9]

Noch immer riskierten Republikflüchtlinge ihr Leben. Am 6. Februar 1989 wurde der zwanzigjährige Chris Gueffroy von ostdeutschen Grenzsoldaten bei dem Versuch, die Berliner Mauer zu überwinden, erschossen. Er sollte der letzte so genannte Mauertote sein. Seit dem Frühsommer 1989 bot sich Ausreisewilligen die Chance, die Grenzsperranlagen der DDR zu umgehen und über Ungarn in den Westen zu gelangen. Nach dem Abbau der Grenzanlagen zwischen Ungarn und Österreich war dort die Flucht in Richtung Westen ziemlich gefahrlos möglich. Zwischen Mai und Anfang August 1989 kamen rund 1600 DDR-Bürger auf diesem Weg in die Bundesrepublik. Am 19. August veranstaltete die Paneuropa-Union ein »europäisches Picknick« an der ungarisch-österreichischen Grenze in der Nähe von Sopron. Bei dieser Gelegenheit gelang 500 Ostdeutschen der Grenzübertritt. In den Tagen danach riss der Flüchtlingsstrom nicht mehr ab. Die SED hatte damit ein Problem mehr, aber die ungarische Regierung unter dem Reformer Miklós Németh und dem europaorientierten Außenminister Gyula Horn war nicht bereit, die Probleme der SED an der ungarischen Grenze zu lösen. Das Flüchtlingsproblem müsse bilateral zwischen der Bundesrepublik und der DDR verhandelt werden, erklärten die Ungarn. Deutlicher konnte man das Ende der zwischenstaatlichen sozialistischen Solidarität kaum zum Ausdruck bringen. Nachdem die Bundesregierung der ungarischen Führung bei einem geheimen Treffen substantielle Wirtschafts- und Finanzhilfen angeboten hatte, öffnete Ungarn am 10. September 1989 seine Grenzen in Richtung Österreich sogar offiziell. Tausende von Ostdeutschen ergriffen diese Gelegenheit.

Im SED-Politbüro rügte man das Verhalten der ungarischen Führung als »Verrat« am Sozialismus, doch die Bürger der DDR nutzten in immer größerer Zahl die Chance, das Land zu verlassen. Ausreisewillige begaben sich in die Botschaften der

Bundesrepublik in Warschau und Prag sowie in die Ständige Vertretung der Bundesrepublik in Ost-Berlin. Es waren so viele, dass diese schließlich für den Publikumsverkehr geschlossen wurde. Kurz vor dem 40. Jahrestag der Gründung der DDR, den die SED-Führung mit großem Pomp zu begehen plante, war der Druck, den die weltweit ausgestrahlten Bilder von den Botschaftsbesetzungen ausübten und der die Jubiläumsfeierlichkeiten zu überschatten drohte, so groß, dass sich die Ost-Berliner Führung am 30. September bereit erklärte, die Botschaftsflüchtlinge aus Prag und Warschau mit Sonderzügen in die Bundesrepublik ausreisen zu lassen. Fernsehsender aus aller Welt waren dabei, als Bundesaußenminister Genscher den Prager Botschaftsflüchtlingen mitteilte, dass sie in die Bundesrepublik würden ausreisen dürfen.

Um den Schein souveränen Handelns zu wahren und ihre ungebrochene politische Aktionsfähigkeit zu demonstrieren, beharrte die DDR-Spitze darauf, dass die Flüchtlingszüge über das Staatsgebiet der DDR in den Westen fuhren. Während der Fahrt sollten die Ausreisewilligen offizielle Ausreisepapiere erhalten und auf diese Weise gleichsam mit Genehmigung der ostdeutschen Behörden das Land verlassen. Allen Beteiligten war klar, dass hier nur noch eine Fassade aufrechterhalten wurde, hinter der Herrschaft und Souveränität der SED-Machthaber zerbröckelten. Rund 6000 DDR-Flüchtlinge traten in der Nacht zum 1. Oktober die Reise in den Westen an und wurden in Hof und Helmstedt mit großem Jubel begrüßt. Doch innerhalb weniger Tage füllten sich die Botschaftsgelände erneut, und wieder musste die DDR-Führung der »Ausweisung« der Flüchtlinge in die Bundesrepublik zustimmen. An verschiedenen Bahnhöfen der DDR, darunter in Dresden, kam es zu Auseinandersetzungen zwischen Sicherheitskräften und ostdeutschen Bürgern, die versuchten, auf die Züge in Richtung Westen aufzuspringen.

Mitten in dieser existentiellen Krise der DDR versammelten sich in Ost-Berlin die Staats- und Regierungschefs der Warschauer-Pakt-Staaten, um den 40. Gründungstag der DDR zu feiern. Aus Moskau war Michail Gorbatschow gekommen. Der sowjetische Parteichef erklärte in seiner offiziellen Glückwunschrede, in der allenfalls verhaltene Kritik anklang, dass er an der Fähigkeit der SED nicht zweifle, in Zusammenarbeit mit allen gesellschaftlichen Kräften Antworten auf die drängenden Fragen der Zeit zu finden. In den Unterredungen mit der DDR-Führung und insbesondere mit Erich Honecker wurde Gorbatschow allerdings deutlicher. Zwar lobte er die Bilanz der SED seit 1949, doch zugleich forderte er eine Politik der »Umgestaltung«, eine »Revolution in der Revolution«. Der sowjetische Führer bezeichnete das Jubiläum der DDR als »unseren gemeinsamen Feiertag«, wies der SED aber klar die »Hauptverantwortung für das, was auf diesem Boden vor sich geht«, zu. Die DDR-Führung, das war die Botschaft, musste mit ihren Problemen allein zurechtkommen, auf Unterstützung der Sowjetunion konnte sie nicht – nicht mehr – zählen. »Mutige Zeiten erwarten Sie, mutige Beschlüsse sind erforderlich«, betonte Gorbatschow vor den Mitgliedern des Politbüros. »Ich halte es für sehr wichtig, den Zeitpunkt nicht zu verpassen und keine Chance zu vertun. Die Partei muss ihre eigene Auffassung haben, ihr eigenes Herantreten vorschlagen. Wenn wir zurückbleiben, bestraft uns das Leben sofort.«[10] Ein Dolmetscher machte später aus diesem Satz das geflügelte Wort: »Wer zu spät kommt, den bestraft das Leben.« Wie sehr es in der DDR brodelte, wie groß der Druck war und wie verzweifelt die Stimmung überall in der Gesellschaft, konnte Gorbatschow in Berlin nicht verborgen bleiben. »Gorbi, hilf!«, schallte es dem sowjetischen Reformer entgegen, wo immer er sich in der Öffentlichkeit zeigte, sogar während des Fackelzugs der Freien Deutschen Jugend (FDJ) über die »Linden«. Den kommunistischen Führern, die sich auf der Ehrentribüne versammelt hatten, war das blanke Entsetzen ins Gesicht geschrieben.

Montagsdemonstrationen und Honeckers Sturz

Während Tausende von DDR-Bürgern im Sommer und Frühherbst 1989 über die ungarisch-österreichische Grenze in den Westen gelangten oder in den Botschaften der Bundesrepublik Zuflucht suchten, gewann die Opposition in der DDR an Zulauf. Zwar war diese Entwicklung mit dem Exodus der Flüchtlinge eng verbunden, doch der Protest, den zunächst kleinere Gruppen vor allem im Umfeld der Evangelischen Kirche artikulierten, richtete sich nach innen, also auf Reformen in der DDR. »Wir bleiben hier«, so war beispielsweise seit Anfang September nach den jeden Montag stattfindenden Friedensgebeten in der Leipziger Nikolaikirche zu hören. Die Gruppen, die diesen Protest trugen und öffentlich äußerten, wollten ihrem Staat nicht den Rücken kehren, sondern ihn verändern, ihn so umgestalten, dass man in ihm bleiben, in ihm leben konnte. Die DDR wollte man nicht überwinden, sondern demokratisch erneuern, den Sozialismus nicht abschaffen, sondern ihm »seine eigentliche, demokratische Gestalt« geben, wie es in einem »Aufruf zur Einmischung in eigener Sache« hieß, den führende Bürgerrechtler im September 1989 verfassten.

Nach und nach traten die regimekritischen Gruppen aus dem Schutz der Kirche heraus, beispielsweise das am 9. September 1989 gegründete »Neue Forum«, ein Zusammenschluss von Intellektuellen, Wissenschaftlern und Künstlern, dem die Malerin Bärbel Bohley angehörte, der Biologe Jens Reich, die Pfarrer Hans-Jochen Tschiche und Joachim Gauck sowie Katja Havemann, die Witwe des Regimekritikers Robert Havemann. Der Historiker Wolfgang Ullmann, der Regisseur Konrad Weiß und die Bürgerrechtlerin Ulrike Poppe waren unter den Gründungsmitgliedern der Bewegung »Demokratie Jetzt«. Den Mut, eine Partei, nämlich die »Sozialdemokratische Partei in der DDR« (SDP), zu gründen, fanden am 7. Oktober 1989 im Pfarrhaus von Schwante bei Berlin rund 50 Oppositionelle, unter ihnen die Theologen Markus Meckel und Martin Gutzeit, der – später als Stasi-Spitzel enttarnte – Historiker Ibrahim Böhme und der Programmierer Stephan Hilsberg, der zum ersten Sprecher der Partei gewählt wurde. Alle waren sich einig: »So kann es nicht weitergehen!«[11] Als Voraussetzung für Veränderungen in der DDR sahen alle Dissidenten, sosehr sie sich in ihren Zielvorstellungen auch voneinander unterschieden, eine offene Diskussion an, eine öffentliche und landesweit geführte Auseinandersetzung über notwenige Reformen. »In unserem Lande ist die Kommunikation zwischen Staat und Gesellschaft offensichtlich gestört«, hieß es im Manifest »Aufbruch 89« des Neuen Forums, der wohl wichtigsten Bürgerrechtsgruppe, die auch deswegen so starken Zulauf hatte, weil ihr Programm zunächst primär auf Meinungsfreiheit und offene Diskussionen zielte, deren Ergebnisse aber nicht vorwegnahm.[12] Die Gründung der Bürgerrechtsgruppen und ihr mutiger Schritt in die Öffentlichkeit elektrisierten das Land. Immer mehr Menschen unterzeichneten die Aufrufe, immer mehr Menschen engagierten und äußerten sich öffentlich, immer mehr Menschen waren bereit, auf der Straße für ihre Ziele zu demonstrieren.

Zum Zentrum dieser Demonstrationen wurde die Stadt Leipzig. Schon seit geraumer Zeit kamen zu den Friedensgebeten in der Nikolaikirche protestantische Christen zusammen, die in Opposition zum Regime standen. Am 25. September 1989 wurde das Friedensgebet in der Nikolaikirche zum Ausgangspunkt der ersten großen Montagsdemonstration, an der zwischen 8000 und 10 000 Menschen teilnahmen. Polizei und Staatssicherheit hielten sich zurück und ließen die Demonstranten, die die »Internationale« und »We Shall Overcome« sangen, gewähren. Wenige Tage vor dem Staatsjubiläum wollte die SED eine Eskalation vermeiden. Eine Woche später kam es bei der nächsten Leipziger Montagsdemonstration, an der nun rund 20 000 Menschen teilnahmen, ebenfalls nicht zu größeren Zwischenfällen. »Keine Gewalt«, skandierten die Demonstranten, aber auch, immer lauter: »Wir bleiben hier«. Doch während der Berliner Feierlichkeiten zum 40. Jahrestag zeigten die Sicherheitskräfte, dass sie auch anders konnten. Ein Protestzug, der sich vom Alexanderplatz in Richtung Palast der Republik bewegte, wurde mit brutaler

Gewalt aufgelöst, Demonstranten wurden von Stasi- und Polizeitrupps verprügelt, weit über 500 Personen festgenommen. Spätere Untersuchungen erwiesen, dass sich die Gewalt gerade gegen Frauen richtete, weil man damit Männer zu gewalttätigen Reaktionen treiben wollte.[13] Auch in anderen Städten der DDR, darunter Dresden und Magdeburg, wurden in diesen Tagen Demonstrationen gewaltsam aufgelöst.

So war die Situation im Vorfeld der nächsten Leipziger Montagsdemonstration bis zum Äußersten gespannt. Gerüchte machten die Runde, wonach Sicherheitskräfte in großer Zahl im Raum Leipzig konzentriert worden seien, die eine »chinesische Lösung«, die gewaltsame Niederschlagung des Protests, vorbereiteten. Sogar von der Bereitstellung großer Mengen von Blutkonserven war die Rede. Aber es gab auch Zeichen der Entspannung, insbesondere einen »Aufruf zum Dialog«, der durch Vermittlung des Gewandhaus-Dirigenten Kurt Masur zustande gekommen war und den drei Bezirkssekretäre der SED unterzeichnet hatten. »Wir brauchen freien Meinungsaustausch über die Weiterführung des Sozialismus in unserem Land«, wurde von den Kanzeln der Leipziger Kirchen verkündet. Ein Dialog »mit unserer Regierung« sei notwendig, mit einer Regierung, die zugleich »dringend um Besonnenheit« gebeten wurde, »damit der friedliche Dialog möglich wird«.[14] Etwa 70 000 Menschen zogen am 9. Oktober 1989 über den Leipziger Ring. Die Situation eskalierte nicht, die Aufrufe zum Gewaltverzicht fanden Gehör. Die Entscheidung darüber war allerdings in Leipzig, nicht in Ost-Berlin gefallen. Die Berliner Führung, Erich Honecker an der Spitze, hatte grünes Licht gegeben für ein gewaltsames Eingreifen der Sicherheitskräfte, den lokalen Entscheidungsträgern allerdings gewisse Handlungsfreiräume zugestanden. Auf der lokalen Ebene setzte sich der Kurs der Deeskalation durch.

Egon Krenz, Honeckers Stellvertreter im Amt des Staatsratsvorsitzenden und weithin als sein Kronprinz gehandelt, unterstützte das Leipziger Verhalten, obwohl er noch wenige Wochen zuvor das Massaker auf dem Platz des Himmlischen Friedens ausdrücklich gebilligt hatte. Durch den innersten Machtzirkel der Staats- und Parteiführung verlief ein tiefer Riss. Für die Institutionen des Staates und der Partei war der Verlauf der Leipziger Demonstration am 9. Oktober ein Desaster. Zurück blieben orientierungslose Parteifunktionäre und Sicherheitskräfte, die nicht wussten, wie sie sich dem wachsenden Protest gegenüber verhalten sollten. Dass die Sowjetunion sich aus den Ereignissen ganz heraushielt, dass auf höchste Weisung aus Moskau die sowjetischen Truppen in der DDR in ihren Kasernen blieben, trug zu dieser Verunsicherung entscheidend bei. Das SED-Regime war auf sich selbst zurückgeworfen, und die Machthaber waren ganz offensichtlich mit der Situation überfordert. Erich Honecker und Erich Mielke vertraten im Politbüro eine harte Linie, trotzig und reformresistent. Keine Träne solle man denjenigen nachweinen, die in den letzten Monaten die DDR verlassen hatten, hieß es in einem von Honecker persönlich lancierten Kommentar der DDR-Nachrichtenagentur ADN (Allgemeiner Deutscher Nachrichtendienst). Dagegen erhob sich Widerspruch im Politbüro, zu dessen Wortführer Egon Krenz sich machte. Das SED-Parteiorgan *Neues Deutschland* veröffentlichte wenige Tage später eine Erklärung des Politbüros, die sich von der Position Honeckers distanzierte: »Der Sozialismus braucht jeden«, hieß es dort. »Er hat Platz und Perspektive für alle. Er ist die Zukunft der heranwachsenden Generationen. Gerade deshalb lässt es uns nicht gleichgültig, wenn sich Menschen, die hier arbeiteten und lebten, von unserer Deutschen Demokratischen Republik losgesagt haben. … Die Ursachen für diesen Schritt mögen vielfältig sein. Wir müssen und wir werden sie auch bei uns suchen, jeder an seinem Platz, wir alle gemeinsam.«[15]

Der Sturz Honeckers war danach nur noch eine Frage der Zeit. Während in Leipzig und mittlerweile in vielen anderen Städten der DDR am Montag, dem 16. Oktober 1989, wieder Hunderttausende auf die Straße gingen, bahnte sich in der SED-Führung der Machtwechsel an, der am 17. Oktober beschlossen und einen Tag später verkündet wurde. Erich Honecker erklärte seinen Rücktritt von allen Partei- und Staatsämtern, zu seinem Nachfolger als SED-Generalsekretär wurde Egon Krenz bestimmt. Honecker, der sich bis zuletzt gegen seine Entmachtung wehrte, wurde am Ende das Opfer seines eigenen Realitätsverlusts. Er konnte und wollte nicht akzeptieren, dass die DDR seit Jahren immer tiefer in die Krise geraten war, eine Krise, die weit über eine Wirtschaftskrise hinaus im Kern eine Legitimationskrise der SED-Herrschaft war. Die Stabilität der DDR, zu der die Bundesrepublik seit den 1970er Jahren erheblich beitrug, war nichts gegen den Druck auf das System, von dem sich immer mehr Menschen, auch viele, die nicht an Ausreise dachten, innerlich längst abgewandt hatten. Honecker war das entgangen. In einer Mischung aus Starrsinn und Anmaßung hatte der greise Staats- und Parteichef noch kurz zuvor der sowjetischen Führung die DDR als Modell einer sozialistischen Gesellschaft hingestellt und die Moskauer Reformimpulse als für die DDR unangemessen und unnötig zurückgewiesen.

Von der »Wende« zum Mauerfall

Das Echo auf die von der SED verkündete »Wende«, für die der Sturz Honeckers und der Wechsel zu Krenz an der Spitze der Partei standen, war gespalten. Sosehr die Vertreter der Bürgerrechtsgruppen die Ablösung Honeckers begrüßten, so skeptisch waren sie im Hinblick auf seinen Nachfolger, der im Oktober zum Staatsoberhaupt und zum Vorsitzenden des Nationalen Verteidigungsrates gewählt wurde, wenngleich nicht mehr einstimmig, wie es bei vergleichbaren Wahlen in der Volkskammer der DDR bis dahin stets der Fall gewesen war. Krenz gehörte seit vielen Jahren zum innersten Machtzirkel der SED und hatte als Reformer noch nicht von sich reden gemacht. Es half seiner Glaubwürdigkeit nur wenig, dass er sich am Tage seiner Bestellung zum Generalsekretär in einer abendlichen Fernsehansprache zur Reformpolitik Gorbatschows bekannte. Die Menschen in der DDR erwarteten Taten, nicht Worte. Solange keine Taten erfolgten, so lange würden die Massendemonstrationen weitergehen, die mittlerweile das ganze Land überzogen und von einer Vielzahl von Diskussionsrunden und Dialogforen begleitet wurden. In ihnen debattierte man über Ziel und Richtung der Veränderung sowie über die Schritte dorthin, woran sich immer häufiger auch lokale Repräsentanten der SED beteiligten.

Über 300 000 Menschen gingen in Leipzig am letzten Montag des Oktober auf die Straße und machten damit unmissverständlich deutlich, dass man sich mit kosmetischen Operationen, personellen Veränderungen an der Spitze des Herrschaftsapparats, nicht begnügte. Nichtsdestotrotz wurden der Rücktritt führender SED-Politiker von ihren Ämtern, darunter der Politbüromitglieder Hermann Axen, Kurt Hager, Erich Mielke und Erich Mückenberger sowie des Vorsitzenden des Freien Deutschen Gewerkschaftsbundes Harry Tisch und der Bildungsministerin Margot Honecker begrüßt und als ermutigendes Signal aufgenommen. Deutlich größere Hoffnungen setzte man auf eine von Krenz angekündigte neue gesetzliche Regelung für Auslandsreisen, denn auch wenn Ausreisemöglichkeiten nicht im Zentrum des Protests standen, war doch Freizügigkeit von Anbeginn an eine der wichtigsten Forderungen der Demonstranten.

Längst war auch Berlin, die »Hauptstadt der DDR«, von der Dynamik der »friedlichen Revolution« erfasst. Auf dem »Alex« versammelten sich am 4. November über eine halbe Million Menschen zu einer Kundgebung, die vom DDR-Fernsehen direkt übertragen wurde. Als Redner traten nicht nur führende Angehörige der Bürgerrechtsbewegung sowie bekannte Schriftsteller und Intellektuelle der DDR auf, unter ihnen Christa Wolf, Stefan Heym, Heiner Müller und Christoph

Hein, sondern auch Exponenten des Reformflügels der SED, und zwar das Polit-büromitglied Günter Schabowski, Markus Wolf, der ehemalige Chef der DDR-Aus-landsspionage, und der seit 1967 der Partei angehörende Rechtsanwalt Gregor Gysi, zu dessen Mandanten immer wieder auch DDR-Bürgerrechtler gehört hatten. Mit dem Auftritt auf dem »Alex« positionierte sich Gysi in der vordersten Reihe der Reformer innerhalb der SED, die den damals gerade 41-Jährigen auf ihrem Sonder-parteitag am 9. Dezember 1989 zum Vorsitzenden wählte.

Unterdessen erhöhte sich der Druck in der Frage der Reisefreiheit weiter. Seit dem 3. November konnten Bürger der DDR mit ihrem Personalausweis über die Grenze der Tschechoslowakei in die Bundesrepublik einreisen. Tausende von Ost-deutschen machten binnen weniger Tage Gebrauch davon; das nordöstliche Bay-ern erlebte einen Massenansturm durch Bürger aus der DDR. Viele kehrten nach einem kurzen Aufenthalt zurück in die DDR und demonstrierten damit, dass sie das Land nicht für immer verlassen wollten, sondern nach Reisefreiheit und Frei-zügigkeit strebten. Zunehmend drängte sich die Frage auf: Wenn die Grenzen zwi-schen der Tschechoslowakei und der Bundesrepublik für Bürger der DDR offen waren, warum blieb dann die innerdeutsche Grenze weiterhin geschlossen? Hatten Mauer und Stacheldraht nicht jeden Sinn verloren?

Auch wenn der Fall der Mauer und die Öffnung der Grenze am 9. November überraschend kamen, so lief doch spätestens seit dem 3. November die Entwick-lung zwingend auf die Grenzöffnung zu. Das SED-Regime war gescheitert. Bereits am 7. November erklärte die Regierung der DDR unter Ministerpräsident Stoph geschlossen ihren Rücktritt, am Tag darauf folgte das Politbüro. Dem neuen Polit-büro, welches das Zentralkomitee noch am selben Tag bestellte, gehörten fast aus-nahmslos reformbereite Mitglieder an, unter ihnen der Dresdener SED-Bezirks-sekretär Hans Modrow, der auch neuer Ministerpräsident werden sollte. Der Machtverfall der Staatspartei war jedoch nicht mehr aufzuhalten, das Heft des Handelns war der SED längst entglitten.

In dieser unübersichtlichen Situation führte der nur unzureichend vorberei-tete Versuch, für eine Übergangszeit Regelungen in Bezug auf Reisen in den Westen zu treffen, zur Öffnung der innerdeutschen Grenze. Das Politbüromitglied Günter Schabowski hatte auf einer Pressekonferenz am Abend des 9. November die kom-plizierten reiserechtlichen Beschlüsse des Ministerrats vorzustellen. Diese sahen visafreie Ausreisen über die Grenzübergänge zur Bundesrepublik sowie nach West-Berlin vor. Schabowski, der an den entscheidenden Beratungen nicht teilgenom-men hatte, war zu präziseren Informationen nicht in der Lage. Der überforderte ZK-Sekretär erklärte schließlich, dass die Regelungen sofort wirksam würden und die Ausreise über »alle Grenzübergangsstellen der DDR zur BRD bzw. zu Berlin-West« erfolgen könne. Das war eine Sensation. Es dauerte nur wenige Minuten, bis die Ticker der Nachrichtenagenturen die Eilmeldung weltweit verbreiteten. Fernsehprogramme wurden unterbrochen und Sondersendungen eingeschoben. Insbesondere in der Bundesrepublik berichteten die Anstalten wenig später stundenlang live aus Berlin. Den Bonner Bundestag, der an diesem Abend tagte, erreichte die Meldung nur etwas mehr als eine Stunde nach Schabowskis Pressekonferenz. Nach einer Unterbrechung der Sitzung durch die amtierende Bundestagspräsidentin Annemarie Renger würdigten Vertreter der Bundesregierung und der Fraktionen das historische Ereignis und erhoben sich anschließend in präzedenzloser Symbolik von ihren Plätzen, um die Nationalhymne anzustimmen: »Einigkeit und Recht und Freiheit«. Der Bundeskanzler, der zu einem Besuch in Warschau weilte, unterbrach seine Polen-Reise und kehrte in die Bundesrepublik zurück, um am nächsten Tag im Zentrum des historischen Geschehens in Berlin zu sein. Den Fehler Konrad Adenauers, der nach dem Mauerbau 28 Jahre zuvor erst nach Tagen in die geteilte Stadt aufgebrochen war – angeblich, um die Lage dort nicht zu destabilisieren –, wollte Helmut Kohl nicht wiederholen.

Für die bewegendsten Bilder des 9. November 1989, für jene Bilder, die sich tief in die Erinnerung der Deutschen – und nicht nur der Deutschen – eingegraben haben, sorgten weder der Bundeskanzler noch die Abgeordneten des Bundestags. Für diese sorgten die Menschen aus der DDR, die nach dem Bekanntwerden der Nachricht von der Grenzöffnung zu Tausenden an die Grenzübergänge in Richtung Westen strömten und unter Berufung auf die am Abend verkündeten Regelungen die Grenze zu passieren wünschten. An den Kontrollstellen gab es aber keine klaren Weisungen, die Grenzsoldaten wussten nicht, was sie tun sollten, sahen aber angesichts des Massenansturms keine Möglichkeit, den Menschen den Durchlass zu verwehren. Das menschenverachtende Grenzregime der DDR, in Gestalt von Mauer und Stacheldraht brutales Kennzeichen der ostdeutschen Diktatur und zentrale Bedingung seiner Existenz, brach an jenem Abend zusammen. Noch vor Mitternacht begann an den Berliner Grenzübergängen die Abfertigung der Passanten ohne weitere Formalitäten, kurze Zeit später war an eine Abfertigung überhaupt nicht mehr zu denken. Das so lange eingesperrte Volk strömte unaufhaltsam in Richtung Westen. Ost- und Westdeutsche begrüßten sich jubelnd, unter Tränen lagen sich wildfremde Menschen in den Armen. »Wahnsinn« war das Wort der Stunde. In den unbeschreiblichen Szenen, die sich an der Grenze abspielten, vor allem mitten im geteilten Berlin, wo die Menschen auf der Mauer tanzten, war ein welthistorischer Moment eingefangen, in seinem Zentrum die Deutschen, »das glücklichste Volk der Welt«, wie es Walter Momper, der Regierende Bürgermeister von Berlin, am Tag darauf ausdrückte.

Momper, der SPD-Ehrenvorsitzende Brandt, der zum Zeitpunkt des Mauerbaus Regierender Bürgermeister gewesen war, Außenminister Genscher und Bundeskanzler Kohl waren am 10. November die Redner bei einer Kundgebung vor dem Schöneberger Rathaus in Berlin, an jenem historischen Ort, wo 1963 der amerikanische Präsident Kennedy seine denkwürdigen Worte »Ich bin ein Berliner« gesprochen hatte und wo im Rathausturm seit 1956 die Freiheitsglocke an die Berlin-Blockade von 1948/49 erinnerte. Während Willy Brandt zwar nicht, wie vielfach behauptet, in Schöneberg sein berühmtes Diktum »Jetzt wächst zusammen, was zusammengehört« formulierte, sondern nur davon sprach, dass jetzt die Teile Europas zusammenwüchsen, betonte der Bundeskanzler die Einheit der Nation, versprach den Menschen in der DDR die Unterstützung der Bundesrepublik und schloss seine Rede mit dem Ausruf: »Es lebe ein freies deutsches Vaterland! Es lebe ein freies, einiges Europa!« Die Menge auf dem John-F.-Kennedy-Platz bedachte Willy Brandt mit brausenden Ovationen, der Bundeskanzler hingegen wurde ausgebuht und ausgepfiffen. Nur mit Mühe konnte er seine Rede zu Ende bringen. Waren Kohls Rede und die Reaktion darauf symptomatisch für die deutschlandpolitische Befindlichkeit der westdeutschen Gesellschaft? Man sollte das Echo auf Kohls Rede nicht zu hoch bewerten. Auch in der exzeptionellen Situation des November 1989 blieb Helmut Kohl der in Westdeutschland umstrittene und zum damaligen Zeitpunkt höchst unpopuläre Bundeskanzler und CDU-Vorsitzende, dessen Rhetorik der nationalen Einheit in der westdeutschen Gesellschaft, die sich gerade postnational einzurichten begonnen hatte, weithin keine Saite mehr zum Klingen brachte.

Am 9. November 1989 waren die Tage der DDR gezählt. Das bezieht sich nicht unbedingt auf die 329 Tage bis zum 3. Oktober 1990, dem Tag der Wiedervereinigung. Aber an eine dauerhafte Existenz der DDR, auch und gerade einer nichtsozialistischen DDR, war nach dem Fall der Mauer nicht mehr zu denken. Über vier Jahrzehnte hatte lediglich der Kommunismus, der Machtanspruch der SED, dem die Sowjetunion Rückhalt verlieh, die Eigenstaatlichkeit Ostdeutschlands und damit die deutsche Teilung garantiert. Mit der Auflösung dieses Machtanspruchs und seiner ideologischen Legitimation gab es keine Begründung mehr für die Fortdauer der Teilung. Während andere Ostblockländer eine nationale Identität jenseits des Kommunismus entwickeln konnten, ja zum Teil diese Identität in den Jahren nach 1945 nie verloren hatten, bestand diese Möglichkeit für die DDR nicht. Sicher, es gab den Primat des Selbstbestimmungsrechts der Menschen in der DDR, das unterstrich auch die Bundesregierung 1989/90 ein ums andere Mal. Aber wie wahrscheinlich war es, dass sich die Bürger der DDR für eine Fortexistenz des ostdeutschen Staates aussprechen würden, wo sie doch in ihrer überwältigenden Mehrheit über viele Jahrzehnte hinweg in der Bundesrepublik – wenn auch zuweilen verklärt und idealisierend – jene Lebensbedingungen und Lebenschancen ausgemacht hatten, nach denen sie sich sehnten und die sie für sich erstrebten?

Deutschland einig Vaterland?

Die Bundesregierung hatte bis weit in den Herbst 1989 hinein, ja im Grunde bis zum Fall der Mauer, an der Kontinuität ihrer Deutschlandpolitik, an einer Politik der Stabilisierung des Status quo und damit auch der DDR festgehalten. Zu keinem Zeitpunkt betrachtete Bonn die Entwicklung in der DDR und der deutsch-deutschen Beziehungen losgelöst von ihrem internationalen Kontext, der trotz Gorbatschow strukturell noch immer vom bipolaren System des Ost-West-Konflikts bestimmt war. Mochte die sowjetische Führung auch einem prononcierten Reformkurs folgen, die internationale Konstellation, die ost-westliche Machtverteilung und der geopolitische Status quo standen zu keinem Zeitpunkt auf der Moskauer Veränderungsagenda. Der Ost-West-Konflikt sollte nach dem zweiten Kalten Krieg der Jahre um 1980 in einen stärker kooperativen Konfliktaustragungsmodus überführt werden, aber von einer Überwindung des ideologisch und machtpolitisch begründeten Gegensatzes konnte keine Rede sein. Jede Destabilisierung der DDR, so sah man es in Bonn, wäre gleichbedeutend mit einer Destabilisierung der internationalen Lage. Daran hatte die Bundesrepublik schon aus deutschlandpolitischen Gründen kein Interesse, denn nur in einem stabilen internationalen System ließ sich jene Politik des Wandels durch Annäherung betreiben, die zwar die DDR stützte und – wie wir heute wissen – ihre Existenz verlängerte, die aber allein die Chance bot, durch menschliche Erleichterungen das Los der Bürger in der DDR erträglicher zu machen. Von diesen deutschlandpolitischen Prämissen, die schon die Ostpolitik Willy Brandts leiteten, war die Regierung Kohl/Genscher nach 1982 nicht abgerückt.

Ein Zusammenbruch der DDR gehörte nicht zu den Szenarien, auf welche die Regierungen Brandt, Schmidt und Kohl hingearbeitet hatten. Gewiss, die deutschlandpolitische Rhetorik der unionsgeführten Bundesregierung war eine andere. Da war von der Reformunfähigkeit der DDR die Rede oder von den Menschenrechtsverletzungen des SED-Regimes. Doch intern und ohne Öffentlichkeit betonte nicht nur der Bundeskanzler immer wieder, dass es vor allem aus außenpolitischen Gründen nicht das Ziel der Bundesregierung sei, die DDR zu destabilisieren und damit Prozesse in Gang zu setzen, die sich am Ende als nicht mehr steuerbar erweisen könnten. Von einer Überwindung der Teilung oder gar von Wiedervereinigung war daher bis in den November 1989 hinein auf Bonner Seite nichts zu hören. Als aber Alexander Schalck-Golodkowski, Devisenbeschaffer und wirtschaftlicher Unterhändler der SED-Führung, Anfang November in Bonn um Wirtschaftshilfe und Unterstützung beim Schuldendienst der DDR bat, band die Bundesregierung ihre Zusagen an eine öffentliche Erklärung von Egon Krenz, »dass die DDR bereit ist, die Zulassung von oppositionellen Gruppen und die Zusage von freien Wahlen … zu gewährleisten«. Das meinte nichts anderes als die öffentliche Preisgabe des Führungsanspruchs der SED. Einen Tag später erklärte der Bundeskanzler das vor dem Parlament auch öffentlich.[16] Dies am 7. November 1989 zu verlangen, zwei Tage vor dem Mauerfall und in einer Situation, in der die SED die Kontrolle über die politische Entwicklung verloren hatte, mag in der Retrospektive nicht besonders dramatisch erscheinen. Doch im Jahr 1989 bedeutete es nicht weniger als die Abkehr von jenem Destabilisierungsverzicht, der die Deutschlandpolitik der Bundesrepublik spätestens seit 1969 geleitet hatte.

Von Wiedervereinigung war in den Tagen um den 9. November nicht die Rede, umso häufiger aber vom Recht der Deutschen auf nationale Selbstbestimmung. Diese völkerrechtliche Formel schloss eine Wiedervereinigung der beiden deutschen Staaten als politisches Fernziel aber nicht aus. Insbesondere im Bundeskanzleramt setzten unmittelbar nach dem Fall der Mauer deutschlandpolitische Überlegungen ein, die um die Herbeiführung der deutschen Einheit kreisten. Indem die Bundesregierung und vor allem der Bundeskanzler öffentlich das Selbstbestimmungsrecht der Deutschen zum obersten politischen Ziel der Bundesregierung erhoben, wurde es möglich, die nationale Frage zu thematisieren und zum Gegenstand der Politik zu machen, ohne damit in der Bundesrepublik selbst, bei ihren westlichen Verbündeten, bei der Führung der DDR oder bei der Sowjetunion Widerstände auszulösen, die durch eine deklaratorische Politik der Wiedervereinigung unweigerlich provoziert worden wären. Nicht nur führende Politiker der SED, unter ihnen der reformorientierte Hans Modrow, der am 13. November das Amt des Ministerpräsidenten übernommen hatte, verwahrten sich gegen die »ebenso unrealistischen wie gefährlichen Spekulationen über eine Wiedervereinigung«. Eine ganze Reihe von Intellektuellen und Künstlern aus der DDR, unter ihnen prominente Bürgerrechtler, teilten diese Ablehnung. Modrow entwickelte die Idee einer »Vertragsgemeinschaft« zwischen der DDR und der Bundesrepublik, »die weit über den Grundlagenvertrag und die bislang geschlossenen Verträge und Abkommen zwischen beiden deutschen Staaten hinausgeht«. Im Aufruf »Für unser Land« vom 26. November warnten Bürgerrechtler vor der »ökonomischen Vereinnahmung« der DDR durch die Bundesrepublik und plädierten dafür, stattdessen »eine sozialistische Alternative zur Bundesrepublik zu entwickeln«.[17]

Solche Positionen entfalteten in Westdeutschland vor allem auf der politischen Linken nicht unbeträchtliche Attraktivität. Die SPD war in ihrer nationalen Politik tief gespalten. Der stellvertretende Parteivorsitzende Oskar Lafontaine, der voraussichtliche Kanzlerkandidat für die Bundestagswahlen 1990, gehörte zu den führenden Repräsentanten postnationalen Denkens in der Bundesrepublik. Von einer deutschen Wiedervereinigung hielt er nichts. Für ihn war das vor allem eine Kostenfrage. Dieses durch und durch populistisches Argument hat der saarländische Ministerpräsident, dem im Januar 1990 Landtagswahlen bevorstanden, unverdrossen vorgetragen. Die nationale Politik Helmut Kohls bezeichnete er in diesem Zusammenhang als »Ko(h)lonialismus«. Vom Patriotismus Willy Brandts, aber auch von der Position des Parteivorsitzenden Hans-Jochen Vogel, für den die deutsche Einheit seit dem November 1989 wieder zu einer realistischen Perspektive geworden war, waren Lafontaine und Gerhard Schröder, der 1990 Ministerpräsident von Niedersachsen werden sollte, weit entfernt. »Droht die deutsche Wiedervereinigung?«, fragte auch der Spitzenpolitiker der Grünen Joschka Fischer im November 1989 in einem Strategiepapier für seine Partei.

Fischer verband die Idee der Nation und des Nationalstaats historisch in erster Linie mit den beiden Weltkriegen, mit denen der deutsche Nationalstaat die Welt überzogen hatte, insbesondere aber mit dem Nationalsozialismus und seinen Menschheitsverbrechen. »In Deutschland 45 Jahre nach Auschwitz auf alles Nationale panisch zu reagieren, ist kein Anlass zu Scham und Kritik, sondern überlebensnotwendige Demokratenpflicht.«[18] So schroff wiesen nicht nur deutsche Oppositionspolitiker die Perspektive einer Wiedervereinigung zurück. Der israelische Ministerpräsident Yitzhak Shamir erinnerte in einem Interview daran, dass das deutsche Volk, als es einig und stark gewesen sei, den Entschluss gefasst hätte, viele Millionen Juden umzubringen. Würden die Deutschen, wenn sie als stärkstes Land Europas und vielleicht sogar der Welt die Gelegenheit dazu hätten, das nicht wieder versuchen?[19] Das waren extreme Vorbehalte, die erahnen ließen, dass das Ausland – und auch die westlichen Verbündeten der Bundesrepublik – eine deutsche Wiedervereinigung nicht enthusiastisch begrüßen würden.

Deklaratorisch die Überwindung der Spaltung Europas und Deutschlands zu fordern, war eine Sache, der Entstehung eines vereinigten deutschen Staates mit einer Bevölkerung von etwa 80 Millionen und einem enormen wirtschaftlichen und militärischen Potential zuzustimmen, eine andere. Diese Erfahrung musste der Bundeskanzler schon wenige Tage nach dem Fall der Mauer machen, als der französische Staatspräsident Mitterrand zu einem Sondergipfel der EG-Staaten nach Paris einlud. Frankreich hatte in der zweiten Jahreshälfte 1989 turnusgemäß den EG-Ratsvorsitz inne und setzte alles daran, die Entwicklung der europäischen Wirtschafts- und Währungsunion weiter voranzubringen. Dieses Projekt sollte durch die dramatischen Ereignisse in Ost- und Ostmitteleuropa und insbesondere in der DDR nicht verzögert werden. Daher sollten sie, so die Pariser Überlegung, auf diesem Sondergipfel diskutiert werden. Helmut Kohl mochte in Paris noch so sehr betonen, dass man an der Zugehörigkeit der Bundesrepublik zu NATO und Europäischer Gemeinschaft nicht rüttle, dass die Antwort auf die deutsche Frage immer europäisch gewesen sei und auch europäisch bleiben werde und dass die Lösung der deutschen Frage und die Überwindung der Teilung Europas untrennbar zusammenhingen, ihm schlugen unverhohlene Skepsis und Misstrauen entgegen, ein »frostiges, gereiztes Klima«.[20] Vor allem die britische Premierministerin Margaret Thatcher und der italienische Ministerpräsident Giulio Andreotti sprachen sich strikt gegen die deutsche Einheit aus. Aber auch François Mitterrand reagierte überaus zurückhaltend und entschloss sich wenige Tage später, der DDR noch im Dezember einen Besuch abzustatten, den ersten und einzigen Staatsbesuch eines französischen Präsidenten in Ostdeutschland seit 1949.

Der Bundeskanzler machte sich keine Illusionen bezüglich der innen- und außenpolitischen Widerstände gegen eine deutsche Wiedervereinigung, als er wenige Tage später, am 28. November, im Bundestag sein »Zehn-Punkte-Programm« präsentierte. Dieser Plan, an dessen Vorbereitung nur ein kleiner Kreis enger Mitarbeiter und Vertrauter Kohls beteiligt gewesen war, enthielt eine Agenda für die künftige Deutschlandpolitik, war aber perspektivisch eindeutig, wenn auch ohne konkreten Zeitplan, auf die deutsche Einheit gerichtet. Der Bundeskanzler bot der DDR im Gegenzug zu weiteren Reformen ihres politischen und wirtschaftlichen Systems eine vertraglich geregelte umfassende Zusammenarbeit auf mehreren Gebieten an. Das Konzept bezog sich dabei ganz ausdrücklich auf Modrows »Vertragsgemeinschaft«. Stufenweise sollte die Entwicklung dann jedoch allmählich zu »konföderativen Strukturen« führen, die freilich nur mit einer demokratisierten DDR denkbar waren. Das Ziel bildete eine Föderation, also eine bundesstaatliche Ordnung, eingebettet in den Prozess der europäischen Einigung. An die Präambel des Grundgesetzes anknüpfend, ließ der zehnte und letzte Punkt des Zehn-Punkte-Plans nicht den Hauch eines Zweifels, worum es Helmut Kohl ging: »Mit dieser umfassenden Politik wirken wir auf einen Zustand des Friedens in Europa hin, in dem das deutsche Volk in freier Selbstbestimmung seine Einheit wiedererlangen kann. Die Wiedervereinigung, das heißt die Wiedergewinnung der staatlichen Einheit Deutschlands, bleibt das politische Ziel der Bundesregierung.«[21] Angesichts der zu erwartenden Widerstände schien es ihm umso wichtiger, das Selbstbestimmungsrecht der Deutschen ins Zentrum der deutschlandpolitischen Diskussionen zu rücken.

Der Zehn-Punkte-Plan kam überraschend, und der Bundeskanzler war mit ihm innen- wie außenpolitisch in die Offensive gegangen. Innenpolitisch stieß Kohls Programm über die Regierungsparteien hinaus auf Zustimmung. Zwar fühlten sich die FDP und insbesondere der Bundesaußenminister vor vollendete Tatsachen gestellt, da die Zehn Punkte aber ganz auf der außen-, sicherheits- und deutschlandpolitischen Linie Genschers lagen, enthielt man sich jeglicher Kritik und sicherte dem Plan volle Unterstützung zu.[22] Auch die überwiegende Mehrheit der SPD-Opposition stimmte Kohls Programm zu, lediglich die Grünen lehnten es ab. Das Medienecho war insgesamt wohlwollend. Das Stufenkonzept wurde ebenso gelobt wie die internationale Einbindung des Prozesses. Vor allem aber würdigte die Presse den überzeugenden Versuch des Bundeskanzlers, der unabweisbaren deutschlandpolitischen Dynamik klare und berechenbare Strukturen vorzugeben.

Nicht einmal der Bundeskanzler, der auf eine zeitliche Festlegung bewusst verzichtet hatte, ahnte Ende November 1989, dass sich die Ereignisse überstürzen und ein allmähliches Voranschreiten von der Vertragsgemeinschaft über die Konföderation zur Föderation unmöglich machen würden. Bereits nach zehn Monaten sollten die beiden deutschen Staaten wieder vereint sein.

Deutsche Einheit und europäische Integration

Während Generalsekretär Gorbatschow und sein Außenminister Eduard Schewardnadse den Zehn-Punkte-Plan rundweg ablehnten, als »revanchistisch« bezeichneten und ihn gegenüber Bundesaußenminister Genscher als eine Einmischung in die inneren Angelegenheiten der DDR sowie als unvereinbar mit den bestehenden Sicherheits- und Bündnisstrukturen bezeichneten, stellte sich die amerikanische Regierung unter Präsident George Bush uneingeschränkt hinter den Bundeskanzler. Allerdings müsse auch ein wiedervereinigtes Deutschland, betonte US-Außenminister James Baker, der NATO angehören. Auf dem amerikanisch-sowjetischen

Gipfel in Malta am 2. und 3. Dezember gab Präsident Bush Generalsekretär Gorbatschow zu verstehen, dass die Vereinigten Staaten der Wiederherstellung der deutschen Einheit unter Berufung auf das Selbstbestimmungsrecht der Völker prinzipiell zustimmten. Dass die USA sich so eindeutig zum Selbstbestimmungsrecht der Deutschen und damit de facto zur Wiedervereinigung bekannten, dürfte eine massive sowjetische Opposition erschwert haben, die am wirksamsten gewesen wäre, wenn sie vom Kreis der vier Siegermächte des Zweiten Weltkriegs getragen worden wäre. Die klare Haltung der USA machte es auch Frankreich und vor allem Großbritannien schwerer, sich gegen die deutsche Einheit zu stellen. So war es wenig überraschend, dass sich die Staats- und Regierungschefs der NATO, die sich am 4. Dezember in Brüssel versammelten, der amerikanischen Position anschlossen. Für die Bundesregierung war das ein großer Erfolg, der auch auf den EG-Gipfel wenige Tage später in Straßburg ausstrahlte. Zwar war es während der Beratungen noch zu kontroversen Diskussionen gekommen, und der Bundeskanzler sah sich, wie er es ausdrückte, einer »tribunalartigen Befragung« ausgesetzt,[23] doch das Abschlusskommuniqué war eindeutig. Der Europäische Rat nahm darin Bezug auf den »Brief zur deutschen Einheit«, den die Bundesregierung 1970 dem Moskauer Vertrag hinzugefügt hatte. Man strebe, so die Straßburger Erklärung, eine »Stärkung des Zustands des Friedens in Europa« an, »in dem das deutsche Volk in freier Selbstbestimmung seine Einheit wiedererlangt«.[24]

War die Bundesregierung zunächst daran interessiert gewesen, die Frage der deutschen Einheit und die europäische Politik einer Wirtschafts- und Währungsunion klar voneinander zu trennen, so erwies sich die Verknüpfung dieser beiden Fragen bald als die wichtigste Voraussetzung für die französische Zustimmung zur Wiedervereinigung. Der Bundeskanzler signalisierte dem französischen Staatspräsidenten und EG-Ratsvorsitzenden, dass die Bundesrepublik einer EG-Regierungskonferenz zustimme, die sich noch im Jahr 1990 mit der Wirtschafts- und Währungsunion, vor allem also der Einführung einer gemeinsamen europäischen Währung, befassen sollte. Mit der Einwilligung in einen konkreten Fahrplan zu einer Wirtschafts- und Währungsunion und mit der damit untrennbar verbundenen Bereitschaft zur Aufgabe der D-Mark demonstrierte die Bundesregierung, dass sie das französische – und europäische – Interesse anzuerkennen bereit war, nämlich Einbindung, ja politische, militärische und ökonomische Kontrolle Deutschlands. Von da an war Präsident Mitterrand ein Befürworter der Einheit und unterstützte in den folgenden Monaten den Kurs Helmut Kohls. Der fortgesetzte Widerstand der britischen Premierministerin hatte keine Chance mehr.

Als im Lauf des Winters 1989/90, spätestens aber nach den Volkskammerwahlen vom 18. März 1990 absehbar wurde, dass die deutsche Einheit nicht erst in einigen Jahren, sondern schon in wenigen Monaten vollzogen sein würde, gewann neben dem Projekt der Wirtschafts- und Währungsunion auch das Vorhaben einer Politischen Union an Tempo. Unterstützt von der Europäischen Kommission in Brüssel unter ihrem Präsidenten Jacques Delors, der sein ganzes politisches Gewicht in die Waagschale warf, um die Prozesse der deutschen Vereinigung und der Vertiefung der europäischen Integration fest zu verkoppeln, schlugen die Regierungen in Paris und Bonn dem Europäischen Rat, der im April 1990 in Dublin tagte, vor, zeitgleich mit der für 1990 geplanten Regierungskonferenz zur Wirtschafts- und Währungsunion eine weitere Regierungskonferenz über die Politische Union abzuhalten: »Angesichts der tiefgreifenden Umwälzungen in Europa, unter Berücksichtigung der Herstellung des Binnenmarktes und der Verwirklichung der Wirtschafts- und Währungsunion halten wir es für notwendig, den politischen Aufbau des Europas der Zwölf zu beschleunigen. Wir glauben, dass es an der Zeit ist, die Gesamtheit der Beziehungen zwischen den Mitgliedsstaaten in eine Europäische Union umzuwandeln.«[25] Der mit deutsch-französischer Initiative eingeleitete Prozess führte knapp zwei Jahre später, im Februar 1992, zum Vertrag von Maastricht. Dieser »Vertrag über die Europäische Union«, ein Begriff, hinter dem sich die ambitioniertere Bezeichnung »Politische Union« verbirgt, stellte zugleich die entscheidenden Weichen für die europäische Wirtschafts- und Währungsunion, gipfelnd in der Einführung des Euro, der gemeinsamen Währung.

Der absehbare französische Bedeutungsverlust in Europa infolge der deutschen Einheit führte dazu, dass Paris die europäische Integration forcierte. Das zielte auf die stärkere Einbindung und Kontrolle des größeren Deutschland, aber auch auf die Schaffung eines europäischen Gegengewichts zu den USA, war also auch ein weiterer Versuch Frankreichs, der amerikanischen Hegemonie zu entkommen. Für die Bundesrepublik lag dagegen in der vorbehaltlosen Anerkennung der amerikanischen Hegemonie seit rund vier Jahrzehnten der entscheidende Grund dafür, dass die Vereinigten Staaten 1989/90 den Prozess der deutschen Vereinigung mit ihrem gesamten politischen Gewicht unterstützten. Die deutsche Einheit würde die amerikanische Hegemonie nicht gefährden, und ein Hegemonialrivale Europa würde so rasch nicht entstehen. Es war der amerikanische Druck in Verbindung mit der kraftvollen Dynamik der deutsch-deutschen Entwicklung seit dem 9. November 1989, der Frankreich trotz anfänglicher Vorbehalte vergleichsweise rasch auf die amerikanische Linie einschwenken ließ. Auf diese Weise unterstrichen Verlauf und Ergebnis des Straßburger Treffens den engen Zusammenhang von deutscher Frage und europäischer Integration. Die Ereignisse zeugten aber auch von der Kontinuität amerikanischer Europapolitik seit 1945 im Zeichen von Hegemonie durch Integration.[26]

Die amerikanische Unterstützung der Wiedervereinigung wirkte nicht nur auf die westeuropäischen Regierungen, sondern mindestens ebenso sehr auf die sowjetische Führung, die am 26. Januar 1990 einer Wiedervereinigung grundsätzlich zustimmte. Eine planvolle, konzeptionelle Deutschlandpolitik der Sowjetunion gab es 1989/90 nicht. Die Moskauer Führung lief den Ereignissen hinterher und stand unter dem Druck der amerikanischen Politik einerseits und der Entwicklung in der DDR andererseits, wo die Wiedervereinigung mittlerweile zur vorrangigen Forderung der Bevölkerungsmehrheit aufgestiegen war. Dass Moskau seine Zustimmung zu einer Wiedervereinigung zunächst an die Bedingung knüpfte, dass Deutschland neutralisiert und entmilitarisiert werde, war wenig überraschend, schien aber Anfang 1990 nicht das letzte Wort zu sein.

Kollaps der DDR

Der 9. November 1989 markierte eine »Wende in der Wende«, die »friedliche Revolution« in der DDR trat in eine neue Phase ein, und die Entwicklung lief immer mehr auf die deutsche Einheit hinaus. Aus »Wir sind das Volk«, dem Ruf, der vor dem Mauerfall auf den Demonstrationen erschollen und auf Transparenten zu lesen gewesen war, wurde »Wir sind ein Volk«, und auch »Deutschland einig Vaterland«, eine Zeile aus dem seit 1970 nicht mehr gesungenen Text der DDR-Hymne von Johannes R. Becher, skandierten die Demonstranten immer häufiger. Ein national gemeintes »Wir sind ein Volk« schallte es Helmut Kohl entgegen, als dieser am 19. Dezember 1989 Dresden besuchte. Vor der Ruine der Frauenkirche jubelte eine Menschenmenge mit schwarz-rot-goldenen Fahnen – wie im Übrigen auch mit den grün-weißen Farben Sachsens – dem Bundeskanzler zu. Solche Bilder, an deren Inszenierung das Bundeskanzleramt kräftig mitgewirkt hatte,[27] sollten vermitteln, dass die deutsche Einheit nicht Zielperspektive eines mehrjährigen politischen Annäherungsprozesses im Sinne des Zehn-Punkte-Plans sein konnte, sondern es vielmehr einer unmittelbaren Wiedervereinigungspolitik bedurfte. Diese schien umso notwendiger, weil Woche für Woche Tausende von Ostdeutschen das Land in Richtung Bundesrepublik verließen. Die DDR drohte auszubluten, ihre Wirtschaft völlig zusammenzubrechen, wenn nicht eine klare Wiedervereinigungsperspektive die Menschen zum Bleiben bewegte.

Aber nicht nur die DDR-Wirtschaft stand vor dem Zusammenbruch, der ganze Staat kollabierte. Das zog die Bundesrepublik politisch wie ökonomisch immer tiefer in die Entwicklungen in der DDR hinein, deren Führung aus sich selbst heraus kaum noch handlungsfähig war.

Am 1. Dezember strich die Volkskammer fast einstimmig den Führungsanspruch »der Arbeiterklasse und ihrer marxistisch-leninistischen Partei« aus dem Artikel 1 der DDR-Verfassung. Zwei Tage später traten Politbüro und Zentralkomitee der SED geschlossen zurück, gegen mehrere vormals führende SED-Funktionäre leitete die Staatsanwaltschaft Ermittlungsverfahren wegen Amtsmissbrauchs und Korruption ein. Wenige Tage später, am 6. Dezember, legte Egon Krenz auch seine Ämter als Staatsratsvorsitzender und Vorsitzender des Nationalen Verteidigungsrates nieder. Die »Ära Krenz« war damit nach sieben Wochen schon wieder vorbei. Nachfolger von Krenz im Amt des Staatsoberhaupts wurde Manfred Gerlach, Vorsitzender der Blockpartei LDPD (Liberal-Demokratische Partei Deutschlands), die sich wie auch die Ost-CDU von der SED gelöst hatte. Das System der »Blockparteien« erodierte.

Egon Krenz hatte zu keinem Zeitpunkt eine Chance, den Machtverfall der Einheitspartei aufzuhalten. Dafür fehlte ihm, dem Exponenten der alten Führungskader, die Glaubwürdigkeit. Das Schicksal der SED selbst war damit freilich noch nicht besiegelt. Sie konnte auf Zukunftsperspektiven hoffen, wenn es ihr gelang, sich als neue sozialistische Partei in einer sich demokratisierenden DDR zu präsentieren, und wenn sie darüber hinaus das Mitglieder- und Stimmenpotential der ehemaligen Staatspartei und die Unterstützung all derjenigen Ostdeutschen, die zu den Nutznießern des Regimes gehört hatten, auf sich vereinen konnte. Darüber hinaus durfte die SED, die sich auf einem Sonderparteitag Mitte Dezember in SED-PDS (Sozialistische Einheitspartei Deutschlands – Partei des Demokratischen Sozialismus) umbenannte, auf die Sympathien derjenigen hoffen, die sich früher oder später als Verlierer der »friedlichen Revolution« oder als Verlierer der – noch bevorstehenden – Einheit betrachten würden. Für diese unterschiedlichen, aber doch miteinander verknüpften Zielsetzungen und Erwartungen standen Gregor Gysi, der zum Vorsitzenden der SED-PDS gewählt wurde, und Hans Modrow als sein Stellvertreter.

Die Legitimität, die Modrow und seiner Regierung, aber auch der Volkskammer fehlte, nahm seit dem 7. Dezember der Runde Tisch für sich in Anspruch. Inspiriert vom polnischen Beispiel, hatten Vertreter von Bürgerrechtsgruppen und Kirchen schon im Oktober ein solches Gremium initiiert, paritätisch besetzt mit Repräsentanten der Opposition und der bereits in Auflösung begriffenen »Nationalen Front«, der Dachorganisation der Parteien und Massenorganisationen der

DDR. Runde Tische gab es aber nicht nur auf gesamtstaatlicher Ebene, sondern vielfach auch lokal, in Städten und Gemeinden. »Die Teilnehmer des Runden Tisches«, so hieß es bei der ersten Zusammenkunft, »treffen sich aus tiefer Sorge um unser in eine tiefe Krise geratenes Land, seine Eigenständigkeit und seine dauerhafte Entwicklung.«[28]

Der Runde Tisch war ein Gesprächsforum, keine Übergangsregierung. In der Zeit bis zu freien Wahlen der Volkskammer, auf deren Abhaltung Anfang Mai 1990 man sich rasch verständigte, wollte man grundsätzliche Probleme der DDR offen diskutieren, wobei die allermeisten Vertreter am Runden Tisch von einer Fortexistenz der DDR als eigenständiger Staat mit einem demokratischen Sozialismus ausgingen. »Die Souveränität und staatliche Identität jedes der beiden deutschen Staaten darf durch keine Seite in Frage gestellt werden«, hieß es in einer Erklärung anlässlich des Kohl-Besuchs in Dresden im Dezember.[29] Unter dieser Prämisse debattierte das Gremium über Reformen und Veränderungen, ja, man legte am Ende sogar einen kompletten Verfassungsentwurf vor, der allerdings infolge des Beitritts der fünf Länder der DDR zur Bundesrepublik nicht mehr zum Tragen kam.

Zu einem schweren Konflikt zwischen der Regierung Modrow und dem Runden Tisch führte die Frage nach dem politischen Umgang mit der Hinterlassenschaft des Ministeriums für Staatssicherheit. Die Stasi war am 17. November aufgelöst und durch ein neues »Amt für nationale Sicherheit« (Nasi) ersetzt worden. Doch ehemalige Stasi-Mitarbeiter setzten ihre Arbeit fort, indem sie Angehörige der Bürgerbewegung ausspionierten und Netzwerke bildeten, mit deren Hilfe sie in neue berufliche Positionen gelangen wollten. Darüber hinaus ging man in Erich Mielkes Ministerium daran – und dies seit dem 7. Dezember sogar auf der Basis eines Ministerratsbeschlusses –, Stasi-Unterlagen, insbesondere belastendes Material, systematisch und massenweise zu vernichten. Das lief den Intentionen der Bürgerbewegung diametral zuwider, weshalb der Runde Tisch in seiner konstituierenden Sitzung verlangte, die Vernichtung von Stasi-Dokumenten sofort einzustellen. Weil die Regierung Modrow die Ausführung dieses Beschlusses hintertrieb beziehungsweise hinauszögerte und gleichzeitig in der Bevölkerung durch ständig neue Enthüllungen der Hass auf die Stasi wuchs, kam es zum Eklat. Um die 100 000 Demonstranten versammelten sich am 14. Januar 1990 vor der Stasi-Zentrale in der Berliner Normannenstraße und erstürmten schließlich das Gebäude. Der Schaden war beträchtlich, große Mengen an Unterlagen wurden vernichtet.

Die Ereignisse in der Berliner Normannenstraße zeigten, dass die Regierung Modrow die Lage nicht zu kontrollieren imstande war und der Runde Tisch exekutive Lenkungs- und Steuerungsfunktionen nicht übernehmen wollte. Modrow, dessen Regierung bislang von der SED-PDS und den alten Blockparteien getragen war, erweiterte daraufhin sein Kabinett um Vertreter der Opposition. So entstand am 5. Februar eine »Regierung der nationalen Verantwortung«, in die alle am Runden Tisch beteiligten Parteien und Organisationen jeweils einen Vertreter (als Minister ohne Geschäftsbereich) entsandten. Bereit waren sie dazu wohl nur, weil die DDR wirtschaftlich vor dem Kollaps stand. Allein im Januar 1990 hatten 55 000 Menschen die DDR verlassen, und nichts deutete darauf hin, dass diese Zahlen sinken würden. Von einer Regierungsbeteiligung erhoffte man sich eine stabilisierende Wirkung, war sich aber wohl bewusst, dass nur substantielle Verhandlungen mit der Bundesrepublik die Situation in der DDR noch verbessern konnten. Um solche Verhandlungen zu führen, bedurfte es aber einer durch freie Volkskammerwahlen demokratisch legitimierten Regierung. Das hatte die Bundesregierung immer wieder deutlich gemacht.

Der Autoritätsverfall der Regierung Modrow und der wachsende wirtschaftliche und politische Krisendruck veranlassten den Runden Tisch, die Volkskammerwahlen vom 6. Mai auf den 18. März 1990 vorzuverlegen. Selbst die SED-PDS stimmte dieser Verschiebung zu, obwohl sie befürchten musste, in der Wählergunst weiter herabzusinken. Andererseits gewährten die noch existierenden Medienstrukturen der DDR der ehemaligen Staatspartei im Wahlkampf gewisse Vorteile. Überdies verfügte sie im Gegensatz zu vielen ihrer Mitbewerber über eine noch immer vergleichsweise gut funktionierende Organisation und Infrastruktur, die allerdings noch nie einen demokratischen Wahlkampf begleitet hatten. Über Organisation und Infrastruktur verfügten auch die übrigen ehemaligen Blockparteien CDU und LDPD. Die Blockparteien, aber auch die SDP konnten überdies im Wahlkampf mit massiver Unterstützung aus der Bundesrepublik durch die ihnen nahestehenden West-Parteien rechnen. Es zeigt die Machtlosigkeit des Runden Tischs, dass die Parteien, die auf West-Unterstützung hoffen konnten, sich nicht an den dort getroffenen Beschluss gebunden fühlten, Wahlkampfauftritte westdeutscher Politiker in der DDR zu verhindern.

Freie Volkskammerwahlen

Der Volkskammerwahlkampf 1990 war keine Angelegenheit der DDR, die »keine Chance auf die Hoheit über ihren politischen Prozess mehr besaß«,[30] sondern wurde mit großem Aufwand von den westdeutschen Parteien geführt. Während die SED-PDS noch zu einem vergleichsweise gut organisierten und materiell gut ausgestatteten Wahlkampf in der Lage war, gerieten die Organisationen der Bürgerrechtsbewegung deutlich ins Hintertreffen. Nun offenbarte sich, dass die Bürgerrechtsgruppen seit dem Mauerfall, erkennbar aber seit dem Jahresbeginn 1990 ihre politische Leitfunktion, mit der sie zunächst die Massen hatten mobilisieren können, verloren hatten. Das war vor allem darauf zurückzuführen, dass die meisten Bürgerrechtsorganisationen, nicht zuletzt das Neue Forum, die Initiative für Frieden und Menschenrechte und die Gruppe Demokratie Jetzt, die sich zum »Bündnis 90« zusammengeschlossen hatten, der deutschen Einheit überaus skeptisch gegenüberstanden und eine Transformation der DDR, also eine »andere DDR«, wie es hieß, bevorzugten. Gegen die starken Wiedervereinigungsbestrebungen, hinter denen die Kräfte der »Allianz für Deutschland« standen und für die mit seinem gesamten politischen Gewicht auch der Bundeskanzler warb, war dieses Ziel nicht durchzusetzen.

In der Allianz für Deutschland hatten sich am 5. Februar 1990 die Ost-CDU sowie die beiden neu gegründeten Parteien »Demokratischer Aufbruch« (DA) und »Deutsche Soziale Union« (DSU) zusammengeschlossen. Der Demokratische Aufbau, der mit dem Anspruch angetreten war, eine christliche Volkspartei zu werden, tendierte nach heftigen Flügelkämpfen und dem Austritt eher linker Parteimitglieder, darunter der Wittenberger Pastor Friedrich Schorlemmer, unter Führung des Rechtsanwalts Wolfgang Schnur zur politischen Mitte und trat für die Soziale Marktwirtschaft und eine schnelle Wiedervereinigung ein. Die DSU, die ebenfalls im Februar 1990 im Süden der DDR mit Hilfe der bayerischen CSU gegründet worden war, bekannte sich zu Marktwirtschaft und schneller Einheit, positionierte sich unter ihrem Gründungsvorsitzenden, dem Pfarrer Hans-Wilhelm Ebeling, aber deutlich weiter rechts als der Demokratische Aufbruch. Aus Sicht der westdeutschen CDU waren die beiden Parteien als Bündnispartner der Ost-CDU innerhalb einer Wahlallianz bestens geeignet, weil sie als oppositionelle Neugründungen ein bürgerlich-christliches Wählerpotential ansprechen konnten, das der Ost-CDU auf Grund ihrer Geschichte als Blockpartei mit Vorbehalten begegnete.

Auch ohne die Wahlkampfhilfe aus dem Westen war die Ost-CDU das Rückgrat der Allianz für Deutschland. Sie hatte etwa 140 000 Mitglieder und war flächendeckend organisiert. Seit dem Frühherbst 1989 löste sie sich langsam aus der Umarmung durch die SED und entledigte sich ihrer regimetreuen Führung, darunter ihres langjährigen Vorsitzenden Gerald Götting. Zum neuen Vorsitzenden wählte die Partei den Berliner Juristen Lothar de Maizière, der schon 1956 in die CDU eingetreten war, sich aber politisch bis 1989 nicht exponiert hatte. Als kirchennaher christlicher Anwalt hatte er immer wieder Dissidenten vertreten und als

Rechtsberater der Evangelischen Kirche sowie zuletzt als Vizepräsident der DDR-Synode gewirkt. Von der Wahl de Maizières erhoffte man sich nicht zuletzt die Einbindung der regimekritischen protestantischen Kirchenkreise. Eine Marionette der westdeutschen CDU war de Maizière nicht, im Gegenteil: Er vertrat bis Ende 1989 die Vorstellung, eine reformierte DDR könne als eigenständiger Staat auf ökologischer und sozialistischer Grundlage weiter bestehen. Auch deshalb trat er als stellvertretender Ministerpräsident und Minister für Kirchenfragen in die Regierung Modrow ein. Diese Regierungsbeteiligung führte zu heftigen Auseinandersetzungen zwischen der Ost- und der West-CDU. Die Allianz für Deutschland konnte daher erst geschmiedet werden, nachdem die Ost-CDU Ende Januar ihren Austritt aus dem Kabinett Modrow erklärt hatte.

Die tiefen Risse durch die Allianz wurden durch das gemeinsame Bekenntnis zu einer möglichst raschen Wiedervereinigung, vor allem aber dadurch übertüncht, dass der Wahlkampf in fast extremer Weise personalisiert und auf Helmut Kohl, den »Kanzler der Einheit«, zugeschnitten wurde. Dieser warf sein ganzes politisches Gewicht in die Waagschale und überdies alle nur verfügbaren materiellen und personellen Ressourcen der westdeutschen CDU und des Bundeskanzleramts. Sechs Großkundgebungen mit Helmut Kohl, bei denen der Bundeskanzler fast zehn Prozent der wahlberechtigten DDR-Bürger direkt erreichte, beherrschten den Wahlkampf der Allianz für Deutschland. Kohls optimistische Botschaft, dass eine schnelle Herstellung der Einheit auch eine Befreiung von Armut und Mangel bedeuten und den ersehnten Wohlstand bringen werde, erreichte Wählerschichten weit jenseits der Mitglieder und direkten Anhänger der drei Allianz-Parteien. Das verstärkte sich noch, nachdem der Kanzler der DDR-Bevölkerung Anfang Februar 1990 die baldige Einführung der D-Mark, das Symbol für Wohlstand und Konsum, in Aussicht gestellt hatte. Der Plan einer Wirtschafts- und Währungsunion noch vor der staatlichen Einheit war wahlkampftaktisch begründet, diente aber auch dem Zweck, die Ausreisewelle einzudämmen, denn in der Wirtschaft der DDR fehlten diese Menschen, während sie von der Wirtschaft der Bundesrepublik nicht unbegrenzt absorbiert werden konnten. Die wahlpolitische Bedeutung der Ankündigung war ihren geistigen Vätern im Bonner Kanzleramt und im Konrad-Adenauer-Haus ohne Zweifel klar. Ihnen ging es im Lichte von Umfragen, welche der SPD einen hohen Stimmenvorsprung voraussagten, darum, die mit der CDU verbündeten Parteien in der DDR zu stärken, weshalb sie die Botschaft von Wohlstand und Einheit durch die Perspektive der Währungsunion ganz konkret unterfütterten.

Was Helmut Kohl für die Allianz für Deutschland war, das war Hans-Dietrich

Genscher für den »Bund Freier Demokraten«, ein auf Druck der West-FDP gebilde-
tes Wahlbündnis der ehemaligen Blockpartei LDPD, die sich unter ihrem Vorsitzenden Rainer Ortleb zu erneuern begonnen hatte, mit der kleinen, aber unbelasteten
Ost-FDP und der von der Bürgerbewegung kommenden Deutschen Forumspar-
tei. Der in Halle geborene Bundesaußenminister, der schon in der Phase der Botschaftsbesetzungen 1989 zu enormer Popularität in der DDR gelangt war, versuchte
bei zahllosen Wahlkampfauftritten und durch die massive Unterstützung der
FDP dem wiederentstehenden politischen Liberalismus der DDR zu Wählerstimmen zu verhelfen. Das erwies sich unter anderem deshalb als schwierig, weil es die
traditionelle Klientel des Liberalismus, mittelständische Unternehmer, Selbstständige und Freiberufler, nach vier Jahrzehnten DDR so gut wie nicht mehr gab. Ganz
im Geiste der Bonner Koalition aus Union und FDP warben auch die Liberalen
in der DDR mit der Perspektive von Marktwirtschaft und deutscher Einheit um
Stimmen.

Dass die SPD bis zum März 1990 als Favorit für den Wahlsieg galt, muss zunächst überraschen. Denn anders als die Ost-CDU oder die LDPD beziehungsweise
die um diese beiden Parteien herum gebildeten Wahlbündnisse besaß die SPD in
der DDR keine organisatorischen Strukturen und kein Mitgliederreservoir, auf das
sie hätte zurückgreifen können. Die SDP (Sozialdemokratische Partei in der DDR),
wie sie sich bis in den Januar 1990 hinein nannte, war als Partei aus der Bürgerrechtsbewegung hervorgegangen. Sie stand zwar durchaus in der Tradition der deutschen
Sozialdemokratie, wahrte aber eine gewisse Distanz zur SPD der Bundesrepublik,
was nicht zuletzt auf die engen Kontakte zwischen SPD und SED in den 1980er Jahren zurückzuführen war. Die westdeutsche SPD zeigte sich ihrerseits bis in den
Winter hinein eher unschlüssig, wie sie mit den Sozialdemokraten der DDR, in
deren Führung Akademiker und linke Pfarrer den Ton angaben, umgehen sollte.
Was die beiden Parteien verband und was der SDP/SPD in der DDR relativ rasch zu
großer Popularität verhalf, war die Ausstrahlung Willy Brandts, die zum einen auf
seiner historischen Rolle als Kanzler der Neuen Ostpolitik beruhte, zum anderen
aber seiner klaren Position zur Frage der deutschen Einheit und zur Zusammengehörigkeit der deutschen Nation nach dem 9. November 1989 zu verdanken war.

Die DDR-SPD hoffte aber auch, von der alten sozialdemokratischen Tradition
in vielen Regionen Ostdeutschlands, in Thüringen oder Sachsen zum Beispiel, profitieren zu können. Überdies rechnete man sich gute Chancen aus, als unbelastete
»Arbeiterpartei« die SED beerben zu können. Das Bekenntnis zur Einheit mochte
Wähler für die SPD mobilisieren, innerhalb der Partei selbst und in ihrer Führung
stieß es aber keineswegs auf ungeteilte Zustimmung, und ein unübersichtliches,

zum Teil widersprüchliches Programm konnte mit dem Slogan »Wohlstand und Einheit« der Allianz für Deutschland nur schwer konkurrieren.

Dem Gros der Bürgerrechtsbewegungen, Träger der »friedlichen Revolution« im Herbst 1989, gelang es nicht, sich für einen Parteienwahlkampf im Zeichen der deutschen Einheit zu positionieren. Vereinigungsskepsis, ja die Ablehnung der Einheit, sowie eine starke programmatische Konzentration auf Bürgerrechte und eine in diesem Sinne basisdemokratisch reformierte DDR trafen in der Zeit nach dem Fall der Mauer nicht die Stimmung der Wähler, und erst recht nicht, als die Aussicht auf eine schnelle, durch die Einführung der D-Mark eingeleitete Vereinigung stieg. Aber auch die Skepsis gegenüber einem von Parteien getragenen Parlamentarismus und ihre zivilgesellschaftliche Orientierung machte es den Bürgerrechtsgruppen schwer, in einem Wahlkampf zu bestehen, den gut organisierte Parteien beziehungsweise Parteibündnisse bestritten.[31] Anders als die Allianz für Deutschland, der Bund Freier Demokraten und die SPD erfuhr das Bündnis 90, zu dem sich viele Gruppen der Bürgerbewegung zusammengeschlossen hatten, keine massive Unterstützung aus dem Westen. Die Grünen, mit denen man sich programmatisch, gerade friedens- und umweltpolitisch, verbunden fühlen konnte, lehnten die Wiedervereinigung bis weit ins Jahr 1990 ab und pflegten die Maxime der Zweistaatlichkeit, zu der eben auch die Unabhängigkeit und Einflussfreiheit politischer Gruppierungen in der DDR gehörte. Bereits der Wahlkampf im Februar und März trug alle Anzeichen eines Abstiegs der Bürgerrechtsbewegung, den das Wahlergebnis vom 18. März schließlich bestätigte.

Umfragen hatten noch bis kurz vor der Wahl einen Sieg der SPD vorhergesagt, doch am 18. März 1990 errang die Allianz für Deutschland einen überraschend hohen, ja triumphalen Sieg, der das Wahlbündnis mit 48,2 Prozent der Stimmen nahe an die absolute Mehrheit heranführte. Innerhalb des Bündnisses war die CDU, die auf 40,9 Prozent kam, der eindeutige Sieger, die DSU erreichte 6,3 Prozent, der Demokratische Aufbruch, dessen Vorsitzender Wolfgang Schnur kurz vor dem Wahltermin wegen seiner Stasi-Verbindungen hatte zurücktreten müssen, lediglich 0,9 Prozent. Der klare Wiedervereinigungskurs war der Hauptgrund für diesen Sieg. Alle anderen Parteien waren weit abgeschlagen, ja deklassiert. Das galt insbesondere für die SPD, die, obwohl hoch favorisiert, nur 21,9 Prozent der Stimmen errang. Den Bund Freier Demokraten wählten 5,3 Prozent, das Bündnis 90 erhielt 2,9 Prozent. Als Überraschung mussten aber nicht nur der Triumph der Allianz und das schlechte Abschneiden der SPD gelten, sondern auch das verhältnismäßig gute Ergebnis der SED-PDS, die immerhin 16,4 Prozent der Stimmen gewann. Zwar hatte die SED-Nachfolgepartei damit die Regierungsmacht verloren, aber ihr

Stimmanteil sicherte ihr doch eine wahrnehmbare Vertretung in der Volkskammer und eine gewichtige Stimme in den Auseinandersetzungen über die Gestaltung der deutschen Einheit, die zweifellos im Mittelpunkt der parlamentarischen Arbeit des ersten und letzten frei gewählten Parlaments der DDR stehen würde. Chancen auf eine Vertretung in einem gesamtdeutschen Bundestag durfte sich die SED-Nachfolgepartei ebenfalls ausrechnen.

Mit dem Wahlsieg der Allianz für Deutschland, die zusammen mit den Freien Demokraten über die absolute Mehrheit verfügte, waren die Weichen in Richtung einer schnellen Vereinigung gestellt. Obwohl das Wahlergebnis für die Bildung einer Koalition nach Bonner Muster ausgereicht hätte, bildeten die Allianz, die Liberalen und die SPD, die sich ebenfalls zum Ziel der Einheit bekannte, eine Regierungskoalition, die zusammen über die für Verfassungsänderungen notwendige Zwei-Drittel-Mehrheit verfügte. Die SPD zögerte zunächst, in diese Koalition einzutreten, aber eine gemeinsame Opposition mit der SED-PDS schien ihr noch weniger attraktiv als die Kooperation mit der Allianz.

Etwa drei Wochen nach der Wahl verständigten sich die Parteien auf ein Regierungsprogramm. Dessen Kern bildete der Beschluss, »die Einheit Deutschlands nach Verhandlungen mit der BRD auf der Grundlage des Artikels 23 GG zügig und verantwortungsvoll für die gesamte DDR gleichzeitig zu verwirklichen«.[32] Alle anderen Programmpunkte waren auf dieses Ziel ausgerichtet. Außenpolitisch sollten sie zur internationalen Absicherung und Akzeptanz der deutschen Einheit beitragen, innenpolitisch das politische und wirtschaftliche System der DDR so umgestalten, dass eine möglichst reibungslose Anpassung an die Strukturen der Bundesrepublik möglich wurde. Die Volkskammer bestätigte die erste demokratisch legitimierte Regierung der DDR am 12. April 1990. Mit großer Mehrheit wurde der CDU-Vorsitzende Lothar de Maizière zum Ministerpräsidenten gewählt. Die CDU stellte zwar elf von insgesamt 24 Ministern, wichtige Schlüsselressorts wie zum Beispiel das Außen-, Finanz- und Sozialministerium wurden aber von der SPD besetzt. Die Liberalen erhielten drei Ministerposten, die DSU stellte den Innenminister, der Demokratische Aufbruch den Verteidigungsminister.

Die Volkskammerwahlen von 1990 waren nicht nur beeinflusst von der Entwicklung hin zur deutschen Einheit, sondern ebenso von der Tatsache, dass es sich für die Ostdeutschen um die ersten freien Wahlen seit 1932, also seit 58 Jahren, handelte. Die Wahlbeteiligung lag bei 94 Prozent und war damit die höchste, die es jemals bei einer freien deutschen Wahl gegeben hatte. Wahlen, die in der DDR bis 1989 nur bestätigenden und akklamatorischen Charakter gehabt hatten, boten jetzt eine politische Auswahl und sollten eine politische Führung mit demokratischer

Legitimität ausstatten. Die Auseinandersetzung und Abrechnung mit der DDR und den Machthabern des SED-Regimes, die Konkurrenz der Parteien und ein aus der Bundesrepublik massiv beeinflusster Wahlkampfstil überlagerten sich gegenseitig und führten in der Wahlbevölkerung zu großer Verunsicherung. Eine rasche Herstellung der Einheit versprach ein Ende dieser Verunsicherung, gab der komplexen, zum Teil unüberschaubaren politischen Entwicklung seit dem Spätsommer 1989 Ziel und Richtung. Auch das erklärt den Wahlsieg der Allianz für Deutschland. Sicher, die Wähler votierten für den »baldigen Anschluss ans westliche Wohlstandsparadies«. Aber wurde die Wahl wirklich allein »aus dem Bauch heraus entschieden (und) Kopf und Herz zogen den Kürzeren«?[35] Was für eine Alternative wird hier konstruiert?

Zum einen ist das Streben nach einem gewissen Maß an Wohlstand und nach Teilhabe am Konsum nach vier Jahrzehnten des Mangels ein nicht nur erklärliches, sondern höchst verständliches Bedürfnis, schließlich stellt die Möglichkeit, zu einem gewissen Wohlstand zu kommen und die Früchte dieses Wohlstands auf welche Weise auch immer zu genießen, ein individuelles Freiheitsrecht dar. Hinter der erhofften Wohlstands- und Konsumteilhabe standen aber zum anderen auch ganz allgemeine Hoffnungen auf eine bessere Zukunft. Der baldige Anschluss an die Bundesrepublik versprach die Überwindung von Problemen, zum Beispiel im Umweltbereich oder im Erziehungs- und Schulwesen, welche die Menschen in der DDR über Jahrzehnte schwer belastet hatten. »Wir hatten es ehrlich gesagt satt, immer nur verschimmelten Sellerie zu kaufen. … Wir hatten die verpestete Luft satt, die stinkende Pleiße, die verfallenen Häuser, wir wollten nicht länger als Vögel ohne Flügel leben.«[34] Aus diesen Worten einer Leipziger Postbotin sprechen Enttäuschungen und Erwartungen, die über das Materielle weit hinausreichten. Die Bundesrepublik, seit Gründung der DDR die zweite Welt, die Traumwelt der meisten Ostdeutschen, stand für die Hoffnungen und Erwartungen, und der deutsche Bundeskanzler versprach nicht mehr und nicht weniger als den Osten Deutschlands in dieser Traumwelt aufgehen zu lassen.

Die Ostdeutschen seien auf falsche Versprechungen Helmut Kohls hereingefallen, hörte man später angesichts der Probleme mit der deutschen Einheit immer wieder – und hört man noch. Doch damit werden spätere Befindlichkeiten und Stimmungslagen auf die Situation des Frühjahrs 1990 übertragen, was zu einer differenzierten Analyse der Volkskammerwahl wie überhaupt des Einheitswunsches der überwiegenden Mehrheit der Ostdeutschen nur wenig beiträgt. Gleichwohl hat Helmut Kohl, als er beispielsweise anlässlich des Inkrafttretens der Wirtschafts-, Währungs- und Sozialunion am 1. Juli 1990 von den »blühenden Landschaften«

sprach, in die sich die ehemalige DDR innerhalb weniger Jahre verwandeln würde, die Probleme der Transformation und die Lasten der Einheit gewaltig unterschätzt und sowohl im Osten wie im Westen Deutschlands Erwartungen geweckt, die eigentlich nur enttäuscht werden konnten.

Wirtschafts- und Währungsunion

Die Ostdeutschen haben am 18. März 1990 von ihrem Selbstbestimmungsrecht Gebrauch gemacht. Dass die überwiegende Mehrheit die Einheit wollte – und zwar so rasch wie möglich –, konnte niemand mehr bestreiten. Das Ziel des deutschlandpolitischen Prozesses war damit zwar bestimmt, doch der Weg dorthin war unübersichtlich, ein Meisterplan lag nicht vor. Die Sowjetunion hatte zwar im Januar einer deutschen Wiedervereinigung prinzipiell zugestimmt, doch wie ein wiedervereinigtes Deutschland in die Strukturen des internationalen Systems, die ebenfalls einem fundamentalen Wandel unterlagen, eingegliedert werden sollte, welchen Platz und welche Rolle es in diesem System einnehmen sollte, war völlig offen. In einer Abfolge von Gesprächen und Verhandlungen zwischen den USA und der Sowjetunion, aber auch zwischen der Bundesrepublik und den USA sowie der Bundesrepublik und der Sowjetunion wurden von Dezember 1989 bis Sommer 1990 jene außenpolitischen Grundentscheidungen getroffen, die der »Zwei-plus-Vier-Prozess« dann in die Form eines völkerrechtlichen Vertrages brachte. Aber die deutsche Einheit musste auch staatsrechtlich hergestellt werden. Hier war mit der Volkskammerwahl die Vorentscheidung für einen Beitritt der DDR zur Bundesrepublik nach Artikel 23 des Grundgesetzes gefallen. Das implizierte entsprechende politische Entscheidungen in der DDR wie in der Bundesrepublik, ferner hoch komplexe vertragliche Regelungen, beispielsweise zur Rechtsangleichung, sowie, nicht zuletzt, eine Reihe von Grundgesetzänderungen.

Oberste Priorität hatte für die Regierungen in Bonn und Ost-Berlin die Wirtschafts- und Währungsunion. Hier ging es um das von Bundeskanzler Kohl im DDR-Wahlkampf gegebene Versprechen, die D-Mark baldmöglichst in der DDR einzuführen, und es ging vor allem darum, die »Abstimmung mit den Füßen« zu beenden. In den ersten Monaten des Jahres 1990 verließen Zehntausende von Ostdeutschen die DDR, ein demographischer Aderlass, der, wenn er anhielt, katastrophale Folgen zeitigen würde. In dieser dramatischen Lage gewann der ursprünglich schon in den Tagen des Mauerfalls aufgekommene Gedanke einer Währungsunion an Durchschlagskraft und Attraktivität für den Gesamtprozess der Wiedervereinigung, und zwar jenseits der wahlkampfpolitischen Bedeutung als politisches Mittel und als politischer Schritt.

Die Währungsunion lieferte der Einheitsperspektive eine ökonomische Basis und verstärkte damit die auf die Vereinigung zulaufende Dynamik. Ursprünglich sollte sie erst am Ende eines mehrjährigen Prozesses der Angleichung der beiden Wirtschaftssysteme stehen. In der DDR sollten also zunächst marktwirtschaftliche Strukturen eingeführt und die Konvertibilität der Ostmark hergestellt werden, bevor die Ostmark durch die D-Mark ersetzt wurde. Dass nun plötzlich der letzte Schritt zuerst gemacht werden sollte, stieß unter Experten aus der Wirtschafts- und Finanzwelt auf massiven Widerstand. Die Kritik, die unter anderen Karl Otto Pöhl äußerte, der Präsident der Bundesbank, die aber auch der Sachverständigenrat zur Begutachtung der gesamtwirtschaftlichen Entwicklung – die »Fünf Weisen« – dem Bundeskanzler schriftlich vortrug, bezog sich zum einen auf die Auswirkungen einer Währungsunion auf die ostdeutsche Wirtschaft, zum anderen auf die ökonomischen und finanziellen Folgen für die Bundesrepublik: Die durch »jahrzehntelange Misswirtschaft in der DDR aufgeblähten Geldbestände« würden im Zuge der Umwandlung in D-Mark in ihrer Kaufkraft aufgewertet. Die Einführung der D-Mark würde bei den Bürgern der DDR zwangsläufig »die Illusion erwecken, mit der Währungsunion sei auch der Anschluss an den Lebensstandard der Bundesrepublik hergestellt. Davon kann jedoch keine Rede sein; das Einkommen ist an die Produktivität gebunden, die bisher weit hinter der in der Bundesrepublik zurückbleibt. ... Die einheitliche Währung wird den Abstand der Einkommen schlagartig verdeutlichen, Forderungen nach einer Korrektur werden nicht auf sich warten lassen und schwerlich abzuweisen sein. Die Nominallöhne werden dann über die Zunahme der Produktivität hinaus ansteigen. Dies geht zu Lasten des Produktionsstandorts DDR, und der dringend erforderliche Kapitalstrom aus dem Westen bleibt aus. Der Druck auf die Bundesrepublik würde anwachsen, den Abstand der Einkommen (Löhne und Renten) durch einen ›Finanzausgleich‹ zugunsten der DDR zu verringern. Riesige Belastungen kämen auf die öffentlichen Haushalte zu. Es wären nicht nur erhebliche Steuererhöhungen unvermeidlich, es würden vielmehr auch öffentliche Mittel in Transfers für konsumtive Verwendung gebunden, die bei der Finanzierung von Maßnahmen zur Verbesserung der Infrastruktur fehlen müssten. ... Das Produktangebot in der DDR entspricht hinsichtlich Quantität und Qualität vielfach nicht den Wünschen der Menschen. Die Konsumenten ... werden verstärkt Nachfrage nach Konsumgütern in der Bundesrepublik oder im westlichen Ausland ausüben. Es fließt Kaufkraft aus der DDR-Wirtschaft ab. ... Die Erträge der DDR-Unternehmen schrumpfen.« Argument reihte sich an Argument, bis das Votum der Experten schließlich in der Feststellung gipfelte: »Eine Währungsunion, die sich nicht im Gleichschritt mit dem grundlegenden Umbau des Wirtschaftssystems der DDR vollzieht, verursacht lediglich Kosten, ohne die wirtschaftlichen Aussichten für die Menschen auf eine tragfähig bessere Basis zu stellen. Der Übersiedlerstrom lässt sich dadurch nicht dauerhaft eindämmen. Priorität muss daher die Wirtschaftsreform in der DDR haben, nicht aber die Währungsunion.«[35]

Im Lichte der späteren Entwicklung muten die Kritik und die Mahnungen der Experten geradezu prophetisch an. Haben sich die Dinge nicht genauso entwickelt, wie es der Brief der Sachverständigen und viele andere Stimmen prognostizierten? Das mag der Fall sein. Die Bundesregierung hat Anfang 1990, als sie mit dem Plan einer baldigen Währungsunion an die Öffentlichkeit trat, die wirtschaftliche Ratio der Kritik auch gar nicht ignoriert oder gar bestritten. Aber nach ihrer Auffassung und insbesondere der des Bundeskanzlers gab es eine politische Ratio, die der ökonomischen übergeordnet werden und das Handeln der Regierenden bestimmen musste. Thilo Sarrazin, ein Sozialdemokrat aus dem Bundesfinanzministerium, der das Vertrauen des Staatssekretärs Horst Köhler genoss, wies in diesem Zusammenhang auf eine unausgesprochene Prämisse der Argumentation hin, welche die Kritiker der Währungsunion vorbrachten: »Das Stufenkonzept ... geht davon aus, dass die DDR ... die Umstellung aus eigener Kraft bewältigen kann.«[36] Das freilich konnte man durchaus bestreiten. Gab es überhaupt eine sanierungsfähige Wirtschaft in der DDR? Hatte man es nicht vielmehr mit einem durch und durch maroden und letztlich bankrotten Produktionssystem zu tun, das an die marktwirtschaftlichen Standards der westdeutschen Wirtschaft gar nicht angepasst werden konnte? Doch selbst wenn man eine solche Anpassung für möglich hielt: »Das Stufenkonzept braucht aber auch Zeit. ... Auch im Falle seines Gelingens wird eine so sanierte Wirtschaft durch eine Anpassungs- und Übergangskrise gehen müssen, in der die Lebensbedingungen für weite Kreise zunächst härter und schlechter werden. Und das Stufenkonzept braucht Vertrauen und den Willen zur Mitarbeit beim DDR-Bürger. ... Zunehmend scheint sich da herauszukristallisieren, dass die notwendige Zeit nicht mehr da ist. ... Der Tüchtige lässt sich nicht mehr abspeisen mit der Hoffnung auf Reformen, deren Wirksamwerden ... noch Jahre braucht; und er gibt sich auch nicht zufrieden mit der Perspektive, noch auf Jahre hinaus monatlich 1500 Ost-Mark zu verdienen, wenn er im Westen die Aussicht auf einen Arbeitsplatz mit 5000 West-Mark hat.«[37] Sarrazin schloss: »Der Skeptiker wird auf die Risiken des vorgeschlagenen Weges verweisen. Diese sind vorhanden. Insbesondere gibt es kaum eine Möglichkeit, vorher zuverlässig abzuschätzen, wie groß die Freisetzungen und Unternehmenszusammenbrüche im Industriesektor der DDR sein werden. Nach Ansicht des Verfassers werden sie groß, aber letztlich doch begrenzt sein und ein Übergangsproblem darstellen. Der stufenweise Weg wird dagegen fast mit Sicherheit durch die fortgesetzte Übersiedlung gerade der Tüchtigsten unterlaufen werden.«[38]

Dies war die ebenfalls auf ökonomische Argumente und wirtschaftlichen Sachverstand gegründete politische Logik, welcher der Bundeskanzler und Finanzminister Theo Waigel folgten. Der Risiken waren sie sich bewusst, aber sie wussten auch, dass es einen Kurs ohne Risiko nicht gab. Überdies sah die Bundesregierung in der seit Mitte der 1980er Jahre erfreulichen konjunkturellen Entwicklung eine gute Voraussetzung für den Umgang mit den – auch finanziellen – Herausforderungen der deutschen Einheit. Es gehört zum Wesen moderner Politik, dass die Probleme, die sich mit einer bestimmten politischen Linie verbinden, von den Vertretern dieser Politik, die um öffentliche Akzeptanz ringen, nicht in den Vordergrund geschoben werden. Diese Aufgabe obliegt in einer parlamentarischen Demokratie eher der Opposition. Im Prozess der deutschen Einigung stellte sich die Situation freilich etwas komplizierter dar, weil die bundesrepublikanische Opposition, die SPD, in Ostdeutschland nach den Volkskammerwahlen Regierungsverantwortung trug und mit den anderen Regierungsparteien dem Ziel einer schnellen Herbeiführung der deutschen Einheit und einer noch schnelleren Währungsunion zustrebte.

Die westdeutsche SPD war, das wurde in der Frage der Wirtschafts- und Währungsunion besonders deutlich, in ihrer Haltung zur deutschen Einheit tief gespalten. Vor allem der stellvertretende Parteivorsitzende und künftige Kanzlerkandidat Oskar Lafontaine vertrat eine Position, die nicht national und schon gar nicht vom Primat der nationalen Einheit bestimmt war.[39] Für Lafontaine waren Bundesrepublik und DDR zwei über Jahrzehnte hinweg gewachsene Staaten. Die nationale Klammer war für ihn nichts weiter als ein historisches Relikt und hatte nach seiner Ansicht nicht zuletzt durch die entnationalisierenden Prozesse der europäischen Integration an Bedeutung verloren. Genau diese Perspektive vertrat Lafontaine in seinen deutschland- und vereinigungspolitischen Positionen 1989/90. Die Deutschlandpolitik, aber auch die Unterstützung, die der DDR beziehungsweise ihren Bürgern aus der Bundesrepublik zuteilwurde, beurteilte er nach den Belastungen, die damit für die Bundesrepublik und für die westdeutsche Bevölkerung verbunden waren. Mit dieser Position stand Lafontaine nicht allein. Sein triumphaler Wahlsieg im Saarland im Januar 1990 machte deutlich, dass nicht wenige Westdeutsche dachten wie er. Aber als der saarländische Ministerpräsident einige

Wochen nach der Öffnung der Grenze überprüfen ließ, ob nicht die Freizügigkeit für Übersiedler aus der DDR mit Hilfe eines Gesetzes aus dem Jahr 1950 eingeschränkt werden könne, hatte er die komplette Spitze seiner Partei gegen sich, und für einen Moment stand seine Kanzlerkandidatur auf dem Spiel.[40] Für die SPD Willy Brandts, Hans-Jochen Vogels und Johannes Raus stand Oskar Lafontaine nicht.

Die innerparteiliche Auseinandersetzung über die Deutschlandpolitik spaltete die SPD. Das verhinderte, dass sie sich deutschlandpolitisch eindeutig positionierte und ihr politisches Gewicht ausspielte. Das trug auch und gerade in Ostdeutschland dazu bei, dass sie als eine Partei wahrgenommen wurde, die das Ziel der Einheit nicht mit Kraft und Engagement verfolgte, wie es insbesondere die Unionsparteien taten. Immer wieder bestimmte wahltaktisches Kalkül das Verhalten der SPD in der Frage der Einheit. Die Partei vermied es, sich festzulegen, weil sie Johannes Rau und Gerhard Schröder, die für mehr oder weniger entgegengesetzte deutschlandpolitische Positionen standen und als Spitzenkandidaten bei den Landtagswahlen in Nordrhein-Westfalen beziehungsweise Niedersachsen im Mai 1990 antreten würden, nicht beschädigen, sondern von deren Popularität profitieren wollte. Die Wahlniederlage der SPD vom Dezember 1990, die vor allem eine Niederlage in Ostdeutschland war, warf also bereits im Winter 1989/90 ihre Schatten voraus. Aber auch bei den Volkskammerwahlen in der DDR im März 1990 büßte die Ost-SPD für die deutschlandpolitische Zerrissenheit der westdeutschen Sozialdemokratie. Die Niederlagen kann man also nicht alleine Oskar Lafontaine und denjenigen, die seine Positionen teilten, anlasten.

Mit Gerhard Schröder und Johannes Rau siegten in Niedersachsen und Nordrhein-Westfalen beide Lager der SPD. Das deutschlandpolitische Richtungsproblem der Partei war nicht gelöst, im Gegenteil: Mit der Übernahme der Regierung in Hannover durch eine rot-grüne Koalition im Juni 1990 war die Dominanz der unionsgeführten Länder im Bundesrat gebrochen. Mitten in der Vorbereitung der Verträge zur Herbeiführung der deutschen Einheit, die allesamt durch den Bundesrat mussten, wuchs der SPD deutschlandpolitische Entscheidungsverantwortung zu. Sie konnte nun vor allem den Staatsvertrag über die Wirtschafts-, Währungs- und Sozialunion, dessen Verabschiedung durch Bundestag und Bundesrat unmittelbar bevorstand, zwar nicht verhindern, aber doch dessen Inkrafttreten durch eine Ablehnung in der Länderkammer erheblich verzögern. Oskar Lafontaine, der gerade von den schweren Verletzungen durch ein Messerattentat genesen war, machte den Vorschlag, den Vertrag in Bundestag und Bundesrat abzulehnen, wohl wissend, dass eine Mehrheit für den Vertrag in beiden Kammern gesichert war (im Bundesrat durch die SPD/FDP-Koalition in Hamburg). Durchsetzen konnte er sich damit nicht. Wenn auch nach wie vor ein erheblicher Teil der SPD-Politiker der deutschen Einheit skeptisch gegenüberstand, wollten doch nur die wenigsten das Odium auf sich nehmen, bei einer historischen Abstimmung gegen die Wiedervereinigung votiert zu haben. So stimmten am 21. Juni 1990 die meisten SPD-Abgeordneten im Bundestag dem Staatsvertrag zu, am 22. Juni verabschiedete ihn auch der Bundesrat mit großer Mehrheit – gegen die Stimmen Niedersachsens und des Saarlands. Die Volkskammer der DDR hat den Vertrag am selben Tag mit breiter Mehrheit angenommen.

Mit Wirkung zum 1. Juli 1990 errichtete der Staatsvertrag eine Wirtschafts-, Währungs- und Sozialunion der Bundesrepublik und der DDR. Im Zentrum dieser Union stand die Einführung der D-Mark in Ostdeutschland. Bis kurz vor der Vertragsunterzeichnung wurde verhandelt. Am Ende einigte man sich auf eine Umstellung von Löhnen und Gehältern, Renten und Stipendien, Mieten und Pachten sowie anderen fortlaufenden Zahlungen im Verhältnis eins zu eins. Schulden und andere Verbindlichkeiten wurden im Verhältnis zwei zu eins umgestellt, Sparguthaben nach Lebensalter gestaffelt: Kinder bis 14 Jahre konnten bis zu 2000 Mark im Verhältnis eins zu eins umtauschen, 15- bis 59-Jährige bis zu 4000 Mark und über 60-Jährige bis zu 6000 Mark. Beträge, die diese Grenzen überschritten, wurden im Verhältnis zwei zu eins umgestellt.[41] Ihre Währungshoheit, ein wesentliches Element ihrer Staatlichkeit, hatte die DDR damit abgegeben.

Darüber hinaus wurde zum 1. Juli 1990 das Wirtschafts- und Sozialsystem der Bundesrepublik auf die DDR übertragen. Konkret bedeutete dies, dass die DDR für die noch verbleibenden Wochen ihrer Existenz die wesentlichen Bestimmungen des Wirtschafts-, Arbeits- und Sozialrechts der Bundesrepublik in ihr eigenes Recht übernahm. Natürlich erfolgte die Anpassung nicht von einem Tag auf den anderen, da komplexe und lang dauernde Anpassungs-, Angleichungs- und Übergangsregelungen erforderlich wurden, die zum Teil bis zum heutigen Tag beispielsweise in Form von Steuervergünstigungen oder Investitionshilfen nicht ausgelaufen sind. Aber die Grundentscheidungen waren damit getroffen, und so hatte man zum 1. Juli 1990 die deutsche Einheit in wesentlichen Teilbereichen bereits hergestellt.

Der Währungstausch wurde technisch effizient abgewickelt. In den ersten Monaten nach der Umstellung verfielen die Ostdeutschen zwar nicht in einen Kauf- und Konsumrausch, aber es gab den erwarteten konsuminduzierten »Vereinigungsboom«.[42] Allerdings stellten sich auch die gleichfalls erwarteten unliebsamen Folgen der Wirtschaftsunion ein. Die industrielle Produktion in Ostdeutschland brach zusammen, weil viele der produzierten Güter nicht mehr abgesetzt werden konnten. Die ostdeutsche Landwirtschaft geriet infolge des durch die Wirtschaftsunion ausgelösten Preisverfalls in eine tiefe Krise. Die Arbeitslosigkeit stieg rasant an und konnte auch durch Kurzarbeit einschließlich der »Kurzarbeit Null«, einer faktischen Arbeitslosigkeit, nicht wesentlich gemildert werden.[43] Das war freilich nur die Spitze des Eisbergs, den Auswirkungen und Folgen der Wirtschafts-, Währungs- und Sozialunion darstellten.

Den Menschen in Ostdeutschland wurden gewaltige Anpassungsleistungen abverlangt, mit denen sich, wenn auch in vielen Fällen nur temporär, vielfältige Formen des sozialen Abstiegs verbanden. Das sollte die politische Entwicklung in der Bundesrepublik nach 1990 massiv beeinflussen. Auf der anderen Seite gab es eine wahre »Wohlstandsexplosion«. Die materiellen Lebensbedingungen vieler ehemaliger Bürger der DDR, darunter Rentner, Witwen und Kriegsopfer, haben sich deutlich verbessert. Trotz allem liegt das Wohlstandsniveau in Ostdeutschland knapp 20 Jahre nach der Wiedervereinigung noch immer unter dem westdeutschen Niveau. Zweifellos sind die meisten Ostdeutschen im Vergleich zu den Bürgern anderer postkommunistischer Gesellschaften Osteuropas materiell deutlich bessergestellt, aber für die Deutschen im Osten sind nicht Polen oder Tschechien die Länder, mit denen sie vergleichen, sondern Westdeutschland. Auch das bleibt nicht ohne politische Wirkung.

Offene Vermögensfragen, die Treuhandanstalt und die Finanzierung der Einheit

Der Zeitdruck, unter dem die Verhandlungen über den Staatsvertrag standen, war enorm, und so blieben zunächst drei wichtige Fragen offen, die vor der staatsrechtlichen Wiedervereinigung noch zu lösen waren: die offenen Vermögensfragen, die Aufgaben und Funktionen einer Treuhandanstalt sowie die Finanzierung der durch die Wirtschafts-, Währungs- und Sozialunion verursachten Kosten. Bei den offenen Vermögensfragen ging es insbesondere darum, was mit Grundstücken und Immobilien, aber auch mit Unternehmen geschehen sollte, die nach 1945 zunächst in der Sowjetischen Besatzungszone, später in der DDR enteignet worden waren. Eine Gemeinsame Erklärung der beiden Regierungen vom 15. Juni 1990 hielt die Linie fest, auf die man sich schließlich verständigte. Die Regierung de Maizière stand einer Rückgabe enteigneter Vermögen prinzipiell sehr skeptisch gegenüber und wusste dabei die Stimmung in der ostdeutschen Bevölkerung – von »Ängsten und Wünschen« war die Rede – hinter sich. Die nach sowjetischem Besatzungs-recht zwischen 1945 und 1949 vorgenommenen Enteignungen, die den Löwenan-teil der Enteignungen darstellten, rückgängig zu machen, hielt man für völlig aus-geschlossen. Die Bundesregierung betonte zwar, auf die »Ängste und Wünsche« der Menschen Rücksicht nehmen zu wollen, vertrat aber prinzipiell die Position, dass das Unrecht der Enteignungen nicht einfach hingenommen werden könne. Doch man war zu Kompromissen bereit: »Die Festschreibung aller Entwicklungen in der DDR ist ebenso unrealistisch wie ihre Rückgängigmachung bis zum 8. Mai 1945«, hieß es in einem Papier des Bundesjustizministers.[44]

Die Gemeinsame Erklärung der beiden Regierungen, die später als Anlage dem Einigungsvertrag beigegeben wurde, bekannte sich zum Recht auf Eigentum, aber auch zur Maxime eines sozial verträglichen Ausgleichs, vor allem jedoch zu den Zielen von Rechtssicherheit und Rechtseindeutigkeit als Voraussetzungen für den Rechtsfrieden im vereinigten Deutschland. Prinzipiell sollten enteignete Im-mobilien und Grundstücke den ehemaligen Eigentümern zurückgegeben werden; Entschädigungen waren nur die zweite Option; die Interessen derjenigen DDR-Bürger, die Eigentums- oder Nutzungsrechte an enteigneten Vermögenswerten er-worben hatten, sollten berücksichtigt werden. All diese Bestimmungen, die bis weit in die 1990er Jahre hinein durch zahlreiche gesetzliche Regelungen ergänzt und dif-ferenziert wurden, bezogen sich indes nur auf die Zeit nach Gründung der DDR. Enteignungen »auf besatzungsrechtlicher beziehungsweise besatzungshoheitlicher Grundlage (1945 bis 1949) sind nicht mehr rückgängig zu machen. Die Regierun-gen der Sowjetunion und der Deutschen Demokratischen Republik sehen keine Möglichkeit, die damals getroffenen Entscheidungen zu revidieren«, hieß es in der Gemeinsamen Erklärung. Die Bundesregierung nahm das, wie in der Erklärung festgehalten wurde, »zur Kenntnis«, eine Formulierung, mit der die westdeutsche Regierung den Eindruck vermeiden wollte, sie habe die Berechtigung der Enteig-nungen in der Zeit der sowjetischen Besatzung anerkannt.[45]

Dass die zwischen 1945 und 1949 vorgenommenen Enteignungen anders be-handelt wurden als die späterer Jahre, löste bei den unmittelbar betroffenen Alt-eigentümern erheblichen Unmut aus und scharfe Kritik in der westdeutschen Öffentlichkeit bis weit in die Koalitionsparteien hinein. Auch wenn sich Michail Gorbatschow und der sowjetische Außenminister Schewardnadse später anders und weniger eindeutig äußerten, scheint die sowjetische Führung im Sommer 1990 deutlich auf der Anerkennung der unter Besatzungsrecht getroffenen Maßnahmen beharrt, ja sogar ein Junktim zwischen der Respektierung dieser Maßnahmen und der Moskauer Zustimmung zum Zwei-plus-Vier-Vertrag hergestellt zu haben. Auf die Festschreibung der Anerkennung der besatzungsrechtlichen Maßnahmen in diesem Vertrag musste die Sowjetunion allerdings verzichten. Aber auch die Volkskammer der DDR hätte ohne den Restitutionsverzicht für die Jahre 1945 bis 1949 dem Einigungsvertrag mit großer Sicherheit nicht mit der notwendigen Zweidrittelmehrheit zugestimmt. Das Bundesverfassungsgericht bestätigte in zwei Urteilen von 1991 und 1996 die Position der Bundesregierung und wies die Klage von Betroffenen gegen den Rückgabeverzicht für die Zeit vor 1949 ab. Das Thema blieb dennoch in der politischen Diskussion, denn auch in der ehemaligen DDR wollte die Kritik an der Rückgabepraxis für die Zeit nach 1950 nicht verstummen. So gab es zwar nach den Entscheidungen von Karlsruhe die Rechtssicherheit, die die Bundesregierung schon 1990 zu erreichen versucht hatte, der angestrebte Rechtsfriede indes blieb über lange Zeit prekär.[46]

Nicht Bestandteil des Vertrages über die Wirtschafts- und Währungsunion war ferner die Frage nach dem Umgang mit den volkseigenen, also den staatlichen Betrieben und Unternehmen der DDR. Am 17. Juni 1990 beschloss die Volkskammer die Errichtung einer Anstalt zur treuhänderischen Verwaltung des Volkseigentums. Dieser Treuhandanstalt wurde die Aufgabe zugewiesen, das volkseigene Vermögen zu privatisieren. Es ging also vorrangig um »Privatisierung durch Veräußerung von Geschäfts- oder Vermögensanteilen«, um »Sicherung der Effizienz und Wettbewerbsfähigkeit der Unternehmen« (Sanierung), aber auch um »Stilllegung und Verwertung des Vermögens von nicht sanierungsfähigen Unternehmen oder Unternehmensteilen«.[47] Die Umsetzung des Treuhandgesetzes und die Tätigkeit der Treuhandanstalt gestaltete sich von Anfang an äußerst schwierig. Insbesondere die Privatisierung kam nur schleppend voran, weil sich kaum Investoren fanden, die komplette Industriebetriebe übernehmen wollten. Dadurch war die Treuhandanstalt, die zunächst von dem im April 1991 von der RAF ermordeten Unternehmer Detlev Carsten Rohwedder, danach von der ehemaligen niedersächsischen Finanzministerin Birgit Breuel geleitet wurde, gezwungen, dringend notwendige Sanierungsinvestitionen selber vorzunehmen beziehungsweise potentiellen Investoren sehr weitgehende Finanzierungs- und Unterstützungszusagen zu machen, beispielsweise im Hinblick auf Altschulden und ökologische Altlasten, immer häufiger aber auch in Bezug auf Sanierungsmaßnahmen.

Der politische Druck auf die Treuhand wuchs in dem Maße, in dem die Arbeitslosigkeit in Ostdeutschland infolge der Wirtschaftsunion rapide anstieg. Für die Privatisierung, die zum Jahr 1994 abgeschlossen wurde, mussten immer neue Finanzmittel bereitgestellt werden, was die öffentlichen Kassen erheblich belastete. Den Ausgaben der Treuhand in Höhe von rund 320 Milliarden D-Mark standen am Ende Einnahmen aus Privatisierungserlösen von lediglich 67 Milliarden D-Mark gegenüber. Die Schulden in Höhe von mehr als 250 Milliarden D-Mark übernahm der Bund. Auch die Entwicklung des Arbeitsmarktes war enttäuschend: Zwar gelang es der Treuhand, etwa 1,5 Millionen Arbeitsplätze vertraglich abzusichern, aber über 2 Millionen gingen verloren. Dafür kann man kaum die Treuhand verantwortlich machen, aber in der ostdeutschen Bevölkerung wurde ihr, dem Hauptakteur der Privatisierung, als »Agentur des Kapitalismus« immer stärker die Verantwortung für die extreme Arbeitslosigkeit zugeschoben. Vom »Ausverkauf Ostdeutschlands« war die Rede. In der bitterbösen Kritik schwangen Wut und Enttäuschung über die hohe Erwerbslosigkeit mit, aber auch Verärgerung über nicht wenige Fehlentscheidungen der Treuhand sowie der Vorwurf, alles Ostdeutsche werde abgewertet und vom Westen lediglich abgewickelt.[48]

Die Finanzierung der deutschen Einheit war eine enorme Herausforderung. Von Anfang an war es illusionär zu glauben, diese Kosten würden durch die Privatisierung des volkseigenen Vermögens gedeckt werden oder ließen sich aus dem erwarteten Wirtschaftsaufschwung bestreiten, der lediglich einer Anschubfinanzierung bedürfe und dann, wie der Bundeskanzler beim Inkrafttreten der Wirtschafts- und Währungsunion am 1. Juli 1990 betont hatte, binnen weniger Jahre in Ostdeutschland »blühende Landschaften« entstehen lassen. Dagegen sprachen schon allein die enormen »Erblasten« der DDR, welche die Bundesrepublik zu übernehmen hatte. Sie umfassten die DDR-Staatsschulden einschließlich der ostdeutschen Auslandsverbindlichkeiten, die Sanierung der Haushalte der ostdeutschen Länder und Gemeinden sowie die Kosten für die Währungsunion bis hin zu den Entschädigungsleistungen für enteigneten Besitz. Hinzu kamen Zahlungen an die Sowjetunion, die in den diplomatischen Verhandlungen 1990 zugesagt wurden. Darüber hinaus verschlangen die Modernisierung der öffentlichen Verwaltung, des Erziehungs- und Bildungswesens und der Infrastruktur, aber auch die dringend notwendigen Umweltschutzmaßnahmen erhebliche finanzielle Mittel. Und auch die Umstrukturierung der Wirtschaft hatte ihren Preis. Alle diese Kosten fielen höher aus als erwartet, weil der prognostizierte, zum Teil herbeigeredete »Aufschwung Ost« in den Jahren nach 1990 ausblieb. Das bedeutete enorme Transferzahlungen über einen langen Zeitraum, was die öffentlichen Kassen schwer belastete. Bis 1994 bildete der Bund zur Finanzierung der Kosten den »Fonds Deutsche Einheit«, der insgesamt 115 Milliarden D-Mark zur Verfügung stellte. Nur ein geringer Teil dieser Summe wurde durch Einsparungen, beispielsweise den Wegfall der Zonenrand- oder der Berlin-Förderung, bestritten; etwa 95 Milliarden D-Mark sollten über Kredite finanziert werden, für deren Verzinsung und Tilgung über 20 Jahre je zur Hälfte der Bund sowie die Länder und Gemeinden aufkommen sollten.

Die enorme Kreditaufnahme war schon deshalb problematisch, weil sie nur zu einem kleineren Teil in investive Aufbauleistungen floss, viel stärker hingegen in den Konsum. Die öffentliche Verschuldung und die Nettokreditaufnahme, die auf eine ganze Reihe von öffentlichen Fonds (beispielsweise dem so genannten Erblastentilgungsfonds) und Nebenhaushalten (beispielsweise dem der Treuhand, deren Schulden später vom Erblastentilgungsfonds übernommen wurden) verteilt war, stiegen durch die Kosten der Wiedervereinigung exorbitant an. Die Nettokreditaufnahme verdreifachte sich schon 1990 auf 90 Milliarden D-Mark, drei Jahre später, 1993, lag sie bei nahezu 140 Milliarden. Die Staatsschulden wuchsen zwischen 1989 und 1995 von 929 auf 1996 Milliarden D-Mark, die Schuldenquote des Bruttoinlandsprodukts stieg im selben Zeitraum von 42 auf 58 Prozent. Steuererhöhungen und Einsparungen spielten demgegenüber nur eine geringe Rolle, nach 1992, als eine neue Rezession einsetzte, wurden sie zunehmend unwahrscheinlich, weil sie prozyklisch den Abschwung verstärkt hätten.[49]

Diese Entwicklungen weisen bereits weit in die Geschichte der Bundesrepublik nach 1990, wie überhaupt die Finanzierung der deutschen Einheit zu einem vorrangigen politischen Thema wurde, das nicht zuletzt mit der Sozial- und der Steuerpolitik engstens verflochten ist. Bei den Kosten der Einheit – im engeren und im weiteren Sinne – handelte es sich jedoch nicht nur um eine politische Frage, sondern um einen Einflussfaktor, der die gesellschaftliche und soziokulturelle Entwicklung im vereinigten Deutschland, das Zusammenwachsen von Ost und West über weite Strecken begleitet, wenn nicht streckenweise sogar beherrscht hat.

Der Einigungsvertrag

Unmittelbar nach dem Inkrafttreten der Wirtschafts-, Währungs- und Sozialunion begannen die Verhandlungen über einen zweiten Staatsvertrag, den Vertrag über die Herstellung der Einheit Deutschlands. An den Verhandlungen beteiligt waren die Bundesregierung, die Regierung der DDR und die Bundesländer. Verhandlungsführer waren Wolfgang Schäuble, der Bundesinnenminister und ehemalige Chef des Kanzleramts, und Günther Krause, der parlamentarische Staatssekretär im Amt des Ministerpräsidenten der DDR. Es war allerdings nicht zu übersehen, dass hier nicht Verhandlungen zwischen zwei gleichrangigen Partnern geführt wurden, sondern dass die Bundesrepublik mit ihrem Verhandlungsführer Schäuble den

Verlauf und die Richtung der Gespräche eindeutig bestimmte. Die DDR dagegen war ein untergehender Staat, ihre Tage waren gezählt.

Die Schwäche der DDR resultierte zu einem erheblichen Teil aus einer verfassungspolitischen Grundentscheidung, die bereits im Vorfeld der Verhandlungen getroffen worden war. Schon die Präambel des Vertrags über die Wirtschafts- und Währungsunion hatte den Wunsch der beiden Seiten klar artikuliert, die »staatliche Einheit nach Artikel 23 des Grundgesetzes« herzustellen.[50] Damit war ein alternativer Weg, der im Grundgesetz selbst angelegt war, bewusst ausgeschlossen worden: der Rekurs auf den Artikel 146 des Grundgesetzes. In diesem Schlussartikel hatte der Parlamentarische Rat 1949 den provisorischen Charakter der Bundesrepublik und damit den Übergangscharakter ihrer Verfassung festgeschrieben: »Dieses Grundgesetz verliert seine Gültigkeit an dem Tage, an dem eine Verfassung in Kraft tritt, die von dem deutschen Volke in freier Entscheidung beschlossen worden ist.« Das hätte die Möglichkeit geboten, an die Stelle des Grundgesetzes eine neue Verfassung zu setzen.

In der Tat gab es in Ost- und Westdeutschland 1990 Stimmen, die sich für eine Verfassungsneuschöpfung aussprachen, in Ostdeutschland vor allem die Repräsentanten der DDR-Opposition. Der Runde Tisch hatte im April 1990 einen Verfassungsentwurf vorgelegt, der jene Vorstellungen enthielt, welche die Vertreter der Bürgerrechtsbewegung auch in einer neuen Verfassung der Bundesrepublik umgesetzt sehen wollten. Unter dem Eindruck der »friedlichen Revolution« ging es insbesondere um Elemente unmittelbarer Demokratie, aber auch, gleichsam als Antwort auf die Frage, was die DDR in die deutsche Einheit einzubringen habe, um soziale Rechte wie das Recht auf Arbeit oder das Recht auf Wohnung. In dieser Forderung trafen sich die ostdeutsch-bürgerrechtlichen Verfassungsziele mit Vorstellungen, die im Westen aus dem Umfeld der Grünen, aber auch von Vertretern der SPD geäußert wurden. Teilweise nutzen die westdeutschen Anhänger einer neuen, stärker von der Idee sozialer Grundrechte geprägten Verfassung den bürgerrechtlichen Anstoß aus der DDR sogar, um ihren eigenen Wünschen Nachdruck zu verleihen.[51] Das im Juni 1990 gegründete »Kuratorium für einen demokratisch verfassten Bund deutscher Länder« etwa unternahm den Versuch, eine im Kern neue Verfassung, die das Grundgesetz zwar nicht ablösen, aber grundsätzlich verändern sollte, auszuarbeiten und legte 1991 auch einen Entwurf vor. Wolfgang Ullmann, der einzige Vertreter der DDR-Bürgerrechtsbewegung, der diesem Kuratorium angehörte, trat jedoch bald aus, weil in der von westdeutschen Vorstellungen und Interessen geprägten Diskussion die von ihm vertretenen Anliegen kaum Gehör fanden.

Auch in den Beitrittsverhandlungen nach Artikel 23 des Grundgesetzes – denn nichts anderes waren die Verhandlungen über den Einigungsvertrag – hatte man sich mit Forderungen auseinanderzusetzen, im Zuge des Beitritts der DDR beziehungsweise ihrer inzwischen wieder errichteten Länder das Grundgesetz umfassend zu reformieren, beispielsweise durch die Bestimmung neuer Staatsziele mit sozialer und ökologischer Ausrichtung. Gerade die sozialdemokratisch geführten westdeutschen Bundesländer nutzten ihre Beteiligung an den Verhandlungen, um entsprechende Vorstellungen zu lancieren. Gegen solche umfassenden Verfassungsrevisionen setzten sich die Vertreter der Bonner und der Ost-Berliner Regierung mit ihrer Position durch, die Änderungen des Grundgesetzes auf das unbedingt Notwendige zu beschränken, um einen möglichst raschen Beitritt zu ermöglichen. Das entsprach dem Wunsch der überwältigenden Mehrheit der DDR-Bevölkerung und ebenso der in der Bundesrepublik weithin geteilten Meinung, dass sich das Grundgesetz über mittlerweile vier Jahrzehnte als Verfassung bewährt habe und man größere Veränderungen daher nicht ohne Not vornehmen solle. Grundsätzlicher Konsens bestand auch darüber, dass man den Einigungsvertrag nicht dazu verwenden wollte, geltendes Recht der Bundesrepublik in ganz unterschiedlichen Bereichen zu modifizieren, sondern den Vertrag auf seine Funktion zur Herbeiführung der staatlichen Einheit zu beschränken. »Sonst sitzen wir im Jahr 2000 noch hier und sind immer noch nicht fertig«, brachte Wolfgang Schäuble das Problem auf den Punkt.[52] Ebenso kategorisch wies der Bundesinnenminister Forderungen der Regierung de Maizière nach neuen Staatssymbolen (Flagge, Hymne) oder gar einem neuen Staatsnamen zurück.

So ging es letztlich um die Ausdehnung des politischen und des Rechtssystems der Bundesrepublik auf die DDR, also um die Schaffung rechtlicher und institutioneller Grundlagen für einheitliche Lebensverhältnisse in Ost- und Westdeutschland. Durch die Anpassung der Präambel und die Streichung des Artikels 23 des Grundgesetzes wurde der Provisoriumscharakter der Bundesrepublik aufgehoben und zugleich signalisiert, dass das wiedervereinigte Deutschland keine Gebietsansprüche mehr habe. Größere Verfassungsänderungen wurden zwar nicht vorgenommen, aber auch nicht ausgeschlossen; der neue Artikel 146 bot dazu eindeutig die Möglichkeit. Ferner wurde die Sitzverteilung im Bundesrat so verändert, dass die bevölkerungsreichen Bundesländer weiterhin eine Sperrminorität besaßen. Bis zur ersten gesamtdeutschen Parlamentswahl sollte die ostdeutsche Bevölkerung durch 144 von der Volkskammer bestellte Abgeordnete im Bundestag vertreten sein. Andere Regelungen betrafen die künftige Finanzverfassung, nicht zuletzt die erst spätere Einbeziehung der neuen Länder in den Länderfinanzausgleich (die Länder sollten allerdings unmittelbar vom Fonds Deutsche Einheit profitieren).

Schließlich ging es um den gesamten Bereich der Rechtsangleichung, nicht zuletzt die Übertragung des Sozialrechts.

Immer wieder erhob sich die Frage nach der Fortwirkung des DDR-Rechts, am deutlichsten und am heftigsten umstritten in Bezug auf das Abtreibungsrecht. Während nämlich in der DDR eine Abtreibung in den ersten drei Schwangerschaftsmonaten uneingeschränkt möglich war (Fristenlösung), war im Westen Abtreibung prinzipiell strafbar, auch wenn sie durch ein weit gefasstes so genanntes Indikationenmodell faktisch straffrei war. In den Verhandlungen über den Einigungsvertrag prallten nun in veränderter Konstellation nochmals jene Positionen aufeinander, die auch schon bei der Diskussion in der Bundesrepublik der 1970er Jahre über die Reform des Paragraphen 218 in Widerstreit gestanden hatten: ein auf individuelle Rechte und insbesondere die Selbstbestimmung der Frau zielender Standpunkt einerseits und das vor allem christlich motivierte Ziel des Schutzes von ungeborenem Leben andererseits. Die Konfliktlinien verliefen nicht eindeutig zwischen Ost und West, sondern auch viele Westdeutsche in der SPD, bei den Grünen und in der FDP sahen nun eine Chance, ein liberaleres Abtreibungsrecht zu schaffen. Fast verhinderte der Streit um die Abtreibung den rechtzeitigen Abschluss des Einigungsvertrags. Ein mühsam ausgehandelter Kompromiss sah schließlich eine Übergangzeit von zwei Jahren vor, in der Deutschland in zwei Rechtsgebiete gespalten bleiben und Abtreibung je nach »Tatort« entweder bestraft oder nicht bestraft werden sollte. Erst dann sollte eine gesetzliche Neuregelung einheitliche Rechtsverhältnisse schaffen. Beschlossen wurde 1992 eine »Fristenlösung mit Beratungspflicht«. Auch auf zahlreichen anderen Gebieten kam es zu transitorischen Regelungen, zur Verschiebung von Entscheidungen oder zu uneindeutigen Formulierungen, hinter denen sich nicht selten ein Dissens verbarg, der unter dem wachsenden Zeitdruck nicht mehr gelöst werden konnte, aber den Vertragsabschluss nicht behindern sollte. Das betraf unter anderem die Entscheidung über Berlin als Regierungssitz, wofür sich die ostdeutsche Seite eindeutig ausgesprochen hatte, während im Westen die Meinungen geteilt waren. Die Festlegung wurde schließlich dem ersten gesamtdeutschen Bundestag überlassen.

In den Einigungsvertrag aufgenommen wurden zudem Bestimmungen zum Umgang mit dem riesigen Unterlagenbestand des ehemaligen Ministeriums für Staatssicherheit. Nach harten Auseinandersetzungen, in denen die östliche Seite nicht zuletzt unter dem Einfluss der Bürgerrechtsbewegung wesentlich entschiedener auf der kompletten Öffnung der Stasi-Akten bestand als die westliche, wurde in den Vertrag die Schaffung einer zentralen Behörde, nach ihrem ersten Leiter Joachim Gauck bald Gauck-Behörde genannt, aufgenommen. Der aus der Bürgerrechtsbewegung kommende Rostocker Pfarrer hatte schon den Stasi-Ausschuss der Volkskammer geleitet und wurde mit dem 3. Oktober 1990 »Sonderbeauftragter der Bundesregierung für die personenbezogenen Unterlagen des Staatssicherheitsdienstes der ehemaligen DDR«. Dass die Schaffung einer solchen Behörde und die Offenlegung der Stasi-Unterlagen in den Einigungsvertrag aufgenommen wurden, unterstreicht den politischen Willen, die DDR-Vergangenheit aufzuarbeiten und eine diktatorische Vergangenheit nicht abermals zu verdrängen.

Am 31. August konnte der Einigungsvertrag schließlich unterschrieben werden. Mit dem 3. Oktober, der zum Nationalfeiertag erhoben wurde, sollten die fünf ostdeutschen Länder Mecklenburg-Vorpommern, Brandenburg, Sachsen-Anhalt, Sachsen und Thüringen Länder der Bundesrepublik Deutschland werden. Das wiedervereinigte Berlin wurde als eigenes Bundesland deutsche Hauptstadt, auch wenn Bonn einstweilen noch Regierungssitz blieb.

Bis zur Abstimmung am 20. September konnte nicht als sicher gelten, dass das Vertragswerk in der Volkskammer die notwendige Zwei-Drittel-Mehrheit finden würde. Im Laufe des Sommers war in Ost-Berlin die Große Koalition auseinandergebrochen. Die bevorstehenden Wahlen, zunächst am 14. Oktober in den Ländern, dann am 2. Dezember zum gesamtdeutschen Bundestag, beeinträchtigten die Regierungsarbeit immer mehr. Nachdem Ministerpräsident de Maizière SPD-Finanzminister Walter Romberg und den der SPD nahestehenden Landwirtschaftsminister Peter Pollack aus der Regierung entlassen hatte, kündigte die mittlerweile von Wolfgang Thierse geführte ostdeutsche Sozialdemokratie der Regierung ihre Unterstützung auf. Die Freien Demokraten verließen das Kabinett ebenfalls, nachdem es zu Streitigkeiten über den Wahltermin für den Bundestag gekommen war. So stand de Maizière seit dem 20. August an der Spitze eines Minderheitenkabinetts, das für wenige Wochen die untergehende DDR noch administrierte, aber keine Richtungsentscheidungen mehr traf – und auch nicht mehr treffen musste.

Der Beitritt war beschlossene Sache, und eine breite Mehrheit unterstützte dieses politische Ziel parlamentarisch trotz aller Differenzen im Einzelnen. Das war bereits am 22. August klar geworden, als die Volkskammer dem Wahlvertrag vom 3. August 1990 mit der notwendigen Zwei-Drittel-Mehrheit, also mit den Stimmen der SPD und der Liberalen, zustimmte. Der Wahlvertrag schuf mit einem einheitlichen Wahlrecht die Voraussetzung für die gesamtdeutschen Wahlen im Dezember 1990. Im Prinzip schloss das auch die Fünf-Prozent-Sperrklausel ein, für die sich vor allem SPD und FDP stark gemacht hatten, die davon zu profitieren hofften. Die DSU kalkulierte, über eine Listenverbindung mit der CSU die Hürde überwinden zu können. Die PDS jedoch drohte daran zu scheitern, was von den anderen Parteien kaum eine bedauerte. Und auch Bündnis 90 und die Grünen würden es möglicherweise nicht schaffen. Das Wahlergebnis vom 2. Dezember bestätigte diese Prognosen. Dass die PDS, aber auch die Grünen dennoch in den Bundestag gelangten, verdankten sie dem Bundesverfassungsgericht, das den Wahlvertrag für verfassungswidrig erklärt hatte, weil er gegen den Grundsatz der Wahlgleichheit verstoße. Die gesamtdeutsche Fünf-Prozent-Klausel benachteilige Parteien und politische Gruppierungen aus der ehemaligen DDR. Das Karlsruher Urteil schuf die Voraussetzung für eine Wahlrechtsänderung, welche die Fünf-Prozent-Hürde jeweils getrennt für Ost- und Westdeutschland errichtete. Das galt allerdings nur für die erste gesamtdeutsche Wahl.

Der Bundestag stimmte dem Einigungsvertrag am 20. September 1990 mit der erforderlichen Zwei-Drittel-Mehrheit zu, lediglich die Grünen und einige Abgeordnete von CDU/CSU lehnten den Vertrag ab. Die Volkskammer billigte ihn am selben Tag mit einer Mehrheit von 299 Ja- zu 80 Neinstimmen. Hier stimmten die Abgeordneten der SED-PDS und die inzwischen entstandene Fraktion »Bündnis 90/Die Grünen« dagegen. Der Bundesrat nahm das Vertragswerk tags darauf einstimmig an. Der PDS-Vorsitzende Gregor Gysi stellte in einer zornigen Rede fest, das ostdeutsche Parlament habe »nicht mehr und nicht weniger als den Untergang der Deutschen Demokratischen Republik« beschlossen. Genau so war es, und genau deswegen brandete Gysi nach seiner Feststellung der Jubel des frei gewählten ostdeutschen Parlaments entgegen. Die Freiheit der Ostdeutschen, die ihren Ausdruck in freien Wahlen und einem freien Parlament gefunden hatte, bedeutete das Ende der DDR.

»Zwei plus Vier«: die Außenpolitik der Einheit

Die deutsche Einheit, für die sich die Deutschen mit überwältigender Mehrheit entschieden hatten, bedurfte der internationalen Zustimmung und vor allem des Einverständnisses der vier Siegermächte des Zweiten Weltkriegs. Dass die Sowjetunion im Januar 1990 ihre prinzipielle Zustimmung erteilt hatte, war ein entscheidender Fortschritt. Aber die deutsche Einheit musste nun in die internationale Ordnung eingefügt werden, und die Rechte und Verpflichtungen in Bezug auf Deutschland als Ganzes, welche die vier Siegermächte des Zweiten Weltkriegs 1945 an sich gezogen hatten, mussten im Rahmen einer internationalen vertraglichen Regelung abgelöst werden.

Eine solche Regelung warf viele Fragen auf: Sollte man tatsächlich zurückkehren zur Konstellation des Jahres 1945, zur Konstellation von Potsdam? Sollten die vier Siegermächte ihre Rechte und Verantwortlichkeiten für Deutschland als Ganzes, wie sie im Potsdamer Protokoll von 1945 fixiert waren, nun ohne Mitsprache der Deutschen ausüben? Sollte 45 Jahre nach Kriegsende jener Friedensvertrag mit Deutschland ausgehandelt werden, der nach dem Zweiten Weltkrieg wegen des Zerfalls der Anti-Hitler-Koalition nicht zustande gekommen war?

Dass sich im Dezember 1989 die Gesandten der Vier Mächte in Berlin auf sowjetische Initiative hin im Gebäude des ehemaligen Alliierten Kontrollrats zu einem Meinungsaustausch trafen, war kein Zufall, sondern wohl kalkuliert und hoch symbolisch. »Sie müssen sich entscheiden«, erklärte daraufhin Bundesaußenminister Genscher den Außenministern der drei Westmächte, »zwischen der Zusammenarbeit mit uns in der NATO und in der Europäischen Gemeinschaft oder mit der Sowjetunion im Kontrollrat.«[53] Die Regierungen in Washington, Paris und London lenkten schnell ein. In der Tat konnte man die Bundesrepublik, die seit 1949 zu einem verlässlichen Partner des Westens geworden war, politisch nicht so vor den Kopf stoßen, und der Gedanke, 45 Jahre nach dem Zweiten Weltkrieg ohne Beteiligung der Deutschen auf Vier-Mächte-Ebene über Deutschland zu verhandeln, war schlicht abwegig. Es galt, ein handlungsfähiges internationales Deutschlandgremium zu schaffen, das in der Lage sein würde, mit der sich beschleunigenden Dynamik der deutsch-deutschen Einigung Schritt zu halten. Auf keinen Fall durften sich die internationalen Verhandlungen lange hinziehen und damit den Weg zur deutschen Einheit blockieren, nachdem man den Deutschen unter Berufung auf ihr Selbstbestimmungsrecht diese Einheit zugestanden hatte. Allein aus diesem Grund wehrten sich insbesondere die drei Westmächte dagegen, andere Staaten, die im Zweiten Weltkrieg zu den Gegnern Deutschlands gehört hatten, an den Verhandlungstisch zu bitten, was beispielsweise die Niederlande und Italien gewünscht hatten. Auch die KSZE schied als Verhandlungsforum aus.

Die amerikanische Regierung entwickelte in dieser Situation ein Konzept, das unter der Bezeichnung »Zwei-plus-Vier« ab März 1990 umgesetzt wurde. Die zwei deutschen Staaten Bundesrepublik und DDR – bezeichnenderweise in der Formel »Zwei-plus-Vier« zuerst genannt – sollten partnerschaftlich-kooperativ mit den Vier Mächten über die internationalen Aspekte der deutschen Vereinigung verhandeln. Voraussetzung dafür war die Existenz einer frei gewählten Regierung der DDR, weshalb der Zwei-plus-Vier-Prozess erst nach den Volkskammerwahlen vom 18. März 1990 in Gang kommen konnte. Das erinnerte an die deutschlandpolitischen Diskussionen und die internationale Deutschlandpolitik der 1950er

Jahre, als im Hinblick auf mögliche Friedensverhandlungen die demokratische Legitimation der ostdeutschen Regierung eine wichtige Rolle gespielt hatte. Aber auch an anderen Fragen wurde deutlich, dass bei den Verhandlungen Probleme gelöst werden mussten, die schon in den 1950er Jahren thematisiert worden waren. Es zeigte sich hier noch einmal, dass damals der deutschlandpolitische Status quo gleichsam eingefroren und in den folgenden Jahrzehnten stabilisiert worden war, ohne dass man die deutsche Frage gelöst hatte.[54]

Zu den kontroversen Themen, die Ende der 1950er Jahre auf Vier-Mächte-Ebene – nicht zuletzt auf der Genfer Außenministerkonferenz 1959 mit Vertretern der Bundesrepublik und der DDR an Katzentischen – verhandelt worden waren, gehörte nicht zuletzt die Bündniszugehörigkeit eines vereinten Deutschland. Gut drei Jahrzehnte später stellte diese Frage wieder ein zentrales Problem in den internationalen Verhandlungen über die deutsche Einheit dar, denn die Bundesrepublik und die DDR gehörten zwei Bündnissystemen, NATO und Warschauer Pakt, an. Im Westen war man sich in der Ablehnung einer Neutralisierung Deutschlands einig. Ein ungebundenes Deutschland zwischen West und Ost sollte es, das sah man in Bonn genauso wie in Washington, London und Paris, nicht – wieder – geben. Aber sollte ganz Deutschland der NATO angehören, wie es die amerikanische Regierung forderte, oder war eine Lösung denkbar, nach der Ostdeutschland nicht in die militärischen Strukturen der Allianz eingebunden, das Territorium der ehemaligen DDR also entmilitarisiert und neutralisiert wurde, was der Bundesaußenminister und zeitweise auch der Bundeskanzler für möglich hielten? Es bedurfte durchaus kräftigen amerikanischen Drucks, um die Bundesregierung von dieser Position abzubringen. Obwohl die sowjetische Führung den Weg zur Wiedervereinigung prinzipiell freigegeben hatte, bangte Bonn doch immer noch um die Moskauer Zustimmung. Umso überraschter waren der Bundeskanzler und sein Außenminister, als Michail Gorbatschow am 10. Februar in Moskau zumindest eine gewisse Flexibilität in der Frage der Bündniszugehörigkeit erkennen ließ. Ein Durchbruch war das nicht, denn Gorbatschow und Außenminister Schewardnadse lehnten wenig später die NATO-Zugehörigkeit eines vereinten Deutschland entschieden ab.

Die sowjetische Linie war in dieser entscheidenden Frage nicht kohärent. Es gab keine eindeutigen Festlegungen, die Sowjetunion hatte 1989/90 gar kein klares deutschlandpolitisches Gesamtkonzept. Moskau agierte nicht, es reagierte. Gorbatschow entwickelte die Positionen, die er vertrat, offenkundig in vielen Fällen spontan; sie fügten sich nicht zu einer stimmigen, widerspruchsfreien Politik. Das legt auch der Verlauf der Gipfelgespräche nahe, zu denen der sowjetische Generalsekretär vom 30. Mai bis 3. Juni 1990 in Camp David bei Washington mit der amerikanischen Führung zusammentraf. Dort äußerte Gorbatschow zum Erstaunen nicht nur seiner amerikanischen Gesprächspartner, sondern auch zur Überraschung seiner eigenen Delegation, er sei damit einverstanden, dass ein vereintes Deutschland frei darüber entscheide, welchem Bündnis es angehören wolle. Das war die Zustimmung zur NATO-Mitgliedschaft.

Der deutsche Bundeskanzler, der wenige Wochen zuvor im Gespräch mit George Bush eine solche Entwicklung vorhergesagt hatte, schenkte dieser »Sensation«,[55] über die ihn der amerikanische Präsident persönlich informierte, nur wenig Aufmerksamkeit. In Washington glaubte man sogar, der Kanzler habe die Botschaft nicht verstanden. Mag sein, dass man in Bonn auf Grund der Erfahrungen mit dem Schlingerkurs der Moskauer Führung einen neuerlichen Positionswandel für möglich hielt, mag sein, dass man den Teufel – und weitere Hindernisse – im Detail vermutete. Ganz ohne Zweifel erfolgte der Durchbruch zur deutschen Einheit außenpolitisch aber nicht erst während des deutsch-sowjetischen Gipfels im Kaukasus im Juli 1990, sondern Ende Mai beim amerikanisch-sowjetischen Gipfel von Camp David.[56] Das entsprach der machtpolitischen Konstellation, denn die USA waren der eigentliche Verhandlungspartner der Sowjetunion. So trat am Ende in der deutschen Frage der Supermacht-Bilateralismus des Ost-West-Konflikts noch einmal deutlich zutage und mit ihm die Strukturen des internationalen Systems der Zeit nach 1945.

Als Helmut Kohl und Hans-Dietrich Genscher am 15. und 16. Juli erst in Moskau, dann im Kaukasus mit Michail Gorbatschow und Eduard Schewardnadse zusammentrafen, waren die Weichen also bereits gestellt. Dennoch wurden im Verlauf der deutsch-sowjetischen Gespräche entscheidende Schritte auf dem Weg zur deutschen Einheit getan und wichtige Details für das deutsch-sowjetische Verhältnis der Zukunft festgelegt, welche die Konturen einer neuen internationalen Ordnung klarer hervortreten ließen. Insbesondere ging es um die in der DDR stationierten sowjetischen Truppen. Diese sollten nach einer Übergangszeit allmählich abgezogen werden. Für den Übergangszeitraum sollten die Militärstrukturen der NATO nicht auf Ostdeutschland ausgedehnt und dort also auch keine NATO-Truppen stationiert werden. Die Bundesrepublik sagte der Sowjetunion erhebliche finanzielle Hilfen bei der Rückführung der in Deutschland stationierten Soldaten und bei deren Eingliederung in der Sowjetunion zu. Ferner bestätigte der Bundeskanzler der sowjetischen Führung, dass der Verzicht der Bundesrepublik auf ABC-Waffen weiterhin gelte, und man einigte sich auch auf eine neue Maximalstärke der Bundeswehr von 370 000 Mann, was bei einem Gesamtbestand von über

520 000 deutschen Soldaten in Bundeswehr und NVA eine erhebliche Abrüstung bedeutete. Schließlich erklärte der Bundeskanzler, dass die Bundesrepublik mit der Wiedervereinigung ihre endgültigen Grenzen erlangt habe, was sich insbesondere auf die polnische Westgrenze bezog.

Die Frage der polnischen Westgrenze belastete nicht nur die internationalen Verhandlungen über die deutsche Einheit, sondern sorgte auch in der Innenpolitik für schwere Konflikte. Zwar hatte der Bundestag bereits am 8. November 1989, also noch vor dem Fall der Mauer, in einer Erklärung die Endgültigkeit dieser Grenze betont, aber der Bundeskanzler vertrat unter anderem aus Rücksicht auf das Stimmenpotential der Vertriebenen einen differenzierteren Standpunkt. Politisch bekannte er sich nachdrücklich zum Warschauer Vertrag von 1970 und damit zur Anerkennung der polnischen Westgrenze, zugleich argumentierte Kohl jedoch rechtlich und verwies auf den Friedensvertragsvorbehalt: Eine endgültige Anerkennung der polnischen Westgrenze könne nur durch einen gesamtdeutschen Souverän vorgenommen werden. Auch deswegen vermisste man in Kohls Zehn-Punkte-Plan einen »elften Punkt« zur Frage der deutsch-polnischen Grenze.[57] Kohls Position, die in der Union weithin geteilt wurde, führte zu Spannungen in der Koalition mit der FDP und zu Auseinandersetzungen mit der SPD, weil beide Parteien weitergehende Erklärungen des Bundeskanzlers verlangten. Das Problem verschärfte sich, als Polen die Beteiligung am Zwei-plus-Vier-Prozess forderte sowie eine vertragliche Garantie der Oder-Neiße-Linie als polnische Westgrenze, die vor der deutschen Vereinigung abgegeben werden sollte. Weil die Bundesrepublik und mit ihr die USA fürchteten, dass noch weitere Staaten an den Verhandlungen der Zwei-plus-Vier beteiligt sein wollten, lehnten Bonn und Washington das Warschauer Ansinnen kategorisch ab. Aber man verständigte sich auf den maßgeblich von Frankreich betriebenen Kompromiss, Polen zu der Verhandlungsrunde der Zwei-plus-Vier einzuladen, bei der es um die Grenzfrage gehen würde. Für die Behandlung weiterer Fragen, an denen Polen Interesse bekundet hatte, darunter insbesondere die Reparationsfrage, galt das nicht.

Die um den polnischen Außenminister erweiterte Verhandlungsrunde des Zwei-plus-Vier-Prozesses am 17. Juli in Paris brachte schließlich die Lösung des Problems. Die beiden deutschen Regierungen, die Regierungen der Vier Mächte und die polnische Regierung verständigten sich auf ein verzahntes Vorgehen in der Frage der deutschen Einheit und der deutsch-polnischen Grenze. Polen rückte von der Position ab, dass Deutschland erst nach Abschluss eines Grenzvertrags seine volle Souveränität erhalten solle. Dafür wurde die Endgültigkeit der Außengrenzen des vereinten Deutschland bereits in den Zwei-plus-Vier-Vertrag aufgenommen und von der Bundesregierung anerkannt. Die Vier Mächte bestätigten diese Grenzen in einer Protokollerklärung, gaben indes keine formale Grenzgarantie im Sinne eines Friedensvertrags ab. Der bilaterale deutsch-polnische Grenzvertrag sollte nach der Wiedervereinigung so schnell wie möglich abgeschlossen und ratifiziert werden. Das in Paris vereinbarte Procedere bestimmte den weiteren Verlauf der Entwicklung: Am 14. November 1990 wurde der Grenzvertrag unterzeichnet, am 17. Juni 1991 der Vertrag über »gute Nachbarschaft und friedliche Zusammenarbeit«, also der Grundlagenvertrag, den der deutsche Bundestag und der polnische Sejm zusammen mit dem Grenzvertrag im Oktober 1991 ratifizierten.[58]

Mit der Lösung der Grenzfrage war das letzte Hindernis des Zwei-plus-Vier-Prozesses aus dem Weg geräumt. Der Zwei-plus-Vier-Vertrag, präziser der Vertrag über die abschließende Regelung in Bezug auf Deutschland, wurde am 12. September 1990 in Moskau von den Außenministern der sechs beteiligten Staaten unterzeichnet. Auch wenn der Ratifikationsprozess noch bis ins Jahr 1991 andauerte, stand der Wiedervereinigung am 3. Oktober 1990 nichts mehr im Wege. Mit dem Zwei-plus-Vier-Vertrag erhielt die Bundesrepublik die »volle Souveränität« über ihre »inneren und äußeren Angelegenheiten«. Die seit 1945 existierenden Vorbehaltsrechte der Vier Mächte in Bezug auf Berlin und Deutschland als Ganzes wurden außer Kraft gesetzt. Der Vertrag war kein Friedensvertrag, aber er ersetzte die friedensvertragliche Regelung mit Deutschland, zu der es nach 1945 nicht gekommen war.

Wie hatte sich die Situation in den viereinhalb Jahrzehnten zwischen 1945 und 1989 entwickelt und wie hatte sie sich in den elf Monaten zwischen dem November 1989 und dem Oktober 1990 verändert: Ein neues Europa war entstanden, ein ungeteilter, ein freier Kontinent. Der Ost-West-Konflikt, der zur Teilung Europas und der Welt geführt hatte, war vorüber und mit ihm auch die Teilung Deutschlands, wo sich mit Mauer und Stacheldraht die menschenverachtende Brutalität und Perversität dieser Teilung gezeigt hatte. Die Freude und der Jubel, mit denen die Deutschen in Ost und West, aber nicht nur sie allein, am 3. Oktober 1990 die Einheit feierten, war auch Freude und Jubel über die Freiheit, eine für viele wieder gewonnene, ja neu gewonnene Freiheit.

Die deutsche Einheit in der Geschichte der Bundesrepublik

Die Volkskammer der DDR löste sich am 2. Oktober 1990 in einem Festakt selbst auf. Ministerpräsident de Maizière sprach von einem »Abschied ohne Tränen«. Sabine Bergmann-Pohl, die Präsidentin des ersten und einzigen frei gewählten ostdeutschen Parlaments, erklärte im Namen aller Abgeordneten: »Wir haben unseren Auftrag erfüllt, die Einheit Deutschlands in freier Selbstbestimmung zu vollenden.« Daran knüpfte Bundespräsident Richard von Weizsäcker an, der um Mitternacht unter den Klängen der amerikanischen Freiheitsglocke und unter einer großen schwarz-rot-goldenen Fahne vor dem Berliner Reichstag die historischen Sätze sprach: »Die Einheit Deutschlands ist vollendet. Wir sind uns unserer Verantwortung vor Gott und den Menschen bewusst. Wir wollen in einem vereinten Europa dem Frieden der Welt dienen.« Jubelnd stimmte die Menge ein in das »Einigkeit und Recht und Freiheit« der deutschen Nationalhymne, bevor ein riesiges Feuerwerk den Nachthimmel über der deutschen Hauptstadt hell erleuchtete und die Menschen ihrer Begeisterung freien Lauf ließen.

Am 3. Oktober versammelte man sich in der Berliner Philharmonie zu einem feierlichen Staatsakt, und schon am folgenden Tag nahm der gesamtdeutsche Bundestag im Reichstag seine Arbeit auf. Es war die erste Sitzung eines frei gewählten gesamtdeutschen Parlaments in Berlin seit Dezember 1932. Auch diese Parlamentssitzung war wie so viele politische Ereignisse im Herbst 1990 von Freude, ja von Hochstimmung und Euphorie geprägt. Doch nun begann erst die eigentliche Arbeit an der deutschen Einheit, für welche die staatsrechtliche Vereinigung die Voraussetzung war.

Die Wiedervereinigung gehört zur Geschichte der Bundesrepublik, doch die Entwicklungen, die zur deutschen Einheit führten und diese Einheit erst ermöglichten, sind nur zum Teil Entwicklungen der westdeutsch-bundesrepublikanischen Geschichte. Das offenbart der Blick auf die dramatischen Ereignisse zwischen dem Sommer 1989 und dem Herbst 1990. Als jene Dynamik einsetzte, an deren Ende der Fall der Mauer, der Untergang des SED-Regimes und die deutsche Einheit standen, hatte sich die Bundesrepublik gerade in aller Form von ihrem Charakter als Provisorium verabschiedet. Das unterstreichen die Bonner Hauptstadtarchitektur der 1980er Jahre, die Feierlichkeiten zum 40. Jahrestag der Bundesrepublik und die öffentliche Erinnerung an die Geschichte des westdeutschen Staates seit 1949, wie sie nicht zuletzt im Haus der Geschichte der Bundesrepublik in Bonn Ausdruck fand.

Im Zusammenhang mit der Geschichte der Wiedervereinigung muss man sich die Entwicklungen in der Sowjetunion und in der von Moskau beherrschten Welt seit 1985, seit der Amtsübernahme Michail Gorbatschows, vor Augen führen. Ohne diese Veränderungen und ihre Rückwirkungen auf die internationale Politik ist das Ende der DDR nicht zu erklären. Die deutsche Teilung war nicht die Strafe der Geschichte für die Verbrechen des Nationalsozialismus, denn dann wären die Deutschen höchst ungleich bestraft worden, sie war vielmehr eine Folge des Ost-West-Konflikts und dessen machtpolitischer Zuspitzung nach 1945. Deutschland war geteilt, weil die Welt geteilt war – nicht umgekehrt –, und daher konnte die deutsche Teilung erst überwunden werden, als der ideologische und machtpolitische Gegensatz zwischen der Sowjetunion und den USA, der das bipolare internationale System nach 1945 geschaffen und stabilisiert hatte, überwunden war. Auch wenn es 1990 keine Rückkehr nach Potsdam gab, belegen die internationalen Entwicklungen seit dem Fall der Mauer, dass die deutsche Frage zwischen dem 8. Mai 1945 und dem 3. Oktober 1990 nie nur, ja nicht einmal überwiegend eine Sache der Deutschen allein war.

Zu den Voraussetzungen der deutschen Einheit gehörten der Zerfall der SED-Diktatur und der Untergang der DDR. Zentrale Kapitel der Geschichte wurden in der DDR und von Ostdeutschen geschrieben und damit von Menschen, deren Handeln zunächst nicht von der Zielsetzung einer deutschen Wiedervereinigung bestimmt war, sondern von der Idee einer anderen, einer freien, einer demokratischen DDR. Gewiss, die im Sommer 1989 erneut einsetzende Massenflucht und der auch nach dem 9. November anhaltende, ja sich verstärkende Exodus aus der DDR, getragen von den Lebenshoffnungen und Lebenswünschen ihrer Bürger, beschleunigten die Hinwedung zur Vereinigung und deren Vollendung. Ebenso sehr wie die Ausreisenden untergruben aber diejenigen, die nicht ausreisten, sondern bleiben wollten, die Herrschaft der SED, deren fehlende demokratische Legitimität die »friedliche Revolution« – denn um eine Revolution handelte es sich – von Tag zu Tag deutlicher machte. Auch im Streben nach einer anderen DDR, das die Gruppen der ostdeutschen Bürgerrechtsbewegung zum Ausdruck brachten, lag das Ende der kommunistischen Tyrannei beschlossen. Nach dem Zusammenbruch der kommunistischen Diktatur war der Untergang der DDR von dem Moment an nicht mehr abzuwenden, als die Sowjetunion die dem ostdeutschen Staat 1945 angelegten Fesseln löste. Am Ende stand die Wiedervereinigung.

Im Lichte der Wiedervereinigung schien die Geschichte der Bundesrepublik eine Fortschrittsgeschichte zu sein, deren Verlauf durch den glücklichen Ausgang strukturiert, ja legitimiert wurde. In einer solchen harmonisierenden Sichtweise schufen Westintegration und Ostpolitik die Voraussetzung für die deutsche Einheit, als seien diese Politiken konsequent und widerspruchsfrei als Stufen eines Gesamtkonzepts angelegt gewesen; die Ära Adenauer, die Ära Brandt und der erste Teil der Ära Kohl wurden nicht nur chronologisch aufeinander bezogen, sondern in ihrer Bedeutung für die Wiedervereinigung allgemein sowie für die Schaffung von deren Voraussetzungen in zunehmend weicherem Licht gezeichnet. Lohnten – auch historiographisch – Auseinandersetzungen über die Geschichte der alten Bundesrepublik noch, hatte die Geschichte selbst nicht alte politische und historische Streitpunkte und Kontroversen aufgehoben? Die Rede vom »Modell Deutschland«, aufgekommen in den 1970er Jahren, fand sie in der deutschen Einheit nicht nachhaltig Bestätigung? Wurde die Bundesrepublik der Jahre 1949 bis 1990 im Blick der Deutschen, nicht zuletzt der deutschen Historiker, seit 1990 nicht zum Modell und zur Blaupause für die weitere Entwicklung?

Die Blaupause, die man 1990 und unmittelbar danach vor sich zu haben glaubte, zeigte ein Modell, das sich bewährt zu haben schien, eine Entwicklung, der, wenn man so will, die Geschichte Recht gegeben hatte. Der Stolz auf das in vier Jahrzehnten Erreichte und die Freude über das Geschenk der Einheit verbanden sich mit einer konsensualen und geradezu normativen Fixierung aller wesentlichen Entwicklungslinien der Bundesrepublik seit 1949. Das gilt gerade für die politische Entwicklung der nun immer häufiger so genannten alten Bundesrepublik und reichte von der Außenpolitik einschließlich der Sicherheits- und Europapolitik über die Sozialpolitik bis hin zur institutionellen und konstitutionellen Politik mit den Strukturen des Föderalismus. Fast schien vergessen, welche Probleme sich angestaut hatten und welchen Reformbedarf man vor 1990 ausgemacht hatte.

Die Wiedervereinigung selbst – noch nicht einmal ihre Folgen – wirkte in den 1990er Jahren als Reformblockade, und das nicht nur, weil die Mehrheit der Menschen in der ehemaligen DDR zu Recht den Anspruch erhoben, nun zu Bürgern der Bundesrepublik in jener Gestalt zu werden, die diese am Vorabend des Mauerfalls hatte, sondern auch, weil der Erfolg der Wiedervereinigung bestätigend, stabilisierend und immobilisierend wirkte. Das galt politisch, gesellschaftlich und kulturell. Die »alte« Bundesrepublik und viele ihrer Bürger glaubten, die »neue« Bundesrepublik werde letztlich doch wieder und weiter die »alte« Bundesrepublik sein, nur eben größer. Die Wiedervereinigung schuf in diesem Sinne trotz aller damit verbundenen Herausforderungen und Aufgaben Sicherheit, bundesrepublikanische Selbst-Sicherheit. Es war eine trügerische Sicherheit.

Die deutsche Einheit wiegte die Deutschen in einer Sicherheit und Selbstgewissheit, für die es in Wahrheit keinen Grund gab. Nirgendwo schenkte man Francis Fukuyamas These vom »Ende der Geschichte« so viel Glauben wie in Deutschland. Umso schlimmer war das Erwachen, als sich zeigte, dass es in der neuen Welt, die nach 1990 allmählich Gestalt annahm, nicht mehr, sondern weniger Sicherheit gab, nicht mehr, sondern weniger Ordnung. Und auch die Probleme der Zeit vor 1990 hatten sich durch die Wiedervereinigung nicht einfach in Luft aufgelöst. Die Unsicherheit, mit der die Ostdeutschen trotz aller Freude in die deutsche Einheit gingen, vergrößerte existierende Unsicherheiten auf westdeutscher Seite.[59] Neue Herausforderungen und Probleme führten bald zu neuen Verunsicherungen in Ost und West, und an die Stelle der großen Freude über die Einheit trat schon bald Ernüchterung.

TEIL VIII

Auf dem Weg in die Berliner Republik
1990 – 2001

1.
Ostdeutsche in der Bundesrepublik

Eine Fußnote der Geschichte?

Im Jahr 2006 bekundeten erstmals mehr Ostdeutsche, sie fühlten sich eher als Deutsche denn als Ostdeutsche.[1] Das mag man als Indiz für das Zusammenwachsen von Ost- und Westdeutschen, der ostdeutschen und der westdeutschen Gesellschaft betrachten. Knapp zwei Jahrzehnte nach der Wiedervereinigung gibt es in Deutschland nicht nur »Ossis« und »Wessis«, sondern immer mehr »Wossis«. Die Zahl der Eheschließungen zwischen West- und Ostdeutschen steigt an, Berufsbiographien und Karrierewege führen Ostdeutsche nach Westdeutschland und Westdeutsche nach Ostdeutschland. Dennoch bleibt unübersehbar, dass 1990 rund 16 Millionen Bürger der ehemaligen DDR zu Bürgern der Bundesrepublik wurden, dass so viele Menschen nicht einfach absorbiert wurden und dass sich die »neue« Bundesrepublik und ihre Gesellschaft von der »alten« nicht nur auf Grund der staatlich-institutionellen Wiedervereinigung so sehr unterschieden, sondern auch durch die Tatsache, dass Millionen Ostdeutsche Biographien, Prägungen, Erfahrungen, Vorstellungen und Erwartungen in die deutsche Einheit einbrachten, die sich von den Biographien, Prägungen, Erfahrungen, Vorstellungen und Erwartungen der Westdeutschen erheblich unterschieden. Das musste sich auf die Entwicklung der Bundesrepublik nach 1990 auswirken.

»16 Millionen Menschen mit anderer Vergangenheit, anderer politischer Mentalität und Kultur werden es kaum schaffen, die übrigen 64 Millionen mit ihren westdeutschen Erfahrungen grundlegend zu verändern.«[2] Hier tritt eine Siegerpose hervor, die in den Jahren unmittelbar nach 1990 nicht selten anzutreffen war, und es offenbart sich ein alt-bundesrepublikanisches Selbstbewusstsein, in dem

die Wiedervereinigung primär als Bestätigung der eigenen Geschichte, der Erfolgsgeschichte der Bundesrepublik wahrgenommen wurde. Diese Sichtweise entwertet
nicht nur die Geschichte der DDR zur Fußnote der Weltgeschichte, wie es – ursprünglich von Stefan Heym formuliert – immer wieder heißt,[3] sondern auch
die Biographien der Menschen, die nach 1945 nicht das Glück hatten, westlich des
Eisernen Vorhangs zu leben.

In den ersten Jahren nach 1990 veranlassten die kulturelle Abwertung der Ostdeutschen und die daraus erwachsenden Frustrationen viele ehemalige Bürger der
DDR dazu, ihre sozialistische Sozialisation zu verleugnen und ihre Biographie um-
zudeuten, wobei sie ihre Distanz zum Sozialismus und zur DDR betonten.[4] Mit
wachsendem Abstand zum untergegangenen ostdeutschen Staat und zu den Ereignissen von 1989/90, angesichts einer nachlassenden Wiedervereinigungseuphorie
und individueller und kollektiver Verunsicherungs- und Krisenerfahrungen veränderte sich die Wahrnehmung der DDR jedoch, die nun wieder stärker als
menschliche sozialistische Gemeinschaft gesehen wurde, und auch das Bekenntnis
zur individuellen Vergangenheit in der DDR fiel vielen wieder leichter. Das war wesentlich für die bis heute wirksame soziokulturelle Selbststilisierung der Ostdeutschen. Nicht zuletzt das politische Überleben der SED und ihrer Nachfolgepartei
PDS, die heute als »Linkspartei« in den ostdeutschen Bundesländern mit CDU und
SPD um den Rang als stärkste politische Kraft konkurriert, ist eine Folge dieser
Entwicklung. Allerdings reicht es nicht aus, den Blick auf die Zeit *nach 1990* zu
richten, vielmehr muss man fragen, mit welchen Erfahrungen aus der Zeit *vor 1990*
die Ostdeutschen zu Bundesbürgern wurden und was diese Erfahrungen für die
Entwicklung der »neuen« Bundesrepublik bedeuteten.

Es geht nicht darum, die tatsächlichen oder vermeintlichen Probleme der Ostdeutschen in der Gegenwart mit der Übernahme des westlichen Systems zu erklären, denn das hieße, sich lediglich für Anpassungsleistungen und -fähigkeiten der
Ostdeutschen zu interessieren und nur die ostdeutsche Gesellschaft nach 1990 als
Transformationsgesellschaft zu betrachten. Die Wiedervereinigung und die Überwindung des Ost-West-Konflikts haben jedoch in der gesamten Bundesrepublik
Wandlungsprozesse ausgelöst, die zwar noch längst nicht abgeschlossen sind, die
aber nichtsdestoweniger binnen weniger Jahre aus der »Bonner« eine »Berliner
Republik« werden ließen. Man ist gut beraten, zwischen den Transformationsprozessen in Ostdeutschland einerseits und den Transformationsprozessen in der
Bundesrepublik insgesamt zu unterscheiden, in welchen die Veränderungen in Ostdeutschland und der Ostdeutschen nur einen Teilprozess darstellen. In jedem Fall
strahlt die DDR auch auf das westdeutsche Modell aus, und dies »nicht zuletzt

durch die weiter wirkende Wahrnehmungspraxis, die sich in der Erfahrung der DDR kristallisiert hat«.[5]

In der sozialwissenschaftlichen Transformationsforschung werden zwei Hypothesen vertreten, die sich zu widersprechen scheinen. Die Sozialisationshypothese, die beispielsweise Wolfgang Schluchter entwickelt hat, geht davon aus, dass die institutionelle Ordnung in Ostdeutschland nach 1990 schnell und gründlich ausgetauscht worden sei und die DDR-Bevölkerung sich plötzlich unter ein fremdes und unbekanntes Ordnungsgefüge gestellt gesehen habe. »Aber was geschah mit den Gesinnungen, Gewohnheiten und Ideen? Wurden auch sie plötzlich und radikal ersetzt? ... Zwar konnte man das Ordnungsgefüge gleichsam über Nacht verwestlichen, nicht aber die Menschen. Ihr ›Umbau‹ folgte anderen ›Gesetzen‹ als der von Ordnungen.«[6] Ostdeutsche Mentalitäten seien, so Schluchter weiter, trotz der Übertragung eines westlichen Institutionensystems noch immer durch Erfahrungen in der untergegangenen DDR geprägt, und ein Wandel dieser Mentalitäten vollziehe sich nur langsam. Die Gegenthese, wie sie nicht zuletzt Detlef Pollack vertritt, hält die Wertdifferenzen zwischen Ost- und Westdeutschen für weniger gravierend als allgemein angenommen. Er bestreitet die Existenz von Unterschieden in den Einstellungen und Werthaltungen nicht, führt diese Differenzen aber nicht primär auf sozialisatorische Einflüsse in der DDR zurück, sondern vielmehr auf bestehende Unterschiede in der gegenwärtigen sozialen Lage und auf gegenwärtig, also nach 1990 im Zuge des Wiedervereinigungsprozesses gewonnene Erfahrungen. Der Sozialisationshypothese wird also eine Situationshypothese gegenübergestellt.[7]

Widersprechen sich die beiden Thesen wirklich? Lassen sie sich nicht vielmehr fruchtbar miteinander verknüpfen? Vor allzu eilfertigen und schlichten Schlüssen sollte man sich hüten. Kann man davon ausgehen, dass »die DDR ein repressives System war und *deshalb* obrigkeitsstaatliche Haltungen produzierte, dass die DDR soziale Versorgungsleistungen, Wohlfahrt und Arbeitsplatzsicherheit garantierte und sich *deshalb* überzogene Ansprüche an den Sozialstaat herausbildeten oder dass die SED Gleichheit propagierte und *deshalb* egalitäre Überzeugungen entstanden«? Wer so argumentiert, überträgt strukturelle und institutionelle Rahmenbedingungen und Vorgaben zu unvermittelt auf die Entwicklung von Einstellungen und Werthaltungen. Verinnerlichte Normen und Werte sind nicht einfach ein Spiegelbild der gesellschaftlichen Struktur.[8] Dennoch bleiben Herrschaftsstrukturen und politische Institutionen, zumal wenn sie über vier Jahrzehnte bestanden, nicht ohne Einfluss auf die Menschen, die diesem Herrschaftssystem unterworfen sind.

DDR-Generationen

Ein Blick auf Generationserfahrungen und Generationseinheiten in der Bevölkerung der DDR ist hilfreich. »Bau auf, mach mit, hau ab«, so hat der Soziologe Bernd Lindner die Abfolge von Jugendgenerationen in der DDR sprachlich salopp, aber in der Aussage pointiert zusammengefasst. Wissenschaftlich präziser unterscheidet er zwischen einer »Aufbaugeneration«, einer »Integrierten Generation« und einer mehrheitlich »Distanzierten Generation«.[9] Zur Aufbaugeneration der DDR kann man im Großen und Ganzen die Geburtsjahrgänge seit etwa 1925 bis 1940 rechnen. Die älteren Angehörigen dieser Gruppe hatten den Nationalsozialismus und den Zweiten Weltkrieg als Kinder oder Jugendliche noch erlebt. Das Jahr 1945, die Gründung der DDR und die Errichtung einer sozialistischen Gesellschaft bedeuteten für diese Generation die Chance eines Neubeginns und der – individuellen wie kollektiven – Korrektur des historischen Irrtums, den der Nationalsozialismus darstellt. Der Antifaschismus der DDR war für diese Kohorte lebensgeschichtlich konsequent, entsprechend machte sie sich mit Motivation und Einsatz an die Aufbauarbeit. Belohnt wurde die Beteiligung am Aufbau durch die mannigfaltigen Aufstiegschancen, welche die wirtschaftliche und gesellschaftliche Entwicklung der 1950er und 1960er Jahre boten. Zwar erfolgte auch in der DDR kein umfassender Austausch der nationalsozialistischen Eliten und Funktionsträger, doch es ergaben sich durch die Entnazifizierung, den Imperativ des Antifaschismus und die politische Reorganisation der Gesellschaft unter sozialistischen Vorzeichen Aufstiegsmöglichkeiten gerade für jüngere Menschen aus der Arbeiterschicht, die ihnen unter anderen Bedingungen verschlossen geblieben wären.

Das »Auferstanden aus Ruinen und der Zukunft zugewandt« der DDR-Hymne war keineswegs nur eine politische Botschaft. Die wirtschaftliche Entwicklung ermöglichte massenhaft Aufstiegsprozesse, zumal bis zum Mauerbau 1961 kontinuierlich und in beträchtlichem Umfang die durch die Fluchtbewegung verursachten Qualifikationsverluste auszugleichen waren. Die Dynamik des Arbeitslebens, die Chance, Karriere zu machen und sozial aufzusteigen, gab es auch in den 1960er Jahren, in der Phase der »Neuen ökonomischen Politik« noch, jenem technokratischen Vorstoß, die wirtschaftliche Entwicklung voranzutreiben. Zupackende und anpassungsbereite junge Leute wurden gebraucht. Es war die Stunde der Facharbeiter und Ingenieure. Die loyalitätsstiftende Wirkung von Sicherheit und beruflicher Karriere trug zur Identifikation mit der Gesellschaft bei, ja, es entwickelte sich ein »Aufbaustolz«, der sich nicht zuletzt auf den augenfälligen Unterschied im Lebensstandard gegenüber den osteuropäischen Ländern berufen konnte.[10] Die

Bedingungen des Aufstiegs bestimmte allerdings nicht die Aufbaugeneration selbst, sondern die Gründergeneration der DDR, jene »Alte Garde«, deren führende Vertreter das Land bis 1989 beherrschten. Der Wechsel von Ulbricht (Jahrgang 1893) zu Honecker (Jahrgang 1912) war in diesem Sinne kein Generationswechsel, sondern Ergebnis eines Machtkampfs innerhalb ein und derselben politischen Generation, zu der auch Stasi-Chef Erich Mielke (Jahrgang 1907) gehörte. Zusammen mit Erich Honecker und Kurt Hager (ebenfalls Jahrgang 1912) stand Mielke für die Kontinuität der »Alten Garde«, die zunehmend zur Gerontokratie wurde.

Nicht mehr der Aufbau der DDR aus den Trümmern von Nationalsozialismus und Zweitem Weltkrieg, sondern die sozialistische Gesellschaft der 1960er und 1970er Jahre prägte die zwischen 1945 und 1960 geborene Generation, also die »Integrierte Generation«, deren Angehörige nach dem Mauerbau ins Jugendalter kamen. Für diese Gruppe war eine hohe Identifikation mit der DDR charakteristisch und, wie soziologische Erhebungen belegen, eine positive Einstellung zu den propagierten sozialistischen Zielen und Werten, und zwar nicht nur zum Antifaschismus, der bis in die 1980er Jahre das Selbstverständnis der meisten DDR-Bürger wesentlich bestimmte. Gerade bei Lehrlingen, jungen Arbeitern und Studenten verstärkte sich bis in die 1970er Jahre die Verbundenheit mit der DDR kontinuierlich. Ihre Jugend fiel in eine Phase relativen Wohlstands, der durch die Sozialpolitik Honeckers – wenn auch zu einem hohen volkswirtschaftlichen Preis – noch einmal befestigt wurde. Die Anerkennung der DDR durch die Bundesrepublik wirkte durchaus auf die Menschen in der DDR zurück,[11] aber auch die UNO-Mitgliedschaft und internationale sportliche Erfolge, die allerdings mit schweren körperlichen und psychischen Folgen durch Hormonbehandlungen bezahlt wurden. Die Identifikation mit der DDR erfolgte in dieser Generation weder im Zeichen der Überwindung der nationalsozialistischen Vergangenheit noch im Zeichen eines sozialistischen Zukunftsversprechens. Der Sozialismus in den Farben der DDR musste sich in der Gegenwart bewähren, und solange er dies tat, solange er insbesondere Sicherheit und ein gewisses Maß an materiellem Wohlstand bot, wurde er akzeptiert. Der Vergleich von Lebensstandard und Konsumangeboten in der DDR mit denen westlicher Gesellschaften war bei nahezu flächendeckendem Westfernsehempfang allerdings nicht zu verhindern, und das war die Achillesferse des Systems, denn der Vergleich ließ allmählich eine latente Unzufriedenheit aufkommen, die im Laufe der 1980er Jahre immer größer wurde.

Das breite Angebot an sozialen Aufstiegsmöglichkeiten, das es in den ersten Jahrzehnten gegeben hatte, reduzierte sich mit der nachlassenden wirtschaftlichen Dynamik, und die »sozialistische Intelligenz« rekrutierte sich nun zunehmend aus sich selbst, indem den Kindern der Funktionärsschichten die besseren Ausbildungsplätze zugebilligt wurden.[12] Das Mobilitätspotential der DDR-Gesellschaft, eine wichtige Voraussetzung von Systemakzeptanz, ging zurück. Stillstand war die vorrangige Erfahrung der nach dem Mauerbau und bis Mitte der 1970er Jahre geborenen Jugendgeneration, aus der bereits lange vor dem Ende der DDR eine »Distanzierte Generation« (Bernd Lindner) geworden war. Anders als für ihre Eltern waren die gesellschaftlichen und ökonomischen Realitäten für diese Generation etwas Vorgefundenes. Der legitimatorische Glanz der historischen Errungenschaften des Sozialismus verblasste, die Aufbaurhetorik war weit entfernt von der grauen Wirklichkeit des Alltags. Die Einstellung zum Staat DDR wurde indifferent und gleichgültig, zumal die später Geborenen sahen, womit die Älteren für sozialen Aufstieg und relativen Wohlstand bezahlt hatten, nämlich mit politischer Anpassung und verwehrter Freiheit.

Eine breite Verweigerungshaltung war die Folge, die sich gerade auch alltagskulturell äußerte. Nicht zuletzt durch Kleidungsgewohnheiten, Musikgeschmack und Freizeitverhalten suchte man sich der spießigen Kleinbürgerlichkeit (als alltagskultureller Kehrseite von fehlender Freiheit und politischer Anpassung) und den Zwängen der DDR-Gesellschaft zu entziehen.[13] Das war politisch gemeint und wurde von den SED-Machthabern auch so verstanden, weil durch dieses Verhalten die nachlassende Anerkennung von Autorität und Hierarchie sowie die zunehmend geringere Bereitschaft zur Einordnung ins Kollektiv offenbar wurde. Seit Ende der 1970er Jahre waren bei Jugendlichen alle wichtigen Werte der DDR-Gesellschaft immer seltener im Bewusstsein verankert: die Identifikation mit dem Marxismus-Leninismus und der historischen Perspektive des Sozialismus, die Haltung zum Staat DDR und zur SED sowie die Einstellung zur Sowjetunion. In den letzten Jahren vor 1989 schwand die Identifikation mit diesen sozialistischen Werten geradezu dramatisch; die soziologischen Erhebungen zeugen von einer »puren Endzeitstimmung«.[14] In diesen Entwicklungen mögen sich auch – zeitversetzt – die Ausläufer jenes Wertewandels geäußert haben, der die westlichen Gesellschaften seit den 1960er Jahren so sehr verändert hatte.[15] Am Ende aber überwogen wohl doch die systemimmanenten Ursachen, die wachsende und schließlich grenzenlose Enttäuschung von den politischen, wirtschaftlichen und soziokulturellen Lebenswirklichkeiten in der DDR. Es war diese »Distanzierte Generation«, die 1989 in Massen das Land verließ. Das Durchschnittalter der 225 233 Flüchtlinge und Übersiedler, die vor dem 9. November 1989 die DDR verließen, lag bei 23,5 Jahren. Für die »Generation ohne Alternative« (Bettina Völter) in der DDR gab es nur noch die Alternative jenseits der DDR.[16]

Unterschiedliche generationelle Erfahrungen und sozialisatorische Prägungen verloren sich nach 1990 nicht einfach, sondern gesellten sich zu den Erfahrungen der »friedlichen Revolution«, der Wiedervereinigung und des Lebens in der Bundesrepublik. Die junge Generation der nach 1975 Geborenen wuchs in diese Zeit hinein. Mit der DDR verband sie zunächst wenig. Was Jugendlichen in der Zeit des Umbruchs jedoch fehlte, waren Personen und Institutionen, die ihnen Orientierung für ihr neues Leben hätten bieten können. Die bisherigen Erziehungsautoritäten der DDR, in vielen Fällen auch die Eltern, fielen schlicht aus. Sie waren genauso wenig wie die Heranwachsenden mit dem Leben in der Bundesrepublik und im Westen überhaupt vertraut, und oftmals waren sie, das betraf vor allem die Lehrer, in den Augen der Jugendlichen diskreditiert. Heranwachsende in Ostdeutschland sahen sich in starkem Maße auf sich allein gestellt. So wuchs nicht nur eine zutiefst verunsicherte, sondern eine »Unberatene Generation« heran; andere sprechen von einer »verwahrlosten Generation«, die ihre Prägung »in einer gesellschaftlichen Zwischenzeit erfahren« habe, als »alle bekannten Werte der DDR weggebrochen« seien; von einer Generation »Null« und auch von einer »Generation auf dem Seil« ist die Rede, die zwischen Mitleid mit ihren Eltern und den eigenen brüchigen Zukunftshoffnungen schwanke. In sozialwissenschaftlichen Untersuchungen wird darauf hingewiesen, dass man Distanzierung und soziale Entwurzelung, den Zuwachs an Aggressivität und Gewalt sowie politisches Desinteresse auf der einen und politisch extreme Orientierungen nach rechts wie nach links auf der anderen Seite zu den Folgen dieses Sachverhalts rechnen kann. Dass die ostdeutschen Jugendlichen der 1990er Jahre in der Regel Kinder der »Integrierten Generation« waren, die ihrerseits erhebliche Schwierigkeiten hatte, in der Bundesrepublik anzukommen und die auf Grund ihrer Probleme in und mit der Gegenwart zu den Hauptträgern (n)ostalgischer Rückbezüge gerechnet werden kann, erleichterte die Einhausung ihrer Nachkommen in der Bundesrepublik gewiss nicht.[17]

Säkularisierung im DDR-Sozialismus

Lothar de Maizière, der erste frei gewählte und zugleich der letzte Ministerpräsident der DDR, meinte 1990, mit der Wiedervereinigung werde Deutschland östlicher und protestantischer werden.[18] Tatsächlich waren nun 42 Prozent der Bevölkerung der Bundesrepublik protestantisch. Katholiken und Protestanten lagen also etwa gleich auf, während die »alte« Bundesrepublik stets mehr katholisch gewesen war. Bei Licht betrachtet ist die Gesellschaft der Bundesrepublik aber vor allem atheistischer geworden, denn der Bevölkerungsanteil der ehemaligen DDR, der keiner Religionsgemeinschaft angehörte, lag 1992 bei 66 Prozent (im Vergleich zu etwa acht Prozent in der »alten« Bundesrepublik). Statistisch bewegt sich Deutschland seit 1990 auf eine Drittelparität zwischen Katholiken, Protestanten und Konfessionslosen zu. In diesen Zahlen spiegelt sich ein schon in den 1950er Jahren einsetzender Rückgang der Kirchenbindung in der DDR, dessen Ausmaß und Ergebnis vergleichbare Entwicklungen in Westdeutschland bei weitem übertraf. Bereits zwischen 1946 und 1964 war die Zahl der Konfessionslosen in Ostdeutschland von 5,9 Prozent auf 31,9 Prozent gestiegen, die Zahl der Protestanten von 81,6 Prozent auf 59,4 Prozent gefallen. Lag die Konfirmandenrate 1950 bei 80,9 Prozent, so betrug sie zehn Jahre später nur noch 36,6 Prozent und fiel schließlich bis 1989 auf 14,7 Prozent. Ähnlich stark sanken auch die Taufrate sowie die Rate kirchlicher Trauungen und Bestattungen. Mit den kirchlichen Ritualen schwand der christliche Glaube. Dass sich in den letzten Jahren der DDR etwa 70 Prozent der Arbeiter und Angestellten und 80 Prozent der Intelligenz offen als atheistisch bezeichneten, spricht nicht für den Rückzug des Religiösen ins Private.[19]

Die Politik der SED war von Anbeginn auf die Entchristlichung der ostdeutschen Gesellschaft gerichtet. Die Partei betrachtete die Kirchen als Gegner und suchte deren Einfluss einzuschränken und zu kontrollieren. Das stand im Widerspruch zu der Ende der 1970er Jahre geprägten rhetorischen Formel von der »anerkannten Rolle der Kirchen im Sozialismus«. Da die katholische Kirche in Ostdeutschland ohnehin eine reine Diaspora-Existenz führte, am kompaktesten im thüringischen Eichsfeld, richtete sich die Kirchenpolitik der SED in erster Linie gegen die evangelische Kirche, deren Landeskirchen seit 1969 den »Bund der Evangelischen Kirchen in der DDR« bildeten, nachdem sie bis dahin zumindest formell noch dem »Rat der Evangelischen Kirchen Deutschlands« (EKD) angehört hatten. Der Austritt aus der EKD fand unter massivem politischen Druck statt und wurde von den ostdeutschen Kirchenleitungen nur vollzogen, weil man hoffte, auf diese Weise die Existenzberechtigung im sozialistischen System langfristig zu sichern.

Das wohl wichtigste »Verdrängungsritual« (Hans-Ulrich Wehler) war die »Jugendweihe«, welche die SED als sozialistisches *rite de passage* Konfirmation und Kommunion entgegensetzte. Mit der freireligiösen und freidenkerischen Tradition der Jugendweihe, die schon in der Weimarer Republik von der Arbeiterbewegung aufgenommen und gepflegt worden war, suchte man den Einfluss der Kirchen auf junge Menschen zu unterbinden. Viele Familien entzogen sich zunächst der Entscheidung zwischen christlichem Glauben und Sozialismus, indem sie ihre Kinder sowohl an der Konfirmation oder Kommunion als auch an der Jugendweihe teilnehmen ließen. Doch das wurde genau registriert. Wer an den kirchlichen Ritualen teilnahm, musste mit Diskriminierungen rechnen. So ließen schließlich immer weniger Eltern ihre Kinder konfirmieren. Die Jugendweihe wurde integraler Bestandteil der sozialistischen Erziehung, die immer auch eine Erziehung zum Atheismus gewesen ist. Seine Rechtfertigung bezog der Atheismus aus der marxistisch-leninistischen Ideologie und insbesondere dem »historischen Materialismus«. Die individuelle Sinnsuche, Kern von Glaube und Religion, wurde aus dem Jenseits-Bezug gelöst und auf das diesseitige Ideal der »klassenlosen Gesellschaft« gelenkt. So verloren allmählich nicht nur die Kirchen, sondern auch die Religiosität an Boden.

Diese Säkularisierung mag erzwungen gewesen sein, scheint in der ostdeutschen Gesellschaft aber doch tiefer gewirkt zu haben, als es ein reines Anpassungsverhalten vermag. Ein breites Wiederaufleben des christlichen Glaubens ist nach 1990 nicht zu verzeichnen. Es gibt zwar schwache Indizien für einen Bedeutungsgewinn der Religiosität insbesondere in der jüngeren Generation, aber im überwiegenden Teil der Bevölkerung der ehemaligen DDR ist »religiöse Indifferenz zu einer authentischen Haltung geworden, die das politische System überlebt, unter dem sie erzwungen wurde«. Damit ist einer großen Gruppe von Menschen die aus Glauben und Religiosität erwachsene Fähigkeit verloren gegangen, Verunsicherungen und Erschütterungen zu überwinden und dem eigenen Leben Sinn zu geben. Säkularisierungstendenzen gab es auch in Westdeutschland, aber ihre Triebkräfte – Individualisierung und Selbstentfaltung – waren andere. Hier ging die Kirchenbindung zurück, nicht aber die Religiosität, die sich vor allem im Glauben an ein Leben nach dem Tod ausdrückt.[20]

Der Religionssoziologe Detlef Pollack hat darauf hingewiesen, dass der Prozess der Entkirchlichung in der DDR und der dramatische Rückgang der kirchlichen Gemeindeglieder mit der Herrschaft der SED allein nicht zu erklären ist. Das belegt der Vergleich mit anderen sozialistischen Gesellschaften, in denen die Kirchenbindung, die sich in Mitgliedszahlen ausdrückt, entweder nur leicht zurückgegangen oder sogar – wie in Polen – trotz vergleichbarer politischer Repression stabil geblieben ist. Womöglich waren in der DDR die Prozesse säkularer Modernisierung stärker als in anderen Ostblockstaaten. Sie erfassten vor allem die industriellen und urbanen Ballungsräume, wo die Kirchlichkeit signifikant stärker zurückging als auf dem Land. Zwar von der SED-Herrschaft abzuleiten, aber doch als eigenständiger Faktor in Rechnung zu stellen sind sozialstrukturelle Umschichtungsprozesse. So wurden die kirchentragenden bürgerlichen Mittelschichten zurückgedrängt, ja entmachtet. Gesellschaftlich dominant und kulturell tonangebend wurden Angehörige der Unterschicht, die der Kirche zumindest distanziert gegenüberstanden.

Der Wandel von der Mehrheits- zur Minderheitskirche trug seinerseits zur weiteren Entkirchlichung bei, denn durch den kulturellen Klimawechsel wurden vormals dichte Netzwerke gemeinsamer Kirchenzugehörigkeit zerstört. Kirchlichkeit wurde immer stärker ein sozial isoliertes Phänomen. Die wechselseitige Bestärkung, unter den Bedingungen politischen Drucks entscheidend, ging zurück. Pollack verweist darauf, dass letztlich das kirchliche Handeln selbst die Menschen der Kirche entfremdet habe. Gerade in der Frühzeit der DDR habe eine altmodisch und traditionell wirkende Kirche dem progressiven Anspruch des Sozialismus nur wenig entgegenzusetzen gehabt. Erst in späteren Jahren öffneten sich die evangelischen Kirchen der sozialistischen Gesellschaft stärker, und das stabilisierte sie, ja machte sie seit Ende der 1970er Jahre zu einem sozialen Raum, in dem Diskussionen geführt und Konflikte ausgetragen werden konnten, die in der Öffentlichkeit niedergehalten wurden.[21] Der Preis dafür waren Kompromisse mit der Staatsmacht, welche die Kirchen partiell auch kompromittierten. Beispielsweise wurden sie für politische und propagandistische Zwecke des Regimes im Zusammenhang mit der »Friedenspolitik« in Anspruch genommen, auf der anderen Seite kollaborierten Kirchenführer und die Spitzen der Kirchenverwaltung mit der SED und zum Teil auch mit der Stasi.[22] Das wirkte auch über 1990 hinaus und belastete die ostdeutschen evangelischen Landeskirchen.

Herrschaftslegitimation und Konsensstiftung

Solange es bestand, hat das SED-Regime versucht, sich eine tragfähige Legitimitätsgrundlage zu verschaffen. Über demokratische Legitimität verfügte es nicht. Von 1949 bis zu ihrem Untergang waren Wahlen und Abstimmungen in der DDR eine Farce. Stellt man die Frage, warum die DDR dennoch 40 Jahre lang bestehen konnte, dann fällt der Blick zunächst auf die Existenzgarantie durch die Sowjetunion und auf die umfassende, keinen Lebensbereich verschonende Repression des totalitären SED-Regimes. Ohne den sowjetischen Rückhalt, der insbesondere in der Präsenz der Sowjetarmee auf ostdeutschem Territorium zum Ausdruck kam, wäre es den deutschen Kommunisten zweifellos niemals gelungen, an die Macht zu kommen und diese vier Jahrzehnte lang zu behaupten. Den Herrschenden in Ost-Berlin war dies ebenso klar wie der Führung in Moskau. Als Moskau sich nicht mehr bereit zeigte, das SED-Regime notfalls mit Waffengewalt zu stützen, war das Ende der SED-Herrschaft nur noch eine Frage der Zeit. Doch bis zum letzten Augenblick, bis zum Verlust der politischer Handlungsfähigkeit, hielt der brutale, menschenverachtende Repressionsapparat des SED-Staates, hielt der Krake »Stasi« die Bevölkerung fest im Griff.

Weder die sowjetische Bestandsgarantie noch die Effizienz des eigenen Unterdrückungsapparats konnten die Ost-Berliner Machthaber jedoch davon entbinden, sich eine weiter reichende Legitimaticn ihrer Herrschaft zu verschaffen. Gelang es der DDR, so hat Martin Sabrow gefragt, einen Legitimitätsglauben zu erzeugen, der über »missmutige Loyalität« und »loyale Widerwilligkeit« hinausging? War die DDR eine »Konsensdiktatur« und damit eine Form diktatorischer Herrschaft, »die den Konsens von Herrschenden und Beherrschten immerfort von oben proklamierte und von unten akklamieren ließ, die unaufhörlich die Massen mobilisierte, um sich aus einer behaupteten Identität von Volk und Führung heraus zu legitimieren?« Woran lag es, dass die zweite deutsche Diktatur zwar anders als die nationalsozialistische erste zu keiner Zeit eine stabile Mehrheit der Bevölkerung hinter sich bringen konnte, aber zwischen Mitte der 1950er und den beginnenden 1980er Jahren die Mehrheit der Bevölkerung nicht offen gegen sich hatte?[23] Wenn man nach mentalitätsbildenden Einflüssen der SED-Politik auf die DDR-Bevölkerung fragt, dann darf man nicht außer Acht lassen, wie die SED-Führung sich im Laufe ihrer vierzigjährigen Herrschaft immer wieder aufs Neue politische Legitimation zu verschaffen verstand, eine Legitimation, die zu unterschiedlichen Zeiten in unterschiedlichen Gruppen der DDR-Bevölkerung zumindest auf eine gewisse Akzeptanz stieß.[24] Vier Strategien – man kann auch von Legitimitätschancen sprechen – sind dabei zu unterscheiden: der Antifaschismus, die Friedensidee, der Sozialismus und die Wohlfahrtsorientierung.[25] Alle vier wirkten über den Untergang der DDR hinaus.

Der friedliche Antifaschismus

Der Antifaschismus hatte nach dem Ende des Nationalsozialismus überall in Deutschland eine breite soziokulturelle Basis. Während er im Westen aber rasch in den Hintergrund trat, baute der politische Herrschaftsanspruch der SED umfassend auf dem antifaschistischen Selbstverständnis des Kommunismus auf. Dieses sah man nicht zuletzt widergespiegelt im kommunistischen Widerstand gegen den Nationalsozialismus, der Unterdrückung des Kommunismus in den Jahren des

»Dritten Reiches« und dem Leid, das Kommunisten – darunter nicht wenige Angehörige der SED-Führung – zwischen 1933 und 1945 in deutschen Gefängnissen und Konzentrationslagern erfahren hatten. Aber auch im siegreichen Kampf der Sowjetunion gegen das »Dritte Reich« erkannte man die prinzipielle antifaschistische Ausrichtung des Kommunismus. Ein durch den Stalinismus und – in Deutschland – durch seinen Anteil an der Zerstörung der Weimarer Republik weithin diskreditierter Kommunismus erhielt so durch den Nationalsozialismus gleichsam eine zweite Chance. Der DDR verschaffte dies, obwohl der Antifaschismus von der SED vorgegeben war und der Begründung und Sicherung einer totalitären Diktatur diente, eine politische und moralische Legitimationsgrundlage, die von der ostdeutschen Gesellschaft angenommen wurde und über die Jahrzehnte hinweg einen wichtigen sozialen Basiskonsens darstellte. Umfragen zufolge hielt sich das Selbstverständnis des Antifaschismus in der DDR bis Mitte der 1980er Jahre.[26]

Wirksamkeit entfalten konnte der Antifaschismus in seiner herrschaftslegitimierenden und konsensstiftenden Funktion nicht zuletzt durch den permanenten Hinweis auf die Bundesrepublik, auf ihre angeblich unbewältigte NS-Vergangenheit und auf die Kontinuitätslinien zwischen »Drittem Reich« und Bundesrepublik. Ferner war für die Auseinandersetzung mit der Bundesrepublik die ideologische Grundannahme von Bedeutung, dass der Kapitalismus den Faschismus hervorbringe. Dass der DDR-Bevölkerung vier Jahrzehnte lang nicht nur in der politischen Propaganda, sondern auch im Erziehungswesen und in den Medien ein vom Antifaschismus gezeichnetes Bundesrepublikbild präsentiert wurde, musste Spuren hinterlassen. So kamen, als nach der Euphorie der Jahre um 1990 die Entwicklung von Wirtschaft und Arbeitsmarkt Ernüchterung, ja Enttäuschung aufkeimen ließ, als Probleme in der politischen, der sozialen und der wirtschaftlichen Ordnung der Bundesrepublik offenbar wurden, bundesrepublik-kritische Wahrnehmungen aus der Zeit der DDR wieder zum Vorschein. Das bezog sich nicht nur, ja wohl nicht einmal primär auf den Faschismus, sondern stärker auf den Kapitalismus. Aber der Antifaschismus und der mit ihm eng verbundene Antikapitalismus der DDR erschienen nun in einem anderen, einem wärmeren Licht.

Die Verknüpfung von Antifaschismus und Antikapitalismus lieferte in den Jahrzehnten vor 1989 nicht nur Argumente, die Bundesrepublik zu bekämpfen, sondern war auch geeignet, den sozialistischen Antikapitalismus der DDR als Schutz vor einem neuen Faschismus darzustellen. Dann war es auch nicht mehr schwer, Gegner des SED-Regimes als Faschisten zu verurteilen und entsprechend gegen sie vorzugehen. Das galt für den äußeren Gegner »BRD«, aber noch mehr für den von der SED-Führung identifizierten inneren Feind. So war in der Wahrnehmung der SED der Aufstand des 17. Juni 1953 ein »faschistischer Putschversuch«, die Mauer ein »antifaschistischer Schutzwall«. Das richtete sich gegen die angeblich aggressive Bundesrepublik, zielte aber auch auf die Bestandssicherung der DDR, die Stabilität brauchte – und eine Bevölkerung –, wenn sie als »antifaschistischer Staat« überleben wollte. Vor dem Hintergrund des Nationalsozialismus und seiner Verbrechen entfaltete der Antifaschismus erhebliche politische und gesellschaftliche Anziehungskraft. Wer den Faschismus ablehnte, musste hinter der DDR stehen, und umgekehrt: »Wer die Rechtmäßigkeit der DDR in Zweifel zieht, der bezweifelt auch die Rechtmäßigkeit des Kampfes der Völker gegen das mörderische Regime des Hitler-Faschismus«, formulierte SED-Chef Walter Ulbricht 1960. Für die Menschen in der DDR wurde daraus eine »Loyalitätsfalle« (Annette Simon). Gerade Intellektuelle wie etwa die Schriftsteller Christa Wolf und Stefan Heym oder der Historiker Ernst Engelberg entwickelten eine in der Retrospektive schwer nachvollziehbare Loyalität zum Staat der SED, die ohne den Antifaschismus kaum zu erklären ist.[27]

Aus ihrem antifaschistischen Selbstverständnis heraus lehnte die DDR gegenüber Israel jede Wiedergutmachung ab, ihre Israel- und Nahost-Politik hatte zuweilen sogar antizionistische, ja antisemitische Untertöne. Der verordnete Antifaschismus, die schlichte Behauptung, die DDR stelle das Gegenmodell zum Faschismus dar, sei geradezu der Staat gewordene Antifaschismus, trugen dazu bei, dass in der DDR keine Auseinandersetzung mit der NS-Vergangenheit stattfand, die den Bewältigungs- und Aufarbeitungsdebatten der Bundesrepublik, so defizitär diese gewesen und so spät sie eingesetzt haben mögen, vergleichbar wäre. Es blieb bei der politischen und moralischen Distanzierung, die keinen Raum ließ für die Frage nach personellen Kontinuitäten oder für die strafrechtliche Verfolgung von NS-Verbrechern.[28] Dass die NS-Vergangenheit nicht kritisch aufgearbeitet, sondern im Geiste des Antifaschismus gleichsam entsorgt wurde, hatte nach 1990 Folgen.

Die Wiedervereinigung stimulierte in Ost und West ein nationales Denken, das infolge der Negation des Nationalen in den Jahrzehnten zuvor viel Resonanz fand. Während in der alten Bundesrepublik die permanente Auseinandersetzung mit dem Nationalsozialismus eine rechtsextreme Aufladung nationalen Denkens zwar nicht ausschloss, aber doch begrenzte, verbanden sich in Teilen der DDR-Gesellschaft, insbesondere in der jüngeren Generation, mit dem Nationalen rechtsextreme nationalistische und rassistische Vorurteile, die zum Teil in den Familien tradiert worden waren, eben weil es keine öffentliche Auseinandersetzung mit dem Nationalsozialismus gegeben hatte.[29]

Unmittelbar nach dem von Deutschland entfesselten Zweiten Weltkrieg und nur drei Jahrzehnte nach dem Ende des Ersten Weltkriegs hat das SED-Regime die »friedliebende Deutsche Demokratische Republik«, wie Stalin bei Gründung der DDR sagte, nach innen wie nach außen als Friedensmacht dargestellt und aus diesem Anspruch ebenfalls Legitimation – in der internationalen Gemeinschaft wie in der eigenen Gesellschaft – zu erringen versucht. Mit der Friedensidee, die der amerikanische Außenminister Dean Acheson in Anspielung auf die 1948 entstandene Friedenstaube Picassos als »trojanische Taube der kommunistischen Bewegung« bezeichnete, warb nicht nur die DDR, sondern alle kommunistischen Staaten für sich und ihren Gesellschaftsentwurf. Weil Frieden in Deutschland nach 1945 ein enorm wichtiges gesellschaftliches Orientierungsmuster war, kam der Friedenspropaganda in der DDR ganz besondere Bedeutung zu. Frieden und Sozialismus waren dabei von Anfang an untrennbar miteinander verbunden: Jeder Anlass zum Krieg würde beseitigt sein, wenn das Privateigentum an Produktionsmitteln aufgehoben sei. In den Betrieben, Schulen und in der FDJ war sozialistische Erziehung immer auch Friedenserziehung. Die Friedensrhetorik sollte die Transformation zur sozialistischen Gesellschaft befördern und zugleich die als »Freundschaft« verbrämte politische und ideologische Dominanz der Sowjetunion rechtfertigen. Darüber hinaus diente die Rede vom »friedlichen Sozialismus« vor dem Hintergrund von Kaltem Krieg und deutscher Teilung der Abgrenzung vom »aggressiven Imperialismus« des Westens und dem »Revanchismus« der Bundesrepublik.[30]

Die Friedenspropaganda der SED prangerte den westdeutschen »Militarismus« heftig an, dabei war die Gesellschaft der DDR viel militarisierter als die der Bundesrepublik. Während in der Bundesrepublik die Wiederbewaffnung noch im Geheimen geplant wurde, gab es in der DDR bereits eine kasernierte Volkspolizei, aus der später die Nationale Volksarmee (NVA) hervorging. Diese hat sich viel unbefangener in die preußisch-deutsche Militärtradition gestellt als die Bundeswehr. Das Militär war im öffentlichen Leben der DDR mehr präsent als in der Bundesrepublik. Ein Recht auf Wehrdienstverweigerung gab es nicht. Auf Druck der Kirche bestand von 1964 an die Möglichkeit, einen Wehrdienst ohne Waffe, zumeist als »Bausoldat«, zu leisten. Wer von dieser Option Gebrauch machte, musste mit vielfältigen sozialen, insbesondere beruflichen Diskriminierungen rechnen. Ein Studium war danach in der Regel ausgeschlossen. In der Schule und den Jugendorganisationen waren Friedenserziehung und vormilitärische Ausbildung zwei Seiten ein und derselben Medaille.

Herrschaftslegitimation konnte die militarisierte Friedensliebe der DDR kaum stiften. Die Widersprüche der offiziellen Friedensliebe wurden vor allem während der ost-westlichen Raketenkrise in den 1980er Jahren deutlich, als die SED einen Friedenskurs verfolgte, der in Ansätzen sogar zu Spannungen mit der Sowjetunion führte, und zugleich scharf gegen die Friedensgruppen vorging, die unter dem biblischen Motto »Schwerter zu Pflugscharen« das Wettrüsten in West und Ost kritisierten, also auch die östliche Politik. Das Friedensmonopol aber lag beim SED-Staat, eine autonome und in Ansätzen regimekritische Friedensbewegung war daher aus Sicht der SED gar nicht unmöglich und wurde mit allen zu Gebote stehenden Mitteln bekämpft. Die Autorität der Kirche reichte nicht aus, um die Friedensgruppen vor der Bespitzelung durch die Stasi und vor Maßnahmen gegen ihre Angehörigen zu schützen.

Haben vier Jahrzehnte offizieller Friedenspolitik und Friedensrhetorik sowie die Friedenserziehung, auch wenn sie noch so ideologisiert war, über den Untergang der DDR hinaus gewirkt? Zur Friedenspropaganda der DDR gehörte die politische und moralische Verurteilung des amerikanischen »Imperialismus« und »Militarismus«, die man in der amerikanischen Außenpolitik von Korea über Kuba, Vietnam und Grenada bis hin zur Nachrüstung und zum SDI-Projekt bestätigt sah. Musste die militarisierte Außenpolitik der amerikanischen Administration unter Präsident George W. Bush seit 2001 in Verbindung mit dem Unilateralismus der USA nicht ein älteres, aus DDR-Zeiten stammendes Amerika-Bild bestätigen?[31] Dass die Kriege und militärischen Interventionen der USA ihren wirtschaftlichen Interessen dienten, wurde weithin behauptet. Ideologische Begriffe wie »Raubimperialismus« und »Raubkapitalismus« gewannen nun neue Aktualität und Attraktivität und gehören zu den Ausprägungen des deutschen Antiamerikanismus nach 1990, der nicht einfach den westdeutschen Antiamerikanismus früherer Jahrzehnte fortsetzte, sondern ostdeutsche Sichtweisen aus der Zeit des Kalten Krieges aufnahm. Das muss man in Rechnung stellen, wenn man die gerade in Ostdeutschland überwältigende Zustimmung zum klaren Nein der Regierung Schröder im Jahr 2002 erklären möchte, als es um die deutsche Beteiligung am Irak-Krieg ging.

Das Zukunftsversprechen des Sozialismus

Der Sozialismus stiftete Legitimation aus einem Zukunftsversprechen. Das bezog sich nicht nur auf die marxistisch-leninistische Ideologie und ihren zukunftsgewissen Anspruch, die Bewegungsgesetze der Geschichte erkannt zu haben und ihnen zu folgen, aus dem der Herrschaftsanspruch der SED erwuchs. Das sozialistische Ideal einer auf den Prinzipien Gleichheit und Gerechtigkeit errichteten Gesellschaftsordnung als Gegenmodell zur kapitalistischen Gesellschaftsordnung bewahrte bis zum Zusammenbruch der DDR in der Bevölkerung ein beachtliches Maß an Zustimmung. Nicht einmal in der untergehenden DDR war die Idee des Sozialismus völlig diskreditiert, denn wie soll man sich sonst den in der Bürgerbewegung der DDR und in den Monaten der »friedlichen Revolution« 1989 immer wieder und gerade auch von Intellektuellen artikulierten Wunsch nach einem anderen, einem besseren Sozialismus erklären? Hier schwang die Hoffnung mit, es könnte gelingen, den Sozialismus als Idee von seiner diktatorischen, seiner menschenverachtenden Umsetzung in der DDR wie in den anderen kommunistischen Staaten zu trennen. Nach 1990 und mit wachsendem Abstand zur DDR war immer wieder der saloppe Ausspruch zu hören, der Sozialismus sei eine an sich gute Idee, die aber schlecht ausgeführt worden sei. Drei von vier befragten ehemaligen DDR-Bürgern meinten 1995, die DDR sei vor allem der Versuch gewesen, eine gerechtere Gesellschaft zu schaffen.[32]

Die »gute Idee« wurde der Bevölkerung mit allen Mitteln nahegebracht. Kein Lebensbereich blieb von sozialistischer Propaganda und Indoktrination verschont. Der Sozialismus musste nicht nur als Gesellschaftsentwurf vermittelt werden, der einzelne Mensch musste zum »sozialistischen Menschen« erzogen werden, und dies sein Leben lang. Man hat deswegen von einer Erziehungsdiktatur gesprochen. Im Zweifelsfall wurde mit Gewalt erzogen. Wer sich den Gesetzmäßigkeiten der Geschichte und ihren Vollstreckern nicht zu beugen bereit war, der wurde als Feind des Sozialismus bekämpft, bespitzelt, eingesperrt oder gar getötet. »Den Sozialismus in seinem Lauf halten weder Ochs noch Esel auf«, zitierte Erich Honecker noch kurz vor dem Ende seiner Herrschaft August Bebel. Wie freilich die sozialistische Gesellschaft errichtet werden und welchen Weg sie nehmen sollte, darüber existierte kein freier Diskurs. Innerhalb der SED führten unterschiedliche Auffassungen darüber stets zu brutalen Machtkämpfen, etwa im Fall der führenden SED-Funktionäre und Ulbricht-Kritiker Karl Schirdewan, in der Partei immerhin der zweite Mann nach Ulbricht, und Stasi-Chef Ernst Wollweber, die 1958 politisch kaltgestellt wurden. Der diktatorische Dogmatismus der SED-Spitze trieb selbst einen prominenten Kommunisten wie den an der Berliner Humboldt-Universität lehrenden Physiker Robert Havemann, der sich stets zum Sozialismus bekannt hatte und auch Mitglied der DDR-Volkskammer war, in die Opposition. Berufsverbot und Hausarrest waren die Folge.

Auch in Westdeutschland haben sozialistische Ideen unmittelbar nach 1945 durchaus Anziehungskraft besessen. Das galt für die Sozialdemokratie vor ihrer

Godesberger Wende 1959 und ebenso für die Unionsparteien, wo der Gedanke eines christlichen Sozialismus zahlreiche Anhänger hatte. Noch das Ahlener Programm der CDU von 1947 ging von der Prämisse aus, dass der Kapitalismus versagt habe und nicht in der Lage sei, eine gerechte Wirtschafts- und Gesellschaftsordnung zu schaffen. Die Verfassung des Landes Hessen von 1946 enthielt einen Sozialisierungsartikel, dem die hessische Bevölkerung in einer Volksabstimmung mit weit über 70 Prozent zustimmte. Dass in der Bundesrepublik im Laufe der 1950er Jahre das Sozialismuspostulat an Bedeutung verlor, lag am Kalten Krieg und dem real existierenden, diktatorischen Sozialismus in der DDR, der die sozialistische Idee insgesamt diskreditierte, vor allem aber an der wirtschaftlichen Entwicklung im Westen, die das Wohlstandsniveau anhob, den Lebensstandard verbesserte und zum Ausbau des Sozialstaats beitrug. Der Kapitalismus war also doch, so sah man es, in der Lage, eine gerechte Gesellschaft zu schaffen, die den Schwachen unterstützte und in der niemand Not leiden musste.

In der DDR waren die 1950er und 1960er Jahre ebenfalls eine Phase erfreulicher wirtschaftlicher Entwicklung, wobei die Ausgangslage deutlich schlechter war als in Westdeutschland. Während nämlich im Westen Reparationsleistungen und Demontagen auf ein Minimum beschränkt blieben und die im Entstehen begriffene Bundesrepublik schon bald aus Mitteln des Marshall-Plans wirtschaftlich unterstützt wurde, hatte die Sowjetische Besatzungszone unter den Reparationen und Demontagen durch die Sowjetunion schwer zu leiden. Die Reparationsansprüche der Sowjetunion haben den wirtschaftlichen Wiederaufbau erheblich verzögert. Dass man dem Aufbau einer Schwer- und Grundstoffindustrie, für die es auf dem Gebiet der DDR eigentlich keine Basis gab, Priorität einräumte und die Konsumgüterproduktion sowie den Dienstleistungsbereich vernachlässigte, trug gleichfalls zu den wirtschaftlichen Problemen der Frühzeit bei, nicht zu vergessen die Bodenreform und die Zwangskollektivierung der Landwirtschaft, die bis in die frühen 1950er Jahre für eine katastrophale Ernährungslage verantwortlich waren. Der Versuch, durch Normerhöhungen die Produktivität zu steigern und gleichzeitig Lohnsenkungen durchzusetzen, scheiterte und mündete letztlich in den Volksaufstand vom 17. Juni 1953. Das war kein reiner »Arbeiteraufstand«, und er blieb auch keineswegs auf Ost-Berlin beschränkt, sondern erfasste weite Teile der DDR. Erst danach verbesserte sich die wirtschaftliche Lage. Es wurden mehr Konsumgüter produziert, und die Rationierung wichtiger Grundnahrungsmittel, darunter Fett, Fleisch und Zucker, konnte aufgehoben werden. Den Massenexodus aus der DDR hat das bekanntermaßen nicht eingedämmt. Durch Flucht in den Westen verlor die DDR aber gerade jene gut ausgebildeten technisch-industriellen Arbeitskräfte,

die dringend notwendig gewesen wären, um den wirtschaftlichen Aufbau in Ostdeutschland voranzubringen. Der Bau der Mauer war die Folge.

Dass vor 1961 Jahr für Jahr weit über 100 000 Menschen die DDR in Richtung
Westen verließen, ist im Zusammenhang mit dem Aufbauwillen der ersten DDR-
Generation, geboren in den Jahren um 1930, zu beachten. Es war ein nicht unbe-
trächtlicher Prozentsatz dieser Generation, welcher der DDR in den ersten 12 Jahren ihres Bestehens den Rücken kehrte. Das sozialistische Ideal einer besseren,
einer gerechteren Gesellschaft konnte sie nicht zum Bleiben bewegen. Freilich bot
die Massenflucht der Enttäuschten, die in der DDR keine Zukunft sahen, jungen,
aus den Unterschichten stammenden Menschen Berufs-, Qualifikations- und Aufstiegschancen. Gerade diese haben den Geist des Aufbaus trotz der fehlenden politischen Freiheit und der Grenzen des wirtschaftlichen Aufschwungs mitgetragen.
Hier fand eine Identifikation mit dem Staat DDR statt, denn für diese Aufsteiger
war die DDR ein antifaschistischer, sozialistischer Staat, der sich nunmehr aus dem
Trümmerland der unmittelbaren Nachkriegszeit zu entwickeln begann.[33]

Das sozialistische Ideal mag durch die Realitäten in der DDR und durch die
diktatorische Herrschaft der SED noch so sehr verraten worden sein, es hat, über
vier Jahrzehnte lang legitimatorisch beschworen, als Idee einer vom Ziel der
Gleichheit und der Gerechtigkeit getragenen Wirtschafts- und Gesellschaftsordnung trotzdem Spuren in den Köpfen der Menschen hinterlassen. Das offenbarte
im Herbst und Winter 1989/90 die Vorstellung von einem »besseren Sozialismus«.
Der Aufruf »Für unser Land« vom 26. November 1989, den führende Angehörige
der DDR-Bürgerbewegung unterzeichneten und veröffentlichten, forderte »eine
sozialistische Alternative zur Bundesrepublik« und eine Besinnung »auf die antifaschistischen und humanistischen Ideale, von denen wir einst ausgegangen sind«.[34]
Es zeigte sich ferner in den Transformationsprozessen nach 1990, als enorme An-
passungszwänge an ein liberal-kapitalistisches System zum Teil bittere Enttäuschungen und herbe Frustrationen verursachten. Es zeigte sich auch in den Wahlerfolgen der PDS beziehungsweise in jüngster Zeit der »Linkspartei« sowie in der
sich verändernden Wahrnehmung der DDR, die seit ihrem Untergang von manchen als eine menschliche sozialistische Gemeinschaft gesehen und dargestellt
wird. Arbeitslosigkeit, von der SED stets mit dem Kapitalismus verbunden, war
plötzlich für viele Realität geworden. Nicht wenige ehemalige Funktionsträger,
Parteikader der SED und Mitarbeiter der Staatssicherheit unterstützen solche
Sichtweisen durch gezielte, vor allem mediale Einwirkung auf die Öffentlichkeit.
Alte Vorurteile gegen die Bundesrepublik und den Westen insgesamt wurden in die
öffentliche Debatte getragen, wobei die Kritik an der Wiedervereinigung und der

politischen und gesellschaftlichen Ordnung der Bundesrepublik nicht selten mit einer Beschönigung und oftmals sogar Verharmlosung der SED-Diktatur einhergeht.[35]

Nicht nur die Systemkonkurrenz zwischen der Bundesrepublik und der DDR wirkt über die Zäsur des Jahres 1990 und die Wiedervereinigung weiter, auch die ideologische Auseinandersetzung zwischen Kapitalismus und Sozialismus ist, anders als unmittelbar nach 1990 erwartet werden konnte, noch nicht beendet. Man unterschätzt diese Auseinandersetzung jedoch, wenn man sie allein auf die Aktivitäten ehemaliger SED-Kader zurückführt. Deren Wirken fällt nur bei heftiger Frustration und breiter Verunsicherung – nicht allein bei ehemaligen DDR-Bürgern – auf fruchtbaren Boden. Allgemein und nicht von ungefähr lösen die sozialen Entwicklungen in der Bundesrepublik seit 1990, die sich öffnende Schere zwischen Arm und Reich sowie die Massenarbeitslosigkeit Kapitalismuskritik und Kapitalismusskepsis aus. Das Vertrauen in den Staat, der in den Augen vieler Menschen nicht mehr in der Lage ist, den globalisierten Kapitalismus zu zügeln, nimmt ab. Ein politisches System, das auf Grund vielfältiger Blockaden und Veto-Instanzen immer weniger handlungs- und durchsetzungsfähig erscheint, verliert Glaubwürdigkeit und aus seinem Handeln geborene Legitimität. In Ostdeutschland wünschte sich einer Umfrage zufolge 2008 jeder Vierte eine autoritäre Staatsform mit einem starken Mann an der Spitze anstelle der Demokratie.[36] Dass sich bei einer solchen Stimmungslage ein verklärendes DDR-Bild ausbreiten kann, überrascht kaum. Es ist darauf nichts von der Repression und dem von Mangel und menschlicher Erniedrigung geprägten Alltag der DDR zu erkennen, stattdessen zeigt es den Sicherheit und Geborgenheit stiftenden Staat, den man in der Gegenwart so sehr vermisst.

Sozialpolitik als Legitimationsressource

Wohlfahrtsorientierung war in Verbindung mit dem sozialistischen Anspruch eine weitere wichtige Legitimitätsquelle der SED-Herrschaft. Auch sie konnte das Regime nicht vor dem Untergang retten, hilft aber weiter bei der Antwort auf die Frage, warum die DDR über 40 Jahre Bestand hatte und sich in ihren beiden mittleren Dekaden, also zwischen dem Mauerbau und den frühen 1980er Jahren, stabilisieren konnte. Gab es – insbesondere in der Ära Honecker – einen ungeschriebenen »Gesellschaftsvertrag«, wie die Soziologin Sigrid Meuschel formuliert hat, welcher der ostdeutschen Bevölkerung soziale Sicherheit und ein bescheidenes

Maß an Wohlstand als Gegenleistung für die Unterwerfung unter den Herrschafts-anspruch der SED versprach?[37] Ein solcher Vertrag war – natürlich – nicht nur un-geschrieben, er war auch unkündbar – zumindest von Seiten der Bevölkerung, und er verlor seine Grundlage spätestens dann, wenn das Regime den Wohlstand nicht mehr garantieren konnte. Die Staats- und Parteispitze bewegte sich demnach in den 1980er Jahren lieber sehenden Auges auf den Staatsbankrott zu, als den Ver-such zu unternehmen, den wirtschaftlichen Zusammenbruch durch einschnei-dende Spar- und Kürzungsmaßnahmen zu verhindern – wenn er denn überhaupt, was wenig wahrscheinlich ist, zu verhindern war.

Wachsenden Wohlstand hat es auch in der DDR gegeben, aber mit der Wohl-standsentwicklung in der Bundesrepublik konnte das östliche Deutschland nicht mithalten. Der Grund dafür lag in den ungleichen Startbedingungen, vor allem aber in der durch die sozialistische Planwirtschaft begrenzten Leistungsfähigkeit der DDR-Wirtschaft. Der Abstand – genauer Rückstand – zur Bundesrepublik wurde im Laufe der Jahrzehnte immer größer. An ein »Einholen und Überholen«, von SED-Chef Ulbricht 1958 vollmundig angekündigt – später kursierte die Wen-dung »Überholen ohne einzuholen« –, war gar nicht zu denken. Kurz vor dem Ende der DDR war das um die Kaufkraftunterschiede bereinigte Durchschnittsein-kommen der Haushalte lediglich halb so hoch wie das in der Bundesrepublik. Das Pro-Kopf-Einkommen lag noch niedriger, obwohl in der DDR ein deutlich höherer Bevölkerungsanteil berufstätig war als in der Bundesrepublik. Und in der Ausstat-tung mit langlebigen Konsumgütern wie Kühlschrank, Waschmaschine und Pkw hinkte die DDR etwa 15 bis 20 Jahre hinter der Bundesrepublik her. Mitte der 1970er Jahre bestellte Autos der Marke »Trabant«, der »Mumie mit Herzschrittmacher«, wie es im Volksmund hieß, waren vielfach Ende der 1980er Jahre noch nicht ausge-liefert. 1989 waren nur 17 Prozent der Haushalte an das Telefonnetz angeschlossen. Über einen Farbfernseher verfügte 1988 nur jeder zweite Haushalt, Stereoanlagen, Videogeräte oder gar Heimcomputer gab es kaum.[38]

Auf der anderen Seite kosteten die hoch subventionierten Dienstleistungen und Güter der Grundversorgung wenig – sofern sie angeboten wurden. Immer wieder kam es zu Versorgungsengpässen nicht nur im Nahrungsmittelbereich. Der Wohnungsbedarf konnte nie gedeckt werden, obwohl seit den 1960er Jahren und verstärkt in der Ära Honecker große Wohnbauprogramme aufgelegt wurden und riesige Massenquartiere in der kostengünstigen, aber wenig attraktiven Platten-bauweise entstanden. An den Rändern der Gemeinden wuchsen neue Stadtteile empor, in denen Zehntausende lebten: Ahrensfelde, Hellersdorf und Marzahn bei Berlin gehörten dazu, aber auch Halle-Neustadt, Jena-Lobeda und der Große

Dreesch in Schwerin. Gerade bei Familien waren die Wohnungen in der »Platte« dennoch beliebt, denn sie verfügten über ein Mindestmaß an Komfort im Sanitärbereich und in der Regel über Fernwärmeheizung. Demgegenüber fehlten bis 1989 die Mittel zur Instandhaltung oder Renovierung von Altbauwohnungen, deren Ausstattung über das Vorkriegsniveau nie hinauskam. Noch 1989 hatten 1,3 Millionen Wohnungen weder Bad noch Dusche, 1,7 Millionen Wohnungen – und damit fast ein Viertel des gesamten Wohnbestands – hatten kein Innen-WC.[39] In den Plattenbauvierteln traten bald andere Probleme auf: In der Anonymität der Wohnsilos waren die Menschen einsam, die Kommunikation war gestört, die Gleichförmigkeit der Wohn- und Lebenverhältnisse wirkte bedrückend und führte vielfach zu Frustration und Resignation, wie kritische Beobachter aus Kirchenkreisen schon vor 1989 feststellten.[40]

Obwohl der Lebensstandard und die Versorgung mit Konsumgütern deutlich über dem Niveau anderer Ostblockstaaten lagen, konnte die DDR auf diesem Feld bei ihren Bürgern kaum Legitimität gewinnen. Stets war hier die Bundesrepublik – und nicht etwa Polen oder die Tschechoslowakei – der Vergleichsmaßstab. Aus diesem Grund kam der Sozialpolitik in der DDR von Anfang an eine politische, systemsichernde Aufgabe zu, die über die Absicherung von Daseinsrisiken weit hinausging. Die Forschung hat dafür die Begriffe »Fürsorgediktatur« oder »Wohlfahrtsdiktatur« geprägt.[41] Weil die Sozialpolitik als Legitimationsressource zu dienen hatte, war sie niemals an das reale Wirtschaftswachstum gekoppelt. Wie die Subventionen der Grundversorgung (Wohnraum, Nahrungsmittel, Kleidung) wurde sie von Anfang an über Schulden finanziert.

Schon in der Besatzungszeit baute man die Sozialversicherung institutionell grundlegend um. Mit der Einführung der Einheits- und der Volksversicherung verließ die SBZ den Pfad der durch die Bismarckschen Versicherungsgesetze begründeten deutschen Sozialstaatlichkeit. So gut wie alle Bevölkerungsgruppen wurden in die »Zentralisierte Einheitsversicherung«, die der Freie Deutsche Gewerkschaftsbund (FDGB) verwaltete, aufgenommen. Für die SED-Kader und andere Führungseliten der DDR bestand seit 1956 eine Sonderversicherung, die den egalitären Anspruch der Einheitsversicherung konterkarierte. Die niedrigen Beiträge der Versicherten und die Betriebszuschüsse konnten zu keinem Zeitpunkt die Kosten decken. Fehlende Mittel wurden aus dem Staatshaushalt zugeschossen. 1980 lag die Staatsquote der Sozialversicherung bereits bei 50 Prozent. Allerdings war der Staatszuschuss, auf den auch andere Haushaltsposten angewiesen waren, nicht festgelegt. Je später desto weniger reichten die Summen aus, die der Sozialversicherung am Ende zur Verfügung standen, um ein qualitativ hochwertiges

Gesundheitswesen zu finanzieren, geschweige denn, dass Grundlagen für eine ausreichende Rentenversorgung geschaffen werden konnten.[42]

In der völlig unzureichenden Altersversorgung zeigte sich die extreme Erwerbsorientierung der DDR-Sozialpolitik, die nicht nicht allein mit ökonomischen Notwendigkeiten zu begründen war. Es lag in der Logik dieses Systems, dass dem Rentner nur eine niedrige Grundversorgung zugestanden wurde, die ein Leben knapp oberhalb der Elendsgrenze gestattete. Damit degradierte man die ältere Bevölkerung zu einer reinen Versorgungsklasse, die man überdies bei der Wohnungsversorgung und im Gesundheitswesen benachteiligte. Das Privileg der Westreisen tröstete da nur wenig, bestätigte es den Rentnern doch gewissermaßen von Staats wegen, dass sie gesellschaftlich bedeutungslos waren und man sich nicht einmal bemühen musste, ihre Kontakte zum Klassenfeind zu unterbinden.[43] Die Einführung einer freiwilligen Rentenzusatzversicherung 1968 zielte im Grunde auch nicht auf die Verbesserung der Einkommenssituation der Rentner, sondern sollte in erster Linie Kaufkraft abschöpfen.

Die Arbeitslosenversicherung, zentrales Element der Sozialversicherung, wurde 1978 abgeschafft. Damit machte die DDR-Führung nur amtlich, was sie seit Mitte der 1950er Jahre stets behauptet hatte, dass es nämlich in der DDR keine Arbeitslosigkeit gebe. Dass es verdeckte Arbeitslosigkeit gab, Betriebe, Verwaltungseinrichtungen und wissenschaftliche Institute mit einem viel zu hohen Personalbestand ausgestattet waren, der erhebliche volkswirtschaftliche Kosten verursachte, war kaum zu übersehen. Aber offiziell war das Problem der Arbeitslosigkeit überwunden und damit die Überlegenheit des Sozialismus gegenüber dem Kapitalismus demonstriert. Das war in der Auseinandersetzung mit der Bundesrepublik, zumal seit dem rapiden Anstieg der Arbeitslosenzahlen in Westdeutschland in den 1970er Jahren kein unwichtiges Argument. Noch in den ökonomisch schwierigen 1980er Jahren, als die DDR-Wirtschaft längst in eine tödliche Krise geraten war, verwies man stolz auf den – in politisch gesteuerten Betrieben ohne jede Personalbewirtschaftungs- und Kündigungsautonomie eigentlich überflüssigen – umfassenden Kündigungsschutz.

Man hat die Gesellschaft der DDR als Arbeitsgesellschaft oder auch als »arbeiterliche Gesellschaft« bezeichnet.[44] Das bezieht sich auf die hohe Erwerbsquote, die insbesondere wesentlich mehr Frauen erfasste als in der Bundesrepublik und auch in den lebenszeitlichen Randphasen (Jugend, Alter) deutlich höher lag als im Westen. Ende der 1980er Jahre kam die DDR auf eine Gesamterwerbsquote von 90 Prozent (bezogen auf die Bevölkerung zwischen 15 und 64 Jahren) im Gegensatz zu lediglich 70 Prozent in der Bundesrepublik. Die Rede von der Arbeitsgesellschaft bezieht sich ferner auf die Heroisierung des Arbeiters und die beinahe metaphysische Bedeutung, die Arbeit in der politischen Propaganda, aber auch in der ideologisch bestimmten Kunst, in der Literatur und im Theater erhielt. Die Realitäten der Arbeitswelt – Desorganisation, Leerlauf, Unproduktivität, Motivationsmangel – standen oft genug in scharfem Kontrast dazu. Und dennoch prägten Arbeit und Arbeitsalltag das Leben der DDR-Bürger wie kein zweiter Lebensbereich. Betriebszugehörigkeit und Betriebsgemeinschaft waren bestimmend für die individuelle Lebensführung und wirkten sich auf den allergrößten Teil der DDR-Bevölkerung unmittelbar aus.

Die Einbindung in Arbeitsleben und Betriebsgemeinschaft war eine zentrale Dimension der Vergesellschaftung, ja ein »Vergesellschaftungskern« (M. Rainer Lepsius) im sozialistischen Staat.[45] Die Arbeitsstätte, der Betrieb war in der DDR »ein wichtiger sozialer Ort mit vielfältigen sozialen Funktionen und Versorgungsaufgaben. Den Betrieben (insbesondere den größeren) waren zahlreiche Einrichtungen zugeordnet: Kinderkrippen und -gärten, Erholungseinrichtungen, Betriebsberufsschulen, Institutionen der Erwachsenenbildung und medizinischen Betreuung, die Vergabe von Wohnungen (bzw. die Unterstützung für Eigenheimbau), Urlaubsplätze, Kuren, die Delegierung zum Studium erfolgte zum Teil über den Betrieb. Kulturelle Aktivitäten, Freizeitgruppen wurden durch die Betriebe gefördert. Nicht selten dominierten größere Betriebe das kommunale Leben.«[46] Damit lagen entscheidende gesellschaftliche Funktionen wie der Zugang zu kulturellen und sozialen Dienstleistungen, aber auch zu zentralen Versorgungsgütern bis zur Verteilung von Karrierechancen bei den Betrieben. »Die soziale Landkarte der DDR«, so formuliert es Martin Kohli, »war eher durch Betriebe als durch Wohnorte zusammengesetzt.« Der Betrieb war Teil des durchpolitisierten, des »durchherrschten« öffentlichen Raums. Die Partei, die ihre Mitglieder nicht nach Wohnorten, sondern nach Betrieben organisierte, war im Arbeitsleben stets präsent. Die den Betrieben zufallenden gesellschaftlichen Funktionen folgten den politischen Imperativen der SED, die Zuteilung von Gütern und Chancen konnte ebenso zur Belohnung wie zur Disziplinierung eingesetzt werden.[47]

Die weitgehende Ausrichtung des sozialen Lebens auf den Betrieb gab dem Arbeitsleben aber auch eine kulturelle Bedeutung, die sich in der Bundesrepublik in dieser Form nicht entwickelte. Von einer »warmen« Arbeitskultur hat man gesprochen, wozu auch die vielen Leerzeiten, verursacht durch Materialknappheit oder schlechte Arbeitsorganisation, beigetragen haben dürften.[48] Im Begriff der »sozialen Geborgenheit«, der seit Mitte der 1970er Jahre verwandt wurde, schwang diese soziokulturelle Dimension mit. Arbeitsplatzsicherheit und feste Betriebszugehörigkeit waren weit mehr als nur soziale Sicherheit, dem Gegenteil von »sozialer Unsicherheit« im Kapitalismus. Der Ausdruck »soziale Geborgenheit« suggeriert ein harmonistisches und konfliktfreies Gesellschaftsmodell. Es »unterwirft die Bevölkerung der Fiktion einer emotionalen Vergemeinschaftung, um die Gefahr der Negation zu unterlaufen und das Denken in Alternativen, Grundlage jeder liberal-pluralistischen Ordnung, auszuschließen«.[49] In der Bundesrepublik der frühen 1970er Jahre tauchte der Begriff »Geborgenheit« ebenfalls auf. Bundeskanzler Willy Brandt sprach zum Jahreswechsel 1970/71 von der »Geborgenheit im gesicherten Fortschritt«. Schutzzusagen und Sicherheitsversprechen hatten im Zeichen sich verschärfender Probleme der Moderne in Ost und West Konjunktur, und in Ost wie West spiegelten sich darin sowohl staatliche Ansprüche als auch Erwartungen an den Staat. Der Preis, den die Menschen in der DDR für die »soziale Geborgenheit« zu zahlen hatten, die in Bezug auf den Arbeitsplatz zweifellos sicherer und verlässlicher war als in der Bundesrepublik, waren Hinnahme der politischen Unterdrückung und Freiheitsverzicht. Diesem Zusammenhang lag allerdings kein freiwilliger Konsens zwischen Herrschenden und Beherrschten zugrunde. Darin liegt die Problematik des von Martin Sabrow geprägten Begriffs der »Konsensdiktatur«. Zu keiner Zeit beruhte die SED-Diktatur auf Konsens oder auf einer fürsorglich-paternalistischen Sozialpolitik, vielmehr stützte sie sich auf die Bestandsgarantie durch die Sowjetunion und auf permanente Repression beziehungsweise Repressionsdrohung.

Blicken wir nicht auf die Herrschaftsstrukturen, unter denen die »soziale Geborgenheit« als Anspruch proklamiert und als Politik umgesetzt wurde, sondern auf die unter diesen Bedingungen entstandenen Lebens- und Erfahrungswelten, in denen den Werten Sicherheit und Gleichheit eine hohe Bedeutung zukam, dann werden die Brüche, die der Beitritt der DDR zur Bundesrepublik für den Einzelnen bedeutete, und die Probleme, die diese plötzlichen Veränderungen hervorriefen, sichtbar, dann lässt sich sogar erklären, warum die »Bindungskräfte einer oktroyierten Wirklichkeit«[50] über das Ende dieser Wirklichkeit hinauswirkten. Alte Sicherheiten waren mit einem Schlag dahin. Die neue Freiheit, die man enthusiastisch begrüßt hatte, weil sie das Ende vierzigjähriger Unterdrückung bedeutete, brachte eine bis dahin nicht gekannte Unübersichtlichkeit und Unsicherheit mit sich. Mit der fest gefügten, ja geradezu statischen DDR-Gesellschaft zerbrachen Daseinssicherheiten und Lebensperspektiven, so düster diese auch gewesen sein mögen. Die »Neuen Leben«, wie ein Romantitel von Ingo Schulze lautete, waren nicht nur aufregend, sondern voller Unsicherheit. Ihre Bewältigung verlangte Dispositionen und Fähigkeiten, die sich in der DDR nur sehr begrenzt hatten ausbilden können. Dass sich viele Ostdeutsche sowohl von der alten Ordnung der DDR wie von der neuen Ordnung der Bundesrepublik ungerecht behandelt fühlten, ist nur zu verständlich. In Umfragen tritt die Polarisierung klar zutage: In der DDR habe es Sicherheit ohne Freiheit gegeben, in der Bundesrepublik hingegen herrsche Freiheit ohne Sicherheit.[51] In dieser Perspektive verwischen sich die Unterschiede. Wird die DDR zum Mythos? Tritt nun ein, was der Schriftsteller Günter Kunert schon 1990 prophezeite: »Nachdem genügend Vergessens- und Verdrängensarbeit geleistet ist, aufersteht gewiss die DDR aus den Ruinen, die sie faktisch hinterlassen hat. Wahrscheinlich wird sie zum Abbild des geordneten Gemeinwesens, wo man abends ungeängstigt durch die Straßen ging und die kleinen Freuden des Alltags in seiner Nische genoss.«[52]

Der Begriff »Sozialpolitik« fand erst in den 1960er Jahren Eingang in die politisch-ideologische Sprache des Regimes. Bis dahin hatte man den Ausdruck vermieden oder allenfalls beiläufig gebraucht, weil es ja in einer sozialistischen Gesellschaft gar keiner Sozialpolitik bedurfte. Die DDR hatte nie ein Sozialministerium. Aber auf dem 7. Parteitag der SED 1967 sprach Walter Ulbricht programmatisch über die »Entwicklung der Sozialpolitik«, und die Verfassung der DDR von 1968 legte fest, dass eine »umfassende Sozialpolitik« helfen solle, jedem Bürger »das Recht auf Schutz seiner Gesundheit und seiner Arbeitskraft« – und damit war die Zwecksetzung deutlich markiert – zu gewährleisten.[53] Die auf dem 9. Parteitag der SED 1976 beschlossene, doch von Honecker schon 1971 verkündete »Einheit von Wirtschafts- und Sozialpolitik« zeigte, wie stark die Sozialpolitik inzwischen ins Zentrum der sozialistischen Gesellschaftspolitik gerückt war. Die Bevölkerung sollte danach ganz unmittelbar von der wirtschaftlichen Entwicklung profitieren und der Lebensstandard sich spürbar verbessern. Die großen Wohnbauprogramme der 1970er Jahre gehören in diesen Zusammenhang, aber auch die Einführung eines Babyjahrs und eines zinslosen Ehekredits, Maßnahmen die zugleich zur Erhöhung der Geburtenrate beitragen sollten.[54]

Bei Lichte besehen wurden die Verbesserung des Konsumangebots und die Erhöhung des Lebensstandards nicht an die wirtschaftliche Entwicklung gekoppelt, im Gegenteil: Honecker setzte eine klare Priorität, wie es später Günter Mittag, im SED-Politbüro für Wirtschaftsfragen zuständig, darstellte: »Wenn es um die Befriedigung der Bedürfnisse der Bevölkerung ging, sah er zuerst deren Befriedigung – und dann erst die Produktion.« Konsumgüter und Dienstleistungen wurden noch stärker subventioniert und eine Preispolitik betrieben, die es unmöglich machte, die Produktionskosten zu decken, geschweige denn Investitionen zu finanzieren. Landwirte verfütterten schließlich Brot an ihr Vieh, weil es billiger war als Tierfutter. Alle Erschütterungen in sozialistischen Ländern seien stets von Preiserhöhungen ausgegangen, war das Credo des SED-Chefs, wie ein Vertrauter Honeckers berichtet. Die Staatsverschuldung wuchs und wuchs, gewirtschaftet wurde aus der Substanz, der Produktionsmotor lief derart heiß, dass der Zusammenbruch nur noch eine Frage der Zeit war.

Wirtschaftsexperten der SED haben die »Einheit von Wirtschafts- und Sozialpolitik« später als »Sargnagel der DDR« bezeichnet.[55] Diese Politik war nicht irrational, aber sie folgte einer Rationalität, die außerhalb der wirtschaftlichen Abläufe lag und auf Herrschaftssicherung und Legitimationszufuhr zielte – als politische Instrumentalisierung der Dankbarkeit.[56] Sie mag eine politisch gefährliche Unzufriedenheit verhindert und Protestpotential eingedämmt haben, breite Zustimmung konnte die Parteispitze durch ihre Politik indes nicht gewinnen. Am Ende war die DDR bankrott und ihr Versuch, durch Wohlfahrts- und Sozialpolitik politische Legitimität zu erwerben, gescheitert.

Schwierige Lernprozesse

Die Sozialpolitik der SED mag ihren herrschaftssichernden Zweck verfehlt haben, doch sie schuf über Jahre und Jahrzehnte hinweg sozialpolitische und gesellschaftliche Realitäten, an die sich die Menschen gewöhnten. Die Sicherheit des Arbeitsplatzes wird nicht dadurch entwertet, dass sie der Stabilisierung einer Diktatur diente. Die hohe Erwerbsquote von Frauen verliert nicht dadurch an Bedeutung, dass sie in erster Linie ökonomischen Notwendigkeiten folgte. Das umfassende System der Kinderbetreuung – von der Krippe bis zur Ganztagsschule – mag politisch und wirtschaftlich begründet gewesen sein, um den ideologischen Zugriff schon auf den jungen Menschen zu sichern und um Müttern die Erwerbstätigkeit zu ermöglichen, doch es ist eine Erfahrung – und damit eine prinzipielle Möglichkeit, die nicht einfach aus den Köpfen der Menschen verschwindet. Mit diesen Erfahrungen wurden die Ostdeutschen 1990 Bürger der Bundesrepublik, mit ihnen bewerteten sie die neuen gesellschaftlichen Realitäten, die sie vorfanden, und verglichen sie mit dem, was sie kannten und woran sie sich gewöhnt hatten.

Dass gesellschaftliche und politische Realitäten auf Werthaltungen, Einstellungen und Verhaltensdispositionen einwirken, ist unbestritten. Welche Wirkung hat eine staatliche Erziehung, zu deren wichtigsten Zielen es gehörte, Individualität zu hemmen und den individuellen Willen zu brechen? Was bedeutete es nach 1990, auf eine in hohem Maße pluralisierte und individualisierte westliche Gesellschaft und eine liberale politische Kultur zu treffen, nachdem man über Jahrzehnte in einer Gesellschaft gelebt hatte, in der sich Individualität, abweichendes Verhalten und Denken nicht im öffentlichen Raum entfalten konnten?[57] In den privaten Rückzugsräumen von Familie und Freundeskreis konnte man zwar seine Meinung äußern und politische Standpunkte vorbringen, aber eine Gegenöffentlichkeit entstand daraus nicht. Mit individuellen Ansichten öffentlich Stellung zu beziehen, hatte man nie geübt. Vielen ehemaligen DDR-Bürgern fällt es schwer, politischen Streit als etwas Positives zu sehen und sich daran zu beteiligen. Das führt zu einem politischen Harmonismus, der allerdings auch den Westdeutschen nicht völlig fremd ist. Politisches Verhalten lässt sich nicht von einem Tag auf den anderen einüben. Die Westdeutschen brauchten dafür nach 1945 viele Jahre. Hatte nicht auch im westdeutschen Fall die Überpolitisierung in der NS-Zeit zu einer Politikferne und Politikskepsis geführt, die erst in den 1960er Jahren allmählich einer neuen Politisierung wichen? Welche Auswirkung muss dann erst die nicht nur 12, sondern 40 Jahre dauernde SED-Diktatur haben? Die Distanz zur Politik und den politischen Institution der Bundesrepublik schwindet nur langsam. Wenn ganze Generationen durch die kontinuierliche Erfahrung der Vergeblichkeit individuellen Handelns und die Unmöglichkeit, sein Leben selbst gestalten zu können, geprägt sind, was bedeutet das für ihr individuelles gesellschaftliches und politisches Engagement nach 1990? Welchen Sinn hat individuelles Tun, wenn man die gesellschaftliche Entwicklung, aber auch persönliche Erfolge oder Misserfolge eher überindividuellen Kräften, dem Staat oder der Politik beispielsweise, zuschreibt?[58]

Ein breiter gesellschaftlicher Konsens über die politische und gesellschaftliche Ordnung mag in Ostdeutschland auch zwei Jahrzehnte nach dem Fall der Mauer nicht vorhanden sein. Ein rein ostdeutsches und durch die ostdeutschen Erfahrungen und die Geschichte der DDR erklärbares Problem ist dies allerdings nicht, denn auch im Westen hat die Zustimmung zur Grundausrichtung der Gesellschaft und zu ihrem politischen und wirtschaftlichen System, die sich seit den 1960er Jahren herausgebildet haben, nachgelassen. Der Grundkonsens, der die Bundesrepublik über mehrere Jahrzehnte getragen hat, nimmt ab. Nach politischen Wertorientierungen und insbesondere dem Vorrang von Freiheit oder Gleichheit befragt, optiert seit einigen Jahren nicht nur die Mehrheit der Ostdeutschen, sondern auch eine wachsende Zahl von Westdeutschen für die Gleichheit. 2006 war die Zahl derer, die der Gleichheit den Vorzug gaben, sogar erstmals höher.[59] Mit den jüngsten Entwicklungen der Wirtschaft dürften sich solche Präferenzen noch verstärkt haben. Es dürfte auch immer schwerer werden, in solchen gesamtdeutschen Trends ausschließlich oder überwiegend ostdeutsche Prägungen und Befindlichkeiten zu sehen oder eine Sehnsucht nach der verklärten DDR. Das gilt nicht zuletzt für den Bedeutungsgewinn der politischen und sozialen Leitvokabeln Sicherheit und Gerechtigkeit, vor allem in Gestalt von sozialer Sicherheit und sozialer Gerechtigkeit. Das ist alles andere als eine einfache Übertragung von ostdeutschen, DDR-geprägten Werthaltungen und Einstellungen auf die westdeutsche Bevölkerung. Vielmehr handelt es sich um eine Entwicklungsdimension des Zusammenwachsens von Ost und West unter Bedingungen einer Gegenwart, in der ein im Gewande der Freiheit daherkommender Turbo-Kapitalismus im Begriff ist, die Idee und den Wert der Freiheit zu diskreditieren.

2.
Reformdruck und Reformstau

Der Preis der deutschen Einheit

So wie die deutsche Teilung seit 1949 auf die innere Entwicklung der Bundesrepublik eingewirkt hat, so bestimmten die deutsche Einheit und ihre Folgen seit 1990 die innenpolitische Agenda zu einem wesentlichen Teil. Dabei ging es nicht nur um die politisch-institutionelle sowie finanzielle Bewältigung der Einheit, und es ging auch nicht nur um die Auseinandersetzung mit dem DDR-Unrecht, sondern um Veränderungen im Parteiensystem und im Wahlverhalten. Zugleich liefen wichtige Entwicklungslinien aus der Zeit der alten Bundesrepublik weiter in die Jahre nach 1990. Problemlagen, die sich in den 1970er und 1980er Jahren herausgebildet hatten, lösten sich mit der Wiedervereinigung nicht einfach auf. Das gilt nicht zuletzt für die sozialen Sicherungssysteme, die den sich wandelnden demographischen und finanziellen Rahmenbedingungen angepasst werden mussten, was eine enorme Herausforderung darstellte. Die Probleme, mit denen die Bundesrepublik in den 1990er Jahren zu tun hatte, waren mitnichten Probleme, die sich ausschließlich aus der deutschen Einheit ergaben, und es ist sehr zu bezweifeln, ob die Bundesrepublik heute, was Arbeitslosigkeit, Armutsphänomene und die Finanzierbarkeit ihrer sozialen Sicherungssysteme angeht, signifikant besser dastünde, wenn es nicht zur Vereinigung gekommen wäre.

Die Regierungskoalition aus CDU/CSU und FDP wirkte vor der »friedlichen Revolution« in der DDR müde, uninspiriert und glücklos. In der Union konnte sich Helmut Kohl zwar gegen seine innerparteilichen Kritiker behaupten, aber gestärkt ging er aus den Auseinandersetzungen nicht hervor. Es ist wenig wahrscheinlich, dass die Regierung Kohl/Genscher ohne die Wiedervereinigung aus den anstehenden Bundestagswahlen erfolgreich hervorgegangen wäre. Nun aber galt vor allem die CDU als die Partei der deutschen Einheit und profitierte davon. Das zeigte sich schon bei den Landtagswahlen in den fünf neuen Ländern am 14. Oktober 1990. Abgesehen von Brandenburg war die CDU überall der Wahlsieger und konnte den Ministerpräsidenten stellen. Die Stärke der CDU in den neuen Ländern half den Unionsparteien auch bei den ersten gesamtdeutschen Bundestagswahlen am 2. Dezember 1990. CDU und CSU erreichten 43,8 Prozent der Stimmen und konnten gemeinsam mit der FDP, die ihren Stimmenanteil auf 11 Prozent erhöhte, die Regierungskoalition auf einer solideren Grundlage fortsetzen. Die SPD errang lediglich 33,5 Prozent, im Osten mit 24,3 Prozent noch viel weniger. Ihr vereini-

gungspolitischer Schlingerkurs und die unverhohlene Skepsis des sozialdemokratischen Spitzenkandidaten Oskar Lafontaine gegenüber der deutschen Einheit
schadeten der Partei im Osten wie im Westen. Für ihre betont postnationale Haltung bestraften die Wähler auch die Grünen, die nur auf 3,8 Prozent kamen. Nur
dank der für Ost und West getrennt geltenden Fünf-Prozent-Klausel gelangten
Bündnis 90/Grüne, die im Osten 6 Prozent der Stimmen erreichten, überhaupt ins
Parlament. In den Bundestag zog schließlich auch die PDS ein, die Nachfolgepartei
der SED, die bundesweit zwar nur 2,4 Prozent der Stimmen auf sich vereinte, im
Osten aber immerhin 11,1 Prozent.

Angesichts der klaren Mehrheit von CDU/CSU und FDP und der vor der Wahl
abgegebenen Koalitionsaussagen hätte man eine rasche Regierungsbildung erwarten können. Doch das Gegenteil war der Fall. Die deutlich gestärkte FDP beharrte
auf einem liberalen Profil der Regierung insbesondere in der Steuer- und Finanzpolitik. Vor allem die Forderung der FDP nach einem Niedrigsteuergebiet in der
ehemaligen DDR belastete die Verhandlungen, die sich über viele Wochen hinzo-
gen. Erst am 17. Januar 1991 wurde Helmut Kohl wieder zum Kanzler gewählt. Seiner Regierung gehörten mit Angela Merkel (CDU) als Ministerin für Frauen und
Jugend, Günther Krause (CDU) als Verkehrsminister und Rainer Ortleb (FDP) als
Minister für Bildung und Forschung drei Ostdeutsche an.

Dank der komfortablen Mehrheit seiner Koalitionsregierung, aber auch auf
Grund der Popularität und Wertschätzung, die sich der Kanzler der Einheit national wie international 1989/90 erworben hatte, stand Helmut Kohl zu Beginn der
1990er Jahre auf dem Höhepunkt seiner Macht. Gerade in Ostdeutschland richteten sich freilich auch hohe Erwartungen an den Bundeskanzler. Die Bundesregierung hat in der Euphorie der Vereinigung wenig getan, diese Erwartungen zu
relativieren und den Menschen klarzumachen, dass die Herstellung der Einheit
jenseits ihrer staatsrechtlichen Dimension ein mühsamer und langwieriger Prozess
sein würde. Von der Einführung der Sozialen Marktwirtschaft versprachen sich
viele Ostdeutsche einen baldigen wirtschaftlichen Aufschwung und auf dessen
Grundlage eine schnelle Angleichung der Lebensverhältnisse. Nicht nur das geflügelte Wort von den »blühenden Landschaften« verstärkte solche Erwartungen. Als
diese sich nicht oder nur zum Teil und vor allem nicht so rasch erfüllten, schlug
dies auf die Bundesregierung und die Popularität des Bundeskanzlers zurück.

Die Auseinandersetzung darüber, ob die nicht enden wollende wirtschaftliche
Talsohle in Ostdeutschland, die sich in enormen Arbeitslosenzahlen widerspiegelte, nun primär eine Folge der DDR-Planwirtschaft oder der übereilt herbeige-
führten Wirtschafts- und Währungsunion sei, änderte nur wenig an der Tatsache,

dass die »Vereinigungskrise« (Jürgen Kocka) in erster Linie der Bundesregierung angelastet wurde. So wurde der »Aufbau Ost« zur zentralen politischen Herausforderung der 1990er Jahre. Seine finanziellen, ökonomischen, sozialen und politischen Folgen erstreckten sich auf die gesamte Bundesrepublik, betrafen Ostdeutsche und Westdeutsche gleichermaßen. Dabei verstärkte der gewaltige Transfer ökonomischer Ressourcen vom Westen in den Osten den konjunkturellen Abschwung, in den die Bundesrepublik 1992/93 geriet, auch wenn dieser primär weltwirtschaftlich bedingt war.

Die euphorische Stimmung schlug in Pessimismus und Resignation um, was sich im Osten zur kollektiven Frustration steigerte. Das war eine schlechte Voraussetzung für das Zusammenwachsen Deutschlands, für die innere Einheit. Es dauerte nicht lange, bis sich »Ossis« und »Wessis« gegenseitig den Schwarzen Peter für die krisenhafte Entwicklung zuschoben. Viele Westdeutsche warfen den Ostdeutschen Undankbarkeit sowie überzogene Erwartungen und Forderungen vor. Die Ostdeutschen ihrerseits bemängelten die nationale Solidarität und Opferbereitschaft der Westdeutschen. Die »Mauer in den Köpfen«, die divergierenden Fremd- und Selbsteinschätzungen von Ost- und Westdeutschen konnten so nicht überwunden werden. Davon profitierte die PDS, die sich im Osten nicht nur als kapitalismuskritische Partei der ehemaligen Funktionsträger des SED-Systems präsentieren konnte, sondern auch als eine regionale Partei, die sich im Gegensatz zu allen anderen deutschen Parteien die Interessen und Belange der Ostdeutschen auf die Fahne geschrieben hatte.

Im Februar 1991 kündigte der Bundeskanzler entgegen früheren Erklärungen Steuererhöhungen zur Finanzierung der deutschen Einheit an. Zur Begründung verwies er aber auch auf die Kosten des Golfkrieges. Das von der Bundesregierung nur wenig später, am 8. März 1991, ins Leben gerufene »Gemeinschaftswerk Aufschwung Ost« war ein riesiges Konjunkturprogramm, ein Hilfsprogramm für die ostdeutschen Länder und Kommunen, das die Wirtschaft ankurbeln und insbesondere zur Bekämpfung der wachsenden Arbeitslosigkeit beitragen sollte. Das Programm förderte Investitionen im Baubereich, den Ausbau der Infrastruktur, vor allem den Verkehrswegebau, es enthielt Maßnahmen zur regionalen Wirtschaftsförderung und sah Arbeitsbeschaffungsmaßnahmen sowie eine Reihe von Umweltschutzsofortmaßnahmen vor. Da der 1990 geschaffene Fonds Deutsche Einheit zur Finanzierung dieser Maßnahmen und der übrigen Transferleistungen – darunter insbesondere Rentenzahlungen und die Leistungen der Bundesanstalt für Arbeit –bei weitem nicht ausreichte, beschloss die Koalition einen zunächst befristet erhobenen Solidaritätszuschlag in Höhe von 7,5 Prozent auf die

Lohn-, Einkommen- und Körperschaftssteuer sowie eine Erhöhung der Mineral-
öl- und Versicherungssteuern. Die Versicherungssteuer wurde 1992 zusammen mit
der Tabaksteuer noch einmal erhöht, um den Fonds Deutsche Einheit aufzubessern. Nach einer Unterbrechung 1993/94 führte man auch den Solidaritätszuschlag
1995 wieder ein; er belief sich von 1998 an auf 5,5 Prozent.[1]

Die Kosten der Einheit, die Transferleistungen des Bundes, die in die ehemalige DDR flossen, waren gewaltig. Schon 1990 überwies die Bundesrepublik umge-
rechnet etwa 33 Milliarden Euro nach Ostdeutschland, um ausstehende Löhne und
Gehaltszahlungen zu bestreiten. Seither beliefen sich die jährlichen Transferleistungen durchschnittlich auf etwa 150 Milliarden Euro und machten damit beinahe vier Prozent des deutschen Bruttosozialprodukts aus. Zwischen 1991 und 2003
summierten sich die West-Ost-Transferleistungen, vor allem verfassungsrechtlich vorgesehene Umverteilungs- und Ausgleichszahlungen im Bereich der Län-
derfinanzen sowie Sozialleistungen, auf insgesamt 1280 Milliarden Euro, die in
Ostdeutschland geleisteten Abgaben (Steuern und Sozialbeiträge) lagen demgegenüber bei 300 Milliarden Euro, so dass ein Nettotransfer von 980 Milliarden
Euro entstand. Bis Ende 2007 wuchs die Summe der West-Ost-Transfers auf etwa
1450 Milliarden Euro netto.[2]

Die Belastung der öffentlichen Haushalte war enorm. Zur Finanzierung der
Einheit reichten, das wurde schnell klar, Ausgabenkürzungen sowie Steuer- und
Abgabenerhöhungen nicht aus. Die jährliche Nettokreditaufnahme und die Staatsverschuldung wuchsen innerhalb kürzester Zeit so stark an, dass sie alle finanziellen Konsolidierungserfolge der 1980er Jahre zunichtemachten. Die Gesamtver-
schuldung des Bundes lag 1989 bei 490,5 Milliarden D-Mark und kletterte bis 1995
auf 756,8 Milliarden. Der Verschuldungsanteil des Bundes am Bruttoinlandsprodukt, der 1990 noch bei 20,2 Prozent gelegen hatte, wuchs bis 1997 auf 24,9 Prozent,
die staatlichen Zinsausgaben beliefen sich 1990 auf 64,3 Milliarden D-Mark, bis 1997
hatten sie sich mit 136 Milliarden mehr als verdoppelt. Die Staatsquote schließlich,
also der Ausgabenanteil des Staates am Bruttoinlandsprodukt, die zwischen 1982
und 1989 von 49,8 auf 45,3 Prozent reduziert worden war, stieg erneut an und erreichte Mitte der 1990er Jahre wieder Werte um 50 Prozent (1995 waren es 50,6 Prozent). Die Sozialleistungsquote hatte daran entscheidenden Anteil. Auch sie war in
den ersten Jahren der Ära Kohl deutlich zurückgegangen und lag 1990 bei 29,3 Prozent (damit freilich immer noch höher als im Jahr 1970, als sie sich auf 26 Prozent
belief), erhöhte sich aber rasch wieder bis auf 34,9 Prozent (1996).[3]

In allen diesen Zahlen spiegeln sich die Kosten der Wiedervereinigung, spiegelt sich der »Preis der deutschen Einheit« (Gerhard A. Ritter). Die Wirtschafts-,

Währungs- und Sozialunion sowie der Zusammenbruch der ostdeutschen Wirtschaft zwangen die Bundesregierung, ihren Konsolidierungskurs der 1980er Jahre aufzugeben. Mag es in den 1990er Jahren auch neoliberale Elemente in der Wirtschafts- und Finanzpolitik gegeben haben – beispielsweise in Gestalt der Privatisierung –, in dem Transformationsprozess nach der Wiedervereinigung spielte der Staat die entscheidende Rolle. Weil diese Transformation insbesondere wegen ihrer immensen Kosten nicht nur den Osten Deutschlands betraf, blieben auch westbeziehungsweise gesamtdeutsch die Möglichkeiten einer neoliberalen Politik begrenzt.

Der »Aufschwung Ost« war ein finanzieller Kraftakt mit beschränkter Wirkung. Zwar wuchs in der ersten Hälfte der 1990er Jahre das Bruttosozialprodukt im Osten schneller als im Westen, wofür in erster Linie die umfangreichen privaten und öffentlichen Baumaßnahmen sorgten, aber ein flächendeckender *Take-off* der ostdeutschen Wirtschaft mit entsprechendem Rückgang der Arbeitslosigkeit gelang nicht. In einigen Regionen, etwa um Dresden, Leipzig und Jena sowie bis zu einem gewissen Grad im Großraum Berlin, schuf eine gezielte Industriepolitik Zonen dynamischen Wachstums und innovativer, zukunftsgerichteter Industrieproduktion. Aber auch hier war der Arbeitsmarkteffekt enttäuschend. Die zumeist großindustriellen Industrieansiedlungen nicht zuletzt der Automobil- und der Mikrochipindustrie zogen kaum mittelständische Unternehmensgründungen nach sich. Obwohl der Infrastrukturausbau gute Voraussetzungen bot, da das Straßen- und Schienennetz erneuert und das Telefonnetz auf den neuesten technischen Stand gebracht wurde, blieben private Investitionen schwierig. Die Transferleistungen flossen zum größten Teil in die öffentlichen Haushalte und in Sozialleistungen, waren also viel stärker konsum- als investitionsorientiert. Von der Konsumsteigerung konnte der ostdeutsche Arbeitsmarkt aber kaum profitieren. Immerhin wurden bis zum Ende der Ära Kohl in den fünf neuen Ländern 510 000 mittelständische Unternehmen gegründet, in denen 3,2 Millionen Menschen und damit mehr als die Hälfte aller ostdeutschen Erwerbstätigen beschäftigt waren.[4] Der Massenarbeitslosigkeit und ihren Folgen, zuallererst der Abwanderung junger Menschen nach Westen, wo sie sich bessere Chancen erhofften, wurde man damit nicht Herr.

Die hohe Arbeitslosigkeit, die auch Jahre nach der Vereinigung nicht zurückging, nährte die wachsende Enttäuschung vieler Ostdeutscher und vertiefte die Gräben zwischen »Jammer-Ossis« und »Besser-Wessis« bald mehr, als dass man sie überwand. Zwar befürwortete die überwiegende Mehrheit der Ostdeutschen auch noch Mitte der 1990er Jahre die Wiedervereinigung, aber die Art und Weise ihres Vollzugs und ihre Folgen beklagte man zunehmend. Der Westen habe den Osten lediglich übernommen, habe ihm sein politisches System und die kapitalistische Wirtschaftsordnung aufgezwungen und dabei die »Errungenschaften« der DDR, insbesondere im sozialen Bereich, zunichtegemacht. Gerade das Recht auf Arbeit wurde in diesem Zusammenhang immer wieder angeführt. Die Stimme Ostdeutschlands und der Ostdeutschen gelte nichts im vereinten Deutschland, lautete das resignierte Fazit.

Elitenwechsel in Ostdeutschland

Angesichts der Probleme der Einheit, der ostdeutschen Enttäuschungen und der dahinter liegenden politischen Wertorientierungen und Mentalitäten wurde bald die 1990 vermeintlich verpasste Chance einer neuen gesamtdeutschen Verfassung beklagt. Damals hätte man die Gelegenheit ergreifen müssen, westdeutsche und ostdeutsche Werte und Erfahrungen in einem Verfassungsdokument zusammenzuführen, statt den Ostdeutschen das westdeutsche Grundgesetz mehr oder weniger unverändert überzustülpen. Bundestag und Bundesrat hatten zwar eine gemeinsame Verfassungskommission eingesetzt, aber die Verfassungsänderungen, die dann im Oktober 1994 verabschiedet wurden, hatten das Grundgesetz kein bisschen ostdeutsch gemacht. Für die Aufnahme eines Rechts auf Arbeit, eines Rechts auf Wohnung oder die Stärkung plebiszitärer Elemente auf Bundesebene fand sich keine Mehrheit. Darin spiegelte sich die Tatsache, dass 1990 kein Zusammenschluss zweier Staaten stattgefunden hatte, sondern die DDR der Bundesrepublik zu deren Bedingungen beigetreten war, und es wurde ferner deutlich, dass sich die fünf ostdeutschen Länder innerhalb der neuen Bundesrepublik in einer strukturellen Minderheitsposition befanden. Selbst wenn alle neuen Länder und alle ostdeutschen Politiker ihr Gewicht in die Waagschale warfen, reichte es nicht aus, um sich gegen die westdeutschen Interessen durchzusetzen. Dieses Ungleichgewicht war nicht auf die Verfassungsorgane und insbesondere auf Bundestag und Bundesrat beschränkt, sondern setzte sich im Parteiensystem und in gesellschaftlichen Organisationen von den Kirchen über die Gewerkschaften bis hin zu den Dachverbänden des Sports fort. Überall waren die Ostdeutschen in der Minderheit und konnten sich nur selten mit ihren Interessen und Anliegen behaupten. Auch das führte zu Frustration und Verbitterung. In der Parteienlandschaft, so sahen es viele, ja immer mehr Ostdeutsche, wurden genuin ostdeutsche Interessen nur von der PDS vertreten, die erst ihr politisches Überleben, dann ihre Stabilisierung und schließlich ihren Wiederaufstieg auch dieser Wahrnehmung verdankt.

Das politische und administrative Spitzenpersonal in den neuen Ländern stammte vielfach aus dem Westen. Unionspolitiker wie Kurt Biedenkopf und Bernhard Vogel, die ihre große Zeit in der westdeutschen CDU schon hinter sich hatten, machten als ebenso populäre wie patriarchalische Ministerpräsidenten in Sachsen und Thüringen eine zweite Karriere. Das galt ebenso für zahlreiche Landesminister, die aus der zweiten Reihe westdeutscher in die erste Reihe ostdeutscher Politik aufstiegen. Aber auch für Beamte und Fachkräfte bedeutete die deutsche Einheit einen Karrieresprung. Der nahezu komplette Elitentausch in der Bürokratie, aber beispielsweise auch in der Wissenschaft schuf Karrierechancen für Westdeutsche, die sich ihnen in der alten Bundesrepublik wohl nie geboten hätten. Dieser Elitenwechsel war unabweisbar, da die Transformation Ostdeutschlands, der politische und gesellschaftliche Neubeginn mit den Funktionseliten des SED-Regimes nicht möglich war, aber vor dem Hintergrund der Vereinigungskrise und der Spannungen zwischen Ost und West verstärkte auch das den Eindruck einer bloßen Übernahme des Ostens durch den Westen. Dass westdeutsche Beamte, die in den neuen Ländern temporär Dienst taten, ihre Gehaltszulage als »Buschgeld« bezeichneten, trug ebenfalls nicht zum Abbau von Spannungen und Misstrauen bei.

In Sachsen und Brandenburg lag 1991 der Anteil westdeutscher Abteilungs- und Referatsleiter in den Innenministerien bei 78,8 Prozent, in den Umweltministerien immerhin bei 47,6 Prozent und in den Sozialministerien bei 45,1 Prozent.[5] Wahrscheinlich war diese Entwicklung alternativlos, denn es gab unmittelbar nach 1990 in Ostdeutschland keine qualifizierten Gegeneliten. Anders als in Deutschland nach 1945 stand aber in Westdeutschland ein Personalreservoir zur Verfügung, das die vakanten Positionen besetzen konnte. Während in manchen Bereichen, nicht zuletzt beim Militär und in einigen Wissenschaftsdisziplinen, so gut wie kein Führungspersonal aus DDR-Zeiten übernommen wurde, stellte sich die Situation auf anderen Feldern, beispielsweise im Rechtswesen, anders dar. So übernahm das Land Brandenburg immerhin 55,4 Prozent aller früheren Richter und Staatsanwälte. Dagegen gab es etwa im Fachbereich Geschichte, wo die in der Regel durch SED-Mitgliedschaft demonstrierte politisch-ideologische Zuverlässigkeit Voraussetzung für Spitzenpositionen, also Professuren, war, keinerlei Kontinuität.

In den Parlamenten auf Bundes-, Landes- und kommunaler Ebene erfolgte ebenfalls ein umfassender Austausch. Von den 509 Landtagsabgeordneten, die 1990 in den neuen Ländern gewählt wurden, hatten lediglich fünf der DDR-Volkskammer vor dem März 1990 angehört. 77 Prozent waren vor 1989 überhaupt nicht politisch aktiv gewesen.[6] Aus ihrer Unerfahrenheit mit politischer Aktivität im Allgemeinen und mit den Strukturen und Mechanismen der Politik in der Bundesrepublik im Besonderen ergab sich ein Beratungsbedarf, der wiederum das westdeutsche Gewicht in den neuen Ländern erhöhte und den Vorwurf der »personellen Kolonisierung des Ostens durch westliche Eliten« verstärkte.[7] Auf gesamtdeutscher Ebene waren Ostdeutsche in Führungspositionen klar unterrepräsentiert. Einem Bevölkerungsanteil von etwa 20 Prozent entsprach ein Elitenanteil von lediglich 12 Prozent, und wenn man auf die Spitzenpositionen in Wirtschaft und Politik blickt, fällt die Zahl noch geringer aus. Allerdings waren von den 402 Elitepositionen, die eine maßgebliche Studie in Ostdeutschland identifizierte, etwa 60 Prozent von Ostdeutschen besetzt.[8]

Während viele SED-Funktionäre, unter ihnen nicht wenige Offiziere der Staatssicherheit, ihre früheren beruflichen Positionen zwar verloren, aber ansonsten unbehelligt blieben, stellte sich bald nach 1990 die Frage, was mit den politischen Spitzenrepräsentanten der DDR, der Führungsriege von Staat und Partei, die sich im Politbüro der SED konzentriert hatte, geschehen sollte, wie man politisch, aber auch juristisch mit ihnen umgehen sollte. An politische Strafverfahren gegen Erich Honecker und andere SED-Führer war nicht zu denken, Anklageerhebungen waren nur möglich auf der Basis des zu DDR-Zeiten geltenden Rechts. Insgesamt wurden nach 1990 zwölf Verfahren gegen führende Politiker der DDR abgeschlossen. Gegen Erich Honecker war bereits in der DDR unmittelbar nach seinem Sturz ein Ermittlungsverfahren eingeleitet worden, einen Haftbefehl erließ die Berliner Justiz jedoch erst nach der Vereinigung. Der ehemalige Staatsratsvorsitzende entzog sich diesem Haftbefehl zunächst durch Flucht in das sowjetische Militärhospital Beelitz bei Berlin, später nach Moskau, wo er in der chilenischen Botschaft Aufnahme fand. Die russische Regierung lieferte ihn jedoch 1992 an die Bundesrepublik aus. Das Landgericht Berlin erhob Anklage wegen Totschlags und versuchten Totschlags im Zusammenhang mit dem Schießbefehl an der innerdeutschen Grenze. Honecker übernahm zwar die Verantwortung für den Mauerbau, den er politisch zu rechtfertigen versuchte, hielt sich persönlich aber für unschuldig. Zusammen mit Honecker wurde eine Reihe weiterer Politbüromitglieder, allesamt Angehörige des für das Grenzregime verantwortlichen Nationalen Verteidigungsrats der DDR, angeklagt, unter ihnen Stasi-Chef Erich Mielke, der ehemalige DDR-Ministerpräsident Willi Stoph und der ehemalige DDR-Verteidigungsminister Heinz Keßler. Das Verfahren gegen Honecker wurde auf Grund seiner schlechten Gesundheit – er litt an Leberkrebs – zunächst von dem restlichen Prozess abgetrennt und schließlich im Januar 1993 eingestellt. Der Angeklagte verließ daraufhin die Bundesrepublik und fand Aufnahme bei der in Chile lebenden Familie seiner Tochter. Dort starb er am 12. Mai 1994.[9]

Die übrigen Angeklagten verurteilte das Gericht zu mehrjährigen Haftstrafen. Erich Mielke erhielt 1993 wegen eines im Jahr 1931 begangenen Mordes an zwei Polizisten sechs Jahre Haft, wurde allerdings 1995 aus gesundheitlichen Gründen aus der Haft entlassen. Alle anderen Verfahren gegen ihn wurden wegen seines Gesundheitszustands eingestellt. Mielke starb im Jahr 2000. Dem Prozess gegen Honecker und die anderen Angehörigen des Nationalen Verteidigungsrats folgte von 1995 an der sogenannte Politbüro-Prozess gegen weitere sieben Mitglieder des SED-Politbüros, unter ihnen der Honecker-Nachfolger Egon Krenz, der Ost-Berliner SED-Chef Günter Schabowski, der SED-Chefideologe Kurt Hager und der DDR-Gewerkschaftsführer Harry Tisch. Auch diesen Angeklagten wurde Totschlag beziehungsweise Totschlag durch Unterlassen im Zusammenhang mit dem DDR-Grenzregime zur Last gelegt. Aus gesundheitlichen Gründen oder wegen Tod (Harry Tisch) schieden vier der sieben Angeklagten aus dem Verfahren aus. Verurteilt zu mehrjährigen Haftstrafen wurden 1997 Egon Krenz, der SED-Wirtschaftsexperte Günther Kleiber sowie Günter Schabowski.

Die Prozesse gegen Honecker und die anderen Mitglieder des SED-Politbüros spalteten die deutsche und insbesondere die ostdeutsche Gesellschaft. Während die Opfer der SED-Diktatur und vor allem die Angehörigen derjenigen, die an der innerdeutschen Grenze ihr Leben verloren hatten, die Anklagen begrüßten und die Urteile, die meist deutlich unter den Forderungen der Staatsanwaltschaft lagen, für zu milde hielten, kritisierten viele ehemalige SED-Mitglieder, aber auch die PDS die Gerichtsverfahren. Von politischer Justiz und Siegerjustiz war die Rede. Die Bundestagsgruppe der Partei rechnete den Honecker-Prozess zu den »Tausenden von Ermittlungs- und Strafverfahren gegen ehemalige Partei- und Staatsfunktionäre unterschiedlicher Verantwortungsebenen, gegen Mitarbeiter des MfS, ›Mauerschützen‹, vormalige Richter und Staatsanwälte und Polizeiangehörige«, die meisten von ihnen ehemalige Mitglieder der SED, viele von ihnen Mitglieder der PDS. Darüber hinaus sah man im Honecker-Prozess aber ein »Tribunal über die DDR« und einen »politischen Schauprozess«, in dem es den »Siegern im Kalten Krieg um Deutschland« nur um »die prinzipielle justitielle Abrechnung mit dem Sozialismusversuch auf deutschem Boden, mit dem angeblichen ›Verbrechen DDR‹« gehe.[10]

Die PDS, die solche Erklärungen abgab, war 1992 noch nicht die ostdeutsche Regionalpartei, zu der sie sich innerhalb weniger Jahre entwickeln sollte. Sie repräsentierte vielmehr die breite Funktionärsschicht der SED, die fraglos zu den Verlierern der deutschen Einheit gehörte. An der organisatorischen Kontinuität zur SED hielt die PDS vor allem fest, um das gewaltige Parteivermögen der SED zu retten, deren noch immer effiziente Parteiorganisation und das – wenn auch schwindende – Mitgliederpotential. Bald aber erwies sich die bewusste Kontinuität auch als ein Mittel, die politischen und funktionalen Eliten – und damit Profiteure – der DDR an sich zu binden, also jene zahlenmäßig durchaus beachtliche Gruppe, die »voller Ressentiments über ihren Machtverlust die neue Ordnung innerlich nicht akzeptiert haben«.[11] In dem Maße, in dem die Ostdeutschen, von denen viele der SED fernstanden, sich aus Enttäuschung über die Entwicklung seit der deutschen Einheit von den anderen, westlich dominierten Parteien abwandten, in dem Maße gewann die PDS als Partei der Ostdeutschen und ihrer Interessen eine politische Bedeutung, die weit über die Repräsentation alter SED-Kader hinausging.

Rechtsextremismus und Ausländerfeindlichkeit

Eine Welle rechtsextremer Gewalt, ganz überwiegend getragen von männlichen Jugendlichen und jungen Männern, erfasste in den frühen 1990er Jahren die neuen Länder. Schon 1991 erreichte eine gewalttätige Ausländerfeindschaft in den Krawallen von Hoyerswerda in Sachsen und 1992 in Rostock-Lichtenhagen traurige Höhepunkte. Ausländerunterkünfte und Asylantenheime wurden belagert, demoliert und mit Brandsätzen beworfen. Zahlreiche Menschen wurden verletzt. Dass sowohl in Hoyerswerda als auch in Rostock die Nachbarn dem schändlichen Treiben zusahen, die jugendlichen Gewalttäter sogar noch anfeuerten und ermutigten, zeigt, dass die Ausländerfeindlichkeit nicht auf einige junge Neonazis beschränkt blieb.

Hoyerswerda war das typische Beispiel einer aus sozialer Verunsicherung geborenen Xenophobie. Zu DDR-Zeiten war in der Lausitz der Braunkohletagebau, in dem auch zahlreiche Ausländer beschäftigt waren, ein wichtiger Arbeitgeber gewesen. Als der Bergbau nach 1990 zurückging, stieg die Arbeitslosigkeit rasch an, und obschon Ausländer davon nicht weniger betroffen waren als Deutsche, richteten sich Enttäuschung und Frustration der deutschen Bevölkerung gegen diese. Zur selben Zeit führten die Kriege in Jugoslawien zu einem erhöhten Zustrom von Flüchtlingen und Asylbewerbern. Nicht wenige Deutsche, die um ihre Arbeitsplätze bangten oder diese verloren hatten, sahen in den Neuankömmlingen Konkurrenten auf dem Arbeitsmarkt. Die Ostdeutschen fühlten sich in der Krise vielfach wie »Deutsche zweiter Klasse«, so dass der Rechtsextremismus und insbesondere die Ausgrenzung von Nicht-Deutschen in gewissen Mileus auch integrierende Wirkung entfalten konnte.[12] Dass nationalistisches Gedankengut nach 1990 in Ostdeutschland auf derartigen Zuspruch traf, hatte letztlich auch damit zu tun, dass nationales Denken und die Idee der deutschen Nation in den Jahren der DDR fast völlig tabuisiert waren und nach der Wiedervereinigung gleichsam nachholend artikuliert werden konnten.

Die rechtsextreme und ausländerfeindliche Gewalt blieb allerdings nicht auf die fünf neuen Bundesländer beschränkt. Im schleswig-holsteinischen Mölln und im nordrhein-westfälischen Solingen kamen bei Brandanschlägen auf von Türken bewohnte Häuser im November 1992 und im Mai 1993 insgesamt zehn Menschen ums Leben. Nach diesen Mordtaten gingen in zahllosen deutschen Städten Zigtausende auf die Straße, um im Schulterschluss mit Politikern aller Parteien gegen Fremdenfeindlichkeit und Rechtsextremismus zu demonstrieren und zu zeigen, dass die ganz überwiegende Mehrheit der Deutschen fast fünf Jahrzehnte nach Ende des Nationalsozialismus jede Form von Rechtsradikalismus verurteilte.

In der Auseinandersetzung mit der Ausländerfeindlichkeit offenbarten sich auch erhebliche politische Versäumnisse, die weit in die Zeit der alten Bundesrepublik zurückreichten. Noch immer galt in Deutschland ein Staatsbürgerschaftsrecht, das im Kern auf das Staatsbürgerschaftsgesetz des Deutschen Reiches von 1913 zurückging und die deutsche Staatsbürgerschaft so gut wie ausschließlich an das *ius sanguinis* band, also die deutsche Abstammung. Mit dem Hinweis darauf, dass die Bundesrepublik kein Einwanderungsland sei, verhinderten vor allem die Unionsparteien eine Reform des Staatsbürgerschaftsrechts und damit klare Immigrations- und Einbürgerungsregelungen. Historisch war dieser Hinweis völlig abwegig, denn seit ihrer Gründung ist die Bundesrepublik stets das Zuwanderungsziel ganz unterschiedlicher Migrantengruppen gewesen: von den türkischen Arbeitsmigranten über die Spätaussiedler aus Ost- und Südosteuropa sowie Zentralasien bis hin zu den Bürgerkriegsflüchtlingen aus dem zerfallenden Jugoslawien. Zwischen 1991 und 1996 wurden rund 350 000 Flüchtlinge aus Jugoslawien in der Bundesrepublik aufgenommen, von denen allerdings die meisten später wieder in ihre Heimat zurückkehrten. Zwischen 1990 und 2006 wanderten fast zweieinhalb Millionen Menschen als Spätaussiedler vor allem aus der ehemaligen Sowjetunion ein. 1991 beantragten in der Bundesrepublik 438 000 Menschen Asyl, 1992 waren es 323 000 und 1993 immer noch 127 000. Erst in der Folge des »Asylkompromisses« von 1993, der zwar das grundgesetzlich verbriefte individuelle Recht auf politisches Asyl bestätigte, aber Asylanträge von Bewerbern verhinderte, die aus sicheren Herkunftsländern oder sicheren Drittstaaten kamen, gingen die Zahlen allmählich auf unter 100 000 pro Jahr zurück.[13]

An eine umfassende Reform des Staatsbürgerschaftsrechts machte sich erst die rot-grüne Koalition nach 1998. Die politische Auseinandersetzung um die Reform, bei der es zugleich um klare Richtlinien für die Einwanderung wie um die Integration von Migranten in die deutsche Gesellschaft gehen sollte, bestimmte die politische Debatte über mehrere Jahre. Die Auseinandersetzung verlief nicht zuletzt deswegen so kontrovers, weil sich über Fragen der Einwanderung und der Staatsbürgerschaft politische Stimmungen erzeugen ließen, von denen insbesondere Teile der Unionsparteien bei Wahlen zu profitieren hofften. Das beste Beispiel hierfür bot die CDU in Hessen unter ihrem Spitzenkandidaten Roland Koch, die mit einer Kampagne gegen die doppelte Staatsbürgerschaft in den hessischen Landtagswahlkampf 1999 zog, diese Wahlen gewann und die in Wiesbaden regierende rot-grüne Koalition zusammen mit der FDP ablöste.

2004 verabschiedete der Bundestag schließlich mit den Stimmen der rot-grünen Koalition, unterstützt von der FDP, ein umfassendes Gesetzeswerk zu Einwanderung, Aufenthalt und Integration von Ausländern in Deutschland. Die Gesetze und Gesetzesänderungen, aus denen das Gesamtpaket besand – etwa Regelungen zum unbefristeten Aufenthalt von hoch qualifizierten Zuwanderern, Nachzugsregelungen für Kinder von Migranten und Förderung der Integration durch Sprachkurse –, setzten der Illusion ein Ende, dass Deutschland kein Einwanderungsland sei. Deutlich wurde das aber auch in der Namensänderung des bisherigen Bundesamtes für die Anerkennung ausländischer Flüchtlinge, das seither Bundesamt für Migration heißt.

Das Gesetzeswerk stand bei seiner Verabschiedung bereits unter dem Eindruck der islamistischen Terroranschläge in den USA, Großbritannien und Spanien und enthält daher auch Sicherheitsbestimmungen, die terroristische Aktivitäten von in Deutschland lebenden Ausländern verhindern sollen. Hierzu gehören Regelanfragen beim Verfassungsschutz im Vorfeld von Aufenthaltsgenehmigungen, Überwachungsmaßnahmen bei als potentiell gefährlich eingestuften Ausländern sowie klare Ausweisungsregelungen im Falle krimineller oder terroristischer Aktivität.

Reformstau?

Die künftige Gestalt der Systeme sozialer Sicherung in der Bundesrepublik war nach 1990 ein Dauerthema auf der innenpolitischen Agenda. Aktuelle Probleme, die sich zum Teil aus der deutschen Vereinigung ergaben, verbanden sich mit strukturellen Herausforderungen durch die demographische Entwicklung. Zwar waren die Alterung der deutschen Gesellschaft und der Rückgang von Normalarbeitsverhältnissen, auf denen der bundesrepublikanische Sozialstaat wesentlich beruhte, schon in den 1970er Jahren diagnostiziert worden, aber man war diesen Problemen bislang nur durch evolutionäre und eher punktuelle Veränderungen des bestehenden Systems entgegengetreten und hatte sich gescheut, im deutschen System mit seinen vielen Vetospielern den schwierigen Versuch einer grundlegenden Strukturreform zu wagen. Doch das ist keine hinlängliche Begründung für das lange Ausbleiben grundlegender Reformen. Eine Rolle spielte auch die in der alten Bundesrepublik tief verwurzelte Akzeptanz der seit den 1970er Jahren auf- und ausgebauten sozialen Sicherungssysteme, die stets auch eine Akzeptanz der prinzipiellen Legitimität des Sozialstaats war. Umgekehrt trug die in der Bundesrepublik entstandene und praktizierte Sozialstaatlichkeit zur Legitimation und damit zur Stabilisierung der politischen Ordnung bei. Das hatte sich in der frühen Bundesrepublik gezeigt. Die legitimationsstiftende Wirkung erfolgreichen sozialpolitischen Handelns gewann aber nach der Wiedervereinigung und mit Blick auf die Ostdeutschen erneut an Bedeutung.[14] Auch das erschwerte Reformen, hinter denen sich im sozialpolitischen Kontext nicht selten Leistungskürzungen verbargen.

»Reformstau« war 1997 das »Wort des Jahres«. Die Wahl verweist auf die breite Wahrnehmung des gerade auch sozialstaatlichen Immobilismus. Der 1994 zum Bundespräsidenten gewählte CDU-Politiker und ehemalige Präsident des Bundesverfassungsgerichts Roman Herzog hielt im April 1997 in Berlin eine viel beachtete und später immer wieder zitierte Rede, in der er forderte, durch Deutschland müsse ein Ruck gehen. Ein düsteres Krisenszenario war sein Ausgangspunkt. Ein Gefühl der Lähmung liege über dem Land, die Gesellschaft sei erstarrt und leide an einer mentalen Depression. Auf der Suche nach Gründen für diesen Zustand beklagte der Bundespräsident, dass vielen Deutschen Sicherheit wichtiger sei als Freiheit, aber nur die Idee der Freiheit könne die Kraftquelle sein, »nach der wir suchen und die uns helfen wird, den Modernisierungsstau zu überwinden und unsere Wirtschaft und Gesellschaft zu dynamisieren«.[15]

Waren die 1990er Jahre tatsächlich ein Jahrzehnt von Stillstand und Immobilismus? Die Antwort muss differenzierter ausfallen, als es Roman Herzogs »Ruck-Rede« nahelegt. Das gilt auch für die Sozialpolitik. Der Problemdruck war in der Tat enorm. Die Wiedervereinigung mit ihren Folgen, die demographische Entwicklung und der konjunkturelle Abschwung stellten zusammen eine politische Herausforderung dar, die jede einzelne Reformmaßnahme unzureichend erscheinen ließ. Bislang war die Bundesrepublik mit ihren sozialstaatlichen Reformen gut gefahren. Das System sozialer Sicherung war in den 1990er Jahren keineswegs mehr das, welches in den Gründerjahren der Republik entstanden war, aber die Reform und Anpassung des Systems stand doch primär im Zeichen seiner Expansion. Das begünstigte Effizienz- und Modernisierungsreformen, die aber in Zeiten der prosperierenden wirtschaftlichen Entwicklung nicht unter dem Druck strukturellen Wandels standen. Der expandierende Sozialstaat wurde so über die Jahrzehnte hinweg zu einer eigenen Wirklichkeit, mit der sich Interessen und Institutionen verbanden. Da dieser sich im weitgehenden politischen Konsens insbesondere zwischen den beiden großen Volksparteien entwickelte,[16] war er nicht einfach zur Disposition zu stellen.

Bei der Einführung der Pflegeversicherung, der fünften Säule der Sozialversicherung, zeigte sich, dass sich das sozialpolitische Klima gewandelt hatte. Über die Notwendigkeit einer Pflegeversicherung bestand 1994 Einigkeit, denn mit der steigenden Lebenserwartung nahm das Pflegerisiko zu. Bislang hatten die Pflegebedürftigen selbst beziehungsweise ihre Familien die Kosten der Pflege zu tragen, konnten sie das nicht, sprang die Sozialhilfe ein, die diese ständig wachsende Beanspruchung jedoch finanziell nicht schultern konnte. Ursprünglich hatte man eine steuerfinanzierte Lösung angestrebt, aber dieser Plan musste auf Grund der finanziellen Belastungen durch die deutsche Einheit verworfen werden. Da man eine rein private Pflichtversicherung ausschloss, blieb schließlich nur der Rückgriff auf das System der Sozialversicherung. Doch wer vom Umbau des Sozialstaats redete – und das taten seit den 1980er Jahren weite Teile von Union und die FDP –, der konnte neue sozialpolitische Leistungen nicht einfach durch eine Erhöhung der Sozialversicherungsbeiträge und damit eine Verteuerung des Faktors Arbeit finanzieren. Die sozialpolitische Debatte verknüpfte sich an dieser Stelle mit der »Standortdebatte«, der Frage nach der Konkurrenzfähigkeit der exportabhängigen deutschen Wirtschaft in einer globalen Wirtschaft. Am Ende kompensierte man die auf die Arbeitgeber entfallenden neuen Sozialbeiträge, indem man einen Feiertag, den Buß- und Bettag, strich.[17]

Die Debatte über die Pflegeversicherung spiegelte einen diskursiven Wandel, und sie enthielt Elemente, die auf eine Neuausrichtung der Sozialversicherung hindeuteten. Bei der Pflegeversicherung rückte man vom bis dahin vorherrschenden Bedarfsprinzip (insbesondere in der Krankenversicherung) ab und setzte an seine Stelle bedarfsunabhängige und in ihrer Höhe begrenzte Teilleistungen. Eine Vollversorgung war also nur durch Eigenbeteiligung möglich. Erkennbar wurden hier die Grundzüge einer für die Bundesrepublik neuartigen öffentlichen und privaten Mischfinanzierung der Sozialversicherung (*Public-Private-Mix*), wie sie die rot-grüne Koalition wenig später auch in der Rentenversicherung – Stichwort »Riester-Rente« – eingeführt hat.[18]

Es gelang schließlich, die Pflegeversicherung im parteiübergreifenden Konsens zu verabschieden, die Debatte aber machte deutlich, dass die Zeit der Einmütigkeit zu Ende ging. Das zeigte sich in der Rentenpolitik. Die »Rentenreform 99« wurde 1997 mit den Stimmen der Koalitionsmehrheit aus Union und FDP verabschiedet, aber gegen die Stimmen der SPD. Die »Rentenreform 99« war der Versuch einer Reform im Rahmen des bestehenden Systems, wobei insbesondere das 1957 etablierte Umlageverfahren beibehalten, ja stabilisiert werden sollte. Aber es ging doch auch um Leistungskürzungen und damit eine Konsolidierung der Sozialkassen, also nicht nur um Umbau, sondern um »Abbau des Sozialstaats«, wie SPD und Gewerkschaften nicht müde wurden zu betonen. Ein solcher sozialpolitischer Konflikt war neu, und der Dissens zwischen den Parteien, gerade auch zwischen Union und SPD, in der Tat ein entscheidender Grund für die beklagte Reformblockade. Die Unterschiede zwischen den Parteien standen indes nicht im Widerspruch zu ihrem Wunsch, die Absicherungsansprüche der Bürger zu bedienen. Die Expansion des bestehenden Systems und seiner Leistungen kam nicht mehr in Frage, aber welches der richtige Weg zum Ziel sei, darüber konnte man sich nicht einigen.

Das Beispiel Rentenversicherung zeigt, wie eine »wieder belebte alte, liberalökonomische Sozialstaatsgegnerschaft und die neue, Generationengerechtigkeit einklagende Sozialstaatskritik … auf die sozialstaatlichen Besitzstandsinteressen und die Erwartungshaltungen der älteren wohlfahrtsstaatlichen Generationen« prallten.[19] In dem Begriff der »wohlfahrtsstaatlichen Generationen«, den der Sozialwissenschaftler Lutz Leisering geprägt hat, spiegelt sich der Befund, dass der Sozialstaat Bundesrepublik nach sechs Jahrzehnten seiner Existenz keine für alle Bürger einheitliche Erfahrung darstellt, sondern dass verschiedene Generationen angesichts sich verändernder sozioökonomischer Rahmenbedingungen den Sozialstaat unterschiedlich erfahren und wahrnehmen und dass sich aus diesen unterschiedlichen Erfahrungen und Wahrnehmungen unterschiedliche Ansprüche an den Sozialstaat und unterschiedliche Bewertungen seiner Rolle ergeben können. »Lange zeichnete sich Deutschland im internationalen Vergleich durch relativ homogene, sozialmilieuübergreifende sozialstaatsfreundliche Werthaltungen in Bezug auf Gerechtigkeit und Ungleichheit aus«, betont Leisering. Dies sei in jüngster Zeit fraglich geworden.[20] Stabilität und lange Dauer können also auch in diesem Zusammenhang zum Problem werden.

Bereits mit der Rentenreform von 1992 hatte die christlich-liberale Koalition die Entwicklung der Renten der Entwicklung der Nettoeinkommen der Arbeitnehmer angepasst. Die steigenden Lohnnebenkosten hatten also keine Auswirkung mehr auf die Höhe der Rentenzahlungen. Auch die 1997 beschlossene »Renten-reform 99« unternahm den Versuch, Kosten zu senken, nicht zuletzt dadurch, dass Rentenzahlungen wegen Arbeitslosigkeit ausgeschlossen beziehungsweise erst ab einem Alter von 60 Jahren gewährt wurden. Die anhaltend hohe Arbeitslosigkeit insbesondere in Ostdeutschland hatte in den Jahren zuvor nicht nur das Beitrags-aufkommen der Rentenversicherungsträger reduziert, sondern darüber hinaus zu erheblichen Rentenmehrausgaben geführt, weil viele Arbeitslose Rentenzahlungen in Anspruch nahmen. Entscheidend war aber, dass die Reform der immer deut-licher zutage tretenden Auflösung des Normalarbeitsverhältnisses Rechnung trug. Das führte zu einer seit den 1970er Jahren nicht mehr einzudämmenden Massenar-beitslosigkeit, die durch die Entwicklungen in Ostdeutschland lediglich verstärkt, nicht aber hervorgerufen worden war, äußerte sich aber auch in der Tatsache, dass mit dem Übergang in die industrielle Dienstleistungswirtschaft Berufswechsel, Ar-beitsunterbrechungen und uneinheitliche Arbeitsbiographien zunahmen.

Die westdeutsche Rentenversicherung hingegen orientierte sich an stabilen Le-bensarbeitsverhältnissen von Männern. Immer häufiger waren daher Rentenein-kommen nicht mehr existenzsichernd. Das galt vor allem für Frauen, die wegen der Erziehung von Kindern oftmals die maximalen Rentenansprüche bei weitem nicht erreichten. Doch nun standen auch Millionen von Rentnern, die durch lang-jährige Vollzeitarbeitsverhältnisse volle Rentenansprüche erworben hatten, Millio-nen von Beitragszahlern gegenüber, die auf Grund ihrer eingeschränkten Erwerbs-tätigkeit nur reduzierte Beitragsleistungen erbrachten.[21] Die »Rentenreform 99« versuchte darauf zu reagieren, indem sie die Familientätigkeit (von Frauen) stärker berücksichtigte, also beispielsweise Kindererziehungszeiten umfassender aner-kannte. Auf die demographische Herausforderung, den Zuwachs der Rentenbezie-her, antwortete die Reform mit der Einführung eines sogenannten Demographie-faktors. Der Anstieg der Renten sollte sich verlangsamen und so die insgesamt längeren Rentenzahlungszeiten auf Grund der gestiegenen Lebenserwartung kom-pensieren. Eine Leistungskürzung war nicht vorgesehen, und das Rentenniveau sollte eine Schwelle von 64 Prozent des letzten Netto-Einkommens nicht unter-schreiten.

Zur finanziellen Konsolidierung beitragen sollte auch das 1992 verabschiedete Gesundheitsstrukturgesetz. Das Grundprinzip der solidarischen Krankenversiche-rung wurde dadurch nicht in Frage gestellt. Im Zentrum der Reform stand die Budgetierung der Ausgaben gesundheitlicher Leistungsanbieter, also von Ärzten, Krankenhäusern und Pharmaunternehmen. In bestimmten Bereichen wurden auch die Honorarsätze gesenkt, und die Zulassung neuer Kassenärzte wurde limitiert. Die Versicherten schließlich mussten höhere Zuzahlungen für Krankenhausaufenthalte, Kuren, Zahnersatz und bestimmte Medikamente leisten. Weil man voraussah, dass eine solche Reform nicht die Zustimmung der gesundheitspolitischen Interessengruppen finden würde, verzichtete die Bundesregierung darauf, die geplanten Maßnahmen mit den Ärzteverbänden, der Pharmaindustrie und den Krankenkassen abzustimmen. Dafür suchte man den Konsens mit der SPD-Opposition. Insofern bedeutete das Zustandekommen des Gesundheitsstrukturgesetzes eine Abkehr von der bislang gepflegten »Korporatisierung« des Gesundheitswesens.[22]

Weitere Belastungen für Kassenpatienten, ebenfalls mit dem Ziel, die Gesundheitskassen zu entlasten, brachte die 1997 in Kraft tretende nächste Stufe der Gesundheitsreform, mit der Zuzahlungen für Medikamente, Heilmittel und Krankenhausaufenthalte um etwa ein Drittel erhöht wurden. Patienten sollten dazu veranlasst werden, weniger Versicherungsleistungen in Anspruch zu nehmen. Gleichzeitig kam es zu Leistungskürzungen, beispielsweise beim Zahnersatz, bei Brillen und der Zahlung von Krankengeld. Ein Novum war das Beitragsentlastungsgesetz, durch das die Krankenkassen in ihrer Beitragsautonomie beschnitten und gezwungen wurden, ihre Beitragssätze zu senken. Dahinter stand wieder einmal kein unmittelbar gesundheitspolitisches Ziel, sondern die Absicht, die Lohnnebenkosten zu senken. Damit wirkte sich die immer heftigere Standortdebatte auch auf die Gesundheitspolitik aus.

Arbeitslosigkeit und Beschäftigungspolitik

Die Arbeitsmarkt- und Beschäftigungspolitik stand ebenfalls im Zeichen von Globalisierungsdruck und Standortdebatte. Darüber hinaus wurde sie von den Folgen der deutschen Einheit beherrscht.[23] Nach der Wiedervereinigung stieg die Zahl der Arbeitslosen in den fünf neuen Ländern bis 1994 auf 1,2 Millionen; die Arbeitslosenquote lag bei 15 Prozent, bei Frauen deutlich höher. In die Maßnahmen der aktiven Arbeitsmarktpolitik (Kurzarbeit, Arbeitsbeschaffungsmaßnahmen und Weiterbildungsprogramme) waren bis Ende des Jahres über die Hälfte der erwerbstätigen Ostdeutschen eingebunden. Zu einem dauerhaften Rückgang der Arbeitslosigkeit kam es allerdings nicht, da andere Entscheidungen neue Probleme schufen. So stieg das Lohnniveau in Ostdeutschland zwischen 1990 und 1994 auf 72 Prozent des Westniveaus, die Produktivität aber nur auf 39 Prozent. Das blieb nicht ohne Auswirkungen auf den Arbeitsmarkt.

Schon in den frühen 1990er Jahren wuchs die Einsicht, dass man Arbeitsmarktpolitik mit Strukturpolitik verknüpfen, vor allem aber dem Grundsatz folgen müsse, nicht Arbeitslosigkeit, sondern Arbeit zu finanzieren. Dem entsprach der 1993 eingeführte »Lohnkostenzuschuss Ost«. Mit Lohnzuschüssen etwa in Höhe der durchschnittlichen Arbeitslosenunterstützung wurde insbesondere die Schaffung von Arbeitsplätzen in den Bereichen Umweltschutz, soziale Dienste und Jugendhilfe gefördert. Als sich die Regelung in Ostdeutschland als wirksam erwies, wurde sie 1994 auf Westdeutschland ausgedehnt. Einen spürbaren Beschäftigungseffekt hatte die Förderung der Existenzgründung für Arbeitslose. Die expandierende Arbeitsförderungspolitik bedurfte allerdings einer leistungsfähigen Arbeitsverwaltung, die mit der sich nur langsam reformierenden Bundesanstalt für Arbeit nicht bereitstand. Daher wurde 1994 das Vermittlungsmonopol der Nürnberger Bundesanstalt aufgehoben. Das Problem, wie das Geld für die enorm steigenden Kosten von Arbeitslosigkeit und Arbeitsbeschaffung aufgebracht werden sollte, war damit nicht gelöst. Die Leistungen über höhere Beiträge zur Arbeitslosenversicherung zu finanzieren, wie es die Bundesregierung 1991 beschloss, erwies sich wegen der beschäftigungsschädlichen Wirkung als kontraproduktiv.[24] Andere Möglichkeiten wurden kaum in Erwägung gezogen, geschweige denn umgesetzt. Die Belastungen blieben auf Arbeitseinkommen beschränkt, andere Einkommensarten, beispielsweise Vermögens- oder Spekulationseinkommen, wurden zur Finanzierung nicht herangezogen, und Beamte sowie Selbstständige blieben in weit geringerem Maße belastet.

Obwohl Politiker in den Jahren nach der Wiedervereinigung im Zusammenhang mit dem »Aufbau Ost« immer wieder den Blick auf die 1950er Jahre und den Wiederaufbau in Westdeutschland richteten, knüpften sie nicht an den evidenten Erfolg des Lastenausgleichs an, der auch durch Vermögensabgaben finanziert worden war. Dies stand in den 1990er Jahren nicht zur Debatte, ja, zum 1. Januar 1997 wurde sogar die Vermögenssteuer abgeschafft. Letztlich bestätigten die Beschäftigungspolitik und ihre Finanzierung die »sozialpolitische Vermögenstoleranz« der Bundesrepublik.[25] In jedem Fall widersprach die Arbeitsmarktpolitik der Regierung Kohl in den 1990er Jahren den Prämissen ihrer Standortpolitik, bei der es zuallererst darum ging, die Attraktivität des Wirtschaftsstandorts Bundesrepublik zu erhöhen. Dazu trugen hohe Lohnnebenkosten kaum bei.

Um die wirtschaftliche Dynamik zu erhöhen und die deutsche Wirtschaft für den globalen Wettbewerb zu stärken, suchte die Bundesregierung Wege, welche die gewachsenen Strukturen des Sozialstaats prinzipiell nicht antasteten. Das schloss die Kürzung sozialstaatlicher Leistungen keineswegs aus. Dynamisierende Effekte und eine Stärkung des Standorts Deutschland versprach man sich von neoliberal geprägten und angebotsorientierten Maßnahmen. Dazu gehörte das 1993 verabschiedete »Standortsicherungsgesetz«, das beispielsweise die Ertragssteuer auf gewerbliche Einkünfte sowie die Körperschaftssteuer auf das niedrigste Niveau seit 1949 senkte und eine Reihe von investitionsfördernden Steuervergünstigungen vorsah. Das »Programm für Wachstum und Beschäftigung«, das der Bundestag 1996 gegen die Stimmen der Opposition beschloss, schränkte die Lohnfortzahlung im Krankheitsfall ein und lockerte den Kündigungsschutz in kleineren Betrieben, um Beschäftigungsverhältnisse zu flexibilisieren. Begleitet wurden beide Gesetzespakete von sozialstaatlichen Leistungskürzungen wie zum Beispiel der Absenkung von Lohnersatzleistungen (Arbeitslosenhilfe, Kurzarbeitergeld sowie Schlechtwettergeld) und der Anhebung des Rentenalters. Dagegen regte sich Widerstand, der weit über die SPD und die Gewerkschaften hinausging. In bundesweiten Kundgebungen wurde vehement gegen den »Abbau des Sozialstaats« protestiert. Die SPD betrieb im Bundesrat, wo sie über die Mehrheit verfügte, eine massive Blockadepolitik, um das Inkrafttreten der von der Bundesregierung beschlossenen Maßnahmen zu verhindern. Im Bundestagswahlkampf 1998 gaben Sozialdemokraten und Grüne das Versprechen, die von der Regierung Kohl beschlossenen Maßnahmen, darunter die Absenkung des Rentenniveaus, umgehend rückgängig zu machen. Und so geschah es auch.

Die Wirtschafts-, Finanz- und Sozialpolitik der Regierung Kohl nach 1990 enthielt neoliberale Elemente, sie jedoch als neoliberale Politik zu charakterisieren, schießt übers Ziel hinaus. Eine neoliberale Wende – und das galt ebenso für die 1980er Jahre – war anders als in den USA oder Großbritannien in der Bundesrepublik mit ihrem komplexen politischen System, mit dem Mehr-Parteien-System und der föderalen Ordnung, nicht möglich. Dazu kam, dass die ökonomischen und sozialen Folgen der deutschen Einheit nicht einfach den Kräften des Marktes überlassen werden konnten. Die Wirtschaftspolitik griff zum Teil sogar auf keynesianische Rezepte zurück, und die korporatistischen Strukturen des »Rheinischen Kapitalismus« blieben weitgehend erhalten. Der deutsche Sozialstaat wurde nach der Wiedervereinigung und im Zuge der Integration Ostdeutschlands eher stabilisiert als abgebaut. Das wurde zum wirtschaftlichen Problem, weil die Arbeitskosten hoch blieben. Eher neoliberalen Charakter trugen jene Maßnahmen, die Investitionen begünstigen und unternehmerisches Handeln liberalisieren sollten. Hinzu trat schließlich eine begrenzte Politik der Privatisierung vor allem im Bereich Post und Telekommunikation, die schon vor 1989 eingeleitet und in den 1990er Jahren weitergeführt wurde.

Ende der Ära Kohl

In den letzten Jahren der Ära Kohl erreichte die Arbeitslosigkeit den höchsten Stand seit 1949. Dass es der Bundesregierung nicht gelang, die Arbeitslosenzahlen zu senken, war für die Wahlniederlage der Koalition bei den Bundestagswahlen 1998 entscheidend. In der Wahrnehmung der Öffentlichkeit wirkten die Regierung und die sie tragenden Parteien verbraucht. Helmut Kohl als Bundeskanzler und Parteivorsitzender zog sich immer stärker aus der Tagespolitik zurück, lebte von seinem Nimbus als »Kanzler der Einheit« und betätigte sich als »Architekt Europas«. Die Wirtschafts- und Sozialpolitik der Union erweckte schließlich den Eindruck, den Arbeitnehmern Opfer abzuverlangen, die Unternehmer hingegen zu begünstigen. Im Wahlkampf tat die Opposition alles, diesen Eindruck zu verstärken. Aber Helmut Kohl wirkte auch einfach müde, immer mehr Wähler fanden, dass es nach 16 Jahren Zeit sei für einen Wechsel.

Die Entwicklung der CDU war in den 1990er Jahren gekennzeichnet durch die Dominanz Helmut Kohls. Der »Kanzlerwahlverein« erlebte eine Renaissance. Das führte zu neuer Kritik am Parteivorsitzenden, die vor allem eine Gruppe von Nachwuchspolitikern, »junge Wilde« genannt, artikulierte. Zu ihnen gehörten die späteren Länderregierungschefs Roland Koch (Hessen), Christian Wulff (Niedersachsen), Ole von Beust (Hamburg) und Günther Oettinger (Baden-Württemberg). Die Kohl-Kritik half ihnen bei der eigenen Profilierung innerhalb der CDU ebenso wie in der weiteren Öffentlichkeit. Doch Kohl behielt in der Nachfolgefrage das Zepter fest in der Hand. Zwar hatte er 1994 nach dem Wahlsieg von seiner letzten Amtszeit gesprochen, aber über den Zeitpunkt seines Rücktritts und über seinen Nachfolger in Parteivorsitz und Kanzleramt wollte er eindeutig allein entscheiden. Der von Kohl favorisierte und in der Partei beliebte Wolfgang Schäuble, der als Innenminister einer der Architekten der deutschen Einheit gewesen war, stand als Nachfolger bereit. Schäuble, der im Oktober 1990 bei einem Attentat schwer verletzt worden war und seither querschnittsgelähmt ist, wurde im November 1991 Vorsitzender der CDU/CSU-Bundestagsfraktion. In dieser Funktion wurde er 1998 Oppositionsführer. Nach Kohls Rücktritt vom Amt des Parteivorsitzenden übernahm er im November 1998 auch den Vorsitz der CDU.

Helmut Kohl ersparte Schäuble die Erfahrung eines Dualismus, aber der zum Ehrenvorsitzenden der CDU erhobene Kohl, der die Partei 25 Jahre lang geleitet hatte, blieb weiterhin einflussreich. Auch deshalb fand 1998 kein Neubeginn statt. »Die CDU nach Kohl war weiterhin eine CDU mit Kohl.«[26] Das änderte sich erst mit dem Spendenskandal, der im Herbst 1999 über die CDU hereinbrach. Wolfgang Schäuble konnte davon nicht profitieren, denn er geriet selbst in die Strudel der Affäre und musste im Frühjahr 2000 als Partei- wie als Fraktionsvorsitzender zurücktreten. Im Gegensatz zur Flick-Affäre, in die auch FDP und SPD sich verstrickt hatten, war diesmal nur die CDU betroffen. Die Christdemokraten, die sich nach der Niederlage von 1998 erstaunlich schnell gefangen hatten und überdies von den Problemen der neuen Bundesregierung profitierten, stürzten durch den Spendenskandal ins Chaos und erlitten so schweren Schaden, dass sie zu einem personellen Neubeginn gezwungen waren.

Ausgelöst wurde der Spendenskandal durch Walther Leisler Kiep. Der langjährige Schatzmeister der CDU stellte sich am 5. November 1999 den Justizbehörden, die ihn wegen Steuerhinterziehung mit Haftbefehl suchten. Kiep gestand, im August 1991 eine Großspende des Waffenhändlers und Rüstungslobbyisten Karlheinz Schreiber für die CDU entgegengenommen zu haben. Später kam ans Licht, dass die Zahlung in Höhe von 1,3 Millionen D-Mark vom Thyssen-Konzern stammte und womöglich im Zusammenhang mit der Lieferung deutscher Panzer nach Saudi-Arabien stand. Helmut Kohl bestritt die gegen ihn und die CDU erhobenen Vorwürfe zunächst, sah sich jedoch schließlich gezwungen, vor der Öffentlichkeit die Existenz »schwarzer« Parteikonten zuzugeben. Auf solche Konten war offensichtlich nicht nur die Thyssen-Spende geflossen, sondern auch andere Gelder, deren Spender zu benennen sich der ehemalige Parteivorsitzende Kohl aber beharrlich weigerte. Die Spendensumme belief sich auf über 2 Millionen D-Mark. Von dem zwielichtigen Lobbyisten Schreiber hatte aber auch Parteichef Schäuble eine Barspende in Höhe von 100 000 D-Mark entgegengenommen, was er allerdings vor dem Parlament zunächst bestritt und wenige Wochen später mit Worten des Bedauerns doch zugab. Um noch weitaus höhere Summen ging es bei der hessischen CDU, deren langjähriger Generalsekretär und Vorsitzender Manfred Kanther mindestens 17 Millionen D-Mark auf geheime Schweizer Konten transferiert und als »jüdische Vermächtnisse« getarnt der Hessen-CDU wieder zugeführt hatte.

Der Skandal betraf die Finanz- und Spendenpraxis der CDU, aber damit im Zusammenhang stand die Vermutung, durch große finanzielle Zuwendungen sei das Regierungshandeln der CDU insbesondere auf Bundesebene beeinflusst worden. Das galt für die Lieferung von Panzern nach Saudi-Arabien, es galt für mögliche Schmiergeldzahlungen des französischen Mineralölkonzerns Elf-Aquitaine im Zusammenhang mit dem Verkauf der Leuna-Raffinerien in der ehemaligen DDR, und es galt für eine Spende in Höhe von 6 Millionen D-Mark an die CDU durch das Ehepaar Ehlerding, das 1998 vom Bund den Zuschlag für mehr als 100 000 ehemalige Eisenbahnerwohnungen erhalten hatte, obwohl ein japanischer Konkurrent über eine Milliarde D-Mark mehr geboten hatte.

Der Untersuchungsausschuss, den der Bundestag einsetzte, konnte diese Zusammenhänge nicht im Einzelnen aufklären, zumal wichtiges Datenmaterial aus dem Bundeskanzleramt nicht mehr auffindbar war. Der angerichtete Schaden war beträchtlich, und er traf alle Parteien, nicht nur die CDU. Gegen Helmut Kohl, der vor Gericht mehrfach die Aussage verweigerte, wurde ein Ermittlungsverfahren eingeleitet, das im Jahr 2000 gegen Zahlung von 300 000 D-Mark eingestellt wurde. Gegen den CDU-Vorsitzenden Schäuble und die Parteischatzmeisterin Brigitte Baumeister ermittelte die Staatsanwaltschaft wegen uneidlicher Falschaussage. Manfred Kanther wurde erstinstanzlich wegen Untreue zu einer Freiheitsstrafe auf Bewährung verurteilt, am Ende blieb es bei einer Geldstrafe. 21 Millionen D-Mark musste die CDU schließlich an den Bund zurückzahlen. Und obwohl Helmut Kohl neue Spenden zum Ausgleich des von ihm zu verantwortenden Schadens einwarb, belasteten die Folgen der Spendenaffäre die Parteikasse enorm. Die CDU ging finanziell angeschlagen in den Bundestagswahlkampf 2002.

Beim finanziellen Schaden blieb es nicht. Die CDU geriet in eine tiefe Führungskrise. Das Denkmal Kohl stürzte, und Kohls Nachfolger Schäuble, der gehofft hatte, politisch überleben zu können, indem er sich an die Spitze der Aufklärungsbemühungen setzte, musste schließlich auch zurücktreten. Von Schäuble und dem Bundesvorstand der CDU vor die Wahl gestellt, entweder die Namen der anonymen Spender zu offenbaren oder sein Amt als Ehrenvorsitzender der CDU ruhen zu lassen, erklärte der Altbundeskanzler seinen Rücktritt von dem Ehrenamt. Schäuble sprach der CDU-Vorstand sein Vertrauen aus, und dieser bat im Bundestag um Entschuldigung dafür, dass er die von Karlheinz Schreiber entgegengenommene Spende verschwiegen habe.

Es gelang Schäuble nicht, sich aus den Fallstricken der Affäre zu befreien. Als eine der Ersten erkannte das die CDU-Generalsekretärin Angela Merkel. Nicht ohne eigene Ambitionen forderte die ostdeutsche Politikerin, die als »Kohls Mädchen« in den 1990er Jahren zunächst Bundesministerin für Frauen und Jugend, später Umweltministerin war, ihre Partei in einem »offenen Brief« auf, sich aus dem Schatten Kohls zu lösen und »auch ohne ihr altes Schlachtross … den Kampf mit dem politischen Gegner aufzunehmen«,[27] wie am 22. Dezember 1999 in der *Frankfurter Allgemeinen Zeitung* zu lesen war. Mit Schäuble hatte sie diesen Schachzug nicht abgestimmt und sich bereits dadurch auf Distanz zu ihm begeben. Für einen Griff nach dem Parteivorsitz, sollte Schäuble diesen verlieren, war sie damit gut positioniert. Andere Aspiranten auf den Parteivorsitz, von denen manche sogar auf das Kanzleramt spekulierten, waren ihr gegenüber nun deutlich im Hintertreffen. Roland Koch hatte zwar im Februar 1999 die Landtagswahlen in Hessen gewonnen, war jedoch durch die Finanzaffäre der hessischen CDU angeschlagen. Volker Rühe und Jürgen Rüttgers gelang es in der Folge des CDU-Finanzskandals nicht, in Schleswig-Holstein und Nordrhein-Westfalen die Wahlerfolge zu erzielen, die sie gebraucht hätten, um sich mit einiger Aussicht für den CDU-Bundesvorsitz zu bewerben. Das war die Chance für Angela Merkel, die nun aus der Tatsache Nutzen zog, dass sie als Ostdeutsche nicht dem lange vor 1989 entstandenen »Systems Kohl« zugeordnet wurde. Gleichsam an der Führungsriege der CDU vorbei appellierte sie an die Basis, der sie sich in einer Reihe von Regionalkonferenzen vorstellte. Christdemokraten in West- und Ostdeutschland verbanden mit Angela Merkel schließlich die Hoffnung auf einen Neubeginn. Ein Bundesparteitag wählte sie am 10. April 2000 zur Vorsitzenden der CDU.

Mit der Union war 1998 auch die FDP in die Opposition gegangen. Der Aufstieg der Grünen zur vierten Kraft im deutschen Parteiensystem hatte das Gewicht der Liberalen vermindert, die nun nicht mehr durch den Wechsel des Koalitionspartners an der Regierung bleiben konnten. Mit der Bundestagswahl 1998 endeten für die FDP nahezu 30 Jahre Regierungsverantwortung. Für die liberale Partei kam es nun darauf an, eine koalitionspolitisch neutrale Position einzunehmen, die unterschiedliche Optionen zuließ. Profitieren konnte davon vor allem die SPD, die fortan mit der FDP und den Grünen über zwei potenzielle Koalitionspartner verfügte. Dass eine solche Koalition von Bestand sein konnte, demonstrierten die beiden Parteien schon seit 1991 in Rheinland-Pfalz. Insgesamt waren die 1990er Jahre für die FDP aber eine schwierige Zeit. Der Bonus der Einheit, den man vor allem Hans-Dietrich Genscher zu verdanken hatte, hatte sich bereits verbraucht. Bei den Bundestagswahlen 1998 war die FDP von der ostdeutschen Landkarte so gut wie verschwunden. Dass die Partei auf Bundesebene dennoch 1994 und 1998 die Fünf-Prozent-Hürde überwinden konnte, verdankte sie in erster Linie den »Leihstimmen« von Unionswählern, die mit ihrer Unterstützung für die FDP den Fortbestand einer unionsgeführten Regierung sichern wollten. Auf Landesebene stellte sich die Lage anders dar, weshalb die Liberalen in zahlreichen Landtagswahlen den Einzug in die Parlamente verpassten.

Programmatisch konnte sich ein neuer Nationalliberalismus, für den in den 1990er Jahren zeitweise der ehemalige Generalbundesanwalt Alexander v. Stahl stand, nicht durchsetzen. Stahl zielte mit seiner Initiative wohl auf eine eher rechtspopulistische FDP nach dem Vorbild der Freiheitlichen Partei Österreichs (FPÖ) unter Jörg Haider. Aber auch der Linksliberalismus verlor an Kraft. Der Wunsch, die Koalition mit der CDU/CSU zu erhalten, war ausschlaggebend dafür, dass die FDP beispielsweise dem »Großen Lauschangriff« und dem »Asyl-Kompromiss« zustimmte, was 1995 zum Rücktritt der linksliberalen Bundesjustizministerin Sabine Leutheuser-Schnarrenberger führte. An der Spitze der Partei hielt sich der glücklose Bundesaußenminister Klaus Kinkel nur zwei Jahre. Dann löste ihn der hessische FDP-Politiker Wolfgang Gerhardt ab, der nach dem Regierungswechsel 1998 auch den Vorsitz der FDP-Bundestagsfraktion übernahm. Unter dem rührigen Generalsekretär Guido Westerwelle und dem einflussreichen nordrhein-westfälischen Landesvorsitzenden Jürgen Möllemann profilierte sich die FDP als marktliberale Partei. Schon in der gemeinsamen Regierung mit der Union und danach in der Opposition entwickelte sie sich zur Partei wirtschaftlicher Flexibilisierung und Deregulierung. Guido Westerwelle, der nach 1998 massiv für einen eigenständigen Kurs der FDP und eine Lösung von der Union eintrat, wurde 2001 zum Parteivorsitzenden gewählt.

Auf dem Weg zu Rot-Grün

Wäre die Mauer nicht gefallen, wäre die SPD mit ihrem Spitzenkandidaten Oskar Lafontaine vermutlich siegreich aus den Bundestagswahlen 1990 hervorgegangen. Stattdessen erzielte die Partei mit 33,5 Prozent das schlechteste Ergebnis seit 1957. Aber das miserable Abschneiden der Partei lässt sich nicht nur auf ihre uneindeutige Haltung zur deutschen Einheit zurückführen. In Ostdeutschland kostete Lafontaines Wiedervereinigungsskepsis die SPD zweifellos Stimmen, im Westen jedoch gaben andere Faktoren, die der Sozialdemokratie schon in den 1980er Jahren zu schaffen gemacht hatten, den Ausschlag. Das größte strukturelle Problem der SPD war der soziale Wandel, der Übergang von der Industriegesellschaft in eine stärker vom Dienstleistungssektor geprägte Gesellschaft. Die alte Industriearbeiterschaft schrumpfte, neue beziehungsweise an Größe zunehmende Berufsgruppen wählten nicht automatisch SPD. Die Partei musste ihre programmatische Orientierung auf die Arbeiterschaft und den öffentlichen Dienst relativieren, um für neue Gruppen wählbar zu werden. Das kollidierte mit der Notwendigkeit, ein klares Profil zu zeigen, und so verlor die Partei immer mehr Wähler an die Grünen, aber auch an die rechte Mitte, die Unionsparteien, ja zum Teil sogar an Rechtspopulisten wie die »Republikaner«, die in einigen Wahlen mehr Stimmen von Facharbeitern erhielten als die SPD. Bis in die zweite Hälfte der 1990er Jahre stand die Sozialdemokratie vor erheblichen Integrations- und Mobilisierungsproblemen.[28]

Aus der Strukturkrise wurde rasch eine Führungskrise. In den zehn Jahren zwischen 1990 und 2000 hatte die SPD fünf Vorsitzende. Nachdem sich Oskar Lafontaines Chancen auf den Parteivorsitz durch die Wahlniederlage 1990 drastisch verringert hatten und der saarländische Ministerpräsident selbst Abstand von seinen Ambitionen genommen hatte, wurde mit dem schleswig-holsteinischen Ministerpräsidenten Björn Engholm ein neuer Hoffnungsträger zum Parteivorsitzenden gekürt. Engholm verfügte über viele Jahre bundespolitischer Erfahrung. Er war Staatssekretär und Minister unter Helmut Schmidt gewesen und ein erfolgreicher Regierungschef in Kiel. Unter seiner Führung gelangen der SPD zu Beginn der 1990er Jahre wichtige Kurskorrekturen vor allem in Bezug auf die Auslandseinsätze der Bundeswehr sowie in der Asylpolitik. Der Asylkompromiss von 1993 wäre ohne Engholm nicht möglich gewesen. Doch im selben Jahr stolperte Engholm als Ministerpräsident sowie als SPD-Vorsitzender über die Ausläufer der Kieler Barschel-Affäre. Schon zuvor war er in seinem Parteiamt auf wachsende Schwierigkeiten gestoßen, und er galt zunehmend als schwacher Vorsitzender, weil es ihm nicht gelang, die politischen Schwergewichte der Partei hinter sich zu vereinen. Diese Schwergewichte waren seine Kollegen in den Ländern. Oskar Lafontaine hatte zwar den Wahlkampf 1990 verloren, agierte aber in Saarbrücken als erfolgreicher Ministerpräsident; in Hannover regierte Gerhard Schröder, der aus seinen bundespolitischen Ambitionen kein Hehl machte; und in Mainz bezog Rudolf Scharping politisches Selbstbewusstsein aus der Tatsache, dass es ihm 1991 gelungen war, die jahrzehntelange Herrschaft der CDU in deren Stammland Rheinland-Pfalz zu brechen.

Scharping konnte sich im Ringen um die Engholm-Nachfolge durchsetzen, und es gelang ihm auch, sich in einer Mitgliederbefragung die Kanzlerkandidatur 1994 zu sichern. Allerdings vereinte der Mainzer Ministerpräsident lediglich 40,2 Prozent der Stimmen auf sich. Mehr als die Hälfte der Mitglieder stimmten also gegen ihn, wie sein Konkurrent Gerhard Schröder nicht müde wurde zu betonen. Die Urwahl, welche die Legitimation des Vorsitzenden hätte stärken können, bewirkte also das Gegenteil: Sie demonstrierte die Zerrissenheit der SPD und ihrer Führung. Die 36,5 Prozent der Stimmen, welche die SPD unter Rudolf Scharping bei den Bundestagswahlen 1994 erreichte, bedeuteten zwar eine Steigerung gegenüber 1990, doch sie reichten nicht, um Helmut Kohl abzulösen, und so hielten die Konflikte an. Dass es Oskar Lafontaine auf dem Mannheimer Parteitag 1995 geradezu im Handstreich gelang, Scharping den Parteivorsitz zu entwinden, dokumentiert nur, wie schwach dessen Position in der Partei war und wie verzweifelt man nach einem Vorsitzenden Ausschau hielt, der neues Selbstbewusstsein verbreiten konnte. Angesichts der sinkenden Mitgliederzahlen war das bitter nötig. Schon 1992 war die Mitgliederzahl unter 900 000 gesunken; vier Jahre später, 1996, lag sie bereits unter 800 000, und bis zum Jahr 2000 fiel sie auf 734 000. Etwa 90 Prozent dieser Mitglieder stammten aus den alten Bundesländern, Sozialdemokraten waren in Ostdeutschland also schwach gesät.

Die SPD war eine alte Partei. Nur 15 Prozent ihrer Mitglieder waren damals jünger als 36 Jahre. Die jüngere Generation auf der linken Seite des politischen Spektrums fühlte sich bei den Grünen besser aufgehoben, und das galt ebenso für die Wähler. In dieser Konkurrenz lag allerdings auch eine Chance für die SPD, die von den Grünen gewissermaßen in die politische Mitte geschoben wurde. Das verschaffte den Sozialdemokraten eine koalitionspolitisch günstige Position und legte sie, wie Regierungsbündnisse mit der FDP zeigten, nicht auf die Grünen als Koalitionspartner fest. Die erkennbare programmatische Offenheit der SPD wurde zum Schlüssel ihres Erfolges bei den Bundestagswahlen 1998. Selbst aus der Rivalität zwischen Oskar Lafontaine und Gerhard Schröder machte man unter diesen Bedingungen einen strategischen Vorteil. Oskar Lafontaine stand nun ganz anders als in den 1980er Jahren für eine traditionell sozialdemokratische Sozial- und Arbeitsmarktpolitik mit keynesianischer Orientierung, prangerte die angeblich wachsende soziale Ungerechtigkeit in der Bundesrepublik als Auswirkung einer neoliberalen Politik an und appellierte an traditionelle Wählerschichten. Demgegenüber vertrat Gerhard Schröder eine angebotsorientierte Politik, die unter dem Imperativ der Innovation beispielsweise durch geringere Unternehmenssteuern und Sozialversicherungsbeiträge Investitionen befördern wollte. Aber auch Vertrauen auf die vorteilhafte Wirkung von Marktkräften und somit eine Politik der Flexibilisierung und Deregulierung gehörten zum Credo der »Modernisierer« um Schröder.

In den Wahlkampfslogan von 1998 »Innovation und Gerechtigkeit« nahm man beide Positionen auf, die Doppelgleisigkeit wurde zum Programm. Allerdings wurde nicht genau geklärt, wie sich die unterschiedlichen Politikansätze zueinander verhalten sollten. Wie weit sollte eine Politik der Deregulierung gehen? Wie stark sollte sich die SPD an die Gewerkschaften und ihre Tarifpolitik binden? Hinter diesen offenen Fragen verbargen sich enorme Konflikte, die im Grunde schon in der Stunde des Wahlsiegs zum Ausbruch kamen und im März 1999 zum Rücktritt von Oskar Lafontaine als Finanzminister und Parteivorsitzendem führte. Mit der Übernahme des Parteivorsitzes durch Gerhard Schröder – der fünfte Vorsitzende seit 1991 – schien der Konflikt gelöst. Das war aber ein Trugschluss. Zwar stabilisierten Wut und Enttäuschung über Lafontaines Schritt die Position Schröders einige Zeit, der Richtungsstreit innerhalb der SPD war aber nicht entschieden.

Doch zunächst einmal gelang Schröder und Lafontaine gemeisam der Wahlsieg. Die Partei hatte in einem mit modernsten Mitteln geführten Wahlkampf eine »optimale Wählerkoalition« geschmiedet.[29] Das war die Voraussetzung für den Anstieg des SPD-Stimmenanteils auf 40,9 Prozent. Damit war eine Regierungsbildung mit den Grünen möglich. Um ein Haar wäre die Regierungsbildung allerdings an dem schlechten Wahlergebnis der Grünen gescheitert, die 1998 lediglich 6,7 Prozent der Stimmen errangen und damit im Vergleich zu 1994 (7,9 Prozent) verloren. Der Absturz der Unionsparteien um mehr als 6 Prozent auf 35,1 Prozent der Stimmen machte eine rot-grüne Regierung dennoch möglich.

Die Grünen, denen das parlamentarische Überleben auf Bundesebene 1990 nur durch den Einzug ostdeutscher Abgeordneter gelungen war, durchliefen in den 1990er Jahren einen Normalisierungsprozess, an dessen Ende – 15 Jahre nach ihrem ersten Einzug in den Bundestag – der Eintritt in die Regierung stand. Regierungserfahrung hatten die Grünen schon in einigen westdeutschen Bundesländern sammeln können. Ihr Spitzenpolitiker Joschka Fischer, der 1998 Vizekanzler und Außenminister wurde, war bereits 1985 in Hessen als erster Grüner in ein Ministeramt gelangt. Aber auch in Schleswig-Holstein, Niedersachsen und Nordrhein-Westfalen gab es rot-grüne Koalitionen.

Eine wichtige Voraussetzung für die Regierungsbeteiligung der Grünen zunächst auf Landes-, später auf Bundesebene war die Schwächung des fundamentalistischen Lagers der Partei. In der Phase der programmatischen Neuausrichtung nach der Wahlniederlage von 1990 spaltete sich der radikal linke Flügel ab, führende Fundamentalisten wie Jutta Ditfurth verließen die Partei. Nun begann eine Zeit realpolitischer Dominanz, was sich in der Bildung verschiedener Koalitionsregierungen mit der SPD auf Länderebene niederschlug. In Hessen wurde 1995 erstmals eine rot-grüne Regierungskoalition bei Landtagswahlen bestätigt.[30] Dennoch sorgten Widersprüche zwischen der programmatischen Orientierung der Partei und den Kompromisserfordernissen stabiler Koalitionspolitik weiter für schwere Konflikte. Aber die Phase der Fundamentalopposition war abgeschlossen. Grüne Politik zielte nicht mehr auf Systemüberwindung, sondern agierte innerhalb des bestehenden Systems, in dem die Partei zunehmend Aufgaben übernahm.

Die Grünen wurden zur Mehrheitsbeschafferin für die SPD, eine Funktion, mit der sie im Laufe der 1990er Jahre in Konkurrenz zur FDP traten. Seit Bestehen der Bundesrepublik war die FDP bis 1998 nur drei Jahre, nämlich von 1966 bis 1969, nicht an der Regierung beteiligt gewesen. Eine Regierung der Unionsparteien oder der SPD ohne die Liberalen war bis dahin so gut wie ausgeschlossen. Das änderte sich nun, weil die SPD mit den Grünen einen weiteren Koalitionspartner fand. Neue politische Konstellationen wurden möglich, was auf Länderebene zu häufigeren Koalitionswechseln führte. Die Rolle des Koalitionspartners spielten die Grünen allerdings nur in Westdeutschland, in Ostdeutschland, wo sie kaum Fuß fassen konnten, übernahm diesen Part bald die PDS, die in Sachsen-Anhalt eine SPD-dominierte Minderheitsregierung tolerierte und in Mecklenburg-Vorpommern mit den Sozialdemokraten eine formale Koalition bildete.

Dass die Grünen an die Regierung gelangen konnten, hatte damit zu tun, dass sie programmatisch über die Umweltpolitik hinauswuchsen. In den Regierungskoalitionen der Länder stellten sie in der Regel den Umweltminister, aber sie beschränkten sich nicht mehr auf Umweltfragen. Ihr umweltpolitisches Monopol hatten sie ohnehin längst verloren, weil die anderen Parteien solche Zielsetzungen ebenfalls in ihre Programme aufnahmen. Überdies büßten Umwelt- und Friedenspolitik in der Bevölkerung die Bedeutung ein, die sie in den 1980er Jahren besessen hatten und ohne die Aufstieg und Etablierung der Grünen nicht zu erklären sind. Während 1989 noch zwei Drittel der Bevölkerung den Umweltschutz als eines der größten Probleme in Deutschland ansahen, meinte das 1996 nur noch etwa ein Viertel. Auch die Bereitschaft der Bevölkerung, für den Schutz der Umwelt zu zahlen und beispielsweise höhere Steuern auf Benzin zu akzeptieren, ließ in den 1990er Jahren deutlich nach. Mit der deutschen Einheit traten angesichts konjunktureller Probleme und hoher Arbeitslosigkeit wirtschaftliche Fragen und materielle Bedürfnisse wieder in den Vordergrund.[31]

Für die Grünen wurde es überlebensnotwendig, Kompetenz in der Finanz-, Wirtschafts- und Sozialpolitik zu zeigen. Die Partei entwickelte auf diesen Politikfeldern ein eher liberales Profil, plädierte für eine Reform des Sozialstaats, ja forderte eine Abkehr vom allumfassenden Sozialversicherungsstaat. Diese durchaus wirtschaftsliberale und klar marktwirtschaftliche Orientierung machte die Grünen zum willkommenen Partner des Teils der SPD, der wie Gerhard Schröder ähnliche Ziele vertrat und für eine Politik der Flexibilisierung und Deregulierung sowie einen Umbau der Systeme sozialer Sicherung stand. Ihre wirtschafts- und sozialpolitischen Vorstellungen machten die Grünen attraktiv für jüngere, oftmals akademisch gebildete Wähler, denen die Verbindung einer wertorientierten ökologischen Politik mit liberalen Werten der Selbstverwirklichung zusagte.[32] Ihr nach wie vor linkes Profil machte die Partei aber auch interessant für Wechselwähler, die genauso gut die SPD wählen konnten. Die Wahlforschung hat herausgefunden, dass die Grünen in den 1990er Jahren von der Schwäche der SPD profitierten, besonders prägnant bei den Bundestagswahlen 1994. Andererseits hat eine attraktive

SPD, wie sie sich beispielsweise im Wahljahr 1998 präsentierte, die Grünen Stimmen von Wechselwählern gekostet.

Dass die Grünen 1998 Wähler verloren, lag allerdings auch am »Desaster von Magdeburg« (Christoph Egle). Auf dem Magdeburger Parteitag im März 1998 verabschiedeten die Grünen nämlich ein Wahlprogramm, das grünen Prinzipien gerecht wurde, bei dessen Abfassung man aber völlig aus den Augen verloren hatte, dass eine Partei in der Gesellschaft breit um Wählerstimmen werben muss, wenn sie ernsthaft Regierungsbeteiligung anstrebt. Gerade die wichtigen Wechselwähler wandten sich in Scharen von der Partei ab, nachdem diese einen Benzinpreis von 5 D-Mark je Liter gefordert und sich zu einem starr pazifistischen Kurs in der Außen- und Sicherheitspolitik bekannt hatte, der beispielsweise die Beteiligung der Bundeswehr an dem friedenssichernden Einsatz in Bosnien ablehnte.[33] Als die Grünen im Herbst 1998 in die Bundesregierung eintraten, mit Joschka Fischer sogar den Außenminister stellten und gezwungen waren, eine realistische Energie- und Sicherheitspolitik zu betreiben, war der Konflikt zwischen Parteibasis und Parteiführung beziehungsweise der grünen Bundestagsfraktion vorprogrammiert. Die tätlichen Angriffe auf Joschka Fischer auf dem Bielefelder Parteitag im Mai 1999 waren die heftigste Ausprägung dieses Konflikts.

Wahlen im Fünf-Parteien-System

Nachdem sich das Parteiensystem der Bundesrepublik durch den Aufstieg der Grünen in den 1980er Jahren zum Vier-Parteien-System erweitert hatte, sorgten das Überleben und bald schon die Erfolge der SED-Nachfolgepartei PDS in den 1990er Jahren für die Entstehung eines Fünf-Parteien-Systems. Das gilt jedoch nur in gesamtdeutscher, auf den Bundestag bezogener Perspektive. Denn bei Lichte betrachtet handelt es sich um ein Vier-Parteien-System im Westen (CDU/CSU, FDP, SPD, Grüne) und um ein Drei-Parteien-System (CDU, SPD, PDS) im Osten. Anders als manche zunächst vermutet hatten, folgte der Untergang der SED/PDS dem Untergang der DDR keineswegs auf dem Fuß, im Gegenteil: Binnen weniger Jahre etablierte sich die PDS fest als ostdeutsche Regionalpartei und war in allen ostdeutschen Landtagen sowie im Bundestag vertreten. Auch kommunalpolitisch war sie aus den Städten und Gemeinden der ehemaligen DDR schon seit 1990 kaum wegzudenken. Mit der Agenda-Politik der Regierung Schröder erhielt die PDS seit 2002 die Chance, auch in Westdeutschland bei den Gewerkschaften und auf dem linken Flügel der SPD Anhänger in größerer Zahl zu gewinnen. Bis dahin war sie eine regionale linke Volkspartei und in ihrer regionalen Verwurzelung der CSU in Bayern durchaus vergleichbar.

Dass die PDS eine Regionalpartei war, zeigte sich auch daran, dass ihre Spitzenpositionen fast ausschließlich mit Ostdeutschen besetzt waren. Zu ihrer eindeutigen Führungsfigur wurde in den Jahren nach 1990 Gregor Gysi. Gysi war zwar schon seit 1967 Mitglied der SED, doch erst während der »friedlichen Revolution« und in der Transformation der SED zur PDS stieg er zu politischer Prominenz auf. Das gelang ihm nicht zuletzt dank Eloquenz und der Fähigkeit zur medialen Selbstdarstellung. Mit Gysi an der Spitze brauchte die PDS die immer stärker medial bestimmte Politik des vereinigten Deutschland nicht zu fürchten. Seine Popularität und Prominenz waren allerdings an den Charakter der PDS als Milieu- und vor allem als Protestpartei gekoppelt.[34] Die bald nach 1990 vor allem in Ostdeutschland zunehmende Kritik an der Wiedervereinigung, der angeblichen Entwertung der DDR und der Geringschätzung der Ostdeutschen fand in Gysi einen wortgewaltigen Vertreter, der sich zum Anwalt der vermeintlich benachteiligten Ostdeutschen zu stilisieren verstand. Dass die PDS auch die Partei alter SED-Funktionäre und Stasi-Mitarbeiter war, die in der Partei noch immer über erhebliches Gewicht verfügten, trat dagegen in den Hintergrund. Weil diese Funktionäre der zweiten und dritten Reihe aber nicht selten antiparlamentarische und grundsätzlich systemoppositionelle und damit verfassungsfeindliche Positionen vertraten, beobachtete der Verfassungsschutz die Partei, deren Spitzenvertreter aber im Laufe der Jahre in die Parlamente der Bundesrepublik und damit auch in deren politisches System integriert wurden. Ganz anders sah das im Westen Deutschlands aus, wo die kleine Anhänger- und Mitgliederschar der PDS aus radikalen Linken bestand, darunter nicht wenige ehemalige DKP-Mitglieder, die nach wie vor die Überwindung des politischen Systems und der Gesellschaftsordnung in der Bundesrepublik anstrebten.

Die Mitgliederzahl der PDS sank zwischen 1990 und 1998 von 200 000 auf 90 000, lag damit aber immer noch über den Zahlen der FDP (70 000) und der Grünen (50 000). Ähnlich wie die Grünen stand die PDS während der 1990er Jahre im Spannungsfeld von Fundamentalopposition und Regierungsbeteiligung. Wollte sie etwas verändern und ihre Politikziele ganz oder zumindest teilweise durchsetzen, musste sie Regierungsverantwortung übernehmen, und dies nicht nur auf kommunaler Ebene. Regierungsbeteiligung implizierte aber den Kompromiss und barg das Risiko, Wähler zu enttäuschen oder gar zu verprellen. Strategisch günstiger schien eine Politik der Fundamentalopposition, gerade wenn sich die PDS als Protestpartei der Ostdeutschen darzustellen gedachte. So wandelte sie auf dem schmalen Grat zwischen Übernahme von Regierungsverantwortung – zum Beispiel in Mecklenburg-Vorpommern seit 1998 – und Protest- und Oppositionsattitüde. Das gelang am besten, wenn sie eine Minderheitsregierung tolerierte, aber keine Regierungsverantwortung übernahm, was sie etwa in Sachsen-Anhalt praktizierte, wo sie seit 1994 die SPD-geführte Minderheitsregierung unterstützte.

In Ostdeutschland warb die PDS im Grunde um die enttäuschten Wähler aller anderen Parteien. Ihre Wahlerfolge im Laufe des Jahrzehnts erklären sich auch aus dem Zufluss von Wählern, die bislang für die CDU oder die SPD gestimmt hatten. Druck ausüben konnte die PDS vor allem auf die SPD, und dies umso mehr, je stärker die SPD sich unter Gerhard Schröder in die politische Mitte orientierte und damit traditionell linke Positionen, vor allem in der Wirtschafts-, Steuer- und Sozialpolitik, aufgab. In anderen Politikbereichen entwickelte sich auf Bundesebene die Konkurrenz zu den Grünen. Als diese nach 1998 sukzessive pazifistische Positionen in der Außen- und Sicherheitspolitik aufgaben, die NATO akzeptierten und für Auslandseinsätze der Bundeswehr optierten, konnte die PDS mit ihrer ablehnenden Haltung in diesen Fragen sogar an deren Stelle treten. Wählerwanderungen vom linken, fundamentalistischen Flügel der Grünen hin zur PDS waren durchaus zu beobachten.

Überhaupt nahm in den 1990er Jahren die Zahl der Wechselwähler zu. Lag sie vor 1990 bei etwa 40 Prozent, so überstieg sie danach die Marke von 50 Prozent.[35] Langfristige Wählerbindungen, schichten- oder milieubedingt, die für das Parteiensystem in den ersten Jahrzehnten der Bundesrepublik bestimmend gewesen waren, lösten sich seit den 1970er Jahren allmählich auf. Überraschend war das nicht, denn damit wurden Parteipräferenzen und Wahlverhalten lediglich von den Prozessen der Pluralisierung und Individualisierung erfasst, denen die Gesellschaft der Bundesrepublik insgesamt ausgesetzt war. Ausdifferenzierte Gesellschaften tendieren zu kleinteiligen politischen Ausdrucksformen, und insofern war auch die Ausweitung des Drei-Parteien-Systems, das die Bundesrepublik zwischen Ende der 1950er und Anfang der 1980er Jahre prägte, eine Folge sozialer und soziokultureller Entwicklungen, die in den 1970er Jahren mit Macht eingesetzt hatten. Nicht soziale Zugehörigkeiten und schichten- oder gruppenspezifische Interessen, sondern individuelle Interessen bestimmten immer stärker das Wahlverhalten, das zunehmend schwerer vorhersehbar war und die Parteien vor große Herausforderungen stellte, wenn es um die Programmstrategie ging.

Die Entwicklung zu einem Vielparteiensystem erschwerte auf Bundes- und Länderebene die Koalitions- und Regierungsbildung. Aus den fünf Parteien des politischen Spektrums zwischen PDS und CDU/CSU gingen ganz unterschiedliche

Regierungen hervor. Die jeweiligen Parteienbündnisse waren schon für sich genommen hoch komplexe und nicht selten widerspruchsvolle Allianzen voller
Spannungen und Konfliktpotential, darüber hinaus koalierten die Parteien in uneinheitlichen Konstellationen, was sich in der Handlungs- und Entscheidungsfähigkeit des politischen Systems insgesamt niederschlug.[36] So war die FDP in den
1990er Jahren sowohl in Koalitionen mit der Union eingebunden als auch mit der
SPD. Ein Gleichklang zwischen den Parteipositionen auf Landes- und Bundesebene war nicht immer herzustellen. Die föderale Struktur der Bundesrepublik
und ihr Partei- und Wahlsystem schafften damit eine Situation, in der ein »Durchregieren«, wie die CDU-Vorsitzende Angela Merkel im Bundestagswahlkampf 2005
formulierte, ausgeschlossen war. Das machte die Ende der 1990er Jahre im Grunde
von allen Parteien befürworteten Reformen insbesondere in der Sozial- und Steuerpolitik so schwierig. Ein parteiübergreifender Konsens, der im Bundestag, im
Bundesrat und womöglich sogar in den Länderparlamenten Bestand haben würde,
war nur mühsam zu erreichen.

Föderalismus und Wahlrecht führen ferner dazu, dass eine Partei im Grunde
niemals eine totale Niederlage erleidet, was zum Beispiel in Zwei-Parteien-Systemen
mit Mehrheitswahlrecht regelmäßig geschieht. Wahlniederlagen bei Bundestagswahlen fallen selten extrem aus, und die Partei, die auf Bundesebene verliert, kann
sich immer noch damit trösten, dass sie in der Regel in mehreren Bundesländern
weiter regieren kann, wenn sich nicht sogar wie in den späten 1970er und dann
wieder in den 1990er Jahren eine Konstellation ergibt, in der die Opposition im
Bundestag über die Mehrheit im Bundesrat verfügt. Von Blockademehrheit und
Blockadepolitik der SPD war daher während der letzten beiden Legislaturperioden
der Ära Kohl (1990–1998) immer wieder die Rede. Die Blockadeposition erlaubte
es der SPD insbesondere im Vorfeld der Bundestagswahl von 1998, sich als Partei
mit einem ganz anderen Politikentwurf darzustellen und den Wähler durch die
Vetoposition in der Länderkammer auf diesen alternativen Politikentwurf, der
1997/98 mit dem Etikett der »sozialen Gerechtigkeit« versehen war, aufmerksam zu
machen. Der Erneuerungsfähigkeit der Parteien laufen solche Strukturen zuwider,
denn wo liegen Anreize zur Reform, wenn Niederlagen stets begrenzt sind, wenn
jede Partei stets Regierungs- und Oppositionsfunktionen zugleich wahrnimmt?
Besteht nicht die Versuchung zu programmatischer Uneindeutigkeit zwischen Umorientierung und Beharrung, wenn kaum je eine Partei vom Wähler völlig abgestraft und von der Regierungsmacht verbannt wird?[37]

Doch nicht nur das Parteiensystem, auch die Parteien selbst sind mit der Ausdifferenzierung der Gesellschaft bunter und vielfältiger geworden. Ein klares poli-

tisches Profil, das alle Mitglieder in den verschiedenen Flügeln einer Partei mit ihren Botschaften unter einen Hut bringt, ist immer seltener auszumachen. Programmatisch wird aus Buntheit und Unterschiedlichkeit aber leicht Blässe und Konturlosigkeit, und weil sich die Wählerpotentiale der Parteien zunehmend überlappen, weil sich insbesondere die Unionsparteien und die SPD zu einer kaum fassbaren politischen Mitte hin orientieren, schwinden die Unterschiede zwischen den Programmen. Der Versuch der Parteien, programmatisch auf gesellschaftliche Entwicklungen zu reagieren und die Interessen einer kleinteiligeren Gesellschaft in ihrer Programmatik zu berücksichtigen, führt also paradoxerweise zu einer zunehmenden Entfremdung von Parteien und Gesellschaft, die nicht selten in zyklisch wiederkehrenden beziehungsweise zyklisch beklagten Ausbrüchen von »Parteiverdrossenheit« ihren Ausdruck findet.

Was die fünf auf Bundesebene vertretenen Parteien in den 1990er Jahren verband, war der Konsens, den Rechtsextremismus und rechtsextreme Parteien auszugrenzen. Eine Regierungsbeteiligung der »Republikaner« oder auch nur die Duldung eines Minderheitenkabinetts durch eine rechtsextreme Partei war weiterhin undenkbar. Eher kam es wie in Baden-Württemberg 1992 zur Bildung einer großen Koalition aus Union und SPD als zu einer rein rechnerisch denkbaren Koalition von CDU und »Republikanern«, die bei den Landtagswahlen im Südwesten vor dem Hintergrund der Asyldiskussion 10,9 Prozent der Stimmen erringen konnten. In dem Parteiensystem, das sich durch die PDS seit 1990 nach links erweitert hatte, war die Union durch diesen Ausgrenzungskonsens, den sie freilich mittrug, strukturell benachteiligt, denn sie blieb – sofern keine große Koalition gebildet wurde – auf die FDP als Koalitionspartner angewiesen, während der SPD nicht nur die Grünen, sondern auch die FDP sowie die PDS als Koalitions- beziehungsweise Duldungspartner zur Verfügung standen. Diese Situation veränderte sich nach 2000 allmählich, als eine schwarz-grüne Koalition, auf kommunaler Ebene bereits erprobt, landespolitisch und perspektivisch auch für den Bund denkbar wurde. Zu einem solchen Bündnis ist es in den Flächenbundesländern bislang jedoch nicht gekommen. Lediglich im Stadtstaat Hamburg regiert seit 2008 eine schwarz-grüne Koalition, die gleichwohl als ein bundespolitisches Signal verstanden und je nach Standpunkt argwöhnisch oder hoffungsvoll beobachtet wird.

Das rot-grüne Projekt

Zum zweiten Mal in der Geschichte der Bundesrepublik nach 1969 wurde 1998 ein Regierungswechsel durch eine Wahl, nicht durch einen Wechsel des Koalitionspartners herbeigeführt, und zum ersten Mal bildeten zwei Parteien, von denen keine vorher der Regierung angehörte, ein neues Kabinett. Nach 16 Jahren der Kanzlerschaft Helmut Kohls wirkte der Wahlsieg von SPD und Grünen für viele wie ein Aufbruch. Mit der Wahl des langjährigen nordrhein-westfälischen Ministerpräsidenten Johannes Rau zum Bundespräsidenten wurde der Machtwechsel im Mai 1999 noch einmal bestätigt. Rau, der mit dem Motto »Versöhnen statt spalten« in die Bundesversammlung ging, war nach seiner politischen Biographie ein Bundespräsident der alten Bundesrepublik. Die Wahl Dagmar Schipanskis dagegen hätte ein Zeichen setzen können. Aber die von den Unionsparteien aufgestellte parteilose Bewerberin, eine Professorin aus Ilmenau und Wissenschaftsministerin in Thüringen, hatte gegen Rau gar keine Chance.

Es gab Stimmen, die zwar die rot-grüne Regierungsbildung begrüßten, aber dennoch von einer »verspäteten Koalition« sprachen und insbesondere das »rot-grüne Projekt« in Frage stellten, das nicht nur den politischen, sondern auch den kulturellen Wandel durch den Regierungswechsel verkörpern sollte.[38] Waren die späten 1990er Jahre überhaupt noch die Zeit für ein »rot-grünes Projekt«? War der damit verbundene Anspruch nicht dem Erwartungshorizont der 1980er Jahre verhaftet, als die aufsteigenden Grünen und die SPD nach der Regierung Helmut Schmidts für postmaterialistische Themen wie Frieden, Umwelt und Gleichberechtigung standen, die nach der Wiedervereinigung auf der politischen Agenda längst nach hinten gerutscht waren? War die Zeit einer »konkreten Utopie des Postmaterialismus« nicht vorbei?[39] Aber wäre Rot-Grün zehn Jahre früher denn möglich gewesen?

Ende der 1980er Jahre konnte es keineswegs als ausgemacht gelten, dass die Grünen einer wie auch immer gearteten Regierungsbeteiligung überhaupt zugestimmt hätten. Der Eintritt der Partei in die hessische Regierung 1985 war innerparteilich höchst umstritten, und ob eine stabile Regierung mit ihnen möglich sein würde, alles andere als sicher. Erst nachdem der fundamentalistische Flügel die Partei verlassen hatte, waren die Grünen auf Bundesebene regierungswillig und auch regierungsfähig. Die SPD ihrerseits brauchte einige Zeit, um zu begreifen, dass die Grünen nicht nur politische Konkurrenten, sondern auch ein möglicher Koalitionspartner waren, ohne den es kaum gelingen würde, die Regierung Kohl abzulösen.[40]

Rot und Grün waren keine geborenen Bundesgenossen, darüber konnte der Jubel nach dem Wahlsieg 1998 nicht hinwegtäuschen. Zu der Aufbruchstimmung, die SPD und Grüne sowie ihre Wählerschaft nach der gewonnenen Bundestagswahl erfasste, trug der politische Generationswechsel, für den die neue Regierung stand, erheblich bei. Gerhard Schröder, der neue Bundeskanzler, war Jahrgang 1944 und damit 14 Jahre jünger als Helmut Kohl. Joschka Fischer, Vizekanzler und Außenminister, war Jahrgang 1948, das Gros der rot-grünen Führungsriege um die 50 Jahre alt. Viele der neuen Hoffnungsträger waren geprägt durch die Achtundsechziger-Bewegung und hatten in den späten 1960er Jahren begonnen, sich politisch zu engagieren, ob nun im SDS und später in der SPD, in den Sponti-Gruppen der 1970er Jahre oder in der Ökologie- und Friedensbewegung. Nicht wenige Kommentatoren sprachen 1998 davon, dass der von Rudi Dutschke 30 Jahre zuvor verkündete »Marsch durch die Institutionen« nun sein Ziel und seinen Höhepunkt erreicht habe. Weil das bürgerlich-konservative Lager seine Kritik an der neuen Regierung, ihrem Programm und dem sie tragenden politischen Personal ebenfalls mit »1968« in Verbindung brachte, entstand tatsächlich der Eindruck, der Regierungswechsel von 1998 sei das Ergebnis einer Ende der 1960er Jahre beschlossenen und dann zielstrebig umgesetzten Strategie.

Ganz so einfach lagen die Dinge nicht. In den drei Jahrzehnten, die seit 1968 vergangen waren, hatte sich die Gesellschaft erheblich verändert und mit ihr die politischen Protagonisten. Gerhard Schröder beispielsweise war vom antikapitalistischen Linksaußen bei den Jusos und in der SPD zum Vertreter einer marktwirtschaftlichen und unternehmerfreundlichen Politik geworden, ein »Genosse der Bosse«, wie es spöttisch hieß. Joschka Fischer wandelte sich vom Frankfurter Straßenkämpfer, der vor Gewalt gegen Polizisten nicht zurückschreckte, zum grünen Realpolitiker, der bald schon für die Teilnahme der Bundeswehr an Missionen im Ausland eintrat. Aus Kritikern, ja zum Teil erklärten Gegnern von liberaler Demokratie und Marktwirtschaft waren Politiker geworden, die fest auf dem Boden der Bundesrepublik und ihrer politischen, gesellschaftlichen und wirtschaftlichen Ordnung standen. Von Systemüberwindung konnte keine Rede mehr sein, und es spricht für das politische System der Bundesrepublik, dass es seine Gegner aus den späten 1960er Jahren im Laufe der Jahre nicht nur integrieren konnte, sondern ihnen sogar ermöglichte, in politische Spitzenämter aufzusteigen.

Die »Enkelgeneration« der SPD war im rot-grünen Kabinett gut vertreten. Neben Gerhard Schröder und Oskar Lafontaine standen Rudolf Scharping als Verteidigungsminister, Herta Däubler-Gmelin als Justizministerin sowie Heidemarie Wieczorek-Zeul als Ministerin für wirtschaftliche Zusammenarbeit und Entwicklungshilfe. Innenminister wurde Otto Schily, in den 1970er Jahren Strafverteidiger von RAF-Mitgliedern, der von den Grünen mittlerweile zur SPD übergetreten war. Der aus der Industrie stammende parteilose Werner Müller vertrat als Wirtschaftsminister Gerhard Schröders Politik der wirtschaftlichen Modernisierung. Ein Gegengewicht zu ihm sollte der Gewerkschaftsfunktionär Walter Riester als Arbeits- und Sozialminister bilden, der bis 1998 stellvertretender Vorsitzender der IG Metall gewesen war. Spitzenmann der Grünen in der Regierung war ohne jeden Zweifel Joschka Fischer als Außenminister und Vizekanzler. Er hatte wie kein Zweiter seit den 1980er Jahren die realpolitische Linie der Partei vertreten. Die grüne Regierungsbeteiligung auf Bundesebene konnte als Ziel seiner politischen wie persönlichen Ambitionen gelten. Im Auswärtigen Amt, das fast 30 Jahre fest in FDP-Hand gewesen war, wurde der grüne Außenminister zunächst skeptisch betrachtet, aber er konnte sich dort innerhalb kurzer Zeit Anerkennung erwerben. Die Außenpolitik der Bundesrepublik gestaltete und vertrat er mit großem Selbstbewusstsein, und rasch profilierte er sich auch auf der internationalen Bühne. Dem linken Flügel der Grünen zuzurechnen war Bundesumweltminister Jürgen Trittin, der für klare ökologische Prinzipien stand und zugleich die grüne Skepsis gegenüber Kapitalismus und Marktwirtschaft repräsentierte.

Ökologische Steuerreform

Zentrale Felder rot-grüner Politik, in denen der Einfluss der Grünen unmittelbar nach dem Wahlsieg sichtbar wurde, waren die Energie- und die Steuerpolitik. In dem Reformvorhaben einer »ökologischen Steuerreform« verbanden sich Umwelt- und Steuerpolitik. An der Spitze der Prioritätenliste, die der Koalitionsvertrag festhielt, stand der Ausstieg aus der Atomenergie. Für die Grünen war der Kampf gegen die friedliche Nutzung der Atomkraft seit den späten 1970er Jahren mindestens so konstitutiv gewesen wie ihre Opposition gegen die nukleare Rüstung. In der SPD hingegen hatte sich damals Helmut Schmidt zum entschiedenen Befürworter der Kernenergie gemacht, worin ihm all jene gefolgt waren, die dem Wirtschaftsstandort Deutschland kostengünstige Energien sichern wollten. Die Energiediskussion wurde lange Zeit primär im gesellschaftlichen und vorparlamentarischen Raum ausgetragen. Erst seit den späten 1970er Jahren gelangte sie, befördert nicht zuletzt durch die Grünen und ihre Forderung nach dem Atomausstieg, in die parlamentarische Politik auf Bundes- und Länderebene. Nach dem GAU von Tschernobyl 1986 wandte sich die gesellschaftliche Mehrheit gegen die

Atomkraft, und an den Bau neuer Kernkraftwerke war nicht mehr zu denken, doch die Regierung Kohl hielt an der friedlichen Nutzung der Kernenergie fest, zumal alternative Formen der Energiegewinnung nicht ausgereift waren und die verstärkte Nutzung fossiler Energieträger (Kohle, Erdöl, Erdgas) sich wegen der Auswirkungen auf das Klima verbot. Immerhin begann man seit 1990 systematisch erneuerbare Energien zu fördern, beispielsweise durch das sogenannte Stromeinspeisungsgesetz von 1991, das die Energieversorger verpflichtete, einen bestimmten Anteil Strom aus erneuerbaren Energien in ihre Netze einzuspeisen.

Die Effekte dieser Politik hielten sich zunächst in engen Grenzen. Strom wurde in der Bundesrepublik weiterhin – und letztlich bis heute – ganz überwiegend aus Kernenergie sowie Braun- und Steinkohle gewonnen. Noch 2007 stammten 86,5 Prozent des Gesamtvolumens der deutschen Stromproduktion von diesen drei Energieträgern.[41] Die rot-grüne Koalition setzte noch stärker auf die Förderung erneuerbarer Energien. Das »100 000-Dächer-Programm« von 1999 sollte die Produktion von Solarzellen und damit die Nutzung der Sonnenenergie steigern. Das »Erneuerbare-Energien-Gesetz« von 2000, das 2004 und 2008 novelliert wurde, dehnte die Förderung auf andere erneuerbare Energien, zum Beispiel die Windenergie, aus. Es sollte die Abhängigkeit von fossilen Brennstoffen reduzieren, war aber nicht nur gegen die Begrenztheit, sondern auch den klimatischen Effekt dieser Energieträger gerichtet.

Was die Förderung erneuerbarer Energien betrifft, so intensivierte die rot-grüne Koalition die Politik der Vorgängerregierung. Zu einem fundamentalen Wandel kam es dagegen in der Atompolitik. Sowohl die Bundesregierung als auch die Betreiber von Atomkraftwerken hatten ein massives Interesse daran, den in der Bundesrepublik spätestens in den 1980er Jahren verloren gegangenen Energiekonsens wiederherzustellen. Für die rot-grüne Regierung war ein solcher Konsens jedoch nicht ohne die Aussicht auf einen Atomausstieg denkbar, denn auch die SPD und selbst die Gewerkschaften waren nach Tschernobyl auf den Ausstieg eingeschwenkt. Bundesumweltminister Jürgen Trittin vertrat diese Position in den sogenannten Konsensgesprächen mit den Betreibern der Kernkraftwerke mit aller Härte. Mit seinen Maximalpositionen konnte sich der grüne Minister jedoch nicht durchsetzen, ja, er wurde im Winter 1998/99 vom Bundeskanzler öffentlich zurückgepfiffen. Schröder und sein parteiloser Wirtschaftsminister Werner Müller, ein erfahrener Energieunternehmer, hielten zwar am Ausstieg fest, suchten das Thema jedoch zu entideologisieren und so einen Konsens zu ermöglichen. Nach schwierigen Verhandlungen, die fast zwei Jahre dauerten, gelangte man im Juni 2000 tatsächlich zu einem »Atomkonsens«, zu einer Verständigung zwischen der Bundesregierung und den Energieversorgern, was sich in einem Gesetz über die »geordnete Beendigung der Kernenergie« niederschlug. Die Betriebsgenehmigungen der existierenden Atomkraftwerke wurden befristet, die Errichtung neuer Kraftwerke sowie – ab 2005 – die Wiederaufbereitung nuklearer Brennelemente wurde verboten.

Erstmals hatte ein führendes Industrieland den Ausstieg aus der Atomenergie beschlossen und damit auch international ein Zeichen gesetzt.[42] In der öffentlichen Diskussion über den Atomausstieg herrschte weithin der Eindruck vor, die Fronten zwischen den Betreibergesellschaften und der Bundesregierung und insbesondere dem Bundesumweltminister seien verhärtet. Dass die Energieversorger auf Grund der Überkapazitäten im europäischen Stromnetz und der – zumindest damals – sinkenden Stromkosten selbst ein Interesse daran hatten, Kernkraftwerke mittelfristig stillzulegen, hörte man kaum.[43] Das deutsche Vorbild fand anderswo in Europa keine Nachahmer. Gerade Frankreich und Großbritannien setzten weiterhin auf Kernenergie, deren Risiken durch den deutschen Ausstieg allein nicht gemindert wurden. Wenige Jahre nach den deutschen Beschlüssen drehte sich in der national und international geführten Energiediskussion der Wind wieder. Infolge der zunehmenden Sensibilität für die Klimabelastung durch die fossile Energiegewinnung fand die »saubere« und zudem vergleichsweise kostengünstige Kernenergie neue Befürworter. CDU/CSU und FDP haben den Ausstiegskonsens zunächst weitgehend mitgetragen, ihm zumindest aber nicht lautstark widersprochen, doch seit einiger Zeit mehren sich gerade in den Unionsparteien und der FDP die Stimmen, die für einen »Ausstieg aus dem Ausstieg« plädieren.

Der ökologische Anspruch der rot-grünen Regierung schlug auch auf ihre Finanz- und Steuerpolitik durch. Über die Erhebung von Umweltabgaben wurde in der Bundesrepublik schon seit den 1970er Jahren diskutiert, aber erst 20 Jahre später verdichteten sich diese Diskussionen zu Konzepten einer ökologischen und energiepolitischen Reform des Steuersystems, die jedoch bis 1998 nicht in Angriff genommen wurde, weil die deutsche Industrie sich massiv dagegen sperrte. Vor allem wurde behauptet, die Wettbewerbsfähigkeit der deutschen Wirtschaft könne Schaden nehmen, wenn die Bundesrepublik im Alleingang Ökosteuern einführe.[44] Dass die Grünen 1998 unter anderem mit der Forderung nach einem Benzinpreis von 5 D-Mark pro Liter in den Wahlkampf zogen, war Wasser auf die Mühlen der Industrievertreter. Weil die Gewerkschaften eher zurückhaltend auf die Pläne zu einer ökologischen Steuerreform reagierten, präsentierte die SPD das Thema nicht an prominenter Stelle in ihrem Wahlprogramm. Die Koalitionsvereinbarungen schrieben das Vorhaben jedoch fest, mit seiner Umsetzung wurde unmittelbar nach der Regierungsbildung begonnen.

Die ökologische Steuerreform zielte darauf, den Verbrauch knapper Energie-ressourcen einzuschränken. Dafür wollte man Anreize schaffen und zugleich steu-erliche Mehreinnahmen, mit denen man rechnete, aufwenden, um die Lohnneben-kosten zu senken. Insofern war die ökologische Steuerreform keine isolierte Maß-nahme, sondern ein integraler Bestandteil der Wirtschafts- und Finanzpolitik der Regierung Schröder/Fischer. Die Einführung ökologischer Steuern wurde von man-chen Befürwortern sogar ausdrücklich mit ihren wirtschafts- und arbeitsmarktpo-litischen Effekten begründet. Schon am 1. April 1999 trat die erste Stufe der Reform in Kraft. Die Mineralölsteuer auf Kraftstoffe, Heizöl und Gas wurde angehoben, eine Stromsteuer eingeführt. Bis 2003 schlossen sich weitere Reformstufen an. Die Energiesteuern stiegen erneut, umweltfreundliche Energieträger und Kraftstoffe wurden allerdings steuerlich begünstigt, aus erneuerbarer Energie gewonnener Strom wurde sogar ganz von der Steuer befreit. Unternehmen gestand man aller-dings geringere Steuersätze zu, um sie nicht zu überlasten. Die Einnahmen aus der Öko-Steuer flossen zu einem geringeren Teil in Programme zur Förderung erneu-erbarer Energien, während der Löwenanteil die Rentenversicherung entlastete, de-ren Beitragssätze deutlich abgesenkt werden konnten. Zur Senkung des Kraftstoff-verbrauchs trug die Reform ebenfalls bei. Dass dieser zwischen 1999 und 2001 um 12 Prozent fiel, lag freilich auch an anderen Faktoren: an technischen Verbesserun-gen, an Maßnahmen zur Verkehrsreduzierung und Verkehrsverlagerung sowie nicht zuletzt an den steigenden Rohölpreisen.

Die ökologische Steuerreform war nur ein Teil der rot-grünen Steuerpolitik. Sie wurde an andere steuerpolitische Maßnahmen gekoppelt, die in den ersten Monaten der rot-grünen Regierung unverkennbar die Handschrift von Finanz-minister Lafontaine trugen. Hatte die Regierung Kohl eine angebotsorientierte Steuerpolitik verfolgt, um Unternehmen zu entlasten sowie Investitionsanreize zu schaffen und dadurch die Konjunktur zu beleben, so zielte Lafontaines Steuerpoli-tik auf eine Steigerung der Binnennachfrage. Legitimiert wurde dieser Ansatz mit der beabsichtigten konjunkturellen Wirkung, aber auch mit dem sozialpolitischen Anspruch, durch die steuerliche Entlastung von Arbeitnehmern und Familien eine »Gerechtigkeitslücke zu schließen«. Lafontaines Steuerpolitik war damit traditio-nelle Umverteilungspolitik. Sie fand ihre Entsprechung in einer expansiven Haus-haltspolitik. Der erste Haushalt der neuen Regierung wies eine Ausgabensteige-rung von sechs Prozent aus; das Sozialbudget erhöhte sich überproportional sogar um 12 Prozent.[45]

Die mehrstufig angelegte Steuerreform entlastete in der ersten Stufe vor allem die Bezieher mittlerer und niedriger Einkommen. So wurde der Eingangssteuer-

satz gesenkt, der Grundfreibetrag erhöht. Hinzu trat eine Erhöhung des Kindergelds. Den Beziehern höherer Einkommen wurde zwar eine Steuersenkung in Aussicht gestellt, zunächst jedoch blieb deren durchschnittliche Steuerbelastung mehr
oder weniger unverändert. Auch die Unternehmensbesteuerung ging vorerst nicht
zurück. Steuerentlastungen wurden zwar angekündigt, doch de facto stieg die Belastung insbesondere von Unternehmen durch den Abbau einer Reihe von Steuervergünstigungen. Trotz massiver Kritik wurde das »Steuerentlastungsgesetz« der
Koalition am 4. März 1999 vom Bundestag beschlossen und passierte wenig später
auch den Bundesrat. Zumindest mit der ersten Stufe der Reform und mit seiner
Haushaltspolitik hatte sich der Finanzminister allem Anschein nach gegen den
Bundeskanzler und die »Modernisierer« in der SPD, aber auch gegen die Grünen
durchgesetzt, welche die nachfrageorientierte Ausgabenpolitik und die verscho-
bene Entlastung der Unternehmen höchst skeptisch beurteilten.

Die »Neue Mitte«

Trotz der erfolgreich abgeschlossenen Koalitionsverhandlungen konnte man schon
im Herbst und Winter 1998 tiefe Risse zwischen den Partnern erkennen. Diese
Risse trennten nicht nur SPD und Grüne, sondern bald auch die Führungsspitze
der SPD. Die Differenzen zwischen den beiden »Alphatieren« Schröder und Lafontaine wurden in dem Maße zur Belastung, wie eine stringente Regierungspolitik
entwickelt und umgesetzt werden musste. Vor allem in der Wirtschafts- und Sozialpolitik kam es zu harten Auseinandersetzungen zwischen dem Bundeskanzler
und dem Finanzminister, der zugleich Parteivorsitzender war.

In den ersten Wochen nach der Regierungsbildung hatte es noch so ausgesehen, als könne sich Oskar Lafontaine mit einer eher traditionellen, keynesianisch
ausgerichteten und nachfrageorientierten Wirtschafts- und Finanzpolitik durchsetzen. Auch die sozialpolitischen Beschlüsse, welche die neue Regierung gleich zu
Beginn der Legislaturperiode fasste und mit denen wie im Wahlkampf versprochen eine Reihe sozialpolitischer Reformmaßnahmen der Regierung Kohl – etwa
in der Rentenpolitik, beim Kündigungsschutz und bei der Lohnfortzahlung im
Krankheitsfall – rückgängig gemacht wurde, gingen auf Lafontaine zurück. Von
den im Wahlkampf unter dem Stichwort »Innovation« in Aussicht gestellten wirt-
schaftsfreundlichen Steuersenkungen und den sozialpolitischen Reformmaßnahmen war hingegen kaum noch die Rede. Gerhard Schröder und die »Modernisierer« in der SPD, unter ihnen der nordrhein-westfälische Ministerpräsident

Wolfgang Clement und Kanzleramtsminister Bodo Hombach, schienen im parteiinternen Ringen den Kürzeren gezogen zu haben. Doch Schröder versuchte seinen
politischen Vorstellungen durch Hinweise auf die Stellung des Bundeskanzlers und
dessen Richtlinienkompetenz Nachdruck zu verleihen. Man könne das Land nicht
gegen die Wirtschaft regieren. Die Verantwortung für eine solche Politik könne er
nicht übernehmen, erklärte Schröder in einer Kabinettssitzung am 10. März 1999.[46]
Was manche zunächst als Rücktrittsdrohung des Bundeskanzlers deuteten, sollte
Druck auf Oskar Lafontaine und auf den grünen Bundesumweltminister Jürgen
Trittin ausüben, die nach Ansicht des Kanzlers die dringend notwendige Politik der
wirtschaftlichen Modernisierung erschwerten, wenn nicht gar verhinderten.

Im grundsätzlichen Konflikt mit dem Bundeskanzler mit seinen verfassungsmäßigen Befugnissen musste der SPD-Vorsitzende Oskar Lafontaine letztlich unterliegen. Als Nummer zwei die Politik des Kanzlers, die er ablehnte, zu unterstützen, war seine Sache aber nicht. Dennoch kam der Rücktritt des Saarländers von
allen politischen Ämtern am 11. März 1999 überraschend. Dass Lafontaine aufgegeben hatte, half Gerhard Schröder zunächst nicht nur, weil dadurch der traditiona-
listische, gewerkschaftsnahe Flügel der SPD entscheidend geschwächt wurde, sondern auch, weil die Art und Weise des Rücktritts in der SPD über alle Konfliktlinien
hinweg als verantwortungslos und egoistisch wahrgenommen wurde. Schröder
wurde auf einem Sonderparteitag der SPD im April 1999 zum Parteivorsitzenden
gewählt. Dass er lediglich 76 Prozent der Delegiertenstimmen erhielt, zeigte freilich, wie viel Rückhalt Lafontaine weiterhin in der Partei besaß, und dass Schröders
Gegner keinesfalls bereit waren, sich zu unterwerfen.

Das Amt des Bundesfinanzministers übernahm schon am Tag nach Lafontaines Rücktritt Hans Eichel, der im Februar 1999 als hessischer Ministerpräsident
die Landtagswahl gegen seinen Herausforderer Roland Koch von der CDU verloren
hatte. Der neue Finanzminister galt zunächst nicht als Anhänger der wirtschafts-
und sozialpolitischen Linie Schröders, gewann aber dank seiner Kompetenz innerhalb kurzer Zeit ein hohes Renommee. Mit seiner Politik der Haushaltskonsolidierung entsprach er dem Wahlprogramm der SPD, in dem von »strenger Haushaltsdisziplin« und »Rückführung der Staatsverschuldung« die Rede gewesen war, und
überdies fügte er sich rasch ein in den wirtschafts- und sozialpolitischen Modernisierungskurs, den Schröder nach dem Rücktritt Lafontaines einschlug. Dass Eichel
bald erste Konsolidierungserfolge vorweisen konnte, verdankte er unter anderem
der Versteigerung der Mobilfunklizenzen für UMTS (Universal Mobile Telecom-
munications System) im Jahr 2000, deren Erlös in Höhe von etwa 100 Milliarden
D-Mark fast vollständig zur Schuldentilgung verwandt werden konnte.

In der Sozialpolitik kam es noch Lafontaines Rücktritt zu keinem grundlegenden Wandel. Wirtschafts- und Sozialpolitik blieben entkoppelt. Dabei fällt schwerer als die konkreten politischen Entscheidungen ins Gewicht, was die Bundesregierung nicht entschied. Durch das Festhalten am arbeits- und sozialpolitischen Status quo, nicht zuletzt unter dem Druck der Gewerkschaften, blieben insbesondere die Arbeitskosten hoch.[47] Die Einführung der »Riester-Rente« darf darüber nicht hinwegtäuschen. Sie bedeutete zwar ein Abweichen vom Pfad deutscher Sozialstaatlichkeit in der Alterssicherung, doch das war eine punktuelle Maßnahme, die nicht für einen grundlegenden Umbau der sozialen Sicherungssysteme stand. Immerhin wurde im Zuge der Rentenreform 2000/01 das Leistungsniveau der gesetzlichen Rentenversicherung abgesenkt. Die rot-grüne Regierung ging damit sogar über die von ihr selbst rückgängig gemachte Rentenreform 1999 der Regierung Kohl hinaus. Der Arbeitnehmer sollte diese Absenkung aber durch private Zusatzmaßnahmen zur Altersversorgung ausgleichen können, die der Staat bezuschusste beziehungsweise steuerlich begünstigte. Das entlastete die Arbeitgeber und wich von der paritätischen Finanzierung der Alterssicherung ab. Um eine Privatisierung handelte es sich jedoch nicht.

Ihren programmatischen Niederschlag fand diese Politik in dem sogenannten Schröder-Blair-Papier vom Juni 1999, das unter dem Titel »Der Weg nach vorne für Europas Sozialdemokraten« eine moderne sozialdemokratische Politik in Zeiten der Globalisierung und des Marktliberalismus entwarf. Tony Blair hatte 1997 mit einem erdrutschartigen Wahlsieg seiner Labour Party in Großbritannien fast zwei Jahrzehnten konservativer Regierung ein Ende gemacht. Im Wahlkampf hatte er sich von der traditionellen Politik der Labour Party, ihrer Orientierung am Klassenkampf und den Interessen der Industriearbeiterschaft gelöst und unter dem Motto »New Labour« neoliberale Ideen in das Programm und die politische Praxis der Partei aufgenommen. Zwar distanzierte man sich weiterhin vom Thatcherismus, es war aber deutlich, dass Labour an wichtige Prinzipien der neoliberalen Politik Margaret Thatchers – Marktorientierung und Deregulierung etwa – anknüpfte. New Labour sollte eine moderne Mittelstandspartei in einer industriellen Dienstleistungsgesellschaft unter Bedingungen der Globalisierung werden. Gerhard Schröders Rede von einer »Neuen Mitte« zielte in dieselbe Richtung. Blair und Schröder reagierten damit auf das Ende der traditionellen Industriegesellschaften spätestens seit den 1970er Jahren und die Auflösung der die Programmatik sozialistischer beziehungsweise sozialdemokratischer Parteien weithin bestimmenden traditionellen Industriearbeiterschaft, aber auch auf den Zusammenbruch der Ostblockstaaten und das Ende des Ost-West-Konflikts, der als ideologischer

Grundkonflikt tief in die westlichen Gesellschaften hineingewirkt und die Politik der linken Parteien bestimmt hatte. Damit waren zwei wesentliche Faktoren des Links-Rechts-Gegensatzes entfallen.

Wie eine Politik »jenseits von Links und Rechts« aussehen könnte, fragte seit Anfang der 1990er Jahre der englische Soziologe Anthony Giddens, einer der wichtigsten Ideengeber von Tony Blair.[48] Giddens und mit ihm der deutsche Soziologe Ulrich Beck plädierten für einen »Dritten Weg«. Damit war nicht wie in den ersten Nachkriegsjahrzehnten ein Gesellschaftsmodell zwischen dem liberalen Kapitalismus des Westens und dem Staatssozialismus des Ostens gemeint, sondern ein Modell, das unter den Bedingungen von Neoliberalismus und Globalisierung sozialdemokratischen Werten wie Solidarität und soziale Gerechtigkeit verpflichtet war. Der Weg zu sozialer Gerechtigkeit, so war im Schröder-Blair-Papier zu lesen, dürfe nicht »mit immer höheren Ausgaben gepflastert (sein), ohne Rücksicht auf Ergebnisse oder die Wirkung der hohen Steuerlast auf Wettbewerbsfähigkeit, Beschäftigung oder private Ausgaben«. Soziale Gerechtigkeit dürfe nicht mit einer »Forderung nach Gleichheit im Ergebnis« verwechselt werden, sondern müsse sich am Imperativ der Chancengleichheit orientieren. Der liberale Grundton war unüberhörbar, was durch die klare Absage an jede Form der staatlichen Wirtschaftssteuerung bekräftigt wurde. Den Keynesianismus erklärte man in aller Form für tot: Nicht der Staat dürfe die Wirtschaft steuern, die Märkte müssten dies tun, und sie könnten es auch, wenn man Produkt-, Kapital- und Arbeitsmärkte nur entsprechend flexibilisiere und dereguliere. Für Niedrigqualifizierte brauche man einen Niedriglohnsektor, und die Reform der sozialen Sicherungssysteme müsse darauf gerichtet sein, die Arbeitsaufnahme nicht zu behindern, sondern Anreize dafür zu schaffen.[49]

In der deutschen Öffentlichkeit und insbesondere in der SPD löste das Schröder-Blair-Papier eine erregte Diskussion aus. Die Kritik reichte bis in die SPD-Spitze hinein. Der linke Flügel der Partei, vor allem gewerkschaftsnahe Politiker, warfen seinen Autoren – auf deutscher Seite Bodo Hombach – vor, ein Zerrbild der Sozialdemokratie und der sozialen Wirklichkeit zu zeichnen. Immer wieder wurde das Papier als »neoliberal« gebrandmarkt: Es kehre nicht nur zur Politik Helmut Kohls zurück, sondern bedeute eine »Zerstörung der Identität der Sozialdemokratie«. Mit sozialer Gerechtigkeit hätten die Vorstellungen Blairs und Schröders nichts zu tun.[50]

Die Auseinandersetzung machte deutlich, dass die grundsätzlichen Konflikte innerhalb der SPD nach dem Rücktritt Oskar Lafontaines weiter schwelten. Die Reaktionen des Gewerkschaftsflügels und aus den Reihen der Jusos konnte man noch als übliche Reflexe abtun, aber die differenzierteren Stellungnahmen gemäßigter SPD-Politiker zeigten doch, dass die Partei den von ihrem neuen Vorsitzenden forcierten Kurswechsel noch längst nicht vollzogen hatte und enorme programmpolitische Herausforderungen noch zu bewältigen waren. Hans-Jochen Vogel, gewiss kein Parteilinker, fragte: »Ist der Markt … nicht drauf und dran, sich zum Herrscher der Gesellschaft aufzuschwingen und die demokratisch legitimierten Institutionen beiseitezuschieben? Kann er seinen Dienst für die Gemeinschaft wirklich ohne Einbindung in konkrete Rahmenbedingungen leisten?«[51] Vogels Fragen waren an die SPD und ihren Vorsitzenden gerichtet, doch in ihrer grundsätzlichen Reflexion zum Verhältnis von Staat und Markt, von Politik und Wirtschaft zielten sie weit über die Partei hinaus.

Bei einer Reihe von Landtags- und Kommunalwahlen erlitt die SPD 1999 schwere Schlappen. Bei den Europawahlen im Juni 1999 erreichte sie gerade noch 30,7 Prozent der Stimmen. Längst vergangen schienen die Zeiten, da man Wahlerfolge gefeiert hatte. Den Einbruch der SPD und die Gewinne der Union hatten aber weniger die politischen Positionen Gerhard Schröders verursacht als vielmehr das Bild, das die SPD und die rot-grüne Koalition insgesamt seit dem Herbst 1998 abgab. Nicht nur der Streit zwischen Schröder und Lafontaine hatte sich verheerend ausgewirkt, sondern auch die mediale Selbstdarstellung des Bundeskanzlers, der die Macht und ihre Aura sichtlich zu genießen und darüber die harten Anforderungen des Regierens zu vergessen schien. Auftritte in Unterhaltungsshows des Fernsehens und Fotostrecken, die ihn in edlen Anzügen und mit teuren Zigarren zeigten, schadeten nicht nur dem Kanzler, sondern auch der Partei. Dass 24 Prozent der Delegierten gegen ihn als Vorsitzenden stimmten, war auch auf sein Image als »Cashmere-Kanzler« zurückzuführen.[52] Der Regierungschef schien das Leben und die Privilegien der Macht in vollen Zügen zu genießen, während weit über 4 Millionen Menschen in Deutschland arbeitslos waren und auf dem Balkan mit deutscher Zustimmung und Beteiligung ein blutiger Krieg geführt wurde. Zu seiner Popularität trug das kaum bei.

Die Bundesrepublik hatte sich seit 1990 nicht nur durch die deutsche Einheit grundlegend verändert, und sie würde und musste sich weiter verändern. Der Reformdiskurs durchzog die Gesellschaft und sorgte nicht nur für politische Kontroversen in und zwischen den Parteien, sondern auch für eine deutliche Verunsicherung der Menschen angesichts des Tempos der Veränderung und der Tiefe der Einschnitte. Die Suche nach Sicherheit, nach Sicherheit in jenen Prozessen des Wandels, denen man sich nicht entziehen konnte, bestimmte ganz ähnlich wie Mitte der 1970er Jahre das politische Denken und Handeln. Sicherheit – auch der

Begriff – wurde zum Thema. Der Leitantrag zum SPD-Parteitag im November 2001 sprach von »Sicherheit im Wandel und Sicherheit durch Wandel«.[53] Dass Sicherheit in den ersten Jahren des 21. Jahrhunderts zu einer Schlüsselvokabel der politisch-sozialen Sprache aufstieg, hat insofern nicht nur mit den Terroranschlägen des 11. September 2001 zu tun. Die Bedrohungswahrnehmungen, die insbesondere die Angriffe auf das World Trade Center in New York auslösten, verstärkten und globalisierten freilich ein Gefühl der Unsicherheit, ja der Furcht. Die Politik, auch in der Bundesrepublik, musste darauf reagieren. Politik wurde Sicherheitspolitik.

3.
Die deutsche Gesellschaft zwischen Wiedervereinigung und Globalisierung

Hauptstadt Berlin

Mitte der 1990er Jahre prägte der konservative Publizist Johannes Gross den Begriff »Berliner Republik«. Die Bundesrepublik sei mit der Wiedervereinigung nicht nur größer und bevölkerungsreicher geworden: »Die Berliner Republik ist mit der Bonner Republik staatsrechtlich identisch; gesellschaftlich, politisch, kulturell ist sie es nicht.«[1] Mit einer knappen Mehrheit von 338 zu 320 Stimmen beschloss der Bundestag am 20. Juni 1991 in einer Abstimmung, bei der der Fraktionszwang aufgehoben war, den Regierungssitz der Bundesrepublik von Bonn nach Berlin zu verlegen. In allen Fraktionen saßen Befürworter und Gegner des Umzugs. Die Gegner verwiesen auf die enormen Kosten, die ein Umzug verursachen würde, betonten die staatsrechtliche und politische Kontinuität der Bundesrepublik und werteten die Lage Bonns im Westen der Republik als Symbol für die fortgesetzte Westbindung. In der ruhigen Provinzialität der rheinischen Universitätsstadt sahen manche einen Wert an sich. Berlin war für sie die Hauptstadt des Deutschen Reiches, es stand für imperiale Ambitionen und Großmachtansprüche und war insbesondere unauflöslich mit dem Nationalsozialismus verknüpft.

Für die Berlin-Befürworter hingegen ergab sich der Umzug vom Rhein an die Spree zwingend aus der Wiedervereinigung. Nachdem Berlin über die Jahrzehnte des Kalten Krieges eine »Hauptstadt im Wartestand« gewesen sei, müsse man nun zu den Versprechungen und Bekenntnissen aus den Jahren der Teilung stehen, das sei man insbesondere den Ostdeutschen schuldig. Den Regierungssitz in das nur 50 Kilometer von der polnischen Grenze entfernte Berlin zu verlegen, sei aber auch ein Signal an die Staaten Ost- und Ostmitteleuropas, ein Hinweis auf die besondere politische Verantwortung, die das vereinigte Deutschland im Herzen des europäischen Kontinents den vom Kommunismus befreiten Ländern gegenüber empfinde. Mit Überwindung der Teilung sei, so argumentierten andere, aus Deutschland eine normale europäische Nation geworden, die eine Hauptstadt wie London, Paris oder Rom brauche. Die deutsche Politik könne nur profitieren von einer Metropole, in der sich nicht nur ein reiches Kulturleben entfalte, sondern sich auch die Spannungen und Probleme der deutschen Gesellschaft abbildeten. Im »Raumschiff Bonn« seien die Politiker von den Realitäten der deutschen Gesellschaft dagegen weitgehend abgekapselt.

Es sollte noch acht Jahre dauern, bis der Umzug tatsächlich erfolgte. Erst im Juni 1999 fand die letzte Bundestagssitzung in Bonn statt. Eine Reihe von Ministerien, darunter das Verteidigungsressort, und Bundesbehörden behielten auch danach ihren Sitz am Rhein. In den Gebäuden des Regierungsviertels, die zum Teil erst in den 1980er Jahren entstanden waren, siedelten sich internationale Organisationen an, doch zum Zentrum des politischen Lebens wurde seit 1999 Berlin. Schon die öffentliche Architektur, die Staatsarchitektur, spiegelte das wider. Das neue Bundeskanzleramt der Architekten Axel Schultes und Charlotte Frank, das während der Kanzlerschaft Helmut Kohls in Auftrag gegeben worden war, in das aber als erster Kanzler Gerhard Schröder einzog, ließ den politischen Anspruch der Berliner Republik erkennen. Von der Bescheidenheit eines Palais Schaumburg und der nüchternen Funktionalität des späteren Bonner Kanzleramts hatte man sich weit entfernt. Zum Zentrum des politischen Lebens wurde der wilhelminische Reichstag, in den nun der Bundestag einzog. Für die durch den Reichstagsbrand von 1933 und noch einmal im Krieg beschädigte und später abgetragene Reichstagskuppel lieferte der britische Architekt Norman Foster den Entwurf einer begehbaren gläsernen Kuppel, von der aus die Besucher das Parlaments- und Regierungsviertel überblicken können. Das steht für die Offenheit und Transparenz demokratischer Politik, und die in der Kuppel herumspazierenden Besucher erinnern die Abgeordneten zugleich stets daran, dass ihr Handeln von den Bürgern beobachtet wird.

Das politische Berlin übte schon nach kurzer Zeit eine enorme Sogwirkung aus. Verbände und Interessengruppen verlegten ihren Sitz an die Spree, das kulturelle Leben gewann an Vitalität und Ausstrahlung. Auch wenn Großstädte wie München, Köln, Hamburg und Leipzig auf Grund der Tradition und der ungebrochenen Bedeutung des deutschen Föderalismus wichtige Zentren beispielsweise von Wirtschaft und Medien blieben, wurde Berlin unbestritten zur Zentrale der Republik, eine Hauptstadt mit wachsender internationaler, ja globaler Strahlkraft.

Globalisierung und digitaler Finanzmarkt-Kapitalismus

Gesellschaft und Sozialkultur in der Bundesrepublik der 1990er Jahre waren durch die Wiedervereinigung bestimmt. Aber der Bedeutungsgewinn der Nation und des Nationalen blieb mitnichten auf Deutschland beschränkt, sondern charakterisierte ebenso die Entwicklungen in den vor 1989/90 zum sowjetischen Imperium gehörenden Staaten und Gesellschaften der östlichen Hälfte des europäischen Kontinents. Der Befreiung vom Kommunismus folgte die Wiedergeburt der Nationen. Das war in weiten Teilen Ostmitteleuropas ein friedlicher Prozess, doch in Südosteuropa, im vormaligen Jugoslawien, sowie in den Randzonen der 1991 untergegangenen Sowjetunion, beispielsweise im Kaukasus, führte er zu gewaltsamen Konflikten und Kriegen. Aber die 1990er Jahre unterlagen nicht allein diesen Prozessen der Nationalisierung beziehungsweise Renationalisierung, sondern waren mindestens ebenso sehr geprägt durch diejenigen der Globalisierung.

Globalisierung ist zum eigentlichen Epochenbegriff der gegenwartsnahen Geschichte geworden. Globalisierungstendenzen lassen sich zwar schon früher beobachten, und Historiker überbieten sich mittlerweile in ihren Versuchen, den Beginn der Globalisierung in weit zurückliegende Jahrhunderte zu verlegen und Argumente dafür zu sammeln, dass es Globalisierung eigentlich schon immer gegeben habe. Dass sie dies verstärkt seit den 1990er Jahren tun, ist allerdings ein Hinweis darauf, dass Globalisierung zu dieser Zeit als geschichtsmächtige Entwicklung im Bewusstsein der Menschen angekommen ist und ihr Denken und Handeln zu bestimmen begonnen hat. Der Zusammenhang weltweiter Verflechtungen hat gegen Ende des 20. Jahrhunderts eine neue Qualität erreicht, die es rechtfertigt, von einer Zeitenwende hin zu einem »globalen Zeitalter« (Martin Albrow) zu sprechen. Zentrale Merkmale dieses globalen Zeitalters und damit der Globalisierung sind zum einen der Bedeutungsverlust des Nationalstaats – wenn auch nicht unbedingt der Nation – und zum anderen die Verschiebung des Machtverhältnisses zwischen Staaten und Märkten zugunsten Letzterer.[2]

Politisch schuf der Zusammenbruch des Ostblocks eine wichtige Voraussetzung für den Durchbruch der Globalisierung. Der vordem weitgehend abgeschottete kommunistische Machtbereich wurde nun Teil globaler Entwicklungen im Zeichen einer westlich-liberal geprägten Moderne. Ökonomisch entstanden durch den Abbau staatlicher Regulierung und infolge technologischer Neuerungen im Bereich von Datenverarbeitung und Kommunikation Märkte, auf denen Angebot und Nachfrage weltweit wirksam werden konnten.[3] Die technischen Voraussetzungen dafür hatten sich schon seit den 1970er Jahren allmählich herausgebildet: Immer leistungsfähigere Computer ermöglichten die Verarbeitung immer größerer Datenmengen. Der globale Austausch digitaler Daten und Informationen in Echtzeit wurde jedoch erst Mitte der 1990er Jahre mit dem Internet und seiner weltweiten, computergestützten Kommunikationsstruktur möglich. Diese globalen kommunikativen Möglichkeiten dynamisierten ökonomische Prozesse, was politisch gewollt und in den frühen 1980er Jahren insbesondere von Großbritannien und den USA angestoßen und vorangetrieben worden war und schließlich zur Herausbildung eines »informationellen Kapitalismus« (Manuel Castells) führte.

Die neoliberale Politik der Marktliberalisierung und Deregulierung, die weit über eine traditionelle Freihandelspolitik hinausging, stimulierte den internationalen Austausch und hatte eine bis dahin nicht gekannte Expansion und Intensivierung globaler Handels- und Finanzbeziehungen zur Folge. Der globale Finanzmarkt erlaubte es, Kapital an jedem beliebigen Ort der Erde einzusetzen und zu investieren. Dieser »digitale Finanzmarkt-Kapitalismus«, der enorme Kapitalmengen freisetzte, war ein neues technisch-ökonomisches System, das alsbald die parallel verlaufende Internationalisierung von Produktion und Konsum beschleunigte, aber auch die Privatisierung öffentlicher Unternehmen – in der Bundesrepublik zunächst vor allem im Bereich von Post und Telekommunikation – sowie den Börsengang von Unternehmen vorantrieb.[4]

Innerhalb weniger Jahre entstand auf diese Weise weltweit die sogenannte *New Economy*. Dahinter stand die Idee, dass digitale Revolution und Globalisierung eine völlig neue Wirtschaftsform begründen würden. Das Zentrum der *New Economy* war die Ökonomie der Informationen. Es kam zur Gründung zahlreicher neuer Unternehmen, die entweder Informationstechnologie herstellten, sie weiter verarbeiteten oder mit ihr handelten. In einem globalen Boom investierten Anleger große Kapitalsummen in so gut wie jede Idee im Bereich der Informationstechnologie, der Telekommunikation, aber auch der Biotechnologie. Hohe Gewinnerwartungen trieben den Boom an. Nach dem Vorbild der technologieorientierten amerikanischen Börse NASDAQ errichtete die Deutsche Börse 1997 den »Neuen Markt« speziell für börsennotierte Unternehmen der *New Economy*. Die Gewinnmargen, die in der zweiten Hälfte der 1990er Jahre erzielt wurden, lockten zunehmend Kleinanleger an die Börse und in den Aktienkauf. Der von einer enormen Medienkampagne begleitete Börsengang der Deutschen Telekom 1996 – die Telekom-Aktie wurde als »Volksaktie« angepriesen – verstärkte diesen Trend. Dass viele, die ihr Geld noch nie an der Börse angelegt hatten, plötzlich Aktien erwerben wollten, beförderte den Höhenflug der *New Economy* weiter. Keine Nachrichtensendung kam mehr ohne den Börsenbericht aus, die Medien griffen die Thematik, die offensichtlich ein Massenpublikum interessierte, begierig auf.

Dem steilen Aufstieg folgte ein jäher Absturz. Die Aktienkäufer hatten sich verspekuliert. Der Börsenwert von Unternehmen der *New Economy* überstieg ihren realen Wert oft deutlich, die »Dotcom-Blase« platzte, die Aktienkurse stürzten innerhalb von Tagen ins Bodenlose. Gigantische Kapitalsummen wurden vernichtet, insbesondere viele Kleinanleger verloren ihr in Aktien angelegtes bescheidenes Vermögen. Eine Welle von Insolvenzen erfasste nicht nur die Dotcom-Unternehmen, sondern auch solche, die in die *New Economy* investiert hatten. Die Arbeitslosenzahlen in Deutschland, die gerade leicht gesunken waren, stiegen 2001 wieder an. Betroffen waren davon auch zahlreiche IT-Fachleute und damit eine wichtige Gruppe der »Neuen Mitte«, um die Gerhard Schröders SPD warb. Angesichts der 2002 bevorstehenden Bundestagswahlen verhieß das für die rot-grüne Regierung nichts Gutes.[5]

In der Dotcom-Krise zeigte sich in aller Deutlichkeit ein zentrales, durch Neoliberalismus und Globalisierung verursachtes Problem: Märkte, insbesondere die internationalen Finanzmärkte wurden zunehmend liberalisiert und dereguliert, und der Staat verlor seine Steuerungsfunktion im Bereich der Wirtschaft. Die politischen Steuerungskompetenzen, die dem Nationalstaat verloren gingen, wurden aber nicht auf übernationaler, auf europäischer oder globaler Ebene angesiedelt, im Gegenteil: Die europäische Integration der 1990er Jahre schuf mit der Wirtschafts- und Währungsunion und dem liberalisierten europäischen Binnenmarkt entscheidende Voraussetzungen für die regionale Funktionsfähigkeit des globalen Kapitalismus. Globale Institutionen wie die Weltbank und der Weltwährungsfonds waren keine Instanzen zur Zügelung des Finanzmarkt-Kapitalismus, sondern eher dessen Agenturen. Der Neoliberalismus wurde so allmählich zur ordnungspolitischen Leitidee der Globalisierung, und der Staat schrumpfte gleichsam, ohne dass andere politische Steuerungsinstanzen an seine Stelle getreten wären.

Auch in der Bundesrepublik beriefen sich die Vertreter des Neoliberalismus auf Friedrich August v. Hayek und Milton Friedman, wenn sie dem Primat der vermeintlich entpolitisierten Märkte das Wort redeten. Allein die wettbewerbliche Wirtschaft sei die Kraft der Veränderung, formulierte 1999 der Ökonom Carl Christian v. Weizsäcker, die Politik hingegen, »sei sie demokratisch oder nicht, ist die Kraft der Beharrung und Bewahrung. Die Weltprobleme werden dadurch gelöst, dass man der Wirtschaft die Führungsrolle vor der Politik überlässt. Wenn unter dem Primat der Politik eine weitgehende Politisierung des Wirtschaftsgeschehens verstanden sein soll, dann kann dies nur in Stagnation, also letztlich in der Katastrophe enden.«[6] Der Staat musste allerdings auf den Plan treten, wenn Krisen den globalen Markt erschütterten, so wie es 2000 der Fall war und in noch viel stärkerem Maße während der dramatischen Finanzmarkt- und Wirtschaftskrise der Gegenwart. Mit den sozialen und politischen Auswirkungen solcher Krisen hatte der nationale Staat umzugehen, er hatte für die Folgen aufzukommen, ganz gleich ob es um die Beanspruchung der sozialen Sicherungssysteme ging oder um staatliche Interventionen zur Stützung ins Schleudern geratener Unternehmen, deren Zusammenbruch möglicherweise für Tausende von Menschen den Verlust des Arbeitsplatzes bedeutete.

Gerade in der Bundesrepublik wurde aller individuellen Freiheitsrhetorik zum Trotz dem Einzelnen die Verantwortung für sein Schicksal nicht komplett übertragen. Der Sozialstaat war in den Prozessen der ökonomischen Globalisierung und der Herausbildung eines globalen Kapitalismus notwendiger denn je, aber er hat für die Folgen von Entwicklungen geradezustehen, die er selbst immer weniger beeinflussen und kaum noch steuern kann. In der breit geführten Standortdiskussion wurden allerdings Ausmaß und Anspruch der sozialen Sicherungssysteme als Faktoren, welche die Wettbewerbsfähigkeit der deutschen Wirtschaft verringerten, immer wieder in Frage gestellt.

In dieser Situation wachsender sozioökonomischer Individualisierung, ja Vereinzelung diente die neue Betonung kollektiver Identitäten – der Familie, der Region, aber auch der Nation – der gesellschaftlichen Stabilisierung. Überall in Europa sollte eine zum Teil bewusst betriebene Identitätspolitik dem Zerfall der Gesellschaft entgegenwirken.[7] So hat zu Beginn der Ära Thatcher der Falkland-Krieg nicht nur das politische Überleben der damals höchst unpopulären Premierministerin gesichert, sondern auch die individualisierende Wirkung ihrer neoliberalen Politik abgefedert. Diesem Zweck diente auch die Debatte über »Britishness«, die in Großbritannien seit den 1990er Jahren geführt wird. Überall in Europa folgte rechtsliberale Politik diesem Muster, etwa der Rechtspopulismus, den die Freiheitliche Partei Jörg Haiders in Österreich oder die rechte italienische Sammlungspartei Forza Italia des Medienunternehmers Silvio Berlusconi vertraten.

In Deutschland scheiterte der Versuch einer nationalliberalen Umorientierung der FDP. Aber der Diskurs über die »normale Nation«, der in der Bundesrepublik seither geführt wurde und der zeitweise um den von dem CDU-Politiker Friedrich Merz lancierten Begriff der »Leitkultur« kreiste, erwuchs nicht nur aus der wiedergewonnenen Einheit, sondern auch aus dem bewussten oder unbewussten Versuch, Individualisierungserfahrungen aufzufangen und in ihrer potentiell sozial destabilisierenden Wirkung zu begrenzen. Die Konstruktion nationaler oder anderer kollektiver Identitäten hat indes stets auch ausgrenzende Wirkung. Das Gefühl der Zugehörigkeit zu einer Gruppe wird durch Unterscheidung nach außen geschaffen beziehungsweise verstärkt. Insofern ist nicht nur die wachsende Ausländerfeindlichkeit, sondern eine verstärkt zu beobachtende gruppenbezogene Menschenfeindlichkeit, die nicht selten mit Gewaltbereitschaft einhergeht, eine unmittelbare Folge der Globalisierung und ihrer neoliberalen Ausformung.[8]

In den Prozessen der Globalisierung wuchs also auch das Bewusstsein für die Unterschiede, für die Heterogenität einer vermeintlich immer uniformeren, immer homogeneren Welt. Mit der Informationsflut stieg das Wissen über Andersartiges, Fremdes erheblich an. Ohne Zweifel bedeutete Globalisierung kulturelle Angleichung und Vereinheitlichung, und in der Tat trieben globale Kommunikationstechnologien die weltweite Ausbreitung der westlichen, vor allem der amerikanischen Massenkultur voran. Globalisierung schien überhaupt dasselbe wie Amerikanisierung zu sein. Das galt nicht nur für die Massenkultur, sondern auch für wirtschaftliche Entwicklungen, und es galt politisch angesichts des Aufstiegs der USA nach dem Ende des Ost-West-Konflikts zur einzigen Weltmacht, zur Hypermacht mit der alleinigen Fähigkeit zu globaler Machtprojektion. Aber wer genauer hinsah, erkannte gegenläufige Bewegungen. Stärkte nicht die Tendenz zur kulturellen Homogenisierung der Welt die Versuche, kulturelle Eigenarten zu bewahren? Verstärkten sich nicht lokale, regionale und nationale Identitäten sowie andere Formen gruppenbezogenen Zusammengehörigkeitsgefühls angesichts der Kraft globaler Vereinheitlichung? Homogenisierung und Heterogenisierung verliefen gleichzeitig und bedingten einander. Der Begriff der »Glokalisierung« bringt das auf den Punkt,[9] und er verweist auch darauf, dass globale kulturelle Einflüsse stets lokal rezipiert und kulturell anverwandelt werden. Für diese »Vermischung kreativ angeeigneter neuer Kulturelemente mit schon vorhandenen« haben Soziologen und Kulturwissenschaftler den Begriff der »Hybridisierung« entwickelt.[10]

Neben der Globalisierung gewannen aber auch Prozesse der Europäisierung in den 1990er Jahren an Schubkraft. Das war auf das Ende des Ost-West-Konflikts zurückzuführen, der zunächst das politische Zusammenwachsen Europas vorantrieb. Fast überall bestimmten nun Demokratie und Menschenrechte die politische und gesellschaftliche Ordnung, setzten sich marktwirtschaftliche Grundprinzipien durch. Durch die Gleichartigkeit dieser Strukturprinzipien verschwanden die nationalen Unterschiede und Besonderheiten nicht, aber soziale und soziokulturelle Entwicklungen glichen sich an.[11] Damit setzten sich Prozesse fort, die in Westeuropa bereits in den Nachkriegsjahrzehnten begonnen hatten. Nun erfasste die Europäisierung aber erstmals den gesamten Kontinent. Für die Staaten Ostmitteleuropas spielte dabei die Aussicht auf den Beitritt zur Europäischen Union eine entscheidende Rolle, für die schon der EU zugehörigen Staaten Westeuropas brachten Integrationsfortschritte wie die Wirtschafts- und Währungsunion eine Dynamisierung und Intensivierung von Angleichungsprozessen mit sich. Der Austausch von Waren, Kapital und Dienstleistungen nahm zu, und infolge der zunehmenden ökonomischen Verflechtung und der Entstehung eines Binnenmarkts verstärkten sich auch gesellschaftliche Transfers und soziokulturelle Annäherungen. Man reiste mehr innerhalb Europas, und man ging seinem Beruf dort nach, wo sich die besten Möglichkeiten dazu boten. Das galt für die europäischen Karrieren von Managern ebenso wie für die Arbeitsmigration ungelernter Arbeitskräfte. Heiraten von Partnern verschiedener Nationalität nahmen zu, und gerade für jüngere Menschen wurde Europa zu einem vertrauen Erfahrungsraum.

Obwohl europäische Konvergenzen unbestreitbar sind und sich seit den 1990er Jahren sogar noch verstärkten, haben die einzelnen Gesellschaften Europas noch immer ihr eigenes Gesicht. Dieses ist charakterisiert durch nationale Entwicklungspfade, die zum Teil weit in die Vergangenheit zurückreichen. Es ist aber auch geprägt durch politische Entscheidungen und von diesen bedingte Prozesse, die nach wie vor in einem nationalen Rahmen stattfinden, so sehr sich die Bedeutung des nationalen Staats in den letzten Jahrzehnten auch relativiert haben mag und so sehr die nationalen Grenzen durchlässiger geworden sein mögen.

Alter, Armut, Arbeitslosigkeit

Die Bevölkerungszahl der Bundesrepublik stieg infolge der Wiedervereinigung auf knapp 80 Millionen, von denen am Jahresende 1990 etwa 16 Millionen in Ostdeutschland lebten. Die Länder der alten Bundesrepublik hatten damit 1990 rund 14 Millionen Einwohner mehr als 1949, die östlichen Bundesländer hingegen hatten im Vergleich zu 1949 knapp 3 Millionen verloren. Diese Bevölkerungsverluste waren nicht nur das Ergebnis des demographischen Aderlasses vor dem Bau der Mauer 1961 und dann erneut seit dem Herbst 1989, sondern auch Folge einer seit den 1970er Jahren stark sinkenden Geburtenrate, die trotz bevölkerungs- und sozialpolitischer Maßnahmen des Staates nicht angehoben werden konnte. Nach 1990 sank die Geburtenrate in der ehemaligen DDR dramatisch weiter, zwischen 1990 und 1993 halbierte sie sich. Die durch den politischen Umbruch hervorgerufene Verunsicherung wirkte sich so unmittelbar auf das regenerative Verhalten aus, aber auch die neu gewonnenen Freiheiten der Lebensgestaltung trugen zu dem Abwärtstrend bei. Dass in Westdeutschland die Zahl der Geburten insgesamt nicht signifikant abfiel, verdankte sich dem sogenannten Altersstruktureffekt. In den 1980er und 1990er Jahren kamen nämlich die geburtenstarken Jahrgänge der Nachkriegsjahrzehnte ins Elternalter. Das konnte ein Absinken der Bevölkerungszahl zunächst verhindern, überdies trug die Zuwanderung und die Zunahme der älteren Bevölkerung (angesichts steigender Lebenserwartung) dazu bei.[12] Ende der 1990er Jahre lag die Fertilität in Gesamtdeutschland bei 1,2 Kindern pro Frau, womit die Bundesrepublik die niedrigste Geburtenrate der Welt hatte.

1990 waren 20 Prozent der deutschen Bevölkerung älter als 60 Jahre, 1998 waren es bereits 23 Prozent, und mit dem Eintritt der ersten geburtenstarken Jahrgänge in die Altersphase etwa von 2010 an wird sich diese Entwicklung noch verstärken. Lebten 1991 rund 5,9 Millionen Ausländer in Deutschland, so waren es 1999 bereits 7,34 Millionen, also etwa 9 Prozent der Bevölkerung. Solche Veränderungen der Bevölkerungsstruktur können auf Dauer nicht ohne Auswirkungen auf die Sozialstruktur bleiben. Sie wirken sich auf den Arbeitsmarkt ebenso aus wie auf das Bildungssystem, auf den Gesundheitssektor ebenso wie auf das Konsumverhalten. Die auf Gesamtdeutschland bezogenen Zahlenwerte und Durchschnittsangaben täuschen leicht darüber hinweg, dass demographische und sozialstrukturelle Entwicklungen in West- und Ostdeutschland zum Teil völlig unterschiedlich verliefen. So ist der Ausländeranteil in Ostdeutschland nach wie vor relativ gering, während in Westdeutschland nicht nur die Zahl zugenommen hat, sondern auch die ethnische und damit kulturelle Vielfalt. Die Geburtenentwicklung folgte in den 1990er Jahren ebenfalls unterschiedlichen Mustern. Nach dem Tiefstand zu Beginn des Jahrzehnts stiegen die Geburtenzahlen im Osten nur ganz langsam an, und die Zahl der Eheschließungen lag während des ganzen Jahrzehnts deutlich unter dem westdeutschen Durchschnitt. Erklären lassen sich diese Unterschiede durch die spezifischen Entwicklungen in der DDR vor 1989, aber auch durch die unmittelbaren Auswirkungen der Wiedervereinigung, die in Ostdeutschland ganz anders und gewaltiger ausfielen als im Westen. Von einer schnellen Angleichung ost- und westdeutscher Sozialstrukturen konnte jedenfalls keine Rede sein, allenfalls von einer langsamen Annäherung, und der unterliegen beide Teilgesellschaften, die ost- und die westdeutsche.

Was den Arbeitsmarkt und die Beschäftigungsstrukturen angeht, so war im Jahr 2000 die Arbeitslosenquote im Osten 2,3-mal so hoch wie die im Westen. Zeitweise sank in den neuen Ländern die Zahl der sozialversicherungspflichtigen Arbeitnehmer auf unter 5 Millionen. Beschäftigungspolitische Teufelskreise entstanden. Junge und qualifizierte Ostdeutsche gingen in den Westen, um dort Arbeit zu suchen. Die Abwanderungsverluste des Ostens waren so enorm, dass in den neuen Ländern bald flächendeckend die Arbeitskräfte fehlten, die für eine Industrie- oder Gewerbeansiedlung Voraussetzung sind. In den 1990er Jahren wanderten nie weniger als 10 000 pro Jahr ab, zum Teil sogar bis zu 50 000. Im Jahr 2000 standen in den neuen Ländern etwa eine Million Wohnungen leer, das entsprach 13 Prozent des

gesamten ostdeutschen Wohnungsbestands. In vielen Landstrichen sind die Bevölkerungsverluste vor allem in den Dörfern und kleineren Städten deutlich sichtbar.
Die Überalterung nimmt ganz andere Dimensionen an als im Westen des Landes.
Frustration und Demotivation der Zurückbleibenden wirken sich verheerend aus:
Sie reichen von politischer Interesselosigkeit, ja Apathie, über Alkoholprobleme
und Gewaltbereitschaft bis hin zu Ausländerfeindlichkeit und Rechtsradikalismus.[13]

Wer alt oder ohne Arbeit im Osten lebte, konnte von der allmählichen Angleichung der Arbeitsverdienste in West und Ost nicht profitieren. Das Verdienst-
niveau lag in Ostdeutschland 1998 bei gut 90 Prozent der Nettoverdienste im Westen; das Haushaltsnettoeinkommen lag 17 (Arbeiterhaushalte) beziehungsweise
18 Prozent (Angestellte) unter dem westdeutschen, obwohl die Produktivität der
ostdeutschen Arbeitsstunde 1996 bei lediglich 56 Prozent der westdeutschen lag.
Der Blick auf Geld- und Immobilienvermögen offenbart noch größere Diskrepanzen. Verfügten in Westdeutschland 1998 die Haushalte über ein durchschnittliches
Geld- und Immobilienvermögen in Höhe von 254 000 D-Mark, so waren es im
Osten, wo man ja 1990 im Grunde bei Null begonnen hatte, nur 88 000 D-Mark.[14]
Wenn es darum ging, Lebensrisiken wie zum Beispiel Krankheit oder Arbeitslosigkeit abzufedern oder schmale Rentenbezüge aufzubessern, spielen solche Vermö-
gensunterschiede eine wichtige Rolle. Weil es in Ostdeutschland keinen über Jahrzehnte entstandenen Sockel an gewachsenem Besitz und Vermögen gibt – und
auch nicht geben kann –, klaffen die Lebensverhältnisse von West und Ost nach
wie vor weit auseinader.[15]

Die Einkommensverteilung in der Bundesrepublik war in den 1990er Jahren
weiterhin unausgewogen. Das einkommensschwächste Zehntel der Bevölkerung
erzielte 4 Prozent aller Nettoeinkommen, das einkommensstärkste Zehntel über
22 Prozent, also fast ein Viertel. Die Armut nahm nicht nur infolge der Wiedervereinigung oder der Probleme in Ostdeutschland zu. Allein in Westdeutschland stieg
die Quote der Sozialhilfeempfänger zwischen 1991 und dem Ende des Jahrzehnts
von 2,8 auf 3,7 Prozent. Rechnet man die Dunkelziffer nicht beanspruchter Sozialhilfe hinzu, so kommt man leicht auf etwa 5 Prozent Sozialhilfeberechtigter in der
westdeutschen Bevölkerung. In Ostdeutschland lag die Quote etwas niedriger, 1998
bei 2,7 Prozent, dafür war allerdings der Prozentsatz der Empfänger von Arbeitslosenunterstützung deutlich höher. Die empirische Sozialforschung zeigt, dass es in
jüngerer Zeit weniger ältere Menschen sind, die unter Armut leiden, sondern in zunehmendem Maße Familien mit mehreren Kindern, ganz besonders die Familien
von Ausländern, Alleinerziehenden und Langzeitarbeitslosen.[16]

Die Einkommensverteilung in der Bundesrepublik, aber auch in vielen anderen Gesellschaften wird schon seit einigen Jahrzehnten nicht mehr durch die Berufstätigkeit allein bestimmt. Indem die Standardlebensform Familie einer Vielzahl von möglichen und gesellschaftlich akzeptierten Lebensformen Platz macht, wird nämlich die Entscheidung für eine bestimmte Lebensform einkommensrelevant. Soziologen haben herausgefunden, dass 1998 ein Paar mit drei Kindern im Durchschnitt 26 Prozent weniger verdiente als der Bevölkerungsdurchschnitt, eine alleinerziehende Mutter oder ein alleinerziehender Vater im Durchschnitt 27 Prozent weniger. Der Verdienst eines alleinstehenden Mannes von 65 Jahren lag hingegen 19 Prozent über dem Durchschnitt, und an der Spitze der Einkommenshierarchie standen unangefochten kinderlose Paare mit doppeltem Einkommen, die sogar 53 Prozent über dem Bevölkerungsdurchschnitt lagen.[17]

Solche Befunde einer harten Sozialstrukturanalyse liegen quer zu den Vorstellungen einer kultursoziologisch orientierten »postmodernen Vielheitsforschung« (Rainer Geißler), die annimmt, materiell bestimmte Klassen und Schichten hätten sich durch Differenzierung, Pluralisierung, Individualisierung, Dynamisierung und zunehmende Vielfalt zu Lagen und Milieus aufgelöst. Die Soziologie schenkt heute der Tatsache wieder mehr Beachtung, dass unterschiedliche soziale Milieus und Lebensstile nicht an die Stelle sozialer Ungleichheitsstrukturen getreten sind, sondern dass sich soziale Milieus, die sich durch Übereinstimmung oder Ähnlichkeit von Werthaltungen, Prinzipien der Lebensgestaltung, Beziehungen zu Mitmenschen und Mentalitäten auszeichnen, mit Schichtenzugehörigkeiten (Ober-, Mittel-, Unterschicht) korrelieren lassen. Soziale Ungleichheit ist also mehrdimensional, denn Unterschiede in den Lebenschancen werden nicht nur durch die traditionellen Schicht- und Klassenkriterien wie Berufs- und Bildungsstatus beeinflusst, »sondern auch durch andere Zuweisungskriterien wie Geschlecht, Nationalität, Alter, Generation oder Region«. In der Bundesrepublik trat nach 1990 noch die Ost-West-Kluft als weitere Dimension von hoher politischer und sozialpsychologischer Brisanz im Ungleichheitsgefüge hinzu.[18]

Noch immer ist der Bildungsstatus ein wichtiges Kriterium der Schichtenzugehörigkeit. Der Prozess der Bildungsexpansion, der in den 1960er Jahren mit Macht einsetzte, verlangsamte sich in den 1990er Jahren. Die Zahl der Schulabgänger mit Abitur beziehungsweise Fachhochschulreife ging zwischen 1991 und 1998 von 33,8 auf 30 Prozent zurück. Erstmals stieg die Zahl der Schulabgänger ohne Hauptschulabschluss wieder.[19] Das deutsche Bildungssystem und die deutsche Bildungspolitik vermochten es in den 1980er und 1990er Jahren nicht, die Bildungschancen von Kindern aus unteren Schichten zu verbessern. Die Bildungsreform hat zwar die Bildungschancen insgesamt erhöht, aber keineswegs zu mehr Chancengleichheit geführt. So ist die Zahl der Kinder aus mittleren Schichten, die einen Gymnasial- oder Hochschulabschluss vorweisen können, deutlich gestiegen, während die Zahl der Arbeiterkinder sogar leicht zurückging. Das ist nicht nur auf unterschiedliche Lebens- und Sozialisationsbedingungen zurückzuführen, sondern auch auf schichttypische und schichtspezifische Auslesefilter des Bildungssystems, in dem nicht nur Leistungskriterien selektionsrelevant sind.[20] Dieser Befund für die »alte« Bundesrepublik trifft auch auf die »neue« Bundesrepublik zu. In der Spätphase der DDR existierte im Hinblick auf den Universitätsbesuch ein Privileg der »sozialistischen Intelligenz«, das im Arbeiter- und Bauernstaat die Bildungschancen von Arbeiterkindern einschränkte. 1989/90 war der Anteil von Arbeiterkindern unter den Studierenden in Ostdeutschland noch geringer als in Westdeutschland, die Zahl der studierenden Akademikerkinder hingegen war im Osten Deutschlands doppelt so hoch wie im Westen.[21]

In der Informations- und Mediengesellschaft

Bildung ist mehr denn je Voraussetzung für den sozialen Aufstieg. Nach dem Niedergang der industriell geprägten traditionellen Arbeitsgesellschaft mit ihren berechenbaren Arbeitsbiographien und Qualifikationsprofilen ergaben sich neue Bildungs- und Weiterbildungserfordernisse, da Berufswechsel oder berufliche Umorientierungen immer häufiger notwendig werden. Begriff und Konzept des »lebenslangen Lernens« sind Konsequenzen dieser Entwicklung. Hinzu treten die neuen Kompetenz- und Qualifikationsanforderungen, die sich aus der Entfaltung der globalisierten Informationsgesellschaft ergeben und die nicht nur von der Personengruppe, die beruflich im Informations- und Medienbereich angesiedelt ist, einschlägige Kenntnisse verlangt, sondern von allen, die in der einen oder anderen Form Teil der Informationsgesellschaft sind. Dazu gehören Sprachkenntnisse wie Kenntnisse im Umgang mit Computern und dem Internet. Da es sich bei der flächendeckenden Ausbreitung der Informations- und Kommunikationstechnologie nicht um eine vorübergehende Erscheinung handelt, sondern um einen unumkehrbaren Prozess, werden die entsprechenden Bildungsanforderungen unmittelbar evident. Soziologen sprechen bereits von der Entstehung eines »quartären Sektors« in der Wirtschaft, in dem Informationen produziert, analysiert und vermittelt beziehungsweise die Voraussetzungen dafür geschaffen werden. Berechnungen für das Jahr 1995 sehen den Anteil der Erwerbstätigen in der Landwirtschaft bei 3 Prozent, in der Güterproduktion bei 25 Prozent, im Dienstleistungsbereich bei 21 Prozent, im »quartären« Informationsbereich aber schon bei 51 Prozent.[22]

Eine »kognitive Mobilisierung« (Ronald Inglehart) ist aber nicht nur notwendig im Erwerbsleben der Informationsgesellschaft. Auch zur Bewältigung des privaten Lebens und für die Rolle des Staatsbürger sind immer größere Bildungskompetenzen erforderlich. Das hat mit Prozessen der Individualisierung ebenso zu tun wie mit der wachsenden Enttraditionalisierung. Beide Entwicklungen tragen zur Pluralisierung von Handlungsmöglichkeiten bei. In einer immer komplexeren Gesellschaft nimmt der »Bedarf an sozialverantwortlicher Entscheidungs- und Handlungskompetenz beim Einzelnen« zu.[23] Diese Kompetenz zu vermitteln ist die vorrangige Aufgabe des Bildungswesens.

Die Bundesrepublik ist eine Informationsgesellschaft geworden, die den Sprung von der »Telematik«, der Fusion von netzgebundener Telekommunikation (Telegraf, Telefon) und digitaler Computertechnik, zur »Mediamatik«, der Integration von »Telematik« und Rundfunk (Radio, Fernsehen), vollzogen hat beziehungsweise ihn mit großer Dynamik vollzieht. Das lässt sich an verschiedenen Indikatoren ablesen. Auf 100 Einwohner kamen 1997 in der Bundesrepublik 58 digitale Telefonanschlüsse, 50 TV-Kabelanschlüsse, 26 PC. Die Zahl der Mobiltelefone lag 1997 noch bei zehn auf 100 Einwohner, wies aber hohe Wachstumstendenzen auf. Zehn Jahre später, 2007, lag die Handyquote bei 78 Prozent. Die Ausgaben für Informations- und Kommunikationstechnologie lagen 1997 pro Einwohner durchschnittlich bei 2250 D-Mark.[24] Dieses Geld wurde nicht zuletzt dafür aufgewandt, die Voraussetzungen für den Konsum des Angebots der Massenmedien zu schaffen.

Mit der Dualisierung des Rundfunksystems in den 1980er Jahren und insbesondere mit der Einführung des Privatfernsehens veränderten sich die Medienlandschaft und der Medienkonsum der Deutschen.[25] Es bildeten sich Mediengroßkonzerne wie Bertelsmann und die Kirch-Gruppe, die Rundfunk- und Fernsehsender sowie Printmedien unter ihrem Dach vereinen. Das Privatfernsehen versprach gewaltige Werbeeinnahmen. Die Nettoumsätze aus der Fernsehwerbung stiegen bei den privaten TV-Anbietern zwischen 1989 und 1998 von 640 Millionen auf 7,9 Milliarden D-Mark. Das Fernsehen wurde zu einem großen Markt. Aber auch das Sehverhalten wandelte sich. In den alten Bundesländern nahm die täglich vor dem Fernseher verbrachte Zeit zwischen 1985 und 1999 um fast eine Stunde zu. Noch höher schnellte der Fernsehkonsum in Ostdeutschland, wo die Sehzeit durchgehend etwa eine halbe Stunde pro Tag länger war und ist als im Westen. Vor allem

Unterhaltungsprogramme erfreuen sich großer Beliebtheit. Seit den 1990er Jahren haben sich zunächst im Privatfernsehen, später auch im öffentlich-rechtlichen Fernsehen neue Programmformate entwickelt (Reality Shows, Talk Shows, Reality Soaps, Spielshows), die hohe Zuschauerquoten vorzuweisen haben.

Weil den öffentlich-rechtlichen Sendern über die Jahre hinweg immer größere Zuschaueranteile verloren gingen – 1998 lag der auf das öffentlich-rechtliche Programm entfallende Zeitanteil des Fernsehkonsums insgesamt bei nur noch 41 Prozent –, näherten sich diese in ihrer Programmgestaltung den Privatsendern an. Nahezu alle Fernsehsender, öffentliche wie private, senden seit den 1990er Jahren rund um die Uhr. Damit reagierte man nicht nur auf eine veränderte Nachfrage, sondern beeinflusste diese auch und damit das Fernsehverhalten.

Das Fernsehprogramm ist in vielen Haushalten zum Begleiter durch den Tag geworden. Bildungsferne Programme richten sich an bildungsferne Schichten, an Schichten aber auch, für die der TV-Konsum häufig die einzig erschwingliche Unterhaltung ist. Höhnisch hat der Fernseh-Entertainer Harald Schmidt im Hinblick auf die tagsüber verbreiteten Programme vom »Unterschichtenfernsehen« gesprochen, auch von einer »medialen Klassengesellschaft« war die Rede. Kritische Beobachter verweisen auf die affirmative Wirkung der Trash-Programme, in denen Angehörige der Unterschicht und ihre oftmals deprimierenden Lebenswelten, die sich von den Lebenswelten der Zuschauer nicht unterscheiden, vorgeführt werden, und verurteilen die gesellschaftliche Verantwortungslosigkeit der Sender und Programmmacher: die Politikferne der Programme, das Bild, das von Politikern gezeichnet wird, und die brutalen, oft sexistischen und gewaltverherrlichenden Beiträge.[26]

Wachsende Individualisierung und die Pluralisierung von Lebensformen und Lebensstilen lösten im Laufe der 1990er Jahre aber auch Gegenbewegungen aus. Gerade bei der jüngeren Generation hat die Gemeinschaftsorientierung zugenommen und ebenso das Interesse an stabilen, an berechenbaren Ordnungen. Man kann diese »soziokulturelle Korrekturbewegung« (Stefan Hradil) mit der wirtschaftlichen Entwicklung in Verbindung bringen, durch die auch die Schattenseiten der Individualisierung (beispielsweise in Gestalt fehlender Standards der Verhaltensorientierung oder als Verlust von Rückzugsräumen) deutlich sichtbar wurden, man kann aber auch in der »reflexiven Moderne« (Ulrich Beck) einen Grund dafür ausmachen, dass sich neue Wertorientierungen entwickelten, nicht zuletzt eine erkennbare Remoralisierung, die mit Normverstärkungen beispielsweise im Hinblick auf sexuelle Treue, auf die Korrektheit politischer Amtsträger oder das Verhalten im Gesundheits- und Umweltbereich einhergeht.[27]

Von diesen Entwicklungen wird auch die familiale und schulische Erziehung erfasst. Das reicht von der autoritativen Standardisierung der Bildungsinhalte bis hin zum »Lob der Disziplin«, durch das die tatsächlichen oder vermeintlichen Versäumnisse einer eher autoritätsskeptischen Erziehungspraxis seit den 1970er Jahren, die der Selbstentfaltung viel Raum gab, kompensiert werden sollen.[28] Die »neue Bürgerlichkeit« gehört ebenso in diesen Zusammenhang. Sie ist vielfach nichts anderes als die Rückkehr zu Werten und Normen, die seit den 1970er Jahren unter dem Primat individueller Selbstverwirklichung in den Hintergrund traten und an Bedeutung verloren. Verbindliche Normen können individuellem Handeln Sicherheit geben, überindividuell anerkannte Werthorizonte, wie sie nicht zuletzt die Religion vermittelt, haben Orientierungsfunktion. Religion stiftet Sinn in einer säkularisierten Welt, aber Sinndeutung und Sinnorientierung verspricht auch die Esoterik, deren Anhängerschaft in allen westlichen Gesellschaften seit den 1970er Jahren gewachsen ist.

Kultur nach der Wiedervereinigung

Im Literaturbetrieb der Bundesrepublik hinterließ die Wiedervereinigung mehr Spuren als in der Literatur selbst. Der 1995 erschienene Roman »Ein weites Feld« von Günter Grass wurde von der Kritik als langweilig abgestempelt. Bittere Angriffe gegen die Treuhandanstalt verbanden sich darin mit einer Verteidigung, manche sagten einer Verklärung des Lebens in der DDR. Den Ausschlag für die Verleihung des Nobelpreises 1999 an den Autor gab sein »Wende-Roman« sicher nicht. Noch fraglicher ist, ob Grass den Nobelpreis erhalten hätte, wenn seine über Jahrzehnte verschwiegene Zugehörigkeit zur Waffen-SS schon früher bekannt geworden wäre. Als Grass sich dazu nach Jahrzehnten in seiner Autobiographie »Beim Häuten der Zwiebel« bekannte, fiel ein Schatten auf sein Werk und das politische, gerade auch geschichtspolitische Engagement des Schriftstellers. Für einen Skandal sorgte das Theaterstück »Wessis in Weimar« (1993) von Rolf Hochhuth. In den »Szenen aus einem besetzten Land«, so der Untertitel, nahm sich der Autor erneut einer zeitgeschichtlich-politischen Thematik an. Im Zentrum stand wie in Grass' Roman das Wirken der Treuhand. Man warf Hochhuth vor, die Ermordung von Treuhand-Chef Rohwedder durch die RAF 1991 legitimieren zu wollen.

Der 1962 geborene ostdeutsche Schriftsteller Ingo Schulze veröffentlichte 1998 mit den »Simple Storys« eine Reihe von Erzählungen, die das Leben und die Gefühlslagen der Menschen in der ehemaligen DDR in den Monaten der »Wende«

und den Jahren danach präzise schildern. Schulzes Briefroman »Neue Leben« von 2005, von der Kritik als »ultimativer Wenderoman« gepriesen, knüpfte daran an. Der 1965 geborene Thomas Brussig hingegen reüssierte mit dem satirischen Roman »Helden wie wir« (1995) erst, nachdem sein Buch zur Drehbuchvorlage von Leander Haussmanns Film »Sonnenallee« (1999) geworden war. Zum »ultimativen Roman über die DDR« erhob die Kritik 2008 Uwe Tellkamps Buch »Der Turm«, der die untergegangene sozialistische Gesellschaft aus der Perspektive der bildungsbürgerlichen Nischenkultur im Dresdener Stadtteil Weißer Hirsch beschreibt.

In den frühen 1990er Jahren beherrschten der Streit über die Rolle von Schriftstellern in der DDR und das Thema »Stasi« die öffentlich ausgetragene Debatte zwischen Schriftstellern und Intellektuellen des wiedervereinigten Deutschland. Schon 1990 entbrannten wahre Feuilleton-Schlachten um Christa Wolf, die in der DDR vielfach privilegierte und auch in Westdeutschland gelesene Schriftstellerin, deren autobiographischer, aber erst nach der »Wende« veröffentlichter Text »Was bleibt« weithin als apologetisch verstanden wurde. Anderen wie dem international renommierten Dramatiker Heiner Müller wurde vorgeworfen, den Kapitalismus zwar »grässlich« gefunden, aber doch gerne an ihm verdient zu haben. Vorzeigeautoren der DDR wie Stefan Heym und Stephan Hermlin oder der Literaturfunktionär Hermann Kant galten plötzlich als kompromittiert. Selbst führende westdeutsche Autoren und Intellektuelle, unter ihnen Günter Grass und Walter Jens, gerieten in den Sog dieser Auseinandersetzungen und sahen sich dem Vorwurf der »Gesinnungsästhetik«, so Ulrich Greiner in der *Zeit*, ausgesetzt.[29]

Sollten sich das westdeutsche und das ostdeutsche Zentrum der internationalen Schriftstellervereinigung PEN zusammenschließen? Der westdeutsche PEN-Präsident Carl Amery erklärte in Übereinstimmung mit vielen Autoren, welche die DDR vor 1989 verlassen hatten oder wie Wolf Biermann verlassen mussten, dass man nicht als »Waschanlage« für belastete DDR-Autoren dienen wolle. Etwa 60 Westautoren, unter ihnen Grass, Jens und Peter Rühmkorf, traten dagegen 1995 dem Ost-PEN bei.[30] Erst 1998 vereinigten sich die beiden Abteilungen. Die Aufwühlungen der frühen 1990er Jahre legten sich allmählich. Schriftsteller, Publizisten, Theaterleute und Verleger begannen, sich um andere Dinge zu sorgen. Die Deutschen lasen immer weniger; moderne, elektronische Medien schienen dem Buch den Rang abzulaufen; die »Stiftung Lesen« beklagte einen »enormen Verfall« der Lesekultur.[31]

Während die ostdeutsche Filmproduktion rasch versank, entstanden im westdeutschen, nunmehr gesamtdeutschen Film der 1990er Jahre wenige herausragende Filme, die auch international Beachtung fanden. Zu diesen gehörten Ro-

muald Karmakars »Der Totmacher«, ein Film über den Serienmörder Fritz Haar-
mann mit Götz George in der Hauptrolle, und Caroline Links »Jenseits der Stille«,
der die Geschichte einer Tochter gehörloser Eltern erzählt. Auch die Regisseure
Helmut Dietl (»Schtonk!«), Bernhard Wicki (»Spinnennetz«), Werner Schroeter
(»Malina«) und Klaus Maria Brandauer (»Georg Elser – Einer aus Deutschland«)
machten auf sich aufmerksam. Prägend für das deutsche Kino waren diese Produktionen jedoch nicht. In den großen Multiplex-Kinos, in denen sich der Kino-
boom der 1990er Jahre spiegelte, erzielten sie allenfalls Achtungserfolge. Hier
dominierten Hollywood-Produktionen oder leichte deutsche Filmkomödien wie
»Männerpension« oder »Stadtgespräch«. Der DDR-Vergangenheit näherte man
sich zunächst über Komödien, später auch mit ernsten Streifen. »Sonnenallee« von
Leander Haussmann (1998) und »Goodbye Lenin« von Wolfgang Becker (2003) sowie »Das Leben der Anderen« von Florian Henckel von Donnersmarck (2006), der
2007 einen Oscar erhielt, markierten hier wichtige Stationen und wurden von un-
zähligen Menschen in Ost- und Westdeutschland gesehen.

Von einem »neuen deutschen Malwunder« war auch international die Rede.
Werke der »Young German Artists«, zu denen Neo Rauch und Jonathan Meese
gehören, wurden weltweit ausgestellt und gekauft. Nicht wenige der »Young German Artists« sind durch den Realismus der »Leipziger Schule« geprägt. Neo Rauch
etwa studierte in den 1980er Jahren bei Bernhard Heisig an der Leipziger Kunstakademie. Die »Neue Leipziger Schule« integriert Comic-Elemente und Pop-Art
in ihre Malerei und wirkt dadurch surrealistisch. Waren die Werke eines Joseph
Beuys und eines Anselm Kiefer stets durch die Auseinandersetzung mit dem Nationalsozialismus bestimmt, so ist das bei den »Young German Artists« kein durch-
gängiges Kennzeichen mehr. Deren Werke sind zum Teil auch durch eine »neue
Innerlichkeit« geprägt, in der sich Erfahrungswelten spiegeln. Zugleich nimmt beispielsweise Franz Ackermanns »Mental Maps« Impulse der Globalisierung auf und
thematisiert das Chaos und das Katastrophenpotential einer globalisierten Welt.
Internationale Akzente setzte in den 1990er Jahren auch die deutsche Fotografie.
Zu ihren wichtigsten Vertretern gehören Thomas Struth, Thomas Ruff und Andreas Gursky (»Struffsky«) sowie Wolfgang Tillmans.

In der Jugendkultur bestimmte Hip-Hop immer stärker den musikalischen
Mainstream, entfaltete eine enorme Breitenwirkung und war daher auch kommer-
ziell erfolgreich. Er ist typisch für den Aufstieg einer globalen Kulturindustrie, verweist aber auch auf die Rolle der USA für die Herausbildung der globalen Populärkultur. Der Sprechgesang des Rap, der die Hip-Hop-Musik charakterisiert und der
Discjockeys (DJs) zu Künstlern machte, gelangte schon in den 1980er Jahren aus

den USA nach Deutschland, wirkte jedoch zunächst eher subkulturell. Erst im folgenden Jahrzehnt begann hierzulande der steile Aufstieg des Rap, für den beispielsweise die Band »Die Fantastischen Vier« mit ihrem »Spaßrap« steht. Aus der deutschen Popszene ist der deutschsprachige Rap mit Rappern wie Bushido und Sido kaum noch wegzudenken. Die Hip-Hop-Szene differenzierte sich immer stärker aus. Besonders erfolgreich war – und ist – der Battle-Rap, aber auch der gesellschaftskritische Polit-Rap findet seine Anhänger. Mitunter werden die Themen und Probleme der Unterschichten in einer äußerst rauen Sprache aufgegriffen, die Grenzen zu Gewaltverherrlichung, Rassismus und Sexismus sind fließend. Jugendkulturell bedeutsam wurde auch die Techno-Musik, zum Tanzen geeignete elektronische Musik, deren Soundprogramme DJs, in Deutschland besonders erfolgreich Sven Väth, immer häufiger computerunterstützt zusammenstellten. Hunderttausende Techno-Fans aus der ganzen Welt strömten in den 1990er Jahren alljährlich zur Loveparade im Berliner Tiergarten zusammen. Die erste Loveparade 1989 hatte gerade 150 Raver angelockt. Die jährlich wechselnden Mottos der Veranstaltung, zum Beispiel »Peace on Earth« oder »One World One Future« spiegelten nicht nur den globalen, sondern auch den politischen Anspruch der Loveparade, die bis 2001 als politische Versammlung, als Demonstration, abgehalten wurde, bis ihr die Gerichte den Status einer kommerziellen Veranstaltung zuwiesen.

Der verhüllte Reichstag

Vom 27. Juni bis 6. Juli 1995 strömte ein internationales Publikum aus einem anderen Grund in den Berliner Tiergarten: Der Reichstag war verhüllt. Mit 100 000 Quadratmetern eines silbrig glänzenden Kunststoffgewebes, zusammengehalten von 15 600 Metern dicken blauen Seils, hatte das Künstlerehepaar Christo und Jeanne-Claude den künftigen Sitz des Deutschen Bundestages umwickeln lassen. Die Aktion, für die sich die Künstler über 20 Jahre lang eingesetzt hatten, war stark umstritten. Bundeskanzler Helmut Kohl gehörte zu den prononciertesten Gegnern des Projekts, er weigerte sich im Sommer 1995 sogar, den Schauplatz der spektakulären Aktion zu besuchen. Die ebenfalls der CDU angehörende Präsidentin des Bundestags Rita Süssmuth, die Hausherrin, hingegen befürwortete das Vorhaben, das die Künstler allein aus dem Verkauf von Konstruktionszeichnungen und der Vermarktung der Bildrechte finanzieren wollten. Einer freien Abstimmung im Bundestag 1994 widersetzte sich der Kanzler jedoch nicht. Eine parteiübergreifende Mehrheit sprach sich schließlich für das Unternehmen aus. Viele Skeptiker sahen durch das Projekt die Würde des deutschen Parlaments gefährdet oder sogar beschädigt, manche sprachen ihm sogar ab, Kunst zu sein.

Würden die beiden Verpackungskünstler mit ihrer Aktion der komplizierten und hoch aufgeladenen Geschichte des in den Jahren 1884 bis 1894 von dem Architekten Paul Wallot errichteten Parlamentsbau gerecht werden? Der »Dem deutschen Volke« gewidmete Reichstag stand schließlich nicht nur für die demokratischen Elemente der Verfassung des deutschen Kaiserreichs von 1871, sondern auch für die obrigkeitsstaatliche politische Kultur des Wilhelminismus. In den Jahren nach 1918 war er Schauplatz erbitterter, ja hasserfüllter Auseinandersetzungen zwischen Befürwortern und Gegnern von Republik und Demokratie. Der Brand im März 1933, durch den das Innere und die alte Kuppel zerstört wurden, ist mit der Machtübernahme der Nationalsozialisten und ihrem Terror engstens verbunden, auch wenn das NS-Regime das Gebäude nicht einmal mehr als Kulisse für Zusammenkünfte der Reichstagsabgeordneten nutzte, die ohnehin keine andere Aufgabe hatten, als Entscheidungen des Führers zu akklamieren und Hitler zuzujubeln. Der in der Schlacht um Berlin im Frühjahr 1945 schwer beschädigte Bau an der Grenze zwischen West- und Ost-Berlin symbolisierte in der Nachkriegszeit die Wunde der Teilung ebenso wie den politischen Anspruch auf Wiederherstellung der Einheit. Auch um die Zusammengehörigkeit der Bundesrepublik und West-Berlins zu unterstreichen, tagte dort bis 1969 die Bundesversammlung, später stellte eine historische Ausstellung »Fragen an die deutsche Geschichte«.

Die Verhüllung durch Christo und Jeanne-Claude bewahrte diese wechselvolle Geschichte, aber sie rückte den Reichstag in ein anderes Licht. Den Millionen von Besuchern, die in den Sommertagen des Jahres 1995 nach Berlin kamen, um das verhüllte Gebäude von allen Seiten zu betrachten, präsentierte sich nicht der geschichtsschwere Wallot-Bau, mit dessen historischer Last sich auch der Bundestag nach seinem Umzug in die Hauptstadt würde auseinandersetzen müssen, sondern ein auf sein demokratisches und parlamentarisches Potential reduziertes Gebäude. Christo und Jeanne-Claude machten es in diesem Sinne erst möglich, dass vier Jahre später das frei gewählte Parlament des wiedervereinigten Deutschland in den Reichstag einziehen konnte, ohne von der Bürde der Geschichte erdrückt zu werden.[32] Zugleich traf die verpackte Geschichte des Reichstags auf eine in der deutschen Gesellschaft nach 1990 weit verbreitete Stimmung, die nicht zuletzt von der Sehnsucht getragen war, sich als »normale Nation« zu verstehen, sich als normal gewordene Nation zwar nicht aus der Geschichte zu befreien oder, wie es immer wieder hieß, aus ihrem Schatten herauszutreten, wohl aber der zuweilen schier erdrückenden Übermacht dieser Geschichte die »Erfolgsgeschichte«

der alten Bundesrepublik und die friedliche Überwindung der Teilung entgegenzustellen. Auf diesen beiden Fundamenten sollte die »Berliner Republik« errichtet werden.

Mit dem verhüllten Reichstag und den so gar nicht bedrohlichen Menschenmassen, die sich zwei Wochen lang Tag und Nacht auf dem Platz der Republik versammelten und bei Picknicks, Musik, künstlerischen Darbietungen und dem Angebot fliegender Händler eine entspannte Volksfestatmosphäre entstehen ließen, die man den Deutschen gar nicht zugetraut hatte, verschafften Christo und Jeanne-Claude der wiedervereinigten Nation die Gelegenheit, sich als ein Deutschland zu präsentieren, vor dem die Welt keine Angst mehr haben musste. Robert Leicht schrieb damals in der *Zeit:* »Auch so können die Deutschen sein, heiter und wolkig. Nicht nur martialisch und moralisch.«[33] Elf Jahre später, 2006, führte die in Deutschland ausgetragene Fußball-Weltmeisterschaft zu ähnlichen Eindrücken und Kommentaren.

Zwei deutsche Vergangenheiten (I): die DDR

Nicht nur bei den Deutschen selbst, auch bei ihren Nachbarn rückte die Erinnerung an das Deutsche Reich nach 1990 wieder näher, und unweigerlich erhob sich die Frage nach der Gegenwart des Nationalsozialismus in Politik, Gesellschaft und Kultur des wiedervereinigten Deutschland. Doch daneben ragten auch die Schatten der untergegangenen DDR weit in die »Berliner Republik« hinein. Nicht nur die Enttäuschungen, Spannungen und Probleme im Zusammenhang mit der deutschen Einheit bestimmten das Deutschland der 1990er Jahre, sondern auch die Bewältigung der Vergangenheit, denn erneut »verlangten Opfer lautstark nach Hilfe, mussten Täter bestraft und die Öffentlichkeit über die Verbrechen des gestürzten Regimes aufgeklärt werden«.[34] Aber die Situation nach 1989/90 unterschied sich von der nach 1945 doch grundlegend, da dem Zusammenbruch der DDR kein Krieg vorangegangen und der SED-Staat von innen kollabiert und nicht von außen besiegt worden war. Nach 1945 hatte Deutschland unter Besatzungsherrschaft gestanden, nun schloss sich Ostdeutschland der Bundesrepublik an. Ohne Zweifel hatte es in der DDR zwar schwere Menschenrechtsverletzungen und Staatsverbrechen gegeben, das SED-Regime war eine Diktatur gewesen, doch die DDR hatte keinen Eroberungskrieg entfesselt und keinen Völkermord verübt. Auch weil die Deutschen, insbesondere die in der alten Bundesrepublik, über viele Jahrzehnte Erfahrungen mit der Vergangenheitsbewältigung gesammelt hatten, stand die Auseinandersetzung mit der DDR-Vergangenheit nach 1990 unter ganz anderen Prämissen. Hatte man nicht aus der Geschichte gelernt?

Die Politik der deutschen Einheit war stets auch Vergangenheitspolitik,[35] ob man nun über den Umgang mit nach 1945 in Ostdeutschland enteigneten Vermögenswerten stritt oder ob man nach Wegen suchte, die Aktenberge der Staatssicherheit aufzuarbeiten. Schockiert nahm man zur Kenntnis, wie viele »Inoffizielle Mitarbeiter« (IM) der Stasi zugearbeitet hatten. An der Masse der IM wurde erkennbar, wie tief der Stasi-Apparat in die Gesellschaft der DDR eingedrungen war, wie er jede Gruppe, jeden Betrieb, jede Kirchengemeinde, ja sogar viele Familien durchsetzt hatte. In der späten DDR gab es keinen Lebensbereich, in dem keine Stasi-Spitzel herumschnüffelten. Wem konnte man noch trauen? Das Misstrauen, welches der Krake Stasi geschaffen hatte, verschwand nicht mit dem Ende der DDR. Die Sammlung der Stasi-Unterlagen in der Gauck-Behörde sorgte über Jahre hinweg – und letztlich bis heute – immer wieder für Skandale und deprimierende Enthüllungen, was das Ausmaß an Repression und die bis in die Privat- und Intimsphäre reichende Überwachung anlangte. Führende ostdeutsche Politiker, unter ihnen Lothar de Maizière, der letzte Ministerpräsident der DDR, der brandenburgische Ministerpräsident Manfred Stolpe (SPD) und der Vorsitzende der PDS Gregor Gysi, sahen sich Stasi-Vorwürfen ausgesetzt. Hinter den Kulissen waren die ehemaligen Offiziere der Staatssicherheit unterdessen eifrig bemüht, die Spuren ihres verbrecherischen Tuns zu vertuschen und ein Geschichtsbild zu entwerfen, welches das Ausmaß an Überwachung und Repression in der DDR gering erscheinen ließ und die alle Lebensbereiche umfassende Kontrolle der Menschen beschönigend als eine Ausprägung sozialistischer Fürsorge.

Dass solche Geschichtsklitterung nicht überall ganz und gar unwillkommen war, hatte damit zu tun, dass in der Bundesrepublik der 1990er Jahre politisch höchst umstritten war, wie man die DDR bewerten sollte. War sie schlicht die zweite deutsche Diktatur, ein von Anbeginn auf den Bajonetten der Sowjetarmee ruhender Unterdrückungsstaat, genauso menschenverachtend und genauso totalitär wie die nationalsozialistische Diktatur? Oder handelte es sich um ein autoritäres Regime, unter dem es zwar keine freiheitliche Demokratie nach westlichem Muster gegeben hatte, dafür aber ein sozial gerechtes Gleichheitspostulat und eine Reihe von Grundrechten, unter ihnen das Recht auf Arbeit, die den Menschen im Westen fehlten? Es war bezeichnend, dass die Erforschung der DDR und ihrer Geschichte zunächst nicht nur durch die Geschichtswissenschaft und die historisch interessierten Sozialwissenschaften angestoßen und betrieben wurde, sondern auch aus dem politischen Raum. Der Bundestag setzte 1992 eine Enquete-

Kommission »Aufarbeitung von Geschichte und Folgen der SED-Diktatur in Deutschland« ein, die für weite Bereiche der DDR-Forschung wichtige Grundlagenarbeit leistete. In den in vielen Bänden publizierten Ergebnissen der Kommission aber verschwammen Wissenschaft und Politik, zumal die – westdeutschen – Parteien der Versuchung nicht widerstanden, in der Auseinandersetzung mit der DDR ihre eigene Politik gegenüber und mit der DDR zu legitimieren.

Dass der Bundestag nur zwei Jahre nach dem Ende der DDR eine geschichtspolitische Kommission einsetzte, hatte viel mit dem auf breiter Basis vorhandenen Willen zu tun, die Fehler im Umgang mit der NS-Vergangenheit nach 1945 nicht zu wiederholen. Die DDR-Vergangenheit sollte nicht verdrängt, sondern offensiv bearbeitet werden, und die Politik sollte dabei an der Spitze stehen. Aber reichte es aus, die DDR als Unrechtsstaat zu verdammen und den Terror und die Unterdrückung des SED-Regimes zu verurteilen? Was bedeutete das für die Ostdeutschen, für ihre Selbst- und ihre Fremdwahrnehmung? Lief man nicht Gefahr, unzählige Biographien und gelebte Leben mit einem Federstrich zu entwerten? Der historische und politische Vergleich zwischen DDR und Nationalsozialismus stand – und steht – stets vor diesem Problem. Hatten nicht die Westdeutschen nach dem Krieg über Jahrzehnte hinweg ihr kollektives Selbstbewusstsein dadurch stabilisiert, dass sie zwar vom NS-Unrechtsregime, vom NS-Terror und den NS-Verbrechen sprachen, das aber niemals auf sich selbst und auf ihren aktiven Anteil an Diktatur, Terror und Verbrechen bezogen; darauf, wie sie selbst durch ihr Verhalten diese Diktatur ermöglicht hatten, oder auch darauf, was sie gewusst, aber nicht hatten wissen wollen?

Nach dem Zusammenbruch des Kommunismus erlebte die Totalitarismus-Theorie eine Renaissance. Ursprünglich in den Jahrzehnten nach 1945 entwickelt, um die trotz ihrer ideologisch gegensätzlichen Ausrichtung strukturellen Ähnlichkeiten von Nationalsozialismus und Stalinismus wissenschaftlich und politisch zu bewerten, diente das Totalitarismus-Konzept nun als analytische Folie für den Vergleich zwischen »Drittem Reich« und DDR. In der Tat wirkte der vergleichende Blick erhellend, und auch das moralische Urteil über die DDR, das er implizierte, war nicht nur aus der Sicht von westdeutschen Antikommunisten und Angehörigen der DDR-Opposition legitim. Aber waren der Totalitarismus-Ansatz und der Vergleich mit dem Nationalsozialismus wirklich geeignet, ein umfassendes Bild der DDR, ihrer Gesellschaft und den Handlungsspielräumen der Menschen in dieser Gesellschaft entstehen zu lassen? Nicht nur die politische Verurteilung, sondern auch eine kritische Historisierung der DDR schien erforderlich. Einige Historiker versuchten dem mit Begriffen wie »durchherrschte Gesellschaft« (Jürgen Kocka) oder »Fürsorgediktatur« (Konrad Jarausch) Rechnung zu tragen. Andere bestritten noch Jahre später den Erklärungswert solch differenzierender Begriffe. »Warum die DDR nicht einfach nennen, was sie war, die SED-Diktatur?«[36]

Der Abschlussbericht der Enquete-Kommission des Bundestags, der im Zeichen des Bundestagswahlkampfs 1994 verabschiedet wurde, blieb letztlich umstritten. Die damals entstehende DDR-Nostalgie – »Ostalgie« – hatte ihre Ursachen nicht nur in der schwierigen wirtschaftlichen Entwicklung nach der Wiedervereinigung und der schlechten Lage auf dem Arbeitsmarkt, die den Blick zurück auf das vermeintlich sichere Leben in der DDR lenkte und das Ausmaß an Gängelung und Unterdrückung in den Hintergrund treten ließ. Nicht nur Funktionsträgern und Profiteuren des SED-Regimes, sondern vielen Ostdeutschen, denen die Wiedervereinigung gewaltige individuelle Anpassungsleistungen abverlangte und deren Lebensperspektiven wenig Anlass für Zuversicht bereithielten, machte es zu schaffen, dass die DDR, in der sie viele Jahre, ja Jahrzehnte gelebt hatten, so pauschal abqualifiziert und verurteilt wurde. Die Schönrednerei der ehemaligen DDR-Kader fiel vor diesem Hintergrund auf fruchtbaren Boden. In den Bildern, die man von der DDR hatte, blieben Ost- und Westdeutsche gespalten.

Noch immer wird heftig darüber gestritten, wie an die DDR erinnert werden soll. 2005 setzte die im Bundeskanzleramt angesiedelte Bundesbeauftragte für Kultur und Medien Christina Weiss eine Expertenkommission ein und beauftragte diese, ein Konzept für einen dezentral organisierten Geschichtsverbund zur Aufarbeitung der SED-Diktatur zu entwickeln. Als die Kommission, der Historiker und DDR-Bürgerrechtler angehörten, ein Jahr später ihre Empfehlungen vorlegte, sprachen Kritiker von »Diktaturverharmlosung« und »Weichzeichnung der DDR«.[37] Angehörige der DDR-Bürgerrechtsbewegung wehrten sich gegen die Historisierung der DDR. Zwar würden die Menschen, welche die DDR in all ihren Facetten erlebt hatten, nach und nach älter und neue Generationen wüchsen nach. Aber, so formulierte es Freya Klier in ihrem abweichenden Votum zu den Empfehlungen der Expertenkommission: »Die Stützen der untergegangenen Diktatur ... sitzen im Bundestag, in den Medien, in Schulen und vielfältigen Gremien unserer Demokratie. Und sie werden nicht müde, ihren Unrechtsstaat im Nachhinein demokratisch aufzupolieren und in der öffentlichen Erinnerung zu glätten. Sie zielen auf Zukunft.«[38]

Es ging, das wird in solchen Aussagen deutlich, nicht nur um Geschichtspolitik. Die Debatten über die DDR und ihre Geschichte, über den Charakter der Diktatur und die Herrschaft der SED lagen – und liegen – mitten im allgemeinen politischen Diskurs der Bundesrepublik. Die »Linkspartei«, als PDS ursprünglich

Nachfolgeorganisation der SED, ist 2008 nicht nur im Bundestag vertreten, sondern auch in allen ostdeutschen und in einigen westdeutschen Länderparlamenten. Von einem nüchternen oder gar selbstkritischen Blick auf die SED-Diktatur kann bei ost- und westdeutschen Abgeordneten, Funktionären und Mitgliedern der Linkspartei gar keine Rede sein. Welches Bild sich die Gesellschaft von der DDR und vom Kommunismus macht, ist aber von entscheidender Bedeutung für die politische und gesellschaftliche Auseinandersetzung über Wirtschafts- und Sozialpolitik. Diskreditiert man, so ist etwa zu fragen, jedwede sozialistische Politik, wenn man den menschenverachtenden und repressiven Charakter der DDR betont? So mag sich die Geschichtswissenschaft mit guten Gründen an die Historisierung der DDR machen, in der öffentlichen Debatte ist an eine solche Historisierung aber noch nicht zu denken. Die DDR ist nicht abgeschlossene Geschichte, sondern eine sehr gegenwärtige und politisch überaus virulente Vergangenheit.

Zwei deutsche Vergangenheiten (II): der Nationalsozialismus

Über die Jahrzehnte hinweg war die Auseinandersetzung mit der nationalsozialistischen Vergangenheit für die Bundesrepublik und ihre Gesellschaft geradezu konstitutiv. Nun aber existierte wieder ein deutscher Nationalstaat, und schon im Begriff »Wiedervereinigung« deutete sich der politische Rückbezug auf den 1945 untergegangenen deutschen Nationalstaat, das Deutsche Reich, an. Allein daraus ergab sich eine neue Dimension der Erinnerung an die deutsche Nationalgeschichte des 19. und 20. Jahrhunderts, an die Geschichte des Nationalsozialismus und insbesondere an den Holocaust. Die Fragen, die im »Historikerstreit« in aller Schärfe aufgeworfen worden waren, stellten sich nach der deutschen Wiedervereinigung erneut. In der Bundesrepublik war spätestens in den 1980er Jahren die kompromisslose Abgrenzung vom NS-Regime und seinen Massenverbrechen zum entscheidenden Bestandteil bundesrepublikanischer Identität geworden.[39] Mit der Wiedervereinigung aber gab es rund 17 Millionen neue Bundesbürger, denen in der DDR zwar von Staats wegen der Antifaschismus verordnet worden war, die aber eine mit der westdeutschen vergleichbare politische, gesellschaftliche und kulturelle Auseinandersetzung mit der NS-Vergangenheit nicht erlebt hatten. Kontroversen wie der »Historikerstreit« waren in der DDR völlig ausgeschlossen gewesen. Es gab 1990 keine gemeinsame Basis, auf der die Fortschreibung des Gedenkens an die NS-Zeit hätte erfolgen können. Insofern trugen die erinnerungs- und geschichtspolitischen Debatten der 1990er Jahre zur allmählichen Herausbildung

einer nationalen Erinnerungskultur bei. Doch unmittelbar nach der Wiedervereinigung gingen die Ost- und Westdeutschen im Hinblick auf die NS-Vergangenheit zunächst von unterschiedlichen Prämissen aus, was die Wahrnehmung und
Bewertung der Thematik beeinflusste.

Auch biologische Faktoren wirkten auf die Erinnerung ein. Im Wechsel der
Generationen verwandelt sich Vergangenheit in Geschichte, die unmittelbare persönliche Erinnerung wird allmählich zum kulturellen Gedächtnis.[40] Die Generation der Überlebenden des Nationalsozialismus, der überlebenden Opfer, der
überlebenden Täter, aber auch all derer, welche die NS-Zeit bewusst miterlebt hatten, starb allmählich aus. Zu Beginn des 21. Jahrhunderts waren mehr als zwei Drittel aller Deutschen nach 1945 geboren. Ferner war die Tatsache, dass es nun wieder
einen deutschen Nationalstaat gab, eine der Ursachen dafür, dass die Bundesrepublik Anstrengungen unternahm, der öffentlichen Erinnerung an den Nationalsozialismus und an seine Verbrechen sichtbaren Ausdruck zu verleihen, etwa in
Gestalt der Neuen Wache in Berlin, mehr aber noch durch das 2005 fertiggestellte
Denkmal für die ermordeten Juden Europas in Berlin. Aus all diesen Verschiebungen der Erinnerungsperspektive resultierten noch einmal enorme geschichtspolitische Kontroversen.

Weniger als je zuvor war seit den 1990er Jahren die Erinnerung an den Nationalsozialismus und vor allem an den Holocaust Sache der Deutschen allein. Gewiss, auch in früheren Dekaden tauchten die nationalsozialistischen Menschheitsverbrechen punktuell in nationalen Erinnerungskulturen auf, doch nach 1990 kam
es zu einer regelrechten Universalisierung der Geschichtsbilder des Holocaust, der
nun gleichsam in das Menschheitsgedächtnis einging. Symbolisch dafür steht das
United States Holocaust Memorial Museum in Washington, das 1993 eröffnet
wurde, aber auch die Tatsache, dass seit Mitte der 1990er Jahre weit über Deutschland hinaus eine ganze Reihe von Staaten den 27. Januar, den Jahrestag der Befreiung des Vernichtungslagers Auschwitz, zum Holocaust-Gedenktag erklärte, so wie
es Bundespräsident Roman Herzog 1995 für Deutschland tat. In den Tagen um den
27. Januar 2000 versammelten sich in der schwedischen Hauptstadt Stockholm
22 Regierungschefs aus ganz Europa, unter ihnen der deutsche Bundeskanzler,
gaben nicht nur Erklärungen zum Holocaust ab, sondern versicherten in einer beinahe sakral anmutenden Zeremonie auch, für alle Zeit gegen Genozid, Gewalt und
Diskriminierung zu kämpfen.[41]

Der politische Bezug des Stockholmer Treffens und der dort vorgetragenen
Deklarationen ist unverkennbar. Das Ende des Ost-West-Gegensatzes hatte in
Europa blutige ethnisch-nationale Konflikte, die über viele Jahrzehnte gleichsam

stillgelegt gewesen waren, aufbrechen lassen. Die neue internationale Konstellation schien aber Interventionen insbesondere der europäischen Staaten gegen genozidale Gewalt, ob nun im ehemaligen Jugoslawien oder in Afrika, zuzulassen, und der Bezug auf den Holocaust lieferte dafür die Legitimation. In der Bundesrepublik hat keiner dieses Argument deutlicher vorgebracht als Außenminister Joschka Fischer, als er Anfang 1999 die Beteiligung der Bundesrepublik an NATO-Kampfeinsätzen gegen Serbien begründete. Gerade in Europa erfüllte der Holocaust aber noch eine zweite Funktion: Er diente als negativer europäischer Gründungsmythos, der nach 1990 an Bedeutung gewann, weil die ost- und ostmitteleuropäischen Staaten an den westeuropäischen Gründungsmythen der europäischen Einigung nach 1945 und der mythenstiftenden Erfolgsgeschichte der Integration nur schwer partizipieren konnten. Der Bezug auf den Holocaust bot sich als gesamteuropäischer Mythos geradezu an, weil er in Vergangenheit und Zukunft zugleich wies und weil er die Kraft hatte, die Spaltung des Kontinents und unterschiedliche Geschichtserfahrungen zu überwinden.

Für die Deutschen war es eine durchaus zwiespältige Erfahrung zu sehen, wie sich die Erinnerung an den Holocaust verselbstständigte, abstrahierte und zunehmend universalisierte.[42] Bestand nicht die Gefahr, dass sich die Erinnerung immer stärker von den realen Geschehnissen löste? War es nicht möglich, dass durch die Universalisierung der Erinnerung der Holocaust gleichsam ohne die Deutschen und ihre Verbrechen gedacht werden konnte? Nicht nur angesichts der politischen Entwicklungen seit 1990, sondern auch angesichts der weltweiten kommunikativen und medialen Vernetzung war die Universalisierung des Gedenkens an den Holocaust geradezu zwangsläufig. Die Erinnerung wurde global, sie wurde menschheitlich. Zusammen mit dem Generationenwechsel von der Erlebens- und Überlebensgeneration zur Generation der Nachgeborenen lag darin der doppelte Quantensprung von Geschichtspolitik und Erinnerungskultur im ausgehenden 20. und im beginnenden 21. Jahrhundert.

Eine der deutschen Reaktionen darauf lieferte Guido Knopp, der Leiter der ZDF-Redaktion Geschichte, der seiner 2000 ausgestrahlten Sendereihe über den Judenmord den Titel »Holokaust« – mit »K« – gab, um so das Deutsche des Geschehens zu betonen. Auch die ikonographische Verdichtung der NS-Vergangenheit ist als Versuch zu werten, die nationalsozialistischen Menschheitsverbrechen nicht zu entörtlichen, sondern die Erinnerung daran wachzuhalten, dass diese Verbrechen einen realen Ort hatten und dass dieser Ort in Deutschland lag. Das gilt nicht zuletzt für die wichtigen Berliner Gedenkstätten, das Jüdische Museum und die »Topographie des Terrors«. Im Mittelpunkt dieser Entwicklung aber stand die

Errichtung des Denkmals für die ermordeten Juden Europas, oft auch »Holocaust-Mahnmal« genannt. Nachdem sich der Bundestag 1999 für den Wettbewerbsentwurf des amerikanischen Architekten Peter Eisenman entschieden hatte, begannen am 27. Januar 2000 in unmittelbarer Nähe zum Brandenburger Tor die Bauarbeiten. Bis zur Eröffnung des Mahnmals fünf Jahre später wurden auf dem Areal 2711 wellenförmig angeordnete Betonstelen errichtet. Im Dickicht dieser Stelen, das beim Besucher ein Gefühl des Alleinseins, des Ausgesetztseins und der Orientierungslosigkeit erzeugt, sollen nicht Informationen die Erinnerung wachhalten und Gedenken befördern, sondern individuelle Wahrnehmungen und Erfahrungen ein »Geschichtszeichen« (Michael Jeismann) setzen. Historische Informationen liefert ein Besucherzentrum, das sich unter dem Denkmal befindet.

Die öffentliche Debatte über das Holocaust-Denkmal, die von den ersten Initiativen bis zur Eröffnung rund zehn Jahre andauerte, bildete »die Matrix, auf der eine Anzahl weiterer Vergangenheitsdebatten stattfand«.[43] 1996 sorgte Daniel J. Goldhagen mit seinem Buch »Hitlers willige Vollstrecker« für Furore. Die These des amerikanischen Politikwissenschaftlers, dass ein »eliminatorischer Antisemitismus« die Deutschen seit Jahrhunderten beherrscht habe, mit der Goldhagen den Holocaust erklärte, beschäftigte nicht nur die Feuilletons, sondern füllte mehrere Wochen lang die größten Kongresssäle der Republik. Neue Forschungsergebnisse lieferte Goldhagen nicht, im Gegenteil: Seine Urteilsbildung stand wissenschaftlich auf schwankendem Boden. Aber Goldhagen hatte einfache Antworten auf komplexe Fragen parat, auf Fragen, mit denen sich die Historiker zwar bereits seit Jahrzehnten beschäftigten, auf die sie indes keine so griffigen Antworten gegeben hatten wie der junge amerikanische Wissenschaftler. Zugleich verwies Goldhagen allerdings auf Probleme, welche die Geschichte des »Dritten Reiches« betrafen und von der Geschichtsforschung bis dahin eher vernachlässigt oder von den Nachkriegsgenerationen über lange Zeit verdrängt worden waren. Dabei handelte es sich insbesondere um das hohe Maß an Übereinstimmung zwischen dem NS-Regime und der nichtjüdischen deutschen Bevölkerung im Hinblick auf die »Judenfrage« und die Judenpolitik.[44] Was in den Jahrzehnten nach 1945 weder öffentlich noch in der Wissenschaft breit diskutiert, sondern vielmehr in den Kontext der Kollektivschuldthese gestellt und damit zurückgewiesen worden war, kehrte nun in den deutschen Geschichts- und Erinnerungsdiskurs zurück. Einer Generation, die keine unmittelbaren biographischen Bezüge zum Nationalsozialismus mehr hatte, fiel es nicht schwer, diese kollektive Schuld anzuerkennen, sie wies sie aber zugleich eindeutig der Vergangenheit zu.[45]

Für eine erregte Debatte sorgte auch die vom Hamburger Institut für Sozialforschung getragene Ausstellung »Verbrechen der Wehrmacht«, die von 1995 an in zahlreichen deutschen Städten gezeigt wurde. Über viele Jahre hatte sich in der westdeutschen Gesellschaft die »Legende von der sauberen Wehrmacht« gehalten, die Annahme, die deutschen Soldaten seien an den nationalsozialistischen Kriegs- und Menschheitsverbrechen insbesondere in Osteuropa nicht beteiligt gewesen. In der jungen Bundesrepublik war dieses Bild zum einen – und das gilt ganz ähnlich auch für die DDR – eine wichtige Voraussetzung für die Reintegration von Millionen ehemaliger Wehrmachtssoldaten in die Gesellschaft, zum anderen ermöglichte es die rasche Wiederbewaffnung und die Eingliederung der Bundeswehr in die westliche Verteidigungsallianz.

Das Bild der Wehrmacht war bestimmt von ihrer – selbst von ehemaligen Kriegsgegnern eingeräumten – militärischen Effizienz einerseits und der Rolle einiger weniger Wehrmachtsoffiziere im Widerstand des 20. Juli 1944 andererseits. Die historische Forschung hatte zwar schon vor 1990 begonnen, diese Legende zu zerstören, öffentlichkeitswirksam gelang dies aber erst der Wehrmachtsausstellung. Die Kontroverse, welche die Ausstellung vor allem im Vorfeld der Münchener Eröffnung auslöste und die sie fortan begleitete, kreiste um die Frage nach der Schuld der »normalen Deutschen«, in diesem Falle der Millionen Wehrmachtssoldaten. Zwar konnten dem Ausstellungsmacher Hannes Heer erhebliche fachliche Mängel und historische Fehler vor allem im ausgestellten Bildmaterial nachgewiesen werden, was zu einer grundlegenden Überarbeitung der Ausstellung ohne Beteiligung Heers führte, aber die Grundaussage, dass die Offiziere und Soldaten in Osteuropa und vor allem in der Sowjetunion zwischen 1941 und 1945 einen Vernichtungskrieg geführt hatten und daher am Holocaust beteiligt gewesen seien, hielt die Ausstellung aufrecht. »Wer die Generationen trennt, trifft die Nation in ihrem Kern«, formulierte der CDU-Politiker Alfred Dregger, selbst ehemaliger Wehrmachtsoffizier und einer der heftigsten Kritiker der Ausstellung.[46] Dregger traf einen entscheidenden Punkt, indem er das in der Ausstellung präsentierte Bild der Wehrmacht als Geschichtsbild einer neuen, an Krieg und Holocaust nicht beteiligten Generation ansah, der es leichter fiel, sich politisch und moralisch von der Wehrmacht zu distanzieren als denen, die in der Wehrmacht gedient hatten. In der Tat stößt man zum Kern der Kontroverse über die Wehrmachtsausstellung eher vor, wenn man sie nicht in das starre Links-rechts-Schema aus der Zeit des Ost-West-Konflikts presst, sondern sie auch, wenn nicht vor allem als generationelle Auseinandersetzung nach Ende des Kalten Krieges begreift.[47]

Warum »in diesem Jahrzehnt die Vergangenheit präsentiert wird wie nie zuvor«, versuchte der Schriftsteller Martin Walser zu verstehen, der im Herbst 1998 den Friedenspreis des deutschen Buchhandels erhielt. Walser, der in den 1950er und 1960er Jahren als Mitglied der »Gruppe 47« immer wieder den Finger auf die offene Wunde der unbewältigten NS-Vergangenheit gelegt hatte, wehrte sich nun nicht nur gegen die »unaufhörliche Präsentation unserer Schande«, sondern kritisierte vor allem »die Instrumentalisierung unserer Schande zu gegenwärtigen Zwecken«. Auschwitz werde als »Moralkeule« eingesetzt, von »Meinungssoldaten« mit »Moralpistolen«.[48] Walsers Zeitdiagnose fing zweifellos eine klar erkennbare Entwicklung der deutschen Erinnerungskultur und Geschichtspolitik der 1990er Jahre ein. Doch Ignaz Bubis, der Vorsitzende des Zentralrats der Juden in Deutschland, sah darin »geistige Brandstiftung«. Er warf Walser vor, Auschwitz vergessen und Normalität einkehren lassen zu wollen und damit das Geschäft von Rechtsradikalen zu betreiben. Als sich die Wogen etwas geglättet hatten, stellten nicht nur Bubis und Walser fest, dass sie so weit nicht auseinander lagen, denn beide wehrten sich gegen eine zur Routine verkommene Erinnerung. Aber während Walser den gegenwartsbezogenen politischen Rekurs auf Auschwitz und den Holocaust kritisierte, war für Bubis gerade die Vergegenwärtigung der Vergangenheit von entscheidender Bedeutung. Auschwitz durfte nicht Geschichte werden, sondern musste Gegenwart bleiben. Das Berliner Holocaust-Denkmal ist wahrscheinlich der wichtigste Versuch, Bubis' Vermächtnis – er starb 1999 – zu erfüllen, doch zugleich repräsentiert es die Abgeschlossenheit einer Epoche, in welcher der Holocaust für die Bundesrepublik nicht Geschichte, sondern eine stets gegenwärtige Vergangenheit war.

Die deutsche Geschichtswissenschaft begleitete diese Prozesse. Der Aufstieg der Paradigmen von Erinnerung und Gedächtnis fällt nicht von ungefähr in diese Jahre. Wichtige Grundschriften wie die von Maurice Halbwachs über »Das Gedächtnis und seine sozialen Bedingungen« (erstmals 1939 erschienen) wurden neu gelesen. Gestützt auf Halbwachs, entwickelte der Ägyptologe Jan Assmann seine Theorie des kulturellen Gedächtnisses am Beispiel früher Hochkulturen, doch er zielte auch auf die Gegenwart, zumindest wurde er so rezipiert. Zeithistoriker begannen, gestützt nicht zuletzt auf Assmanns Überlegungen, sich für Geschichtspolitik in der Bundesrepublik zu interessieren mit dem Ziel, die Entwicklungen der 1990er Jahre in einen weiteren, historischen Zusammenhang zu stellen.[49] Sonderforschungsbereiche beschäftigten sich mit »Erinnerungskulturen«, und es war kein Zufall, dass in der geschichts- und sozialwissenschaftlichen Forschung das Interesse an den Generationen wuchs. Ausgehend von Überlegungen des Soziologen Karl Mannheim wurde die Geschichte des 20. Jahrhunderts als eine Abfolge von Generationen interpretiert, die je unterschiedlichen zeitlichen Perioden ihren

Stempel aufprägten: von der Generation der Wilhelminer über die Frontkämpfergeneration des Ersten Weltkriegs und die Flakhelfergeneration bis hin zur Generation der Achtundsechziger und der Generation Golf. Ohne den gerade in der öffentlichen Erinnerung, aber auch in der Politik mit dem Regierungsantritt von Rot-Grün 1998 so spürbaren Generationswechsel lässt sich der rasante Aufstieg des Generationenkonzepts nicht erklären.[50]

Auch die Rückkehr des Krieges nach Europa spiegelte sich in der Geschichtswissenschaft, der deutschen zumal, wo nicht nur die als konservativ, ja ewiggestrig verschriene Militärgeschichte konzeptionell und thematisch zu neuer Blüte gelangte, sondern wo auch die Frage nach Kriegserfahrungen breite Forschungsanstrengungen leitete. Im beginnenden 21. Jahrhundert stießen dann allerdings auch andere Fragen auf Interesse, die ihrerseits auf Diskursverschiebungen in der deutschen Gesellschaft hindeuteten. »Fremdheit und Armut« wurden zunächst beleuchtet, und vor dem Hintergrund unmittelbarer Gegenwartserfahrungen begann schon bald das historische Nachdenken über »Ordnungen in der Krise« und »bedrohte Ordnungen«.

Wiedergutmachung und Entschädigung

Einer Generation, die nur noch in mittelbarem Bezug zur Zeit des Nationalsozialismus stand, fiel es leichter, Schuld anzuerkennen, eine Schuld, die freilich historisch geworden war. Da »die personale Komponente, auf der der Begriff der ›Schuld‹ unabdingbar beruht, kaum mehr greifbar war«, definierte sich die »Haftungsgemeinschaft Bundesrepublik ... seit diesem Jahrzehnt endgültig ausschließlich über den Begriff der ›Verantwortung‹«.[51] Zunächst führte die deutsche Einigung dazu, dass die seit 1949 in Westdeutschland entstandenen und praktizierten Standards für die Entschädigung von NS-Verfolgten auf Ostdeutschland ausgedehnt wurden. Auf die Debatte über die Entschädigung von Opfern der SED-Herrschaft wirkte dieser Prozess zum Nachteil der Betroffenen ein. Die Regelung ihrer Ansprüche wurde zwar in zwei »Gesetzen zur Bereinigung von SED-Unrecht« aus den Jahren 1992 und 1994 festgelegt, doch die Kritik der Opfergruppen an der Privilegierung materieller Schäden verhallte mehr oder weniger ungehört. Die DDR-Opposition, die zum Sturz des SED-Regimes und damit zum Fall der Mauer so entscheidend beigetragen hatte, wurde im vereinigten Deutschland rasch marginalisiert und zog sich überdies den Ruf zu, vorwiegend aus einer Ansammlung eigensinniger Querulanten bestanden zu haben. Es gelang kaum, das Schicksal persönlicher Verfolgung ins Blickfeld einer breiteren Öffentlichkeit zu rücken, deren Opferbild stark vom Nationalsozialismus geprägt war. Den Opfern der SED, die Inhaftierungen, Berufsverbote und lebenslange Schikanen des Staatsapparates erlitten hatten, wurde längst nicht jene internationale Aufmerksamkeit und Anteilnahme zuteil, die man den Opfern der NS-Herrschaft entgegenbrachte.[52]

Nachdem im »Zwei-plus-Vier«-Prozess die Gefahr gebannt worden war, dass ein förmlicher Friedensvertrag ausgehandelt werden könnte, der auch Bestimmungen zu Entschädigungen und Reparationen enthielt, kam es zu Beginn der 1990er Jahre zu einer Reihe von Globalabkommen der Bundesrepublik mit der Sowjetunion beziehungsweise mit ihren Nachfolgestaaten sowie den ostmitteleuropäischen Staaten über pauschale Entschädigungsleistungen, in der Regel in Gestalt sogenannter Versöhnungsstiftungen. Damit stellte man sich in die Tradition der nationalstaatlich ausgerichteten, bilateralen Wiedergutmachungs- und Entschädigungspolitik der Zeit vor 1989. Das galt auch für ein Abkommen mit der American Jewish Claims Conference von 1992, das zusätzliche Zahlungen der Bundesrepublik für jüdische Verfolgte festlegte.

Eine neue Dimension erhielt die Problematik, als das Bundesverfassungsgericht 1996 entschied, dass nicht nur Staaten, sondern auch Individuen Entschädigungsansprüche geltend machen könnten. Forderungen wurden daraufhin nicht mehr nur an die Bundesrepublik gerichtet, sondern auch an die deutsche Wirtschaft. Mit Entschädigungsforderungen sahen sich vor allem deutsche Unternehmen konfrontiert, die in den Jahren des Zweiten Weltkriegs Zwangsarbeiter beschäftigt und von Zwangsarbeit profitiert hatten.[53] Wie sehr sich die Wiedergutmachungs- und Entschädigungsfrage in den 1980er Jahren von einem rein deutschen Bezugsrahmen gelöst und gleichsam europäisiert hatte, wird daran deutlich, dass die Verantwortung von Unternehmen zunächst im Zusammenhang mit dem Verhalten von Schweizer Großbanken, die in den Jahren des Nationalsozialismus jüdische Vermögen unterschlagen hatten, in die öffentliche Diskussion geriet. Nachdem dieser Damm gebrochen war, überzogen amerikanische Anwälte deutsche Unternehmen, unter ihnen Daimler-Benz, die Deutsche Bank und die Allianz, mit Sammelklagen auf Entschädigung. Obwohl es zunächst zweifelhaft schien, dass diese Klagen eine rechtliche Basis hatten, lenkten die deutschen Unternehmen rasch ein. In einer immer stärker globalisierten Wirtschaft befürchteten die auf Export ausgerichteten und sich in jenen Jahren stark transnationalisierenden deutschen Unternehmen erhebliche Imageschäden, denen Umsatzeinbußen auf dem Fuße folgen würden.

Unter solchem Druck, der auf politischer Ebene von US-Präsident Bill Clinton und zahlreichen Angehörigen des amerikanischen Kongresses an die Bundesregierung weitergegeben wurde, kam es schließlich im Juli 2000 zur Einrichtung einer von der deutschen Wirtschaft und der Bundesregierung getragenen Stiftung »Erinnerung, Verantwortung und Zukunft«, die bis dahin erbrachte Wiedergutmachungsleistungen ergänzen und ein »in finanzieller Hinsicht abschließendes Zeichen ihrer moralischen Verantwortung für die damaligen Geschehnisse« setzen sollte. Bundesregierung und Wirtschaftsunternehmen zahlten zu gleichen Teilen insgesamt 10 Milliarden D-Mark in einen Stiftungsfonds ein, aus dem Entschädigungszahlungen nach einem komplizierten Verteilungsschlüssel geleistet werden sollten. Da die Unternehmen ihre Beiträge in vollem Umfang als Betriebsausgaben steuerlich absetzen konnten, wurde die Entschädigungssumme zum überwiegenden Teil steuerfinanziert.[54] Bevor die Gelder im Mai 2001 ausgezahlt wurden, kam es im Bundestag zu einer abschließenden Debatte. Bei dieser erklärte der CDU-Bundestagsabgeordnete Martin Hohmann, die Zwangsarbeiterentschädigung sei »nicht aufgrund rechtlicher Ansprüche, sondern aufgrund von Erpressung zustande gekommen«.[55] Derselbe Martin Hohmann hielt zwei Jahre später, zum 3. Oktober 2003, eine antisemitische Rede, wurde daraufhin aus der CDU/CSU-Bundestagsfraktion und aus der CDU ausgeschlossen und verlor später auch sein Bundestagsmandat.

Hohmann hatte in seiner Rede von 2001 an den Bundeskanzler appelliert, über den NS-Opfern die deutschen »Kriegsopfer« nicht zu vergessen. Mit diesem Hinweis stand der CDU-Politiker nicht allein. Allenthalben rückten seit den späten 1990er Jahren die deutschen Opfer des Krieges und der Kriegsfolgen in die öffentliche Diskussion. Nicht alle, die an die Opfer des Bombenkriegs und an das Schicksal der Vertriebenen erinnerten, taten dies in der Absicht aufzurechnen. Im geschichtspolitischen Klima dieser Zeit wurde die vorbehaltlose Anerkennung deutscher Schuld möglich, und die Prozesse des Generationenwandels sowie der Herausbildung eines kulturellen Gedächtnisses ermöglichten nun auch die Erinnerung an das Leid, das der Krieg über die Deutschen gebracht hatte, ein Leid, das über Jahrzehnte hinweg im privaten Raum, in der Familie, stets präsent gewesen war, aber ins öffentliche Gedenken der Bundesrepublik keinen Eingang gefunden hatte. Der Wiederaufbau der 1945 zerstörten Dresdener Frauenkirche bot einen solchen Gedenkanlass, bei dem das Gedenken an die Opfer des alliierten Bombenangriffs auf die Elbestadt mit dem Appell zu Frieden und Versöhnung verbunden wurde. Der Journalist Jörg Friedrich stieß mit seiner Bilddokumentation »Der Brand« über die Zerstörung Dresdens auf große öffentliche Resonanz. Das Etikett des Tabubruchs erhöhte noch die Aufmerksamkeit, die Friedrichs Buch zuteilwurde. Literarisch nahm sich Günter Grass der Thematik an und schilderte in einem Erzählstrang seiner Novelle »Im Krebsgang« (2002) den Untergang des Flüchtlingsschiffs »Wilhelm Gustloff«, bei dem im Januar 1945 Tausende deutsche Flüchtlinge in der eiskalten Ostsee ertranken. Die Erfahrung von Flucht und Vertreibung, über lange Jahre ins Private verbannt beziehungsweise der politisierenden Erinnerung der Vertriebenenverbände überlassen, wurde zum Thema von Geschichtsdokumentationen des Fernsehens, ja sogar von Spielfilmen, die ein Massenpublikum fanden.

Die geschichtspolitischen Debatten, welche die Zeit um die Jahrtausendwende prägten, waren nicht nur Ausdruck der Selbstverständigung der Deutschen über ihre Geschichte, sondern erwuchsen auch aus einer tiefen Verunsicherung angesichts der Transformation von unmittelbarer und persönlicher Erfahrung zu kulturell geformter Geschichte. Man darf diese Übergänge und Transformationen nicht isoliert sehen, sondern muss sie in den weiteren Kontext einer Epoche stellen, die nicht nur in Deutschland und angesichts der Wiedervereinigung, sondern weit über die Bundesrepublik hinaus die Menschen mit grundstürzenden und sich in einem enormen Tempo vollziehenden Veränderungen konfrontierte. Während Deutschlands Nachbarn, während Großbritannien und Frankreich sich in dieser Situation auf eine zumindest oberflächlich über Jahrhunderte hinweg ungebrochene Geschichte stützen konnten, die den Menschen das Gefühl, ja die Sicherheit vermittelte, auch den Veränderungen der Gegenwart gewachsen zu sein und ihre Herausforderungen meistern zu können, fehlt Deutschland und den Deutschen ein solches Sicherheit stiftendes historisches Bewusstsein. Die historische Erfahrung der Deutschen ist nicht Kontinuität, sondern Bruch. Ob die fünf oder sechs Jahrzehnte der Geschichte der Bundesrepublik, so erfolgreich sie alles in allem auch verlaufen sein mögen, schon hinreichen, diese historischen Erfahrungen von Bruch und Diskontinuität zu kompensieren, ist fraglich.

4.
Deutschland in der »Neuen Weltordnung«

Internationale Politik nach dem Ende des Ost-West-Konflikts

Die raue Wirklichkeit der internationalen Politik holte die Deutschen schnell ein. Die Überwindung des Ost-West-Konflikts hatte die Wiedervereinigung ermöglicht und die Teilung Europas beendet. Damit endete auch jene internationale Ordnung, die nach dem Zweiten Weltkrieg entstanden war und sich im Zeichen der wechselseitigen nuklearen Vernichtungsdrohung stabilisiert hatte. Doch aus der Auflösung, ja dem rapiden Zerfall dieser Ordnung resultierten neue Spannungen, ergaben sich neue Gefahren. Konflikte, die bisher unter dem eisernen Deckel des Ost-West-Konflikts und insbesondere der sowjetisch-kommunistischen Dominanz über Osteuropa gebrodelt hatten, gelangten nun an die Oberfläche. Sie wirkten sich auch auf die Außenpolitik der Bundesrepublik aus, der nach der äußeren Absicherung der deutschen Einheit gar keine Zeit zum Atemholen blieb.

In der Pariser Charta der KSZE vom 21. November 1990 hieß es euphorisch und voller Optimismus, dass man in ein »neues Zeitalter der Demokratie, des Friedens und der Einheit« eingetreten sei. Im Westen verband sich solche Zuversicht mit dem Bewusstsein, dass der Westen aus dem Kalten Krieg als Sieger hervorgegangen war. Das ließ sich kaum bestreiten, doch in solchem Triumphalismus geriet der Anteil der östlichen Dissidenten und Bürgerrechtler, aber auch der Reformpolitik Gorbatschows in den Hintergrund. In den Thesen des amerikanischen Politikwissenschaftlers Francis Fukuyama, der in den Jahren um 1989 für das amerikanische Außenministerium arbeitete, fand diese Siegesgewissheit eine intellektuelle Überhöhung, denn Fukuyama sah im Ende des Ost-West-Konflikts nicht weniger als das »Ende der Geschichte«. Der politische und wirtschaftliche Liberalismus westlicher Provenienz, Demokratie und Marktwirtschaft, hätten sich im Laufe des 20. Jahrhunderts zunächst gegen den Faschismus und nun auch gegen den Kommunismus durchgesetzt. Der Triumph des Westens zeige sich in der völligen Erschöpfung aller denkbaren alternativen Ordnungsvorstellungen.[1]

Fukuyamas These vom »Ende der Geschichte« war schnell in aller Munde. Zahlreiche Kritiker wurden nicht müde, auf die Schwachstellen seiner Überlegungen hinzuweisen, beispielsweise auf die völlige Marginalisierung der islamischen Welt. Aber sie hatten es schwer, denn Fukuyama nährte die Hoffnung, dass mit dem Ende des Ost-West-Konflikts die Welt friedlicher sein würde. Doch schon 1990 waren Zweifel angebracht. Während in Europa die letzten Weichen in Richtung deutsche Einheit gestellt wurden, überfiel der irakische Diktator Saddam Hussein sozusagen im Windschatten einer auf Deutschland und Europa fixierten internationalen Politik den Ölstaat Kuwait, um sich dessen gewaltige Erdölreserven zu sichern.

In seltener Einmütigkeit verurteilte der UN-Sicherheitsrat die Invasion und verlangte einen sofortigen Rückzug der irakischen Truppen. Doch diplomatische Verhandlungen und ultimativer Druck, den die Vereinten Nationen auf den Irak ausübten, führten nicht zum Erfolg, so dass am 17. Januar 1991 ein von der UNO mandatiertes Militärbündnis aus 33 Staaten unter Führung der USA massive Luftschläge gegen den Irak führte. Dieser reagierte mit Raketenangriffen auf Israel und rief den »Heiligen Krieg« aus in der – allerdings vergeblichen – Hoffnung, andere arabische Staaten auf seine Seite zu ziehen. Eine amerikanische Bodenoffensive, die am 24. Februar begann, führte innerhalb weniger Tage zum Rückzug der irakischen Truppen aus Kuwait. Die US-Kräfte verfolgten die sich auflösenden irakischen Verbände zwar bis auf irakisches Territorium, verzichteten aber auf eine Eroberung der irakischen Hauptstadt Bagdad und eine Entmachtung von Saddam Hussein. Der Volksaufstand der Kurden im Norden des Irak, zu dem die USA ermutigt hatten, lief daraufhin ins Leere. Das irakische Militär ging mit äußerster Brutalität gegen die Aufständischen vor. Millionen von Kurden flohen in die Türkei und in den Iran. Auch die Aufstandsversuche der vorwiegend im Süden des Irak lebenden Schiiten, die sich von dem Krieg eine Verbesserung ihrer Lage erhofft hatten, wurden von regimetreuen irakischen Truppen niedergeschlagen. In dem Waffenstillstand mit dem Irak, der am 12. April 1991 in Kraft trat, handelte man die Errichtung von zwei Flugverbotszonen für das irakische Militär aus, und zwar über dem Nord- und dem Süd-Irak. Mit dieser Maßnahme wollte man die dortige kurdische beziehungsweise schiitische Zivilbevölkerung schützen.

Die Bundesrepublik gehörte der Militärallianz gegen den Irak nicht an, beteiligte sich aber mit anderen Staaten, darunter insbesondere Kuwait selbst, Saudi-Arabien und Japan, an der Finanzierung des Krieges. Zu den insgesamt 61 Milliarden US-Dollar, die der Krieg kostete, trug die Bundesrepublik etwa 10 Milliarden Dollar (17 Milliarden D-Mark) bei. Obwohl Deutschland den Krieg auch auf andere Weise unterstützte, beispielsweise indem es sein Territorium als Drehscheibe für die logistischen Operationen der Kriegsallianz zur Verfügung stellte, ABC-Spürpanzer an Saudi-Arabien lieferte und sich mit Einheiten der Bundeswehr an den Maßnahmen der NATO zur Verhinderung eines irakischen Angriffs auf die Türkei beteiligte, sah sie sich in der internationalen Politik und der internationalen Presse dem Vorwurf der »Scheckbuch-Diplomatie« ausgesetzt.[2] Die Verteidigung mit dem Hinweis auf ihre nicht nur finanziellen Beiträge fiel der Bundesregierung schwer, weil diese Hilfen nahezu unter Ausschluss der Öffentlichkeit beschlossen worden waren, um die öffentliche Stimmung nicht noch weiter aufzuheizen. In den deutschen Städten, zumal in den Universitätsstädten, hatte die Bevökerung nämlich massiv gegen den Golfkrieg protestiert. »Kein Blut für Öl« lautete die Losung. Eine Rolle spielte auch, dass im Dezember Bundestagswahlen anstanden und die Regierungskoalition befürchten musste, dass die Opposition aus SPD und Grünen den in der deutschen Bevölkerung offen oder latent vorhandenen und leicht zu mobilisierenden Antiamerikanismus wahlkampfpolitisch instrumentalisieren würde, um dadurch Stimmen zu gewinnen.[3]

Erst im Februar 1991, nachdem sie zuvor noch eine sowjetische Friedensinitiative unterstützt hatte, die überall im Westen auf Ablehnung gestoßen war, bekannte sich die Bundesregierung eindeutig zu der US-geführten Militärkoalition. Ihre Scheu, klar Stellung zu beziehen, war allerdings nicht nur auf den politischen Umbruch durch die Wiedervereinigung, den Antiamerikanismus vieler Deutscher und das Wahlkampfkalkül zurückzuführen. Ganz wesentlich war, dass die Bundesregierung sich in einer neuen internationalen Situation erst zurechtfinden musste. Grundkonstanten der Außenpolitik, die sich über Jahrzehnte entwickelt hatten, waren zwar nicht ungültig geworden, bedurften aber der Anpassung an die veränderte und sich noch immer rasant verändernde weltpolitische Lage. Die strukturellen Zwänge des Ost-West-Konflikts, die seit 1949 die Außenpolitik der Bundesrepublik bestimmt hatten, existierten nicht mehr. Das wiedervereinigte Deutschland war zu einer Neubestimmung seiner außenpolitischen Interessen, seiner nationalen Interessen gezwungen, die nicht mehr durch die offene deutsche Frage, die deutsche Teilung, determiniert wurden.

Die Bundesrepublik lag – wie der deutsche Nationalstaat zwischen 1871 und 1945 – wieder in der Mitte Europas. Eine Rückkehr zur Politik des autonomen nationalen Machtstaats kam aber unter keinen Umständen in Frage. Die Bundesrepublik war eingebunden in die multilateralen und supranationalen Strukturen der Atlantischen Allianz und der europäischen Integration. Das politische Bekenntnis zur Fortsetzung dieser Einbindung war eine entscheidende Voraussetzung für die Zustimmung der deutschen Nachbarn und Bündnispartner zur Herstellung der deutschen Einheit gewesen. Schon aus diesem Grund war eine Rückkehr zu der zwischen 1871 und 1945 auf unterschiedliche Weise betriebenen Schaukelpolitik zwischen Ost und West ausgeschlossen. Gleichwohl gewann die deutsche Osteuropapolitik nach 1990 eine ganz neue Qualität, denn sie war nicht mehr primär ein Instrument der Deutschlandpolitik, sondern erhielt nun infolge der europäischen

Mittellage Deutschlands eine Bedeutung, die mit derjenigen der deutschen West-europapolitik durchaus zu vergleichen war.[4] Die Bundesrepublik betrieb eine Ost-europapolitik, die von ihren wirtschaftlichen Interessen getragen war, signalisierte jedoch zugleich durch eigene Initiativen zur Reform der NATO und zur Vertiefung der europäischen Einigung, dass sie konsequent am Multilateralismus als Basis ihrer Außenpolitik festhalten werde. In diesem Sinne blieb die Maxime »Westbin-dung plus Ostverbindungen« der Zeit vor 1989/90 weiterhin gültig.

Nch wie vor lag der Schatten der nationalsozialistischen Vergangenheit über der Republik. Dass deutsche Außenpolitik im Zeichen der nationalsozialistischen Rassen- und Raumideologie nach 1933 systematisch einen Krieg vorbereitet hatte, der sich mit den schlimmsten Menschheitsverbrechen verband, beeinflusste auch weiterhin die Art und Weise, wie Deutschland als europäische Großmacht seine In-teressen vertrat. Die Bundesrepublik hielt am zivilen Stil ihrer Außenpolitik fest und bevorzugte Instrumente sanfter und kooperativer Macht, auch weil sie 1991, als sie Slowenien und Kroatien unabgestimmt anerkannte, erfahren musste, dass außenpolitische Alleingänge zu politischer Isolierung und zu schweren Spannun-gen innerhalb Westeuropas und der transatlantischen Beziehungen führen.[5] Aber gehörte es nicht auch zu den Lehren aus der deutschen Geschichte vor 1945, dass man nicht tatenlos zusehen konnte, wenn sich beispielsweise im zerfallenden Jugoslawien ein Völkermord anbahnte? Hatte Deutschland nicht eine historische Verpflichtung zur Intervention, notfalls auch mit militärischen Mitteln? Die Dis-kussion über die Auslandseinsätze der Bundeswehr, die in der Bundesrepublik in den 1990er Jahren geführt wurde, war wesentlich von diesem Argument bestimmt. Schnell wurde klar, dass sich aus der NS-Vergangenheit nicht automatisch eine außenpolitische Strategie ableiten ließ, sondern dass man sich klar werden musste, was denn die Geschichte des deutschen Nationalstaats und insbesondere die Ge-schichte des Nationalsozialismus und seiner Verbrechen für die deutsche Außen-politik bedeuteten.

Die Bundesrepublik war seit 1990 eine kontinentale Großmacht mit weltpoli-tischem Gewicht.[6] Über weltpolitisches Gewicht hatte auch der westdeutsche Staat spätestens seit den 1970er Jahren schon verfügt. Aber durch die Überwindung der Teilung Europas und den Zerfall der Sowjetunion gewann Deutschland eine ge-samteuropäische Bedeutung, die es so vor 1990 nicht hatte. Das vereinigte Deutsch-land mochte sich diese gesamteuropäische Rolle gar nicht selbst zuschreiben, doch insbesondere die aus dem sowjetischen Imperium entlassenen Staaten und die ost-mitteleuropäischen Staaten, die im Zerfall der Sowjetunion ihre Unabhängigkeit erlangten – allen voran die baltischen Staaten –, sahen in Deutschland eine Ordnungsmacht, die das Machtvakuum im Osten des europäischen Kontinents füllen konnte. Deutschland konnte sich dieser Aufgabe nicht entziehen, es musste sich aber darum bemühen, dass die politische, ökonomische und kulturelle Orientierung auf Deutschland einherging mit einer Einbindung der ostmitteleuropäischen Staaten in die multilateralen und integrativen Strukturen der Europäischen Union und der Nordatlantischen Allianz. Einzubinden war freilich auch Russland, das nicht nur wegen seiner Verfügung über das Nuklearwaffenarsenal der am 25. Dezember 1991 untergegangenen Sowjetunion eine Großmacht von weltpolitischem Gewicht blieb und in den Krisen und Konflikten der 1990er Jahre seinen Einfluss geltend machte.

Für die wachsende Interdependenz von internationaler Politik und Weltwirtschaft war die Bundesrepublik mit der über Jahrzehnte gewachsenen und eingeübten multilateralen, auf kooperativen Interessenausgleich setzenden Grundorientierung ihrer Außenpolitik gut vorbereitet. Das heißt nicht, dass sie jemals darauf verzichtet hätte, nationale Interessen zu verfolgen und nach Möglichkeit auch durchzusetzen. Das Offenhalten der deutschen Frage gehörte zu diesen nationalen Interessen ebenso wie das Engagement für einen liberalen Welthandel, auf den die Exportwirtschaft der Republik angewiesen war. Die Schlüsselfrage des nationalen Interesses war für die Bundesrepublik vor und nach 1990, welche nationalen Interessen vergemeinschaftet, also einem übergeordneten Interesse im Kontext multilateraler und integrativer Strukturen zugeordnet werden können. »Nicht ob der Nationalstaat sich auflöst, ist die Frage, sondern welche seiner Zuständigkeiten er vergemeinschaften kann, ohne die Demokratie und die Wohlfahrt der eigenen Bürger aufs Spiel zu setzen. Es kann sich dabei immer nur um eine Optimierung beim Ausgleich von Interessen sowie bei der Durchführung von Gemeinschaftsaufgaben handeln.«[7] Mit der wachsenden globalen Interdependenz von Politik und Wirtschaft ging allerdings eine starke Tendenz zur Nationalisierung beziehungsweise Renationalisierung von Politik einher. Das galt nicht nur für Ostmittel- und Südosteuropa, wo der Zusammenbruch des Kommunismus und der Zerfall der Sowjetunion zur Rückkehr eines nicht selten ethnisch aufgeladenen Nationalismus führten, sondern es galt auch für die westeuropäischen Staaten, deren Außenpolitik nicht mehr unter dem Systemzwang des Ost-West-Konflikts, der integrierenden und disziplinierenden Wirkung der östlichen Bedrohung und der durch sie gestärkten amerikanischen Hegemonie stand. Dass Multilateralismus und Integration keine Selbstläufer sind, wurde in den 1990er Jahren rasch deutlich.[8]

Waren bis 1989/90 die internationalen Rahmenbedingungen für die Gestaltung der Außenpolitik von größerer Relevanz als die der Innen- und Gesellschaftspolitik?[9] Ohne Frage übte der Ost-West-Konflikt als das bestimmende Merkmal des internationalen Systems seit 1945 entscheidenden Einfluss auf die internationale Politik insgesamt sowie die Außenpolitik einzelner Staaten aus. Er wirkte tief in einzelne Staaten und Gesellschaften hinein und beeinflusste deren innenpolitische und gesellschaftliche Entwicklungen. Da die Sicherheit der Bundesrepublik nach dem Ende des Ost-West-Konflikts und der diesem Konflikt zugrunde liegenden Spannungen gewährleistet schien und es keine militärische Bedrohung gab, die mit der sowjetischen vergleichbar gewesen wäre, richtete sich die Aufmerksamkeit der politischen Akteure vorrangig auf innen- und gesellschaftspolitische Fragen, etwa die innere Einheit oder die Bekämpfung der Arbeitslosigkeit. In der Bevölkerung sank mit dem Nachlassen der durch den Ost-West-Konflikt geprägten Spannungen gleichfalls das Interesse an außenpolitischen Vorgängen.[10]

Ein neuer internationaler Bedingungsrahmen von Außenpolitik war in den 1990er Jahren noch kaum zu erkennen. Der amerikanische Präsident George Bush sen. sprach von einer »neuen Weltordnung«, doch von der war außer der Tatsache, dass die USA nach dem Untergang der Sowjetunion die einzig verbliebene Supermacht darstellten, noch nichts zu sehen, vielmehr war fraglich, ob sich innerhalb weniger Jahre ein neues internationales System von ähnlicher Stabilität und Langfristigkeit herausbilden würde wie das durch den Ost-West-Gegensatz geprägte. Die Strukturbedingungen internationaler Politik, die sich in den Jahrzehnten nach dem Zweiten Weltkrieg herausgebildet hatten, verloren zweifellos an Bedeutung, aber das hieß nicht, dass die internationalen Rahmenbedingungen für außenpolitisches Handeln generell an Bedeutung verloren. Der Blick auf die internationale Entwicklung der 1990er Jahre bestätigt, dass die hohe Komplexität des sich transformierenden internationalen Systems der Bundesrepublik enorme Veränderungs- und Anpassungsleistungen abverlangte. Die Geschichte der Bundesrepublik ist in den ersten Jahren nach der Wiedervereinigung zu einem erheblichen Teil die Geschichte dieser außenpolitischen Anpassung und Neuorientierung. Lange gültige Sicherheiten lösten sich auf, und eine Bundesrepublik von höherem internationalen Gewicht sah sich gezwungen, außenpolitisch Position zu beziehen und ihre Interessen zu vertreten. Das geschah nicht in theoretischen Diskussionen, sondern unter dem Druck dramatischer weltpolitischer Entwicklungen, vor deren Hintergrund vielen Zeitgenossen die Jahre des Ost-West-Konflikts schon bald wie eine Oase der Ruhe und Stabilität erschienen.

Außenpolitik ist komplexer geworden. Manche Experten stellen sogar die Frage, ob es überhaupt noch angemessen ist, von deutscher Außenpolitik oder von inter-nationalen Beziehungen zu sprechen. Geht es nicht immer stärker um *world politics*, um *global politics*, Begriffe, die hier auf Englisch verwandt werden, weil das deutsche Wort »Weltpolitik« eine historische Konnotation trägt, die den veränderten internationalen Bedingungen der jüngsten Zeit kaum gerecht wird.[11] Zu diesen sich wandelnden Bedingungen gehört die Zunahme der Akteure in der internationalen Arena. Staaten und ihre Regierungen bilden nur eine der internationalen Akteursgruppen, hinzu treten wirtschaftliche Akteure, Unternehmen und Banken vor allem, sowie zivilgesellschaftliche Akteure, oftmals auch als Nichtregierungsorganisationen bezeichnet. Diese unterschiedlichen Akteure verfolgen unterschiedliche Interessen, können alle in vergleichbarer Weise global agieren und kommunizieren und erhöhen schon deshalb die Komplexität internationaler Politik. Was mit der Vergemeinschaftung der Montanpolitik durch den Schuman-Plan in den 1950er Jahren begann und damals einen revolutionären politischen Schritt darstellte, ist mittlerweile ein Charakteristikum internationaler Politik: die Entstehung inter- oder transnationaler Regime, wie es im Fachjargon heißt, auf immer mehr Politikfeldern, die den europäischen Rahmen weit überschreiten und häufig auf globaler Ebene angesiedelt sind.

In diesen Prozessen, die in vielen Fällen auf die Existenz globaler Probleme, beispielsweise den Klimawandel, die Bevölkerungsentwicklung oder die Regulierung globaler Kommunikationsstrukturen zurückzuführen sind, verlieren die Nationalstaaten an Steuerungskompetenz und unterwerfen sich übernationalen Steuerungsinstitutionen *(governance)*. Nationale Politik wird dadurch jedoch nicht überflüssig, sie wirkt vielmehr mit ihren Interessen auf die Entstehung und Entwicklung dieser *Governance*-Strukturen ein und sorgt damit bis zu einem gewissen Grad für die nationale Rückbindung und Legitimierung globaler Institutionen, die zwar zur Lösung globaler Fragen erforderlich sind, in der Regel aber weder über eine direkte noch eine indirekte Legitimation verfügen. Gerade im Hinblick auf die Anerkennung und Durchsetzung übernationaler oder gar globaler Normen ist der Nationalstaat als Träger von Legitimation nach wie vor unentbehrlich. Auch die Außenpolitik wird in immer stärkerem Maße durch die Medien und die mediale Aufmerksamkeit bestimmt, die gleichfalls globale Reichweite hat. Das erschwert eine langfristig angelegte, strategische Vorgehensweise. Die außenpolitische Agenda wird nicht mehr von einzelstaatlichen Regierungen bestimmt, sondern folgt in ihrem Handeln in der Regel aktuellen Entwicklungen und Ereignissen, deren politische Bedeutung oftmals erst durch das Medieninteresse, das sie finden, erzeugt wird. Der »Adhocismus«, das »Abarbeiten tagespolitischer, kurzfristiger und nichtstrategischer Bedingungen und Anreize« ist, zu einem dominierenden Politikmodus geworden, der sich eben nicht nur aus den Strukturen des internationalen Systems ableitet wie in den Dekaden des Ost-West-Konflikts, sondern in starkem Maße einer innenpolitischen und innergesellschaftlichen Handlungslogik folgt.[12]

Maastrichter Vertrag und Währungsunion

Die gewaltige Herausforderung, welche die internationale Absicherung der deutschen Einheit bedeutete, war gerade aus deutscher Sicht mit dem Abschluss des »Zwei-plus-Vier«-Vertrags längst nicht bewältigt. Die beiden Verträge zwischen Deutschland und Polen, der Grenzvertrag und der Freundschaftsvertrag, mussten nun abgeschlossen werden; mit der Sowjetunion beziehungsweise seit Ende 1991 mit Russland musste die Rückführung der sowjetischen Streitkräfte aus Ostdeutschland, die im »Zwei-plus-Vier«-Vertrag prinzipiell vereinbart worden war, geregelt werden; und zugleich war die Vertiefung der europäischen Integration, die durch die deutsche Vereinigung vorangetrieben worden war, auszugestalten, waren insbesondere die Bestimmungen des Maastrichter Vertrags von 1992 mit Leben zu füllen.

Das Ende des Ost-West-Konflikts machte den Weg frei für eine erste Erweiterungsrunde der Europäischen Union nach 1990, der sich 1995 mit Österreich, Finnland und Schweden drei vordem neutrale Staaten anschlossen. Das durch den Zusammenbruch der Sowjetunion entstehende Machtvakuum in Osteuropa und die Notwendigkeit, die jungen postkommunistischen Demokratien insbesondere in Ostmitteleuropa politisch und ökonomisch zu stabilisieren, ließen schon vor den Beitritten von 1995 die Osterweiterung an die Spitze der europapolitischen Agenda treten. Der Europäische Rat hatte dafür bereits auf seinem Kopenhagener Gipfel im Juni 1993 prinzipiell grünes Licht gegeben. Aus der Gleichzeitigkeit von Erweiterung und Vertiefung ergaben sich aber politische Spannungen, welche die Europäische Union schwer belasteten und sie mit der entscheidenden Frage nach der Zielsetzung des Einigungsprozesses, nach seiner Finalität, konfrontierten. Waren Vertiefung der Integration und eine Erweiterung der Mitgliedschaft überhaupt miteinander zu verbinden? Widersprachen sich beide Ziele nicht wechselseitig? Die Vertiefung war in den Augen Frankreichs und anderer westeuropäischer Staaten nach 1990 noch dringender notwendig als je zuvor, weil das wiedervereinigte Deutschland mit seiner politischen Macht und wirtschaftlichen Kraft europäisch eingebunden bleiben sollte. Zugleich konnte sich die EU einer osteuropäischen Erweiterung nicht verschließen, wollte sie nicht ihren europäischen Anspruch aufgeben, der seit ihrer Gründung in den 1950er Jahren stets auf Überwindung der Teilung des Kontinents gerichtet war.

Im deutsch-französischen Schulterschluss zielte die Politik der Bundesregierung zunächst auf eine Vertiefung der Integration, die zugleich auch die Basis für die Aufnahme neuer Mitglieder bilden sollte. Gemäß den Vereinbarungen des EG-Gipfels von Dublin im Frühjahr 1990 begannen noch im Dezember 1990, also wenige Wochen nach dem formalen Zustandekommen der deutschen Einheit, zwei Regierungskonferenzen parallel über eine Wirtschafts- und Währungsunion beziehungsweise über die Errichtung einer Politischen Union zu beraten. Die Verhandlungen, die ein Jahr später zum Vertrag von Maastricht führten, wurden entscheidend durch die französische und die deutsche Regierung und gegen die Skepsis nicht nur Großbritanniens, sondern beispielsweise auch der Niederlande und Dänemarks vorangetrieben.

Der Maastrichter Vertrag, fraglos ein Meilenstein in der Geschichte der europäischen Einigung, gab zunächst dem seit den 1950er Jahren entstandenen Integrationsverbund einen neuen Namen, der ganz unmittelbar auf die Zielperspektive einer politischen Union verwies: Europäische Union (EU). Mit dem Unionsvertrag wurden die existierenden supranationalen und intergouvernementalen Strukturen der europäischen Integration unter einem institutionellen Dach zusammengefasst. Der Maastrichter Vertrag schuf, wie immer wieder zu lesen ist, einen europäischen »Tempel«, dessen Dachkonstruktion auf drei Säulen ruhte. Die erste Säule bildeten die in den 1950er Jahren gegründeten Europäischen Gemeinschaften, deren Strukturen und Aufgabenbereiche nicht nur bestätigt, sondern um wichtige Elemente (Industriepolitik, Bildung, Jugend, Kultur, Gesundheitswesen, Verbraucherschutz, Entwicklungskooperation) ergänzt wurden. Ferner wurde eine Unionsbürgerschaft eingeführt, vor allem aber ein Stufenplan zur Errichtung einer Währungsunion einschließlich einer europäischen Zentralbank und einer gemeinsamen europäischen Währung entwickelt. Die zweite Säule des Vertragswerks umfasste Bestimmungen zur – intergouvernementalen – außen- und sicherheitspolitischen Zusammenarbeit mit dem Ziel, zu einer Gemeinsamen Außen- und Sicherheitspolitik (GASP) zu gelangen. Stärker als bisher sollte die EU als eigenständiger Akteur in der internationalen Politik auftreten. Die dritte Säule des Vertrags intensivierte schließlich die Regierungszusammenarbeit auf den Gebieten der Innen- und Rechtspolitik. Das leitete sich in erster Linie aus dem vertraglich erklärten Ziel ab, den freien Personenverkehr innerhalb der Union einzuführen, der bereits im Schengener Abkommen (1985) zwischen den Benelux-Staaten, Frankreich und der Bundesrepublik vereinbart worden war. Aus der Aufhebung der Personenkontrollen an den Binnengrenzen der Union ergab sich zwingend die Notwendigkeit zur Kooperation beziehungsweise zu einem abgestimmten Vorgehen bei der Kontrolle der Außengrenzen, der Verbrechensbekämpfung, der Asylpolitik, der Zollfahndung, der Zusammenarbeit der Justiz- und Polizeibehörden bis hin zur Errichtung eines europäischen Polizeiamts »Europol«.

Eine Richtungsentscheidung zugunsten des supranationalen oder des intergouvernementalen Prinzips enthielt der Vertrag jedoch nicht, diese war sogar bewusst vermieden worden, weil unter den Mitgliedsstaaten in diesem Punkt keine Einigkeit herrschte. Aber es war immerhin ein institutioneller Rahmen gezimmert, innerhalb dessen man versuchen musste, die beiden Konstruktionsprinzipien miteinander zu verknüpfen. Der Europäische Rat der Staats- oder Regierungschefs bildet das politische Spitzengremium der Union. Zu seinen Aufgaben gehört insbesondere die Entwicklung allgemeiner politischer Zielperspektiven für die Union. Aber auch die Kompetenzen der übrigen europäischen Institutionen – von der Europäischen Kommission über den Ministerrat und das Europäische Parlament bis zum Europäischen Gerichtshof – sowie ihre Kooperation wurden geregelt. Der Vertrag war eindeutig ein Kompromissdokument, doch nicht einmal dieser Kompromisscharakter sicherte ihm die Zustimmung aller Mitgliedsstaaten. Dänemark und Großbritannien akzeptierten den Vertrag erst, nachdem ihnen die Freistellung von bestimmten Klauseln, insbesondere die Beteiligung an der Währungsunion, zugesichert worden war.[13]

Wie die Regierungen äußerten auch die Bevölkerungen, die an dem komplizierten Aushandlungsprozess zunächst kaum Anteil genommen hatten, nach der Unterzeichnung Vorbehalte, die sich rasch zu einer regelrechten Ratifizierungskrise auswuchsen. Den Auftakt zu dieser Krise, die man durchaus mit der Krise nach dem Scheitern der Europäischen Verteidigungsgemeinschaft in der Französischen Nationalversammlung 1954 vergleichen kann, bildete die Ablehnung des Maastrichter Vertrags in einer Volksabstimmung in Dänemark. Der Funke aus dem kleinen skandinavischen Land sprang schnell auf die großen Mitgliedsstaaten über, darunter vor allem Großbritannien, Frankreich und die Bundesrepublik. In England, wo der starke Euroskeptizismus durch die Kompromisse im Vertragswerk mühsam hatte eingedämmt werden können, taten sich insbesondere in der regierenden Konservativen Partei unter Premierminister John Major, dem Nachfolger Margaret Thatchers, erneut tiefe Risse auf. Nur mit Mühe gelang Major die Ratifikation durch das Parlament von Westminster. In Frankreich hatte Präsident Mitterrand, um die dänische Volksabstimmung zu konterkarieren, ebenfalls ein Referendum angesetzt in der festen Überzeugung, die europafreundlichen Franzosen würden dem Vertrag breite Zustimmung zuteil werden lassen. Mitterrand hatte sich getäuscht. Quer zu den Parteigrenzen entbrannte eine heftige Auseinandersetzung über den Vertrag, dem am Ende nur eine knappe Mehrheit von 51 Prozent zustimmte. Und selbst in der Bundesrepublik, die bislang den Ruf eines europäischen Musterknaben hatte, wurde so kontrovers wie seit den 1950er Jahren nicht mehr über die Zukunft der europäischen Integration diskutiert.

Der Streit drehte sich nicht nur um die Verknüpfung von deutschem Föderalismus und europäischer Einigung. Hier pochten insbesondere die Bundesländer auf die Wahrung ihrer Rechte. Von erheblicher Breitenwirkung war vielmehr die Frage einer europäischen Währung. Dass die geplante Währungsunion das Ende der D-Mark bedeuten würde, ließ weite Bevölkerungsteile den Maastrichter Vertrag ablehnen, und es ist nicht auszuschließen, dass eine Volksabstimmung in Deutschland, die allerdings verfassungsrechtlich unmöglich war, eine Mehrheit gegen den Vertrag erbracht hätte. Für die Deutschen in West und Ost stand die D-Mark wie kaum etwas anderes für die Erfolgsgeschichte der Bundesrepublik seit 1949, für wirtschaftlichen Wohlstand, Sicherheit und Stabilität. In den Monaten der deutschen Vereinigung 1989/90 hatte sich gezeigt, welche Verheißung die westdeutsche Währung über die Jahrzehnte hinweg in Ostdeutschland dargestellt hatte. Für viele Ostdeutsche gehörte die D-Mark zu den wichtigsten Errungenschaften der deutschen Einheit. Diese harte deutsche Währung sollte man nun für eine europäische Währung, deren Stärke unsicher schien, aufgeben. Eine Reihe renommierter Wirtschaftswissenschaftler teilten die Skepsis und fragten, ob es tatsächlich klug sei, eine Währungsunion zu etablieren, bevor die Wirtschafts- und Finanzpolitik der EU-Staaten vereinheitlicht worden sei. Diese Diskussion war zu Beginn der 1970er Jahre beim ersten Anlauf zu einer gemeinsamen Währung schon einmal geführt worden. Auch damals hatte die Frage gelautet, ob eine gemeinsame Währung automatisch zu einer Harmonisierung der Wirtschafts- und Finanzpolitik führen oder ob nur eine an harten Stabilitätskriterien orientierte einheitliche Wirtschafts- und Finanzpolitik aller beteiligten Staaten den Erfolg einer europäischen Währung garantieren könne.

Die gegen den Maastrichter Vertrag eingereichten Verfassungsklagen bezogen sich nur am Rande auf die Währungsfrage. Der deutsche Gesetzgeber hatte im Zuge des Ratifizierungsprozesses einen neuen Europa-Artikel ins Grundgesetz aufgenommen, der an die Stelle des alten, nach der Wiedervereinigung hinfällig gewordenen Beitrittsartikels 23 trat. Dort hieß es: »Zur Verwirklichung eines vereinten Europas wirkt die Bundesrepublik Deutschland bei der Entwicklung der Europäischen Union mit, die demokratischen, rechtsstaatlichen, sozialen und föderativen Grundsätzen und dem Grundsatz der Subsidiarität verpflichtet ist und einen diesem Grundgesetz im wesentlichen vergleichbaren Grundrechtsschutz gewährleistet.«[14] Dennoch klagten die Grünen gegen den Vertrag mit der Begründung, die europäischen Institutionen seien nicht hinreichend demokratisch legitimiert. Für den ehemaligen FDP-Europapolitiker Manfred Brunner, der ebenfalls Klage einreichte, war hingegen die Abgabe deutscher Souveränitätsrechte an die Europäische Union mit dem Grundgesetz nicht zu vereinbaren.

Die Entscheidung über Wohl und Wehe des Maastrichter Vertrags lag damit bei den Karlsruher Richtern. Ihr Urteil konnte ihn zu Makulatur machen. Doch das Verfassungsgericht billigte den Vertrag am 12. Oktober 1993, präzisierte aber die in Artikel 23 niedergelegten Kriterien. Insbesondere knüpften die Richter die Beteiligung der Bundesrepublik an der Union daran, dass eine vom Volk ausgehende Legitimation und Einflussnahme gesichert sei. Auch müsse für die Bundesrepublik und ihre demokratisch legitimierten Verfassungsorgane eine Kontrolle weiterer Integrationsschritte möglich sein. Nach dem Karlsruher Richterspruch konnte der Maastrichter Vertrag am 1. November 1993 in Kraft treten, doch allein die Tatsache, dass zwischen Unterzeichnung und Inkrafttreten beinahe zwei Jahre vergangen waren und ein Scheitern des Ratifizierungsprozesses nur mit Mühe – nicht zuletzt durch ein zweites dänisches Referendum – hatte verhindert werden können, deutet darauf hin, dass die Integrationsdynamik der frühen 1990er Jahre bald nachließ, dass sich diese Dynamik im Wesentlichen der deutschen Einheit verdankte und dass sich in allen europäischen Gesellschaften und auch in Deutschland ein erhebliches Maß an Europaskepsis ausgebreitet hatte. Der europäischen Einigung stand eine schwierige Zeit bevor.

Die Ratifizierungskrise des Maastrichter Vertrags war eine Zäsur in der Geschichte der europäischen Integration, die fortan kein Selbstläufer mehr war. Die kontroversen Debatten über den Unionsvertrag hatten deutlich gemacht, dass mittlerweile ein Stadium in dem Integrationsprozess erreicht worden war, in dem es nicht mehr ausreichte, wenn eine vergleichsweise kleine Gruppe politischer und bürokratischer Eliten ihn trug. In dem Maße, in dem aus einer vorwiegend wirtschaftlichen eine immer stärker politische Union wurde, in dem Maße aber auch, in dem europäische Institutionen und ihre Entscheidungen immer nachhaltiger normierend und regulierend auf das Alltagsleben der Bürger einwirkten, zeichnete sich das Ende von Europa als Elitenprojekt ab. Das viel beschworene »Europa der Bürger« war tatsächlich bei den Bürgern angekommen, und die europäischen Bürger forderten Mitsprache bei der Ausgestaltung der europäischen Einigung. Darüber hinaus offenbart die Ratifizierungskrise einen Bedeutungsgewinn des Nationalstaats, der in den sich intensivierenden und beschleunigenden Prozessen der Globalisierung an Einflussmöglichkeit verlor, aber angesichts der spürbaren Dynamik der Globalisierung als gesellschaftlicher und politischer Orientierungs- und Referenzrahmen an Bedeutung gewann. In den gesellschaftlichen Reaktionen auf die europäische Integration insbesondere seit den 1990er Jahren tritt die Verunsicherung der Menschen angesichts schwer greifbarer und oft anonymer übernationaler Kräfte und Institutionen zutage, die das Leben des Einzelnen zunehmend beeinflussen, vom ihm aber kaum klar auszumachen, geschweige denn zu kontrollieren sind.

Die Europadebatte in der Bundesrepublik war nach dem Inkrafttreten des Maastrichter Vertrags in erster Linie eine Debatte über den Weg zur Währungsunion und über die sogenannten Konvergenzkriterien als Voraussetzungen für die Einführung der gemeinsamen Währung. In diesen Konvergenzkriterien spiegelte sich das von Bundesfinanzminister Theo Waigel in den Vertragsverhandlungen entschieden verfochtene Interesse der Bundesrepublik, eine europäische Währung nur dann zu schaffen, wenn alle beteiligten Staaten eine harte, stabilitätsorientierte Wirtschafts-, Geld- und Haushaltspolitik betrieben. Kernkriterien waren die Preisniveaustabilität (die Inflationsrate der an der Währungsunion beteiligten Staaten durfte höchstens 1,5 Prozent über der Inflationsrate der drei preisstabilsten Mitgliedsländer liegen) und die Stabilität der öffentlichen Haushalte (insbesondere durfte die öffentliche Neuverschuldung drei Prozent des Bruttoinlandsprodukts nicht überschreiten). Hinzu traten stabile Wechselkurse und ein niedriges Zinsniveau. Bei der weltwirtschaftlichen Entwicklung Mitte der 1990er Jahre schien nicht sicher, ob die Voraussetzungen für die gemeinsame Währung in absehbarer Zeit geschaffen werden könnten. Der ursprünglich vorgesehene Termin 1. Januar 1997 musste jedenfalls aufgegeben werden. Doch der Europäische Rat einigte sich auf seinem Gipfeltreffen in Madrid Ende 1995 schon einmal auf den Namen »Euro« als Bezeichnung für die gemeinsame Währung.

Während Frankreich in der Folgezeit auf die Aufweichung der Stabilitätskriterien hinarbeitete und dies mit der Wirtschaftskrise und der Bekämpfung der Arbeitslosigkeit begründete, wich die Bundesregierung nicht von ihrem Stabilitätskurs ab, obwohl sie selbst zeitweise die Konvergenzkriterien nicht einhalten konnte. Es gelang Bundeskanzler Kohl, Finanzminister Waigel und Bundesbankpräsident Hans Tietmeyer, gegen den Widerstand Frankreichs den anderen Staaten eine vertragliche Zusicherung abzuringen, die Konvergenzkriterien einzuhalten. Dieser »Stabilitätspakt« vom Dezember 1996 verstärkte die stabilitätspolitischen Anstrengungen der künftigen Mitglieder der Euro-Zone und führte dank einer Reihe komplizierter währungs- und finanzpolitischer Operationen in einzelnen Staaten dazu, dass im Mai 1998 elf Staaten die Konvergenzkriterien erfüllten und man zur gemeinsamen Währung übergehen konnte. Zum Jahresbeginn 1999 nahm in Frankfurt am Main – ein Zugeständnis an die Bundesrepublik – die Europäische Zentralbank (EZB) die Arbeit auf. An ihre Spitze trat nach heftigen personalpoliti- schen Kontroversen der Holländer Wim Duisenberg, der für einen klaren Stabi- litätskurs und eine regierungsunabhängige Zentralbank stand. Zeitgleich wurden die Wechselkurse der beteiligten Währungen gegenüber dem Euro fixiert, der zunächst als Verrechnungswährung auf den Wertpapiermärkten und im interna- tionalen Zahlungsverkehr eingeführt wurde. Drei Jahre später, zum 1. Januar 2002, wurden die nationalen Währungen abgelöst und der Barzahlungsverkehr auf den Euro umgestellt. Der Euro war nun Zahlungsmittel für 300 Millionen EU-Bürger.

Die Währungsumstellung verlief insgesamt reibungslos, aber es kam hier und da zu Preiserhöhungen im Einzelhandel und in der Gastronomie, die dem Euro in der Bundesrepublik bald den Spitznamen »Teuro« eintrugen. Die vergleichsweise gute konjunkturelle Lage verhinderte aber gravierende Umstellungsprobleme, und aus dem Abstand einiger Jahre lässt sich feststellen, dass die Einführung der euro- päischen Währung ein Erfolg war, dass die Preise in der Eurozone vergleichsweise stabil blieben und sich rasch ein gut funktionierender Kapitalmarkt entwickelte, der Handel und internationalen Finanzverkehr erleichterte und dynamisierte. Es blieb aber eine Herausforderung der Europapolitik, auch unter schwierigeren kon- junkturellen Bedingungen und angesichts wachsender Belastungen der öffentli- chen Haushalte (beispielsweise durch die finanziellen Folgen der demographischen Entwicklung) den Stabilitätskurs durchzuhalten. Tendenzen zur Flexibilisierung des Drei-Prozent-Kriteriums bei der Neuverschuldung waren seit der Einführung des Euro immer wieder zu beobachten. In ihnen spiegelten sich nicht nur konjunk- turelle Entwicklungen, sondern auch unterschiedliche haushalts- und finanzpoli- tische Ansätze einzelner Regierungen.

Quo vadis Europa?

Der schwierige Weg zur Währungsunion hatte die im Maastrichter Vertrag enthal- tene Perspektive einer Politischen Union zunächst in den Hintergrund treten las- sen, ja, die Ratifizierungskrise hatte erhebliche Zweifel daran aufkommen lassen, ob die Zeit für eine solche Union – von den »Vereinigten Staaten von Europa« gar nicht zu reden – überhaupt schon reif sei. Allerdings löste die gemeinsame Währung, auch wenn sich ihr nicht alle Mitgliedsstaaten anschlossen, einen politischen Schub aus, der die Verfassungsentwicklung der Union vorantrieb. Die Fortschreibung des Maastrichter Vertrags musste schon allein deshalb erfolgen, weil 1995 mit Österreich, Finnland und Schweden drei weitere Staaten der EU beigetreten waren und sich immer klarer abzeichnete, dass es in absehbarer Zeit zu einer Osterweiterung der Union kommen würde. Dadurch würde sich die Zahl der Mitgliedsstaaten so stark erhöhen, dass institutionelle Reformen unausweichlich wurden. Handlungs- und Entscheidungsfähigkeit der europäischen Institutionen, insbesondere des Rates, mussten also gesichert sein.

Der Amsterdamer Vertrag, den der Europäische Rat im Juni 1997 verabschiedete, schloss an den Maastrichter Vertrag an. Er erweiterte die supranationalen Kompetenzen der EU vor allem in der Visa-, Asyl- und Einwanderungspolitik, aber auch auf dem Gebiet der Kriminalitätsbekämpfung. Institutionell wurde der Präsident der EU-Kommission gestärkt, der mehr Rechte bei der Bildung seiner Kommission erhielt. Vor allem jedoch stärkte der Vertrag die Rechte des Europäischen Parlaments, dem in einer Vielzahl von Bereichen die Berechtigung eingeräumt wurde, neben dem Europäischen Rat als Gesetzgeber aufzutreten. Zudem musste das Parlament den Kommissionspräsidenten künftig ausdrücklich bestätigen.

Andere dringend notwendigen institutionellen Reformen kamen indes nicht voran. Weder gelang es, eine Höchstzahl der EU-Kommissare festzulegen, noch einigte man sich auf einen Modus der Entscheidungsfindung und Stimmengewichtung im Ministerrat, wo vor dem Hintergrund der EU-Erweiterung zunehmend Blockaden zu erwarten waren. Das bezog sich sowohl auf das Vetorecht jedes einzelnen Staates als auch auf die absehbare Situation, dass die kleineren Staaten, wenn sie sich denn einig waren, zusammen die politisch, ökonomisch und demographisch stärkeren Mitglieder würden überstimmen können. Dieses komplizierte und höchst sensible Problem musste de facto auf die Zeit nach der Osterweiterung vertagt werden, was eine einvernehmliche Lösung nicht wahrscheinlicher werden ließ. Bis heute ist sie nicht gefunden. Zu den Problemen des Amsterdamer Vertrags gehörte ferner, dass dieser zwar nach dem Vorbild des Schengener Abkommens und der Währungsunion einer kleineren Gruppe von Mitgliedsländern die Möglichkeit gab, in bestimmten Bereichen intensiver zu kooperieren und dadurch zur Avantgarde der Integration zu werden, dass auf britischen Druck jedoch ausgerechnet die zweite Säule der EU, die Gemeinsame Außen- und Sicherheitspolitik, von dieser Bestimmung zur »flexiblen Integration« ausgenommen blieb. Dabei hatte sich gerade während der Jugoslawien-Krise und der Balkan-Kriege seit Beginn der 1990er Jahre die außenpolitische Schwäche und Handlungsunfähigkeit der EU gezeigt, die als eigenständiger Akteur kaum in Erscheinung trat und sich als unentschlossen und uneinig präsentierte. Daran konnte auch die Ernennung eines »Hohen Repräsentanten« für die Gemeinsame Außen- und Sicherheitspolitik nur wenig ändern, ein Amt, das 1999 der spanische Politiker und vormalige NATO-Generalsekretär Xavier Solana übernahm.

Der Reformprozess ging unmittelbar nach den Amsterdamer Vertragsverhandlungen mit einer Reihe von Gipfelbegegnungen und Regierungskonferenzen weiter und mündete schließlich Ende Dezember 2000 in den Vertrag von Nizza. Dieser war das Resultat komplizierter und zum Teil äußerst kontroverser Verhandlungen insbesondere über die Größe und Zusammensetzung der Europäischen Kommission, des Europaparlaments sowie den Abstimmungsmodus im Europäischen Rat. Am Ende wurde ein Kompromisspaket geschnürt, das die divergierenden Positionen und nationalen Interessen der Mitgliedsstaaten widerspiegelte, aber keinen einheitlichen Willen oder einen konstitutionellen Durchbruch erkennen ließ, der vor der Osterweiterung so dringend notwendig gewesen wäre. Die Verabschiedung einer Europäischen Grundrechtscharta konnte über den Misserfolg von Nizza nicht hinwegtäuschen, zumal diese Charta mit ihren 54 Grundrechten nicht in die EU-Verträge integriert wurde und damit kein geltendes Recht darstellte.

Der Eindruck, dass sich die europäische Einigung in einer tiefen Krise befand, wurde durch den Rücktritt der EU-Kommission unter der Präsidentschaft des luxemburgischen Politikers Jacques Santer noch verstärkt. Das Europaparlament hatte der Kommission mit einem Misstrauensantrag gedroht, nachdem die Verfehlungen einer Reihe von Kommissionsmitgliedern, darunter Vetternwirtschaft und Korruption, ruchbar geworden waren. Durch die Bildung einer neuen Kommission unter Vorsitz des italienischen Politikers Romano Prodi wurde die Krise im Grunde nicht behoben. Der Kommission, in den Augen der Öffentlichkeit der Inbegriff der Brüsseler Bürokratie, wurden die konkreten Verfehlungen einzelner Europapolitiker und hoher europäischer Beamter vorgeworfen, aber vor allem bemängelte man die nach wie vor bestehenden Legitimationsdefizite der europäischen Institutionen, die bei der EU-Kommission besonders deutlich wurden. Aber in der Vorgehensweise des Europäischen Parlaments zeigte sich auch das neue und wachsende Selbstbewusstsein der Parlamentarier, die dank der Europa-Wahlen über jene Legitimation verfügten, die anderen Institutionen fehlte. So lassen sich in den Entwicklungen der Jahre um 2000 zumindest Anzeichen für eine weitere Europäisierung erkennen, nicht zuletzt die Entstehung einer europäischen politischen Öffentlichkeit, welche die europäischen Entwicklungen kritisch beobachtet und vor allem das europäische Demokratiedefizit bewusst macht.

Zu den zentralen europapolitischen Interessen der Bundesrepublik gehörte nach 1990 die EU-Osterweiterung. Die Bundesregierung unterstützte die politisch und ökonomisch begründeten Aufnahmebestrebungen insbesondere der mittel- und osteuropäischen Staaten von Anfang an. Schon im April 1990 stellten die damals noch zwölf EG-Staaten den postkommunistischen Staaten Assoziierungsabkommen in Aussicht. Verhandlungen wurden rasch aufgenommen. Die ersten »Europa-Abkommen« konnten schon 1994 in Kraft treten. Das diente nicht zuletzt dem Zweck, die Transformation der ehemals kommunistischen Diktaturen zu stabilisieren und die Errichtung demokratischer und marktwirtschaftlicher Systeme zu unterstützen. Dass eine Assoziierungs- oder Beitrittsperspektive diese Wirkung haben konnte, hatten die EG/EU-Staaten nicht nur bei der Integration der postnationalsozialistischen Bundesrepublik in die westeuropäische Gemeinschaft in den 1950er Jahren erfahren, sondern auch beim Beitritt der postdiktatorischen Staaten Spanien, Portugal und Griechenland. Die europäische Perspektive hatte in allen drei Gesellschaften zur Einwurzelung und Stabilisierung der Demokratie entscheidend beigetragen.

In diesem Licht sind die »Voraussetzungen für eine Mitgliedschaft« zu betrachten, die der Europäische Rat auf seinem Gipfeltreffen in Kopenhagen 1993 beschloss. Zu diesen Voraussetzungen gehörte insbesondere »eine institutionelle Stabilität als Garantie für demokratische und rechtsstaatliche Ordnung, für die Wahrung der Menschenrechte sowie die Achtung und den Schutz von Minderheiten«, aber auch »eine funktionsfähige Marktwirtschaft sowie die Fähigkeit, dem Wettbewerbsdruck und den Marktkräften innerhalb der Union standzuhalten«. Ferner mussten die potentiellen Mitglieder ihre Bereitschaft erklären, die aus einer EU-Mitgliedschaft erwachsenden Verpflichtungen komplett zu übernehmen und sich an die Bestimmungen des seit den 1950er Jahren entstandenen europäischen Gemeinschaftsrechts zu halten.[15] Die Europäische Kommission wurde förmlich beauftragt, die Erfüllung dieser Voraussetzungen durch die beitrittswilligen Staaten zu überprüfen und gegebenenfalls die Aufnahme förmlicher Beitrittsverhandlungen zu empfehlen. Auf der Basis einer solchen Empfehlung nahm die EU wenige Monate nach Abschluss des Vertrages von Amsterdam Beitrittsverhandlungen mit Polen, Tschechien, Ungarn, Slowenien, Estland und Zypern auf. Verhandlungen mit Lettland, Litauen, der Slowakei sowie Malta folgten auf dem Fuße. Sie wurden 2003 abgeschlossen. Zum 1. Mai 2004 traten zehn Staaten der EU bei. Die Ostgrenze der Bundesrepublik war von da an nicht mehr die Ostgrenze der Europäischen Union.

Gerade für die deutsch-polnischen und die deutsch-tschechischen Beziehungen mit ihren schweren Belastungen aus der Vergangenheit bedeutete die gemeinsame EU-Mitgliedschaft, die in Görlitz/Slubice und in Zittau mit symbolischen Grenzöffnungen gefeiert wurde, einen historischen Höhepunkt, auch wenn die Intensivierung der bilateralen Beziehungen und die Entstehung einer deutsch-polnischen beziehungsweise deutsch-tschechischen Freundschaft nicht von allen politischen Kräften in Polen und der Tschechischen Republik begrüßt wurde. Bundespräsident Johannes Rau, der am 1. Mai 2004 vor beiden Häusern des polnischen Parlaments eine Rede im Zeichen der historischen Versöhnung hielt, traf in Warschau nicht nur auf Zustimmung. Eine ganze Reihe nationalistischer, deutschfeindlicher Abgeordneter verließen noch während er sprach protestierend den Parlamentssaal. So wurde selbst in diesen Stunden des Zusammenwachsens und der Überwindung historischer Gräben deutlich, wie tief die Wunden waren, welche die Geschichte des 20. Jahrhunderts und insbesondere die verbrecherische Politik des nationalsozialistischen Deutschland Europa geschlagen hatten.

Der komplizierte Reformprozess der EU, der vom Maastrichter über den Amsterdamer Vertrag bis hin zum Gipfel von Nizza führte, zeigt deutlich, wie schwer es war, die Erweiterung und die Vertiefung der europäischen Einigung gleichzeitig voranzutreiben. Diese zweigleisige Politik wurde dadurch nicht leichter, dass gar nicht klar war, auf welches Ziel die EU langfristig zusteuerte. Vertiefung und Erweiterung waren Prozesse, welche die Integrationsdynamik erhielten beziehungsweise erhöhten, aber die seit dem Ende der 1990er Jahre häufig gestellte und viel diskutierte Frage nach der »Finalität« der Integration unbeantwortet ließen. Setzte die Regierung Kohl bis 1998 primär auf die Kontinuität der Europa- und Integrationspolitik seit den 1950er Jahren, die nach 1990 gesamteuropäisch ausgerichtet wurde und auf das Zusammenwachsen des Kontinents zielte, so veränderte die rotgrüne Bundesregierung diese Perspektive erkennbar. Auch die Regierung Schröder/Fischer bekannte sich zur Fortsetzung der deutschen Europapolitik seit 1949, aber der Regierungswechsel von 1998 war doch auch ein politischer Generationenwechsel. Das wurde schon daran deutlich, dass der neuen Bundesregierung das historische Argument allein zur Begründung ihrer Europapolitik nicht mehr genügte. Insbesondere nach Ansicht von Außenminister Joschka Fischer konnte die Geschichte der europäischen Einigung nicht die zukünftige Entwicklungsrichtung vorgeben. Wenn die europäische Integration nicht an Dynamik verlieren und ihre fortdauernde politische Berechtigung erweisen sollte, dann durfte sie nicht nur als Verlängerung eines historischen Projekts in Gegenwart und Zukunft hinein erscheinen. Gerade die neu hinzukommenden Staaten Mittel- und Osteuropas konnten aus der Geschichte der westeuropäischen Vergangenheit ja nur begrenzt

Begründungen für ihren Integrationswillen und ihre Europapolitik ableiten. Ebenso galt für jüngere politische Generationen in den westeuropäischen Gesellschaften, dass die Wirksamkeit des historischen Arguments in Europa nachzulassen begann.[16]

In einer weithin beachteten Rede an der Humboldt-Universität zu Berlin entfaltete Joschka Fischer am 12. Mai 2000 seine europa- und integrationspolitischen Zielvorstellungen. Fischer sprach ausdrücklich nicht als Bundesaußenminister und politischer Repräsentant der Bundesrepublik, sondern als Exponent einer jüngeren politischen Generation in Deutschland, die den Versuch unternahm, am Beginn eines neuen Jahrhunderts das Projekt Europa mit neuem Leben zu füllen und ihm neue Perspektiven zu geben. Fischer ging es ausdrücklich um die »Finalität« des Integrationsprozesses. Als visionäres Ziel der europäischen Einigung nannte er eine »Europäische Föderation«, den »Übergang vom Staatenverbund der Union hin zur vollen Parlamentarisierung«, also zur Schaffung eines europäischen Parlaments und einer europäischen Regierung, »die tatsächlich die gesetzgebende und die exekutive Gewalt innerhalb der Föderation ausüben«. Für Fischer konnte eine solche Föderation nur auf der Grundlage eines Verfassungsvertrags entstehen. Keineswegs plädierte er dafür, durch eine Europäische Föderation die Nationalstaaten zu überwinden, aber der Verfassungsvertrag sollte zu einer »Souveränitätsteilung von Europa und Nationalstaaten« führen und klare Regelungen treffen, »was europäisch und was weiterhin national« zu regeln war. Nur in einer solchen Souveränitätsteilung lag für Fischer die Lösung des Demokratieproblems, denn der Nationalstaat werde auch künftig »unersetzlich sein, um eine von den Menschen in vollem Umfang akzeptierte Bürger- und Staatenunion zu legitimieren«. Der Weg zu dieser Europäischen Föderation solle zunächst über eine »verstärkte Zusammenarbeit« zwischen denjenigen Staaten führen, »die enger als andere kooperieren wollen«, in einem zweiten Schritt sodann über die »Bildung eines Gravitationszentrums« durch eine Gruppe von Staaten, die einen »neuen europäischen Grundvertrag« abschließen würden als »Nukleus einer Verfassung der Föderation.« Fischer sprach von diesem »Gravitationszentrum« auch als der »Avantgarde« und der »Lokomotive für die Vollendung der politischen Integration«.[17]

Fischers Rede wurde weithin zustimmend aufgenommen. Nicht alle Kommentatoren teilten die Zielvorsellung des Außenministers, und auch zum vorgestellten Kurs einer institutionellen Reform gab es unterschiedliche Meinungen. Der Bundesaußenminister hatte aber zum Ausdruck gebracht, dass die europäische Integration ihre Dynamik nicht allein aus dem sachzwanghaften Abarbeiten von Einzelfragen und aus der Reaktion auf jeweils aktuelle politische Entwicklungen beziehen konnte. Die fundamentalen Veränderungen in Europa und der Welt ließen eine Politik des »Weiter so« schlicht nicht mehr zu. Nicht alle Politiker und Intellektuellen, die seit den 1990er Jahren über die Zukunft Europas nachdachten, gingen so weit wie Joschka Fischer und plädierten für einen »bewussten politischen Neugründungsakt Europas«.[18] Von vielen anderen Modellen der europäischen Integration, über die in jenen Jahren diskutiert wurde – von der Idee eines »Kerneuropa« über das »Europa der zwei Geschwindigkeiten« und das Europa einer »variablen Geometrie« bis hin zum »Europa der Nationen« –, unterschied sich Fischers Konzeption insbesondere dadurch, dass sie das doppelte Erfordernis der institutionellen Reform und der Behebung des Demokratiedefizits integral miteinander verknüpfte.

Der im Dezember 2001 einberufene europäische Verfassungskonvent nahm den Impuls der Fischer-Rede auf, versuchte aber, den Weg zu einer europäischen Verfassung ohne die von Fischer vorgeschlagenen Zwischenschritte zu gehen. 2003 legte der Konvent von Laeken den Entwurf für eine Europäische Verfassung vor, den die Staats- und Regierungschefs der EU ein Jahr später mit einigen Änderungen annahmen. Das Verfassungsprojekt erlitt jedoch einen schweren Rückschlag, als 2005 sowohl die Niederländer als auch die Franzosen die Verfassung in Volksabstimmungen ablehnten.

Die Rückkehr des Krieges nach Europa

Der Warschauer Pakt hatte sich 1991 aufgelöst, die Sowjetunion zerfiel. Die in die Freiheit entlassenen Staaten suchten daraufhin nicht nur sicherheitspolitische Orientierung, sondern auch Schutz. Welche Bedrohungen ihrer Sicherheit aus der Implosion der Sowjetunion beziehungsweise später der Politik Russlands erwachsen würden, war nicht absehbar. Da die Europäische Union keine Militärallianz war, obwohl sie sich bemühte, eine gemeinsame Sicherheitspolitik zu betreiben, wurde die NATO der Hauptadressat für die nach Schutz und Sicherheit strebenden Staaten der Osthälfte des europäischen Kontinents.

Die Bundesregierung erhob schon in den frühen 1990er Jahren die Osterweiterung der NATO zu einem ihrer wichtigsten außenpolitischen Ziele. Vor allem Bundesverteidigungsminister Volker Rühe setzte sich in den NATO-Gremien energisch für die Aufnahme zunächst Polens, Tschechiens und Ungarns ein. Das stieß innerhalb der NATO, unter Europapolitikern, aber auch in der deutschen Öffentlichkeit nicht nur auf Zustimmung. Würde es nicht die mühsame Entwicklung einer, wie es hieß, »europäischen Verteidigungsidentität« erschweren, wenn man die NATO stärkte und sie nach Osten erweiterte? Wäre es nicht sinnvoller, die europäische Sicherheitslandschaft unter den Auspizien der OSZE, der Organisation für Sicherheit und Zusammenarbeit in Europa, die 1990 aus dem KSZE-Prozess hervorgegangen war, neu zu ordnen und dadurch die europäische Sicherheit zugleich zu entmilitarisieren?[19] Würde die Aufnahme der ostmitteleuropäischen Staaten wirklich stabilisierend wirken? Würde sich nicht Russland bedroht fühlen, wenn die NATO bis an seine Westgrenze vorrückte? Auf diese berechtigten Fragen reagierte die Atlantische Allianz, indem sie das Programm »Partnerschaft für den Frieden« verabschiedete, das die Anbindung der ostmitteleuropäischen Staaten zunächst unterhalb der Schwelle einer formalen Mitgliedschaft vorsah und dem auch Russland beitreten konnte. Als die NATO 1997 Polen, Tschechien und Ungarn Beitrittsverhandlungen anbot, wurde zeitgleich als Konsultationsforum zwischen der NATO und der Russischen Föderation der »NATO-Russland-Rat« geschaffen. Seit 2001 unterhält Russland eine Ständige Vertretung beim NATO-Hauptquartier in Brüssel. Die drei ostmitteleuropäischen Staaten traten der NATO 1999 bei. Deutschland war nun, wie es der bis zum Regierungswechsel 1998 amtierende Verteidigungsminister Rühe flapsig formulierte, »von Freunden umzingelt«. Auch deshalb gab es am Ende im Bundestag eine breite Mehrheit für die Osterweiterung der NATO, die 2004 mit dem Beitritt der drei baltischen Staaten, der Slowakei, Sloweniens, Bulgariens und Rumäniens ihre Fortsetzung fand.

Mit dem Ende des Ost-West-Konflikts und der Erweiterung kamen neue Aufgaben auf die NATO zu. Das Bündnis blieb im Kern eine Verteidigungsallianz, was gerade für die neu aufgenommenen osteuropäischen Staaten wichtig war. Sie übernahm aber zusätzliche Aufgaben im Bereich der Rüstungskontrolle sowie im Krisenmanagement, und sie entwickelte sich zu einem Militärbündnis für friedenserhaltende Maßnahmen im Rahmen der OSZE beziehungsweise der Vereinten Nationen. In diesen Funktionsveränderungen spiegelten sich der Wandel der internationalen Ordnung nach 1990 und die Entwicklungen der internationalen Politik. Schon mit dem Überfall des Irak auf Kuwait und dem sich anschließenden Golfkrieg war deutlich geworden, dass auf der Welt kein neues Zeitalter des Friedens angebrochen war, im Gegenteil: Mit der Auflösung des sowjetisch-kommunistischen Herrschaftssystems in Osteuropa und dem Ende des Ost-West-Konflikts zogen neue Konflikte und Kriege herauf und zwangen die Bundesrepublik, die Grundlinien ihrer Außen- und Sicherheitspolitik zu überprüfen. Im Zentrum dieser Selbstverständigung stand die Frage nach der Rolle deutscher Streitkräfte und damit nach dem Verhältnis zwischen Politik und Militär.

Nach 1945 waren die Deutschen zu »Musterschülern der Friedfertigkeit« (Karl Otto Hondrich) geworden. In den Zeiten der nuklearen Abschreckung galt Frieden als oberstes Gebot, deutsche Soldaten durften ausschließlich zur Landesverteidigung eingesetzt werden. Der Golfkrieg und vor allem die Entwicklungen im ehemaligen Jugoslawien konfrontierten die deutsche Politik und Gesellschaft schon bald mit der Frage, ob es nicht jenseits der Landesverteidigung Werte und Interessen geben könne, für die man deutsche Soldaten einsetzen und unter Umständen sogar Krieg führen müsse.[20] Auch unabhängig von der Frage nach der Rolle der Bundeswehr und dem Einsatz deutscher Streitkräfte wurde die Jugoslawien-Krise zu Beginn der 1990er Jahre zum Testfall für die Außenpolitik des wiedervereinigten Deutschland.

Mit eiserner Faust hatte der kommunistische Diktator Tito nach 1945 den Vielvölkerstaat Jugoslawien zusammengehalten. Doch nach Titos Tod 1980, also noch vor dem Ende des Ost-West-Konflikts, verschärften sich die Spannungen zwischen den jugoslawischen Teilrepubliken. Insbesondere Kroatien und Slowenien wandten sich gegen die politische Dominanz Serbiens. Der Kollaps des Kommunismus verschärfte diese Spannungen und führte zu ethnisch aufgeladenen Nationalitätenkonflikten. Auf die internationale Agenda geriet die Entwicklung in Jugoslawien spätestens im Sommer 1991, als Kroatien und Slowenien nach Volksabstimmungen ihre Unabhängigkeit von Jugoslawien erklärten und es in Kroatien zu kriegerischen Auseinandersetzungen kam zwischen der serbisch dominierten jugoslawischen Bundesarmee und militärischen Kräften aus den serbischen Bevölkerungsteilen des Landes auf der einen Seite sowie kroatischen Freischärlerverbänden auf der anderen Seite, die schon bald in die regulären Streitkräfte des Staates Kroatien übergingen.

Die Bundesrepublik hatte sich zunächst für den Erhalt Jugoslawiens eingesetzt, vollzog aber, als die kriegerische Gewalt eskalierte, einen Politikwechsel. Die Bundesregierung plädierte nun für eine möglichst rasche internationale Anerkennung der Unabhängigkeit Kroatiens und Sloweniens. Auf diese Weise sollte der Konflikt internationalisiert und durch internationale Vermittlung, beispielsweise durch den UN-Sicherheitsrat, beigelegt werden. Deutschland hatte schon deshalb Interesse an einem möglichst raschen Ende des Konflikts, weil es wie Österreich stärker als alle anderen europäischen Staaten mit Flüchtlingsströmen aus Jugoslawien konfrontiert war. Darüber hinaus drängten manche Medien, allen voran die *Frankfurter Allgemeine Zeitung,* die Bundesregierung in diese Richtung – und lieferten damit einen deutlichen Beweis für die gesellschaftliche Beeinflussung der Außenpolitik in demokratischen Staaten.

Deutschlands Bündnispartner sperrten sich nicht prinzipiell gegen die Vorschläge, schenkten den Risiken eines solchen Kurses aber stärkere Beachtung als die Bundesregierung. Wie sollte man mit den Unabhängigkeitsbestrebungen in Bosnien-Herzegowina und Mazedonien umgehen, die beide im Herbst 1991 ihren Austritt aus dem jugoslawischen Staatsverband erklärt hatten? Und was bedeutete die internationale Anerkennung dieser Teilrepubliken im Hinblick auf vergleichbare Unabhängigkeitsbestrebungen in der untergehenden Sowjetunion? Da auf dem Territorium der ehemaligen Sowjetrepubliken Nuklearwaffen stationiert waren, gewann diese Frage zusätzliche Brisanz. So zögerten die Regierungen in Washington, Paris und London zunächst, sich dem deutschen Kurs anzuschließen, und in der französischen wie der britischen Öffentlichkeit wurde die deutsche Anerkennungspolitik zum Teil sogar scharf kritisiert. Man unterstellte dem vereinten Deutschland politische und wirtschaftliche Machtansprüche. Die Bundesrepublik wolle sich in Südosteuropa eine neue Einflusssphäre schaffen, hieß es. Historische Bezüge waren schnell hergestellt: Stand nicht die deutsche Politik in der Kontinuität der Balkanpolitik des deutschen Kaiserreiches, aber auch der Weimarer Republik? Die serbische Propaganda verbreitete in der westlichen Öffentlichkeit zudem den Hinweis, dass während des Zweiten Weltkriegs eine antiserbische Waffenbrüderschaft das faschistische Kroatien und das nationalsozialistische Deutschland verbunden habe. Die deutsche Außenpolitik wurde wieder einmal vom Schatten der deutschen Vergangenheit eingeholt.

In vielen europäischen Ländern stand Deutschlands Außenpolitik nach der Wiedervereinigung stärker unter historischen Vorbehalten als in den Jahrzehnten zuvor. Vor diesem Hintergrund war es ein Fehler, und es belastete die Beziehungen der Bundesrepublik zu ihren europäischen Partnern schwer, dass die Bundesregierung am 23. Dezember 1991 Slowenien und Kroatien im Alleingang anerkannte. Das deutsche Vorgehen war umso unverständlicher, als die Außenminister der Europäischen Gemeinschaft Mitte Dezember einvernehmlich beschlossen hatten, der Unabhängigkeit der beiden jugoslawischen Republiken am 15. Januar 1992, also nur drei Wochen später, zuzustimmen. Es hagelte Kritik, und Deutschland stand politisch isoliert da, eine Situation, die man über Jahrzehnte hinweg stets zu vermeiden gesucht hatte. Dass am Ende die deutsche Rechnung aufging und nach der internationalen Anerkennung der beiden Staaten die Kämpfe in Kroatien rasch zum Erliegen kamen, ändert nichts an der Tatsache, dass nicht das Ziel, aber das Vorgehen in der deutschen Außenpolitik 1991 falsch war.

Auslandseinsätze der Bundeswehr

Die Jugoslawien-Krise war mit der Anerkennung Kroatiens und Sloweniens keineswegs beendet, im Gegenteil: Mit dem Bosnienkrieg erreichte sie seit 1992 eine neue Stufe der Gewalteskalation. Anders als in dem Konflikt um Kroatien und Slowenien stellte sich nun die Frage nach einem Einsatz deutscher Streitkräfte. Über »Out-of-Area«-Einsätze der Bundeswehr wurde in Deutschland schon seit dem Golfkrieg diskutiert. Es ging darum, ob das Grundgesetz Einsätze außerhalb des NATO-Territoriums, die zudem nicht der Landesverteidigung dienten, überhaupt zulässt. Als Reaktion auf die massive internationale Kritik am mangelnden Kriegseinsatz der Bundesrepublik im Krieg gegen den Irak entsandte die deutsche Regierung Anfang 1992 eine Sanitätseinheit nach Kambodscha, ein Jahr später rund 1700 Soldaten im Rahmen einer UN-Friedensmission nach Somalia. Sie sollten zur Sicherung der humanitären Hilfe für die von einem Bürgerkrieg heimgesuchte somalische Bevölkerung beitragen. Ebenfalls in einer humanitären Mission waren Bundeswehreinheiten ab Juli 1992 an der internationalen Luftbrücke für das belagerte Sarajevo, die Hauptstadt von Bosnien-Herzegowina, beteiligt. Die Bundesmarine unterstützte in der Adria die Einhaltung des von den Vereinten Nationen gegen Rest-Jugoslawien verhängten Waffenembargos, und ab Oktober 1992 beteiligte sich die Luftwaffe an der Überwachung des Luftraums über Bosnien. Die Bundesregierung wollte nach den Irritationen im Zusammenhang mit dem Golfkrieg und dem deutschen Verhalten bei der Anerkennung Kroatiens und Sloweniens demonstrieren, dass die Bundesrepublik auch nach 1990 ein verlässlicher Partner war und bereit, international politische Verantwortung zu übernehmen. Es war kein Zufall, dass sie exakt zur selben Zeit auch die deutschen Chancen auf einen ständigen Sitz im UN-Sicherheitsrat auslotete.[21]

Im Gegensatz zu den Regierungsparteien CDU, CSU und FDP waren die beiden Oppositionsparteien SPD und Bündnis 90/Die Grünen geteilter Meinung in Bezug auf die Auslandseinsätze der Bundeswehr. Eine Mehrheit in der SPD und der »realistische« Flügel der Grünen unterstützten aber die Beteiligung der Bundeswehr an friedenssichernden und humanitären Interventionen unter UN-Mandat. Die öffentliche Debatte wurde unter dem starken Eindruck der Jugoslawien-Krise und insbesondere des Bosnienkriegs geführt, der die Notwendigkeit eines militärischen Eingreifens von außen unabweisbar erscheinen ließ. Der Ablauf der Ereignisse und die eskalierende Gewalt auf dem Balkan ließen eine nüchtern geführte grundsätzliche Auseinandersetzung über die Ziele und Instrumentarien deutscher Außenpolitik und vor allem über die Bedingungen von Bundeswehreinsätzen *out of area* jedoch kaum zu. So fanden deutsche Militäreinsätze Anfang der 1990er Jahre meistens relativ spät statt. Sie blieben innenpolitisch umstritten und folgten keiner prinzipiellen Politik, vielmehr reagierte die Bundesregierung mit diesen Einsätzen auf äußeren Druck.

Mit den Veränderungen der internationalen Ordnung veränderten sich auch die deutschen Streitkräfte. In den Jahren nach 1990 stand die Bundeswehr vor einer doppelten Herausforderung: Einerseits musste sie die Nationale Volksarmee der DDR übernehmen, wodurch sie kurzfristig auf über 600 000 Mann anwuchs. Nach dem »Zwei-plus-Vier«-Vertrag musste sie aber innerhalb von vier Jahren die Personalstärke auf 370 000 Mann reduzieren. Das alleine erforderte schon eine grundlegende Neuorganisation. Andererseits ergab sich aus der politischen Entwicklung nach dem Kalten Krieg die Notwendigkeit, die Bundeswehr mit einem neuen Auftrag auszustatten. Der umfasste zwar nach wie vor die Verteidigung der Bundesrepublik Deutschland und ihrer Bündnispartner, wurde aber stärker als zuvor ergänzt durch Bestimmungen zum Einsatz der Streitkräfte im Katastrophenfall, und vor allem war jetzt auch die Beteiligung deutscher Truppen an internationalen Friedensmissionen sowie humanitären Einsätzen vorgesehen. Das machte eine von Grund auf andere Struktur der Bundeswehr erforderlich, die bei Ausbildung und Ausrüstung der Soldaten begann, sich auf die Organisation der Truppe auswirkte, aber auch die Einbindung der Bundeswehr in multinationale Zusammenhänge berührte. Im Zentrum der Maßnahmen stand die Aufstellung von jederzeit einsatzfähigen Krisenreaktionskräften, einem Kontingent von etwa 35 000 Mann. Das Gros der restlichen Streitkräfte übernahm überwachende und technisch-logistische Aufgaben, die auf den Einsatz dieser Krisenreaktionskräfte ausgerichtet waren. Demgegenüber setzen sich die klassischen Hauptverteidigungskräfte, bis zum Ende des Kalten Krieges das Rückgrat der Bundeswehr, seit den 1990er Jahren primär aus mobilmachungsabhängigen Reservekontingenten zusammen.[22]

Die Strukturreform der Bundeswehr löste eine intensive öffentliche Diskussion über die deutschen Streitkräfte aus. Der Bundeswehr selbst gelang es, ihr gesellschaftliches Ansehen nicht zuletzt durch Katastropheneinsätze wie etwa beim Oder-Hochwasser 1997 zu erhöhen, doch die Beteiligung deutscher Soldaten an internationalen Missionen führte zu äußerst kontroversen Debatten.

In den Jahrzehnten des Ost-West-Konflikts hatte die Bundeswehr gesellschaftliche Akzeptanz gewonnen, weil sie angesichts der sowjetischen Bedrohung Sicherheit produzierte, wie es in einem Werbeslogan aus den 1970er Jahren hieß. Galt das auch noch unter den veränderten weltpolitischen Bedingungen nach 1990? Trug es tatsächlich zur Sicherheit der Bundesrepublik und ihrer Bürger bei, wenn deutsche

Truppenkontingente in internationalen Missionen auf dem Balkan, in Afrika und bald auch in Afghanistan eingesetzt wurden? Zudem belasteten die Auslandsein-sätze und die Umrüstung der Bundeswehr die öffentlichen Kassen. Was rechtfer-tigte diese Kosten? Zwar hielt sich in den 1990er Jahren die Zahl verwundeter oder gar getöteter deutscher Soldaten in Grenzen, dennoch zeigte die deutsche Öffent-lichkeit wenig Verständnis dafür, dass die deutschen Streitkräfte bei »Out-of-Area«-Einsätzen Risiken ausgesetzt wurden. Hier wirkte nach, dass die Bundes-wehr bis 1990 eine Friedensarmee war, deren schiere Präsenz verhinderte, dass sie je kämpfen musste. Es äußerte sich darin aber auch ein Friedensdenken, ja eine Friedenssehnsucht, die mit dem Ende des Ost-West-Konflikts einen weltumspan-nenden Frieden heraufziehen sahen.

Ein wichtiger Punkt der Debatte über die Zukunft der Bundeswehr und über ihren Ort in der deutschen Gesellschaft war die allgemeine Wehrpflicht. Vor 1990 stand diese nicht zur Diskussion. Die Personalstärke der Bundeswehr, die über die Jahre hinweg bei etwa 500 000 Mann gelegen hatte, garantierte die Wehrgerechtig-keit, und das Bedrohungsszenario des Kalten Krieges bildete eine stabile Basis für die allgemeine Akzeptanz der Wehrpflicht. Diese Basis löste sich nun auf, denn schon im Zuge des Irakkriegs 1990/91 erhöhte sich die Zahl der Wehrdienstverwei-gerer. Aber es entbrannte auch eine Auseinandersetzung darüber, ob wehrpflich-tige Soldaten bei Auslandsmissionen der Bundeswehr eingesetzt werden könnten. War man bei einer immer kürzeren Wehrdienstzeit überhaupt in der Lage, die wehrpflichtigen Soldaten für die gefährlichen internationalen Einsätze adäquat auszubilden? Nicht zuletzt war die Entscheidung für die Wehrpflicht in den 1950er Jahren aus dem historischen Argument erfolgt, mit der Bundeswehr nicht einen »Staat im Staate« zu schaffen, sondern »Staatsbürger in Uniform« heranzubilden. Bestand mehr als vier Jahrzehnte nach ihrer Gründung überhaupt noch die Gefahr einer undemokratischen Verselbstständigung der Bundeswehr? Würde auch künf-tig nur über die Wehrpflicht ein Auseinanderdriften von Bundeswehr und ziviler Gesellschaft verhindert werden können? Die Debatte über die allgemeine Wehr-pflicht ist noch längst nicht beendet, und sie ist einer der deutlichsten Hinweise darauf, dass die tiefen außen- und sicherheitspolitischen Veränderungen der Zeit nach 1990 im Zentrum der Gesellschaft angekommen sind.

Auf Antrag von FDP und SPD wurde die Frage der Auslandseinsätze im April 1993 schließlich vor das Bundesverfassungsgericht gebracht, das am 12. Juli 1994 sein Urteil verkündete. Die Karlsruher Richter billigten die Entsendung deutscher Truppen zu UN-mandatierten Einsätzen außerhalb des NATO-Gebiets und be-gründeten diese Entscheidung damit, dass die Bundesrepublik als Mitglied der

Vereinten Nationen berechtigt sei, an UN-Einsätzen teilzunehmen. Die Entsendung von Friedensstreitkräften und die Friedenssicherung seien Teil des Systems der kollektiven Sicherheit der Vereinten Nationen. Allerdings überließ das Verfassungsgericht die Entscheidung über Bundeswehrauslandseinsätze nicht allein der Bundesregierung, sondern band sie an die Zustimmung des Bundestags. Insofern hatte die Regierung mit der Entsendung deutscher Soldaten nach Somalia und Jugoslawien gegen das Grundgesetz verstoßen. Das wurde schnell korrigiert: Nur wenige Tage nach dem Karlsruher Urteil billigte der Bundestag mit überwältigender Mehrheit die Beteiligung der Bundeswehr an den bereits laufenden Einsätzen.

Es ist leicht, der Bundesregierung ihr zögerliches Verhalten in der Entsendepolitik vorzuwerfen und ihre mangelnde Bereitschaft zu kritisieren, außenpolitischen Zielen konsequent militärischen Nachdruck zu verleihen. Außen- und sicherheitspolitisches Denken in der Bundesrepublik war zu Beginn der 1990er Jahre geprägt durch die NS-Vergangenheit einerseits und die Fortwirkung außen- und sicherheitspolitischer Prinzipien, die in den Dekaden des Ost-West-Konflikts Gestalt angenommen hatten, andererseits. Es war für die Bundesregierung, die überdies stark mit der Herstellung der deutschen Einheit beschäftigt war, nicht einfach, sich von diesen Dispositionen zu lösen. Das geschah erst allmählich über Jahre hinweg in einem mühevollen Lern- und Anpassungsprozess, den verschiedentlich eingeforderte kraftvolle Entscheidungen gar nicht hätten abkürzen können, weil die deutsche Außenpolitik als Politik eines demokratischen Gemeinwesens der gesellschaftlichen Rückbindung bedarf. Die Entwicklung des Bosnienkonflikts zeigt, dass die internationale Gemeinschaft damals noch gar nicht in der Lage war, der brutalen Kriegführung der von Serbien unterstützten bosnischen Serben Einhalt zu gebieten. Den Völkermord von Srebrenica, dem im Juli 1995 etwa 8000 muslimische Jungen und Männer zum Opfer fielen, hat sie nicht verhindern können. Erst nach Srebrenica beauftragten die UN die NATO, militärisch gegen die bosnischen Serben vorzugehen. An der Operation »Deliberate Force« war auch die Bundesluftwaffe beteiligt – der erste Einsatz deutscher Soldaten unter Kampfbedingungen seit 1945, auch wenn die deutschen Tornados nur Zielaufklärung betrieben und keinen Schuß abfeuerten.

Dass die internationale Gemeinschaft und die Bundesrepublik ihre Lektion aus dem Krieg in Bosnien gelernt hatten, wurde wenige Jahre später deutlich, als die serbische Regierung unter Führung des großserbischen Nationalisten Slobodan Milošević daranging, sich mit militärischen Kräften die ehemals autonome, mehrheitlich von Albanern bewohnte Provinz Kosovo Serbien einzuverleiben. Die serbischen Truppen gingen dabei nicht nur gegen die kosovo-albanische Befreiungsarmee UČK, sondern auch gegen die Zivilbevölkerung vor. Hunderttausende mussten flüchten. Dass sich die Bundesrepublik an einer OSZE-Beobachtermission und an der NATO-Luftüberwachung beteiligte, war innenpolitisch kaum noch umstritten. Auch der im September 1998 neu gewählte Bundestag mit seiner rot-grünen Mehrheit bestätigte im November 1998 die deutsche Beteiligung an den Luftüberwachungsoperationen der NATO. Die internationale Staatengemeinschaft war in der Kosovo-Frage fest entschlossen, eine Wiederholung der bosnischen Entwicklung zu verhindern. Man war sich einig, geschlossen und kraftvoll zu reagieren. Als die Friedensgespräche von Rambouillet, von denen man sich die Lösung des Kosovo-Problems erhofft hatte, scheiterten, entschied sich die NATO, Serbien durch gezielte Luftangriffe zum Einlenken zu bewegen.

Diese Angriffe begannen am 24. März 1999. Die Bundeswehr beteiligte sich daran. Deutsche Soldaten befanden sich im Kampfeinsatz. Obwohl das Vorgehen der NATO nicht unter UN-Mandat stand und es sich nicht um eine friedenssichernde, sondern eine friedenserzwingende Operation handelte, gab der Bundestag bereits am 25. Februar 1999 seine Zustimmung. Lediglich die Abgeordneten der PDS, zwei SPD-Parlamentarier und fünf Abgeordnete der Grünen stimmten dagegen. Der Bundestagsbeschluss und der ihm folgende Kampfeinsatz der Bundeswehr bedeuteten keinen Kurswechsel der deutschen Außenpolitik, wohl aber einen Meilenstein in einer Entwicklung, die 1990 begonnen hatte und in deren Verlauf das vereinte Deutschland seiner gestiegenen internationalen Verantwortung und seinem gestiegenen internationalen Gewicht immer stärker Rechnung trug. Die nationalsozialistische Vergangenheit wurde in diesem schwierigen Prozess nach wie vor als Argument für eine zurückhaltende deutsche Außenpolitik vorgebracht, für eine Außenpolitik insbesondere, welche die Entsendung deutscher Truppen an sehr klare Kriterien band. Aber NS-Vergangenheit und NS-Verbrechen wurden auch ins Feld geführt für eine Außenpolitik, die militärische Interventionen nicht ausschloss, insbesondere wenn es darum ging, Kriegsverbrechen an der Zivilbevölkerung oder gar einen Völkermord zu verhindern.

Der seit Oktober 1998 amtierende grüne Bundesaußenminister Joschka Fischer verkörperte diese Ambivalenz. Hatte er noch in den Auseinandersetzungen über einen Bosnieneinsatz der Bundeswehr die Position vertreten, »dass deutsche Soldaten dort, wo im Zweiten Weltkrieg die Hitler-Soldateska gewütet hat, den Konflikt anheizen und nicht deeskalieren würden«, so hatte sich seine Haltung nicht zuletzt wegen Srebrenica innerhalb weniger Jahre gewandelt. »Ich habe nicht nur gelernt: Nie wieder Krieg. Ich habe auch gelernt: Nie wieder Auschwitz.«[23] Kritiker hielten Fischer vor, er setze den Holocaust für politische Zwecke ein, dabei stellte er sich mit seiner Position lediglich in eine Reihe mit deutschen Politikern und insbesondere deutschen Außenpolitikern, die ihre politischen Überzeugungen und Ziele ganz bewusst vor dem Hintergrund der Geschichte des Nationalsozialismus und seiner Verbrechen entwickelten und sich damit nicht allein moralisch von der NS-Gewaltherrschaft distanzierten, sondern auch politische Folgerungen aus diesem düsteren Kapitel der deutschen Geschichte zu ziehen versuchten. »Wir konnten nicht zulassen«, betonte Fischer wenige Tage nach Beginn der Luftangriffe auf Serbien vor dem Bundestag, »dass sich in Europa eine Politik der Gewalt durchsetzt, eine Politik, die keine Skrupel hat, Gewalt einzusetzen, und die bereit ist, über Leichen zu gehen, auch wenn es Tausende, Zehntausende oder Hunderttausende Tote bedeutet.«[24]

Amerikanische Interessen und deutsche Politik

Der Kosovo-Krieg hatte demonstriert, dass die NATO unter Führung der USA der entscheidende multilaterale Akteur in der internationalen Politik war. Zwar beschloss die Europäische Union auf dem Gipfeltreffen von Helsinki Ende 1999, bis zum Jahr 2003 eigene militärische Krisenreaktionskräfte aufzustellen, doch es würde noch Jahre dauern, bis die Union zu einem eigenständig handlungsfähigen internationalen Akteur mit klar definierten Eigeninteressen und einer kohärenten außenpolitischen Strategie werden sollte. Für die Bundesrepublik wie für die anderen europäischen Staaten ergab sich daraus die Notwendigkeit, sich in ihrer Außen- und Sicherheitspolitik an den USA zu orientieren. Je mehr der Ost-West-Konflikt mit seiner bipolaren Grundstruktur des internationalen Systems jedoch an Wirkmächtigkeit verlor, desto wahrscheinlicher wurden Interessengegensätze zwischen den Vereinigten Staaten und ihren europäischen Verbündeten. Die USA waren eine globale Macht mit globalen Interessen, und diese Interessen waren nicht mehr durch den Ost-West-Konflikt vorgeprägt. Welche außenpolitischen Ziele teilte man noch? Würden die Europäer der amerikanischen Weltpolitik widerspruchslos folgen? Im Kosovo-Konflikt handelten Amerikaner und Europäer im Einklang. Aber es war auch deutlich geworden, dass die Europäer ohne die USA zu einer wirksamen Krisen- und Konfliktbewältigung gar nicht in der Lage waren – und das nicht einmal auf dem europäischen Kontinent selbst. Unter solchen Bedingungen war es schwer, einen von den USA unabhängigen Kurs zu steuern und – wie auch immer geartete – genuin europäische oder deutsche Interessen zu vertreten.

Die Schwäche Europas stärkte die USA und trug mit dazu bei, dass die Vereinigten Staaten schon gegen Ende der Präsidentschaft des Demokraten Bill Clinton, erst recht aber nach der Übernahme des Präsidentenamts durch den Republikaner George W. Bush im Januar 2001 eine zunehmend unilaterale Politik betrieben. Der Unilateralismus der Hypermacht USA begann nicht erst mit der Bush-Administration, was offenbar wird, wenn man sich beispielsweise die europäisch-amerikanischen Konflikte in der internationalen Handels- und Finanzpolitik oder bezüglich der Schaffung eines satellitengestützten Raketenabwehrsystems vergegenwärtigt. Aber die globale Politik der USA wurde unter George W. Bush auf eine neue ideologische Basis gestellt, in der sich ökonomischer Neoliberalismus und ein religiös fundiertes weltpolitisches Sendungsbewusstsein miteinander verbanden. Für die europäischen Regierungen, egal ob eher sozialdemokratisch oder eher konservativ orientiert, bedeutete das eine politische Herausforderung.

Aus »historischer Verantwortung«, so formulierte es Außenminister Fischer im September 1999 vor der Vollversammlung der Vereinten Nationen, bekenne sich die Bundesregierung »zum friedlichen Interessenausgleich und zum Multilateralismus«.[25] Die Durchsetzung der Völkerrechtsordnung gehörte ins Zentrum einer von diesen Prämissen geleiteten Politik, doch auch daraus erwuchsen Konflikte mit den USA. So war die Bundesrepublik vor dem Hintergrund der in den jugoslawischen Zerfallskriegen verübten Kriegsverbrechen einer der stärksten Befürworter eines Internationalen Strafgerichtshofs (IStGH). Dieser internationalen Organisation, die nicht wie beispielsweise das UN-Kriegsverbrechertribunal für das ehemalige Jugoslawien durch Beschluss des UN-Sicherheitsrats konstituiert wurde, sondern durch einen internationalen Vertrag, wurde die Aufgabe zugewiesen, Verbrechen gegen die Menschlichkeit und Kriegsverbrechen zu verfolgen und zur Anklage zu bringen. US-Präsident Clinton hatte das Römische Statut von 1998, mit dem der Strafgerichtshof begründet wurde, unterzeichnet, doch sein Nachfolger George W. Bush zog die amerikanische Unterschrift zurück. Washington befürchtete politisch motivierte Anklagen gegen die USA beziehungsweise amerikanische Staatsbürger. Der amerikanische Rückzieher lenkte die Aufmerksamkeit aber auch auf den sich intensivierenden politischen und militärischen Unilateralismus der USA und ließ die Frage aufkommen, ob die Vereinigten Staaten beabsichtigten, sich bei der Verfolgung ihrer Interessen an die etablierten Standards des internationalen Rechts zu halten oder nicht.

Andere Interessenkollisionen zwischen den USA und der Bundesrepublik sowie einer ganzen Reihe weiterer Staaten traten hinzu. Die Bundesrepublik hatte schon früh die Internationalisierung des Umweltschutzes vorangetrieben in der Erkenntnis, dass die Gefährdungen der natürlichen Lebensgrundlagen des Menschen nicht von einzelnen Nationalstaaten bekämpft werden konnten, sondern dass es dazu globaler Anstrengungen bedurfte. Dieses Leitziel hatte bereits die internationale Politik der Regierung Kohl bis 1998 bestimmt. Eine der Fragen, die seit Mitte der 1990er Jahre ganz oben auf der Prioritätenliste der internationalen Politik stand, war der Klimaschutz, nachdem Wissenschaftler festgestellt hatten, dass es einen Zusammenhang gab zwischen dem steigenden Ausstoß von Schadstoffen in die Atmosphäre und der Erwärmung des Erdklimas – den »Treibhauseffekt«. Verantwortlich für die Emission insbesondere von Kohlendioxid waren vor allem die Industriestaaten, und daher richteten sich wichtige Initiativen der UN, die von der Bundesrepublik unterstützt wurden, auf die Verminderung dieser Treibhausgase. Auf der UN-Klimakonferenz im japanischen Kyoto wurden schließlich 1997 feste Quoten zur Reduzierung der Kohlendioxidemissionen vereinbart. Bis zum Jahr 2012 sollte der Schadstoffausstoß weltweit um 5,2 Prozent sinken. Al Gore, US-Vizepräsident unter Clinton, hatte für die USA das Kyoto-Protokoll unterzeichnet, doch auch hier zog die die Bush-Regierung die Unterschrift zurück. Die Vereinbarung verlor damit erheblich an Wert, denn die USA sind global für etwa ein Viertel der Treibhausgasemission verantwortlich.

Die neue Russlandorientierung der Regierung Schröder/Fischer war eine Folge dieser amerikanischen Politik. Schon in den Konflikten, die aus dem Zerfall Jugoslawiens entstanden waren, und insbesondere in der Kosovo-Krise war zu erkennen, dass ein nach der Auflösung der Sowjetunion unter der Führung des 2000 gewählten Präsidenten Wladimir Putin allmählich wieder erstarkendes Russland eigene außenpolitische Interessen vertrat. Bundeskanzler Schröder erkannte in einer Intensivierung der deutsch-russischen Beziehungen eine Möglichkeit, dem amerikanischen Unilateralismus entgegenzuwirken. Für den russischen Präsidenten wiederum waren gute Beziehungen zwischen Moskau und Berlin wichtig, weil die Bundesrepublik das politische Gewicht besaß, eine tendenziell gegen russische Interessen gerichtete Politik der EU oder der NATO, nicht zuletzt im Zusammenhang mit der Osterweiterung, zu verhindern. In ihrer Russlandpolitik präsentierte sich die Bundesrepublik als eigenständiger Akteur, der sein Gewicht unabhängig von den multilateralen europäischen und transatlantischen Strukturen auszuspielen verstand. Das war keine Abkehr von diesen Strukturen, wohl aber ein Hinweis darauf, dass Deutschland seine internationale Politik nicht in einseitiger Abhängigkeit von den USA zu betreiben gedachte und dass die Einbindung in die integrativen Strukturen Europas einer Politik, die nationale Interessen definierte und diese umzusetzen versuchte, nicht im Wege stand. Von der gewachsenen deutschen Verantwortung war in diesen Zusammenhängen immer wieder die Rede.

Auch in der Nahost-Politik, in der sich die Bundesrepublik aus historischen Gründen stets zurückgehalten hatte, verfolgte die rot-grüne Regierung nun einen eigenständigeren Kurs, der sich nicht nur in viel beachteten Israel-Besuchen des Bundeskanzlers, des Bundesaußenministers sowie von Bundespräsident Johannes Rau, der im Februar 2000 als erstes deutsches Staatsoberhaupt vor der Knesset in Jerusalem eine Rede in deutscher Sprache hielt, niederschlug, sondern auch in einer aktiven deutschen Vermittlungspolitik im Konflikt zwischen Israelis und Palästinensern, die insbesondere Joschka Fischer betrieb. Sicher, diese Politik erfolgte stets abgestimmt und koordiniert mit den europäischen Partnern, und infolge der Verschärfung des israelisch-palästinensischen Konflikts in den ersten Jahren des 21. Jahrhunderts führte sie auch nicht zu spektakulären Durchbrüchen. Aber sie demonstrierte, was die rot-grüne Regierung unter einer »Politik der Mitverantwortung« verstand, einer Politik, die sich aus den Destabilisierungstendenzen der internationalen Ordnung nach 1990 ebenso ergab wie aus dem gewachsenen wirtschaftlichen Gewicht der Bundesrepublik und ihrer engen weltwirtschaftlichen und weltpolitischen Verflechtung.

Die Konflikte im Zusammenhang mit dem Internationalen Strafgerichtshof und dem Kyoto-Protokoll zeigten, dass in der Welt nach 1990 eine Grundkonstante bundesrepublikanischer Außenpolitik nicht ohne Einschränkungen aufrechtzuerhalten war. Der enge Schulterschluss mit den USA, zu Zeiten des Kalten Krieges Dreh- und Angelpunkt der westdeutschen Staatsräson, wich einer deutschen Amerikapolitik, die zunehmend in einen globalen Bedingungsrahmen eingebunden und von Interessen bestimmt war, die nicht grundsätzlich mit denen der USA übereinstimmten. Zwar hatte es divergierende Interessen zwischen der Bundesrepublik und Amerika auch schon vor 1990 gegeben. Unter den Bedingungen des Ost-West-Konflikts war es für die Bundesrepublik jedoch viel schwerer gewesen, Positionen zu vertreten, die der Politik der USA widersprachen. Allerdings war deren Politik vor 1990 trotz der unbestreitbaren amerikanischen Hegemonie insgesamt multilateraler angelegt und überdies durch den Basiskonflikt mit der Sowjetunion in ihrer Handlungsfreiheit deutlicher eingeschränkt als nach Ende des Ost-West-Konflikts und insbesondere nach Beginn der republikanischen Präsidentschaft von George W. Bush. In der Wendung der USA zu einem geradezu programmatischen Unilateralismus war für die deutsch-amerikanischen Beziehungen erhebliches, auf signifikanten Interessenunterschieden beruhendes Konfliktpotential angelegt. Der Schock nach den islamisch-fundamentalistischen Terroranschlägen auf die Vereinigten Staaten am 11. September 2001 ließ diese Interessenunterschiede vorübergehend in den Hintergrund treten.

An der Schwelle zur Gegenwart

zur Gegenwart

Die Bundesrepublik im 21. Jahrhundert

Am Beginn des 21. Jahrhunderts konnten die Deutschen auf mehr als ein halbes Jahrhundert friedlicher Entwicklung zurückblicken. Gewiss, die Herstellung der inneren Einheit Deutschlands konfrontierte die Bundesrepublik mit einer gewaltigen Herausforderung, und auch außenpolitisch waren enorme Anpassungsleistungen zu erbringen. Doch die Deutschen hatten allen Grund, zuversichtlich in das neue Jahrhundert zu gehen. Anders als in den ersten Jahrzehnten nach Gründung des westdeutschen Staates ruhte das wiedervereinigte Deutschland auf festen Fundamenten. An eine Wiederkehr Weimarer Verhältnisse, Schreckensszenario der Nachkriegsjahre, war nicht zu denken. Längst hatte sich die Bundesrepublik aus dem langen Schatten von Weimar gelöst. Die Männer und Frauen, welche nun die Geschicke des Landes leiteten, hatten Weimar nicht mehr erlebt. Sie waren zum größten Teil in dem 1949 gegründeten westdeutschen Staat aufgewachsen, sozialisiert worden. Andere waren mit der Wiedervereinigung zu Bürgern der Bundesrepublik geworden, wieder andere kamen aus Migrantenfamilien. Die Geschichte der Bundesrepublik selbst war der dominierende Erfahrungshintergrund der meisten Deutschen, und diese Geschichte gab Grund zur Zuversicht.

Aus den Trümmern, die der Nationalsozialismus hinterlassen hatte, war in erstaunlich kurzer Zeit ein stabiles Gemeinwesen entstanden, in dem sich eine freiheitliche Verfassung mit ihren Institutionen herausbilden und Wurzeln schlagen konnte. Die wirtschaftliche Entwicklung trug dazu bei, dass es den Menschen gut ging und dass sie – ganz anders als nach dem Ersten Weltkrieg – die Demokratie annahmen und sich allmählich in ihr einhausten. Schritt für Schritt fand die Bundesrepublik auch den Weg in die internationale Gemeinschaft, sie wurde ein geachteter Partner der transatlantischen Allianz und der europäischen Integration, auch wenn es einer behutsamen Politik der Zurückhaltung bedurfte, um nach und nach die Ängste und das Misstrauen der Nachbarn und ehemaligen Kriegsgegner abzubauen. Ohne die strukturbildende Kraft des Ost-West-Konflikts wäre die Geschichte der Bundesrepublik bis 1990 eine ganz andere gewesen. Die deutsche Teilung und die Existenz der DDR wirkten auf vielfältige Weise in Politik, Gesellschaft und Kultur der Bundesrepublik hinein. Die beiden Staaten in Deutschland waren zwar fest integriert in die Paktsysteme des Kalten Krieges. Dennoch blieben sie als »feindliche Brüder« in ihrer politischen, sozialen, wirtschaftlichen und kulturellen Entwicklung stets aufeinander bezogen. Trotzdem haben sich die beiden Gesellschaften über die Jahre auseinanderentwickelt. Das ist nach 1990 deutlich geworden.

Den angesichts ihrer Geschichte tief verunsicherten, ja orientierungslosen Deutschen versprach die Bundesrepublik Sicherheit, und die Deutschen konnten dankbar dafür sein, dass der 1949 gegründete Staat in der Lage war, dieses Sicherheitsversprechen über die Jahrzehnte hinweg zu halten. Selbstverständlich war das nicht. Die Erfolgsgeschichte, als welche die Geschichte der Bundesrepublik weithin und durchaus zu Recht betrachtet wird, tritt in der Retrospektive klarer zutage als in der Wahrnehmung der Zeitgenossen. Günstige Umstände – man kann auch von Glück sprechen – ermöglichten ganz anders als nach dem Ersten Weltkrieg den Erfolg der zweiten deutschen Demokratie.

Freilich hatte der Erfolg auch einen Preis. So wurden, um nur diesen Aspekt zu nennen, Stabilität und Akzeptanz des politischen Systems und der gesellschaftlichen Ordnung befördert durch die Existenz einer umfassenden Sozialstaatlichkeit, deren Reichweite an die Bedingungen ihrer Entstehung gekoppelt war. Aber die Zeit lässt sich nicht anhalten. Das »Modell Deutschland«, die Verknüpfung von wirtschaftlichem Wohlstand und sozialem Ausgleich als Grundlagen politischer und sozialer Stabilität, war nicht zeitlos, sondern an bestimmte historische Konstellationen gebunden. Die Deutschen in der Bundesrepublik hatten Glück, dass diese Konstellationen vergleichsweise lange Bestand hatten. Als in den 1970er Jahren der Erfolg deutlich wurde und die Rede vom »Modell Deutschland« aufkam, existierten sie eigentlich schon gar nicht mehr.

Solche Einsichten fanden freilich nur langsam Eingang ins Bewusstsein der Menschen. Das unverhoffte Glück der deutschen Einheit schien das Erfolgsmodell der »alten« Bundesrepublik, der Bonner Republik, zu bekräftigen, die nicht nur Herausforderungen wie den Terrorismus der 1970er Jahre oder die Nachrüstungskrise der frühen 1980er Jahre bestanden hatte, sondern sich und ihre Geschichte nun auch in der Wiedervereinigung bestätigt sehen durfte. Aber der Blick zurück alleine stattete die Deutschen nur unzureichend aus für die Herausforderungen, die nach 1990, in der Welt nach dem Ost-West-Konflikt, vor ihnen lagen und die im neuen Jahrhundert nicht geringer werden sollten.

Nicht nur für die Menschen in der Bundesrepublik Deutschland steht das beginnende 21. Jahrhundert im Zeichen einer Rückkehr der Unsicherheit. Wo kann man sich noch sicher fühlen, und wie sollen die Gesellschaften, denen die Terrorattacken galten, auf diese Herausforderung reagieren? Aber auch die wirtschaftliche Entwicklung löste Verunsicherungen aus, die in Gesellschaft und Politik nicht ohne Wirkung blieben. Im 60. Jahr ihres Bestehens steht die Bundesrepublik in der schwersten Wirtschaftskrise ihrer Geschichte, einem gewaltigen Konjunktureinbruch, der Erinnerungen an die düsteren Krisenjahre um 1930 wach ruft.

Terror und Krieg

Die Bilder des Schreckens haben sich überall auf der Welt in die Köpfe der Menschen eingebrannt. Am 11. September 2001, einem herrlichen Spätsommertag an der Ostküste Amerikas, wurden die Vereinigten Staaten Opfer eines Terrorangriffs, wie ihn die Menschheit bis dahin nicht erlebt hatte. Um 8.45 Uhr *Eastern Standard Time* raste ein entführtes Passagierflugzeug in einen der beiden Türme des World Trade Center in New York, wenige Minuten später, um kurz nach 9 Uhr, bohrte sich eine zweite Maschine in den anderen Turm. Die Flugzeuge explodierten, schwarze Rauchwolken lagen über Manhattan, und schon nach kurzer Zeit brachte die Gluthitze des Feuers die *Twin Towers*, die für Tausende Menschen zum tödlichen Gefängnis geworden waren, zum Einsturz. Zur selben Zeit krachte eine dritte Maschine in das Pentagon, das amerikanische Verteidigungsministerium in Washington, ein viertes, ebenfalls entführtes Flugzeug stürzte über Pennsylvania ab, es hatte das Weiße Haus in Washington oder Camp David, den Landsitz des amerikanischen Präsidenten, treffen sollen.

Über 3000 Menschen kamen bei den Terroranschlägen ums Leben, Tausende wurden verletzt. Die Ziele der Angriffe waren sehr bewusst gewählt. In Washington sollte die politische und militärische Führung der USA getroffen werden, die Zwillingstürme des World Trade Center in New York aber repräsentierten die globale Wirtschaftsmacht der Vereinigten Staaten, den westlichen Kapitalismus und eine von Amerika und dem *American Way of Life* geprägte wirtschaftliche und kulturelle Globalisierung. Die Terroristen hatten ihre Ziele mit sicherem Gespür für Symbole ausgesucht, und sie inszenierten ihre mit äußerster Präzision vorbereiteten und durchgeführten Attacken von Anfang an als Medienspektakel, dem weltweite Aufmerksamkeit zuteil wurde. Der amerikanische Sender Cable News Network (CNN) übertrug die Bilder des in den zweiten Zwillingsturm rasenden Flugzeugs, der brennenden Wolkenkratzer und der verzweifelt aus den oberen Stock-werken in den Tod springenden Menschen in alle Welt. So prägten sie sich ein ins Gedächtnis der Menschheit.

Amerika sollte gedemütigt werden, das war die eigentliche Absicht der 19 Flug-zeugentführer, die sich als Gotteskrieger und Märtyrer verstanden und dem isla-mistischen Terrornetzwerk al-Qaida angehörten. Al-Qaida war in den späten 1980er Jahren von dem saudi-arabischen Millionär Osama bin Laden gegründet worden und stand bereits vor dem 11. September hinter einer Reihe von Anschlägen auf amerikanische Einrichtungen in aller Welt. Ein Sprengstoffanschlag auf das World Trade Center scheiterte 1993 nur knapp. Bin Laden und al-Qaida rechtfertigten ihre Terroranschläge als »heiligen Krieg«, als »Dschihad«, als Kampf gegen die westlich-amerikanische Dominanz sowie als Befreiung des Islam und der islamischen Län-der von westlich-säkularen Einflüssen. Nicht wenige Beobachter sahen durch die islamistischen Terrorangriffe die in den 1990er Jahren von dem amerikanischen Politikwissenschaftler Samuel Huntington geprägte These eines *Clash of Civiliza-tions* (Kampf der Kulturen) bestätigt.[1] Der Harvard-Professor, der zeitweise als Be-rater für das amerikanische Außenministerium tätig war, hatte argumentiert, dass nach dem Ende des Ost-West-Konflikts neue, kulturell und religiös geprägte Kon-fliktlinien die Weltpolitik beherrschen würden. Legten die Nachrichtenbilder eine solche Deutung nicht nahe? In der islamischen Welt löste der Terroranschlag zum Teil nicht nur eine klammheimliche, sondern eine unverhohlene, offen artikulierte Freude aus. In der Demütigung Amerikas sahen manche eine gerechte Strafe für Demütigungen und Verletzungen, welche die USA und der Westen dem Islam zu-gefügt hatten. Nur so ist zu erklären, dass Osama bin Laden bis heute in Teilen der islamischen Welt verehrt und die Terroristen des 11. September als Helden gefeiert werden.

Wenn der Schock auch tief saß, im Westen bemühte man sich, die Terroran-schläge nicht als Ausdruck für den »Kampf der Kulturen« zu werten und keine Frontstellung zwischen der westlichen und der islamischen Welt herbeizureden. Das galt auch für die amerikanische Regierung unter dem erst seit wenigen Mona-ten amtierenden Präsidenten George W. Bush, dem Sohn seines Vorvorgängers. Bush unterstrich gleichwohl den Selbstbehauptungswillen und die Entschlossen-heit seines Landes, die Urheber der Anschläge ausfindig zu machen und sie zu be-strafen, aber auch all diejenigen Staaten zur Rechenschaft zu ziehen, welche die Terroristen unterstützten, indem sie ihnen Unterschlupf gewährten. In den Augen ihres Präsidenten befanden sich die USA im Krieg, eine Sichtweise, welche die überwältigende Mehrheit der Amerkaner, die sich an Pearl Harbor 1941 erinnert fühlten, teilte. Die Nation rückte zusammen, und auch die internationale Staaten-gemeinschaft trat an die Seite der USA. Regierungen aus aller Welt versicherten Washington ihre Unterstützung im Kampf gegen den Terrorismus. Der Sicher-heitsrat der Vereinten Nationen stellte am 12. September in einer Resolution, die auch von China und Russland mitgetragen wurde, eine Bedrohung des Weltfrie-dens und der internationalen Sicherheit fest. Die NATO erklärte am selben Tag – und zum ersten Mal in ihrer Geschichte – den Bündnisfall. Der Angriff auf die Ver-einigten Staaten wurde als Angriff auf das Nordatlantische Bündnis insgesamt bewertet. Das implizierte militärische Reaktionen, die nicht lange auf sich warten ließen.

Die UNO-Resolution und der Beschluss der NATO verliehen der amerikani-schen Militäraktion gegen das Taliban-Regime in Afghanistan, wo man Bin Laden und die al-Qaida-Zentrale vermutete, eine politische und völkerrechtliche Legiti-mation. Den Krieg in Afghanistan führten die USA jedoch nicht im Auftrag der Vereinten Nationen oder der NATO, sondern aus eigenem Entschluss. Unterstüt-zungsleistungen von Verbündeten wurden bilateral ausgehandelt. Der Terroran-griff des 11. September verstärkte insofern den amerikanischen Unilateralismus in der Weltpolitik. Die USA suchten sich zwar multilateral – über die UNO und die NATO – rückzuversichern, ihre Handlungsautonomie ließen sie sich aber nicht nehmen. Das führte zu wachsenden Spannungen im transatlantischen und im bi-lateral deutsch-amerikanischen Verhältnis, denn nicht alle europäischen Staaten waren wie Großbritannien bereit, die amerikanische Politik bedingungslos mitzu-tragen. Frankreich und immer stärker auch Deutschland betrachteten sich nicht als Erfüllungsgehilfen der USA, sondern orientierten ihre Politik an eigenen natio-nalen Interessen und forderten, in die amerikanischen Entscheidungsprozesse ein-bezogen zu werden. Dazu aber waren die USA, die einzig verbliebene Supermacht nach dem Ende des Ost-West-Konflikts, die Hypermacht, wie es immer häufiger hieß, nicht bereit.[2]

Diese Entwicklung hatte sich bereits während der Präsidentschaft Bill Clintons (1993 – 2001) abgezeichnet, verstärkte sich aber nach dem Amtsantritt von George W. Bush und insbesondere nach dem 11. September. Dahinter stand eine Ideologi-sierung der amerikanischen Politik im Zeichen des Neokonservatismus. Außen-politisch bedeutete das vor allem eine nationalstaatliche, militärisch abgestützte Machtpolitik. Es ging dabei nicht um einen neuen Isolationismus, sondern um einen Internationalismus der Stärke. Nach dem Sieg der USA im Kalten Krieg seien Frieden und wirtschaftliche Prosperität in der Welt nur dann gewährleistet, so meinte die neue Regierung, wenn Amerika seine weltweite Vormachtstellung und die auf ihr beruhende unipolare Weltordnung erfolgreich verteidige. Darüber hinaus seien die USA als Träger des demokratischen Gedankengutes in einzigartiger Weise dazu bestimmt, die liberaldemokratische Staatsform in aller Welt zu verbreiten und zu schützen. Militärische Stärke und moralische Unbedingtheit gingen im neokonservativen Denken, das im evangelikalen Fundamentalismus in den USA eine Massenbasis fand, eine enge Verbindung ein.[3] Mehr noch als Präsident Bush selbst standen wichtige Exponenten seiner Außen- und Sicherheitspolitik, unter ihnen Vizepräsident Richard Cheney, Verteidigungsminister Donald Rumsfeld sowie die Sicherheitsberaterin und spätere Außenministerin Condoleezza Rice, für diesen außenpolitischen Kurs.

In der Bundesrepublik versicherte Bundeskanzler Gerhard Schröder noch am Abend des 11. September den USA die »uneingeschränkte Solidarität« Deutschlands. Er sagte den Vereinigten Staaten nicht nur unmittelbare Hilfsleistungen zu, sondern erklärte auch die Bereitschaft der Bundesrepublik, den USA militärisch im Kampf gegen die Urheber des Terrors beizustehen. Im Bundestag sprach der Kanzler einen Tag später von einer »Kriegserklärung gegen die zivilisierte Welt«, eine Formulierung, die sich bewusst vom »Kampf der Kulturen« abhob.[4] Der Bellizismus der politischen Rhetorik wurde in den folgenden Monaten wieder zurückgenommen, man sprach nicht vom »Krieg gegen den Terror« wie in den USA, sondern vom »Kampf gegen den Terror«. Für die Militarisierung der deutschen Außenpolitik, die mit den Jugoslawien-Konflikten der 1990er Jahre eingesetzt hatte, stellten die Terroranschläge von 2001 einen wichtigen Meilenstein dar. Von Scheckbuch-Diplomatie war nicht mehr die Rede. Der Bundeskanzler lehnte einen »Ablasshandel« strikt ab. Bereits wenige Tage nach den Terroranschlägen übernahm die Bundeswehr Aufgaben zur Sicherung amerikanischer Einrichtungen in Deutschland, beteiligte sich an der Überwachung des amerikanischen Luftraums und an einem seegestützten Einsatzverband der NATO im östlichen Mittelmeer. Als am 7. Oktober 2001 die USA und Großbritannien mit der Operation »Enduring Freedom« die Luftangriffe auf Afghanistan aufnahmen, war es nur noch eine Frage der Zeit, bis die Bundesrepublik mit der Forderung konfrontiert sein würde, sich an den militärischen Operationen zu beteiligen.

Im Parlament erteilte Bundeskanzler Schröder einer Beschränkung auf lediglich »sekundäre Hilfeleistungen« eine klare Absage: »Nach dem Ende des Kalten Krieges, der Wiederherstellung der staatlichen Einheit Deutschlands und der Wiedererlangung unserer vollen Souveränität haben wir uns in einer neuen Weise der internationalen Verantwortung zu stellen, die unserer Rolle als wichtiger europäischer und transatlantischer Partner, aber auch als starker Demokratie und starker

Volkswirtschaft im Herzen Europas entspricht.«[5] Obwohl der grüne Koalitionspartner schon bald nicht mehr von »uneingeschränkter«, sondern von »kritischer
Solidarität« mit den USA sprach und sich skeptische Stimmen zur Bündnispolitik
des Bundeskanzlers mehrten, setzte sich Schröder mit seiner Position innerhalb
der Regierung durch. Als die USA die Bundesrepublik um Entsendung von 3900
Soldaten für den Antiterrorkrieg baten, brachte die Bundesregierung einen entsprechenden Antrag im Bundestag ein. Es ging vor allem um die Bereitstellung
von Marineeinheiten, aber auch um ABC-Abwehrkräfte, Lufttransporteinheiten,
Sanitäter, Logistiktruppen und Spezialkräfte.

Im Bundestag schien eine Mehrheit gesichert, weil Union und FDP Schröders
Politik unterstützten. Als aber nicht nur grüne, sondern auch etliche sozialdemokratische Abgeordnete signalisierten, dem Antrag die Zustimmung verweigern zu
wollen, stand die Regierungskoalition auf dem Spiel, denn es schien alles andere als
sicher, dass sie noch über eine eigene Mehrheit verfügte. In dieser Situation entschloss sich der Bundeskanzler, die Abstimmung mit der Vertrauensfrage zu verbinden. Das Interesse der sozialdemokratischen und der grünen Abgeordneten am
Fortbestand der rot-grünen Koalition wirkte disziplinierend, so dass der Bundestag am 16. November 2001 mit knapper Mehrheit, die nur zwei Stimmen über der
Kanzlermehrheit lag, dem Bundeskanzler das Vertrauen aussprach und zugleich
der Entsendung von Bundeswehrsoldaten im Rahmen der Operation »Enduring
Freedom« zustimmte.

Die Bundesrepublik übernahm militärisch, politisch und diplomatisch international mehr Verantwortung. Als nach dem rasch absehbaren Ende des Afghanis-
tankrieges die Zukunft des von rivalisierenden Stämmen und Militärclans beherrschten Landes auf die Tagesordnung kam, ergriff die Bundesregierung die
Initiative und lud zu einer internationalen Afghanistan-Konferenz auf den Petersberg bei Bonn ein. Dort trafen sich im November und Dezember 2001 Vertreter der
internationalen Staatengemeinschaft sowie Repräsentanten der afghanischen Bevölkerungsgruppen, um über die künftige Entwicklung am Hindukusch zu beraten. Der Wiederaufbau in einer durch Krieg und Taliban-Herrschaft zerstörten Region, die Errichtung politischer Institutionen in einem Land, dessen Staatlichkeit
im Grunde nicht mehr existierte, musste – darüber bestand auf dem Petersberg
Einigkeit – durch eine UNO-Friedenstruppe abgesichert werden. Die Bundesregierung ließ keinen Zweifel, dass sie sich mit Bundeswehrkontingenten an dieser Frie-
denstruppe (ISAF) beteiligen würde. Selbst die Grünen stimmten der Entsendung
von 1200 deutschen Soldaten zu, die in der afghanischen Hauptstadt Kabul sowie
im Norden des Landes stationiert wurden. Im Laufe der Jahre erhöhte sich die An-

zahl der in Afghanistan stationierten deutschen Soldaten auf über 3000. Die deutsche Sicherheit wurde nun »nicht nur, aber auch am Hindukusch verteidigt«, betonte Verteidigungsminister Peter Struck (SPD) 2004 vor dem Bundestag in einer Wendung, die mittlerweile zum geflügelten Wort geworden ist.

Die Bundeswehr ist zu einer weltweit einsetzbaren und eingesetzten Armee geworden. In ihren Strukturen versucht sie sich den veränderten Anforderungen anzupassen, die sich von den Mustern aus den Jahrzehnten des Ost-West-Konflikts meilenweit entfernt haben. In einem Weißbuch zur Sicherheitspolitik Deutschlands und zur Zukunft der Bundeswehr aus dem Jahr 2006 sind Struktur- und Aufgabenwandel der Bundeswehr seit Ende des Ost-West-Konflikts zusammengefasst und Perspektiven für die Zukunft aufgezeigt. Zur Ortsbestimmung der Bundeswehr in der deutschen Sicherheitspolitik heißt es dort: »Nicht in erster Linie militärische, sondern gesellschaftliche, ökonomische, ökologische und kulturelle Bedingungen ... bestimmen die künftige sicherheitspolitische Entwicklung«. Und weiter: »Sicherheit kann weder rein national noch allein durch Streitkräfte gewährleistet werden. Erforderlich ist vielmehr ein umfassender Ansatz, der nur in vernetzten sicherheitspolitischen Strukturen sowie im Bewusstsein eines umfassenden gesamtstaatlichen und globalen Sicherheitsverständnisses zu entwickeln ist.«[6] In solchen Formulierungen spiegeln sich die grundlegenden nationalen und internationalen Wandlungsprozesse seit 1990, aber auch der schon seit den späten 1970er Jahren wahrnehmbare Bedeutungsgewinn der Sicherheit als Wert an sich. Sicherheit bedeutet und umfasst mittlerweile weit mehr als die 1974 von Bundeskanzler Helmut Schmidt postulierten klassischen Schutz- und Sicherheitsfunktionen des Staates.[7]

Für die Bundeswehr war die Umstellung auf ein neues Anforderungsprofil und eine daraus resultierende neue Streitkräftestruktur eine organisatorische und finanzielle Herausforderung. Ganz anders als noch in den Jahren des Kalten Krieges riskieren deutsche Soldaten bei ihren Einsätzen in den Krisenregionen der Welt ihr Leben, und dies nicht nur bei Kampfoperationen. Über 100 Bundeswehrsoldaten sind seit 1990 bei Einsätzen im Ausland ums Leben gekommen, die meisten in Afghanistan. Im Herbst 2008 sprach Verteidigungsminister Jung erstmals von »gefallenen« Soldaten, ein Wort, das die Bundeswehr und die deutsche Politik bis dahin strikt vermieden hatten, weil es Kriegsassoziationen wachrief. An die gefallenen deutschen Soldaten und andere Bundeswehrangehörige, die in Ausübung ihres Dienstes seit 1956 ihr Leben verloren haben, wird in Berlin künftig ein Ehrenmal der Bundeswehr erinnern.

Durch die Militarisierung der Außenpolitik seit 1990 ist die Bundeswehr mehr in die Mitte der Gesellschaft gerückt. Ein Bundeswehr-Ehrenmal wäre vor 1990 undenkbar gewesen. Ähnliches gilt für das 2008 gestiftete Ehrenkreuz der Bundeswehr für Tapferkeit. Dass die Errichtung des Ehrenmals und die Stiftung des Tapferkeitsordens keine größere gesellschaftliche Diskussion auslösten, zeigt, dass mehr als sechs Jahrzehnte nach dem Zweiten Weltkrieg und mehr als ein halbes Jahrhundert nach Gründung der Bundeswehr ein breiter gesellschaftlicher Konsens in Bezug auf die Streitkräfte der Bundesrepublik herrscht. Die lange Zeit hoch sensible Frage der militärischen Traditionsbildung hat an Brisanz verloren. Die über 50 Jahre alte Bundeswehr hat mittlerweile aus sich heraus eine Tradition entwickelt, zu der sie sich selbstbewusst stellen kann. Der Anschluss an Wehrmachttraditionen oder ältere deutsche Militärtraditionen ist daher nicht nur unangemessen, sondern gar nicht notwendig.[8]

Auch wenn sich die Bundesrepublik nicht mit größeren Kampftruppenkontingenten an der amerikanischen Antiterror-Kriegführung in Afghanistan beteiligte, bestand im Hinblick auf den Kampf gegen den Terrorismus in Afghanistan grundsätzlich Einigkeit zwischen Deutschland und den USA. Ganz anders stellte sich die Situation dar, als sich die USA entschlossen, militärisch gegen das Regime des Diktators Saddam Hussein im Irak vorzugehen. In Washington bedauerte man immer mehr, die menschenverachtende Herrschaft Saddams nicht schon im Golfkrieg 1991 beendet zu haben. Mit brutaler Gewalt ging der Diktator weiterhin gegen oppositionelle Bevölkerungsteile im Irak, vor allem Kurden und Schiiten, vor, gegen die ihm nach 1991 auferlegten Kontrollen verstieß das Regime ein ums andere Mal, und schließlich befürchtete man, dass der Irak Massenvernichtungswaffen produzieren und gegen Israel einsetzen könnte. Dass der Irak UN-Kontrolleure, welche die Einhaltung der Abrüstungsbestimmungen von 1991 überwachen sollten, des Landes verwies, bestätigte den Washingtoner Verdacht. Um den geplanten Krieg in der Öffentlichkeit legitimieren zu können, machte man den Irak zum »Schurkenstaat« in einer »Achse des Bösen« und unterstellte ihm, den gegen die USA gerichteten Terrorismus von al-Qaida zu unterstützen. Im Sommer 2002 rief Präsident Bush unverhohlen zum Kampf gegen Terroristen und Tyrannen auf, wenige Tage vor dem amerikanischen Einmarsch im Irak bezeichnete er Saddam Hussein als »unmittelbare Gefahr für das amerikanische Volk«.[9]

Ein deutscher Weg

In der Bundesrepublik war im Sommer 2002 Wahlkampf. In der Union hatte sich der bayerische Ministerpräsident und CSU-Vorsitzende Edmund Stoiber als Kanzlerkandidat gegen die CDU-Vorsitzende Angela Merkel durchsetzen können. Die Chancen der Union, zusammen mit der FDP die rot-grüne Koalition abzulösen, standen nicht schlecht. In Landtagswahlen hatte die CDU gut abgeschnitten. Der Regierung in Berlin schien der Elan ihrer Anfangsjahre abhandengekommen zu sein. Die Regierungsmannschaft bröckelte. Nur wenige Wochen vor dem Wahltermin entließ der Bundeskanzler seinen Verteidigungsminister Rudolf Scharping, der mit einer neuerlichen Affäre – diesmal ging es um undurchsichtige Finanzgeschäfte mit einem PR-Berater – nicht nur sein eigenes, ohnehin schon angeschlagenes Image beschädigt hatte, sondern auch das der Regierung insgesamt. Außen- und sicherheitspolitisch schmolz der Bestand an Gemeinsamkeiten von Rot und Grün. Resignation machte sich breit, Wechselstimmung kam auf.

Dass es der Regierungskoalition und insbesondere dem Bundeskanzler gelang, das Ruder herumzuwerfen, lag nur zum Teil am Hochwasser der Elbe, das dem Kanzler die Chance bot, sich als dynamischer und entscheidungsstarker Krisenmanager medienträchtig in Szene zu setzen. Gerade in Ostdeutschland konnte Schröder damit punkten. Für den Wahlausgang, aber vor allem langfristig wichtiger als der Einsatz an der Elbe war Schröders Entschluss, den amerikanischen Kriegskurs gegen den Irak zum Wahlkampfthema zu machen und sich – trotz des Bekenntnisses zur »uneingeschränkten Solidarität« mit den USA nach dem 11. September 2001 – von der amerikanischen Politik abzusetzen. Zum Wahlkampfauftakt in Hannover am 5. August 2002 erteilte der Bundeskanzler »Spielereien mit Krieg und militärischer Intervention« eine entschiedene Absage. Schröder sprach von einem »deutschen Weg«, den es zu beschreiten beziehungsweise fortzusetzen gelte. Das bezog sich nicht nur auf die Außenpolitik, obwohl diese nun ins Zentrum des Wahlkampfs rückte. Der Bundeskanzler plädierte auch wirtschafts-, sozial- und bildungspolitisch für einen sozialdemokratisch ausgerichteten »deutschen Weg« und für Distanz zu den USA.

Schröders Kalkül war leicht auszumachen. Der Rekurs auf einen nationalistisch eingefärbten Antiamerikanismus stieß in West- wie Ostdeutschland auf große Resonanz, zumal er sich mit der Globalisierungskritik und der Abgrenzung vom amerikanischen Neoliberalismus verband. An gesellschaftlich breit verankerte Traditionslinien des Antiamerikanismus konnte man sowohl in Westdeutschland anschließen, wo sich an die Friedensbewegung der 1980er Jahre anknüpfen ließ, als auch in Ostdeutschland, wo über vier Jahrzehnte antiamerikanischer Indoktrination ihre Spuren hinterlassen hatten. Zugleich grub die SPD damit dem Wahlkampf der PDS das Wasser ab, die bis dahin die Amerikakritik als Wahlkampfthema geradezu monopolisiert hatte und damit rechnen durfte, insbesondere von ostdeutschen Wählern dafür belohnt zu werden. Der Bundeskanzler beschwor durch seine populistische Wahlkampfführung zweifellos eine tiefe Krise im deutsch-amerikanischen Verhältnis herauf, doch die Kampagne von Rot-Grün erhielt durch diese Kurswende einen Auftrieb, den ihr wenige Wochen zuvor niemand zugetraut hätte. Am Ende blieb Union und FDP der schon sicher geglaubte Sieg versagt. SPD und Grüne gewannen die Wahl am 22. September 2002, wenn auch nur äußerst knapp, und waren erneut in der Lage, eine Regierung zu bilden.

Im Nachhinein scheint die deutsche Weigerung, an einem amerikanisch geführten Krieg gegen den Irak teilzunehmen, weitsichtig und – im Hinblick auf die letztlich nicht erwiesenen Kriegsgründe, nämlich Herstellung von Massenvernichtungswaffen und Unterstützung des al-Qaida-Terrorismus – in der Sache gerechtfertigt. Dass die Regierung Schröder/Fischer vor allem aus wahltaktischen Überlegungen auf Distanz zu den USA ging, dass sie sich nicht gerade diplomatisch mit den Amerikagegnern Frankreich und Russland solidarisierte, die ganz eigene Interessen verfolgten, und dass sie schließlich eine eng an nationalen Interessen ausgerichtete, weithin unilaterale Machtpolitik betrieb, stellte jedoch einen substantiellen Bruch mit den Traditionen bundesrepublikanischer Außenpolitik dar. Man hatte sich damit zumindest temporär von der machtpolitischen Zurückhaltung und dem prinzipiellen Multilateralismus der vier Jahrzehnte vor 1990 verabschiedet und auch von jenen Ansätzen, die sich nach 1990 langsam herausgebildet hatten. Der deutschen Außenpolitik nach 1990 waren machtpolitische Selbstbehauptung und die Verfolgung nationaler Interessen nicht fremd, ihr fehlte bis 2002 aber das nationale Prestigedenken, ein machtstrategisches Kalkül und ein auf die Maximierung des eigenen Vorteils gerichteter Unilateralismus.[10]

Die Irakkrise wirft ein helles Licht auf die deutsche Außenpolitik. Die rotgrüne Regierung schloss eine Beteiligung an einer Militäroperation gegen den Irak selbst für den Fall aus, dass der Sicherheitsrat der Vereinten Nationen eine solche Maßnahme autorisieren würde. Das Ziel deutscher Politik war also nicht mehr die Stärkung der UNO und die Einbindung der Bundesrepublik in den Multilateralismus der internationalen Staatengemeinschaft, sondern ein bis dahin unbekanntes Streben nach Machtbildung gegen die USA, also der »unilateralistische Sündenfall«.[11] Daran änderte auch die Tatsache nichts, dass die Bundesrepublik die USA im Krieg gegen den Irak, nachdem dieser am 20. März 2003 begonnen hatte, zwar nicht militärisch, aber doch geheimdienstlich unterstützte und der amerikanischen Führung unter anderem wichtige Zielinformationen für ihre Bombardements der irakischen Hauptstadt Bagdad lieferte. Noch Jahre später stand deshalb der damalige Chef des Kanzleramts und Geheimdienstbeauftragte der Bundesregierung Frank-Walter Steinmeier im Kreuzfeuer der Kritik.

Dass bei einer solchen Irakpolitik der Versuch der Bundesregierung, einen ständigen Sitz im UN-Sicherheitsrat zu erhalten, nicht von Erfolg gekrönt war, kann kaum überraschen. Das Bemühen scheiterte vor allen an der amerikanischen Regierung, die zum entschiedenen Gegner eines deutschen Ratssitzes geworden war. Die Opposition der Regierung Bush zeigte, wie tief der Riss im deutsch-amerikanischen Verhältnis war. Isolierung war die Kehrseite beziehungsweise das Risiko des Unilateralismus. Viel mehr Beachtung verdient indes, dass sich in der deutschen UN-Politik eine außenpolitische Neuorientierung der Bundesregierung offenbarte. Indem Berlin planvoll einen Sicherheitsratssitz zu erringen suchte, brüskierte es nämlich nicht nur Italien, das machtpolitisch gleichsam in eine andere Klasse verwiesen wurde, sondern verabschiedete sich auch von der seit dem deutschen Beitritt zur UNO stets europäisch abgestimmten UN-Politik. Der Schulterschluss mit Russland unter der autoritären, allenfalls halbdemokratischen Präsidentschaft von Wladimir Putin, der 2000 Boris Jelzin als Präsident abgelöst hatte, fügt sich ebenfalls in dieses Bild. Die deutsch-russische Übereinstimmung in der Kritik am amerikanischen Krieg im Irak bildete nur den Auftakt für einen intensiven Bilateralismus, der in der »Männerfreundschaft« von Schröder und dem nach Meinung des Kanzlers »lupenreinen Demokraten« Putin Ausdruck fand.

Wenige Tage vor dem Ende seiner Kanzlerschaft und mitten im Bundestagswahlkampf unterzeichneten Schröder und Putin am 8. September 2005 einen Vertrag über den Bau einer Erdgaspipeline von Russland durch die Ostsee direkt nach Deutschland. Das Projekt, das mit den Ostseeanrainerstaaten in Ostmitteleuropa, insbesondere Polen und den baltischen Staaten, nicht abgestimmt war, wurde sogleich scharf attackiert. In Polen war von einem »Schröder-Putin-Pakt« die Rede (in Anspielung auf den Hitler-Stalin-Pakt von 1939), aber auch von einem »neuen Rapallo«. Die deutsch-polnischen Beziehungen, ohnehin immer wieder schweren Belastungen und Spannungen ausgesetzt, gerieten in eine tiefe Krise. Dass sich Polen noch stärker auf Amerika orientierte, indem es beispielsweise der auch gegen Russland gerichteten Stationierung eines amerikanischen Raketenabwehrsystems auf polnischem Territorium zustimmte, ist kaum verwunderlich. Die ostmitteleuropäischen Staaten wollten wenige Jahre nach Ende der sowjetischen Herrschaft keinesfalls erneut in den Orbit russischer Großmachtpolitik geraten, jedem von ihnen, von der Tschechischen Republik bis zu den baltischen Staaten, war daran gelegen, nicht politisch zwischen Russland und Deutschland zerdrückt zu werden.

Im neuen Europa

Die Spannungen, die Deutschland augelöst hatte, wirkten auch in die Europäische Union hinein. Polnische Vorbehalte gegen Deutschland erschwerten die komplizierten Verhandlungen über eine institutionelle Reform der EU zusätzlich. Eine zugegebenermaßen extrem nationalistische und deutschfeindliche Warschauer Regierung scheute nicht davor zurück, Polens Rolle als Opfer Deutschlands im Zweiten Weltkrieg politisch zu instrumentalisieren. Diese polnische Position war letztlich aber auch das Ergebnis einer deutschen Politik, die entgegen ihren nach 1990 entwickelten Ansprüchen den Beziehungen zu den Staaten Ostmitteleuropas und insbesondere zu Polen mitunter allenfalls sekundäre Bedeutung einräumte. Gerhard Schröders Politik im Zusammenhang mit der deutsch-russischen Erdgaspipeline schien zudem anrüchig, als der ehemalige Bundeskanzler wenige Wochen nach dem Ende seiner Kanzlerschaft den Posten des Aufsichtsratschefs der für den Pipelinebau zuständigen Betreibergesellschaft übernahm, einem Tochterunternehmen des staatlich-russischen Energiekonzerns Gazprom. Dem Altkanzler trug das den Vorwurf ein, sich in dem Wissen um den späteren Aufsichtsratsposten als Regierungschef für das Pipelineprojekt eingesetzt und sich überdies zum Lobbyisten der russischen Gasindustrie gemacht zu haben.

Das umstrittene Pipelineprojekt bestätigt den Bedeutungsgewinn von Energiefragen in der internationalen Politik und damit auch für die deutsche Außenpolitik. Schon in den 1970er Jahren war die Abhängigkeit der Bundesrepublik von Öllieferungen vor allem aus der arabischen Welt sichtbar geworden, und diese Energieabhängigkeit des Industriestaates Bundesrepublik hat sich seither nicht vermindert. Verlässliche Energielieferungen, insbesondere die Versorgung mit Öl und Gas avancierten damit zu einem vorrangigen Ziel der Außenpolitik. Die in den letzten Jahren immer wieder aufbrechenden Konflikte zwischen Russland und der Ukraine über Energielieferungen sind ein Beispiel für die wachsende politische Bedeutung der Energiesicherheit. Von diesen Konflikten sind auch die Bundesrepublik und andere Staaten betroffen, weil die großen Erdgasleitungen aus Russland durch die Ukraine führen. Der Bedarf an fremder Energiezufuhr macht wirtschaftlich abhängig und politisch erpressbar. Nicht nur ein Energielieferant wie

Russland ist in der Lage, von einem Tag auf den anderen den Erdgashahn zuzu-drehen, auch alle Transitstaaten, durch deren Territorium die Öl- und Gaspipe-lines verlaufen, können der Bundesrepublik und anderen Ländern die Energiever-sorgung kappen. Es ist nicht nur ein politischer Reflex, dass in energiepolitischen Krisensituationen wie zuletzt im Januar 2009 in der Bundesrepublik, die 1999 den Ausstieg aus der Kernenergie beschlossen hatte, Rufe nach einer Wiederbelebung der atomaren Energiegewinnung laut werden. Diese Bestrebungen nehmen zu, da die Nutzung fossiler Energieträger sich auf das globale Klima verheerend auswirkt und zu alarmierenden Klimaprognosen geführt hat.

Wenn es um Energie geht, verbinden sich außenpolitische, wirtschaftliche und gesellschaftliche Entwicklungen auf das Engste. Dasselbe gilt für die in Deutsch-land und Europa höchst umstrittene Frage einer EU-Mitgliedschaft der Türkei. Bereits 1963 hatte die EWG mit der Türkei ein Assoziierungsabkommen abge-schlossen, das eine Beitrittsperspektive enthielt. Im Zuge der Erweiterungen nach 1990 rückte die Frage eines türkischen EU-Beitritts wieder auf die Tagesordnung. 1999 räumte der Europäische Rat der Türkei den formellen Status eines Beitritts-kandidaten ein, aber erst sechs Jahre später, 2005, nahm man offizielle Verhandlun-gen auf. Zu den Beitrittskriterien gehören auf politischer Ebene die Existenz einer demokratischen und rechtsstaatlichen Ordnung, institutionelle Stabilität, die Wah-rung der Menschenrechte und der Schutz von Minderheiten, auf wirtschaftlicher Ebene eine stabile marktwirtschaftliche Ordnung, die dem europäischen Wett-bewerbsdruck standhält, sowie der Nachweis, dass das über viele Jahrzehnte ent-wickelte, umfangreiche europäische Gemeinschaftsrecht in die nationale Rechts-ordnung übernommen werden kann.

Die Beitrittskriterien haben sowohl in den politischen Verhandlungen auf europäischer Ebene als auch in den einzelnen europäischen Gesellschaften heftige Kontroversen ausgelöst.[12] Für nicht wenige Kommentatoren ist die türkische EU-Mitgliedschaft eine Schicksalsfrage Europas. Der Historiker Hans-Ulrich Wehler, in Deutschland einer der wortgewaltigsten Beitrittsgegner, sieht in einem türki-schen Beitritt »das riskanteste Unternehmen in der Geschichte der europäischen Einigung, das die gesamte EU in einen Abwärtsstrudel reißen könnte«.[13] Kritiker des Beitritts sprechen der Türkei ihren europäischen Charakter, ihre historische und kulturelle Zugehörigkeit zu Europa als einem durch das Erbe der griechisch-römischen Antike und jüdisch-christliche Traditionen bestimmten Kulturkreis ab. Einer islamischen Gesellschaft, selbst in so säkularer Gestalt wie in der Türkei, fehle die historische Erfahrung der Aufklärung, welche die christlich-abendländi-schen Staaten miteinander verbinde. Aus solchen historischen Wurzeln ergäben sich Demokratiedefizite, ein mangelnder Respekt der Menschenrechte, der sich nicht zuletzt im Umgang des türkischen Staates mit der kurdischen Minderheit niederschlage. Andere führen die Tatsache ins Feld, dass der Staat am Bosporus schon bald das bevölkerungsreichste Land der EU sein wird. Die enormen finanziellen Lasten durch den Beitritt dieses Landes würden Europa ruinieren.

Befürworter des Beitritts verweisen dagegen auf die sich bereits demokratiefördernd auswirkende Beitrittsperspektive, eine Beobachtung, die man auch schon bei anderen Staaten machen konnte. Ein EU-Beitritt werde verhindern, dass sich islamisch-fundamentalistische Kräfte in der Türkei durchsetzen. Die Modernisierung der Türkei, so betonte beispielsweise der deutsche Außenminister Joschka Fischer, liege im Interesse Europas, und sie könne durch Europa entscheidend vorangetrieben werden. Geostrategisch und sicherheitspolitisch ausgerichtet ist das Argument, dass die Türkei ein Scharnier zwischen Europa und Asien beziehungsweise dem Nahen und Mittleren Osten bilde, eine »Brücke zum Islam«. Überdies habe sich die Türkei als Mitglied der NATO seit vielen Jahrzehnten als verlässlicher Partner des Westens erwiesen, man könne das Land aber nicht als militärischen Bündnispartner anerkennen und ihm zugleich die politische Einbindung in die Institutionen des Westens verweigern. Primär innenpolitisch argumentierten diejenigen, die auf die Bedeutung eines türkischen EU-Beitritts für die in der Bundesrepublik lebenden Türken hinwiesen.

Die Beitrittsverhandlungen werden, sofern man sie nicht vorher abbricht oder für längere Zeit aussetzt, etwa 15 Jahre dauern. Nach deren Abschluss muss, darauf verständigten sich die europäischen Regierungen 2005, nicht nur geprüft werden, ob die Türkei die Beitrittskriterien erfüllt, sondern auch, ob die EU politisch und wirtschaftlich in der Lage ist, die Türkei aufzunehmen. Am Ende müssen alle EU-Staaten den Beitritt ratifizieren, wobei die Tatsache, dass in einigen Ländern die Bürger in Volksabstimmungen darüber entscheiden können, einen erheblichen Unsicherheitsfaktor darstellt. In der Bundesrepublik, wo eine solche Abstimmung nicht stattfinden kann, äußern sich in Umfragen regelmäßig rund 60 bis 70 Prozent der Bürger skeptisch zu einer türkischen EU-Mitgliedschaft. Der Ausgang ist also völlig offen. Unabhängig davon konfrontiert der türkische Beitritt die Mitgliedsstaaten der EU wie die Bürger der Türkei mit der bislang kaum umfassend diskutierten Frage nach der Identität Europas und nach den Wurzeln und Zielen der europäischen Integration. Eine Verständigung darüber ist durchaus wünschenswert. Immerhin trägt die Frage eines türkischen EU-Beitritts wie kaum ein anderes Thema zur Entstehung einer europäischen politischen Öffentlichkeit bei und wirkt in diesem Sinne europäisierend.

Eine europäische Macht mit globalen Interessen

Aus den Wahlen von 2005 gingen die beiden großen Volksparteien als Verlierer hervor. Mangels anderer Alternativen schlossen sie sich schließlich eher widerwillig zu einer Großen Koalition unter der Kanzlerschaft von Angela Merkel, der ersten Frau an der Spitze der Bundesrepublik, zusammen. Die Außenpolitik der Großen Koalition erscheint insgesamt weniger erratisch als die von Rot-Grün. Vor allem ist es der Regierung Merkel gelungen, die Irritationen im deutsch-amerikanischen Verhältnis abzubauen und das verloren gegangene Vertrauen wieder einigermaßen herzustellen. Von »partnership in leadership« sprach die Bundeskanzlerin bei ihrem ersten Besuch in den USA und griff damit eine Formulierung auf, die Präsident Bush senior 1989 bei einem Besuch in der Bundesrepublik geprägt hatte. Die Bundesregierung brachte damit nicht nur ihren globalen politischen Mitgestaltungsanspruch zum Ausdruck, sondern versuchte auch, die amerikanische Führung von ihrem unilateralistischen Kurs abzubringen und sich im Verbund mit Deutschland und anderen Staaten um die Lösung globaler Fragen in der Umwelt- und Klimapolitik, der internationalen Wirtschafts- und Finanzpolitik, bei der Bekämpfung der Terrorismus sowie im Umgang mit regionalen Krisenherden, zum Beispiel im Nahen Osten, zu bemühen.

Die Regierung Bush junior hat bis zum Ende ihrer Amtszeit nur wenig Bereitschaft erkennen lassen, ihre globale Politik stärker multilateral auszurichten. Daran ändern auch die Absichtserklärungen nichts, welche die Teilnehmer des G8-Gipfels im Ostseebad Heiligendamm, zu dem Angela Merkel 2007 einlud, abgaben. Gruppenfotos in Strandkörben ersetzen keine verbindlichen Konventionen, Lippenbekenntnisse nicht die bis heute fehlende Unterschrift der USA unter das Kyoto-Protokoll zum Klimaschutz. Umso größer sind die Hoffnungen und Erwartungen, die man überall in Europa und gerade in der Bundesrepublik dem neuen amerikanischen Präsidenten Barack Obama entgegenbringt, der nach einem klaren Wahlsieg am 20. Januar 2009 sein Amt antrat. Die europäischen Staaten werden freilich schon bald zur Kenntnis nehmen müssen, dass auch die Regierung Obama, allerdings wohl konzilianter im Ton, nationale amerikanische Interessen verfolgt, die mit den Interessen anderer Staaten nicht immer übereinstimmen. Die tiefe Krise, in welche die Weltwirtschaft sich seit Herbst 2008 hineinbewegt, nachdem sie die USA bereits mit voller Wucht erfasst hat, macht eine starke Orientierung Amerikas auf sich selbst eher wahrscheinlich.

Die Regierung der Großen Koalition weiß, dass sie allein weder in der transatlantischen Politik noch im Umgang mit Russland und den aufsteigenden Großmächten China und Indien viel bewirken kann. Umso mehr bemühte sie sich, den ins Stocken geratenen Prozess der europäischen Integration neu zu beleben und voranzubringen. Dazu gehörte wie stets die Pflege des engen Verhältnisses zu Frankreich, das unter der Regierung Schröder eine stark gegen die USA gerichtete Wendung erhalten hatte. Doch die Übernahme der französischen Präsidentschaft durch Nikolas Sarkozy im Mai 2007, dessen Europapolitik – wie die französische Ratspräsidentschaft 2008 zeigte – von einem deutlichen Dominanzanspruch charakterisiert ist, spricht dagegen, dass die deutsche Europapolitik allein auf den deutsch-französischen Motor setzen kann. Nach dem Scheitern des europäischen Verfassungsvertrags 2005 engagierte sich die Bundesregierung für eine Reform der EU-Verträge und rückte von dem ambitionierten Anspruch, eine europäische Verfassung zu installieren, ab. Doch auch der Lissabonner Vertrag von 2007 konnte nach dem Nein der irischen Bevölkerung nicht in Kraft treten.

In den Problemen der EU-Reform äußern sich unter anderem die Folgen der Erweiterung der EU seit 1990, der nach dem Beitritt Rumäniens und Bulgariens Anfang 2007 nunmehr 27 Mitgliedsstaaten angehören. Diese Erweiterung macht institutionelle und prozedurale Reformen dringend erforderlich, wenn die Handlungsfähigkeit der EU erhalten beziehungsweise wiederhergestellt werden soll, aber die große Mitgliederzahl und die je eigenen nationalen Interessen stellen ein gewaltiges Hindernis für solche Reformen dar. Darüber hinaus macht die Tendenz zur Renationalisierung, die nach 1990 insbesondere die Staaten im östlichen Europa erfasst hat, den Reformprozess nicht einfacher und schlägt zudem auf die westeuropäischen Mitgliedsstaaten und ihre Politik zurück. Das zweimalige Scheitern der Reformverträge offenbart ein erhebliches Legitimationsdefizit der EU. Zwar zielt die Reform nicht zuletzt auf die Beseitigung dieses Defizits, indem beispielsweise die Rechte des Europaparlaments gestärkt werden. Vorherrschend aber bleibt die Wahrnehmung, dass die europäischen Institutionen in Brüssel ohne hinreichende Legitimierung Regelungen treffen, die tief in die einzelnen Staaten hineinwirken.

In der Bundesrepublik geraten die mit der Erweiterung wachsenden finanziellen Transferleistungen nach Brüssel immer stärker in die Kritik, zumal bei deutlich schrumpfenden finanziellen Spielräumen des Staates nicht nur die finanziellen Lasten der deutschen Einheit zu schultern sind, sondern auch die im Zuge der Globalisierung wachsenden Belastungen der deutschen Wirtschaft.[14] Für die deutsche Europapolitik ergibt sich aus dieser Situation eine Doppelstrategie: Berlin muss zum einen nach Abschluss der EU-Erweiterung eine Politik der institutionellen Reform betreiben, die der EU neue Handlungsfähigkeit gibt und ihr vor allem demokratische Legitimität verleiht. Zum anderen aber wird die Bundesrepublik nicht umhinkommen, in verschiedenen Politikfeldern eine »punktuelle Zusammenarbeit von Handlungswilligen«[15] anzustreben und damit einen Mittelweg zu beschreiten zwischen nationalen Alleingängen und dem mühseligen, ja oft unmöglichen Versuch, die EU der 27 zum geschlossenen Handeln zu bringen.

Seit den Terroranschlägen von 2001 muss die Bundesrepublik mehr denn je globale Verantwortung übernehmen. Das kann im Alleingang nicht funktionieren, ein »deutscher Weg« ist im Zeitalter der Globalisierung, der politischen und ökonomischen Vernetzung ausgeschlossen, und daher bleiben Multilateralismus, Integration und Kooperation weiterhin oberste Leitprinzipien deutscher Außenpolitik. In der Welt des Ost-West-Konflikts bedeuteten diese Grundsätze jedoch etwas Anderes als unter den Bedingungen der sich seit 1990 herausbildenden neuen Weltordnung jenseits des Kalten Krieges. Das erfordert zum Teil beträchtliche Anpassungsleistungen und betrifft das deutsch-amerikanische Verhältnis ebenso wie die europäische Integration, es betrifft die militärische Dimension von Außenpolitik sowie die politische Bedeutung der Volksrepublik China und Indiens.

Wer meint, Deutschland könne und müsse unter diesen sich wandelnden Bedingungen eine stärker an nationalen Interessen ausgerichtete Außenpolitik betreiben, der verkennt, dass die Außenpolitik der »alten« Bundesrepublik von Anbeginn an nationale Interessen verfolgte. Doch sie tat dies nicht mit dem Anspruch des autonomen nationalen Machtstaats in der Tradition des 19. Jahrhunderts, sondern multilateral, kooperativ und integriert. Die Bundesrepublik hat ihre nationalen Interessen so weit wie möglich mit denen anderer Staaten verflochten, aber aufgegeben hat sie sie nicht. Diese prinzipielle Orientierung deutscher Außenpolitik hat im beginnenden 21. Jahrhundert nicht an Gültigkeit verloren. Aber nationale Interessen können sich wandeln, die internationale Ordnung kann sich in dramatischer Weise verändern, wie es etwa seit 1989 geschah. Eine Außenpolitik zu entwickeln, die solchen Änderungen gerecht wird und zugleich den Werten von Freiheit und Demokratie der westlichen Welt, zu der die Bundesrepublik seit 1949 gehört, verpflichtet bleibt, stellt eine beständige Herausforderung dar. Nur wenn diese gegensätzlichen Anforderungen austariert werden, kann das Streben nach Sicherheit, das jede Außenpolitik bestimmt, auch in Zukunft erfolgreich sein.

Freiheit und Sicherheit

Die Politik der Bundesregierung wurde nach dem 11. September 2001 stärker als je zuvor in einem umfassenden Sinne Sicherheitspolitik. Das Thema Sicherheit rückte auf den Spitzenplatz der innen- und rechtspolitischen Agenda, Sicherheitsfragen beschäftigten die deutsche Gesellschaft in einer Weise, wie es seit dem »Deutschen Herbst« nicht mehr der Fall gewesen war. Die Terroranschläge von Madrid (2004) mit 191 Toten und London (2005) mit 52 Opfern machten klar, dass sich der islamistische Terrorismus nicht nur gegen die USA richtete, sondern gegen den Westen insgesamt, auch wenn die Terroristen mit Spanien und Großbritannien sehr bewusst zwei Länder als Anschlagsziele wählten, deren Regierungen die Politik der Regierung Bush und insbesondere den amerikanischen Krieg im Irak unterstützten. Überdies stellte sich kurz nach dem 11. September heraus, dass einige der al-Qaida-Terroristen als »Schläfer« über Jahre in Deutschland gelebt und von dort die Anschläge vorbereitet hatten. Zu ihnen gehörte Mohammed Atta, der bei der Planung und Ausführung der Attentate in den USA eine Schlüsselrolle spielte.

An Terrorismus und terroristische Anschläge war die Bundesrepublik seit den 1970er Jahren gewöhnt, und sie hatte seitdem ein breites und differenziertes Instrumentarium entwickelt, um Terroranschläge zu verhindern beziehungsweise Terroristen zu verfolgen. Der 11. September markierte jedoch den Umschwung von einem bislang vorwiegend binnenstaatlich zu einem transnational organisierten und international agierenden Terrorismus.[16] Die Bundesregierung blieb allerdings bei ihrer in den 1970er Jahren etablierten Interpretation, wonach Terrorismus einen kriminellen Akt und nicht, wie es die USA sahen, eine kriegerische Handlung darstelle. Dass der Bundeskanzler unmittelbar nach den Anschlägen von New York und Washington von einer »Kriegserklärung« sprach, war – völlig gerechtfertigte – politische Rhetorik, bedeutete aber kein Abrücken von der parteiübergreifend akzeptierten Terrorismusinterpretation.

Die neue Dimension des internationalen Terrorismus löste in der Bundesrepublik eine intensive Diskussion über den Einsatz der Bundeswehr im Innern aus, der bislang in Friedenszeiten auf den Katastrophenfall beschränkt war. Sollte die Bundeswehr angesichts der terroristischen Bedrohung Polizeiaufgaben übernehmen? Vor allem Politiker der Unionsparteien sprachen sich seit 2001 wiederholt dafür aus, unter ihnen Wolfgang Schäuble, seit 2005 Innenminister der Großen Koalition. Eine Grundgesetzänderung, die dafür notwendig wäre, scheint unmöglich, da SPD, Grüne, FDP und auch die PDS/Linkspartei diese strikt ablehnen. Doch die Auseinandersetzung zeigt, dass in der Sicherheitsdiskussion seit 2001 alte Gewissheiten und Übereinstimmungen zur Rolle des Militärs in der Bundesrepublik ins Wanken geraten sind und dass der Imperativ der »Sicherheit« Debatten auslösen kann, die in früheren Jahren und insbesondere in der »alten« Bundesrepublik tabu waren.

Auch andere Tabus wurden gebrochen. Das 2005 vom Bundestag verabschiedete Luftsicherheitsgesetz sollte den Abschuss entführter Flugzeuge durch die Luftwaffe rechtlich ermöglichen. Konnte der Staat den Tod von Menschen nicht nur billigend in Kauf nehmen, sondern anordnen, um eine andere Straftat, einen Terroranschlag, zu verhindern? Das Bundesverfassungsgericht erklärte die entsprechende Bestimmung des Gesetzes für unvereinbar mit dem Grundgesetz und sah darin eine schwere Verletzung der Menschenwürde. Sicherheit war für die Karlsruher Richter und die Gegner des Gesetzes kein Wert an sich. Doch die Diskussion offenbarte die rechtlich, politisch und moralisch entriegelnde Wirkung der terroristischen Bedrohung und des durch sie verstärkten Imperativs der Sicherheit.

Das Luftsicherheitsgesetz war eine vergleichsweise späte Folge des 11. September. Unmittelbar nach den Anschlägen brachte Bundesinnenminister Otto Schily in einem ersten »Anti-Terror-Paket« eine Reihe von gesetzlichen Maßnahmen auf den Weg, um die innere Sicherheit der Bundesrepublik im Zeichen des internationalen Terrorismus zu erhöhen. Zu dem Gesetzesbündel gehörte die Abschaffung des so genannten Religionsprivilegs im Vereinsrecht. Das zielte auf das Verbot von islamistisch-fundamentalistischen Organisationen, die als religiöse Vereinigungen auftraten und daher einen besonderen Schutz genossen. Ins Strafgesetzbuch aufgenommen wurde ferner die Unterstützung einer im Ausland aktiven terroristischen Vereinigung. Das zweite »Anti-Terror-Paket«, das wenige Wochen später geschnürt war, sollte die Befugnisse des Bundeskriminalamts erweitern, die Kompetenzen der Geheimdienste ausdehnen und den Datenaustausch zwischen den verschiedenen Sicherheitsbehörden erleichtern. In den Personalausweis sollten biometrische Daten der Bürger aufgenommen werden. Nicht zuletzt das löste heftigen Protest bis tief in die Reihen der rot-grünen Koalition hinein aus. Dahinter standen Befürchtungen, im Namen der Sicherheit könnten in der Verfassung verankerte Grund- und Freiheitsrechte verletzt werden.

Auf Widerspruch stießen auch Änderungsinitiativen des Innenministeriums zum Ausländerrecht, die beispielsweise das gerade erst von der Koalition ausgearbeitete Zuwanderungsgesetz wesentlich restriktiver machten als zunächst geplant. Befürworter des ursprünglich viel liberaleren Gesetzesentwurfs warnten, dass aus dem Zuwanderungsgesetz ein »Ausländerpolizeigesetz« werde.[17] Das

Gesetz konnte in der laufenden Legislaturperiode nicht mehr unter Dach und Fach gebracht werden, nach den Wahlen vom September 2002 geriet es dann in den Sog des Terroranschlags von Madrid und konnte erst im Juli 2004 endgültig beschlossen werden.

Jenseits der konkreten Maßnahmen, welche die Gesetzespakete des Innenministers vorsahen, beschäftigte die Öffentlichkeit das grundsätzliche Verhältnis von Freiheit und Sicherheit, die als widerstreitende Wertideen aufgefasst wurden. Ein Mehr an Sicherheit, so wurde argumentiert, werde zwangsläufig zu Lasten der Freiheit gehen; räume man aber der Freiheit den Primat ein, so werde sich die Unsicherheit erhöhen. Bei Lichte betrachtet stellt sich die Sache so einfach nicht dar, denn Freiheit bedarf auch der Sicherung, des Schutzes, und in einem Zustand tatsächlicher oder wahrgenommener Unsicherheit leidet die freie Entfaltung des Einzelnen. Daraus erwächst eine genuine Aufgabe des Staates, der einen Weg finden muss, wie der Staatsrechtler Josef Isensee vor fast 30 Jahren betonte, »zwischen der Scylla des Polizeistaats und der Charybdis des Permissivstaats, … um sein Ziel, die Sicherheit freier Bürger zu erreichen«.[18] Innenminister Schily, auf Grund seines Lebensweges gewiss kein natürlicher Anhänger konservativer Staatsrechtslehre und eines starken Staates, argumentierte ganz ähnlich, als er seine Gesetzesvorschläge verteidigte und dabei Wilhelm v. Humboldt zitierte: »›Ohne Sicherheit vermag der Mensch weder seine Kräfte auszubilden, noch die Frucht derselben zu genießen; denn ohne Sicherheit ist keine Freiheit.‹ Die ureigenste und vornehmste Aufgabe des Staates ist in der Tat, dafür zu sorgen, dass die Sicherheit der Bürger und der innere Frieden gewahrt werden.«[19]

Bereits in den 1990er Jahren hatten organisierte Kriminalität und Ausländerkriminalität, die man nicht zuletzt der Öffnung der Grenzen nach Osteuropa zuschrieb, Sexualkriminalität und Rechtsradikalismus eine breite öffentliche Debatte über die innere Sicherheit ausgelöst.[20] Schon in diesen Debatten ging es um eine mittlerweile technisch mögliche Erweiterung der Ermittlungsinstrumentarien: um die Verwendung und Verarbeitung von Daten mittels modernster EDV-Techniken, später auch um die kriminaltechnische Durchführung und Nutzung von DNA-Analysen, wobei sich beide Bereiche zunehmend miteinander verbanden. Eine Erweiterung erfuhr die polizeiliche Ermittlungsarbeit aber auch durch die Europäisierung. Je mehr Europa zusammenwuchs und die Binnengrenzen schwanden, desto wichtiger wurden konzertierte Maßnahmen zur Kriminalitätsbekämpfung und -prävention. Den Rahmen dafür bildete der Maastrichter Vertrag von 1992, nach dem der Europäischen Union ausdrücklich eine »dritte Säule« in der Zusammenarbeit von Justiz- und Innenpolitik zuwuchs. Die Gewährleistung innerer

Sicherheit war also nicht mehr auf den einzelnen Staat beschränkt. Wenn innere Sicherheit europäisiert wird, ist das ein Hinweis auf die wachsende Staatlichkeit der EU? Die Frage ist, ob überstaatliche, übernationale Akteure in der Lage sind, die klassische Schutz- und Sicherheitsfunktion des Staates in dem Maße effektiv zu übernehmen, in dem der Nationalstaat an Souveränität verliert beziehungsweise Souveränitätsrechte abtritt. Besteht hier nicht die Gefahr, dass sich Sicherheitslücken auftun oder sich Sicherheitsregime ohne demokratische Legitimation herausbilden?

Auf neoliberalem Kurs?

Zum zentralen Thema seiner zweiten Regierungsperiode erhob der wiedergewählte Bundeskanzler in der Regierungserklärung vom 29. Oktober 2002 wenig überraschend die Sicherheit. Seine Regierung verstehe, so Gerhard Schröder, »Sicherheit als ein elementares Bürgerrecht«, und der Kanzler machte sich dabei einen, wie er es nannte, »erweiterten Sicherheitsbegriff« zu eigen: »Dazu gehört die Sicherheit von Leib und Leben vor Krieg und Kriminalität, ... aber eben auch die materielle, soziale und kulturelle Sicherheit, eben zur Vergewisserung der eigenen Identität, und nicht zuletzt die Sicherheit des Rechts und die Absicherung gegen Krankheit und andere Lebensrisiken. ... Erst eine Gesellschaft, die in dieser Weise umfassend Sicherheit bereitstellen kann, ist fähig zu guter Nachbarschaft und zu friedlicher Zusammenarbeit nach außen, aber eben auch zu den notwendigen Veränderungsmaßnahmen nach innen.«[21] Das erinnerte in Sprache und Duktus an Willy Brandt. Hatte Brandt den Bürgern nicht auch Sicherheit versprochen, Sicherheit im Wandel? Der Unterschied war freilich, dass die westdeutsche Bevölkerung Ende der 1960er, Anfang der 1970er Jahre an die Sicherheit glauben wollte, die Sicherheit des Fortschritts vor allem. Nun aber, drei Jahrzehnte später, grassierte ein Gefühl der Unsicherheit, das der internationale Terrorismus zwar nicht geschaffen, wohl aber gesteigert hatte. Daraus vor allem erwuchs der politische Bedeutungsgewinn des Themas Sicherheit, den die Regierungserklärung vom Herbst 2002 erkennen lässt.

Die »notwendigen Veränderungsmaßnahmen nach innen«, von denen der Bundeskanzler sprach, verdichteten sich schon bald in der »Agenda 2010«, die Gerhard Schröder der Öffentlichkeit im März 2003 in einer Regierungserklärung präsentierte.[22] Die Agenda enthielt eine Vielzahl wirtschafts- und vor allem sozialpolitischer Reformvorhaben, durch die bis zum Ende des Jahrzehnts die Rahmenbedingungen für mehr Wirtschaftswachstum und in der Folge die Überwindung der Arbeitslosigkeit geschaffen werden sollten. Vorausgegangen war das Scheitern der Beratungen im Bündnis für Arbeit, das nach dem Regierungswechsel 1998 geschaffen worden war. In der Tradition der Konzertierten Aktion sollten dort Vertreter der Arbeitgeber, der Gewerkschaften und der Bundesregierung Maßnahmen zur Bekämpfung der Arbeitslosigkeit und zur Steigerung der Wettbewerbsfähigkeit deutscher Unternehmen entwickeln. Mit der Agenda 2010 rückte die Bundesregierung nun demonstrativ von diesem korporatistischen, ganz in der deutschen wirtschafts- und sozialpolitischen Tradition stehenden Ansatz ab. In der Überzeugung, dass die Reformmaßnahmen der Agenda auf den Widerstand insbesondere der Gewerkschaften treffen und damit von einem korporatistischen Gremium nicht vorangebracht werden könnten, riss die Bundesregierung das Heft des Handelns an sich. Womöglich hat sie den Abbruch der Beratungen im Bündnis für Arbeit sogar absichtsvoll herbeigeführt, um freie Bahn für einen neuen Politikansatz zu schaffen.[23]

Wesentliche Maßnahmen, die der Bundeskanzler im März 2003 auf die Reformagenda setzte, waren bereits geraume Zeit zuvor von Regierungskommissionen entwickelt worden. Schon vor der Bundestagswahl 2002 hatte die von dem Volkswagen-Vorstandsmitglied Peter Hartz geleitete – und daher »Hartz-Kommission« genannte – Kommission »Moderne Dienstleistungen am Arbeitsmarkt« ihre Ergebnisse präsentiert, und die Bundesregierung hatte die rasche Umsetzung der dort erarbeiteten Vorschläge angekündigt. Die von dem Wirtschaftswissenschaftler Bert Rürup geleitete – und daher »Rürup-Kommission« genannte – Kommission zur Reform der Altersversorgung und des Gesundheitswesens hatte ebenfalls schon im Herbst 2002 ihre Arbeit aufgenommen. Diese drei Bereiche – Arbeitsmarkt- und Beschäftigungspolitik, Rentenpolitik und Gesundheitspolitik – standen im Zentrum der Agenda 2010.[24]

Die Arbeitsmarkt- und Beschäftigungspolitik war von einer »Aktivierungsstrategie« geleitet. Der einzelne Arbeitnehmer sollte motiviert und zugleich in die Lage versetzt werden, sich auf dem Arbeitsmarkt zu behaupten und für sich selbst Arbeit zu finden, ja zu schaffen. Dahinter stand der Gedanke des »aktivierenden Staates«, ein Kernelement neoliberaler Wirtschafts- und Sozialpolitik. Diese Absicht kennzeichnet alle vier »Gesetze für moderne Dienstleistungen am Arbeitsmarkt« (Hartz I bis IV), welche die Bundesregierung 2003 beschloss und die in den Jahren danach sukzessive in Kraft traten. Arbeitsverwaltung und Arbeitsvermittlung wurden grundlegend neu organisiert. Aus der Bundesanstalt für Arbeit, einer Verwaltungsbehörde, sollte unter der Bezeichnung »Bundesagentur für Arbeit«

eine dienstleistungs- und serviceorientierte Einrichtung werden mit einem die gesamte Republik überziehenden Netz so genannter Personal-Service-Agenturen. Beschlossen wurden ferner Existenzgründungszuschüsse für Arbeitslose, die sich zur Aufnahme einer selbstständigen Tätigkeit entschlossen (Ich-AGs). Auch die Regelungen bezüglich geringfügiger Beschäftigungen (Mini-Jobs) wurden verändert, indem man beispielsweise durch Steuer- und Sozialabgabenfreiheit die Aufnahme solcher Beschäftigungen zu erleichtern versuchte.

Im Zentrum der Reformen – und einer noch immer andauernden Auseinandersetzung über die Agenda 2010 – stand Hartz IV. Mit diesem Gesetz wurden Arbeitslosenhilfe und Sozialhilfe zum »Arbeitslosengeld 2« zusammengelegt. Die Arbeitslosenhilfe, die sich bis dahin an der Höhe des ausgezahlten Arbeitslosengeldes orientierte (und dieses wiederum an dem letzten Arbeitseinkommen), wurde auf die niedrigeren Sätze der Sozialhilfe abgesenkt. Wie die frühere Sozialhilfe, eine Fürsorgeleistung, wird das »Arbeitslosengeld 2« nach Bedürftigkeit gewährt, es werden also Partnereinkommen und Vermögenswerte wie zum Beispiel Immobilienbesitz angerechnet. Ein Arbeitsloser, der unter Umständen über viele Jahre Beiträge zur Arbeitslosenversicherung abgeführt hat, erhält somit die gleiche Unterstützung wie ein Sozialhilfeberechtigter, der womöglich noch nie einen Sozialversicherungsbeitrag geleistet hat. An solchen Sachverhalten entzündete sich die massive Kritik, die der Hartz-IV-Reform aus dem Gewerkschaftslager, aus der PDS, aber immer mehr auch vom linken Flügel der SPD entgegenschlug.

Die Idee des »aktivierenden Sozialstaats« zeigte sich bei Hartz IV besonders deutlich. Der Grundgedanke von »Fördern und Fordern« wurde auf Sozialhilfe und Arbeitslosenversicherung übertragen. Das soziale Netz sollte so unbequem werden, dass es keine Anreize bot, seine Leistungen länger als nötig in Anspruch zu nehmen. Die Regierung versprach sich davon die finanzielle Entlastung der Sozialversicherung und einen gewissen Abbau der Arbeitslosigkeit. Zwar stieg die Zahl der Arbeitslosen nach 2003 zunächst noch einmal an und erreichte 2005 sogar einen Wert von weit über 4 Millionen. Danach sank sie jedoch spürbar und lag Ende 2008 bei etwa 3 Millionen. Diese Entwicklung verdankte sich auch der Konjunktur, doch ganz ohne Wirkung – beispielsweise bei Langzeitarbeitslosen – sind die Hartz-Reformen nicht geblieben.

Bei den Hartz-Gesetzen ließ es die rot-grüne Regierung nicht bewenden. Auch im Bereich der Rentenpolitik und des Gesundheitswesens signalisierte sie, dass das »Ende der Ausbaustrecke Sozialpolitik« (Manfred G. Schmidt) erreicht war. Konsequent setzte die Koalition ihre schon in der ersten Legislaturperiode begonnene einnahmenorientierte Alterssicherungspolitik fort. Das bedeutete, dass die Alterssicherungssysteme an ihre jeweilige Einnahmenbasis und damit an die konjunkturelle Entwicklung gekoppelt wurden und nicht umgekehrt, was bisher der Fall gewesen war, als man die Finanzierung des Systems den politischen Leistungsversprechen angepasst hatte.[25] Konkret bedeutete dies, dass die Rentenanpassung für 2004 entfiel und damit erstmals seit der Einführung der dynamischen Rente 1957 die Renten nominell nicht erhöht wurden, ja sogar sanken, da die Rentner von 2004 an den vollen Beitrag zur Pflegeversicherung leisten mussten. Schließlich verabschiedete die Regierung auch eine neue Rentenanpassungsformel, in der insbesondere das Verhältnis von Rentenbeziehern und Beitragszahlern und damit die Altersentwicklung in der Bundesrepublik als »Nachhaltigkeitsfaktor« bei der Rentenberechnung berücksichtigt wurde. Damit wurde der von der Regierung Kohl beschlossene »Demographiefaktor«, den Rot-Grün unmittelbar nach dem Wahlsieg 1998 gekippt hatte, wieder eingeführt.[26]

Im Gesundheitsbereich stieg im Zuge der auf Kostenreduzierung ausgerichteten Reformpolitik der Eigenanteil der Versicherten an den Krankenkassenbeiträgen, die nicht nur durch Praxisgebühren, sondern vor allem durch eine zehnprozentige Zuzahlung zu den meisten Leistungen des Gesundheitswesens belastet wurden. Das traf vor allem die Bezieher niedriger Einkommen. Schließlich nahm man auch an der Pflegeversicherung Änderungen vor, die einnahmen- und familienpolitisch motiviert waren. Kinderlose Mitglieder der Pflegeversicherung unter dem gesetzlichen Rentenalter von 65 Jahren wurden verpflichtet, künftig neben dem normalen Pflegeversicherungsbeitrag einen Kinderlosenzuschlag von 0,25 Prozent zu entrichten.[27]

Mit seiner »Agenda-Rede« im März 2003 hat der Bundeskanzler nicht nur die deutsche Öffentlichkeit überrascht. Die Regierungserklärung war von einem kleinen Kreis enger Berater und Mitarbeiter Schröders ausgearbeitet worden. Die betroffenen Fachministerien hatte man ebenso wenig konsultiert wie die Bundestagsfraktionen der SPD oder die des grünen Koalitionspartners. Im Kanzleramt wusste man nur zu gut, welche Kontroversen der wirtschafts- und sozialpolitische Paradigmenwechsel der Bundesregierung auslösen würde. In der Tat bedeuteten die Reformen einen Einschnitt in das soziale Netz der Bundesrepublik. Aber waren sie ein Ausdruck »neoliberaler« Politik, eine Konzession an den »neoliberalen« Zeitgeist, wie die Kritiker betonten?

»Neoliberalismus« und »neoliberal« sind nicht zuletzt im Zusammenhang mit den Auseinandersetzungen um die Agenda 2010 zu politischen Kampfbegriffen geworden. Es steht außer Zweifel, dass die rot-grüne Bundesregierung seit 2003 in wichtigen Feldern der Wirtschafts- und Sozialpolitik einen aus dem marktliberalen Ideenhaushalt gespeisten Liberalisierungskurs einschlug. Besonders deutlich ist dies in der Arbeitsmarktpolitik. Von einer radikalen Marktliberalisierung im Zeichen der Agenda 2010 kann indessen trotz der einschneidenden Änderungen und der Pfadabweichung, die einzelne Reformelemente bedeuteten, nicht die Rede sein. Die Sozialpolitik wurde dem Primat der Wettbewerbsfähigkeit keineswegs unterworfen, so sehr die Prozesse der Globalisierung den Wettbewerbs- und Konkurrenzdruck auf die deutsche Wirtschaft auch erhöhten und sosehr die daraus resultierende »Standortdebatte« die »Agenda-Politik« beeinflusste. Hohe Arbeitslosigkeit, niedrige Wachstumsraten und finanziell zunehmend instabile Sozialsysteme machten Reformen unabweisbar.[28]

Rot-Grün ist schließlich auch nicht den Weg einer Haushaltskonsolidierung durch Kürzung der Sozialausgaben gegangen, obwohl sich die Regierung Schröder/Fischer die Sanierung des Haushalts neben der Bekämpfung der Arbeitslosigkeit als Ziel auf die Fahnen geschrieben hatte. 2004 lag der Anteil der Sozialausgaben an den Gesamtausgaben der öffentlichen Haushalte noch immer bei über 60 Prozent und damit deutlich höher als beispielsweise in den skandinavischen Ländern. Dass sich dieser Anteil zwischen 1990 und 2005 signifikant erhöhte – um insgesamt 3,9 Prozent –, verweist nicht auf einen Ausbau des Sozialstaats, sondern ist durch die deutsche Einheit zu erklären. Konsolidierungsbemühungen sind in diesem Zeitraum nicht zu erkennen. Das blieb nicht ohne Einfluss auf die Entwicklung der öffentlichen Verschuldung.

Im Jahr 2003 waren nach Schätzungen der »Fünf Weisen«, also des Sachverständigenrats zur Begutachtung der gesamtwirtschaftlichen Entwicklung, die öffentlichen Verpflichtungen aus Staatsschulden, Pensionslasten und eingegangenen Leistungsversprechen mehr als dreimal so hoch wie das Bruttoinlandsprodukt (330 Prozent). Zwischen 1998 und 2005 stieg die Bruttostaatsverschuldung von rund 60 auf über 70 Prozent des Bruttoinlandsprodukts. Zum achten Mal seit 1990 war der Bundeshaushalt 2005 verfassungswidrig, weil die Kreditaufnahme die Investitionen überstieg. Lediglich die Klausel der Abwehr einer Störung des gesamtwirtschaftlichen Gleichgewichts ließ die Budgets trotzdem Gesetzeskraft erlangen. Von 2001 an lag das Finanzierungsdefizit regelmäßig bei über drei Prozent des Bruttoinlandsprodukts und verfehlte folglich die Kriterien des europäischen Wachstums- und Stabilitätspaktes, auf deren Aufnahme die Bundesregierung vor der Einführung des Euro so hohen Wert gelegt hatte.[29]

Im Schatten der Agenda 2010 und der Hartz-Reformen stand eine Politik der rot-grünen Regierung, welche die Liberalisierung des deutschen Kapitalmarkts vorantrieb, um den Finanzplatz Deutschland besser in den weltumspannenden digitalen Finanzmarkt-Kapitalismus zu integrieren.[30] Hier konnte die Bundesregierung freilich an Entwicklungen anschließen, durch die sich der »Rheinische Kapitalismus«, wenn man ihn nicht auf die besondere Art der deutschen Sozialpartnerschaft reduziert, bereits seit den 1980er Jahren verändert hatte. Zu den Charakteristika des »Rheinischen« oder »Deutschen Kapitalismus« zählt die Unternehmensfinanzierung über Bankenkredite. Insbesondere die deutschen Großbanken versorgten die deutschen Unternehmen mit vergleichsweise geduldigem Kapital. Nicht kurzfristige Gewinnerwartungen standen im Vordergrund, sondern langfristige Entwicklungsperspektiven. Die Marktkapitalisierung deutscher Unternehmen war eher gering, in den Aufsichtsräten dominierten die Hausbanken und andere Unternehmen als Kapitaleigner. Miteinander verflochtene Großunternehmen bildeten den Kern der »Deutschland AG«. Das änderte sich nun. Deutsche Kapitalgesellschaften wuchsen immer stärker in die globalen Finanz- und Kapitalmärkte hinein und waren damit deren Funktionsbedingungen unterworfen. Der globale Kapitalmarkt wurde für die Finanzierung deutscher Unternehmen wichtiger, doch globale Investoren, die über die wie Pilze aus dem Boden schießenden beziehungsweise sich rasant vergrößernden Investmentbanken lukrative Kapitalanlagen suchten, waren in der Regel nicht an langfristigen Entwicklungen und Stabilität interessiert, sondern an kurzfristiger Rendite. Der Geist des *shareholder value* erfasste die deutsche Unternehmenswelt und die Unternehmensfinanzierung. Die Deutsche Bank, über Jahrzehnte das Herz der »Deutschland AG«, engagierte sich immer stärker global und suchte über den Ausbau des Investmentbanking nach immer höheren Renditen.

Die rot-grüne Koalition löste diesen Prozess nicht aus, aber sie beförderte ihn durch gesetzgeberische Maßnahmen wie den »Finanzmarktförderplan 2006«. Unter der Überschrift »Entflechtung« ermöglichte sie beispielsweise deutschen Großunternehmen Anteilsveräußerungen. Die SPD konnte sich dabei sogar auf alte Programme berufen, in denen sie einst Entflechtung als wirtschaftsdemokratische Maßnahme gefordert hatte. Das »Investment-Gesetz« von 2003, auch als »Investment-Modernisierungsgesetz« bezeichnet, ließ in- und ausländische Hedgefonds zu, hoch spekulative Fonds im Bereich der Finanzprodukte. Ganz allgemein wurden die Genehmigungsverfahren für Investmentfonds verkürzt, die relativ engen Grenzen für die Zulassung von Fonds gelockert. Genehmigt werden konnten nun zum Beispiel so genannte reine »Derivatefonds«, also Anlageformen, deren Wert vollkommen vom Wert anderer Produkte auf dem Kapitalmarkt abhängt und die deswegen ein erhebliches Risiko bergen. Ein »Investment-Steuergesetz« sollte insbesondere die Benachteiligung ausländischer Fondsanbieter auf dem deutschen

Markt abbauen. Deutschland sollte umfassend und ohne gesetzliche Hemmnisse in die internationalen Finanzmärkte integriert werden.

Rot-Grün trug also selbst erheblich dazu bei, jene »Heuschreckenschwärme« nach Deutschland zu locken, wie der SPD-Politiker Franz Müntefering 2005 Finanzinvestoren bezeichnete, die, ohne einen Gedanken an die Existenz von Tausenden von Menschen zu verschwenden, über Unternehmen herfielen, diese abgrasten und dann weiter zögen.[31] Die von Müntefering, der 2004 Gerhard Schröder im Parteivorsitz der SPD abgelöst hatte, ausgelöste »Heuschrecken-Debatte« war eher kurzlebig, und der SPD-Chef zielte auch weniger auf die Ausformungen des globalen Finanzmarkt-Kapitalismus, der nun auch Deutschland erreicht hatte. Vielmehr wollte er vor dem Hintergrund des Landtagswahlkampfs in Nordrhein-Westfalen, wo die SPD um ihre jahrzehntelange, unangefochtene politische Dominanz bangen musste, die traditionelle kapitalismuskritische Gesinnung seiner Partei zum Ausdruck bringen.[32] Das schien dringend nötig, da der Bundesregierung und der SPD-Führung seit den Hartz-Reformen der Wind kräftig ins Gesicht blies.

Auch aus diesem Grund wurde die Hartz-Politik 2004 nicht fortgesetzt. Man hatte offensichtlich die Grenze des Zumutbaren erreicht, wenn nicht überschritten. In den Vordegrund gerückt wurde stattdessen das Thema Bildung. Der Bundeskanzler hatte schon im Juni 2002 in einer Regierungserklärung Bildung als eines »der zentralen Themen moderner Gesellschaftspolitik« bezeichnet, aber größere politische Initiativen setzten erst jetzt ein. Die Bildungspolitik der rot-grünen Koalition hing freilich mit ihrer Arbeitsmarkt- und Wirtschaftspolitik eng zusammen.[33] Die Wissens- und Informationsgesellschaft, zu der die Bundesrepublik sich entwickelte, basierte auf Bildung und Bildungsqualifikationen. Bildung und Wissen waren – in der Sprache der sich globalisierenden industriellen Dienstleistungsgesellschaft – nicht nur Standortbedingungen, sondern Standortvorteile.

Die Bundesrepublik hatte für ihr Bildungssystem und ihre Bildungsleistungen seit einigen Jahren schlechte Zeugnisse erhalten. In den so genannten PISA-Bewertungen (Programme for International Student Assessment), die in der Öffentlichkeit große Aufmerksamkeit fanden, schnitt Deutschland nur mittelmäßig ab. PISA löste in der Politik des Bundes und der Länder – denn Bildung ist primär Ländersache – eine erhebliche Reformdynamik aus, die allerdings bis heute weniger von allgemeinen Bildungsidealen getragen ist als vielmehr von dem Imperativ, Deutschland fit zu machen für den globalen Wettbewerb. Auch Wissenschaft und Universitäten wurden von dieser Dynamik erfasst. Das Bundesbildungsministerium startete 2004 eine »Exzellenzinitiative«, um die deutschen Hochschulen zu stärken, ihre Forschungsleistungen zu verbessern und die Abwanderung von Spitzenforschern vor allem in den Naturwissenschaften zu verhindern. Der vom Berliner Ministerium für Bildung und Wissenschaft veranstaltete Initiativkongress »Deutschland. Das von morgen« formulierte die schlichte, bemüht anglisierende Losung »Brain up!«. »Deutschland sucht seine Spitzenuniversitäten«, hieß es nun in unfreiwillig komischer Parallele zu den Trashprogrammen des Privatfernsehens, in denen Deutschland seinen »Superstar« oder sein »Supermodel« sucht.

Schon vor der Exzellenzinitiative befanden sich die deutschen Hochschulen in einem umfassenden Veränderungsprozess. Zum einen prägte der Ökonomismus des marktliberalen Credos den Wissenschafts- und Universitätsbetrieb immer mehr, indem wirtschaftliches Rendite- und Gewinndenken an den Universitäten Einzug hielt. Fakultäten trafen »Zielvereinbarungen« mit ihren Hochschulleitungen, diese wiederum mit ihren Wissenschaftsministerien. Studenten wurden zu Kunden, Bildung zum Produkt. Berechenbare, quantifizierbare Indikatoren bestimmten über die Verteilung von Mitteln. Ohne Zweifel waren die Universitäten nicht frei von Missständen, etwa lange Studienzeiten, hohe Abbrecherquoten und schlechte Bedingungen der Lehre, aber der frische Wind, der nun wehte, fegte auch die Bildungsideale hinweg, welche die Hochschulen lange Zeit getragen hatten.

Darüber hinaus veränderte der eng mit der Ökonomisierung verbundene »Bologna-Prozess« die Universitäten. In Bologna hatten sich die Mitgliedsstaaten der EU 1999 darauf verständigt, einen gemeinsamen europäischen Hochschulraum zu schaffen. Kernelement des Prozesses war die Einführung eines gestuften Studiensystems. Die universitäre Lehre wurde komplett umgekrempelt, bewährte, über lange Zeit gewachsene Strukturen und international renommierte deutsche akademische Abschlüsse wie zum Beispiel das Diplom wurden abgeschafft und durch einheitliche Bachelor- und Master-Studiengänge ersetzt. Es ging um kürzere Studienzeiten und eine bessere – und direktere – Vorbereitung der Studenten auf den Arbeitsmarkt. Das freie Studium, gerade in den Geisteswissenschaften Herzstück des Universitätsbesuchs, wurde reglementiert und verschult, die für die deutsche Universität typische Verbindung von Forschung und Lehre gelöst. Für eine abschließende Bewertung von »Bologna« ist es zu früh, aber schon jetzt lässt sich sagen, dass wesentliche Ziele nicht erreicht wurden. Kurze Studienzeiten und straffe Reglementierungen des Studiums senkten die Mobilität der Studenten innerhalb Deutschlands und innerhalb Europas statt sie zu erhöhen. Zudem waren die Hochschulen über Jahre mit der Organisation der Reform befasst. Das absorbierte die Kräfte für Forschung und Lehre.

In einem weiteren Sinn ist die Bildungspolitik nicht ohne Erfolg gewesen. Dem politischen Ziel, 40 Prozent eines Jahrgangs zum Hochschul- oder Fachhochschulstudium zu führen, ist man näher gekommen. Hinter solchen Zahlen stehen freilich nicht nur rein bildungspolitische Erfordernisse in einer Wissensgesellschaft, sondern auch ältere gesellschaftspolitische Zielsetzungen, nicht zuletzt die Erhöhung sozialer Mobilität durch Bildung. Gerade die SPD schloss hier an ihre Programmatik der 1960er und 1970er Jahre an, ihre Vorstellungen wurden aber auch von den anderen Parteien weithin geteilt. Die soziale Selektivität des deutschen Bildungssystems ist freilich nach wie vor hoch. Strukturen sozialer Ungleichheit werden im Bildungsverlauf eher verfestigt als aufgebrochen. So hat sich beispielsweise der Anteil von Arbeiter- oder Migrantenkindern an der Studentenschaft nicht signifikant erhöht.[34]

Ende des rot-grünen Projekts

Ein Parteitag hatte dem Bundeskanzler im Sommer 2003 noch demonstrativ den Rücken gestärkt für seine »Agenda-Politik«. Doch viele Delegierte unterstützten Schröders Kurs nur, weil dieser mit Rücktritt drohte. Auch außerhalb der SPD gab es Widerstand gegen die Reformpolitik der Bundesregierung. Aus dem Gewerkschaftslager, darunter insbesondere von den beiden mächtigen und mitgliedsstarken Gewerkschaften IG Metall und Vereinigte Dienstleistungsgewerkschaft (ver.di), kam massive Ablehnung, und die PDS, die zwar im Bundestag nur mit zwei Direktmandaten vertreten war, aber in Ostdeutschland eine stabile politische Größe darstellte, wurde nicht müde, die Reformgesetze als »neoliberal« und als Ende des deutschen Sozialstaats darzustellen.

In den Auseinandersetzungen über die Hartz-Reformen veränderte sich das deutsche Parteiensystem. Das Jahr 2004 erlebte deutschlandweit Massenproteste gegen das Hartz-Paket. Nicht nur eine Reihe von SPD-Bundestagsabgeordneten, sondern ganze Parteigliederungen gingen gegen die Reformpolitik auf die Straße. Die SPD verzeichnete eine Welle von Parteiaustritten. Zwischen 2002 und 2005 sank ihre Mitgliederzahl von 694 000 auf 590 000 und danach bis 2008 weiter auf 530 000. Nicht wenige der Ausgetretenen, darunter etliche prominente SPD-Politiker des linken Flügels, gehörten zusammen mit einer Reihe von Gewerkschaftsfunktionären zu den Gründern der »Wahlalternative ›Arbeit und soziale Gerechtigkeit‹« (WASG), die in Westdeutschland zum Sammelbecken derer wurde, die von der SPD-Politik enttäuscht waren.

Die WASG, die sich im Januar 2005 offiziell als Partei gründete, trat wenige Monate später bei den Landtagswahlen in Nordrhein-Westfalen an und bekam dort auf Anhieb 2,2 Prozent der Wählerstimmen. Die SPD erreichte an Rhein und Ruhr ein Ergebnis von nur 37,1 Prozent, 5,9 Prozent weniger als bei der letzten Wahl, und verlor nach fast vier Jahrzehnten die Regierungsmacht. Die CDU gewann 7,9 Prozent hinzu, kam auf 44,8 Prozent und konnte in einer Koalition mit der FDP den Ministerpräsidenten stellen.

In Ostdeutschland stand die PDS hinter neuen »Montagsdemonstrationen«, auf denen im Sommer 2004 in bewusster Anknüpfung an die Montagsdemonstrationen des Jahres 1989 in zahlreichen ostdeutschen Städten Tausende von Menschen insbesondere gegen die Hartz IV-Gesetzgebung, aber auch allgemein gegen eine Politik des Sozialabbaus protestierten. Angesichts der hohen Arbeitslosenquote in Ostdeutschland konnte der breite Widerstand gegen das Reformpaket nicht überraschen. Bei den Landtagswahlen in Sachsen und Brandenburg wurde die PDS jeweils zweitstärkste Partei, In Sachsen konnten sich die CDU und in Brandenburg die SPD nur durch die Bildung Großer Koalitionen an der Macht halten.

Im März 2004 gab Bundeskanzler Schröder das Amt des SPD-Vorsitzenden, das er nach dem Rücktritt Oskar Lafontaines 1999 übernommen hatte, auf. Das hatte es in der Geschichte der Bundesrepublik bis dahin nicht gegeben. Sein Nachfolger wurde Franz Müntefering, der Vorsitzende der SPD-Bundestagsfraktion. Der Machtverzicht in der Partei sollte dem Regierungschef mehr Handlungsspielraum in der Regierungsarbeit bei der Fortsetzung des Reformkurses verschaffen. Zugleich sollte der neue Vorsitzende die Spannungen innerhalb der SPD, welche die Agenda-Politik ausgelöst beziehungsweise verschärft hatte, ausgleichen und eine Spaltung der Partei verhindern. Tatsächlich scheint Schröder durch den Verzicht auf den SPD-Vorsitz seine Stellung als Kanzler jedoch geschwächt zu haben. Ohne die starke Machtposition in der Partei verlor er politisch an Gewicht und geriet allmählich in eine deutliche Abhängigkeit von der SPD-Bundestagsfraktion und ihrem Vorsitzenden, dem neuen Parteichef Müntefering.[35] In dieser Lage suchte Schröder seine Politik stärker über die Medien zu vermitteln und ihr dadurch an den politischen Institutionen vorbei Zustimmung in der Bevölkerung zu verschaffen. Das veränderte zwar die Verfassungsrealitäten der Bundesrepublik, die sich noch mehr zu einer medialen Demokratie entwickelte, stärkte Schröders politische Position aber kaum. Allerdings zwang er die Opposition, ihre Politik ebenfalls zu medialisieren. Die CDU-Vorsitzende Angela Merkel musste das erst lernen, aber sie lernte schnell.

Zum Regieren brauche er »nur Bild, BamS (Bild am Sonntag) und Glotze«, verkündete Gerhard Schröder einmal.[37] Zu der Medialisierung von Politik – auch von »Telepolitik« ist die Rede[36] – gehörte indes nicht nur das Bemühen, über die

Massenmedien breite Bevölkerungsschichten zu erreichen und von politischen Vorhaben zu überzeugen. Umgekehrt nahm eine medialisierte Politik auch zunehmend Stimmungen aus der Bevölkerung auf und versuchte, politisches Handeln aus solchen Stimmungslagen, wie sie sich vor allem in demoskopischen Daten widerspiegeln, zu entwickeln.

Schröders Verzicht auf den Parteivorsitz half der SPD nicht. Bereits vor der Wahl in Nordrhein-Westfalen hatte die rot-grüne Koalition in Schleswig-Holstein ihre Mehrheit verloren. Die SPD-Ministerpräsidentin Heide Simonis scheiterte mit ihrem Versuch, sich an die Spitze einer vom Südschleswigschen Wählerverband geduldeten Minderheitsregierung wählen zu lassen, und musste ihr Amt an den CDU-Politiker Peter Harry Carstensen abtreten, der eine Große Koalition bildete. Nach der Niederlage in Nordrhein-Westfalen gab es kein Bundesland mit rot-grüner Regierung mehr. Das führte zu einer Mehrheit von Union und FDP in der Bundesversammlung, die im Mai 2004 den ehemaligen Staatsekretär im Bundesfinanzministerium und Direktor des Internationalen Währungsfonds (IWF) Horst Köhler (CDU) zum Bundespräsidenten wählte. Und die Bundesregierung kam aus dem Umfragetief nicht heraus. Im Januar 2005 waren die Arbeitslosenzahlen auf über 5 Millionen gestiegen, den höchsten Stand seit Gründung der Bundesrepublik. Das mochte statistisch durch den Verweis auf die Arbeitsmarktreformen erklärbar sein, weil Sozialhilfeempfänger nun in der Arbeitslosenstatistik auftauchten. Aber die Nürnberger Zahlen waren für die SPD dennoch äußerst fatal, weil der Bundeskanzler zu Beginn der Legislaturperiode vollmundig versprochen hatte, die Arbeitslosenzahlen signifikant zu reduzieren. Überdies war Joschka Fischer in den Sog einer Affäre geraten, die ihn und seine Partei schwer belastete. In der »Visa-Affäre« ging es um eine vom Auswärtigen Amt 2000 angeordnete Liberalisierung der Visavergabepraxis an deutschen Auslandsvertretungen, die in einzelnen Fällen, vor allem an der deutschen Botschaft in Kiew, das kriminelle Handeln von Menschenschleusern erleichtert hatte. Fischer, über Jahre einer der beliebtesten deutschen Politiker, erlebte im Herbst 2004 einen jähen Absturz in der Gunst der Bevölkerung. Das schwächte auch die Grünen. Die Berliner Koalition befand sich im Frühjahr 2005 in einer tiefen Krise.

Der am 22. Mai 2005 – also noch am Abend des Wahltages in Nordrhein-Westfalen – verkündete Entschluss des Bundeskanzlers, vorgezogene Neuwahlen im Herbst 2005 anzustreben, kam nicht nur für die Öffentlichkeit, sondern auch für den grünen Koalitionspartner wie aus heiterem Himmel. Lediglich Joschka Fischer war in die Pläne, von denen er den Kanzler nicht abzubringen vermocht hatte, eingeweiht. Für die Grünen bedeutete das Vorhaben des Bundeskanzlers die Aufkündigung des 1998 begonnenen »rot-grünen Projekts«.[38] Denn soviel war klar: Für eine rot-grüne Mehrheit würde es bei baldigen Wahlen nicht mehr reichen, dafür war vor allem die SPD in der Wählergunst zu sehr eingebrochen. Die vorzeitige Auflösung des Bundestags erreichte Bundeskanzler Schröder, indem er im Bundestag am 1. Juli 2005 die Vertrauensfrage stellte. Während die Opposition mit Nein stimmte (296 Stimmen), votierte etwa die Hälfte der Abgeordneten der Regierungskoalition (151) mit Ja, die andere Hälfte (148) enthielt sich.

Zum fünften Mal war damit in der Geschichte der Bundesrepublik die Vertrauensfrage nach Artikel 68 des Grundgesetzes gestellt worden, zum dritten Mal eindeutig zu dem Zweck, vorgezogene Neuwahlen anzusetzen. Im Fall Willy Brandts 1972 hatte eine tatsächliche parlamentarische Pattsituation dazu geführt; 1982 hatte Helmut Kohl nach der plebiszitären Legitimierung des Regierungswechsels gestrebt, obwohl die von ihm geführte Koalition über eine klare parlamentarische Mehrheit verfügte; und auch 2005 war die rot-grüne Koalition nicht in eine Minderheitensituation geraten. Im Bundestag sprach der Kanzler von der in der Verfassung vorgesehenen »Möglichkeit des demokratischen Souveräns, die Grundrichtung der künftigen Politik selbst zu bestimmen«.[39] Der Bundespräsident Horst Köhler und auch das von zwei Bundestagsabgeordneten angerufene Bundesverfassungsgericht billigten das Vorgehen des Bundeskanzlers. Die Karlsruher Richter gestanden ihm insbesondere das Urteil über die Handlungsfähigkeit seiner Regierung zu, die nicht von numerischen Mehrheitsverhältnissen allein abhinge.[40]

Was aber bewog den Bundeskanzler und die SPD-Führung abgesehen von der grundsätzlichen, im Bundestag von Schröder vorgetragenen verfassungspolitischen Argumentation dazu, in der konkreten Situation des Mai 2005 vorgezogene Neuwahlen anzustreben, bei denen die SPD erhebliche Stimmenverluste gewärtigen musste? In der Diskussion tauchen mehrere Argumente auf:[41] Wenig plausibel erscheint der Gedanke, der Bundeskanzler habe eine plebiszitäre Legitimation seiner Agenda-Politik gesucht. Eine solche schien 2005 unwahrscheinlich, ja ausgeschlossen. Kaum überzeugender ist das Argument, der Bundeskanzler habe angesichts der fehlgeschlagenen Konsolidierung des Bundeshaushalts, die entweder massive Sparmaßnahmen oder deutliche Steuererhöhungen zur Folge haben musste, politisch kapituliert, um einen Offenbarungseid zu vermeiden. Mehr spricht dafür, dass sich die SPD unter dem Eindruck der erodierenden Mehrheit für Rot-Grün in eine Große Koalition retten wollte, um an der Regierungsmacht zu bleiben, die Sozialdemokratie im Bundestag einigermaßen zu stabilisieren und eine Koalition aus CDU/CSU und FDP, für die bei der regulären Wahl im Jahr 2006 alles zu sprechen schien, zu verhindern. Darüber hinaus habe die SPD-Spitze durch rasche Wahlen den aus sozialdemokratischer Sicht höchst gefährlichen Zusammenschluss von PDS und WASG und damit die Entstehung einer bundesweit agierenden Partei links von der SPD bannen wollen. Das ist nicht gelungen, im Gegenteil: Die vorgezogene Bundestagswahl beschleunigte die Annäherung von PDS und WASG. Die beiden Parteien überwanden – zumindest oberflächlich – ihre Differenzen und Spannungen aus der Einsicht heraus, dass sie kaum Chancen hatten, in den Bundestag einzuziehen, wenn sie getrennt antraten. Die PDS firmierte fortan als »Die Linkspartei« und öffnete insbesondere ihre westdeutschen Landeslisten für Kandidaten der sonst aussichtslosen WASG.

Wie kein Zweiter forcierte der ehemalige SPD-Vorsitzende und Bundesfinanzminister Oskar Lafontaine, der im Mai 2005 die SPD verlassen hatte, den Zusammenschluss von PDS und WASG. Mit ihm gewann die WASG ein starkes Zugpferd und zugleich einen erfahrenen Spitzenmann, der den Zusammenschluss mit der damals noch von Gregor Gysi geführten PDS auf gleicher Augenhöhe vorantreiben konnte. Für die PDS stellte das Zusammengehen eine einmalige Gelegenheit dar, sich in Westdeutschland zu etablieren. Dies war ihr trotz des heftigen Kampfes gegen die Agenda 2010 nicht gelungen, weil sie in Westdeutschland auch 15 Jahre nach der deutschen Einheit noch immer mit der SED und mit der DDR in Verbindung gebracht wurde. Programmatisch setzte die »Linkspartei« zwei Schwerpunkte: die Ablehnung der Reformpolitik der Regierung Schröder einerseits und eine stark antiamerikanisch geprägte Friedenspolitik andererseits. Beide Themen eigneten sich für eine ausgesprochen populistische Politik. Insbesondere Oskar Lafontaine scheute nicht davor zurück, wählerwirksam Vorurteile zu bedienen, etwa als er im Wahlkampf 2005 von »Fremdarbeitern« – ein Begriff aus der NS-Zeit – sprach, die Familienvätern und Frauen die Arbeitsplätze wegnähmen.[42]

Große Koalition in einem Fünf-Parteien-System

Die Rechnung von PDS und WASG ging auf. Bei der vorgezogenen Bundestagswahl am 18. September 2005 erhielt die »Linkspartei« 8,7 Prozent der Stimmen und überwand damit problemlos die Fünf-Prozent-Hürde. Die SPD verlor 4,3 Prozent und rutschte von 38,5 auf 34,2 Prozent. Die Grünen verloren nur leicht und kamen auf 8,1 Prozent. Die FDP steigerte sich von 7,4 auf 9,8 Prozent. Für Überraschung sorgte das Abschneiden der Unionsparteien, für welche die CDU-Vorsitzende Angela Merkel als Kanzlerkandidatin angetreten war. Die Union, die noch wenige Wochen vor der Wahl in Umfragen klar vorne gelegen hatte, musste Stimmeneinbußen in Höhe von 3,3 Prozent hinnehmen und lag mit 35,2 Prozent nur knapp vor der SPD. Schlechter hatte die Union nur bei der Bundestagswahl 1949 abgeschnitten sowie bei den Wahlen von 1998, als die Auswirkungen einer massiven Wechselstimmung sie trafen. Auch die SPD war nur in der Frühphase der Bundesrepublik – vor Godesberg – sowie bei den Einheitswahlen 1990 schwächer gewesen. Wollte man die Misserfolge der SPD 1990 und 2005 personalisieren, so könnte man sie auf das Wirken von Oskar Lafontaine zurückführen.

Beide »großen« Volksparteien wurden auf Stimmenanteile im 30-Prozent-Bereich zurückgedrängt, die kennzeichnend gewesen waren für das noch instabile Parteiensystem der jungen Bundesrepublik. Der Anteil von CDU/CSU und SPD an den Wählerstimmen insgesamt war in Westdeutschland auf 72,6 Prozent herabgesunken, in Ostdeutschland gar auf 55,8 Prozent. Während sich im Osten die PDS/Linkspartei als dritte Kraft etablieren konnte, in der Regel als zweitstärkste Partei hinter der CDU, waren im Westen FDP und Grüne stabil. Zusammen aber und deutschlandweit brachten es die drei kleineren Parteien auf etwa ein Viertel der Stimmen. Über die Tatsache hinaus, dass sich in Gestalt der PDS/Linkspartei (zunächst als ostdeutsche Regionalpartei, später als bundesweit aktive Partei) eine Partei links von der SPD und damit ein Fünf-Parteien-System entwickeln konnte, wird auch darin eine grundlegende Veränderung des deutschen Parteiensystems erkennbar. Landtagswahlen in Hessen und Niedersachsen 2008 und 2009 bestätigten diese Entwicklung. In Hessen scheiterte im November 2008 der Versuch der dort stark links orientierten SPD, gemeinsam mit den Grünen eine von der Linkspartei geduldete Minderheitsregierung zu bilden, nur knapp.

Den über Jahrzehnte beständig hohen Stimmenanteil hatten die beiden großen Volksparteien in nicht geringem Maße ihren Vorfeldorganisationen zu verdanken. Die Wahlforschung zählt dazu nicht zuletzt die Kirchen und die Gewerkschaften. In den sozialstrukturellen und soziokulturellen Wandlungsprozessen, also der Entstehung einer industrialisierten Dienstleistungsgesellschaft mit globalen Bezügen einerseits und der Individualisierung und Pluralisierung andererseits, verloren diese Vorfeldorganisationen an Stärke und Bindungskraft. Kirchen- und Gewerkschaftsaustritte sind nur ein Indikator dafür.[43] Soziale Milieus, auf die sich die Parteien lange Zeit stützen konnten, werden kleiner oder schwinden ganz. Die Sozialstruktur hat sich ausdifferenziert, sie ist unübersichtlicher geworden, das wirkt sich auch auf das Wahlverhalten aus. Gerade die beiden Volksparteien CDU/CSU und SPD stehen immer weniger für politische Zielsetzungen, die sich aus den Interessen einer bestimmten sozialen Großgruppe ergeben, sondern zielen in ihrer Programmatik auf das zwar durchaus heterogene, aber breite Wählerpotential der Mitte.

Diese Entwicklung macht die Parteiprogramme zunehmend weniger unterscheidbar. Zugleich entstehen dadurch Profilierungsmöglichkeiten für kleinere Parteien, die sich als Protestparteien oder als Parteien mit einer klar bestimmten Programmatik von den Volksparteien abgrenzen können.

In gewisser Weise hatten die Unionsparteien im Bundestagswahlkampf 2005 versucht, sich diesem Trend entgegenzustemmen. CDU und CSU traten mit einem allgemeinen Reformprogramm an, mit dem sie nach Möglichkeit gemeinsam mit der FDP die Reformpolitik der rot-grünen Regierung fortführen, ja ausbauen wollten. Die Union suchte sich aber speziell mit ihrer Steuerpolitik und damit in einem Politikbereich zu profilieren, den die Regierung Schröder vor allem in ihrer zweiten Amtsperiode vernachlässigt hatte. Hinter der »Politik der ruhigen Hand«, die der Bundeskanzler zur Leitlinie seiner Steuerpolitik erklärt hatte, verbargen sich im Grunde Konzept- und Tatenlosigkeit. Dahinter steckte die Absicht, die ohnehin ambitionierte und höchst kontroverse Reformpolitik der Agenda 2010 nicht zu überspannen. Gerade deshalb konnte die Steuerpolitik 2005 zum Wahlkampfthema werden. Angela Merkel trat mit einem ambitionierten Steuerreformkonzept an, das der ehemalige Verfassungsrichter Paul Kirchhof ausgearbeitet hatte. Im Mittelpunkt des Steuerkonzepts von Kirchhof, der in einer Koalitionsregierung aus FDP und CDU/CSU Finanzminister werden sollte, stand ein völlig neues Einkommensteuergesetz: eine *Flat Tax*, ein einstufiger Einkommensteuersatz in Höhe von 25 Prozent ohne Ausnahmeregelungen, aus denen sich im Laufe der Jahrzehnte ein nicht mehr durchschaubarer steuerrechtlicher Wirrwarr entwickelt hatte, sowie hohe Freibeträge, die das Existenzminimum sichern und Familien besserstellen sollten.[44]

Doch das Steuermodell Kirchhofs wurde für die Union zum Bumerang. Es gab nämlich insbesondere der SPD und dem Bundeskanzler als ihrem Spitzenkandidaten die Gelegenheit, sich gegen eine Reformpolitik auszusprechen, ohne die eigene Reformagenda der letzten Jahre, die steuerpolitisch kaum Aussagen getroffen hatte, diskreditieren zu müssen. So wurde nicht nur Kirchhofs Steuermodell, sondern auch dieser selbst skandalisiert. »Dieser Professor aus Heidelberg behandelt Menschen wie Sachen«, erklärte der wahlkämpfende Bundeskanzler und warf Kirchhof vor, eine »Kopfsteuer« einführen zu wollen.[45] Kirchhofs Vorschläge trugen dazu bei, dass die Union den noch wenige Wochen zuvor sicher geglaubten klaren Wahlsieg und das Wahlziel eines Regierungsbündnisses mit der FDP verfehlte, ja gegenüber den Wahlen von 2002 sogar Stimmen verlor. Was aber vor allem den Umfragevorsprung der Union in den letzten Wahlkampfwochen zusammenschmelzen ließ, war die Tatsache, dass vielen Wählern, vor allem den politisch weniger interessierten, erst in der heißen Phase des Wahlkampfs klar wurde, dass mit einer Unionsregierung der Reformkurs fortgesetzt, womöglich gar verschärft werden würde.[46]

Eine Koalition aus Union, FDP und Grünen (»Jamaika«) schien nach den Wahlen vom 18. September 2005 ausgeschlossen. So blieb nur die Große Koalition. Die CDU-Vorsitzende Angela Merkel reklamierte das Kanzleramt für sich, obwohl das Wahlergebnis der Unionsparteien für sie eine schwere Niederlage darstellte. Ohne die Übernahme des Kanzleramts hätte sie sich mit hoher Wahrscheinlichkeit an der Spitze der CDU nicht halten können, wo mächtige Landespolitiker, unter ihnen Roland Koch aus Hessen, Jürgen Rüttgers aus Nordrhein-Westfalen und Christian Wulff aus Niedersachsen, ihre Ambitionen auf den Parteivorsitz noch lange nicht aufgegeben hatten. Gerhard Schröder zog sich zurück.

Mit Angela Merkel gelangte nicht nur die erste Frau an die Spitze der Bundesregierung, sondern auch die erste Ostdeutsche.[47] Sie wurde zwar 1954 in Hamburg geboren, wuchs aber in einem Pfarrhaus in der DDR auf. Politisch war sie im SED-Staat, sah man von einigen FDJ-Funktionen ab, nicht aktiv. In die Politik gelangte die promovierte Naturwissenschaftlerin, die an der Akademie der Wissenschaften der DDR beschäftigt war, wie viele andere ostdeutsche Politiker der Zeit nach 1990 durch die revolutionären Ereignisse in der DDR seit dem Herbst 1989. Sie schloss sich in Berlin dem Demokratischen Aufbruch an, der bei den Märzwahlen in der DDR als kleinerer Partner in der Allianz für Deutschland mit der CDU kooperierte. In der letzten Regierung der DDR unter Ministerpräsident Lothar de Maizière war sie stellvertretende Regierungssprecherin. Im August 1990 trat sie der CDU bei. Es begann eine steile Karriere, die über ein direkt errungenes Bundestagsmandat zunächst in das Amt der Ministerin für Frauen und Jugend führte. Als wichtigster Förderer der jungen Politikerin erwies sich der Bundeskanzler. Lange Zeit galt Angela Merkel als »Kohls Mädchen«, und fraglos verdankte sie ihren Kabinettsposten auch der Tatsache, dass sie als Frau und Ostdeutsche gleich zwei politische Quoten bediente. Nach der Bundestagswahl 1994 wurde sie Ministerin für Umwelt, Naturschutz und Reaktorsicherheit, angesichts der national wie international politisch immer wichtiger werdenden Umweltthematik fraglos eine weitere Sprosse auf der Karriereleiter. In der Partei war Merkel zunächst weniger erfolgreich. Ihre Bewerbung um den CDU-Landesvorsitz in Brandenburg scheiterte.

Wolfgang Schäuble, der nach der verlorenen Bundestagswahl von 1998 den Parteivorsitz übernahm, machte Angela Merkel zur Generalsekretärin. Das sicherte der mittlerweile erfahrenen Politikerin auch in Oppositionszeiten politische Gestaltungsmöglichkeiten und mediale Präsenz. Im Strudel des Spendenskandals, in den die CDU bald darauf geriet, konnte sie sich behaupten. Weder Helmut Kohl noch Wolfgang Schäuble zogen sie mit in den Untergang, weil sie sich rechtzeitig distanzierte von ihrem politischen Ziehvater Kohl, dessen »System« sie kritisierte. Zudem bot sie sich auf Grund ihrer Ostbiographie als unbelastete Kandidatin für den Parteivorsitz an, den sie im Jahr 2000 errang. Dass ihr in der unionsinternen Konkurrenz mit dem bayerischen Ministerpräsidenten Edmund Stoiber die Kanzlerkandidatur für den Wahlkampf 2002 versagt blieb, erwies sich nach der Niederlage Stoibers und der Fortsetzung der rot-grünen Koalition als glückliche Fügung, ja fast möchte man in der Retrospektive kluge Berechnung annehmen. Als es 2005 zu vorgezogenen Neuwahlen kam, war sie die natürliche Kandidatin, allein schon weil die Union auf einen so frühen Wahltermin nicht vorbereitet war.

Vizekanzler im Kabinett der Großen Koalition wurde der SPD-Vorsitzende Franz Müntefering, einer der Architekten des Regierungsbündnisses. Der nordrhein-westfälische Politiker trat als Minister für Arbeit und Soziales in das Kabinett ein. Den SPD-Vorsitz legte er allerdings nieder, nachdem er sich im Herbst 2005 in einer Personalfrage – es ging um das Amt des Generalsekretärs der Partei – nicht hatte durchsetzen können. 2007 trat Müntefering aus familiären Gründen vom Amt des Ministers und Vizekanzlers zurück. Neuer Vizekanzler wurde Bundesaußenminister Frank-Walter Steinmeier, ein enger Vertrauter Gerhard Schröders, der als fähiger Administrator bis 2005 das Bundeskanzleramt geleitet hatte. An die Spitze der SPD gelangte der brandenburgische Ministerpräsident Matthias Platzeck, der aber schon im Mai 2006 von dem rheinland-pfälzischen Ministerpräsidenten Kurt Beck abgelöst wurde. Doch auch Beck, ein in Rheinland-Pfalz beliebter und volkstümlicher Politiker, konnte sich nicht lange halten. Zerrieben in den Flügelkämpfen der SPD über den wirtschafts- und sozialpolitischen Kurs der Partei und über die Zusammenarbeit mit der Linkspartei, trat er im Sommer 2008 von diesem Amt zurück. Eine sich nach Einigkeit sehnende Partei wählte daraufhin im Oktober 2008 den zurückgekehrten Franz Müntefering zum Vorsitzenden. Zusammen mit dem zum Kanzlerkandidaten erkorenen Frank-Walter Steinmeier führt Müntefering die Sozialdemokratie ins Wahljahr 2009.

Infolge des ernüchternden Wahlergebnisses der Union verschwand noch am Wahlabend 2005 das Steuermodell von Paul Kirchhof mitsamt seinem Urheber in der Versenkung. Die Union und ihre Spitzenkandidatin, die künftige Bundeskanzlerin, hatten auf schmerzvolle Weise erfahren, dass mit weit reichenden Reformagenden in der Bundesrepublik des frühen 21. Jahrhunderts Wahlen nicht zu gewinnen waren. Dass die Unionsparteien von ihrem umfassenden Reformprogrammen abrückten, ergab sich also nicht nur aus den Zwängen einer Großen Koalition und einer sozialdemokratischen Politik, die nach Gerhard Schröders

Rückzug immer stärker auf Distanz zu dessen Agenda-Politik ging, sondern auch aus der Erkenntnis, dass der Wähler eine Reformpolitik, die ohne Beiträge und Opfer aller Kräfte der Gesellschaft nicht gelingen konnte, ablehnte und die Parteien, die eine solche Politik betrieben, abstrafte. Die Union und noch mehr die SPD fürchteten darüber hinaus die Auswirkungen einer fortgesetzten Reformpolitik auf die Linkspartei/PDS, die es verstand, die Skepsis der Bevölkerung und deren Abneigung gegen Reformen auf ihre politischen Mühlen zu lenken.

Insofern ist, soweit man das bislang sehen und bewerten kann, die Große Koalition keine Reformkoalition geworden. Diese Bezeichnung trifft eher auf die rot-grüne Koalition in den sieben Jahren ihrer Regierungszeit zu, auch wenn die Reformpolitik in den beiden rot-grünen Legislaturperioden von jeweils unterschiedlichen Zielen geleitet war und daher zu jeweils ganz anderen Reformanstrengungen führte. Deutschland war unter Rot-Grün in Bewegung gekommen. Das Ende der Regierung Gerhard Schröders weist gewisse Parallelen zum Ende der Regierung Helmut Schmidts gut zwei Jahrzehnte zuvor auf. In beiden Fällen konnte ein sozialdemokratischer Bundeskanzler nicht mehr auf die geschlossene Unterstützung seiner Politik durch die eigene Partei zählen. Schwere Niederlagen bei Landtagswahlen gehörten in den frühen 1980er Jahren ebenso zum Niedergang der sozialdemokratischen Kanzlerschaft wie in den Jahren 2004 und 2005, und in beiden Fällen erschwerte ein politisch gegenläufig zusammengesetzter Bundesrat die Durchsetzung der Regierungspolitik. Helmut Schmidt und Gerhard Schröder traten, wenn auch auf unterschiedliche Weise, 1982 und 2005 die Flucht nach vorne an, und beide hatten, wenn man die Umfragewerte richtig deutet, als individuelle Politiker in der Bevölkerung einen größeren Rückhalt als die jeweiligen Oppositionsführer Helmut Kohl und Angela Merkel. Schließlich stand der Niedergang der beiden sozialdemokratischen Kanzler im Zeichen des Aufstiegs konkurrierender Parteien links von der SPD, nämlich der Grünen beziehungsweise der Linkspartei/PDS. Die Politik der sozialdemokratischen Regierungen und ihrer beiden Kanzler trug zum Aufstieg und zur Stabilisierung dieser beiden neuen Parteien nicht wenig bei.[48]

Demgegenüber weckt die Bildung der Großen Koalition 2005 weit weniger Erinnerungen an die erste Große Koalition der Jahre 1966 bis 1969. Jenseits oberflächlicher Parallelen wie zum Beispiel der, dass in beiden Fällen die Union den Bundeskanzler stellte, überwiegen doch die Unterschiede. Das betrifft nicht nur die Rahmenbedingungen. Während die Koalition 2005 in der Folge einer Bundestagswahl entstand, die eine politische Pattsituation erzeugt hatte, bildete sich die Große Koalition 1966 mitten in der Legislaturperiode: als Ergebnis einer politischen Annäherung von Union und SPD seit den frühen 1960er Jahren, aber auch als Ergebnis einer Tendenz in der FDP, sich aus der Umklammerung durch die Union zu lösen und zu neuen – sozialliberalen – Ufern zu streben. Die Koalitionspartner von 1966 sahen ihre Regierung von Anfang an nur als Kooperation auf Zeit. Man hatte klare politische Ziele, nämlich die Überwindung der Wirtschaftskrise, in welche die Bundesrepublik 1966 hineingerutscht war, und beispielweise die Notstandsgesetzgebung. Hinzu kamen Reformprojekte in vielen anderen Politikbereichen, ein nachhaltiger Veränderungswille, der nicht zuletzt aus dem in den 1960er Jahren herrschenden Geist der Machbarkeit und Steuerbarkeit erwuchs. Ein Drittel aller Grundgesetzänderungen aus der Zeit vor 1990 gehen auf das Konto der Regierung Kiesinger.[49]

Regierung der »kleinen Schritte«

Für die Regierung Merkel waren grundlegende Strukturreformen von Anfang an ausgeschlossen. Die Kanzlerin selbst beschrieb ihr Kabinett als eine Regierung der »kleinen Schritte«.[50] An eine umfassende und weitreichende Reformpolitik unter neoliberalen Auspizien, zu der sich die CDU noch 2003 auf ihrem Leipziger Parteitag bekannt hatte, war nach 2005 nicht mehr zu denken. Das Wahlergebnis der Union ließ sich nicht anders interpretieren als ein deutliches Votum der Wähler gegen einen neoliberalen Kurs. Aber auch die Koalition mit der SPD, einem Koalitionspartner, der nicht zuletzt unter dem Druck der »Linkspartei« in der Frage sozialpolitischer Reformen tief gespalten war, ja sich in offenen Flügelkämpfen aufrieb, verhinderte das.

Der Koalitionsvertrag von Union und SPD enthielt keine große Reformagenda, sondern war, in den Worten von Altbundeskanzler Helmut Schmidt, ein »monströses Stichwortverzeichnis« mit zahlreichen Einzelbestimmungen und ganz konkreten Gesetzesentwürfen, auf die sich die Unterhändler der Regierungsparteien in langwierigen Verhandlungen verständigt hatten. Für ein eher weit gefasstes »Gentlemen Agreement« wie 1966, das nur allgemeine Absichtserklärungen enthielt, mag es vier Jahrzehnte später keinen Spielraum gegeben haben. Die detaillierten Absprachen, die im Herbst 2005 getroffen wurden, spiegelten aber auch die Tatsache wider, dass über punktuelle Maßnahmen und pragmatische Veränderungen eher Einvernehmen zu erzielen war als über prinzipielle Leitlinien einer Reformpolitik. Sich darauf zu verständigen, hätte sowohl zwischen als auch innerhalb der einzelnen Parteien zu schweren Spannungen geführt.

Das Konfliktpotential in der Koalition war groß. Aus diesem Grund enthielt der Koalitionsvertrag auch präzise Regelungen zur Zusammenarbeit, und zwar sowohl auf der Ebene der Parteien als auch auf der Ebene der Bundestagsfraktionen und des Kabinetts selbst. Als eigentliches Führungs- und Steuerungsgremium sollte ein formaler Koalitionsausschuss aus Kanzlerin und Vizekanzler, den Vorsitzenden der Bundestagsfraktionen (einschließlich des Landesgruppenvorsitzenden der CSU im Bundestag) sowie den Parteivorsitzenden (sofern diese nicht bereits in anderer Funktion vertreten waren) wirken. Im Laufe der Zeit wurde das Gremium immer größer, bezog einzelne Minister mit ein, die Generalsekretäre der Parteien und die parlamentarischen Geschäftsführer der Fraktionen. Das lähmte den Ausschuss, der seine politische Steuerungsfunktion kaum noch wahrnehmen konnte. In der Folge bildeten sich kleinere Entscheidungsgremien, beispielsweise die »Vierergruppe« aus Parteivorsitzenden und Vizekanzler, die gegebenenfalls noch durch die Fraktionsvorsitzenden zur »Siebenergruppe« erweitert werden konnte. Sie tagten informell, was ihren Einfluss aber nicht schmälerte.[51]

Die Bundeskanzlerin war in diese Gremien eingebunden, ihre Richtlinienkompetenz im Sinne des Grundgesetzes durch die Funktionsweise der Großen Koalition faktisch beschränkt. Angela Merkel wusste, dass klare politische Positionsnahmen und Richtungsentscheidungen stets das Risiko bargen, vom Wähler missbilligt zu werden. Das veranlasste die Kanzlerin, aus der Not des Regierens in einer Großen Koalition zusammen mit einem beinahe gleich starken Partner eine Tugend zu machen, indem sie sich über weite Strecken auf eine eher moderierende Rolle beschränkte, was ihr von Kritikern als Taktieren ausgelegt wurde. Auch Kurt Georg Kiesinger ist in seiner Zeit als Kanzler der ersten Großen Koalition als »wandelnder Vermittlungsausschuss« bezeichnet worden,[52] doch viel stärker als in den 1960er Jahren bestimmten nun Meinungsumfragen und die sich in ihnen spiegelnden Stimmungen das politische Handeln. So lag in der Beschränkung auf eine moderierende Rolle auch eine Chance, prinzipielle Festlegungen zu vermeiden und sich dadurch politische Flexibilität und Anpassungsfähigkeit zu bewahren. Die Bundeskanzlerin profitierte insgesamt von diesem halb aufgezwungenen, halb selbst gewählten Politikstil. Ihr kam nicht nur der traditionelle Kanzlerbonus zugute, sondern auch eine eher harmonistische Meinungslage in der Bevölkerung, die eine konsens- und kompromissorientierte Politik mehr schätzte als einen Kurs der Polarisierung und des Streits.

Bis in das letzte Jahr ihrer Legislaturperiode standen insbesondere die Wirtschafts- und Sozialpolitik der Großen Koalition unter der Prämisse der Haushaltskonsolidierung sowie des Abbaus der Arbeitslosigkeit. In ihrer ersten Regierungserklärung am 30. November 2005 sprach die Bundeskanzlerin davon, den Arbeits-markt fit zu machen und die Verschuldung zu bändigen. Damit schloss die Große Koalition an die Politik der rot-grünen Regierung an, für die Bundeskanzler Schrö-der vor allem in seiner eigenen Partei keine tragfähige Mehrheit mehr gefunden hatte. Aber auch der von den Unionsparteien beziehungsweise von Union und SPD dominierte Bundesrat hatte der rot-grünen Reformpolitik Grenzen gesetzt. Das war nun anders. Die Bildung einer Großen Koalition versprach, das Blockade-potential der Länderkammer zu überwinden. Nicht wenige führende Politiker aus Union und SPD rechtfertigten die Große Koalition sogar explizit mit diesem Argu-ment.[53] Die Möglichkeit zum »Durchregieren«, die Angela Merkel sich vor den Bundestagswahlen 2005 als Konsequenz eines Wahlsiegs von Union und FDP er-hofft hatte,[54] ergab sich aus der Bildung einer Großen Koalition aber nicht auto-matisch, im Gegenteil: Die Erweiterung des Parteienspektrums hat in den letzten Jahren zu ganz unterschiedlichen Regierungskoalitionen auf Länderebene geführt, in denen zwar Union oder SPD den stärkeren Partner stellen, deren Stimmverhal-ten im Bundestag aber von den kleineren Koalitionspartnern FDP, Grüne oder Linkspartei abhängt. Der Bundesrat bleibt also auch unter der Großen Koalition eine potentielle Vetomacht.

Dennoch bot sich nach 2005 angesichts der Mehrheitsverhältnisse in Bundes-tag und Bundesrat die Möglichkeit, eines der wichtigsten Vorhaben der Regierung durchzuführen: die Föderalismusreform. Waren die Aufgaben und Zuständigkei-ten von Bund und Ländern in der Bundesrepublik zunächst vergleichsweise klar getrennt gewesen, so hatte insbesondere die Reform der Finanzverfassung durch die erste Große Koalition nach 1966 mit der Einführung der so genannten Gemein-schaftsaufgaben zu einer starken Verschränkung der vertikalen Gewaltenteilung, also der Zuständigkeiten von Bund und Ländern, geführt. Diese Verflechtung hatte seither noch zugenommen, ja durch die Europäisierung wichtiger Politikbereiche eine zusätzliche Dimension erhalten. Die Föderalismusreform zielte vor diesem Hintergrund auf eine Aufgabenentflechtung. Bereits seit 2003 hatte eine »Kommis-sion von Bundestag und Bundesrat zur Modernisierung der bundesstaatlichen Ordnung« unter der Leitung des SPD-Bundestagsfraktionsvorsitzenden Münte-fering und des bayerischen Ministerpräsidenten Stoiber Vorschläge zu einer Föde-ralismusreform erarbeitet, aber keine umfassende Einigung erzielen können.

Die Große Koalition knüpfte an diese Vorarbeiten an und beschloss im Som-mer 2006 die so genannte Föderalismusreform I. Durch eine Reihe von Grundge-setzänderungen wurde vor allem die Zuständigkeitsverteilung zwischen Bund und Ländern klarer geregelt. Die Zahl der zustimmungspflichtigen Gesetze wurde, so

lauten Schätzungen, von etwa 60 auf 35 bis 40 Prozent gesenkt. Die Länder verzichteten auf einen Teil ihrer Mitwirkungsrechte in nationalen Gesetzgebungsverfah-
ren (beispielsweise im Bereich der Kernenergie, bei der Abwehr von Gefahren des
internationalen Terrorismus oder im Melde- und Ausweiswesen) und bekamen
dafür im Gegenzug alleinige Zuständigkeiten in anderen Bereichen (Strafvollzug,
Versammlungsrecht, Ladenschlusszeiten) zugesprochen. Die Rahmengesetzgebung
des Bundes entfiel völlig. Sie hatte in einer Vielzahl von Bereichen doppelte Gesetz-
gebungsverfahren auf Bundes- und Länderebene erforderlich gemacht und war
nicht zuletzt durch die Übertragung europäischer Normen in deutsches Recht an
die Grenzen ihrer Leistungsfähigkeit gelangt. Eine Föderalismusreform II wurde
Ende 2006 auf den Weg gebracht. Sie soll vor allem die Bund-Länder-Finanzbezie-
hungen neu ordnen und dafür Sorge tragen, dass sich Bund, Länder und Gemeinden in ihren Haushalten an den Verschuldungskriterien der Europäischen Union
orientieren (»Schuldenbremse«).[55] Im Zentrum der Föderalismusreform stehen
also die Beseitigung institutioneller Blockadepotentiale im politischen System der
Bundesrepublik sowie der Imperativ der Haushaltskonsolidierung.

In ihrer Reformpolitik knüpfte die Große Koalition im Großen und Ganzen
pragmatisch an ihre Vorgängerregierung an und hielt an den Zielen fest, die deren
Reformwerk geleitet hatten. Das zeigte die 2007 beschlossene Erhöhung des Ren-
teneintrittsalters von 65 auf 67 Jahre (ab 2012), die mit einer Erhöhung der Rentenversicherungsbeiträge einherging. In der Arbeitsmarktpolitik strebte man die weitere Reduzierung der Lohnnebenkosten an, beispielsweise durch die Senkung der
Beiträge zur Arbeitslosenversicherung, und schrieb prinzipiell auch die Politik des
Hartz-Programms fort. Allerdings wurden punktuell auch Korrekturen an den
zwischen 2002 und 2005 verabschiedeten Reformen vorgenommen, indem man
beispielsweise das »Arbeitslosengeld 1« älteren Arbeitslosen für einen längeren Zeitraum zugestand.

Zu einem Schwerpunkt der Reformtätigkeit der Großen Koalition wurde die
Familienpolitik, der insbesondere Bundesfamilienministerin Ursula von der Leyen
(CDU) ihren Stempel aufdrückte. Im Zentrum einer ganzen Reihe von Maßnahmen stand die politische Zielsetzung, den Geburtenrückgang und damit die negative demographische Entwicklung in Deutschland wenn schon nicht umzukehren,
so doch zumindest zu verlangsamen. Weil man die Entscheidung junger Frauen,
keine Kinder zur Welt zu bringen, mit der zunehmenden Berufstätigkeit und dem
Arbeitswunsch von Frauen in Verbindung brachte, sollte für diese die Möglichkeit
geschaffen werden, Familie und Beruf besser miteinander zu verbinden. Von
einem entsprechenden Angebot erhoffte man sich eine pronatalistische Wirkung.

Der Rechtsanspruch auf einen Krippenplatz für Kleinkinder unter drei Jahren (ab 2013) und das »Elterngeld« waren erste Schritte in diese Richtung. So soll das 2007 eingeführte Elterngeld verhindern, dass Eltern, die beide berufstätig sind, durch die beruflichen Aus-Zeiten eines Elternteils nach der Geburt eines Kindes finanzielle Einbußen erleiden. Die Auswirkung der familienpolitischen Maßnahmen auf die Geburtenrate bleibt abzuwarten.

Gerade in der Familienpolitik offenbarten sich immer wieder divergierende Meinungen innerhalb der Großen Koalition und selbst innerhalb der Unionsparteien. So wandte sich insbesondere die CSU gegen eine ihrer Ansicht nach abwertende Behandlung der Hausfrauenmutter, welche die gesetzgeberischen Vorhaben zur besseren Vereinbarkeit von Familie und Beruf erkennen ließen. Frauen dürften nicht in die Berufstätigkeit getrieben werden. In den informellen Gremien der Großen Koalition mündeten solche Divergenzen nicht selten in einer »Junktimpolitik«, was heißt, dass nicht sachliche Kompromisse gefunden, sondern unterschiedliche Interessen gleichzeitig bedient wurden. Beispielsweise verkoppelte man den Anspruch auf einen Krippenplatz und die Einführung eines Betreuungsgeldes – böse Zungen sprachen von »Herdprämie« – für Familien, die das Krippenangebot nicht wahrnehmen.[56]

Zäh und kleinteilig arbeiteten sich die Koalitionsparteien durch die Reformagenda, große Würfe gab es nicht. Vor diesem Hintergrund war Angela Merkel verständlicherweise daran gelegen, in der internationalen Politik Erfolge zu erzielen und durch internationales Prestige ihr Ansehen und ihre Beliebtheit im eigenen Land zu steigern. Außenpolitisch wurde vor allem 2007 das Jahr der Bundeskanzlerin, was sich nicht zuletzt dem Zufall verdankte, dass die Bundesrepublik zum 1. Januar 2007 sowohl die Ratspräsidentschaft der Europäischen Union als auch den Vorsitz der G8-Staaten übernahm. Im Juni 2007 versammelten sich im Ostseebad Heiligendamm die Staats- und Regierungschefs der acht wichtigsten Industrieländer der Welt. Abgeschirmt von der Öffentlichkeit, aber medial perfekt inszeniert, wurde hier über die Entwicklung der Weltwirtschaft und globale Probleme beraten. Die Bundeskanzlerin machte vor allem den Klimaschutz zu ihrem Thema, ein Feld, auf dem sie schon in den Jahren als Bundesumweltministerin Erfahrungen hatte sammeln können.

Kaum war der G8-Gipfel beendet, saß die Kanzlerin dem Europäischen Rat in Brüssel vor, wo sich die mittlerweile 27 Mitgliedsstaaten auf die Eckpunkte einer Reform der EU nach dem gescheiterten Projekt einer europäischen Verfassung verständigten. Bereits im Frühjahr hatte die Bundesregierung zu einem großen EU-Gipfel aus Anlass des 50. Jahrestags der Unterzeichnung der Römischen Verträge nach Berlin eingeladen. »Wir Bürgerinnen und Bürger der Europäischen Union sind zu unserem Glück vereint«, lautete der Kernsatz der »Berliner Erklärung« vom 25. März 2007. Es gelang jedoch nur mit Mühe, die Spannungen und Meinungsunterschiede zwischen den Regierungen in der Frage der Zielperspektive der europäischen Integration, ihrer Finalität, aber auch bei den Modalitäten europäischer Politik zu kaschieren. Aber Angela Merkel präsentierte sich als eine Politikerin von europäischem Rang, die sich mit den Staats- und Regierungschefs der großen europäischen Nationen, aber auch der Vereinigten Staaten, auf gleicher Augenhöhe befand. Sie profitierte allerdings davon, dass sich in Europa der britische Premier Tony Blair und der französische Präsident Jacques Chirac dem Ende ihrer Amtszeit näherten und dass auch US-Präsident Bush in der letzten Phase seiner Amtszeit immer mehr an Führungsstärke verlor.

Schon 2006 hatte die in Deutschland ausgetragene Fußball-Weltmeisterschaft deutschen Spitzenpolitikern Gelegenheit gegeben, sich einem globalen Publikum zu präsentieren. Die Bundeskanzlerin ließ kaum ein Spiel der deutschen Nationalmannschaft aus. Sie kam nun in den Genuss der Popularitätsprämie, auf die ihr Amtsvorgänger Schröder im Vorfeld der ursprünglich für 2006 vorgesehenen Bundestagswahlen gehofft hatte. Auch jenseits solcher Kalküle lösten die heitere Atmosphäre während des internationalen Fußballturniers in einem Jahrhundertsommer sowie die Erfolge der jungen deutschen Mannschaft, die es zwar nicht ins Finale, aber dank aufopferungsvoller spielerischer Leistungen immerhin auf den dritten Platz brachte, eine Stimmung in Deutschland aus, in der die Probleme des Landes für einen Moment in Vergessenheit, zumindest aber in den Hintergrund gerieten. Auf den Fanmeilen der Großstädte und bei den Freilichtübertragungen überall in der Republik herrschte eine Ausgelassenheit, wie man sie lange nicht erlebt hatte. Ein »unverkrampfter« – wie es Bundespräsident Herzog einst genannt hatte – Umgang mit den deutschen Nationalsymbolen gehörte zu den Begleiterscheinungen der Weltmeisterschaft. Ost- und Westdeutsche schmückten ihre Autos, Balkone und Gärten mit schwarz-rot-goldenen Fahnen. Anders als die Gewerkschaft Erziehung und Wissenschaft (GEW), die reflexartig den Nationalismus des Fahnenmeers kritisierte und bei der Gelegenheit sogleich die Abschaffung der deutschen Nationalhymne forderte, werteten die meisten Beobachter im In- und Ausland den schwarz-rot-goldenen Enthusiasmus als Ausdruck eines nicht mehr aggressiven, sondern eines unpolitischen und entspannten Nationalgefühls einer weltoffenen Gesellschaft.

Neue Unsicherheit

In der Retrospektive könnte man den kollektiven Enthusiasmus der Deutschen im Sommer 2006 als unbewusste Reaktion auf wachsende Ängste und Verunsicherungen deuten. Zu dieser Verunsicherung trugen globale Probleme wie der Klimawandel und die Gefährdung der natürlichen Lebensgrundlagen des Menschen ebenso bei wie die Bedrohung durch den internationalen Terrorismus. Doch die Hauptursache für das sich immer weiter ausbreitende Gefühl der Verunsicherung, für die Wiederkehr der Unsicherheit, waren Massenarbeitslosigkeit, die sich immer weiter öffnende Schere zwischen Arm und Reich sowie die schwindende Aussicht auf berechenbare Lebensläufe und insbesondere Arbeitsbiographien.

Der Umbau der sozialen Sicherungssysteme, der angesichts der demographischen Entwicklung und der finanziellen Belastung der öffentlichen Haushalte und der Sozialkassen gar nicht zu umgehen war, verstärkte diese Verunsicherung. Es erhob sich die bange Frage, ob soziale Risiken wieder zunehmend entkollektiviert würden und dem Individuum überlassen blieben. Flexibilisierung und Entstandardisierung, Begriffe aus dem neoliberalen Wortschatz, mögen den Fähigkeiten und Möglichkeiten des Einzelnen besser gerecht werden, doch sie erhöhen die Unsicherheit. Nicht nur in den Sozialwissenschaften, auch in den Feuilletons und in der politischen Debatte ist zunehmend von einer »gespaltenen Gesellschaft« die Rede, von einer »neuen Klassengesellschaft«.[57] Dabei geht es nicht nur um Arm und Reich, sondern um die wachsende Kluft zwischen denjenigen, die in die Gesellschaft integriert sind und auf Grund ihrer finanziellen Verhältnisse sich dort auch behaupten können einerseits und denjenigen Bevölkerungsgruppen andererseits, die zunehmend an den Rand gedrängt werden, die eine neue Unterschicht bilden oder den Abstieg in dieselbe fürchten müssen. Von den »Ausgeschlossenen« ist immer häufiger die Rede, den »Entbehrlichen« oder »Überflüssigen«, den »Prekären« beziehungsweise dem »Prekariat«.[58]

Die Bundesrepublik und andere westliche Industriegesellschaften stehen hier vor einer Herausforderung, deren soziale und politische Bedrohlichkeit nicht zu unterschätzen ist. Auf dem Spiel steht nicht weniger als der soziale Frieden und der Zusammenhalt einer Gesellschaft, der – das wird gerade am Beispiel der Bundesrepublik deutlich – nicht zuletzt dadurch garantiert wird, dass diese Gesellschaft sich zur Mitte hin orientiert und dass die über Jahrzehnte hinweg entstandenen beziehungsweise ausgebauten Systeme sozialer Sicherung breiten Bevölkerungsschichten die Zugehörigkeit zu dieser Mitte ermöglichen. Diese gesellschaftliche Grundkonstruktion ist unter dem Druck der Globalisierung und durch die Folgen der deutschen Einheit ins Wanken geraten. Die Armut war auch in der alten Bundesrepublik nie ganz verschwunden, aber sie war ein marginales Problem, das nur eine kleine Randgruppe betraf. In der Bundesrepublik der Gegenwart ist sie nicht mehr marginal, und für immer mehr arme Menschen schwindet die Hoffnung, ihr jemals wieder zu entkommen.

Soziologen machen bereits den Übergang von »marginaler« zu »disqualifizierender« Armut aus, da immer mehr Menschen aus der »produktiven Sphäre« hinausgeschleudert werden und »hinsichtlich ihrer Einkommens-, Wohnungs- und Gesundheitssituation mit immer prekärer werdenden Situationen zu kämpfen« haben.[59] Die »Prekarier«, wie man sie nennt, sind eine unabhängig von der konjunkturellen Entwicklung expandierende Gruppe, der über längere Zeit hinweg nichts anderes als unsichere, niedrig entlohnte und gesellschaftlich gering angesehene Arbeiten angeboten werden, also längst nicht allein oder hauptsächlich Arbeitslose.[60] Die Zahl der Beschäftigten im Niedriglohnsektor, der sich durch die Flexibilisierung und Entstandardisierung des Arbeitsmarkts ausgeweitet hat, hat in Deutschland in den letzten Jahren deutlich zugenommen, allerdings noch nicht die englischen oder amerikanischen Werte erreicht. Zwischen 1995 und 2007 stieg der Anteil der Geringverdienenden um 43 Prozent, 6,5 Millionen Menschen waren Ende 2007 im Niedriglohnsektor beschäftigt und damit 22 Prozent aller abhängig Beschäftigten.[61] Vor diesem Hintergrund findet die Debatte über die Einführung von Mindestlöhnen statt, die aus neoliberaler Sicht als ordnungspolitischer Fehler kritisiert, von ihren Befürwortern aber als Mittel zur Verhinderung von Armut verteidigt werden.

Die gesellschaftliche Mitte in Deutschland ist von der neuen Unsicherheit erfasst. Sozialer Abstieg und Deklassierung sind keine Rand- und Ausnahmephänomene mehr, sondern lassen sich breit beobachten und betreffen immer häufiger auch Angehörige der Mittelschicht. Ob die auf den Soziologen Karl Martin Bolte zurückgehende und vielfach angeführte »Zwiebel« der Sozialstruktur Deutschlands schlanker wird, womöglich gar zu einer »Sanduhr«, oder ob die Mitte ihren gesellschaftlichen Status zu verteidigen imstande sein wird, ist eine offene Frage.[62] Politische Folgen aber werden die Entstehung einer neuen Unterschicht und die Verunsicherung der Mittelschicht zweifellos haben. Schon jetzt zeigen Wahlanalysen, dass die großen Parteien in den unteren Schichten an Zustimmung verlieren.[63] Kann bei Wahlergebnissen, die für SPD und CDU in manchen Ländern nur noch um 30 Prozent und zum Teil sogar darunter liegen, wirklich noch von Volksparteien die Rede sein? Und was bedeuten solche Entwicklungen für Koalitionsbildungen, Handlungsfähigkeit und Stabilität von Regierungen? Die Bundesrepublik steht hier vor Herausforderungen, denen mit dem schlichten Verweis auf ihre Erfolgsgeschichte seit 1949 nicht zu begegnen ist. Das Problem liegt ja gerade darin, dass jene politischen, gesellschaftlichen und wirtschaftlichen Konstellationen, welche die Erfolgsgeschichte der frühen Bundesrepublik ermöglichten, sich seit den 1970er Jahren transformiert haben und heute nicht mehr existieren.

Die Finanzmarktkrise des Jahres 2008, die sich in atemberaubendem Tempo zu einer schweren weltweiten Wirtschaftskrise ausgeweitet hat und einen Konjunktureinbruch zu verursachen droht, der in der Geschichte der letzten Jahrzehnte seinesgleichen sucht, ist also mitnichten der Auslöser jener Erschütterungen in Politik und Gesellschaft, die freilich im Schatten der Krise noch intensiver wahrgenommen werden. Für eine historische Analyse und Einordnung der dramatischen Krisendynamik seit 2008 ist es viel zu früh, aber so viel ist sicher: Der Zusammenbruch der internationalen Finanzmärkte, der Schockwellen um die Welt sandte und dessen Auswirkungen nicht auf Kapitalmärkte und Investmentbanken beschränkt blieben, kam nicht aus heiterem Himmel. Er entwickelte sich aus dem digitalen Finanzmarkt-Kapitalismus heraus, also aus jenem technisch-ökonomischen System, das sich global mit unglaublicher Geschwindigkeit und Dynamik seit den 1990er Jahren herausgebildet hat. Nur so konnte aus einer Krise des amerikanischen Immobilienmarkts binnen kürzester Zeit eine weltweite Finanzmarktkrise werden, die den Geldmarkt, über den sich Banken mit Kapital versorgen, zusammenbrechen ließ, zahlreiche Banken ruinierte und schließlich auf die Wirtschaft übergriff.

Weltweit sind seit Beginn des Jahrzehnts Finanzprodukte gehandelt worden, die zwar hohe Renditen versprachen, die aber keinen echten Gegenwert besaßen. In diese Finanzprodukte waren vor allem amerikanische Immobilienkredite eingegangen, so genannte Subprime-Darlehen, die über Jahre hinweg von amerikanischen Hypothekenbanken an im Grunde nicht solvente Immobilienkäufer ausgegeben worden waren. Vorboten der Krise gab es schon 2007, als erste Banken in Amerika und Europa in bedrohliche Schieflagen gerieten und einige sogar zusammenbrachen. Mit Notfallkrediten versuchten die Zentralbanken, in Bedrängnis geratene Bankhäuser zu stützen, mit dem englischen Geldinstitut Northern Rock wurde im Februar 2008 erstmals ein Geldinstitut verstaatlicht. Auch deutsche Bankhäuser, unter ihnen Riesen wie die Deutsche Bank und die Commerzbank, schreiben gewaltige Verluste. Führende Investmentbanken wie Lehman Brothers und Merrill Lynch sind pleite. Die Notenbanken pumpen Milliardenbeträge in die Finanzmärkte, um weitere Zusammenbrüche und einen völligen Kollaps der Kapitalmärkte zu verhindern, doch die Stabilisierung gelingt nicht. Allenthalben werden Erinnerungen an die Weltwirtschaftskrise der frühen 1930er Jahre und deren soziale und politische Folgen heraufbeschworen. Das historische Argument hat mit dazu beigetragen, dass im Herbst 2008 insbesondere die USA und die europäischen Staaten präzedenzlose Rettungspakete schnürten, um einen Totalzusammenbruch des international verflochtenen Bankensystems zu verhindern. Der amerikanische Kongress stellte die unvorstellbare Summe von 700 Milliarden Dollar zur Verfügung, um amerikanische Banken zu stützen. Auf Initiative der Bundesregierung verabschiedeten Bundestag und Bundesrat im Eilverfahren ein Rettungspaket in Höhe von 500 Milliarden Euro, das Kapitalspritzen und Bundesbürgschaften ermöglicht, um den Banken das Überleben zu sichern und das Kreditgeschäft zu stabilisieren. Kommentatoren sprechen von Notstandsgesetzen und vergleichen die Geschwindigkeit und die Dimension des staatlichen Handelns mit den Reaktionen auf den Terrorismus der 1970er Jahre.[64]

Dem globalen »Turbo-Kapitalismus« und insbesondere dem ungebremsten und ungezügelten Finanzmarktkapitalismus, der sich völlig unreguliert unter dem ideologischen Primat der Marktfreiheit und der Selbstregulierungskraft von Märkten – befördert durch die neoliberale Politik der USA seit Ronald Reagan und Großbritanniens seit Margaret Thatcher – hatte durchsetzen können, versetzte die Finanzkrise den Todesstoß. Eine Rückkehr zum Status quo ante scheint ausgeschlossen. Nichts zeigt das deutlicher als die Verstaatlichung von Banken in den USA und England. Dass sich in der Stunde der Krise Politiker wie der englische Premierminister Gordon Brown, die an der politischen Durchsetzung eines weitgehend regelfreien Finanzkapitalismus entscheidenden Anteil hatten, als Retter in der Not darstellen und in Bankern und Finanzunternehmern die Schuldigen der Krise identifizieren, entbehrt nicht der Ironie. Von der Rückkehr des Staates und der Politik – von Vertretern der reinen neoliberalen Lehre längst totgesagt – ist die Rede, von der Verantwortung des Staates für die Stabilität der politischen und gesellschaftlichen Ordnung. Die aber hängt eben auch – das zeigt die Geschichte der Bundesrepublik seit ihren Anfängen – an der wirtschaftlichen Entwicklung, und schon deshalb ist der Staat nicht tot, die Zeit einer notfalls intervenierenden Politik nicht vorbei.

Das bedeutet nicht das Ende von Märkten, nicht das Ende der Marktwirtschaft und nicht das Ende des Kapitalismus, und man muss auch nicht unbedingt von einer Rückkehr des Keynesianismus sprechen. Aber das Verhältnis von Staat und Markt, von Wirtschaft und Gesellschaft wird neu diskutiert und neu justiert. Ob der in reinen Marktkategorien denkende Ökonomismus, der in den letzten Jahren nicht nur die deutsche Gesellschaft erfasst, ja beherrscht hat und Bereiche wie Bildung und Wissenschaft dem Primat ökonomischer Rechenhaftigkeit und Gewinn-orientierung unterworfen hat, auf Dauer Bestand haben wird, kann bezweifelt werden. Im Januar 2009 brachte die Bundesregierung das größte Konjunkturpaket in der Geschichte der Bundesrepublik auf den Weg, um gegen die durch die Finanzkrise ausgelöste Rezession anzukämpfen, um einen Einbruch von Konsum und Produktion, einen Investitionsstillstand und ein Emporschnellen der Arbeits-losigkeit zu verhindern. Mit dem bevorstehenden Bundestagswahlkampf allein ist dieses gewaltige Konjunkturprogramm, das nicht nur die Haushaltskonsolidie-rung vereitelt, sondern auch künftigen Generationen eine riesige Schuldenlast auf-bürdet, nicht zu erklären. Es geht um mehr. Es geht um die Stabilisierung des Gemeinwesens und den Zusammenhalt der Gesellschaft. Es geht um Vertrauen in die Politik, und es geht um das Schutzversprechen des Staates. Es geht um Sicherheit.

ANHANG

Dank

Dieses Buch ist an zwei Orten entstanden: in Marburg und in Cambridge. Die Idee wurde in Marburg geboren, über mehrere Jahre hinweg nahm sie dort in vielen Gesprächen, nicht zuletzt in meinen Lehrveranstaltungen und in meinem Oberseminarkreis, Gestalt an. Ich bewege mich an der Philipps-Universität in einem akademischen Umfeld, dem ich vielfältige Anregungen verdanke. Geschichte ist in Marburg noch eine Buchwissenschaft. Dies ist heutzutage alles andere als selbstverständlich.

Meine Überlegungen zu diesem Buch habe ich aber nicht nur in Marburg, sondern an vielen anderen Orten zur Diskussion gestellt und dabei stets wertvolle Impulse empfangen. Anselm Doering-Manteuffel (Tübingen) ist seit vielen Jahren ein kritischer Gesprächspartner und hat mich immer wieder in meinem Vorhaben bestärkt. Ein längerer Aufenthalt am Deutschen Historischen Institut in London gab mir Gelegenheit, meine Ideen zu bündeln. Für die Aufnahme in dem wunderbaren Haus am Bloomsbury Square danke ich sehr.

Ein Buch zu schreiben, erfordert Zeit. Im Universitätsalltag des beginnenden 21. Jahrhunderts, zwischen Bologna-Prozess und Exzellenzanstrengungen, ist diese Ressource knapp. Der Initiative »Pro Geisteswissenschaften«, getragen von der Volkswagen-Stiftung, der Fritz-Thyssen-Stiftung und der Zeit-Stiftung, bin ich daher sehr zu Dank verpflichtet für eine großzügige Förderung im Rahmen ihres Programms »Opus magnum«. Es ist das richtige Förderformat zur richtigen Zeit, weil es sich auf den Kern geisteswissenschaftlicher Forschung besinnt. Julia Angster und Dominik Geppert haben während der durch »Opus magnum« ermöglichten Freistellung meinen Lehrstuhl vertreten. Dafür danke ich ihnen.

Den größten Teil dieses Buches habe ich im akademischen Jahr 2007/08 an der Universität Cambridge geschrieben, wo mich Sidney Sussex College und Clare Hall als Visiting Fellow aufgenommen haben. Beiden Colleges schulde ich großen Dank. Unter Arbeitsbedingungen, wie man sie sich nur wünschen kann, und in einer intellektuell pulsierenden Atmosphäre ist Kapitel um Kapitel entstanden. Aus der Distanz, so habe ich vielfach erfahren, schärft sich der Blick auf Deutschland und die deutsche Geschichte. Tim Blanning, der mir auch in Cambridge geholfen hat, Fuß zu fassen, sowie Richard J. Evans und Christopher Clark haben mich in ihr Montagsseminar zur *Modern European History* aufgenommen. An die sich dem Seminar anschließenden Gespräche im »Pizza Express« denke ich mit Vergnügen zurück.

Zu danken habe ich meinem Verlag. Stefan Ulrich Meyer hat sich das Projekt in seiner Entstehungsphase zu eigen gemacht. Mit ebenso großem Interesse hat sich Hanna Leitgeb später seiner angenommen. Ditta Ahmadi, meiner Lektorin, danke ich für eine wunderbare Kooperation unter immer größerem Zeitdruck in der Schlussphase des Unternehmens. Ihr verdankt dieses Buch viel mehr als nur einen letzten Schliff. Meine Marburger Mitarbeiterinnen Wencke Meteling und Andrea Wiegeshoff haben das Manuskript gelesen und mir durch ihre Kritik viel Arbeit gemacht. Dafür danke ich ihnen. Ferner stehe ich in der Schuld von Anna Britschock sowie der studentischen Hilfskräfte, die mir in den letzten Jahren zugearbeitet und mich insbesondere in der Schlussphase mit hoher Motivation unterstützt haben.

Meine Familie hat dieses Buch von Anfang an begleitet. Nun ist Papas Buch fertig! Es verdankt meiner Frau Vanessa, die den Text selbstverständlich auch gelesen und kritisch kommentiert hat, und unseren Kindern Mathilde, Leopold und Hugo mehr, als sich an dieser Stelle in Worte fassen lässt, und daher ist es ihnen gewidmet.

Eckart Conze
Cambridge, Clare Hall, im Februar 2009

Abkürzungen

Anmerkungen

Anmerkungen zur Perspektive

1 Rothfels: »Zeitgeschichte als Aufgabe«, in: *VfZ* 1, 1953, 1–8.
2 Vgl. Rödder: »Das ›Modell Deutschland‹ zwischen Erfolgsgeschichte und Verfallsdiagnose«, in: *VfZ* 54, 2006, 345–363, hier 346.
3 Schwarz: »Die ausgebliebene Katastrophe. Eine Problemskizze zur Geschichte der Bundesrepublik«, in: Rudolph/Eschenburg (Hg.): *Den Staat denken*, 151–174; vgl. auch Naumann: »Einleitung«, in: ders. (Hg.): *Nachkrieg in Deutschland*, 9–26.
4 Wolfrum: *Die geglückte Demokratie*, 17.
5 Bracher u. a.: »Vorbemerkung der Herausgeber«, in: Eschenburg: *Jahre der Besatzung 1945–1949*, 7–9, hier 7.
6 Fest: »Die deutsche Frage. Das offene Dilemma«, in: Jäger/Link: *Republik im Wandel 1974–1982*, 433–446, hier 446. Erst 20 Jahre später erschien, wenn auch in anderer Aufmachung, der sechste Band der Gesamtdarstellung, der nunmehr bis ins Jahr 1990 führt; Wirsching: *Abschied vom Provisorium*.
7 Burckhardt: *Briefe*, Bd. 5, 184 (Brief an Friedrich von Preen, 31.12.1872).
8 Wirsching: *Abschied vom Provisorium*, 695.
9 Winkler: *Der lange Weg*, 2 Bde.
10 Schildt: *Ankunft im Westen*, 9; so lese ich auch Wehler: *Deutsche Gesellschaftsgeschichte*, Bd. 5.
11 Zur Westernisierung Doering-Manteuffel: *Wie westlich*; ders.: »Westernisierung. Politisch-ideeller und gesellschaftlicher Wandel in der Bundesrepublik bis zum Ende der 60er Jahre«, in: Schildt u. a. (Hg.): *Dynamische Zeiten*, 311–341; zur Liberalisierung Herbert (Hg.): *Wandlungsprozesse*; zur Zivilisierung Jarausch: *Die Umkehr*.
12 Vgl. Hockerts: »Deutung der Deutung von Deutung. Chancen und Risiken der Kulturgeschichte«, in: Frei (Hg.): *Was heißt*, 92–98, hier 98.
13 Vgl. Rödder: »Das »Modell Deutschland«, in: *VfZ* 54, 2006, 345–363; Schwarz (Hg.): *Die Bundesrepublik Deutschland*.
14 Naumann: »Die Historisierung der Bonner Republik. Zeitgeschichtsschreibung in zeitdiagnostischer Absicht«, in: Mittelweg 36/3, 2000, 53–67, hier 53; Hockerts: »Vom Problemlöser zum Problemerzeuger. Der Sozialstaat im 20. Jahrhundert«, in: *AfS* 47, 2007, 3–29.
15 Kaufmann: »Der Sozialstaat als Prozess. Für eine Sozialpolitik zweiter Ordnung«, in: Ruland u. a. (Hg.): *Verfassung, Theorie und Praxis*, 307–322; vgl. dazu Hockerts: »Deutung der Deutung von Deutung«, in: Frei (Hg.): *Was heißt*, 92–98, hier 94.

16 Naumann: »Die Historisierung der Bonner Republik«, in: *Mittelweg 36/3*, 2000, 53–67, hier 64.

17 Ritter: *Der Preis der deutschen Einheit.*

18 Sabrow: »Die DDR im nationalen Gedächtnis«, in: Baberowski u. a.: *Geschichte ist immer Gegenwart*, 91–111, hier 99.

19 Gespräch mit H.-U. Wehler, in: *Blätter für deutsche und internationale Politik 2*, 2000, 166–176, hier 167.

20 Meine konzeptionellen Überlegungen dazu habe ich ausführlicher dargelegt in Conze: »Sicherheit als Kultur. Überlegungen zu einer ›modernen Politikgeschichte‹ der Bundesrepublik Deutschland«, in: *VfZ* 53, 2005, 357–380.

21 Regierungserklärung von Bundeskanzler G. Schröder vor dem Deutschen Bundestag am 29.10.2002, abgedruckt in: *Bulletin des Presse- und Informationsamts der Bundesregierung*, Nr. 85–1, 29.10.2002.

22 Grundsatzprogramm der CDU Deutschlands: *Freiheit und Sicherheit. Grundsätze für Deutschland* (Hannover 2007), in: <http://www.grundsatzprogramm.cdu.de/>; sowie Grundsatzprogramm der CDU Deutschlands: *Freiheit in Verantwortung* (Hamburg 1994), Bonn 1994.

23 Siehe beispielsweise Bonacker/Bernhardt: »Von der ›security community‹ zur ›securitized community‹. Zur Diskursanalyse von Versicherheitlichungsprozessen am Beispiel der Konstruktion einer europäischen Identität«, in: Siedschlag (Hg.): *Methoden der sicherheitspolitischen Analyse*, 219–243; Waever: »Securitization and Desecuritization«, in: Lipschutz (Hg.), *On Security*, 46–86.

24 Vgl. dazu den begriffsgeschichtlichen Überblick bei Conze: »Sicherheit, Schutz«, in: Brunner u. a. (Hg.): *Geschichtliche Grundbegriffe*, Bd. 5, 831–862, hier v. a. 837–843; siehe aber auch Reinhard: *Geschichte der Staatsgewalt*, insbesondere 113–122.

25 Castel: *Die Stärkung des Sozialen*, 10 u. 54; vgl. auch: Dyck/Lessenich: »Unsichere Zeiten. Die paradoxale ›Wiederkehr« der Unsicherheit‹, in: *Mittelweg 36/5*, 2008, 13–45.

26 Zweig: *Die Welt von Gestern*, 17.

27 Rundfunkansprache K. Adenauers vom 25.12.1958, abgedruckt in: *Bulletin des Presse- und Informationsamtes der Bundesregierung*, Nr. 238, 30.12.1958, 2375.

28 Kaufmann: *Sicherheit*, 341; vgl. auch ders.: »Sicherheit. Das Leitbild beherrschbarer Komplexität«, in: Lessenich (Hg.): *Wohlfahrtsstaatliche Grundbegriffe*, 73–104.

29 Dazu aus rechtswissenschaftlicher und rechtshistorischer Perspektive Kötter: *Pfade des Sicherheitsrechts.*

30 Vgl. beispielsweise Bonß: »Die gesellschaftliche Konstruktion von Sicherheit«, in: Lippert u. a. (Hg.), *Sicherheit*, 21–41, hier 21.

31 Vgl. Kaufmann: *Sicherheit*, 29.

32 Isensee: *Das Grundrecht auf Sicherheit.*

33 Dazu beispielsweise Hassemer: »Zum Spannungsverhältnis von Freiheit und Sicherheit. Drei Thesen«, in: *Vorgänge 41*, 2002, 10–15; Vec: »Freiheit unter Verdacht. Vom Wandel des Staates im Zeichen der Sicherheit«, in: *Blätter für deutsche und internationale Politik 8*, 2007, 957–966; oder Sofsky: *Das Prinzip.*

34 Vgl. Kaufmann: *Sicherheit*, 157; sowie Frei/Gaupp: »Das Konzept »Sicherheit«. Theoretische Aspekte«, in: Schwarz (Hg.), *Sicherheitspolitik*, 3–16.

35 Koselleck: »›Erfahrungsraum‹ und ›Erwartungshorizont‹ – zwei historische Kategorien«, in: ders.: *Vergangene Zukunft*, 349–375.

36 Lübbe: »Die schwarze Wand der Zukunft«, in: Fischer (Hg.): *Auf der Suche*, 17–31.
37 Siehe ebd. 19; sowie Dinges/Sack: »Unsichere Großstädte?«, in: dies.: *Unsichere Groß-
    städte?*, 9–65, hier 14f.; vgl. auch Jonas: *Das Prinzip Verantwortung*, 7f., Jonas spricht in die-
    sem Zusammenhang von der »Heuristik der Furcht«.
38 Zweig: *Die Welt von Gestern*, 21.

Teil I
(1945–1949)

1 Kästner: *Notabene 45. Ein Tagebuch*, 83 (Tagebucheintrag, 27.2.1945).
2 Mausbach: *Zwischen Morgenthau und Marshall*.
3 Mitteilung über die Dreimächtekonferenz von Berlin (Potsdamer Protokoll), 2.8.1945, ab-
    gedruckt in: *Rechtsstellung Deutschlands. Völkerrechtliche Verträge und andere rechtsgestal-
    tende Akte*, München 1985, 21–34, hier 24.
4 Wojak (Hg.): »*Arisierung*« *im Nationalsozialismus*.
5 Siehe Gellately: *Hingeschaut und weggesehen*; Longerich: »*Davon haben wir nichts gewusst!*«;
    Bajohr/Pohl: *Der Holocaust*.
6 Zit. nach Wirsching: »8. Mai und 27. Januar 1945: Zwei Tage der Befreiung?«, in:
    Conze/Nicklas (Hg.): *Tage deutscher Geschichte*, 239–255, hier 240.
7 Meinecke: *Die deutsche Katastrophe*, 173–177.
8 Thomas Mann: Ansprache vor Hamburger Studenten am 8.6.1953, in: ders.: *Gesammelte
    Werke*, Bd. 17, Frankfurt a.M. 1986, 809–811.
9 Vgl. Schildt: *Die Sozialgeschichte der Bundesrepublik Deutschland*, 1f.
10 Elefanten Press (Hg.): *Trümmer. Träume. Truman*, 21 (Tagebucheintrag Petra S., 2.5.1945).
11 Dazu jetzt Zierenberg: *Stadt der Schieber*.
12 Henke: *Die amerikanische Besetzung*; vgl. auch ders.: »Der freundliche Feind. Amerikaner
    und Deutsche 1944/45«, in: Oberreuter/Weber (Hg.): *Freundliche Feinde?*, 41–50.
13 Doering-Manteuffel: *Wie westlich*.
14 So die amerikanische Journalistin Janet Flanner im Dezember 1945, zit. nach Weinke: *Die
    Nürnberger Prozesse*, 7.
15 Siehe Safferling/Reginbogin (Hg.): *Die Nürnberger Prozesse*.
16 Weinke: *Die Nürnberger Prozesse*.
17 Frei: »Von deutscher Erfindungskraft. Oder: Die Kollektivschuldthese in der Nachkriegs-
    zeit«, in: ders.: *1945 und Wir*, 145–155, hier 154.
18 Kleßmann: *Die doppelte Staatsgründung*; vgl. auch Niethammer: *Die Mitläuferfabrik*.
19 Ullrich: *Einsatzgruppen-Täter*, 77.
20 Zum Preußen-Bild der Alliierten siehe Clark: *Preußen*, 761–773.
21 Winston S. Churchill: *Peace and War. Collected Speeches, 1897–1967*, London 1980.
22 Maier: »Die konzeptuellen Grundlagen des Marshall-Plans«, in: Haberl/Niethammer
    (Hg.): *Der Marshallplan*, 47–58.
23 Hanrieder: *West German Foreign Policy*; verwandt ist der Begriff »duale Eindämmung« bei
    Schwartz: *Die Atlantikbrücke*, 425 u. 525f.
24 Conze: »Hegemonie durch Integration? Die amerikanische Europapolitik und ihre Her-
    ausforderung durch de Gaulle«, in: *VfZ* 43, 1995, 297–340; vgl. auch Lundestad: »*Empire*«
    by Integration.
25 Frankfurter Dokumente, 1.7.1948, abgedruckt in: *Dokumente des geteilten Deutschland*.

Quellentexte zur Rechtslage des Deutschen Reiches, der Bundesrepublik Deutschland und der Deutschen Demokratischen Republik, Stuttgart 1976, 88–90.

26 Vgl. Pommerin: *Von Berlin nach Bonn.*
27 Siehe dazu Schwarz: *Adenauer. Der Aufstieg*, 582–600.
28 Dazu jetzt umfassend Ullrich: *Der Weimar-Komplex.*

Teil II.1
(1949 – 1957)

1 Bahr: *Der deutsche Weg*, 137.
2 Schröder, Gerhard: »Für eine kooperative Weltordnung. Interview«, in: *Internationale Politik 58*, 9/2003, 13–18.
3 Regierungserklärung K. Adenauer, in: *Verhandlungen des Deutschen Bundestages*, 1. Wahlperiode, 20.9.1949, 29.
4 Adenauer: *Erinnerungen*, Bd. 1, 97f.
5 Haftendorn: *Deutsche Außenpolitik*, 14; Bredow: *Außenpolitik*, 64–66; vgl. auch Paulmann: *Haltung der Zurückhaltung.*
6 Baring: *Außenpolitik*, 1; Haftendorn: *Deutsche Außenpolitik*, 17.
7 Link: *Die Außenpolitik*, 571.
8 Haftendorn: *Deutsche Außenpolitik*, 452 (Anm. 1); zum Versailles-Syndrom siehe Schulze, Hagen: »Versailles«, in: François/Schulze (Hg.): *Erinnerungsorte*, Bd. 1, 407–421.
9 Görtemaker: *Geschichte der Bundesrepublik Deutschland*, 83.
10 Hacke: *Außenpolitik*, 55.
11 Vgl. Doering-Manteuffel: *Wie westlich*, 16.
12 Köhler, Henning: *Adenauer und die rheinische Republik. Der erste Anlauf 1918–1924*, Opladen 1986.
13 Schwarz: *Adenauer. Der Aufstieg*, 202–229.
14 Ebd..
15 Hacke: *Außenpolitik*, 39–49.
16 Spaak, zit. nach Hacke: *Außenpolitik*, 53.
17 Kaiser, zit. nach Hacke: *Außenpolitik*, 33f. Vgl. Hacke (Hg.): *Wir haben Brücke zu sein*; Conze: *Jakob Kaiser.*
18 Die Gegenüberstellung von »Am Anfang war Adenauer« und »Am Anfang waren die Alliierten« krankt im Übrigen auch daran, dass beide Positionen unterschiedliche zeitliche Referenzpunkte haben. Während Barings Adenauer-These sich auf das Jahr 1949 beziehungsweise die Frühjahre der Bundesrepublik bezieht, verbindet Haftendorn ihre Thesenbildung primär mit der Situation des Jahres 1945 und den Jahren der Besatzungsherrschaft vor 1949.
19 Conze: »Konfrontation und Détente. Überlegungen zur historischen Analyse des Ost-West-Konflikts«, in: *VfZ* 46, 1998, 269–282; vgl. auch Link: *Der Ost-West Konflikt*, 224.
20 Hanrieder: *Deutschland*; vgl. auch Schwartz: »Dual Containment. John J. McCloy, the American High Commission and European Integration 1949–1952«, in: Heller/Gillingham (Hg.): *NATO*, 192–212.
21 Vgl. Conze: «Hegemonie durch Integration? Die amerikanische Europapolitik und ihre Herausforderung durch de Gaulle«, in: *VfZ* 43, 1995, 297–340, insbesodere 298–305 (mit weiteren Literaturhinweisen).

22 George Bush: Rede in der Mainzer Rheingoldhalle am 31.5.1989, zit. nach Rödder: »Westbindung und transatlantische Allianz – ein Relikt des Kalten Krieges«, in: ders./Hertfelder (Hg.): *Modell Deutschland*, 139–154, hier 150.

23 Conze: »Hegemonie durch Integration? Die amerikanische Europapolitik und ihre Herausforderung durch de Gaulle«, in: *VfZ* 43, 1995, 297–340.

24 Buchheim: *Wiedereingliederung*.

25 Kielmansegg: *Nach der Katastrophe*, 132 u. 134.

26 Haftendorn: *Deutsche Außenpolitik*, 13; weitere Definitionen siehe Bredow: *Außenpolitik*, 39.

27 Regierungserklärung K. Adenauer, in: *Verhandlungen des Deutschen Bundestages*, 1. Wahlperiode, 20.9.1949, 21.

28 Ebd., 22f.

29 Brief K. Adenauers an H. Wessel vom 27.8.1949, zit. nach Schwarz: *Adenauer. Der Aufstieg*, 671.

30 *Grundgesetz der Bundesrepublik Deutschland* (1949), Präambel.

31 Conze: »Sicherheit als Kultur. Überlegungen zu einer ›modernen Politikgeschichte‹ der Bundesrepublik Deutschland«, in: *VfZ* 53, 2005, 357–380; sowie Braun, Hans: »Das Streben nach Sicherheit in den 50er Jahren«, in: *Archiv für Sozialgeschichte 18*, 1978, 279–306.

32 Zum veränderten Charakter der amerikanischen Hegemonie siehe Rudolf, Peter: »Rückkehr des liberalen Hegemon«, in: *Internationale Politik 61*, 1/2006, 6–15.

33 Zu McCloy vor allem: Schwartz: *America's Germany*.

34 Siehe Messemer, Annette: »André François-Poncet und Deutschland. Die Jahre zwischen den Kriegen«, in: *VfZ* 39, 1991, 505–534.

35 Winkler: *Der lange Weg*, Bd. 2, 142.

36 Allemann: *Bonn ist nicht Weimar*, 274.

37 Zit. nach Brunn: *Die Europäische Einigung*, 337.

38 Vgl. Gillingham, John: *Coal, Steel, and the Rebirth of Europe, 1945–1955. The Germans and French from Ruhr Conflict to Economic Community*, Cambridge 1991.

39 Milward: *The European Rescue*.

40 Adenauer: *Erinnerungen*, Bd. 1, 328.

41 Knipping: *Einigung Europas*, 71f.

42 Vgl. Lauschke: *Hans Böckler*, 328–337; siehe auch Wolfrum: *Die geglückte Demokratie*, 84.

43 *Foreign Relations of the United States 1950*, Bd. 4, 590.

44 Petersberger Abkommen, abgedruckt in: Münch: *Dokumente*, Bd. 1, 226–229, hier 227.

45 Bald: *Die Bundeswehr*, 18–27.

46 Schwarz: *Adenauer. Der Aufstieg*, 759f.

47 Döscher: *Seilschaften*, 91.

48 Zahlen nach Müller: *Relaunching*, 279f.

49 Vgl. zu der Problematik insgesamt Döscher: *Seilschaften*, sowie Müller: *Relaunching*. Die von Bundesaußenminister Joschka Fischer 2005 eingesetzte Unabhängige Historikerkommission zur Geschichte des Auswärtigen Amts zwischen Nationalsozialismus und Bundesrepublik wird 2009 ihre Arbeit abschließen.

50 Regierungserklärung K. Adenauer, in: *Verhandlungen des Deutschen Bundestages*, 1. Wahlperiode, 27.9.1951.

51 *Jahrbuch der öffentlichen Meinung 1947–1955*, Allensbach 1957, 130.

52 Vgl. Rombeck-Jaschinski: *Londoner Schuldenabkommen*.

53 Zu den Stalin-Noten und ihren Motiven zusammenfassend: Zarusky (Hg.): *Die Stalin-Note*, sowie Ruggenthaler (Hg.): *Stalins großer Bluff.*

54 Zit. nach Tüngel, Richard: »Wer Deutscher ist, bestimme ich ...«, in: *Die Zeit*, 29.5.1952.

55 Ausführlich zu der Verfassungskrise Schwarz: *Die Ära Adenauer 1949–1957*, 169–181; sowie Baring: *Außenpolitik.*

56 Zit. nach Geppert: *Die Ära Adenauer*, 55.

57 Vgl. Felken: *Dulles und Deutschland.*

58 Zit. nach Wolfrum: *Die geglückte Demokratie*, 126; ausführlicher dazu ders.: *Geschichtspolitik.*

59 Adenauer: *Erinnerungen*, Bd. 2, 289.

60 Zit. nach Schwarz: *Adenauer. Der Staatsmann*, 152.

61 Vgl. Conze: *No Way Back to Potsdam.*

62 K. Adenauer, in: *Verhandlungen des Deutschen Bundestages*, 2. Wahlperiode, 22.9.1955, 5644f.

63 Zit. nach Bald: *Die Bundeswehr*, 35; vgl. auch Schwarz: *Die Ära Adenauer 1949–1957*, 289f.

64 Schwarz: *Die Ära Adenauer 1949–1957*, 291; Görtemaker: *Geschichte der Bundesrepublik Deutschland*, 340.

65 Vgl. Doering-Manteuffel: *Wie westlich*; bezogen auf die Generalität der Bundeswehr siehe Naumann: »Integration und Eigensinn. Die Sicherheitseliten der frühen Bundesrepublik zwischen Kriegs- und Friedenskultur«, in: Kühne, Thomas (Hg.): *Von der Kriegskultur zur Friedenskultur? Zum Mentalitätenwandel in Deutschland seit 1945*, Hamburg 2000, 202–218.

66 Vgl. Knipping: *Rom*, 81f. (unter Rückgriff auf die Kategorien virtù und fortuna).

67 Zit. nach Brunn: *Europäische Einigung*, 104.

68 Siehe dazu Colette Barbier: »Les négociations franco-germano-italiennes en vue de l'établissement d'une coopération militaire nucléaire au cours des années 1956–1958«; Eckart Conze: »La coopération franco-germano-italienne dans le domaine nucléaire dans les années 1957–1958: Un point de vue allemand«; Leopoldo Nuti: »Le rôle de l'Italie dans les négociations trilatérales, 1957–1958«, in: *Revue d'histoire diplomatique*, 1–2/1990.

69 Zit. nach Clemens u. a.: *Geschichte der europäischen Integration*, 88.

70 Wirsching: »Ist die Geschichte der europäischen Integration beendet?«, in: Rödder/Hertfelder (Hg.): *Modell Deutschland*, 155–170, hier 159.

71 Vertrag über die Europäische Union vom 7.2.1992, abgedruckt in: *Amtsblatt der Europäischen Gemeinschaft Nr. C 191*, 29.7.1992; vgl. dazu auch Wirsching: »Ist die Geschichte der europäischen Integration beendet?«, in: Rödder/Hertfelder (Hg.): *Modell Deutschland*, 155–170, hier 161–165.

72 Kaelble: *Auf dem Weg*, 9; vgl. ders.: *Sozialgeschichte Europas*; sowie Therborn: *Gesellschaften Europas.*

73 Conze: *Europa der Deutschen.*

74 Dazu ausführlicher ebd.

75 Zit. nach Loth: *Weg nach Europa*, 30.

Teil II.2
(1949–1957)

1 Schwarz: »Die ausgebliebene Katastrophe. Eine Problemskizze zur Geschichte der Bundesrepublik«, in: *Den Staat denken*, Rudolph/Escherburg (Hg.), 151–174.

2 Naumann: »Einleitung«, in: ders. (Hg.): *Nachkrieg in Deutschland*, 16.

3 Ders.: »Die Historisierung der Bonner Republik. Zeitgeschichtsschreibung in zeitdiagnostischer Absicht«, in: *Mittelweg 36/3*, 2000, 53–67. hier 53; Hockerts: »Vom Problemlöser zum Problemerzeuger. Der Sozialstaat im 20. Jahrhundert«, in: *AfS 47*, 2007, 3–29.

4 Vgl. dazu Geppert: *Die Ära Adenauer*, 77; im vergleichenden Blick auf Großbritannien, ders.: *Maggie Thatchers Rosskur*, 100–102.

5 Doering-Manteuffel: »23. Mai 1949/7. Oktober 1949/3. Oktober 1990. Drei Staatsgründungen«, in: Conze/Nicklas (Hg.): *Tage deutscher Geschichte*, 256–275.

6 Zit. nach Schwarz: *Adenauer. Der Aufstieg*, 611.

7 Vgl. Adenauer: *Erinnerungen*, Bd. 1, 215 u. 220.

8 SPD-Pressedienst, 20.6.1949.

9 *Kölnische Rundschau*, 23.6.1949.

10 Wahlrede im Heidelberger Schloss, 21.7.1949, in: *Konrad Adenauer. Reden 1917–1967*, 148.

11 Ebd.

12 Görtemaker: *Geschichte der Bundesrepublik Deutschland*, 81.

13 Walter: *Die SPD*, 123–127.

14 Görtemaker: *Geschichte der Bundesrepublik Deutschland*, 97.

15 Morsey: »Die Rhöndorfer Weichenstellung vom 21. August 1949. Neue Quellen zur Vorgeschichte der Koalitions- und Regierungsbildung nach der Wahl zum ersten Deutschen Bundestag«, in: *VfZ 28*, 1980, 508–542.

16 Grosser: *Die Bonner Demokratie*, 421.

17 Paulmann: *Haltung der Zurückhaltung*.

18 Oswald: »Das ›Wunder von Bern‹ und die deutsche Fußball-Volksgemeinschaft 1954«, in: Paulmann (Hg.): *Auswärtige Repräsentationen*, 87–104; und Günther: »Gespiegelte Selbstdarstellung. Der Staatsbesuch von Theodor Heuss in Großbritannien im Oktober 1958«, in: Paulmann (Hg.): *Auswärtige Repräsentationen*, 185–204.

19 Schwarz: *Die Ära Adenauer 1949–1957*, 171.

20 Ebd., 176.

21 Ebd.

22 Stolleis: »Grundgesetz und Bundesverfassungsgericht«, in: Benz/Moos (Hg.): *Das Grundgesetz*, 57–59, hier 58.

23 Ebd.

24 Ebd., 59.

25 Kielmansegg: *Nach der Katastrophe*, 217.

26 Zur Entwicklung der Staatsrechtslehre und der Staatsrechtslehrer in den ersten Jahrzehnten der Bundesrepublik siehe vor allem die Studie von Günther: *Denken vom Staat her*.

27 Döscher: *Seilschaften*, 103–108; spezieller zu Blankenhorn: Ramscheid: *Herbert Blankenhorn*; vgl. auch Blankenhorn: *Verständnis und Verständigung*.

28 Zit. nach Geppert: *Die Ära Adenauer*, 22.

29 Allemann: *Bonn ist nicht Weimar*, 337.

30 *Jahrbuch der öffentlichen Meinung 1947–1955*, Allensbach 1957, 277.

31 Ebd., 276.

32 Allemann: *Bonn ist nicht Weimar*, 337.

33 Birke: *Die Bundesrepublik Deutschland*, 18.

34 Zahlen nach: Schindler (Hg.): *Datenhandbuch des Deutschen Bundestages*, 1638, 2022 u. 2388f.

35 Art. 29 GG.

36 Ritter: »Der Föderalismus in Deutschland. Geschichte und Gegenwart«, in: Rödder/Hertfelder (Hg.): *Modell Deutschland*, 78–95, hier 87.

37 Ebd., 89f.

38 Zit. nach Görtemaker: *Geschichte der Bundesrepublik Deutschland*, 116.

39 Zit. nach Hrbek: »Die föderale Ordnung – Anspruch und Wirklichkeit«, in: Recker/Jellonek (Hg.): *Bilanz. 50 Jahre Bundesrepublik Deutschland*, 53–68, hier 60.

40 Seit Scharpf u. a.: *Politikverflechtung*.

41 Scharpf: »Die Politikverflechtungs-Falle. Europäische Integration und deutscher Föderalismus im Vergleich«, in: *PVS* 4/1985, 323–356.

42 Walter: *Die SPD*, 125. Vgl. auch Klotzbach: *Weg zur Staatspartei*.

43 Ebd., 123.

44 Zit. nach Boyer: »Die SPD in der Gesellschaft der Bundesrepublik. Mitgliederstrukturen und Machtchancen«, in: Recker/Jellonek (Hg.): *Bilanz. 50 Jahre Bundesrepublik Deutschland*, 109–119, hier 108.

45 Walter: *Die SPD*, 128.

46 Zit. nach ebd., 128.

47 Ebd., 126.

48 Wichtige Darstellungen: Kleinmann: *Geschichte*; Bösch: *Macht und Machtverlust*; ders.: *Die Adenauer-CDU*; zum Parteisystem nach 1945 insgesamt: Schlemmer, Thomas: »Zwischen Weimar und Bonn. Das westdeutsche Parteiensystem 1945–1961«, in: Rusconi/Woller (Hg.): *Parallele Geschichte*, 235–259.

49 Bösch: *Die Adenauer-CDU*, 196f.

50 Ebd., 204.

51 Ebd., 83.

52 Bösch: »Die CDU. Weltanschauliche und organisatorische Grundlagen einer Sammlungspartei«, in: Recker/Jellonek (Hg.): *Bilanz. 50 Jahre Bundesrepublik Deutschland*, 83–108, hier 96f.

53 Zum Gründungsjahrzehnt der CSU Schlemmer: *Aufbruch*.

54 Zur FDP Dittberner: *Die FDP* sowie *FDP und kleinere bürgerliche Parteien*.

55 Herbert: »Rückkehr in die Bürgerlichkeit? NS-Eliten in der Bundesrepublik«, in: Weisbrod (Hg.), *Rechtsradikalismus*, 1–17; ders.: *Best*; Conze: »Eine bürgerliche Republik«.

56 Dazu jetzt umfassend Ullrich: *Einsatzgruppen-Täter*.

57 Jansen: »Im Adenauer-Sog. Die kleinen bürgerlichen Parteien in den 50er Jahren«, in: Recker/Jellonek (Hg.): *Bilanz. 50 Jahre Bundesrepublik Deutschland*, 69–81, hier 71.

58 Dazu jetzt Fischer: *Heimat-Politiker*.

59 Dazu Nathusius: *Am rechten Rand*.

60 Heinemann: *Glaubensfreiheit*, 132.

61 Merseburger: *Der schwierige Deutsche*, 501f.

62 Schwarz: *Die Ära Adenauer 1949–1957*, 133.

63 Wolfrum: *Die geglückte Demokratie*, 66.

64 Schildt: *Zwischen Abendland und Amerika*, 21–82, sowie Conze: *Europa der Deutschen*, 130–199.

65 Doering-Manteuffel, Anselm: »Rheinischer Katholik im Kalten Krieg. Das ›christliche Europa‹ in der Weltsicht Konrad Adenauers«, in: Greschat/Loth (Hg.): *Die Christen*, 237 bis 246.

66 Arendt, Hannah: *Elemente und Ursprünge totalitärer Herrschaft*, Frankfurt a.M. 1958; Friedrich, Carl J./Brzezinski, Zbigniew: *Totalitarian Dictatorship and Autocracy*, Cambridge, Mass., 1956.

67 Zahl nach Garner: »Der öffentliche Dienst in den 50er Jahren. Politische Weichenstellungen und ihre sozialgeschichtlichen Folgen« in: Schildt/Sywottek (Hg.): *Modernisierung*, 759–790, hier 759.

68 Zum Folgenden siehe ebd., 760–764.

69 Wengst: *Beamtentum*, 108.

70 Vgl. Garner: »Der öffentliche Dienst«, in: Schildt/Sywottek (Hg.): *Modernisierung*, 765–769.

71 Art. 131 GG.

72 Garner: »Der öffentliche Dienst«, in: Schildt/Sywottek (Hg.): *Modernisierung*, 759–790, hier 769f.

73 Zahlen nach Frei: *Vergangenheitspolitik*, 70f.

74 Wagner: *Hitlers Kriminalisten*; Angrick/Mallmann: *Die Gestapo nach 1945*; Ullrich: *Einsatzgruppen-Täter*.

75 Dazu u. a. Garner: »Der öffentliche Dienst«, in: Schildt/Sywottek (Hg.): *Modernisierung*, 759–790, hier 778–785.

76 Frei: *Vergangenheitspolitik*, 100.

77 Kleßmann: *Die doppelte Staatsgründung*, 94.

78 Zahlen nach Schildt: *Die Sozialgeschichte der Bundesrepublik Deutschland*, 28.

79 Zahlen nach Schwarz: *Die Ära Adenauer 1949–1957*, 187.

80 Sternberger, Dolf: »Das deutsche Wahlwunder«, in: Baer, Christian-Claus/Faul, Erwin (Hg.): *Das deutsche Wahlwunder*, Frankfurt a.M. 1953.

81 Nach Schwarz: *Die Ära Adenauer 1959–1957*, S. 188.

82 Abelshauser: *Wirtschaftsgeschichte der Bundesrepublik Deutschland*, 8.

83 Zit. nach Judt: *Postwar*, 354.

84 Zahlen nach Schulz: »Rahmenbedingungen«, in: ders. (Hg.): *Geschichte der Sozialpolitik 1949–1957*, Bd. 3, 1–72, hier 40f.

85 Löffler: »Rahmenbedingungen«, in: Boldorf/Ruck (Hg.): *Geschichte der Sozialpolitik 1957–1966*, Bd. 4, 1–83, hier 16.

86 Schulz: »Rahmenbedingungen«, in: ders. (Hg.): *Geschichte der Sozialpolitik 1949–1957*, Bd. 3, 1–72, hier 40.

87 Hobsbawm: *Das Zeitalter*, 283; Marglin/Schor (Hg.): *The Golden Age*.

88 Borchardt/Buchheim: »Die Wirkungen der Marshallplan-Hilfe in Schlüsselbranchen der deutschen Wirtschaft«, in: *VfZ* 35, 1987, 317–347; Buchheim: *Die Wiedereingliederung*.

89 Schulz: »Rahmenbedingungen«, in: ders. (Hg): *Geschichte der Sozialpolitik 1949–1957*, Bd. 3, 1–72, hier 41f.; Abelshauser: *Wirtschaftsgeschichte der Bundesrepublik Deutschland*.

90 Abelshauser: *Wirtschaftsgeschichte der Bundesrepublik Deutschland*, 65.

91 Zit. nach ebd., 67.

92 Zit. nach Geppert: *Die Ära Adenauer*, 61.

93 Spoerer: »Wohlstand für alle? Soziale Markwirtschaft«, in: Rödder/Hertfelder (Hg.): *Modell Deutschland*, 28–43, hier 28.

94 Zit. nach ebd., 31.

95 Alle Müller-Armack-Zitate nach ebd., 31.

96 Ebd., 32.

97 Zu Erhard siehe insbesondere die Biographien von Mierzejewski: *Ludwig Erhard*, und Hentschel: *Ludwig Erhard*.

98 Erhard: *Deutsche Wirtschaftspolitik*, 60f.

99 Doering-Manteuffel: *Wie westlich*, 91.

100 Zur Westernisierung siehe ebd., insbesondere 90–102; sowie ders.: »Westernisierung. Politisch-ideeller und gesellschaftlicher Wandel in der Bundesrepublik bis zum Ende der 60er Jahre«, in: Schildt u. a. (Hg.): *Dynamische Zeiten*, 311–341; zur Westernisierung der Gewerkschaften Angster: *Konsenskapitalismus und Sozialdemokratie*.

101 Schulz: »Sozialpolitische Denk- und Handlungsfelder«, in: ders. (Hg.): *Geschichte der Sozialpolitik 1949–1957*, Bd. 3, 73–176, hier 101; allgemein Berghahn: *Unternehmer und Politik*.

102 Zahlen nach Schulz: »Sozialpolitische Denk- und Handlungsfelder«, in: ders. (Hg.): *Geschichte der Sozialpolitik 1949–1957*, Bd. 3, 73–176, hier 105.

103 Eschenburg: *Herrschaft der Verbände*.

104 Fraenkel: *Zur Theorie*; ders.: *Deutschland und die westlichen Demokratien*.

105 Kielmansegg: *Nach der Katastrophe*, 438–440; vgl. dazu auch die Beiträge in: Löffler (Hg.): *Währungsgeschichte als Kulturgeschichte*.

106 Weizsäcker: »Steuerstaat und politischer Wettbewerb. Grenzen der öffentlichen Finanzwirtschaft«, in: Ellwein/Holtmann (Hg.): *50 Jahre Bundesrepublik Deutschland*, 596–616.

107 Ullmann: *Der deutsche Steuerstaat*, 177.

108 Ebd., 189f.

109 Vgl. auch Pagels: *Der »Juliusturm«*; sowie Schwarz: *Die Ära Adenauer 1949–1957*, 319–327.

110 Zahlen nach Schwarz: *Die Ära Adenauer 1949–1957*, 327f.

111 Zahlen nach Schulz: »Sozialpolitische Denk- und Handlungsfelder«, in: ders. (Hg.): *Geschichte der Sozialpolitik 1949–1957*, Bd. 3, 73–176, hier 126; Schildt: *Die Sozialgeschichte der Bundesrepublik Deutschland*, 2–4.

112 Conze: *Von deutschem Adel*, 197f.

113 Schwarz: *Die Ära Adenauer 1949–1957*, 167.

114 Schillinger: *Der Entscheidungsprozess*, 293–298.

115 Schwarz: *Die Ära Adenauer 1949–1957*, 168f.; Schulz: »Sozialpolitische Denk- und Handlungsfelder«, in: ders. (Hg.): *Geschichte der Sozialpolitik 1949–1957*, Bd. 3, 73–176, hier 127.

116 Dazu jetzt Kossert: *Kalte Heimat*.

117 Zur Geschichte der Vertriebenenorganisationen siehe Stickler: »*Ostdeutsch heißt gesamtdeutsch*«; Fischer: *Heimat-Politiker;* Hoffmann u. a. (Hg.): *Vertriebene in Deutschland*.

118 Begründung der Bundesregierung zum Entwurf eines Gesetzes zur verstärkten Eigentumsbildung im Wohnungsbau und zur Sicherung der Zweckbestimmung von Sozialwohnungen, zit. nach Schildt: »Wohnungspolitik«, in: Hockerts (Hg.): *Drei Wege*, 151–191, hier 177.

119 Schulz: »Adenauer in seinem Verhältnis zu Wirtschaft und Gesellschaft«, in: Doering-Manteuffel/Schwarz (Hg.): *Adenauer und die deutsche Geschichte*, 63–80.

120 Zahlen nach Schildt: »Wohnungspolitik«, in: Hockerts (Hg.): *Drei Wege*, 151–191, hier 177.

121 Ebd., 188.

122 Schulz: »Soziale Sicherung von Frauen und Familie«, in: Hockerts (Hg.), *Drei Wege*, 117–150, hier 141f.

123 Schulz: »Sozialpolitische Denk- und Handlungsfelder«, in: ders (Hg.): *Geschichte der Sozialpolitik 1949–1957*, Bd. 3, 73–176, hier 148–150; vgl. auch Schulz: »Adenauer in seinem Verhältnis«, in: Doering-Manteuffel/Schwarz (Hg.): *Adenauer und die deutsche Geschichte;* Hockerts: »Integration der Gesellschaft. Gründungskrise und Sozialpolitik in der frühen Bundesrepublik«, in: *Zeitschrift für Sozialreform 32*, 1986, 25–40, hier 36–38.

124 Schulz: »Sozialpolitische Denk- und Handlungsfelder«, in: ders. (Hg.): *Geschichte der Sozialpolitik 1949–1957*, Bd. 3, 73–176, hier 149f.

125 Mooser: »Abschied von der ›Proletarität‹. Sozialstruktur und Lage der Arbeiterschaft in der Bundesrepublik in historischer Perspektive«, in: Conze/Lepsius (Hg.): *Sozialgeschichte der Bundesrepublik Deutschland*, 143–186. Zur Rentenreform siehe Schulz: »Sozialpolitische Denk- und Handlungsfelder«, in: ders. (Hg.): *Geschichte der Sozialpolitik 1949–1957*, Bd. 3, 73–176, hier 144–155; Metzler: *Der deutsche Sozialstaat;* Hockerts: »Sozialpolitische Reformbestrebungen in der frühen Bundesrepublik. Zur Sozialreform – Diskussion und Rentengesetzgebung 1952–1957«, in: *VfZ 25*, 1977, 341–372.; Conrad, Christian: »Alterssicherung«, in: Hockerts (Hg.): *Drei Wege*, 101–116.

126 Conrad: »Alterssicherung«, in: Hockerts (Hg.): *Drei Wege*, 101–116, hier 112; Metzler: *Der deutsche Sozialstaat*, 177.

127 Leisering: »Der deutsche Sozialstaat«. in: Ellwein/Holtmann (Hg.): *50 Jahre Bundesrepublik Deutschland*, 181–192, hier 189.

128 Schmidt: »Der Sozialstaat in Deutschland – Ein Sanierungsfall?«, in: Rödder/Hertfelder (Hg.): *Modell Deutschland*, 96–109, hier 106.

129 Schwarz: *Die Ära Adenauer 1949–1957*, 369–371.

130 Zit. nach Spoerer: »Wohlstand für alle?«, in: Rödder/Hertfelder (Hg.): *Modell Deutschland*, 28–43, hier 28.

131 Schwarz: *Die Ära Adenauer 1949–1957*, 335.

132 Zit. nach ebd., 368.

133 Ebd., 363.

Teil II.3
(1949–1957)

1 Schildt: *Die Sozialgeschichte der Bundesrepublik Deutschland*, 1. Die Überschrift dieses Kapitels ist, weil es eine sprechendere und zutreffendere Bezeichnung kaum gibt, eine Anleihe bei: Schildt/Sywottek (Hg.): *Modernisierung*.

2 Zahlen nach ebd., 1f.

3 Schulz: »Rahmenbedingungen«, in: ders. (Hg.): *Geschichte der Sozialpolitik 1949–1957*, Bd. 3, 1–72, hier 44.

4 Gabriel: »Die Katholiken in den 50er Jahren. Restauration, Modernisierung und beginnende Auflösung eines konfessionellen Milieus«, in: Schildt/Sywottek (Hg.): *Modernisierung*, 418–432, hier 427.

5 Kaelble: *Sozialgeschichte Europas*, 31.

6 Schildt: *Die Sozialgeschichte der Bundesrepublik Deutschland*, 2.

7 Niehuss: »Kontinuität und Wandel der Familie 1945–1960«, in: Schildt/Sywottek (Hg.): *Modernisierung*, 316–334, hier 317f.

8 Kaelble: *Sozialgeschichte Europas*, 32.

9 Ritter: *Über Deutschland*, 110; vgl. auch Niehuss: »French and German Family Policy 1945–1960«, in: *Contemporary European History 4*, 1995, 293–313.

10 Schildt: *Die Sozialgeschichte der Bundesrepublik Deutschland*, 18.

11 Ders.: *Ankunft im Westen*, 58.

12 Dazu ausführlicher Garner: »Public Service Personnel in West Germany in the 1950s. Controversial Policy Decisions and their Effects on Social Composition, Gender Structure, and the Role of Former Nazis«, in: *Journal of Social History 29*, 1995, 25–80.

13 Limbach: »Die Entwicklung des Familienrechts seit 1949«, in: Nave-Herz (Hg.): *Wandel und Kontinuität*, 11–35, hier 17.

14 Schildt: »Von der Not der Jugend zur Teenager-Kultur. Aufwachsen in den 50er Jahren«, in: ders./Sywottek (Hg.): *Modernisierung*, 335–348, hier 337.

15 Schelsky: *Die Skeptische Generation*; vgl. dazu auch Kersting: »Helmut Schelskys ›Skeptische Generation‹ von 1957. Zur Publikations- und Wirkungsgeschichte eines Standardwerkes«, in: *VfZ 50*, 2002, 465–495.

16 Schildt: »Von der Not der Jugend«, in: ders./Sywottek (Hg.): *Modernisierung*, 335–348, hier 348, vgl. auch Grotum: *Die Halbstarken*.

17 Gegen den Mythos von der schnellen Integration als Teil der bundesrepublikanischen Erfolgsgeschichte siehe jetzt Kossert: *Kalte Heimat*.

18 Wolfrum: *Die geglückte Demokratie*, 147.

19 Zahn: *Soziologie der Prosperität*, zit. nach Wildt: »Privater Konsum in Westdeutschland in den 50er Jahren« in: Schildt/Sywottek (Hg.): *Modernisierung*, 275–289, hier 282.

20 Wildt: »Privater Konsum«, in: Schildt/Sywottek (Hg.): *Modernisierung*, 275–289, hier v. a. 280–282.

21 Zahlen nach ebd., 286.

22 Ritter: *Über Deutschland*, 116.

23 Mooser: *Arbeiterleben in Deutschland*, 73.

24 Ders.: »Abschied von der ›Proletarität‹. Sozialstruktur und Lage der Arbeiterschaft in der Bundesrepublik in historischer Perspektive«, in: Conze/Lepsius (Hg.): *Sozialgeschichte der Bundesrepublik Deutschland*, 143–186.

25 Ders.: »Arbeiter, Angestellte und Frauen in der ›nivellierten Mittelstandsgesellschaft‹. Thesen«, in: Schildt/Sywottek (Hg.): *Modernisierung*, 362–376.

26 Schelsky: *Auf der Suche*, 331f.

27 Geißler: *Die Sozialstruktur Deutschlands*, 81–109.

28 Wildt: »Privater Konsum«, in: Schildt/Sywottek (Hg.): *Modernisierung*, 275–289, hier 288.

29 Hradil: *Sozialstrukturanalyse*.

30 Conze: *Von deutschem Adel*; ders.: »Der Edelmann als Bürger? Standesbewußtsein und Wertewandel im Adel der frühen Bundesrepublik«, in: Hettling/Ulrich (Hg.), *Bürgertum nach 1945*, 291–306.

31 Vgl. dazu mit weiteren Literaturhinweisen Conze: »Eine bürgerliche Republik«; Wehler: »Deutsches Bürgertum«; sowie Hettling/Ulrich (Hg.): *Bürgertum nach 1945*.

32 Vgl. Janowitz: »Soziale Schichtung und Mobilität in Westdeutschland«, in: *KZfSS 10*, 1958, 1–38, hier 28.

33 Bolte/Kappe: *Struktur und Entwicklung*.

34 Dazu umfassend Schildt/Sywottek (Hg.): *Modernisierung*.

35 Schwarz: *Die Ära Adenauer 1949–1957*, 382.

36 Südbeck: »Motorisierung, Verkehrsentwicklung und Verkehrspolitik in Westdeutschland in den 50er Jahren«, in: Schildt/Sywottek (Hg.), *Modernisierung*, 170–187, hier 171.

37 Schildt: *Die Sozialgeschichte der Bundesrepublik Deutschland*, 25; Kubisch: *Motor-Roller-Mobil*; Edelmann: *Heinz Nordhoff und Volkswagen*.

38 Südbeck: »Motorisierung«, in: Schildt/Sywottek (Hg.): *Modernisierung*, 170–187, hier 186.

39 Erker: »Revolution des Dorfes? Ländliche Bevölkerung zwischen Flüchtlingsstrom und landwirtschaftlichem Strukturwandel«, in: *Von Stalingrad*, Broszat u. a. (Hg.), 367–426, hier 425.

40 Schildt: *Moderne Zeiten*, 262–269.

41 Zit. nach Schildt: *Ankunft im Westen*, 65.

42 Schildt: »Hegemon der häuslichen Freizeit. Rundfunk in den 50er Jahren«, in: ders./Sywottek (Hg.): *Modernisierung*, 458–476.

43 Seegers: *Hör Zu!*; dies.: »Fernsehstars und ›freie Liebe‹. Zur Karriere der Programmzeitschrift ›Hör Zu‹ 1965–1974«, in: *Zeithistorische Forschungen 2*, 2004, 214–235.

44 Doering-Manteuffel: »Die Kultur der 50er Jahre im Spannungsfeld von ›Wiederaufbau‹ und ›Modernisierung‹«, in: Schildt/Sywottek (Hg.) *Modernisierung*, 533–540, v. a. 536f.

45 Kaiser: »Phasenverschiebungen und Einschnitte in der kulturellen Entwicklung«, in: Broszat (Hg.): *Zäsuren nach 1945*, 69–74, hier 71.

46 Manske: »Anschlusssuche an die Moderne. Bildende Kunst in Westdeutschland 1945–1960«, in: Schildt/Sywottek (Hg.): *Modernisierung*, 563–582, hier 567.

47 Schneckenburger: »Ein deutsches Ausstellungswunder und die deutsche Kunst«, in: *Kunst in der Bundesrepublik Deutschland*. Nationalgalerie Berlin, Staatliche Museen Preußischer Kulturbesitz (Hg.), 683; siehe auch Horn: »documenta I, 1955. Die Kunst als Botschafterin der Westintegration?«, in: Paulmann (Hg.): *Auswärtige Repräsentationen*, 45–61.

48 Warnke: »Von der Gegenständlichkeit und der Ausbreitung des Abstrakten«, in: Bänsch (Hg.), *Die 50er Jahre*, 209–222, hier 222.

49 Sedlmayr: *Verlust der Mitte*.

50 Hermand: *Kultur im Wiederaufbau*, 484.

51 Siehe Schildt: *Konservatismus*, 217.

52 Horn: »documenta I«, in: Paulmann (Hg.): *Auswärtige Repräsentationen*, 45–61, hier 57.

53 Schildt: *Zwischen Abendland und Amerika*; Conze: *Europa der Deutschen*.

54 Böll: *Hierzulande*, zit. nach Conze/Metzler (Hg.): *50 Jahre Bundesrepublik Deutschland*, 275–279, hier 275.

55 Walser (Hg.): *Die Alternative*, 105.

56 Grass: »Rückblick auf die Blechtrommel oder Der Autor als fragwürdiger Zeuge«, in: *Süddeutsche Zeitung*, 12./13. 1. 1974.

57 Sieburg: *Nur für Leser*, 286f.

58 Dazu jetzt Geppert: »Von der Staatsskepsis zum parteipolitischen Engagement. Hans Werner Richter, die Gruppe 47 und die deutsche Politik«, in: Geppert/Hacke (Hg.): *Streit um den Staat*, 46–68.

59 Fischer: »Zur Sozialgeschichte der westdeutschen Literatur«, in: Schildt/Sywottek (Hg.): *Modernisierung*, 551–562, hier 561.

60 Meinecke: *Die deutsche Katastrophe*; Ritter: *Die Dämonie der Macht*.

61 Schwarz: *Die Ära Adenauer 1949–1957*, 422.

62 Zum Fall Harlan siehe Reichel: *Vergangenheitsbewältigung in Deutschland*, 129–138.

63 Maase (Hg.): *Prädikat wertlos!*

64 Siehe zur Wohnungsbaupolitik Schulz: *Wiederaufbau.*

65 Vgl. Hermann Glaser: Deutsche Kultur, 173–180 (Scharoun-Zitat auf 177).

66 Kontinuitätslinien gab es natürlich trotzdem. Siehe dazu Durth: *Deutsche Architekten.*

67 1957 bei der Eröffnung der Bauausstellung »Interbau«, zit. nach Durth: »Kontraste und Parallelen. Architektur und Städtebau in West- und Ostdeutschland«, in: Schildt/Sywottek (Hg.): *Modernisierung*, 596–611, hier 607.

68 Durth: »Kontraste und Parallelen«, in: Schildt/Sywottek (Hg.): *Modernisierung*, 596–611.

69 Kielmansegg: *Nach der Katastrophe*, 13.

70 Mitscherlich: *Die Unfähigkeit zu trauern*, 23. Zu A. Mitscherlich siehe die neue Studie von Freimüller: *Alexander Mitscherlich.*

71 Giordano: *Die zweite Schuld.*

72 Kittel: *Die Legende.*

73 Fest: »Die Vergangenheit wurde nicht verdrängt«, in: Rudolph/Eschenburg (Hg.): *Den Staat denken*, 118–121.

74 Lübbe: Der Nationalsozialismus im deutschen Nachkriegsbewusstsein, in: *HZ* 236, 1983, 579–599.

75 Frei: *Vergangenheitspolitik*, 397.

76 Schildt: *Ankunft im Westen*, 109.

77 Herbert: »Liberalisierung als Lernprozess. Die Bundesrepublik in der deutschen Geschichte – Eine Skizze«, in: ders. (Hg.): *Wandlungsprozesse*, 7–52, hier 19.

78 *Jb. der öffentl. Meinung* 1947–1955, Allensbach 1957, 126, 134 und 277.

79 Schildt: *Ankunft im Westen*, 107 u. 124.

80 Regierungserklärung K. Adenauer, in: *Verhandlungen des Deutschen Bundestages*, 1. Wahlperiode, 20.9.1949.

81 Vgl. Klingenstein: »Über Herkunft und Verwendung des Wortes ›Vergangenheitsbewältigung‹«, in: *Geschichte und Gegenwart 7*, 1988, 301–312; sowie auch Hardtwig: »Von der ›Vergangenheitsbewältigung‹ zur Erinnerungskultur. Vom Umgang mit der NS-Vergangenheit in Deutschland«, in: Rödder/Hertfelder (Hg.): *Modell Deutschland*, 171–189, v. a. 175–177.

82 Ebd., 177.

83 Vgl. ebd..

84 Zit. nach ebd. 176.

85 Frei: »Deutsche Lernprozesse. NS-Vergangenheit und Generationenfolge seit 1945«, in: ders.: *1945 und Wir*, 23–40, hier 26. Zu der Phaseneinteilung vgl. auch Wolfrum: »Der Nationalsozialismus im öffentlichen Bewusstsein der Bundesrepublik Deutschland. Kulturen der Vergangenheitsaufarbeitung 1949–1999«, in: Recker/Jellonek (Hg.): *Bilanz. 50 Jahre Bundesrepublik Deutschland*, 221–235.

86 Zahlen nach Hardtwig: »Von der ›Vergangenheitsbewältigung‹«, in: Rödder/Hertfelder (Hg.): *Modell Deutschland*, 171–189, hier 173.

87 Grabert: *Hochschullehrer*, zit. nach Schildt: *Ankunft im Westen*, 126.

88 Frei: *Vergangenheitspolitik*, 13f. u. 397.

89 Schildt: *Ankunft im Westen*, 108.

90 Dazu vor allem Frey: *Vergangenheitspolitik*, 69–100.

91 Ebd., 398.

92 Zit. nach Hardtwig: »Von der ›Vergangenheitsbewältigung‹«, in: Rödder/Hertfelder (Hg.): *Modell Deutschland*, 171–189, hier 180.

93 Ebd., 172f.

94 Lillteicher: *Raub, Recht, Restitution.*

95 Frei (Hg.): *Karrieren im Zwielicht.*

96 Frei: *Vergangenheitspolitik*, 405.

97 Naumann: »Zwischen Tabu und Skandal. Zur Aufarbeitung der NS-Vergangenheit in der Bundesrepublik«, in: Butterwege (Hg.): *NS-Vergangenheit, Antisemitismus und Nationalismus*, 39–49, hier 46.

98 Dazu jetzt ausführlich und mit vielen Beispielen Ullrich: *Einsatzgruppen-Täter.*

99 Herbert: »Rückkehr in die Bürgerlichkeit. NS-Eliten in der Bundesrepublik«, in: Weisbrod (Hg.): *Rechtsradikalismus*, 157–173; vgl. auch ders.: *Best*, 475; oder Berghoff/Rauh-Kühne: *Fritz K.*

100 Als Versuch, diese Entwicklungen mit der Analysekategorie der »Bürgerlichkeit« zu fassen, siehe Conze: »Eine bürgerliche Republik? Bürgertum und Bürgerlichkeit in der westdeutschen Nachkriegsgesellschaft«, in: *GG* 30. 2004, 527–542, insbesondere 537–541.

101 Zit. nach Hardtwig: »Von der ›Vergangenheitsbewältigung‹«, in: Rödder/Hertfelder (Hg.): *Modell Deutschland*, 171–189, hier 183.

102 Siehe dazu Frei: *Vergangenheitspolitik*, 361–396.

103 Dazu u. a. Frohn: *Holocaust.*

104 Frei: »Erinnerungskampf. Der 20. Juli 1944 in den Bonner Anfangsjahren«, in: ders.: *1945 und Wir*, 129–144.

105 Conze: »Der 20. Juli 1944. Ein Lichtpunkt in dunkler Zeit«, in: Conze/Nicklas (Hg.): *Tage deutscher Geschichte*, 217–238; zur Widerstandsrezeption allgemein: Holler: *20. Juli 1944*; Ueberschär: *Der 20. Juli.*

106 Siehe dazu Wolfrum: *Geschichtspolitik.*

107 *Verhandlungen des 8. Deutschen Soziologentags vom 19. bis 21.9.1946 in Frankfurt am Main*, 29.

108 Etzemüller: *Sozialgeschichte als politische Geschichte*; Haar: *Historiker im Nationalsozialismus*; Schöttler: *Geschichtsschreibung.*

109 Hockerts: »Zeitgeschichte in Deutschland«, in: *APuZ* B29/30, 1993, 3–19, hier 4f.

110 Siehe Schulze: *Deutsche Geschichtswissenschaft*, 229–242; sowie Möller, Horst/Wengst, Udo (Hg.): *50 Jahre Institut für Zeitgeschichte. Eine Bilanz*, München 1999.

111 Bracher: *Die Auflösung der Weimarer Republik.*

Teil III.1
(1957–1966)

1 Schwarz: *Die Ära Adenauer 1949–1957*; Görtemaker: *Geschichte der Bundesrepublik Deutschland*, 475–596.

2 Vgl. beispielsweise Schildt: »Materieller Wohlstand – pragmatische Politik – kulturelle Umbrüche. Die 60er Jahre in der Bundesrepublik«, in: ders. u. a. (Hg.): *Dynamische Zeiten*, 21–53; Löffler: »Rahmenbedingungen«, in: Boldorf/Ruck (Hg.): *Geschichte der Sozialpolitik 1957–1966*, Bd. 4, 1–83, hier 3; Schönhoven: »Aufbruch in die sozialliberale Ära. Zur Bedeutung der 60er Jahre in der Geschichte der Bundesrepublik«, in: *GG* 25, 1999, 123–145; Frese/Paulus: »Geschwindigkeit und Faktoren des Wandels. Die 1960er in der Bundesrepublik«, in: Frese u. a. (Hg.): *Demokratisierung*, 1–23.

3 Schwarz: »Modernisierung oder Restauration? Einige Vorfragen zur künftigen Sozialgeschichtsforschung über die Ära Adenauer«, in: Düwell/Köllmann (Hg.): *Rheinland-Westfalen*, 278–293.

4 Hilger: »Die mobilisierte Gesellschaft«, in: Löwenthal/Schwarz (Hg.): *Die zweite Republik*, 95–122.

5 Herbert/Hunn: »Gastarbeiter und Gastarbeiterpolitik in der Bundesrepublik. Vom Beginn der offiziellen Anwerbung bis zum Anwerbestopp 1955–1973«, in: Schildt u. a. (Hg.): *Dynamische Zeiten*, 273–310, hier 282f.

6 Zit. nach ebd., 276.

7 Statistisches Bundesamt Wiesbaden (Hg.): *Bevölkerungsstruktur und Wirtschaftskraft*, 78f.; vgl. dass.: *Bevölkerung und Wirtschaft*, 147; Körner: *Der Zustrom von Arbeitskräften*, 227.

8 Zit. nach Löffler: »Rahmenbedingungen«, in: Boldorf /Ruck (Hg.): *Geschichte der Sozialpolitik 1957–1966*, Bd. 4, 1–83, hier 10.

9 Vgl. Herbert/Hunn: »Gastarbeiter und Gastarbeiterpolitik«, in: Schildt u. a. (Hg.): *Dynamische Zeiten*, 273–310, hier 282.

10 L. Kattenstroth, »Grußwort der Bundesregierung«, in: *Informationstagung der Bundesvereinigung der Deutschen Arbeitgeberverbände – »Magnet Bundesrepublik«. Probleme der Ausländerbeschäftigung*, 11–19, hier 13f.

11 Zahlen nach: Herbert/Humm: »Gastarbeiter und Gastarbeiterpolitik«, in: Schildt (Hg.): *Dynamische Zeiten*, 273–304, hier 304.

12 Vgl. Löffler: »Rahmenbedingungen«, in: Boldorf/Ruck (Hg.): *Geschichte der Sozialpolitik 1957–1966*, Bd. 4, 1–83, hier 22.

13 Schildt: *Die Sozialgeschichte der Bundesrepublik Deutschland*, 36; Oertzen: *Teilzeitarbeit*.

14 Oertzen: »Teilzeitarbeit für die ›moderne‹ Ehefrau. Gesellschaftlicher Wandel und geschlechtsspezifische Arbeitsteilung in den 1960er Jahren«, in: Frese u. a (Hg.): *Demokratisierung*, 63–81, hier 71f.

15 Bundesministerium für Familie und Jugend (Hg.): *Bericht der Bundesregierung über die Situation der Frauen in Beruf, Familie und Gesellschaft*, 14. 9. 1966.

16 Schildt: *Die Sozialgeschichte der Bundesrepublik Deutschland*, 36.

17 Vgl. ebd., 37.

18 Schildt: »Materieller Wohlstand«, in: ders. u. a. (Hg.): *Dynamische Zeiten*, 21–53, hier 26.

19 Hockerts: »Metamorphosen«, in: Broszat (Hg.): *Zäsuren nach 1945*, 35–45, hier 37.

20 Bourdieu: *Die feinen Unterschiede*.

21 Schildt: »Materieller Wohlstand«, in: ders. u. a. (Hg.): *Dynamische Zeiten*, 21–53, hier 27; Löffler: »Rahmenbedingungen«, in: Boldorf/Ruck (Hg.): *Geschichte der Sozialpolitik 1957–1966*, Bd. 4, 1–83, hier 31.

22 Siegfried: »Auf dem Weg zu einer zivilen Kultur. Die Westdeutschen zwischen Traditionalismus und ›Erlebnisgesellschaft‹«, in: Conze/Metzler (Hg.): *50 Jahre Bundesrepublik Deutschland*, 251–269, hier 254.

23 Schildt: *Die Sozialgeschichte der Bundesrepublik Deutschland*, 25.

24 Alle Zahlen nach ebd., 46f.

25 Löffler: »Rahmenbedingungen«, in: Boldorf/Ruck (Hg.): *Geschichte der Sozialpolitik 1957–1966*, Bd. 4, 1–83, hier 28.

26 Dazu und zum Folgenden Dussel: »Vom Radio- zum Fernsehzeitalter. Medienumbrüche in sozialgeschichtlicher Perspektive«, in: Schildt u. a. (Hg.): *Dynamische Zeiten*, 673–694, v. a. 679–686.

27 Ebd., 693f.; Hickethier: *Geschichte des deutschen Fernsehens*, 202 u. 241.

28 Doering-Manteuffel: »Eine neue Stufe der Verwestlichung? Kultur und Öffentlichkeit in den 60er Jahren«, in: Schildt u. a. (Hg.): *Dynamische Zeiten*, 661–672, hier 664; vgl. auch Schneider (Hg.): *Amerikanische Einstellung*.

29 Dussel: »Vom Radio- zum Fernsehzeitalter ...«, in: Schildt u. a. (Hg.): *Dynamische Zeiten*, 673–694, hier 687f.; vgl. zum Gesamtzusammenhang auch ders.: »Medienkonsum als Ausdruck sozialen Lebensstils. Überlegungen zu Entwicklungen in den sechziger und frühen siebziger Jahren«, in: Frese u. a. (Hg.): *Demokratisierung*, 647–665, v. a. 658–665.

30 Dazu sowie zu einem speziell deutsch-deutschen Vergleich Wilharm: »Tabubrüche in Ost und West – Filme der 60er Jahre in der Bundesrepublik und der DDR«, in: Schildt u. a. (Hg.): *Dynamische Zeiten*, 734–751.

31 Ebd., 747.

32 Walser: *Die Alternative*.

33 Zit. nach Görtemaker: *Geschichte der Bundesrepublik*, 417.

34 Ebd.

35 Siegfried: »Vom Teenager zur Pop-Revolution, Politisierungstendenzen in der westdeutschen Jugendkultur 1959–1968«, in: Schildt u. a. (Hg.): *Dynamische Zeiten*, 582–623, hier 583.

36 In: *Bremer Nachrichten*, 10.4.1961 beziehungsweise *Bremer Bürgerzeitung*, 15.4.1961, zit. nach Siegfried: »Vom Teenager zur Pop-Revolution«, in: Schildt u. a. (Hg.): *Dynamische Zeiten*, 582–623, hier 592f.

37 Friedeburg: »Zum Verhältnis von Jugend und Gesellschaft«, in: ders. (Hg.): *Jugend in der modernen Gesellschaft*, 184.

38 *Star-Club-News*, August 1964, zit. nach Siegfried: »Vom Teenager zur Pop-Revolution«, in: Schildt u. a. (Hg.): *Dynamische Zeiten*, 532–623, hier 602.

39 *Star-Club-News*, Oktober 1965, zit. nach ebd., 604.

40 Schildt: »Einführung«, in: Frese u. a. (Hg.): *Demokratisierung*, 577–586, hier 585.

41 Inglehart: *The Silent Revolution*.

42 Dahrendorf: *Gesellschaft und Freiheit*, 315.

43 Vgl. Schildt: »Materieller Wohlstand«, in: ders. u. a. (Hg.): *Dynamische Zeiten*, 21–53, hier 32; allgemein zur Werbung in dieser Zeit Schindelbeck/Ilgen: »*Haste was, biste was!*«.

44 Sieburg: »Nichts da, Leute«, in: *FAZ*, 3.10.1959.

45 Zit. nach Glaser: *Kulturgeschichte*, 223.

46 Staupe/Vieth: *Die Pille*, 131–144.

47 Zahlen nach Löffler: »Rahmenbedingungen«, in: Boldorf/Ruck (Hg.): *Geschichte der Sozialpolitik 1957–1966*, Bd. 4, 1–83, hier 44f.

48 *Stuttgarter Zeitung*, 11.11.1960.

49 Zit. nach Kenkmann: »Von der bundesdeutschen ›Bildungsmisere‹ zur Bildungsreform in den 60er Jahren«, in: Schildt u. a. (Hg.): *Dynamische Zeiten*, 402–423, hier 405.

50 Picht: *Die deutsche Bildungskatastrophe*, 87.

51 Ebd., 17.

52 Zahlen nach Abelshauser: *Wirtschaftsgeschichte der Bundesrepublik Deutschland*, 131.

53 Dahrendorf: *Bildung ist Bürgerrecht*, 11.

54 Ebd., 35 u. 151.

55 Führ: »Die Realschule – Mitte des Bildungswesens«, in: ders. (Hg.): *Bildungsgeschichte und Bildungspolitik*, 275–292, hier 279; Furck: »Das Schulsystem. Primarbereich-Hauptschule-

Realschule-Gymnasium-Gesamtschule«, in: Führ/Furck (Hg.): *Handbuch der deutschen Bildungsgeschichte*, 282–356, hier 306. Zahlen und Zitat nach Kenkmann: »Von der bundesdeutschen »Bildungsmisere«, in: Schildt u. a. (Hg.): *Dynamische Zeiten*, 402–423, hier 417–419). Zum Gymnasium in der frühen Bundesrepublik Gass-Bolm: *Das Gymnasium 1945–1980.*

56 Lundgreen: *Sozialgeschichte der deutschen Schule*, 149f.

57 Dahrendorf: *Bildung ist Bürgerrecht*, 109.

58 Zur Entwicklung in NRW vgl. Kenkmann: »Von der bundesdeutschen »Bildungsmisere«, in: Schildt u. a. (Hg.): *Dynamische Zeiten*, 402–423, hier 415f.

59 Sekretariat der Ständigen Konferenz der Kultusminister der Länder in der Bundesrepublik Deutschland (Hg.): *Kulturpolitik der Länder 1967 u. 1968.*

60 Vgl. Reinhardt: »Etappen und Perspektiven der Bildungspolitik«, in: Ellwein/Holtmann (Hg.): *50 Jahre Bundesrepublik Deutschland*, 310–326, hier 313.

61 *Süddeutsche Zeitung*, 30. 8. 1958.

62 Vgl. Reichel: *Vergangenheitsbewältigung in Deutschland*, 144–147.

63 Siehe Miquel: »Juristen. Richter in eigener Sache«, in: Frei (Hg.): *Karrieren im Zwielicht*, 181–237, hier 199–214.

64 Reichel: *Vergangenheitsbewältigung in Deutschland*, 147f.

65 Hofer, Walther (Hg.): *Der Nationalsozialismus. Dokumente 1933–1945*, Frankfurt a.M. 1957.

66 Erklärung *Deutscher Ausschuß für das Erziehungs- und Bildungswesen*, aus Anlaß der antisemitischen Ausschreitungen vom 30.1.1960, zit. nach Siegfried: »Zwischen Aufarbeitung und Schlussstrich. Der Umgang mit der NS-Vergangenheit in den beiden deutschen Staaten 1958 bis 1969«, in: Schildt u.a. (Hg.): *Dynamische Zeiten*, 77–113, hier 85.

67 Ebd., 84.

68 Vgl. Wolfrum: »Das westdeutsche ›Geschichtsbild‹ entsteht. Auseinandersetzung mit dem Nationalsozialismus und neues bundesrepublikanisches Staatsbewusstsein«, in: Frese u. a. (Hg.): *Demokratisierung*, 227–246, hier 238.

69 Buchheim, Hans, u.a. (Hg.): *Anatomie des SS-Staates*, Olten 1965.

70 Vgl. Schildt: *Ankunft im Westen*, 130f.

71 Siegfried: »Zwischen Aufarbeitung und Schlussstrich«, in: Schildt u. a. (Hg.): *Dynamische Zeiten*, 77–113, hier 93.

72 Zit. nach Reichel: *Vergangenheitsbewältigung in Deutschland*, 173.

73 Frei: »Auschwitz und die Deutschen. Geschichte, Geheimnis, Gedächtnis«, in: ders.: *1945 und Wir*, 156–183, hier 180.

74 Ullrich: *Einsatzgruppen-Täter*.

75 Heinrich Lübke, Rede zum 20. Jahrestag der Befreiung des KZ Bergen-Belsen, 25. 4.1965, zit. nach Reichel: *Vergangenheitsbewältigung in Deutschland*, 158.

76 Vgl. zu den Befragungen Siegfried: »Zwischen Aufarbeitung und Schlussstrich«, in: Schildt u. a. (Hg.): *Dynamische Zeiten*, 77–113, hier 86f. u. 95.

77 Zit. nach Schildt: *Ankunft im Westen*, 137.

78 Zitate nach ebd., 136.

79 Vgl. zum Jaspers-Skandal Wolfrum: »Der Nationalsozialismus im öffentlichen Bewusstsein. Kulturen der Vergangenheitsaufarbeitung 1949–1999«, in: Recker/Jellonek (Hg.): *Bilanz. 50 Jahre Bundesrepublik Deutschland*, 221–235, hier 226.

80 Fischer: *Griff nach der Weltmacht*; sowie ders.: »Deutsche Kriegsziele, Revolutionierung und Separatfrieden im Osten 1914–1918«, in: *HZ* 188, 1959, 249–310.

81 Fischer: *Bündnis der Eliten.*

82 Siegfried: »Zwischen Aufarbeitung und Schlussstrich«, in: Schildt u. a. (Hg.): *Dynamische Zeiten*, 77–113, hier 111f.

83 Wolfrum: «Das westdeutsche Geschichtsbild entsteht«, in: Frese u. a. (Hg.): *Demokratisierung*, 227–246, hier 239.

Teil III.2
(1957–1966)

1   Walter: *Die SPD*, 148.

2   Schildt: »Materieller Wohlstand – pragmatische Politik – kulturelle Umbrüche. Die 60er Jahre in der Bundesrepublik«, in: ders. u. a. (Hg.): *Dynamische Zeiten*, 21–54, hier 46.

3   So der DGB-Vorsitzende Ludwig Rosenberg, zit. nach Angster: *Konsenskapitalismus*, 234.

4   Zur Westernisierung der Gewerkschaften vor allem Angster: *Konsenskapitalismus.*

5   Doering-Manteuffel: »Westernisierung. Politisch-ideeller und gesellschaftlicher Wandel in der Bundesrepublik bis zum Ende der 60er Jahre«, in: Schildt u. a. (Hg.): *Dynamische Zeiten*, 311–341, hier 321–324.

6   Siehe dazu Hochgeschwender: *Freiheit in der Offensive.*

7   Bell: *The End of Ideology.*

8   Merseburger: *Willy Brandt*, 385–387.

9   Zit. nach ebd., 410.

10 Ebd.

11 Zum Begriff der »linken Volkspartei« Rudolph: »Die 60er Jahre – Das Jahrzehnt der Volksparteien?«, in: Schildt u. a. (Hg.): *Dynamische Zeiten*, 471–491, hier 484.

12 Zit. nach Bösch: *Macht und Machtverlust*, 25.

13 Zit. nach ebd., 27.

14 Ebd.

15 Adenauer: *Erinnerungen*, Bd. 3 *(1955–1959)*, 532.

16 Morsey: *Heinrich Lübke.*

17 Schwarz: *Die Ära Adenauer 1957–1963*, 77; Görtemaker: *Geschichte der Bundesrepublik Deutschland*, 433.

18 Schwarz: *Die Ära Adenauer 1957–1963* 167–169. Dussel: »Vom Radio- zum Fernsehzeitalter. Medienumbrüche in sozialgeschichtlicher Perspektive«, in: Schildt u. a. (Hg.): *Dynamische Zeiten*, 673–694.

19 Zahlen nach Schwarz: *Die Ära Adenauer 1957–1963*, 221.

20 Zit. nach ebd.

21 Schwarz: *Adenauer. Der Staatsmann*, Bd. 2, 675.

22 Schwarz: *Die Ära Adenauer 1957–1963.* 231.

23 Schwarz: *Adenauer. Der Staatsmann*, Bd. 2, 688.

24 Winkler: *Der lange Weg*, Bd. 2, 211.

25 Doering-Manteuffel: »Westernisierung«, in: Schildt u. a. (Hg.): *Dynamische Zeiten*, 311–341, hier 333.

26 Ritter: »Blind für die Wirklichkeit« (Leserbrief), in: *FAZ*, 10. 11. 1962.

27 Bracher: »Demokratie oder Obrigkeitsstaat«, in: *FAZ*, 13. 11. 1962.

28 Moses: *German Intellectuals;* ders.: »The Forty-Fivers: A Generation Between Fascism and Democracy«, in: *German Politics and Society* 17, 1999, 105–127; vgl. auch Müller: *Another Country.*

29 Herbert: »Liberalisierung als Lernprozeß. Die Bundesrepublik in der deutschen Geschichte. Eine Skizze«, in: Herbert (Hg.): *Wandlungsprozesse*, 7–52, hier 44.

30 Zitate nach Schwarz: *Die Ära Adenauer 1957–1963*, 315.

31 Dazu Daum: *Kennedy in Berlin*.

32 So Adenauer zu Walter Henkels, zit. nach Schwarz: *Die Ära Adenauer 1957–1963*, 318.

33 Zit. nach Schwarz: *Adenauer. Der Staatsmann*, 862.

34 Zit. nach ebd.

35 Zit. nach ebd., 864.

36 Vgl. Schwarz: *Die Ära Adenauer 1957–1963*, 319.

37 Vgl. ebd., 319.

38 *Allensbacher Jahrbuch der Demoskopie*, Bd. 8, 187.

39 Zit. nach Hildebrand: *Von Erhard zur Großen Koalition 1963–1969*, 46.

40 Vgl. Caro: *Volkskanzler*.

41 Interview Bundeskanzler L. Erhard und W. Höfer, *Deutsches Fernsehen*, 21. 3. 1964.

42 Hentschel: *Ludwig Erhard*, 435.

43 Eschenburg: *Macht der Verbände*.

44 Nolte: *Ordnung*, 385–387.

45 Ebd., 387.

46 Schelsky: »Der Mensch in der technischen Zivilisation«, in: ders.: *Auf der Suche*, 453.

47 Metzler: »Geborgenheit im gesicherten Fortschritt. Das Jahrzehnt von Planbarkeit und Machbarkeit«, in: Frese u. a. (Hg.): *Demokratisierung*, 777–797, hier 788.

48 Zit. nach Hildebrand: *Von Erhard zur Großen Koalition 1963–1969*, 159.

49 Regierungserklärung L. Erhard, in: *Bulletin des Presse- und Informationsamtes der Bundesregierung*, Nr. 179, 11. 11. 1965, 1449.

50 Ebd.

51 Statistisches Bundesamt (Hg.): *Bevölkerung und Wirtschaft 1872–1972*, 142, 148, 250, 261.

52 Vgl. Rudolph: »Die 60er Jahre«, in: Schildt u. a. (Hg.): *Dynamische Zeiten*, 471–491, hier 484.

53 Hohmann (Hg.): *Ludwig Erhard. Gedanken*, 1023.

54 Zit. nach Hildebrand: *Von Erhard zur Großen Koalition 1963–1969*, 206.

55 Görtemaker: *Geschichte der Bundesrepublik Deutschland*, 433.

56 Bösch: *Macht und Machtverlust*, 26; Doering-Manteuffel: »Westernisierung«, in: Schildt u. a. (Hg.): *Dynamische Zeiten*, 311–341, hier 325.

Teil III.3
(1957–1966)

1 Bald: *Die Bundeswehr*, 51.

2 Zit. nach ebd., 54.

3 Schwarz: *Die Ära Adenauer 1957–1963*, 53.

4 Kleßmann: *Zwei Staaten, eine Nation*, 160.

5 Dazu Nehring: »The British and West German Protests against Nuclear Weapons and the Cultures of the Cold War, 1957–64«, in: *Contemporary British History* 19, 2005.

6 Schwarz: *Die Ära Adenauer 1957–1963*, 45.

7 Adenauer: *Erinnerungen*, Bd. 3 *(1955–1959)*, 377.

8 Presse- und Informationsamt des Landes Berlin (Hg.): *Die Mauer und ihr Fall*, Berlin 1996, 36.

9 Der Globke-Plan zur Wiedervereinigung, in: Morsey/Repgen (Hg.): *Adenauer-Studien*, Bd. 3, 202–209.

10 Siehe dazu Conze: »Vom Herter-Plan zum Genscher-Plan. Zum Zusammenhang von deutscher Einheit, europäischer Sicherheit und internationaler Abrüstung am Ende der fünfziger Jahre und heute«, in: *Europäische Rundschau* 18/4, 1990, 65–77.

11 Zit. nach Schwarz: *Die Ära Adenauer 1957–1963*, 107.

12 Kennedy, John F.: »A Democrat Looks at Foreign Policy«, in: *Foreign Affairs* 36, 1957, 44–53.

13 Kleßmann: *Zwei Staaten, eine Nation*, 90.

14 Kielmansegg: *Nach der Katastrophe*, 160.

15 Regierungserklärung K. Adenauer, 1962, in: *Archiv der Gegenwart*, 1962, 10171A.

16 Krone: *Wir sind das Opfer*.

17 Zit. nach Geppert: *Die Ära Adenauer*, 114.

18 Kiep: *Good-bye Amerika*, 106.

19 Herbert Wehner, Rede vor dem Deutschen Bundestag. *Verhandlungen des Deutschen Bundestages*, 3. Wahlperiode, 30. 6. 1960.

20 Zu Willy Brandts Umgang mit den Medien und seinem Wahlkampfstil siehe Münkel: *Willy Brandt und die »Vierte Gewalt«*; Mergel: »Verkaufen wie Zahnpasta? Politisches Marketing in den bundesdeutschen Wahlkämpfen 1949–1990«, in: Berghoff (Hg.): *Marketinggeschichte*, 371–397.

21 Vaisse: *La grandeur*.

22 Thiemeyer: *Vom »Pool Vert« zur EWG*.

23 Rede Hallsteins anlässlich des Assoziierungsabkommens zwischen der Türkei und der EWG, abgedruckt in: Hallstein, Walter: *Europäischen Reden*, Stuttgart 1979, 738–740.

24 Fischer: *Rot-Grüne Jahre*.

25 Siehe dazu Geiger: *Atlantiker gegen Gaullisten*; Marcowitz: *Option für Paris*; Grabbe: *Unionsparteien*; Conze: »Staatsräson und nationale Interessen. Die ›Atlantiker‹-›Gaullisten‹-Debatte in der westdeutschen Politik- und Gesellschaftsgeschichte der 1960er Jahre«, in: Lehmkuhl: *Deutschland*, 197–226.

26 Geiger: *Atlantiker gegen Gaullisten*; allgemeiner Sywottek: »Nationale Politik als Symbolpolitik. Die westdeutsche Deutschland- und Außenpolitik in gesellschaftlicher Perspektive«, in: Schildt u. a. (Hg.): *Dynamische Zeiten*, 342–362.

27 Zu den Begriffen Marcowitz: *Option für Paris*, 184.

28 Vgl. hierzu ebd. sowie auch Grabbe: *Unionsparteien*.

29 Zum Folgenden insbesondere Hoppe: *Zwischen Teilhabe und Mitsprache*.

30 Siehe Conze: *Die gaullistische Herausforderung*, 266–275; vgl. auch Link: *Deutsche und amerikanische Gewerkschaften*.

31 Adenauer: *Erinnerungen*, Bd. 4, 75.

32 Dazu Stöver: *Kalter Krieg 1947–1991*, 337–380.

33 Kleßmann: *Zwei Staaten, eine Nation*, 101.

34 Zit. nach van Laak: *Über alles in der Welt*, 167.

35 Troche: *Mekong*.

36 Hacke: *Die Außenpolitik*, 121.

37 Zit. nach Schöllgen: *Die Außenpolitik*, 85.

38 *Dokumente zur Deutschlandpolitik*, Reihe 4/Bd. 12, 812.

39 Schönhoven: *Aufbruch*, 144; vgl. auch Schwarz: *Der Ort der Bundesrepublik*.

40 Fischer: »Deutsche Kriegsziele, Revolutionierung und Separatfrieden im Osten 1914–1918«, in: HZ 188, 1959, 249–310; ders.: *Griff nach der Weltmacht*.

41 Doering-Manteuffel: »Westernisierung. Politisch-ideeller und gesellschaftlicher Wandel in der Bundesrepublik bis zum Ende der 60er Jahre«, in: Schildt u. a. (Hg.): *Dynamische Zeiten*, 311–341, hier 338f.

42 Zu den verschiedenen Phasen des Ost-West-Konflikts, geprägt durch Veränderungen im Austragungsmodus des ideologischen und machtpolitischen Grundkonflikts, siehe insbesondere Link: *Der Ost-West-Konflikt*.

Teil IV.1
(1966–1974)

1 Friedeburg: *Jugend in der modernen Gesellschaft*, 18.

2 Schönhoven: »Aufbruch in die sozialliberale Ära. Zur Bedeutung der 60er Jahre in der Geschichte der Bundesrepublik«, in: GG 25, 1999, 123–145.

3 Görtemaker: *Geschichte der Bundesrepublik Deutschland*, 475; Kraushaar: *1968*; Grebing: *Die deutsche Arbeiterbewegung*, 70; Kielmansegg: *Nach der Katastrophe*, 326; Albrecht: *Die intellektuelle Gründung*.

4 H. Arendt an K. Jaspers, 26.5.1968, zit. nach Köhler/Saner (Hg.): *Hannah Arendt/Karl Jaspers. Briefwechsel 1926–1969*, München/Zürich 1985, 715f.

5 Hodenberg/Siegfried: »Reform und Revolte. 1968 und die langen sechziger Jahre in der Geschichte der Bundesrepublik Deutschland«, in: dies. (Hg.): *Wo »1968« liegt*, 7–14, hier 7.

6 Kraushaar: *1968 als Mythos*, 8.

7 Hodenberg/Siegfried: »Reform und Revolte«, in: dies. (Hg.): *Wo »1968« liegt*, 7–14, hier 12.

8 Schildt: »Vor der Revolte. Die sechziger Jahre«, in: *APuZ* B22/23, 2001, 7–13, hier 13.

9 Scherpe: »Störfall 1968. Krise der Legitimation – Antiautorität – Authentizität«, in: Rosenberg u. a. (Hg.): *Der Geist der Unruhe*, 97–108, hier 108.

10 Großbölting: »Als Laien und Genossen das Fragen lernten. Neue Formen institutioneller Öffentlichkeit im Katholizismus und in der Arbeiterbewegung der sechziger Jahre«, in: Frese u. a. (Hg.): *Demokratisierung*, 147–179, hier 149.

11 Vgl. Wallerstein: »1968. Revolution im Weltsystem«, in: François u. a. (Hg.): *1968*, 19–33; Birnbaum: »1968 im internationalen Kontext«, in: Jacoby/Hafner (Hg.): *1968*, 13–44; Fink u. a. (Hg.): *1968*.

12 Port Huron Statement des SDS, 11.6.1962, zit. nach Gilcher-Holtey: *Die 68er Bewegung*, 18.

13 Zit. nach Grant (Hg.): *Black Protest*, 415.

14 Zum Vietnamkrieg siehe Frey: *Geschichte des Vietnamkrieges*.

15 So der Vorsitzende des amerikanischen SDS P. Potter, 1965, zit. nach Gilcher-Holtey: *Die 68er Bewegung*, 36.

16 Vgl. Frei: *1968*, 109.

17 Zit. nach Kraushaar (Hg.): *Frankfurter Schule und Studentenbewegung*, Bd. 1, 233f.

18 Zit. nach ebd., 231.

19 Brief H. Arendts an H. Blücher, 28.5.1961, in: Köhler/Saner (Hg.): *Arendt/Blücher. Briefe 1936–1968*, 543f.

20 »Organisieren wir den Ungehorsam gegen die Nazi-Generation. Handzettel (ca. 1967)«, in: Ott/Pfäfflin (Hg.): *Protest! Literatur um 1968*, 43.

21 Kielmansegg: *Nach der Katastrophe*, 326 u. 329.

22 Haug: *Der hilflose Antifaschismus*, 144f. u. 149.

23 Vgl. Frei: *1968*, 84.

24 Zum Folgenden v. a. Gilcher-Holtey: *Die 68er Bewegung*, 14–16.

25 Habermas: »Zwischen Philosophie und Wissenschaft. Marxismus als Kritik«, Vortrag von 1960, zit. nach Kraushaar (Hg.): *Frankfurter Schule und Studentenbewegung*, Bd. 1, 171.

26 Marcuse: »Repressive Toleranz«, in: Marcuse u. a. (Hg.): *Kritik der reinen Toleranz*.

27 Seifert: »Die Neue Linke, Abgrenzung und Selbstanalyse«, in: *Frankfurter Hefte* 18, 1963, 30–40, hier 34.

28 Ebd., 35.

29 So Michael Vester 1965, zit. nach Etzemüller: *1968*, 82.

30 Frei: *1968*, 95.

31 Adorno: »Erziehung nach Auschwitz«, in: ders.: *Erziehung*, 88–104, hier 88.

32 SDS: *Hochschule in der Demokratie*.

33 Zit. nach Gilcher-Holtey: *Die 68er Bewegung*, 59.

34 Ebd., 60.

35 Juchler: *Die Studentenbewegung*.

36 Appell, abgedruckt in Otto: *Die außerparlamentarische Opposition*, 297–300, hier 299.

37 Zit. nach Kraushaar (Hg.): *Frankfurter Schule und Studentenbewegung*, Bd. 1, 236; sowie Frei: *1968*, 97.

38 Zit. nach Frei: *1968*, 110.

39 Zitate nach Frei: *1968*, 114; Kraushaar (Hg.): *Frankfurter Schule und Studentenbewegung*, Bd. 1, 251f.; Wolfrum: *Die geglückte Demokratie*, 262.

40 *FAZ*, 4.6.1968.

41 Frei: *1968*, 118.

42 Kraushaar (Hg.): *Frankfurter Schule und Studentenbewegung*, Bd. 1, 258f.

43 *Bild*-Zeitung (Berlin), 3.6.1967.

44 »*Der Spiegel*: Gespräch mit Dutschke«, abgedruckt in: Kraushaar (Hg.): *Frankfurter Schule und Studentenbewegung*, Bd. 2, 268–271, hier 269.

45 Zit. nach Frei: *1968*, 117.

46 Zit. nach Kraushaar (Hg.): *Frankfurter Schule und Studentenbewegung*, Bd. 1, 302.

47 Zit. nach Gilcher-Holtey: *Die 68er Bewegung*, 126.

48 Koenen: *Das rote Jahrzehnt*.

49 Ebd., 24.

50 Zur Bedeutung dieser Liberalkonservativen siehe Hacke: *Philosophie der Bürgerlichkeit*.

51 Ebd., 13; vgl. auch Herbert: »Liberalisierung als Lernprozess. Die Bundesrepublik in der deutschen Geschichte – Eine Skizze«, in: ders. (Hg.): *Wandlungsprozesse*, 7–52, hier 11.

52 Zit. nach Kraushaar (Hg.): *Frankfurter Schule und Studentenbewegung*, Bd. 2, 258f.

53 Gilcher-Holtey: *1968*, 124.

54 Aly: *Unser Kampf*. Das Zitat stammt aus einem Streitgespräch G. Alys mit K. Rutschky, in: *die tageszeitung*, 27.12.2007.

55 Brief T. Adornos an M. Horkheimer, 6.8.1969, abgedruckt in Kraushaar (Hg.): *Frankfurter Schule und Studentenbewegung*, Bd. 2, 671.

56 Luhmann: »Njet-Set und Terror-Desperados«, in: *die tageszeitung*, 4.8.1988, zit. nach Koenen: *Das rote Jahrzehnt*, 25.

57 Lucke: *68 oder neues Biedermeier*, 19.

58 Ebd., 33f.

59 Frei: *1968*, 211.

60 Zit. nach Lucke: *68 oder neues Biedermeier*.

Teil IV. 2
(1966–1974)

1 Die beste jüngere Gesamtdarstellung der Innenpolitik der Reformära stammt von Hockerts: »Rahmenbedingungen«.

2 Ebd., 3.

3 Zahlen nach ebd., 3f.

4 *Christlich-Demokratische Union Deutschlands. 12. Bundesparteitag. Hannover, 14.–17.3. 1964*, Bonn 1964, S. 360.

5 Hockerts: »Rahmenbedingungen«, 9.

6 Gassert: *Kiesinger*, 517.

7 Zit. nach ebd., 519.

8 Ebd., 748.

9 Zit. nach ebd., 519.

10 Ebd., 520.

11 Schwarz: *Adenauer. Der Staatsmann*, 973f.

12 Siehe ebd., 980–987.

13 Zit. nach Hockerts: »Rahmenbedingungen«, 46.

14 Besonders pointiert bei Görtemaker: *Geschichte der Bundesrepublik*, 475.

15 Zum Folgenden siehe insbesondere Hockerts: »Rahmenbedingungen«, 37–39.

16 Nützenadel: *Stunde der Ökonomen*.

17 Regierungserklärung von Bundeskanzler Kurt Georg Kiesinger am 13.12.1966, in: *Verhandlungen des Deutschen Bundestages*, 5. Wahlperiode, 13.12.1966.

18 Ebd.

19 Hockerts: »Rahmenbedingungen«, 28.

20 Ebd., 30f.; dort auch weitere Literatur.

21 So der Hamburger Bürgermeister und Bundesratspräsident Herbert Weichmann, zit. nach ebd., 27.

22 Arthur Benz: »Der deutsche Föderalismus«, in: Ellwein/Holtmann (Hg.): *50 Jahre Bundesrepublik Deutschland*, 135–153, hier 138–141.

23 Ritter: »Der Föderalismus«, in: Rödder: *Modell Deutschland*, 93.

24 Dazu jetzt Leendertz: *Ordnung schaffen*.

25 Schlemmer u.a.: »Entwicklungshilfe im eigenen Lande. Landesplanung in Bayern nach 1945, in: Frese u.a. (Hg.): *Demokratisierung*, 379–450, hier 449.

26 Zit. nach Wolfrum: *Die geglückte Demokratie*, 277.

27 Frei: *Karrieren im Zwielicht*, 228; vgl. auch Reichel: *Vergangenheitsbewältigung*, 192f.

28 Vgl. Hockerts: »Rahmenbedingungen«, 55.

29 Buske, »Die Debatte über die ›Unehelichkeit‹, in: Herbert (Hg.): *Wandlungsprozesse*, 315–347, hier 346; vgl. auch dies.: *Fräulein Mutter*, vor allem 271–348.

30 Siehe dazu Zülch: *Von der FDP zur F.D.P.;* vgl. auch Dittberner: *Die FDP*.

31 Ausführliche Darstellungen vor allem bei Baring: *Machtwechsel*, Hildebrand: *Von Erhard*, 383–404; Gassert: *Kiesinger*, 717–730; Schönhoven: *Wendejahre*, 666–685.

32 Bösch: *Macht und Machtverlust*, 94–99.

33 Hockerts: »Rahmenbedingungen«, 66.

34 Regierungserklärung des Bundeskanzlers am 28.10.1969, in: *Verhandlungen des Deutschen Bundestages*, 6. Wahlperiode, 28.10.1969 (dort auch die folgenden Zitate).

35 Zit. nach Schildt: *Ankunft im Westen*, 40.

36 Zit. nach Hockerts: »Rahmenbedingungen«, 72.

37 Jäger: »Die Innenpolitik der sozialliberalen Koalition«, 24.

38 Ebd., 19.

39 Siehe allgemein Hefty: *Parlamentarische Staatssekretäre*.

40 Jäger: »Die Innenpolitik der sozialliberalen Koalition«, 29.

41 Ebd.

42 Zit. nach ebd.

43 Wolfrum, *Die geglückte Demokratie*, 317.

44 Jäger: »Die Innenpolitik der sozialliberalen Koalition«, 30.

45 Ebd., 31.

46 Regierungserklärung des Bundeskanzlers am 28.10.1969, in: *Verhandlungen des Deutschen Bundestages*, 6. Wahlperiode, 28.10.1969.

47 »Ostpolitik – Friedenspolitik in unserer Zeit«, Rede von Bundeskanzler Willy Brandt bei der Verleihung des Friedens-Nobelpreises 1971, abgedruckt in: Conze/Metzler (Hg.): *50 Jahre Bundesrepublik Deutschland*, 114–123.

48 Regierungserklärung des Bundeskanzlers am 28.10.1969, in: *Verhandlungen des Deutschen Bundestages*, 6. Wahlperiode, 28.10.1969.

49 Ebd.

50 Rudloff: »Bildungsplanung«, in: Frese u.a. (Hg.): *Demokratisierung*, 259–282, hier 275.

51 Zit. nach Wolfrum, *Die geglückte Demokratie*, 317.

52 *Der Spiegel*, 5.3.1973.

53 Hockerts: »Rahmenbedingungen«, 93.

54 Schmidt: *Sozialpolitik in Deutschland*, 78.

55 Metzler: *Sozialstaat*, 184.

56 Leisering: »Der deutsche Sozialstaat«, in: Ellwein/Holtmann: *50 Jahre Bundesrepublik*, 181–192, hier 184.

57 Schmidt, *Sozialpolitik in Deutschland*, 98.

58 Rödder: *Die Bundesrepublik Deutschland 1969–1990*, 46.

59 Hockerts: »Rahmenbedingungen«, 92.

60 Jäger, »Die Innenpolitik der sozialliberalen Koalition«, 147.

61 Kandora: »Homosexualität und Sittengesetz«, in: Herbert (Hg.): *Wandlungsprozesse*, 379–401.

62 Zur parlamentarischen, juristischen und öffentlichen Debatte über den Paragraph 218 vgl., in kritisch-ablehnender Perspektive, Gante: *§ 218 in der Diskussion*.

63 Jäger: »Die Innenpolitik der sozialliberalen Koalition«, 149.

64 Frevert: *Frauen-Geschichte*, 280.

65 Rödder: *Die Bundesrepublik Deutschland 1969–1990*, 201.

66 Schildt: *Sozialgeschichte*, 55.

67 Erhard Eppler: »Die Qualität des Lebens. Vortrag auf der Internationalen Arbeitstagung der IG Metall in Oberhausen, 11.4.1972«, in: Conze/Metzler (Hg.): *50 Jahre Bundesrepublik Deutschland*, 222–225, hier 223.

68 Vgl. Jäger: »Die Innenpolitik der sozialliberalen Koalition«, 71–73.

69 Vgl. Hockerts: »Rahmenbedingungen«, 77.

70 Brandt: *Begegnungen*, 579.

71 Merseburger: *Willy Brandt*, 663f.

72 Regierungserklärung des Bundeskanzlers, in: *Verhandlungen des Deutschen Bundestages*, 7. Wahlperiode, 18.1.1973 (dort auch die folgenden Zitate).

73 Erhard Eppler: »Die Qualität des Lebens. Vortrag auf der Internationalen Arbeitstagung der IG Metall in Oberhausen, 11.4.1972«, auszugsweise abgedruckt in: Conze/Metzler (Hg.): *50 Jahre Bundesrepublik Deutschland*, 222–225.

74 Regierungserklärung des Bundeskanzlers, in: *Verhandlungen des Deutschen Bundestages*, 7. Wahlperiode, 18.1.1973.

75 Zit. nach Jäger: »Die Innenpolitik der sozialliberalen Koalition«, 94.

76 Regierungserklärung des Bundeskanzlers, in: *Verhandlungen des Deutschen Bundestages*, 7. Wahlperiode, 18.1.1973; vgl. allgemein Hünemörder: *Die Frühphase der globalen Umweltkrise.*

77 Beck: *Die Erfindung des Politischen.*

78 Kuller: *Familienpolitik*, 216.

79 Jäger: »Die Innenpolitik der sozialliberalen Koalition«, 140.

80 Nach einer Untersuchung des Bonner Volkswirts Wilhelm Krelle von 1968 verfügten in der Bundesrepublik 1,7 Prozent der Haushalte über 70 Prozent des »Produktivvermögens«. Siehe Hockerts: »Rahmenbedingungen«, 100.

81 Zur Mitbestimmungsgesetzgebung siehe Lauschke: *Die halbe Macht*; zur Konzertierten Aktion skizzenhaft Rehling: *Die Konzertierte Aktion.*

82 Regierungserklärung des Bundeskanzlers, in: *Verhandlungen des Deutschen Bundestages*, 7. Wahlperiode, 18.1.1973.

83 Vgl. Winkler: *Der lange Weg*, Bd. 2, 316f.

84 Merseburger: *Willy Brandt*, 698.

85 Zit. nach ebd., 702.

86 Brandt: *Erinnerungen.*

87 Merseburger: *Willy Brandt*, 709; Leugers-Scherzberg: »Herbert Wehner und der Rücktritt Willy Brandts am 7. Mai 1974«, in: *VfZ* 50, 2002, 303–322.

88 Zit. nach Baring: *Machtwechsel*, 739.

89 Wolfrum: *Die geglückte Demokratie*, 334.

Teil IV.3
(1966–1974)

1 NATO-Informationsabteilung (Hg.): *NATO-Handbuch*, 61.

2 Zit. nach Görtemaker: *Geschichte der Bundesrepublik Deutschland*, 464; vgl. Hacke: *Außenpolitik*, 134.

3 Zit. nach Besson: *Außenpolitik*, 403.

4 Zit. nach Kielmansegg: *Nach der Katastrophe*, 516.

5 Glaab: *Deutschlandpolitik*, 247–249.

6 Hacke: *Außenpolitik*, 136.

7 Zit. nach Schöllgen: *Außenpolitik*, 93.

8 Vgl. Besson: *Außenpolitik*, 387; Hildebrand: *Von Erhard zur Großen Koalition 1963–1969*, 310.

9 Besson: *Außenpolitik*.

10 Schollwer: *Weg zur Entspannung*, 19.

11 Ebd.

12 W. Brandt, in: *Verhandlungen des Deutschen Bundestages*, 8. Wahlperiode, 17. 12. 1976.

13 Bracher u. a.: *Republik im Wandel 1969–1974*, 370f.

14 Ebd., 369.

15 W. Brandt: Regierungserklärung, in: *Verhandlungen des Deutschen Bundestages*, 6. Wahlperiode, 28. 10. 1969.

16 Link: *Ost-West-Konflikt*.

17 Link: »Außen- und Deutschlandpolitik in der Ära Brandt 1969–1974«, in: Bracher u. a.: *Republik im Wandel 1969–1974*, 163–275, hier 163.

18 Das Bahr-Papier ist abgedruckt in: Meissner (Hg.): *Moskau – Bonn*, 1220–1223.

19 Der Brief zur deutschen Einheit (12. 8. 1970) ist abgedruckt in: Rauschning (Hg.): *Rechtsstellung Deutschlands*, 123.

20 Der Warschauer Vertrag (7. 12. 1970) ist abgedruckt in: ebd., 126f.

21 W. Brandt, in: *Texte zur Deutschlandpolitik*, Reihe I/Bd. 10, 97f.

22 Zit. nach Merseburger: *Willy Brandt*, 614.

23 Zit. nach ebd., 615.

24 Zit. nach ebd.

25 Ebd., 615.

26 *Der Spiegel*, 14. 12. 1970.

27 Siehe dazu Kießling, Friedrich: »Täter repräsentieren. Willy Brandts Kniefall in Warschau. Überlegungen zum Zusammenhang von bundesdeutscher Außenrepräsentation und der Erinnerung an den Nationalsozialismus«, in: Paulmann (Hg.): *Auswärtige Repräsentationen*, 205–224.

28 Zit. nach ebd., 217.

29 Zit. nach Merseburger: *Willy Brandt*, 616.

30 Zit. nach Bracher u. a.: *Republik im Wandel 1969–1974*, 193.

31 Vgl. Knabe: *Die unterwanderte Republik*, 15f.

32 Entschließung des Deutschen Bundestages vom 17. 5. 1972, abgedruckt in: Rauschning (Hg.), *Rechtsstellung Deutschlands*, 139f.

33 Siehe Loth: *Helsinki*.

34 Protokollnotizen, veröffentlicht in: *Die Welt*, 18. 4. 1972, zit. nach Meissner (Hg.): *Moskau – Bonn*, 1476.

35 Bracher u. a.: *Republik im Wandel 1969–1974*, 214.

36 Vgl. Merseburger: *Willy Brandt*, 603.

37 Zit. nach ebd., 606.

38 Bracher u. a.: *Republik im Wandel 1969–1974*, 222.

39 Kielmansegg: *Nach der Katastrophe*, 523.

40 Stöver: *Bundesrepublik Deutschland*, 120.

41 Wolf: *Spionagechef*, 221.

42 Bracher u. a.: *Republik im Wandel 1969–1974*, 246.

43 W. Brandt: Regierungserklärung, in: *Verhandlungen des Deutschen Bundestages*, 6. Wahlperiode, 28.10.1969.

44 Zit. nach Paulmann: *Auswärtige Repräsentationen*, 5.

45 Ebd., 31.

46 Balbier: »Die Olympischen Spiele 1972 in München«, in: Paulmann (Hg.): *Auswärtige Repräsentationen*, 105–119, hier 107.

47 Ebd., 106.

Teil V.1
(1974–1982)

1 Jüngere Schmidt-Biographien bieten Soell: *Helmut Schmidt*, sowie Noack: *Helmut Schmidt*.

2 Beispielsweise Schmidt: *Verteidigung oder Vergeltung*.

3 H. Schmidt: »Das Vertrauen zurückgewinnen«. Diskussionsbeitrag in der Sitzung der SPD-Bundestagsfraktion vom 16.5.1974, in: ders.: *Kontinuität und Konzentration*, 31–35.

4 Ebd.

5 H. Schmidt, »Interview mit dem *Stern*«, 12.6.1974, in: ders.: *Kontinuität und Konzentration*, 92f.

6 Jäger/Link: *Republik im Wandel 1974–1982*, 14.

7 So der SPD-Bundestagsabgeordnete U. Lohmar über H. Schmidt und sein Regierungsprogramm, in: *Der Spiegel*, 27.5.1974, 10.

8 H. Schmidt: »Die SPD ist keine Seminareinrichtung.« Diskussionsbeitrag in der Sitzung des Parteivorstandes, 8.3.1974, in: ders.: *Kontinuität und Konzentration*, 68f.

9 Lutz: *Der kurze Traum*.

10 Regierungserklärung H. Schmidt, in: *Verhandlungen des Deutschen Bundestages*, 7. Wahlperiode, 17.5.1974.

11 Sturm: »Staat und Wirtschaft«, in: Ellwein/Holtmann (Hg.): *50 Jahre Bundesrepublik Deutschland*, 193–210, hier 198f.

12 Leisering: »Der deutsche Sozialstaat«, in: Ellwein/Holtmann (Hg.): *50 Jahre Bundesrepublik Deutschland*, 181–192, hier 184.

13 Sontheimer: *Die verunsicherte Republik*.

14 Jäger/Link: *Republik im Wandel 1974–1982*, 49.

15 Zur Geschichte des RAF-Terrorismus im Überblick: Aust: *Der Baader-Meinhof-Komplex*; Peters: *Tödlicher Irrtum*.

16 Wichtig in diesem Zusammenhang: Koenen: *Vesper, Ensslin, Baader*.

17 Zit. nach Peters: *Tödlicher Irrtum*, 129 u. 161.

18 Zit. nach ebd., 102.

19 Weinhauer: »Terrorismus in der Bundesrepublik der Siebzigerjahre. Aspekte einer Sozial- und Kulturgeschichte der Inneren Sicherheit«, in: *AfS* 44, 2004, 219–242, hier 226.

20 Kielmansegg: *Nach der Katastrophe*, 343.

21 Zit. nach Peters: *Tödlicher Irrtum*, 206.

22 Kielmansegg: *Nach der Katastrophe*, 342.

23 Zur Lorenz-Entführung siehe jetzt Dahlke: »»Nur eingeschränkte Krisenbereitschaft‹. Die staatliche Reaktion auf die Entführung des CDU-Politikers Peter Lorenz 1975«, in: *VfZ* 55, 2007, 641–678.

24 Schmidt: *Verantwortung und Gewissen des Politikers*, 8.
25 Rede H. Schmidt, in: *Verhandlungen des Deutschen Bundestages*, 7. Wahlperiode, 25.4.1975.
26 Zit. nach Peters: *Tödlicher Irrtum*, 413.
27 Aust: *Der Baader-Meinhof-Komplex*, 7.
28 Weinhauer: »Terrorismus in der Bundesrepublik«, in: *AfS* 44, 2004, 219–242, hier 233.
29 Lücke: »Sicherheit nach innen«, in: *Bulletin des Presse- und Informationsamts der Bundes-regierung*, 13.5.1966, 495–498; vgl. zum Kontext Weinhauer: »Terrorismus in der Bundes-republik«, in: *AfS* 44, 2004, 219–242, hier 233–235.
30 Zit. nach ebd., 235.
31 Hockerts: »Rahmenbedingungen. Das Profil der Reformära«, in: ders. (Hg.): *Geschichte der Sozialpolitik 1966–1974*, Bd. 5, 1–156, hier 103.
32 Weinhauer: »Terrorismus in der Bundesrepublik«, in: *AfS* 44, 2004, 219–242, hier 236.
33 Scheiper: »Der Wandel staatlicher Herrschaft in den 1960er/70er Jahren«, in: Weinhauer u. a. (Hg.): *Terrorismus in der Bundesrepublik*, 188–216, hier 211.
34 Weinhauer: »Terrorismus in der Bundesrepublik«, in: *AfS* 44, 2004, 219–242, hier 238–240.
35 Zit. nach Peters: *Tödlicher Irrtum*, 715.
36 Zum Rechtsextremismus in der BRD: Arndt/Benz: *Rechtsextremismus in der Bundesre-publik*; Stöss/Schubarth: *Rechtsextremismus in der Bundesrepublik Deutschland*; Pfahl-Traughber: *Rechtsextremismus in der Bundesrepublik*; Benz (Hg.): *Rechtsextremismus in Deutschland*.
37 Graf von Westfalen: »Die Bundesrepublik – ein schwacher Staat«, in: *Rheinischer Merkur*, 12.11.1970, zit. nach Schildt: »Die Kräfte der Gegenreform sind auf breiter Front angetre-ten«. Zur konservativen Tendenzwende in den Siebzigerjahren«, in: *AfS* 44, 2004, 449–478, hier 469f.
38 Zit. nach ebd., 469.
39 Protokoll der 449. Sitzung des Bundesrats vom 30.9.1977, zit. nach ebd., 471.
40 K. G. Kiesinger, zit. nach Jäger/Link: *Republik im Wandel 1974–1982*, 53.
41 Scharpf: *Politikverflechtung*.
42 Vgl. Jäger/Link: *Republik im Wandel 1974–1982*, 52.
43 Zit. nach *Der Spiegel*, 10.3.1975, 34–41.
44 Kohl: *Erinnerungen (1930–1982)*, 434f.
45 Jäger/Link: *Republik im Wandel 1974–1982*, 64f.
46 Vgl. Metzler: *Der deutsche Sozialstaat*, 188.
47 Ebd., 190.
48 Vgl. Jäger/Link: *Republik im Wandel 1974–1982*, 67.
49 Kielmansegg: *Nach der Katastrophe*, 296.
50 Zit. nach Jäger/Link: *Republik im Wandel 1974–1982*, 24.
51 CDU Deutschlands (Hg.): *Grundsatzprogramm der Christlich-Demokratischen Union Deutschlands*; beschlossen vom 26. Bundesparteitag, Ludwigshafen, 23.–25.10.1978, Bonn 1978.
52 Ebd.
53 Ebd.
54 Bösch: *Macht und Machtverlust*, 42.
55 Zur Gipfelpolitik Schmidts siehe jetzt Karczewski: *Weltwirtschaft*.
56 Kohl: *Erinnerungen 1930–1982*, 323–345.
57 Jäger/Link: *Republik im Wandel 1974–1982*, 173.

58 Eppler: *Wege aus der Gefahr*, 12.

59 Gespräch mit F. J. Strauß, in: *Der Spiegel*, 28. 12. 1981.

60 Zu den neuen sozialen Bewegungen: Roth/Rucht: *Neue soziale Bewegungen*; dies.: *Die sozialen Bewegungen in Deutschland*; Rucht: *Modernisierung und neue soziale Bewegungen*; Zitat nach Gilcher-Holtey: *1968*, 12.

61 Zur Entstehungsgeschichte der Grünen: Klein/Falter: *Der lange Weg*; Raschke: *Die Grünen*.

62 Lafontaine: »Mein Sozi für die Zukunft«, in: *Stern*, 15. 7. 1982.

63 Zahlen nach Schanetzky: *Die große Ernüchterung*, 228; sowie: Rödder: *Die Bundesrepublik Deutschland 1969–1990*, 301.

64 Schanetzky: *Die große Ernüchterung*, 228f.

65 Winkler: *Der lange Weg*, Bd. 2, 389.

66 Vgl. Jäger/Link: *Republik im Wandel 1974–1982*, 218f.

67 Ebd., 225f.

68 Lafontaine: »Mein Sozi für die Zukunft«, in: *Stern*, 15. 7. 1982.

69 Genscher: *Erinnerungen*, 445ff.

70 Otto Graf Lambsdorff: Konzept, <http://fnst-freiheit.org/uploads/644/1982_lambsdorff-Papier.pdf>.

71 Rede des Abgeordneten Rainer Barzel (CDU), in: *Verhandlungen des Deutschen Bundestages*, 9. Wahlperiode, 1. 10. 1982.

72 Bölling: *Die letzten 30 Tage*.

Teil V. 2
(1974 – 1982)

1 Regierungserklärung des Bundeskanzlers, in: *Verhandlungen des Deutschen Bundestages*, 7. Wahlperiode, 17. 5. 1974.

2 Ebd.

3 Die KSZE-Schlussakte ist abgedruckt in: Volle/Wagner (Hg.): *KSZE*.

4 Bahr: *Zu meiner Zeit*, 424.

5 Rede von Generalsekretär Erich Honecker am 13. 10. 1980 zur Eröffnung des SED-Parteilehrjahres 1980/1981, in: *Texte zur Deutschlandpolitik*, Reihe 2/Bd. 8, 170–179, hier 177.

6 Kielmansegg: *Nach der Katastrophe*, 529.

7 Ebd., 535.

8 Jäger/Link: *Republik im Wandel 1974–1982*, 379f.

9 Bundeskanzler Helmut Schmidt auf einer Pressekonferenz am 13. 12. 1981, in: *Texte zur Deutschlandpolitik*, Reihe 2/Bd. 8, 408–412, hier 409f.

10 So Regierungssprecher Klaus Bölling gegenüber Schmidt. Vgl. Schmidt: *Die Deutschen und ihre Nachbarn*, 92.

11 Kielmansegg: *Nach der Katastrophe*, 538.

12 Wörmann: *Osthandel*.

13 Dazu jetzt Karczewski: *Weltwirtschaft*.

14 Regierungserklärung des Bundeskanzlers, in: *Verhandlungen des Deutschen Bundestages*, 7. Wahlperiode, 17. 5. 1974.

15 Hacke: *Außenpolitik*, 221f.

16 Zit. nach ebd., 227.
17 Bredow: *Außenpolitik*, 133.
18 Wolfrum: *Die geglückte Demokratie*, 377.
19 Zu den deutsch-amerikanischen Beziehungen in der Ära Carter – Schmidt siehe vor allem Wiegrefe: *Zerwürfnis*.
20 Siehe dazu Chiari: »Der sowjetische Einmarsch in Afghanistan und die Besetzung von 1979 bis 1989«, in: ders. (Hg.): *Afghanistan*, 61–73, sowie Schetter: »Die Taliban und die Neuordnung Afghanistans«, in: ebd., 83–99.
21 Wirsching: *Abschied vom Provisorium*, 80f.
22 Ebd., 87–93.
23 Alt: *Frieden*.
24 Wiechmann: *Sicherheit*.
25 Eppler: *Wege aus der Gefahr*, 79.
26 So der Grünen-Politiker Rainer Trampert 1983, zit. nach Wirsching: *Abschied vom Provisorium*, 91.

Teil V. 3
(1974–1982)

1 Geyer: »Rahmenbedingungen«, 5, sowie ders.: »Sozialpolitische Denk- und Handlungsfelder«, 114f.
2 Neben den Beiträgen von Geyer (Anm. 1) erschließen folgende Bände das Terrain: Doering-Manteuffel/Raphael: *Nach dem Boom*; Jarausch: *Ende der Zuversicht*; Metzler: *Krise des Regierens*.
3 Zit. nach Geyer: »Rahmenbedingungen«, 49.
4 Meyer: »Private Lebensformen im Wandel«, in: Geißler: *Die Sozialstruktur Deutschlands*, 401–433.
5 Vgl. Geyer: »Gesamtbetrachtung«, 891; Zahlen nach Alber: *Der Sozialstaat*, 290.
6 Schildt: *Die Sozialgeschichte der Bundesrepublik Deutschland*, 58.
7 Rödder: *Die Bundesrepublik Deutschland 1969–1990*, 176.
8 Ambrosius: »Agrarstaat oder Industriestaat – Industriegesellschaft oder Dienstleistungsgesellschaft?«, in: Spree (Hg.): *Geschichte der deutschen Wirtschaft*, 50–69, hier 64.
9 Doering-Manteuffel/Raphael (Hg.): *Nach dem Boom*.
10 Lindner: *Den Faden verloren*.
11 Hindrichs u. a. (Hg.): *Der lange Abschied*.
12 Reulecke/Weber (Hg.): *Fabrik, Familie, Feierabend*.
13 Zu Hayek und dem Neoliberalismus Plickert: *Wandlungen des Neoliberalismus*; Walpen: *Die offenen Feinde*; Pies/Leschke (Hg.): *F. A. Hayeks konstitutioneller Liberalismus*.
14 Inglehart: *Modernisierung und Postmodernisierung*; Klages: *Wertorientierungen im Wandel*.
15 Rödder: *Die Bundesrepublik Deutschland 1969–1990*, 29.
16 Eppler: *Maßstäbe*.
17 Zahlen nach Schildt: *Die Sozialgeschichte der Bundesrepublik Deutschland*, 62.
18 Zahlen nach ebd., 61.
19 Zahlen nach Gabriel: »Kirchen/Religionsgemeinschaften«, in: Schäfers/Zapf (Hg.): *Handwörterbuch*, 382f.
20 Bolte/Kappe: *Deutsche Gesellschaft im Wandel*.

21 Wehler: *Deutsche Gesellschaftsgeschichte*, Bd. 5, 113.
22 Beck: »Jenseits von Stand und Klasse? Soziale Ungleichheiten, gesellschaftliche Individualisierungsprozesse und die Entstehung neuer sozialer Formationen und Identitäten«, in: Kreckel (Hg.): *Soziale Ungleichheiten*, 35–74.
23 Geyer: »Rahmenbedingungen«, 47.
24 Lyotard: *Philosophie und Malerei*, zit. nach Glaser: *Deutsche Kultur*, 412.
25 *Der Spiegel*, 24.11.1980; vgl. Görtemaker: *Geschichte der Bundesrepublik Deutschland*, 671f. (dort auch die Zitate).
26 Glaser: *Deutsche Kultur*, 412.
27 Vgl. zum Beispiel Reich-Ranicki: »Anmerkungen zur Literatur«, 169.
28 Daiber: *Deutsches Theater seit 1945*, 257.
29 Glaser: *Deutsche Kultur*, 334.
30 Kagel: *Tamtam*, 67.
31 Görtemaker: *Geschichte der Bundesrepublik Deutschland*, 677.
32 Danuser: *Musik*.
33 Siegfried: »Auf dem Weg zu einer zivilen Kultur. Die Westdeutschen zwischen Traditionalismus und ›Erlebnisgesellschaft‹«, in: Conze/Metzler (Hg.): *50 Jahre Bundesrepublik Deutschland*.
34 Vor allem Beck: *Die Erfindung des Politischen*, sowie ders./Bonß (Hg.): *Die Modernisierung der Moderne*.
35 Beck: *Die Risikogesellschaft*, 14.
36 Ebd.
37 Meadows: *Grenzen des Wachstums*.
38 Mesarovice/Pestel: *Menschheit am Wendepunkt*.
39 Eppler: *Ende oder Wende*.
40 Leisering: »Der deutsche Sozialstaat«, in: Ellwein/Holtmann (Hg.): *50 Jahre Bundesrepublik Deutschland*, 181–192, hier 185 u. 188.
41 Geyer: »Gesamtbetrachtung«, 894.
42 Kaufmann: »Der Sozialstaat als Prozess. Für eine Sozialpolitik zweiter Ordnung«, in: Ruland, Franz, u.a. (Hg.): *Verfassung, Theorie und Praxis des Sozialstaates*, 307–322.
43 Siehe beispielsweise Waever: »Securitization«.
44 Zit. nach Bull: »Politik der ›inneren Sicherheit‹ vor einem misstrauisch gewordenen Publikum«, in: *Leviathan* 12, 1984, 155–175, hier 158.
45 So der deutsch-amerikanische Politologe John H. Herz: »Aufstieg und Niedergang des Territorialstaats«, in: ders.: *Staatenwelt und Weltpolitik*, Hamburg 1974, 63–82.
46 Vgl. Hünemörder: *Die Frühgeschichte der globalen Umweltkrise*.
47 Brüggemeier: *Tschernobyl*.
48 Vgl. Metzler: *Konzeptionen*, 70–80; Radkau: *Aufstieg und Krise*.
49 Beck: *Die Risikogesellschaft*.
50 Vgl. Bonß: »Konstruktion«, in: Lippert u.a. (Hg.): *Sicherheit*, 22.
51 Kaufmann: *Sicherheit*, 157.
52 Vgl. Geyer: »Rahmenbedingungen«, 48.
53 Osterhammel/Petersson: *Geschichte der Globalisierung*, 24.
54 Doering-Manteuffel: »Nach dem Boom. Brüche und Kontinuitäten in der Industriemoderne seit 1970«, in: *VfZ* 55, 2007, 559–581, hier 571.
55 Kleßmann: »Ein stolzes Schiff«.

56 Podewils (Hg.): *Tendenzwende.*
57 Vgl. Maier: »Fortschrittsoptimismus oder Kulturpessimismus«, 5.
58 Schildt: »Die Kräfte der Gegenreform«.
59 Schildt: *Konservatismus*, 247.
60 Ein Wort der deutschen Bischöfe zu Orientierungsfragen unserer Gesellschaft vom 7.5.
   1976, zit. nach Gorschenek (Hg.): *Grundwerte in Staat und Gesellschaft*, 133–145, hier 140f.
61 Lobkowicz: »Einleitungsreferat«, in: Hahn (Hg.): *Mut zur Erziehung*, 7–15, hier zit. nach
   Schildt: »Die Kräfte der Gegenreform«, 475.

Teil VI. 1
(1982–1989)

1 Kohl-Biographien bieten: Pruys: *Helmut Kohl*; Maser: *Helmut Kohl. Der deutsche Kanzler*;
   Clough: *Helmut Kohl. Ein Porträt der Macht*; und Kohl: *Erinnerungen*, 3 Bde.; Dreher: *Helmut Kohl.*
2 Regierungserklärung von Bundeskanzler Helmut Schmidt, in: *Verhandlungen des Deutschen Bundestages*, 9. Wahlperiode, 1.10.1982.
3 Wolfrum: *Die geglückte Demokratie*, 355; Rödder: *Die Bundesrepublik Deutschland 1969–1990*, 76.
4 Hennis: »Kohls Erbe«, in: *FAZ*, 29.9.1998, 49.
5 Vgl. Schmidt: »Rahmenbedingungen«, 15f.; zum Konzept der »dynamischen Kontinuität«
   vgl. Lepsius: »Die Bundesrepublik Deutschland in der Kontinuität und Diskontinuität historischer Entwicklungen. Einige methodische Überlegungen«, in: Conze/Lepsius (Hg.):
   Sozialgeschichte der Bundesrepublik Deutschland, 11–19, hier 16.
6 Beide Zitate nach Schmidt: »Rahmenbedingungen«, 16.
7 Regierungserklärung von Bundeskanzler Helmut Kohl, in: *Verhandlungen des Deutschen Bundestages*, 9. Wahlperiode, 13.10.1982.
8 Zum Begriff siehe Schildt: »Die Kräfte der Gegenreform«.
9 Regierungserklärung von Bundeskanzler Helmut Kohl, in: *Verhandlungen des Deutschen Bundestages*, 9. Wahlperiode, 13.10.1982; vgl. auch Kohl: *Erinnerungen*, Bd. 2 *(1982–1990)*, 50f.
10 Ebd., 51.
11 Regierungserklärung von Bundeskanzler Helmut Kohl, in: *Verhandlungen des Deutschen Bundestages*, 9. Wahlperiode, 13.10.1982.
12 Ebd.
13 Kohl: *Erinnerungen*, Bd. 2 *(1982–1990)*, 161f.; vgl. auch Wirsching: *Abschied vom Provisorium*, 115.
14 Rödder: *Die Bundesrepublik Deutschland 1969–1990*, 79.
15 Vgl. Bösch: *Macht und Machtverlust*, 123.
16 Süssmuth: *Wer nicht kämpft*, 190.
17 Zit. nach Wirsching: *Abschied vom Provisorium*, 69f.
18 Wolfrum: *Die geglückte Demokratie*, 354; Wirsching: *Abschied vom Provisorium*, 203.
19 »Hier muß ein neues Kapitel beginnen«. Interview mit Richard v. Weizsäcker, in: *Die Zeit*, 23.1.1981.
20 Zu diesen Entwicklungen allgemein Eilfort: *Die Nichtwähler.*
21 Wirsching: *Abschied vom Provisorium*, 135.

22 Heimann: »Zwischen Aufbruchstimmung und Resignation. Die SPD in den 80er Jahren«, in: Süß (Hg.): *Die Bundesrepublik in den achtziger Jahren*, 35–52, hier 51.

23 Ebd., 38.

24 Walter: *Die SPD*, 224.

25 Heimann: »Zwischen Aufbruchstimmung und Resignation«, in: Süß (Hg.): *Die Bundesrepublik in den achtziger Jahren*, 35–52, hier 44.

26 Walter: *Die SPD*, 224f.

27 Vorländer: »Die FDP zwischen Erfolg und Selbstgefährdung«, in: Mintzel/Oberreuter (Hg.): *Parteien in der Bundesrepublik Deutschland*, 237–275, hier 275.

28 Zu den Programmentwicklungen und Programmdiskussionen in der FDP der 1980er Jahre siehe ausführlicher Wirsching: *Abschied vom Provisorium*, 159–166.

29 Zahlen nach Bösch: *Macht und Machtverlust*, 214.

30 Vgl. ebd., 127. Eine Übersicht über die Zusammensetzung des Präsidiums findet sich bei Wirsching: *Abschied vom Provisorium*, 176.

31 Ebd., 188.

32 Bösch: *Macht und Machtverlust*, 251f.

33 Langewiesche: *Republik und Republikaner*.

34 Schönhuber: *Ich war dabei*.

35 Wirsching: *Abschied vom Provisorium*, 415.

36 Vgl. Bösch: *Macht und Machtverlust*, 224.

37 Wirsching: *Abschied vom Provisorium*, 244.

38 Regierungserklärung von Bundeskanzler Helmut Kohl, in: *Verhandlungen des Deutschen Bundestages*, 9. Wahlperiode, 13.10.1982.

39 James: *International Monetary Cooperation*; ders.: *Rambouillet*.

40 Zur Entstehungsgeschichte des Gesetzes Zohlnhöfer: Die *Wirtschaftspolitik der Ära Kohl*, 110–114; Schmidt/Oschmiansky: »Arbeitsmarktpolitik und Arbeitslosenversicherung«, in: Schmidt (Hg.): *Geschichte der Sozialpolitik 1982–1989*, 237–287, hier 257f.

41 Rödder: *Die Bundesrepublik Deutschland 1969–1990*, 87.

42 Vgl. Ullmann: *Der deutsche Steuerstaat*, 207f.

43 Wirsching: *Abschied vom Provisorium*, 288.

44 Zohlnhöfer: *Die Wirtschaftspolitik der Ära Kohl*, 68.

45 Katzenstein: *Policy and Politics*; vgl. auch Schmidt: «Rahmenbedingungen», in: ders. (Hg.): *Geschichte der Sozialpolitik 1982–1989*, 1–60, hier 17f.

46 Die Theorie der Vetospieler hat der Politikwissenschaftler George Tsebelis entwickelt. Sie ist in jüngster Zeit häufig auf die Bundesrepublik seit den 1970er, 1980er Jahren angewandt worden. Vgl. Tsebelis: »Decision-making in Political Systems: Veto Players in Presidentialism, Parlamentarism, Multi-Cameralism, and Multi-Partyism«, in: *British Journal of Political Science* 25, 1995, 289–325; ders.: *Veto Players*; für eine Anwendung auf die Bundesrepublik siehe beispielsweise Schmidt: »Rahmenbedingungen«, in: ders. (Hg.): *Geschichte der Sozialpolitik 1982–1989*, 1–60, hier 17–19; Wirsching: *Abschied vom Provisorium*, besonders 212–222.

Teil VI. 2
(1982–1989)

1 Wirsching: *Deutsche Geschichte*, 117.

2 Link: »Einführung. Thesen über Beginn, Regulierung und Ende des Ost-West-Konflikts infolge von Machtverschiebungen«, in: Schmidt (Hg.): *Ost-West-Beziehungen*, 17.

3 Zur Forschungs- und historiographischen Entwicklung siehe Rödder: *Die Bundesrepublik Deutschland 1969–1990*, 152–154.

4 Przybylski: *Tatort Politbüro*, 281.

5 *FAZ*, 15.9.1984.

6 Vgl. Wolfrum: »Der Nationalsozialismus im öffentlichen Bewusstsein«, 226f.

7 *Bericht des Bundeskanzlers zur Lage der Nation*, 23.6.1983, in: *Verhandlungen des Deutschen Bundestages*, 10. Wahlperiode, 23.6.1983.

8 Zit. nach Potthoff (Hg.): *Koalition der Vernunft*, 234.

9 Dönhoff u.a.: *Reise in ein fernes Land*.

10 Sommer (Hg.): *Reise ins andere Deutschland*.

11 Bracher: »Politik und Zeitgeist. Tendenzen der siebziger Jahre«, in: ders. u.a.: *Republik im Wandel*, 283–406, hier 406.

12 Glaab: *Deutschlandpolitik*, 129–146, 245–262.

13 Wirsching: *Abschied vom Provisorium*, 626.

14 Kohl: *Erinnerungen*, Bd. 2 *(1982–1990)*, 101.

15 Haftendorn: *Deutsche Außenpolitik*, 13.

16 *Newsweek*, 27.10.1986; vgl. Kohl: *Erinnerungen*, Bd 2 *(1982–1990)*, 450f.

17 Ebd., 451.

18 *FAZ*, 28.4.1987.

19 Genscher: *Erinnerungen*, 493f.

20 Hacke: *Außenpolitik*, 319.

21 Ebd., 316–322; vgl. Genscher: *Erinnerungen*.

22 Regierungserklärung von Bundeskanzler Helmut Kohl, in: *Verhandlungen des Deutschen Bundestages*, 11. Wahlperiode, 18.3.1987.

23 Kohl: *Erinnerungen*, Bd. 1 *(1930–1982)*, 45.

24 Kohl: *Erinnerungen*, Bd. 2 *(1982–1990)*, 286.

25 Hacke: *Außenpolitik*.

26 *Europa Archiv* 35, 1980, 385f.

27 Wirsching: *Abschied vom Provisorium*, 573–577.

28 Hofmann: »Zu viele kleine Kissingers«, in: *Die Zeit*, 17.5.1985.

29 Hacke: *Außenpolitik*, 350.

30 In einer Fraktionssitzung der CDU/CSU-Bundestagsfraktion am 26.4.1983, zit. nach Wirsching: *Abschied vom Provisorium*, 598.

31 Beschluss des Bundestages zum Bericht zur Lage der Nation und zur Deutschlandpolitik vom 9./13.2.1984, in: *Texte zur Deutschlandpolitik*, Reihe 3/Bd. 2, 45–47.

32 Kohl: *Erinnerungen*, Bd. 2 *(1982–1990)*, 171f.

33 So in einer Fraktionssitzung der CDU/CSU-Bundestagsfraktion am 26.4.1983, zit. nach Wirsching: *Abschied vom Provisorium*, 598.

34 Kielmansegg: *Nach der Katastrophe*, 542f.

35 Zit. nach Conze/Metzler (Hg.): *50 Jahre Bundesrepublik Deutschland*, 147–153.

36 *Texte zur Deutschlandpolitik*, Reihe 3/Bd. 5, 199.

37 *FAZ*, 12.9.1987.
38 Kielmansegg: *Nach der Katastrophe*, 543.
39 Dazu u.a. Wirsching: *Abschied vom Provisorium*, 618.
40 Bahr: »Die Chancen der Geschichte in der Teilung suchen«, in: *DA* 18 (1985), 864–878.
41 Winkler: *Der lange Weg*, Bd. 2, 453.
42 Das »Streitkulturpapier« ist abgedruckt in: *Texte zur Deutschlandpolitik*, Reihe 3/Bd. 5, 171–174.
43 So Willy Brandt in einer Rede am 14.9.1988, zit. nach *Frankfurter Rundschau*, 15.9.1988.

Teil VI. 3
(1982 – 1989)

1 Michael Stürmer: »Geschichte in geschichtslosem Land«, *FAZ*, 25.4.1986, abgedruckt in: *Historikerstreit*, 36f.
2 Lübbe: »Zur Identitätspräsentationsfunktion von Historie«, in: Marquard/Stierle (Hg.): *Identität*, 277–292.
3 Herrenknecht: »Heimatsehnsucht. Eine verdrängte Kategorie linker Identität«, in: Moosmann (Hg.): *Heimat*, 194–199, hier 195f.
4 Wirsching: *Abschied vom Provisorium*, 473.
5 Zu den Debatten und Kontroversen um das Deutsche Historische Museum siehe Stölzl (Hg.): *Deutsches Historisches Museum*; vgl. auch Mälzer: *Ausstellungsstück Nation*.
6 Siehe ebd., 112–119.
7 Zur Wirkung des Holocaust-Films siehe beispielsweise die zeitgenössische Analyse von Märtesheimer/Frenzel (Hg.): *Im Kreuzfeuer*.
8 Broszat: »Plädoyer für eine Historisierung des Nationalsozialismus«, in: *Merkur* 39, 1985, 373–385.
9 Zur Bitburg-Affäre sachlich und ausgewogen Kirsch: *Wir haben aus der Geschichte gelernt*, 79–95.
10 Zur Weizsäcker-Rede und ihrer Wirkung siehe Gill/Steffani (Hg.): *Eine Rede und ihre Wirkung*; vgl. auch Kirsch: *Wir haben aus der Geschichte gelernt*, 96–107.
11 Die Rede von Bundestagspräsident Philipp Jenninger ist abgedruckt in: *Verhandlungen des Deutschen Bundestages*, 11. Wahlperiode, 9.11.1988. Vgl. auch Reichel: *Politik mit der Erinnerung*, 271–279.
12 Die Artikel sind abgedruckt in: *Historikerstreit*.
13 Heinrich A. Winkler: »Auf ewig in Hitlers Schatten«, in: *Historikerstreit*, 253–256.
14 Ernst Nolte: »Vergangenheit, die nicht vergehen will«, in: *Historikerstreit*, 39–47.
15 Wirsching: *Abschied vom Provisorium*, 489f.
16 Michael Stürmer: »Geschichte in geschichtslosem Land«, *FAZ*, 25.4.1986, abgedruckt in: *Historikerstreit*, 36f.
17 Jürgen Habermas: »Eine Art Schadensabwicklung«, in: *Die Zeit*, 11.7.1986, abgedruckt in: *Historikerstreit*, 62–76.
18 Michael Stürmer: »Geschichte in geschichtslosem Land«, *FAZ*, 25.4.1986, abgedruckt in: *Historikerstreit*, 36f.; Habermas: »Eine Art Schadensabwicklung«, in: *Die Zeit*, 11.7.1986, abgedruckt in: *Historikerstreit*, 62–76.
19 Jungk: *Der Atom-Staat*.
20 Roth: »Abkehr vom Etatismus«, in: Süß (Hg.): *Die Bundesrepublik in den achtziger Jahren*, 203–218, hier 205.

21 Wirsching: *Abschied vom Provisorium*, 395.

22 Vgl. zu diesen Argumenten Roth: »Abkehr vom Etatismus«, in: Süß (Hg.): *Die Bundesrepublik in den achtziger Jahren*, 203–218, hier 212f.

23 Vgl. Schabedoth/Scherer: »Konservative Hegemonie zwischen Manifestation und Erosion«, in: dies. (Hg.): *Ende der Wende?*, 11–41, hier 18–20.

24 Die folgenden Zahlen nach Wirsching: *Abschied vom Provisorium*, 289–293.

25 Seifert: »Ausländische Bevölkerung«, in: Schäfers/Zapf (Hg.): *Handwörterbuch zur Gesellschaft*, 53–63, hier 57.

26 Wirsching: *Abschied vom Provisorium*, 324.

27 Stoltenberg: *Wendepunkte*, 291.

28 Zit. nach Wirsching: *Abschied vom Provisorium*, 356.

29 Vgl. beispielsweise Schmidt: »Rahmenbedingungen«, in: ders. (Hg.): *Geschichte der Sozialpolitik in Deutschland*, Bd. 7, 1–60, hier 17–19.

30 Geißler: *Die Sozialstruktur Deutschlands*, 201 u. 234.

31 Ders.: »Kein Abschied von Klasse und Schicht; vgl. auch Wehler: *Deutsche Gesellschaftsgeschichte*, Bd. 5, 115–119.

32 Im Überblick (mit weiteren Literaturverweisen): Zimmermann: »Armut«, in: Schäfers/Zapf (Hg.): *Handwörterbuch*, 36–52.

33 Wehler: *Deutsche Gesellschaftsgeschichte*, Bd. 5, 164.

34 Zahlen nach Zimmermann: »Armut«, 51, in: Schäfers/Zapf (Hg.): *Handwörterbuch*, 36–52.

35 Zit. nach Wirsching: *Abschied vom Provisorium*, 238.

36 Siehe Entorf: »Strukturelle Arbeitslosigkeit«.

37 Zahlen nach Wirsching: *Abschied vom Provisorium*, 240.

38 Schmid u. a.: »Arbeitsmarktpolitik und Arbeitslosenversicherung«, in: Schmidt (Hg.): *Geschichte der Sozialpolitik*, Bd. 7, 239–287, hier 287.

39 Schmid: »Arbeitsmarkt und Beschäftigung«, in: Schäfers/Zapf (Hg.): *Handwörterbuch*, 21–36, hier 34.

40 Richardi: »Arbeitsverfassung/Arbeitsrecht«, in: Schmidt (Hg.): *Geschichte der Sozialpolitik*, Bd. 7, 157–195, hier 168–173.

41 Vgl. Wirsching: *Abschied vom Provisorium*, 260.

42 Schmidt: »Gesamtbetrachtung«, in: ders. (Hg.): *Geschichte der Sozialpolitik*, Bd. 7, 749 bis 812, hier 787f.

43 Zacher: *Grundlagen der Sozialpolitik*, 572.

44 Zum Begriff der Pfadabhängigkeit siehe Conrad: »Alterssicherung«, in: Hockerts (Hg.): *Drei Wege*, 114–116.

45 Zit. nach Schmidt: »Gesamtbetrachtung«, in: ders. (Hg.): *Geschichte der Sozialpolitik*, Bd. 7, 749–812, hier 789f.

46 Aus liberaler Sicht Babel: *Die Gesundbeter*.

47 Zit. nach Schmidt: »Gesamtbetrachtung«, in: ders. (Hg.): *Geschichte der Sozialpolitik*, Bd. 7, 749–812, hier 794.

48 Vgl. Schwarz: *Das Gesicht des Jahrhunderts*, 733.

49 Schmidt: »Rahmenbedingungen«, in: ders.: *Geschichte der Sozialpolitik*, Bd. 7, 1–60, hier 55.

50 Postman: *Wir amüsieren uns*.

51 Beck: *Was ist Globalisierung*, 28f.

52 Dazu in politikwissenschaftlicher Perspektive Süß: »Zukunft durch Modernisierungspolitik. Das Leitthema der 80er Jahre«, in: ders. (Hg.): *Die Bundesrepublik in den achtziger Jah-*

ren, 89–106; in stärker kulturgeschichtlicher Perspektive Wirsching: *Abschied vom Provisorium*, 434–452.

53 Süß: »Zukunft durch Modernisierungspolitik«, in: ders. (Hg.): *Die Bundesrepublik in den achtziger Jahren*, 89–106, hier 95.

54 Siehe die Umfrageergebnisse in: Wirsching: *Abschied vom Provisorium*, 434.

55 Doering-Manteuffel: »23. Mai 1949«, in: Conze/Nicklas (Hg.): *Tage deutscher Geschichte*, 256–275, hier 271f.

56 Stock: »Ein Stück gebaute Verfassung«.

57 Bracher u.a. (Hg.): *Geschichte der Bundesrepublik Deutschland*.

58 Fest: »Die deutsche Frage. Das offene Dilemma«, in: Jäger/Link: *Republik im Wandel 1974–1982*, 433–446, hier 446.

Teil VII
(1989/90)

1 Jarausch: *Die unverhoffte Einheit*, 63f. (dort auch die Zitate).

2 Przybylski: *Tatort Politbüro*, 281.

3 Hobsbawm: *Das Zeitalter der Extreme*, 584.

4 Rede Gorbatschows auf dem Plenum des ZK der KPdSU am 18.2.1988, zit. nach Altrichter: »War der Zerfall der Sowjetunion vorauszusehen?«, 97.

5 Ebd., 103.

6 Winkler: *Der lange Weg*, Bd. 2, 482.

7 Interview mit dem DDR-Ideologen K. Hager über Gorbatschows Reformkurs: »Jedes Land wählt seine Lösung«, in: *Stern*, 9.4.1987.

8 Staritz: *Geschichte der DDR*, 332f.

9 Wehler: *Deutsche Gesellschaftsgeschichte*, Bd. 5, 322f.

10 Küchenmeister/Stephan (Hg.): *Honecker – Gorbatschow*, 252–266 (7.10.1989).

11 Gründungsaufruf der SDP, zit. nach Jarausch: *Die unverhoffte Einheit*, 65.

12 Ebd.

13 Süß, *Staatssicherheit am Ende*, 261–267.

14 Jarausch (Hg.): *Die deutsche Vereinigung*, 76f.

15 *Archiv der Gegenwart* 59, 1989, 33885–33890.

16 Vgl. Wirsching: *Abschied vom Provisorium*, 641.

17 Erklärung von H. Modrow, »Diese Regierung wird eine Regierung des Volkes und der Arbeit sein«, in: *Neues Deutschland*, 18./19.11.1989. Der Aufruf »Für unser Land« ist zit. nach Judt (Hg.): *DDR-Geschichte in Dokumenten*, 544.

18 Fischer: »Jenseits von Mauer und Wiedervereinigung. Thesen zu einer neuen grünen Deutschlandpolitik. Gekürzter Beitrag für den Strategiekongreß der Grünen am Wochenende in Saarbrücken«, in: *taz*, 16.11.1989.

19 Zit. nach: *Dokumente zur Deutschlandpolitik. Deutsche Einheit*, 59f.

20 Kohl: *Ich wollte Deutschlands Einheit*, 195, sowie ders.: *Erinnerungen*, Bd. 2 *(1982–1990)*, 1011.

21 Ebd., 990–996 (Zitat 995).

22 Genscher: *Erinnerungen*, 683f.

23 Kohl: *Erinnerungen*, Bd. 2 *(1982–1990)*, 1012.

24 Zit. nach Teltschik: *329 Tage*, 73; vgl. auch Weidenfeld: *Außenpolitik*, 148.

25 Zit. nach ebd., 409f.

26 Conze: »Hegemonie durch Integration«; Landestad: *The United States.*

27 Rödder: *Deutschland einig Vaterland*, 142–146.

28 Zit. nach Jarausch: *Die unverhoffte Einheit*, 120.

29 Zit. nach ebd., 136.

30 Wirsching: *Abschied vom Provisorium*, 668.

31 Jarausch: *Die unverhoffte Einheit*, 184f.

32 »Koalition in der DDR so gut wie perfekt«, *SZ*, 5.4.1990; »Große Koalition steht«, *Die Welt*, 10.4.1990.

33 Infratest-Umfrage: »Vor der Volkskammerwahl«, 15. 3. 1990; EMNID-, FGW- und USUMA-Umfrage, 18.3.1990; vgl. Maaz: *Gefühlsstau*, 157.

34 Wende: *Die Zeit ist reif!*, 101f.

35 Brief des Sachverständigenrats an den Bundeskanzler, 9.2.1990, zit. nach Grosser: *Das Wagnis*, 192f.

36 Ausarbeitung Sarrazin, 29.1.1990, zit. nach Grosser: *Das Wagnis*, 165–170, hier 165 (in Auszügen abgedruckt in: Waigel/Schell: *Tage, die Deutschland und die Welt veränderten*, 182–190).

37 Ebd., 166.

38 Ebd., 170.

39 Sturm: *Uneinig in die Einheit.*

40 Vgl. Wirsching: *Abschied vom Provisorium*, 679f.

41 Angaben nach Grosser: *Das Wagnis*, 288f.

42 Ritter: »Die deutsche Wiedervereinigung«, in: *HZ* 286, 2008, 289–339, hier 312.

43 Ebd., 312f.

44 Zit. nach Grosser: *Das Wagnis*, 236.

45 Ebd., 333.

46 Ebd., 342–345; politische Kritik an der Vermögensregelung in Gestalt einer wissenschaftlichen Studie übt Paffrath: *Macht und Eigentum.*

47 »Gesetz zur Privatisierung und Reorganisation des volkseigenen Vermögens«, 17.6.1990, zit. nach Grosser: *Das Wagnis*, 353.

48 Ebd., 346–364; zur Treuhandanstalt siehe auch Kemmler: *Die Entstehung der Treuhandanstalt*; sowie Seibel: *Verwaltete Illusionen.*

49 Vgl. Ullmann: *Der deutsche Steuerstaat*, 216–218; Grosser: *Das Wagnis*, 365–383.

50 Zit. nach Münch: *Dokumente der Wiedervereinigung*, 213.

51 Vgl. Wirsching: *Abschied vom Provisorium*, 690f.

52 Schäuble: *Der Vertrag*, 156.

53 Genscher: *Erinnerungen*, 695f.

54 Conze: *Von Genf nach Ottawa.*

55 Teltschik: *329 Tage*, 256.

56 Rödder: »Durchbruch im Kaukasus«.

57 Weidenfeld: *Außenpolitik*, 479.

58 Zur Frage der deutsch-polnischen Grenze siehe ausführlich ebd., 479–509.

59 Maier: *Das Verschwinden der DDR*, 498f.

Teil VIII.1

(1990–2001)

1 Siehe Schroeder: »Deutschland nach 1990. Probleme der Einheit«, in: Schwarz (Hg.): *Die Bundesrepublik Deutschland*, 205–226, hier 217.

2 »Gespräch mit H.-U. Wehler«, in: *Blätter für deutsche und internationale Politik* 2, 2000, 166–176, hier 167.

3 Zuletzt bei Wehler: *Deutsche Gesellschaftsgeschichte*, Bd. 5, 361.

4 Vgl. Merkel: »Leitbilder und Lebensweisen von Frauen«, in: Kaelble u. a. (Hg.): *Sozialgeschichte der DDR*, 359–382, hier 378.

5 Niethammer: »Erfahrungen und Strukturen. Prolegomena zu einer Geschichte der Gesellschaft der DDR«, in: Kaelble u. a. (Hg.): *Sozialgeschichte der DDR*, 95–115, hier 96.

6 Schluchter: »Institutionen und Mentalitäten. Von der Gleichzeitigkeit des Ungleichzeitigen oder: Von dem schließlich doch nur allmählichen Untergang der DDR«, in: ders.: *Neubeginn durch Anpassung?*, 11–59, hier 17.

7 Vgl. Pollack: »Das geteilte Bewusstsein. Einstellungen zur sozialen Ungleichheit und zur Demokratie in Ost- und Westdeutschland 1990–1998«, in: Czada/Wollmann (Hg.): *Von der Bonner zur Berliner Republik*, 281–307, hier 285.

8 Ebd., 300 (dort auch das Zitat) und 304.

9 Lindner: »›Bau auf, Freie Deutsche Jugend‹ – und was dann? Kriterien für ein Modell der Jugendgenerationen in der DDR«, in: Reulecke (Hg.): *Generationalität und Lebensgeschichten*, 187–215, hier 188.

10 Vgl. Huinink/Mayer: »Lebensverläufe im Wandel der DDR-Gesellschaft«, in: Joas/Kohli (Hg.): *Der Zusammenbruch der DDR*, 151–171, hier 156–163; vgl. auch Bude: »Das Ende einer tragischen Gesellschaft«, in: Joas/Kohli (Hg.): *Der Zusammenbruch der DDR*, 267–281, hier 273f.

11 Vgl. Lindner: »Bau auf, Freie Deutsche Jugend«, 205f.; sowie Bude: »Das Ende«, in: Joas/Kohli (Hg.): *Der Zusammenbruch der DDR*, 267–281, 272. Beide Autoren beziehen sich auf Erhebungen des Zentralinstituts für Jugend der DDR.

12 Siehe Huinink/Mayer: »Lebensverläufe im Wandel«, in: Joas/Kohli (Hg.): *Der Zusammenbruch der DDR*, 151–171, hier 164.

13 Vgl. Schroeder: »Deutschland nach 1990«, in: Schwarz (Hg.): *Die Bundesrepublik Deutschland*, 205–226, hier 215.

14 Siehe Lindner: »Bau auf, Freie Deutsche Jugend«, 209f.; Zu den soziologischen Befunden vgl. Friedrich: »Mentalitätswandlung in der Jugend der DDR«.

15 Vgl. Kielmansegg: *Nach der Katastrophe*, 611.

16 Siehe Lindner: »Bau auf, Freie Deutsche Jugend«, 210f.

17 Vgl. ebd., 213–215 (dort auch die Zitate).

18 Zit. nach Doering-Manteuffel: *Wie westlich*, 5.

19 Zahlen nach Meulemann: »Säkularisierung, Kirchenbindung und Religiosität«, in: Schäfers/Zapf (Hg.): *Handwörterbuch zur Gesellschaft*, 563–573, hier 565.

20 Vgl. ebd., 566–568 und 572 (dort auch das Zitat).

21 Vgl. Pollack: »Von der Mehrheits- zur Minderheitskirche. Das Schicksal der evangelischen Kirchen«, in: Schultz/Wagener (Hg.): *Die DDR im Rückblick*, 49–78, hier 53–57.

22 Siehe dazu Neubert: »Die Rolle des MfS bei der Durchsetzung der Kirchenpolitik der SED und die Durchdringung der Kirchen mit geheimdienstlichen Mitteln«, in: Deutscher Bundestag (Hg.): *Materialien der Enquete-Kommission*, Bd. 6, 1026–1047.

23 Sabrow: »Der Konkurs der Konsensdiktatur. Überlegungen zum inneren Zerfall der DDR aus kulturgeschichtlicher Perspektive«, in: Jarausch/Sabrow (Hg.): *Weg in den Untergang*, 83–116, hier 89f. (dort auch das Zitat); vgl. auch ders.: »Macht und Herrschaft«, in: Schultz/Wagener (Hg.): *Die DDR im Rückblick*, 28–48, hier 38.

24 Vgl. ebd., 34f.

25 Siehe dazu und zum Folgenden Kielmansegg: *Nach der Katastrophe*, 561–574.

26 Siehe Bude: »Das Ende«, in: Joas/Kohli (Hg.): *Der Zusammenbruch der DDR*, 267–281, hier 272.

27 *Archiv der Gegenwart* 1960, 8673D.

28 Vgl. dazu Weinke: *Die Verfolgung von NS-Tätern*.

29 Vgl. dazu Alheit u.a.: *Die zögernde Ankunft*, 336.

30 Vgl. Doering-Manteuffel: »Im Kampf um ›Frieden‹ und ›Freiheit‹. Über den Zusammenhang von Ideologie und Sozialkultur im Ost-West-Konflikt«, in: Hockerts (Hg.): *Koordinaten deutscher Geschichte*, 29–47, hier 34–37.

31 Siehe ausführlich Schnoor: »Das gute und das schlechte Amerika. Wahrnehmungen der USA in der DDR«, in: Junker u.a. (Hg.): *Die USA und Deutschland*, Bd. 1 *(1945–1968)*, 932–943; sowie ders.: »Zwischen privater Meinung und offizieller Verlautbarung. Amerikabilder in der DDR«, in: Junker u.a. (Hg.): *Die USA und Deutschland*, Bd. 2 *(1968–1990)*, 775–785.

32 Vgl. Kielmansegg: *Nach der Katastrophe*, 567.

33 Vgl. Ritter: *Über Deutschland*, 177f.

34 Aufruf »Für unser Land«, 26.11.1989, zit. nach Schroeder: *Der SED-Staat*, 721f.

35 Schroeder: »Deutschland nach 1990«, in: Schwarz (Hg.): *Die Bundesrepublik Deutschland*, 205–226, hier 222.

36 Siehe ebd., 219.

37 Vgl. Meuschel: *Legitimation und Parteiherrschaft*, 235.

38 Siehe Kielmansegg: *Nach der Katastrophe*, 571; und Ritter: *Über Deutschland*, 155f.

39 Zahlen nach ebd., 156.

40 Siehe zum Beispiel Neubert: »Megalopolis DDR und die Religion. Konsequenzen aus der Urbanisierung«, in: *Kirche im Sozialismus*, 4/1986, 155–167; vgl. auch Meuschel: »Revolution in der DDR. Versuch einer sozialwissenschaftlichen Interpretation«, in: Joas/Kohli (Hg.): *Zusammenbruch der DDR*, 93–114, hier 105.

41 Jarausch: »Realer Sozialismus als Fürsorgediktatur«.

42 Siehe Hockerts: »Grundlinien und soziale Folgen der Sozialpolitik in der DDR«, in: Kaelble u.a. (Hg.): *Sozialgeschichte der DDR*, 519–544, hier 524f.

43 Ebd., 530; vgl. auch Wehler: *Deutsche Gesellschaftsgeschichte*, Bd. 5, 345f.

44 Der Begriff der »arbeiterlichen Gesellschaft« geht zurück auf Engler: *Die Ostdeutschen*, 27f.; vgl. aber beispielsweise auch Schluchter: »Institutionen und Mentalitäten«, in: ders.: *Neubeginn durch Anpassung?*, 11–59, hier 34; oder Kohli: »Die DDR als Arbeitsgesellschaft?«, in: Kaelble u.a. (Hg.): *Sozialgeschichte der DDR*, 31–61.

45 Lepsius: »Deutschland, ein Staat und zwei Gesellschaften?«, 33; siehe auch Kohli: »Die DDR als Arbeitsgesellschaft?«, in: Kaelble u.a. (Hg.): *Sozialgeschichte der DDR*, 31–61, hier 39.

46 Adler: »Einige Grundzüge der Sozialstruktur der DDR«, in: Projektgruppe »Das sozioökonomische Panel« (Hg.): *Lebenslagen im Wandel*, 152–177, hier 168.

47 Kohli: »Die DDR als Arbeitsgesellschaft?«, in: Kaelble u.a. (Hg.): *Sozialgeschichte der DDR*, 31–61, hier 43.

48 Siehe Schluchter: »Institutionen und Mentalitäten«, in: ders.: *Neubeginn durch Anpassung?*, 11–59, hier 35.

49 Hockerts: »Soziale Errungenschaften?«, 798.

50 Sabrow: »Die Diktatur des Paradoxons. Fragen an die Geschichte der DDR«, in: Hockerts (Hg.): *Koordinaten deutscher Geschichte*, 153–174, hier 174.

51 Vgl. Schluchter: »Institutionen und Mentalitäten«, in: ders.: *Neubeginn durch Anpassung?*, 11–59, hier 53.

52 Kunert: *Der Sturz vom Sockel*, 65.

53 Vgl. Hockerts: »Soziale Errungenschaften?«, 792.

54 Siehe Metzler: *Der deutsche Sozialstaat*, 166f.

55 Pirker u. a.: *Der Plan als Befehl*, 169.

56 Wierling: »Generation und Opposition in Nachkriegsdeutschland. Achtundsechziger in Ost und West«, zit. nach Lindner: »Bau auf, Freie Deutsche Jugend«, 206.

57 Siehe Schroeder: »Deutschland nach 1990«, in: Schwarz (Hg.): *Die Bundesrepublik Deutschland*, 205–226, hier 214f.

58 Vgl. Pollack: »Das geteilte Bewusstsein«, in: Czada/Wollmann (Hg.): *Von der Bonner zur Berliner Republik*, 281–307, hier 303.

59 Vgl. Schroeder: »Deutschland nach 1990«, in: Schwarz (Hg.): *Die Bundesrepublik Deutschland*, 205–226, hier 221–223.

Teil VIII.2
(1990 – 2001)

1 Ullmann: *Der deutsche Steuerstaat*, 216–218.

2 Angaben nach Jarausch: »Anfänge der Berliner Republik«, 486f.; sowie Schroeder: »Deutschland nach 1990. Probleme der Einheit«, in: Schwarz (Hg.): *Die Bundesrepublik Deutschland*, 205–226, hier 209.

3 Angaben nach Homeyer: »Die Ära Kohl im Spiegel der Statistik. Ein Überblick über die Wirtschafts-, Beschäftigungs-, Finanz- und Sozialpolitik seit 1982«, in: Wewer (Hg.): *Bilanz der Ära Kohl*, 333–355.

4 *Jahresbericht der Bundesregierung zum Stand der deutschen Einheit 1998*, 39f.

5 Wollmann: »Institutionenbildung in Ostdeutschland. Neubau, Umbau und »schöpferische Zerstörung«, in: Kaase u. a. (Hg.): *Politisches System*, 84.

6 Siehe ebd., 77f.

7 Ritter: *Über Deutschland*, 210.

8 Ausführlicher dazu neben ebd., 209–212, vor allem die »Potsdamer Elitestudie« von Bürklin/Rebenstorf (Hg.): *Eliten in Deutschland*.

9 Wesel: *Der Honecker-Prozess*.

10 Erklärung der Gruppe der PDS/Linke Liste im Deutschen Bundestag anlässlich der Eröffnung des Prozesses gegen Erich Honecker und weitere Angehörige der Partei- und Staatsführung der DDR vom 10.11.1992, zit. nach: <www.glasnost.de/DokZeit/92pdserkl/html>.

11 Ritter: *Über Deutschland*, 238.

12 Vgl. Möller: »Extremismus«, in: Schäfers/Zapf (Hg.): *Handwörterbuch zur Gesellschaft*, 194–207, hier 203f.

13 Zahlen nach Luft: »Kategorien und Probleme von Zuwanderung«, in: Schwarz (Hg.): *Die Bundesrepublik Deutschland*, 573–598, hier 588f.

14 Vgl. Münch: »Ansätze zur Reform der sozialen Sicherheitssysteme. Reform zwischen Halbherzigkeit und politischer Blockade«, in: Süß (Hg.): *Deutschland in den neunziger Jahren*, 251–268, hier 252.

15 *Aufbruch ins 21. Jahrhundert. Die Berliner Rede des Bundespräsidenten aus dem Hotel Adlon*, Frankfurt a.M. 1997.

16 Vgl. Leisering: »Der deutsche Nachkriegssozialstaat. Entfaltung und Krise eines zentristischen Sozialmodells«, in: Schwarz (Hg.): *Die Bundesrepublik Deutschland*, 423–443, hier 431 u. 437.

17 Vgl. Münch: »Ansätze zur Reform«, in: Süß (Hg.): *Deutschland in den neunziger Jahren*, 251–268, hier 263f.

18 Vgl. Hinrichs: »Die Soziale Pflegeversicherung – eine institutionelle Innovation in der deutschen Sozialpolitik«, in: *Staatswissenschaften und Staatspraxis*, 6/1995, 227–259.

19 Leisering: »Der deutsche Nachkriegssozialstaat«, in: Schwarz (Hg.): *Die Bundesrepublik Deutschland*, 423–444, hier 437.

20 Ebd., 436; vgl. auch ders.: »Wohlfahrtsstaatliche Generationen«, in: Kohli/Szydlik (Hg.): *Generationen in Familie*, 59–76.

21 Vgl. Münch: »Ansätze zur Reform«, in: Süß (Hg.): *Deutschland in den neunziger Jahren*, 251–268, hier 254.

22 Bandelow/Schubert: »Wechselnde Strategien und kontinuierlicher Abbau solidarischen Ausgleich. Eine gesundheitspolitische Bilanz der Ära Kohl«, in: Wewer (Hg.): *Bilanz der Ära Kohl*, 113–127, hier 119.

23 Zum Folgenden Schmid: »Das Nadelöhr der Wirklichkeit verfehlt. Eine beschäftigungspolitische Bilanz der Ära Kohl«, in: Wewer (Hg.): *Bilanz der Ära Kohl*, 145–183, hier 163f.

24 Vgl. Münch: »Ansätze zur Reform«, in Süß (Hg.): *Deutschland in den neunziger Jahren*, 251–268, hier 256.

25 Zacher: »Der deutsche Sozialstaat am Ende des Jahrhunderts«, in: Leibfried/Wagschal (Hg.): *Der deutsche Sozialstaat*, (Hg.), 53–90, hier 73.

26 Bösch: *Macht und Machtverlust*, 148.

27 *FAZ*, 22.12.1999.

28 Vgl. Walter: *Die SPD*, 240.

29 Vgl. Egle/Henkes: »Später Sieg der Modernisierer über die Traditionalisten? Die Programmdebatte in der SPD«, in: ders. u.a. (Hg.): *Das rot-grüne Projekt*, 67–92, hier 73f.

30 Vgl. Klein/Arzheimer: »Die Grünen und ihre Wähler nach eineinhalb Jahrzehnten«, in: *KZfSS* 49, 1997, 650–673; Egle: »Lernen unter Stress. Politik und Programmatik von Bündnis 90/Die Grünen«, in: ders. u.a. (Hg.): *Das rot-grüne Projekt*, 93–116, hier 95.

31 Vgl. ebd., 96f.

32 Alemann/Strünck: »Die neue Koalitionsrepublik. FDP, Bündnis 90/Die Grünen und die PDS im vereinigten Parteiensystem«, in: Süß (Hg.): *Deutschland in den neunziger Jahren*, 105–121, hier 114f.

33 Vgl. Egle: »Lernen unter Stress«, in: ders. u.a. (Hg.): *Das rot-grüne Projekt*, 93–116, hier 98f.

34 Siehe dazu Alemann/Strünck: »Die neue Koalitionsrepublik«, in: Süß (Hg.): *Deutschland in den neunziger Jahren*, 105–121, hier 107.

35 Oberreuter: »Regierung und Opposition in den neunziger Jahren«, in: Süß (Hg.): *Deutschland in den neunziger Jahren*, 53–70, hier 55.

36 Walter: »Farblose und entkoppelte Oligarchien – das Parteiensystem«, in: Schwarz (Hg.): *Die Bundesrepublik Deutschland*, 299–317, hier 316.

37 Vgl. ebd., 300.

38 Egle u. a.: »Einführung. Eine Topographie des rot-grünen Projekts«, in: ders. u. a. (Hg.): *Das rot-grüne Projekt*, 9–25, hier 9f.

39 Lucke: »Etappen eines schleichenden Endes? Eine kurze Geschichte von Rot-Grün«, in: *Vorgänge* 157, 2002, 4–7, hier 5; vgl. auch Egle u. a.: »Einführung«, in: dies. (Hg.): *Das rot-grüne Projekt*, 9–25, 10.

40 Vgl. ebd., 10.

41 Radkau: »Von der Kohlenot zur solaren Vision. Wege und Irrwege bundesdeutscher Energiepolitik«, in: Schwarz (Hg.): *Die Bundesrepublik Deutschland*, 461–486, hier 478.

42 Mez: »Ökologische Modernisierung und Vorreiterrolle in der Energie- und Umweltpolitik? Eine vorläufige Bilanz«, in: Egle u. a. (Hg.): *Das rot-grüne Projekt*, 329–350, hier 334–336.

43 Vgl. ebd., 335f.

44 Hierzu wie auch zum Folgenden siehe ebd., 341–345.

45 Siehe Zohlnhöfer: »Rot-grüne Finanzpolitik zwischen traditioneller Sozialdemokratie und neuer Mitte«, in: Egle u. a. (Hg.): *Das rot-grüne Projekt*, 193–214, hier 195–197.

46 Hennecke: *Die dritte Republik*, 97.

47 Vgl. Schmidt: »Rot-grüne Sozialpolitik 1998–2002«, in: Egle u. a. (Hg.): *Das rot-grüne Projekt*, 239–258, hier 254–256.

48 Giddens: *Jenseits von Links und Rechts*.

49 »Der Weg nach vorne für Europas Sozialdemokraten«. Ein Vorschlag von Gerhard Schröder und Tony Blair, London, 8. 6. 1999; vgl. auch Egle/Henkes: »Später Sieg der Modernisierer«, in: ders. u. a. (Hg.): *Das rot-grüne Projekt*, 67–92, hier 74–79; sowie Doering-Manteuffel/Raphael: *Nach dem Boom*, 76–79.

50 So ein Papier, das eine Gruppe von SPD-Abgeordneten im August 1999 unter dem Titel »Kurs halten statt Neoliberalismus« veröffentlichte, zit. nach Egle/Henkes: »Später Sieg der Modernisierer«, in: ders. u. a. (Hg.): *Das rot-grüne Projekt*, 67–92, hier 78.

51 Vgl. Dürr: »Vom Elend des Ausgedachten. Warum der »Dritte Weg« den Sozialdemokraten nicht weiterhilft«, in: *Berliner Republik*, 2/2000, 52–61.

52 Vgl. Hennecke: *Die dritte Republik*, 91f.

53 Heimann: »Die SPD in den neunziger Jahren«, in: Süß (Hg.): *Deutschland in den neunziger Jahren*, 83–121, hier 98; vgl. Egle/Henkes: »Später Sieg der Modernisierer«, in: ders. u. a. (Hg.): *Das rot-grüne Projekt*, 67–92, hier 78f.

Teil VIII.3
(1990 – 2001)

1 Gross: *Begründung der Berliner Republik*, 8.

2 Osterhammel/Petersson: *Geschichte der Globalisierung*, 11; unter Bezug auf Strange: *The Retreat of the State*.

3 Ebd., 8.

4 Doering-Manteuffel/Raphael: *Nach dem Boom*, 52 u. 83.

5 Siehe dazu Henwood: *After the New Economy*; Klodt: *Die neue Ökonomie*.

6 Weizsäcker: *Logik der Globalisierung*, 166.

7 Vgl. Doering-Manteuffel/Raphael: *Nach dem Boom*, 51.

8 Zur gruppenbezogenen Menschenfeindlichkeit vgl. Heitmeyer (Hg.): *Was treibt die Gesellschaft*; ders. (Hg.): *Was hält die Gesellschaft*; ders. u. a (Hg.): *Gewalt*.

9 Robertson: »Glokalisierung. Homogenität und Heterogenität in Raum und Zeit«, in: Beck (Hg.): *Perspektiven der Weltgesellschaft*, 192–220; vgl. auch Osterhammel/Petersson: *Geschichte der Globalisierung*, 11f.

10 Dazu Bhaba: *The Location of Culture*, oder Appadurai: *Modernity at Large*.

11 Siehe dazu Kaelble: *Sozialgeschichte Europas*.

12 Siehe Herden/Münz: »Bevölkerung«, in: Schäfers/Zapf (Hg.): *Handwörterbuch zur Gesellschaft*, 75–88; Hradil: »Zur Sozialstrukturentwicklung in den neunziger Jahren«, in: Süß (Hg.): *Deutschland in den neunziger Jahren*, 227–250, vor allem 230f.

13 Templin: »Ein Staat – zwei Gesellschaften? Deutsch-deutsche Klüfte im zweiten Vereinigungsjahrzehnt«, in: Süß (Hg.): *Deutschland in den neunziger Jahren*, 191–201, hier 194.

14 Bundesregierung (Hg.): *Lebenslagen in Deutschland*, 46; Bulmahn: »Zur Entwicklung der Lebensqualität im vereinten Deutschland«, 31; Zahlen nach Hradil: »Zur Sozialstrukturentwicklung in den neunziger Jahren«, in: Süß (Hg.): *Deutschland in den neunziger Jahren*, 227–250, hier 237f.

15 Vgl. Templin: »Ein Staat«, in: Süß (Hg.): *Deutschland in den neunziger Jahren*, 191–201, hier 194.

16 Vgl. Hradil: »Zur Sozialstrukturentwicklung«, in: Süß (Hg.): *Deutschland in den neunziger Jahren*, 227–250, hier 240.

17 Angaben nach ebd., 239.

18 Geißler: »Sozialstruktur«, in: Schäfers/Zapf (Hg.): *Handwörterbuch zur Gesellschaft*, 672–681, hier 679–681 (Zitat 680); siehe auch Hradil: »Zur Sozialstrukturentwicklung«, in: Süß (Hg.): *Deutschland in den neunziger Jahren*, 227–250, hier 244–247.

19 Siehe ebd., 234.

20 Vgl. Geißler: »Sozialstruktur«, in: Schäfers/Zapf (Hg.): *Handwörterbuch zur Gesellschaft*, 672–681, hier 674f.

21 Zahlen nach ebd., 675.

22 Siehe Kaase: »Deutschland als Informations- und Wissensgesellschaft. Konzepte, Probleme, Perspektiven«, in: ders./Schmid (Hg.): *Eine lernende Demokratie*, 529–559, hier 545; vgl. auch Hradil: »Zur Sozialstrukturentwicklung«, in: Süß (Hg.): *Deutschland in den neunziger Jahren*, 227–250, hier 235f.

23 Gukenbiehl: »Bildung und Bildungssystem«, in: Schäfers/Zapf (Hg.): *Handwörterbuch zur Gesellschaft*, 89–103, hier 102.

24 Zahlen nach Kaase: »Deutschland als Informations- und Wissensgesellschaft«, in: ders./Schmid (Hg.): *Eine lernende Demokratie*, 529–559, hier 542; sowie <http://de.statista.org/statistik/diagramm/studie/12740/umfrage/handybesitz> (Zugriff am 9.12.2008).

25 Zum Folgenden Kaase: »Massenkommunikation und Massenmedien«, in: Schäfers/Zapf (Hg.): *Handwörterbuch zur Gesellschaft*, 460–471 (dort auch die Zahlenangaben).

26 Amend: »Was guckst Du«, in: *Die Zeit*, 10.3.2005; vgl. auch Nolte: »Das große Fressen«, in: *Die Zeit*, 17.12.2003.

27 Siehe Hradil: »Sozialer Wandel. Gesellschaftliche Entwicklungstrends«, in: Schäfers/Zapf (Hg.): *Handwörterbuch zur Gesellschaft*, 642–653, hier 652.

28 Bueb: *Lob der Disziplin*.

29 Siehe Barner (Hg.): *Geschichte der deutschen Literatur*, 923–935.

30 Glaser: *Deutsche Kultur*, 433f.

31 Barner (Hg.): *Geschichte der deutschen Literatur*, 938.

32 Maier: *Das Verschwinden der DDR*, 502.

33 Leicht: »Aufbruch zur neuen Republik«, in: *Die Zeit*, 7.7.1995.

34 Jarausch/Geyer: »Das Scheitern der Gegenerzählung. Die Zukunft des sozialistischen Geschichtsbildes«, in: dies.: *Zerbrochener Spiegel*, 77–100, hier 93.

35 Durchaus im Sinne des von Norbert Frei geprägten Begriffs, vgl. Frei: *Vergangenheitspolitik*.

36 Möller: »Beitrag zur öffentlichen Anhörung am 6.6.2006«, abgedruckt in Sabrow (Hg.): *Wohin treibt die DDR*, 51–59, hier 55.

37 Siehe beispielsweise Schroeder: »›Wir vergessen nichts‹ – Zur Diskussion um Aufarbeitung der SED-Diktatur (Deutschlandradio Kultur, 21.5.2006)«, abgedruckt in Sabrow (Hg.): *Wohin treibt die DDR*, 279–281, hier 280.

38 Klier: »Sondervotum«, abgedruckt in Sabrow (Hg.): *Wohin treibt die DDR*, 44f.

39 Wirsching: »8. Mai und 27. Januar. Zwei Tage der Befreiung?«, in: Conze/Nicklas (Hg.): *Tage deutscher Geschichte*, 239–255, hier 254.

40 Jeismann: *Auf Wiedersehen Gestern*, 9.

41 Vgl. ebd., 142f.

42 Vgl. Hardtwig: »Von der ›Vergangenheitsbewältigung‹ zur Erinnerungskultur. Vom Umgang mit der NS-Vergangenheit in Deutschland«, in: Hertfelder/Rödder (Hg.): *Modell Deutschland*, 171–189, hier 187.

43 Jeismann: *Auf Wiedersehen Gestern*, 151.

44 Vgl. Frei: »›Volksgemeinschaft‹. Erfahrungsgeschichte und Lebenswirklichkeit der Hitler-Zeit«, in: ders.: *1945 und Wir*, 107–128, hier 128.

45 Vgl. Jeismann: *Auf Wiedersehen Gestern*, 152–154.

46 Zit. nach ebd., 171.

47 Siehe zusammenfassend Hartmann u.a. (Hg.): *Verbrechen der Wehrmacht*.

48 Zit. nach Jeismann: *Auf Wiedersehen Gestern*, 175f.

49 Halbwachs: *Das Gedächtnis*; Assmann: *Religion und kulturelles Gedächtnis*; Assmann: *Der lange Schatten*; exemplarisch Wolfrum: *Geschichtspolitik*.

50 Allgemein Jureit/Wildt (Hg.): *Generationen*; speziell u.a. Bude: *Das Altern einer Generation*; ders.: *Generation Berlin*; Illies: *Generation Golf*; Moses: *German Intellectuals*.

51 Goschler: *Schuld und Schulden*, 415.

52 Vgl. ebd., 428.

53 Zusammenfassend dazu Spoerer: *Zwangsarbeit*.

54 Siehe ebd., 249.

55 Zit. nach Goschler: *Schuld und Schulden*, 467.

Teil VIII.4
(1990 – 2001)

1 Fukuyama: *Das Ende der Geschichte*.

2 Vgl. zum Beispiel: *International Herald Tribune*, 23.4.1991.

3 Kohl: *Erinnerungen*, Bd. 3 *(1990–1994)*, 310–312.

4 Vgl. Haftendorn: »Kontinuität und Wandel des außenpolitischen Entscheidungsprozesses in der Bundesrepublik Deutschland«, in: Ellwein/Holtmann (Hg.): *50 Jahre Bundesrepublik Deutschland*, 247–257, hier 254f.

5 Vgl. Staack: »Großmacht oder Handelsstaat?«, 16.

6 Schöllgen: »Zehn Jahre europäische Großmacht. Eine Bilanz deutscher Außenpolitik seit der Vereinigung«, in: *APuZ* 24, 2000, 6–12.

7 Schwarz: *Die Zentralmacht Europas*, 85.

8 Hacke: »Deutschlands neue Rolle in der Weltpolitik«, in: Süß (Hg.): *Deutschland in den neunziger Jahren*, 285–298, hier 293.

9 Haftendorn: »Kontinuität und Wandel«, in: Ellwein/Holtmann (Hg.): *50 Jahre Bundesrepublik Deutschland*, 247–257, hier 255.

10 Ebd.

11 Vgl. Segbers: »Gullivers Bindungen. Außenpolitiken der Bundesrepublik Deutschland in den neunziger Jahren. Die innere Dimension«, in: Süß (Hg.): *Deutschland in den neunziger Jahren*, 349–361, hier 351.

12 Ebd., 353.

13 Zu den Bestimmungen des Maastrichter Vertrags siehe u. a. Brunn: *Die Europäische Einigung*, 275–279; oder Knipping: *Rom, 25. März 1957* 256–267.

14 Art. 23, Grundgesetz.

15 Zit. nach Hrbek: »Deutschland und der Fortgang des europäischen Integrationsprozesses«, in: Süß (Hg.): *Deutschland in den neunziger Jahren*, 299–316, hier 307.

16 Wirsching: »Ist die Geschichte der europäischen Integration beendet?«, in: Hertfelder/ Rödder (Hg.): *Modell Deutschland*, 155–170.

17 Fischer: *Vom Staatenbund zur Föderation*.

18 Ebd.

19 Bredow: *Außenpolitik*, 218f.

20 Vgl. Hondrich: *Lehrmeister Krieg*, 37f.

21 Vgl. Altmann: »Zwischen Annäherung und Ausgrenzung. Deutschlands Rolle in der europäischen Balkanpolitik«, in: Süß (Hg.): *Deutschland in den neunziger Jahren*, 337–348, hier 343.

22 Vgl. Bredow: »Sicherheitspolitische und gesellschaftliche Herausforderungen der Bundeswehr vom Kalten Krieg bis zum Beginn des 21. Jahrhunderts«, in: Ellwein/Holtmann (Hg.): *50 Jahre Bundesrepublik Deutschland*, 297–309; Neitzel: »Republik und Armee. Ein gespaltenes Verhältnis«, in: Schwarz (Hg.): *Die Bundesrepublik Deutschland*, 353–376.

23 So Fischer in seiner Rede auf dem Parteitag der Grünen in Bielefeld am 13.5.1999, zit. nach Bredow: *Außenpolitik*, 156.

24 Rede von Bundesaußenminister Josef Fischer, in: *Verhandlungen des Deutschen Bundestages*, 14. Wahlperiode, 26.3.1999.

25 So Fischer vor der 54. UN-Generalversammlung, 22.9.1999, zit. nach Bredow: *Außenpolitik*, 204.

An der Schwelle zur Gegenwart
Die Bundesrepublik im 21. Jahrhundert

1 Huntington: *The Clash of Civilizations*.

2 Joffe: *Die Hypermacht*.

3 Vgl. Schwabe: *Weltmacht und Weltordnung*, 484f.

4 Vgl. Hennecke: *Die dritte Republik*, 276f.

5 Regierungserklärung von Bundeskanzler Gerhard Schröder, in: *Verhandlungen des Deutschen Bundestages*, 15. Wahlperiode. 11.10.2001.

6 Bundesministerium der Verteidigung (Hg.): *Weißbuch* 2006, 9.

7 So Helmut Schmidt vor dem SPD-Bundesvorstand am 8.3.1974, zit. nach Jäger/Link: *Republik im Wandel*, 15.

8 Siehe zum Gesamtkontext Echternkamp/Hettling (Hg.): *Bedingt erinnerungsbereit.*

9 Zit. nach Schwabe: *Weltmacht und Weltordnung,* 474.

10 Vgl. Hellmann: »... um diesen deutschen Weg zu Ende gehen zu können«. Die Renaissance machtpolitischer Selbstbehauptung in der zweiten Amtszeit der Regierung Schröder-Fischer«, in: Egle/Zohlnhöfer (Hg.): *Ende des rot-grünen Projektes,* 453–479, hier 465.

11 Maull: »Normalisierung« oder Auszehrung? Deutsche Außenpolitik auf dem Prüfstand«, in: *APuZ* B11, 2004, 17–23, hier 17; vgl. auch Hellmann: »... um diesen deutschen Weg zu Ende gehen zu können«, in: Egle/Zohlnhöfer (Hg.): *Ende des rot-grünen Projektes,* 453–479, hier 463.

12 Siehe dazu Leggewie (Hg.): *Die Türkei und Europa.*

13 Wehler: »Das Türkenproblem«, in: *Die Zeit,* 19.9.2002.

14 Vgl. Fröhlich: »Die Europäisierung der Bundesrepublik«, in: Schwarz (Hg.): *Die Bundesrepublik Deutschland,* 511–530, hier 523–525; siehe auch Clemens u.a.: *Geschichte der europäischen Integration,* 231–237.

15 Fröhlich: »Die Europäisierung«, in: Schwarz (Hg.): *Die Bundesrepublik Deutschland,* 511–530, hier 530.

16 Busch: »Von der Reformpolitik zur Restriktionspolitik? Die Innen- und Rechtspolitik der zweiten Regierung Schröder«, in: Egle/Zohlnhöfer (Hg.): *Ende des rot-grünen Projektes,* 408–430, hier 414.

17 So der Grünen-Politiker Volker Beck, zit. nach ebd., 411.

18 Isensee: *Das Grundrecht auf Sicherheit,* 60.

19 Interview mit Bundesinnenminister Otto Schily, in: *SZ,* 29.10.2001.

20 Vgl. Kötter: *Pfade des Sicherheitsrechts,* 159.

21 Regierungserklärung von Bundeskanzler Gerhard Schröder, 29.10.2002, abgedruckt in: *Bulletin des Presse- und Informationsamts der Bundesregierung,* Nr. 85–1, 29.10.2002.

22 Regierungserklärung von Bundeskanzler Gerhard Schröder, 14.3.2003, abgedruckt in: *Bulletin des Presse- und Informationsamts der Bundesregierung,* Nr. 21–1, 14.3.2003.

23 Siehe Zohlnhöfer/Egle: »Der Episode zweiter Teil – ein Überblick über die 15. Legislaturperiode«, in: dies. (Hg.): *Ende des rot-grünen Projekts,* 11–25, hier 13.

24 Vgl. dazu sowie zum Folgenden im Einzelnen Schmid: »Arbeitsmarkt- und Beschäftigungspolitik – große Reform mit kleiner Wirkung?«, in: Egle/Zohlnhöfer (Hg.): *Ende des rot-grünen Projekts,* 271–294; sowie Schmidt: »Die Sozialpolitik der zweiten rot-grünen Koalition 2002–2005«, in: ebd., 295–312.

25 Vgl. ders.: *Sozialpolitik in Deutschland,* 116.

26 Schmidt: »Die Sozialpolitik der zweiten rot-grünen Koalition 2002–2005«, in: ebd., 295–312, hier 298.

27 Alle Angaben nach ebd., 299f.

28 Vgl. ebd., 303f; siehe auch Schirm: »Deutschlands wirtschaftspolitische Antworten auf Globalisierung«, in: Schwarz (Hg.): *Die Bundesrepublik Deutschland,* 405–422, hier 421f.

29 Vgl. Wagschal: »Auf dem Weg zum Sanierungsfall? Die rot-grüne Finanzpolitik seit 2002«, in: Egle/Zohlnhöfer (Hg.): *Ende des rot-grünen Projektes,* 241–270, hier 241f. u. 261–266 (dort auch die Zahlenangaben); sowie Siegel: »Rot-Grün und die Pfeiler des deutschen Kapitalismus«, in: ebd., 379–404, hier 399.

30 Siehe zum Folgenden: ebd; vgl. auch Plumpe: »Das Ende des deutschen Kapitalismus«, in: *WestEnd. Neue Zeitschrift für Sozialforschung* 2, 2005, 1–23.

31 Siehe insbesondere: *Bild am Sonntag,* 17.4.2005.

32 Vgl. Siegel: »Rot-Grün«, in: Egle/Zohlnhöfer (Hg.): *Ende des rot-grünen Projektes*, 379 bis 404, 394 u. 398.

33 Einen Überblick bieten: Henkes/Kneip: »Die Bildungspolitik der rot-grünen Bundesregierung 1998–2002«, in: Egle u. a. (Hg.): *Das rot-grüne Projekt*, 283–303; sowie Wolf/Henkes: »Die Bildungspolitik von 2002 bis 2005. Eine Misserfolgsgeschichte und ihre Ursachen«, in: Egle/Zohlnhöfer (Hg.): *Ende des rot-grünen Projektes*, 355–378.

34 Siehe Geißler: *Die Sozialstruktur Deutschlands*, 345–363, Georg (Hg.): *Soziale Ungleichheit*, oder Becker/Lauterbach (Hg.): *Bildung als Privileg*.

35 Siehe Korte: »Der Pragmatiker des Augenblicks. Das Politikmanagement von Bundeskanzler Gerhard Schröder 2002–2005«, in: Egle/Zohlnhöfer (Hg.): *Ende des rot-grünen Projektes*, 168–196, hier 179.

36 Ebd., 186–188.

37 Die Originalquelle des Zitats war nicht zu ermitteln. Hier wurde zit. nach Felling/Lerche: »Regierungswechsel«, 377.

38 Vgl. Egle: »In der Regierung erstarrt? Die Entwicklung von Bündnis 90/Die Grünen von 2002 bis 2005«, in: ders./Zohlnhöfer (Hg.): *Ende des rot-grünen Projekts*, 98–123, vor allem 114–117.

39 Zit. nach Geyer u. a.: *Operation Rot-Grün*, 20.

40 Siehe Sarcinelli: »*Vertrauensfragen« in der Demokratie*.

41 Das Folgende vor allem nach Zohlnhöfer/Egle: »Der Episode zweiter Teil – ein Überblick über die 15. Legislaturperiode«, in: dies. (Hg.): *Ende des rot-grünen Projekts*, 11–25, hier 19–22.

42 *FAZ*, 17.6.2005.

43 Kornelius/Roth: »Bundestagswahl 2005: Rot-Grün abgewählt. Verlierer bilden die Regierung«, in: Egle/Zohlnhöfer (Hg.): *Ende des rot-grünen Projektes*, 29–59, hier 47f.

44 Kirchhof (Hg.): *Einkommensteuergesetzbuch*; vgl. auch Wagschal: »Auf dem Weg zum Sanierungsfall?«, in: Egle/Zohlnhöfer (Hg.): *Ende des rot-grünen Projekts*, 241–270, hier 256.

45 Zit. nach ebd., 256.

46 Vgl. Hennecke: »Von der Agenda 2010 zur Agenda Merkel?«, in: APuZ B32/33, 2005, 16–22; vgl. auch Kornelius/Roth: »Bundestagswahl 2005: Rot-Grün abgewählt. Verlierer bilden die Regierung«, in: Egle/Zohlnhöfer: *Ende des rot-grünen Projektes*, 29–59, hier 38.

47 Zur Biographie von Angela Merkel siehe Langguth: *Angela Merkel*; sowie Resing: *Angela Merkel*.

48 Vgl. Schönhoven: »Zwischen Euphorie und Ernüchterung. Die SPD-dominierten Bundesregierungen«, in: Schwarz (Hg.): *Die Bundesrepublik Deutschland*, 77–98, hier 95.

49 Vgl. Gassert: »Zweimal Große Koalitionen: 1966 bis 1969 und seit 2005«, in: ebd., 99–119, hier 116.

50 Dittberner: »Große Koalition: 1966 und 2005«, in: APuZ 35, 2007, 11–18.

51 Vgl. Rudzio: »Informelles Regieren«, 11–17.

52 Siehe Niclauß: »Kiesinger und Merkel in der Großen Koalition«, vor allem 6f.

53 Vgl. Stüwe: »Der Bundesrat in Zeiten Großer Koalitionen«, 24.

54 Bundeskanzlerin Angela Merkel in einer Rede vor dem Wirtschaftsrat der CDU am 17.6.2005 in Berlin.

55 Vgl. Sturm: »Bundesstaatlichkeit«, in: Schwarz (Hg.): *Die Bundesrepublik Deutschland*, 279–298, hier 288f.

56 Vgl. Rudzio: »Informelles Regieren«, 16f.

57 Lessenich/Nullmeier (Hg.): *Deutschland*; Nolte: *Riskante Moderne*, 96.

58 Vgl. Dyck/Lessenich: »Unsichere Zeiten«, 13.

59 Paugam: *Die elementaren Formen*, 280; vgl. auch Dörre: »Armut, Abstieg, Unsicherheit«, 4.

60 Ebd., 5.

61 Siehe Kalina/Weinkopf: *Weitere Zunahme der Niedriglohnbeschäftigung*; vgl. auch Bosch/ Weinkopf (Hg.): *Arbeiten für wenig.*

62 Vgl. Hradil: »Die Mitte fühlt sich nicht mehr richtig wohl«, in: *FAS*, 7.12.2008; sowie Nolte: »Wie geht's der Mittelschicht? Eigentlich gar nicht mal so schlecht«, in: *FAZ*, 30.11. 2008, 46f.

63 Siehe Neugebauer: »Die Unterschicht und die Parteien«, 38.

64 Berthold Kohler: »Notstandsgesetze«, in: *FAZ*, 14.10.2008.

Bibliographie

Abelshauser, Werner: *Die langen Fünfziger Jahre. Wirtschaft und Gesellschaft in der Bundesrepublik Deutschland 1949–1966*, Berlin 1987.

Abelshauser, Werner: *Wirtschaftsgeschichte der Bundesrepublik Deutschland*, Frankfurt a. M. ⁷1993.

Adenauer, Konrad: *Erinnerungen*, 4 Bde., Stuttgart 1965–1968.

Adler, Frank: »Einige Grundzüge der Sozialstruktur der DDR«, in: Projektgruppe »Das sozioökonomische Panel« (Hg.): *Lebenslagen im Wandel*, Frankfurt a. M. 1991, 152–177.

Adomeit, Hannes: *Imperial Overstretch. Germany in Soviet Policy from Stalin to Gorbachev. An Analysis Based on New Archival Evidence, Memoirs and Interviews*, Baden-Baden 1998.

Adorno, Theodor W.: *Erziehung zur Mündigkeit*, Frankfurt a. M. 1971, 88–104.

Adorno, Theodor W.: »Was bedeutet Aufarbeitung der Vergangenheit?« (1959), in: ders.: *Eingriffe. Neun kritische Modelle*, Frankfurt a. M. 1963, 125–146.

Adriani, Götz, u. a.: *Joseph Beuys*, Köln 1994.

Ahrens, Hanns D.: *Demontage. Nachkriegspolitik der Alliierten*, München 1982.

Alber, Jens: *Der Sozialstaat in der Bundesrepublik 1950–1983*, Frankfurt a. M./New York 1989.

Albers, Helene: *Die stille Revolution auf dem Lande. Landwirtschaft und Landwirtschaftskammer in Westfalen-Lippe 1899–1999*, Münster-Hiltrup, 1999.

Albert, Michel: *Kapitalismus contra Kapitalismus*, Frankfurt a. M. 1992.

Alberts, Volker: *Die Bundesrepublik Deutschland und die Entwicklungspolitik der Europäischen Gemeinschaft 1957–1983*, Münster 1986.

Albrecht, Clemens: *Die intellektuelle Gründung der Bundesrepublik. Eine Wirkungsgeschichte der Frankfurter Schule*, Frankfurt a. M. 1999.

Albrecht, Willy: *Der Sozialistische Deutsche Studentenbund (SDS). Vom parteikonformen Studentenbund zum Repräsentanten der Neuen Linken*, Bonn 1994.

Albrecht, Willy: *Kurt Schumacher. Ein Leben für den demokratischen Sozialismus*, Bonn 1985.

Alheit, Peter, u. a.: *Die zögernde Ankunft im Westen. Biographien und Mentalitäten in Ostdeutschland*, Frankfurt a. M. 2004.

Allemann, Fritz René: *Bonn ist nicht Weimar*, Köln/Berlin 1956.

Altmann, Rüdiger: *Das Erbe Adenauers. Eine Bilanz*, München 1963.

Altrichter, Helmut: »War der Zerfall der Sowjetunion vorauszusehen?«, in: *Jb. des Historischen Kollegs 2002*, München 2003, 89–111.

Aly, Götz: *Unser Kampf. 1968*, Frankfurt a. M. 2008.

Ambrosius, Gerold: »Agrarstaat oder Industriestaat – Industriegesellschaft oder Dienstleistungsgesellschaft?«, in: Spree, Reinhard (Hg.): *Geschichte der deutschen Wirtschaft*, München 2001.

Andersen, Arne: *Der Traum vom guten Leben. Alltags- und Konsumgeschichte vom Wirtschaftswunder bis heute*, Frankfurt a. M. 1997.

Andresen, Sabine, u. a. (Hg.): *Vereintes Deutschland – geteilte Jugend. Ein Handbuch*, Wiesbaden 2003.

Angrick, Andrej/Mallmann, Klaus M. (Hg.): *Die Gestapo nach 1945. Konflikte, Karrieren, Konstruktionen*, Darmstadt 2009.

Angster, Julia: *Konsenskapitalismus und Sozialdemokratie. Die Westernisierung von SPD und DGB von 1940 – 1965*, München 2002.

Appadurai, Arjun: *Modernity at Large. Cultural Dimensions of Globalization*, Minneapolis 1998.

Arendt, Hannah: *Eichmann in Jerusalem. Ein Bericht von der Banalität des Bösen*, München [13]2004.

Arenth, Joachim: *Der Westen tut nichts! Transatlantische Kooperation während der zweiten Berlin-Krise 1958 – 1962 im Spiegel neuer amerikanischer Quellen*, Frankfurt a. M. 1993.

Arndt, Adolf: *Geist der Politik. Reden*, Berlin 1965.

Assmann, Aleida/Frevert, Ute: *Geschichtsvergessenheit, Geschichtsversessenheit. Vom Umgang mit deutschen Vergangenheiten nach 1945*, Stuttgart 1999.

Assmann, Aleida: *Der lange Schatten der Vergangenheit. Erinnerungskultur und Geschichtspolitik*, München 2006.

Atze, Marcel: *»Unser Hitler«. Der Hitler-Mythos im Spiegel der deutschsprachigen Literatur nach 1945*, Göttingen, 2003.

Auftakt zur Ära Adenauer. Koalitionsverhandlungen und Regierungsbildung 1949, bearb. v. Udo Wengst, Düsseldorf 1985.

Ausland, John C.: *Kennedy, Krushchev and the Berlin-Cuba Crisis, 1961 – 1964*, Oslo 1996.

Außenpolitik der Bundesrepublik Deutschland. Dokumente von 1949 bis 1994, hg. aus Anlaß des 125. Jubiläums des Auswärtigen Amts, Köln 1995.

Aust, Stefan: *Der Baader-Meinhof-Komplex*, Hamburg 1997.

Auswärtigen Amt (Hg.): *Außenpolitik der Bundesrepublik Deutschland. Vom Kalten Krieg zum Frieden in Europa. Dokumente von 1949 – 1989*, Bonn 1990.

Babel, Gisela: *Die Gesundbeter. Rentendebatten in Deutschland*, Sankt Augustin 2001.

Baberowski, Jörg, u. a.: *Geschichte ist immer Gegenwart. Vier Thesen zur Zeitgeschichte*, Stuttgart/München 2001.

Bade, Klaus J.: *Europa in Bewegung. Migration vom späten 18. Jahrhundert bis zur Gegenwart*, München 2002.

Bahr, Egon: *Zu meiner Zeit*, München 1996.

Bahr, Egon: *Der deutsche Weg. Selbstverständlich und normal*, München 2003.

Bajohr, Frank/Pohl, Dieter: *Der Holocaust als offenes Geheimnis. Die Deutschen, die NS-Führung und die Alliierten*, München 2006.

Balbier, Uta Andrea: *Kalter Krieg auf der Aschenbahn. Der deutsch-deutsche Sport 1950 – 1972. Eine politische Geschichte*, Paderborn 2006.

Bald, Detlef: *Die Bundeswehr. Eine kritische Geschichte 1955 – 2005*, München 2005.

Bandulet, Bruno: *Schnee für Afrika. Das Milliardengeschäft mit der Entwicklungshilfe*, München 1979.

Barclay, David E.: *Schaut auf diese Stadt. Der unbekannte Ernst Reuter*, München 2000.

Baring, Arnulf: *Außenpolitik in Adenauers Kanzlerdemokratie. Bonns Beitrag zur europäischen Verteidigungsgemeinschaft*, München 1969 (später ersch. u. d. T. *Im Anfang war Adenauer. Die Entstehung der Kanzlerdemokratie*, [3]1984).

Baring, Arnulf: *Machtwechsel. Die Ära Brandt-Scheel*, Stuttgart 1984.

Baring, Arnulf: *Scheitert Deutschland? Der schwierige Abschied von unseren Wunschwelten*, Stuttgart 1997.

Barner, Wilfried (Hg.): *Geschichte der deutschen Literatur von 1945 bis zur Gegenwart*, München 1994.

Barzel, Rainer: *Im Streit und umstritten. Anmerkungen zu Adenauer, Erhard und den Ostverträgen*, Berlin 1986.

Barzel, Rainer: *Die Tür blieb offen. Mein persönlicher Bericht über Ostverträge – Mißtrauensvotum – Kanzlersturz*, Bonn 1998.

Bauerkämper, Arnd, u. a. (Hg.): *Doppelte Zeitgeschichte. Deutsch-deutsche Beziehungen 1945 bis 1990*, Bonn 1998.

Bauerkämper, Arnd (Hg.): *»Junkerland in Bauernhand«? Durchführung, Auswirkungen und Stellenwert der Bodenreform in der Sowjetischen Besatzungszone*, Stuttgart 1996.

Baumgärtner, Ulrich: *Reden nach Hitler. Theodor Heuss – die Auseinandersetzung mit dem Nationalsozialismus*, München 2001.

Beck, Ulrich: *Die Erfindung des Politischen. Zu einer Theorie reflexiver Modernisierung*, Frankfurt a. M. 1993.

Beck, Ulrich/Bonß, Wolfgang (Hg.): *Die Modernisierung der Moderne*, Frankfurt a. M. 2001.

Beck, Ulrich: *Die Risikogesellschaft. Auf dem Weg in eine andere Moderne*, Frankfurt a. M. 1986.

Beck, Ulrich: »Jenseits von Stand und Klasse? Soziale Ungleichheiten, gesellschaftliche Individualisierungsprozesse und die Entstehung neuer sozialer Formationen und Identitäten«, in: Kreckel, Reinhard (Hg.): *Soziale Ungleichheiten* (Soziale Welt, Sonderband 2), Göttingen 1983, 35 – 74

Beck, Ulrich: *Was ist Globalisierung? Irrtümer des Globalismus, Antworten auf Globalisierung*, Frankfurt a. M. 1997.

Becker, Irene: *Personelle Einkommensverteilung 1993 und 1998. Ergebnisse der EVS zur Ungleichheit innerhalb und zwischen sozio-ökonomischen Gruppen* (Arbeitspapier 26), Universität Frankfurt a. M. 2001.

Becker, Rolf/Lauterbach, Wolfgang (Hg.): *Bildung als Privileg. Erklärungen und Befunde zu den Ursachen der Bildungsungleichheit*, Wiesbaden 2007.

Becker, Thomas P. (Hg.): *Die Studentenproteste der 60er Jahre: Archivführer, Chronik, Bibliographie*, Köln 2000.

Becker, Wolfgang/Quandt, Siegfried: *Das Fernsehen als Vermittler von Geschichtsbewusstsein. 1989 als Jubiläumsjahr*, Bonn 1991.

Beer, Mathias (Hg.): *Zur Integration der Flüchtlinge und Vertriebenen im deutschen Südwesten nach 1945*, Sigmaringen 1994.

Bell, Daniel: *Die nachindustrielle Gesellschaft*, Frankfurt a. M. 1985.

Bell, Daniel: *The End of Ideology. On the Exhaustion of Political Ideas in the Fifties*, Glencoe 1960.

Bender, Peter: *Deutschlands Wiederkehr. Eine ungeteilte Nachkriegsgeschichte 1945 – 1990*, Stuttgart 2007.

Bender, Peter: *Episode oder Epoche? Zur Geschichte des geteilten Deutschland*, München 1996.

Bender, Peter: *Die »Neue Ostpolitik« und ihre Folgen. Vom Mauerbau bis zur Vereinigung*, München ⁴1996.

Bender, Peter: *Zehn Gründe zur Anerkennung der DDR*, Frankfurt a. M./Hamburg 1968.

Benz, Wolfgang/Moos, Detlev (Hg.): *Das Grundgesetz und die Bundesrepublik Deutschland. Bilder und Texte zum Jubiläum*, München 1989.

Benz, Wolfgang (Hg.): *Deutschland unter alliierter Besatzung 1945 – 1949/55. Ein Handbuch*, Berlin 1999.

Benz, Wolfgang (Hg.): *Die Geschichte der Bundesrepublik Deutschland*, 4 Bde., Frankfurt a.M. 1989.

Benz, Wolfgang: *Die Gründung der Bundesrepublik. Von der Bizone zum souveränen Staat*, München 1984.

Benz, Wolfgang (Hg.): *Rechtsextremismus in Deutschland: Voraussetzungen, Zusammenhänge, Wirkungen*, Frankfurt a.M. 1994.

Benz, Wolfgang: »Versuche zur Reform des öffentlichen Dienstes in Deutschland 1945 – 1952«, in: *VfZ* 29, 1981, 216 – 245.

Berg, Nicolas: *Der Holocaust und die westdeutschen Historiker. Erforschung und Erinnerung*, Göttingen 2003.

Berg-Schlosser, Dirk/Schissler, Jacob (Hg.): *Politische Kultur in Deutschland: Bilanz und Perspektiven der Forschung*, Opladen 1987.

Berger, Peter A./Hradil, Stefan: *Lebenslagen, Lebensläufe, Lebensstile*, Göttingen 1990.

Berghahn, Volker: *Transatlantische Kulturkriege. Shepard Stone, die Ford-Stiftung und der europäische Antiamerikanismus*, Stuttgart 2004.

Berghahn, Volker: *Unternehmer und Politik in der Bundesrepublik*, Frankfurt a.M. 1985.

Berghoff, Hartmut/Rauh-Kühne, Cornelia: *Fritz K. Ein deutsches Leben im 20. Jahrhundert*, Stuttgart 2000.

Berghoff, Hartmut: »Zwischen Verdrängung und Aufarbeitung. Die bundesdeutsche Gesellschaft und ihre nationalsozialistische Vergangenheit in den Fünfziger Jahren«, in: *GWU* 49, 1998, 96 – 114.

Bergmann, Werner: *Antisemitismus in öffentlichen Konflikten. Kollektives Lernen in der politischen Kultur der Bundesrepublik 1949 – 1989*, Frankfurt a.M. 1997.

Beschloss, Michael R.: *Auf höchster Ebene. Das Ende des Kalten Krieges und die Geheimdiplomatie der Supermächte 1989 – 1991*, Düsseldorf 1993.

Besson, Waldemar: *Die Außenpolitik der Bundesrepublik. Erfahrungen und Maßstäbe*, München 1970.

Beyme, Klaus v.: *Das politische System der Bundesrepublik Deutschland*, München [10]2004.

Beyme, Klaus v.: *Der Wiederaufbau. Architektur und Städtebaupolitik in beiden deutschen Staaten*, München 1987.

Bhaba, Homi: *The Location of Culture*, London 1994.

Biermann, Raphael: *Zwischen Kreml und Kanzleramt. Wie Moskau mit der deutschen Einheit rang*, Paderborn 1998.

Bingen, Dieter: *Die Polenpolitik der Bonner Republik von Adenauer bis Kohl 1949 – 1991*, Baden-Baden 1998.

Birke, Adolf M.: *Die Bundesrepublik Deutschland. Verfassung, Parlament und Parteien*, München 1996.

Birke, Adolf M.: *Nation ohne Haus Deutschland 1945 – 1961*, Berlin 1989.

Blankenhorn, Herbert: *Verständnis und Verständigung. Blätter eines politischen Tagebuches 1949 bis 1979*, Frankfurt a.M. 1980.

Bleek, Wilhelm/Maull, Hanns (Hg.): *Ein ganz normaler Staat? Perspektiven nach 40 Jahren Bundesrepublik*, München 1989.

Bock, Petra/Wolfrum, Edgar (Hg.): *Umkämpfte Vergangenheit. Geschichtsbilder, Erinnerung und Vergangenheitspolitik im internationalen Vergleich*, Göttingen 1999.

Bohn, Volker: *Deutsche Literatur seit 1945. Texte und Bilder*, Frankfurt a. M. 1993.

Boldorf, Marcel/Ruck, Michael (Hg.): *Geschichte der Sozialpolitik seit 1945*, Bd. 4. *Bundesrepublik Deutschland 1957 – 1966. Sozialpolitik im Zeichen des erreichten Wohlstandes*, Baden-Baden 2007.

Böll, Heinrich, u. a. (Hg.): *Anstoß und Ermutigung. Gustav W. Heinemann, Bundespräsident 1969 – 1974*, Frankfurt a. M. 1974.

Böll, Heinrich: *Werke. Essayistische Schriften und Reden* 1. *1952 – 1963*, Köln 1978.

Bollenbeck, Georg: *Bildung und Kultur. Glanz und Elend eines deutschen Deutungsmusters*, Frankfurt a. M. 1996.

Bölling, Klaus: *Die letzten 30 Tage des Kanzlers Helmut Schmidt. Ein Tagebuch*, Reinbek 1982.

Bolte, Karl Martin/Kappe, Dieter: *Strukturen und Entwicklung der Bevölkerung*, Opladen 1964.

Bonacker, Thorsten/Bernhardt, Jan: »Von der ›security community‹ zur ›securitized community‹. Zur Diskursanalyse von Versicherheitlichungsprozessen am Beispiel der Konstruktion einer europäischen Identität«, in: Siedschlag, Alexander (Hg.): *Methoden der sicherheitspolitischen Analyse. Eine Einführung.* Wiesbaden 2006, 219 – 243.

Bonß, Wolfgang: »Die gesellschaftliche Konstruktion von Sicherheit«, in: Lippert, Ekkehard, u. a. (Hg.): *Sicherheit in der unsicheren Gesellschaft*, Opladen 1997, 21 – 41.

Borchardt, Knut/Buchheim, Christoph: »Die Wirkungen der Marshallplan-Hilfe in Schlüsselbranchen der deutschen Wirtschaft«, in: *VfZ* 35, 1987, 317 – 347.

Bösch, Frank: *Die Adenauer-CDU. Gründung, Aufstieg und Krise einer Erfolgspartei 1945 – 1969*, München 2001.

Bösch, Frank: »Kontinuität im Umbruch. Die CDU/CSU auf dem Weg ins neue Jahrhundert«, in: *APuZ* B5, 2000, 12 – 21.

Bösch, Frank: *Macht und Machtverlust. Die Geschichte der CDU*, Stuttgart/München 2002.

Bosch, Gerhard/Weinkopf, Claudia (Hg.): *Arbeiten für wenig Geld. Niedriglohnbeschäftigung in Deutschland*, Frankfurt a. M./New York 2007.

Bourdieu, Pierre: *Die feinen Unterschiede. Kritik der gesellschaftlichen Urteilskraft*, Frankfurt a. M. 2008.

Bracher, Karl Dietrich: *Die Auflösung der Weimarer Republik. Eine Studie zum Problem des Machtverfalls in der Demokratie*, Stuttgart/Villingen 1955.

Bracher, Karl Dietrich: *Die Deutsche Diktatur. Entstehung, Struktur, Folgen des Nationalsozialismus*, Köln ⁷1993.

Bracher, Karl Dietrich: »Die Kanzlerdemokratie – Antwort auf das deutsche Staatsproblem«, in: ders.: *Zeitgeschichtliche Kontroversen. Um Faschismus, Totalitarismus, Demokratie*, München ⁵1989, 119 – 159.

Bracher, Karl Dietrich, u. a. (Hg.): *Geschichte der Bundesrepublik Deutschland*, 6 Bde., Stuttgart/Mannheim 1983 – 1987 u. München 2006.

Bracher, Karl Dietrich, u. a.: *Republik im Wandel 1969 – 1974. Die Ära Brandt* (Bracher, Karl Dietrich, u. a. [Hg.]: *Geschichte der Bundesrepublik Deutschland*, Bd. 5.1), Stuttgart/Mannheim 1986.

Bracher, Karl Dietrich, u. a. (Hg.): *Staat und Parteien* (Festschrift für Rudolf Morsey zum 65. Geburtstag), Berlin 1992.

Brand, Karl Werner (Hg.): *Neue soziale Bewegungen in Westeuropa und den USA*, Frankfurt a. M./New York 1985.

Brandt, Willy: *Begegnungen und Einsichten. Die Jahre 1960 – 1975*, München/Wien/Zürich ²1978.

Brandt, Willy: *Berliner Ausgabe*, hg. v. Grebing, Helga u. a., Bonn 2000ff. (bisher 9 Bde.).

Brandt, Willy: *Erinnerungen. Mit den »Notizen zum Fall G«*, Berlin 1994.

Brandt, Willy: *Der Wille zum Frieden. Perspektiven der Politik*, Hamburg 1972/1973.

Braun, Hans: »Das Streben nach ›Sicherheit‹ in den 50er Jahren. Soziale und politische Ursachen und Erscheinungsweisen«, in: *AfS* 18, 1978, 279 – 306.

Braun, Hans: »Helmut Schelskys Konzept der ›nivellierten Mittelstandsgesellschaft‹ und die Bundesrepublik der 50er Jahre«, in: *AfS* 29, 1989, 199 – 223.

Bredow, Wilfried v.: *Vom Antagonismus zur Konvergenz. Studien zum Ost-West-Problem*, Frankfurt a. M. 1972.

Bredow, Wilfried v.: *Die Außenpolitik der Bundesrepublik. Eine Einführung*, Wiesbaden ²2008.

Bredow, Wilfried v.: *Der KSZE-Prozeß. Von der Zähmung bis zur Auflösung des Ost-West-Konflikts*, Darmstadt 1992.

Breuel, Birgit (Hg.): *Treuhand intern. Tagebuch*, Frankfurt a. M. 1993.

Brochhagen, Ulrich: *Nach Nürnberg. Vergangenheitsbewältigung und Westintegration in der Ära Adenauer*, Hamburg 1994.

Broszat, Martin, u. a. (Hg.): *Von Stalingrad zur Währungsreform. Zur Sozialgeschichte des Umbruchs in Deutschland*, München, 1989.

Broszat, Martin (Hg.): *Zäsuren nach 1945. Essays zur Periodisierung der deutschen Nachkriegsgeschichte*, München 1990.

Brüggemeier, Franz Josef: *Tschernobyl, 26. April 1986. Die ökologische Herausforderung*, München 1998.

Brunn, Gerhard: *Die Europäische Einigung von 1945 bis heute*, Stuttgart 2002.

Brunner, Bernhard: *Der Frankreich-Komplex. Die nationalsozialistischen Verbrechen in Frankreich und die Justiz der Bundesrepublik Deutschland*, Göttingen 2004.

Buchhaas, Dorothee: *Die Volkspartei. Programmatische Entwicklung der CDU 1950 – 1973*, Düsseldorf 1981.

Buchheim, Christoph: *Die Wiedereingliederung Westdeutschlands in die Weltwirtschaft 1945 – 1958*, München 1990.

Bücking, Hans-Jörg (Hg.): *Entwicklungspolitische Zusammenarbeit in der Bundesrepublik Deutschland und der DDR*, Berlin 1998.

Buchloh, Stephan: »Pervers, jugendgefährdend, staatsfeindlich«. *Zensur in der Ära Adenauer als Spiegel des gesellschaftlichen Klimas*, Frankfurt a. M. 2002.

Budde, Gunilla-Friederike (Hg.): *Frauen arbeiten. Weibliche Erwerbstätigkeit in Ost- und Westdeutschland nach 1945*, Göttingen 1997.

Bude, Heinz: *Das Altern einer Generation. Die Jahrgänge 1938 – 1948*, Frankfurt a. M. 1997.

Bude, Heinz: *Generation Berlin*, Berlin 2001.

Bude, Heinz/Greiner, Bernd (Hg.): *Westbindungen. Amerika in der Bundesrepublik*, Hamburg 1999.

Bueb, Bernhard: *Lob der Disziplin. Eine Streitschrift*, Berlin 2006.

Bull, Hans-Peter: »Politik der ›inneren Sicherheit‹ vor einem misstrauisch gewordenen Publikum«, in: *Leviathan* 12, 1984, 155 – 175.

Bulmahn, Thomas: »Zur Entwicklung der Lebensqualität im vereinten Deutschland«, in: *APuZ* 45, 2000, 30–38.

Bundeskanzler Brandt. Reden und Interviews, Hamburg 1971.

Bundesministerium für Arbeit und Sozialordnung (Hg.): *Lebenslagen in Deutschland. Der erste Armuts- und Reichtumsbericht der Bundesregierung*, Berlin 2001.

Bundesministerium für Vertriebene, Flüchtlinge und Kriegsgeschädigte (Hg.): *Dokumentation der Vertreibung der Deutschen aus Ost-Mitteleuropa*, bearb. v. Theodor Schieder, 5 Bde., Reg. bd., 1954–1963 (Neudruck, 2004).

Burckhardt, Jacob: *Briefe*, Bd. 5, bearb. von Max Burckhardt, Stuttgart 1963.

Bürklin, Wilhelm P./Rebenstorf, Hilke (Hg.): *Eliten in Deutschland. Rekrutierung und Integration*, Opladen 1997.

Bürklin, Wilhelm P.: *Grüne Politik. Ideologische Zyklen, Wähler und Parteiensystem*, Wiesbaden 1984.

Buschfort, Wolfgang: *Parteien im Kalten Krieg. Die Ostbüros von SPD, CDU und FDP*, Berlin 2000.

Buske, Sybille: *Fräulein Mutter und ihr Bastard. Eine Geschichte der Unehelichkeit in Deutschland 1900–1970*, Göttingen 2004.

Butterwege, Christoph (Hg.): *NS-Vergangenheit, Antisemitismus und Nationalismus in Deutschland. Beiträge zur politischen Kultur der Bundesrepublik Deutschland*, Baden-Baden 1997.

Calließ, Jörg (Hg.): *Die Reformzeit des Erfolgsmodells BRD. Die Nachgeborenen erforschen die Jahre, die ihre Eltern und Lehrer geprägt haben*, Rehburg-Loccum 2004.

Caro, Michael K.: *Der Volkskanzler. Ludwig Erhard*, Köln/Berlin 1965.

Carl, Horst, u. a. (Hg.): *Kriegsniederlagen. Erfahrungen und Erinnerungen*, Berlin 2004.

Carr, Jonathan: *Helmut Schmidt*, Düsseldorf/Wien 1985.

Castel, Robert: *Die Stärkung des Sozialen. Leben im neuen Wohlfahrtsstaat*, Hamburg 2005.

Castells, Manuel: *Das Informationszeitalter. Wirtschaft, Gesellschaft, Kultur*, 3 Bde., Opladen 2001–2003.

Catudal, Honoré M.: *Kennedy in der Mauer-Krise. Eine Fallstudie zur Entscheidungsfindung in den USA*, Berlin 1981.

Die *CDU/CSU-Fraktion im Deutschen Bundestag 1949–1966* (Sitzungsprotokolle 1949–1953, 1998; Sitzungsprotokolle 1953–1957, Halbbd. 1–2, 2003, Sitzungsprotokolle 1957–1961, Halbbd. 1–2, 2004, Sitzungsprotokolle 1961–1966, Teilbd. 1–4, bearb. v. Corinna Franz), Düsseldorf 2004.

Chiari, Bernhard (Hg.): *Afghanistan*, Paderborn u. a. [3]2009.

Chaussy, Ulrich: *Die drei Leben des Rudi Dutschke. Eine Biographie*, Darmstadt 1999.

Clark, Christopher: *Preußen. Aufstieg und Niedergang 1600–1947*, München 2007.

Claussen, Detlev: *Theodor W. Adorno. Ein letztes Genie*, Frankfurt a. M. 2003.

Clemens, Gabriele, u. a.: *Geschichte der europäischen Integration*, Paderborn 2008.

Clough, Patricia: *Helmut Kohl. Ein Porträt der Macht*, München 1998.

Conrad, Sebastian: *Auf der Suche nach der verlorenen Nation. Geschichtsschreibung in Westdeutschland und Japan 1945–1960*, Göttingen 1999.

Conze, Eckart/Metzler, Gabriele (Hg.): *50 Jahre Bundesrepublik Deutschland. Daten und Diskussionen*, Stuttgart 1999.

Conze, Eckart: »Eine bürgerliche Republik? Bürgertum und Bürgerlichkeit in der westdeutschen Nachkriegsgesellschaft«, in: GG 30, 2004, 527–542.

Conze, Eckart: *Die gaullistische Herausforderung. Die deutsch-französischen Beziehungen in der amerikanischen Europapolitik*, München 1995.

Conze, Eckart: »Hegemonie durch Integration? Die amerikanische Europapolitik und ihre Herausforderung durch de Gaulle«, in: VfZ 43, 1995, 197–340.

Conze, Eckart: »Konfrontation und Détente. Überlegungen zur historischen Analyse des Ost-West-Konflikts«, in: VfZ 46, 1998, 269–282.

Conze, Eckart: »No Way Back to Potsdam. The Adenauer Government and the Geneva Summit 1955«, in: Bischof, Günther/Dockrill, Saki (Hg.): *Cold War Respite. The Geneva Summit of 1955*, Baton Rouge 2001, 190–214.

Conze, Eckart: »Sicherheit als Kultur. Überlegungen zu einer ›modernen Politikgeschichte‹ der Bundesrepublik Deutschland«, in: *VfZ* 53, 2005, 357–380.

Conze, Eckart/Nicklas, Thomas (Hg.): *Tage deutscher Geschichte. Von der Reformation bis zur Wiedervereinigung*, München 2004.

Conze, Eckart: »Vom Herter-Plan zum Genscher-Plan. Zum Zusammenhang von deutscher Einheit, europäischer Sicherheit und internationaler Abrüstung am Ende der fünfziger Jahre und heute«, in: *ER* 18/4, 1990, 65–77.

Conze, Eckart: *Von deutschem Adel. Die Grafen von Bernstorff im 20. Jahrhundert*, Stuttgart 2000.

Conze, Vanessa: *Das Europa der Deutschen. Ideen von Europa in Deutschland zwischen Reichstradition und Westorientierung 1920–1970*, München 2005.

Conze, Werner: *Jakob Kaiser. Politiker zwischen Ost und West 1945–1949*, Stuttgart 1969.

Conze, Werner: »Sicherheit, Schutz«, in: Brunner, Otto, u.a. (Hg.): *Geschichtliche Grundbegriffe. Historisches Lexikon zur politisch-sozialen Sprache in Deutschland*, Bd. 5, Stuttgart 1984, 831–862.

Conze, Werner/Lepsius, Rainer M. (Hg.): *Sozialgeschichte der Bundesrepublik Deutschland. Beiträge zum Kontinuitätsproblem*, Stuttgart 1983 (²1985).

Cornelißen, Christoph: *Gerhard Ritter. Geschichtswissenschaft und Politik im 20. Jahrhundert*, Düsseldorf 2001.

Crow, Thomas E.: *Die Kunst der sechziger Jahre. Von der Pop-Art zu Yves Klein und Joseph Beuys*, Ostfildern 1997.

Czada, Roland/Wollmann, Hellmut (Hg.): *Von der Bonner zur Berliner Republik. 10 Jahre Deutsche Einheit*, Wiesbaden 2000.

Czempiel, Ernst-Otto: *Weltpolitik im Umbruch. Das internationale System nach dem Ende des Ost-West-Konflikts*, München 1991.

Dahlke, Matthias: »›Nur eingeschränkte Krisenbereitschaft‹. Die staatliche Reaktion auf die Entführung des CDU-Politikers Peter Lorenz 1975«, in: *VfZ* 55, 2007, 641–678.

Dahrendorf, Ralf: *Bildung ist Bürgerrecht. Plädoyer für eine alternative Bildungspolitik*, Hamburg 1965.

Dahrendorf, Ralf: *Gesellschaft und Demokratie in Deutschland*, München 1965.

Dahrendorf, Ralf: *Gesellschaft und Freiheit. Zur soziologischen Analyse der Gegenwart*, München 1961.

Dahrendorf, Ralf: *Der Wiederbeginn der Geschichte. Vom Fall der Mauer zum Krieg im Irak. Reden und Aufsätze*, München 2004.

Danuser, Hermann: *Die Musik des 20. Jahrhunderts*, Laaber 1984.

Daum, Andreas W.: *Kennedy in Berlin. Politik, Kultur und Öffentlichkeit im Kalten Krieg*, Paderborn 2003.

Der deutsche Heimatfilm. Bildwelten und Weltbilder, hg. v. Ludwig-Uhland-Institut für Empirische Kulturwissenschaft der Universität Tübingen, Tübingen 1989.

Derix, Simone: *Bebilderte Politik. Staatsbesuche in der Bundesrepublik Deutschland 1949–1990*, Göttingen 2008.

Deutscher Bundestag (Hg.): *Materialien der Enquete-Kommission »Aufarbeitung von Geschichte und Folgen der SED-Diktatur in Deutschland«*, Bd. 1–9, Baden-Baden 1995.

Deutsche Shell (Hg.): *Jugend 2002. Zwischen pragmatischem Idealismus und robustem Materialismus*, Frankfurt a. M. 2002.

Dickhaus, Monika: *Die Bundesbank im westeuropäischen Wiederaufbau. Die internationale Währungspolitik der Bundesrepublik Deutschland 1948 bis 1958*, München 1996.

Diner, Dan: *Verkehrte Welten - Antiamerikanismus in Deutschland*, Frankfurt a. M. 1993.

Dinges, Martin/Sack, Fritz (Hg.): *Unsichere Großstädte? Vom Mittelalter bis zur Postmoderne*, Konstanz 2000.

Dittberner, Jürgen: *Die FDP. Geschichte, Personen, Organisation, Perspektiven*, Wiesbaden 2005.

Dittgen, Herbert: *Deutsch-amerikanische Sicherheitsbeziehungen in der Ära Helmut Schmidt. Vorgeschichte und Folgen des NATO-Doppelbeschlusses*, Paderborn 1991.

Dittmann, Knud: *Adenauer und die deutsche Wiedervereinigung. Die politische Diskussion des Jahres 1952*, Düsseldorf 1981.

Doering-Manteuffel, Anselm/Schwarz, Hans-Peter (Hg.): *Adenauer und die deutsche Geschichte*, Bonn 2001.

Doering-Manteuffel, Anselm: »Nach dem Boom. Brüche und Kontinuitäten in der Industriemoderne seit 1970«, in: *VfZ* 55, 2007, 559–581.

Doering-Manteuffel, Anselm: »Deutsche Zeitgeschichte nach 1945. Entwicklung und Problemlagen der historischen Forschung zur Nachkriegszeit«, in: *VfZ* 41, 1993, 1 – 29.

Doering-Manteuffel, Anselm: *Die Bundesrepublik Deutschland in der Ära Adenauer. Außenpolitik und innere Entwicklung 1949 – 1963*, Darmstadt ²1988.

Doering-Manteuffel, Anselm/Raphael, Lutz (Hg.): *Nach dem Boom. Perspektiven auf die Zeitgeschichte seit 1970*, Göttingen 2008.

Doering-Manteuffel, Anselm (Hg.): *Strukturmerkmale der deutschen Geschichte des 20. Jahrhunderts*, München 2006.

Doering-Manteuffel, Anselm: »Strukturmerkmale der Kanzlerdemokratie«, in: *Der Staat* 30, 1991, 1 – 18.

Doering-Manteuffel, Anselm: *Wie westlich sind die Deutschen? Amerikanisierung und Westernisierung im 20. Jahrhundert*, Göttingen 1999.

Dohnanyi, Klaus v.: *Das deutsche Wagnis. Über die wirtschaftlichen und sozialen Folgen der Einheit*, München 1991.

Dokumentation der Bundesregierung zur Entführung von Hanns Martin Schleyer, München 1977.

Dokumente zur Deutschlandpolitik, Deutsche Einheit. Sonderedition aus den Akten des Bundeskanzleramtes 1989/90, bearb. v. Hanns J. Küsters u. a., München 1998.

Dönhoff, Marion Gräfin, u. a.: *Reise in ein fernes Land. Bericht über Kultur, Wirtschaft und Politik in der DDR*, Hamburg 1964.

Dörre, Klaus: »Armut, Abstieg, Unsicherheit: Die soziale Frage am Beginn des 21. Jahrhunderts«, in: *APuZ* 33/34, 2008, 3 – 6.

Döscher, Hans-Jürgen: *Seilschaften. Die verdrängte Vergangenheit des Auswärtigen Amtes*, Berlin 2005.

Dreher, Klaus: *Helmut Kohl. Leben mit Macht*, Stuttgart 1998.

Düding, Dieter: *Heinz Kühn, 1912 – 1992. Eine politische Biographie*, Essen 2002.

Dülffer, Jost: *Europa im Ost-West-Konflikt 1945 – 1991*, München 2004.

Düwell, Kurt/Köllmann, Wolfgang (Hg.): *Rheinland-Westfalen im Industriezeitalter*, Bd. 3, Wuppertal 1984.

Durth, Werner: *Deutsche Architekten. Biographische Verflechtungen 1900 – 1970*, München 1992.

Dutschke, Gretchen (Hg.): *Dutschke, Rudi: Jeder hat sein Leben ganz zu leben. Die Tagebücher 1963 – 1979*, Köln 2003.

Dyck, Sylke van/Lessenich, Stephan: »Unsichere Zeiten. Die paradoxale ›Wiederkehr‹ der Unsicherheit«, in: *Mittelweg 36/5*, 2008, 13 – 45.

Eberwein, Wolf-Dieter/Kaiser, Karl (Hg.): *Deutschlands neue Außenpolitik, Institutionen und Ressourcen*, München 1998.

Echternkamp, Jörg/Hettling, Manfred (Hg.): *Bedingt erinnerungsbereit. Soldatengedenken in der Bundesrepublik*, Göttingen 2008.

Echternkamp, Jörg: *Nach dem Krieg. Alltagsnot, Neuorientierung und Last der Vergangenheit 1945 – 1949*, Zürich 2003.

Eckardt, Felix v.: *Ein unordentliches Leben. Lebenserinnerungen*, Düsseldorf/Wien 1967.

Eckel, Jan: *Geist der Zeit. Deutsche Geisteswissenschaften seit 1870*, Göttingen 2008.

Eckel, Jan: *Hans Rothfels. Eine intellektuelle Biographie im 20. Jahrhundert*, Göttingen 2005.

Edelmann, Heidrun: *Heinz Nordhoff und Volkswagen. Ein deutscher Unternehmer im amerikanischen Jahrhundert*, Göttingen 2003.

Egle, Christoph, u. a. (Hg.): *Das rot-grüne Projekt. Eine Bilanz der Regierung Schröder 1998 – 2002*, Wiesbaden 2003.

Egle, Christoph/Zohlnhöfer, Reimut (Hg.): *Ende des rot-grünen Projektes. Eine Bilanz der Regierung Schröder 2002 – 2005*, Wiesbaden 2007.

Ehmke, Horst: *Mittendrin. Von der Großen Koalition zur Deutschen Einheit*, Reinbek/Berlin 1994.

Eibl, Franz: *Politik der Bewegung. Gerhard Schröder als Außenminister 1961 – 1966*, München 2001.

Eilfort, Michael: *Die Nichtwähler. Wahlenthaltung als Form des Wahlverhaltens*, Paderborn 1994.

Elbe, Frank/Kiessler, Richard: *Ein runder Tisch mit scharfen Ecken. Der diplomatische Weg zur deutschen Einheit*, Baden-Baden 1993.

Elefanten Press (Hg.): *Trümmer. Träume. Truman. Die Welt 1945 – 49*, Berlin 1985.

Ellwein, Thomas/Holtmann, Everhard (Hg.): *50 Jahre Bundesrepublik Deutschland. Rahmenbedingungen – Entwicklungen – Perspektiven*, Opladen 1999.

Ellwein, Thomas: *Krisen und Reformen. Die Bundesrepublik seit den sechziger Jahren*, München ²1993.

Endlich, Stefanie, u. a.: *Gedenkstätten für die Opfer des Nationalsozialismus*, 2 Bde., Berlin 1999.

Endres, Elisabeth: *Die Literatur der Adenauerzeit*, München 1980.

Engel, Ulf: *Die Afrikapolitik der Bundesrepublik Deutschland 1949 – 1999. Rollen und Identitäten*, Münster/Berlin u. a. 2000.

Engler, Wolfgang: *Die Ostdeutschen. Kunde von einem verlorenen Land*, Berlin 1999.

Entorf, Horst: »Strukturelle Arbeitslosigkeit«, in: Franz, Wolfgang/Steiner, Viktor (Hg.): *Der westdeutsche Arbeitsmarkt im strukturellen Anpassungsprozeß*, Baden-Baden 1995, 91–104.

Eppler, Erhard: *Ende oder Wende. Von der Machbarkeit des Notwendigen*, München 1975.

Eppler, Erhard: *Maßstäbe für eine humane Gesellschaft. Lebensstandard oder Lebensqualität?*, Stuttgart 1974.

Eppler, Erhard: *Wege aus der Gefahr*, Hamburg 1981.

Erhard, Ludwig: *Deutsche Wirtschaftspolitik*, Düsseldorf 1962.

Erhard, Ludwig: *Wohlstand für alle*, Düsseldorf/Wien 1957.

Erker, Paul: »Zeitgeschichte als Sozialgeschichte. Forschungsstand und Forschungsdefizite«, in: *GG 19*, 1993, 202 – 238.

Eschenburg, Theodor: *Herrschaft der Verbände*, Stuttgart 1955.

Eschenburg, Theodor: *Jahre der Besatzung 1945 – 1949* (Bracher, Karl Dietrich, u. a. [Hg.]: *Geschichte der Bundesrepublik Deutschland*, Bd. 1), Stuttgart/Mannheim 1983.

Etzemüller, Thomas: *1968 – Ein Riss in der Gesellschaft. Gesellschaftlicher Umbruch und 68er Bewegungen in Westdeutschland und Schweden*, Konstanz 2005.

Etzemüller, Thomas: *Ein ewigwährender Untergang. Der apokalyptische Bevölkerungsdiskurs im 20. Jahrhundert*, Bielefeld 2007.

Etzemüller, Thomas: *Sozialgeschichte als politische Geschichte. Werner Conze und die Neuorientierung der westdeutschen Geschichtswissenschaft nach 1945*, München 2001.

Evans, Richard J.: *Im Schatten Hitlers? Historikerstreit und Vergangenheitsbewältigung in der Bundesrepublik*, Frankfurt a. M. 1991.

Falkner, Thomas: *Absturz in die Markwirtschaft. Der schwere Gang durch die ostdeutsche Wirtschaftskrise*, München 1994.

Falter, Jürgen W.: »Kontinuität und Neubeginn. Die Bundestagswahl 1949 – Zwischen Weimar und Bonn«, in: *PVS* 22, 1981, 236 – 263.

FDP und kleinere bürgerliche und rechte Parteien. Mitgliedschaft und Sozialstruktur 1945 – 1990, bearb. v. Oliver Gnad, Düsseldorf 2005.

Feldkamp, Michael F.: *Der Parlamentarische Rat 1948 – 1949. Die Entstehung des Grundgesetzes*, Göttingen 1998.

Felken, Detlef: *Dulles und Deutschland. Die amerikanische Deutschlandpolitik 1953 – 1959*, Bonn/Berlin 1993.

Felling, Harald/Lerche, Clemens: »Regierungswechsel. Herausforderung für die Onlinekommunikation«, in: Köhler, Miriam Melanie/Schuster, Christian H. (Hg.): *Handbuch Regierungs-PR. Öffentlichkeitsarbeit von Bundesregierungen und deren Beratern*, Wiesbaden 2006, 375 – 382.

Fenske, Hans: *Deutsche Parteiengeschichte. Von den Anfängen bis zur Gegenwart*, Paderborn 1994.

Fetscher, Iring: *Terrorismus und Reaktion*, Frankfurt a. M. 1977.

Filmer, Werner: *Richard von Weizsäcker*, Düsseldorf u. a. 1989.

Finger, Stefan: *Franz Josef Strauß. Ein politisches Leben*. München 2005.

Fink, Carole, u. a. (Hg.): *1968. The World Transformed*, Cambridge 1998.

Fischer, Ernst Peter (Hg.): *Auf der Suche nach der verlorenen Sicherheit*, München 1991.

Fischer, Frank: »*Im deutschen Interesse*«. *Die Ostpolitik der SPD von 1969 bis 1989*, Husum 2001.

Fischer, Fritz: *Bündnis der Eliten. Zur Kontinuität der Machtstrukturen in Deutschland 1871 – 1945*, Düsseldorf ²1998.

Fischer, Fritz: »Deutsche Kriegsziele, Revolutionierung und Separatfrieden im Osten 1914 – 1918«, in: *HZ* 188, 1959, 249 – 310.

Fischer, Fritz: *Griff nach der Weltmacht. Die Kriegszielpolitik des kaiserlichen Deutschland 1914/18*, Düsseldorf 1961.

Fischer, Fritz: *Krieg der Illusionen. Die deutsche Politik von 1911 bis 1914*, Düsseldorf 1969.

Fischer, Joschka: *Die Rot-Grünen Jahre. Die deutsche Außenpolitik vom Kosovo bis zum 11. September*, Köln 2007.

Fischer, Joschka: *Die Rückkehr der Geschichte. Die Welt nach dem 11. September und die Erneuerung des Westens*, Köln 2005.

Fischer, Joschka: *Vom Staatenbund zur Föderation. Gedanken über die Finalität der europäischen Integration. Rede in der Humboldt-Universität in Berlin am 12. Mai 2000*, Frankfurt a. M. 2000.

Fischer, Per: »Der diplomatische Prozeß der Entstehung des Deutsch-Französischen Vertrages von 1963«, in: *VfZ* 41, 1993, 101 – 116.

Fischer, Wolfgang: *Heimat-Politiker? Selbstverständnis und politisches Handeln von Vertriebenen als Abgeordnete im Deutschen Bundestag 1949 – 1974*, Düsseldorf 2009 (i.E.).

Flach, Karl-Hermann, u. a.: *Die Freiburger Thesen der Liberalen*, Reinbek/Berlin 1972.

Fontaine, Pascal: *Eine Ordnung für Europa. Vierzig Jahre Schuman-Plan 1950 – 1990* (Europäische Dokumentation 3), Luxembourg 1990.

Foschepoth, Josef (Hg.): *Kalter Krieg und Deutsche Frage. Deutschland im Widerstreit der Mächte 1945 – 1952*, Göttingen 1985.

Fraenkel, Ernst: *Zur Theorie der pluralistischen Demokratie*, Bonn 1964.

Fraenkel, Ernst: *Deutschland und die westlichen Demokratien*, Stuttgart 1964.

François, Etienne, u. a. (Hg.): *1968 – Ein europäisches Jahr?*, Leipzig 1997.

François, Etienne/Schulze, Hagen (Hg.): *Deutsche Erinnerungsorte*, 3 Bde., München 2001.

François-Poncet, André: *Les rapports mensuels d'Andre François-Poncet, Haut Commissaire français en Allemagne 1949 – 1955*, 2 Bde., Paris 1996.

Frei, Daniel/Gaupp, Peter: »Das Konzept ›Sicherheit‹. Theoretische Aspekte«, in: Schwarz, Klaus-Dieter (Hg.): *Sicherheitspolitik. Analysen zur politischen und militärischen Sicherheit*, Bad Honnef 1981, 3 – 16.

Frei, Norbert: *1945 und Wir. Das Dritte Reich im Bewusstsein der Deutschen*, München 2005.

Frei, Norbert, *1968. Jugendrevolte und globaler Protest*, München 2008.

Frei, Norbert, u. a. (Hg.): *Geschichte vor Gericht. Historiker, Richter und die Suche nach Gerechtigkeit*, München 2000.

Frei, Norbert: *Karrieren im Zwielicht. Hitlers Eliten nach 1945*, Frankfurt a. M. 2001.

Frei, Norbert: *Vergangenheitspolitik. Die Anfänge der Bundesrepublik und die NS-Vergangenheit*, München ²2003.

Frei, Norbert (Hg.): *Was heißt und zu welchem Ende studiert man Geschichte des 20. Jahrhunderts*, Göttingen 2006.

Freimüller, Tobias: *Alexander Mitscherlich. Gesellschaftsdiagnosen und Psychoanalyse nach Hitler*, Göttingen 2007.

Frese, Matthias, u. a. (Hg.): *Demokratisierung und gesellschaftlicher Aufbruch. Die sechziger Jahre als Wendezeit der Bundesrepublik*, Paderborn 2003.

Freudiger, Kerstin: *Die juristische Aufarbeitung von NS-Verbrechen*, Tübingen 2002.

Frevert, Ute: *Frauen-Geschichte*, Frankfurt a. M. 1986.

Frey, Marc: *Geschichte des Vietnamkrieges. Die Tragödie in Asien und das Ende des amerikanischen Traums*, München 2000.

Fricke, Karl Wilhelm/Engelmann, Roger: »*Konzentrierte Schläge*«. *Staatssicherheitsaktionen und politische Prozesse in der DDR 1953 – 1956*, Berlin 1998.

Friedeburg, Ludwig v.: *Jugend in der modernen Gesellschaft*, Köln/Berlin 1965.

Friedrich, Walter: »Mentalitätswandlung in der Jugend der DDR«, in: *APuZ* B16/17, 1990, 25 – 37.

Friedrich, Wolfgang (Hg.): *Die USA und die deutsche Frage 1945 – 1990*, Frankfurt a. M. 1991.

Fritz Bauer Institut (Hg.): *Auschwitz: Geschichte, Rezeption und Wirkung*, Frankfurt a. M. 1996.

Fritz Bauer Institut (Hg.): »*Gerichtstag halten über uns selbst …*«. *Geschichte und Wirkung des ersten Frankfurter Auschwitz-Prozesses*, Frankfurt a. M. 2001.

Fröhlich, Claudia, u. a. (Hg.): *Engagierte Demokraten. Vergangenheitspolitik in kritischer Absicht*, Münster 1999.

Frohn, Axel: »Adenauer und die deutschen Ostgebiete in den fünfziger Jahren«, in: *VfZ* 44, 1996, 485 – 525.

Frohn, Axel (Hg.): *Holocaust and Shilumim. The Policy of Wiedergutmachung*, Washington 1991.

Fuchs, Stephan: »*Dreiecksverhältnisse sind immer kompliziert*«. *Kissinger, Bahr und die Ostpolitik*, Hamburg 1999.

Fukuyama, Francis: *Das Ende der Geschichte. Wo stehen wir?*, München 1992.

Fulbrook, Mary: *The People's State. East German Society from Hitler to Honecker*, New Haven 2005.

Fulbrook, Mary: *Two Germanies 1945–1990. Problems of Interpretation*, London 1992.

Führ, Christoph (Hg.): *Bildungsgeschichte und Bildungspolitik. Aufsätze und Vorträge*, Weimar u. a. 1997.

Führ, Christoph/Furck, Carl-Ludwig (Hg.): *Handbuch der deutschen Bildungsgeschichte 1945 bis zur Gegenwart, Bd. 6*, München 1998.

Gaddis, John Lewis: *The Cold War. A New History*, New York 2005.

Gaddum, Eckart: *Die deutsche Europapolitik in den 80er Jahren. Interessen, Konflikte und Entscheidungen der Regierung Kohl*, Paderborn 1994.

Gall, Lothar: *Der Bankier. Hermann Josef Abs. Eine Biographie*, München 2004.

Gallus, Alexander: *Die Neutralisten. Verfechter eines vereinten Deutschlands zwischen Ost und West 1945–1990*, Düsseldorf 2001.

Gante, Michael: *§ 218 in der Diskussion. Meinungs- und Willensbildung 1945–1976*, Düsseldorf 1991.

Gardner Feldman, Lily: *The Special Relationship between West Germany and Israel*, Winchester 1984.

Garner, Curt: »Public Service Personnel in West Germany in the 1950s. Controversial Policy Decisions and their Effects on Social Composition, Gender Structure, and the Role of Former Nazis«, in: *Journal of Social History* 29, 1995, 25–80.

Garton Ash, Timothy: *Im Namen Europas. Deutschland und der geteilte Kontinent*, München 1993.

Gass-Bolm, Torsten: *Das Gymnasium 1945–1980. Bildungsreform und gesellschaftlicher Wandel in Westdeutschland*, Göttingen 2005.

Gassert, Philipp: »Amerikanismus, Antiamerikanismus, Amerikanisierung. Neue Literatur zur Sozial-, Wirtschafts- und Kulturgeschichte des amerikanischen Einflusses in Deutschland und Europa«, in: *AfS* 39 (1999), 531–561.

Gassert, Philipp: *Kurt Georg Kiesinger 1904–1988. Kanzler zwischen den Zeiten*, München 2006.

Gaus, Günter: *Wo Deutschland liegt. Eine Ortsbestimmung*, Hamburg 1983.

Gaus, Günter: *Zur Person. Von Adenauer bis Wehner. Portraits in Frage und Antwort*, Köln 1987.

Gawel, Erik: *Die deutsch-deutsche Währungsunion*, Baden-Baden 1994.

Gedmin, Jeffrey: *The Hidden Hand. Gorbachev and the Collapse of East Germany*, Washington, D. C., 1992.

Gehler, Michael: *Zeitgeschichte im dynamischen Mehrebenensystem. Zwischen Regionalisierung, Nationalstaat, Europäisierung, internationaler Arena und Globalisierung*, Bochum 2001.

Geiger, Tim: *Atlantiker gegen Gaullisten. Außenpolitischer Konflikt und innerparteilicher Machtkampf in der CDU/CSU 1958–1969*, München 2008.

Geis, Matthias/Ulrich, Bernd: *Der Unvollendete. Das Leben des Joschka Fischer*, Hamburg 2003.

Geißler, Rainer: *Die Sozialstruktur Deutschlands. Ein Studienbuch zur sozialstrukturellen Entwicklung im geteilten und vereinten Deutschland*, Opladen ²1996.

Geißler, Rainer: »Kein Abschied von Klasse und Schicht. Ideologische Gefahren der deutschen Sozialstrukturanalyse«, in: *KZfSS* 48, 1996, 319–338.

Gellately, Robert: *Hingeschaut und weggesehen. Hitler und sein Volk*, Bonn 2004.

Genscher Hans-Dietrich: *Erinnerungen*, Berlin 1995.

Georg, Werner (Hg.): *Soziale Ungleichheit im Bildungssystem. Eine empirisch-theoretische Bestandsaufnahme*, Konstanz 2006.

Geppert, Dominik: *Die Ära Adenauer*, Darmstadt 2002.

Geppert, Dominik: *Maggie Thatchers Rosskur. Ein Rezept für Deutschland?*, München 2003.

Geppert, Dominik/Hacke, Jens (Hg.): *Streit um den Staat. Intellektuelle Debatten in der Bundesrepublik 1960 – 1980*, Göttingen 2008.

Gerhard, Ute: *Atempause. Feminismus als demokratisches Projekt*, Frankfurt a. M. 1999.

Gerstenmaier, Eugen: *Streit und Friede hat seine Zeit. Ein Lebensbericht*, Frankfurt a. M. 1981.

Geyer, Martin H. (Hg.): *Geschichte der Sozialpolitik in Deutschland seit 1945. Die Bundesrepublik 1974 – 1982. Der Sozialstaat im Zeichen wirtschaftlicher Rezession*, Bd. 6, Baden-Baden 2008.

Geyer, Martin: »Gesamtbetrachtung. Die Logik sozialpolitischer Reformen«, in: ders. (Hg.): *Geschichte der Sozialpolitik in Deutschland seit 1945*, Bd. 6: *1974 – 1982. Bundesrepublik Deutschland. Neue Herausforderungen, wachsende Unsicherheiten*, Baden-Baden 2008, 885 – 916.

Geyer, Martin: »Rahmenbedingungen. Unsicherheit als Normalität«, in: ders. (Hg.): *Geschichte der Sozialpolitik in Deutschland seit 1945*, Bd. 6: *1974–1982. Bundesrepublik Deutschland. Neue Herausforderungen, wachsende Unsicherheiten*, Baden-Baden 2008, 1–109.

Geyer, Martin: »Sozialpolitische Denk- und Handlungsfelder. Der Umgang mit Sicherheit und Unsicherheit«, in: ders. (Hg.): *Geschichte der Sozialpolitik in Deutschland seit 1945*, Bd. 6: *1974–1982. Bundesrepublik Deutschland. Neue Herausforderungen, wachsende Unsicherheiten*, Baden-Baden 2008, 111–231.

Geyer, Matthias, u. a.: *Operation Rot-Grün. Geschichte eines politischen Abenteuers*, München 2005.

Geyer, Michael: »Amerika in Deutschland. Amerikanische Macht und die Sehnsucht nach Sicherheit«, in: Trommler, Frank/Shore, Elliott (Hg.): *Deutsch-amerikanische Begegnungen. Konflikt und Kooperation im 19. und 20. Jahrhundert*, Stuttgart/München 2001, 155–187.

Geyer, Michael: »Der Kalte Krieg, die Deutschen und die Angst. Die westdeutsche Opposition gegen Wiederbewaffnung und Kernwaffen«, in: Naumann (Hg.): *Nachkrieg in Deutschland*, Hamburg 2001, 267–318.

Giddens, Anthony: *Jenseits von Links und Rechts. Die Zukunft radikaler Demokratie*, Frankfurt a.M. 1997.

Giersch, Herbert, u. a.: *The Fading Miracle. Four Decades of Market Economy in Germany*, Cambridge u. a. 1994.

Gilcher-Holtey, Ingrid (Hg.): *1968 – Vom Ereignis zum Gegenstand der Geschichtswissenschaft*, Göttingen 1998.

Gilcher-Holtey, Ingrid: *Die 68er Bewegung. Deutschland – Westeuropa – USA*, München 2001.

Gill, Ulrich/Steffani, Winfried (Hg.): *Eine Rede und ihre Wirkung. Die Rede des Bundespräsidenten Richard von Weizsäcker vom 8. Mai 1985*, Berlin 1986.

Giordano, Ralph: *Die zweite Schuld oder von der Last Deutscher zu sein*, Hamburg 1987.

Glaab, Manuela: *Deutschlandpolitik in der öffentlichen Meinung. Einstellungen und Regierungspolitik in der Bundesrepublik Deutschland 1949–1990*, Opladen 1999.

Glaab, Manuela (Hg.): *Faktenlexikon Deutschland. Geschichte, Gesellschaft, Politik, Wirtschaft, Kultur*, München 2002.

Glaser, Hermann: *Deutsche Kultur. Ein historischer Überblick von 1945 bis zur Gegenwart*, München 1997.

Glaser, Hermann: *Kulturgeschichte der Bundesrepublik Deutschland*, 3 Bde., München 1985 – 1989.

Glaser, Hermann (Hg.): *Was bleibt – es wird. Der kulturelle Umbruch in den neuen Bundesländern*, Bonn 1994.

Glatzer, Wolfgang/Zapf, Wolfgang (Hg.): *Lebensqualität in der Bundesrepublik. Objektive Lebensbedingungen und subjektives Wohlbefinden*, Frankfurt a. M./New York 1984.

Gorbatschow, Michail: *Erinnerungen*, Berlin 1995.

Görtemaker, Manfred: *Geschichte der Bundesrepublik Deutschland. Von der Gründung bis zur Gegenwart*, München 1999.

Görtemaker, Manfred: *Unifying Germany 1989–1990*, New York/London 1994.

Goschler, Constantin: *Schuld und Schulden. Die Politik der Wiedergutmachung für NS-Verfolgte seit 1945*, Göttingen 2005.

Gosewinkel, Dieter: *Adolf Arndt. Die Wiederbegründung des Rechtsstaates aus dem Geist der Sozialdemokratie 1945–1961*, Bonn 1991.

Gosewinkel, Dieter: *Einbürgern und Ausschließen. Die Nationalisierung der Staatsangehörigkeit vom Deutschen Bund bis zur Bundesrepublik Deutschland*, Göttingen 2001.

Grabbe, Hans-Jürgen: *Unionsparteien, Sozialdemokratie und Vereinigte Staaten von Amerika 1945–1966*, Düsseldorf 1983.

Grabert, Herbert: *Hochschullehrer klagen an. Von der Demontage deutscher Wissenschaft*, Göttingen 1952.

Graml, Hermann: *Die Alliierten und die Teilung Deutschlands 1945–1948*, Frankfurt a. M. 1985.

Graml, Hermann: »Die Legende von der verpaßten Gelegenheit. Zur sowjetischen Notenkampagne des Jahres 1952«, in: *VfZ* 29, 1981, 207–341.

Grant, Joanne (Hg.): *Black Protest. History, Documents, and Analyses, 1619 to the Present*, Greenwich 1974.

Greiffenhagen, Martin: *Die Aktualität Preußens. Fragen an die Bundesrepublik*, Berlin 1981.

Greschat, Martin/Loth, Wilfried (Hg.): *Die Christen und die Entstehung der Europäischen Gemeinschaft*, Stuttgart 1994, S. 237–246.

Greschat, Martin: »Die Kirchen in den beiden deutschen Staaten nach 1945«, in: *GWU* 42, 1991, 267–284.

Greve, Michael: *Der justitielle und rechtspolitische Umgang mit den NS-Gewaltverbrechen in den sechziger Jahren*, Frankfurt a. M. 2001.

Greven, Michael Th./Wrochem, Oliver (Hg.): *Der Krieg in der Nachkriegszeit. Der Zweite Weltkrieg in Politik und Gesellschaft der Bundesrepublik*, Opladen 2000.

Grewe, Wilhelm G.: *Rückblenden 1976–1951. Aufzeichnungen eines Augenzeugen deutscher Außenpolitik von Adenauer bis Schmidt*, Frankfurt a. M. 1979.

Gries, Rainer: *Produkte als Medien. Kulturgeschichte der Produktkommunikation in der Bundesrepublik und der DDR*, Wien 2003.

Gries, Rainer: *Die Rationen-Gesellschaft. Versorgungskampf und Vergleichsmentalität. Leipzig, München und Köln nach dem Kriege*, Münster 1991.

Groh, Dieter, u. a. (Hg.): »*Vaterlandslose Gesellen«. Sozialdemokratie und Nation 1860–1990*, München 1992.

Gross, Johannes: *Begründung der Berliner Republik. Deutschland am Ende des 20. Jahrhunderts*, Stuttgart 1995.

Große Kracht, Klaus, u. a. (Hg.): *Zeitgeschichte als Streitgeschichte. Große Kontroversen seit 1945*, München 2003.

Grosser, Alfred: *Die Bonner Demokratie. Deutschland von draußen gesehen*, Düsseldorf 1960.

Grosser, Alfred: *Das Bündnis – Die westeuropäischen Länder und die USA seit dem Krieg*, München 1982.

Grosser, Alfred: *Das Deutschland im Westen. Eine Bilanz nach 40 Jahren*, München 1985.

Grosser, Dieter, u.a. (Hg.): *Deutsche Geschichte in Quellen und Darstellung*, Bd. 11, *Bundesrepublik und DDR 1969-1990*, Ditzingen 1996.

Grosser, Dieter: *Das Wagnis der Währungs-, Wirtschafts- und Sozialunion. Politische Zwänge im Konflikt mit ökonomischen Regeln* (*Geschichte der deutschen Einheit*, Bd. 2), Stuttgart 1998.

Grotum, Thomas: *Die Halbstarken. Zur Geschichte einer Jugendkultur der 50er Jahre*, Frankfurt a. M. 1994.

Gruhl, Herbert: *Ein Planet wird geplündert. Die Schreckensbilanz unserer Politik*, Berlin 1975.

Günther, Frieder: *Denken vom Staat her. Die bundesdeutsche Staatsrechtslehre zwischen Dezision und Integration 1949 – 1970*, München 2004.

Haar, Ingo: *Historiker im Nationalsozialismus. Deutsche Geschichtswissenschaft und der ›Volkstumskampf‹ im Osten*, Göttingen ²2002.

Haase, Christian/Schildt, Axel (Hg.): *Die »ZEIT« und die Bonner Republik. Eine meinungsbildende Wochenzeitung zwischen Wiederbewaffnung und Wiedervereinigung*, Göttingen 2008.

Haberl, Othmar N./Niethammer, Lutz (Hg.): *Der Marshallplan und die europäische Linke*, Frankfurt a. M. 1986.

Habermas, Jürgen: *Eine Art Schadensabwicklung*, Frankfurt a. M. 1987.

Habermas, Jürgen: *Die Moderne – ein unvollendetes Projekt*, Frankfurt a. M. 1981.

Habermas, Jürgen: *Die nachholende Revolution* (Kleine Politische Schriften 7), Frankfurt a. M. 1990.

Habermas, Jürgen: *Protestbewegung und Hochschulreform*, Frankfurt a. M. 1969.

Habermas, Jürgen (Hg.): *Stichworte zur »Geistigen Situation der Zeit«* (Bd. 1: *Nation und Republik*, Bd. 2: *Politik und Kultur*), Frankfurt a. M. 1979.

Hachmeister, Lutz: *Schleyer. Eine deutsche Geschichte*, München 2004.

Hacke, Christian: *Die Außenpolitik der Bundesrepublik Deutschland. Weltmacht wider Willen?*, Frankfurt a. M./Berlin 1993.

Hacke, Christian: »Deutschland, Europa und der Irakkonflikt«, in: *APuZ* B24-25, 2003, 8 – 16.

Hacke, Christian: »Die weltpolitische Rolle der USA nach dem 11. September«, in: *APuZ* B51, 2002, 16 – 23.

Hacke, Christian (Hg.): *Jakob Kaiser. Wir haben Brücke zu sein. Reden, Äußerungen und Aufsätze zur Deutschlandpolitik*, Köln 1988.

Hacke, Christian: *Die Ost- und Deutschlandpolitik der CDU/CSU. Wege und Irrwege der Opposition seit 1969*, Köln 1975.

Hacke, Jens: *Philosophie der Bürgerlichkeit. Die liberalkonservative Begründung der Bundesrepublik*, Göttingen 2006.

Haffner, Sebastian: *Im Schatten der Geschichte*, Stuttgart 1985.

Haftendorn, Helga: *Deutsche Außenpolitik zwischen Selbstbeschränkung und Selbstbehauptung 1945 – 2000*, München 2001.

Haftendorn, Helga: »Das doppelte Mißverständnis. Zur Vorgeschichte des NATO-Doppelbeschlusses von 1979«, in: *VfZ* 33, 1985, 244 – 287.

Haftendorn, Helga: *Kernwaffen und die Glaubwürdigkeit der Allianz. Die NATO-Krise von 1966/67*, Baden-Baden 1994.

Haftendorn, Helga: *Sicherheit und Entspannung. Zur Außenpolitik der Bundesrepublik Deutschland 1955 – 1982*, Baden-Baden 1983.

Halder, Winfried: *Deutsche Teilung. Vorgeschichte und Anfangsjahre der doppelten Staatsgründung*, Zürich 2002.

Hahn, Wilhelm (Hg.): *Mut zur Erziehung. Beiträge zu einem Forum am 9./10. Januar 1978 im Wissenschaftszentrum Bonn-Bad Godesberg*, Stuttgart 1978

Hanrieder, Wolfram F.: *Deutschland, Europa, Amerika. Die Außenpolitik der Bundesrepublik Deutschland 1949–1994*, Paderborn ²1995.

Hanrieder Wolfram F.: *West German Foreign Policy. International Pressure and Domestic Response*, Stanford 1967.

Hanrieder, Wolfram F.: *Fragmente der Macht. Die Außenpolitik der Bundesrepublik*, München 1981.

Hansen, Niels: *Aus dem Schatten der Katastrophe. Die deutsch-israelischen Beziehungen in der Ära Konrad Adenauer und David Ben Gurion. Ein dokumentarischer Bericht*, Düsseldorf 2002.

Harder, Hans-Joachim (Hg.): *Von Truman bis Harmel. Die Bundesrepublik Deutschland im Spannungsfeld von NATO und europäischer Integration*, München 2000.

Harpprecht, Klaus: *Die Gräfin. Marion Dönhoff. Eine Biografie*, Reinbek 2008.

Harpprecht, Klaus: *Im Kanzleramt. Tagebuch der Jahre mit Willy Brandt. Januar 1973 – Mai 1974*, Reinbek 2000.

Hartmann, Christian, u.a. (Hg.): *Verbrechen der Wehrmacht. Bilanz einer Debatte*, München 2005.

Hassemer, Winfried: »Zum Spannungsverhältnis von Freiheit und Sicherheit. Drei Thesen«, in: *Vorgänge* 41, 2002, 10 – 15.

Haug, Wolfgang Fritz: *Der hilflose Antifaschismus. Vorlesungsreihe über Wissenschaft und NS an deutschen Universitäten*, Frankfurt a. M. ²1968.

Haungs, Peter: »Kanzlerdemokratie in der Bundesrepublik Deutschland. Von Adenauer bis Kohl«, in: *ZfP* 33, 1986, 44 – 66.

Haus der Geschichte der Bundesrepublik Deutschland (Hg.): *Erlebnis Geschichte*, Bergisch Gladbach 1998.

Haus der Geschichte der Bundesrepublik Deutschland (Hg.): *Gustav Heinemann und seine Politik*, Berlin 1999.

Hauser, Dorothea: *Baader und Herold. Beschreibung eines Kampfes*, Berlin 1997.

Heck, Thomas E.: *EKD und Entspannung. Die Evangelische Kirche in Deutschland und ihre Bedeutung für die Ost- und Deutschlandpolitik bis 1969*, Frankfurt a. M. 1996.

Heidemeyer, Helge: *Flucht und Zuwanderung aus der SBZ/DDR 1945/1949 – 1961. Die Flüchtlingspolitik der Bundesrepublik Deutschland bis zum Bau der Berliner Mauer*, Düsseldorf 1994.

Heinemann, Gustav W.: *Allen Bürgern verpflichtet. Reden des Bundespräsidenten*, Frankfurt a. M. 1975.

Heinemann, Gustav W.: *Glaubensfreiheit – Bürgerfreiheit. Reden und Aufsätze zu Kirche, Staat, Gesellschaft 1945 – 1975*, Frankfurt a. M. 1976.

Heinemann, Gustav W.: *Zur Reichsgründung 1871. Zum 100. Geburtstag des ersten Deutschen Reichspräsidenten Friedrich Ebert*, Stuttgart 1971.

Heitmeyer, Wilhelm, u.a. (Hg.): *Gewalt. Schattenseiten der Individualisierung bei Jugendlichen aus unterschiedlichen Milieus*, Weinheim 1995.

Heitmeyer, Wilhelm (Hg.): *Was hält die Gesellschaft zusammen?*, Frankfurt a. M. 1997.

Heitmeyer, Wilhelm (Hg.): *Was treibt die Gesellschaft auseinander?*, Frankfurt a. M. 1997.

Heller, Francis H./Gillingham, John R. (Hg.): *NATO. The Founding of the Atlantic Alliance and the Integration of Europe*, London 1992.

Hellmann, Gunther: *Deutsche Außenpolitik. Eine Einführung*, Wiesbaden 2006.

Henke, Klaus-Dietmar: »Der freundliche Feind. Amerikaner und Deutsche 1944/45«, in: Oberreuter, Heinrich/Weber, Jürgen (Hg.): *Freundliche Feinde? Die Alliierten und die Demokratiebegründung in Deutschland*, München 1996, 41 – 50.

Henke, Klaus-Dietmar: *Die amerikanische Besetzung Deutschlands*, München 1995.

Henke, Klaus-Dietmar: *Politische Säuberung in Europa. Die Abrechnung mit Faschismus und Kollaboration nach dem Zweiten Weltkrieg*, München 1991.

Hennecke, Hans Jörg: *Die Dritte Republik. Aufbruch und Ernüchterung*, Berlin 2003.

Hennecke, Hans Jörg: »Von der Agenda 2010 zur Agenda Merkel?«, in: *APuZ* B32/33, 2005, 16 – 22.

Hentschel, Volker: *Geschichte der Sozialpolitik 1880 – 1980*, Frankfurt a. M. 1983.

Hentschel, Volker: *Ludwig Erhard. Ein Politikerleben*, München 1996.

Henwood, Doug: *After the New Economy*, New York/London 2003.

Herbert, Ulrich: *Best. Biographische Studien über Radikalismus, Weltanschauung und Vernunft. 1903 – 1989*, Bonn ³1996.

Herbert, Ulrich: *Geschichte der Ausländerpolitik in Deutschland. Saisonarbeiter, Zwangsarbeiter, Gastarbeiter, Flüchtlinge*, München 2001.

Herbert, Ulrich (Hg.): *Nationalsozialistische Vernichtungspolitik 1939 – 1945. Neue Forschungen und Kontroversen*, Frankfurt a. M. ⁴2001.

Herbert, Ulrich (Hg.): *Wandlungsprozesse in Westdeutschland. Belastung, Integration, Liberalisierung 1945 bis 1980*, Göttingen 2002.

Herbert, Ulrich/Groehler, Olaf: *Zweierlei Bewältigung. Vier Beiträge über den Umgang mit der NS- Vergangenheit in den beiden deutschen Staaten*, Hamburg 1992.

Herbst, Ludolf: *Option für den Westen. Vom Marshallplan bis zum deutsch-französischen Vertrag*, Frankfurt a. M. 1989.

Herbst, Ludolf (Hg.): *Vom Marshallplan zur EWG*, München 1990.

Herbst, Ludolf/Goschler, Constantin (Hg.): *Wiedergutmachung in der Bundesrepublik Deutschland*, München 1989.

Herf, Jeffrey: *War by Other Means. Soviet Power, West German Resistance, and the Battle of the Euromissiles*, New York 1991.

Herf, Jeffrey: *Zweierlei Erinnerung. Die NS-Vergangenheit im geteilten Deutschland*, Berlin 1998.

Hermand, Jost: *Die Kultur der Bundesrepublik Deutschland 1965 – 1985*, München 1990.

Hermand, Jost: *Kultur im Wiederaufbau. Die Bundesrepublik Deutschland 1945 –1965*, München 1986.

Hertfelder, Thomas/Rödder, Andreas (Hg.): *Modell Deutschland. Erfolgsgeschichte oder Illusion?*, Göttingen 2007.

Hertle, Hans-Hermann: *Chronik des Mauerfalls. Die dramatischen Ereignisse um den 9. November 1989*, Berlin ⁸2001.

Hertle, Hans-Hermann, u. a. (Hg.): *Mauerbau und Mauerfall. Ursachen – Verlauf – Auswirkungen*, Berlin 2002.

Hertle, Hans-Hermann: *Der Fall der Mauer. Die unbeabsichtigte Selbstauflösung des SED-Staates*, Opladen ²1999.

Herz, Dietmar: *Die Europäische Union*, München 2001.

Hesse, Joachim Jens/Ellwein, Thomas: *Das Regierungssystem der Bundesrepublik Deutschland*, 2 Bde., Opladen ⁷1992.

Hettling, Manfred (Hg.): *Revolution in Deutschland. Sieben Beiträge*, Göttingen 1991.

Heuss, Theodor: *Tagebuchbriefe 1955 –1963. Eine Auswahl von Briefen an Toni Stolper, Pikart, Eberhard*, Tübingen/Stuttgart 1970.

Heydemann, Günther: »Deutschlandpolitische Neuansätze der 60er Jahre«, in: *HPM* 1, 1994, 15 – 32.

Heydemann, Günther: *Die Innenpolitik der DDR*, München 2003.

Hickethier, Knut: *Geschichte des deutschen Fernsehens*, Stuttgart/Weimar 1998.

Hildebrand, Klaus: »Die Außenpolitik der Bundesrepublik Deutschland 1949 – 1989«, in: *GWU* 45, 1994, 611 – 625.

Hildebrand, Klaus: »Der provisorische Staat und das ewige Frankreich. Die deutsch-französischen Beziehungen 1963 – 1969«, in: *HZ* 240, 1985, 283 – 311.

Hildebrand, Klaus: *Von Erhard zur Großen Koalition 1963 – 1969 (Geschichte der Bundesrepublik Deutschland*, Bracher, Karl Dietrich u. a. (Hg.), Bd. 4), Stuttgart/Mannheim 1984.

Hindrichs, Wolfgang, u. a. (Hg.): *Der lange Abschied vom Malocher. Sozialer Umbruch in der Stahlindustrie und die Rolle der Betriebsräte von 1960 bis in die 90er Jahre*, Essen 2000.

Hinrichs, Karl: »Die Soziale Pflegeversicherung – eine institutionelle Innovation in der deutschen Sozialpolitik«, in: *Staatswissenschaften und Staatspraxis* 6, 1995, 227 – 259.

Hirsch, Martin: »Anlaß, Verlauf und Ergebnis der Verjährungsdebatten im Deutschen Bundestag«, in: Weber, Jürgen/Steinbach, Peter (Hg.): *Vergangenheitsbewältigung durch Strafverfahren? NS-Prozesse in der Bundesrepublik Deutschland*, München 1984, 40 – 50.

»Historikerstreit«. *Die Dokumentation der Kontroverse um die Einzigartigkeit der nationalsozialistischen Judenvernichtung*, München 1987.

Hobsbawm, Eric: *Das Zeitalter der Extreme. Weltgeschichte des 20. Jahrhunderts*, München 1995.

Hochgeschwender, Michael: *Freiheit in der Offensive? Der Kongreß für kulturelle Freiheit und die Deutschen*, München 1998.

Hockenos, Paul: *Joschka Fischer and the Making of the Berlin Republic. An Alternative History of Postwar Germany*, Oxford 2008.

Hockerts, Hans Günter: »Deutung der Deutung von Deutung. Chancen und Risiken der Kulturgeschichte«, in: Frei, Norbert (Hg.): *Was heißt und zu welchem Ende studiert man Geschichte des 20. Jahrhunderts*, Göttingen 2006, 92-98.

Hockerts, Hans Günter (Hg.): *Drei Wege deutscher Sozialstaatlichkeit. NS-Diktatur, Bundesrepublik und DDR*, München 1998.

Hockerts, Hans Günter (Hg.): *Geschichte der Sozialpolitik in Deutschland seit 1945. Die Bundesrepublik 1966 – 1974. Eine Zeit vielfältigen Aufbruchs*, Bd. 5, Baden-Baden 2006.

Hockerts, Hans Günter (Hg.): *Grenzen der Wiedergutmachung. Die Entschädigung für NS-Verfolgte in West- und Osteuropa 1945 – 2000*, Göttingen 2006.

Hockerts, Hans Günter: »Integration der Gesellschaft. Gründungskrise und Sozialpolitik in der frühen Bundesrepublik«, in: *Zeitschrift für Sozialreform* 32, 1986, 25 – 40.

Hockerts, Hans Günter (Hg.): *Koordinaten deutscher Geschichte in der Epoche des Ost-West-Konflikts*, München 2004.

Hockerts, Hans Günter: »Soziale Errungenschaften? Zum sozialpolitischen Legitimitätsanspruch der zweiten deutschen Diktatur«, in: Kocka, Jürgen u. a. (Hg.): *Von der Arbeiterbewegung zum modernen Sozialstaat* (Festschrift für Gerhard A. Ritter zum 65. Geburtstag), München 1994, 790 – 804.

Hockerts, Hans Günter: *Sozialpolitische Entscheidungen im Nachkriegsdeutschland. Alliierte und deutsche Sozialversicherungspolitik 1945 – 1957*, Stuttgart 1980.

Hockerts: »Sozialpolitische Reformbestrebungen in der frühen Bundesrepublik. Zur Sozialreform – Diskussion und Rentengesetzgebung 1952 – 1957«, in: *VfZ* 25, 1977, 341 – 372.

Hockerts, Hans Günter: »Vom Nutzen und Nachteil parlamentarischer Parteienkonkurrenz. Die Rentenreform 1972 – ein Lehrstück«, in: Bracher, Karl Dietrich, u. a. (Hg.): *Staat und Parteien* (Festschrift für Rudolf Morsey zum 65. Geburtstag), Berlin 1992, 903 – 934.

Hockerts, Hans Günter: »Vom Problemlöser zum Problemerzeuger. Der Sozialstaat im 20. Jahrhundert«, in: *AfS* 47, 2007, 3 – 29.

Hockerts, Hans Günter: »Wiedergutmachung in Deutschland. Eine historische Bilanz 1945 – 2000«, in: *VfZ* 49, 2001, 167 – 214.

Hockerts, Hans Günter: »Zeitgeschichte in Deutschland. Begriff, Methoden, Themenfelder«, in: *APuZ* B29/30, 1993, 3 – 19.

Hodenberg, Christina: *Konsens und Krise. Eine Geschichte der westdeutschen Medienöffentlichkeit 1945 – 1973*, Göttingen 2006.

Hodenberg, Christina v./Siegfried, Detlef (Hg.): *Wo »1968« liegt. Reform oder Revolte in der Geschichte der Bundesrepublik*, Göttingen 2006.

Hoffmann, Dierk, u. a. (Hg.): *Vertriebene in Deutschland. Interdisziplinäre Ergebnisse und Forschungsperspektiven*, München 2000.

Hofmann, Daniel: »›Verdächtige Eile‹. Der Weg zur Koalition aus SPD und F.D.P. nach der Bundestagswahl vom 28. September 1969«, in: *VfZ* 48, 2000, 515 – 564.

Hofmann, Gunter: *Abschiede, Anfänge. Die Bundesrepublik. Eine Anatomie*, München 2003.

Hohensee, Jens: *Der erste Ölpreisschock 1973/74. Die politischen und gesellschaftlichen Auswirkungen der arabischen Erdölpolitik auf die Bundesrepublik Deutschland und Westeuropa*, Stuttgart 1996.

Hohmann, Karl (Hg.): *Ludwig Erhard. Gedanken aus fünf Jahrzehnten. Reden und Schriften*, Düsseldorf 1988.

Holler, Regina: *20. Juli 1944 – Vermächtnis oder Alibi? Wie Historiker, Politiker und Journalisten mit dem deutschen Widerstand gegen den Nationalsozialismus umgehen. Eine Untersuchung der wissenschaftlichen Literatur, der offiziellen Reden und der Zeitungsberichterstattung in Nordrhein-Westfalen von 1945 – 1986*, München u. a. 1994.

Hondrich, Otto Karl: *Lehrmeister Krieg*, Reinbek 1992.

Hoppe, Christoph: *Zwischen Teilhabe und Mitsprache. Die Nuklearfrage in der Allianzpolitik Deutschlands 1959 – 1966*, Baden-Baden 1993.

Hoppmann, Erich (Hg.): *Konzertierte Aktion. Kritische Beiträge zu einem Experiment*, Frankfurt a. M. 1971.

Hradil, Stefan: *Sozialstrukturanalyse einer fortgeschrittenen Gesellschaft. Von Klassen und Schichten zu Lagen und Milieus*, Opladen 1987.

Huber, Maria: *11. März 1985. Die Auflösung des Sowjetischen Imperiums*, München 2002.

Hubert, Michel: *Deutschland im Wandel. Geschichte der deutschen Bevölkerung seit 1815*, Stuttgart 1998.

Hünemörder, Kai F.: *Die Frühphase der globalen Umweltkrise und die Formierung der deutschen Umweltpolitik 1950 – 1973*, Stuttgart 2004.

Hünseler, Peter: *Die außenpolitischen Beziehungen der Bundesrepublik Deutschland zu den arabischen Staaten 1949 – 1980*, Frankfurt a. M. 1990.

Huntington, Samuel P.: *The Clash of Civilizations and the Remaking of World Order*, New York 1996.

Hüttenberger, Peter: »Wirtschaftsordnung und Interessenpolitik in der Kartellgesetzgebung der Bundesrepublik 1949 – 1957«, in: *VfZ* 24, 1976, 287 – 307.

Ihme-Tuchel, Beate: *Die DDR*, Darmstadt 2002.

Illies, Florian, *Generation Golf. Eine Inspektion*, Berlin 2000.

Inglehart, Ronald: *Modernisierung und Postmodernisierung. Kultureller, wirtschaftlicher und politischer Wandel in 43 Gesellschaften*, Frankfurt a. M./New York 1998.

Inglehart, Ronald. *The Silent Revolution. Changing Values and Political Styles among Western Publics*, Princeton 1977.

Isensee, Josef: *Das Grundrecht auf Sicherheit. Zu den Schutzpflichten des freiheitlichen Verfassungsstaates*, Berlin/New York 1983.

Jacobmeyer, Wolfgang: *Vom Zwangsarbeiter zum heimatlosen Ausländer. Die Displaced Persons in Westdeutschland 1945 – 1951*, Göttingen 1985.

Jäckel, Hartmut (Hg.): *Die neue Bundesrepublik*, Baden-Baden 1994.

Jacobsen, Hans Adolf, u. a. (Hg.): *Bonn – Warschau 1945 – 1991. Die deutsch-polnischen Beziehungen. Analyse und Dokumentation*, Köln 1991.

Jacoby, Edmund/Hafner, Georg M. (Hg.): *1968. Bilderbuch einer Revolte*, Frankfurt a. M. 1993.

Jäger, Wolfgang: *Historische Forschung und politische Kultur in Deutschland. Die Debatte 1914 – 1980 über den Ausbruch des Ersten Weltkriegs*, Göttingen 1984.

Jäger, Wolfgang: »Von der Kanzlerdemokratie zur Koordinationsdemokratie«, in: *ZfP* 35, 1988, 15 – 32.

Jäger, Wolfgang/Link, Werner: *Republik im Wandel 1974 – 1982. Die Ära Schmidt* (Bracher, Karl Dietrich, u. a. [Hg.]: *Geschichte der Bundesrepublik Deutschland*, Bd. 5.2), Stuttgart /Mannheim, 1987.

James, Harold: *Geschichte Europas im 20. Jahrhundert. Fall und Aufstieg 1949 – 2001*, München 2004.

James, Harold: *International Monetary Cooperation since Bretton Woods*, New York 1996.

James, Harold: *Rambouillet, 15. November 1975. Die Globalisierung der Wirtschaft*, München 1997.

Jarausch, Konrad H./Siegrist, Hannes (Hg.): *Amerikanisierung und Sowjetisierung in Deutschland 1945 – 1970*, Frankfurt a. M. 1997.

Jarausch, Konrad H.: »Anfänge der Berliner Republik 1990 – 2005«, in: Hermann, Ulrich, u. a. (Hg.): *Kleine Deutsche Geschichte*, Stuttgart 2006, 463 – 496.

Jarausch, Konrad H./Sabrow, Martin (Hg.): *Die historische Meistererzählung. Deutungslinien der deutschen Nationalgeschichte nach 1945*, Göttingen 2002.

Jarausch, Konrad H.: *Die Umkehr. Deutsche Wandlungen 1945 – 1995*, Frankfurt a. M. 2004.

Jarausch, Konrad H.: *Die unverhoffte Einheit 1989 – 1990*, Frankfurt a. M. 1995.

Jarausch, Konrad H. (Hg.): *Ende der Zuversicht? Die siebziger Jahre als Geschichte*, Göttingen 2008.

Jarausch, Konrad H.: »Normalisierung oder Re-Nationalisierung? Zur Umdeutung der deutschen Vergangenheit«, in: *GG* 21, 1995, 571 – 584.

Jarausch, Konrad H.: »Realer Sozialismus als Fürsorgediktatur. Zur begrifflichen Einordnung der DDR«, in: *APuZ* B20, 1997, 33 – 45.

Jarausch, Konrad H./Sabrow, Martin (Hg.): *Verletztes Gedächtnis. Erinnerungskultur und Zeitgeschichte im Konflikt*, Frankfurt a. M./New York 2002.

Jarausch, Konrad H./Sabrow, Martin (Hg.): *Weg in den Untergang. Der innere Zerfall der DDR*, Göttingen 1999.

Jarausch, Konrad H./Geyer, Michael: *Zerbrochener Spiegel. Deutsche Geschichten im 20. Jahrhundert*, München 2005.

Jaspers, Karl: *Die Atombombe und die Zukunft des Menschen. Politisches Bewußtsein in unserer Zeit*, München 1958.

Jaspers, Karl: *Freiheit und Wiedervereinigung. Über Aufgaben deutscher Politik*, München 1960.

Jaspers, Karl: *Wohin treibt die Bundesrepublik? Tatsachen, Gefahren, Chancen*, München 1966.

Jeismann, Michael: *Auf Wiedersehen Gestern. Die deutsche Vergangenheit und die Politik von morgen*, München 2001.

Jelinek, Yeshayahu A. (Hg.): *Zwischen Moral und Realpolitik. Deutsch-israelische Beziehungen 1945 – 1965. Eine Dokumentensammlung*, Gerlingen 1997.

Jesse, Eckhard (Hg.): *Politischer Extremismus in Deutschland und Europa*, München 1993.

Jesse, Eckhard (Hg.): *Die Gestaltung der deutschen Einheit. Geschichte, Politik Gesellschaft*, Bonn/Berlin 1992.

Joas, Hans/Kohli, Martin (Hg.): *Der Zusammenbruch der DDR. Soziologische Analysen*, Frankfurt a. M. 1993.

Joffe, Josef: *Die Hypermacht. Warum die USA die Welt beherrschen*, München 2006.

Johnsen, Hartmut: *Der Startbahn-West-Konflikt. Ein politisches Lehrstück?*, Frankfurt a. M. 1996.

Jonas, Hans: *Das Prinzip Verantwortung. Versuch einer Ethik für die technologische Zivilisation*, Frankfurt a. M. 1984.

Juchler, Ingo: *Die Studentenbewegungen in den Vereinigten Staaten und der Bundesrepublik Deutschland der sechziger Jahre. Eine Untersuchung hinsichtlich ihrer Beeinflussung durch Befreiungsbewegungen und -theorien aus der Dritten Welt*, München 1996.

Judt, Matthias (Hg.): *DDR-Geschichte in Dokumenten*, Bonn 1998.

Judt, Tony: *Postwar. A History of Europe since 1945*, Princeton 2005 (dt. Übersetzung: *Geschichte Europas von 1945 bis zur Gegenwart*, Frankfurt a. M. 2007).

Jugendliche und Erwachsene '85. Generationen im Vergleich. Studie im Auftrag des Jugendwerks der Deutschen Shell (»Shell-Studie«), *Jugend der fünfziger Jahre – heute*, 3 Bde., Opladen 1985.

Jungk, Robert: *Der Atom-Staat. Vom Fortschritt in die Unmenschlichkeit*, München 1977.

Junker, Detlef, u. a. (Hg.): *Die USA und Deutschland im Zeitalter des Kalten Krieges 1945 – 1968 und 1968 – 1990. Ein Handbuch*, 2 Bde., Stuttgart 2001.

Jureit, Ulrike/Wildt, Michael (Hg.): *Generationen. Zur Relevanz eines wissenschaftlichen Grundbegriffs*, Hamburg 2005.

Kaase, Max/Schmid, Günther (Hg.): *Eine lernende Demokratie. 50 Jahre Bundesrepublik Deutschland*, Berlin 1999.

Kaase, Max, u. a.: *Politisches System. Bericht der Kommission für die Erforschung des sozialen und politischen Wandels in den neuen Bundesländern e. V. (KSPW)*, Bericht 3, Opladen 1996.

Kaelble, Hartmut: *Auf dem Weg zu einer europäischen Gesellschaft. Eine Sozialgeschichte Westeuropas 1880 – 1980*, München 1987.

Kaelble, Hartmut (Hg.): *Der Boom 1948 – 1973. Gesellschaftliche und wirtschaftliche Folgen in der Bundesrepublik Deutschland und Europa*, Wiesbaden 1992.

Kaelble, Hartmut: *Sozialgeschichte Europas. 1945 bis zur Gegenwart*, München 2007.

Kaelble, Hartmut, u. a. (Hg.): *Sozialgeschichte der DDR*, Stuttgart 1994.

Kaelble, Hartmut: *Wege zur Demokratie. Von der Französischen Revolution zur Europäischen Union*, Stuttgart 2001.

Kaiser, Karl: *Deutschlands Vereinigung, Die internationalen Aspekte. Mit den wichtigsten Dokumenten* (bearb. von Becher, Klaus), Bergisch Gladbach 1991.

Kalina, Thorsten/Weinkopf, Claudia: *Weitere Zunahme der Niedriglohnbeschäftigung, IAQ-Report*, Universität Duisburg-Essen 2008-1.

Kaminsky, Anette (Hg.): *Heimkehr 1948. Geschichte und Schicksale deutscher Kriegsgefangener*, München 1998.

Kampen, Wilhelm v.: *Holocaust. Materialien zu einer amerikanischen Fernsehserie über die Judenverfolgung im »Dritten Reich«*, Düsseldorf 1981.

Karasek, Hellmuth: *»Go West!« Eine Biographie der fünfziger Jahre*, Hamburg 1996.

Karzewski, Johannes v.: »Weltwirtschaft ist unser Schicksal«. Helmut Schmidt und die Schaffung der Weltwirtschaftsgipfel, Bonn 2008.

Kästner, Erich: Notabene 45. Ein Tagebuch. Gesammelte Schriften für Erwachsene, Bd. 6, München/Zürich o. J.

Katzenstein, Peter: Policy and Politics in West Germany. The Growth of a Semisovereign State, Philadelphia 1987.

Kaufmann, Franz-Xaver: »Der Sozialstaat als Prozess. Für eine Sozialpolitik zweiter Ordnung«, in: Ruland, Franz, u. a. (Hg.): Verfassung, Theorie und Praxis des Sozialstaates (Festschrift für Hans F. Zacher zum 70. Geburtstag), Heidelberg 1998, 307 – 322.

Kaufmann, Franz-Xaver: Schrumpfende Gesellschaft. Vom Bevölkerungsrückgang und seinen Folgen, Frankfurt a. M. 2005.

Kaufmann, Franz-Xaver: Sicherheit als soziologisches und sozialpolitisches Problem. Untersuchungen zu einer Wertidee hochdifferenzierter Gesellschaften, Stuttgart ²1973.

Kaufmann, Franz-Xaver: »Sicherheit. Das Leitbild beherrschbarer Komplexität«, in: Lessenich, Stephan (Hg.): Wohlfahrtsstaatliche Grundbegriffe. Historische und aktuelle Diskurse, Frankfurt a. M./New York 2003, 73 – 104.

Kaufmann, Franz-Xaver: Sozialpolitik und Sozialstaat. Soziologische Analysen, Wiesbaden 2005.

Kemmler, Marc: Die Entstehung der Treuhandanstalt. Von der Wahrung zur Privatisierung des DDR-Privateigentums, Frankfurt a. M./New York 1994.

Kersting, Franz-Werner: »Helmut Schelskys ›Skeptische Generation‹ von 1957. Zur Publikations- und Wirkungsgeschichte eines Standardwerkes«, in: VfZ 50, 2002, 465 – 495.

Kielmansegg, Peter Graf: Nach der Katastrophe. Eine Geschichte des geteilten Deutschland, Berlin 2000.

Kiep, Walther Leisler: Good-bye Amerika – was dann? Der deutsche Standpunkt im Wandel der Weltpolitik, Stuttgart 1972.

Kiesinger, Kurt Georg: Dunkle und helle Jahre. Erinnerungen 1904 – 1958, Stuttgart 1989.

Kimmel, Michael: Studentenbewegungen der 60er Jahre. Frankreich, BRD und USA im Vergleich, Wien 1998.

Kirchhof, Paul (Hg.): Einkommensteuergesetzbuch. Ein Vorschlag zur Reform der Einkommens- und Körperschaftssteuer, Heidelberg 2005.

Kirk, Beate: Der Contergan-Fall: Eine unvermeidbare Arzneimittelkatastrophe? Zur Geschichte des Arzneistoffes Thalidomid, Stuttgart 1999.

Kirsch, Jan-Holger: Nationaler Mythos oder historische Trauer? Der Streit um ein zentrales »Holocaust-Mahnmal« für die Berliner Republik, Köln 2003.

Kirsch, Jan-Holger: »Wir haben aus der Geschichte gelernt.« Der 8. Mai als politischer Gedenktag in Deutschland, Köln u. a. 1999.

Kistler, Helmut (Hg.): Die Bundesrepublik Deutschland. Vorgeschichte und Geschichte 1945 bis 1983, Bonn 1990.

Kittel, Manfred: Die Legende von der »Zweiten Schuld«. Vergangenheitsbewältigung in der Ära Adenauer, Berlin 1993.

Kittel, Manfred: Nach Nürnberg und Tokio. Vergangenheitsbewältigung in Japan und Westdeutschland 1945 – 1968, München 2004.

Kittel, Manfred: Vertreibung der Vertreibung? Der historische deutsche Osten in der Erinnerungskultur der Bundesrepublik 1961 – 1982, München 2007.

Klages, Helmut/Kmieciak, Peter (Hg.): Wertewandel und gesellschaftlicher Wandel, Frankfurt a. M./New York ³1984.

Klein, Gabriele/Friedrich, Malte: *Is this real? Die Kultur des Hip Hop*, Frankfurt a.M. 2003.

Klein, Markus/Falter, Jürgen W.: *Der lange Weg der Grünen. Eine Partei zwischen Protest und Regierung*, München 2003.

Klein, Markus/Arzheimer, Kai: »Die Grünen und ihre Wähler nach eineinhalb Jahrzehnten«, in: *KZfSS* 49, 1997, 650 – 673.

Kleinert, Hubert: *Vom Protest zur Regierungspartei. Die Geschichte der Grünen*, Frankfurt a.M. 1992.

Klenke, Dietmar: *Bundesdeutsche Verkehrspolitik und Motorisierung. Konfliktträchtige Weichenstellungen in den Jahren des Wiederaufstiegs*, Stuttgart 1993.

Kleßmann, Christoph: »Das Haus wurde gebaut aus den Steinen, die vorhanden waren« – Zur kulturgeschichtlichen Kontinuitätsdiskussion nach 1945«, in: *Tel Aviver Jahrbuch für Deutsche Geschichte* 19, Göttingen 1990, 159 – 177.

Kleßmann, Christoph, u. a. (Hg.): *Deutsche Vergangenheiten – eine gemeinsame Herausforderung. Der schwierige Umgang mit der doppelten Nachkriegsgeschichte*, Berlin 1999.

Kleßmann, Christoph: *Die doppelte Staatsgründung. Deutsche Geschichte 1945 – 1955*, Bonn ⁵1991.

Kleßmann, Christoph: »Ein stolzes Schiff und krächzende Möwen. Die Geschichte der Bundesrepublik und ihre Kritiker«, in: *GG* 11, 1985, 476 – 494.

Kleßmann, Christoph: »Verflechtung und Abgrenzung. Aspekte der geteilten und zusammengehörigen deutschen Nachkriegsgeschichte«, in: *APuZ* B29/30, 1993, 30 – 41.

Kleßmann, Christoph: *Zwei Staaten, eine Nation. Deutsche Geschichte 1955 – 1970*, Bonn ²1997.

Klingenstein, Grete: »Über Herkunft und Verwendung des Wortes ›Vergangenheitsbewältigung‹«, in: *Geschichte und Gegenwart* 7, 1988, 301 – 312.

Klodt, Henning: *Die neue Ökonomie: Erscheinungsformen, Ursachen und Auswirkungen*, Berlin 2003.

Klotz, Heinrich: *Kunst im 20. Jahrhundert. Moderne – Postmoderne – Zweite Moderne*, München 1999.

Klotzbach, Kurt: *Der Weg zur Staatspartei. Programmatik, praktische Politik und Organisation der deutschen Sozialdemokratie 1945 – 1965*, Berlin/Bonn 1982.

Klotzbach, Kurt/Dowe, Dieter (Hg.): *Kämpfe, Krisen, Kompromisse. Kritische Beiträge zum 125jährigen Jubiläum der SPD*, Berlin 1998.

Kluge, Ulrich: *Vierzig Jahre Agrarpolitik in der Bundesrepublik Deutschland*, 2 Bde., Münster-Hiltrup 1989.

Knabe, Hubertus: *Die unterwanderte Republik. Stasi im Westen*, Berlin 1999.

Knipping, Franz/Schönwald, Matthias (Hg.): *Aufbruch zum Europa der zweiten Generation. Die europäische Einigung 1969–1984*, Trier 2004.

Knipping, Franz: *Rom, 25. März 1957. Die Einigung Europas*, München 2004.

Knoch, Habbo: *Die Tat als Bild. Fotografien des Holocaust in der deutschen Erinnerungskultur*, Hamburg 2001.

Knoll, Thomas: *Das Bonner Bundeskanzleramt. Organisation und Funktionen von 1949 – 1999*, Wiesbaden 2004.

Knorr, Heribert: *Der parlamentarische Entscheidungsprozeß während der Großen Koalition 1966 bis 1969. Struktur und Einfluß der Koalitionsfraktionen und ihr Verhältnis zur Regierung der Großen Koalition*, Meisenheim 1975.

Koch, Diether: *Heinemann und die Deutschlandfrage*, München 1972.

Kocka, Jürgen/Offe, Claus (Hg.): *Geschichte und Zukunft der Arbeit*, Frankfurt a.M. 2000.

Kocka, Jürgen: *1945. »Neubeginn oder Restauration?«*, in: Stern, Carola/Winkler, Heinrich August (Hg.): *Wendepunkte deutscher Geschichte. 1848 – 1900*, Berlin 1994, 159 – 192.

Kocka, Jürgen, u. a. (Hg.): *Von der Arbeiterbewegung zum modernen Sozialstaat* (Festschrift für Gerhard A. Ritter zum 65. Geburtstag), München 1994.

Koenen, Gerd: *Das rote Jahrzehnt. Unsere kleine deutsche Kulturrevolution 1967–1977*, Köln 2001.

Koenen, Gerd: *Vesper, Ensslin, Baader. Urszenen des deutschen Terrorismus*, Köln 2003.

Koerfer, Daniel: *Kampf ums Kanzleramt. Erhard und Adenauer*, Stuttgart 1987.

Koerfer, Daniel: »Schwierige Geburten. Die Regierungsbildungen 1961, 1962, 1963 und 1965«, in: Mischnick, Wolfgang (Hg.): *Verantwortung für die Freiheit. 40 Jahre FDP*, Stuttgart 1989, 156–192.

Kogon, Eugen: *Die restaurative Republik. Zur Geschichte der Bundesrepublik Deutschland*, Weinheim 1996.

Kohl, Helmut: *Erinnerungen*, 3 Bde., München 2004–2007.

Kohl, Helmut: *Ich wollte Deutschlands Einheit*, bearb. v. K. Diekmann u. a., Berlin 1996.

Kohl, Heribert: *Freizeitpolitik*, Frankfurt a. M./Köln 1976.

Köhler, Henning: *Adenauer. Eine politische Biographie*, Berlin 1994.

Köhler, Henning: *Adenauer und die rheinische Republik. Der erste Anlauf 1918–1924*, Opladen 1986.

Köhler, Lotte (Hg.): *Hannah Arendt/Heinrich Blücher. Briefe 1936–1968*, München/Zürich 1996.

Köhler, Lotte/Saner, Hans (Hg.), *Hannah Arendt/Karl Jaspers. Briefwechsel 1926–1969*, München/Zürich 1985.

Kohli, Martin/Szydlik, Marc (Hg.): *Generationen in Familie und Gesellschaft*, Opladen 2000.

König, Rene: *Handbuch der empirischen Sozialforschung*, Bd. 2, Stuttgart ²1977.

König, Wolfgang: *Geschichte der Konsumgesellschaft*, Stuttgart 2000.

Korte, Herrmann: *Eine Gesellschaft im Aufbruch. Die Bundesrepublik in den sechziger Jahren*, Frankfurt a. M. 1987.

Korte, Karl-Rudolf: *Der Standort der Deutschen. Akzentverlagerungen der deutschen Frage in der Bundesrepublik Deutschland seit den siebziger Jahren*, Köln 1990.

Korte, Karl-Rudolf: *Deutschlandpolitik in Helmut Kohls Kanzlerschaft. Regierungsstil und Entscheidungen 1982–1989* (Geschichte der deutschen Einheit, Bd. 1), Stuttgart 1991.

Korte, Karl-Rudolf/Weidenfeld, Werner (Hg.): *Deutschland-Trendbuch. Fakten und Orientierungen*, Opladen 2001.

Korte, Karl-Rudolf: *Die Chance genutzt? Die Politik zur Einheit Deutschlands*, Frankfurt a. M./New York 1994.

Koselleck, Reinhart: *Vergangene Zukunft. Zur Semantik geschichtlicher Zeiten*, Frankfurt a. M. 1989.

Kossert, Andreas: *Kalte Heimat. Die Geschichte der deutschen Vertriebenen nach 1945*, München 2008.

Kötter, Matthias: *Pfade des Sicherheitsrechts. Begriffe von Sicherheit und Autonomie im Spiegel der sicherheitsrechtlichen Debatten der Bundesrepublik Deutschland*, Baden-Baden 2008.

Kowalczuk, Ilko-Sascha: *17. Juni 1953 – Volksaufstand in der DDR. Ursachen – Abläufe – Folgen*, Bremen 2003.

Kowalczuk, Ilko-Sascha: *Endspiel. Die Revolution von 1989 in der DDR*, München 2009.

Kramer, Heinz: *Europäische Gemeinschaft und die Türkei. Entwicklung, Probleme und Perspektiven einer schwierigen Partnerschaft*, Baden-Baden 1988.

Kraushaar, Wolfgang: *Achtundsechzig. Eine Bilanz*, Berlin 2008.

Kraushaar, Wolfgang: *1968 als Mythos, Chiffre und Zäsur*, Hamburg 2000.

Kraushaar, Wolfgang: *1968. Das Jahr, das alles verändert hat*, München 1998.

Kraushaar, Wolfgang: »Denkmodelle der 68er-Bewegung«, in: *APuZ* B22/23, 200, 14 – 27.

Kraushaar, Wolfgang: *Die Protest-Chronik 1949-1959. Eine illustrierte Geschichte von Bewegung, Widerstand und Utopie,* 4 Bde., Weinheim 1996.

Kraushaar, Wolfgang (Hg.): *Frankfurter Schule und Studentenbewegung. Von der Flaschenpost zum Molotowcocktail 1946 – 1995* (Bd. 1: Chronik, Bd. 2: Dokumente, Bd. 3: Aufsätze und Kommentare), Frankfurt a. M. ²1998.

Kreckel, Reinhard (Hg.): *Soziale Ungleichheiten* (Soziale Welt: Sonderband 2), Göttingen 1983.

Krenz, Egon: *Wenn Mauern fallen. Die friedliche Revolution. Vorgeschichte – Ablauf – Auswirkungen,* Wien 1990.

Kreuz, Leo: *Das Kuratorium Unteilbares Deutschland. Aufbau, Programmatik, Wirkung,* Opladen 1980.

Kreuzer, Helmut (Hg.): *Pluralismus und Postmodernismus. Literatur- und Kulturgeschichte der achtziger und frühen neunziger Jahre in Deutschland,* Berlin u. a. ³1994.

Krieger, Wolfgang (Hg.): *Adenauer und die Wiederbewaffnung,* Bonn 2000.

Krieger, Wolfgang: *General Lucius D. Clay und die amerikanische Deutschlandpolitik 1945 – 1949,* Stuttgart 1987.

Krieger, Wolfgang: *Franz Josef Strauß. Der barocke Demokrat aus Bayern,* Göttingen/Zürich 1995.

Kroegel, Dirk: *Einen Anfang finden! Kurt Georg Kiesinger in der Außen- und Deutschlandpolitik der Großen Koalition,* München 1997.

Krohn, Claus-Dieter/Schildt, Axel (Hg.): *Zwischen den Stühlen. Remigranten und Remigration in der deutschen Medienöffentlichkeit der Nachkriegszeit,* Hamburg 2002.

Kubisch, Ulrich: *Motor-Roller-Mobil. Vom zivilisierten Zweirad zum Fast-Automobil. Eine Geschichte der Massenmotorisierung,* Berlin 1985.

Küchenmeister, Daniel/Stephan, Gerd-Rüdiger (Hg.): *Honecker – Gorbatschow. Vieraugengespräche,* Berlin 1993.

Kühne, Thomas (Hg.): *Von der Kriegskultur zur Friedenskultur? Zum Mentalitätswandel in Deutschland seit 1945,* Münster 2000.

Kuller, Christiane: *Familienpolitik im föderativen Sozialstaat. Die Formierung eines Politikfeldes in der Bundesrepublik 1949–1975,* München 2004.

Kunert, Günter: *Der Sturz vom Sockel. Feststellungen und Widersprüche, Betrachtungen und Polemiken,* München 1992.

Küsters, Hanns-Jürgen: »Adenauers Europapolitik in der Gründungsphase der Europäischen Wirtschaftsgemeinschaft«, in: *VfZ* 31, 1983, 646 – 673.

Küsters, Hanns-Jürgen: *Der Integrationsfriede. Viermächte-Verhandlungen über die Friedensregelung mit Deutschland 1945 – 1990,* München 2000.

Küsters, Hanns-Jürgen: »Konrad Adenauer und Willy Brandt in der Berlin-Krise 1958 – 1963«, in: *VfZ* 40, 1992, 483 – 542.

Laak, Dirk van: *Gespräche in der Sicherheit des Schweigens. Carl Schmitt in der politischen Geistesgeschichte der frühen Bundesrepublik,* Berlin ²2002.

Laak, Dirk van: *Imperiale Infrastruktur. Deutsche Planungen für eine Erschließung Afrikas 1880 – 1960,* Paderborn 2004.

Laak, Dirk van: *Über alles in der Welt. Deutscher Imperialismus im 19. und 20. Jahrhundert,* München 2005.

Laitenberger, Volkhard: *Ludwig Erhard. Der Nationalökonom als Politiker,* Göttingen/Zürich 1986.

Lampert, Heinz: »Die Soziale Marktwirtschaft in der Bundesrepublik Deutschland. Ursprung, Konzeption, Entwicklung und Probleme«, in: *APuZ* B17, 1988, 3 – 14.

Langbein, Hermann: *Der Auschwitz-Prozeß. Eine Dokumentation*, 2 Bde., Wien 1965. (Neuaufl. Frankfurt a. M. 1995).

Langer, Albrecht (Hg.): *Katholizismus im politischen System der Bundesrepublik 1949 – 1963*, Paderborn 1978.

Langewiesche, Dieter: *Republik und Republikaner. Von der historischen Entwertung eines politischen Begriffs*, Essen 1993.

Langguth, Gerd: *Angela Merkel*, München 2005.

Langguth, Gerd: *Suche nach Sicherheiten. Ein Psychogramm der Deutschen*, Stuttgart 1995.

Lappenküper, Ulrich: *Die deutsch-französischen Beziehungen 1949 – 1963. Von der »Erbfeindschaft« zur »Entente elementaire«*, 2 Bde., München 2001.

Lappenküper, Ulrich: »›Ich bin wirklich ein guter Europäer‹. Ludwig Erhards Europapolitik 1949 – 1966«, in: *Francia* 18, 1991, 85 – 121.

Lappenküper, Ulrich: »Der Schuman-Plan. Mühsamer Durchbruch zur deutsch-französischen Verständigung«, in: *VfZ* 42, 1994, 403 – 445.

Large, David Clay: *Berlin. Biographie einer Stadt*, München 2002.

Lauschke, Karl: *Die halbe Macht. Mitbestimmung in der Eisen- und Stahlindustrie 1945–1989*, Essen 2007.

Lauschke, Karl: *Hans Böckler* (Bd. 2: *Gewerkschaftlicher Neubeginn 1945–1951*), Essen 2005.

Layritz, Stefan: *Der NATO-Doppelbeschluß. Westliche Sicherheitspolitik im Spannungsfeld von Innen-, Bündnis- und Außenpolitik*, Frankfurt a. M. 1992.

Leber, Georg: *Vom Frieden*, Stuttgart 1979.

Leggewie, Claus (Hg.): *Die Türkei und Europa. Die Positionen*, Frankfurt a. M. 2004.

Lehmann, Ines: *Die deutsche Vereinigung von außen gesehen. Angst, Bedenken und Erwartungen in der ausländischen Presse*, 3 Bde., Frankfurt a. M. 1996 – 2001.

Lehmkuhl, Ursula, u.a. (Hg.): *Deutschland, Großbritannien, Amerika. Politik, Gesellschaft und Internationale Geschichte im 20. Jahrhundert*, Stuttgart 2003.

Leibfried, Stephan/Wagschal, Uwe (Hg): *Der deutsche Sozialstaat. Bilanzen, Reformen, Perspektiven*, Frankfurt a. M./New York 2000.

Leisering, Lutz: »Wohlfahrtsstaatliche Generationen«, in: Kohli, Martin/Szydlik, Marc (Hg.): *Generationen in Familie und Gesellschaft*, Opladen 2000, 59 – 76.

Lemke, Michael: *Die Berlinkrise 1958 bis 1963. Interessen und Handlungsspielräume der SED im Ost-West-Konflikt*, Berlin 1995.

Lepp, Claudia/Nowak, Kurt (Hg.): *Evangelische Kirche im geteilten Deutschland 1945 – 1989/90*, Göttingen 2001.

Lepp, Claudia: *Tabu der Einheit? Ost-West-Gemeinschaft der evangelischen Christen und die deutsche Teilung 1945 – 1969*, Göttingen 2005.

Lepp, Claudia: »Weg des Protestantismus im geteilten und wiedervereinigten Deutschland«, in: *GWU* 51, 2000, 173 – 189.

Lepsius, M. Rainer: *Demokratie in Deutschland. Soziologisch-historische Konstellationsanalysen. Ausgewählte Aufsätze*, Göttingen 1993.

Lepsius, M. Rainer: »Deutschland, ein Staat und zwei Gesellschaften?«, in: *Deutschland auf dem Prüfstand. Vorträge im Sommersemester 1993*, Heidelberg 1994, 19 – 36.

Lessenich, Stephan/Nullmeier, Frank (Hg.): *Deutschland – eine gespaltene Gesellschaft*, Frankfurt a. M./New York 2006.

Lessenich, Stephan (Hg.): *Wohlfahrtsstaatliche Grundbegriffe. Historische und aktuelle Diskurse*, Frankfurt a. M./New York 2003.

Leugers-Scherzberg, August H.: *Die Wandlungen des Herbert Wehner. Von der Volksfront zur Großen Koalition*, Berlin 2002.

Leugers-Scherzberg, August H.: »Herbert Wehner und der Rücktritt Willy Brandts am 7. Mai 1974«, in: *VfZ* 50, 2002, 303 – 322.

Lietsch, Fritz/Michalowski, Bernhard (Hg.): *Die Bananenrepublik. Skandale und Affären in der Bundesrepublik – Eine Chronik*, München 1997.

Lillteicher, Jürgen: *Raub, Recht und Restitution. Die Rückerstattung jüdischen Eigentums in der frühen Bundesrepublik*, Göttingen 2003.

Lind, Christoph: *Die deutsch-französischen Gipfeltreffen in der Ära Kohl–Mitterrand 1982 – 1994. Medienspektakel oder Führungsinstrument?*, Baden-Baden 1998.

Lindemann, Helmut: *Gustav Heinemann. Ein Leben für die Demokratie*, München 1978.

Lindner, Bernd: »»Bau auf, Freie Deutsche Jugend‹ – und was dann? Kriterien für ein Modell der Jugendgenerationen in der DDR«, in: Reulecke, Jürgen (Hg.): *Generationalität und Lebensgeschichten im 20. Jahrhundert*, München 2003, 187 – 215.

Lindner, Stephan: *Den Faden verloren. Die westdeutsche und die französische Textilindustrie auf dem Rückzug (1930/45 – 1990)*, München 2001.

Link, Werner: »Die Außenpolitik und internationale Einordnung der Bundesrepublik Deutschland«, in: Weidenfeld, Werner, u. a. (Hg.): *Deutschland-Handbuch. Eine doppelte Bilanz 1949 – 1989*, Bonn 1989, 571 – 588.

Link, Werner: *Deutsche und amerikanische Gewerkschaften und Geschäftsleute 1945 – 1975. Eine Studie über transnationale Beziehungen*, Düsseldorf 1978.

Link, Werner: »Die Entstehung des Moskauer Vertrages im Lichte neuer Archivalien«, in: *VfZ* 49, 2001, 295 – 315.

Link, Werner: *Die Neuordnung der Weltpolitik. Grundprobleme globaler Politik an der Schwelle zum 21. Jahrhundert*, München 1998.

Link, Werner: *Der Ost-West-Konflikt. Die Organisation der internationalen Beziehungen im 20. Jahrhundert*, Stuttgart u. a. 1980.

Lippert, Ekkehart, u. a. (Hg.): *Sicherheit in der unsicheren Gesellschaft*, Opladen 1997.

Lipschutz, Ronnie (Hg.): *On Security*, New York 1995.

Lobkowicz, Nikolaus: »Einleitungsreferat«, in: Hahn, Wilhelm (Hg.): *Mut zur Erziehung. Beiträge zu einem Forum am 9./10. Januar 1978 im Wissenschaftszentrum Bonn-Bad Godesberg*, Stuttgart 1978, 7 – 15.

Löffler, Bernhard: *Soziale Marktwirtschaft und administrative Praxis. Das Bundeswirtschaftsministerium unter Ludwig Erhard*, Stuttgart 2002.

Löffler, Bernhard (Hg.): *Währungsgeschichte als Kulturgeschichte. Europäische Währungskulturen, Geldwerterfahrungen und Notenbanksysteme im 19. und 20. Jahrhundert*, München 2009 (i. E.).

Lohse, Eckart: *Östliche Lockungen und westliche Zwänge. Paris und die deutsche Teilung 1949 bis 1955*, München 1995.

Longerich, Peter: »*Davon haben wir nichts gewusst!*« *Die Deutschen und die Judenverfolgung 1933 – 1945*, München 2006.

Loth, Wilfried (Hg.): *Die Christen und die Entstehung der Europäischen Gemeinschaft*, Stuttgart u. a. 1994.

Loth, Wilfried (Hg.): *Die deutsche Frage in der Nachkriegszeit*, Berlin 1994.

Loth, Wilfried (Hg.): *Experiencing Europe. 50 Years of European Construction 1957–2007*, Baden-Baden 2009.

Loth, Wilfried: *Helsinki, 1. August 1975. Entspannung und Abrüstung*, München 1998.

Loth, Wilfried: *Stalins ungeliebtes Kind. Warum Moskau die DDR nicht wollte*, München 1994.

Loth, Wilfried/Rusinek, Bernd A. (Hg.): *Verwandlungspolitik. NS-Eliten in der westdeutschen Nachkriegsgesellschaft*, Frankfurt a. M./New York 1998.

Loth, Wilfried: *Der Weg nach Europa. Geschichte der europäischen Integration 1939–1957*, Göttingen 1991.

Löwenthal, Richard: *Der romantische Rückfall*, Stuttgart ²1970.

Löwenthal, Richard/Schwarz, Hans-Peter (Hg.): *Die zweite Republik. 25 Jahre Bundesrepublik Deutschland – Eine Bilanz*, Stuttgart ³1979.

Lübbe, Hermann: »Der Nationalsozialismus im deutschen Nachkriegsbewußtsein«, in: *HZ* 236, 1983, 579–599.

Lübbe, Hermann: »Die schwarze Wand der Zukunft«, in: Fischer, Ernst Peter (Hg.): *Auf der Suche nach der verlorenen Sicherheit*, München 1991, 17–31.

Lübbe, Hermann: *Politik nach der Aufklärung. Philosophische Aufsätze*, München 2001.

Lucke, Albrecht v. d.: *68 oder neues Biedermeier. Kampf um die Deutungsmacht*, Berlin 2008.

Lücke, Paul: »Sicherheit nach innen«, in: *Bulletin des Presse- und Informationsamts der Bundesregierung, 13. 5. 1966*, 495–498.

Lundestad, Geir: »*Empire« by Integration. The United States and European Integration 1945–1997*, New York u. a. 1998.

Lundestad, Geir: *The United States and Western Europe since 1945. From »Empire« by Invitation to Transatlantic Drift*, Oxford 2003.

Lundgreen, Peter: *Sozialgeschichte der deutschen Schule im Überblick. Teil 2: 1918–1980*, Göttingen 1981.

Lutz, Burkart: *Der kurze Traum immerwährender Prosperität. Eine Neuinterpretation der industriell-kapitalistischen Entwicklung in Europa des 20. Jahrhunderts*, Frankfurt a. M./New York 1984.

Lyotard, Jean-François: *Das postmoderne Wissen*, Bremen 1982.

Maase, Kaspar (Hg.): *Prädikat wertlos! Der lange Streit um Schmutz und Schund*, Tübingen 2001.

Maaz, Hans-Joachim: *Der Gefühlsstau. Ein Psychogramm der DDR*, Berlin 1990.

Mahrenholz, Ernst Gottfried: *Die Kirchen in der Gesellschaft der Bundesrepublik*, Hannover 1969.

Maier, Hans: *Die Deutschen und die Freiheit. Perspektiven der Nachkriegszeit*, Stuttgart 1985.

Maier, Hans: »Fortschrittsoptimismus oder Kulturpessimismus? Die Bundesrepublik Deutschland in den 70er und 80er Jahren«, in: *VfZ* 56, 2008, 1–17.

Maier, Charles S.: *Das Verschwinden der DDR und der Untergang des Kommunismus*, Frankfurt a. M. 1999.

Maier, Charles S.: *Die Gegenwart der Vergangenheit. Geschichte und nationale Identität der Deutschen*, Frankfurt a. M./New York 1992.

Maier, Charles S.: »Die konzeptuellen Grundlagen des Marshall-Plans«, in: Haberl, Othmar N./Niethammer, Lutz (Hg.): *Der Marshallplan und die europäische Linke*, Frankfurt a. M. 1986, 47–58.

Maizière, Lothar de: *Die deutsche Einheit – eine kritische Betrachtung*, Fürstenfeldbruck 1994.

Malinowski, Stephan/Sedlmaier, Alexander: »1968« als Katalysator der Konsumgesellschaft. Performative Regelverstöße, Kommerzielle Adaptionen und ihre gegenseitige Durchdringung, in: *GG* 32, 2006, 238 – 267.

Mälzer, Moritz: *Ausstellungsstück Nation. Die Debatte um die Gründung des Deutschen Historischen Museums in Berlin*, Bonn 2005.

Marcowitz, Reiner: *Option für Paris? Unionsparteien, SPD und Charles de Gaulle 1958 bis 1969*, München 1996.

Marcuse, Herbert, u. a. (Hg.): *Kritik der reinen Toleranz*, Frankfurt a. M. 1970.

Maresca, John J.: *To Helsinki. The Conference on Security and Cooperation in Europe 1973 – 1975*, Duke 1985.

Marglin, Stephen A./Schor, Juliet B. (Hg.): *The Golden Age of Capitalism. Reinterpreting the Postwar Experience*, Oxford 1991.

Marquard, Odo/Stierle, Karlheinz (Hg.): *Identität*, München 1979.

Märtesheimer, Peter/Frenzel, Ivo (Hg.): *Im Kreuzfeuer. Der Fernsehfilm »Holocaust« – Eine Nation ist betroffen*, Frankfurt a. M. 1979.

Marx, Stefan: *Franz Meyers 1908 – 2002. Eine politische Biographie*, Essen 2003.

Maser, Werner: *Helmut Kohl. Der deutsche Kanzler*, Berlin u. a. ²1990.

Maull, Hans W.: »›Normalisierung‹ oder Auszehrung? Deutsche Außenpolitik auf dem Prüfstand«, in: *APuZ* B11, 2004, 17 – 23.

Mausbach, Wilfried: *Zwischen Morgenthau und Marshall. Das wirtschaftliche Deutschlandkonzept der USA 1944 – 1947*, Düsseldorf 1996.

Mayer, Hans: *Die umerzogene Literatur. Deutsche Schriftsteller und Bücher 1945 – 1967*, Berlin 1988.

Mazower, Mark: *Der dunkle Kontinent. Europa im 20. Jahrhundert*, Berlin 2000.

Meadows, Dennis L.: *Die Grenzen des Wachstums. Bericht des Club of Rome zur Lage der Menschheit*, Stuttgart 1972.

Meinecke, Friedrich: *Die deutsche Katastrophe. Betrachtungen und Erinnerungen*, Wiesbaden 1946.

Meissner, Boris (Hg.): *Moskau – Bonn. Die Beziehungen zwischen der Sowjetunion und der Bundesrepublik 1955 – 1973*. Dokumentation, 2 Bde., Köln 1975.

Mende, Erich.: *Von Wende zu Wende. 1962 – 1982*, München 1986.

Menzel, Ulrich: *Das Ende der Dritten Welt und das Scheitern der großen Theorien*, Frankfurt a. M. 1991.

Merseburger, Peter: *Der schwierige Deutsche. Kurt Schumacher*, Stuttgart ³1996.

Merseburger, Peter: *Willy Brandt 1913 – 1992. Visionär und Realist*, München ⁴2002.

Mesarovice, Mihailo/Pestel, Eduard: *Menschheit am Wendepunkt? 2. Bericht des Club of Rome zur Weltlage*, Stuttgart 1974.

Messerschmidt, Rolf: *Aufnahme und Integration der Vertriebenen und Flüchtlinge in Hessen 1945 – 1950*, Wiesbaden 1994.

Metz, Karl H.: *Die Geschichte der sozialen Sicherheit*, Stuttgart 2008.

Metzler, Gabriele: »Am Ende aller Krisen? Politisches Denken und Handeln in der Bundesrepublik der sechziger Jahre«, in: *HZ* 275, 2002, 57 – 103.

Metzler, Gabriele: »Breite Straßen, schmale Pfade. Fünf Wege zur Geschichte der Bundesrepublik«, in: *NPL* 46, 2000, 244 – 267.

Metzler, Gabriele: *Der deutsche Sozialstaat. Vom bismarckschen Erfolgsmodell zum Pflegefall*, München 2003.

Metzler, Gabriele: *Konzeptionen politischen Handelns von Adenauer bis Brandt. Politische Planung in der pluralistischen Gesellschaft*, Paderborn 2005.

Metzler, Gabriele (Hg.): *Krise des Regierens in den 70er Jahren. Deutsche und internationale Perspektiven*, Paderborn 2009 (i. E.).

Meulemann, Heiner: »Wertewandel in der Bundesrepublik zwischen 1950 und 1980. Versuch einer zusammenfassenden Deutung vorliegender Zeitreihen«, in: Oberndörfer, Dieter (Hg.): *Wirtschaftlicher Wandel, religiöser Wandel und Wertewandel. Folgen für das politische Verhalten in der Bundesrepublik Deutschland*, Berlin 1985, 391 – 411.

Meuschel, Sigrid: *Legitimation und Parteiherrschaft. Zum Paradox von Stabilität und Revolution in der DDR 1945 – 1989*, Frankfurt a. M. 1992.

Meyer, Christoph: *Die deutschlandpolitische Doppelstrategie. Wilhelm Wolfgang Schütz und das Kuratorium unteilbares Deutschland*, München 1998.

Meyer, Thomas: *Am Ende der Gewalt? Der deutsche Terrorismus. Protokoll eines Jahrzehnts*, Frankfurt a. M. 1980.

Meyer, Thomas: »Die Entwicklung der sozialen Ungleichheiten zwischen Frauen und Männern«, in: Geißler, Rainer (Hg.): *Die Sozialstruktur Deutschlands*, Wiesbaden [4]2006, 301 – 331.

Meyer-Landrut, Nikolaus: *Frankreich und die deutsche Einheit. Die Haltung der französischen Regierung und Öffentlichkeit zu den Stalin-Noten 1952*, München 1988.

Mierzejewski, Alfred C.: *Ludwig Erhard. Der Wegbereiter der sozialen Marktwirtschaft*, München 2006.

Milward, Alan S.: *The European Rescue of the Nation-State*, London [2]2000.

Milward, Alan S.: *The Reconstruction of Western Europe 1945 – 51*, London/Berkeley, CA 1984.

Mintzel, Alf: *Geschichte der CSU. Ein Überblick*, Opladen 1977.

Mintzel, Alf/Oberreuter, Heinrich (Hg.): *Parteien in der Bundesrepublik Deutschland*, Bonn 1990.

Mischnick, Wolfgang: *Verantwortung für die Freiheit. 40 Jahre FDP*, Stuttgart 1989.

Mitscherlich, Alexander: *Auf dem Weg zur vaterlosen Gesellschaft. Ideen zur Sozialpsychologie*, München 1963.

Mitscherlich, Alexander u. Margarete: *Die Unfähigkeit zu trauern. Grundlagen kollektiven Verhaltens*, München 1967.

Mitterrand, François: *Über Deutschland*, Frankfurt a. M. 1996.

Möller, Alex: *Genosse Generaldirektor*, München/Zürich 1978.

Möller, Horst/Wengst, Udo (Hg.): *50 Jahre Institut für Zeitgeschichte. Eine Bilanz*, München 1999.

Möller, Horst/Hildebrand, Klaus (Hg.): *Die Bundesrepublik Deutschland und Frankreich. Dokumente 1949 – 1963*, 4 Bde., München 1996-1999.

Monnet, Jean: *Erinnerungen eines Europäers*, München/Wien 1978.

Mooser, Josef: *Arbeiterleben in Deutschland 1900 – 1970. Klassenlagen, Kultur und Politik*, Frankfurt a. M. 1984.

Moosmann, Elisabeth (Hg.): *Heimat. Sehnsucht nach Identität*, Berlin 1980.

Moses, Dirk: »The Forty-Fivers: A Generation Between Fascism and Democracy«, in: *German Politics and Society* 17 (1999), 105 – 127.

Moses, Dirk: *German Intellectuals and the Nazi Past*, Cambridge 2007.

Morsey, Rudolf/Repgen, Konrad (Hg.): *Adenauer-Studien*, 3 Bde., Mainz 1971 – 1974.

Morsey, Rudolf: *Die Bundesrepublik Deutschland. Entstehung und Entwicklung bis 1969*, München [4]2000.

Morsey, Rudolf: *Heinrich Lübke. Eine politische Biographie*, Paderborn 1996.

Morsey, Rudolf: »Die Rhöndorfer Weichenstellung am 21. August 1949. Neue Quellen zur Vorgeschichte der Koalitions- und Regierungsbildung nach der Wahl zum ersten Deutschen Bundestag«, in: *VfZ* 28, 1980, 508 – 542.

Morsey, Rudolf: »Die Vorgeschichte der Großen Koalition von 1966«, in: Kocka, Jürgen, u. a. (Hg.): *Von der Arbeiterbewegung zum modernen Sozialstaat* (Festschrift für Gerhard A. Ritter zum 65. Geburtstag), München 1994, 462 – 478.

Moses, Dirk: *German Intellectuals and the Nazi Past*, New York 2007.

Mosler, Peter (Hg.): *Was wir wollten was wir wurden. Zeugnisse der Studentenrevolte*, Reinbek 1988.

Müller, Claus M.: *Relaunching German Diplomacy. The »Auswärtiges Amt« in the 1950s*, Münster 1996.

Müller, Georg: *Die Grundlegung der westdeutschen Wirtschaftsordnung im Frankfurter Wirtschaftsrat 1947 – 1949*, Frankfurt a. M. 1982.

Müller, Guido (Hg.): *Deutschland und der Westen* (Festschrift für Klaus Schwabe zum 65. Geburtstag), Stuttgart 1998.

Müller, Jan-Werner: *Another Country. German Intellectuals, Unification, and National Identity*, New Haven 2000.

Müller, Josef: *Die Gesamtdeutsche Volkspartei. Entstehung und Politik unter dem Primat nationaler Wiedervereinigung 1950 – 1957*, Düsseldorf 1990.

Müller, Winfried: »Die Gründung der Ständigen Konferenz der Kultusminister der Bundesrepublik Deutschland«, in: *HJb* 114, 1994, 76 – 106.

Müller-Brandeck-Bocquet, Gisela, u. a. (Hg.): *Deutsche Europapolitik von Konrad Adenauer bis Gerhard Schröder*, Opladen 2002.

Münch, Ingo v. (Hg.): *Dokumente des geteilten Deutschland*, 2 Bde., Stuttgart 1976.

Münch, Ingo v. (Hg.): *Dokumente der Wiedervereinigung Deutschlands. Quellentexte zum Prozeß der Wiedervereinigung*, Stuttgart 1991.

Münkel, Daniela: *Willy Brandt und die »Vierte Gewalt«. Politik und Massenmedien in den 50er bis 70er Jahren*, Frankfurt a. M. 2005.

Münkler, Herfried: *Die neuen Kriege*, Reinbek 2002.

Naimark, Norman M.: *Die Russen in Deutschland. Die sowjetische Besatzungszone 1945 bis 1949*, Berlin 1997.

Nathusius, Ingo: *Am rechten Rand der Union. Der Weg der Deutschen Partei bis 1953*, Mainz 1992.

Nationalgalerie Berlin, Staatliche Museen Preußischer Kulturbesitz (Hg.): *Kunst in der Bundesrepublik Deutschland*, Berlin 1985.

NATO-Informationsabteilung (Hg.): *NATO-Handbuch*. Brüssel 1995.

Naumann, Klaus: »Die Historisierung der Bonner Republik. Zeitgeschichtsschreibung in zeitdiagnostischer Absicht«, in: *Mittelweg* 36/3, 2000, 53 – 67.

Naumann, Klaus: »Integration und Eigensinn. Die Sicherheitseliten der frühen Bundesrepublik zwischen Kriegs- und Friedenskultur«, in: Kühne, Thomas (Hg.): *Von der Kriegskultur zur Friedenskultur? Zum Mentalitätenwandel in Deutschland seit 1945*, Hamburg 2000, 202 – 218.

Naumann, Klaus (Hg.): *Nachkrieg in Deutschland*, Hamburg 2001.

Nave-Herz, Rosemarie (Hg.): *Wandel und Kontinuität der Familie in der Bundesrepublik Deutschland*, Stuttgart 1988.

Negt, Oskar: *Achtundsechzig. Politische Intellektuelle und die Macht*, Göttingen 2001.

Nehring, Holger: »The British and West German Protests against Nuclear Weapons and the Cultures of the Cold War, 1957–64«, in: *Contemporary British History* 19, 2005.

Neubert, Ehrhart: *Geschichte der Opposition in der DDR 1949–1989*, Bonn 1997.

Neubert, Ehrhart: »Megalopolis DDR und die Religion. Konsequenzen aus der Urbanisierung«, in: *Kirche im Sozialismus* 4, 1986, 155–167.

Neubert, Ehrhart: »Die Rolle des MfS bei der Durchsetzung der Kirchenpolitik der SED und die Durchdringung der Kirchen mit geheimdienstlichen Mitteln«, in: Deutscher Bundestag (Hg.): *Materialien der Enquete-Kommission »Aufarbeitung von Geschichte und Folgen der SED-Diktatur in Deutschland«*, Bd. 6, Baden-Baden 1995, 1026–1047.

Neubert, Ehrhart: *Unsere Revolution. Die Geschichte der Jahre 1989/90*, München 2008.

Neugebauer, Gero: »Die Unterschicht und die Parteien«, in: *APuZ* 33/34, 2008, 31–38.

Neumann, Franz: *Der Block der Heimatvertriebenen und Entrechteten 1950–1960*, Meisenheim 1968.

Niclauß, Karlheinz: *Das Parteiensystem der Bundesrepublik Deutschland. Eine Einführung*, Paderborn 1995.

Niclauß, Karlheinz: *Der Weg zum Grundgesetz. Demokratiegründung in Westdeutschland 1945–1949*, Paderborn 1998.

Niclauß, Karlheinz: »Kiesinger und Merkel in der Großen Koalition«, in: *APuZ* 16, 2008, 3–10.

Niedhart, Gottfried: »Revisionistische Elemente und die Initiierung friedlichen Wandels in der neuen Ostpolitik 1967–1974«, in: *GG* 28, 2002, 233–266.

Niedhart, Gottfried/Reiner, Albert: »Neue Ostpolitik und das Bild der Sowjetunion von 1968 bis 1975«, in: *APuZ* B14, 1994, 27–35.

Niedenhoff, Horst Udo: *Mitbestimmung in der Bundesrepublik Deutschland*, Köln 1979.

Niehuss, Merith: »Die Familie in der Bundesrepublik Deutschland im Spiegel der Demographie 1945–1960«, in: *AfS* 35, 1995, 211–226.

Niehuss, Merith: *Familie, Frau und Gesellschaft. Studien zur Strukturgeschichte der Familie in Westdeutschland 1945–1960*, Göttingen 2001.

Niehuss, Merith: French and German Family Policy 1945–1960, in: *Contemporary European History* 4, 1995, 293–313.

Niethammer, Lutz: *Angepaßter Faschismus. Politische Praxis der NPD*, Frankfurt a. M. 1969.

Niethammer, Lutz: *Die Mitläuferfabrik. Die Entnazifizierung am Beispiel Bayerns*, Bonn ²1982.

Niethammer, Lutz (Hg.): *Lebensgeschichten und Sozialkultur im Ruhrgebiet 1930–1960*, 3 Bde., Berlin 1983.

Noack, Hans-Joachim: *Helmut Schmidt. Die Biographie*, Berlin 2008.

Noelle-Neumann, Elisabeth: *Demoskopische Geschichtsstunde. Vom Wartesaal der Geschichte zur Deutschen Einheit*, Zürich 1991.

Noelle-Neumann, Elisabeth/Köcher, Renate: *Die verletzte Nation. Über den Versuch der Deutschen, ihren Charakter zu ändern*, Stuttgart 1987.

Noelle-Neumann, Elisabeth/Piel, Edgar (Hg.): *Eine Generation später. Bundesrepublik Deutschland 1953–1979*, München u. a. 1983.

Noelle-Neumann, Elisabeth/Neumann, Erich Peter (Hg.): *Jahrbuch der öffentlichen Meinung/ Institut für Demoskopie, Allensbach* (1947/55–1968/73), Bd. 1–5, 1956–1974/Fortsetzung (ab Bd. 6) *Allensbacher Jahrbuch der Demoskopie*, Allensbach 1974ff.

Noll, Heinz Herbert/Glatzer, Wolfgang (Hg.): *Lebensverhältnisse in Deutschland. Ungleichheit und Angleichung*, Frankfurt a. M. 1992.

Nolte, Ernst: *Deutschland und der Kalte Krieg*, München/Zürich 1974.

Nolte, Paul: *Generation Reform. Jenseits der blockierten Republik*, München 2004.

Nolte, Paul: *Die Ordnung der deutschen Gesellschaft. Selbstentwurf und Selbstbeschreibung im 20. Jahrhundert*, München 2000.

Nolte, Paul: *Riskante Moderne. Die Deutschen und der Neue Kapitalismus*, München 2006.

Nonn, Christoph: *Die Ruhrbergbaukrise. Entindustrialisierung und Politik 1958–1969*, Göttingen 2001.

Nützenadel, Alexander: *Stunde der Ökonomen. Wissenschaft, Politik und Expertenkultur in der Bundesrepublik 1949–1974*, Göttingen 2005.

Oberndörfer, Dieter (Hg.): *Begegnungen mit Kurt Georg Kiesinger*, Stuttgart 1984.

Oberreuter, Heinrich S./Weber, Jürgen (Hg.): *Freundliche Feinde? Die Alliierten und die Demokratiebegründung in Deutschland*, München 1996.

Oertzen, Christine v.: *Teilzeitarbeit und die Lust am Zuverdienen. Geschlechterpolitik und gesellschaftlicher Wandel in Westdeutschland 1948–1969*, Göttingen 1999.

Oetzel, Gunther: *Die geplante Zukunft. Die bundesdeutsche Schnellbrüterentwicklung in den 1960er Jahren*, Frankfurt a. M. 1999.

Oppelland, Torsten: *Gerhard Schröder. 1910–1989. Politik zwischen Staat, Partei und Konfession*, Düsseldorf 2002.

Osterhammel, Jürgen/Petersson, Niels P.: *Geschichte der Globalisierung. Dimensionen, Prozesse, Epochen*, München 2003.

Osterheld, Horst: *Außenpolitik unter Bundeskanzler Ludwig Erhard, 1963–1966. Ein dokumentarischer Bericht aus dem Kanzleramt*, Düsseldorf 1992.

Osterwold, Tilman: *Pop-Art*, Köln 1999.

Ott, Ulrich/Pfäfflin, Friedrich (Hg.): *Protest! Literatur um 1968.* Eine Ausstellung d. Deutschen Literaturarchivs in Verbindung m. d. Germanistischen Seminar der Universität Heidelberg u. d. Deutschen Rundfunk Archiv im Schiller-Nationalmuseum Marbach am Neckar, Marbach 1998.

Otto, Karl A.: *Vom Ostermarsch zur APO. Geschichte der außerparlamentarischen Opposition in der Bundesrepublik 1960–1970*, Frankfurt a. M./New York 1977.

Otto, Karl A.: *Die außerparlamentarische Opposition in Quellen und Dokumenten 1960–1970*, Köln 1989.

Paffrath, Constanze: *Macht und Eigentum. Die Enteignungen 1945–1949 im Prozess der deutschen Wiedervereinigung*, Köln 2004.

Pagel, Wilhelm: *Der »Juliusturm«. Eine politologische Fallstudie zum Verhältnis von Ökonomie, Politik und Recht in der Bundesrepublik*, Hamburg 1979.

Paugam, Serge: *Die elementaren Formen der Armut*, Hamburg 2008.

Paulmann, Johannes (Hg.): *Auswärtige Repräsentationen. Deutsche Kulturdiplomatie nach 1945*, Köln u. a. 2005.

Paulmann, Johannes: *Die Haltung der Zurückhaltung. Auswärtige Selbstdarstellung nach 1945 und die Suche nach einem erneuerten Selbstverständnis in der Bundesrepublik*, Bremen 2006.

Pestel, Eduard: *Jenseits der Grenzen des Wachstums. Bericht an den Club of Rome*, Stuttgart 1988.

Peters, Butz: *Tödlicher Irrtum. Die Geschichte der RAF*, Berlin 2004.

Pfahl-Traughber, Armin: *Rechtsextremismus in der Bundesrepublik*, München 1999.

Pflüger, Friedbert: *Richard von Weizsäcker. Ein Porträt aus der Nähe*, Stuttgart 1990.

Picht, Georg: *Die deutsche Bildungskatastrophe. Analyse und Dokumentation*, Olten u. a. 1964.

Picht, Robert (Hg.): *Das Bündnis im Bündnis. Deutsch-französische Beziehungen im internationalen Spannungsfeld*, München 1982.

Pies, Ingo/Leschke, Martin (Hg.): F. A. Hayeks konstitutioneller Liberalismus. Konzepte der Gesellschaftstheorie, Tübingen 2003.

Pikart, Eberhard: Theodor Heuss und Konrad Adenauer. Die Rolle des Bundespräsidenten in der Kanzlerdemokratie, Stuttgart 1976.

Pirker, Theo, u. a.: Der Plan als Befehl und Fiktion, Opladen 1995.

Pirker, Theo: Die blinde Macht. Die Gewerkschaftsbewegung in Westdeutschland 1945–1960, München 1960.

Plickert, Philip: Wandlungen des Neoliberalismus. Eine Studie zur Entwicklung und Ausstrahlung der »Mont Pelèrin Society«, Stuttgart 2008.

Plumpe, Werner: »Das Ende des deutschen Kapitalismus«, in: WestEnd. Neue Zeitschrift für Sozialforschung 2, 2005, 1–23.

Podewils, Clemens Graf (Hg.): Tendenzwende. Zur geistigen Situation der Bundesrepublik, Stuttgart 1975.

Pollack, Detlef: »Das geteilte Bewusstsein. Einstellungen zur sozialen Ungleichheit und zur Demokratie in Ost- und Westdeutschland 1990–1998«, in: Czada, Roland/Wollmann, Hellmut (Hg.): Von der Bonner zur Berliner Republik. 10 Jahre Deutsche Einheit, Wiesbaden 2000, 281–307.

Pollack, Detlef: »Von der Mehrheits- zur Minderheitskirche. Das Schicksal der evangelischen Kirchen«, in: Schultz, Helga/Wagener, Hans-Jürgen (Hg.): Die DDR im Rückblick. Politik, Wirtschaft, Gesellschaft und Kultur, Berlin 2007, 49–78.

Pollack, Detlef: Säkularisierung – ein moderner Mythos? Studien zum religiösen Wandel in Deutschland, Tübingen 2003.

Pommerin, Reiner: Von Berlin nach Bonn. Die Alliierten, die Deutschen und die Hauptstadtfrage nach 1945, Köln/Wien 1989.

Poppinga, Anneliese: Konrad Adenauer. Geschichtsverständnis, Weltanschauung und politische Praxis, Stuttgart 1975.

Poppinga, Anneliese: Meine Erinnerungen an Konrad Adenauer, Stuttgart 1970.

Posser, Dieter: Anwalt im Kalten Krieg. Ein Stück deutscher Geschichte in politischen Prozessen 1951–1968, München 1991.

Postmann, Neil: Wir amüsieren uns zu Tode. Urteilsbildung im Zeitalter der Unterhaltungsindustrie, Frankfurt a. M. 1985.

Potthoff, Heinrich: Im Schatten der Mauer. Deutschlandpolitik 1961 bis 1990, Berlin 1999.

Potthoff, Heinrich: Die »Koalition der Vernunft«. Deutschlandpolitik in den 80er Jahren, München 1995.

Pötzsch, Horst: Deutsche Geschichte von 1945 bis zur Gegenwart. Die Entwicklung der beiden deutschen Staaten, München 1998.

Presse- und Informationsamt der Bundesregierung (Hg.): Die Formierte Gesellschaft. Ludwig Erhards Gedanken zur politischen Ordnung Deutschlands. Reden und Interviews des Bundeskanzlers und bemerkenswerte Stellungnahmen, Bonn 1966.

Presse- und Informationsamt des Landes Berlin (Hg.): Die Mauer und ihr Fall, Berlin ⁷1996.

Prinz, Alois: Lieber wütend als traurig. Die Lebensgeschichte der Ulrike Marie Meinhof, Weinheim 2003.

Projektgruppe »Das sozio-ökonomische Panel« (Hg.): Lebenslagen im Wandel. Frankfurt a. M. 1991.

Pruys, Karl Hugo: Helmut Kohl. Die Biographie, Berlin 1995.

Przybylski, Peter: Tatort Politbüro. Die Akte Honecker, Berlin 1991.

Ramge, Thomas: *Die großen Polit-Skandale. Eine andere Geschichte der Bundesrepublik*, Frankfurt a. M./New York 2003.

Ramscheid, Birgit: *Herbert Blankenhorn. 1904 – 1991. Adenauers außenpolitischer Berater*, Düsseldorf 2006.

Radkau, Joachim: *Aufstieg und Krise der deutschen Atomwirtschaft 1945 – 1975. Verdrängte Alternativen in der Kerntechnik und der Ursprung der nuklearen Kontroverse*, Reinbek 1983.

Raschke, Joachim: *Die Grünen. Wie sie wurden, was sie sind*, Köln 1993.

Rauschning, Dietrich (Hg.): *Rechtsstellung Deutschlands. Völkerrechtliche Verträge und andere rechtsgestaltende Akte*, München 1989.

Recker, Marie-Luise/Jellonek, Burkhard (Hg.): *Bilanz. 50 Jahre Bundesrepublik Deutschland*, St. Ingbert 2001.

Rehling, Andrea: »Die Konzertierte Aktion: Stabilisierungsstrategie oder Fanal der Unregierbarkeit«, in: Calließ (Hg.): *Die Reformzeit des Erfolgsmodells BRD*, Rehburg-Loccum 2004, 355–365.

Reichel, Peter: *Politik mit der Erinnerung. Gedächtnisorte im Streit um die nationalsozialistische Vergangenheit*, München 1995.

Reichel, Peter: *Vergangenheitsbewältigung in Deutschland. Die Auseinandersetzung mit der NS-Diktatur von 1945 bis heute*, München 2001.

Reich-Ranicki, Marcel: »Anmerkungen zur Literatur der siebziger Jahre«, in: *Merkur* 2/1979, 165 –172.

Reinhard, Wolfgang: *Geschichte der Staatsgewalt. Eine vergleichende Verfassungsgeschichte Europas von den Anfängen bis zur Gegenwart*, München 1999.

Rensing, Matthias: *Geschichte und Politik in den Reden der deutschen Bundespräsidenten 1949 – 1984*, Münster 1996.

Resing, Volker: *Angela Merkel. Die Protestantin*, Leipzig 2009.

Reulecke, Jürgen/Weber, Wolfhard (Hg.): *Fabrik, Familie, Feierabend. Beiträge zur Sozialgeschichte des Alltags im Industriezeitalter*, Wuppertal 1978.

Reulecke, Jürgen (Hg.): *Generationalität und Lebensgeschichten im 20. Jahrhundert*, München 2003.

Richter, Hans Werner (Hg.): *Bestandsaufnahme. Eine deutsche Bilanz*, München 1962.

Ritter, Gerhard A.,u. a. (Hg.): *Antworten auf die amerikanische Herausforderung. Forschung in der Bundesrepublik und der DDR in den »langen« siebziger Jahren*, Frankfurt a. M./New York 1999.

Ritter, Gerhard A.: *Der Preis der deutschen Einheit. Die Wiedervereinigung und die Krise des Sozialstaats*, München 2006.

Ritter, Gerhard A.: »Die deutsche Wiedervereinigung«, in: *HZ* 286, 2008, 289-339.

Ritter, Gerhard A.: *Über Deutschland. Die Bundesrepublik in der deutschen Geschichte*, München ²2000.

Robertson, Roland: »Glokalisierung. Homogenität und Heterogenität in Raum und Zeit«, in: Beck, Ulrich (Hg.): *Perspektiven der Weltgesellschaft*, Frankfurt a. M. 1998.

Rödder, Andreas: *Die Bundesrepublik Deutschland 1969 – 1990*, München 2004.

Rödder, Andreas: *Deutschland einig Vaterland. Die Geschichte der Wiedervereinigung*, München 2009.

Rödder, Andreas: »›Durchbruch im Kaukasus‹? Die deutsche Wiedervereinigung und die Zeitgeschichtsschreibung«, in: *Jb. des Historischen Kollegs* 2002, München 2003, 113 – 140.

Rödder, Andreas: »›Modell Deutschland‹ zwischen Erfolgsgeschichte und Verfallsdiagnose«, in: *VfZ* 54, 2006, 345 – 363.

Rödder, Andreas: »Staatskunst statt Kriegshandwerk. Probleme der deutschen Vereinigung von 1990 in internationaler Perspektive«, in: *HJb* 118, 1998, 221 – 260.

Rödder, Andreas/Elz Wolfgang (Hg.): *Alte Werte – Neue Werte? Schlaglichter des Wertewandels*, Göttingen 2008.

Röhl, Hans Ch.: *Der Wissenschaftsrat. Kooperation zwischen Wissenschaft, Bund und Ländern und ihre rechtlichen Determinanten*, Baden-Baden 1994.

Rombeck-Jaschinski, Ursula: *Das Londoner Schuldenabkommen. Die Regelung der deutschen Auslandsschulden nach dem Zweiten Weltkrieg*, München 2004.

Rosenbach, Harald: »Der Preis der Freiheit. Die deutsch-amerikanischen Verhandlungen über den Devisenausgleich 1961 – 1967«, in: *VfZ* 46, 1998, 709 – 746.

Rosenberg, Rainer, u. a. (Hg.): *Der Geist der Unruhe. 1968 im Vergleich. Wissenschaft – Literatur – Medien*, Berlin 2000.

Roth, Florian: *Die Idee der Nation im politischen Diskurs. Die Bundesrepublik Deutschland zwischen neuer Ostpolitik und Wiedervereinigung 1969 – 1990*, Baden-Baden 1995.

Roth, Roland/Rucht, Dieter (Hg.): *Die sozialen Bewegungen in Deutschland seit 1945. Ein Handbuch*, Frankfurt am Main/New York 2008.

Roth, Roland/Rucht, Dieter (Hg.): *Neue soziale Bewegungen in der Bundesrepublik Deutschland*, Frankfurt a. M./New York 1987.

Rothfels, Hans: »Zeitgeschichte als Aufgabe«, in: *VfZ* 1, 1953, 1 – 8.

Rovan, Joseph: *Geschichte der deutschen Sozialdemokratie*, Frankfurt a. M. 1980.

Rucht, Dieter: *Modernisierung und neue soziale Bewegungen. Deutschland, Frankreich und USA im Vergleich*, Frankfurt am Main/New York 1997.

Rucht, Dieter: *Von Wyhl nach Gorleben. Bürger gegen Atomprogramm und nukleare Entsorgung*, München 1980.

Ruck, Michael: *Korpsgeist und Staatsbewußtsein. Beamte im deutschen Südwesten 1928 – 1972*, München 1996.

Rückerl, Adalbert: *NS-Verbrechen vor Gericht. Versuch einer Vergangenheitsbewältigung*, Heidelberg 1982.

Rudolph, Hermann/Eschenburg, Theodor (Hg.): *Den Staat denken. Theodor Eschenburg zum Fünfundachtzigsten*, Berlin 1993.

Rudzio, Wolfgang: »Informelles Regieren – Koalitionsmanagement der Regierung Merkel«, in: *APuZ* 16, 2008, 11 – 17.

Ruggenthaler, Peter (Hg.): *Stalins großer Bluff. Die Geschichte der Stalin-Note in Dokumenten der sowjetischen Führung*, München 2007.

Ruland, Franz, u. a. (Hg.): *Verfassung, Theorie und Praxis des Sozialstaates* (Festschrift für Hans F. Zacher zum 70. Geburtstag), Heidelberg 1998.

Rupieper, Hermann-Josef: *Der besetzte Verbündete. Die amerikanische Deutschlandpolitik 1949 – 1955*, Opladen 1991.

Rusconi, Gian Enrico/Woller, Hans (Hg.): *Parallele Geschichte? Italien und Deutschland 1945 – 2000*, Berlin 2006.

Rüter, Christiaan Frederic/de Mildt, Dick: *Die westdeutschen Strafverfahren wegen nationalsozialistischer Tötungsverbrechen 1945 – 1997. Eine systematische Verfahrensbeschreibung. Mit Karten und Registern*, Amsterdam 1998.

Sabrow, Martin: »Der Konkurs der Konsensdiktatur. Überlegungen zum inneren Zerfall der DDR aus kulturgeschichtlicher Perspektive«, in: Jarausch, Konrad H./Sabrow, Martin (Hg.): *Weg in den Untergang. Der innere Zerfall der DDR*, Göttingen 1999, 83 – 116.

Sabrow, Martin (Hg.): *Geschichte als Herrschaftsdiskurs. Der Umgang mit der Vergangenheit in der DDR*, Köln u. a. 2000.

Sabrow, Martin (Hg.): *Wohin treibt die DDR-Erinnerung? Dokumentation einer Debatte*, Göttingen 2007.

Safferling, Christoph/Reginbogin, Herbert R. (Hg.): *Die Nürnberger Prozesse. Völkerstrafrecht seit 1945*, München 2006.

Saldern, Adelheid v.: »Von der ›guten Stube‹ zur ›guten Wohnung‹. Zur Geschichte des Wohnens in der Bundesrepublik Deutschland«, in: *AfS* 35, 1995, 227 – 254.

Sarcinelli, Ulrich: »*Vertrauensfragen« in der Demokratie. Eine kleine Institutionenlehre aus Anlass der Bundestagswahl 2005*, Mainz 2006.

Sauer, Thomas: *Westorientierung im deutschen Protestantismus? Vorstellungen und Tätigkeit des Kronberger Kreises*, München 1999.

Schabedoth, Hans-Joachim/Scherer, Klaus-Jürgen (Hg.): *Ende der Wende? Konservative Hegemonie zwischen Manifestation und Erosion*, Marburg 1990.

Schabowski, Günter: *Das Politbüro – Ende eines Mythos*, Reinbek 1990.

Schanetzky, Tim: *Die große Ernüchterung. Wirtschaftspolitik, Expertise und Gesellschaft in der Bundesrepublik 1966 bis 1982*, Berlin 2007.

Schäfers, Bernhard/Zapf, Wolfgang (Hg.): *Handwörterbuch zur Gesellschaft Deutschlands*, Opladen ²2001.

Scharpf, Fritz W.: *Politikverflechtung. Theorie und Empirie des kooperativen Föderalismus in der Bundesrepublik*, Berlin 1976.

Scharpf, Fritz W.: *Sozialdemokratische Krisenpolitik in Europa. Das Modell Deutschland im Vergleich*, Frankfurt a. M. ²1987.

Schäuble, Wolfgang: *Der Vertrag. Wie ich über die deutsche Einheit verhandelte*, Stuttgart 1991.

Scheel, Walter (Hg.): *Nach dreißig Jahren. Die Bundesrepublik Deutschland. Vergangenheit, Gegenwart, Zukunft*, Stuttgart 1970.

Scheiper, Stephan: »Der Wandel staatlicher Herrschaft in den 1960er/70er Jahren«, in: Weinhauer, Klaus u. a. (Hg.): *Terrorismus in der Bundesrepublik. Medien, Staat und Subkulturen in den 1970er Jahren*, Frankfurt a. M./New York 2006.

Schelsky, Helmut: *Auf der Suche nach Wirklichkeit. Gesammelte Aufsätze*, Düsseldorf/Köln 1965.

Schelsky, Helmut: *Die skeptische Generation. Eine Soziologie der deutschen Jugend*, Düsseldorf 1957.

Scherpe, Klaus: »Störfall 1968. Krise der Legitimation – Antiautorität – Authentizität«, in: Rosenberg, Rainer u. a. (Hg.): *1968 im Vergleich*, Berlin 2000, 97 – 108.

Scheybani, Abdolreza: *Handwerk und Kleinhandel in der Bundesrepublik Deutschland. Sozialökonomischer Wandel und Mittelstandspolitik 1949 – 1961*, München 1996.

Schiffers, Reinhard: »Ein mächtiger Pfeiler im Bau der Bundesrepublik‹. Das Gesetz über das Bundesverfassungsgericht vom 12. März 1951«, in: *VfZ* 32, 1984, 66 – 102.

Schiffers, Reinhard: *Zwischen Bürgerfreiheit und Staatsschutz. Wiederherstellung und Neufassung des politischen Strafrechts in der Bundesrepublik Deutschland 1949 – 1951*, Düsseldorf 1989.

Schildt, Axel: *Ankunft im Westen. Ein Essay zur Erfolgsgeschichte der Bundesrepublik*, Frankfurt a. M. 1999.

Schildt, Axel: »Die Kräfte der Gegenreform sind auf breiter Front angetreten‹. Zur konservativen Tendenzwende in den siebziger Jahren«, in: *AfS* 44, 2004, 449 – 478.

Schildt, Axel: *Die Sozialgeschichte der Bundesrepublik Deutschland bis 1989/90*, München 2007.

Schildt, Axel, u. a. (Hg.): *Dynamische Zeiten. Die 60er Jahre in beiden deutschen Gesellschaften*, Hamburg 2000.

Schildt, Axel: *Konservatismus in Deutschland. Von den Anfängen im 18. Jahrhundert bis zur Gegenwart*, München 1998.

Schildt, Axel: *Moderne Zeiten. Freizeit, Massenmedien und »Zeitgeist« in der Bundesrepublik der 50er Jahre*, Hamburg 1995.

Schildt, Axel/Sywottek, Arnold (Hg.): *Modernisierung im Wiederaufbau. Die westdeutsche Gesellschaft der 50er Jahre*, Berlin 1998.

Schildt, Axel: »Nachkriegszeit. Möglichkeiten und Probleme einer Periodisierung der westdeutschen Geschichte nach dem Zweiten Weltkrieg und ihrer Einordnung in die deutsche Geschichte des 20. Jahrhunderts«, in: *GWU* 44, 1993, 567 – 584.

Schildt, Axel: »Vor der Revolte: Die sechziger Jahre«, in: *APuZ* B22/23, 2001, 7 – 13.

Schildt, Axel: *Zwischen Abendland und Amerika. Studien zur westdeutschen Ideengeschichte der 50er Jahre*, München 1999.

Schiller, Karl: *Preisstabilität durch globale Steuerung der Marktwirtschaft*, Walter-Eucken-Institut (Hg.), Freiburg 1968.

Schillinger, Reinhold: *Der Entscheidungsprozess beim Lastenausgleich 1945 – 1952*, St. Katharinen 1985.

Schindelbeck, Dirk/Ilgen, Volker: »*Haste was, biste was!« Werbung für die soziale Marktwirtschaft*, Darmstadt 1999.

Schindler, Peter (Hg.): *Datenhandbuch zur Geschichte des Deutschen Bundestages 1949 bis 1999*, Baden-Baden 1999.

Schlemmer, Thomas: *Aufbruch, Krise und Erneuerung. Die Christlich-Soziale Union 1945 – 1955*, München 1998.

Schlemmer, Thomas/Woller, Hans (Hg.): *Bayern im Bund*, 3 Bde., München 2001 – 2004.

Schluchter, Wolfgang: *Neubeginn durch Anpassung? Studien zum ostdeutschen Übergang*, Frankfurt a. M. 1996.

Schmid, Carlo: *Erinnerungen*, Bern 1979.

Schmidt, Gustav: *Ost-West-Beziehungen. Konfrontation und Détente 1945 – 1989*, Bochum 2000.

Schmidt, Helmut: *Menschen und Mächte*, Berlin 1987.

Schmidt, Helmut: *Die Deutschen und ihre Nachbarn. Menschen und Mächte 2*, Berlin 1990.

Schmidt, Helmut: *Kontinuität und Konzentration. Theorie und Praxis der deutschen Sozialdemokratie*, Bonn-Bad Godesberg 1975.

Schmidt, Helmut: *Verantwortung und Gewissen des Politikers*. Rede zur Verleihung der Ehrendoktorwürde der Philipps-Universität Marburg am 27. Februar 2007, Marburg 2007.

Schmidt, Helmut: *Verteidigung oder Vergeltung. Ein deutscher Beitrag zum strategischen Problem der NATO*, Stuttgart 1961.

Schmidt, Helmut: *Weggefährten. Erinnerungen und Reflexionen*, Berlin 1996.

Schmidt, Manfred G.: *CDU und SPD an der Regierung. Ein Vergleich ihrer Politik in den Ländern*, Frankfurt a. M./New York 1980.

Schmidt, Manfred G.: *Das politische System der Bundesrepublik Deutschland*, München 2005.

Schmidt, Manfred G.: »Die Politik der inneren Reformen in der Bundesrepublik Deutschland 1969 – 1976«, in: *PVS* 19, 1978, 201 – 253.

Schmidt, Manfred G.: »Die Politik des mittleren Weges. Besonderheiten der Staatstätigkeit in der Bundesrepublik Deutschland«, in: *APuZ* B9/10, 1990, 23 – 31.

Schmidt, Manfred G. (Hg.): *Geschichte der Sozialpolitik in Deutschland seit 1945. Bundesrepublik 1982 – 1989. Finanzielle Konsolidierung und institutionelle Reform*, Bd. 7, Baden-Baden 2005.

Schmidt, Manfred G.: *Sozialpolitik in Deutschland. Historische Entwicklung und internationaler Vergleich*, Wiesbaden 2005.

Schmidtchen, Gerhard: *Protestanten und Katholiken. Soziologische Analyse konfessioneller Kultur*, Tübingen ²1979.

Schmiese, Wulf: *Fremde Freunde. Deutschland und die USA zwischen Mauerfall und Golfkrieg*, Paderborn 2000.

Schmitt, Rüdiger: *Die Friedensbewegung in der Bundesrepublik Deutschland*, Wiesbaden 1990.

Schmitz, Thomas (Hg.): *Geschichte der Gewerkschaften in der Bundesrepublik Deutschland. Von den Anfängen bis heute*, Köln 1990.

Schmoeckel, Reinhard/Kaiser, Bruno: *Die vergessene Regierung. Die Große Koalition 1966 bis 1969 und ihre langfristigen Wirkungen*, Bonn ²2005.

Schneider, Andrea H.: *Die Kunst des Kompromisses. Helmut Schmidt und die Große Koalition 1966 – 1969*, Paderborn 1999.

Schneider, Irmela (Hg.): *Amerikanische Einstellung. Deutsches Fernsehen und US-amerikanische Produktionen*, Heidelberg 1992.

Schneider, Michael: *Demokratie in Gefahr? Der Konflikt um die Notstandsgesetze. Sozialdemokratie, Gewerkschaften und intellektueller Protest 1958 – 1968*, Bonn 1986.

Schöllgen, Gregor: *Angst vor der Macht. Die Deutschen und ihre Außenpolitik*, Frankfurt a. M. 1993.

Schöllgen, Gregor: *Die Außenpolitik der Bundesrepublik Deutschland. Von den Anfängen bis zur Gegenwart*, München ³2004.

Schöllgen, Gregor: *Geschichte der Weltpolitik von Hitler bis Gorbatschow 1941 – 1991*, München 1996.

Schöllgen, Gregor: *Willy Brandt. Die Biographie*, München 2001.

Schöllgen, Gregor: »Zehn Jahre europäische Großmacht. Eine Bilanz deutscher Außenpolitik seit der Vereinigung«, in: *APuZ* 24, 2000, 6 – 12.

Schollwer, Wolfgang: »Liberale Opposition gegen Adenauer. Aufzeichnungen 1957 – 1961«, in: Fassbender, Monika (Hg.): *Biographische Quellen zur deutschen Geschichte nach 1945*, München 1990.

Schollwer, Wolfgang: *Der Weg zur Entspannung. Deutschlandpolitik der F.D.P. seit 1952*, Bonn 1972.

Scholz, Günter: *Die Bundespräsidenten. Biographien eines Amtes*, Heidelberg 1992.

Schönbohm, Wulf: *CDU. Porträt einer Partei*, München/Wien 1979.

Schönbohm, Wulf: *Die CDU wird moderne Volkspartei. Selbstverständnis, Mitglieder, Organisation und Apparat 1950 – 1980*, Stuttgart 1985.

Schönhoven, Klaus: »Aufbruch in die sozialliberale Ära. Zur Bedeutung der 60er Jahre in der Geschichte der Bundesrepublik«, in: *GG* 25, 1999, 123 – 145.

Schönhoven, Klaus: *Die Deutschen Gewerkschaften*, Frankfurt a. M. 1987.

Schönhoven, Klaus: »Entscheidung für die Große Koalition. Die Sozialdemokratie in der Regierungskrise im Spätherbst 1966«, in: Pyta, Wolfram/Richter, Ludwig (Hg.), *Gestaltungskraft des Politischen*, Berlin 1998, 379 – 397.

Schönhoven, Klaus: *Wendejahre. Die Sozialdemokratie in der Zeit der Großen Koalition 1966 – 1969*, Bonn 2004.

Schönhuber, Franz: *Ich war dabei*, München 1981.

Schöttler, Peter (Hg.): *Geschichtsschreibung als Legitimationswissenschaft 1918–1945*, Frankfurt a.M. 1997.

Schröder, Florian: *Das parlamentarische Zustimmungsverfahren zum Auslandseinsatz der Bundeswehr in der Praxis*, Köln 2005.

Schroeder, Klaus: *Der SED-Staat. Partei, Staat und Gesellschaft 1949–1990*, München 1998.

Schubert, Venanz (Hg.): *1968. 30 Jahre danach*, St. Ottilien 1999.

Schudlich, Edwin: *Die Abkehr vom Normalarbeitstag. Entwicklung der Arbeitszeiten in der Industrie der Bundesrepublik seit 1945*, Frankfurt a.M./New York 1987.

Schultz, Helga/Wagener, Hans-Jürgen (Hg.): *Die DDR im Rückblick. Politik, Wirtschaft, Gesellschaft und Kultur*, Berlin 2007.

Schultz, Siegfried, u.a.: *Wirtschaftliche Verflechtung der Bundesrepublik Deutschland mit den Entwicklungsländern*, Baden-Baden 1980.

Schulz, Günther: »Adenauer in seinem Verhältnis zu Wirtschaft und Gesellschaft«, in: Doering-Manteuffel, Anselm/Schwarz, Hans-Peter (Hg.): *Adenauer und die deutsche Geschichte*, Bonn 2001, 63–80.

Schulz, Günther (Hg.): *Geschichte der Sozialpolitik in Deutschland seit 1945. Die Bundesrepublik Deutschland 1949–1957. Bewältigung der Kriegsfolgen, Rückkehr zur sozialpolitischen Normalität*, Bd. 3, Baden-Baden 2005.

Schulz, Günther: *Wiederaufbau in Deutschland. Die Wohnungsbaupolitik in den Westzonen und der Bundesrepublik Deutschland von 1945–1957*, Düsseldorf 1994.

Schulz, Kristina: *Der lange Atem der Provokation. Die Frauenbewegung in der Bundesrepublik und in Frankreich 1968–1976*, Frankfurt a.M. 2002.

Schulze, Andreas: »Polen und die deutsche Einheit«, in: *Deutsche Studien* 34, 1997, 307–329.

Schulze, Gerhard: *Erlebnisgesellschaft. Kultursoziologie der Gegenwart*, Frankfurt a.M/New York 1992.

Schulze, Rainer, u.a.: *Flüchtlinge und Vertriebene in der westdeutschen Nachkriegsgeschichte*, Hildesheim 1987.

Schulze, Winfried: *Deutsche Geschichtswissenschaft nach 1945*, München 1989.

Schuster, Jacques: *Heinrich Albertz, der Mann, der mehrere Leben lebte. Eine Biographie*, Berlin 1997.

Schwabe, Klaus, u.a. (Hg.): *Deutschland und der Westen im 19. und 20. Jahrhundert*, Stuttgart 1994.

Schwabe, Klaus (Hg.): *Die Anfänge des Schuman-Plans 1950/51*, Baden-Baden 1988.

Schwabe, Klaus: *Weltmacht und Weltordnung. Amerikanische Außenpolitik von 1898 bis zur Gegenwart. Eine Jahrhundertgeschichte*, Paderborn 2006.

Schwan, Gesine: *Politik und Schuld. Die zerstörerische Macht des Schweigens*, Frankfurt a.M. 1997.

Schwartz, Thomas Alan: *Die Atlantikbrücke. John McCloy und das Nachkriegsdeutschland*, Frankfurt a.M./Berlin 1992.

Schwartz, Thomas Alan: »Dual Containment. John J. McCloy, the American High Commission and European Integration 1949–1952«, in: Heller, Francis H./Gillingham, John R. (Hg.): *NATO. The Founding of the Atlantic Alliance and the Integration of Europe*, London 1992, 192–212.

Schwarz, Hans-Peter: »Adenauer und die Kernwaffen«, in: *VfZ* 37, 1989, 565–593.

Schwarz, Hans-Peter: »Adenauer und Europa«, in: *VfZ* 27, 1979, 471–523.

Schwarz, Hans-Peter: »Adenauers Kanzlerdemokratie und Regierungstechnik«, in: *APuZ* B1/2, 1989, 15 – 27.

Schwarz, Hans-Peter: *Axel Springer. Die Biographie*, Berlin 2008.

Schwarz, Hans-Peter: *Das Gesicht des Jahrhunderts. Monster, Retter, Mediokritäten*, Berlin 1999.

Schwarz, Hans-Peter: *Der Ort der Bundesrepublik in der deutschen Geschichte*, Opladen 1996.

Schwarz, Hans-Peter: *Die Ära Adenauer. Epochenwechsel 1957 – 1963* (Bracher, Karl Dietrich, u. a. [Hg.]: *Geschichte der Bundesrepublik Deutschland*, Bd. 3), Stuttgart/Mannheim 1983.

Schwarz, Hans-Peter: *Die Ära Adenauer. Gründerjahre der Republik 1949 – 1957* (Bracher, Karl Dietrich, u. a. [Hg.]: *Geschichte der Bundesrepublik Deutschland*, Bd. 2), Stuttgart/Mannheim 1981.

Schwarz, Hans-Peter: »Die ausgebliebene Katastrophe. Eine Problemskizze zur Geschichte der Bundesrepublik«, in: Rudolph, Hermann (Hg.): *Den Staat denken. Theodor Eschenburg zum Fünfundachtzigsten*, Berlin 1993, 151 – 174.

Schwarz, Hans-Peter (Hg.): *Die Bundesrepublik Deutschland. Eine Bilanz nach 60 Jahren*, Köln u. a. 2008.

Schwarz, Hans-Peter (Hg.): *Die Legende von der verpaßten Gelegenheit. Die Stalin-Note vom 10. März 1952*, Bonn 1982.

Schwarz, Hans-Peter: *Die gezähmten Deutschen. Von der Machtbesessenheit zur Machtvergessenheit*, Stuttgart 1985.

Schwarz, Hans-Peter: »Die neueste Zeitgeschichte«, in: *VfZ* 51, 2003, 5 – 28.

Schwarz, Hans-Peter: »Die Regierung Kiesinger und die Krise in der CSSR 1968«, in: *VfZ* 47, 1999, 159 – 186.

Schwarz, Hans-Peter: »Die Westdeutschen, die westliche Demokratie und die Westbindung«, in: Cooney, James A., u. a. (Hg.): *Die Bundesrepublik Deutschland und die Vereinigten Staaten von Amerika. Politische, soziale und wirtschaftliche Beziehungen im Wandel*, Stuttgart 1985, 87 – 144.

Schwarz, Hans-Peter: *Die Zentralmacht Europas. Deutschlands Rückkehr auf die Weltbühne*, Berlin 1994.

Schwarz, Hans-Peter: *Eine Entente Elementaire. Das deutsch-französische Verhältnis im 25. Jahr des Elysee-Vertrages*, Bonn 1990.

Schwarz, Hans-Peter: *Erbfreundschaft. Adenauer und Frankreich*, Bonn 1992.

Schwarz, Hans-Peter: »Geschichtsschreibung und politisches Selbstverständnis. Die Geschichte der Bundesrepublik Deutschland – Herausforderung für die Forschung«, in: *APuZ* B36, 1982, 1 – 16.

Schwarz, Hans-Peter (Hg.): *Konrad Adenauer. Reden 1917 – 1967. Eine Auswahl*, Stuttgart 1975.

Schwarz, Hans-Peter (Hg.): *Konrad Adenauers Regierungsstil*, Bonn 1991.

Schwarz, Hans-Peter: *Republik ohne Kompaß*, Berlin 2005.

Schwarz, Hans-Peter: *Vom Reich zur Bundesrepublik. Deutschland im Widerstreit der außenpolitischen Konzeptionen in den Jahren der Besatzungsherrschaft 1945 – 1949*, Stuttgart 1980.

Schwarz, Klaus-Dieter: *Sicherheitspolitik. Analysen zur politischen und militärischen Sicherheit*, Bad Honnef 1981.

Schweigler, Gebhard: *Nationalbewußtsein in der BRD und der DDR*, Düsseldorf 1972.

Schwinn, Oliver: *Die Finanzierung der Einheit*, Opladen 1996.

Sedlmayr, Hans: *Verlust der Mitte. Die bildende Kunst des 19. und 20. Jahrhunderts als Symptom und Symbol der Zeit*, Salzburg/Wien 1948 ([11]1998).

Seebacher-Brandt, Brigitte: *Willy Brandt*, München 2004.

Seebacher-Brandt, Brigitte: *Ollenhauer. Biedermann und Patriot*, Berlin 1984.

Seebacher-Brandt, Brigitte: *Die Linke und die Einheit*, Berlin 1991.

Seegers, Lu: *Hör Zu! Eduard Rhein und die Rundfunkprogrammzeitschriften 1931–1965*, Berlin 2001.

Seegers, Lu: »Fernsehstars und ›freie Liebe‹. Zur Karriere der Programmzeitschrift ›Hör Zu‹ 1965–1974«, in: *Zeithistorische Forschungen* 2, 2004, 214–235.

Seibel, Wolfgang: *Verwaltete Illusionen. Die Privatisierung der DDR-Wirtschaft durch die Treuhandanstalt und ihre Nachfolger 1990–2000*, Frankfurt a. M./New York 2005.

Seifert, Jürgen (Hg.): *Die Spiegel-Affäre*, 2 Bde., Olten 1966.

Seiffert, Jeanette: »*Marsch durch die Institutionen«? »68er« in der SPD*, Diss. Marburg 2008.

Siebenmorgen, Peter: *Gezeitenwechsel. Aufbruch zur Entspannungspolitik*, Bonn 1990.

Sieburg, Friedrich: *Nur für Leser. Jahre und Bücher*, Stuttgart 1955.

Siedschlag, Alexander (Hg.): *Methoden der sicherheitspolitischen Analyse. Eine Einführung*, Wiesbaden 2006.

Siegrist, Hannes: »Ende der Bürgerlichkeit? Die Kategorien ›Bürgertum‹ und ›Bürgerlichkeit‹ in der westdeutschen Gesellschaft und Geschichtswissenschaft der Nachkriegsepoche«, in: *GG* 20, 1994, 549–583.

Siekmeier, Mathias: *Restauration oder Reform? Die FPD in den sechziger Jahren. Deutschland- und Ostpolitik zwischen Wiedervereinigung und Entspannung*, Köln 1998.

Sinn, Hans-Werner u. Gerlinde: *Kaltstart. Volkswirtschaftliche Aspekte der deutschen Vereinigung*, Tübingen 1993.

Soell, Hartmut: *Fritz Erler. Eine politische Biographie*, 2 Bde., Berlin u. a. 1976.

Soell, Hartmut, *Helmut Schmidt*, 2 Bde., München 2003 u. 2008.

Sofsky, Wolfgang: *Das Prinzip Sicherheit*, Frankfurt a. M. 2005.

Sontheimer, Kurt: *Die Adenauer-Ära. Grundlegung der Bundesrepublik*, München [3]2003.

Sontheimer, Kurt: *So war Deutschland nie. Anmerkungen zur politischen Kultur der Bundesrepublik*, München 1999.

Sontheimer, Kurt: *Die verunsicherte Republik. Die Bundesrepublik nach 30 Jahren*, München 1979.

Sommer, Theo (Hg.): *Reise ins andere Deutschland. DDR-Report aus »Die ZEIT«*, Reinbek 1989.

Soutou, Georges-Henri: *L'alliance incertaine. Les rapports politico-stratégiques franco-allemands 1954–1996*, Paris 1996.

Soutou, Georges-Henri: *La guerre de cinquante ans. Le conflit Est-Ouest 1943–1990*, Paris 2001.

Spoerer, Mark: *Zwangsarbeit unter dem Hakenkreuz. Ausländische Zivilarbeiter, Kriegsgefangene und Häftlinge im Deutschen Reich und im besetzten Europa 1939–1945*, Stuttgart/München 2001.

Spotts, Frederic: *Kirchen und Politik in Deutschland*, Stuttgart 1976.

Spree, Reinhard (Hg.): *Geschichte der deutschen Wirtschaft im 20. Jahrhundert*, München 2001.

Staack, Michael: »Großmacht oder Handelsstaat? Deutschlands außenpolitische Grundorientierung in einem neuen internationalen System«, in: *APuZ* 12, 1998, 14–24.

Staritz, Dietrich: *Geschichte der DDR*, Frankfurt a. M. 1996 (erw. Neuausg.).

Statistisches Bundesamt (Hg.): *Bevölkerung und Wirtschaft 1872–1972*, Stuttgart 1972.

Statistisches Bundesamt (Hg.): *Statistisches Jahrbuch für die Bundesrepublik Deutschland*, 1952–2007.

Statistisches Bundesamt Wiesbaden (Hg.): *Bevölkerungsstruktur und Wirtschaftskraft der Bundesländer*, Stuttgart/Mainz 1973.

Statistisches Bundesamt Wiesbaden (Hg.): *Bevölkerung und Wirtschaft*, Stuttgart/Mainz 1973.

Staupe, Gisela/Vieth, Lisa: *Die Pille*, Berlin 1996.

Steinbach, Peter: *Nationalsozialistische Gewaltverbrechen. Die Diskussion in der deutschen Öffentlichkeit nach 1945*, Berlin 1981.

Steingart, Gabor: *Deutschland – Der Abstieg eines Superstars*, München 2004.

Steininger, Rolf: *Deutsche Geschichte seit 1945. Darstellung und Dokumente in 4 Bänden*, Frankfurt a.M. 2002.

Steininger, Rolf: *Der Mauerbau. Die Westmächte und Adenauer in der Berlinkrise 1958–1963*, München 2001.

Steininger, Rolf: *Eine vertane Chance. Die Stalin-Note vom 10. März 1952 und die Wiedervereinigung. Eine Studie auf der Grundlage unveröffentlichter britischer und amerikanischer Akten*, Bonn 1985.

Steinmetz, Rüdiger: *Freies Fernsehen. Das erste privat-kommerzielle Fernsehprogramm in Deutschland*, Konstanz 1996.

Sternberger, Dolf: *Verfassungspatriotismus* (Schriften, Bd. 10), Frankfurt a. M. 1990.

Sternburg, Wilhelm v. (Hg.): *Die deutschen Kanzler von Bismarck bis Schmidt*, Königstein im Taunus 1985.

Stickler, Matthias: *»Ostdeutsch heißt gesamtdeutsch«. Organisation, Selbstverständnis und heimatpolitische Zielsetzungen der deutschen Vertriebenenverbände 1949–1972*, Düsseldorf 2004.

Stock: Wolfgang Jean: »Ein Stück gebaute Verfassung. Der neue Plenarbereich des Bonner Bundeshauses in der Tradition demokratischen Bauens«, in: ders./Flagge, Ingeborg (Hg.): *Architektur und Demokratie. Bauen für die Politik von der Amerikanischen Revolution bis zur Gegenwart*, Stuttgart 1992, 276–291.

Stolleis, Michael (Hg.): *Das Bonner Grundgesetz. Altes Recht und neue Verfassung in den ersten Jahrzehnten der Bundesrepublik Deutschland (1949–1969)*, Berlin 2006.

Stolleis, Michael: »Grundgesetz und Bundesverfassungsgericht«, in: Benz Wolfgang/Moos, Detlev (Hg.): *Das Grundgesetz und die Bundesrepublik Deutschland*, München 1989, 57 bis 59.

Stoltenberg, Gerhard: *Wendepunkte. Stationen deutscher Politik 1974 bis 1990*, Berlin 1997.

Stöss, Richard (Hg.): *Parteien – Handbuch. Die Parteien der Bundesrepublik Deutschland 1945–1980*, Opladen 1983.

Stöss, Richard/Schubarth, Wilfried (Hg.): *Rechtsextremismus in der Bundesrepublik Deutschland. Eine Bilanz*, Opladen 2001.

Stölzl, Christoph (Hg.): *Deutsches Historisches Museum. Ideen – Kontroversen – Perspektiven*, Frankfurt a. M. 1998.

Stöver, Bernd: *Die Bundesrepublik Deutschland*, Darmstadt 2002.

Stöver, Bernd: *Der Kalte Krieg*, München 2003.

Stöver, Bernd: *Der Kalte Krieg 1947–1991. Geschichte eines radikalen Zeitalters*, München 2007.

Strange, Susan: *The Retreat of the State. The Diffusion of Power in the World Economy*, Cambridge 1996.

Straßner, Alexander: *Die dritte Generation der »Roten Armee Fraktion«*, Wiesbaden 2003.

Strauß, Franz Josef: *Die Erinnerungen*, Berlin 1989.

Sturm, Daniel Friedrich: *Uneinig in die Einheit. Die Sozialdemokratie und die Vereinigung Deutschlands 1989/90*, Bonn 2006.

Stürmer, Michael: *Die Grenzen der Macht. Begegnungen der Deutschen mit der Geschichte*, Berlin 1992.

Stützle, Walther: *Kennedy und Adenauer in der Berlin-Krise 1961–1962*, Bonn-Bad Godesberg 1973.

Stüwe, Klaus: »Der Bundesrat in Zeiten Großer Koalitionen«, in: *APuZ* 16, 2008, 24 – 31.

Stüwe, Klaus (Hg.): *Die großen Regierungserklärungen der deutschen Bundeskanzler von Adenauer bis Schröder*, Opladen 2002.

Suri, Jeremi: *Power and Protest. Global Revolution and the Rise of Détente*, Cambridge, Mass./London 2003.

Süß, Walter: *Staatssicherheit am Ende. Warum es den Mächtigen nicht gelang, 1989 eine Revolution zu verhindern*, Berlin 1999.

Süß, Werner: *Deutschland in den neunziger Jahren. Politik und Gesellschaft zwischen Wiedervereinigung und Globalisierung*, Opladen 2002.

Süß, Werner (Hg.): *Die Bundesrepublik in den achtziger Jahren. Innenpolitik, Politische Kultur, Aussenpolitik*, Opladen 1991.

Süssmuth, Rita: *Wer nicht kämpft, hat schon verloren. Meine Erfahrungen in der Politik*, München 2000.

Sywottek, Arnold: »›Wohlstand‹ – ›Sicherheit‹ – ›Frieden‹. Beobachtungen zur westdeutschen Entwicklung«, in: Kühne, Thomas (Hg.): *Von der Kriegskultur zur Friedenskultur? Zum Mentalitätswandel in Deutschland seit 1945*, Münster 2000, 243 – 261.

Szöllösi-Janze, Margit: »›Aussuchen und abschießen‹ – der Heimatfilm der fünfziger Jahre als historische Quelle«, in: *GWU* 44, 1993, 308 – 321.

Szöllösi-Janze, Margit: *Geschichte der Arbeitsgemeinschaft der Großforschungseinrichtungen 1958 – 1980*, Frankfurt a. M./New York 1990.

Taschler, Daniela: *Vor neuen Herausforderungen. Die außen- und deutschlandpolitische Debatte in der CDU-CSU-Bundestagsfraktion während der Großen Koalition 1966 – 1969*, Düsseldorf 2001.

Taylor, Frederick: *Die Mauer. 13. August 1961 bis 9. November 1989*, München 2009.

Teltschik, Horst: *329 Tage. Innenansichten der Einigung*, Berlin 1991.

Tenfelde, Klaus: »1914 – 1990 – Einheit der Epoche«, in: *APuZ* B40, 1991, 3 – 11.

Thatcher, Margaret: *Downing Street No. 10. Die Erinnerungen*, Düsseldorf u. a. 1993.

Thaysen, Uwe: *Der Runde Tisch oder Wo blieb das Volk? Der Weg der DDR in die Demokratie*, Opladen 1990.

Therborn, Göran: *Die Gesellschaften Europas 1945 – 2000. Ein soziologischer Vergleich*, Frankfurt a. M. 2000.

Thiemeyer, Guido: *Vom »Pool Vert« zur Europäischen Wirtschaftsgemeinschaft. Europäische Integration, Kalter Krieg und die Anfänge der Gemeinsamen Europäischen Agrarpolitik 1950 – 1957*, München 1999.

Thies, Jochen: *Helmut Schmidts Rückzug von der Macht. Das Ende der Ära Schmidt aus nächster Nähe*, Bonn 1988.

Thoß, Bruno (Hg.): *Vom Kalten Krieg zur deutschen Einheit*, bearb. v. W. Schmidt, München 1995.

Thränhardt, Dietrich: *Geschichte der Bundesrepublik Deutschland 1949 – 1990*, Frankfurt a. M. 1996.

Thränhardt, Dietrich: »Die Ursprünge von Rassismus und Fremdenfeindlichkeit in der Konkurrenzdemokratie. Ein Vergleich der Entwicklungen in England, Frankreich und Deutschland«, in: *Leviathan* 21, 1993, 336 – 357.

Thum, Horst: *Mitbestimmung in der Montanindustrie. Der Mythos vom Sieg der Gewerkschaften*, Stuttgart 1982.

Tiggemann, Anselm: *CDU-CSU und die Ost- und Deutschlandpolitik 1969–1972. Zur »Innenpolitik der Außenpolitik« der ersten Regierung Brandt/Scheel*, Frankfurt a. M. 1998.

Tolomelli, Marcia: *»Repressiv getrennt« oder »organisch verbündet«. Studenten und Arbeiter 1968 in der Bundesrepublik Deutschland und Italien*, Opladen 2001.

Troche, Alexander: *»Berlin wird am Mekong verteidigt«. Die Ostasienpolitik der Bundesrepublik 1954–1966*, Düsseldorf 2001.

Tsebelis, George: »Decision-making in Political Systems. Veto Players in Presidentialism, Parlamentarism, Multi-Cameralism, and Multi-Partyism«, in: *British Journal of Political Science* 25, 1995, 289–325.

Tsebelis, George: *How Political Institutions Work*, Princeton 2002.

Ueberschär, Gerd R. (Hg.): *Der 20. Juli. Das »andere Deutschland« in der Vergangenheitspolitik nach 1945*, Berlin 1998.

Ullmann, Hans-Peter: *Der deutsche Steuerstaat. Geschichte der öffentlichen Finanzen*, München 2005.

Ullrich, Christina: *Einsatzgruppen-Täter und ihr Weg in die westdeutsche Gesellschaft. Vom Kriegsende bis zu ihrer strafrechtlichen Verfolgung 1945–1976*, Diss. Marburg 2007.

Ullrich, Sebastian: *Der Weimar-Komplex. Das Scheitern der ersten deutschen Demokratie und die politische Kultur der frühen Bundesrepublik*, Göttingen 2009.

Vaisse, Maurice: *La grandeur. Politique étrangère du général de Gaulle 1958–1969*, Paris 1998.

Vec, Miloš: »Freiheit unter Verdacht. Vom Wandel des Staates im Zeichen der Sicherheit«, in: *Blätter für deutsche und internationale Politik* 8, 2007, 957–966.

Vernet, Daniel: *La renaissance allemande*, Paris 1992 (dt. *Was wird aus Deutschland?*, 1993).

Vogel, Hans-Jochen: *Nachsichten. Meine Bonner und Berliner Jahre*, München/Zürich 1996.

Vogel, Walter: *Westdeutschland 1945–1950. Der Aufbau von Verfassungs- und Verwaltungseinrichtungen in den Ländern der drei westlichen Besatzungszonen*, Boppard 1983.

Vogtmeier, Andreas: *Egon Bahr und die deutsche Frage. Zur Entwicklung der sozialdemokratischen Ost- und Deutschlandpolitik vom Kriegsende bis zur Vereinigung*, Bonn 1996.

Volkmann, Hans-Erich (Hg.): *Ende des Dritten Reichs – Ende des Zweiten Weltkrieges. Eine perspektivische Rückschau*, München 1995.

Volle, Hermann/Wagner, Wolfgang (Hg.): *KSZE. Konferenz über Sicherheit und Zusammenarbeit in Europa in Beiträgen und Dokumenten aus dem Europa-Archiv*, Bonn 1976.

Vorländer, Hans: *Der Soziale Liberalismus der F.D.P.*, Göttingen 1986.

Vorländer, Hans: »Die Wiederkehr der Politik und der Kampf der Kulturen«, in: *APuZ* B52/53, 2001, 3–6.

Vorsteher, Dieter (Hg.): *Deutschland im Kalten Krieg 1945–1963* (Ausstellungskatalog), Berlin 1992.

Waever, Ole: »Securitization and Desecuritization«, in: Lipschutz, Ronnie (Hg.): *On Security*, New York 1995, 46–86.

Wagner, Patrick: *Hitlers Kriminalisten. Die deutsche Kriminalpolizei und der Nationalsozialismus zwischen 1920 und 1960*, München 2006.

Waigel, Theo/Schell, Manfred (Hg.): *Tage, die Deutschland und die Welt veränderten. Vom Mauerfall zum Kaukasus. Die deutsche Währungsunion*, München 1994.

Wallerstein, Immanuel: »1968. ›Revolution im Weltsystem‹«, in: François, Etienne, u.a. (Hg.): *1968 – ein europäisches Jahr?* Leipzig 1997, 19–33.

Walpen, Bernhard: *Die offenen Feinde und ihre Gesellschaft. Eine hegemonietheoretische Studie zur Mont Pèlerin Society*, Hamburg 2004.

Walser, Martin (Hg.): *Die Alternative oder Brauchen wir eine neue Regierung?*, Reinbek 1961.

Walter, Franz: *Die SPD. Vom Proletariat zur Neuen Mitte*, Berlin 2002.

Weber, Hermann: *Die DDR 1945 – 1990*, München 1993.

Weber, Jürgen (Hg.): *Die Republik der fünfziger Jahre*, München 1989.

Weber, Jürgen: *Kleine Geschichte Deutschlands seit 1945*, München 2002.

Weber, Jürgen/Steinbach, Peter: *Vergangenheitsbewältigung durch Strafverfahren? NS-Prozesse in der Bundesrepublik Deutschland*, München 1984.

Weber, Petra: *Carlo Schmid. 1896 – 1979. Eine Biographie*, München 1996.

Weckel, Ulrike/Wolfrum, Edgar (Hg.): *»Bestien« und »Befehlsempfänger«. Frauen und Männer in NS-Prozessen nach 1945*, Göttingen 2003.

Wegner, Bernd (Hg.): *Wie Kriege entstehen. Zum historischen Hintergrund von Staatenkonflikten*, Paderborn 2000.

Wehler, Hans-Ulrich: »Deutsches Bürgertum nach 1945. Exitus oder Phönix aus der Asche?«, in: *GG* 27, 2001, 617 – 634.

Wehler, Hans-Ulrich: *Deutsche Gesellschaftsgeschichte* (Bd. 5: *Von der Gründung der beiden deutschen Staaten bis zur Vereinigung 1949 – 1990*), München 2008.

Wehler, Hans-Ulrich: *Modernisierungstheorie und Geschichte*, Göttingen 1975.

Wehler, Hans-Ulrich: *Preußen ist wieder chic*, Frankfurt a. M. 1983.

Weidenfeld, Werner: *Außenpolitik für die deutsche Einheit. Die Entscheidungsjahre 1989/90 (Geschichte der deutschen Einheit in 4 Bänden*, Bd. 4), Stuttgart 1998.

Weidenfeld, Werner/Zimmermann, Hartmut (Hg.): *Deutschland-Handbuch. Eine doppelte Bilanz 1949 – 1989*, München 1989.

Weidenfeld, Werner (Hg.): *Politische Kultur und deutsche Frage. Materialien zum Staats- und Nationalbewusstsein in der Bundesrepublik Deutschland*, Köln 1989.

Weidenfeld, Werner/Korte, Karl-Rudolf (Hg.): *Handbuch zur deutschen Einheit. 1949 – 1989 – 1999*, Frankfurt a. M./New York 1996.

Weingardt, Markus A.: *Deutsche Israel- und Nahostpolitik. Die Geschichte einer Gratwanderung seit 1949*, Frankfurt a. M./New York 2002.

Weinhauer, Klaus, u. a. (Hg.): *Terrorismus in der Bundesrepublik. Medien, Staat und Subkulturen in den 1970er Jahren*, Frankfurt a. M./New York 2006.

Weinhauer, Klaus: »Terrorismus in der Bundesrepublik der Siebzigerjahre. Aspekte einer Sozial- und Kulturgeschichte der Inneren Sicherheit«, in: *AfS* 44, 2004, 219 – 242.

Weinke, Annette: *Die Nürnberger Prozesse*, München 2006.

Weinke, Annette: *Die Verfolgung von NS-Tätern im geteilten Deutschland. Vergangenheitsbewältigung 1949 – 1969 oder: Eine deutsch-deutsche Beziehungsgeschichte im Kalten Krieg*, Paderborn 2002.

Weinke, Annette: *Eine Gesellschaft ermittelt gegen sich selbst. Die Geschichte der Zentralen Stelle Ludwigsburg 1958 – 2008*, Darmstadt 2008.

Weisbrod, Bernd (Hg.): *Die Politik der Öffentlichkeit – Die Öffentlichkeit der Politik. Politische Medialisierung in der Geschichte der Bundesrepublik*, Göttingen 2003.

Weisbrod, Bernd: *Rechtsradikalismus in der politischen Kultur der Nachkriegszeit. Die verzögerte Normalisierung in Niedersachsen*, Hannover 1995.

Weisenfeld, Ernst: *Charles de Gaulle. Der Magier im Elysee*, München 1990.

Weisenfeld, Ernst: *Welches Deutschland soll es sein? Frankreich und die deutsche Einheit seit 1945*, München 1986.

Weizsäcker, C. Christian v.: *Logik der Globalisierung*, Göttingen ³1993.

Weizsäcker, Richard v.: *Drei Mal Stunde Null? 1949, 1969, 1989. Deutschlands europäische Zukunft*, Berlin 2001.

Weizsäcker, Richard v.: *Vier Zeiten. Erinnerungen*, Berlin 1997.

Weizsäcker, Richard v.: *Zum 40. Jahrestag der Beendigung des Krieges in Europa und der nationalsozialistischen Gewaltherrschaft*, Bonn 1985.

Welsch, Johann: *Globalsteuerung in der Bundesrepublik Deutschland. Eine kritische Analyse der Stabilisierungspolitik seit 1967*, Köln 1980.

Welsch, Wolfgang: *Unsere postmoderne Moderne*, Weinheim 1987.

Welsch, Wolfgang (Hg.): *Wege aus der Moderne. Schlüsseltexte der Postmoderne – Diskussion*, Weinheim 1988.

Welzer, Harald u.a.: *»Opa war kein Nazi.« Nationalsozialismus und Holocaust im Familiengedächtnis*, Frankfurt a. M. 2002.

Wengst, Udo: *Beamtentum zwischen Reform und Tradition. Beamtengesetzgebung in der Gründungsphase der Bundesrepublik Deutschland 1948 – 1953*, Düsseldorf 1988.

Wengst, Udo: »Die CDU/CSU im Bundestagswahlkampf 1949«, in: *VfZ* 34, 1986, 1 – 52.

Wengst, Udo: *Thomas Dehler 1897 – 1967. Eine Biographie*, München 1997.

Werle, Gerhard/Wandres, Thomas: *Auschwitz vor Gericht. Völkermord und bundesdeutsche Strafjustiz*, München 1995.

Wesel, Uwe: *Die verspielte Revolution. 1968 und die Folgen*, München 2002.

Wesel, Uwe: *Der Honecker-Prozess. Ein Staat vor Gericht*, Frankfurt a. M. 1994.

Wette, Wolfram/Ueberschär, Gerd R.: *Kriegsverbrechen im 20. Jahrhundert*, Darmstadt 2001.

Wettig, Gerhard: *Das Vier-Mächte-Abkommen in der Bewährungsprobe. Berlin im Spannungsfeld von Ost und West*, Berlin 1981.

Wettig, Gerhard: *Entmilitarisierung und Wiederbewaffnung in Deutschland 1943 – 1955*, München 1967.

Wettig, Gerhard: »Die sowjetische Deutschland-Note vom 10. März 1952. Wiedervereinigungsangebot oder Propagandaaktion?«, in: *DA* 15, 1982, 130 – 148.

Wewer, Göttrik (Hg.): *Bilanz der Ära Kohl. Christlich-liberale Politik in Deutschland 1982 – 1998*, Opladen, 1998.

Wiechmann, Jan Ole: *Sicherheit neu denken? Konzepte von Sicherheit in der protestantischen Friedensbewegung der Bundesrepublik (1977–1983)*, Staatsexamensarbeit, Marburg 2006.

Wiegand, Lutz: *Der Lastenausgleich in der Bundesrepublik Deutschland von 1959 – 1985*, Frankfurt a. M./Berlin 1992.

Wiegrefe, Klaus: *Das Zerwürfnis. Helmut Schmidt, Jimmy Carter und die Krise der deutsch-amerikanischen Beziehungen*, Berlin 2005.

Wierling, Dorothee: »Generation und Opposition in Nachkriegsdeutschland. Achtundsechziger in Ost und West«, in: Kleßmann, Christoph, u.a. (Hg.): *Deutsche Vergangenheiten – eine gemeinsame Herausforderung. Der schwierige Umgang mit der doppelten Nachkriegsgeschichte*, Berlin 1999.

Wildt, Michael: *Vom kleinen Wohlstand. Eine Konsumgeschichte der fünfziger Jahre*, Frankfurt a. M. 1996.

Wilke, Jürgen (Hg.): *Mediengeschichte der Bundesrepublik Deutschland*, Köln u.a. 1998.

Wilkens, Andreas: *Frankreich und die deutsche Ostpolitik. Die Reaktionen auf die Ostverträge und die Mitwirkung an den Berliner Viermächte-Verhandlungen*, 2 Bde., München 1989.

Winkler, Heinrich August: *Der lange Weg nach Westen*, 2 Bde., München 2000.

Winkler, Heinrich August (Hg.): *Politische Weichenstellungen im Nachkriegsdeutschland 1945 – 1953*, Göttingen 1979.

Winkler, Heinrich August: *Streitfragen der deutschen Geschichte*, München 1997.

Wirsching, Andreas: *Abschied vom Provisorium. Geschichte der Bundesrepublik Deutschland 1982–1990*, (Bracher, Karl Dietrich, u. a. [Hg.]: *Geschichte der Bundesrepublik Deutschland*, Bd. 6), München 2006.

Wirsching, Andreas: *Deutsche Geschichte im 20. Jahrhundert*, München 2001.

Wischnewski, Hans-Jürgen: *Mit Leidenschaft und Augenmaß. In Mogadischu und anderswo. Politische Memoiren*, München 1989.

Wojak, Irmtrud (Hg.): *»Arisierung« im Nationalsozialismus. Volksgemeinschaft, Raub und Gedächtnis*, Frankfurt a. M. 2000.

Wojak, Irmtrud: *Fritz Bauer 1903–1968. Eine Biographie*, München 2009.

Wolf, Markus: *Spionagechef im geheimen Krieg. Erinnerungen*, München 1998.

Wolfrum, Edgar: *Die geglückte Demokratie*, Stuttgart 2006.

Wolfrum, Edgar: *Geschichte als Waffe. Vom Kaiserreich bis zur Wiedervereinigung*, Göttingen 2001.

Wolfrum, Edgar: *Geschichtspolitik in der Bundesrepublik Deutschland. Der Weg zur bundesrepublikanischen Erinnerung 1948–1990*, Darmstadt 1999.

Wolfrum, Edgar: *»Geschichtspolitik und deutsche Frage. Der 17. Juni im Nationalen Gedächtnis der Bundesrepublik 1953–1989«*, in: GG 24, 1998, 382–411.

Wolfrum, Edgar: *»Geschichtspolitik in der Bundesrepublik Deutschland. Phasen und Kontroversen«*, in: *APuZ* B45, 1998, 3–15.

Wolfrum, Edgar, u. a.: *Krisenjahre und Aufbruchszeit. Alltag und Politik im französisch besetzten Baden 1945–1949*, München 1996.

Wolfrum, Edgar: *Die Mauer. Geschichte einer Teilung*, München 2009.

Wolgast, Eike: *Die Wahrnehmung des Dritten Reiches in der unmittelbaren Nachkriegszeit 1945/46*, Heidelberg 2001.

Woller, Hans: *Die Loritz-Partei. Geschichte, Struktur und Politik der Wirtschaftlichen Aufbau-Vereinigung (WAV) 1945–1955*, Stuttgart 1982.

Wörmann, Claudia: *Osthandel als Problem der atlantischen Allianz. Erfahrungen aus dem Erdgas-Röhren-Geschäft mit der UdSSR*, Bonn 1986.

Zacher, Hans F.: *»Der deutsche Sozialstaat am Ende des Jahrhunderts«*, in: Leibfried, Stephan/Wagschal, Uwe (Hg.): *Der deutsche Sozialstaat. Bilanzen, Reformen, Perspektiven*, Frankfurt a. M/New York 2000, 53–90.

Zacher, Hans F.: *Grundlagen der Sozialpolitik in der Bundesrepublik Deutschland*, Baden-Baden 2001.

Zahn, Ernest: *Soziologie der Prosperität*, Köln/Bonn 1960.

Zapf, Wolfgang: *»Sozialstruktur und gesellschaftlicher Wandel in der Bundesrepublik Deutschland«*, in: Weidenfeld, Werner/Zimmermann, Hartmut (Hg.): *Deutschland-Handbuch. Eine doppelte Bilanz 1949–1989*, München/Wien 1989, 99–124.

Zarusky, Jürgen (Hg.): *Die Stalin-Note vom 10. März 1952. Neue Quellen und Analysen*, München 2002.

Zelikow, Philip/Rice, Condoleezza: *Sternstunde der Diplomatie. Die deutsche Einheit und das Ende der Spaltung Europas*, Berlin 1997.

Ziebura, Gilbert: *Die deutsch-französischen Beziehungen seit 1945. Mythen und Realitäten*, (Neuausg.) Stuttgart 1997.

Ziemann, Benjamin (Hg.): *Peace Movements in Western Europe, Japan, and the USA during the Cold War*, Essen 2008.

Zierenberg, Malte: *Stadt der Schieber. Der Berliner Schwarzmarkt 1939 – 1950*, Göttingen 2008.

Zimmer, Hasko: *Der Buchenwald-Konflikt. Zum Streit um Geschichte und Erinnerung im Kontext der deutschen Vereinigung*, Münster 1999.

Zimmer, Matthias: *Nationales Interesse und Staatsräson. Zur Deutschlandpolitik der Regierung Kohl 1982 – 1989*, Paderborn 1992.

Zitelmann, Rainer: *Adenauers Gegner. Streiter für die Einheit*, Erlangen 1991.

Zohlnhöfer, Reimut: *Die Wirtschaftspolitik der Ära Kohl. Eine Analyse der Schlüsselentscheidungen in den Politikfeldern Finanzen, Arbeit und Entstaatlichung 1982 – 1998*, Opladen 2001.

Zoll, Ralf (Hg.): *Vom Obrigkeitsstaat zur entgrenzten Politik. Politische Einstellungen und politisches Verhalten in der Bundesrepublik seit den sechziger Jahren*, Opladen 1999.

Zwahr, Hartmut: *Ende einer Selbstzerstörung. Leipzig und die Revolution in der DDR*, Göttingen 1993.

Zweig, Stefan: *Die Welt von Gestern. Erinnerungen eines Europäers (1944)*, Frankfurt a. M. 1994.

Personenregister

Stichwortverzeichnis